8th EDITION
all in colour

Archaeology
Theories, Methods and Practice (8th)

COLIN RENFREW
PAUL BAHN

第八版
（全彩）

考古学
理论、方法与实践

（英）科林·伦福儒　保罗·巴恩　著

陈　淳　董宁宁　薛轶宁　郭璐莎　译

英文第八版序

本书自1991年首次出版以来，我们已对其修订了7次。新版《考古学：理论、方法与实践》是对当下考古学方法和理论最全面的介绍。它不仅在考古学方法与理论的导论课程上被教师和学生采用，而且也在田野方法班、考古科学班和许多其他课程中被采用。

本书为世界考古学提供了一种全新而准确的综述。贯穿整书的框式专栏用图解说明发掘项目的特定案例，解释特殊的技术或理论途径。注释和参考文献确保这项工作能够用作当代学术全方位的入门——以期对研究生和专业考古学家也有参考价值。我们也希望，本书的写作足够明了，无论是说明今日本学科的梗概，还是追踪感兴趣的特定话题，但愿对一般读者也有实在的价值。我们深切认识到理论与方法之间的复杂关系，以及它们对当下考古学实践，包括发掘、博物馆、遗产工作、文学作品和媒体的影响。这次新版收录了许多最新的考古发现和讨论，我们也认识到，考古学家所做的阐释不只是简单地将日增的新的发掘成果转变为新的信息。阐释也有赖于探询新技术的发展，以及当我们研究材料时所提各种问题性质的变化。而且，我们所提的问题不仅来自学术研究，而且还来自当下社会不断变化的需要和视角，以及来自看待自身历史的不同方式。正是基于现在的这些方法与视野，我们努力对新版进行修订。

本书的结构

就像任何一门科学学科一样，考古学的进步是通过提出正确的问题而取得的。本书就立足于这样的原则，并几乎在每一章里以我们如何来回答考古学的中心问题为指导。第一编"考古学的框架"以第一章考古学史开头，这是本学科如何成长和发展的梗概。在某种意义上，它回答了"我们如何了解自己的来历"的问题。过去的发现和思想塑就了我们看待今天考古学的方式。新版涵盖了本学科史中女性的参与、原住民考古的介入以及对于过去历史"去殖民化"的途径和挑战西方观念的讨论，这些都为这趟旅程提供了更准确和更具有代表性的说明。

在第二章中，我们将询问第一个主要问题，即"何物"。它涉及考古学的主题，也就是遗留下来的东西，以及考古记录是如何形成的、我们是如何着手发现它的。第三章"何处"的问题，是从考古学勘探、调查和发掘来回答的。将法医考古纳入本章，则说明了考古学家应用的方法如何在其他领域中也变得越发重要。接下来"何时"的问题也许是迄今最为重要的，因为考古学就是关心过去，并从时间的视角来看待各种东西的，以至于绝对测年程序是考古事业的核心。

在概述了考古学是什么的框架之后，我们接下来谈它的主题。有些评论者和审阅人对我们第二编就以"社会是如何组织起来的"开题而感到惊讶。因为有时看来，比如先谈最初的生计和贸易要比社会结构来得容易。但实际上，社会的性质和规模不仅决定了这些问题，而且更重要的是，它影响了作为考古学家的我们研究它们的方式。一般来说，研究狩猎采集者较为贫乏的营地所需的方法，有别于研究早期文明棘手的堆积很厚的城址。现在的第五章提供了一种对后殖民时代传统信念的批判，这种传统信念认为所有社会都遵循了一条从狩猎采集者经由农业再到城邦的累进过程。

在接下来的几章里，我们继续询问如何来调查早期社群的环境以及它们的食谱、它们的技术，还有它们的贸易。当第十章我们开始询问"他们想什么"时，我们进入了认知考古学的领域，面对诸如能动性、物质性及契合理论等新的理论途径，这些内容将在我们询问"事物为何演变"时（包括考古学解释有争议处）再度浮现。

最吸引人的问题是："他们是谁？他们像什么？"（第十一章）我们慢慢意识到，"谁"之问题的一个理论难题，涉及族属和民族身份究竟意味着什么的问题：在此我们介绍了考古遗传学和考古语言学领域的新成果。"他们长什么样"的问题可以用许多新方法来回答，再度涵盖了日益采用的考古遗传学和DNA的研究。

本书第三编第十三章"考古的世界"显示，第一和第二编的问题如何能用全世界的五个田野示范项目来讨论，其社会跨度从狩猎采集社会到复杂的文明和城市。剩下的两章（见下）较为宽泛地看待谁拥有过去和遗产管理的问题。

今天，我们更清楚地了解到，世界各地存在不同的考古学家，依从事这项工作的社群、雇用他们和为考古出钱的人，或作为考古产品"消费者"的广大公众的不同兴趣和视角而定。我们也开始更加明白，考古学世界是如何受到时代所流行的政治信念的左右的。这是为何本书通篇总把"考古学伦理"放在显要位置的缘故。

这一版的新颖之处

考古学科总是在不断变化的，我们也一直在尝试捕捉和呈现这些最新的变化，保持与时俱进，这尤其体现在本书第八版中。这样的动态变化一方面由世界各地持续进行的考古研究所驱动，这些研究同时表明考古学家正在积累更多的数据和材料；另一方面也由考古学家变化的观念和研究重点所驱动。第八版旨在反映这些变化和发展。

我们彻底更新了第一章，努力构建一种更全面的

考古学史。这包括采纳"手铲宣传者（Trowel Blazers）"布莉纳·哈塞特（Brenna Hassett）和苏珊娜·皮拉·伯奇（Suzanne Pilaar Birch）的建议，她们建立了一个致力于增加考古学中女性可见度的组织，以便在本学科的历史中更加全面地体现女性的作用。现在这一章也对亚洲考古学、社区或合作考古（collaborative archaeology），以及包括涉及本体论转向在内的后殖民主义方法的更新展开了更多的讨论。对于社区考古的关注，将贯穿到第十四章"谁之过去"中。

第三章的调查和发现依然秉持之前的修订原则，加入了较多有关无人机使用的讨论，以及考古学在对现代的发掘中如何进行有效的部署的讨论，比如，法医考古和发现凶杀受害者。

第五章介绍的社会考古学继续提供活跃的争论。我们决定重组本章的结构，以更好地反映这一领域的当下工作。我们将埃尔曼·塞维斯（Elman Service）的四阶段社会分类调整到一个较具批评性的专栏中，以此表明，这一术语体系只是探讨社会结构的诸多工具之一。我们同时也讨论了并不基于等级的社会结构，作为论证社会组织多样性的又一途径。本章还介绍了中国良渚文化的最新研究，良渚墓葬出土的遗物无疑提供了东亚社会复杂化的最早证据。

第六和第七章包括环境考古学最近的研究。第六章涉及亚马孙地区人类导致或受人类影响的环境变化研究，第七章则介绍了有关巨石阵宴飨的动物遗存研究。第七章还介绍了考古学的最新化学分析手段——古蛋白质分析，这为考古学家研究古代的有机物质开辟了一条新的探索路径。近年来，陶器的分析和解释也有所发展，为了反映这点，第八章增加了有关陶器研究的材料，同时新增一个专栏考察陶器形制的比较研究如何能用来探索过去的制陶训练和方法。

当然，古DNA仍然是考古学领域强有力的一项新进展，从上一版开始，我们就观察了大量的遗传学材料如何构建有关人类起源和迁移的新理论，现在它们被放到第十一和第十二章中讨论。

本书最后几章根据变化的当下世界的重大事件做了更新，反映了今天遗产管理不断变化的背景。

给学生和老师的资源

这一新版伴有一系列新的网上资源，可以通过本书的网页找到：https://www.thameshudsonusa.com/college. 本书同样也有电子书。以上资源对北美的师生开放。请和当地的经销商联系以获得更多信息。学生网站可以前往 https://digital.wwnorton.com/archaeology8.北美以外的读者可发送电子邮件到education@thameshudson.co.uk 作进一步咨询。

学生的资源

我们设计了一系列资源作为本书知识和技巧的补充，希望对学生有所裨益。

○ **InQuizitive** 是第一款适于学习考古学的强大工具，在 https://digital.wwnorton.com/archaeology8 可以找到免费的版本配合本书使用。专门为考古入门课程设计的这款自测工具，提供了互动性和可视性导向的问题，很适合学生们"现有的知识"。

○ **活跃的考古学笔记本** 在购买新版《考古学》时免费提供，请事先与当地经销商联系。这是由利娅·麦柯迪（Leah McCurdy）领衔的美国考古学会课程委员会的一个教师团队所编写的，每次活动利用考古学的一个关键概念，与考古学课堂相连并进行检查。各项活动还伴有网上的指导，为教师说明他们如何与学习目的、学生的等级评分、激发兴趣和有效的课堂活动相联系。

○ **章节概要** 提供了每章内容和关键概念的概述。
○ **术语卡片** 有帮助学生学习的定义。
○ 网上的一份**词汇表**提供了易于寻找关键术语的途径。
○ **网站链接** 鼓励学生探索与本书内容相关的各种网站信息。

教师的资源

采用本书第八版的教师可以免费获得各种有助于教学的工具：

○ **题库** 有650个对错选择题以及按章组织的问答题，能够有效评估学生对议题和话题的理解。

○ 为了将课件做得引人入胜，**全球考古学画廊**（Archaeology Global Gallery）为教师提供了成百上千张书中没有的图片，这些图片来自博物馆、泰晤士＆赫德逊出版社（Thames & Hudson）的档案以及考古学同仁，所有图片都做了仔细的归类和说明。

○ 有一批专题**录像**，特别介绍了对本书作者科林·伦福儒教授的采访，还提供了亚利桑那州立大学凯利·克努森（Kelly Knudson）教授关于考古学概念、俄亥俄州立大学乔·麦科里斯顿（Joy McCorriston）教授关于田野考古学的录像。

○ **一本教师手册** 包括了每章的概览、讲课计划以及推荐的讨论与活动，包括为学生设计的课题。

○ **课程PPT幻灯片** 为第八版新建，包括准备课堂演示的图片和关键文本。

○ 本书中JPEG和PPT格式的**照片**和**图表**。

○ 本书第七版中的《新探索者：建立考古学的职业生涯》，现在只是作为网上资源以供浏览。

再次提及，第八版的准备得到了无数专家和授课老师的帮助，他们提供了详细的意见、信息和图版。我们在本书后面的《鸣谢》中与前几版帮助过我们的许多学者一起致以谢意。

科林·伦福儒
保罗·巴恩

中文版自序

很高兴迎来了第八版《考古学：理论、方法与实践》中文版的出版。近年来，在航拍的帮助下，发现考古遗址的步伐无疑在加快，于是可供考古学家研究的材料数量也在不断增加。用来对遗址及遗物进行研究和断代的各种方法也在不断增加，然而就像在第四章回顾的那样，放射性碳断代仍然是史前期晚段采用最广的一种方法。

应该指出的是，中国考古研究的进步，无论从理论与方法的角度，还是从丰富发现的角度来看，都极其引人瞩目。秦始皇兵马俑随着研究的推进，仍在不断提供新的信息。而良渚遗址则是一个提供持续不断研究价值的极佳例子，那里考古学家已经对整个城址进行了系统的探索，并有一个信息量非常丰富的遗址博物馆。我们可以将其视为极具魅力的个案，是回眸中国早期复杂社会形成的杰出例证；我们可以观赏那些非凡的玉琮精品，上面刻有略显恐怖的人兽纹图案。

在此，特别要对连续几届上海世界考古论坛的成功举办表示敬意，它于2013年在中国社会科学院考古研究所时任所长王巍教授的领导下起步，现在由现任所长陈星灿教授主持。两年一届的盛会高朋满座，始终由重大研究新课题的主持者提供真正属于国际、真正具有世界水平的系列报告。我们认为，可以恰当地说，该论坛以全面评述世界考古学的进步，现已确立了它作为最有成效大会的地位。

科林·伦福儒
保罗·巴恩
2021年2月

引 论
考古学的性质与目的

考古学，部分是搜寻过去的珍宝，部分是缜密分析的探究工作，部分是从事创造性的想象。它既是在中亚沙漠烈日下的辛苦发掘，在阿拉斯加冰天雪地下与当今因纽特人共事，既是对佛罗里达海滨西班牙沉船的水下考察，以及对约克郡罗马时代下水道的勘探；它也是在实验室对物质遗存进行分析，并阐释这些东西对人类来历的意义。最后，考古学也要保护世界文化遗产，了解历史的参与者，并保护过去免受盗掘和草率的破坏。

宽泛地讲，考古学通过物质遗存来研究人类的过去。它既是一种野外的体力劳动，又是书斋和实验室里的学术钻研。它的许多方面都具有巨大的魅力。但是，考古学与同样关注人类真相的学科，如人类学和历史学，有怎样的关系？考古学本身是一门科学吗？在当今世界，当过去为政治目的而被操纵，边缘族群正努力重拾他们的过去，而恐怖主义活动伴随着对文化遗产的肆意破坏，考古学家的责任又是什么？

作为人类学的考古学

人类学就其广义而言，是对人类的研究——我们与动物一样的体质特点，还有我们称之为"文化"的独一无二的非生物学特征。在此意义上，"文化"包括了人类学家爱德华·泰勒（Edward Tylor，1832～1917）在他1871年的著作《原始文明》中的有益总结："知识、信仰、艺术、道德、法律、习俗和其他作为社会成员中个人所获得的能力与习惯的复杂复合体。"当人类学家谈论某特定社会的文化时，他们也以一种较限定的意义来使用文化这个术语，意指某社会独一无二、有别于其他社会的非生物学特征。（"考古学文化"稍有不同的特定含义，将在第三章解释。）因此，人类学是一门广泛的学科——它如此广泛，以至于一般可以分为四个较小的学科：生物人类学、文化人类学、语言人类学和考古学。

生物人类学 或体质人类学，就如原称，它关注人类生物学或体质特征的研究，以及这些特征是如何进化的。

文化人类学 或社会人类学——分析人类的文化与社会。它的两个分支是民族志（直接研究个别的现生文化）和民族学（从民族志证据入手比较各文化，以得出有关人类社会的一般性原理）。

语言人类学 研究世界上的语言，考察语言如何影响文化和社会的互动。

考古学 是"文化人类学的过去时态"。文化人类学家常常将他们的结论建立在与当代社群实际共同生活的体验之上，而考古学家则基本上通过古代的物质遗存——建筑、工具和其他人工制品，也即所谓从以前社会遗留至今的物质文化，来研究过去的人类与社会。对于今天的考古学家，一项最具挑战性的任务是，要知道如何以人的方式来解释物质文化。这里就需要考古学理论的介入，这是一条使物质证据的理解和历史重建的设想和模型变得更加清楚的必由之路。

作为历史学的考古学

如果考古学是研究过去的，那么它与历史学又有何不同？广而言之，正如考古学是人类学的一部分，它也是历史学的一部分——这里我们是指始于300万年前的整个人类史。确实，对于超过99%的巨大时段而言，如果不考虑体质人类学——它关注我们生物学而非文化的过程，那么考古学就是唯一的重要信息来源。传统史学的源头仅始于西亚大约公元前3000年前采用的文字记载，在世界其他大多数地方要晚得多（例如在澳大利亚要晚至公元1788年）。在史前史与历史之间常常划出一条分界，前者指文字记录之前的时段，而后者在其狭义上意指用文字证据来研究过去。在某些国家，"史前史"现在被认为是一个恩赐和贬义的术语，这意味着文献资料要比口述历史更有价值，它将这些国家的文化归在劣等之列，直到西方信息记录系统的引入。但是，对于研究所有文化和所有时期的考古学而言，不管有无文字，历史与史前史之间的界线只不过是一种方便的划分，用来认识文字记录在现代世界中的重要性，但绝非贬低蕴含在口述历史中的有用信息。

正如本书所昭示的，即使对于确实存在文献、铭刻和其他文字证据的时期和地方，考古学也能大有作为。我们常见的是，正是考古学家最先将这些证据发掘出来。

作为科学的考古学

因为考古学的目的是了解人类，所以它就是一门人文学科。而因为它研究人类的过去，所以它是一门历史学科。但它完全不同于文献历史的研究——虽然它利用文献历史。考古学家发现的材料并不会把我们想知道的东西直接告诉我们。历史记录做出陈述，提供见解，做出判断（即便这些陈述和判断本身需要予以解释）。另一方面，考古学家发现的东西本身不会直接吐露真言。今天的我们必须破解这些东西的含义。在这一点上，考古学实践包含科学的方法。科学家收集材料（证据），做实验，提出假设（说明材料的一种预判），用更多的材料来检验假设，然后构建一种模型作出结论（一种看来对所见材料形态做出最佳概括的说明）。考古学家必须构建过去的一种图像，正如自然科学家必须提出有关自然界的一种合理看法一样。这种图像没有现成的。

简言之，考古学不仅是人文学科，也是一门科学。这正是它作为一门学科的魅力所在：它兼有当代历史学家和当代科学家的独创性。考古科学的技术方法最为明显，从放射性碳断代到陶罐里食物残渍的研究。分析和推论的科学方法也同样重要。有些学者谈到需要定义一种独立的"中程理论"，用一套明确的思想体系作为跨越考古学原始证据，及由此得到的一般性观察和结论之间鸿沟的桥梁。这是看待问题的一种方式。但是，我们觉得无须将理论与方法截然分开。我们的目的，是要清楚介绍考古学家在研究过去时所采用的方法和技术。考古学家的分析概念就如实验室的仪器一样，只不过是诸多方法中的组成部分而已。

考古学的多样性及范围

当今考古学包含了林林总总的不同方面，但它们无不由本书所勾勒的方法联合在了一起。我们已强调了漫长的史前时期考古学与历史时期考古学之间的区别。这种年代学划分又因考古学家各自的专攻而进一步细化，比如说，最早阶段（1万年之前的旧石器时代）或后段（美洲和中国的伟大文明、古埃及、希腊和罗马的古典考古）。最近二三十年的一个重大进展，是认识到考古学对较晚近的历史时期同样贡献良多。就像欧洲的中世纪和后中世纪考古学，北美和澳大利亚的历史考古学——对殖民地和后殖民地时期聚落的考古研究——发展迅猛。所以，无论我们谈及美国殖民时期的詹姆斯顿，还是欧洲中世纪的伦敦、巴黎和汉堡，考古学都是证据的主要来源。

通过对这些年代进行细分，形成专攻，能为各时段考古学作出贡献。环境考古就是这样一个领域，其中考古学家和来自其他学科的专家一起，研究人类对动植物的利用，以及过去社会是如何适应不断变化的环境的。水下考古也是另一个这样的领域，需要极大的勇气和技巧。在过去的半个世纪里，它已成为高度科学化的实践，揭示的沉船犹如过去的时间之舱，为了解古代陆地与海上的生活提供了新的洞见。

图0.1 漫长的史前期跨度与相对较短的我们拥有文字记录的时期（历史）之比较。公元前3000年前，物质遗存是我们唯一的证据。

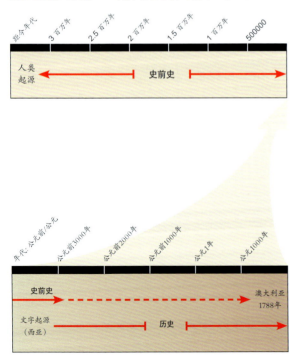

民族考古学是当代考古学主要的一项专攻，考古学家和当代社群一起生活，以了解这些社会是如何使用物质文化的。我们现在意识到，只有非常详细地了解考古记录——也就是我们发现的东西——是如何产生和形成的，我们才能理解它们。形成过程现已成了深入研究的重点。在这点上，民族考古学就非常成功。例如，由路易斯·宾福德（Lewis Binford）在阿拉斯加纽纳缪特人（Nunamiut）中进行的对现生狩猎采集者的屠宰研究，给了他不少有关考古记录形成的新想法，令他重新评估世界其他地区最初人类食用的动物骨骼遗存。

这些研究也不限于小型社群。当代物质文化本身目前也是研究的焦点。21世纪的考古学的范围已经从可口可乐瓶和啤酒罐的设计日益延伸到用于调查波斯尼亚、西非或伊拉克战争罪行和暴行的法医病理学。考古学的现实主义研究以威廉·拉斯杰（William L. Rathje，1945～2012）开启的垃圾课题为先驱，他研究了亚利桑那州图森市（Tucson）不同片区的垃圾，为了解当代都市人群的消费方式提供洞见。诸如"二战"时期（1939～1945）的机场和炮台现在被作为古代纪念物保存下来，"冷战"时期的电信设施也是如此，还有柏林墙碎块，该墙一度将东德与西德分开，但是在1989年开放并被拆除。1950年建立的内华达试验场曾是美国的一处陆上武器试验地点，现在同样成了考古学研究与保护的课题。

20世纪的考古学甚至还有它的"劫匪"：从泰坦尼克号沉船打捞上来的大部分遗物已被卖给了私人收藏者。而随着2001年9月11日纽约世贸中心双子塔灾难性垮塌后的恢复工作的展开，21世纪考古学有了一个严峻的开端。垮塌地（Ground Zero），即双子塔被保存与保护的原址，已经成为纽约最著名的一处纪念地。

今天的考古学在继续开发新的专攻和子学科。20世纪末，生物考古学（bioarchaeology）从广受重视的环境方法中脱颖而出：它研究人类环境和食谱中的动植物（还有其他现生的东西）。地质考古学（geoarchaeology）也是如此：它将地质科学应用于考古学，以研究石料及重建早期环境。伴随着古DNA研究的日新月异，考古遗传学（archaeogenetics）——用分子遗传技术来研究人类的过去——正是一个发展极快的领域。这些加上其他新兴的领域，如法医人类学，都是科学的进展及考古学家日益明白这种进展如何能被利用来研究过去的产物。

考古学的伦理

人们日益认识到，考古实践提出了许多伦理问题，还有考古学在政治和商业上的利用，几乎总会遇到道德和伦理方面的问题（见第十四、第十五章）。显而易见，故意破坏考古遗存，诸如2001年故意毁坏阿富汗的巴米扬大佛，或者所谓的"伊斯兰国"（Islamic State, IS）在2015年夷平尼尼微（Nineveh）和伊拉克北部的一些遗址，根据绝大部分的道德判断，本质上都是一种邪恶行为。2003年入侵伊拉克的联军在保护该国考古学珍藏和遗址上的可悲失策，可与这种破坏结果相比较。但是，还有一些不太明显的问题。在什么情况下，考古遗址的存在能够被允许来制止重要的建设项目，如新道路和新水坝的建设？在中国的"文化大革命"中，毛主席提出的"古为今用"的口号，有时却被用作故意毁坏文物的借口。

今天的考古学还必须正视它的殖民历史，寻求与当地和后裔社群——如北美、澳大利亚、南非和北欧原住民群体——的合作，以确保探寻的过去代表了每个人可以触及的历史。对这种"去殖民化"过去的关注，产生了原住民考古学。考古学的这门子学科，旨在让原住民群体参与保护他们的遗产并自主决策，此外还有形式多样的公共考古学。

对过去遗迹的商业开发也带来了许多问题。许多考古遗址已不堪重负，好心的海量游客却给它们的保护带来了真正的麻烦。对于英格兰南部重要的史前纪念建筑巨石阵而言，这个问题由来已久，多种对策被用来应对不断增长的旅游业，包括2013年斥资2700万英镑建造游客中心，并仍在讨论让高速公路如何绕开这一纪念建筑。也许最严重的是，一些大博物馆通过购买非法和来路不明的古物（我们对这些器物的来路与历史一无所知），纵容了对世界考古遗产的劫掠。2006～2009年，由意大利政府向纽约大都会博物馆（the Metropolitan Museum of Art）、马里布盖蒂博物馆（the Getty Museum）和克里夫兰艺术博物馆（the Cleveland Museum of Art）提出的，要求归还被盗文物诉求的解决，提出了某些博物馆馆长与董事的廉正问题——希望见多识广的民众成为历史的卫士和保护者，而非令它们受损的商业活动的参与者。

目的与问题

如果说我们的目的是了解人类的过去，那么还有一个重要的问题就是我们想了解什么。19～20世纪之左页：图0.2 （右）都市考古学：在伦敦市中心对一处罗马遗址的发掘。图0.3 （左下）在遗址现场实验室里分析从土耳其恰塔霍裕克出土的遗物（见边码44～45）。图0.4 （右下）一位民族考古学家在西伯利亚的野外，与现代鄂伦春人共同生活并进行研究，他们正在用最近屠宰的驯鹿肠子做血灌肠。

右页：图0.5 （上）水下考古：在靠近亚历山大港附近现已淹没的一座古城废墟中发现了一具巨大的埃及雕像。图0.6 （左下）一具印加"木乃伊"，现在被叫作"冰少女"，刚从秘鲁安帕托（Ampato）火山高处的长眠处被抱起来（见边码67）。图0.7 （右中）正在对在危地马拉圣巴托罗（San Bartolo）早期玛雅遗址出土的一幅精美壁画残片进行拼复（见边码422）。图0.8 （右下）开发之前的抢救：中国广州一处建设工地上对一座2000年前的西汉墓葬进行发掘。

图0.9 传统手法、传统特色和考古学成果被当今社会，包括现代艺术越来越多地借鉴。在英伦诸岛展出的《安东尼·戈姆利之地》（Antony Gormley's Field）是由几千个陶人组成的、类似中美洲和东南欧发掘出土的史前人俑。面对它们，观众会感受到巨大的震撼。

间传统方法倾向于将考古学目的主要看作是重建，即把过去像七巧板那样拼合起来。但时至今日，只是重建远古时期的物质文化，或复原较为晚近的历史图像，是不够的。

还有一个目标被称为"用考古遗存重建与其相关人群的生活方式"。当然，我们对人们如何生活、如何开拓环境的一幅清晰图像颇感兴趣。但是，我们也试图了解他们为何以那种方式生活：他们为何会有那样的行为方式，他们的生活方式与物质文化是如何形成的。简言之，要解释变迁。

当今有许多重大问题使我们不能释怀。我们想了解人类最初出现时的情况。它是否如我们当下所认为的那样，发生在非洲，并仅在非洲吗？这些早期人类真的是猎人或只不过是腐食者吗？我们自身物种——智人的进化情况如何？我们如何解释旧石器时代艺术的出现？在西亚、中美洲及世界其他地区，从狩猎采集向农业的转变是如何发生的？为何它仅发生在几千年的过程中？我们如何解释城市明显在世界不同地区的独立兴起？个人和群体的认同是如何形成的？我们如何决定一个地区或国家某些方面的文化遗产值得保存？

问题层出不穷，而在这些一般性问题的后面，是较为具体的问题。我们想要了解，某特定文化为何会形成它这种形态的，这种特殊性是如何产生的，又如何影响发展的？本书无意对所有这些问题的暂时性答案进行回顾，虽然在下面的章节中会有许多让人印象深刻的考古学成果。在本书中，我们侧重于考察能够回答这些问题的方法。

　　当代考古学家出于科学严谨的期盼，试图在他们的研究之初便弄清研究的目的以及如何达到这些目的的方法。这一程序被称为研究设计的构思，大体上包括四个阶段：

　　1. 制定一套研究策略以解决某个特定问题或检验某种假设或想法；

　　2. 采集和记录用来检验某种想法的证据，通常组织一个团队的专家进行调查或发掘等田野工作来获取证据；

　　3. 处理和分析这些证据，对需要检验的最初想法做出阐释；

　　4. 用论文和著作发表这些结果。

　　在现实生活中，从第一阶段畅通无阻地推进到第四阶段，即使有也是很少的：研究策略总会随着证据的采集和分析而得到不断修正。屡见不鲜但无法原谅的是，公开发表经常会被忽略（见第十五章）。但在一项规划出色的研究中，总体目标——宽泛的问题或有待回答的问题——总能成立，即使达到目标的策略和方法在不断发展。

深入阅读材料

以下著作表明了今天考古学的丰富多样性。它们大多有很好的插图。

Bahn, P.G. (ed.). 2000. *The World Atlas of Archaeology*. Facts on File: New York.

Bahn, P.G. (ed.). 2001. *The Penguin Archaeology Guide*. Penguin: London.

Cunliffe, B., Daves, W. & Renfrew, C. (eds.). 2002. *Archaeology, the Widening Debate*. British Academy: London.

Fagen, B.M. (ed.). 2007. *Discovery! Understanding the New Treasures of Archaeology*. Thames & Hudson: London & New York.

Forte, M. & Siliotti, A. (eds.). 1997. *Virtual Archaeology*. Thames & Hudson: London; Abrams: New York.

Reich D. 2018, *Who We Are and How We Got Here: Ancient DNA and the New Science of the Human Past*. Oxford University Press: Oxford.

Renfrew, C. & Bahn, P. (eds.) 2014, *Cambridge World Prehistory*. (3 vols.) Cambridge University Press: Cambridge.

Scarre, C. (ed.). 1999. *The Seventy Wonders of the Ancient World. The Great Monuments and How they were Built*. Thames & Hudson: London & New York.

Scarre, C. (ed.). 2018. *The Human Past. World Prehistory and the Development of Human Societies*. (2nd ed.). Thames & Hudson: London & New York.

Schofield, J. (ed.). 1998. *Monuments of War: The Evaluation, Recording and Management of Twentieth-Century Military Sites*. English Heritage: London.

目　录

第二编
发现人类经验的多样性

第一编

考古学的框架

考古学关注过去人类的全方位经验——人们是如何将自己组成社会群体，并如何开拓他们周围环境的；他们吃什么、做什么和想什么；他们如何进行交流及社会为何变迁。这些是本书后面将要讨论的引人入胜的问题。但是，我们首先需要讨论这些问题的一个框架：需要考古学家用来探索过去人群的一些基本概念和技术。因此，第一编聚焦于考古学家研究的最常见的材料、发现考古学证据的地点，以及测年方法。考古学家也要回顾过去的工作，考察考古学的前辈们是如何筚路蓝缕地启动他们的征程的。有了这个框架，我们就有可能进一步转向更复杂的技术和更广泛的考古问题。

第一编的第一章着眼于本学科的历史，特别展示了考古问题和概念——其中很多在今天看来是理所当然的——是如何发展和辩解的。然后，我们提出第一个问题："何物"——有什么东西保存下来？留给我们的考古材料范围几何？第二个问题："何地"，讨论发现和调查遗址的方法，发掘和初步分析的原理。第三个问题："何时"，考虑人类对时间的体验及衡量，并评估有助于考古学家对过去断代的各种现有技术。

1 探索者
考古学史

考古学史或许常常仅被视为伟大发现的历史：埃及图坦卡蒙（Tutankhamun）陵墓、墨西哥失落的玛雅之城、法国拉斯科（Lascaux）旧石器时代壁画洞穴，或深埋于坦桑尼亚奥杜威（Olduvai）峡谷我们人类祖先的遗骸。然而比这更伟大的是，我们如何以新视角看待人类过去的物证。在这一章中，我们对考古学提出并检验的问题和观点以及研究新方法的应用的发展过程展开考察。需要记取的重点是，对过去的任何见解都是其时代本身的产物：观念和理论总在不断发展，方法亦如此。当我们在介绍当今考古学研究方法时，我们只不过是谈及我们自己历史轨迹中的一种观点。了解考古学史能让我们明白，今天的政治、社会愿景和科学发展会如何影响到对过去的解释。在几十年甚至几年之后，这些方法肯定会陈旧过时。这就是考古学作为一门学科的动态本质。

重要的是需记住，仅在一个半世纪以前，西方世界——我们今天所知考古学的滥觞之地——大部分饱学之士仍笃信地球只是在几千年前被创造出来的，所能了解的整个远古都不得不从最早的，尤其是古代近东、埃及和希腊历史学家的断简残篇中点滴收集。人们对文字产生之前可能有任何形式的连贯历史完全一无所知。丹麦学者拉斯姆斯·尼勒普（Rasmus Nyerup，1759～1829）写道：

> 这些异教徒留给我们的一切，都包裹在浓浓的迷雾之中；它属于我们无法衡量的一个时段。我们知道它早于基督，但是早几年，还是几百年，甚至几千年，我们只能靠猜测。

今天，我们的确能够穿透远古这层"浓雾"了。这不只是因为新发现层出不穷，而是因为我们已会提出一些恰当的问题，并开发出一些恰当的方法来解答它们。考古记录的物质证据久埋于地下。新意在于，我们知道考古学方法能够为我们提供有关过去乃至史前（文字发明之前）的信息。因此，考古学史首先是观念、理论和看待过去方法的历史。其次，它是开发研究方法、运用这些观念和研究这些问题的历史。其三才是具体考古发现的历史。

有关我们过去知识诸方面之间的关系，可以用如下简图来说明：

图1.2　有关过去知识诸方面关系之简图。

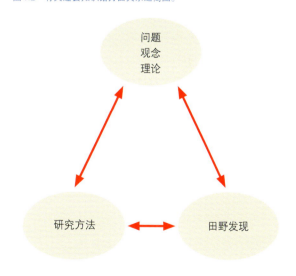

图1.1 罗马庞贝古城伫立在意大利维苏威火山的阴影里。当火山在公元79年喷发时，整个城市被掩埋，所有一切被遗忘，直到始于18世纪中叶的发掘。惊人的发现引起了对过去的巨大兴趣，并对艺术产生了巨大影响（见边码24～25专栏）。

推测阶段

人类总会揣测他们的过去，大多数文化都有自己的创世神话，以解释社会为何如此。例如，生活在约公元前8世纪前后的古希腊诗人赫西俄德（Hesiod），在其史诗《工作与时日》（Works and Days）中，想象人类的过去分为五个阶段：黄金和不朽的时代，人们"安居乐业，和平安详，百物殷丰"；白银时代，那时人类开始低贱；青铜时代，是史诗英雄的时代；最后是其身处的铁和恐惧悲伤的时代，"人们白日不免于劳作哀伤，夜晚则不免于死亡"。

同样，大多数文化着迷于先前的社会。阿兹特克人夸大其托尔特克（Toltec）世系，并对特奥蒂瓦坎（Teotihuaccan，一座几百年前废弃的巨大墨西哥城市）如此感兴趣，以至于他们错误地将其与托尔特克人联系在一起，他们将该遗址的仪式性石质面具放到他们自己大庙的奠基物中（见边码570～571专栏）。在几个早期文明中，人们对已逝年代的文物抱着颇为超然的好奇，那里的学者乃至统治者，收集和研究古物。巴比伦最后一位本土国王纳波尼杜斯（Nabonidus，前555～前539年在位）对古物兴趣盎然。在一座重要庙宇里，他挖掘并发现了2200年前埋下的基石。他将他的许多发现收藏在巴比伦的一座博物馆里。

尽管可能存在争议，但按我们的理解，考古学最早的前身之一就是寻找圣物。罗马帝国的女皇、后来成为圣徒的海伦娜（Helena，3～4世纪）前往东方寻找基督教的遗迹，并积极地开展发掘。之后，在欧洲称之为文艺复兴（14～17世纪）的求知复燃时期，王公雅士开始打造"奇珍橱柜"，其中古董和古代人工制品，与外来矿物及各种标本杂陈，作为所谓"自然史"的例证。文艺复兴期间，学者们也开始研究、收集古典时期的古物。他们也开始在远离古希腊和罗马"文明"中心更北的地方，研究当地的古物以及它们自身的遥远过去。那时，这些古物主要是荒野里的纪念建筑，如欧洲西北部的巨石墓；令人印象深刻的遗址，如布列塔尼（Brittany）的卡奈克（Carnac）巨石阵。荷兰诗人和学者提蒂亚·勃朗格斯玛（Titia Brongersma，约1650～1700）对这些也称为"石棚墓（dolmens）"的建筑很感兴趣，发起并资助了欧洲有记录以来最早的一次石棚墓发掘。与人们普遍相信的这些建筑由巨人建造的认识大相径庭，她发现，它们确实是坟墓。她在她出版的唯一一部诗集里还收录了一首发掘石棚墓的颂诗。英国的威廉·斯塔克里（William Stukeley，1687～1765），对英格兰的一些纪念建筑作

图1.3　威廉·斯塔克里笔记中的一页，附有英格兰南部埃夫伯里（Avebury）史前纪念建筑的一幅平面图。

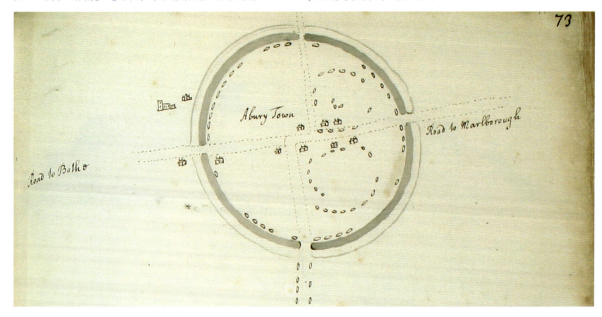

了系统研究，绘制了精确的平面图，至今仍有用。斯塔克里和他的同事同样证明了，这些纪念建筑并非像当地名称如"魔鬼之箭"所推测的那样，由巨人或魔鬼所建，而是由古代人群所造。他也对野外的纪念建筑成功地做出分期，表明，因为一些罗马大道打破了许多古坟，因此前者一定晚于后者。约1675年前后，由卡洛斯·迪·西贡恩萨·贡戈拉（Carlos de Sigüenza y Góngora，1645～1700）进行了新大陆首次考古发掘，他在特奥蒂瓦坎的月亮金字塔上掘出了一条探沟。

最初的发掘

18世纪，越来越多富有冒险精神的研究者开始挖掘一些最引人注目的遗址。意大利的庞贝就是这些最早发掘的遗址之一，出土了惊人的罗马时期遗物，虽然严格意义上的发掘要到19世纪才开始（见边码24～25专栏）。而1765年，在秘鲁海岸的瓦卡·迪·坦塔鲁（Huaca de Tantallue），有人挖掘了一座土墩（洞中出土一件贡品），并清楚地描述了土墩的地层。然而，称得上实施"考古学史上第一次科学发掘"的，传统意义上说，非托马斯·杰弗逊（Thomas Jefferson，1743～1826）莫属，作为美利坚合众国的第三任总统，他于1784年在弗吉尼亚州自己地产上，把一座土墩墓横切出一条探沟。杰弗逊的工作标志着推测阶段终结的开始。

在杰弗逊时代，人们推测，密西西比河东岸所知的几千座解释不清的土墩并非由北美印第安原住民所建，而是由已经消失的神秘"土墩建造者"所造。杰弗逊采取了我们今天可以称之为科学的方法，即通过对其中一座墓进行发掘，用有力的证据来检验有关土墩的各种看法。他的方法细致得足以令他分辨探沟中的不同层位，并发现下层许多人骨保存相对较差。由此，他推断该土墩在多个不同时期曾反复被用作坟地。然而杰弗逊承认，解决土墩建造者问题确实还需更多的证据，在他看来，没有理由认为今天美国原住民的祖先不能建造土墩。

杰弗逊走在了时代的前面。他的合理方法——从仔细发掘的证据来进行逻辑推理，从许多方面而言是现代考古学的基础——在北美并没有被他直接的继承者采用。当时，欧洲正在进行广泛的发掘，比如，英国人理查德·科尔特·霍尔（Richard Colt Hoare，1758～1838）在19世纪初的十几年间，挖掘了英国南部数百座土墩墓。他成功地将野外纪念建筑分为不同的类型，比如"铃形古坟"，它们今天还在使用。19世纪末，克莉丝汀·麦克拉根（Christian Maclagan，1811～1901）对苏格兰的一些史前遗址进行了首次科学发掘，其中包括柯达克（Coldoch）铁器时代形制独特的圆塔"布洛克石塔（broch）"，不过她的诸多研究并未得到赞誉，而且她被拒绝加入苏格兰古物学会。但是，这些挖掘并未设法提出相关远古知识的缘由，因为他们的解释仍囿于《圣经》框架，该框架坚信人类的存在历时不远。

图1.4 早期发掘：1805年理查德·科尔特·霍尔和威廉·坎宁顿（William Cunnington）在巨石阵以北主持一次发掘。

24 **发掘庞贝：古与今**

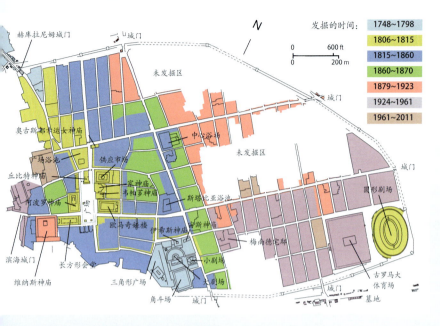

发掘的时间：
- 1748~1798
- 1806~1815
- 1815~1860
- 1860~1870
- 1879~1923
- 1924~1961
- 1961~2011

图1.5 庞贝的平面图，显示了发掘的区域。

在考古学史上，位于意大利那不勒斯湾维苏威火山脚下的庞贝和赫库拉尼姆（Herculaneum）两处遗址具有特殊的地位。即使在很多重要遗址都得到系统发掘的今天，参观这两处保存完好的罗马时期城址仍是让人怦然心动的经历。

公元79年8月的一天，维苏威火山爆发，庞贝城的命运被定格在这重要的一天，这被罗马作家小普里尼（the younger Pliny）形容为一次灾难性事件。城市被埋在几米厚的火山灰之下，许多居民在设法逃离时窒息而死。附近的赫库拉尼姆甚至被埋得更深。整个城市所处的位置只是因偶然发现才为人所知，直到18世纪初引起了古物学家的好奇心。

1710年，埃尔伯夫（Elboeuf）亲王获悉附近发现了加工过的大理石，于是就开挖竖井和坑道来探个究竟，这正是我们今天所知的赫库拉尼姆遗址。他的运气很好，发现了一处古代剧场——所见的第一处完整的罗马式建筑，但他主要的兴趣是收藏艺术品。他搬走了这些艺术品，没有对它们的位置作任何形式的记录。

继埃尔伯夫之后，1738年赫库拉尼姆被以略较系统的方式重新清理。1748年发现了庞贝城。发掘工作在那不勒斯国王和王后的资助下进行，但他们只是挖掘古代艺术珍品来装饰他们的宫殿。之后不久，在赫库拉尼姆郊外揭露出一处壮观的别墅遗存，保留有雕像，并发现了整座含有炭化纸莎草的图书馆。于是这处建筑起名为"纸莎草别墅"（the Villa of the Papyri）。保罗·盖蒂（J. Paul Getty）完全照此建筑尺寸，在加利福尼亚州的马里布建造了他的博物馆。

1755年，第一份皇家收藏目录出版。5年后，常被公认是古典考古学之父的德国学者约翰·约阿希姆·温克尔曼（J. J. Winckelmann，1717~1768），发表了他的有关赫库拉尼姆发现的第一篇文章。自那时以降，从两座城址出土的遗物引起了国际巨大关注，并影响到家具风格和室内装饰的风格，还启发了几部浪漫小说。

然而，直到1860年朱塞佩·菲奥勒利（Giuseppe Fiorelli，1823~1896）负责庞贝工作，发掘才开始做详细的记录。1864年，菲奥勒利设计了一个绝妙的办法来处理火山灰中遗骸形成的空腔：他只是将巴黎石膏灌入其中。空腔周围的火山灰如同铸模，石膏形成已腐烂尸体的逼真形状。（较新的一种技术是，发掘者灌入透明的玻璃纤维。这样可以看到骨头和器物。）

20世纪的1924至1961年间，阿米迪奥·迈乌利（Amedeo Maiuri）在庞贝发掘。这是首次对公元79年地面

图1.6 如何提取遗体的形状。

1.公元79年火山石和火山灰掩埋了一个遇难者。

2.尸体渐渐腐烂，留下一个空腔。

3.考古学家发现空腔，将湿的石膏泥注入。

4.石膏凝固后敲掉火山石和火山灰。

以下进行系统发掘，出土了该城较早阶段的遗存。大约在同一时间，塔蒂安娜·沃什（Tatiana Warsher，1880～1960）编撰了一本40卷的巨著《庞贝地形法典》（*Codex Topographicus Pompeianus*）。在这本书中，照片、精确的测量数据、出土遗物和壁画与特定类型建筑之间的关系，都被用来制作一幅庞贝城市景观的详细图卷。沃什对细节的追求可谓一丝不苟，连她的旅游手册《三小时玩转庞贝》（*Pompeii in Three Hours*）也收录了100幅插图和平面图。近年来，这些工作被许多国际考古学团队有针对性的发掘所补充。研究揭开了地产边界变化和土地使用的复杂历史，揭示了庞贝如何从一个小型乡村聚落发展成一个复杂的罗马城镇，并为其社会和经济的发展提供了许多新的洞见。

庞贝仍是所有发掘过的都市发掘中最复杂的项目。城市布局基本清楚，大部分公共建筑以及无数店铺和私人住宅都已做了调查。然而，深入研究和阐释的潜力仍不可限量。

今天，来到庞贝的游客不难对几乎两个半世纪前雪莱（Shelley）在《那不勒斯之旅》（*Ode to Naples*）中的诗句产生共鸣：

我置身重见天日的城市之中；
倾听秋叶飘零
有如穿越街道的精灵轻盈的
足音；
我谛听远山断续的喃喃低语
激动从断壁残垣中油然而生。

图1.7 （最上）20世纪初庞贝主干道阿波坦查大道（Via dell'Abbondanza）的发掘。

图1.8 （上）从纯洁爱人之屋中出土的一幅壁画，一个奴隶女孩看着正在享用盛宴的两对半裸夫妇。

图1.9 （左）石膏注入遗体留下的空腔，重现了一个逃生中被击倒的庞贝人形状。

图1.10 （右）庞贝的保存状况极佳，许多炭化的鸡蛋都保存了下来。

现代考古学的肇始

直到19世纪中叶,考古学这门学科才真正确立。当时背景是新兴的地质科学已经取得重大成就。英国业余古生物学家玛丽·安宁(Mary Anning, 1799~1847)采集并描述了数百件化石,支持地球远比几千年古老的说法。苏格兰地质学家詹姆斯·赫顿(James Hutton, 1726~1797)在其《地球的理论》(Theory of the Earth,1785)中研究了岩石的地层(即以叠压方式排列的层位或地层),如杰弗逊预示的,确立了作为考古发掘基础的原理。赫顿显示,岩石地层是由目前在海洋、河流、湖泊中仍在发生的过程所造就的。这就是"均变论"原理。它被查尔斯·赖尔(Charles Lyell, 1797~1875)在《地质学原理》(Principles of Geology,1833)一书中重申,即古代的地质条件基本上与我们当代的条件相似或"一致"。这一观念也适用于人类的过去,因而成为现代考古学的基本概念之一:过去在许多方面与现在十分类似。

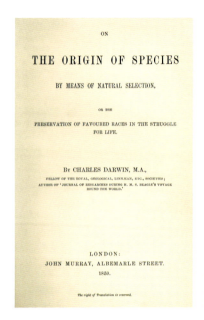

图1.11 达尔文著作的封面;他有关进化的思想影响极其深远,不仅限于考古学。

人类的古老性

这些观念为19世纪学术史上的一项重要事件奠定了基础(并成为考古学科所不可或缺的):人类古老性的确立。一位曾在索姆(Somme)河畔砾石采石场工作的法国海关巡视员雅克·布歇·德·彼尔特(Jacques Boucher de Perthes, 1788~1868),于1841年发表了人工器物(我们现称为"手斧"或"两面器"的打制石器)与绝灭动物骨骼共存的令人信服的证据。布歇·德·彼尔特声称,这表明人类在《圣经》大洪水之前就早已存在。虽然他的观点起初未被广泛认可,但两位顶尖英国学者约翰·伊文思(John Evans)和约瑟夫·普雷斯特维奇(Joseph Prestwich)于1859年前往法国拜访了他,并被他的确凿发现所折服。

今天,人类起源于遥远过去的看法已被广泛接受,以至于创世离我们现在只有几千年的《圣经》说法已不再可信。人类史前史,确实是所需要的一种史前史,其可能性由此确立。("史前史"这一术语在约翰·卢伯克[John Lubbock]的《史前时代》[Prehistoric Times]于1865年出版后被广泛采用,该书一直非常畅销。)

进化的概念

这些观念恰好又与查尔斯·达尔文(Charles Darwin, 1809~1882)的发现不谋而合。达尔文的奠基性巨著《物种起源》(On the Origin of Species)于1859年出版,提出的自然选择的进化概念,成为所有动植物起源与发展的最佳解释。进化观念本身并不新鲜:一些早期学者就曾认为生物很可能历时发生变迁或进化。达尔文所论证的,是这个变迁是如何发生的。在生存竞争中,某物种最适应环境的个体会存活下来(或经"自然选择"),而不适者则会死亡。生存下来的个体会将其优势性状遗传给后代,物种特点会逐渐改变到使新物种诞生的程度。这就是进化的过程。达尔文的另一巨著《人类的由来》(The Descent of Man)虽然一直要到1871年才出版,但其含义已非常清楚:人类物种的起源也是该同一过程的组成部分。用考古学方法从物质记录来探寻人类起源由此开始。

进化：达尔文的卓见

进化思想在考古学思维的发展中具有核心意义。最初，它与达尔文的名字相伴，他1859年出版的《物种起源》有效地解释了动植物种包括人类的起源与发展。他坚称，一个物种内部存在变异（即个体之间的差异），体质性状只能通过遗传传递，自然选择决定生存。达尔文当然也有先驱，其中包括托马斯·马尔萨斯（Thomas Malthus，受其人口压力导致竞争这一见解的影响），还有地质学家查尔斯·赖尔（受其所坚持的渐变论影响）。

考古学的影响

达尔文著作对一些考古学家产生了直接的影响，诸如皮特-里弗斯（Pitt-Rivers）、约翰·伊文思（John Evans）和奥斯卡·蒙特柳斯（Oscar Montelius）等，为器物类型学研究奠定了基础。他对社会思想家和人类学家的影响更大，其中有卡尔·马克思（马克思也受到美国人类学家路易斯·亨利·摩尔根 [Lewis Henry Morgan] 的影响，见边码29）。

将进化原理用于社会结构时，并不遵循用于生物学定义物种的遗传传递的复杂机制。因为文化能够习得，要比父母与子女间的世代相传更加广泛。的确，用于讨论或解释的"进化"一词，常常只是意味着"构建通则"。在此，重要的是需明白，19世纪末人类学已大大偏离路易斯·亨利·摩尔根和爱德华·泰勒的宏观通则（broad generalizations），而较偏好详细的描述方法，常称"历史特殊论"（historical particularism），并与人类学家弗朗兹·博厄斯（Franz Boas）的名字相伴。"二战"前后，美国人类学家如莱斯利·怀特（Lesile White）和朱利安·斯图尔特（Julian Steward）又因摒弃博厄斯、追求通则和为长期变迁寻找解释，而成为创新者。怀特多年来可谓文化进化论的唯一倡导者，著有《文化的进化》（*The Evolution of Culture*，1959）等书。怀特与斯图尔特二人深刻地影响了1960和1970年代的新考古

学家，特别是萨利·宾福德（Sally Binford）、路易斯·宾福德、肯特·弗兰纳利（Kent Flannery）和戴维·克拉克（D.L. Clarke）。

最近的方法

进化论思想自然在思考人类起源上继续发挥着重要作用。遗传漂变（genetic drift）理论是考虑生物进化的一个重要因素，它解释了某种群随机的遗传波动将如何导致特定基因罕见变体的丢失。这是一个独立于自然选择的过程。还需要知道，进化过程未必渐进；"间断平衡论"（punctuated equilibrium）概念也发挥着作用，即一个物种可能在很长一段时间里没有进化变迁的迹象，直到某一时刻发生突然的

PROF. DARWIN.

变化。该过程绝非简单：详见第十二章的讨论。最近在美国广受争议的"智慧设计"（intelligent design）看来也于事无补：这无非是传统存在上帝之说的翻版，改头换面来掩盖设计者的身份——这不是科学。然而，人们日益意识到，达尔文的进化思想并没有提供能适当描述人类文化发展过程所蕴含的动力机制。"模因（meme）"的概念，据说是基于"基因"概念的一种可传递的特定变迁动力，但被证明并不实用。进化心理学对许多问题也于事无补。在此无迹象表明达尔文进化论不对或不合适。事实现在表明，借助电脑模拟、建模以及对诸如系统发生等分化研究的其他方法，可用于语言学、物质文化研究和分子遗传学。

图1.12 查尔斯·达尔文在漫画中被画成一只猿，漫画发表于1874年。这幅漫画用威廉·莎士比亚《爱的徒劳》中的一句话作为说明："这就是猿的模样"。

图 1.13　汤姆森向游客介绍按三期论布置的丹麦国立博物馆。

图 1.14　达尔文对早期类型学的影响十分显。（左）约翰·伊文思设法将马其顿菲利普的金币（上）推导至凯尔特不列颠硬币（下）；（右）蒙特柳斯对铁器时代饰针的排列，显示其演进。

三期论

　　就如我们前已提及，某些考古技术，特别是田野发掘技术已经发展起来。此外，另一项对欧洲史前学发展非常有用的概念工具：三期论也发展起来。虽然早在1808年，科尔特·霍尔就从他发掘的古坟中辨认出石器、铜器和铁器的序列，但是最早的系统性研究当属丹麦学者克里斯蒂安·汤姆森（C.J. Thomsen，1788～1865），他在1836年出版了哥本哈根国立博物馆指南，该指南的英译本《北方古物指南》（*A Guide to Northern Antiquities*）于1848年刊行。他在书中指出，博物馆藏品可以按照石器时代、铜器时代和铁器时代进行划分，而全欧洲的学者很快就发现这个分类非常有用。后来，石器时代又被细分为旧石器时代和新石器时代。这些术语对非洲和美洲并不适用，撒哈拉南部非洲没有用过青铜，而在美洲青铜并不重要，铁器要到欧洲人征服之后才使用。但是，它在概念上意义重大。三期论确立了这样的原理，通过对史前器物的研究和分类，我们可以得到一个年代学序列，进而探讨各时期的问题。考古学正在跨越仅凭对过去的揣测，而成为一门包含仔细发掘和系统研究出土物的

学科。虽然三期论已被精密时间断代方法所取代（见第四章），但是它仍然是今天划分考古材料的一种基本方法。

　　这三项至关重要的概念进展——人类的古老性、达尔文进化论原理和三期论——为研究过去并提出学术问题提供了一个框架。达尔文思想也以其他方式发挥着影响。这些思想认为，人类文化的发展方式很可能类似动植物种的进化。1859年后不久，诸如皮特-里弗斯将军（下文还将提及他）和约翰·伊文思等英国学者开始设想器物式样的演化方案，这导致了整个"类型学"方法的诞生——即将器物按年代学或发展序列来安排——后来被瑞典学者奥斯卡·蒙特柳斯（1843～1921）大大完善。

民族志与考古学

　　当时考古学思想的另一重要部分是认识到，民族志学家对世界各地现生社群的研究，对于试图了解自己本地早期居民生活方式的考古学家而言，可以说是有用出发点，因为这些群体明显拥有可供比较的简单工具和手艺。例如在北美，殖民主义思维意味着，与原住民社群的接触，为古物学家和历史学家提供了凯尔特人和布列吞人文身形象的模型。

　　在同一时期，民族志学家和人类学家本身也在制

定人类进步的方案。受达尔文思想的巨大影响，英国人类学家爱德华·泰勒（1832～1917）和他的美国同行路易斯·亨利·摩尔根（1818～1881）都在1870年代著书立说，声称人类社会是从蒙昧（原始狩猎）经野蛮（简单农业）向文明（社会之最高级形态）演进的。摩尔根《古代社会》（Ancient Society，1877）一书的思想——特别是人类曾生活在一种原始共产主义状态、平等共享资源的思想——深深地影响了马克思和恩格斯，他们在自己的著作中吸收了有关前资本主义社会的思想，于是影响了许多后来的马克思主义考古学家。社会累进的范式是在殖民主义中表述的，该范式认为西方文明是人类发展的顶点，这也是许多考古学家在解释过去社会时仍然与之抗争的一种后遗症。

发现早期文明

大约1880年代，现代考古学的许多基本观念都已经确立。但是这些观念本身是在19世纪新旧大陆古代文明重要发现的背景下形成的。

1798～1799年，拿破仑远征埃及之后，辉煌的古埃及文明引起了热心公众的注意。他的士兵所发现的罗塞塔碑为最终破解埃及象形文字提供了钥匙。石碑上用埃及和希腊两种文字刻写同一文本。经过14年的努力，法国人让-弗朗索瓦·商博良（Jean-François Champollion，1790～1832）利用此双语铭文，终于在1822年破译了象形文字。破译楔形文字的奥秘同样是学术探究中的绚丽篇章，这种文字在古代美索不达米亚曾被用于多种语言。亨利·罗林生（Henry Rawlinson，1810～1895）破译了楔形文字的密码，他花了20年时间，研究巴格达和德黑兰之间一处难以企及的峭壁上的公元前6世纪的三语摩崖铭刻。其他古文字直到20世纪才被破译，例如，艾丽丝·科博（Alice Kober，1908～1950）、迈克尔·文特里斯（Michael Ventris，1922～1956）和约翰·查德维克（John Chadwick，1920～1998）在对迈锡尼希腊文字进行了20多年的研究后，才在1952年破译了线型B文字。同时，古印度或哈拉帕（Harappan）文字尚未被破译。

美国律师兼外交官约翰·劳埃德·斯蒂芬斯（John Lloyd Stephens，1805～1852）也对埃及和近东着迷，但他却在新大陆扬名。他和英国艺术家弗雷德里克·卡瑟伍德（Frederick Catherwood，1799～1854）联袂前往墨西哥尤卡坦（Yucatan）旅行，并于1840

年代初共同出版了含精美插图的著作，首次向热情公众披露了古代玛雅的城市废墟。不像当时北美学者喋喋不休地将那里的土墩建造者归于已消失的白色人种，斯蒂芬斯正确地认为，玛雅纪念性建筑是仍居住在这一区域的玛雅原住民的祖先所建造的。斯蒂芬斯还指出，不同遗址见有相同的象形文字铭刻，这令他声称玛雅文化的同一性——但是一直要到1960年代，塔蒂亚娜·普罗斯库利亚科夫（Tatianan Proskouriakoff，1909～1985）才破译了玛雅文字。

图1.15 弗莱德里克·卡瑟伍德对一座科潘石雕精确而带有点浪漫色彩的绘画；1840年当他造访玛雅遗址时，象形文字尚未破译。

30

田野技术的发展

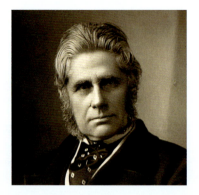

一直到19世纪末，才开始普遍采用比较健全的科学发掘方法论。从那时起，并在20世纪期间，涌现了若干重要人物，他们以各自不同的方式帮助建立起我们今天采用的现代田野技术。

奥古斯塔斯·莱恩-福克斯·皮特-里弗斯将军（General Augustus Lane-Fox Pitt-Rives, 1827～1900）

由于长期的戎马生涯，皮特-里弗斯将他的军事方法、调查的长期经验以及精确性，引入他对英格兰南部庄园无懈可击的发掘组织之中，制作平面图和剖面图，甚至模型，记录每件器物的精确位置。他并不在意获取精美珍宝，而是关心发现所有器物，不管它们如何不起眼。他是坚持全面记录的先驱，在他私人出版的四部著作中，描述了他1887年到1898年间在克兰博恩猎场（Cranborne Chase）的发掘，代表了考古学出版物的最高水准。

图1.16 皮特-里弗斯将军。

图1.17 正在发掘中的克兰博恩猎场的沃尔古坟（Wor Barrow）。该坟最终被夷平。

图1.18 （左）1890年代中期皮特-里弗斯发掘时的沃尔古坟探沟照片。

图1.19 （右）皮特-里弗斯详细记录的一例：克兰博恩猎场27号古坟平面图。

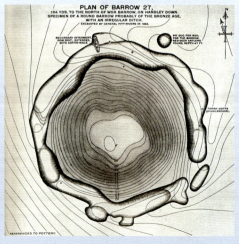

图1.20 （上）弗林德斯·皮特里1880年代初在埃及吉萨，他所居住的墓穴外。

图1.21 （上）希尔达·皮特里进入墓中，1897~1898年。

图1.22 （下）莫蒂默·惠勒爵士。

图1.23 （下）特莎·惠勒

图1.24 （下）莫蒂默·惠勒爵士1945年在印度阿里卡梅度的发掘。

威廉·弗林德斯·皮特里爵士（1853～1942）和希尔达·皮特里（Hilda Petrie, 1871～1956）

皮特里是比皮特-里弗斯年轻的同代人，他也以细致发掘、坚持收集和描述包括精品在内的一切东西而闻名。从1880年代开始直至其去世，他先后在埃及和巴勒斯坦的模范性发掘中运用这些方法。皮特里也创造了自己的排列法（seriation）或"序列断代"，用来将上埃及纳格达（Naqada）墓地的2200座土坑墓排出年代序列（见第四章）。希尔达·皮特里参与了埃及的许多项目，包括塞加拉（Saqqara）、阿拜多斯（Abydos）和阿拉曼特（Al-Amarnt）。她最重要的贡献是作为一名筹款人，提高并维持关于皮特里爵士发掘工作的关注程度，从而使这些项目可以得到持续的资助。

莫蒂默·惠勒爵士（Sir Mortimer Wheeler, 1890～1976）和特莎·范宁·惠勒（Tessa Verney Wheeler, 1893～1936）

惠勒在两次世界大战中参加英军作战。和皮特-里弗斯一样，他将军事上的精确性引入他的发掘中，特别是布方的办法（现以惠勒探方［Wheeler box-grid］而闻名，见第三章）。他因对英国山头城堡，特别是梅登堡（Maiden Castle）的工作而名声大噪。

不过，从1944年到1948年，他在任印度考古学总监时同样成就非凡，他举办了现代田野技术的训练学校，并发掘了哈拉帕（Harappa）、塔克西拉、贾尔瑟达（Charsadda）及阿里卡梅度（Arikamedu）等重要遗址，后者是他最著名的发掘之一。但是，后来对梅登堡、阿里卡梅度及贾尔瑟达的发掘，不可避免地使他许多基本的设想被否定。莫蒂默的妻子特莎·惠勒在英国许多发掘工作中的关键作用，直到1930年代后期在卡利恩（Caerleon）、利德尼（Lydney）和圣奥尔本斯（St. Albans）工作成果联名出版后才被真正认可。

图 1.25　格特鲁德·卡顿-汤普森。

图 1.26　多萝西·加罗德，第一位系统研究史前近东的先驱。

格特鲁德·卡顿-汤普森（Gertrude Caton-Thompson，1888～1985）

$\frac{31}{32}$

作为一名曾在剑桥大学学习史前学和人类学的富有的英国学者，卡顿-汤普森后来因其在埃及法尤姆（Fayum）具有先驱性的跨学科调查和发掘而闻名；之后，也许更广为人知的是1929年在大津巴布韦的发掘，她从地层中找到了可断代的器物，确认该遗址代表了非洲起源的一种重要文化（见边码482～483专栏）。南罗得西亚（当时叫津巴布韦）白人社群对其成果的激烈反应令她沮丧，以至于她拒绝继续在南非工作，而回到埃及和阿拉伯。

多萝西·加罗德（Dorothy Garrod，1892～1968）

1937年，多萝西·加罗德成为剑桥大学所有学科中的第一位女教授，很可能也是世界上取得教授地位的第一位女性史前学家。她在伊拉克扎尔济（Zarzi）和巴勒斯坦卡麦尔山（Mount Carmel）的发掘，为近东大部分地区从旧石器时代中期到中石器时代提供了钥匙，并发现了对了解尼安德特人和智人之间关系十分关键的人类化石。随着世界上最早农耕社会的前身纳图夫文化（the Natufian culture）的发现，她提出了一系列至今尚未完全解决的问题。

$\frac{34}{35}$

图 1.28　凯瑟琳·凯尼恩。

图 1.27　胡里奥·特略，20世纪当之无愧的最伟大的美洲原住民科学家——一位盖楚瓦印第安人（Quechua Indian）——和秘鲁考古学之父。

胡里奥·特略（Julio Tello，1880～1947）

特略是美洲第一位原住民考古学家，在秘鲁出生和工作，从业之初研究秘鲁语言学，投身人类学之前是一位称职的医生。他尽力唤醒人们对秘鲁考古学遗产的觉悟，并首先认识到查文·德·万塔尔（Chavín de Huantar）这个关键遗址以及其他重要遗址如塞琴·阿特罗（Sechín Alto）、塞罗·塞琴（Cerro Sechín）和瓦里（Wari）的重要性。他是最早强调秘鲁文明自主起源的学者之一，并创立了秘鲁国家考古博物馆。

凯瑟琳·凯尼恩（Kathleen Kenyon，1906～1978）

作为大英博物馆馆长的女儿和一位杰出的英国考古学家，凯尼恩曾在莫蒂默·惠勒（见边码31专栏）的指导下接受培训，发掘英国罗马时期的遗址，特别是在对地层学的严密掌控上采纳了惠勒的方法。后来她将这种方法用于近东巴勒斯坦极为复杂和最为难挖的两处遗址：杰里科（Jericho）和耶路撒冷。1952～1958年间，她在杰里科找到的证据可以将栖居的年代追溯到冰期之末（第七章）；而出土的新石器时代农业社群的筑墙村落被公认为"世界最早的乡镇"。

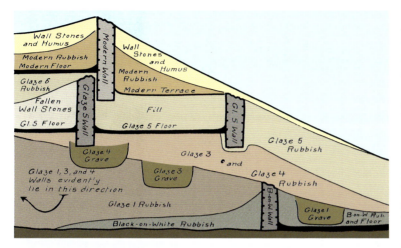

图1.29 艾尔弗雷德-基德绘制的佩斯科普韦布洛遗址剖面图。

图1.30 艾尔弗雷德-基德。

图1.31 哈丽雅特·博伊德·霍斯。

艾尔弗雷德-基德（Alfred-Kidder，1885～1963）

基德是他这个时代的美国顶尖学者。除了是玛雅考古的重量级人物外，他也主要负责1915年到1929年对新墨西哥州北部佩斯科（Pecos）一处大型普韦布洛（Pueblo）废墟的发掘，填补了西南部的考古学空白。他对该地区的调查《西南部考古学研究概论》（An Introduction to the Study of Southwestern Archaeology，1924）已成经典。

基德是第一位组织专家团队来帮助分析器物及人类遗骸的考古学家。他的区域策略"蓝图"也十分重要：（1）调查；（2）选择按年代学排列遗址中的遗存的标准；（3）排列成一个可能的序列；（4）按层位进行发掘以说明特定的问题；（5）更详细的区域调查和断代。

哈丽雅特·博伊德·霍斯（Harriet Boyd Hawes，1871～1945）

这位受过良好教育的美国人，专攻古典学，精通希腊语，刚毕业、20岁出头的她就骑在驴背上周游克里特岛，或孤身一人，或由一位女友陪伴，几度寒暑，在危险的地区寻找史前遗址。1901年，她发现了青铜时代古尔尼亚（Gournia）遗址——第一座未经发掘的米诺斯乡镇遗址——后来她用3年时间指挥着百名当地民工，发掘了这个遗址。她以堪称典范的方式发表了含

丰富插图的报告，至今仍被查阅。值得一提的是，报告的器物分类根据的是器物潜在的功能，并借鉴了当时克里特岛农村生活的民族志类比。

奥诺尔·弗罗斯特（Honor Frost，1917～2010）

自1980年以来，考古田野工作发展出几个新的方向，其中之一就是水下考古学。弗罗斯特将水下考古学引入英国，之前她在法国里维埃拉（Riviera）疗养期间，得到"二战"时期协助开发军用潜水肺的潜水员教授自由潜水。1960年，她与土耳其潜水员穆斯塔法·卡普金（Mustafa Kapkin）和美国摄影记者彼得·斯洛克莫顿（Peter Throckmorton），在土耳其附近的格里顿亚（Gelidonya）发掘了青铜时代的一艘沉船，首次证明了水下考古学作为一门严谨科学学科之价值。从那时起，此项发掘被认为是水下考古学的基准和杰出成就。

图1.32 奥诺尔·弗罗斯特。

如果《圣经》是探寻古埃及和近东失落文明背后的主要启迪，那么荷马叙事诗《伊里亚特》(Iliad)中有关特洛伊战争的描述则激发了德国银行家海因里奇·谢里曼（Heinrich Schliemann，1822～1890）的想象力，促使他开始寻找特洛伊城。凭借绝佳的运气和正确的判断，谢里曼于1870年代和1880年代从土耳其西部希沙利克（Hissarlik）的一系列田野发掘中找到了它。并不满足于这一成就，他接着也在希腊的迈锡尼发掘——像在特洛伊一样——他揭示出一个前所未知的史前文明。虽然谢里曼的发掘方法因粗糙和马虎而饱受诟病，但是在他那个时代几乎没有很严谨的发掘，而且他论证了如何能用土墩遗址的地层学解释来重建遥远的过去。毕竟，这是下一代考古学家的责任，在皮特–里弗斯将军和威廉·弗林德斯·皮特里的引领下，为现代田野技术奠定了真正基础（见边码30～33专栏）。

颇具讽刺意味的是，欧洲这种研究过去的零敲碎打方法，于1862年被印度考古调查所的创造所超越。该单位由印度政府资助，因为印度总督坎宁勋爵（Lord Canning）放话，"作为一个开明政权，倘若我们仍然允许这个研究领域……不做进一步审视的话，我们将颜面全无"。1922年，调查所总管约翰·马歇尔爵士（Sir John Marshall，1876～1958）发现了印度文明。正是他对青铜时代摩亨佐达罗（Mohenjodaro）（揭示了该城8千平方米的面积）和历史时期塔克西拉（Taxila）高质量的大规模发掘，使得他的报告在今天对这些遗址做空间再分析时仍然有用。大约在同时，1929年，师承性格怪僻的埃及学家玛格丽特·默里（Margaret Murray，1863～1963）的格特鲁德·卡顿–汤普森，在津巴布韦（当时是南罗得西亚）领导了全部由女性参加的、对壮观的大津巴布韦遗址的发掘。发掘采用的系统方法和细致的地层学将该遗址的年代推前，并证明了它是由现在原住民群体的祖先建造的，而非过去认为的那样，是由一类消失的"优越人种"所建造的。

分类与巩固

这样，在19世纪末之前，现代考古学的许多主要特征都已确立，许多早期文明也被发现。如今接踵而来的是这样一个时期，这一时期被戈登·威利（Gordon Willey）和杰里米·萨布洛夫（Jeremy Sabloff）在《美国考古学史》（A History of American Archaeolgy）一书中称为"分类—历史学时期"，并一直持续到1960年。就如他们恰当地指出的，该时期主要关注年代学，主要精力被放在建立地区年代学系统上，并对各区域的文化发展进行描述。

在那些早期文明繁盛的地区，用新研究和新发现来充实年代序列。艾尔弗雷德·莫兹利（Alfred Maudslay，1850～1931）为玛雅考古学奠定了牢固的科学基础。而德国学者马克斯·乌勒（Max Uhle）根据1890年代对秘鲁海滨帕查卡马克（Pachacamac）遗址的发掘，着手为秘鲁文明建立完善的年表。弗林德斯·皮特里在埃及进行了严谨的工作，尾随其后的是霍华德·卡特（Howard Carter，1874～1939）1920年代图坦卡蒙陵墓（见边码64～65专栏）的惊人发现。在爱琴海地区，亚瑟·伊文思（Arthur Evans，1851～1941）揭示了克里特岛上一个不为人知的文明，他称之为"米诺斯（Minos）"文明；米诺斯被证明甚至比谢里曼的迈锡尼还早。在美索不达米亚，伦纳德·伍利（Leonard Woolley，1880～1960）和凯瑟琳·伍利（Katherine Woolley，1888～1945）在乌尔（Ur）进行了发掘，这是《圣经》上亚伯拉罕（Abraham）出生的城市，从此将苏美尔人标注在古代世界的地图上。

但是，基本上是那些研究欧美史前社会的学者在20世纪上半叶作出了某些极为重要的贡献。杰出的澳大利亚籍英国学者戈登·柴尔德（Gordon Childe，1892～1957），是有关欧洲史前史和一般世界史的顶尖思想家和作家。在美国，研究美国原住民的人类学家和考古学家之间有着紧密的联系。人类学家弗朗兹·博厄斯（Franz Boas，1858～1942）反对其前辈摩尔根和泰勒的宏观进化构想，主张对田野信息的采集与分类给予更大的关注。海量文化特征，如陶器和篮子的设计，或鹿皮鞋类型的详细目录，得以建立。这又和某些考古学家所谓的"直接历史学法"联系在一起，这些学者试图将现代美国原住民的陶器和其他形制"直接"追溯到遥远的过去。赛勒斯·托马斯（Cyrus Thomas，1825～1910）和后来威廉·亨利·霍尔姆斯（W.H. Holmes，1846～1933）在东部的工作，得到了艾尔弗雷德–基德工作的补充，基德从1915年到1929年在西南部佩科斯普韦布洛的发掘，建立了该地

图 1.33 戈登·柴尔德教授 1930 年在奥克尼（Orkney）斯卡拉布雷（Skara Brae）的新石器聚落遗址。

区的年代框架（见边码 33 专栏）。后来，詹姆斯·福特（James A. Ford，1911～1968）为东南部建立了第一个重要框架。到 1930 年代，不同地区序列的数量如此之多，以至于以麦克恩（W.C. McKern）为首的一批学者建立起了所谓的"中西部分类系统"，通过分辨器物采集品之间的相似性，将中西部的序列联系起来。它也被用于其他地区。

与此同时，柴尔德几乎以一己之力在欧洲史前序列之间作了类似的比较。他的方法和"中西部分类系统"，都是设计来对材料进行排列的，以回答两个问题：器物是属于什么时期的？它们与其他什么材料共生？对后一问题往往含有柴尔德做出的明确设想：反复出现的一组采集品或"组合"（他用了"文化"[culture] 这一术语，麦克恩则称之为"面"[aspect]），可作为某特定人群的物质装备。于是，这种方法有望在非常一般的意义上回答"这些器物是属于谁的"的问题。答案可以是有名称的人群，即便给史前人群起的是现代名称而非它原来的名字。（现在看来这种方法有点危险，就像我们将在第十二章所讨论的。）

但是在他的综述性巨著，如《欧洲文明的曙光》（*The Dawn of European Civilization*，1925）和《史前期

的多瑙河》（*The Danube in Prehistory*，1929）中，柴尔德不只描述文化序列并对其交叉断代，而且试图说明它们的起源。19 世纪末，像蒙特柳斯等学者，就着眼于当时近东正在陆续显现的早期文明的丰富性，并声称，文明的全部特征，从石砌建筑到金属武器，都是通过贸易或迁移，从近东扩散或"传播"到欧洲的。基于自己的广见卓识，柴尔德修正了这种极端传播论的方法，并声称欧洲经历过某种本土的发展，然而柴尔德仍将主要的文化变迁归于近东的影响。

在他的后期著作如《人类创造了自身》（*Man Makes Himself*，1936）中，柴尔德继续试图回答更困难的问题：文明为何会在近东兴起？由于受马克思主义思想及较晚近的俄国马克思主义革命的影响，他提出，很可能有一场新石器时代革命引起了农业的发展，后来的"城市革命"导致了最早城镇的出现。在同时代考古学家中，像柴尔德那样敢于讨论过去事情为何发生或演变这类整个宏观问题的人，实在是绝无仅有。同时代的大多数学者更关心构建年表和文化序列。但是"二战"以后，具有新思想的学者就开始向传统方法挑战了。

生态学方法

从 1940 年代和 1950 年代起，新大陆最具影响力的一位新思想家是人类学家朱利安·斯图尔特（1902～1972）。像柴尔德一样，他十分关注文化变迁的解释，但是他将人类学家对现生文化如何运转的了解引入这个问题。他还强调这样一个事实，即文化不仅彼此互动，也会与环境互动。斯图尔特把引起文化变迁的适应方式研究称为"文化生态学"。也许，这些思想对考古学最直接的影响体现在戈登·威利（Gordon Willey，1913～2002）的工作中，他和斯图尔特是同事，1940 年代末在秘鲁的维鲁河谷（the Virú Valley）从事先驱性的调查。这项对前哥伦布时期 1500 年栖居的研究，综合涵盖对详细地图和航片的观察（见边码 84～85）、地面调查、发掘以及采集地表陶片，来为发现的几百处史前遗址断代。然后，威利将河谷中这些遗址的地理分布按不同时期标注——考古学的首次聚落形态研究（见第三章）——并将它们与当地环境的变迁联系起来。

但是，英国考古学家格雷厄姆·克拉克（Grahame Clark，1907～1995），独立于斯图尔特，建立了一种与田野考古方法更加直接相关的生态学方法。摆脱当时以器物为中心的文化历史学方法，他声称，通过研

图1.34　1953～1960年在玛雅聚落形态研究的伯利兹（Belize）河谷研究项目中，戈登·威利在巴顿·拉米（Barton Ramie）的一个探坑中。

究人群如何适应他们的环境，我们可以了解古代社会的许多方面。这就必须与各类新领域的专家进行合作：那些能够辨认考古材料中动物骨骼或植物遗存的专家，不仅可以帮助重建史前环境的图像，还能告诉我们史前人类的食谱。1949年到1951年间，克拉克在英国东北部斯塔卡（Star Carr）遗址的里程碑式发掘证明，从一处稍晚于冰期之末、没有什么石头建筑的不显眼遗址，我们可以从中收集到多么丰富的信息。细致的环境分析和采集的有机物表明，这曾是一处湖边营地，人们在此猎杀赤鹿，并食用各种野生植物。一种生态学方法的洞见无须限于个别或一批遗址：在《史前欧洲的经济基础》（Prehistoric Europe: The Economic Basis，1952）这部杰出的综述性著作中，克拉克为几千年间人类对欧洲景观的各种不同适应提供了全景视野。

从早期的生态学研究中，已经发展出环境和食谱重建的完整领域，这将在第六、第七章讨论。

考古科技的兴起

紧接"二战"后的时段里，其他瞩目的进展就是考古学科技辅助手段的迅猛发展。我们已经看到，使

用生态学方法的先驱如何与环境科学的专家们通力合作。但是，物理学和化学在考古学中的应用甚至更为重要。

最重要的突破出现在断代领域。1949年，美国化学家威拉德·利比（Willard Libby，1908～1980）宣布他发明了放射性碳（^{14}C）断代法。虽然要到10年以后，大家才认识到这一划时代技术成就的全面影响（见下文），但其意义非常清楚：即考古学家终于有了可以直接确定世界任何地方年代不明遗址和发现的年代的方法了，而无须求助于与已有历史学方法断代（一般是文献记录）的地区进行复杂的交叉文化比较。

传统上史前欧洲凭借与早期希腊、并（间接地）借此与古埃及可能的交往来断代，后者本身能用历史学断代。现在，放射性碳断代有望为古代欧洲提供一种完全独立的年代学。第四章将讨论一般的断代方法，特别是放射性碳。

科学技术在考古学中应用的发展如此迅猛，以至于唐·布罗斯维尔（Don Brothwell）和埃里克·希格斯（Eric Higgs，1908～1976）于1963年出版了《考古学中的科学》（Science in Archaeology）一书，近600页，由55位专家撰稿，不仅涉及断代方法和动植物研究，还有分析人类遗骸（见第十一章）和器物的方法（见第八、第九章）。

比如，器物研究对了解早期贸易有所帮助：通过痕量元素分析技术（测量材料中仅以微量存在的元素，见边码366～370），有可能分辨某些人工制品的原料及其产地。就像许多新方法一样，这一领域的研究可追溯到1930年代，当时奥地利考古学家理查德·皮蒂奥尼（Richard Pittioni，1906～1985）将痕量元素分析用于早期红铜和青铜制品。但是，一直要到战后的岁月，它才和其他新发展的科技手段一起开始对考古学产生真正的影响，例如，电脑和软件的日益强大，使得它们在材料处理的许多方面变得不可或缺。

过去几十年里，生物化学和分子遗传学导致了分子考古学和考古遗传学这门新学科的兴起。有机化学领域里的敏感技术开始能够精确分辨有机残渍，而同位素研究给予食谱与营养以全新的洞见。第一次对古

DNA的测序是在1984年，由加州大学伯克利分校的艾伦·威尔逊（Allan Wilson）团队发表，乃是对一种已灭绝的斑马亚种——平原斑马的博物馆馆藏标本的测序。考古遗传学从1997年开始吸引了公众的眼球，斯万特·帕博（Svante Pääbo）和他的同事报告了对尼安德特人线粒体DNA（即在细胞核之外、线粒体中的DNA，又称为mtDNA）的首次成功测序，测序样本来自德国尼安德山谷（Neander Valley），随后在2010年发表了对该尼安德特人样本的全基因组测序。帕博和他的团队得出结论，尼安德特人和欧亚人群之间可能存在杂交。

古今的DNA研究现在正在一种系统的分子基础上为研究人类进化以及动植物驯化提供了一条前途光明而又充满惊喜的途径。最近古DNA研究对物质文化的变迁是由于某社会内部的发明，抑或是由于新人群迁移这一问题的讨论有所助益（见第十二章）。

考古学的转折点

1960年代标志着考古学发展的一个转折点。此时，对这门学科研究方法的种种不满都表露了出来。这些不满并不针对发掘方法，也不针对新兴的科技手段，而是针对从这些方法中得出结论的途径。第一点是关注断代的作用。随着放射性碳断代的进展，在许多情况下年代能迅速确定下来，无须以往那种费时费力的跨文化比较框架。因此，确定年代已不再是研究主要的终极成果了。虽然它仍很重要，但是现在可以做得更有效，这使得考古学家可以超越单纯的年代学问题，进而去探索更具挑战性的问题。

对传统考古学不满的第二个且可能是更基本的原因是，除了侈谈什么人群迁移和假定的"影响"之外，传统考古学似乎从不打算解释任何事情。1958年，戈登·威利和菲利普·菲利普斯（Philip Phillips，1900～1994）在他们的《美国考古学的方法和理论》（*Method and Theory in American Archaeology*）一书中，主张强调社会方面、较宏观的"过程解释"，或文化历史中发挥作用的一般性进程研究。他们也谈到"为共同探寻社会文化因果关系及规律提供一种最终的综述"。

这些说得都挺好，但怎么来实践呢？

新考古学的诞生

在美国，这个答案至少部分是由路易斯·宾福德（1931～2011）为首的一批年轻考古学家提供的，他们着手为考古解释的问题提供新方法，这马上就被其批评者、后来被其支持者称为"新考古学"。路易斯·宾福德、萨莉·宾福德和他的同事用一系列论文，后又在一本编撰的文集《考古学的新视野》（*New Perspectives in Archaeology*，1968）中，力主反对那种设法用考古材料来撰写一种"伪历史"的方法。他们坚称，考古证据在研究过去社会的社会和经济方面的潜力还远未被认识到。他们对考古学的看法要比他们许多前辈来得乐观。

他们还声称，考古学推理应该非常清晰。结论不应仅凭做解释学者的个人权威，而应基于明晰的逻辑论证框架。在此，他们依据了科学哲学中的最新思想，即结论若要被视为可信，那它必须接受检验。

图1.35　路易斯·宾福德，"新考古学"的缔造者，正在讲授他在阿拉斯加纳缪特猎人中的工作。

过程考古学：关键概念

新考古学形成之初，其倡导者明确意识到较老的传统考古学的局限性，他们常常强调以下的反差：

考古学的性质：解释还是描述
考古学的任务现在是要解释过去的变迁，而不是单纯重建过去和复原人类生活。这包括运用清晰的理论。

解释：文化过程还是文化历史
传统考古学被认为依赖历史学解释；新考古学借鉴科学哲学，从文化过程来考虑经济和社会系统是如何发生变迁的。这意指总结。

推理：演绎还是归纳
传统考古学家视考古学为拼板游戏：一种"将过去拼合起来"的工作。而现在的恰当程序被视为提出假设、构建模型、推演结果。

确认：检验还是权威
假设需加以检验，结论不应凭借权威或研究者的名望。

研究的焦点：项目设计还是材料积累
研究应被设计来简练地回答某特定问题，而非只是提供许多不相关的信息。

方法的选择：定量还是定性
量化材料有其优点，可做电脑的统计处理，使得抽样和重要的检验成为可能。这比纯粹描述的传统方法更受青睐。

眼界：乐观还是悲观
传统考古学家常常强调，考古材料不适于重建社会结构或认知系统。而新考古学家颇为自信，声称只有设法去解决这些问题，我们才会知道它们的难度。

威利和菲利普斯倡导过程考古学精神，他们试图解释，而非简单进行描述。就像所有科学那样，他们试图用提出可行的通则来做到这点。

为了这样做，他们尽量不谈文化间彼此"影响"这类空论，而是将文化作为一种系统来分析，而这个系统还可以再分为一些子系统。这使得他们不再强调器物类型学和分类，而是从其本身来研究生计、技术、社会子系统和意识形态子系统，以及贸易和人口等问题。以这样的方式，他们在一定程度上正如1950年代的生态学方法所预期的开展研究，后者已经用非常相似的方式，研究我们称之为"生计子系统"的内容。

为了完成这些目标，新考古学家在很大程度上从历史学方法转向了科学方法。同时，英国也出现了类似的进展，并以戴维·克拉克（1937～1976）的工作，特别是以他的《分析考古学》（*Analytical Archaeology*，1968）一书为榜样，该书反映了新考古学家渴望在电脑帮助下采用更复杂的定量分析方法（电脑首先在1960年代用于储存、组织和分析材料），并借鉴来自其他学科，特别是地理学的思想。

必须承认，在热情借鉴和运用一批新方法的同时，新考古学家也引进了许多先前陌生的语汇（来自系统论和控制论等），被其批评者斥为"行话"而不予理睬。确实，近年来一些批评者反对这种对科学的某种渴求，而将其归入"科学主义"或"功能主义"范畴。早期过程考古学的大部分重点确实放在功能论或生态学的解释上，最初10年被视为代表了一个"功能—过程"阶段；近年来，紧随着一个"认知—过程"阶段，试图更积极地将早期社会象征和认知方面的考虑纳入研究计划之中。第十二章将考虑这些方面的许多看法。但毫无疑问，考古学将从此改变。今天大部分学者，甚至是早期新考古学的批评者，当他们同意考古学的目的除了描述以外，还要解释过去发生了什么时，都默认了其影响。大多数人也同意，为了干好考古，必须首先厘清、然后再审视我们的基本设想。这就是戴维·克拉克在他1973年所写的考古学"纯洁性的丧失"一文中表达的意思。

世界考古学

新考古学的问题取向和对清晰、量化程序的要求，导致了田野研究的新发展。这种田野工作计划也被一些并不认为自己是新思想学派拥趸的考古学家所采纳和认可。

首先，越来越强调田野项目要有明确的研究目的——这些项目要回答过去的特定问题。其次，生态学方法产生的新眼光清楚地表明，只有着眼于整个地区及其环境，而非孤立的个别遗址，诸多重要问题才能获得令人满意的答案。第三个进展与前两点相关，即认识到，为了有效实现这些目标，需要引入广泛田野调查和有选择发掘的新技术，伴以数理统计的采样程序和优化的提取方法，包括对出土遗物的干筛或水选。

这些都是当代田野工作的关键要素，将在第三章详细讨论。在此我们应注意到，它们的广泛应用已首次创建了一门真正的世界性学科：一门地理上覆盖全球、时间上贯通古今的考古学。

探寻起源

充分关注课题设计的先驱中，有芝加哥大学的罗伯特·布雷德伍德（Robert J. Braidwood，1907～2003）。他和琳达·布雷德伍德（Linda Braidwood，1909～2003）共同领导的一支多学科团队，从1940年代到1950年代在伊拉克库尔德斯坦系统地找到许多遗址，为近东的农业起源提供了证据（见第七章）。另一项美国课题，是由理查德·麦克尼什（Richard MacNeish，1918～2001）领衔的与之类似的一个新大陆项目：1960年代他们对墨西哥特化坎（Tehuacan）河谷的研究，极大地增进了我们对玉米栽培漫长发展过程的认识。

1950年代还见证了语言学与考古学相结合的大型研究项目。1956年，玛丽加·金芭塔丝（Marija Gimbutas，1921～1994）将独特的库尔干（kurgan）埋葬土墩的考古学研究和语言学研究相结合，提出了她的"库尔干假说"。金芭塔丝主要研究中欧、东欧和巴尔干半岛的新石器时代和青铜时代。她声称，在青铜时代初有一批说原始印欧语的父系人群，与他们特有的库尔干埋葬土墩相伴，从黑海北部向西迁移至中欧。最近，古DNA分析有力地支持了这一库尔干假说。

在整个考古学史上，具有明确考古学目标、追求最为执着之项目的荣誉也许非路易斯·利基（Louis Leakey，1903～1972）和玛丽·利基（Mary Leakey，1913～1996）莫属，他俩共同将我们直系祖先的已知年代推前了数百万年。早在1931年，他们就开始在东非奥杜威峡谷寻找人类骨骼化石，但是一直要到1959年，他们非凡的坚持不懈才得到回报，玛丽·利基（见边码443～444）在峡谷中发现了许多最早的人科动物化石（早期人类）。

各大洲的考古学

在非洲的研究是考古学领域在时空上向前拓展的一个例证。人类起源探索是一个成功实例，通过考古重新揭示非洲铁器时代人群的成就与历史，包括大津巴布韦的建筑，也是成功实例（见边码482～483专栏）。1970年，整个大陆的考古学知识被一位顶尖学者德斯蒙德·克拉克（J. Desmond Clark，1916～2002）撰写的第一部综述《非洲史前史》（The Prehistory of Africa）所推进。与此同时，在1960年代的澳大利亚，伊莎贝尔·麦克布赖德（Isabel McBryde）在新南威尔士的工作以及约翰·穆尔瓦尼（John Mulvaney，1925～2016）在南昆士兰的发掘，使澳大拉西亚（Australasia）成为新考古学成果斐然的一个地区。在澳大利亚的工作突显了当代考古学两个愈发重要的倾向：民族考古学（或"活的考古学［living archaeology］"）的兴起；对谁应控制或"拥有"纪念物和有关过去想法的日趋全球化的讨论，这两个倾向的考古学基础大都植根于殖民制度。与其他地方一样，这里的DNA研究影响深远，它使得撰写早期澳大利亚的基因史俨然成为可能。

在中华人民共和国，过去的30年里，中国社会科学院在考古学上一直鼓励当地积极开展考古工作，有些则由北京的考古研究所领导。自2013年以来，两年一届的上海论坛已经发挥了世界考古学最重要会议的角色。现在，它已与世界考古大会（World Archaeological Congress，见边码46），以及资历更老的国际史前史和史前史科学联盟（Union Internationale des Sciences Préhistoriques et Protohistoriques）并驾齐驱，成为一个并不由欧洲学者主导的重要会场。在一些国家，特别是那些有马克思主义传统的国家，因为考古工作由中央组织和指导，它的出版物也由集体署名，而非个人，中国就是如此，例如，中国浙江省的良渚古城发掘报告由浙江省文物考古研究所署名。

现存的过去

新考古学从一开始就将重点放在解释上——特别是解释考古材料是如何形成的，出土的建筑和器物从人类行为来看意味着什么。大家逐渐认识到，探讨这些问题一个最有效的办法，就是研究现生社会中的物质文化和行为。民族学观察本身并不新鲜——自19世纪开始，人类学家就一直在研究美洲和澳洲的原住民。

新颖之处是考古学的关注，就如"民族考古学"或"活的考古学"这个新名称所强调的。伊莎贝尔·麦克布赖德和理查德·古尔德（Richard Gould）在澳洲原住民之中、让·萨松（Jean Sassoon）在肯尼亚波克特（Pokot）部落、理查德·李（Richard Lee）在南美的!昆桑人之中、布丽奇特·奥尔欣（Bridget Allchin，1927～2017）在印度、拉尔夫和罗丝·索莱茨基（Ralph and Rose Solecki）在伊拉克，以及路易斯·宾福德在纽纳缪特人中的工作，创立了民族考古学——将在第五章详细讨论——这成为整个学科最为重要的新进展之一。

考古学家日益介入现生社会，这些社会对其自身遗产和自身诉求的觉悟也同时高涨，于是出现了这样的问题：谁可获取或拥有过去？比如明显的是，欧洲人定居之前，澳洲原住民是当地的唯一居民。那么，是否可以说，只有澳洲原住民自己才能掌控针对他们祖先的考古工作——即便其年代早在20000年前或更早？这一重要问题将在第十四章进一步探讨。

像伊莎贝尔·麦克布赖德、约翰·穆尔瓦尼和里斯·琼斯（Rhys Jones，1941～2001）等考古学家，与原住民肩并肩战斗，阻止开发商破坏诸如塔斯马尼亚的澳大利亚部分珍贵古代遗产。日增的对立令瑞典裔澳大利亚考古学家莱拉·哈格隆德（Laila Haglund）成为致力于在澳大利亚建立商业考古学者的领军人物。随着世界经济发展步伐的加快，各地考古学家必须适应，并学会抢在推土机或耕犁之前抢救历史遗产。实际上，这类大多由政府资助的抢救性考古的激增，为我们城镇考古提供了新的动力——在欧洲称为"中世纪或后中世纪考古学"，在美国及其他地方叫作"历史考古学"。

1980和1990年代的解释考古学方法

与新考古学发展的同时，在1980和1990年代，考古学家开发和追求各种不同的新方法。这些方法被统称为"后过程论"，并被用来探讨考古学阐释的客观性，以及多种声音和多种过去的可能性这类有趣而艰难的问题。某些颇具影响的论点最初由伊恩·霍德（Ian Hodder）（恰塔霍裕克的发掘者，见边码44～45）提出，强调从事考古学推论并没有单一和正确的方法，而客观性的目标是不可企及的。甚至连考古"材料"本身也是由"理论所承载"，并可能有许多种阐释。各种阐释考古学，往往排斥跨文化比较的倾向和以通则为特点的过程考古学解释模式。这些方法向考古学家

日本考古学史

就像欧洲和北美的考古学反映着这两个大陆的政治进程，日本考古学史可以放在东亚历史和日本在世界上的作用的大背景下来进行理解。

19世纪晚期，作为对西方殖民影响的反应，考古学是被视为现代化国家的一种方式引入日本的。在形成阶段，考古学热切追寻的主题是日本民族的起源，尤其是本地的原住民被一支种植水稻的农业人群所替代，有人声称，这支被认为是日本皇室的直系祖先的农业人群来自朝鲜半岛。日本人和朝鲜人同祖的看法也使他们相信，形成"一个国家"是很自然的——这个典型的殖民主义逻辑让日本向朝鲜的扩张合法化，并在1910年完成合并达到顶点。

对人群移动和种族身份的强调一直持续到1945年的"二战"之末，日本的战败使日本考古学开始反思政治对考古学的操纵，并导致马克思主义考古学的兴起。这使得考古学开始调查日本古代社会不平等和作为帝国制度基础的专制的起源，并认为后者是给日本及周边国家带来灾难的根源。1960年代日本经济开始复苏，考古遗址的大规模损毁，促使当地政府牵头进行抢救性考古并开始系统地保护遗产。但是，自1990年代经济发展开始放缓，日本考古学再次发生了变化。马克思主义考古范式的衰落，使考古学理论框架呈现一种真空状态，尝试性新方法大量涌现，同时考古学者日益明白考古学实践的社会责任。2008年6月，日本国会参议院（即上院），一致通过了阿依努人（Ainu）为日本原住民的动议。在这种社会运动的推动下，日本考古学对国际对话持更加开放的态度，并肯定将一以贯之地持续下去。

提出了挑战，也就是说，他们要对他们的设想，特别是在任一研究问题或设计中所带有的自身政治或社会偏见，有更多的自知之明。

后过程考古学较为极端的形式，被斥为"相对主义"和"随便怎样都行"的研究方式，至此考古研究与小说（或科幻）的界线就难以区分了。阐释方法的一个强项，是将过去个人的行为和思想纳入汇聚的焦点，这也是认知考古学的目的（见第十二章）。但是，它超越了认知考古学方法论中的个人主义（methodological individualism），它声称，为了理解和解释过去，我们有必要采用一种"移情"方法，"进入大脑"，并揣摩古人的思想。在观察复杂肖像学具象作品——如绘画——的象征系统时，这不失为一种合乎逻辑的目标，但当没有图像材料时，度人所思又谈何容易。

迈克尔·尚克斯（Michael Shanks）和克里斯托弗·蒂利（Christopher Tilley）的早期著作一开始就招致了这种反应（见第十二章）。但在他们后续的著作中，他们和实际上大多数后过程考古学家一样，采取了一种不太咄咄逼人的反科学论调，强调采用各种个人及往往是人文的洞见来建立各种不同的领域和兴趣，承认不同社会群体的不同视角，并接受后现代世界中产生的"多元声音"。上述争论其实已经是老生常谈，近年来出现了不同观点的某种融合，过程论和后过程论之间的区别不再泾渭分明，或甚至未必有区别。诸如米歇尔·赫格蒙（Michelle Hegmon）2003年杜撰的"过程论加（processual plus）"等新术语，有助于弥合两者的分歧。现在，考古研究一般包含一种较为整体方法的倾向，即将不同的视角结合起来。

考古学与性别

性别考古学起源于女权主义考古学，后者的明确目标就是揭露和纠正考古学的男性中心主义（男性偏见）倾向。毫无疑问，在现代社会中，包括女考古学家在内的女专家角色往往十分尴尬。以多萝西·加罗德为例，作为英国第一位考古学女教授（见边码32），在她获得职位的1937年，她所在的大学（剑桥大学），本科女生在她们修完课程后并不授予学位，只给一张文凭。无论过去还是现在，这在学术界一直是需要纠正的不公平现象，而这正是女权主义考古学的早期目的之一。它的第二个目的是要更清楚地说明经常被忽视的女性在过去历史中的作用，并纠正许多考古学著

解释或后过程考古学

41

后过程理论是许多研究过去的方法的统称，它们都根植于1980和1990年代发展起来的后现代主义思潮。

新马克思主义的要素有一种对社会觉悟的强烈承诺：考古学家的责任不仅是描述过去，而且还要用这些洞见来改变当今世界。这与许多过程考古学家对于客观性的志向，形成非常大的反差。

解释学观点摒弃作为过程考古学另一项特点的通则（generalizations），而是强调每个社会、每种文化的独特性，并强调需要从其全面背景来研究丰富的多样性。一个与此相关的看法强调，不可能有单一的正确解释：每位观察者或分析者都有权发表各自对过去的见解。因此，看法会千差万别，视角也各不相同——这正是解释考古学所强调的内容。

后实证论方法挑战过程考古学至关重要的对科学方法系统程序的强调，声称科学方法必须放到科学家自身以及他们所效力的研究机构的社会和政治背景中来加以理解。

现象学方法强调个人的体验，强调人与物质环境和器物的相处，以及这些器物塑造我们理解世界的方式，例如，在景观考古学里，考古学家尝试去理解景观如何塑造了人类的体验，就像人类活动改变和造就了景观一样。

能动性（agency）和实践方法强调人类"动力"在维持和改变社会或社会结构上的关键作用。许多社会规范和社会结构是由无意识的习惯性经验所构建和塑造的，这种经验往往从某人所在的实体环境中得到暗示。通过对这些暗示的误读或者通过选择，人类的行动会变得有点反常，甚至颇令人改观。这种方法强调某人的举动和他可以做出选择的社会背景之间的固有关系。

作中的男性偏见。在发表于1984年的一篇论文中，玛格丽特·康基（Margaret Conkey）和珍妮特·斯佩克特（Janet Spector，1944～2011）指出了考古学科中的男性中心论（男性偏见）。就如玛格丽特·康基所指出的，有必要"重申妇女的经验是正当的，将这种经验理论化，并利用这种理论来构建一种政治行动的纲领"。但是，她们提出的问题一直要到1990年代才被广泛探讨，因为直到那时，考古学中才有了一种合适的批评氛围。在英国，这是由后过程考古学的发展所提供的，而大部分女性研究就是在这种框架中进行的。

女权主义考古学的中心思想很快成为性（sex）和性别（gender）之间的分野。有人声称，性——即女或男——可以认为是由生物学决定的，可以用考古学从骨骼上来确定。但性别——最简单就是男人或女人——则是一种社会建构，涉及个人在社会中与性别相关的作用。性别的作用在时空上差异极大。亲属制度、婚姻制度（包括一夫多妻、一妻多夫等）、继承制度和劳动分工，虽然都与生物学的性别有关，但并不由生物学的性别所决定（见专栏，边码194～195）。

玛丽加·金芭塔丝不但为欧亚大陆的迁移史作出了贡献（第十二章），而且还因她研究欧洲东南部和安纳托利亚的女性雕像而闻名，《古老欧洲的女神与神祇》（*Goddesses and Gods of Old Europe* 1974）就是一例。她提出，受女性价值左右的古老欧洲，随着接踵而来的青铜时代东印欧语系男性武士等级制的崛起而消亡。

因为支持"母神"象征丰饶的概念，玛丽加·金芭塔丝受到了一些公众的热切追捧。最近对土耳其新石器时代初恰塔霍裕克的发掘，确实发现了用黏土烧制而成的女性塑像（见专栏，边码44～45），如今女神崇拜者经常造访发掘现场，他们的观点受到了发掘者的尊重，即便未必认同。但是也有质疑的声音。伊恩·霍德声称："新石器时代早期精致的女性象征是将女性物化和从属化的表现。……也许，将女人而非男人作为物品展示，是因为女人已经变成了包含所有权和男性欲望的物品。"彼得·乌柯（Peter Ucko，1938～2007）对爱琴海出土的相似遗存进行了仔细的研究，显示许多小雕像其实缺乏可供鉴定的性别特征，这一观点也得到了马尔特斯（Maltese）证据的最新支持。墨西哥瓦哈卡形成期（约前1800～前500）也得出了十分不同的结论，认为这些陶俑是由妇女制作的，并用于祭祀，但是它们在祭祀中常常代表祖先而非神祇。琳恩·梅斯克尔（Lynn Meskell）在一篇公开批

评女权主义的文章中提到了"伪女权主义"与"母神"的关系，她把金芭塔丝的研究视为：

> 沉迷于"建立"一种两极对立、刻板的性别角色、蛮族入侵和文化阶段等现已被认为过时的认识论框架。不幸的是，许多对性别感兴趣的考古学家被历史虚构和情感叙述所吸引。在这个节点上，正确的女权主义研究需要摆脱方法论缺陷、颠倒的性别歧视、混杂的材料以及纯粹的幻想。（Meskell 1995, 83）

玛丽·路易丝·斯蒂格·索伦森（Marie Louise Stig Sørensen）在她影响深远的著作《性别考古学》（*Gender Archaeology*，2000）一书中，探讨了社会角色和性别之间的关系，并将这些想法从理论落实到了实践之中。不久前的2013年，考古学家联合地球科学家成立了一个名为"手铲宣传者"的组织，旨在凸显女性在考古学上的贡献。这个组织大力推进在考古学史上对女性的认可，并特别强调了随着时间推移女性之间的关系网对促进考古学进一步发展的重要作用。

近来的思潮

从1990年代以降，过程考古学立场与解释考古学立场之间理论冲突的消退，为考古学的其他方法提供了空间。有些考古学家探索兼顾个人结构与社会结构的解释方法。"能动性和实践理论"就是一个著名的例子，它源自安东尼·吉登斯（Anthony Giddens）和皮埃尔·布迪厄（Pierre Bourdieu，1930～2002）的研究，并对考古学思想产生了巨大影响。吉登斯认为，人类能动性与意图及两种结构发生作用，且能动性由社会制度和它们的物质环境所构建。人类能动性可以选择顺从默认的规则来维持社会惯例，或者采取行动来反对它。因此，大规模的社会系统和社会结构是由人的意图所创造的，并具有改变的潜能。然而，根据布迪厄的看法，人类的行为是从实践理论家所谓的"习性"（habitus）出发的——不加思考、心照不宣、按基本常识行事。人们在社会上常常是随波逐流的（比如物质物体、现成的环境和其他人的态度），而做这些事情通常不是有意识的活动。当这些社会提示受到挑战或被误解时，习惯和文化便会随之改变。因此，要了解个人，就应理解使行为和变化成为可能的关联。

当前考古学中最有影响力的理论之一，是有关身份和身体的理论。至少从马克思主义考古学出现以

42
43

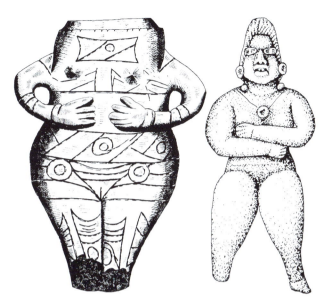

图1.36～1.38 象征女性权力的不同图像?（左）罗马尼亚维德拉（Vidra）出土的新石器时代女性人形瓶；（中）墨西哥瓦哈卡圣何塞·莫戈特出土的萨波特克塑像；（右）马耳他哈扎伊姆（Hagar Qim）新石器时代晚期出土的石坐像，原来可用绳子操纵的头已经不见（高23.5厘米）。

来，考古学家就一直在探索身份认同的问题，随着性别考古学的影响力渐增，从1970年代开始，有关这个问题的讨论更为热烈。考古学家从诸如朱迪思·巴特勒（Judith Butler）等理论家那里得到了启发。巴特勒通过研究，向当代性别设想提出了挑战，这一设想认为性别、性别的作用和性意识是自然的或普遍的。她声称，许多身份认同并非与生俱来，而是一个人通过仪式、着装和日常生活中的行为表现出来的。这种视角为许多考古学家的研究提供了启示：例如，罗斯玛丽·乔伊斯（Rosemary Joyce）研究了仪式活动是如何赋予古代中美洲儿童性别的，安东尼·哈丁（Anthony Harding）探讨了斯堪的纳维亚青铜时代的青铜小刀是如何被用来构建男性身份的。研究过去身份如何被构建，也促使学者创造性地观察人体，并观察它在不同社会里被看待、被概念化和被展示的各种途径。

另一个重要的进展是越来越重视人工制品本身——物质材料——在人类关系的发展，以及在推动社会和技术变迁中所发挥的作用。这种观点的关键是"物质性"这一术语，它既可以指某物品的一般性质，也可以指人与物之间的关系。当物品能引起人的反应、扩大人的影响力，或厘定人的身份时，丹尼尔·米勒（Daniel Miller）等人类学家，探讨了物品如何具有人一样的性质。特定物品在社会生活中具有主动作用的观点，使得"能动性"也适用于讨论东西。这是"表演者网络理论"（actor network theory）（见第五章）的创新之一，它观察人与物之间的关系是如何建立起一

种网络的，而社会就是由这种网络关系组成的。

考古学最后的新发展，与在解释过去时，西方概念和各种"常识"遭到的挑战相关。例如，马丁·霍尔布拉德（Martin Holbraad）等人类学家声称，尽管探索物品的主动作用，拓宽了对过去人们如何在这个世界上生活的可能性的解释范围，但这些分析仍倾向于在西方知识传统的争论和设想中进行。现在，考古学家和人类学家提出一种本体论的转向，因而任何解释都必须对这样一个事实保持警惕：即我们所研究的人群、他们的关系与活动，可能在各个方面都在西方范畴和现实之外。本体论学者设法从"他者（otherness）"的角度去理解他者，而不是在西方视角总是优于被研究的人群，或者比他们更加"真实"的设想中去理解他者。这一观念转变，是对过去"去殖民化"的进一步努力，也在转变将不合西方价值观的行为方式简单化或轻蔑化处理的倾向。

多样化的过去和原住民考古学

现在考古学家要比以往任何时候都更加质疑那些决定了过去表现方式的含糊设想和传统历史。这点再没有比在原住民考古学中更为流行的了，它是当今考古学科的根本（第十四、第十五章）。历史上，被殖民主义边缘化的群体，如美洲和澳大利亚的原住民人群常常发现，在物品和遗存的处理、文化和知识产权的所有和使用方面，他们的利益总是被忽视和误解。现

44

行动中的解释考古学：恰塔霍裕克遗址

对土耳其这处重要的早期农业遗址的研究历史，可以很好地说明过去60年里考古学方法的转变。

最初的发掘

考古学家詹姆斯·梅拉特（James Mellaart，1925～2012）从1951年起对土耳其中南部肥沃的科尼亚（Konya）平原进行调查，并于1958年发现了这处遗址。他从1961年开始发掘该遗址，其发现的重大意义很快显现。高达21米的土丘掩埋着一座新石器时代早期（早期农业）乡镇的遗存，其范围占地13万平方米，布局紧凑，深厚的地层堆积至少可上溯至公元前7200年。保存良好的房屋有粉刷的墙壁，有些还有精美绘画和粉刷装饰，与公牛头骨和包括泥塑人像在内的发现共出，其中有些泥塑人像是女性，可能是某些学者推测的"母神崇

图1.39   梅拉特著作中对"VI.A.10神龛"的复原；请注意墙上的公牛头骨和泥塑。

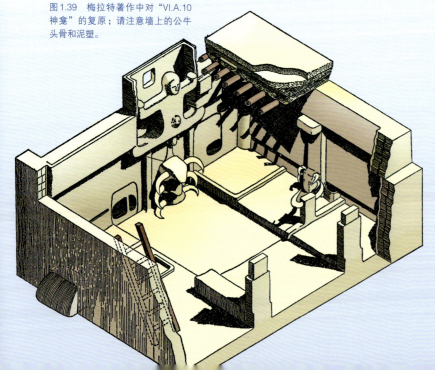

拜"。出土了织物（亚麻）及动植物遗存，还有用来制作大量工具的黑曜石，其痕量元素分析（见边码363～369）表明为本地所产。1965年，发掘中止，留下许多未解决的问题，特别是，究竟梅拉特在遗址西南部发掘揭露出的是一个"宗庙区"，还是这类大量含壁画和其他象征物品的房屋也见于土丘的其他部分？尚不清楚。

后续研究的目标

伊恩·霍德，这位1980和1990年代后过程运动中最具影响力的人物之一，面对该遗址发出的挑战，于1993年开始做地面调查。课题的目的之一，是利用现代田野考古技术来调查遗址的结构及其建筑物的功能，以求回答梅拉特留下的未能解决的关键问题。而且，地下水位的下降也使得对遗址下部未发掘部分的调查变得十分紧迫，这些未发掘部分被认为很好保存有诸如木头、木器、篮子等有机物，甚至也许有未烧过的泥

图1.40   梅拉特发现的一具大型"母神"泥塑，手扶着两头猫科动物。

版，这迫使1999年的发掘季节长达6个月。

但是，伊恩·霍德还确定了自己更具雄心的目标，恰与后过程论争议中兴起的"解释学"方法相合。首先是建立地层学发掘的一种更灵活和更开放的途径。这包括鼓励"手铲边的阐释"。发掘时由发掘者和各行专家围绕在一起讨论。再接着，不同专家快速地处理探坑中出土的材料，快得足以将信息马上反馈给发掘者。发掘者也被要求做录像记录，并用日记记下他们发掘时的阐释，而所有材料放在一个互动的资料库中。

第二个目标同样允许通过不受限制、有多种声音的途径来对整个遗址做出解释，不但允许不同专家发表看法，而且当地居民，甚至游客也都可以发表见解，尤其是那些认为该遗址在母神崇拜（与玛丽加·金芭塔丝一致）的起源上具有重要意义的人（见边码42～43及419）。

发掘资料可从课题网站（http://www.catalhhoyuk.com）上获取，于是这就超越了迅速发表成果的单纯意图：它符合后过程论和解释学的意愿，让所有愿意参加的人提出多元和不同的解释。尽管发掘者有义务运用他们对遗址的专门知识来提出解释，但是考古学追求的是获得这些阐释的一种包容性方法。

相伴的人类学课题关注生活在周边村落里的社群（其中一些人在遗址上被雇用）、参观遗址的国内外游客、母神团体和崇拜者、地方和中央政府官

图 1.41 恰塔霍裕克发现的骨质小雕像。

图 1.42 伊恩·霍德指导下的发掘。

员，以及对遗址感兴趣的艺术家和时装设计师。这种"多点位"民族志学被视为用于恰塔霍裕克遗址的"反身方法论"（reflexive methodology）的组成部分。

以同样的精神，几支半独立的发掘队在该遗址的不同地区工作：包括一支伯克利考古学家团队，一支来自波兰波兹南的团队，还有三支土耳其发掘队。1990 年代初，沙希娜·法里德（Shahina Farid）成为恰塔霍裕克的领队，她在这个职位上干了将近 20 年，管理着 200 多名研究人员和学生，并构建了该遗址的地层序列。

成果

这些"新"发掘已经持续了 20 年以上，现在已有可能采用"反身方法论"所提供的见地来评估其与 40 年前有何种程度的不同。当然，大量出版物问世，包括一本由遗址守护者萨德丁·杜拉尔（Sadrettin Dural）撰写的书籍。

对房屋地面沉积物所做的详细微残渍和化学研究获得的新看法表明，诸如梅拉特"VI.A.10 神龛"之类的建筑，是日常用于各种功能的房屋。恰塔霍裕克遗址中复杂的象征性发现是日常生活的组成部分。与男人及动物一起出土于庖厨垃圾堆积背景中的女性雕像，未必是神祇或母神。虽然也有人批评霍德的方法，但是它无疑是一项颇具影响力的项目，其中一种与众不同且条理清楚的理论途径，确实对考古学实践产生了重大影响。

事实上，恰塔霍裕克的实践是建立在一种强大的土耳其考古学传统之上的。20 世纪中叶，考古学家、积极分子、前奥林匹克击剑运动员哈蕾特·坎贝尔（Halet Cambel，1916～2014）发掘了黑山（Karatepe）的赫梯城堡，她在那里发现了赫梯的"罗塞塔碑"，上面有赫梯和腓尼基两种文字。她的学生乌福克·埃森（Ufuk Esin）继续领导阿西克里霍裕克（Asikli Höyük）的发掘，并制定了可谓多学科的发掘实践，这种做法因用在世界几处著名的遗址如附近的恰塔霍裕克本身，而闻名遐迩。曾经领导过恰塔霍裕克一支发掘队的米尔班·厄兹巴沙兰（Mihriban Özbaşaran），现在是阿西克里霍裕克项目的负责人，并将该项目的革命性遗产发扬光大。批评归批评，该项目也采用了现代的理论和分析方法。

图 1.43 根据 1 号建筑物中的发现所做的复原。

在，这些群体正设法在定义、解释和管理他们的遗产上取得更大的影响力。像克莱尔·史密斯（Claire Smith）和马丁·沃布斯特（H. Martin Wobst）等考古学家声称，考古从业人员有责任帮助原住民发声，当被问及诸如谁能从考古学研究中获益、考古学家是否有权控制别人的过去，以及西方考古学理论与方法是否在任何特定的背景下都是最好的方式这类问题时，要确保原住民人群也能被考虑在内。

现在，世界各地的诸多考古项目，都从研究设计的最初阶段就开始与原住民团体合作。在南非，克兰威廉生活景观项目（Clanwilliam Living Landscape）正是考古学家和当地人群成功合作的一例。这个以社区为基础的文化遗产和教育项目于1990年代启动，利用考古学和当地景观作为学习框架，并将原住民群体的后裔与他们被殖民主义割裂的历史重新连接起来。

四年一届的世界考古大会（World Archaeology Congress，WAC）是增加上述问题可见度的关键，它于1986年由英国考古学家彼得·乌柯创立。在担任澳大利亚原住民研究所所长后，彼得·乌柯意识到，有必要建立一个能让原住民发声，并且被倾听的平台。虽然1994年印度新德里的会议因印度内部分歧而受阻，而2003年打算参加华盛顿特区大会、来自阿拉伯和发展中国家的代表在美国入境签证时被拒，但是世界考古大会还是成功地建立了一个论坛，不同族群的考古学家能够在此获得尊重和鼓励。

"全球化"的性质也引起了许多问题，这一概念本身就是西方技术进步的产物，尤其是后殖民时代思想家将西方构想的"文化遗产管理"观念视为将西方价值观强加于人；正式认可的"遗产"概念，也许会导致一刀切，并导致文化的多样性被轻视。从这种批评观点来看，甚至联合国教科文组织主持的"世界遗产地"名录（见第十五章），也是由西方制定的"遗产"概念所主导的。

这类问题也被我们身边的西方考古学家所提出。人们对最近几个世纪直至今日的考古学兴趣日增，以至于有关"遗产"的确切含义成了聚讼不断的术语。尽管考古学的某些方面在21世纪初不免存在争议，但是它们在某些方面还是非常积极的。它们强调了过去对于当今世界的价值，它们也导致一种意识，即文化遗产是人类环境的一个重要组成部分，在某种程度上就像自然环境一样脆弱。这意味着考古学家在取得与我们现代世界的一种平衡看法上，发挥着重要的作用，而现代世界不可避免是过去世界的产物。阐释工作现在看来要比过去想象的更为复杂：它是40多年前伴随新考古学的"纯洁性丧失"的真谛所在。

图1.44　克兰威廉生活景观项目。

$\frac{46}{47}$ 小 结

▶ 考古学的历史既是新观念的历史和看待过去方式的历史，也是应用这些观念和研究问题的历史。

▶ 虽然人类一直在揣测他们的历史，但是一直要到1784年，托马斯·杰弗逊才进行了考古学史上的第一次科学发掘。当三项伟大进展，即人类的古老性、进化的概念以及三期论被接受，考古学这门学科才在19世纪牢固确立，才为研究和询问有关过去的学术问题提供了一个框架。

▶ 考古学的"分类-历史学"期从19世纪一直持续到1960年，而其主要关注点是构建和研究年代学。在这一时期，考古科技方法突飞猛进，特别是在断代领域。

▶ 1960年代标志着考古学的一个转折点，对"分类-历史学"方法的不满，导致了新考古学的诞生。新考古学又叫过程考古学，它的倡导者试图解释过去，而非简单描述过去。为了做到这点，新考古学家大体都偏离历史学方法，而青睐科学。

▶ 1980和1990年代的新思潮，包括一些后现代思想，促进了解释考古学或后过程考古学的发展。它的倡导者认为，在进行考古学推理的时候没有单一的正确途径，而研究的客观性是不可企及的。解释考古学强调不同社会团体的不同视角，主张每个人并不以相同方式体验过去。

▶ 在后殖民主义世界，考古学在确立民族和族群认同上发挥着重要的作用，而遗产旅游是个盈利可观的行业。

深入阅读材料

于考古史有益的入门书包括：

Bahn, P. G. (ed.). 1996. *The Cambridge Illustrated History of Archaeology.* Cambridge University Press: Cambridge & New York.

Bahn, P. G. (ed.). 2014. *The History of Archaeology: An Introduction.* Routledge: London.

Browman, D. L. & Williams, S. (eds.). 2002. *New Perspectives on the Origins of Americanist Archaeology.* University of Alabama Press: Tuscaloosa.

Cohen, G. M. & Joukowsky, M. S. 2004. *Breaking Ground: Pioneering Women Archaeologists.* The University of Michigan Press: Ann Arbor.

Daniel, G. & Renfrew, C. 1988. *The Idea of Prehistory.* (Rev. edn) Edinburgh University Press: Edinburgh; Columbia University Press: New York.

Fagan, B. M. 1996. *Eyewitness to Discovery.* Oxford University Press: Oxford & New York.

Fagan, B. M. 2018. *A Little History of Archaeology.* Yale University Press: New Haven.

Freeman, M. 2004. *Victorians and the Prehistoric: Tracks to a Lost World.* Yale University Press: New Haven.

Harris, O. J. T. & Cipola, C. N. 2017. *Archaeological Theory in the New Millennium: Introducing Current Perspectives.* Routledge: London & New York.

Hodder, I. & Hutson, S. 2003. *Reading the Past: Current Approaches to Interpretation in Archaeology.* (3rd edn) Cambridge University Press: Cambridge & New York.

Johnson, M. 2010. *Archaeological Theory: An Introduction.* (2nd edn) Blackwell: Oxford & Malden, MA.

Preucel, R. W. & Hodder, I. (eds.). 1996. *Contemporary Archaeology in Theory: A Reader.* Blackwell: Oxford & Malden, MA.

Reich, D. 2017. *Who We Are and How We Got Here.* Oxford University Press: Oxford.

Renfrew, C. 2007. *Prehistory: The Making of the Human Mind.* Weidenfeld & Nicolson: London; Modern Library: New York.

Renfrew, C. & Bahn, P. (eds.). 2004. *Key Concepts in Archaeology.* Routledge: London & New York.

Rowley-Conwy, P. 2007. *From Genesis to Prehistory: The Archaeological Three Age System and Its Contested Reception in Denmark, Britain, and Ireland.* Oxford University Press: Oxford.

Schnapp, A. 1996. *The Discovery of the Past*. British Museum Press: London; Abrams: New York.

Sørensen, M. L. S. 2000. *Gender Archaeology*. Polity Press: Cambridge.

Trigger, B. G. 2006. *A History of Archaeological Thought*. (2nd edn) Cambridge University Press: Cambridge & New York.

Watkins, J. 2000. *Indigenous Archaeology: American Indian Values and Scientific Practice*. AltaMira Press: Walnut Creek, CA.

Willey, G. R. & Sabloff, J. A. 1993. *A History of American Archaeology*. (3rd edn) W. H. Freeman: New York.

2 留下了什么?
证据的多样性

过去人类活动的遗物无处不在。其中有些是独具匠心的不朽建筑，如埃及的金字塔、中国的长城、墨西哥和伯利兹的玛雅灌溉系统遗迹。另一些虽被遗弃，但因在特定环境里才得以残留至今。尽管宏伟的墓葬和建筑诚然是考古学的一部分，但大部分考古遗存都是人类日常生存活动的废弃物，如食物残渣、破碎的陶片、断裂的石器，这些废弃物是人们在日常生活中随处留下的垃圾。

这些毫不起眼的证据形式，为我们提供了有关过去人们如何生活的宝贵信息。本章我们将讨论"考古记录"是什么，为何背景（context）如此重要，考古学家利用哪些证据了解过去，以及过去人类活动的蛛丝马迹如何有可能够残留好几千年。了解一件物品如何被保存下来并重建它如何被掩埋的过程，对于我们更清楚地了解该物品在过去如何被使用，以及如何更好地为未来保存这些物品都至关重要。

考古证据的类型

考古学家提取包罗万象的证据来讨论有关过去的问题。考古学家的一项首要关注是人工制品（artifacts）研究。人工制品是由人类制造或修整的可携器物，如工具、陶器和兵器。人工制品有助于我们回答本书中的许多关键问题。单件陶器或陶罐可以是几条路径探究的课题。陶土可以测试来为器物断代，因而也许即可确定其出土地点的年代（第四章），还可以测试来找到陶土的产地，于是为该器物制造者的活动范围与交往提供证据（第五、第九章）。陶器表面的装饰可以用于类型学排序（第三章），并告诉我们古代信仰的一些内容，特别是如果它表现了神祇或其他人像（第十章）。分析器皿形状及里面的任何食物或其他残渍，可以获知器物用途（也许用于炊煮），以及古代食谱的信息（第七章）。

正如格雷厄姆·克拉克和其他生态学方法先驱们的工作所证明的那样（见第一章），还有一大批非人工的有机物与环境遗存——生态物（ecofacts）——同样，它们能充分揭示过去人类活动的诸多方面。这些生态物包括人类骨骸和动植物遗存，也包括土壤与沉积物——它们都能为了解过去人类活动提供洞见。它们之所以重要，是因为它们可以指示人们的食物和他

们生活的环境条件（第六、第七章）。

大部分考古研究必须分析考古遗址中的人工制品及与其共生的有机物与环境遗存。考古遗址可以被视为人工制品、遗迹、建筑、有机物及环境遗物以不同分布而共存之所在。从研究出发，我们将其进一步简化，将遗址定义为见有人类重要活动迹象的地方。于是，村落或乡镇是遗址，孤立的纪念建筑，如俄亥俄州的蛇墩及英格兰的巨石阵，也是遗址。同样，散布地表的石器或陶片也可代表一处仅占据了几个小时的遗址，而近东的一座土丘或土墩是一处也许居住长达数千年的遗址。第五章我们将更为详细地考察遗址的巨大多样性，并了解考古学家对其进行分类和从区域性来研究它们的方法——作为聚落形态研究的组成部分。但是在此，我们比较关注单个遗址的性质以及它们是如何形成的。当与它们周围的景观一起研究时，遗址可以按区域归组。

有些学者拓展了"人工制品"这一术语的含义，以涵盖一个遗址或景观中所有经人工改造的部分，比如火塘和储藏窖穴等，但性质上因其为"不可携"人工制品而称之为"遗迹"（features）更恰当。诸如火塘、居住面、壕沟等遗存，可为复杂的遗迹或建筑提

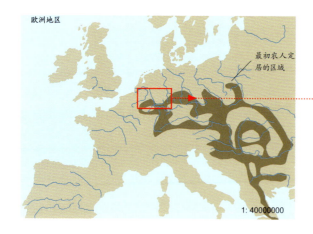

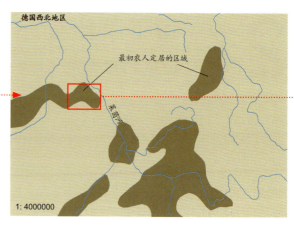

供证据，这里建筑被定义为，从房屋和谷仓到宫殿和庙宇的各种类型的建筑物。

背景（context）的重要性

　　为了重建一个遗址中过去人类的活动，最关键的要点是要了解每项发现的考古学背景，不管是人工制品、遗迹、建筑或有机遗存。这能让考古学家建立其他人工制品和生态物之间更多和更可靠的联系，并着手进行更广泛和更明确的重建。例如在19世纪，雅克·布歇·德·彼尔特论证了封存的沉积或基质中石器与绝灭动物的共存，有助于确立人类悠远古老性的信念（第一章）。如果这些石器见于私人收藏，由于缺乏它们的相关背景或并没有与绝灭动物共存，那么布歇·德·彼尔特很可能无法证明其论断的重要性。

　　某项发现的相关背景包括其周围的物质，常为某种沉积物，如砾石、沙子或黏土，它们被称为基质（matrix）。相关背景也包括发现在基质中的垂直与水平位置（即出处provenience），它与其他考古遗物的共存关系，以及与其他发现物的共生关系（association）。自布歇·德·彼尔特以来，考古学家日益认识到分辨

并准确记录遗址中遗存之间关系的重要性。之所以称盗掘为灾难，是因为盗掘者随意滥挖遗址，寻找宝物，而不记录基质、出处及共生关系。所有相关背景的信息由此丢失。虽然一件盗挖的瓶子对于收藏家来说可能是一件中意的器物，但如果考古学家能够记录下其出土地点，还有与其他人工制品或有机遗存的共生关系，那么我们就能对制作瓶子的社会有更多的了解。例如，有关美国西南部明布勒斯（Mimbres）人群的大部分信息已荡然无存，因为盗掘者洗劫了他们的遗址，以搜寻1000年前由明布勒斯人制作、极受青睐的精美彩陶碗（见边码559专栏）。

　　如果某件物品从掩埋以来就一直未被扰动，我们称之为在其原生背景（primary context）中。如果一个遗址已经被扰动，考古学家称之为次生背景。对考古学家来说，区分这两者十分重要。虽然对一处新近被盗的明布勒斯遗址来说可能一目了然，但对于古代被盗的遗址则非易事。而扰动也并不限于人类的活动，研究上万年前旧石器时代的考古学家都很清楚自然的力量——海侵或冰盖，也就是风与水的作用——无不在破坏着原生背景。欧洲河流砾石层出土的大量旧石器就位于次生背景之中，由水动力从它们原生背景中搬运而来。

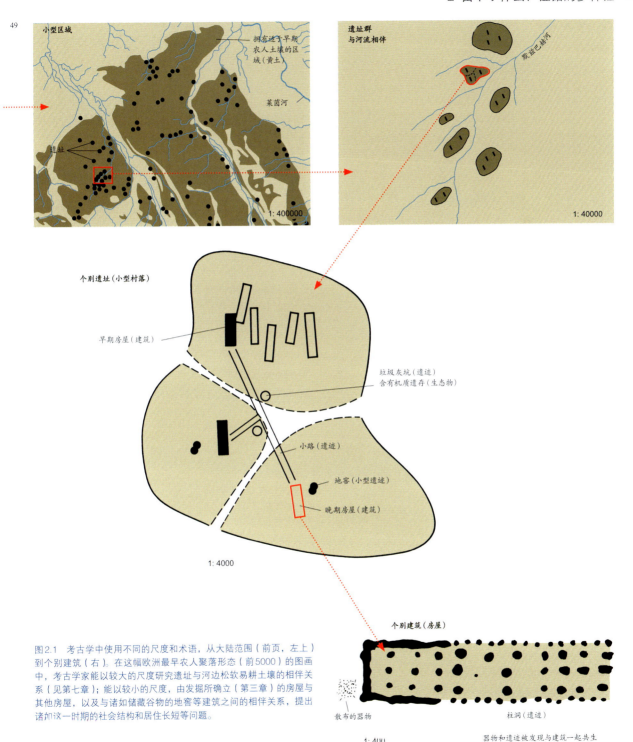

图2.1 考古学中使用不同的尺度和术语，从大陆范围（前页，左上）到个别建筑（右）。在这幅欧洲最早农人聚落形态（前5000）的图画中，考古学家能以较大的尺度研究遗址与河边松软易耕土壤的相伴关系（见第七章）；能以较小的尺度，由发掘所确立（第三章）的房屋与其他房屋，以及与诸如储藏谷物的地窖等建筑之间的相伴关系，提出诸加这一时期的社会结构和居住长短等问题。

形成过程

一件人工制品或生态物在掩埋到发现这段时间里可能会发生许多事情。在决定某一器物自埋藏以来是否被扰动，或者在解释某项发现时，尽可能重建这段时间内发生的事情，对考古学家来说尤其重要。发现物被掩埋而进入考古记录的方式被称为"形成过程（formation processes）"。

在重建一件器物如何进入考古记录时，我们能在文化形成过程和自然形成过程之间做一个有益的区分。文化过程包括人类刻意或偶然的活动，如制造或使用工具、营造或废弃建筑、耕耘土地等等。自然形成过程是左右考古记录埋藏及留存的环境事件。火山灰从天而降，很快掩埋了庞贝（见边码24～25专栏），这是自然过程的一个特例。更常见的还是人工制品或遗迹被沙尘和土壤逐渐掩埋。同样，前面提及的河水作用搬运石器是自然过程的另一例。动物在遗址里的活动，如打洞、啃咬骨骼及木块，也属于自然过程。

乍看起来，这些区分似乎对考古学家来说兴趣不大。实际上，它们对于准确重建过去人类的活动至关重要。比如，要弄清某些考古证据是人类活动还是非人类活动的产物十分重要。如果你想通过研究木头上的切痕来重建人类的木器加工活动，那么你就应该学会将河狸牙齿啃咬的某类痕迹，与人类使用石器或金属工具产生的切痕区分开来（第八章）。

让我们再举一个更重要的例子。对于人类生活在非洲的最初阶段，也即旧石器时代之初，有关我们原始狩猎能力的重大理论框架都立足于考古遗址中石器与动物骨骼的共生关系。这些骨骼被认为是由制作工具的早期人类猎取和屠宰动物留下的。但是，由查尔

50
51

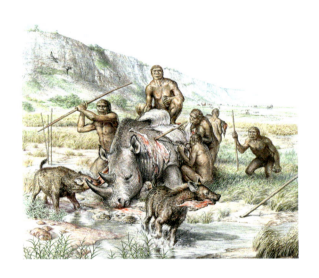

图2.2～2.3 早期人类是强大的猎人（左）抑或纯粹的食腐者（下）？我们对形成过程的了解，左右着我们对非洲石化记录中人类工具与动物骨骼共生关系的解释。

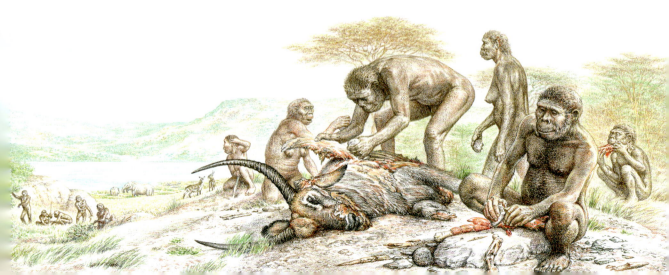

斯·布赖恩（C.K. Brain）、路易斯·宾福德和其他人对动物行为及动物骨骼上切痕的研究表明，在很多情况下，出土的动物骨骼是被其他食肉动物捕杀、并主要被其食用后的残留物。拥有石器的人类很可能只是作为腐食者光临现场，并在不同物种的啄序中排位最后。并非所有人都同意这种"食腐"假设。在此需要强调的一点是，通过我们甄别文化和自然形成过程——人类活动和非人类活动——技术的提高，这些问题有望得到很好解决。今天有不少研究致力于将骨骼上的石器切痕与食肉动物啃咬的齿痕区分开来（第七章）。用复制工具将肉从骨骼上切割下来的现代实验是一种有效的方法。其他种类的实验考古对影响考古材料形体保存的若干形成过程的研究也极具启发性（见边码53专栏）。

本章其余部分将详细讨论文化和自然的不同形成过程。

实验考古学

研究形成过程的一个有效方法，就是通过长时间的实验考古。实验考古学，一般是通过复制过去的自然或文化过程以检验考古学假设的一种途径。一个极佳例子就是1960年在英格兰南部威尔特郡建造的一处实验性土方工程。

考古学家建造了一座结实的长21米、宽7米、高2米的白垩和泥炭土堆及与之平行挖出的一道壕沟。该实验的目的不仅要评估土堆和壕沟随时间推移所发生的变化，还要了解1960年埋在土堆下面的陶器、皮革和织物等材料的变化。这个实验还在进行中。到目前为止，每隔2、4、8、16、32年（具体在1962、1964、1968、1976、1992年）已在土堆和壕沟上切出剖面（探沟），并计划在64年和128年之后（即2024年和2088年）再切出更多剖面。

就这个时间跨度而言，该项目仍处于比较初级的阶段。但是初步结果十分有趣。在1960年代，土堆矮了大约25厘米，壕沟的淤积则很快。但是从1970年代中期开始，该结构处于稳定状态。对于埋藏物，4年以后的检视表明，陶器没有变化，皮革稍有影响，但织物则已经变脆和褪色。

1992年的发掘表明，白垩土堆比泥炭保存情况要好，前者生物活性较弱，而后者中的织物及一些木头则完全消失。尽管有大量蚯蚓活动和细微的搬运沉积，但建筑本身从1976年以来几乎没有变化。

这个实验为考古遗存可能的自然形成过程提供了极有价值的洞见。它业已表明，考古学家关心的许多变化发生在埋藏后的几十年里，而这些变化的程度超过了迄今的想象。

图2.4 1960年挖掘的土堆与壕沟，与1962年和1976年切开土堆后剖面所显示的变化。

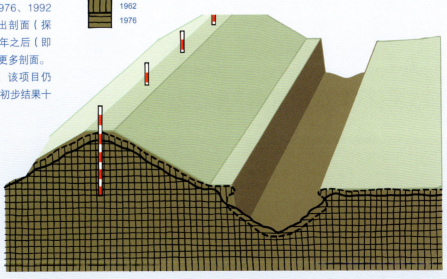

文化形成过程：人类如何影响考古记录的留存

我们可以将文化形成过程较为粗略地分为两类：一类是物品或遗址被掩埋之前所反映的最初的人类行为和活动；另一类是埋藏之后的过程，如盗掘或现代农田的耕耘。当然，现在绝大多数考古遗址是由使用、埋藏、再使用等多次反复的一系列复杂过程形成的产物，因此，将文化形成过程简单两分的做法，也许在实践中不易操作。尽管如此，因为我们的主要目标之一是要重建原来的人类行为和活动，我们就必须进行这样的尝试。

原初的人类行为在考古学中往往至少表现为四种主要活动。以工具为例，分别是：

1. 获取原料；
2. 加工；
3. 使用（和分配）；
4. 当工具耗尽或破碎后被处理或废弃（当然，该工具也可能再加工和再利用，也即重复第2和第3阶段）。

同样，像麦子等粮食作物会被收获（收割）、加工（处理）、使用（食用）和废弃（消化和排泄）——在此，我们可以在使用之前加入一个常见的储存阶段。在考古学家看来，关键因素在于这些东西可以在任何一个阶段进入考古记录——一件工具可以遗失，或在制作过程中因为质量低劣被丢弃，一批谷物可能偶因起火而在加工过程中保存下来。因此，为了准确重建原来的活动，关键在于设法了解我们观察的是哪一阶段。某些阶段会比另一些更容易被考古学家观察到。比如说，石器制作的第一阶段很容易辨认，因为采石场通常可以通过地表留下的深洞以及伴生的保存完好的成堆废片和断块予以分辨。但是，要超越合理的怀疑来搞清一批炭化植物遗存的样本是处于正被加工、正被炊煮或被遗弃的时段，则有相当的难度——这也使得重建确切的植物性食谱变得困难。在下文中，我们将探讨考古学家最常见的一些文化形成过程。

图2.5　一件器物可以在其生命周期四阶段中的任何节点进入考古记录。考古学家的任务就是要确定他所研究的东西代表哪一个阶段。

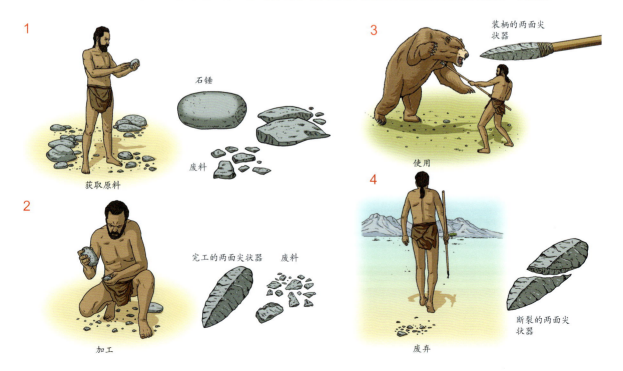

刻意埋藏的贵重物品，是考古记录中人类最初行为的一种重要表现（这是上述表格中第四阶段的表现）。在战乱时，人们往往将值钱的东西埋在地下，希望将来有一天重新起出，但有时因为各种原因未能如愿。对某些阶段，这些窖藏是主要的证据来源，比如欧洲青铜时代，这种金属制品的窖藏很常见；比如英国罗马时代晚期，也常发现埋藏有银器或其他贵金属的窖藏。但考古学家不太容易区分哪些是原来打算取出的窖藏，而哪些是用来取悦超自然力量而瘗埋的宝物（如埋于穿越沼泽特别危险的地方），并不打算取回。

考古学家如何着手论证人类对超自然力量的信仰以及一种来世观，是第十章的主题。在此我们或许可以提一下，除了窖藏以外，主要证据来自死者的墓葬，无论是简单的坟冢，还是精致的埋葬土墩，抑或巨大的金字塔，一般都伴有诸如陶器或武器等随葬品，有时有彩绘的墓室壁画，如古代墨西哥或埃及。埃及人走得如此之远，将死者制成木乃伊（见下）来保存，以期不朽；或像秘鲁的印加人所为，将国王放在库斯科的太阳神庙里，在特殊的祭仪中搬出来。

人类对考古记录的破坏，对考古学家而言是再熟悉不过的一种文化形成过程，这可能就是因前面描述的埋葬行为掘到了早期堆积中而造成的。但是，古人还以无数其他方式刻意或无意地消除他们先人的痕迹。比如，许多统治者常常会毁掉他们先王的纪念碑，铲去铭

文。一个典型例子就发生在古埃及：异教法老阿肯那顿（Akhenaten）在公元前14世纪试图引进新的宗教而受到其继任者的侮辱，他的主要宫殿被拆毁用于其他纪念性建筑。由唐纳德·雷德福（Donald Redford）率领的一个加拿大小组，以多年之功，在底比斯记录了这些再使用的石块，并在电脑数据库帮助下，像完成大型拼图玩具一样，成功地将阿肯那顿一座庙宇部分拼复。

有些故意的人为破坏，却无意中为考古学家保存了发现的材料。比如，焚烧并不总是破坏。它可以增加诸如植物遗存保存下来的概率：炭化大大增强了抵御时光销蚀的能力。抹泥或土砖往往会坍圮，但是一旦建筑过火，烧烤过的泥土就像砖一样耐久。同样，近东出土的数以千计的泥版文书因被偶然或刻意烘烤而保存下来。木材也可能炭化，并在建筑中保存下来，或者至少在变硬的泥土中留下清晰的印痕。今天，考古记录的人为破坏如土地灌溉、耕作、基建和盗掘等活动，正在以可怕的速度蔓延。第十四章我们将讨论其如何在整体上影响考古学及其对未来的意义。

一般而言，最常见和最明显的文化形成过程是一项发现的最后阶段，包括它的丢弃、保存或者破坏的证据。只有通过对发现物及其相关背景的仔细分析，我们才能开始重建与之相关的人类活动的早期阶段，比如发现物品的制造和使用。我们将在后续章节讨论这些分析的形式。

图2.6 本章讨论的主要遗址和地区，那里的自然形成过程——从潮湿到非常干燥或寒冷的条件——能使考古遗存得到极好的保存。

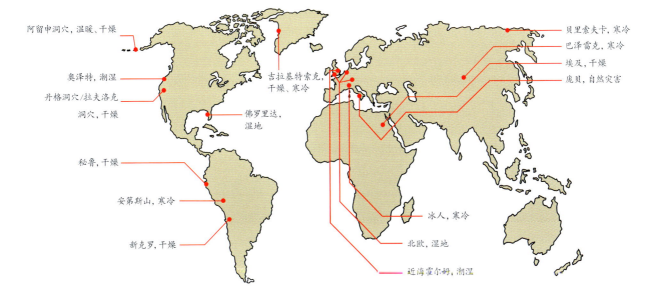

阿留申洞穴，温暖、干燥

奥泽特，潮湿

丹格洞穴/拉夫洛克洞穴，干燥

秘鲁，干燥

安第斯山，寒冷

新克罗，干燥

吉拉基特索克，干燥、寒冷

佛罗里达，湿地

北欧，湿地

冰人，寒冷

近海霍尔姆，潮湿

贝里索夫卡，寒冷

巴泽雷克，寒冷

埃及，干燥

庞贝，自然灾害

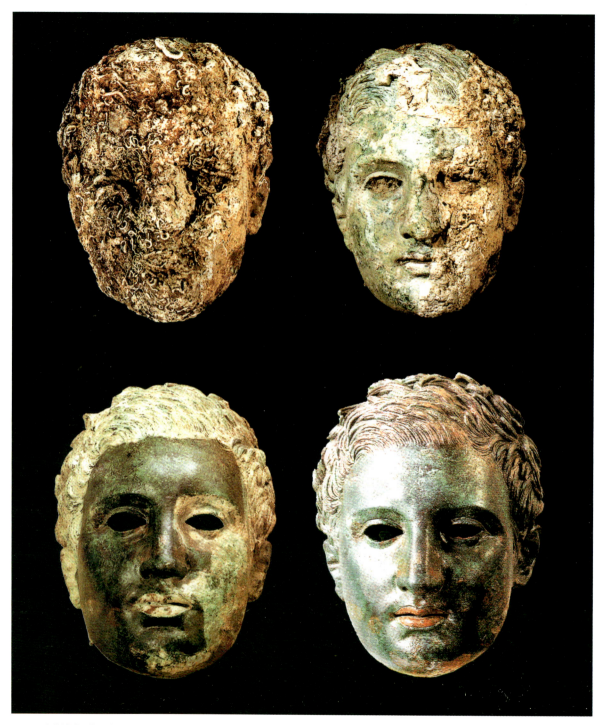

图2.7 这件希腊男性运动员青铜雕像的头部于2001年在克罗地亚滨海出土。青铜在海水中保存良好，修复者清除了约2000年的固结物后妙手回春。

自然形成过程：自然如何影响考古记录的留存

自然形成过程包括导致朽烂或得以保存的任何环境或非人为过程的形式。实际上，任何考古材料，从植物遗存到金属，在特殊情况下都能留存。但是，在一般情况下，无机材料（无生命材料）要比有机材料更易保存。

无机材料

考古学残留中最常见的无机材料是石头、黏土和金属。

石器可以极其完好地留存下来——有的年代在200万年以上。这并不奇怪，它们一直是旧石器时代人类活动的主要证据来源，尽管木器和骨器（不易保存）原来与石器同等重要。有时我们发现的石器自其原始状态以来，几乎没有什么破损或改变，使得考古学家可以对其刃缘的磨损进行显微观察，以了解这些工具是用来切割木头还是兽皮的。

烘烤的黏土，诸如陶器和火烤的泥砖，如果烧制得好，实质上难以被破坏。因此也不奇怪，在陶器出现后（中国在20000年前，近东和南美部分地区在9000年前），陶器在传统上一直是考古学家的主要证据来源。陶罐可以从它们的形状、表面装饰、矿物成分，甚至里面的其他残渍进行研究。酸性土壤会破坏烘烤陶土的表面，多孔或烧制很差的陶器或泥砖在潮湿环境里会很脆弱。但是，即便是分解的泥砖，仍有助于评估秘鲁村落或近东土丘的重建过程（见图2.8～2.9）。

金属，诸如金、银、铅等，较易保存。铜以及一些劣质的青铜（铜和锡的合金）易受酸性土壤的腐蚀而被氧化，以至于仅留下一些绿色沉积或锈迹。氧化对于铁也有一种迅速而强烈的作用，铁会锈蚀，同样仅在土壤中留下一些锈迹。但是，就像在第八章中所见，有时也可能对铁器留在土壤或锈蚀堆中的空洞进行铸模，获得已消失的铁器。

海洋潜在的破坏力很大，水下遗物会被洋流、海浪及潮汐作用打碎或冲散。另一方面，它会让金属物本身裹上一层厚而坚硬的金属盐（如氯化物、硫化物、碳酸盐等），使里面的遗物得以保存。如果简单地将遗物从海水中取出而不加任何处理，这些盐类就会和空气反应，释放出酸，从而损坏残存的金属。但是，采用电解法——将遗物放入化学溶液，将其置于周围的金属栅之间通上弱电流——能让金属器物干净而安全。这是水下考古的一项标准程序，适用于从加农炮到泰坦尼克号上获得的各种类型发现物。

有机材料

考古记录中的有机材料包括动植物遗存，以及加工过的动植物材料，如皮革、纺织品和食品。骨骼和牙齿是考古遗址出土最为丰富的动物遗存，仔细研究它们如何进入考古记录，可以提供有关古代食谱、动植物驯化和环境变化等问题的宝贵信息。在观察有机材料时，研究它们在沉积和出土之间究竟发生了什么是极其重要的。这项研究的路径被称为埋藏学。

埋藏学

埋藏学需要评估一个有机体遗存——大部分是动物骨骼——是如何被保存下来的，而这一埋藏过程是否受到人、动物或环境的影响。任何这类分析必须认定，发生在过去的埋藏学事件与今天所见的现象相同。

许多研究针对的是食肉类动物造成的骨头堆积和破碎，希望能够找到对人类活动与非人类因素造成的骨头组合的区分标准。这包括对不同人群和食肉类动物的民族考古学观察，发掘动物的巢穴（研究诸如鬣狗等动物的骨头堆积特点），通过使用或不用石器做骨头破碎的实验。

这类研究的先驱是查尔斯·布赖恩，他在南非的工作不仅显示诸如豹、鬣狗和豪猪等食肉类动物对动物尸体的影响，而且表明先前归于早期"人猿杀手"的骨头破碎特征，实际上是石灰岩洞穴上覆岩石和泥土的重压所致。确实，布赖恩论证，像南方古猿这样的早期人科动物根本不是猎人，就像在南非斯瓦特克朗（Swartkrans）这类洞穴遗址中，他们自己可能就是食肉类动物的猎物。有些古人类如塔昂（Taung）幼儿头骨上带有的切痕和爪痕（见边码434），表明他们很可能是作为猎物被猛禽杀死的。

这类研究并不限于非洲，例如路易斯·宾福德在阿拉斯加和美国西南部所做的观察，包括了狼和狗对骨头的影响。他试图采用骨头裂片数和关节端完好骨骼数之间的关系，来区分人类和食肉类动物的干预。食肉动物首先啃咬的是关节部位，只留下胃管和许多骨片。一批骨头是由大量骨管和少量带有完整骨端的骨头组成的，因此可能是食肉类或食腐动物所致。约翰·斯佩思（John Speth）把这些标准用在加恩西（Garnsey）遗址（新墨西哥州一处15世纪的野牛猎杀地点）出土骨头的研究上。该遗址骨管数量极少，表明几乎没有什么食腐动物的破坏，这批骨骼组合可以推断完全是人类活动造成的结果。

我们在将现生食肉类动物的行为与史前组合比较时，需要十分谨慎，因为这类组合很可能是由现已绝灭的不同食肉动物所造成的。因为现生物种之间的差异极大，所以绝灭物种的行为方式更难确定。而且，像鬣狗这类动物会产生类似于人类形成的动物群组合，产生相同的骨骼破碎方式，并且形成形状相似的骨片。这并不令人奇怪，因为一块骨头的破碎方式毕竟有限。

虽然这些因素似乎令人沮丧，但是它们有助于为骨骼组合的准确解释建立一个更加坚实的基础。

有机质材料的保存

有机质材料的残存大体上取决于周围材料的基质

与局地和区域的气候——偶尔还有诸如火山喷发等自然灾害的影响。有机质材料通常能在微生物无法生存的环境中保存下来，像诸如饱水遗址的厌氧（缺少氧气）环境，诸如沙漠的无水环境，还有高海拔地区极端寒冷的环境。下文将进一步探讨这些条件。

其他条件还包括土壤或基质的化学性质。比如，基质中混有白垩能很好地保存人类及动物骨骼，还有金属。酸性土壤在几年内就可将骨骼和木头腐蚀殆尽，但会留下柱洞或房基所在位置的标示性色斑。沙土中也会留有相似的棕色或黑色痕迹，骨架部位会有暗色的轮廓（见第十一章）。但是，在特殊情况下基质还可能含有其他成分，比如金属矿、盐或油。土壤中的铜有利于保存有机物，也许是因为它能抑制微生物的破坏活动。中欧及东南欧的史前铜矿保存了许多木头、皮革和织物等遗存。土耳其南部沿海公元前14世纪的乌鲁布伦（Uluburun）沉船中（见边码374～375专栏），在铜锭之间发现的包装用的有机物，也是由同样原因保存下来的。

像奥地利铁器时代的哈尔施塔特（Hallstatt）盐矿也有助于有机物的保存。更惊人的是，盐与土壤相

图2.8～2.9　泥砖在近东干燥的条件下保存良好。这里是叙利亚的布拉克土丘（Tell Brak），发掘揭露出3000年前的围墙遗迹。背景上的现代建筑也是用泥砖建成的。

结合，使波兰斯塔鲁尼亚（Starunia）一头披毛犀保存下来，皮毛完好无损，它周围还有苔原植被的叶子和浆果。这个动物被湍急的激流冲进池塘，里面浸透了天然渗入的原油和盐，抑制了腐败：细菌在这种条件下无法繁殖，盐分也深入皮毛，将其保存下来。同样，洛杉矶拉布雷（La Brea）的沥青湖也因完好保存了大量各种史前动物和鸟类骨架而闻名于世。

气候在保存有机物方面也发挥着重要作用。但是一般来说，区域性气候十分重要。热带气候最具破坏性，它集多雨、酸性土壤、高温、高湿、侵蚀、茂密植被和昆虫活动为一体。热带雨林可以迅速吞没一个遗址，树根拱起石块，使建筑解体；倾盆大雨会逐渐毁掉涂料和灰泥；木制品则完全腐烂。比如，在墨西哥南部工作的考古学家必须不停战斗，阻止丛林的逼近（见边码88专栏）。但从另一方面来说，我们也能视丛林条件是有利的，与其他地方相比，它们妨碍了盗掘者对遗址轻易下手。

温带气候，就像欧洲大部及北美洲那样，总体而言对有机物也不理想；它们比较温暖但气温变化很大，与波动的降水结合到一起，会加速腐烂的过程。但是，在某些情况下，局部的条件会抵消这一过程。在英格兰北部哈德良（Hadrian）长城附近的文德兰达（Vindolanda）罗马古堡，发现了墨书在桦木或桤木片上的1300件书信及文件。这些公元100年左右的断简残编之所以能保存下来，是由于土壤异常的化学条件：遗址各层之间的黏土被压实，形成了无氧的块区；同时，由欧洲蕨、骨头及其他遗物产生的化学物质，也有效地使得局部土壤变得贫瘠，于是抑制了植被和其他生物活动的扰动。

有时我们会提及洞穴这类环境的"局部气候"。洞穴是天然的保护地，因为其内部不受外部气候的影响，其碱性条件（指石灰岩洞穴）使保存更为有利。如果没有洪水的扰动或动物及人类的践踏，它们可以保存骨骼，还有像脚印这类脆弱的遗迹，有时甚至还有植物纤维，比如法国拉斯科旧石器时代晚期含壁画的洞穴（约40000年前）中就发现过一小段绳子。

自然灾害有时为考古学家保存了遗址，包括有机物。最常见的是风暴，它用沙将奥克尼（Orkney）岛上新石器时代的滨海村落斯卡拉布雷（Skara Brae）覆盖住；而泥石流吞噬了美国西北海岸的史前村落奥泽特（见边码60～61专栏）；或是火山喷发，如维苏威火山，它将罗马的庞贝保存在一层火山灰下（见边码24～25专栏）。公元595年萨尔瓦多的另一次火山喷发，也在人口稠密的玛雅聚落上覆盖了一层厚厚的

范围很广的火山灰。在此工作的佩森·希茨（Payson Sheets）及其同事从塞伦（Cerén）遗址找到了各种有机物，包括棕榈、草屋顶、席垫、篮子、储藏的谷物，甚至保存的农业犁沟。就如在第六章将看到的，火山灰也保存了德国米森汉姆（Miesenheim）的部分史前森林。除了这些特殊情况之外，有机质的保存限于极端的情况——即饱水、干燥或冰冻条件，这些都不利于大部分与腐烂相关的微生物生存。

极端条件下有机材料的保存

饱水环境　湿地包括湖泊、沼泽、低位沼泽（fens）和泥炭沼泽（peat bogs）。那里，有机材料被有效地封存在潮湿和没有空气（厌氧，或更准确地说，缺氧）的环境里，只要饱水状态或多或少地持续到发掘之前（如果遗址干涸，甚至仅仅是季节性的干涸，有机物也会发生分解）。他们在保存质量上差别极大。虽然酸性的泥炭沼泽有利于保存木头和植物遗存，但会毁掉骨头、铁器甚至陶器。

湿地考古有别于其他形式的陆地考古，因为发掘一处有大量有机质材料保存下来的遗址的机会与诸多要求，都是独一无二的。英国湿地考古先驱之一约翰·科尔斯（John Coles）估计，一个湿地遗址通常有75%～90%为有机物，有时甚至为100%。大多数旱地遗址，诸如木头、皮革、织物、篮子及各种植物遗存极少或根本无法保存下来。正因此，考古学家越来越多地将他们的注意力转向有着过去人类活动丰富证据来源的湿地遗址。湿地仅占地球整个陆地面积的6%左右，因排水和挖掘泥炭造成的威胁与日俱增，为这项工作增添了紧迫感。

泥炭沼泽几乎全部分布在北半球，对于湿地考古来说是最重要的环境。例如英格兰南部的萨默塞特·莱弗尔斯（Somerset Levels），不仅是20世纪初发现的保存完好的铁器时代村落格拉斯顿伯里（Glastonbury）和米尔（Meare）之所在，而且还是过去40年大规模工作出土无数木头小道（包括世界上"最古老道路"、一段距今6000年的1.6公里长的小径，见边码332～333专栏）、许多早期木作技巧（第八章）和古代环境（第六章）的地方。在欧洲大陆及爱尔兰，泥炭沼泽同样也保存了许多道路遗迹——有时还发现有沿路行进的木车轮辙证据——以及其他脆弱的材料。在欧洲其他类型的湿地，比如滨海沼泽，还出土有原木挖凿而成的独木舟、桨，甚至鱼网和鱼梁。

沼泽尸体无疑是欧洲西北部泥炭沼泽中最著名的

图2.10~2.11　早期人科动物是猎人还是猎物？（左）在南非斯瓦特克兰地下洞穴群的发掘中出土了超过130个南方古猿的个体，并与食肉类动物和食草类动物骨骼共存。最初，人们认为人科动物猎取其他动物。但是布赖恩发现洞穴出土一头豹下颌骨的犬齿与一件残缺的少年南猿头骨上的洞刚好吻合（下），这个人科动物显然是猎物而非猎手。布赖恩发现，现代的豹会把猎物拖到树上，不让鬣狗染指。可能这个倒霉古人类的遗体是在被豹吃光肉后，从树上掉进了洞里。

发现。它们的年代大都属于铁器时代。其保存状况各异，取决于遗体沉积的特定条件。大多数个体死于非命，很可能要么被作为罪犯处决，要么在掷入沼泽之前作为牺牲被杀死（见边码454～455专栏）。例如，2003年在爱尔兰泥炭沼泽中出土了两具铁器时代的人的部分遗体：克洛尼卡文人（Clonycavan Man）被斧砍死，可能被去掉了内脏；而高大的古克罗根人（Old Croghen，1.91米高）被刺死、斩首、砍足，并捆在沼泽池塘的底部。保存最好的标本是丹麦格劳巴勒人（Granballe Man，见边码454～455专栏），状况极佳，仅有一些沼泽水和单宁酸造成的锈迹，表明其为古代而非现代的尸体。皮肤下面的骨头已经不见，大部分内脏器官也是如此，然而胃和里面的东西却保存了下来（见第七章）。在佛罗里达甚至还发现了史前人类的大脑（第十一章）。

　　偶尔，饱水条件会出现在埋葬土墩的内部。北欧青铜时代橡木棺墓葬中，最明显的是约公元前1000年的丹麦墓葬，在原木制成的木棺外垒砌石头，上面筑成圆形坟丘。渗入土墩的水与从树干中渗出的单宁酸结合，形成了酸性条件，它虽然腐蚀棺内的骨骼，但保存了皮肤（并像沼泽遗体那样褪色）、毛发、身体的韧带，还有他们的衣物和桦树皮桶等物品。

　　有点类似的情况也见于维京人的船棺中。比如挪威的奥赛堡船（Oseberg ship）内就存有一具约公元800年的维京女王的遗体，船被埋在黏土中，上覆一堆石头和一层泥炭，使其能够保存下来。

　　湖居遗址，自从一个多世纪之前在瑞士湖边出土了干栏或房屋支架以来，在公众关注度上堪比沼泽尸体。起初，考古学家和公众都形成了整个村落建在水面立柱上的浪漫说法，得益于1940年代以来的详细研究，这一说法已被湖边聚落的主流看法所取代。被保存材料的范围令人吃惊，不只是木构建筑、人工制品、织物，而且在法国新石器时代的沙拉维讷遗址中（Charavines），甚至还有坚果、浆果及其他水果。近年来潮湿保存的一个重要案例就是英格兰东部的马斯特农场聚落，那里有着英国迄今发现保存最好的青铜时代居址（见边码62专栏）。

　　陆地考古饱水环境中保存有木头的另一丰富来源，是古老的濒水城镇。考古学家已极为成功地发掘了伦敦罗马时期和中世纪的濒水地区，但这类发现并不仅限于欧洲。1980年代初，纽约市考古学家发掘出一艘保存完好的18世纪船只，这艘船是被凿沉以支撑东河

图2.12～2.13　古克罗根人遗体残存部分保存极佳,特别是他的双手:有仔细修理的指甲,没有老茧,表明此人的地位较高。对他胃部成分的分析,表明他的最后一餐是麦片和白脱牛奶。

(The East River)河滩的。在河、湖,特别是海底的水下考古本身,无疑是饱水遗物最丰富的来源(见边码114)。海岸侵蚀也能暴露出曾被淹没的建筑,比如1998年在英格兰东海岸发现的史前原木围圈"海圈阵"(Seahenge,见图2.14)。

也许,湖居遗址及欧洲其他湿地遗址近年来对于考古学的最大贡献,在于它们为树木年轮研究提供了大量保存完好的木头。第四章将探讨这一将北欧部分地区推前数千年的树轮精确年代学的突破性进展。

考古学面对饱水遗物,特别是木头的主要问题是,一旦取出它们,就会迅速衰朽,开始变干,并几乎马上开裂。因此,它们必须保持湿润,直到它们在实验室里进行处理或冷冻干燥。这类保护措施帮助解释了湿地和水下考古的不菲代价。据估计,"湿地考古"的成本是"旱地考古"的四倍。但是如前所述,其回报不可限量。

图2.14　1998年,英格兰诺福克海滨的近海霍尔姆,侵蚀暴露出这处称为"海圈阵"的纪念性建筑,其所处层位属于青铜时代。一棵倒置的橡树插入土中,根部朝上,四周是一个由54根紧挨的、大多被劈开的橡木柱围成的椭圆形圈子。它被沙和浓盐水掩埋保存下来,被认为是一座祭祀建筑,也许是"祭坛",用来安置尸体,然后让海水带走。它的树木年轮断代为公元前2050/2049年。

60

潮湿保存1：奥泽特遗址

图2.15　一件萨满木棍上的鸮头。

图2.16　从奥泽特遗址北视的全景图。

　　美国西北沿海华盛顿州的奥泽特遗址处于一种特殊的饱水状态中。大约1700年，一场巨大的泥石流掩埋了部分玛卡人（Makah）的捕鲸村落。大型雪松板房屋的废墟被淤泥保存了两个世纪，但并未被人遗忘，因为后人一直保持着祖先房屋的鲜活记忆。后来，海水开始冲刷淤泥，这个村落看来难免落入偷盗者之手。玛卡部落首领请求华盛顿州立大学的考古学家理查德·多尔蒂（Richard Daugherty）发掘该遗址，以抢救其中的遗存。用海洋里抽上来的水清除泥土，并用软管冲淋，让琳琅满目的木质和纤维物件重见天日。

　　很可能由好几个相关家庭居住的房屋有21米长、14米宽。它们留下了斧铸劈开和刻凿的木板（上有狼和雷鸟的图案）、支撑屋顶的柱子、围墙的下部隔板，里面还有炉子、坑、储藏箱、席子和篮子。

　　共出土了55000多件器物，大部分是木质的。它们被潮湿的淤泥保存下来，隔绝了氧气。最引人注目的是一块1米高的红雪松木块，雕刻成鲸鱼的背鳍形状。甚至仍然青绿的叶子与大量鲸骨一起保留了下来。

　　田野发掘和实验室保护不间断地进行了11年。这是考古学家与原住民合作的杰出典范：玛卡部落的长者帮助鉴定器物；年轻玛卡人帮助发掘。现在已有一座博物馆来展示这一成果。

图2.17　一位玛卡发掘队员正在测量奥泽特房屋里的一根木头。

图2.18　清洗带有一把梳子和一件纺轮的篮子。

图2.19～2.20　奥泽特出土器物精选：（左）雕刻的木质工具，镶嵌海狸牙齿作为刃部；（下）一块雪松雕刻成鲸鱼背鳍的样子，上面镶嵌着700余颗水獭牙齿（有些牙齿排成一只雷鸟抓着一条蛇的样子，这会使鲸鱼受到惊吓，使得雷鸟能够用爪子将它抓起来）。

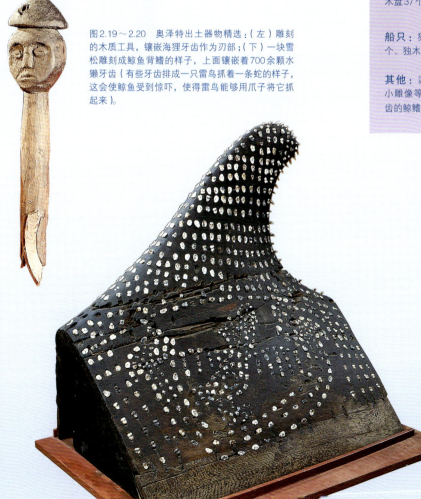

奥泽特出土的有机质器物

织物：篮子1330个、席垫1466件、帽子142顶、摇篮37个、扎带96条、鱼叉鞘49个。

纺织器具：竖式织机14台、辊条14根、刀14把、纺锤23个、线轴6个。

狩猎装备：木弓及残片115把、箭杆1534根、木箭头5189个、鱼叉杆124根、鱼叉扳指22个、海豹皮浮子上的塞头161个。

渔具：捕大比目鱼的木弯钩131个、捕大比目鱼用的弯钩柄607个、钩子毛坯117个、鲱鱼耙7个、单排倒刺鱼钩57个、双排倒刺鱼钩15个。

容器：木盒及残片1001个、木碗及残片120个、木盘37个。

船只：独木舟桨及残件361件、独木舟庐斗14个、独木舟残片14件。

其他：游戏木桨40根、雕刻小模型（独木舟、小雕像等）45个、雕刻木棍52根、镶嵌水獭牙齿的鲸鳍雕像1件。

62

潮湿保存2：马斯特农场

英格兰剑桥郡的马斯特农场（Must Farm）聚落由青铜时代的一组环形木屋组成，它们建造在一条流经弗拉格芬盆地（Flag Fen Basin）南缘泥煤土壤的小河上。在公元前850年左右，木屋刚造好不久便遭遇了火灾，然而该遗址前所未有的良好潮湿保存环境，改变了我们对青铜时代欧洲人生活的认识。

自2015年起，马斯特农场遗址一直进行着发掘和研究。考古学家们发现了五座建在木桩上的坍塌圆屋，炭化的圆屋紧挨在一起，屋顶覆盖着草皮，墙体和地面由轻巧的柳条编织而成，该聚落由一圈栅栏围护。看来剧烈的火灾导致沉重的屋顶几乎完整地坍塌下来，覆盖了下面整个圆屋，随后又沉入湿地的无氧环境之中。结果，掩埋的每座房屋（大概直径8米）保留了屋内近乎原封不动的有机物：动物尸体、编织物、纺坠、玻璃珠、青

图2.21　考古学者用脚手架在马斯特农场发掘干栏式建筑遗存。住宅的环形布局清晰可见。

铜工具、鞍状磨盘、谷窖，以及杯子、碗、储藏罐和木制品，发现时所有物品都在原位。2016年，出土了一件直径1米的大木轮，这种木轮在英国是发现最早和最完整的。

树木年轮断代分析表明，该聚落采用了年龄相近的树木，为一次性建成。同一分析还显示，遗址使用不到一年。该聚落缺少长期居住可以想见的那种堆积，证实了这一点。该遗址出土的所有物质在起火时还在使用。这一发现本身价值非凡，说明该遗址出土物代表了该遗址一年所需的生活用品，体现了全年的栖居实践。因此，马斯特农场为我们提供了一次探索和重建英国青铜时代晚期生活的绝佳机会。

图2.22　马斯特农场出土了许多有机物遗存，包括欧洲青铜时代最早的木头车轮。

未来的回报也同样巨大。比如，佛罗里达拥有约12000平方千米的泥炭沉积，根据目前的证据，它们可能含有比世界上其他任何地方都多的有机人工制品。迄今为止，这里的湿地已出土了单一地区数量最多的史前船只，同时还有早到公元前5000年的图腾、面具和雕像。比如，在奥基乔比盆地（the Okeechobee Basin）发现了一处公元前1000年的埋葬平台，饰有一系列巨型木雕图腾柱，代表了一群鸟兽。一场大火后，平台垮入水塘里，因此得以保存下来。然而直到最近，佛罗里达湿地遗存才通过仔细发掘提取出来，而非通过排水，因为这样会大面积破坏泥炭沉积，以及与之相伴的大量考古证据（见边码516～520佛罗里达卡卢萨［Calusa］个案研究）。

干燥环境　极度干燥会通过缺水抑制腐烂，它使得许多破坏性微生物活动无法进行。考古学家最初是在埃及认识到这个现象的。尼罗河大部分地区的空气是如此干燥，使得埋藏在沙漠中的许多尸体完好地保存下来，皮肤、毛发、指甲一应俱全，无须任何木乃伊处理或棺材。前王朝时期（公元前3100年之前）人体遗骸的情况正是如此——尸体只是简单地被埋在沙地的浅墓中，迅速干燥或脱水，加上沙子排水性好，导致了这种惊人的保存效果，这很可能启发了后来王朝时期埃及人的木乃伊实践。

美国西南部的普韦布洛居民（700～1400）将死者埋在干燥的洞穴里或岩崖下，就像在埃及一样，这里会发生自然脱水：因此它们并非真正人为制作的木乃伊，虽然它们有时被说成是这样。这些保存下来的尸体有时裹以毛皮的毯子或鞣制的皮革，保存状况如此之好，以至于还能研究发型。衣服（从纤维凉鞋到带裙）与大量其他物品如篮子、羽毛饰品、动物皮革等物品也一起保存下来。同一地区有些更早的遗址也发现过有机物：犹他州丹格洞穴（居住时间从公元前9000年以降）出土了木箭头、陷阱触簧、刀柄以及其他木器，内华达州的拉夫洛克洞穴出土过网，而科罗拉多州杜兰戈（Durango）附近的洞穴中也保存了玉米芯、南瓜、向日葵和芥菜的种子。这类植物遗存对于重建古代食谱非常关键（第七章）。

秘鲁中南部沿海居民也在相似的干燥环境下生活和终老，所以我们现在可以目睹他们风干尸体上的文身，可以对伊卡（Ica）和纳斯卡（Nazca）墓地出土的绚丽夺目的彩色织物、篮子、羽毛制品、玉米芯以及其他各种食物赞叹不已。在智利的新克罗，发现了最早刻意制作的木乃伊，也是被沙漠的干燥环境保存了下来。

在阿拉斯加西海岸的阿留申群岛，情况略有不同，那里死者被放在极其干燥和保暖的火山洞穴中自然保存。岛民似乎定期用揩干水份或悬于火上来干燥尸体，以加快自然脱水过程；有时他们还会取出内脏，并在里面塞入干草。

寒冷环境　天然冰冻可以抑制腐烂进程达数千年之久。最早发现的冰冻物体也许要数西伯利亚永久冻土中避遁的无数猛犸象，有些象的肌肉、毛发以及胃里的食物完好如初。这些倒霉的动物可能失足掉进雪

图2.23　西伯利亚南部的冰冻条件有助于保存巴泽雷克公元前400年埋葬旷原游牧者的土墩中的惊人物品。

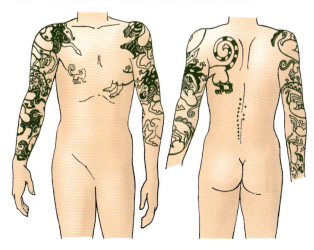

图2.24　巴泽雷克出土的一位酋长身躯和胳膊上的文身图案。

64

干燥保存：图坦卡蒙陵墓

埃及普遍的干燥环境有助于各种古代材料的保存，从无数纸莎草（用尼罗河水生植物的髓芯制成）

文书，到埋在吉萨大金字塔边的两艘原大木船。但是，最负盛名和最轰动的一批器物，要数 1922 年由霍华德·卡特和卡那冯勋爵（Lord Carnarvon）在底比斯发掘的公元前 14 世纪埃及法老图坦卡蒙墓中的发现。

64
65

图坦卡蒙在位很短，在埃及史上籍籍无名，他的墓葬所反映的事实，就是按法老的标准显得寒酸。但在这样一座本为别人建造的小墓里，却发现了大量珍宝，为图坦卡蒙随葬了其来世所需的所有物品。墓道和四个墓室塞满了几千件个人随葬品，其中包括贵重金属器物，如首饰和黄金面罩、食物、衣物。但是，木器是墓葬的主要内容，如雕像、箱子、神龛，三套棺椁中的两套棺椁也是木质的。人体遗骸——国王及两个胎死腹中的婴儿

图2.25 图坦卡蒙的石棺安放在四层嵌套的圣龛内。石棺内还有三层棺椁，最里层的棺木内存放着国王的木乃伊。

图2.26 图坦卡蒙三套棺椁中用柏木制成的外椁，外镶金箔。

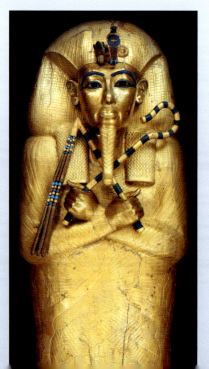

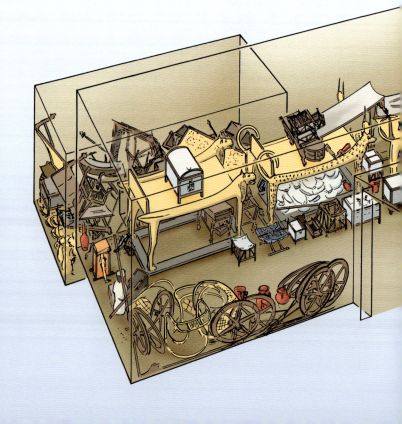

图2.27　镀金的祭祀榻椅，在图坦卡蒙陵墓的发现物中保存得极为完好。

的木乃伊——不止一次成为科学分析的课题。随葬品中孤立发现的一绺头发被做了分析，被认为来自另一墓葬中的木乃伊，据信是小法老的祖母提耶（Tiye）。

墓中的储藏物原来并非全为图坦卡蒙准备，有些属于他家庭的其他成员，因图坦卡蒙猝死而被仓促挪用。有些颇为令人伤感的东西，如国王小时候坐过的一把椅子，固定在金子上的一根写有"陛下亲手砍削之苇"的芦苇棒，甚至吊唁者留在第二和第三具棺椁上的花环和花束，也在干燥条件下保存了下来。

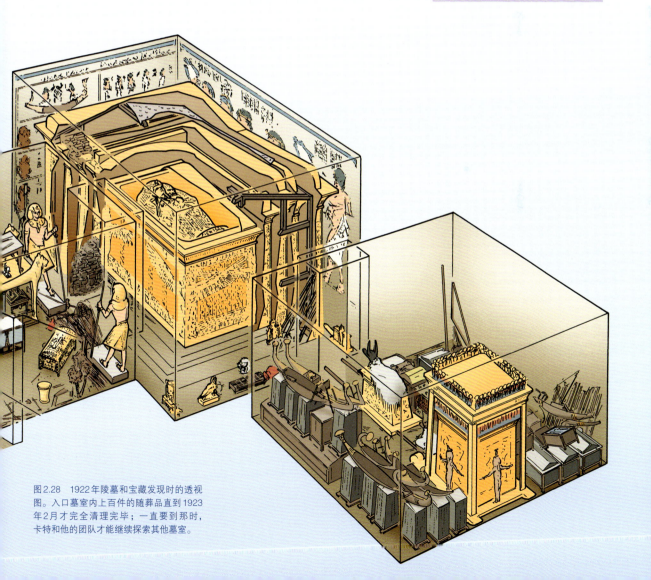

图2.28　1922年陵墓和宝藏发现时的透视图。入口墓室内上百件的随葬品直到1923年2月才完全清理完毕；一直要到那时，卡特和他的团队才能继续探索其他墓室。

图2.29 巴泽雷克绣花毡壁毯上的图案局部，显示一个骑士正走近一位王者人物。

窟，被淤泥掩埋，变成一个巨大的深冻物。最有名的是发现于1901年的贝里索夫卡（Beresovka），和发现于1977年的幼象迪玛（Dima）。保存情况如此之好，连狗都发现其肉仍十分可口，以至于必须把它们与尸体隔开。

考古学中最著名的冰冻遗存，出自西伯利亚南部阿尔泰地区巴泽雷克约公元前400年铁器时代旷原游牧者的埋葬土墩。它们是深挖地下的土坑，排列着圆木，上面覆有低矮的石堆。它们很可能只是在温暖季节、土壤冰冻之前挖成的。墓中任何温暖空气的上升，都会将潮气留在石堆的石头上；潮气也会慢慢向下渗入墓室，在严冬冻成坚冰，因为石堆是热的不良导体，并能遮蔽墓穴，使其免受风与阳光、干燥与升温的影响，以至于在来年的夏季也不会解冻。结果，即便最脆弱的材料也能保存完好——苏联的发掘者谢尔盖·卢登科（Sergei Rudenko）必须用沸水才能将它们取出。

巴泽雷克的遗体被放在圆木棺内，头枕木枕，保存如此完好，以至于他们特有的文身仍清晰可见。衣物包括亚麻布衫、装饰的长袍、围裙、长袜、毡毛及皮革头饰等等。还见有小地毯、壁毯、放食物的桌子，以及配有精致笼头、马鞍及其他全套马具的马匹尸体。

相同的保存状况也见于环北极地区，如格陵兰和阿拉斯加。阿拉斯加圣劳伦斯岛（St. Lawrence Island）永久冻土中出土了一具纪元初因纽特妇女尸体，胳膊上刺有文身。另一例是在阿拉斯加北部沿海、今天的巴罗（Barrow），在乌特恰戈维克（Utqiagvik）发现了保存完好的浮木草皮屋，里面不仅两具500年前的因纽特妇女和三个儿童的尸体完好无损，而且木头、骨头、象牙、皮革、毛发和蛋壳也保存完好。高纬度较靠南的地区也会有相同的效果，比如发现在安第斯地区的印加"木乃伊"（见边码67专栏）；或在意大利和奥地利边境阿尔卑斯地区发现的保存在冰里的一具距今5300年的"冰人"（见边码70～71专栏）。

在格陵兰，公元15世纪吉拉基特索克的因纽特人尸体，也是在岩崖之下的墓穴中免受天气侵扰，经历了自然冰冻和干燥的过程。他们的肌肉组织已经萎缩和褪色，但文身仍清晰可见（见边码458～459专栏），而衣服保存状况特别好。

一个较为晚近的自然冰冻例子，见于北极三位英国水手的墓葬，他们死于1846年约翰·富兰克林爵士（Sir. John Franklin）的探险。这些尸体完好地保存在加拿大比奇岛（Beechey Island）北部的冰层中。1984年，一个由加拿大人类学家欧文·贝蒂（Oven Beattie）率领的小组在将这些尸体重新安葬前，从骨骼和组织中取了些样本做尸检。

寒冷保存 1：高山"木乃伊"

自1950年代以来，在南美安第斯山脉的高处零星发现了一些冰冻的遗体——这些发现被看作是"木乃伊"，尽管它们仅因寒冷而保存下来，而非经过刻意的人工木乃伊化过程。15世纪到16世纪的印加人，在他们帝国的许多最高山峰上建立了100多处仪式中心，因为他们崇拜冰雪覆盖的山脉，相信它们为他们的田地提供了灌溉的水源，因此控制着农作物和动物的丰产。

献给山神的贡品中，有食物、酒精饮料、织物、陶器和陶俑——但也有人牲，常常是年少的孩子。1990年代，美国考古学家约翰·莱因哈德（Johan Reinhard）在安第斯高峰进行了一系列的探险，因这一"极端考古学"（extreme archaeology）而发现了一些前所未见、保存极佳的遗体。

在安帕托（Ampato）火山6312米处，他发现了放在冰上的一只襁褓，包着一个印加女孩——昵称"冰少女"或"朱厄妮塔"（Juanita，见边码15）——她是祭祀的牺牲（头部遭打击），年龄大约14岁，并随葬有陶俑、食物、织物和陶器。后来在5850米处又发掘出一个男孩和第二个女孩的掩埋尸体。

1999年，在尤耶亚科（Llullaillaco）6730米的山峰上，莱因哈德发现了一个7岁男孩和两个女孩（分别为15岁和6岁），都有陶俑和织物随葬。

所有这些遗体都保存得如此完好，使得对他们的内脏、DNA以及头发能做非常详细的分析。例如，头发的同位素表明，他们嚼食古柯叶，这甚至在今天也是该地区的一种习俗。

图2.30　年轻的尤耶亚科女孩，她头上戴有一片银饰板。

图2.31　保存更好的年长女孩，有编织精细的头发，戴着精选的饰件。

68

寒冷保存2：雪区考古

奥普达尔

雪区（snow-patch）是指诸如阿拉斯加、落基山脉、挪威和阿尔卑斯山 等高海拔或高纬度常年积雪或冰封的地区。人类过客丢失或遗弃的有机物在这些环境中往往保存较好，当冰雪融化时能在边缘处发现它们。目前所知斯堪的纳维亚雪区最古老的人工制品年代在公元前8000～前4000年。2010年和2011年，挪威中部奥普达尔（Oppdal）附近的两处高山遗址发现了5件新石器时代的箭镞和1张弓的碎片。有些箭杆旁还发现了很小的板岩箭镞，其中一件还保留着黏附的状态，另一件上还残留着两条筋线。这种保存情况为新石器时代先民如何将石镞装到箭杆上提供了新的洞见。

同样，2011年在挪威发现了一件保存极好的铁器时代袍子。放射性碳测定它的年代在公元前390～前230年。这件袍子用上好的羔羊毛制成，没有纽扣和系带，穿时很可能像毛衣那样从头部套上。它大概适合一位身高1.7米左右、较瘦削的人。尽管大体完整，但各处都磨损严重。

图2.32　挪威中部奥普达尔雪区新石器时代驯鹿猎人丢失的1张弓和2枚板岩石镞。

图2.33　冰雪保存了这些遗物的木头、筋腱、黏胶达5000年以上。

这些遗物不但提供了有关新石器时代弓箭技术和史前衣服的材料，而且这类有机质人工制品在融化雪地中的不断发现，也在警示正在发生的景观变迁——气温上升和气候变化。近年来，因雪区加速消融，这类遗址更加频繁显现，越来越多的遗物在过去已知和新近发现的遗址中出土。这显然和正在发生的天气和气候变化有关：在挪威中部，古冰川正在融化，阿尔卑斯山的永久冻土也在消退和变浅。现在发现的人工制品数量之多、年代之早，是过去一个世纪来该地区常规雪区调查前所未见的。

68／69

雪区考古处于这个问题的前沿，而且变得愈加重要。显而易见的是，脆弱而珍贵的有机物遗存已经极为稀少，却在不断暴露和消失，因无法抵御现在的环境条件而加速朽烂。事实上，一些气候专家认为，挪威高山的所有冰雪都将在21世纪末消融，这增加了这项重要工作的紧迫性。

图2.34～2.35　这件长袍是在挪威伦德布林冰川1900米（6200英尺）找到的一件皱巴巴的衣服。由于暴露在阳光下，衣服的纤维已经褪色得不太均匀了。为了保存纤维，奥斯陆文化历史博物馆用清水小心清洗并冷冻干燥了这件长袍。它是过去开发、利用羊毛的一个很好的实例。这件长袍用仔细拣选的浅米色毛线和深棕色毛线，通过所谓"钻石斜纹"编织技术织成的。

70

寒冷保存3：冰人

世界上保存完好的最古老人类遗体，由德国登山者于1991年9月，发现在蒂罗尔州（Tyrol）奥茨塔尔（Ötztaler）阿尔卑斯山靠近斯密劳恩（Similaun）冰川的地方。他们在海拔3200米处，发现了一具人的尸体，皮肤呈棕黄色并已脱水。四天后，遗体与随身物品被奥地利当局取出，并运到因斯布鲁克大学（Innsbruck University）。虽然有人觉得这具尸体很古老，但是没有人知道他到底有多古老。

冰人是迄今发现的第一具穿戴着日常衣服和装备的史前人类，很可能在做平常的事情，其他类似的史前遗体要么被小心埋葬，要么是被杀牲。他令我们如实直面遥远的过去。

遗体被运到因斯布鲁克大学解剖学系进行处理，之后，他被放在摄氏零下6度、湿度98%的冰箱里。后来的研究确认，这具遗体——称为"斯密劳恩人""奥茨"或简称"冰人"——躺在意大利境内约90米处，于是他于1998年被归还，放到博尔扎诺（Bolzano）博物馆。冰人随身携带的物品被作了大量研究，一整套科学技术，包括扫描、X光和放射性碳测年被用来对遗体进行研究。从遗体、器物和靴子里的填草中共获得15个碳十四年代：它们大体相近，在公元前3365～前2940年范围内，平均值为公元前3300年。

根据最初研究者的看法，冰人很可能是在高山上死于体力不支，或是遭遇大雾、暴风雪的不测。死后，他在被冰冻之前被温暖的秋风吹干。因为遗体躺在一个坑里，使他免受5300年间上部冰川移动的破坏，直到一场来自撒哈拉的风暴在冰上覆盖了一层尘土，它吸收阳光，最终冰人融化而显露出来。

冰人的模样

他是一位皮肤黝黑的男子，年龄在45～50岁之间，脑容量1500～1560毫升，身高仅1.56～1.6米。这个身材与体形正好处于意大利和瑞士新石器时代晚期人群的测量范围之内。他的DNA分析证实了他与北欧的关系。

尸体现在仅重54公斤。他的牙齿磨蚀严重，门齿尤甚，表明他吃粗糙脱粒的谷物，或者他经常把牙齿当作工具；没有智齿，这在该阶段很典型；他的上门齿之间有条明显的缝隙。

虽然他发现时已无毛发，但是在遗体周围及衣物残片上找到了几百根长约9厘米的棕黑色卷曲毛发。它们很可能是死后脱落的，他有可能留胡须。他的右耳垂仍有一个轮廓鲜明的长方形坑状凹陷，表明他很可能曾在该部位安置过一件装饰性石块。

身体扫描显示大脑、肌肉组织、肺、心、肝以及消化器官状况极佳，虽然肺部被营火的烟熏黑，他的动脉及血管有点硬化。毛发的同位素组成表明，他生命最后几个月完全素食。但是在他的结肠中除小麦、李子和其他植物外，还发现有肉的痕迹（可能是野山羊和鹿肉）。

图2.36 冰人，保存完整的最古老人类，发现于1991年，在保存了他5000多年的冰层融化后重见天日。

图2.37 现在用各种技术对他的身体做了科学的观察。

鞣制的家山羊皮外套

红豆杉木长弓（未完工）

熊皮帽

鹿皮箭袋，有荚莲木和水木制作的14枚箭镞（仅两枚成品），1件鹿角尖状器和两件残片，卷起的细绳，两捆动物肌腱

小牛皮的皮带和袋子，装着三件火石工具，一件骨锥和有机物［火绒］

铜斧，装在红豆杉木柄上，并用皮条捆绑

短剑：火石刀刃装有梣木柄，插在草编的刀鞘中

放毛皮背包的榛木和落叶松木架

用草编织的斗篷

皮腰布

缝制的桦木皮容器（1件有火烧痕迹）

鞋子：熊皮鞋底和鹿皮鞋帮，鞋内垫草

皮裹腿

图2.38　冰人的装备和衣服是日常生活地道的"时间舱"——共发现70多件与其共生的物品。

在一个小脚趾上见有长期冻伤的痕迹。他断了8根肋骨，虽然这些肋骨已经愈合，或死时正在愈合。把他从冰中取出时弄断了他的左臂，并使盆骨左侧部位严重受损。

在他脊柱下部两侧、左小腿、右脚踝和手腕上发现了成组的文身，大多数是短而平行的蓝色竖线条，他的右膝内侧有个蓝色的十字。这些记号很可能用油烟做的，也许是治疗性的，目的在于减缓其颈部、后背下部和右侧髋部的关节炎。

虽然他的指甲已经脱落，但还是找到了一片指甲。对其分析不但揭示他从

事体力劳动，而且还表明，在死前的4、3和2个月中，他经历了指甲生长减慢的几个阶段，与严重患病的间隙相合。虽然他易患阶段性行走困难疾病的事实支持这样的看法，即他是恶劣天气的牺牲品，因寒冻致死。但是研究显示，似乎有一枚箭头扎入冰人的左肩，他的双手、腕部和胸腔有刀痕，头部遭到过一击——要么因遭受打击，要么因跌倒所致——这很可能是致死原因。最近有人声称，冰人是被埋在一个高台上的，但是被一些专家所质疑。

对冰人牙齿和骨骼中可提供食谱

证据的同位素（见边码305～308）也做了分析，并与该地区水和土壤中发现的特定成分做了对比。该研究使得科学家能够做出结论，他生命中的大部分时间生活在他发现地点周围60公里以内。

与他一起发现的物品构成了日常生活独一无二的"时间舱"（time capsule），许多是用有机材料制成的，并被寒冷和冰雪保存下来。极为多样的木头及一整套皮革和草类加工技术被用来制作70多件器物，为我们了解该时期增添了一个新的维度。

考古记录和相关背景

在本章中，我们已经观察了考古学家所研究材料的多样性，以及影响这些材料保存状态的不同情况和过程。当考古学家发现人工制品/生态物，或发掘遗迹/建筑时，他们需要研究这些物品是如何掩埋的和如何保存的；这是了解这些物品是如何产生的和这些地点是如何被利用的第一步。这类研究有赖于物品的考古学背景，尤其是它们的原始背景。

在考古学中，"背景"的意思也比较宽泛。美国著名考古学家迈克尔·希弗（Michael Schiffer）区分了考古学背景（archaeological context）和系统论背景（systemic context）。本章大体关注考古学背景：即所有考古材料的基质、出处和共生。当一个考古学家以此为出发点，开始重现这些出土材料为我们提供的各种考古学信息时，他们就要致力于去了解材料的系统论背景，也即人工制品、生态物所涉及的古人生活，或与生产、使用、废弃方式相关的较为广泛的系统。考古学所涉及的种类繁多的理论和方法都致力于构建一种较清晰、较可靠且较为广泛的系统论背景。

小 结

72
73

▶ 考古学的一项主要关注是人工制品研究，即由人类制作的可携物品，它们提供的证据有助于我们回答有关过去的问题。不可移动的人工器物如火塘和柱洞被称为遗迹。显示有人类活动重要迹象、人工器物和遗迹基本上发现在一起的地方，被叫作考古遗址。

▶ 背景对于了解过去人类行为至关重要。一件人工制品的背景由它的基质（物质，比如包围着它的特定土壤层）、它的出处（位于基质中的垂直和水平位置）和它与附近一起发现的其他器物的共生关系组成。若发现的人工制品在过去原生沉积的地方，被称为原生背景。人工制品自其原生废弃以来，由自然力或人类活动而搬运，就可谓处于次生背景之中。

▶ 考古遗址是由形成过程而造就的。人类刻意或偶然的活动，如建造房屋或耕耘田地，被称为文化形成过程。影响考古遗址的自然事件，如覆盖一座古代城市的火山灰，或如掩埋器物的风沙，被称为自然形成过程。

▶ 如果环境条件合适，那么任何材料的人工制品都能够残存下来。一般而言，无机质材料如石头、陶土和金属，要比有机质材料如骨头、木头或植物，更易保存。后者除了极端条件外，一般都会腐烂殆尽。

▶ 有机材料的残存取决于包围它们的基质，以及它们沉积地的气候。热带气候的酸性土壤对有机材料更具破坏力，而干燥的沙漠环境和极端寒冷或饱水环境，则最有可能将它们保存起来。

深入阅读材料

对于考古材料不同保存问题的理想入门，可参看如下著作：

Aldhouse-Green, M. 2015. *Bog Bodies Uncovered: Solving Europe's Ancient Mystery*. Thames & Hudson: London & New York.

Binford, L. R. 2002. *In Pursuit of the Past: Decoding the Archaeological Record*. (New edn) University of California Press: Berkeley, CA & London.

Hunter, J. Roberts, C. & Martin, A. (eds.) 1996. *Studies in Crime: An Introduction to Forensic Archaeology*. Routledge: London & New York.

Lillie, M. C. & Ellis, S. (eds.). 2007. *Wetland Archaeology and Environments: Regional Issues, Global Perspectives*. Oxbow Books: Oxford.

Menotti, F. & O'Sullivan, A. 2012. *The Oxford Handbook of Wetland Archaeology*. Oxford University Press: Oxford.

Nash, D. T. & Petraglia, M. D. (eds.). 1987. *Natural Formation Processes and the Archaeological Record*. British Archaeological Reports, International Series 352: Oxford.

Purdy, B. A. (ed.). 2001. *Enduring Records: The Environmental and Cultural Heritage of Wetlands*. Oxbow Books: Oxford.

Schiffer, M. B. 2002. *Formation Processes of the Archaeological Record*. University of Utah Press: Salt Lake City.

Sheets, P. D. 2006. *The Ceren Site: An Ancient Village Buried by Volcanic Ash in Central America*. (2nd edn) Thomson: Belmont, CA.

3 何地？
遗址与遗迹的调查与发掘

考古学的一个主要特点是它通常从田野工作，即从调查和发掘中获取证据。从传统意义上说，田野工作一直被看作完全专注于发现和发掘遗址。如今，考古学家日益明白发掘需要支付的高昂代价和带来的破坏性，因此，尽管遗址和对它们的发掘仍然极为重要，但是现在遗址地面调查以及运用无损的遥感设备做地下勘探已被广泛应用。实际上，有些考古项目可能完全不做挖掘，而是聚焦于各种形式的调查。采用非侵入性的调查，不仅使考古遗迹免受干扰，还有助于回答新的问题。例如，通过区域调查研究整个景观，现在已经成为考古田野工作的一个重要组成部分。

在田野考古中，我们可以区分不同的方法，是用在发现考古遗址、不在遗址上的遗迹或散见的人工制品，还是用在遗址和遗迹发现后，包括对具体遗址做详细的勘探和选择性发掘。需要指出的重要一点是，对已开展田野工作的遗址重新做研究，常常可以提供新证据，就像伊恩·霍德对土耳其恰塔霍裕克土丘遗址发掘的再研究和再评估（见边码44～45专栏）。博物馆和研究机构的库房里也庋藏着潜质丰厚和回报不菲的材料，期待着当代新技术的分析。然而毋庸置疑的是，考古学研究的最主要部分仍然依赖于开展新的田野工作、收集新的材料。

发现考古遗址和遗迹

考古学家的一个主要任务是要找到并记录遗址和遗迹的位置。本节我们将回顾用来发现遗址的一些主要技术。但我们不应忘记，许多纪念建筑从未被后人遗忘：埃及巨大的金字塔、现在墨西哥城附近的特奥蒂瓦坎世世代代为人所知；中国万里长城和罗马广场的众多建筑同样如此。许多个世纪以来，虽然它们的确切功能或目的一直引发人们的争论，但是它们存在的事实却从来没有人怀疑。

我们也不能把这些失落遗址的发现都归功于考古学家。虽然没有人做过精确的统计，但目前所知有很多遗址的发现纯属偶然，举世惊叹的中国秦始皇兵马俑是1974年农民在挖井时发现的；法国拉斯科洞穴壁画在1940年被一群少年偶然撞见；考斯科洞穴（Cosquer）的水下入口在1985年被一位深海潜水者发现；还有无数的水下沉船最初是由渔民、海绵采集者和潜水运动员找到的。建造新的公路、地铁、水坝和写字楼的建筑工人也有许多发现，比如在墨西哥城发现的阿兹特克大庙（见边码570～571专栏）。

不过，只有考古学家才设法系统地记录这些遗址，也只有考古学家找出大大小小、构成了过去景观极大多样性的各种遗址和遗迹。考古学家是如何做到这点的呢？

对遗址的发现可以做一个具体区分，即地表的发现（地面勘查）与空中和外层空间的发现（航空勘测），虽然任何一项田野项目通常都会采用这两种勘查。

地面勘查

虽然分辨个别遗址的方法包括查阅文献资料和调查地名证据，不过主要还是靠具体的田野工作，无论是应用或顺从考古学中对建筑开发商进程的监管（在英国常常被称为抢救性考古学），还是考古学家作为独立研究者情况下所做的勘探调查。

文献资料　在第一章，我们见到谢里曼对荷马作品的历史准确性如此深信不疑，而直接促使他发现了古特洛伊城。1960年代，由赫尔格和安妮·斯泰恩·

图3.1 正如19世纪初意大利艺术家伊波利托·凯菲（Ippolito Caffi）的一幅画所描绘的那样，古罗马广场上的建筑物部分被掩埋，但从未消失。

图3.2 超过2000公里的中国长城，始建于公元前3世纪，就像古罗马广场一样，它从未被后人遗忘。

图3.3 兰塞奥兹绿草地低丘，原来为茅舍，有草皮砌成的墙，一个木框架支撑着草皮屋顶——这里所见的样子是为游客重建的。该遗存缺乏重修的证据，表明是一处短命的聚落。

英斯塔（Helge and Anne Stine Ingstad）夫妇，在纽芬兰的兰塞奥兹绿草地（L'Anse aux Meadow）发现和发掘的维京聚落，同样在很大程度上要归功于中世纪维京人传奇中的线索。许多现代圣经考古，本身关注在近东搜寻《旧约》及《新约》中描述的地点，以及人物和事件的证据。作为近东遗址可能的信息来源而予以客观处理，《圣经》确实是文献资料的丰富来源，但深信该文献宗教上的绝对真实性也存在危险，这会对它们考古学正确性的公正评估产生干扰。

圣经考古的许多研究，包括设法将圣经上提到的地名与考古学所知的遗址联系起来。但是，地名证据也能导致新考古遗址的发现。比如，在欧洲西南部，由于地图上的许多旧地名带有"石"和"墓"等当地词汇，由此找到了许多史前石墓。

早期地图和老街的名称，在帮助考古学家找出历史乡镇的原来布局上，更加重要。比如，在英格兰，有可能在那些文献记载详尽的中世纪乡镇里，利用这类证据，在地图上确定12世纪乃至更早的街道、房屋、教堂和城堡。然后，这些地图又成为一种可靠的基础，以决定在何处进行调查发掘工作最有成效。

文化资源管理及应用或顺从考古学 在这项专门的工作中——将在第十五章做更充分的讨论——考古学家的角色是在遗址被新公路、大楼、水坝或泥沼挖掘、湿地排水破坏之前，将它们定位并记录下来。在美国，根据文化资源管理（Cultural Resource Management，简称CRM）的法律，大量遗址在每年的普查中被定位和记录下来，这项工作是在1970年代被大大拓展和强化的。与开发商的适当协调，可以使考古调查在规划公路沿线或开发线路上提前进行。由此而发现的重要遗址可能需要发掘，而在某种情况下甚至导致修改建设规划。在罗马和墨西哥城开挖地铁中出土的某些考古遗存，最终被融入站台建筑之中。

与美国一样，英国大多数发掘和调查都是在文化资源管理下进行的——受英国"国家规划政策框架"影响，开发商在考古学上的支出已经增长到每年超过1000万英镑（1540万美元）。

调查 除了通过文献资料调查和抢救工作之外，考古学家是如何着手确定遗址的呢？一种传统但仍然有效的方法，就是在一处景观中寻找最显眼的遗存，特别是建筑的断壁残垣，以及像北美东部或英国南部韦塞克斯的埋葬土墩。但是，有许多遗址在地表仅见散布的人工制品，因此需要更彻底的调查，即我们所谓的"勘探调查"来探寻。

近些年来，由于考古学家越来越关注重建人类对景观的整体利用，他们已经开始认识到，虽然那些人工制品零星散布的地点很难被看作遗址，不过仍代表了人类重要的活动。因此，正如罗伯特·邓内尔（Robert Dunnell）和威廉·丹西（William Dancey）所言，这些"遗址外"或"非遗址"区域（即人工制品分布稀疏的区域）应该被确认和记录下来，而这只能通过包括仔细采样程序在内的系统调查工作才能做到（下文）。这种方法对于像非洲大部分区域特别有用，那里的人群主要以流动方式生活，仅留下稀疏的考古记录（见第五章的深入讨论）。

78

悉尼塞浦路斯调查项目

从1992年到1998年，悉尼塞浦路斯调查项目（the Sydney Cyprus Survey Project）在格拉斯哥大学的伯纳德·纳普（Bernard Knapp）和迈克尔·吉文（Michael Given）领导下，在塞浦路斯特罗多斯山脉（the Troodos Mountains）北部一片75平方公里的区域中，开展密集的考古调查。该地区以硫化铜矿堆命名，早在青铜时代初就被开采。

该项目观察了5000年间人类对景观的改造，并将其置于区域背景之中。一种学科交叉方法整合了各种不同领域，包括考古学、考古冶金学、民族史学、地貌学和生态学、地理信息系统（GIS，见边码93）、卫星影像，不致疏漏任何人类经历过的地方。

项目之目的与设计

该项目的基本目的是要利用考古学景观材料，来分析农业和冶金资源历时的生产和分配，并绘制一个复杂社会以及其中个人的变迁形态。

项目采取了一种多阶段的研究设计，并对"遗址"概念提出质疑。对于系统密集调查策略，首先需要有好的地图。放大的航照被用来制作一份整个调查区域的基本地图。采用地理信息系统的电子地图制作程序（MapInfor），扫描照片，登记到通用横轴墨卡托投影（Universal Transverse Mercator）格子上，格子线条间距100米，再叠加到基本地图上。塞浦路斯土地与调查部门帮助提供了该研究地区的全球定位系统（GPS）读数。

该景观被划分为单个的单位。有时，景观中的遗迹，比如农耕地块，可以被定义为一个单位。除此之外，主要的调查则顺着直线展开或进行剖面调查，一般伴随着以下的策略：

1. 按南北宽50米、长500米的地块（调查者间距5米）步行，以覆盖该调查区，以求获得该调查区里各种各样的系统样本；

2. 利用每天输入地理信息系统的空间信息来确定，何种地形、地质和土地使用因素可能决定了所暴露的文化遗存的分布；

3. 对存在早期工业、农业或聚落活动大量证据的"特别关注区"做区段调查（block survey）。

4. 调查"特别关注地"，即根据显眼的遗存和高密度人工制品所标出的地点。

收集每个单位里文化材料的代表性样本：陶器、打制石器、磨制石器、金属、矿渣、矿石、助熔剂、玻璃和砖瓦。其他遗存，主要是非典型材料，只做简单计数后留在原地。

悉尼塞浦路斯调查项目的一个重要组成部分，是采用地理信息系统导出的主干地图，来说明田野统计、采集和记录策略的结果。陶器是评估调查单位意义和重要性的关键分析层面，陶器材料（密度和分布）被整合到地理信息系统的地图上去。一项陶器参数（PI）经地表可见度和其他因素校正后，被用来指示一个单位在特定时段的重要性。500～1000的陶器参数被用来指示因农耕实践，如施粪肥，所造成的陶器少量散布；而5000的陶器参数也许表明一个低密度住所的存在，比如一个农庄；而10000的陶器参数表明密度较高的重要聚落。

结果

共勘查出1550个调查单位，涵盖6.5平方公里，占调查区域的9.9%。调查分辨出11处特别关注区和142处特别关注地。田野里共计有87600件陶片、8111件砖瓦碎片及3092件石制品。其中有三分之一被采集和分析，

图3.4 （右）对米特塞罗（Mitsero）的马夫洛沃诺斯（Mavrouvornos）进行地图测绘。

图3.5 （下）调查区域的视域分析（见边码185）：黑点是中世纪至今的聚落，而浅色区显示从米特塞罗所见的景象。

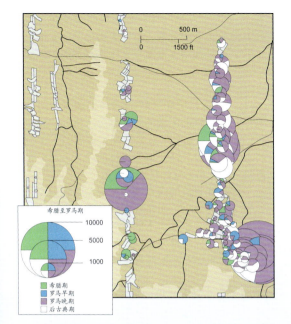

图3.6　调查区北部的一张陶器分布图（陶器参数），显示了很可能是由于施粪肥所致的低密度"地毯状覆盖"、位于右侧底部的塔姆索斯（Tamssos）城边缘，以及由地产或小聚落留下的几处密集点。

并输入项目的资料库中。

　　该项目能够得出结论，"年代类型"（chronotype）登记和信息系统，与陶器分析和地理信息系统制图相结合，为区域景观的开拓利用提供了一个新视野。陶器参数力求为地区陶器材料分布图提供新的精确性。以生动和动态方式绘制的地理信息系统分析地图，详细到了材料的层位和各种类型。

　　花了大约6年时间，对仅75平方公里、约占一片区域10%的遗址所做的一项密集调查的一般性结论，是非凡的。而且，"年代类型"登记系统取决于大量合理的陶器材料，它们能够根据一个已经完善确立的类型学系统进行分类。这种年代学的敏感指示标志，对于任何分析历时性变化的调查都至关重要。而且，该系统也刻意收入了一大批多样的器物，它们以前尚未被塞浦路斯任何田野项目予以断代。

　　调查变得重要的另一重要原因，是区域性研究的发展。由于一些学者如戈登·威利在维鲁河谷、威廉·桑德斯（William T. Sanders，1926～2008）在墨西哥河谷的先驱性研究，考古学家日益致力于聚落形态研究——在某一特定区域内遗址的全景观分布。第五章将深入讨论这项工作对于了解古代社会的意义。在此，我们可以指出它对田野考古工作的影响：仅仅孤立地确定某个别遗址的位置，然后脱离其他遗址对其进行调查及（或）发掘已远远不够了，需要对整个区域进行探究，包括一项调查计划。

　　在过去几十年中，勘探调查已经从单纯的一个田野工作初级阶段（寻找适当的遗址进行发掘），发展成多少具有独立性的一种探索，一种有其自身正当性、能够获得与发掘所得十分不同的信息的研究领域。在某些情况下无法进行发掘，或因无法取得发掘许可，或因缺少时间和资金——现代发掘缓慢而又昂贵；而调查既省钱又快捷，破坏也相对较小，只需GPS地图、罗盘和卷尺。但是，考古学家通常刻意选择地表方法作为区域材料的来源，以研究他们感兴趣而发掘又无法解决的问题。

　　调查包含一大批技术：不再仅分辨遗址和记录或采集地表的人工制品，有时还要对石头、陶土之类的自然和矿物材料进行采样。今天的许多调查，目的在于研究人类活动的空间分布、区域之间的差异、人口的历时变化，还有人群、土地、资源之间的关系。

　　调查实践　从区域角度提出问题，必须以一个相对应的规模收集材料，但是是以最小成本和力量获取最多信息的方式进行的。首先要确定调查的区域：其边界既可以是自然的（如河谷或岛屿），也可以是文化的（某器物形制的范围），或纯粹主观的，尽管自然边界最易确定。

　　必须了解该区域的发展史，不仅要熟悉以前的考古工作和当地的材料，而且也要评估自然过程搬运和覆盖的地表材料之范围。比如，在只是最近由河流作用形成的堆积中，去寻找史前材料是毫无意义的。其他因素很可能也会影响地表证据。例如在非洲大部分地区，大型畜群或挖洞动物往往会扰动地表材料，以至于考古学家只能见到很广的分布形态。地质学家和环境专家一般能提供有用的建议。

　　这种背景信息有助于确定这项调查的地表覆盖面之密度。其他需要考虑的因素是手头的时间和资源，及实际抵达和记录一个区域的难易程度。植被稀疏的干燥和半干燥环境最适合此类工作；在赤道雨林里的调查,也许仅限于沿河岸的土壤出露区,除非时间和人力允许,披荆斩棘清出一个调查的探方。当然许多地区包含各种景观,单一调查策略往往不足以涵盖它们。方法的灵活性在这时很需要,将该区域分成可见度不同的地带,再设计因地制宜的方法。而且,必须牢记,有些考古时期(拥有鉴定特征的人工制品或陶器)要比其他时期的"可见度"更佳;而流动的狩猎采集者或游牧社群,会在景观中留下与农业和都市社群非常不同的印迹——通常十分稀疏(见第五章)。当设计探寻方案和发现技术时,一定要将所有这些因素考虑在内。

另需考虑的一点是,材料是否应当被采集,或只是观察其共生关系和背景(就像上面提及的非洲许多地区,背景已被扰动,常常只是挑选最显眼的采集品),应当全部还是部分采集?通常要应用一种采样方法(见边码80专栏)。

基本上,有非系统和系统的两种地表调查。前者比较简单,包括踏勘区域的各个部分(比如一块耕地),仔细查看一个地块,采集和观察地表的人工制品,并将它们的位置与任何地表遗迹的位置一起记录下来。但是一般认为,这种结果会有偏颇和误导之嫌。踏勘者有一种发现材料的内在期望,于是会倾向于注重看似比较丰富的地区,而非获取代表整个区域的样本;后者能使考古学家评估不同时期或类型材料的不同分布。另一方面,这种方法比较灵活,使得某团队能够将较大精力集中在证明最有可能含考古发现的地区上。

现代的大部分调查是以一种系统的方式进行的,该方式采用了一种跨越整个区域的分格系统或一个等距分开的横块或纵条(直的线路)系列。调查区域被分成许多区段,在这些区段(或对其中的一处样板)中做系统的踏勘。以这样的方式,该地区没有一部分,其代表性会在调查中被低估或强调过头。因为已经知道发现物的确切位置,该方法也很容易定位发现物。如果将横块进一步分成等长的单位,可以获得更大的精确性,可以对其中某些部分做更仔细的观察。

多次涵盖某区域的长期项目获得的结果会更加可靠,因为遗址和人工制品的可见度每年甚至每个季节,会因植被及土地使用的变化而差异很大。此外,野外调查队成员,在他们观察的精确性以及他们在识别和描述遗址的能力上,难免存在差异(若一个人观察得越仔细或经验越丰富,那么他看出的东西就越多);虽然难以完全排除这一因素,但是反复踏勘有助于抵消这种影响。采用标准的登记表很容易在后期将材料输入电脑,或在野外也能使用手提电脑(将材料输入电脑)。

图3.7~3.8 在埃及沙漠里进行系统地表调查:考古学家采用全球定位系统,对空间相隔100米的小区域进行采样,寻找旧石器时代中期的石器。然后,在野外用电子游标卡尺和手提电脑处理发现物。

80
采样策略

考古学家通常缺乏对某地区一处大型遗址整体或全部遗址进行调查所需的时间和经费，因此他们需要对研究区域进行抽样。在地表的勘探调查中，这将包括应用下面介绍的一些方法来选择几处较小的调查区，目的在于得出整个区域的可靠结论。

考古学家采用的抽样方式类似于民意测验：只用几千人的样本，来对几百万人的看法做出总结。但令人惊讶的是，这种民意测验多少是正确的。这是因为我们已经十分了解采样人口的结构——比如我们知道他们的年龄和职业。用到考古学中，我们掌握的背景信息较少，所以我们对一个样本进行总结时必须十分小心。但是就如民意测验，在考古工作中，样本更大、设计更好，那么结果就更加可靠。

某区域中有些遗址会比其他遗址更易抵达，或在景观中更加醒目，这会促成一种不正规的采样策略。多年的野外经验也会使一些考古学家对于合适的工作地点有一种"直觉"之感。

采样的类型

最简单的形式是简单随机采样，即用随机号码目录来选择采样区。但是，随机号码的性质导致某些区域被安排了一大堆探方，而其他区域则一个都没有，因此，这种抽样存在固有的偏颇。

一种办法是分层随机采样，即将某地区或某遗址归入其自然带（或层级——技术名称），比如耕地和森林；然后再以相同的随机号码程序选择探方，只是每片自然带的探方数量要与该区域成正比。因此，如果该区域的85%是森林，那么它必须安排85%的探方。

另一种办法是系统采样，需要选择一片空间等距的网格——即探方选择彼此隔开。采用这种有固定间隔的探方，对于某种具有同样固定等距分布的形态，会存在漏掉（或碰到）每一单一样本的危险——这是另一种潜在的偏颇。

一种较好的方法是分层的非直线系统采样（stratified unaligned systematic sample），它结合了前述所有三种方法的主要要素。在土耳其吉利基哈希颜（Girik-i-Haciyan）大型土丘或土墩地表采集人工制品时，查尔斯·雷德曼（Charles Redman）和帕蒂·乔·沃森（Patty Jo Watson）采用了5米探方的网格，以遗址南北/东西的主轴为走向，参照这两条主轴进行抽样。所选择的层级是9个探方（3×3）的区块，每一区块从随机号码表中选择其南北/东西轴的一个对应处进行发掘。这种方法保证了样本没有偏颇，在整个遗址中分布更加均匀。

纵条与方块

在大规模调查中，有时纵条（直的线路）比方块更受青睐。这在热带雨林等植被茂密的地区尤其如此。沿一系列线路踏勘，要比准确定位和调查大量随机分布的探方容易得多。此外，纵条较易分成小单元，而定位或描述一个方块中的特定部分则较为困难；而纵条不仅在发现遗址上有用，而且也方便记录整个景观里的人工制品密度。另一方面，方块的优点在于能揭露较大的调查面积，增加了发现遗址的可能性。结合利用这两种方法往往是最好的：用纵条来覆盖长距离，遇到较大的材料集中点时则用方块。

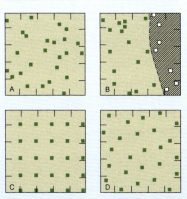

图3.9　采样的类型：（A）简单随机；（B）分层随机；（C）系统；（D）分层的非直线系统。

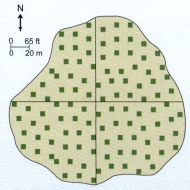

图3.10　分层的系统探方样本，边长5米，被用来在土耳其吉利基哈希颜进行调查。

N

0　　65 ft
0　　20 m

必须强调的是，地表发现的材料往往代表着地下遗址，其上层已经或正在被犁地、侵蚀或后来的开发所移除。反过来，地表的发现也可能表示地下未必有东西——例如陶片是因施肥而留下的，或者有些文化没有陶器，因此在调查中体现不出来。这正是为什么有必要或值得提倡做些小规模发掘，来补充或核实地表的材料（特别是有关年代、共时性或遗址功能等问题），或检验调查中产生的设想。这两种调查是互补的，而非互相排斥的。它们的主要差别可总结如下：发掘可以告诉我们一个遗址小部分区域的大量信息，但只能做一次；而调查告诉我们大量遗址的少量信息，但是可以重复。

广泛和密集调查　调查可以较广泛地进行，将相邻地区一系列个别项目的结果整合起来，以获得景观、土地利用和聚落历时变迁的宏观视野——虽然不同调查项目野外调查队的具体成员、项目准确性和项目质量会差别很大。在中美洲（见第十三章）和美索不达米亚部分地区已经提出了区域调查的一些重要假设，这些地区已经拥有了这类工作的悠久传统。

比如在美索不达米亚，由罗伯特·亚当斯（Robert Adams，1926～2018）等所做的先驱性工作，将地表和航空调查结合起来，获得了随时间发展而导致最早城市出现的聚落的规模与间隔的变迁图像：分散的农业村落因人口增加变得更加密集，并最终在早王朝时期（前3000）出现了由来往的道路相连的主要分配中心。这项工作还揭示了早王朝之前的水道和运河，甚至很可能还有耕作区。

另一种调查可以针对某单一大型遗址或遗址群进行整体覆盖——或称"小区域"调查。奇怪的是，世界上一些规模最大和最著名的遗址从未，或只是最近才以这种方法进行研究，因为传统上人们的注意力集中在宏伟的纪念建筑本身，而未设法将它们置于当地背景中作等量齐观。在墨西哥城附近的特奥蒂瓦坎，1960年代开始的一项重要的地图测绘项目，已经极大地增进了我们对大金字塔神庙周围地区的了解（见边码97和100专栏）。

地面调查在考古工作中具有举足轻重的地位，而其重要性仍在增加。但是，现在的项目，往往还要用空中调查来补充（往往在先）——空中或外太空。事实上，拥有航拍图像在地面调查区域的遴选中是一个重要因素。

空中勘查

采用空中遥感或空间遥感的考古调查，可能分为两个组成部分：材料收集，它包括用飞机、卫星或无人机（UAV）获取照片或图像；还有材料分析，也即对这些图像进行分析、解读，且（往往）与其他证据，比如从田野调查、探地遥感或文献证据收集的证据，整合起来。从照片解读者或图像分析师的观点来看，

图3.11～3.12　巨石阵最早和最近的航照。（左）1906年从气球上拍摄巨石阵（或对所有考古遗址而言）的第一张航照。（右）利用无人机对苏格兰奥克尼岛上的一处新石器时代祭祀遗址布罗德盖海岬角（Ness of Brodgar）进行调查。

卫星图像、多光谱/高光谱材料和传统航照之间，除比例尺和分辨率外，几乎没有什么区别。这些材料本身的来源并不重要，它们可以被统称为"航空图像"。

　　现有的航空图像已有几百万张，有许多在专门图书馆里可供查阅，网上可供自由浏览的数量则较少。大部分来自"区域调查"，那里的航空图像采用了重叠的系列拍摄，以求覆盖预定的区域，而少数图像是由考古学家在进行预先调查中采用小型飞机所拍的。必须强调，航空图像，即使是那些预先调查得到的图像，被广泛用于考古目的，从发现和记录遗址，到监视它们随时间发生的变化，及为建筑物和都市（还有别的）发展拍照——实际上记录任何"明天不再存在的东西"。然而，拍摄和分析飞机、卫星或无人机获得的图像，导致了大量的考古发现，而这个数字每年还在递增。

　　如何使用航空图像？　空中拍摄的图像只是工具；它们是手段而非目的。图像本身不会揭示遗址——这是由图像拍摄者和解读者通过观察地形和画面来做到的。这是一种专业技巧，要将考古遗迹与其他迹象如车辙、古河床和现代耕地造成的土地形态加以区分，经验和敏锐的眼光必不可少。这个过程得益于对景观历史的广泛了解，其中包括对现代过程了然于胸。

　　航空图像有两种类型：倾斜的和垂直的。两者各有其优缺点，但是考古学家从空中观察遗址一般得到的是倾斜图像，并被认为具有考古学意义，而大部分垂直图像是从非考古调查获得的（比如制图）。两种图像类型能被用来提供重叠的配对立体打印，能对一处景象做三维观察，提高解读的把握。例如，从一只拴绳气球上拍摄的巴基斯坦摩亨佐达罗古城的立体照片，我们能对其残存的结构制作摄影测量平面图——准确地说是轮廓图。同样，大片区域能用重叠图像进行调查，然后将其处理成一幅非常准确的摄影基本地图，上面有空中辨认出的所有考古证据。这类图像是为地表分析勘察提供信息的有用工具。

　　遗址从空中显示的方式以及如何解读它们，将在后面页的专栏中讨论。倾斜图像常常针对的是可能显露比较清晰的考古遗迹，而垂直图像需要解读者更加仔细地观察以寻找这类信息。两类图像能够矫正或用电脑程序做地理矫正（georeference）。它可消除倾斜图像比例尺和视觉的失真，并可纠正垂直图像的偏斜和倾角遥感变形。在矫正过程中采用一种数码地势模型（制作一个基于轮廓线或通过激光雷达、空中雷达扫描调查的地表三维模型——见下），能在地表起伏很大或地势较高的地方获得较高的准确性。经过电脑转换之后，得出的图

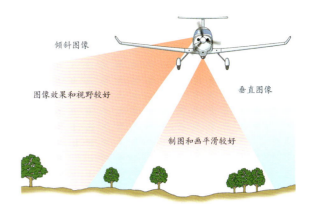

图3.13　两类航空图像：倾斜的和垂直的。虽然倾斜要比垂直更易观察和了解，但是对于解读者会有一定的困难，他必须将其转换为平面视野的信息。

图3.14　俄亥俄州皮布罗斯（Peeblos）附近大蛇墩（土筑工程）的斜视航照，这是世界上最大的蛇形土墩，建于公元前1070年。

像可用制图软件或地理信息系统（见边码94～97）分层排列，并在上面画出分辨的考古遗迹来加以解读。比例尺为1∶2500的遗址专用绘图可以显示一个遗址相当多的细节，并能精确到±1米以下。这使得遗迹能够被测量和比较，并对提供精确位置来说必不可少，以至于能够低成本、高效益地为发掘探坑准确定位（见边码88～89专栏）。在英国和欧洲，这是从航空图像上绘制考古遗迹的常用方法，在其他地方也应该非常有用。

84

从空中分辨考古遗址

空中可见的遗迹

在航空图像上成功辨认考古遗址，需要我们有关于想见的遗迹类型的知识，以及自它们废弃以来可能会影响它们沉积后（形成）过程的知识。一般来说，某遗址要被某种遥感方法探知，它就需要改变土壤或底土。这些改变会与在地下打的洞（如沟或坑）和它们上面的遗迹（如堤、土墩和墙）有所不同，而这些改变会残留在起伏的地势上，或完全被埋在犁平的耕土下。在你关注区域的田野工作和发掘时，应当分辨空中可见的考古遗迹的范围和特点，虽然我们并不能分辨那些最小的遗迹（如柱洞），或除了最清晰和比例尺最大的图像外其他的便无从了解。这些区域性的知识也有助于阐释者对考古和非考古遗迹加以区分。

突显的遗址

重要的是需牢记，相似的凹陷或隆起很可能是由自然扰动（比如反复融冻的冰缘活动所致的地面开裂和凹陷）或晚近的人为干预（如推平田地的边界或挖掘小矿井）所致，而对某区域比较熟悉的有经验的分析师就能看出这些东西，并将它们与考古遗迹区分开来。

在英格兰南部奥弗顿唐（Overton Down）的实验土墩（见边码53）上切出的剖面显示，在一个未扰动的白垩景观上，蔓延的杂草会在大约16年后稳定长在向壕沟塌陷的堤坝。世界上许多地方拍摄的航照上见有许多这类隆起的土墩，估计这类遗址在废弃后只要几年就能被"固化"。

航照通过强光和阴影的结合记录下起伏的遗址，因此为制作这些遗址最富信息量的图像，当时的季节和当天的时辰是很重要的因素。获取不同时辰拍摄的图像，可以通过光线和阴影获取最大量的可见信息。这是采用激光雷达（空中激光扫描，见边码86~87）的优点之一，采用软件能够让观察者移动这些图像的太阳方向和方位角，所以能提供航照所能分辨的更多信息。垂直航照和卫星图像要由向着观察者的阴影来观察，或可以通过反转的地势图来感受。

夷平的遗址

84/85

在世界上有些地方，考古遗址已被夷平，现在位于耕土之下。虽然这些遗址受到一定程度的破坏（有些继续在受每年耕作的破坏），但是这些景观在航空图像观察中获益良多。在夏季，农作物会在不同土壤和土壤深度的地方长势不一，于是能够指示存在的考古遗址和自然遗迹。这种农作物的差异，或农作物标记，一直是航空调查记录存在的考古遗迹的主要媒介；实际上，以这种方法发现的遗迹要比其他形式的勘察要多。虽然大多数农作物标记出现在谷物田里，但在干旱条件下，有时野草也会因地下的差异长势不同，比如2013年7月，在干旱条件下，巨石阵干燥的地表显现出之前并未辨认出的石洞，这些石洞很可能是砂岩石圈的组成部分（见第五章）。

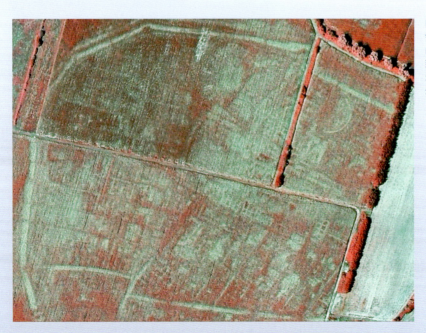

图3.15　威尼斯附近湮没的罗马港湾小镇阿尔蒂纳姆（Altinum），它在2007年的地图上标出，当时一场严重的干旱导致掩埋的建筑物上出现了农作物标记。这张重要图像非同寻常的颜色表明，它是用近红外波长拍摄的。

图3.16　简化的遗址形成过程。右图显示了因耕作而被推平的土地上今天所见的样子。农作物会对应土壤的不同深度产生可从空中拍摄的"农作物标记"。在一片未耕作的景观中（右下），遗址的要素在轻微的起伏中保存下来。从上方或地面较易看清一条下陷的河岸和抬高的石头条带，这是过去堤岸或围墙之所在。从这类证据，我们必须想象，不同的作物或轻微的起伏地形代表了哪些遗迹类型。原来的遗址（左下）包括围绕一座圆屋的堤坝和壕沟，并有家庭的畜栏，与其他围起来的区域相伴。原来遗址的不同方面以及它们是何时被完全夷为平地的，可以从地形的起伏分辨，尽管某些方面永远也无法用这种探测方法发现。

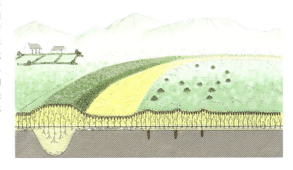

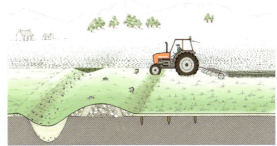

图3.17　这张照片左侧地势上的遗迹显示了英格兰东盎格鲁沼泽霍尔比奇（Holbeach）附近的罗马-不列颠农场遗迹。壕沟被挖来作为划分农田和其他地产及边上小路的界线，并为土地排灌。这些遗迹延续到右侧的田地中，那里它们已被回填，现已位于长着谷物的犁平田地之下。横跨田地左上部分的小路（A-B）可以从右侧较暗的条带标记（C-D）见到，那里因壕沟填入较厚的土壤而令作物长势良好。淤塞的水渠河床显示为淡色的条带，那里农作物在贫瘠的土壤上长势稀疏。这些差异显示了作物长势的不同如何能够揭示地下的遗迹。

图3.18　英国南部一处铁器时代（前6～前2世纪）山头城堡达内布里附近的区域地图。该地图根据航空调查制作，拥有古代田地、小路和围地的细节。

　　从航照上绘制个别遗址的地图，往往在应用或顺从考古学（抢救考古学）中是必须的，这也是考虑和绘制景观图的第一步。研究大区域的能力也只有利用航照才有可能。在英国，罗格·帕尔默（Rog Palmer）利用汉普郡的达内布里（Danebury）铁器时代山头城堡周围一片450公里的几千张单独照片制作了精确的地图。这些地图显示，该遗址位于非常复杂的农业景观之中，该地区至少还有8处山头城堡。农作物标记（边码84～85专栏说明）显示，存在120处挖有壕沟的农业围地、几百亩整齐排列的小块农田、240公里直线沟渠和边界标记，从它们的式样以及达内布里环境项目的选择性发掘判断，其中有许多大致与达内布里同时。

　　虽然在美国西南部的查科峡谷（Chaco Canyon）内已知有许多史前道路，但是一直要到1970年代美国国家公园管理署（the National Park Service）开展了一项重要的航空勘查后，才了解整个范围的道路系统。采用航空图像的全覆盖，分辨出整个史前道路的网络并绘制在地图上（见边码401）。接着进行有选择的地表踏勘和一些考古调查。从航空覆盖的范围来看，估计道路网的年代在公元11～12世纪，延展2400公里，虽然地表观察只核实了208公里。

　　全球定位系统　航空调查通常充分利用全球定位系统（GPS）导航的优势，并采用垂直精度摄像机或航拍考古学家手持摄像机中的数字传感器记录飞行路线。垂直勘察飞行的路线是通过预先设定的间隔进行记录，以提供显示飞越和搜索之地面的连续记录。许多手持相机都与全球定位系统相连，能记录每张拍摄照片的坐标。当考古学家回到地面后也便于解决偶遇的照片定位问题。设计一种能够快速检索图像、适当备份并将短命的数字格式考虑在内的存储系统也是明智之举，这样可以为可能是独一无二的数据提供很好的档案存储。

　　不同形式的图像，诸如垂直照片和卫星图像，通常要做地理矫正，以便在地理信息系统中分层。现在数字图像分析的应用是考古学家勘察工具套（toolkit）的一个基本要素。正如在发掘和航空勘察中那样，这种形式的遥感研究必须采用一种全面的方法论来进行周密的规划和良好的操作。

　　最新进展　新方法和新技术总是层出不穷，考古学家常常热衷于采用那些能提供新视野或更直观、成本效益更高的技术。自动化和半自动化的图像分析在诸如环境遥感这类处理大数据的学科中司空见惯。考古学已经采用了这些方面的部分进展，研究人员正在探讨如何让计算机可靠地处理大数据集的途径，比如高光谱成像勘察所产生的数据集。编写的软件可以从数据所定义的特点来提取遗迹（如灰坑或土墩），而这些信息对传统图像分析而言是有益的补充。诸如机载激光扫描（ALS，见下文）的数字材料，对高度自动化的工作流程反应良好，就如德国巴登-符腾堡州（Baden-Württemberg）一项持续六年研究项目所体现的那样，采用监管自动分类，勘察了35000平方公里的区域，分辨出了600000处可能的遗址。采用“深度学习”是自动探测的前沿课题，它将人工智能纳入形态识别的过程。这要求仔细考虑人类观察者可能的工作方式，吸取经验和知识，但也要受预判的约束，并考虑什么是能够进行识别的人工智能。

　　无人机　利用无人机结合“运动恢复结构”（structure from motion，SfM）软件来记录考古遗址，在考古中已经十分流行。小型电池驱动的无人机携带一系列仪器和相机，可以通过编程来对一片地区进行勘察或拍摄大量照片，从而产生重叠集合（overlapping set），从所有角度记录某个遗址、遗迹或发掘。SfM软件可以将这些图像合成一个三维模型，这样做，就可以建立一套“正射图像（orthophotos）”——即通过几何校正与地球完全相同的图像，它们之后可以

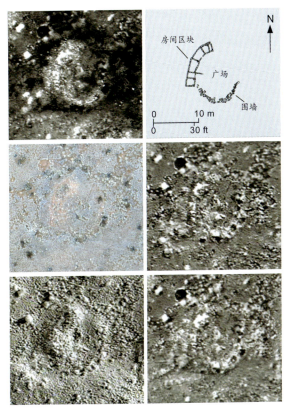

图3.19 新墨西哥蓝J遗址查科时期的房屋群。一架无人机在清晨5:18拍摄的热感图像（上左）揭示出了排房、围墙和广场区，所有这些遗迹都在传统调查和探掘中得到确认（上右）。这些遗迹在彩照中看不出来（中左），在晚上9:50（中右）和早晨6:18（下右）拍摄的热感图像中因受植被的干扰也很难辨认。刚好在太阳升起的7:18拍摄的热感图（下左）中揭示了房屋群的微弱地形。

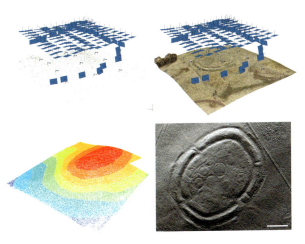

图3.20 苏格兰历史环境（Historic Environment Scotland）用无人机拍摄的航照，证明了苏格兰南部布雷德伍德（Braidwood）史前期后段聚落的土筑工程。基于图像的建模软件首先对照片进行了几何校正以调适比例，并将它们与景观坐标的一个备用点云（a spare point cloud）对齐（左上）；然后从照片中添加纹理（右上）；最后，采用一个密集的坐标点云（左下）生成一个多向的山体阴影模型（右下）。

被地理矫正（georeferenced）并用于精确绘图。最近由杰西·卡萨纳（Jesse Casana）和他的同事所做的一项实验，利用一架携带光学和热感摄像机的无人机，记录了新墨西哥州查科时期（Chaco period，公元900～1180）蓝J遗址（Blue J site）的某些部分。飞行按照一条预先设定的航线，并与一天中不同时间同步，届时可望从不同地表遗迹获得各种热反应。每个传感器获得的图像被合成一张正射镶嵌图，它与地面的控制点关联，并能与其他图像进行精确的比较。蓝J遗址无论从地表还是从其他勘察中都了解得十分详细，所以可以为该方法提供一个很好的检验环境。该热成像图确实揭示了几乎所有已知的考古遗迹，证明了该方法在预判有类似遗存的地区是一种有效的工具。

激光雷达和斜视航空雷达 激光雷达（LIDAR）（光检测与地理修正）——也叫空中雷达扫描（ALS）——在过去几年里已经证明极具价值。该技术使用一架通过差分全球定位系统（differential GPS）而知道确切位置的飞机，携带一台能迅速向地面发射一系列雷达波的雷达扫描仪。通过测量雷达波反射回来所需的时间，就能以一种数码海拔模型（或数码地表模型，DSMs）的方式构建地表的精确图像。与激光雷达一起使用的软件为考古学家提供了两项大大超过了普通航照的优势：树木遮盖可以用关闭"第一反射"来消除，所以在感应器能够直视林地；太阳的角度和方位角可以移到最佳光线下，以便看清地表遗迹（而有时自然不太可能）。这两种能力被用来在英格兰发现新遗址——大多在田野系统中是凸显的部分——中发挥优势，并被用来对巨石阵周围的景观记录做位置整修。激光雷达实际用于考古遗址的一个很好例子来自墨西哥卡拉科尔（Caracol）的玛雅城市（见边码88专栏）。空中雷达扫描的一种变体，即绿色激光雷达（green LIDAR）可以穿透浅水，它已经成功用于分辨和记录地中海部分海域的水下遗存。

另一遥感技术是斜视航空雷达（SLAR），它得出的证据表明，玛雅农业要比过去想象的要更加精耕细作。该技术包括采用雷达图像，记录从飞行飞机上发出的电磁辐射脉冲的反射。因为雷达能够穿透云层的遮挡，在某种情况下穿透茂密的雨林，因此理查

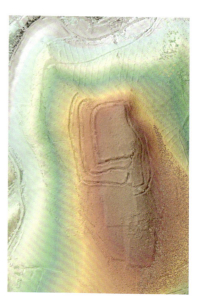

图3.21 激光雷达的运作：英格兰迪恩森林区（The Forest Dean）的威尔士布里（Welshbury）铁器时代山头城堡，在普通的航照上几乎不可见（左）。最初的激光雷达显示无多大改善（中），但是一旦树叶和树木的反射（第一反射）被过滤之后，采用一种软件算法，土筑工程便一目了然（右）。

德·亚当斯（Richard Adams）和他的同事能够从一架美国宇航局高空飞行的飞机上，利用斜视航空雷达扫描玛雅低地80000平方公里的区域。斜视航空雷达图像不仅揭示了古代城市和田野系统，而且还有巨大灰色线条的格子，很可能是水渠，需要用独木舟实地考察加以判断。如果田野检验表明这些水渠是古代的，那么这将显示，玛雅拥有一套完善的灌溉和水路运输系统。

卫星成像与谷歌地球 现在可以随时访问谷歌地球，并利用用地面高分辨率的航照和卫星覆盖，或购买其中的照片。例如，阿拉伯的劳伦斯（Lawrence）在第一次世界大战（1918）中使用过的沙漠营地最近在约旦被定位，这是使用谷歌地球来搜索当时照片显示的可能地点的结果。

从伊科诺斯（Ikonos，大约1米分辨率）、快鸟（QuickBird，60厘米）和地球眼（GeoEye，40厘米）等卫星获得的高分辨率图像，提供了可与航照对比的材料，尽管谷歌地球拥有来自美国宇航局陆地探测卫星（LANDSAT）系列（28.5米）的基本地球覆盖，但是也包括了伊科诺斯、快鸟、地球眼以及其他卫星成像的图像，还有一些普通的航照。伊科诺斯、快鸟和地球眼都提供多广谱和全色两种高分辨率成像，其中像建筑物等细节都清晰可见。这些材料能够输入遥感图像处理软件，也能输入地理信息系统组件包，以供分析。

一些有用的早期工作是用陆地探测卫星系列获得的图像进行的。扫描仪记录了地球反射光的强度和过滤后的射线，将其转换为电子照片图像。陆地探测卫星图像一直被用来追踪大型遗迹，比如美索不达米亚的堤坝系统，从沙特阿拉伯沙漠延伸到科威特的古代河床，以及埃塞俄比亚东非大裂谷周围可能含有早期人类化石的层位。

引入谷歌地球是一场真正的"航空革命"，因为它给了每位考古学家观察地表和寻找考古遗址的机会——比如，它正在被古生物学家用来在非洲搜寻化石；2008年，它在南非揭示了500处新的洞穴，其中之一出土了南方古猿源泉种（*Australopithecus sediba*）的骨骼；而用这一方法也在阿富汗找到了几百处新的考古遗址，在沙特阿拉伯发现了几千座墓葬。但是，用于这些图像可见度的"规则"，和它们用于普通航照一样，某天缺乏证据，并不等于没有证据。虽然微软必应（Microsoft's Bing）提供了比较有限的一片航空图像范围，但是这些图像有时与谷歌地球中的图像不同，所以是对这类材料的补充。美国宇航局的地球放大镜（NASA World Wind）和微软智能搜索也提供了全世界覆盖，但是分辨率较低，或采用了从其他地方获得的航空图像。但重要的是需指出，大部分用户从未受过解读这类图像的训练，且许多预期的遗址随时可见。

88

丛林中的激光

激光雷达或空中雷达扫描应用于考古学的一个最佳例子，是位于伯利兹卡拉科尔附近一处繁盛于公元550～900年的玛雅城市。中佛罗里达大学（University of Central Florida）的阿伦和黛安娜·蔡斯（Arlen and Diane Chase）夫妇对这个遗址进行了25年以上的发掘。在这段时间里，尽管热带森林茂密，但是地面研究者设法将23平方公里的聚落绘制成了地图。但是，空中勘查所覆盖的更广阔区域以及发现的这处实际延伸超过177平方公里的城址，使他们在几个星期里超越了过去25年的成果。

来自同一所大学的生物学家约翰·威沙姆佩（John Weishampel）设计了用于该项目的激光雷达。虽然他多年来一直用激光雷达研究森林和其他植被，但是现在这一技术被用于记录赤道雨林下的一处考古废墟——雷达信号穿

图3.22　卡拉科尔的广场A：该城市的整个区域只有极少一部分从丛林中被清理出来。

透密林的覆盖，并从下面的地表反射回来。2009年旱季之末，一架小型飞机在城址上空来回飞行，花了四天（飞行24小时）来获取图像，对下面的景观进行了超过四十亿次的测量，然后，遥感专家花了三个星期对其进行了分析。

卡拉科尔的整个景观现在能够以三维投影进行观察，结果发现了新

的废墟、农业梯田以及通向较远聚落的石砌堤道。这是激光雷达首次应用于这样一处大型的考古遗址，很显然，这一技术将使这类处于改变中的环境里的遗址研究根本改观。但是，正如只有考古发掘才能证实地表发现一样，从空中获得的有关卡拉科尔的材料也需要在地表加以确认。

图3.23　（左）去掉丛林覆盖后的卡拉科尔中心激光雷达图像；农业梯田在河谷与山坡上显示为波纹。

图3.24　（右）飞机在空中24小时的线路，其间对景观做了几十亿次测量。

图3.25　（下）卡拉科尔激光雷达勘查的三维投影，显示出林盖下的遗迹。

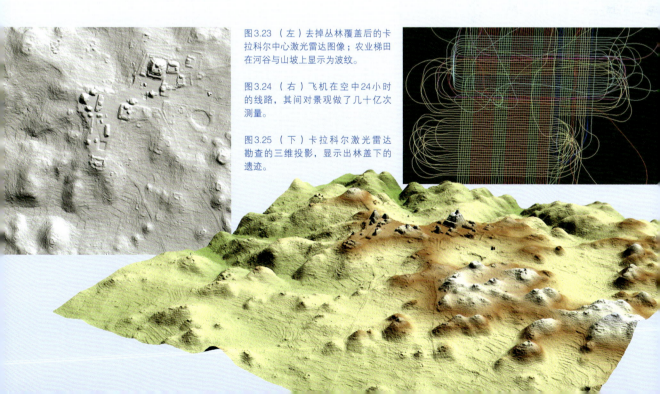

快鸟和伊科诺斯/地球眼的图像都储存在"图书馆"中，能够用较低价获得，也能通过订购获得照片，虽然起价较贵。在世界其他地方，那里还对地图保密，或根本就没有一份最新的卫星图像，快鸟和伊科诺斯/地球眼也许是为考古调查提供基本地图的唯一途径。

冷战科罗纳卫星照片用得很多（最好的有2米分辨率），它们也能提供有用的基本地图，可对遗址做暂时解读，以便之后由田野工作进行核实。例如，已用科罗纳图像探测到无数考古遗迹，诸如古代道路、废墟、灌溉网等等，并绘制了详细的地图。因为科罗纳对同一点拍摄了两张图像（前与后），这些图像能被处理成一张立体图和一个三维数码地表模型。

哈佛大学的贾森·乌尔（Jason Ur）利用科罗纳卫照来观察横跨整个美索不达米亚北部（叙利亚、土耳其和伊朗）的线形道路。这些宽而浅的遗迹（常常被称为"下陷的道路"）是在很长时间里人们在聚落间行走，或从聚落步行至农田和牧场而形成的。由于低注的遗迹聚集了潮气和植被，因此在科罗纳图像上一目了然。已分辨出了6025公里长的古代遗迹，大体从公元前2600～前2000年到青铜时代都市扩张的某个阶段。最常见的道路像轮辐一样从遗址向外辐射2～5公里。虽然该地区存在好几个主要中心，但是所有遗址间和区域间的来往都是从一地到另一地，主要中心之

图3.26～3.27 上面的这张黑白照片，与T. E. 劳伦斯上校自己的文字一起（文字中提到了他的队伍在一座"齿状小山"旁扎营），帮助布里斯托尔大学的研究小组确定了劳伦斯在阿拉伯西北部战役中停留过夜的地点。

图3.28～3.29 亚美尼亚埃里温（Yerevan）附近埃雷布尼（Erebuni）公元前782年营造的乌拉尔图（Urartian）城堡的两张卫星图像：左面一张分辨率约2米，是由美国科罗纳卫星系列于1971年拍摄的一张图像；右面一张是2006年拍摄的谷歌地球快鸟图像上分辨率更高的截图。两张图像的展示都是南朝上，所以阴影有助于地形和建筑的照片解读。

间并无直接道路。政治集中很可能较弱，权威可能是两相情愿。甚至贵族在到处旅行时，也必须尊重当地的土地占有系统。

其他卫星技术　考古学家最近新添的一柄利器是合成孔径雷达（Synthetic Aperture Radar, SAR），其中多幅雷达图像（一般取自太空，但也有从飞机上获得的）加以处理后，能得到极为详细的高分辨率结果，

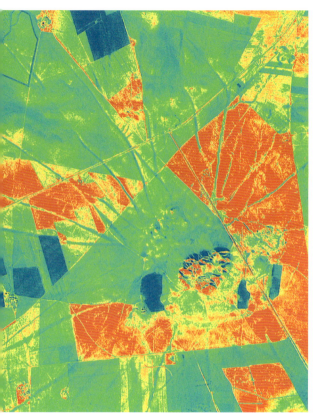

图3.30　叙利亚东北部布拉克土丘（Tell Brak）表现出周围辐射形道路的科罗纳照片（添加了伪色），道路年代大约在公元前2600～前2000年。

图3.31　贾森·乌尔利用地理信息系统数据库绘制的区域图中的几千里道路。下面显示的区域大约宽80公里。布拉克土丘在中右部、喀布尔河以北。

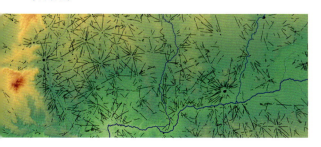

能为地图、数据库、土地使用研究等提供材料。其中一个优点是，不像普通的航照，它能提供白天和夜晚的结果，而且不管天气条件如何。它能与源自卫星的多广谱材料一起使用，对某调查区域的考古遗址进行普查，是一种便捷、无损、无关器物采集的地表勘查，因此在某种情况下能节省大量的时间和人力。

大吴哥的国际项目在柬埔寨北部发现了千年之久的大片吴哥寺庙群废墟，占地约3000平方公里。被遮掩在茂密丛林中、周围还埋有地雷的这些废墟，成为利用从美国宇航局卫星上获得的高分辨率合成孔径雷达图像的研究课题。图像上呈现的黑色方块和长方块是寺庙周围石砌的围壕及反射的池塘。迄今为止，对于考古学家来说，最重要的发现是环绕该城的古代运河网络（呈现为浅色线条），它灌溉稻田，为池塘和围壕供水。它很可能也被用来运输建造寺庙群所需的巨石。

高级星载热辐射与反射辐射仪（Advanced Spaceborne Thermal Emission and Reflection Radiometer, ASTER）是在1999年发射的陆地卫星（Terra）上飞行的一个成像仪，是美国宇航局地球观察系统（Earth Observing System, EOS）的组成部分，被用来获取地表温度、反射系数和海拔的详细地图。它超过了陆地探测卫星，因为它获取从可见波段到热红外波长共14个波段的空间高分辨率材料，并且还为制作数码海拔模型提供了立体视觉能力。因为最佳的地面分辨率为15米，所以高级星载热辐射与反射辐射仪对于观察地形而非探测遗址有用，除非这些遗址非常大，比如中东典型的土丘聚落。

欧洲航天局的哨兵2号（Sentinel-2）由两颗卫星组成，能够利用多光谱传感器每两到三天记录一次全球中纬度地区的各种位置。图像会被添加到欧空局的网站上，可用于监测作物生长情况，有助于挑选启用高分辨率空中覆盖的最佳日子，或在实地调查前弄清植被覆盖情况。

虽然由具备遥感及考古学背景的考古学家执行的卫星遥感项目回报丰厚，但是卫星考古不能代替考古发掘或调查工作。它只不过是考古学家希望用于他们研究的诸多方法中的一种。除了揭示地表和地下存在的考古遗迹（甚至在过去已做过调查的区域），卫星遥感能够将考古遗址置于一个更大的背景之中，淋漓尽致地显示过去社会景观的复杂性，大大提高评估的质量。卫星图像分析能进一步帮助考古学家确定哪里可以发掘或开展考古调查。因此，考古学家根据新的信息，特别是当图像分辨率随着技术进步不断提高时，需不断重新考虑他们的调查和发掘策略。

图3.32 有关柬埔寨吴哥古代巨大城址的一幅合成孔径雷达（卫星）图像。最大的吴哥城庙宇透过丛林的覆盖，可见为一绿色大方块，旁边是较小的吴哥窟。大的暗色长方形是水库。

在勘探调查中记录和测绘遗址

就如在航空调查中所提及的，在区域地图上对遗址和遗迹精确定位是勘探调查不可或缺的第二步。发现一个遗址是一回事，只有当它被恰当记录下来，它才成为一个区域考古整体知识的组成部分。

绘图是准确记录大部分调查数据的关键。对于地表遗迹，比如建筑物和道路，可兼采用地形图和平面

图。地形图采用轮廓线来代表海拔或高度差别，有助于将古代建筑与周围的景观联系起来。平面图不用轮廓线和地形信息，而是集中于遗迹的约略外形，因此比较容易了解不同建筑物之间的关系。某些遗址的地图结合了两种技术，用地形图绘出自然地势，用平面图表现考古遗迹。

除了在地图上标出某遗址外——包括它准确的经纬度和地图网格坐标（或一种米制的通用横轴墨卡托投影格子）——适当记录细节，给予遗址某种位置称呼，将它与其他相关遗址的所有者、状况及其他细节等信息一起输入一份遗址登记表中。位置称呼在世界各地各不相同。在美国，它一般用两位数代表州，两个字母代表县，一个数字代表它是该州发现的第几处遗址。于是，36WH297遗址便是指宾夕法尼亚州（36）华盛顿县（WH）发现的第297个遗址。这是著名古美洲遗址梅多克罗夫特岩崖（Meadowcroft Rockshelter）的位置称呼。采用这种字母-数字系统指认遗址的一个最大好处是，它们很容易输入电脑文件，比如便于在抢救考古和聚落形态考古研究中迅速提取数据。

地理信息系统

现在，考古制图的标准方法是采用地理信息系统（GIS），它在一份官方报告中被形容为"自地图发明以来地理信息处理向前迈出的最大一步"。该系统集电脑硬件、软件和地理数据之大成，被设计来获取、储存、管理、操纵、分析和展示范围极广的空间信息。它将数据库与强大的数码制图工具结合起来。它是在1970年代由电脑辅助的设计和制图程序（CAD/CAM）发展而来的。有些电脑辅助设计程序如AutoCAD能与商业数据库相联，并已证明对为电脑数据库中的考古遗址

图3.33 两种体现调查成果的方式：以伯兹诺赫姆（Nohmul）的玛雅遗址表现为例。（左）将该遗址与其景观相联系的地形图。（右）表现遗址具体遗迹的平面图。

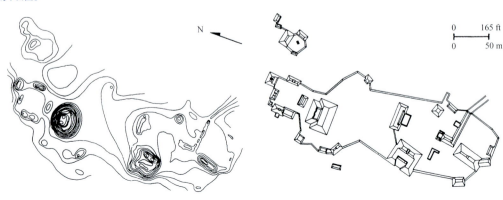

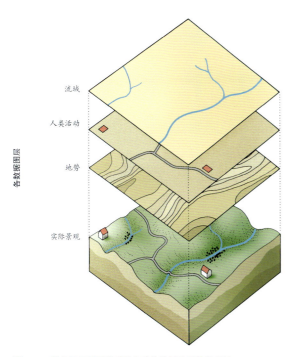

各数据图层

流域

人类活动

地势

实际景观

图3.34　示意图显示了地理信息系统常见的几种数据层。

图3.35　某数据层显示植被的栅格表现：每小格根据主要植被类型编码。

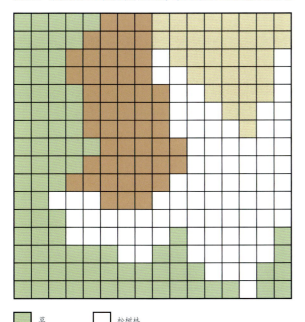

草　　　松树林

橡树林　　葡萄园

自动制图非常有用。但是，一个真正的地理信息系统也拥有对遗址分布进行数理分析并获取新信息的能力。例如，给予有关坡度和距离的信息，地理信息系统也能用来做成本–地表分析（cost-surface analysis），并考虑周边的地形来绘制遗址域和遗址领地的地图。在此，将软件和数码景观信息输入电脑，加上5公里平地步行1小时的数字（作为标准的衡量数据），软件便会采用有关穿越不同地形能量支出的固定数据进行计算。因此，地理信息系统的应用远远超越了记录和制图，在第五和第六章，我们将回过头来讨论它的分析能力。

地理信息系统掌握所记录的每个遗址或点的位置和特征信息。空间数据能够简化为三种基本类型：点、线和多边形（或区域）。每个这样的单位可与一个识别标志和许多非空间特征，如名字、日期或材料一起储存。因此，单一的考古发现物可以用朝东、朝北的坐标，以及一个发现号码来代表，而一条古代道路可以用一条双线及其名字来记录。一片耕地系统可以用相同线条沿每块耕地的界线予以界定，再加上相关名称或数字。每张地图（在地理信息系统中有时被称为图层或覆盖面）会由点、线、多边形，再加上它们各种非空间特征组合而成。

在一个图层内，数据可以点、线和多边形的矢量格式储存，或以单元格即网格格式储存（见图3.35）。比如，记录植被的一个栅格层由一个方格构成，其中每个小格含有该点所在的植被信息。今天，大多数商用系统允许混合两种不同的数据结构。

一份地理信息系统可能含有关地势、交通、水文等海量的环境数据。为了使这类信息易于处理，正常情况下是要将其分成许多不同的图层的，每层代表单一变量。考古资料本身就能分好几个图层，最常见的是每个图层代表某分期片段。只要它们能从空间上定位，许多不同类型的数据就能结合到地理信息系统之中。它们可以包括遗址平面图、器物分布、航空图像、地球物理勘查结果以及地图。将许多不同类型数据整合到一份地理信息系统中去的一个成功例子，是埃及的吉萨高地绘图项目（见边码94～95专栏）。

地理信息系统合成航空图像的能力对于遗址勘探特别有用，因为它们能提供当前土地利用的详尽信息。许多地形数据都已经以数码地图的形式存在，它们可直接用于地理信息系统。在考古实践中，知道地表的确切对应关系，对于制图和了解考古学物质文化的分布形态必不可少。这是用一台手持全球定位仪来做到的，这使得考古学家能够将它们的地表位置（在某些情况下小于3厘米）与全球卫星系统相联而绘到地图上。

94

地理信息系统与吉萨高地

近30年来，美国埃及学家马克·莱纳（Mark Lehnar）一直在系统探索埃及的吉萨高地，这里  是建造金字塔的劳工之家。这座巨大的城市中心以"乌鸦之墙（Heit el-Ghurab）"或"金字塔建造者的失落之城"而闻名。自2005年起，莱纳的古埃及研究协会（AERA）便开始在狮身人面像西南的门卡乌拉山谷神庙（Menkaure Valley temple）周围地区和皇后陵墓附属小镇肯塔高斯（Khentkawes）进行研究。

在丽贝卡·米勒克尔（Rebekah Miracle）的领导下，古埃及研究协会将该项目所有的绘图、表格、勘察资料和人工制品整合到统一安排的地理信息系统数字档案数据库中。这能使项目组对建筑物的形态、墓葬、人工制品和诸如食物等其他材料绘图。例如，住在大房屋里的人似乎吃的往往是最令人垂涎的食肉：来自小牛的嫩牛肉和尼罗河的河鲈；而其他人则主要吃绵羊、山羊和猪。

古埃及研究协会希望最终能将这些数据放在一个网上的数据库和地理信息系统中，供全世界的研究人员访问。

近30年里收集的数据，全部被整合到地理信息系统之中：

- 19000多处考古遗迹
- 6000多张田野绘图
- 调查和遥感数据
- 空中和卫星图像
- 历史地图
- 人工制品/生态物的分布信息

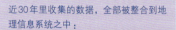

图3.36　吉萨高地绘图项目以极其准确的有关整个地区文化和自然特征的调查为起点。调查网格的中心是大金字塔。

图3.37　采用1米的数字化高地轮廓线和电脑辅助设计程序数据，绘制金字塔群的建筑组成部分。吉萨高地绘图项目的地理信息系统小组构建了一个叫作三角测量的不规则网状系统（Triangulated irregular network，或TIN）几近三维的地面，他们可将其他数据层如地图置于其上。在此，吉萨高地绘图项目的调查网格被覆盖在高地地表。失落的金字塔建造者城市在前面清晰可见。

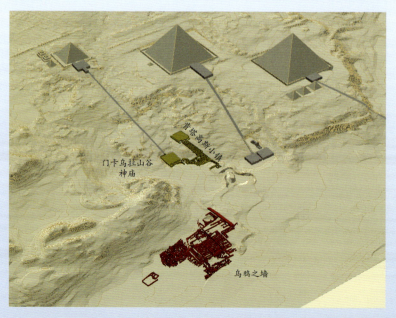

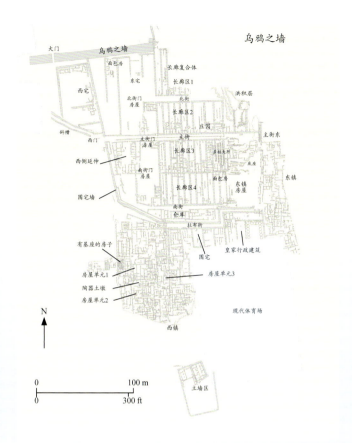

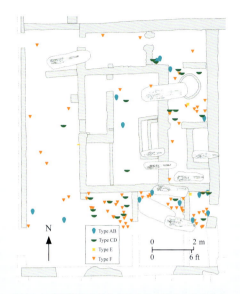

图3.38 发现物的空间分布很容易在地理信息系统中表现出来。这里展示了四种不同类型的陶器在所谓小镇东部住宅"乌鸦之墙"聚落区的分布（以蓝、绿、黄和橙色显示）。图中表现了后期打破房址墙壁的墓葬。

图3.39 自1988年以来，调查和发掘集中在所谓的"金字塔建造者的失落之城"，该区域位于狮身人面像南面约400米处。这是详细的居址平面图，该居址在第四王朝末（前2575～前2465）被废弃，吉萨金字塔的营造阶段现已成为地理信息系统的组成部分。

图3.40～3.41 地理信息系统表现皇家行政建筑中数码记录的遗迹，这是吉萨高地绘图项目最大和最复杂的发掘区之一。

图 3.42 表格总结了航空调查中所用的主要技术。

	技术	用途	优点	制约	开放获取
航照	倾斜	由一位观察者记录考古遗迹	提供"遗址"清晰图像制作很好的图版	在拍照前需要辨认遗迹	专门的航照图书馆
	垂直	记录整个景观；历史照片能够用来论证土地利用与开发，并分辨对考古遗址的威胁	现存有几百万张图像；照片常常被用于立体观察	为记录考古信息，许多照片并非在最佳时辰拍摄；好的解读需要专门技能	谷歌地球，微软必应，许多欧洲国家的地理网站；USGS地球探险者能下载部分美国的图像；某些藏品至少可以从网上看到缩略图
	低纬度（无人机、风筝、气球、杆）	记录某已知的遗址、发掘区域或事先决定的小区域	相对便宜；适合做图版；合适的照片能通过软件合成三维模型	目前大部分飞行法不允许无人机离开视线，因此还无法做遥控勘察	私人收藏；往往出于研究目的
可见波长（卫星图像）	科罗纳	提供一种历史观（1960～1970年代）	获取便宜；最佳分辨率大约2米	非全球覆盖；受限于采集技术，图像严重变形	USGS地球探索者能提供搜索；缩略图可以用来检测云量
	世界观/快鸟/伊科诺斯/地球眼	在没有航照的地方提供高分辨率的图像	大多可在互联网上随意获取；米以下的分辨率能够辨认许多类型的考古遗迹	可能相当昂贵	数字地球的网站有概览和图库，可以通过图像查找器进行搜索
	陆地探测卫星	自1972年以来积极收集可见和不可见波长的数据	不同时间全球重复覆盖	粗分辨率	可以从陆地探测卫星网站上查看和下载
可见波长（卫星图像）	空中激光扫描（ALS）或雷达	为突显的遗迹及其地形提供准确的模型	很高的分辨率；软件能够去掉林盖以提供准确的地形模型	昂贵；在捕捉数据前决定最佳地表分辨率需要经验；调查会产生巨大数据点云，需要熟练处理能力	美国拥有一个由美国地质勘探局（USGS）执行的国家雷达项目；虽然点密度对于考古学来说可能太低，但对了解一般地形十分有用；在欧洲，国家环境机构可能有相关数据
不可见波长（航天/航空）	多光谱/高光谱	调查视觉和红外波长中探测到的现象	具有从不同波长合并数据到优化信息的潜力	需要通过自动化处理初步分析大量数据	数字地球有航天多光谱场景
	空中雷达扫描/孔径雷达/航天飞机成像雷达	提供准确的照片"地图"和地形模型；能够记录突显的大型考古遗迹；在特定情况下，可以提供地下遗迹的图像	航天传感器小于米的分辨率；软件能去掉林盖，提供准确的地形模型	航天数据会有比较粗的分辨率	美国国家航空航天局和美国地质勘探局有存档数据
	热辐射	记录有不同热性能的东西；从太空、飞机或很低高度采集数据	可以探测地表或地表下的遗存	早期的空中数据分辨率低；航空数据对于探测纪念物外的所有考古遗迹分辨率过低	私人收藏，往往出于研究目的

至少要有四颗卫星与全球定位仪相联，以提供准确的 X 和 Y 数据，以便能将接收到的信息以经纬度表示（度分秒），通用横轴默卡托坐标系统则能提供向东和向北的数据。对于一处尚未制图或地图老旧、不准确的地区，这些数据极其有用。

一旦某遗址的基本轮廓线用全球定位仪准确地标注在地图上，并在遗址周围固定好控制点，标准的做法就是用一台全站仪以更高的精确度来记录较具体的遗迹。该仪器是电子经纬仪与电子测距仪的合璧，被用来读出到某一点的距离。用全站仪测量到各调查点的角度和距离，这些调查点与全站仪位置相关的坐标（X、Y、Z 或朝北、朝南、海拔）就能被计算出来。这些数据能从全站仪下载到电脑里，以制作一幅调查区域地图。所有信息被记录下来，然后通常作为地理信息系统数据交给客户或某项工作的负责机构。

一旦数据被储藏在一份地理信息系统中，这就相对比较容易根据要求来制作地图，或查找数据库来挑选展示遗址的特定图片。个别图层，或各图层的集合，可以根据调查课题进行选择。地理信息系统将考古材料纳入当下开发项目的能力，可以使我们更精确地评估它对考古学的影响。

地理信息系统在考古学中最早和最广泛的应用，是构建遗址位置的预测模型。这些技术进展主要是由北美考古学取得的，在那里一些考古学景观空间范围巨大，这意味着不太可能对其进行全面调查。所有预测模型的一个基本前提是，特定种类的考古遗址倾向于分布在相同的位置。例如，某些聚落遗址倾向于靠近新鲜水源和朝南方向，因为这些提供了人们理想的生活条件（不太冷，距离水源较近）。利用这类信息，就有可能根据某地点已知的环境特点，对该地点是否可能含有考古遗址进行建模。在某地理信息系统的环境中，此项操作可为一片完整的景观制作一个预测模型地图。

其中一例，是由伊利诺伊州博物馆在该州南部肖尼（Shawnee）国家森林所建。根据调查过的 12 平方公里内已知的 68 处遗址所见特征，它推测在该森林 91 平方公里的任何地方都有发现史前遗址的可能性。为整个地区所建的一个地理信息系统数据库，包括了海拔、坡度、方位、离水源的距离、土壤类型、地下水位深度等数据项。通过使用一种称为逻辑回归的统计程序，将已知遗址的特点与已知不含遗址的地点进行了比较。这是一种或然性模型，其结果是得到一种等式，可以在具有相同环境特征的任何地点预测含有史前遗址的可能性。

地理信息系统预测建模的潜在价值在北美之外也表现突出，特别是荷兰和英国。这种模型不仅对于了解某景观内考古遗址的可能分布极具价值，而且对文化资源管理中考古遗存的保护与管理也极具价值（参见第十五章）。

许多地理信息系统的应用，特别是那些基于预测建模的应用，被批评为环境决定论，个中原因不难推知。诸如土壤类型、河流、海拔以及土地利用等环境数据能予以测量、绘图，并转换成电子数据，而景观里的文化和社会方面则很不确定。为了避免这种功能论的分析，考古学家已经采用地理信息系统一种叫作视域（viewshed）的功能，试图为景观提出较为人性化的评价（见边码 186～187 的专栏和边码 185、191 的正文）。

评估遗址与遗迹的分布

发现和记录遗址、遗迹是田野工作的第一步，而下一步是要对遗址的大小、类型和布局进行评估。对于考古学家，这些是关键的因素，不管是对设法决定是否、在哪里及如何进行发掘的考古学家而言，还是对不打算做任何发掘，而主要集中在遗址管理、聚落形态研究、遗址系统以及景观考古上的考古学家而言。

我们已经看到，航空图像如何能被用来确定遗址的分布，并帮助在原地标出它们的位置。那么，对这些遗址做调查而不进行发掘，有哪些主要的方法呢？

地表调查

初步了解一个遗址范围和布局的最简单办法，就是研究残留遗迹的分布，记录并尽可能采集地表的人工制品。

例如，特奥蒂瓦坎绘图项目（The Teotihuacan Mapping Project）采用地表勘查来调查该城市的布局与方位。这是中美洲最大和最具影响力的一座都市中心，全盛期从公元 200 年到 650 年。几十年来，城市的布

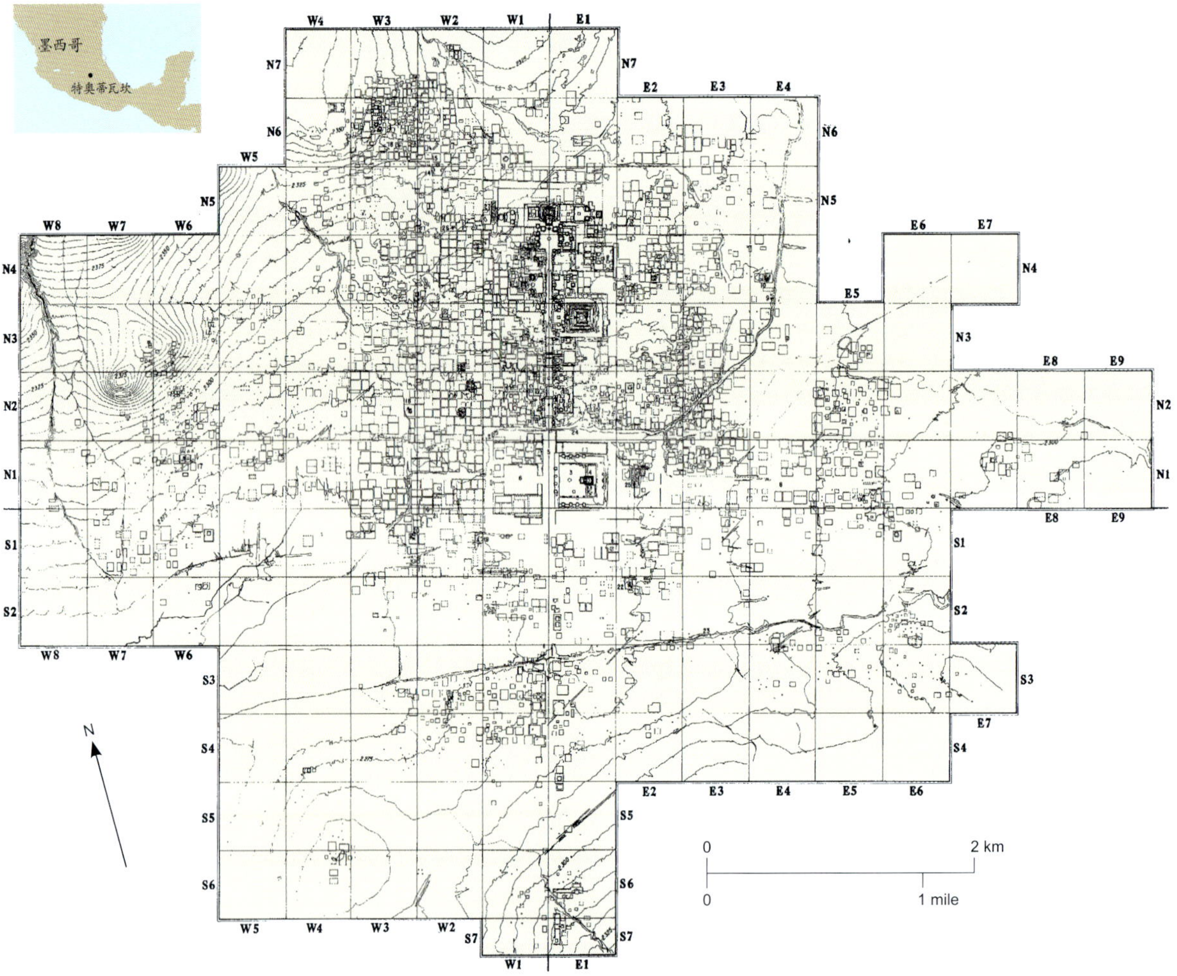

图3.43 （上）由特奥蒂瓦坎绘图项目绘制的特奥蒂瓦坎考古与地形图。500米见方的调查网格系统以城市南北轴，特别是中央的"亡灵大道"确定方位（地图上划分W1和E1处）。

图3.44 （右）沿"亡灵大道"向南眺望，左侧太阳金字塔十分显眼，与后面的远山形状遥相呼应。

局与方位一直令考古学家十分感兴趣；但是，他们认为宏伟的金字塔神庙、广场和主要大道——现在知道该区域是仪式中心——是该大都市的整个范围。但是，直到特奥蒂瓦坎绘图项目展开调查，才得以发现和确定其外围、东西主轴线和城市的网格平面图。幸运的是，建筑物遗存刚好就在浅地表，因此研究小组能够结合空中勘查和地面调查来进行地图测绘，并只做小规模的发掘以检验调查的结果。研究小组采集了几百万件陶片，记录了超过5000处建筑和活动区。自1980年以来，墨西哥考古与历史研究所（INAH）的团队，不断扩充由特奥蒂瓦坎绘图项目成功构建的图像。其他团队采用地球物理方法，系统地对开采建筑材料以及用于墓葬和仪式的洞穴、隧道绘制地图。由琳达·曼萨尼拉（Linda Manzanilla）率领的墨西哥国家自治大学的一支研究小组，采用磁力仪和电阻探测法调查，对地下轮廓进行了三维重建（见边码102～103）。

对于地表调查或观察到的人工制品和其他器物，如果它们出自严重扰动的次生背景，就不值得逐一在地图上标出它们的位置。或者也许只是因为人工制品实在太多，无法一一记录它们的出处。对于后一种情况，考古学家很可能会采取抽样程序，对地表发现物做有选择的记录。但是，在时间和资金充裕而遗址又较小的地方，那么就有可能采集和记录整个遗址区的人工制品。比如，弗兰克·霍尔（Frank Hole）和他的同事，在墨西哥瓦哈卡谷地的一处1.5万平方米的史前旷野遗址的整个地表采集了所有东西，并用5米见方的网格标出它们的位置。他们将结果转换为具等高线的地图，不但标示不同的海拔，而且标出不同类型材料和人工制品的相对密度。然后，它清楚显示，虽然有些器物如投射尖状器，明显位于位移后斜坡下的次生背景，但是其他遗物似乎处于原生背景之中，反映了石器加工、研磨谷物和屠宰的特定区域。这些区域被用来作为以后发掘的指南。

在巴基斯坦青铜时代城市摩亨佐达罗，也开展过一项类似的地面调查。在此，来自巴基斯坦、德国、意大利的一支考古学家小组调查了手工业垃圾的分布，结果惊奇地发现，手工业活动并不局限于城内的特定生产区，而是以分门别类的小型作坊散布于整个遗址。

地表发现的可靠性　考古学家往往在发掘之前，就已经利用地表采集的有限人工制品来评估某遗址的年代和布局。但是，正如本章前面所介绍的，出于成本考虑和其他原因，地面调查现已不只是发掘的准备工作，而是在有些情况下取代了发掘。于是，在考古学界引发了一场严肃的讨论，即地表的迹象究竟在多大程度上反映了地下的实际分布。

我们会凭逻辑推测，某一时期或埋藏很浅的遗址的地表证据，会比较可靠地显示下伏的情况——这种设想似乎被前面提及的如特奥蒂瓦坎的浅遗址、弗兰克·霍尔的瓦哈卡遗址所证实。同样，我们可能推测，诸如近东的土丘或土墩这类很深的多时期遗址，在地表不大可能显露最早时期或最深处的痕迹。但是，就如在叙利亚哈卢拉土丘（Tell Hallula）地表调查工作所见，这种想法绝非总是正确的（见边码95专栏）。

那些地表调查有效的拥护者，尽管认可肯定存在地表上晚近时期遗址数量较多的偏差倾向，但也指出：出乎大多数调查考古学家的一个意外是，如果细致采集，他们的许多遗址实际上是多时期的，反映了某遗址多时段的利用，而非仅反映最晚阶段。虽然个中原因现在尚不完全清楚，但是肯定与第二章讨论的某种形成过程有一定关系——从侵蚀、动物扰动到诸如犁耕等人类活动。

毫无疑问，地表与地下证据之间的关系是复杂的，而且因遗址而异。因此明智之举是，只要有可能，就要设法了解地下的真实情况，或许挖掘探坑（通常1米见方）来评估遗址的水平范围，或最终采取较彻底的发掘（见边码108～126）。但是，在昂贵而又具破坏性的发掘之前，可以充分利用一整套的地下探测手段——有时这些探测甚至可以取代发掘。

地下探测

探测　最传统的技术是用管子或地钻对土壤进行钻探，留意钻探时坚硬和中空的地方。虽然最常用的是一根有T形把手的金属管，但是也用钻头——有T形把柄的麻花钻，它的好处是能将附在钻头上的土样带回地表。许多考古学家习惯使用有柄探管，以获取少量坚硬的土芯。例如这类钻探被用来判断华盛顿州奥泽特遗址庖厨垃圾堆积的深度（见边码60～61）；还被中国考古学家用来对著名的地下秦始皇兵马俑附近准备勘查的几百个探坑进行布方。1980年代中叶，当美国考古学家戴维·赫斯特·托马斯（David Hurst Thomas）和他的团队在佐治亚州滨海的圣凯瑟琳（St Catherine）岛成功搜寻到16世纪一支失落的西班牙使团时，他们利用汽油动力麻花钻打了600个间隔有序的探孔。麻花钻也被地貌学家用来研究遗址沉积物。但是，它始终存在损毁脆弱器物或遗迹的风险。

哈卢拉土丘：多时期的地表调查

1986年，由澳大利亚考古学家曼迪·莫特拉姆（Mandy Mottram）在叙利亚北部哈卢拉土丘所做的地表调查，意在通过分辨不同的代表性文化及其聚落的位置和范围，建立这处多时期遗址的栖居历史。以前采用非或然性采样方法（根据采样器的判断）的遗址调查，显示了哈拉夫阶段约公元前5900～前5200年的栖居情况，后续有几次较小的栖居。但是，后来发现了属于前陶新石器时代的材料，表明该遗址的栖居历史可能比迄今想象要复杂得多。

在遗址的范围确定之后，采用一种网格系统的层级随机采样程序，从地表采集诸如陶片和石器等人工制品。该网格中的46个方格进行了采样，总计占12.5万平方米遗址区域的百分之四。对人工制品的类型学分析，能使莫特拉姆分辨出10个主要栖居阶段，代表15个不同文化期。存在的过渡类型器物表明，一个阶段和另一个阶段之间的栖居是连续的，证明了政治和经济上的长期稳定状况。

为了确定不同聚落在土丘上的位置，地理信息系统软件被用来为各栖居阶段的器物绘制分布图。然后，将得到的器物密度轮廓图与遗址的地势图相互重叠，能够按地表的地形和原生堆积可信的地层学关系来解释其分布。这个整合过程采用了一种"噪音"判断，它有助于筛选出因随机而非长期过程而位移到目前位置的材料。

图3.46　哈卢拉地区的科罗拉卫星图像，显示了土丘的位置和采样区的界线。

调查结果

除了指明不同聚落的数量、规模和年代学外，这项工作的一项重要成果是分辨出了一些过程，包括土丘的形成，以及它们如何对哪些东西遗留在地表的过程产生影响。一项重要的发现是，该土丘原来是由两座土丘组成的，一座在东南，另一座在西北。地图还揭示了土丘侵蚀严重的情况，最近这种情况因清除地表建筑而明显加剧。

图3.45　采用经纬仪在哈卢拉土丘进行调查和采样的团队。

后来的栖居堆积被严重剥蚀，使得早期堆积广泛出露，因此，许多晚期聚落很可能比所有现存遗迹显示得要更加广泛。同时，现在可以肯定，该遗址范围最广的栖居是在公元前7900～前6900年的前陶新石器时代，而非过去认为的哈拉夫期。

另一项重要发现是，该遗址只是到了大约公元前60年希腊期之末（或罗马期开始）才被最后废弃。所有发现的后期材料是由附近一处遗址居民给该地区施粪肥留下的东西，这表明在最后两千年或更长时间里，哈卢拉土丘主要被用作农田。

于是这就表明，结合地理信息系统，地表调查有可能获得对这处多时段遗址复杂的栖居序列较为清晰的了解，并揭示过去一无所知的历史细节。

图3.47　哈卢拉土丘的平面图显示采样方格的布局，加上该土丘轮廓的几张平面图，显示出10个栖居阶段中5个阶段聚落的位置和规模的变迁。

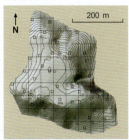

地形图与采样区

200 m

N

前陶新石器时代B期

8.0 ha

哈拉夫期

6.9 ha

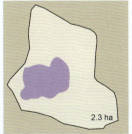

欧贝德－铜石并用时代晚期

2.3 ha

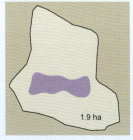

乌鲁克－青铜时代早期

1.9 ha

青铜时代中晚期

1.2 ha

这种技术的一项显著创新，是由卡罗·莱里奇（Carlo Lerici，1890～1981）于1950年代，为搜寻公元前6世纪意大利伊特鲁里亚人墓葬的组成部分而开发的。在用航照和土壤电阻（地阻率勘探，见下）探测到某座墓的精确位置之后，他向下钻出一个直径8厘米的圆孔，插入带有内窥镜和照明的长管子，如果需要还可以附上小型照相机。莱里奇利用这种方法观察了大约3500座伊特鲁里亚人的墓葬，并发现几乎所有墓葬都空无一物，这就省去了以后白费精力的发掘。他还发现了20多座壁画墓，一下子把伊特鲁里亚壁画墓遗产的已知数量翻了番。

探测金字塔　当代考古学的这类工作再上层楼，开发出了内窥镜（见第十一章）和微型电视摄像机。在一项纪念莱里奇的项目中，1987年对埃及胡夫（奇奥普斯［Cheops］）大金字塔边上的一只船坑进行了探测。此坑与1954年发掘的另一坑相邻，后者出土了公元前3000年一艘43米长、拆散但保存完好的皇家柏木船（见边码334）。1987年的探测显示，在这未打开的坑内，确实埋有第二艘船所有拆散的木料。2008年，来自早稻田大学的一个小组向里面放入了第二个微型摄像机，以再次观察船只的状况，并确定是否能够将其安全提起。2011年，覆盖的石块和船只的木料被完好取出。

装有微型摄像头的机器人被送入大金字塔两条所谓的"通风孔"，以发现它们是否与隐匿的墓室相连。例如，金字塔漫游者能够抵达并钻透先前挡在半道上的一块石板，揭示出石板后的另一条门道。法国和日本的团队进行了进一步的探测，他们相信大金字塔中还有尚未发现的墓室和通道；运用超感微重力仪——它通常被用来检测大坝墙体中的缺陷，并可探知石头中的孔隙——他们探测了他们所认为的某通道墙壁外

图3.48　1993年，机器人首次被用来探索和清理大金字塔的"通风孔"。2002年，金字塔漫游者再次进入两个通风孔进行了更彻底的调查，做到了之前无法办到的操纵转身。

104

罗马时代罗克斯特的地球物理探测

罗马时代的罗克斯特（Wroxeter）或维罗科尼姆·科诺维厄卢姆（Viroconium Cornoviorum）是大不列颠省第四大都市中心和科诺维部落（The Cornovii tribe）的 首府，占地面积近78万平方米。它今天之所以重要，是因为不像英国其他许多罗马城镇，罗克斯特大体上未受损坏而留存下来，后来上面也没有盖现代建筑。

自1859年以来，该镇就受到考古学家的注意，并由古物学家对该镇的公共建筑进行了广泛发掘。1945年后，格雷厄姆·韦伯斯特（Graham Webster，1913～2001）和菲利普·巴克（Philip Barker，1920～2001）展开了当代大规模发掘。但是，发掘并非该镇发展的唯一信息来源。多年来，密集的航空勘查为该镇的布局及其可能的发展情况提供了重要证据，从而梳理出一系列阶段并汇编成一张非常详细的城镇平面图。

因此，已获得了有关该遗址及其历史大量的信息，该遗址内有公元60年为罗马XIV和XX军团所建的一座要塞，包括1990年代发现的科诺维厄卢姆城基址（居址中由法律而团结起来的公民团体），还有后罗马时代居址饶有趣味的证据。但是，信息极为多样。当代发掘仅揭示了该遗址很小的一部分，肯定不超过总体的1%，而航照也未有效覆盖整个地区，往往仅辨识出石砌建筑，甚至也未将这些建筑全部纳入。结果，对于该城镇的大部所知甚少。在英国保存完好的罗马时期城市中，大约有40%实际上并不清楚。

勘查城市

罗克斯特近郊项目（1994～1997）是以研究该城镇对其近郊影响为出发点的。作为这项工作的一部分，人们认识到一幅较为完整的近郊平面图必不可少，于是决定对现有的整个城市开展一项地球物理勘查。就区域规模而言，需有一个根本的解决办法才能做到这点。该项目由一支英国和外国地球物理学家组成的国际小组从事数年，成员包括诸如英国文化遗产署（English Heritage）的国家机构，以及布拉德福德地球

图3.49 罗克斯特整个罗马城市的合成平面图，这是在建筑点位的航照（红色）和磁力探测可见的建筑平面图（绿色）的基础上合成的。阴影区代表了城镇内的活动，但特定的布局看不出来。

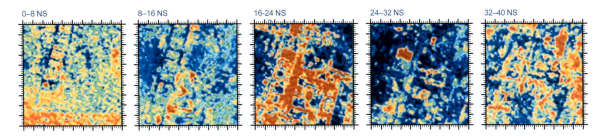

图3.50　勘查某建筑物时间切片的雷达标绘图。

物理勘查所（Geophysical Survey of Bradford）这样的商业机构。他们的工作和成果引人注目：用磁通门倾斜仪勘查了约63万平方米土地，代表了250万余个数据点；还用电阻率勘查了约15万平方米土地。超过5万平方米的土地现在有用于"时间片段"软件的探地雷达数据（提供遗迹不同深度的信息，见边码102），还采用了大量其他技术，包括地震、导电率和铯磁力测定。虽然有些方法使用范围不广，但仍提供了极具价值的比较结果。

成果

这项工作的成果是目前所拥有的一处罗马–不列颠城市首府最庞大和最完整的平面图。证据表明，贵族建筑大体集中在城镇中心和西南部，而工匠区一般在东部和北部。城镇西北部密集的坑穴可能与工农业活动有关，比如制革就集中在某特定工业区。城镇东边最高处一块四边形空地被解释为牲口市场。

在磁通门倾斜仪数据中同样重要的是，在城镇东北一片土地有地磁数据"倒转的"现象。看来，对这一现象最合理的解释是，席卷城镇的一场大火，使过火建筑石材的磁性发生了变化。

地球物理学也为该遗址的史前史提供了一瞥：从勘查数据内能辨识出许多青铜时代的环壕，而一小块围地及共生耕地似乎构成了防御的基础，这可能与早期罗马景观的重组有关。

通过地球物理学获得的罗克斯特平面图极其详尽——所有一切都无须做任何昂贵和破坏性的挖掘工作。关键的一个好处是，不像大多数的考古，这是一个可重复进行的实验。当技术改善后，我们能重访该城镇，以便更多地了解它。因此，该项研究之重要，不只是因为其数据的范围乃至质量，而是因为它是一个较大的可持续研究项目的组成部分。

图3.51　罗克斯特小组为一次探地雷达勘查安置仪器。

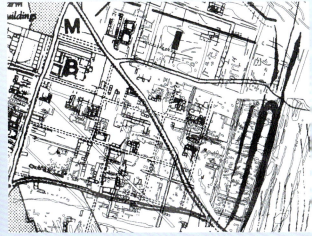

图3.52　来自戴维·威尔逊（David Wilson）航照研究及磁力勘查的罗马时期罗克斯特平面图细部。

大约3米处的一个空洞。但是，用来证明该设想的钻探还未完成，在它们对埃及学的潜在贡献被确立前，所有探测都受到埃及当局的仔细监视。这类项目超出了大多数考古学家拥有的资源。但是若将来经费许可，这类探测也同样可以用于其他埃及遗址、玛雅建筑中的洞窟，或中国尚未发掘的许多墓葬。

大地遥感

探测技术固然有用，但是它不可避免地会对遗址产生某种扰动。然而，对于想在发掘之前——或越来越多不做发掘——更多了解一个遗址的考古学家来说，有很多理想的无损技术。这些包括测量土壤能量和特性的地球物理感应仪，该仪器用来"解读"地下有什么东西。这些能量和特性可以是自然的磁力或重力，也可以是考古学家人工发射的穿透土壤的各种波。

地震和声学方法　某些种类的回声比如声呐被用在考古学上。例如，探测各种异常能够发现诸如洞穴这样的空洞。通常由石油勘探者采用的地震方法，帮助探测出了罗马梵蒂冈圣彼得大教堂（St Peter's Basilica）地基的具体细节。

然而，回声技术在考古学上最重要的一项应用是在水下项目中（见边码114专栏）。例如，在一尊非洲男孩青铜雕像被一张海绵潜捞者的网打捞上来后，乔治·巴斯和他的同事用回声定位系统成功搜寻到一艘罗马船只。采用多波束声呐能够从沉船遗址收集大量数据，来建立三维地形模型；它覆盖下面的海床和所调查船只的两侧，并取得了由船只向前移动时在海床上形成的几千个点的连续和准确的点位高度。

电磁方法　另外一种基本类似的方法是探地雷达（GPR），它用的不是声呐，而是无线电脉冲。一台发射仪向地下发送短波脉冲，回波不仅会反映所遇土壤和沉积条件的任何变化，诸如填上的壕沟、墓葬、墙壁等等，而且还可根据脉冲的传输时间测量变化所在的深度。然后，可以利用数据处理和成像程序制作地下考古遗存的三维地图。

在考古探索和制图中，雷达天线一般由贴地有轨车或人力来回牵行，每秒发射和接收许多脉冲。反射数据以数字化储存起来，以便进行精密的数据处理和分析，得出的结果相对较易解释。

测量数据被采集以后制成三维数据。这类模型的一个进步是采用"时间片段"（time-slices）或"片段

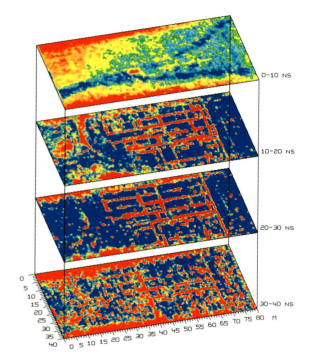

图3.53　意大利诺富姆广场遗址的振幅片段图。顶部切片，在0～10 ns（纳秒；相当于0～50厘米）处呈Y形异常，表示有两条卵石路。当切片逐渐下行，罗马城墙开始清晰地显露出来，呈现出房间、门和走廊的有序布局。最深的切片显示了房间的实际地面和保存在地表的物品。

图"（slice-maps）。几千个单独反射被整合成单一的三维数据集合（dataset），然后被水平切片，每片对应地下特别估算的深度，并以连续的深度揭示掩埋遗迹的总体形状和位置。例如，位于罗马北部大约100公里处的罗马时期商场诺富姆（Novum）广场，对某未发掘区域，英国伯明翰大学和罗马不列颠考古学院的英国考古学家需要比航照和诸如电阻率（见下文）等其他技术更全面的图像。该区域一系列探地雷达片段揭示了该遗址完整的建筑布局。这意味着未来发掘可以集中在该建筑的代表性样板上，于是避免了昂贵而耗时的全面揭露。

英格兰第四大罗马城市、什罗普郡（Shropshire）的罗克斯特（Wroxeter）局部被用探地雷达及其他地球物理方法做了研究（见边码104～105专栏）。从不同深度获得的"时间片段"揭示了该城镇400年的变迁史。

日本上町（Kanmachi）一处约公元350年的曼荼罗（Mandara）土墩墓群，受文化财产法保护而不能发掘。于是用探地雷达来确定土墩中的埋葬区，并确定其构造设计。用穿透地下1米的脉冲，以每50厘米间

隔获取雷达数据图表。

接地电阻勘查　几十年来，特别在欧洲，一种常用于考古遗址的方法就是电阻率。该技术源于这样的原理：土壤越潮湿，就越容易导电，也即对电流的阻力越小。于是，一个连着地下电极的电阻仪就能测出地下电极之间通电时电阻的变化幅度。淤塞的壕沟或充填的灰坑保存的潮气比石墙和道路要多，因此，它们会显示比石头建筑低的电阻率。

这项技术对于白垩和砾石中的壕沟、灰坑以及黏土中的砖石建筑特别有效。这一般包括首先在地下安置两个相距很远的探针，并予以固定。然后，连着架子（架子也放着仪表）的两根探针插入地下以便各自读数。该技术的一项变体是"电阻率剖面法"，它用等宽的探测间隔，加大深度，测量遗址的土壤阻力，从而构建一个垂直的"拟断面"。另一更为复杂的变体来自医学科学，这就是电子层析成像术，而将来无疑能见到跨越一个遗址的多剖面结合，从而构建各掩地表的三维图像（堪比探地雷达数据产生的"时间片段"）。

该技术的一个缺点是，由于需要给土壤通电，就相当慢。由法国和英国地球物理学家开发的装着轮子探针阵列的可移动电阻系统，加快了覆盖调查的速度。电阻率还有一个缺点是，如果泥土太硬或太湿，就不能充分发挥作用，它对较浅的单一时期遗址而非很深的复杂遗址最为有效。尽管如此，这种方法仍然是对其他遥感勘查方法的有效补充。事实上它可以取代磁力方法（见下）。与这些方法不同，它可以用于都市区域、靠近电线，并在金属附近使用。许多可用磁力方法探测的东西也能用电阻率发现，而在某些田野项目中，它在对遗迹定位上被证明是最成功的设备。但是，磁力技术对于考古学家来说具有更重要的潜质。

磁力勘查方法　它们是用得最广的勘查方法，特别有助于对火塘、陶窑等烧土建筑、铁器、灰坑、壕沟定位。这些埋藏遗迹都会产生微弱但可测的地球磁场扭曲。虽然其原因依遗迹类型有别，但是都基于其含有带磁矿物，即使仅为微量。例如，黏土中的氧化铁颗粒，如果黏土未经烧烤，它们磁场方向是随机的；但如果加热到200℃～400℃或更高时，它们就会排列起来，并沿地球磁场的方向永久固化。于是烘烤过的黏土就成了弱的永磁体，在周围磁场里产生一种异常（这种热剩余磁性现象，或称为TRM，也构成了磁断代的基础，见第四章）。另一方面，存在灰坑和壕沟产生的异常，因为其所含物的磁性敏感度要比周围的底土

要大。"磁化率"是指某些未被永久磁化的材料在某种外部磁场（如地球磁场）通过它们时增强其强度的能力。

所有磁力装置都能提供信息量很大的遗址平面图，从而有助于划定考古潜质区的范围（见边码106专栏）。最常见的表现手法是彩色和灰度（gray-scale）地图，它们和轮廓地图一起被用来展示电阻率勘查的结果。在磁力勘查中，轮廓地图具有的轮廓线将磁场强度的所有等值点连起来，这就成功揭示了分离的异常，比如一个墓地中的各墓葬。

电脑图像处理的新进展，使得有可能操纵地球物理数据集合，减少虚假效果，突显比较难以捉摸的考古学异常。例如，"定向过滤"（directional filtering）能将任何所选垂直尺度上的一个数据"面"，从各个方向和高度被"突显"，使得微妙的异常更易识别。这种处理模仿了低平阳光照射在土构建筑上的揭示效果，但具有电脑操纵的灵活性。

今天，多种类型的传感器——包括电磁和磁力的——常常被整合到移动平台或"移动阵列"（mobile arrays）上，使得能够做同步的测量。

金属探测器　这些电磁设备在探测掩埋遗存中也有所帮助，而且并不仅限于金属遗物。将电流通过一个传输线圈会产生交变磁场。掩埋的金属物体会扭曲该磁场，结果通过接收线圈收集到的电信号被探测出来。

金属探测器对考古学家非常有用，特别是它们能提供一般的结果，并能确定靠近地表的现代金属物。它们也被非考古学家广泛使用，虽然他们大多是负责任的发烧友，但其中有些人无意间破坏了遗址，并常常非法挖凿而不记录或报告他们的发现，因此使得这些发现失去了相关背景。现在仅英国就有3万名金属探测器使用者。为了考古学的利益，英国官方的可携古物计划（见边码575专栏）设法抑制这些业余探测器使用者的热情。近年来可携古物计划最成功的一例，是一名业余探测器使用者发现的斯特福德郡盎格鲁-撒克逊金银制品的惊人窖藏（见图3.56）。

地球化学分析　是按一定间距（如每隔1米）从遗址地表及周围环境中采集土样，然后测量其元素含量。在过去，表土被认为扰乱过大且无层位可言，因此没有考古信息；它常不予调查就被机械地迅速铲除。但是，现在清楚的是，甚至一处看似完全被扰动的考古遗址表面，也能提供重要的化学信息。居住垃圾中的有机成分可能消失，而无机成分则能保存下来：可以分析其中的镁或钙，但磷酸盐是其中最易区分和识

测量磁力

大部分陆地磁力仪勘探是用通门（fluxgate）或碱金属蒸汽（alkali-metal vapor）磁力仪进行的。

通门仪一般是由两个牢固安装在一根垂直把持管子两头的传感器组成的，并仅测量局部磁场强度的垂直分量。磁力仪被拿着做一系列横向往返移动，一般相隔0.5～1.0米，对应事先勘查好的一个方格，直到覆盖整个遗址。信号被自动记录下来，并存在仪器的储存器中，以便稍后下载和处理。为了加快覆盖大片区域，可同时两台或更多的通门仪在遗址上移动——要么放在操作者手握的架子上，要么放在一架轮车上。用这种方式，可以很快覆盖许多公顷的土地，揭示出诸如灰坑、壕沟、火塘、窑炉或整个聚落群，及与之相伴的道路、小径和墓地的遗迹。

另一种有时更有效的磁力仪是碱金属蒸汽磁力仪，这是一种典型的铯磁力仪。虽然较为昂贵和比较难操作，但是它们的灵敏度更高，因此能够探测到非常微弱的磁性，或比一般埋藏更深的磁性。多年来，这类仪器在欧洲大陆使用极为成功，并在其他地方受到青睐。与通门倾斜仪不同，它们测量整个磁场（但如果与两台垂直安装的传感器一起装配，就能作为一架全场倾斜仪操作）。它一般也能同时使用两个或更多的传感器，常常安装在无磁的轮车上。这些系统的勘测每天能以高分辨率的采样间距（0.5×0.25米）覆盖大约5万平方米面积。虽然现在也引入了通门传感器阵列，但是许多勘测是用双传感器系统操作的（就如右面的照片），采样间距约为0.1×0.25米。通门仪常常因成本低廉、灵活以及能够探测铯系统相同范围的遗迹而受到青睐。

图3.54　巴廷顿Grad601-2单轴、垂直构件、高稳定型通门倾斜仪系统。

图3.55　一架通门倾斜仪对英格兰多塞特（Dorset）克兰伯恩·蔡斯（Cranborne Chase）威克·道恩（Wyke Down）附近的古坟群所作的勘测结果，用色彩标出地势以助解读。

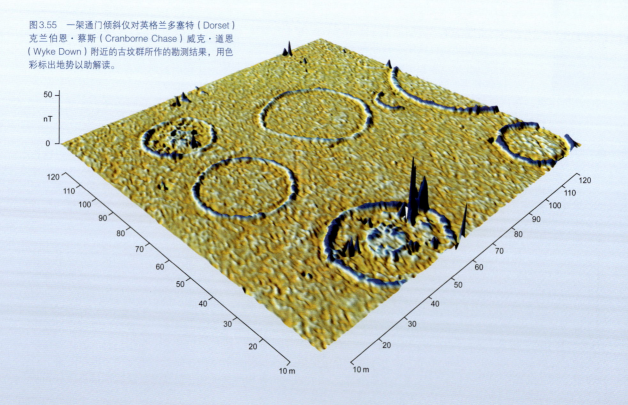

图3.56 斯特福德郡窖藏的一部分, 它是迄今发现最大的盎格鲁-撒克逊金银制品窖藏。2009年被一位金属探测器使用者发现 (获得土地业主的许可)。该窖藏含金5千克、银1.3千克, 估价320万英镑, 藏有1500多件优质品, 大部分与兵器相关, 比如短剑把柄的镡。年代被认为在公元7或8世纪。

别的。高磷酸盐浓度可能是考古遗址唯一的地表特征。在英国一些遗址进行的测试, 从地表向下20厘米间隔采集样本进行检测, 确认表土可以准确地反映地下未受扰动的考古遗迹。

　　磷酸盐方法对于没有明显内部建筑遗迹的遗址也很有价值。在某些情况下, 它也有助于廓清某发掘遗址不同部分的功能。在北威尔士斯菲恩·格雷诺格 (Cefn Graeanog) 一处罗马-不列颠农庄里, 康韦 (J.S. Conway) 对发掘的一间茅舍及周边农田, 以1米为间隔收集地表土样, 并将其磷酸盐含量以等高线方式绘图。某建筑有一条磷富集带横贯当中, 暗示有两个畜栏, 中间是便溺沟。另一建筑中以很高的读数标示出了两处火塘的位置。

　　地球化学方法还可以揭示过去发生了怎样的过程或活动。便携式红外光谱仪最早出现于1980年代末, 如今, 便携式仪器如X射线荧光光谱仪 (X-ray fluorescence XRF spectrometers) 和扫描仪已经被习以为常地用于土壤、颜料、方解石、石灰石、石膏、灰等的化学成分分析, 而不需要取样。手持设备的一个主要优点在于可以避免对非现场实验室的依赖, 使得样品不必像过去那样送到实验室进行分析以至于导致数月的延误。

107/108

发 掘

　　至此, 我们已经发现了遗址, 并将它们地表和地下的遗迹尽可能标示在地图上。尽管勘察日益重要, 但是核实地表材料的可靠性、确认遥感技术的准确性、具体目睹这些遗址有哪些遗存及获取年代数据的唯一途径, 就是对它们进行发掘。正如前文所述, 尽管勘察能告诉我们大片区域的点滴信息, 但是只有发掘才能告诉我们较小区域的大量信息。

　　发掘在田野工作中占有中心地位, 因为它为考古学家所关注的两类主要信息提供了最可靠的证据:(1) 过去某特定时期的人类活动;(2) 这些活动随时期兴替的变迁。我们可以非常笼统地说, 同时期的活动发生在空间的一个平面上, 而这些活动的变迁是随时间纵向发生的。正是平面的"时间片段"与垂直历时序列之间的这种区别, 构成了大部分发掘方法论的基础。

　　在平面维度上, 考古学家通过发掘, 可靠地证明被发现在一个未扰动的背景中的人工制品和遗迹是共生的——即活动确实发生在同一时期——以论证同时性。当然, 就如我们在第二章里见到的, 有许多形成过程可能扰乱这种原生背景。前面章节介绍的各种勘查和遥感程序的主要目的之一, 就是要选择理应未经扰动的遗址或遗址内区域进行发掘。对于单时期的遗址, 如东非早期人类营地遗址, 若要准确地完整重建营地中的人类活动，这一点至关重要。但对于多时期遗址，如居住悠久的欧洲乡镇或近东土丘，要找到沉积未受扰动的大片地区几乎不可能。在此，考古学家必须在发掘中和结束后设法复原那里发生过的扰动，然后决定如何来加以解释。很显然，如果要做成功的解释工作，那么必须随发掘的进展做好充分的记录。在垂直维度上，考古学家通过地层学的研究来分析历时的变迁。

108
109

地层学　就如我们在第一章所见，了解人类悠久古老性的第一步，就是根据至今仍在继续的过程、地质学家所确认的地层形成过程——即地层自下而上的逐层叠压。考古学地层（任何发掘中在边上可见的文化或自然碎屑层）的堆积要比地质堆积的时间要短得多，但仍符合同样的叠压规律。简言之，这表明一层覆盖在另一层之上，下层先堆积。因此，某个发掘了的垂直剖面，显示有一系列地层，构成了历时堆积的序列。

第四章将探讨它在断代上的意义。在此，我们要指出，叠压规律仅指堆积次序，而非指不同地层中材料的时代。虽然下层的包含物一般确实比上层古老，但是考古学家不能对此想当然。从上层向下挖坑，或打洞的动物（甚至蚯蚓）会将后期东西混入早期地层。甚至，地层偶尔会发生倒转，比如当它们受到侵蚀，从堤顶塌落沟底。

考古学家已经建立了一种核实人工制品巧妙而有效的办法——迄今主要是石头或骨头——以发现特定堆积中的这些制品是同时期而非混入的。他们发现，在很多情况下，石片或骨片能够拼复到一起：重新拼合成原来的石块或骨骼部分。比如，在英国中石器时代的亨吉斯伯里·黑德（Hengistbury Head）遗址，对一项旧发掘所做的再分析表明，在两个不同层位中发现的两组火石片可以拼合。这就对两套文化层的地层学划分提出了质疑，也就推翻了原发掘者认为这些火石是由两批不同人群制作的看法。在澄清层位问题的

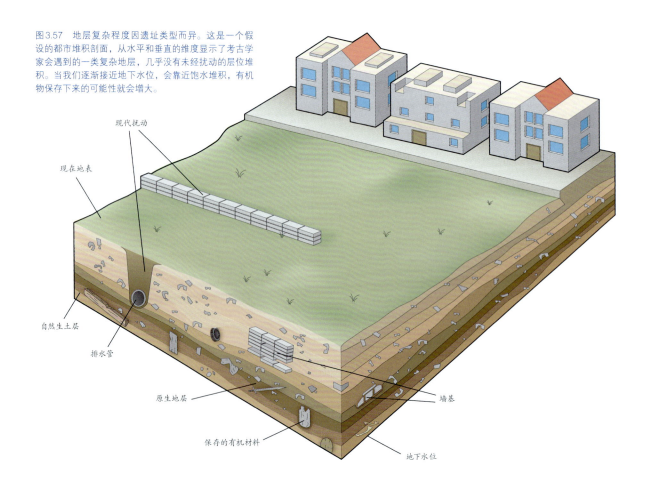

图3.57　地层复杂程度因遗址类型而异。这是一个假设的都市堆积剖面，从水平和垂直的维度显示了考古学家会遇到的一类复杂地层，几乎没有未经扰动的层位堆积。当我们逐渐接近地下水位，会靠近饱水堆积，有机物保存下来的可能性就会增大。

现代扰动

现在地表

自然生土层

排水管

原生地层

保存的有机材料

墙基

地下水位

同时，这些拼合或拼复实践也改善了早期技术的考古学研究（第八章）。

因此，地层学是对地层构成的研究和确认——垂直分析一系列文化层的时间维度，水平分析空间的维度（虽然严格意义上几乎没有实际地层是水平的）。

那么，提取这类信息的最佳发掘方法是什么呢？

发掘方法

考古发掘既昂贵又具破坏性，因此绝不可草率行事。只要有可能用上面介绍的无损方法来达到研究目的，就不要发掘。但是，假如准备进行发掘，并获得了必要的经费及许可，那么最好采用哪些方法呢？

本书并非发掘或田野手册，建议读者参阅本章后面所列的文献以及参考书以获取详细信息。此外，以下几页和第十三章（还有其他章节中的许多专栏）介绍的个案研究，提供了实践中许多不同种类发掘的极佳例子。在做得很好的发掘工地待上几天或几周，对此课题胜读任何书。不过，在此将对主要方法做些简单的指导。

无须赘言，所有发掘方法都必须适用于手头的研究课题及遗址性质。发掘一个堆积很厚、有几百座复杂建筑、几千处相互打破的灰坑及几万件人工制品的都市遗址，显然不能像发掘一处仅残存有一两处建筑、几百件人工制品的旧石器时代浅薄旷野遗址那样进行发掘。例如，我们希望在一处旧石器时代遗址揭示所有建筑，并逐个记录每件人工制品水平和垂直的确切位置或出处。对于城市遗址，我们受时间和资金所限而无法做到这一点。相反，我们必须采取抽样的策略（见边码80专栏），而只有关键器物如钱币（对断代非常重要；见边码140）才会以三维精度记录其出处，其他遗物只是简单按它们发现的层位或探方划分。

但需指出的一点是，我们再次介绍了垂直和水平维度的概念。它们对于发掘方法就像支撑发掘的原理一样重要。概括而言，我们能将发掘技术分为：

1. 强调垂直维度的技术，用深掘很厚的堆积来揭露层位；
2. 强调水平维度的技术，用大面积揭露某特定层位来显示该层器物与遗迹的空间关系。

大多数发掘结合了这两种策略，而且可以采取多种方法。所有发掘的前提是，遗址已做了勘查，并已用探方来帮助准确地记录。

探铲试掘和评估探沟　这些通常是在考古遗址中最先进行的发掘方式。这类小型试掘的目的是初步了解地表下的情况。它们通常按一定的间距向下挖掘。在欧洲，传统上的探坑是1米见方的范围；但在北美某些地方，试掘的小圆洞直径约为餐盘大小，深度不到1米。这些探坑有助于揭示某区域的包含物，有助于分辨某遗址可能的范围。同时筛选从探坑挖出的土壤以提取材料，并对它们进行分析和绘图，可以得到不同种类人工制品高度集中的区域显示图。这种方法在美国地表能见度较差的一些地区，如东海岸的森林区，

图3.58　都市考古：伦敦特拉法加广场圣马丁教堂的发掘，发现了许多人骨遗骸，包括一座罗马石棺和一批撒克逊墓葬。

图3.59　斯里兰卡阿努拉德普勒（Anuradhapura）的阿跋耶只厘（Abhayagiri）佛寺里打格分方的发掘探坑。发掘探方之间保留的隔梁能够追溯不同地层，并将整个遗址的垂直分层串联起来。

图3.60　伊利诺伊河谷的科斯特美洲原住民遗址：揭露了大片水平区域，以确定居住面和活动区的位置。但是，为了分析这处很深遗址的垂直维度，在发掘中向下切出了许多很陡的阶梯。在这处复杂遗址中，分辨出了14层居住面，年代从公元前7500～公元1200年。

常作为文化资源管理项目遗址勘察的一部分采用。

评估探沟，已被证明常常比1米探方更有效。这些大约20～50米长的探沟通常按网格布方，或针对已被其他方法（如航照或地球物理勘查）探知的特定遗迹，按该地区的某个百分比揭露，通常是2%～5%。仅在英国，每年就要发掘数千条这样的探沟。

遗址布方和大面积发掘　遗址的布方是根据某基准点安排的。基点只不过是挑选的一个位置，用作遗址所有水平和垂直测量的一个参照点，使得遗址能够被准确绘图，记录任一人工制品和遗迹的三维精确位置。而全站仪（见边码96）的使用正在日益消除布方的必要。惠勒的方格布方在探方之间保留完整的隔梁以满足垂直与水平的要求，所以能够从垂直剖面追溯整个遗址的不同地层，并将它们串联起来。一旦遗址的总体范围和布局被确定，一些隔梁可以打掉，各探方就合并成一块开放发掘面，以揭示特别关注的任何遗迹（犹如镶嵌地板）。打格分方的办法仍然广泛用于南亚许多地方，这是惠勒在1940年代推行的。它仍十分流行，因为它能够使少数专业人员便于监督各探方

里缺乏训练的大量民工。

大面积发掘（open-area excavation）的一些倡导者，如英国发掘者菲利普·巴克（1920～2001）对惠勒方法提出了批评，声称隔梁在解释各剖面的关系上总是不到位或犯方向性错误，它们妨碍对大面积空间形态的辨认。这些批评者说，不用这种永久性或临时的隔梁更好，而是进行大面积的揭露，仅在地层关系特别复杂而有必要加以说明的地方切出垂直的剖面（与遗址主探方呈任何角度都行）。除了这些"不固定剖面"，在发掘过程中通过精确的三维测绘手段记录垂直维度，并于发掘结束后在纸上复原。惠勒时代以来采用更先进的记录方法，包括野外电脑，使这种要求甚高的大面积发掘方法变得可行，例如在英国考古界，这大体上已成为一种规范。

大面积发掘方法对单一时代堆积、接近地表的遗址特别有效，比如美洲原住民或欧洲新石器时代的长屋。在此，时间维度能以侧向移动为特点（一处聚落的重建位于原址的旁边，而非直接位于其上），并且必须水平揭露大片区域，以了解重建的复杂形态。大面积发掘往往用在应用或顺从考古学（抢救考古学）中，

因为土地将要被夷平——否则农民自然会反对将大片犁过的土壤全部铲光。

有些时候，如果时间和资金不足，而遗址又比较浅，就可以简单地将大面积的表土揭掉，就如尼古拉斯·波斯特盖特（Nicholas Postgate）在伊拉克的阿布萨拉比赫土丘（Tell Abu Salabikh）所为，对研究美索不达米亚一处早期城市大规模布局效果很好。

在英国，采用的是一种被称为"去土—绘图—采样（strip-map-sample）"的方法，这种方法可以调查很大的区域，评估遗迹和遗存之间的关系。它特别适用于大范围地区面临开发威胁（诸如采石场或基建项目）的情况。"去土"涉及用机械挖掘机移除表土（通常是耕土层）；然后人工清理揭露的表面，所有考古遗迹都用全球定位系统或全站仪等勘察技术进行"定位"、绘图和拍照。然后，编辑一份显示遗存之间关系的准确遗址平面图。此后，可以对哪些遗迹进行发掘进行决策——这就是"采样"过程，采样层位一般需要与当地考古学家协商确定。

但是，没有放之四海皆适用的单一方法。比如，打格分方很少被用来发掘很深的遗址；比如近东的土丘，因为随着向下发掘，方探很快就会变得既不舒服又很危险。一种常用的解决办法就是"阶梯状探方"，即上部进行大面积揭露，随着向下发掘，以一系列大型阶梯逐渐收缩。伊利诺伊州科斯特（Koster）遗址的发掘就有效采用了这种方法。

解决深度发掘危险这个问题的另一办法，在约克郡的铜门（Coppergate）（见第十三章）和伦敦的比林斯门（Billingsgate）的抢救性发掘中成功使用，即在发掘区周围用打板桩构筑一个沉箱（cofferdam）。沉箱也用于发掘沉船，或用来控制水流——如弗吉尼亚约克墩一艘革命战争或独立战争（1775～1783）的沉船；或用来抽干积水。沉箱价格不菲，发掘资金必须充足。

显然，每个遗址各不相同，每项发掘必须符合其条件——例如，在某些情况下顺应自然的地质层或文化层，而非在没有地层的地方采用主观分层或妄加一种虚假的规律性。不管哪种发掘方法——边码121页的图版介绍了其他技术，例如土墩墓和洞穴遗址的发掘——发掘只不过就是提取和记录的方法。因为发掘涉及许多证据的损毁，是一种不可重复的活动，因此，考虑周全的提取方法至关重要，并在发掘的每个阶段仔细做好记录。

水下发掘　一般认为水下考古的首次主要推动来自1853～1854年冬季，当时瑞士湖泊里的水位降到了极低位，令大量木桩、陶器及其他人工制品出露水面。它在1960年代由于奥诺尔·弗罗斯特在土耳其格里顿亚的发掘（见边码33专栏）而得到了长足的发展。这一方法已经被用于极为多样的遗址，包括井、落水洞和泉眼（例如墨西哥奇琴伊察的大型祭祀井），淹没的湖滨聚落（如阿尔卑斯地区），以及从沉船、下沉的码头（如以色列的凯撒里亚［Caesarea］）到淹没的城市（如牙买加的罗亚尔港［Port Royal］）等各种海底遗址。

潜水器、水肺潜水设备（scuba diving gear）和呼吸器以及"超级潜水服（exosuits）"能使潜水员在水下停留更长的时间，达到过去难以企及的深度的遗址。结果，发现的速度和规模大为提高。虽然地中海浅水中已知有1000多艘沉船，但是最近使用深海潜水装置，如带有声呐、高功率照明和摄像机的无人微型潜艇（遥控潜艇）的探测，已在深达850米处发现了罗马沉船，并在以色列沿海发现两艘载有双耳酒壶的腓尼基沉船，它们是在深海中发现的最古老船只。

水下发掘复杂而昂贵（遑论发掘后极为迫切的保护和必需的分析工作）。一旦展开，发掘会包括移除大量沉积物，记录并搬运各种笨重的器物，如贮藏罐（双耳罐）、金属锭、大炮等。得克萨斯海洋考古研究所（The Institute of Nautical Archaeology）的创始人乔治·巴斯等人开发了许多有用的设备，如系在气球上提起重物的篮子、移去淤泥的气吸泵（air lift，抽泥管）。如果船身保存完好，必须绘出三维平面图，以便专家们以后可以在纸上或以三维原大复原模型，或以复制品重建其整体式样和轮廓（见边码112～113专栏）。在某些罕见情况下，如经费许可，如英国的玛丽罗斯号（Mary Rose，16世纪），保存得如此之好，可以将船体遗骸打捞上来。

沉船的发掘不仅揭示了它们是如何建造的，而且也为船上生活、货物、商路、早期冶金术以及玻璃制造等提供了许多洞见。我们将更详细地了解两个项目：加拿大的雷德贝（Red Bay）沉船（见边码112～113专栏）和土耳其的乌鲁布伦沉船（见边码374～375）。

提取与记录考古证据

就如我们上面所见，不同遗址要求各异。对于堆积较薄、单一时代的旧石器或新石器时代遗址，我们意在提取并记录每件出土人工制品的三维坐标，而这种目标对于都市考古学家而言就不适用了。在这两类遗址中，必须做出决定用机械挖掘机去除表土以节省时间（但是要注意，表土会含有有用的考古学信息，见边码107），但接下来旧石器或新石器时代考古学家往往会尽可能对挖出的土过筛，以求提取微小的器物和动物骨骼，而在水洗中（见第六章）提取植物遗存。另一方面，都市考

112

发掘雷德贝沉船

图3.61   项目主持人罗伯特·格雷尼尔在观察一件雷德贝出土的星盘（航海仪器）残片。

结合档案研究与陆上考古，水下考古已经提供了公元16世纪拉布拉多雷德贝湾巴斯克（Basque）渔民捕鲸业的一帧详细图像。巴斯克人是当时欧洲最大的鲸油供应者（鲸油是用来照明和制皂的重要日用品）。

1977年，受西班牙档案中雷德贝曾是重要捕鲸中心发现的启发，加拿大考古学家詹姆斯·塔克（James A. Tuck）在靠近雷德贝港的一个岛屿开始发掘。在此，他发现了从鲸脂中提炼鲸油的建筑物。次年，罗伯特·格雷尼尔（Robert Grenier）率领了加拿大公园署（Parks Canada）的一支水下考古学家小组，寻找巴斯克大型帆船圣胡安号（San Juan），据档案记载，该船1565年在该港口沉没。

发现与发掘

位于水深10米处的一艘沉船被认为是圣胡安号，它是被拖在小船后的一位潜水员发现的。1979年所做的可行性研究确认了该遗址的潜质，从1980年到1984年，加拿大公园署开展了一个调查和发掘项目，该项目雇用多达15名水下考古学家，并由15～25人小组，包括保护专家、绘图员和摄影师，提供后勤支持。在港口还发现了3艘帆船，但是仅对圣胡安号进行了完整的发掘。发掘是从一艘装备特殊、用锚固定在遗址上方的驳船进行控制的，上面有间工作室、存放人工制品的水池、吊起木料的起重机以及一台能开动12个气吸泵以清除淤泥的压缩机。海水在甲板上加热后通过软管直接泵入潜水员的潜水服，

图3.62   位于港口底部沉船的结构平面图（2米方格）。

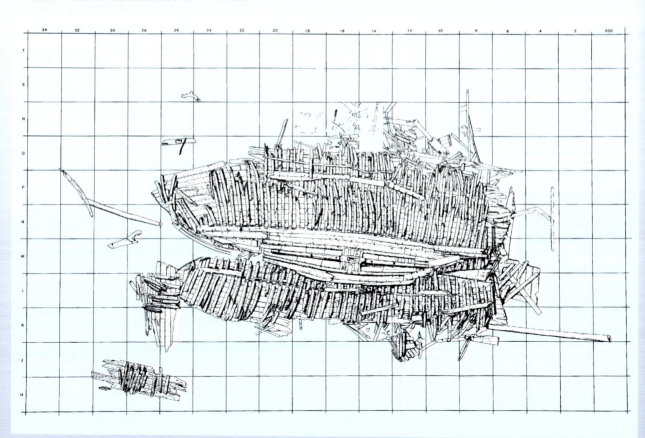

以便在接近冰点的条件下保持体温，以完成14000小时的潜水。

　　该项目研究中发明的一种新技术，是用乳胶在水下状态对船体木料部件铸模，从而精确复制船壳的形状以及诸如工具痕、木头纹理等细节。然后，木料被打捞上来做精确的记录，之后再就地掩埋。

分析和阐释

　　根据精细的绘图和铸模，发掘项目制作了一个1：10比例的模型作为研究工具，以揭示船只是如何制造的，以及当时看上去的模样。一些令人惊讶的细节披露了出来，比如14.7米长的龙骨和附近一排船板（龙骨翼板）是用整棵山毛榉树干制成的——对于这样大小的船只而言极为罕见。而船的其余部分几乎都用橡木。总的来说，研究模型用优美线条展示了一艘捕鲸

船，这条船远非一般以为的像16世纪典型商船那样的桶状。对鲸骨的DNA检测提供了有力的证据，表明北极鲸，而非以前认为的露脊鲸，是大西洋西北部巴斯克人主要的狩猎物种。

　　就如下附列表所示（下左），沉船上获得的大量器物为这艘倒霉帆船上的货物、航海设备、武器以及船上

生活提供了洞见。幸亏加拿大公园署的这个综合研究设计项目——这是在加拿大水域中所从事的最大课题——重获了许多有关16世纪巴斯克人的航海、捕鲸和造船传统的新的认识。一套五卷本的完整报告《雷德贝水下考古》（*The Underwater Archaeology of Red Bay*）已在2007年出版。

图3.63～3.64　1：10比例的模型，显示了大帆船残存的木料是如何拼复的。该船的轮廓现已成了联合国教科文组织2001年有关保护水下文化遗产大会徽标的组成部分（上右）。（下）概述调查、材料收集、分析和解释过程的流程图。

雷德贝发现的文化遗存

船只

被认为是圣胡安号的捕鲸船，船体木料（3000多件）；设备：绞盘、舵、艏斜桅；索具：心状滑轮、滚动滑轮、横桅索、其他绳索；锚；铁钉残段

另外三艘捕鲸船

六艘小船，有的可能用于捕鲸

出土器物

与货物有关：木桶（10000多个）；木头堆积物：木条、垫木、木楔；压舱石（超过13吨）

航海设备：罗盘柜；罗盘；沙漏；圆木卷轴和碎片；星盘

食物储藏、加工和奉食：陶器：粗陶器、意大利花式陶器；玻璃碎片；白镴制品残片；木器；碗和盘；篮子；铜合金水龙头栓钥匙

与食物相关的：鳕鱼骨；哺乳动物骨骼；北极熊、海豹、牛、猪；鸟类骨骼：鸭、鸥、海雀；胡桃壳、榛子壳、李子核、云莓籽

与衣物相关的：皮鞋；皮革碎片；织物残片

个人物件：筹码（赌博用）；赌具；梳子

与武器相关的：旋转炮；铅弹；加农炮弹；木箭镞（？）

与工具相关的：木工具手柄；刷子；磨石

建筑材料：陶瓦残片

与捕鲸相关的：鲸鱼骨

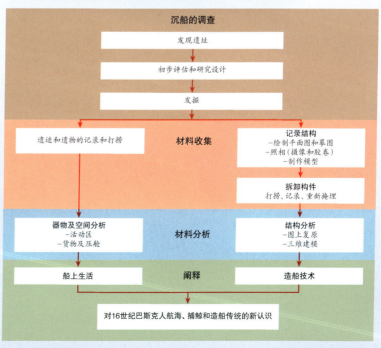

沉船的调查

```
发现遗址
    ↓
初步评估和研究设计
    ↓
发掘
    ↓
```

遗迹和遗物的记录和打捞	**材料收集**	**记录结构** －绘制平面图和摹图 －照相（摄像和胶卷） －制作模型
		拆卸构件 打捞、记录、重新掩埋
器物及空间分析 －活动区 －货物及压舱	**材料分析**	**结构分析** －图上复原 －三维建模
船上生活	**阐释**	**造船技术**

对16世纪巴斯克人航海、捕鲸和造船传统的新认识

图3.65 采用沉箱的发掘：弗吉尼亚约克墩编号为YO88的双桅横帆商船，在革命战争中沉没。本次发掘采用沉箱是为了便于清理浑水，为进行全面的水下沉船发掘创造最佳的条件。

图3.66 水下发掘技术：原地测量和记录发现物。

詹姆斯顿的再发现：发掘过程

1607年，一百个英国人在弗吉尼亚的詹姆斯顿岛（Jamestown island）建立了一处 定居点。不久，在美洲原住民的攻击下，这些绅士、士兵和劳工很快建立了一座木筑堡垒。定居者和储备定期得到补充，赞助的伦敦弗吉尼亚公司（Virginia Company of London）进行了投资，并发现了一种商品作物烟草，使得冒险行动持续了下来。最终，詹姆斯顿成为第一处永久性的英国殖民地，也是现代美国和大英帝国的诞生地。几个世纪以来，该堡垒遗址被认为已被附近的詹姆斯河侵蚀殆尽，但是从1994年以降，由詹姆斯顿再发现项目（The Jamestown Rediscovery project）进行的考古发掘证实，"失落"的遗址居然逃过了侵蚀。该堡垒大部分考古遗迹和超过100万件的人工制品已被提取出来，其中至少一半时代属于聚落前三年的斗争岁月。

詹姆斯顿再发现的研究设计直接明了，但是是多学科的：提取、记录和阐释詹姆斯堡（The James Fort）的残迹，确定原初和演进的堡垒平面布局，尽可能了解居者和弗吉尼亚美洲原住民的日常生活，记录史前和詹姆斯堡之后的栖居情况。从一开始就很明显，记录和提取所有这些材料的最好办法需要一种混合的发掘过程，将传统的以探方为基础的控制系统与大面积揭露相结合。透彻的文献学研究也必不可少，兼用于对最初和后续的调查区域精确定位，及对发掘中出现的较为复杂的新问题做持续的评估。

持续的田野工作过程

起初，在各发掘区域采用3米探方，便于记录后詹姆斯堡层位（一般为18～19世纪的耕土，或1861年建造一座内战时期土筑工程时的土壤堆积）中出土的人工制品。当出露了17世纪的地层时，以遗迹为基础的大面积记录方法取代了传统探方。在这一阶段，有形遗存和土色及构造的变化兼被用来勾画遗迹的轮廓：地基、火塘、柱洞、地窖、井、壕沟和墓葬。这些确定的遗迹按詹姆斯顿再发现（JR）数字依次编号，然后它们被输入一个全站仪导向的地理信息系统遗址图。大面积揭露的规模与形状取决于明确认定的遗迹，比如四边形柱洞结构或其他并列和相关的堆积。

图3.67　詹姆斯堡的探方（前景）和大面积（后景）发掘。

对遗迹或遗迹的相关组成进行部分发掘或全部发掘（或不予发掘）的决定，取决于它们是否与其他已知的詹姆斯堡/詹姆斯顿阶段（1607~1624）的遗存如墙线共生。较晚近的遗迹一般绘在图上，但不予发掘。一旦确定某遗迹很可能是该堡居址的残迹，那么就用发掘来确定文化堆积的序列，并由土色、构造或地层的包含物来指示。然后，每层依次用一个字母标示（不包括I、O和U字母）。以这样的方式，JR数字和字母，赋予其中每个遗迹及作为明确相关背景的所处层位以永久性编号。然后，对大部分相关背景进行绘图、拍照、系统留档，最终与地理信息系统遗址图相联。

人工制品分两个阶段提取：或在发掘遗迹的层位、出露遗物仍潮湿时，或在土筛时（要么用手，要么用机器）。是否采用特定的过筛程序，取决于背景的年代和完整性。最终采集的人工制品始终携带它们的JR数字和字母，在遗址的实验室里被清洗、保存和编目，并且归入一个主背景中（诸如"建筑185""灰坑8""井3"等）。

采集各层位的土样，并为未来的浮选或化学分析存档。一旦某区域里选择的遗迹发掘完毕并做了记录，该区域便用土工布覆盖，并常用50厘米的土壤回填。直到2011年，詹姆斯堡大约15%的遗迹已被部分或完全发掘，其余的保留，用于未来的调查。

图3.68　（上）大面积发掘中，武器和铠甲首先在一处填埋的金属加工作坊/面包房的地窖里发现，然后是小心翼翼的野外提取工作。

图3.69　（中）詹姆斯堡历史公园。游客所参观的类似井的詹姆斯堡遗迹，被全站仪记录下来，并输入地理信息系统地图。

图3.70　（下）水筛，采用压力水管和网眼分级的一系列筛子。

图3.71　詹姆斯堡大面积发掘的地理信息系统遗址图，1994～2010年。

图3.72　在控制温湿的库房里，詹姆斯顿的研究采集品正处于登记和比较背景的分析阶段。

N

0　　　　　30 m
0　　　　　100 ft

☐ 布方格在1994～2011年之间发掘

★ 用红色显示的遗迹大约是詹姆斯堡时期的

藏品管理

　　在初步清洗之后，人工制品根据保存要求加以归类，并根据阐释潜力考虑抢救和长期保存的需要。许多技术，包括X光记录和机械/化学处理，被用于金属制品和有机材料。

　　电脑编目程序方便而易于搜寻，虽采用最小特征范畴（数量、材质、式样和设计），但也具有在一个单独范畴输入其他有用数据的能力。为了便于分析和发表，数字化的编目与地理信息系统遗址图相联，使得平面图、照片和人工制品能在一台电脑上加以阐释。根据它们的保护需要，所有人工制品都存放在合适的环境里（从室温恒定的极端低湿度空间，到不加热的水房贮藏）。虽然要为每年的发掘撰写描述性报告，但是由于该项目仍在进行中，因此阐释还十分有限。

威廉・凯尔索［William M. Kelso］

图3.73　根据发掘证据和历史记载复原的詹姆斯堡。

发掘埃姆斯伯里射手墓葬

广为人知的所谓埃姆斯伯里射手（Amusbury Archer）墓葬发现在离巨石阵5公里的地方，是欧洲所发现的铃形大口杯（红铜时代）墓葬中随葬品最为丰富的墓葬之一。考古证据表明，墓主是位35～45岁的男子，大约死于公元前2380～前2290年（经年代校正）——即巨石阵主要营造阶段之后的一两个世纪——身份是一位武士和金属工匠。

该墓葬被发现在距旁边另一座墓葬（"同伴"）3米远的地方，是在建造一所学校之前，由开发商例行资助、韦塞克斯考古学独立单位进行发掘的。表土由机械发掘机清除，在白垩衬托下，所有考古遗迹看上去为暗色的痕迹，它们被用全站仪进行了勘探。

采用了标准的发掘与记录方法。

这两座墓葬在登记程序上依次用数字编号，在发掘前绘制了每座墓的形状平面图。泥土被用鹤嘴锄清除，直到第一件器物出土。在用手铲发掘之后，采用小型工具（泥水匠的叶形刀）和油漆刷发掘。

埃姆斯伯里射手墓里建有一个木质墓室，在墓室与自然白垩之间的空隙中充填了松散的白垩。骨架按比例画出平面图并照相。有多少骨架保存下来，其保存情况如何，也做了记录。最初，在喉部、胃部、手部和脚部周围取了土样。这在发掘墓葬时是例行的做法，以确保在发掘时不致遗漏看不见的小骨头（如指骨）。每份土样给一个专门的号码，之后在实验室里进行水筛。当提取骨架的骨骼时，它们被放在解剖学组的口袋里（如"左肋骨"），以便未来进行分析。

但是，当在墓葬里发现了一件黄金饰件时，发掘便采取了不同对策。根据这件饰品可能成双出现，以及它们也会被发现在社会地位很高墓葬里的推测，决定除了起初采集的土样外，保留墓葬里的所有土壤。已经从墓葬里清除出来的以及堆积在附近的土壤都被回收，随后墓葬里的所有土壤都做水筛以提取人工制品。

图3.74 仅22厘米长，该墓葬出土的这件黄金饰件是迄今英国发现的最古老金器。

图3.75 埃姆斯伯里射手。黑色的东西是加工金属的石器。

图3.76 给墓葬和随葬品绘制平面图。为了遗址安全起见，墓葬发掘一直持续到深夜。

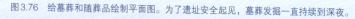

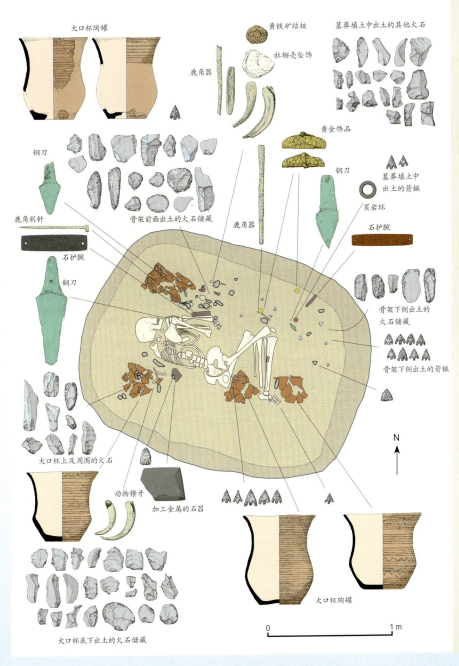

大口杯陶罐

黄铁矿结核

牡蛎壳坠饰

墓葬填土中出土的其他火石

鹿角器

铜刀

黄金饰品

铜刀

墓葬填土中出土的箭镞

页岩环

鹿角别针

骨架前面出土的火石储藏

鹿角器

石护腕

石护腕

铜刀

骨架下侧出土的火石储藏

骨架下侧出土的箭镞

大口杯上及周围的火石

动物獠牙

加工金属的石器

大口杯陶罐

N

大口杯底下出土的火石储藏

0 —————————— 1 m

图 3.77　埃姆斯伯里射手墓葬的随葬品。

装束
2 件黄金头发饰品；衣服鹿角别针；页岩带环；作为坠饰佩戴的穿孔牡蛎壳

武器
18 枚箭镞；2 件弓箭手护腕；3 件铜刀；火石刀；制作箭镞的毛坯

金属加工
加工金属的石器工具，很可能是一件砧；2 枚动物獠牙（与石头一起发现），可以用于抛光金属制品

工具
打制石器的鹿角工具；火石刀；火石刀叶；加工皮革用的火石刮削器；一套取火用的火石叶和铁矿石

食物消费
5 个大口杯陶罐；有奶制品的痕迹

不识器物
弓上的 2 条鹿角片（？）

发现与分析

$\frac{118}{119}$

　　从射手的墓葬里发现了 100 多件器物，包括 18 件火石箭镞和 2 片射手石护腕——发掘者由此而给墓主命名。由于这些器物被放置在骨架旁边，所以它们用骨架同一背景的数字编号，每件发现物给予一个专门的号码。每件发现物有一份登记表，它们的位置也被标绘在一张比例图上，并以三维测绘，从头到尾照相。

　　发掘完毕后，在清洗前对所有发现物加以评估。这是要确保，诸如陶器上食物残渍和火石上的使用痕迹不至于受到无意的破坏。该评估阶段在无意发现

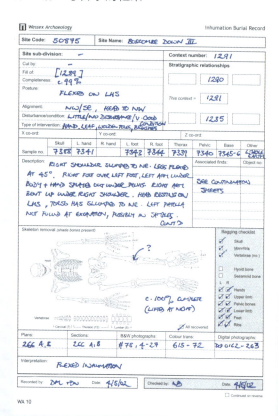

图3.78　埃姆斯伯里射手墓葬的登记表。

埃姆斯伯里射手分析

墓葬

- 骨骼：采样做碳十四测年和稳定同位素（碳和氮）食谱检测
- 牙齿：采样做氧和锶同位素的居住地分析
- 骨骼学：骨骼研究以获得年龄、性别、食谱、创伤和疾病的证据

随葬品

- 火石：为使用磨损迹象做微痕研究
- 陶器：对存放物做脂分析，薄切片做产地分析
- 铜刀和黄金饰品：做X光、荧光（XRF；见第九章）分析，以确定金属成分和金属来源
- 弓箭手的石护腕及加工金属的石器工具：对石头类型以及残留在金属加工工具上的任何金属残留做XRF分析
- 页岩环：对其化学结构和来源做电镜扫描和X射线能量色散谱（EDS）分析
- 保护：分辨铜刀木质手柄上的痕迹
- 修复：为博物馆展示

中尤其重要，因为这是准备一份详细研究设计、评估用于分析和出版所需时间和成本的机会。评估阶段要决定材料分析所需的保存与采样要求，而器物研究是在采样和保存之前和之后进行的。然后，发现物为博物馆展览而妥善保存和储藏。

图3.79　墓葬出土的火石箭镞，底部右侧是一块坯件。

阐释

　　该项分析为这两位男子和他们的世界提供了大量的信息。放射性碳断代表明，他俩是同代人或彼此相关的两代人。他们足骨上一种罕见的非测量性状（一种解剖学异常）表明，他们有亲缘关系。两个墓葬都发现了相同的黄金发饰。同位素研究表明，稍长于另一男子的埃姆斯伯里射手是从一处较冷气候区迁徙而来的，很可能来自阿尔卑斯山区。另一男子死亡年龄在20～25岁，则是本地出生的。

　　说明埃姆斯伯里射手高级地位的关键发现是加工金属的石器。他的墓葬是英国迄今发现金属工匠墓葬中最早的。他来自欧洲大陆，很可能拥有金属加工的知识，并且有办法得到金属。这很可能赋予他以很高的地位，而比较研究显示，欧洲大陆金属工匠墓葬的随葬品往往也非常丰富。

　　同位素结果有助于再次燃起对史前迁徙和移居英国及其他地方的关注，并引起全世界媒体的兴趣。一本综合的发掘报告《埃姆斯伯里射手与博斯科姆比弓箭手》（ *The Amesbury Archer and the Boscombe Bowmen* ）已经在2011年出版。（安德鲁·菲茨帕特里克 [Andrew Fitzpatrick]）

图3.80 （左上）发掘方法。在亚拉巴马州芒德维尔（Moundville）的一座土墩墓上切开剖面。

图3.81 （左下）南非布隆波斯洞穴（Blombos Cave）的发掘（见边码391）。洞穴发掘会面临许多挑战，不仅是经常光线很差和条件受到限制。洞穴沉积会非常复杂，难以察觉逐层的变化，因此记录的控制需要一丝不苟。

图3.82 （右上）筛选。在利比亚东北部的豪亚弗塔洞穴（Haua Fteah Cave），考古学家正在过筛发掘出来的泥土，通过筛网提取细小的人工制品、动物骨骼和其他遗存。

图3.83 （右下）发掘土墩墓四分法的六个阶段。目的是揭露地表下的遗迹，同时保留四个横切剖面以供地层学分析。

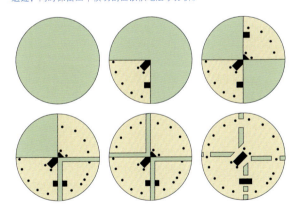

古学家只能有选择地将筛选作为采样策略的一部分，例如那些预期保存有植物遗存的地方，如厕所或垃圾坑。

　　有必要决定进行哪类筛选、筛子和筛孔大小、采取干筛还是水洗效果最好。自然，所有这些因素取决于发掘项目的资源、遗址的时期和规模、干燥抑或饱水遗址，还有哪类材料有望残留下来和能被提取出来。

　　一旦某人工制品被提取出来，就必须记录它的出处，给予一个编号，并登记造册或野外输入电脑，并在其储藏袋上写上编号。每日的发掘进程要记录在遗址笔记本或事先印好的材料登记表上，上面列有各种需要回答的具体问题（有助于以后在电脑分析时提供统一的数据）。

　　与人工制品可取出以供日后分析不同，遗迹和建筑一般留在发现的原地（in situ），或随着向下层发掘而被清除。因此，将它们记录下来就极其重要，不只是在遗址笔记本上作文字描述，还要做比例精确的绘图和照相。垂直的地层剖面也是如此，而对于揭露的每一个水平层位而言，从架子或绳拴的气球上进行垂直拍摄也是至为重要的。

数字时代的发掘

　　近年来，全新数字技术的发展为考古学带来了一场革命，尤其在遗址的发掘和记录方面。基于图像的三维建模被证明特别重要。由于发掘本身就带有破坏的性质，一种能够准确记录从而"保存"遗址的方法就显得弥足珍贵。这项新技术使得考古学家从传统的二维记录（平面图、绘图、切面图、剖面图、照片）

转向三维记录，增进了当下和未来对遗址的了解。随着考古记录变得无纸化，不再需要耗时的手工绘图，几乎没有什么人真正擅长这门技艺。

在工作开始前，首先制作电脑生成的三维发掘模型，然后以相同方式记录发掘的每个阶段，就如纸张记录的工作进度。一天工作结束后，参与发掘的每个人都可以访问"虚拟发掘"，犹如他们工作时站在现场一样。他们可以观察出现的证据，并尽其专业知识对它进行解读。与三维激光扫描相比——这需要昂贵而专业的设备才能得到高质量的结果——这种新方法只需要一部简单相机和一些软件，换言之，它既便宜又大家可用。

比如，如果考古学家正在发掘一处墓葬，他们无须再绘制骨架和墓葬的平面图（这是一项习得的技能）；取而代之的是，他们只要在墓葬揭露的每个阶段，从尽可能多的角度拍摄一系列数码照片（通常在15～80张之间）。然后，一种叫PhotoScan的软件可以根据照片生成墓葬的三维轮廓，以及数字化了的骨架平面图。

该方法不只适用于小规模发掘或单个遗迹。现在，它已经被扩展应用于整个遗址的发掘工作中，如比利时伯德罗-2号（Boudelo-2）遗址，这是一座位于中世纪开垦湿地上的12～13世纪西多会修道院。在2012年的发掘中，一条60米长的土壤剖面和所有出土的砖头建筑都通过基于图像的三维建模和用传统的手工记录方法加上倾斜摄影记录下来。接下来的工作是制作一份完整的三维发掘记录——通常在纸上记录的所有东西都用数字化处理。因此，手写的记录退居为一套备份系统。

生成一个三维模型需要一组重叠的高质量照片和至少三个已知x、y、z坐标（由全球定位系统记录）的地面控制点（GCP），以便获得现场一种绝对地理矫正，所以能够获取准确的度量信息，并使正投影照片和数字表面模型（DSM）可以进行电脑计算。PhotoScan软件生成的三维模型在完成记录后可以立即进行处理。正投影图像和数字表面模型（在地层被移除后有助于研究遗址地表的高度变化）在野外被用作发掘平面图。自动化处理能让数据处理一夜完成，所以作为低分辨率的模型，它们在次日野外即可使用。制作高分辨率模型则需要更多的时间，只能在田野季节结束后才能完成。

在任何一项发掘中，标签、笔记、描述和解释仍然都是必需的，这些比较主观的方面并不能立即添加到记录当中；因此，它们需要先暂存在其他地方，之

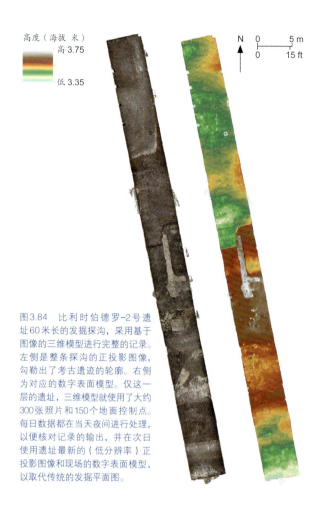

图3.84　比利时伯德罗-2号遗址60米长的发掘探沟，采用基于图像的三维模型进行完整的记录。左侧是整条探沟的正投影图像，勾勒出了考古遗迹的轮廓。右侧为对应的数字表面模型。仅这一层的遗址，三维模型就使用了大约300张照片和150个地面控制点。每日数据都在当天夜间进行处理，以便核对记录的输出，并在次日使用遗址最新的（低分辨率）正投影图像和现场的数字表面模型，以取代传统的发掘平面图。

图3.85　伯德罗-2号遗址单一砖头建筑的记录：发掘的过程可以从一系列正投影图像和相应的数字表面模型中看到。

图3.86　垂直正投影图像显示出建筑四侧的剖面。

图3.87　遗址中某个截面（保留在原地的柱子）的垂直正投影，以及从该图像得到的一张数码绘图。

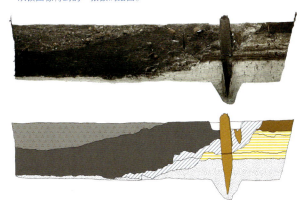

图3.88　2016年，在伦敦特拉法加广场展出了复原的叙利亚巴尔米拉（Palmyra）"凯旋门"。最初的拱门由罗马人在1800年修建，2015年被所谓的"伊斯兰国"武装分子摧毁。根据破坏前拍摄的三维和二维照片，这件复制品被建模，并实际上由电脑控制的铣床，用真的石头（虽然按三分之二的比例）"打印"出来。这座拱门也在纽约和其他城市展出。

"虚拟回访"——我们可以再次或沿发掘地表或沿剖面走过。采用数字格式十分节省时间：有关发掘单位的类型、形态和内容等信息可以直接在发掘现场记录到平板电脑甚至智能手机上，这取代了传统的纸质记录方式和遗址记录本，并能立即产生吸引眼球的图像，它们可以作为一种重要的教育工具。此外，三维的发掘数据还可以与先前进行的地球物理勘察结果进行比较和融合。

电脑技术的发展如此之快，以至于新软件的开发，伴随成本的下降和运算能力的提高，无疑会在未来几年里进一步简化和改善发掘工作的各个方面。然而，获取数字数据并非在任何情况下都无所不能；计算机会对观察和解释的问题植入自己的偏见，注入它们自己的主观性问题。考古学家总要仔细考虑数字输出的结果实际上告诉他们的是什么。

除了出土的人工制品、动物骨骼和植物遗存，正是遗址记录本、按比例的绘图、照片以及数字媒体，共同构成了发掘工作的全部记录，这是该遗址所有解释的基础。一些初步分析，特别是对人工制品的整理和分类，是在野外的发掘过程中进行的。发掘之后的分析工作将耗时数月也许数年，往往比发掘本身的时间要长得多。

后再与发掘记录联系起来。这些材料首先以数据库的形式存储在平板电脑上。现在，平板电脑在野外的使用已经足够强大且成本低廉，在许多遗址中已经证明了它们的价值——例如在庞贝，几年前苹果公司的ipad已取代了野外笔记本。

简言之，与传统方法相比，新技术促进了考古记录质量的显著提高，特别是前者往往容易出现较大的错误。对三维形状和纹理的准确记录在考古学中非常重要。将精确度量、三维形状和细部纹理相结合，能得到更加客观和可靠的发掘记录，这种记录可以被

¹²⁴ **发掘城市遗址**

在持续栖居的城镇中，考古遗址面临两个特别的挑战。第一是如何分辨、记录和解释几个世纪来修建和重建留下的各种遗迹，它们会留下数米深的复杂考古堆积。第二是有关当下开发的经济压力。就伦敦当代城市的情况而言，它叠压在罗马时代的伦底纽姆（Londinium）之上，这就显得特别严峻。考古工作需要仔细规划，并综合考虑拆建和基建工程，避免代价不菲的延误。

彭博发掘

这个1.2万平方米的遗址位于今天叫作"沃尔布鲁克"（Walbrook）的一条掩埋河道上。1950年小规模发掘揭露出一座公元3世纪供奉密特拉神（god

图3.89　罗马伦敦栖居时代将近400年，留下了深厚且复杂的考古堆积。它们残存在现代伦敦城市之下，给考古学家带来了独特的挑战。

Mithras）的罗马神庙遗迹。2010年，全球金融信息公司彭博（Bloomberg）决定重建这处遗址作为它的欧洲总部。伦敦考古博物馆（Museum of London Archaeology, MOLA）的项目经理也加入到了彭博的设计队伍之中。

规划和策略

伦敦考古博物馆的案头研究工作和现场工作显示，除了1950年代的破坏外，有些地方还有厚达7米的饱水

图3.90　来自伦敦考古博物馆的50位考古学家组成的一支团队在伦敦彭博遗址发掘了6个月。这是20年来在伦敦市区进行的规模最大、最重要的考古发掘。

图3.91　参照地理信息系统可以提供更多有关人工制品、考古遗迹和环境材料分布的精密分析。由此来看，所有的罗马木料都被突显出来。遗址现场的考古调查以及这些材料，结合对应的背景信息和树轮测年数据，一起添加到地理信息系统之中。

堆积。需要发掘的面积有650平方米。第一个挑战是要找到一种办法，确保如此深的发掘不至于坍塌，并在发掘过程中不至于破坏重要的考古堆积。开掘临时探沟和钻孔勘探可以锁定、记录和移开坚硬的障碍物，如罗马时代的木桩和中世纪的砖石。然后，沿（发掘）边缘插入15米长的钢板桩。

关键的一些研究目标是要了解当地景观的形成过程及它们对最早聚落选址的影响、沃尔布鲁克河的管理和利用，以及罗马神庙同时代的景观。

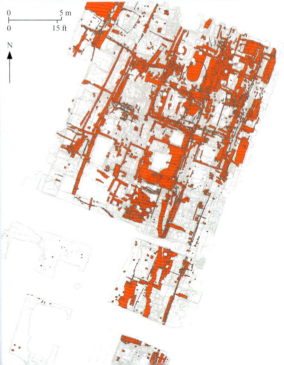

图 3.92～3.93　这件角斗士琥珀护身符和皮鞋是彭博遗址罗马层位中出土的 14000 件小件物品中的两件。这些令人瞩目的人工制品将被再次保存，发掘后的分析可以揭示它们更多的信息。

田野技术

伦敦考古博物馆项目的一位官员担任主要的遗址领队，由资深考古学家负责监督遗址的特定区域。在必要时，地质考古学家等专家也会参与发掘工作。整个团队都受过特定的技能培训，比如记录木材和鉴定罗马陶器。

城市遗址因含数以百计相互关联和彼此交错的沉积，故需要采用单一背景的记录系统（single-context recording system），借此，每一考古"事件"或过程的证据都用一个背景编号归位，绘制在一张透明的绘图胶片上，并记录在一张背景图上。每项发现或环境样本都归入它的背景中，这将项目的各个方面和它在遗址中的出处联系起来，使得考古学在完成发掘以后可以进行重建。采用哈里斯矩阵（Harries matrix，表现该背景地层关系的一张图表）至关重要。

虽然数字记录的价值继续显现，但是遗址现场详细的手工记录仍然是捕捉复杂地层关系最有效的方法。然后，每张平面图再被数字化，并与背景细节、人为改造及环境信息结合起来，保存在伦敦考古博物馆项目的甲骨文（Oracle 信息技术公司）数据库中。

发掘后的分析和公众参与

这次发掘产生了海量的考古学组合：3 吨罗马陶片、近 400 块木版文书，以及罗马不列颠出土的最佳罗马纺织品组合。

项目官员和资深考古学家进行发掘后的分析，核对遗址的档案，制作整个遗址的哈里斯矩阵，进而评估人工制品和环境数据。地层学研究小组与专家们密切合作，继续进行大量的分析工作。

这个分析阶段发表了纸质和电子出版物成果，涵盖地层序列（集中在罗马时期）、考古发现和木版文书。

该项目还实施了一项公众参与的策划，包括建立"沃尔布鲁克发现节目"的博客、对发掘过程进行专业的录制、采访遗址工作人员，还有一个记录 1950 年代神庙发掘参观者回忆口述的项目。彭博在总部大楼里以一个永久性的公开展览（Londonmithraeum.com）庆祝遗址的考古工作，展览的卖点就是对密特拉神庙遗址以及挖掘过程出土的 600 多件文物做"沉浸式虚拟"重建。展览于 2017 年开放，第一年就有超过 10 万人参观。

苏菲·杰克逊［Sophie Jackson］

图 3.94　伦敦米特拉神庙博物馆采用光雕、烟雾和声音让神庙遗迹栩栩如生。

126

法医考古学

法医考古　是生物人类学和考古技术的结合，是在现代法庭上提供相关考古证据的领域。法医考古证据通常与发现个别杀人案的受害者或发掘万人坑相关，以便对那些被指控大屠杀的人定罪。此外，法医考古在火灾后发现和鉴定受害者时也有一席之地，最明显的例子就是2017年伦敦格伦费尔大厦（Grenfell Tower）火灾。它作为一种技术的有效运用，需要了解骨骼解剖学和腐烂机制，也要知晓埋藏层位是如何形成和扰动的。适用于2000年前埋葬者的相同的地层学规律，也同样适用于昨天埋葬的人。

将考古学理论用于刑事侦查在1980年代开始得到承认，值得一提的是在南美一些丛葬墓里发现了政治谋杀的尸体。类似的工作也在卢旺达、哥斯达黎加，尤其是1995年紧随斯雷布雷尼察（Srebrenica）大屠杀之后的前南斯拉夫各地展开。大约在同一时间，英国警方开始意识到利用先进考古技术在寻找和揭露被隐藏墓地的价值。显然，地球物理、航空摄影和激光雷达等远程勘察方法都可以在分辨因掩埋受害者所造成的扰动上发挥作用。如果这类坟墓能被找到，那么就可以采用改进的考古技术来发掘受害者的遗体。

图3.95　一名为国际失踪人员委员会（ICMP）工作的法医考古学家正在波黑斯雷布雷尼察附近的布达克（Budak）发掘一个万人坑。

虽然同样采用传统的考古技术，但法医学背景仍会产生一系列重大差异。古代墓葬的尸体往往已只剩骨架，并相对稳定，而最近掩埋的受害者可能正在腐烂过程当中，这会大大影响搜索技术和发掘方法的价值。对埋藏材料的查询也不同于传统发掘中采用的办法。当法医考古学家发掘谋杀案受害者的墓葬时，问题关键在于能为谋杀类型提供证据，比如它是有预谋的，抑或是二级谋杀。墓坑是怎样挖掘的，使用什么工具？挖掘是仓促的还是仔细准备的？墓穴中是否有物质痕迹（如树叶或土壤）可以推导出其他地点，或提供进一步的线索？

对古代人群的研究产生了诸如身高、食谱、寿命和一般创伤等因素的通用数据。虽然大部分史前墓葬出土的个体总是无名的，但是在法医学背景中，受害者有姓有名，必须验明受害者的正身；揭露和提取受害者的发掘必须能保留证据，足以让病理学家确定死亡原因和死亡方式。

墓葬中还可能含有表明罪犯和受害者关系的证据。"每次接触都会留下痕迹"是法医科学的基本原理，无论在墓葬中还是在尸体上都是如此。这些可能不是考古学家熟悉的证据类型——衣服纤维、头发的痕迹、纸张、人体物质和漆皮——所有这些都仔细地从坟墓填土中提取和记录，并被妥善保存，直到上呈法庭。避免来自其他层位以及考古学家自身的污染至关重要。

这种调查、发掘和提取的系统方法，加上生物考古学的技术，在法医调查中都极为有效和成功。但它对考古学家来说仍是一个新颖而陌生的领域，他们发现自己能与法医科学家、病理学家、犯罪现场调查员和犯罪特征描述师（Criminal profiler）紧密合作，形成一个大型的综合调查网络。其最终的目的是为被埋的受害者伸张正义，让他们的家庭得到解脱。

126
127

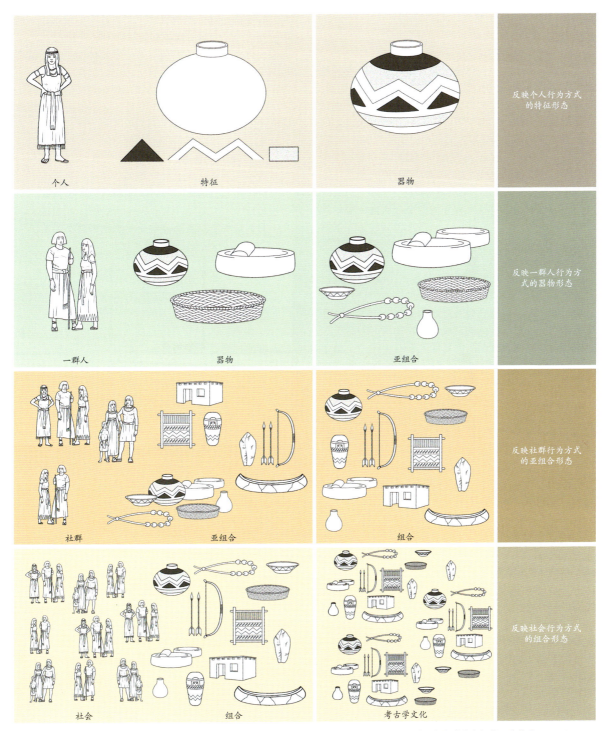

个人　　　特征　　　器物　　　反映个人行为方式的特征形态

一群人　　　器物　　　亚组合　　　反映一群人行为方式的器物形态

社群　　　亚组合　　　组合　　　反映社群行为方式的亚组合形态

社会　　　组合　　　考古学文化　　　反映社会行为方式的组合形态

图3.96　考古学分类采用的术语：从一件陶罐的特征（形状、纹饰）到整个考古学文化；这是由美国考古学家詹姆斯·迪兹（James Deeze，1930～2000）绘制的一张图表。左右纵列赋予这些术语以推断的人类意义。我们能从这种分类中得到行为推论的范围，这将在第十二章里讨论。

整理与分类

就像发掘本身，在田野实验室里对出土材料的整理也是一项专门工作，需要仔细规划和组织。比如，如果手头没有一支保护饱水木料的专家团队以及处理这类材料的设施，考古学家就不会对一处湿地遗址进行发掘。现在有很多应对这类保护问题的手册。当然，发现的不仅有人工制品，还有"生态物"（环境和有机质遗存），我们将察看它们是如何挑选来进行断代（第四章）或分析的（第六、第七章）。

在此仅对田野实验室程序的两个方面做一简单的讨论。首先关注的是人工制品的清洗，其次是人工制品的分类。在这两种情况中，我们都要强调，考古学家需要事先考虑新出土的材料能够解答何种问题。比如，清洗人工制品在全世界都是发掘的传统组成部分。但是，本书第二编所讨论的许多新科技使得这点非常清楚，即在专家有机会对其进行研究之前，人工制品无须做彻底的清洗。例如，我们现在知道，陶罐里往往留有食物残渍，石制品上可能残留有血渍（见第七章）。这种保存的可能性需要在证据被清除之前做出评估。

不过，如果要进行归类或分类，那么大部分人工制品还是要做某种程度的清洗的。初步是按石器、陶器和金属器等较大的范畴归类。然后再对这些范畴做进一步细分或分类，以便以后的分析。分类通常基于三种特点或特征进行操作：

1. 表面特征（包括纹饰和颜色）；
2. 形状特征（三维及本身的形状）；
3. 技术特征（主要是原材料）。

具有相似特征的人工制品一起被归入器物类型——类型学由此而得名，它是指建立这种类型的过程。

1950年代之前，类型学主导着考古学思维，并仍在发挥着重要的作用。道理很简单。人工制品构成了考古记录的大宗，而类型学有助于考古学家在证据的乱麻中理出头绪。就如我们在第一章中所见，汤姆森早就论证，人工制品可以按三期论或石、铜、铁的序列进行安排。这个发现奠定了将类型学持续用作一种断代方法——衡量时间推移的基础（第四章）。类型学也被用作定义某特定时段里考古学实体的工具。特定时空里人工制品（包括建筑）的归组被称为组合，而考古学文化就是将组合聚集到一起而定义的。这些定义很早就已确立，并首先由戈登·柴尔德在1929年系统定义，当时他说：

> 我们发现总是反复共生的某些遗存类型——陶器、工具、装饰品、葬俗、房屋式样。我们可将这样一种共生特征的复合体称为一个"文化组"或干脆叫"文化"。我们认为，这样一个复合体就是我们今天称之为某"人群"（people）的物质表现。

就如我们将在第二编所见，困难在于要将上面的术语转变为人的术语，以及将考古学文化与过去某具体人群相联系。

这让我们回到分类的目的。类型、组合和文化都是人为的构建，是用来将无序的材料理出头绪的。但前辈学者作茧自缚，让这些人为的构建左右了他们思考过去的方式，而不是把它们作为提炼证据的手段。我们现在更加清楚地认识到，对于我们想要了解的不同问题需要不同的分类。研究陶器技术的学者，应该将原料和生产方法的变异作为分类的基础，而研究诸如储藏和炊煮等各种陶器功能的学者，会根据形状和尺寸对器物进行分类。电脑已经极大地增强了构建和充分利用新分类的能力，这使得考古学家能即刻对几千件器物上不同特征的共生关系进行比较。

实验室或库房里的发掘后工作并不止于清洗、写标签和分类。管理工作也非常重要，且器物和材料的保存发挥着重要的作用，不仅是为了长期储藏的安排，而且也为了一般的藏品。这些材料需要妥为保管，随时可用于不期而至的研究和重新阐释，在某些情况下则是为公众展出，不管是永久性陈列还是临时展览。

总之，再强调也不会过分的是，除非研究结果得以发表，先是临时简报，然后是完整的专著，否则大部分勘查、发掘及发掘后分析都是白费力气（第十五章）。

$\frac{127}{129}$ # 小 结

▶ 任一考古发掘的第一步都是制定一项研究设计，包括提出需要解答的明确问题，采集和记录证据，整理和分析证据，并出版研究成果。

▶ 考古学家通过地上勘探和空中调查来确定遗址所在的位置。地上勘探有几种方式，包括地表调查。地表调查包括步行穿越潜在的遗址，并留意遗迹或人工制品集中的地方，以获得对遗址布局的某些了解。空中调查是在航照的帮助下进行的，它们大部分可以从图书馆、许多收藏和互联网上获得。从风筝、气球、飞机或卫星上拍摄的图像往往会显示地表无法看出的遗迹。根据这些图像，可制作基本的地图和平面图。

▶ 制图是准确记录大部分调查数据的关键。地理信息系统（GIS）集管理和运用地理数据的电脑硬件和软件于一身，是考古学家用来对遗址制图的基本工具。

▶ 在发掘之前，考古学家采用几种方法获取地下信息。其中一些是无损的，也即在采集信息中无须挖开地面。例如，探地雷达采用无线电脉冲来探测地下的遗迹。地阻率和磁性调查、金属探测器以及地球化学技术也被用来在发掘前采集信息。

▶ 发掘在田野工作中占有核心地位，因为它揭示了人类在过去特定时期的活动，以及这类活动的历时变迁。地层学立足于地层叠加的法则，也即如果一层覆盖在另一层之上，那么下层便沉积在先。发掘代价不菲，且具破坏性，只有当无损调查方法无法解答研究问题时方可进行。

▶ 具有相同特征的人工制品常常被放在一起归组，而实施这种归组的做法被称为类型学。某特定时期的器物组被称为组合。这些组合常常被用来定义考古学文化。

深入阅读材料

寻找和调查考古遗址方法的入门书包括：

Conyers, L. B. 2012. *Interpreting Ground-Penetrating Radar for Archaeology.* Left Coast Press: Walnut Creek, CA.

English Heritage. 2008. *Geographical Survey in Archaeological Field Evaluation.*(2nd edn.) English Heritage: London.

Forte, M. & Campana, S. (eds.) 2017. *Digital Methods and Remote Sensing in Archaeology: Archaeology in the Age of Sensing.* Springer: New York.

Gaffney, V. & Gater, J. 2003. *Revealing the Buried Past. Geophysics for Archaeologists.* Tempus: Stroud.

Oswin, J. 2009. *A Field Guide to Geophysics in Archaeology.* Springer: Berlin.

Schmidt, A. & others 2015. *EAC Guidelines for the Use of Geophysics in Archaeology. Questions to Ask and Points to Consider.* Europae Archaeologia Consilium: Namur.

Wheatley, D. & Gillings M. 2002. *Spatial Technology and Archaeology: The Archaeological Application of GIS.* Routledge: London.

Wiseman, J.R. & El-Baz, F. (eds.). 2007. *Remote Sensing in Archaeology.* Springer: Berlin.

对初学者也很有用，并有很棒的插图的：

Catling, C. 2009. *Practical Archaeology: A Step-by-Step Guide to Uncovering the Past.* Lorenz Books: Leicester.

用得最广的田野手册：

Caver, M. 2009. *Archaeological Investigation.* Routledge: Abingdon & New York.

Collis, J. 2004. *Digging up the Past: An Introduction to Archaeological Excavation.* Sutton: Stroud.

Drewett, P. L. 2011. *Field Archaeology: An Introduction.* (2nd edn.) Routledge: London.

Hester, T. N., Shafer, H. J.,& Feder, K. L. 2008. *Field Methods in Archaeology.* (7th edn.) Left Coast Press: Walnut Creek. (American methods)

Roskams, S. 2001. *Excavation.* Cambridge University Press: Cambridge & New York.

Scollar, I, Tabbagh, A., Hesse, A.& Herzog, I. 1990. *Archaeological Prospecting and Remote Sensing.* Cambridge University Press: Cambridge & New York.

Zimmerman, L. J. & Green, W. (eds.) 2003. *The Archaeologist's Toolkit.* (7 vols.) AltaMira Press: Walnut Creek, CA.

期刊：*Archaeological Prospection* (since 1994) .

4 何时?
断代方法和年代学

历史学研究让我们触及有案可稽的几百年岁月。但是，只有考古学才能为我们洞开过去人类存在几千年，乃至几百万年几乎难以想象的远景。本章将考察我们作为考古学家在这段悠长时段中对过去事件进行断代的各种方法。

也许这看来有点令人惊讶，为了研究过去，未必总是要精确知道某特定时期或事件发生的距今年代（以年为准）。往往只要知道某事件发生在另一事件之前或之后就足矣。将器物、沉积、社会和事件排成序列，将较早的置于较晚的之前，我们就能够研究过去的发展，而无须知道每个阶段延续多久、这种变迁经历了多少年。某些东西相对于其他东西较早（或较晚）的这种思维是相对断代的基础。

但是，最终我们想知道不同事件或某序列不同部分距今的具体或绝对年代——我们需要绝对断代的方法。绝对年代有助于我们了解诸如农业引入所发生的变迁究竟有多快，以及它们在世界各地是否是同时发生的。考古学家经常根据可获得的材料、这些材料的年代以及针对材料证据所提的问题而采用一系列断代方法。

测量时间

我们如何探知光阴的流逝？我们都是通过黑暗与光明的昼夜交替，然后通过四季更迭的每年轮回察觉它的推移。事实上，对于人类的大部分历史，在人类寿命期限之外，这些就是衡量时间仅有的方法了。就如我们将看到的，有些测年方法仍然依赖每年的四季轮回。但是，考古学的断代方法已开始日益依靠其他物理过程，其中有许多是无法用肉眼观察的。其中最重要的就是采用放射性时钟。

常用的延续几百年乃至几千年的某一时段的某种程度的误差，在采用任何断代技术时都不可避免。尽管支持断代方法的科学在不断改善，但是主要误差来源仍因考古学家而存在——挑选的断代样本太差，样本受到污染，或误读了结果。

为了具有意义，我们以年为标准的时间尺度必须与某固定时间点相联。在基督教世界，习惯上以耶稣出生为准，据称是在公元1年（没有0年），往前纪年为耶稣前（BC），往后纪年为耶稣后（AD或Anno Domini，拉丁语为"在我主之年"）。但是，这绝非唯一的系统。例如，在伊斯兰世界，固定时间点为先哲离开麦加之日（基督教年历的公元622年）。由于这些差异，越来越多的学者偏好采用"公元前"（BCE）和"公元"（CE）来代替BC和AD。

用放射性方法获取年代的科学家想要一个中性的国际系统，采用了从现在开始的上溯纪年（BP）。但是，因为科学家也需要一个固定时间点来纪年，所以他们将BP定义为"距1950年"（很接近利比建立第一个放射性断代方法——放射性碳那一年）。虽然这也许对科学家比较方便，但会把其他人搞糊涂（400 BP不是400年前而是1550 CE，从当下算起大约470年前）。因此，将最近几千年的所有BP纪年都转换为BCE/CE纪年系统最清楚。

但是，对于旧石器时代（自公元前1万年上溯至二三百万年），考古学家可以任意选用"BP"或"年前"两个术语，因为大约50年的误差可以忽略不计。对于这样遥远的时代，我们对遗址和事件的断代至多仅能处在其"真实"年龄的几千年范围之内。即使旧石器时代最精确的测年，对于几千年间隔的时代也只是给我们以一瞥，考古学家显然永远无望重建一种传统意义上的旧石器时代大事记史。另一方面，旧石器考古学家能够对某些宽泛而长期的塑造了现代人类进化路线的变迁获得洞见——这些洞见与研究较短时段的考古学家没有关系，相对于前者希望厘清的较粗略形态，后者的研究实在是太"详细"了。

因此，考古学家从事研究的方法全赖于他所探究时段可以获得的测年精度。

相对断代

在大部分考古研究中，第一步、有时也是最重要的一步是将各种事物排序。这些排序的事物可以是层位发掘中的考古沉积物（见边码108），也可以是类型学序列中的人工制品或形制。地球气候的变迁也会产生局部、区域和全球的环境序列——最著名的要数冰河时代全球的波动序列（见边码135～136）。所有这些序列都可用于相对断代。

地层学

地层学是对地层形成过程的研究——一层地层或沉积层（也称沉积物）在另一层之上的叠压或沉积。地层学的叠压（superposition）原理对于考古学和相对断代十分重要，即下伏地层沉积在先，所以早于上面覆盖的地层，地层的叠压顺序提供了从最早（底部）到最晚（顶部）的相对年代序列。

许多考古发掘的目的就是获取一套地层序列。部分工作包括探知自最初沉积以来，这些层位是否有任何人为或自然的扰动（比如某遗址后来的居民把垃圾坑挖到了较早的地层中，或动物打洞）。根据仔细观察的地层信息，考古学家有望为不同层位的堆积建立可靠的相对年代序列。

但是，我们最想测定的当然不是地层或堆积本身的年代，而是人类留在其中的那些材料——人工制品、建筑、有机遗存——它们能最终揭示过去人类在该遗址的活动。在此，共生的概念非常重要。当我们说两

图4.1　莫蒂默·惠勒对印度河谷（现在巴基斯坦）一座土丘或土墩所画的横剖面图。虽然灰坑扰动给断代带来了困难，但是像哈拉帕印章（从其他地方发现的同类印章可知其年代），处于背景未受扰动的第8层，因此有助于对该层及毗连该层的墙壁断代。

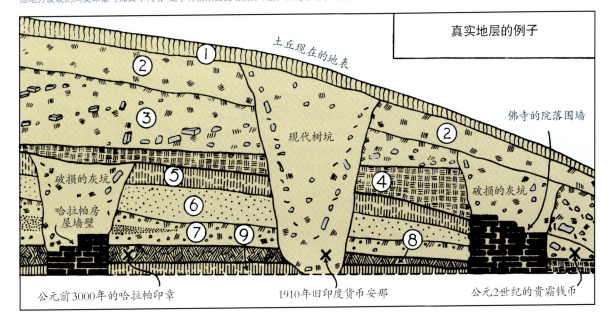

件东西被发现在同一考古沉积中共生，我们通常意指它们是同时被掩埋的。倘若堆积处于封存状态，没有其他堆积物的地层学侵扰，那么可以说共生的器物不会晚于沉积物本身。于是，封存沉积物的序列为该沉积物中共生器物的掩埋时间提供了一个序列和相对年代。

这是需要把握的一个关键概念，因为如果其中某样东西后来能够提供一个绝对年代，那么，不仅能为有机物提供绝对年代，而且也为封存堆积和其他与之共生的东西提供了绝对年代。图4.1展示的例子，是莫蒂默·惠勒爵士绘制的印度河谷（现在巴基斯坦）一座古代土丘的横剖面图（见边码31专栏）。虽然该遗址受到晚近坑穴的扰动，但是各层的序列仍然可见，而出土于第8层未扰动背景中有年份的哈拉帕印章，有助于为该层位及其附近的墙体断代。

但是，另外还有重要的一点需要考虑。至此，我们已用相对方法，并有幸用绝对方法对堆积物及其共生物的埋藏时间做了断代。但是，就如我们所见，我们最终想要重建和断代的是这些沉积物和材料所代表的过去人类的活动和行为。如果一个堆积是含陶器的垃圾坑，那么堆积物本身作为人类活动的例子就很有意思，它的年代就是人类使用该灰坑的年代，也是陶器最终被掩埋的年代——但不是人类使用陶器的年代，它之前很可能辗转了成百上千年，直到它和其他垃圾一起被废弃在这个灰坑里。因此，有必要始终保持清醒，我们想要为哪种活动断代，或在这种情况下哪种活动能够可靠断代。

类型学

当我们观察人工制品、建筑和我们周围所有的人类创造物时，大多数人都会在心里将它们按大致的年代学序列排列。一类器物看来要比另一类要早，一套衣服看上去比另一套式样更加陈旧。考古学家又是如何利用这种相对断代的能力的呢？

考古学家根据一件器物，比如陶器的原料、形状和纹饰等特征，来定义其式样。具有相同特征的几件陶器构成了一种陶器类型，而类型学就将器物归入各种这样的类型中。通过类型学进行相对断代的想法背后有另外两层意思。

第一，某时空中的产物拥有可供分辨的形制：通过特定的形状和纹饰，在某种意义上它们成为制造它们那个社会的特征。考古学家或人类学家时常能根据器物的形制分辨具体器物并对其分类，进而将它们放入类型学序列中的某特定位置。

第二，器物形制的变迁（形状和纹饰）通常是渐变或演进的。这种想法来自达尔文物种进化的理论（见边码27专栏），并在19世纪被考古学家采用，他们用了一种非常方便的原则，即"相似即相近"。换言之，大约同一时期制作的特定器物（如青铜短剑）常常十分相似，但是相隔几百年制造的器物，就会因几个世纪的变迁而有所不同。于是同理，在研究一批年代不清的短剑时，合乎逻辑的第一步就是按这样的方式将它们排序，即将最相似的短剑彼此放在一起。那么，这可能就是一种真正的年代序列，因为它充分体现了"相似即相近"的原则。在图4.2里，汽车图案和史前欧洲的斧子以相对年代序列安排；但是，变迁的速率（汽车以百年计，斧子以千年计）仍必须用绝对断代方法来推知。

出于许多目的，赋予某器物以相对年代的最好方法，是将其与处于一完善确立的类型学系统中已被确认的一件器物相匹配。陶器类型学通常成为年代学系统的支柱，而几乎每个地区都有其自身完善确立的陶器序列。一个例子是美国西南部古代社会非常广泛的陶器序列，其中一部分在下页图片中展示。如果这样一种类型学与能用放射性碳或其他绝对方法断代的地层学沉积物序列相对应，那么类型学序列中的器物本身就能赋予以年计的绝对年代。

不同类型的器物，其形制变迁有不同的速率，因此它们在指示年代的差异上各不相同。通常，陶器的表面纹饰变化最快（往往只有几十年的周期），因此是用于类型学排序的最佳特征。另一方面，一件器皿或容器的形状会受到实际需要比如储水的有力影响，几百年里无须变化。

其他器物，如金属武器或工具，形制变化很快，所以作为年代学标志很有用。相反，石器工具，如手斧，式样变化非常缓慢，因此很少用作时间推移的标志（而较适用于在较长时期之间做一般划分）。

133

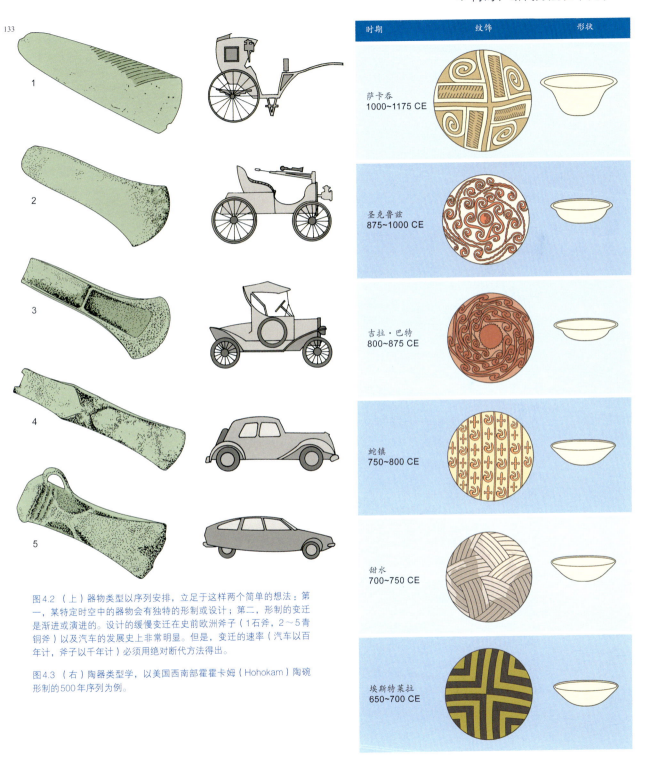

时期	纹饰	形状
萨卡吞 1000~1175 CE		
圣克鲁兹 875~1000 CE		
吉拉·巴特 800~875 CE		
蛇镇 750~800 CE		
甜水 700~750 CE		
埃斯特莱拉 650~700 CE		

图4.2 （上）器物类型以序列安排，立足于这样两个简单的想法：第一，某特定时空中的器物会有独特的形制或设计；第二，形制的变迁是渐进或演进的。设计的缓慢变迁在史前欧洲斧子（1石斧，2～5青铜斧）以及汽车的发展史上非常明显。但是，变迁的速率（汽车以百年计，斧子以千年计）必须用绝对断代方法得出。

图4.3 （右）陶器类型学，以美国西南部霍霍卡姆（Hohokam）陶碗形制的500年序列为例。

133
134

排列法

　　"相似即相近"原理的洞见被进一步用来处理发现物（组合）的共生关系，而非处理孤立发现的单件器物。排列法（seriation）能让器物组合根据相继顺序或序列次序安排，然后它被用来指示组合的时间次序或它们的相对年代。

　　埃及考古学的伟大先驱威廉·弗林德斯·皮特里爵士（见边码31专栏），是最早一位采用相对次序的技术，仔细和系统考虑其中所见各种陶器式样共生关系来整理一处墓地中的墓葬的人。他在19世纪下半叶建立的范例，在半个世纪后才被美国学者采纳，他们意识到，某特定陶器的形制频率，就如从某处聚落相继层位所见证的，往往在开始时很小，在形制流行时达到顶峰，然后又衰落（从图表上会得到一种军舰顶面观的形状，即所谓的"军舰曲线"）。利用这种洞见，他们能够对同一地区不同遗址出土的陶器组合进行比较，各遗址的地层学序列有限，将这些遗址按年代学序列安排，以便陶器频率符合上升到顶点而后又回落的形态。

　　图4.4表明这种方法如何被用于公元1700年到1860年康涅狄格州中部一些墓地所见三种墓碑图案流行度的变化。每种图案波动的趋势会产生特有和连续的军舰形曲线——同新英格兰其他地方一样，死亡骷髅图案（尖峰在1710～1739）逐渐被小天使（尖峰在1760～1789）所取代，而它反过来又被瓮与柳树（尖峰在1840～1859）所取代。

134
135

　　美国考古学家弗兰克·霍尔（Frank Hole）在对伊朗代赫鲁兰平原（the Deh Luran Plain）的发掘中，在考古背景中采用了排列法。他所研究的新石器时代陶器来自地层学发掘，所以就有可能将通过频率排列法获得的序列与他们发掘的真正地层学序列作对比。这种对比没有产生太大的矛盾，再次证明这种方法是有效的。

图4.5　死亡骷髅图案。就像新英格兰的其他地方，死亡骷髅图案（尖峰在1710～1739）逐渐被小天使图案（尖峰在1760～1789）所取代，而它反过来又被瓮与柳树图案（尖峰在1840～1859）所取代。

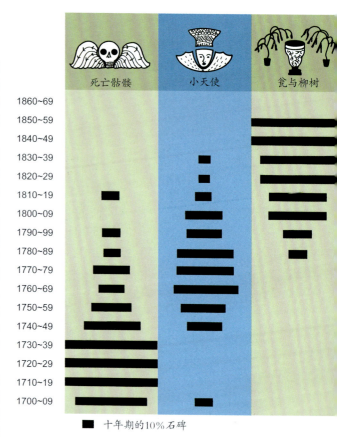

图4.4　频率排列法：康涅狄格州中部一些墓地中，从1700年到1860年三种墓碑图案流行度（或频率）的变迁。流行兴衰所产生的独特军舰形曲线为每种图案波动的趋势。

碗的类型 13　碗的类型 1　碗的类型 14　底面，碗的类型 14　碗的类型 12　矮颈陶罐

图4.6　频率排列法：弗兰克·霍尔对伊朗代赫鲁兰平原一些遗址出土的苏锡安那（Susiana）黄底黑纹陶碗的类型排序。军舰形曲线显示了流行度的兴衰，并被地层学发掘所确认。

语言测年

研究语言的变迁是另一种建立相对年代的有效手段。早年的看法认为，其中也许有某种绝对断代的方法；这些看法已被普遍（正确地）否定。但是，该方法从相对断代来看确实有点意思。（也见边码469专栏。）

其基本原理很直白。如果组织两组讲相同语言的人群，然后将他们分开，使他们之间以后没有再接触的机会，两组人群无疑将继续讲同样的语言。但是随着时间的推移就会发生变化，新词汇会被发明和引入，而其他一些则会被淘汰。于是，过了几百年后，两组独立的人群就不会讲完全相同的语言；几千年后，某人群的语言对另一人群来说有可能几乎听不懂。

词汇统计学意在研究这种词汇的变迁。一种流行的方法就是在两相比较的语言之间挑选一批100到200个常用词汇，看这些词汇中有多少共同的词根。从100或200所得的正数积分（the positive score），可以衡量两种语言自同一语言分道扬镳以来相距多远。

一门颇有疑问的学科——语言年代学（glottochronology），其主张似乎走得更远，该学科采用一个发音公式，从相同与不同来衡量所考量的两种语言的分化时间在多少年之前。该方法的主要倡导者——美国学者莫里斯·斯沃德什（Morris Swadesh，1909～1967）断言，两种相关语言经过1000年的分化之后，仍会保留原来86%的普通词汇。但实际上，变迁以这种方式保持着稳定而可定量的速率是没有根据的：许多因素会影响语言的变化（其中包括读写能力）。

一些更新颖、更精细的方法，包括网络分析（network analysis，见第五章）被用于探究语言变异和人工制品差异之间的关系。它们也有可能做更有效的量化比较，还有可能对照文字论证的变迁（因为它们有文字记载），对语言的时间段制定"标准刻度"（calibration），就像拉丁语和罗马语从其母语传承下来后彼此发生的变化，或最早的闪米特语与较晚近的代表如阿拉伯语之间的变化。这种方法近来采用系统进行分析而得到发展，能建立起发展的树状图，主要用词汇材料，然后将不知年代的节点与已知年代的语言分化点做系统比较。2003年，拉塞尔·格雷（Russell Gray）和奎廷·阿特金森（Quentin Atkinson）采用这种方法得出，印欧语系最初分化的时间早在9000年前。

气候与年代学

在本章前面，我们讨论了为单一遗址构建的地层学序列，和为器物建立的类型学序列。此外，还有一种重要的序列分类立足于地球气候的变迁，它被证明对局部、区域乃至全球的相对断代十分有用。

其中某些环境序列也能用各种绝对断代方法测年。（气候和环境波动对人类生活的影响在第六章"过去的环境是怎样的"做详细讨论。）

更新世年代学

对发生在遥远过去的大冰期（更新世）的认识，自19世纪以来就与我们相伴。当地球温度下降，冰盖或冰川就扩张，覆盖了地球表面的大片地区，并使全球海平面下降（失去的水分实际变成了冰）。通过研究地质沉积中的清晰痕迹，早期地质学家和古气候学家很快意识到，冰期并非一个不间断的长期持续过程，而是见有4次冰期或冰川推进时期（在欧洲大陆从早到晚称为：贡兹、明德、里斯、武木，这些术语到1960年才开始流行；在北美洲被冠以不同的名称，比如，威斯康星等同于武木）。令这些寒冷期发生波动的，是被称为间冰期的温暖插曲；在这些主要阶段中的一些小波动被称为冰阶和间冰阶。在"二战"后在绝对断代方法如基于放射性时钟的断代方法出现之前（见下），考古学家在为漫长的旧石器时代断代时，很大程度上依赖于将考古遗址与冰期序列相对应的尝试。在远离冰盖的地区如非洲，人们通过艰巨的努力，将遗址与降雨的波动相

图4.7　概括更新世主要的气候变迁、冰川术语和考古学阶段的图表。

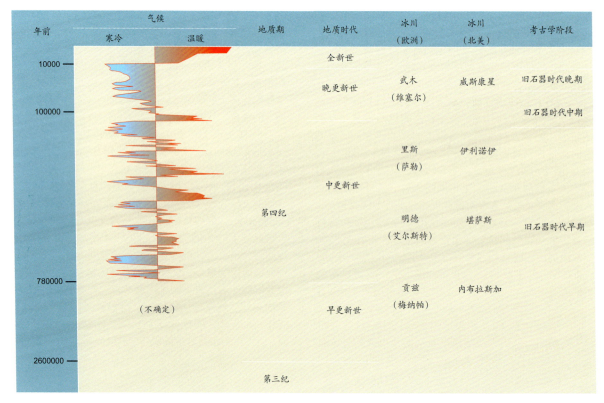

图4.8　有孔虫，这些微小（最多1毫米）的贝壳构成了洋底的深海沉积。为连续沉积物中贝壳的分析（见边码224）提供了世界海洋温度变迁的记录。

对应（雨期和间雨期），希望这些波动本身与冰期序列相关。

　　如今，科学家们已经意识到，冰河时代的气候波动要比原先想象的要复杂得多。从大约260万年前更新世开始起，到大约78万年前（早更新世结束），大约有10个寒冷期被温暖期隔开。从78万年前到1万年前的中更新世和晚更新世，另以八九个界限分明的寒冷期为特点。（被称为全新世的温暖期涵盖了最近1万年。）考古学家不再依赖于复杂的冰川进退作为旧石器时代的断代基础。但是，更新世和全新世气候波动记录在深海岩芯、冰芯和含花粉的沉积物中，它们对于断代目的来说还是很有价值的。

深海岩芯和冰芯

　　全球规模气候变迁最连贯的记录，是由深海岩芯提供的。这些岩芯含有叫作有孔虫的海洋微生物贝壳，通过缓慢持续的沉积过程而沉降在洋底。这些贝壳化学结构的变化是这些生物活着时候海洋温度很好的指示计。深海岩芯的寒冷片段对应冰进时的冰期，而温暖片段对应冰退时的间冰期。放射性碳和铀系测年（见下）能用于有孔虫贝壳，为该序列提供绝对年代，

现已上溯到230万年前。

　　像深海岩芯一样，取自北极和南极极冰的冰芯，已获得了揭示气候变迁引人注目的序列。能够被数出的压缩冰层代表了过去2000～3000年的每年沉积，于是能为这部分序列提供绝对年代。对于更早时段——深度更深的话——每年分层就看不出来了，冰芯断代就不那么确定了。从深海冰芯研究推导出的气候变化已经建立起了很好的关联性。

　　重要的火山喷发证据也能保存在冰芯中，理论上意味着特定的火山喷发，诸如爱琴海塞拉（Thera）岛火山约公元3500年的大喷发（一些学者将它与克里特岛米诺斯宫殿的损毁联系起来，见边码160～161专栏），能够给予一个确切的绝对年代。然而，实际上很难肯定冰芯中保存的一次火山喷发与历史记载的某次喷发的具体关联，它可能与世界其他地方发生的一次未知喷发有关。

花粉断代

　　所有开花植物都会产生称为花粉的颗粒，它们几乎无法被破坏，能够在各种条件下残留几千年（甚至几百万年）。保存在沼泽和湖相沉积中的花粉，使得孢粉专家（孢粉学家）能构建古代植被和气候的详细序列。这些序列对于了解古环境帮助极大（见第六章），但是它们曾作为一种相对断代方法——在某种程度上——仍然很重要。

　　最著名的花粉序列是在北欧建立的，那里有一套涵盖过去18000年的精致花粉带顺序。通过分析某特定遗址的花粉样品，该遗址往往能与某较宽的花粉带序列相匹配，于是就指定了一个相对年代。在存有花粉的背景中出土的孤立人工制品和发现物如沼泽尸体，也能用同样方法断代。但是必须记住，大区域里的花粉带并不一致。首先必须建立区域的花粉带序列，然后该区域的遗址和发现物就能与它们联系起来。如果该序列的全部或某部分有树木年轮或放射性碳断代，那么我们就能获得该地区的绝对年表。

　　由于花粉颗粒的耐久性，它们能够提供的环境证据甚至可以上溯到东非300万年前的遗址。在北欧的某些地区，不同的间冰期也用特别的花粉序列显示，这意味着，该地区单个遗址的花粉证据有时可以与某特定的间冰期相匹配——这是一个有用的断代机制，因为放射性碳无法用于这些早期阶段。

绝对断代

虽然相对断代方法极其有用，但是考古学家最终还是想要知道那些序列、遗址和器物的绝对年代有多古老。要做到这一点，他们需要采用下面章节所介绍的绝对断代方法。考古学家常用的最重要的三种方法是：历法和历史年表、树木年轮和放射性碳断代。对于旧石器时代，钾氩法和铀系法断代很重要。遗传学断代现在也开始用来为人口事件断代。

历法和历史年表

137
138

在20世纪初第一种科学断代技术确立以前，考古学测年几乎完全依靠于古代人类自己建立的年表与历法之间的联系。这种断代方法至今仍有巨大价值。在古代世界，识文断字的社会用书面文献记录他们自己的历史。例如，在埃及、近东和古代中国，是以前后相继的帝王来记载历史的，这些帝王构成了"朝代"。如我们将要看到的，在中美洲也有非常精确的历法体系。

考古学家在处理早期历史年表的时候，必须牢记三点。第一，年代学系统必须仔细构建，任何统治者或帝王的世系表必须合理完整。第二，虽然这种世系表会记录每个君王在位的年数，但仍需将该列表与我们自己的历法相联系。第三，某特定遗址的人物、器物或建筑必须以某种方式与历史年表相联系，例如，将它们与提到某时代统治者的铭文相关联。

这几点可以用埃及和玛雅的年表很好地加以说明。埃及历史以31个王朝来排列，其本身又由古王国、中王国和新王国所构成（见图4.11）。现代观点立足于包括都灵皇家名册（Turin Royal Canon）在内的几种文献的综合。该综合为每个君王在位年数做了估算，一直做到亚历山大大帝于公元前332年的征服（这是由希腊历史学家记录的年代）。所以埃及的王朝可以由此往前推算，虽然并不知道每一君王在位的确切长度。这一系统能够利用天文学来确认和完善。埃及历史记录会描述对某些天文事件的观察，它们能用现代天文学知识和对古代埃及进行观察的位置来独立断代。一般认为大约公元前1500年以后的埃及年代是十分可靠的，其误差幅度至多为一二十年，但是，当我们上溯到大约公元前3100年前王朝时期初时，累积的误差大概达到200年。

玛雅历

玛雅历是一种非常精确的历法，被用在古典时期（AD 250～900）玛雅城市矗立的石柱或石碑之铭文中记录年代。历法的解读和最近对玛雅象形文字的破译意味着，半个世纪前看来几乎不可能的、纪年准确的玛雅历史，目前正在显现。

为了了解玛雅历法，有必要懂得玛雅的计数系统，并认识划分每一天的图符和记号（每天都有一个名字，就像我们的星期一、星期二等）。此外，有必要领会历法本身是如何构建的。

玛雅的数字比较直白易懂，一个风格化的贝壳表示零，一点是"一"，一条横杠是"五"。19以上的数字以20的次方竖写。

玛雅采用两种历法体系：日历轮（Calendar Round）和长计数（Long Count）。

日历轮用于日常目的。它包含两种计数方式。第一种是260天的神轮（Sacred Round），目前在玛雅高地的某些地区仍在使用。我们可设想两个彼此相扣的齿轮（见后页的图），一个有1到13的数字，另一个有20天的名字。第一天（用我们的术语）是1 Imix，第二天是2 Ik，第三天是3 Akbal，依次到第13天为13 Ben。但是，之后第14天是1 Ix，该系统就这样继续。该序列在260天之后再次重复，新的神轮又从1 Imix开始。

与此契合，太阳年被记录下来，由18个不同名称的月份组成，每月20天，加上5天的末期。玛雅新年始于1 Pop（Pop为该月的名字）；次日是2 Pop，依此类推。

两个轮回同时进行，所以某一天可用两种方式指称（比如，1 Kan 2 Pop）。一种特定的对号组合每52年仅出现一次。因此，这个日历足以满足主要的日常用途，而52年的轮回对于玛雅具有象征意义。

长计数用于历史纪年。就像任一独特的历法体系，玛雅历也需要一

138
139

个起点或零纪年，即公元前3113年8月13日（按我们的格里历）。长计数纪年采用五个数字形式（比如，用我们自己的数字符号表示即8、16、5、12、7）。第一个数字记录最大流逝单位的数字，即白克顿（baktun，144000天或约400年），第二个是克顿（katun，7200天或20年），第三个是顿（tun，360天），第四个是乌内尔（uinal，20天），最后一个是金（kin，1天）。

长计数纪年采用位置标记法，在顶端以白克顿的数字开始，依次级单位下行。通常每个数字用一个图符说明所提及的单位（比如，8白克顿），所以石碑上的纪年就能轻易识别。

玛雅地区本身所知年代最早的石碑是蒂卡尔（Tikal）的第29号石碑，读数是8、12、14、8、15，换言之：

8白克顿	1152000天
12克顿	86400天
14顿	5040天
8乌内尔	160天
15金	15天
	=1243615天

因为零纪年为公元前3113年，所以上述石碑年代就相当于公元292年7月6日。

根据玛雅历法，当今世界的末日大概将在2012年12月23日到来（在最近出版的一些书籍中对这一假定事件议论纷纷）。

图4.10 （上）长计数用于记录历史纪年。在利奥·阿祖尔河城（Rio Azul）的一座墓葬中，给出的日期——从左向右和从上向下读——是8、19、1、9、13、4 Ben 16 Mol，或读为8白克顿、19克顿、1顿、9乌内尔和13金，并有天4 Ben和月份16 Mol的名称，用现代计时表示即公元417年9月27日。（注意，在4 Ben和16 Mol的图符之间有代表补充轮回的五个其他图符——"夜晚九王"系列和月亮系列）

图4.9 （左）日历轮可被看作一副彼此相扣的齿轮。上面显示的两轮相扣产生260天的轮回。与其啮合的是365天的轮回（部分显示在下面）。这里给出的某一天的特定契合（1 Kan 2 Pop）要过52年（18980天）后才再次重现。

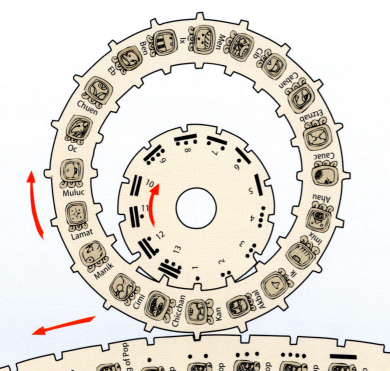

古埃及年表
早王朝（古）（3100～2650 BCE） 第0～2王朝
古王国（2650～2175 BCE） 第3～6王朝
第一中间期（2175～1975 BCE） 第7～11王朝
中王国（2080～1630 BCE） 第11～13王朝
第二中间期（1630～1539 BCE） 第14～17王朝
新王国（1539～1069 BCE） 第18～20王朝
第三中间期（1069～657 BCE） 第21～25王朝
后期（664～332 BCE） 第26～31王朝

图4.11　古埃及历史年表。虽然总体被埃及学家普遍认可，但是对于不同时期的精确纪年仍有争议。王朝和王国之间重叠的年代（比如，第一中间期和中王国）表明，国家不同部分认可各自的统治者。

在中美洲的历法体系中，玛雅历是最精细的（见前面页专栏）。它不像欧洲和近东的历法立足于对王朝和统治者的记录。中美洲其他地区有自己的历法体系，其运作原理相同。

采用历史年表

对考古学家来说，当出土的大量器物被发现能与历史年表紧密相连时，用这种方法就比较容易。所以，诸如蒂卡尔或科潘等玛雅主要遗址中，有大量带历法铭文的石碑，这些石碑可用来对共生的建筑断代，进而也能对共生的器物断代：比如，如果一套陶器类型学被确定下来，那么在这样一个有历史纪年背景中发现有已知的陶器类型，就能给该陶器类型断代。其他缺乏铭文的遗址，其背景和建筑大致可以通过相同的陶器类型进行断代。

有时器物本身会有纪年，或有年代确定的统治者名字。许多玛雅陶器上面就带有象形文字。对罗马和欧洲中世纪而言，钱币上常有发行钱币的统治者名字，而其他地方的铭文或记载往往能够给这些统治者断代。但是需要牢记的是，给一枚钱币或一件器物断代，和对它们出土的背景断代是两码事。钱币的年代是指制作钱币的年代，而封存钱币的考古堆积提供的只不过是一个下限（terminus post quem，拉丁文：此后的年代）：换言之，堆积的年代不会比钱币的年代早，只会比它晚。

一个国家完善确立的历史年表可用来对邻近和较远地方的事件断代，这些地方缺乏自身的历史纪年，但在有读写能力故土的历史中被提及。同样，考古学家能通过交叉断代法，利用与其他地区交换的器物来延伸年代学的联系。例如，在年代学完善的古埃及背景中存在的陶器，其制作有一个上限（在此之前）：它不可能晚于埃及的该相关背景。此外，埃及以外各遗址发现的一些带有铭文的埃及器物，能够用埃及的历法精确断代，因此也有助于对它们出土的背景断代。

用历史学方法断代，对于身处有大量文献支撑的可靠历法的国家里的考古学家来说，仍然是最重要的方法。在历法不清或无法与当今历法相联系的地方，这种关联常常采用其他绝对断代方法来核实，这些方法将在下文进行介绍。

但是，在没有历史和文字的地区，交叉断代或宽泛的类型学比较，几乎完全被以科技为基础的各种断代方法所取代，因此，现在世界上所有的文化都能被赋予绝对年代。

树轮年代学和年周期

任一绝对断代方法都有赖于一个与时间相关的、有规律的过程。其中最明显的就是我们现代的历法系统：每年地球围绕太阳的转动。这种每年的轮回过程，对环境特征产生的影响在某些情况下能予以衡量，从而构建了一种年代学。为了满足绝对断代目的，该序列必须很长（不间断），以某种方式与今天相联，并能够与我们想要断代的建筑或器物相关。

这些气候每年波动的证据无处不在。例如，极地气温变迁导致极冰每年厚度发生变化，科学家能够从钻取的冰芯来研究（见上，边码136～137）。同样，与极地毗邻的陆地，每年冰盖因温度上升而融化，从而在湖床上形成年复一年的沉积，这种沉积称作纹泥，可以计数。斯堪的纳维亚见有长达几千年的可观纹泥沉积，将这些纹泥连在一起，可上溯到大约13000年前斯堪的纳维亚冰川后退之初。该方法首次为最后冰期的结束提供了一个相当可靠的年代估算，因此不仅为斯堪的纳维亚，而且也为世界其他地方的考古学年表作出了贡献。

石灰岩洞穴中的沉积形成洞穴堆积（speleothems），其中最常见的是石笋和钟乳石，并经常会有年度的波动，从而形成可识别的年层或年轮。其厚度因气候因素而异，主要是降雨，因此保存了一种潜在有用的气候记录。单一年轮可以用精度日益提高的铀钍法测定（见边码154～155）。目前据说可以通过土耳其北部索夫拉（Sofular）洞穴的石笋年轮中溴、硫、钼浓度的增加来分辨爱琴海塞拉（Thera）火山的喷发，得出的铀钍法断代数据被用来支持有争议的塞拉火山"米诺斯期"喷发大约在公元前1600年一个很早的年代。（见边码160～161专栏）。

在欧洲、北美和日本的许多地区，针对过去几千年内的年代测定，树木年轮周期已经成为与放射性碳相比肩的主要方法。

树木年轮断代

树木年轮断代的现代技术（树轮年代学）是由美国天文学家道格拉斯（A.E. Douglass，1867～1962）在二十世纪初的几十年里建立的——虽然该原理的许多内容早就为人所知。道格拉斯利用美国西南部干旱地区保存良好的木材，在1930年能够赋予那里的许多重要遗址以绝对年代，比如弗德台地（Mesa Verde）和普韦布洛·波尼托（Pueblo Bonito）（见边码401，图10.28～10.29）。但一直要到1930年代末，该技术才传入欧洲，而到1960年代采用了统计程序和电脑之后，才为长期树轮年代学奠定了基础，现在对现代考古学至关重要。今天的树轮年代学在考古学中有两个独特用途：（1）作为校正或修正放射性碳测年的成功手段（见下）；（2）作为自身绝对断代的一种独立方法。

方法的基础　大部分树木每年都长出一圈新木，这种生长周期很容易在伐倒树干的横断面上看到。这些树轮厚度不一。在一棵树上，两种原因导致它们发生变化，第一，树轮会随树木年龄的增长而变窄。第

图4.12　取自美国宾夕法尼亚汉诺威（Hanover）某木屋墙一根橡木梁的切片；其生长年轮清晰可见，因为这个样本带有完整的外轮或边材（图像的顶部），因此可以准确判定它的砍伐年代为1850/1851年。

二，树木每年的生长量受气候波动影响。在干旱地区，降雨超过年平均值，就会长出特厚的年轮。在较温暖的地区，日照和温度对树木生长的影响要比降雨更甚。在此地，春季的一段骤寒会产生一条窄窄的生长年轮。

树轮年代学家测量和绘制这些树轮，在一棵树上制作表明连续树轮厚度的图表。同一地区生长的同一种树一般会有相同的树轮形态，所以将年龄相继的古树之间的生长序列前后匹配，就能为某地区建立一个年表。（为了研究树轮序列，不必将树砍倒，只需钻取有用的样本就行，不会伤及树木。）将不同年龄的活树以及从古树上获得的序列加以匹配，树轮年代学家就能建立一个长期而连续的序列，从现在一直上溯到几百年乃至几千年前。因此，当发现了相同树种的一块古木（比如在美国西南部的花旗松或欧洲的橡树），就可能将它的年轮，比如说100年年轮长度，与主系列或年表对应的100年长度相匹配。这样，这块木料的砍伐年代通常可以确定到某年。

应用：（1）树轮的长序列和放射性碳断代　树轮断代最重要的一项应用，是构建树轮的长序列，并能用它核对放射性碳年代。在亚利桑那州用一了不起的树种——加利福尼亚刺果松做的，它能活到4900

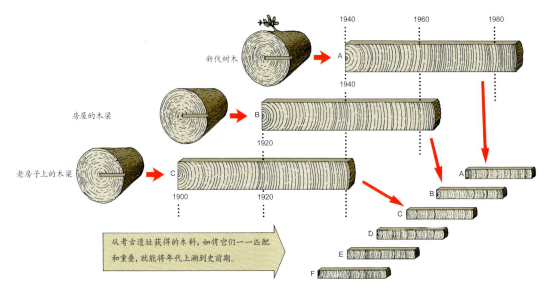

新伐树木

房屋的木梁

老房子上的木梁

从考古遗址获得的木料，如将它们一一匹配
和重叠，就能将年代上溯到史前期。

图4.13　年轮断代。生长年轮能够计数、匹配和重叠，来构建一个主序列。在世界不同地区，这样的序列是用不同树种制作的（取决于保存下来的材料）；在欧洲的温带区，最长的序列基于橡树，而在亚利桑那州则是刺果松。

年——做了一项开创性研究。同样，将刺果松样本与死树的树轮相匹配，可以建立起一个从现在上溯到公元前6700年的连续序列。下面将讨论它对校正放射性碳断代的重要性。美国西南部的研究工作得到了欧洲橡树年轮研究的补充，这些橡树常常很好地保存在饱水沉积之中。北爱尔兰的橡树序列不间断地上溯到约公元前5300年，而西德的主序列大约达到距今12600年。

应用：（2）直接树轮断代　在古人采用某树种如橡树做木料的地方，今天它会形成一个树轮年代序列，我们将保存下来的木料与主序列做匹配，就能获得对考古学有用的绝对年代。它适用于除热带以外的世界许多地区。

在美国西南部，其成果特别引人注目，在那里，这项技术建立的时间最长，木头也保存得很好。这里的古普韦布洛人用诸如花旗松和矮松来建造他们的房屋，这就提供了极佳的年轮序列。树轮年代学已成为普韦布洛村落的主要断代方法，它的最早年代在公元前1世纪，虽然其主要的建筑则要到一千年后才来临。

美国西南部的一个简单例子就能凸显这个方法的精度及意义。道格拉斯在他的开创性工作中，曾确定亚利桑那州西北部一处岩崖居址——贝他他金（Betatakin）的年代大约为公元1270年。在1960年代，杰弗里·迪安（Jeffrey Dean）回到这个遗址，采集了292件树轮样本，不仅论证了该聚落的建造年代在1267

年，而且证明它的房子是一间间逐年扩建的，直到1280年代中叶达到它的鼎盛期，然后很快就被废弃。对每间房屋居民数量的估计，也能大致算出贝他他金人口的增长速率，人口最多时可达125人。所以，树轮年代学可以超越断代问题而启发更广泛的思考。

在中欧和西欧，橡树主序列能为瑞士科泰洛德斯特（Cortaillod-Est）这类新石器时代和青铜时代湖居遗址的发展提供同样精确的断代（图4.14）。在德国莱茵兰（Rhineland）的库克霍文（Kückhoven）村附近，从一口井木框架上发现的木料，提供了公元前5090、前5067和前5055年三个树轮年代（见边码257）。这些木头与带纹陶文化的陶片共生，因此为西欧早期农业活动提供了一个绝对年代。英国新石器时代的最早树轮年代来自萨默塞特·莱弗尔斯的斯威特小道（Sweet Track）：在公元前3807/3806年冬天或稍后建造的穿越沼泽的一条木板通道（见边码332～333专栏）。

有时局部的年代学是"浮动的"——它们的短序列无法与主序列相联。但是，在世界上的许多地区，主序列逐渐延展，使得浮动的年代能够与其相联。例如，爱琴海地区的主序列已能上溯到中世纪初（拜占庭时期），而较早的浮动序列在某些情况下延伸到了公元前7200年。未来无疑可以在它们之间找到联系。亚利桑那大学的彼得·库尼霍姆（Peter Kuniholm）与康奈尔大学的斯图尔特·曼宁（Sturt Manning）在为安纳托利亚建立一个长树轮年代学上取得了显著的进展。

制约因素　与放射性碳不同，树轮年代学有两个基本局限，故无法成为世界范围的断代方法：

1. 它仅适用于热带以外地区的树木，那里季节的明显变化可以产生清晰的年轮。
2. 若运用于树轮直接断代，仅限于这样一些树木：a. 已经提供了一个从现在开始上溯的主序列；b. 确实被古人利用过；c. 样本已有足够长的记录以供专门的匹配。

此外，还需要考虑重要的阐释问题。某树轮年代是指树木砍伐的年代，是将某树轮样本最外面终止时的几条年轮（边材）与某区域的序列相匹配。如果该边材的大部分或全部缺失，那么其砍伐年代就无法确定。但是，即使有一个准确的砍伐年代，考古学家仍必须做出判断——根据出土背景和形成过程——树木砍伐后多久才进入考古沉积。木材可能比它们最终所属的建筑古老或年轻，取决于它们是否是从其他地方拿来被再使用，或被用来修缮一座老建筑。最好的方法就是多采几个样本，在遗址现场仔细核实证据。尽管有这样的制约，但是与放射性碳一起，树轮年代学似乎已成为温带地区和干旱地区对过去8000年进行断代的主要技术。

图4.14　瑞士科泰洛德斯特青铜时代晚期聚落的树轮断代极其精确。该聚落以四座房屋为核心落成于公元前1010年（第一阶段），扩建过四次，并在公元前985年添加了栅栏。

1　1010～1009 BCE
2　1008～1007 BCE
3　1005～1001 BCE
4　996～993 BCE
5　992～989 BCE
6　985 BCE

0 ——— 50 ft
0 ——— 15 m

放射性时钟

"二战"以来，许多绝对断代方法最重要的进展，来自我们称之为"放射性时钟"的运用，它立足于自然界普遍存在的规律性特性——放射性衰变。这些方法中最著名的便是放射性碳测年，今天它是对过去约5万年进行断代最主要的手段。比放射性碳测年时段更早的主要放射性方法有钾氩法、铀系法和裂变径迹法。虽然热释光法（TL）在应用时段上与放射性碳有所重叠，但也有测定更早时段的潜力——就像光释光和电子自旋共振那样——都是俘获电子的断代方法，它们间接依靠放射性衰变。在下面诸节中，我们将逐一讨论。

放射性碳断代

放射性碳是考古学家最有用的一种断代方法。如我们将会看到的，它在精确度和适用时间范围上有局限性。考古学家自己因粗糙的采样程序和草率的解释，也会造成重大失误。不过，放射性碳已经改变了我们对过去的理解，它首次帮助考古学家建立起了一份世界文化的可靠年表。

历史和方法基础
1949年，美国化学家威拉德·利比（Willard Libby）发表了第一组放射性碳断代数据。"二战"期间，他是研究宇宙射线的几位科学家之一。亚原子粒子持续轰击地球，产生高能中子。这些中子在大气中与氮原子反应，产生碳14原子（^{14}C）或放射性碳，它们很不稳定，因为它们的原子核中有8个中子，而普通碳（^{12}C）通常只有6个中子（见后页）。这种不稳定性导致^{14}C以有规律的速率发生放射性衰变。利比估计，任何样本中的^{14}C衰变一半的时间为5568年——即它的半衰期；虽然最新研究表明，较准确的数字是5730年。（为了保持连贯性，实验室仍采用5568年为半衰期；该差别已不是问题，因为我们现已有了正确校正的放射性碳时标：见下。）

利比意识到，以恒定速率衰变的放射性碳，应当由它通过宇宙辐射的恒定产出来平衡，于是大气中^{14}C百分比才会始终保持一致。而且，大气中这种^{14}C恒定浓度通过二氧化碳在所有生物体中均匀地传递。植物在光合作用中吸收二氧化碳，它们被食草动物吃掉，而食草动物又被食肉动物吃掉。只有当动植物死亡，^{14}C的摄入才停止，于是恒定的^{14}C浓度通过放射性衰变而开始下降。于是，知道了^{14}C的衰变速率或半衰期，利比意识到，可以通过衡量样本中剩余的^{14}C含量，来计算死亡动植物组织的年龄。

利比在实用上的伟大成就，在于他设计了一个准确的测量方法。（开始时的^{14}C痕量很少，已被5730年的半衰期所减少。因此，在23000年后，样本中原来的^{14}C浓度仅剩十六分之一可供测量。）利比发现，每个^{14}C原子释放出一个β粒子进行衰变，他采用盖革计数器成功计算出这些放射。这成为常规方法的基础，今天仍被许多放射性碳实验室采用。样本通常为考古遗址出土的有机质材料，如炭屑、木头、种子和其他的植物遗存，还有人或动物的骨头。某样本^{14}C活性的准确测量，会受计数误差、出土背景的宇宙射线和其他因素的影响，这些成为测量不准的因素。这意味着放射性碳断代不可避免要带有可能误差的估算：在每个放射性碳年代后面附上加减数字（标准偏差）（见下）。

1970年代晚期和1980年代初，该常规方法的一项进展是，有些实验室引入了一种特殊的气体计数器，这种设备能够测量很少的样本。在常规方法中，我们需要大约5克净化后的纯碳，这就意味着原来的样本量要：木头或炭屑大约10～20克，骨头100～200克。而该特殊设备仅需几百毫克（mg）的炭屑。

加速器质谱法（AMS）正在成为放射性碳断代的主要技术。它仍只需较少的样本。加速器质谱法直接统计原子的数量，不关其放射活性。最少样本量减少到5～10毫克——于是能够对珍贵的有机物如都灵裹尸布（见边码152）直接采样和断代，并使得对花粉的直接断代成为可能。起初希望采用加速器质谱法将放射性碳的测年范围从50000年推到到80000年，然而这被证明很难达到，部分是因为样本的污染。

放射性碳年代的校正
关于放射性碳方法的一项基本设想已被证明不确。利比曾设想，大气中^{14}C浓度是一直恒定的，但是我们现在知道它是变化的，这是由于地球磁场和太阳的变化导致的。论证其不确的方法——树轮断代——提供了纠正或校正^{14}C年代数据的手段。

从树轮获得的放射性碳数据显示，约公元前1000年前的年代数据与实际日历年代相比，会变得年轻。

放射性衰变的原理

像自然界存在的大多数元素一样，碳以不止一种同位素存在。它有三个同位素：^{12}C、^{13}C 和 ^{14}C——数字与这些同位素的原子量相对应。在任何碳的样本中，碳原子的98.8%为^{12}C，原子核中有6个质子和6个中子，其余1.1%为^{13}C，有6个质子和7个中子。在1万亿个碳原子中，只有一个原子是同位素^{14}C，原子核中有8个中子。该碳同位素由宇宙射线轰击高空大气层中的氮（^{14}N）而产生，它因含有过量的中子而很不稳定。通过释放弱β射线，^{14}C会回到生成它的氮同位素——^{14}N，原子核中会含7个质子

和7个中子。就像所有类型的放射性衰变一样，该过程独立于所有环境条件，以恒定速率发生。一个放射性同位素原子衰变一半，所用的时间被称为一个半衰期。换言之，在一个半衰期后，剩下一半的原子；两个半衰期

之后仅留下四分之一的原子，依此类推。就^{14}C的情况，其半衰期现在认可为5730年。对于铀的同位素^{238}U半衰期是45亿年。对于其他某些同位素，其半衰期为几分之一秒。但对于每种情况，衰变均为一种规则的形态。

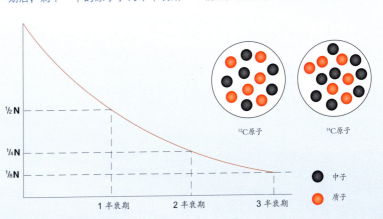

图4.17　放射性同位素衰变曲线。

图4.15　放射性^{14}C在大气中产生并通过二氧化碳被植物吸收，然后通过食物链（植食或肉食）而被动物吸收。^{14}C的摄入在动植物死亡时停止。

图4.16　死亡之后，^{14}C的量以已知速率衰减（每5730年减少一半，等等）。测量留在样本中的含量就能提供年代。

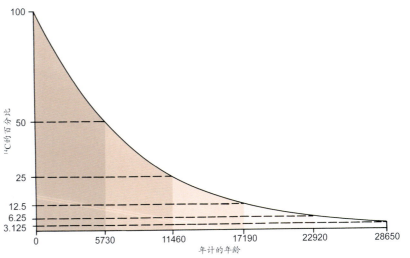

换言之，公元前1000年前的树木（以及其他所有生物）要比今天的树木暴露在^{14}C浓度更大的空气中。科学家从刺果松和橡树的长树轮主序列（见上）系统获取放射性碳年代（以日历年表示），将其与放射性碳年代对照绘制的校正曲线能够将放射性碳年代数据校正为年历数据。这一校正努力已被称为第二次放射性碳革命。

树轮测年为大气放射性碳提供了直接的度量单位，因此代表了可能可以用于校正曲线的最佳材料。世界上最长的树轮序列是通过德国和瑞士的橡树与松树树轮建立的霍恩海姆橡-松树轮序列（Hohenheim oak-pine chronology），长达近12600年。树轮来自美国的刺果松、德国的松树和橡树以及爱尔兰的橡树。此外，科学家必须依赖其他可替代的记录来校正放射性碳。这些主要包括用纹泥计数的海洋沉积中的有孔虫，和用铀钍法测年的原始珊瑚虫。最近的年代标准校正曲线（INTCAL09）已经上溯至公元前50000校正年（Cal BP）。还有，该曲线表明，在某些时间段，放射性碳和日历年之间可能有多达4000到5000年的明显偏移。未来来自日本水月湖（Lake Suigetsu）的湖底纹泥沉积和年龄可上溯到20000年前的澳大拉西亚树（Australasian trees）的数据，有望进一步加强年代标准校正曲线的数据。

该曲线中会有短时的摆动，而有时曲线的一些片段走向如此之平坦，使得具有相同放射性碳年代的两份样本可能在日历年上实际相差400年，这让公元前800～前400年间的铁器时代断代特别麻烦。重要的是，当对某放射性碳年代进行校正时，所测放射性碳年代（比如距今2200年）和它的误差估算（比如距今2200±100年）都需要校正。有些范围会比其他的更窄且更精确，这取决于该放射性碳及其误差落在曲线的哪个部位。现在已有好几个软件能让用户通过电脑推演进行校正（见后页）。贝叶斯方法包括另外非精密计时的考古学信息，该信息采用统计方法进行分析，以获得新的可能性分布（见边码150～151专栏）。

放射性碳年代的发表　放射性碳实验室根据对某样本放射性碳活性进行测算，提供一个年代估计。一个放射性水平被转换为一个年龄，用某生物体死亡至今的年数来表示。因为"今天"在不断递进，为了避免混乱，实验室采用公元1950年（AD 1950）作为它们的"今天"，所有某某BP或"距今"某某年的放射性碳年代，意味着距1950年之前某某年。所以，在科学出版物中，放射性碳年代是以这样的方式表述的：

$$3700 \pm 100 \ BP（OxA\ 1735）$$

第一个数字是距今的放射性碳年代，后面是相关的测量误差（见下）。最后，括号里是实验室分析的编号。每个实验室都有自己的字母代码（比如，OxA是指英国剑桥，而GrA是指荷兰的格罗宁根）。

就如上文所提及的，各种因素都会影响某样本放射性碳的测量精度，结果，所有放射性碳数据都伴有一个统计误差或标准偏差。所以，对于3700±100 BP，它意味着68%的可能性——三分之二的概率，放射性碳年代的正确估算年龄落在3800～3600 BP之间。因为仍有三分之一的概率，正确年龄并未落在此范围之内，所以考古学家也建议考虑设置两个标准偏差的年代范围，即将标准偏差翻倍，使包含正确年龄估算的可能性达到95.4%。例如，对于3700±100 BP，有95.4%的概率，样本的放射性碳年代会落在3900（3700+200）～3500（3700−200）BP之间。

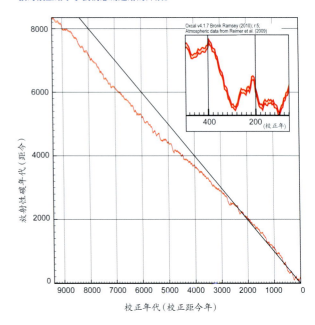

图4.18　过去9000年标准校正曲线（INTCAL09）的摆动。直线表示理想的1∶1时间段。（嵌入图）大约在355和300年前，在所谓的"蒙德极小期"中，只有极少数太阳黑子被记录下来，表明太阳活动较弱。这反过来影响到地球的磁场，导致放射性碳产量升高，在校正曲线的该时段里给予了我们急剧起落的片段。

如何校正放射性碳年代

虽然一般放射性碳实验室会为它们的样本提供校正后年代，但是考古学家也许需要自己来对未处理的放射性碳数据进行校正。

边码138图表显示的部分校正曲线，说明了放射性碳年代（BP）与用实际日历年断代的样本（Cal BP 或 BC/AD）之间的关系。校正曲线的两条线表示以某标准偏差所估算的误差宽度。为了找出某放射性碳样本的校正年代范围，采用电脑程序极为常见。互联网上就能免费获取好几种程序（OxCal、Bcal、CALIB，等等）。采用 OxCal（http://c14.arch.ox.ac.uk/oxcal），会得出一幅像下图那样简单标绘的某一校正结果图。在此例中，

我们能见到 470±35 BP 放射性碳年代在 y 轴上以高斯或正态分布形式所表现。采用校正曲线及相伴误差，其在 x 轴上就变成了一个代表日历年的概率分布。该放射性碳在 y 轴上具有较高可能性的分布，在日历年尺度上也有较高的可能性。

校正曲线充满了陡直且有时摆动的区段，也有曲线平缓的区段，这一区段大气中放射性碳含量在很长时间里保持一致。在此，校正的准确性总不太靠谱。即使以较高准确性对某一样本断代（有些实验室能够得出 a±15～20 年的数据），或对许多样本断代（采取平均值），也无法根本改善这一情况。但有时在一系列可断

代事件之间已知实际时间，采用"摆动匹配"，就可能获得非常精确的年代。这最常用于从树轮获得的放射性碳年代（例子见《贝叶斯分析》专栏）。用几个彼此间年数已知的放射性碳样本做一系列放射性碳测定，使得到的放射性碳含量随时间变化，这一变化形态能直接从统计学上与校正曲线上的摆动相匹配。它能将树木被砍时的年龄卡在10～20年间。另外，在拥有其他信息的地方，比如一批放射性碳数据与地层学相联，就有可能用贝叶斯统计来综合所有已知材料（见边码150～151）。校正程序和曲线能够直接从放射性碳网站（www.radiocarbon.org）获得。

图4.19　本图表显示采用 OxCal 对单一放射性碳年代进行的校正。Y 轴显示 470±35 BP 这一放射性碳年代的概率分布。该测量年龄用 INTCAL13 校正曲线进行校正，形成灰色的新概率曲线，这就是校正年龄。给出的年龄在 68.2% 和 95.4% 的概率范围内浮动。

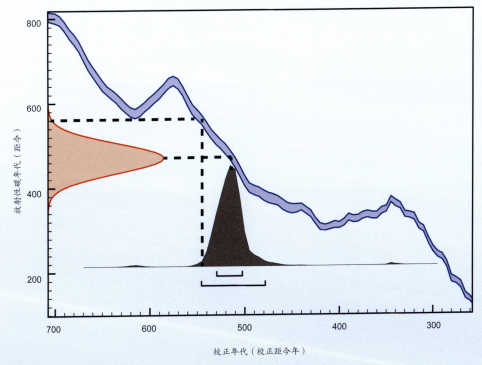

OxCal v4.2.4 Bronk
Ramsey (2013);
r:5; IntCal13
atmospheric curve
(Reimer et al. 2013)

OxA-124512
(470 ± 35 bp)

68.2% 概率
(68.2%)
530～503 Cal bp
95.4% 概率
(95.4%)
546～478 Cal bp

放射性碳年代（距今）

校正年代（校正距今年）

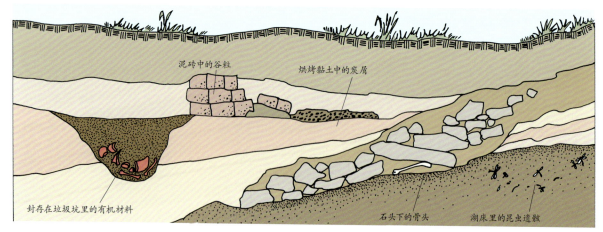

图4.20　用于放射性断代的样本，无论何种情况，应该从上面显示的这类背景中获取，其中，测年的材料被封存在一种未经移动的基质中。材料在送交给实验室做测年之前，发掘者必须清楚确定样本的地层学背景。

泥砖中的谷粒

烘烤黏土中的炭屑

封存在垃圾坑里的有机材料

石头下的骨头

湖床里的昆虫遗骸

校正年代应该用"校正公元前/公元"（Cal BC/AD）或"校正距今年"（Cal BP）报道，重要的是，恰当的校正数据集也应报道，因为校正数据集被阶段性地修正和扩大。因此，常规放射性碳年龄，即距今放射性年龄应该与相伴的稳定碳同位素测定一起报道。一旦被测定，常规年龄将永不改变，但校正年龄可以改变。

一般来说，考古学家在论及绝对年代学的地方——或许采用放射性碳，或许采用其他断代方法，包括历史学方法——似乎采用简明的BC/AD系统比较合理，假如考古学家试图校正任何放射性碳年代，那在一开始就要讲清楚。

放射性碳样本的污染和解释　虽然放射性碳年代有某种不可避免的误差，但是就像不当的实验室程序，误差也可能来自考古学家糟糕的采样和对样品不正确的解释。野外的主要误差来源有以下几种：

1. **采样前污染**　在地下造成的样本污染问题可能十分严重。比如，饱水遗址中的地下水会溶解有机材料，也会将它们沉淀，从而改变了其同位素构成；有机物周围形成的矿物沉淀，可以带入完全没有放射性碳的碳酸钙，于是在有效稀释现有的 ^{14}C 时会错误地增加某标本外观的放射性碳年龄。这些问题可以在实验室里处理。

2. **采样中或采样后污染**　所有放射性碳样本在发现时应该用铝箔包装，或密封在一个干净的

图4.21　由戴维·赫斯特·托马斯绘制的内华达州莫尼特河谷盖特克里夫岩崖的主剖面，显示放射性碳测定的年代如何与地层学序列相一致。

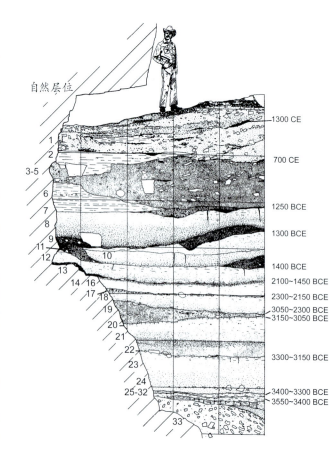

自然层位

1300 CE

700 CE

1250 BCE

1300 BCE

1400 BCE

2100~1450 BCE

2300~2150 BCE

3050~2300 BCE
3150~3050 BCE

3300~3150 BCE

3400~3300 BCE
3550~3400 BCE

包装如塑料袋中，并马上在包装外面做详细标记；里面放的纸质标签可能是一个主要的污染源，故该容器应放在另一个塑料袋内加以密封，里面再放一个密封的口袋装纸质标签，这样大部分材料就可靠了。但是，可能保存有树轮结构的木头或炭样本，应该更加小心地放在一个严密的容器中。无论如何要尽可能地排除现代碳，如纸，它会造成潜在的问题。然而，现代树根和土壤总是难免的：在这种情况下，最好为实验室另外说明情况，以便实验室处理这些问题。

　　随后采用任一有机材料——比如胶水或聚乙二醇——也是灾难性的（虽然实验室会对其进行补救）。样本内持续进行的光合作用同样如此，因此，相关容器应该避光保存。在一些项目中，样本口袋里经常长绿霉。这就自动指明了污染。

3. **沉积背景**　大多数放射性碳断代误差的产生，是因为发掘者没有充分了解所探究背景的形成过程。除非弄清楚有机物是如何来到被发现的位置的，它是何时和如何被掩埋的（就遗址而言），否则就不可能做出准确的解释。放射性碳断代的首要规则是，除非发掘者对考古学背景有把握，否则就不要将样本送去测年。

4. **背景年代**　屡见不鲜的是，大家以为一个放射性碳测定，比如炭屑，就能给炭屑掩埋背景提供一个明确的年代估计。但是，如果木炭来自屋顶上的木料，而在被烧毁之前屋顶本身已用了几百年，那么我们测定的是早期屋顶营建的年代，而非烧毁的年代。带有这种困难的例子很多，最显著的例子就是重复使用这类木材，甚或采用陈木（比如"沼泽古橡木"），它们的放射性碳年代可能比所研究的背景老几百年。因此，短寿命样本往往更好，比如灌木枝条，或炭化谷粒，它们一般不会比掩埋时间早很多。

有一句格言说"一天不算日子（one date is no date）"：所以采样策略是需要好几个数据。最好的测年是努力获得一个内在的相对序列——比如，戴维·赫斯特·托马斯和同事发掘的内华达州莫尼特河谷（Monitor Valley）盖特克里夫岩棚（Gatecliff Shelter）遗址层位清楚的地层序列（图4.21）。如果样本是按这样的相对次序安排的，最下层单元的样本年代最早，那么

就能对实验室测定的一致性和田野样本的质量做内在的核对。从这样的序列中获得的某些年代会比预期的年代古老。这是十分合理的——就如我们前面所解释的，有些材料在掩埋时就是"老"的。但是如果发现他们比预期的年轻（即更晚近），那么肯定出了问题。要么样本受到了某种污染，要么实验室出现了严重错误——这种情况并不少见——要么是地层搞错了。

应当指出，海洋有机物，或以海洋食谱为主的人类和其他动物遗骸，其放射性碳年代数据会比同时的陆地数据平均老几百年。在这些情况下，有必要采用海洋校正曲线。苏格兰西海岸中石器时代奥龙赛遗址（Oronsay）出土的人类遗骸，其放射性碳年代数据调整了400年。不幸的是，由于这种影响因地而异，所以没有一种普遍适用的海洋校正曲线。在将贝壳和其他海洋有机物的年代与陆生有机物遗存的年代做比较时，我们必须小心谨慎。

虽然放射性碳年代的许多问题可能归咎于送样者，但证据表明，放射性碳实验室本身可能会过高估计自身数据的精度。在一次比较研究中，三十多个实验室对同一样本进行测年。有些实验室将误差估计在合理精度范围内，有些则不然，某实验室得出了200年的系统误差。一般来说，虽然放射性碳实验室会给出±50年的精度，实际上将误差看作±80年或更多较为保险。

由于实验室之间的研究是由世界某些放射性碳实验室合测一件匿名样本，所以考古学界无从得知误差的低估有多普遍，或某些实验室对它们的放射性碳数据究竟有多少系统偏差。我们建议，考古学家要像对待其他服务承包商一样对待放射性碳实验室，要求他们既提供准确性，也要提供它们能够达到的精度。许多实验室明白他们过去存在的差错，现在给出精度的具体说明，这无须被视为对误差的低估。甚至，他们常常进一步为他们较早的年代数据给出新的和较实际的误差。

　　应用：放射性碳断代的影响　在考古学中，如果我们设法回答"何时"这个问题，放射性碳无疑提供了找到答案最普遍适用的办法。它的最大优点在于普遍适用，不管何种气候，只要是有机（即活的）材料就行。所以，该方法用在南美洲或波利尼西亚，就像用在埃及或美索不达米亚一样灵光。它可以让我们上溯到5万年前——虽然在时间尺度的另一端，它因为不准确，对最近400年的晚近历史用处不大。

该方法用于单一遗址的说明，可参考内华达州莫尼特河谷盖特克里夫岩棚（图4.21）。另一有趣的应用

150

贝叶斯分析：改善放射性碳年代学的精度

放射性碳年代校正对于纠正过去大气中放射性碳含量的波动是必须的。但是，校正的一个副作用是，所能取得的精度是有限的，一个局限取决于探究的时期。一个样本有最多一两百年的分辨率范围是可能的，而对于某些时期，分辨率甚至更低。

但是，如果我们能将来自放射性碳测定的信息，与不仅来自校正曲线的信息，而且也与来自通常由地层学发掘所得的样本及其组合的相对年代信息相结合，就能克服这一局限。贝叶斯统计（Bayesian statistics）是解释某事件可能性的一条途径，并能根据新的证据加强我们对这种可能性的信心。它为这种做法提供了一个框架，也设计了做这种分析的软件（如OxCal and BCal）。

贝叶斯分析能显著改善放射性碳方法的精度，并用于各种不同类型的问题，包括单一遗址的年代学、沉积序列和区域年表。在所有情况里，该分析将放射性碳年代与校对曲线相匹配，并将我们有关样本的其他信息考虑在内。日增的特定信息量和放射性碳的数据量改善了分辨率。校正曲线本身至多有大约十年的分辨率，贝叶斯分析能够将年代数据约束在这一层次。在大部分情况下，该方法能让放射性碳解决一百年内的年代学。

就任何这类统计方法而言，得出的数据极赖所做的设想，所以常常必需观察，参照不同模式的设想，结论的可靠性究竟有多大。

为英国新石器时代长形古坟断代

在大多数考古遗址里，要么没有保存寿命较长的木头，要么并非与所关注的活动密切相关。但是，在发掘仔细的遗址中，就像英国新石器时代遗址，也可能用遗址出土样本之间的关系来改善断代的精度。在某些例子中，地层学信息加上对材料沉积的了解，使得我们能够推算年代的序列。几乎在所有情况下，我们都要有许多

样本的集合，它们都来自某特定时期。所有这些信息能被用来构建遗址的模型，并比较不同遗址之间的年代。它曾极为有效地被用来研究英国新石器时代的长形古坟，那里的年代学是如此精确，使得我们能够以一代人的分辨率来了解事件的序列。在这种情况下，单凭放射性碳年代会给出误导的印象，以为这些纪念建筑有不少历史悠久。相反，贝叶斯分析表明，这类纪念建筑是一种十分短暂的现象。

与塞拉喷发有关的木头样本

虽然树轮每年生成，能做树轮年代学断代，但有时却不行，倒是能用摆动匹配断代。这包括从某树轮序列获取放射性碳断代的样本，然后采用贝叶斯方法，将结果与校正曲线对照以确定最佳匹配。目标是模仿校正曲线的形状。因为相对序列是已知的，最后或最晚的树轮能够分辨，有时就能做精度很高的断代。这种断代的一

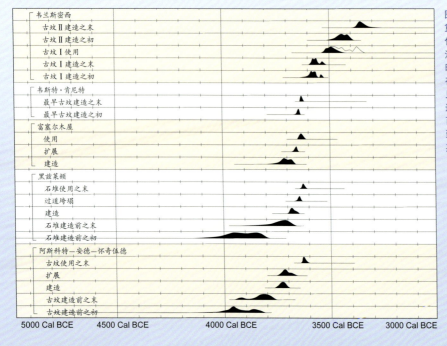

图4.22 对英国南部五个重要的新石器时代遗址断代事件的可能性分布简介。注意纪念物使用许多起讫时间很短的实耗时间量。在仔细的放射性碳断代与贝叶斯建模之前，大部分遗址被认为已利用了好几百年；现在考古学家意识到，有些例子从营建到废弃仅经历了一两代人。

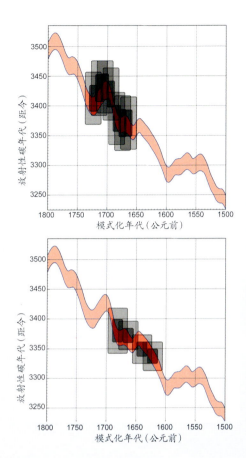

图4.23　从与塞拉岛喷发有关的树轮序列获得的放射性碳年代系列的匹配。上面样本来自米勒托斯出土的一把椅子，应当早于火山喷发，而下面样本来自塞拉岛本身的一棵橄榄树，被认为正好活到了火山喷发（表格显示68.2%和95.4%的可能性范围）。

个很好例子，就是与塞拉岛喷发相关的年代（桑托里尼［Santorini］；见边码160～161专栏）。从米利都（Miletos）火山灰层下出土的一把华丽椅子的木头应该早于火山喷发。上面数出的年轮有七十年，与校正曲线的形状相匹配，表明此件最晚近木头的最后年份是公元前17世纪的上半叶。一根来自塞拉岛本地的橄榄枝，被认为恰好活到喷发，它提供了四个与校正曲线相匹配的放射性碳年代，并有一个年代在公元前17世纪下半叶（虽然对于橄榄树是否适合做树轮年代学研究一直存疑）。两例都采用了放射性碳断年，从样本之间已知的年龄差别，就可能得出仅几十年的断代精度，这是单凭短寿命材料测定所无法做到的。

图4.24　带有人体形象的都灵裹尸布局部。通过加速器质谱法放射性碳断代得出这块布的一个校正年代范围在公元1260～1390年。

图4.25 肖维洞穴的一幅犀牛壁画。用来绘制这些壁画的碳的放射性碳测年结果表明它们可以上溯到31000年前；其结果仍然争议很大。

是对1994年发现的法国南部肖维（Chauvet）洞穴里的旧石器时代晚期壁画的断代。从几幅用木炭作的壁画上取得的很少一点的样品断代，得到集中在距今31000年附近的一系列年代数据——远比预计的古老。迄今为止，几乎所有冰河时代洞穴艺术的放射性碳断代都由一家实验室测定，故它们需进行独立的验证。此外，所有超过3万年的结果都容易产生更大的误差并具有更大的不确定性。就肖维洞穴艺术的许多方面——它的内容、风格、复杂度和技法——足以对其古老年代提出怀疑，而从认知能力发展的巨大意义来看，有必要采用多个实验室对洞穴艺术断代进行验证，并尽可能分割样品。

在较大范围内，放射性碳更重要的一个意义是首次建立起世界文化的广泛年表，以前这些文化缺乏自己的时标（比如年历）。放射性碳校正增强而非削弱了这项成果。它也有助于确立史前欧洲独立放射性碳年表的有效性，以摆脱靠不住的与埃及历史纪年的联系。

加速器质谱法为放射性碳断代开辟了新的可能性。因为所需样本量很小，所以现在有可能对一粒小麦或一个果核进行断代。加速器质谱法对英国南部多塞特郡汉布尔登山（Hambledon Hill）出土的一粒葡萄核进行了断代，断代显示这些葡萄——可能包括葡萄藤——抵达此地的时间为公元前3500年，比原先认为早了3000多年。一些珍贵物品和艺术品也可以进行无损测年。1988年，加速器质谱法断代解决了有关都灵裹尸布旷日持久的年代争论。都灵裹尸布是一块带有人体形象的布，被许多人虔诚地相信是耶稣遗体的真实印迹。图森、牛津和苏黎世的实验室均将其年代定在公元13至14世纪，根本不是耶稣的时代的布。该问题仍具争议。

加速器质谱法也用于史前绘画上发现的有机质：例如，尽管加速器质谱法用在肖维和其他地方存在问题，但是在法国和西班牙旧石器时代一些洞穴里获得了可靠的结果，那里，炭用作壁画的颜料，还有在澳大利亚昆士兰岩崖上作画的植物纤维，以及在塔斯马尼亚瓦加塔米纳洞穴（Wargata Mina Cave）绘画颜料中发现的人血蛋白都可用加速器质谱法断代。为岩画断代的其他方法正在开发。例如，在洞穴图像顶部积聚的方解石层，可能可以用放射性碳和铀钍法断代。草酸盐（含有机碳）也会沉积，可用放射性碳断代。

对于上溯5万年的有机物而言，放射性碳看来保持了它作为主要断代工具的地位。但是，对于无机材料而言，热释光（见边码155和158）和其他新技术是非常有用的。

钾氩（和氩氩）断代

钾氩（K-Ar）法被地质学家用来对几亿乃至几十亿年的岩石断代。它也是一种最适用于为非洲早期人类（古人类）遗址断代的技术，它们可以早达500万年。该方法仅限于为不晚于10万年的火山岩断代。

方法的基础　就像放射性碳断代，钾氩法也基于放射性衰变的原理：火山岩中放射性同位素钾-40

（^{40}K）稳定而缓慢地衰变为惰性气体氩-40（^{40}Ar）。已知钾-40的衰变率——半衰期约为13亿年——只要测出10克岩石样本中俘获的氩-40含量，就能对岩石的形成年代做出估算。

该方法的一种较灵敏的变体是激光熔融氩氩（^{40}Ar：^{39}Ar）断代法，它所需样品量较少，有时仅需从熔岩提取一个单晶（使用单晶激光熔融）。通过中子轰击被测样本，一个钾稳定同位素^{39}K就会转变为^{39}Ar。激光熔融将^{39}Ar释放出来后，用质谱仪测定^{40}Ar和^{39}Ar两种氩同位素的值。由于岩石中^{40}K：^{39}K的比值是一个常数，于是通过^{40}Ar：^{39}Ar的比值就可以确定岩石的年龄。如同所有放射性方法一样，将放射性时钟归零很重要。因为岩石由火山活动形成，原本存在其中的所有氩气已被全部清除。

实验室获得的年代实际上是岩石样本的地质年代。所幸的是，旧石器时代早期研究的最重要的地区，尤其是东非大裂谷，就在火山活动区。这意味着，考古遗存常常位于由火山活动形成的地层中，因此很适合用钾氩法断代。此外，它们也时常被火山岩覆盖，上下两层火山岩为考古沉积提供了一份年代三明治。用

图4.26　西班牙埃尔卡斯蒂略洞穴里的手印。用铀钍法对覆盖在该手印及其他手印上的方解石层进行断代，得出了非常早的结果——最早的手印年代不晚于距今37300年；因此，它们很可能是尼安德特人所为。

氩氩法分析维苏威火山公元79年喷发的熔岩，给出的年龄为公元72±94年，这表明该方法甚至对于晚近的火山喷发也有相当高的精度。

应用：早期人类的遗址　对于研究古人类演化来说，坦桑尼亚的奥杜威峡谷是最关键的一处遗址，因为这里出土了南方古猿鲍氏种（傍人）、能人和直立人的化石遗骸（见边码164～165），还有大量石制品和动物骨骼。在大裂谷中，奥杜威是一个火山区，用钾氩法和氩氩法对凝固的火山灰（凝灰岩）相关沉积以及发现考古遗存的上下层位进行断代，已经成功建立起200万年的年代学。钾氩法在测定东非其他早期遗址，比如埃塞俄比亚的哈达（Hadar）、西班牙的阿塔普埃卡的年代也极其重要（见边码156～157专栏）。

153
154

局限因素　就像以放射性为基础的其他方法一样，钾氩断代的结果通常伴有一个误差估算。比如，奥杜威凝灰岩IB层的年代测定为179±3万年。乍一看3万年的误差估算似乎很大，但实际上它只占整个年龄的2%。（请注意，就如其他方法，这里的误差估算与实验室的计算过程相关，我们不打算估算沉积过程中由各种化学条件引起的其他误差，或实际上由考古学阐释不确定性带来的误差。）

该技术的主要局限是，它只能被用来对被火山岩掩埋的遗址断代，获得的精度能达到10%就算不错了。不过，钾氩法在有合适火山材料的地区被证明是关键的断代手段。

铀系断代

这种断代技术基于铀同位素的放射性衰变，已被证明特别适用于50～5万年前的时段，正好在放射性碳断代的时间范围之外。欧洲几乎没有适合钾氩法断代的火山岩，铀系断代技术可能是厘清（欧洲）早期人类遗址年代的首选方法。

方法的基础　铀元素的两种放射性同位素（^{238}U 和 ^{235}U），经一系列衰变生成子体核素。它的两个子体，钍（^{230}Th，也称作ionium，^{238}U 的子体）和镤（^{231}Pa，^{235}U 的子体），本身也发生衰变，其半衰期适合测年。最根本的一点是，母体铀同位素溶于水，而子体却不溶于水。这意味着，只有铀同位素存于水，并渗入石灰岩洞穴。但是，一旦溶于水的带铀杂质的碳酸钙以石灰华形式沉积在洞壁或地面上，那么放射性时钟就启动了。在

其形成时刻，石灰华仅含溶于水的 ^{238}U 和 ^{235}U：它不含 ^{230}Th 和 ^{231}Pa 同位素。于是，子体 ^{230}Th 或 ^{231}Pa 的含量只会随着母体铀的衰变而增加，而通过测量母体与子体的比值（通常是 $^{230}Th/^{238}U$），就能确定石灰华的年龄。

这些同位素含量可通过计算它们放出的 α 放射来测量：每个同位素以特定频率放出 α 射线。在满意的情况下，对于一个15万年的样本，铀系断代结果所伴的标准误差为 ±12000年，对于一个40万年的样本，大约为 ±25000年。用热电离质谱（TIMS）直接测量存在的每个同位素数量可以大大降低误差。比如，对于一个10万年的样本，这种高精度断代相伴的标准误差可以小于1000年。

154
155

应用和局限性因素　这个方法被用来对富含碳酸钙的岩石断代。在富含碳酸盐的流水周围，这种岩石或因地表和地下水的作用而沉淀下来，或因渗入石灰岩洞穴中沉积下来。洞穴地表的石笋就是这样形成的。因为古人类有时会将洞穴和高悬的岩崖作为掩体，人工制品和骨骼时常会掩埋在碳酸钙层中，或夹在两层钙板之间。

确定洞穴沉积正确次序很难，导致铀系法易于得出含糊结果。故洞穴沉积的多个层位都需要采样，并做仔细的地质学观察。不过，该方法证明非常有用。在北威尔士庞特纽德（Pontnewydd）洞穴中，铀系断代表明，含大量考古遗存的下角砾岩层至少有22万年之久。同时铀系断代被成功地与钾氩法等其他方法结合起来，应用于西班牙的阿塔普埃卡早期人类遗址（见后页专栏）。

铀钍（uranium-thorium）法越来越多地用于为覆盖在史前洞穴岩画上的方解石层断代。而放射性碳分析只能为木炭这样的有机颜料提供年代结果。方解石的形成时间可以为其覆盖的岩画提供年代下限。该方法已应用于西班牙北部几个洞穴岩画上覆盖的方解石层，并获得了一些早得惊人的年代结果。阿尔塔米拉（Altamira）洞穴装饰洞顶的红色标志年代至少在35000年前，而埃尔卡斯蒂略（El Castillo）的手印至少在距今37300年，一个红色圆盘的年代为距今40800年。因此，这些结果提示了这样一种可能，即一些早期图案，也许包括手印，可能出自尼安德特人之手。

牙齿也能用这个方法断代，因为牙齿埋入地下后，水溶的铀会渗入齿质之中，虽然对铀随时间渗入速率的估算仍存在问题。不过，热电离质谱铀系断代被成功地应用来对以色列塔邦（Tabun）、卡夫泽（Qafzeh）和斯虎尔（Skhūl）三处洞穴中与古人类化石共生

釉断代，都给出了大约130000年的年龄。

裂变径迹断代

裂变径迹断代依赖于放射性铀原子（^{238}U）的自发裂变（或分裂），它存在于种类广泛的岩石和矿物中，并导致了对相关矿物结构的破坏。在含^{238}U的矿物，如黑曜石和人造玻璃及锆石和磷灰石等岩石构造中，这种破坏会被称为裂变径迹的方式记录下来。在实验室里，这种径迹能在光学显微镜下计数。由于我们知道^{238}U的裂变速率，我们就能确定岩石或玻璃形成的年代。

在这种情况下，放射性时钟在矿物形成（如黑曜石）或玻璃生产时归零。这种方法可用于对含有或靠近考古证据的合适岩石断代，并成功用于坦桑尼亚奥杜威峡谷等旧石器时代早期遗址，并被用来对钾氩法和其他测定结果进行独立验证。

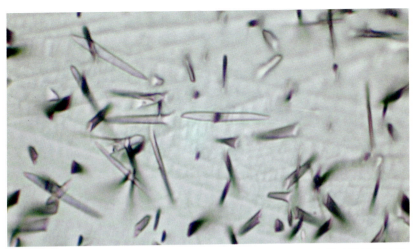

图4.27　裂变径迹的例子，使用酸性溶液蚀刻之后就可以进行计数。

的哺乳动物牙齿断代，其时间范围大约在105000到66000年。

铀系断代越来越多地与电子自旋共振相结合用于同一样本（见边码156～157专栏）。克罗地亚克拉皮纳（Krapina）出土的尼安德特人个体，用两种方法对其牙

其他绝对断代方法

还有几种断代方法能用于特殊情况，但对考古学家而言，在实践中，没有一种像上述几种方法那样重要。有些方法适用于解决特定的问题。我们在下面介绍几种最重要的，这样本章所提供的概览就相当全面了。但是，这里的讨论刻意保持简单，希望营造一种该领域易于涉足（而非莫测高深）的感觉，所以可能并不直接涉及考古学主体。颇为特别的DNA断代则特别有趣。

热释光断代

热释光方法（TL）能被用来对地下曾被火烧过的结晶材料（矿物）断代，通常是陶器，但也有烘烤的黏土、烧石，有些情况下还有烧土。但不幸的是，这是一种很难做得很准的方法，所以它一般在其他方法如放射性碳断代无法企及的地方采用。

就像许多其他方法一样，它依赖放射性衰变，但是在这里，它依赖的是标本自关注年代开始以来所吸收的放射性含量，而非标本自身发出的辐射。当位于某矿物结构内部的原子被暴露在周围环境放射性元素衰变的辐射中，有些能量能被"俘获"。如果辐射量随时间保持恒定，那么这种能量会以均衡的速率积累，而总能量将取决于暴露的全部时间。当一个样本加热到500℃时，被俘获的能量就会以热释光释放，"放射性时钟"归零。

这意味着如陶器这样的考古器物在它们被最初烧造时，很可能重新设置了时钟，当对这些器物的样本再加热时，我们就能测量其放出的热释光，因此能对这些材料断代。该方法的主要难度在于，某样本所暴露背景的放射水平并不均匀——这样每个样本或掩埋一个含射线敏感物质的小容器来进行测量，或在样本发现的确切位置，用辐射计数器测量。总的来说，进行这种测量的难度意味着，热释光断代提供的精度极少能高出样本年龄的 ±10%。

156

为最早的西欧人断代

西班牙北部靠近布尔戈斯（Burgos）的阿塔普埃卡（the Sierra de Atapuerca）是一处名副其实的遗址宝库——填得满满的洞穴——它们重写了西欧的早期历史。早在1860年代，那里的考古遗址就为人所知，对更新世工具和动物群的首次发掘是在1960年代。但是，古人类化石遗骸是在1970年代首次发现的。自1980年代以来，发掘变得更加频繁和细致，最初由艾米利诺·阿吉尔（Emilliano Aguirre）主持，后续由胡安·路易斯·阿苏亚加（Juan Luis Arsuaga）、乔斯·玛丽亚·贝穆德斯·德·卡斯特罗（José María Bermúdez de Castro）和埃乌达尔德·卡尔博耐尔（Eudald Carbonell）主持。甚至

今天，这座山的包含物仅调查了一小部分，工作还将进行数十年，阿塔普埃卡现已跻身世界最重要的考古地区之一。

为阿塔普埃卡断代

在这些遗址中，随着早期地层的逐渐揭露，年代学总是位于工作的最前沿。许多保守的学者起初不愿放弃500000年前欧洲无人居住的信念，但随着断代技术的进步，这种信念已经站不住脚。

多种方法，从微动物群分析（见边码248～250微动物群部分）到放射性碳、钾氩法和铀系法。它们共同提供了上溯到100多万年前的栖居证据。特别重要的是大凹陷遗址（The Gran Dolina site）的TD4、TD5

和TD6层，年代范围从大约80万年前到100万年前。正是1994年第一件人类遗骸和一些石器工具在TD6层的出土，首次提供了早更新世古人类在欧洲存在的无可否认的证据——该古人类被定为一新种：先驱人（Homo antecessor）。

用电子自旋共振和铀系法为牙齿断代，确认了TD6层的早更新世年代（早于距今78万年前），尽管用相同的方法将TD8层的下半部置于距今60万年前，而TD10和TD11层在距今38万和34万之间（层位反常地从底部向上计数）。这些数据与微动物群特别是啮齿类数据相吻合。

在石廊遗址（the Galeria site），最底层（GIa），用古地磁方法测定在距今78万年前（表明为松山反向极性时），上面的GIIa层用电子自旋共振和

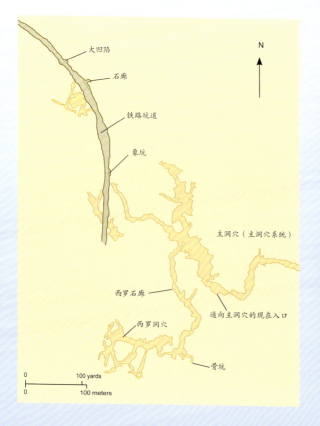

图4.28 阿塔普埃卡遗址图显示出土最重要古人类化石的地点。

图4.29 大凹陷出土的先驱人头骨，提供了近100万年前早更新世阶段人类生活在欧洲的可靠第一证，所以早于其近亲海德堡人。

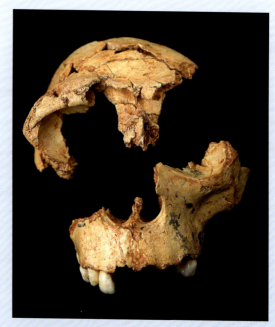

铀系法测定为距今35～30万年，而GIV层为距今20万年。

象坑（the Sima del Elevante）有很深的地层；动物群、微动物群和古地磁分析显示，最底下部分（第I和第II阶段）——出土了人类制作的石片——时代为早更新世，超过了100万年，而第IV阶段属于中更新世末。这一巨大的时间间隔，很可能是由于洞穴在第III阶段暂时封闭，造成沉积物积聚明显空缺。

1998年宣布，从TE9层发现了一具与石器工具共出的人类下颌骨，结合了许多方法——啮齿类和食虫类分析、古地磁和"掩埋断代"（burial dating）——将其置于120～110万年前，使之成为欧洲人类栖居最古老和年代最可靠的记录。

在骨坑（见边码390专栏），结合了微动物群分析、电子自旋共振和铀系法，已经确立的洞穴堆积涵盖了年代至少在43万年之前含人骨的沉积，而高分辨率的铀系断代显示，这些遗骸大约是在60万年前置于此地的。

图4.30 （右）从骨坑出土的骨骼：那里发现了大约5500件人类骨骸，年代测定在超过43万年前。至少代表了28个个体，主要是青少年和年轻成年人，这些人类骨骸的每个部分都有被发现。

图4.31 （下）大凹陷的发掘。现在作为一处世界遗产地，阿塔普埃卡是世界范围内调查最为细致的考古区域之一。

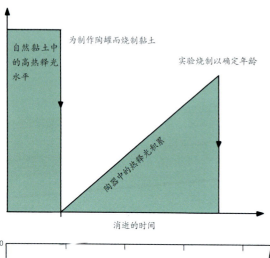

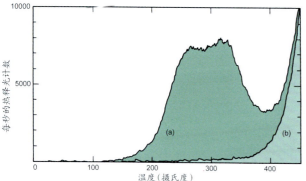

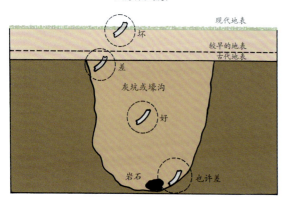

图4.32～4.34 热释光测年。(上)当烧制器物时,陶器中的热释光时钟被归零。热释光不断累积,直到今天被再次加热来断代。(中)实验室所观察到的发光曲线。曲线(a)表示样品第一次加热时发出的光。曲线(b)表示第二次加热时记录的红热释光(任何样品加热时都可观察到红热光)。第一次加热时发出的额外光,就是用于测年的热释光。热释光样本地点的好与坏。如果靠近样本的生土或岩石,自灰坑或壕沟填埋以来,具有可测的明显有别的放射性水平的话,结果就会不准确。

图4.35 尼日利亚的杰玛陶塑头像,高23厘米,属诺克文化。此塑像的一个热释光测年首次为诺克地区的其他陶塑头像提供了可靠的年代。

热释光在考古学应用上的一个很好例子,是对所谓的杰玛头(the Jemaa head)的陶塑头像断代,它在尼日利亚乔斯高原(The Jos Plateau)附近一处锡矿的冲积层中出土。该陶塑头像和其他类似器物属于诺克(Nok)文化,但是因为缺少任何可信的放射性碳年代,这类塑像无法从诺克遗址本身做可靠的断代。该头像的热释光断代提供了一个1520±260 BC的年龄,使得诺克地区出土的这件头像和其他同类头像首次有了一个明确的年代学位置。

光释光断代

这个方法在原理上与热释光相同,但是它被用来对受光照的而非加热的矿物测年。大部分矿物都含有一些俘获的能量，经过几分钟日光照射后可被清空。这样的照射实际上是起点。一旦被掩埋，矿物因土壤中经历的辐射而开始再次积累电子。在实验室里，用可见光直接照射样品而产生光释光（OSL），以测量产生的冷光。而同样的是，掩埋地点的放射背景也必须做测定，所以光释光断代也会遭遇许多与热释光相同的难题。不过，光释光与热释光和放射性碳结合起来，成功用来对澳大利亚非常早的瑙瓦拉比拉（Nauwalabila）遗址断代。

电子自旋共振断代

电子自旋共振（ESR）是与热释光相似、但不及其灵敏的技术，但能用于加热时分解、因此无法采用热释光的材料。迄今为止，它用于牙釉测年最为成功。新形成的牙釉并不含俘获的能量，但是一旦牙齿被掩埋，暴露在自然辐射中时，它就开始累积能量了。当为牙釉断代时，该方法的精度约为10%～20%，但是它仍然在早期人类研究以及对其他断代方法做交叉核对时非常有用。

考古地磁断代与古地磁倒转

159
160

考古地磁（或古地磁）断代基于地球磁场方向和强度的持续变化。某特定时间的磁场被记录在加热温度达到650℃到700℃的任一火烤黏土结构之中（灶、窑、火塘等）。在该温度中，黏土中的铁粒子会永久性地调整为烧烤时的地球磁场方向和强度。这个原理被

图4.36　澳大利亚北部瑙瓦拉比亚I发掘剖面图，左边是热释光年代（热释光和光释光断代），右边是校正后的放射性碳断代数据。含器物的沙子可以用光释光测年，得出距今60000～53000年的结果，对于澳洲大陆人类最早的栖居年代具有重要意义。

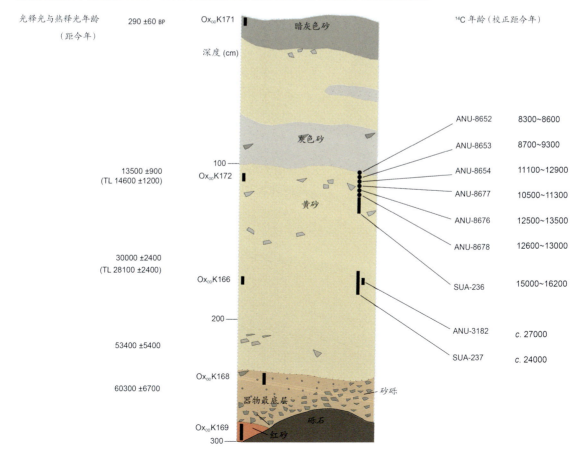

称为热剩磁（TRM）。热剩磁随时间的变化能制成曲线图表，可用来对不知年代的红烧土建筑断代，测量其热剩磁，然后与主序列上的特定点位相匹配。

古地磁法的另一面与旧石器时代早期断代相关，是地球磁场完全倒转的现象（磁北极变成了磁南极，反之亦然）。最近的一次主要倒转发生在约78万年前，借助于钾氩法和其他测年技术，已经建立起一套上溯至几百万年前的倒转序列。在非洲早期古人类遗址岩石地层中发现的部分地磁倒转序列，已证明对于核实这些遗址和西班牙阿塔普埃卡早期遗址采用的其他断代方法是非常有用的（见边码156～157专栏）。

图4.37　英国磁北极方向从公元600年到1950年的变化。在理想状况下，原地发现的红烧土能够用测量剩余磁场的方向来进行断代。

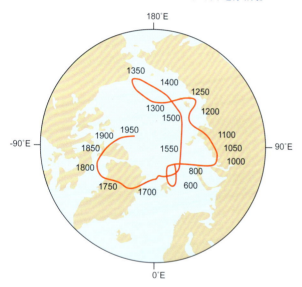

为塞拉火山喷发断代

3500多年前，爱琴海塞拉（又叫圣托里尼［Santorini］）岛的火山喷发，掩埋了其南岸的阿科罗提利（Akrotiri）史前聚落。阿科罗提利自1960年代起由希腊考古学家斯皮里顿·马里那托斯（Spyridon Marinatos, 1901～1974）并最近由克里斯托斯·杜马斯（Christos Doumas）进行发掘，证明是一座史前庞贝，街道和房屋保存良好，有的还有精美壁画，都被埋在几米深的火山灰下。火山喷发本身提出了有趣的问题，并提供了断代的机会。

早在1939年，马里那托斯认为，塞拉火山喷发与克里特岛（南面110公里）上米诺斯宫殿的毁坏有关，其中不少在青铜时代晚期被废弃。此观点引发的一场争论至今仍在继续。

与米诺斯宫殿相关的最晚陶器形制属米诺斯晚期IB。它通过米诺斯序列与完善确立的埃及历史年表交叉断代，获得了一个以年计的绝对年代。据此，米诺斯晚期IB的结束（因此也就是米诺斯宫殿被毁的年代）定在公元前1450年左右。

但这个年代使得任何与塞拉岛上阿科罗提利毁灭有关的联系出现了问题，因为阿科罗提利并没有米诺斯晚期IB陶器，但有大量米诺斯晚期IA形制的材料。因此，大部分学者得出结论，认为塞拉火山喷发与米诺斯宫殿的损毁没有任何关系，后者很可能是以后发生的事件。因此，他们乐意将塞拉火山喷发年代定在米诺斯晚期IA阶段之内（为米诺斯克里特再次采用了以埃及为依据的历史年表），大约为公元前1520年。

其他学者认为塞拉火山喷发的影响可能在很广范围内被感受到。其中，他们肯定得到了火山灰研究的帮助（见下文）。地中海海床深海岩芯为塞拉火山灰的沉降提供了证据（实验室分析表明这种火山灰正是来自这次火山喷发）。随后，在米诺斯克里特岛上一些遗址，以及从爱琴海米洛斯岛

图4.38　阿科罗提利出土的称为"渔夫"的壁画。

图4.39 塞拉火山仍不时活动（最近一次是在1950年），喷发点位于这座小岛上半淹的火山中心。

（Melos）菲拉科皮（Phylakopi）遗址的土壤样本中，都鉴定出了塞拉岛喷发的火山灰痕迹。

塞拉岛喷发可以被看作一个全球事件，有望产生全球影响（因为喷发到大气中的尘埃会减弱抵达地球的太阳辐射）。这在树轮序列中会显示一两年不协调的窄年轮。这种影响也在公元前2千年中叶的加利福尼亚刺果松树轮记录中寻找到。确实，公元前1628～1826年，这样一个可靠年代被提了出来。从阿纳托利亚得到的一条明显带有不协调年轮的树轮序列，被用来支持这一古老年代，但是声称该年代与塞拉岛喷发相关的论据却并不令人信服。

冰芯也提供了如是说法，如果规模大到足以产生全球效应，它会揭示最近所见的几次重要喷发，显示有高酸度的短峰。但是，这些为全球事件断代的远程方法——树轮年代学和冰芯断代——迄今被遗憾地证明是无效的。

这是放射性碳断代在理论上应当有助于解决的一个问题。采用统计方法对塞拉岛和爱琴海获得的适当的放射性碳材料（采用INTCAL98校正数据集）进行的研究结果是，此次喷发发生在公元前1663年和前1599年。后来，2006年塞拉岛发现的被沉降火山灰掩埋的一棵橄榄树，使得放射性碳摆动与一段树轮的放射性碳序列相匹配，以95.4%的可能性，将此次喷发时间置于公元前1627～前1600年之间，尽管这项特定研究受到质疑。进一步的支持来自土耳其西海岸米利都掩埋在塞拉岛喷发火山灰下的一个放射性碳样本（见边码150～151专栏）。土耳其北部索夫拉（Sofular）洞穴的石笋剖面也支持这一说法，它记录了可能由火山喷发而产生的微量元素。然而，断代是由铀钍法分析确定的（见边码154），也许无法精确区分一个世纪内的可能差异。

麻烦在于，当这些年代数据用到埃及达巴土丘（Tell Daba'a）完好地层中出土的火山石时，与基于公元前1520年埃及历史年表对塞拉的交叉断代完全不合，该火山石经分析发现来自塞拉的火山喷发。利用完好地层中的出土材料与特定法老相对应，来确定放射性碳年龄的一项重要课题，最近得出了早于先前历史估计的年代。这对达巴土丘序列的阐释提出了质疑，并提出此次喷发的早期年代更可能在公元前1610年左右，同样如此的还有埃及雅赫摩斯"风暴石碑"（Tempest Stela）的一种新译本。这可能对公元前2千年中叶的爱琴海年表来说是一个打击，它明显是有问题的。

争论仍在继续。在整个考古科技中，这是最令人困惑和最令人费解的问题之一。

图4.40 塞拉火山喷发的火山灰沉降等厚线图（同等厚度的轮廓线），用深海岩芯进行了测定。括号中的数字是沉降在陆地上的火山灰的相应厚度。

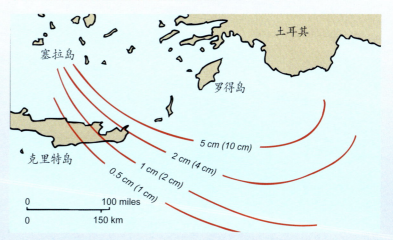

遗传学断代

遗传学"断代"可以根据人类的代际更替（实际通常是29年）来估计时间跨度，因此就有可能根据日历年代进行推断。虽然存在局限性，它远不止是一种相对断代技术（简单确立较早或较晚的关系），而且正在变得越来越有用。为了从遗传数据中建立绝对年代，有必要为需要检验的线粒体DNA（mtDNA）、Y染色体DNA或常染色体DNA的世系建立突变率。

遗传学断代将古代DNA（aDNA）样本与现代样本进行比较，来观察aDNA样本中的"分支缩短"，分辨自两个样本的共同祖先以来所发生的突变。古DNA样本会有"较少"的突变，而古代样本与现代样本的突变比率表明了该古代个体死亡以来所经过的时间。

遗传学断代已经被用于观察早期现代人（至今仍存活的现代智人）和古人类（已经灭绝的人属，如尼安德特人）混合（"杂交"）的时间。在西伯利亚乌斯季-伊希姆（Ust-Ishim）距今45000年前的现代人（仅保存了一根股骨）案例中，我们将aDNA序列中混合了尼安德特人基因的痕迹与现代"非非洲人"（non-Africans）基因中残存的部分进行了比较。aDNA中尼安德特人贡献的基因片段可望比现代人基因中的这些片段长，由于乌斯季-伊希姆个体生存的时间离基因混合发生的时间较近，故导致基因片段碎片化的重组时间较少（产生具有不同基因和性状组合的后代）。

付巧妹和她的同事在乌斯季-伊希姆股骨和现代基因组中分辨出了可能的尼安德特人DNA片段，并确定

图4.41　西伯利亚乌斯季-伊希姆解剖学上的现代人类股骨，距今45000年。

了在乌斯季-伊希姆个体中被认为源自尼安德特人的片段比现代人要长很多（大约1.8～4.2倍）。因此，尼安德特人的基因流动——基因从一个种群转移到另一个种群——发生在乌斯季-伊希姆个体前的232～430代。假设代际更替率为29年，并且基因流动是一次单一事件，他们估计，乌斯季-伊希姆个体祖先和尼安德特人的杂交大约发生在距今6万到5万年前，就在现代人走出非洲和中东的重要扩散后不久。这显然是一个对现代人类起源有重大影响的重要推论。因此，值得指出的是，推理的框架集中在从西伯利亚西部额尔齐斯（Irtysh）河岸出土的一根古代（虽然在解剖学上是现代的）人类股骨中提取的古DNA上。

利用现代种群遗传学数据模拟的模型，现在可用来计算成对种群分道扬镳的时间。对这类分异的一次计算，将非洲约鲁巴人与桑人之间的分道扬镳确定在距今110000年前。这些模型显示出，利用现代种群的遗传学数据来推断早期的人口学事件和过程越来越精致。

年代学的关联性

年代学未来工作的一个最有前途的方法之一，是将不同断代方法相互关联。用一种绝对断代方法来支持另一种方法，常常能得到很有把握的结果。一个最佳例子就是树轮断代被用来支持并实际上校正放射性碳，其结果使得后者的精确性和可信度大大提高。在相对断代和绝对断代方法之间，也能见到同样的情况。虽然绝对断代方法提供以年为单位的实际年龄，但是大多这些年龄的可靠性和内在一致性（因此有可能分辨和剔除不准确的绝对测年）来自相对断代方法提供

的框架。

将地理上相距遥远的年代序列彼此联系起来——"远程相联"——是非常困难的。最常见的是依靠序列对比的相联——比如树轮的宽度。这对于相邻的树木或小区域内的树木肯定有效，但在较大范围内，这种"远程相联"就必须谨慎从事。同样的原因，斯堪的纳维亚和北美纹泥序列的关联被证明是有争议的。用这种方法，在不同序列间做到一种"关联"总有风险，尽管这种关联乍看有理，其实却是错误的。

63

材料	断代方法	最少样本量	准确度	范围
木头	树木年轮		1年（有时可能准确到季节）	达5300 BCE（爱尔兰） 8500 BCE（德国） 6700 BCE（美国）
有机材料（含碳）	放射性碳	5～10毫克（AMS） 10～20克木头/炭屑 100～200克骨头 （惯例）	有许多复杂因素，但一般在 c. 50～100年	达50000 BP（AMS）
火山岩	钾氩法/氩氩法		±10%	早于80000 BP
富含碳酸钙的岩石；牙齿	铀系法		±1%～2%	10000～500000 BP
烧制陶器、黏土石头或泥土	热释光	200毫克/30毫米直径/5毫米厚	遗址±5%～10%；此外25%	达100000 BP

图4.42　对各种考古材料断代的主要方法简介。

图4.43　年代学图表总结了不同断代方法所适用的时间段。

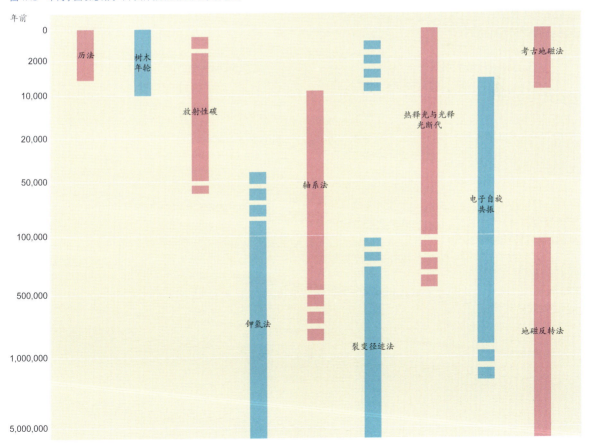

全球事件

在各序列之间建立关联性的一个最有效的办法，是看它们中间是否发生过同一重大事件，该事件在地理上影响广泛，也许达到了全球规模。这类事件自然罕见，并以性质而言一般是灾难性的。大型陨石撞击地球当属这个范畴。

较为常见的是大规模火山喷发。在火山附近，这类事件具有惊人和明显的影响，伴有泥石流和熔岩流以及巨厚的火山灰沉降，常常给人类居所带来毁灭性后果。在大约几百公里的中间距离中，它们仍有显著的影响，伴有海啸（"潮汐"，虽然它们由海底地震形成而非真正的潮汐）和火山灰沉降。科学家试图在中程距离将地震破坏与火山喷发联系起来，但这两类事件常常并不相关。

巨大的火山喷发还会将大量火山灰喷射到地球的上大气层，带来全球效应。这种灰烬或尘埃会扩散到遥远的地方，增加极地降雪的酸度，于是在冰芯中留下痕迹。它对树轮的影响也很明显：通过减弱抵达地球的太阳辐射量（于是也降低了温度），火山尘埃会在短暂但非常关键的时段减缓树木的生长速度。

建立火山灰年代学被证明是有用的。其目的是清楚地区分、进而测定源自不同火山喷发的火山灰年代，这些火山灰可能保留在陆地沉积或深海岩芯中。每次喷发的产物常常显著不同，所以折射参数测量，足以将不同喷发区分开来。此外，微量元素分析也能区分两次喷发。

如果一个区域内所有的遗址和器物在同一时刻被掩埋在一层火山灰下——"定格"效应——那么我们就有了一个非常精确的断代方法，将火山灰下出土的所有考古材料的年代联系起来。这些例子包括：公元79年维苏威火山的大喷发，掩埋了庞贝、赫库拉尼姆和其他罗马居址（见边码24～25专栏）；大约公元175年萨尔瓦多的伊洛潘戈火山喷发，将古典时代早期的聚落掩埋在0.5～1米的火山灰下。伊洛潘戈火山喷发很可能令查尔丘阿帕（Chalchuapa）遗址附近的农业中断了好几年，金字塔建设也停顿下来，这种中断在那里清楚可见。

火山灰年代学另一佳例来自新几内亚，那里不同遗址的年代被其中存在的可辨认的多达十几层火山灰沉降联系起来。澳大利亚考古学家爱德华·哈里斯（Edward Harris）和菲利普·休斯（Philip Hughes），根据覆盖在两个园圃系统上的火山灰特点，能将巴布亚新几内亚西部高原省穆古曼普山脊（Mugumamp Ridge）的园圃系统与南面数公里的库克沼泽（Kuk Swamp）园圃系统联系起来。火山灰被认为来自西面约40公里外的哈根山（Mount Hagen）。结合火山灰年代学和放射性碳，该区域的园圃系统很可能早在公元前8000年就已兴起（见边码261专栏）。

建立了全球事件，并是迄今最早充分论证的最大一次火山喷发，是大约74000年前印度尼西亚的托巴（Toba）火山喷发，并被认为是过去200万年里地球最大的一次火山事件。最年轻的托巴凝灰岩（YTT），其喷发覆盖的面积从南中国海一直到阿拉伯海。因此，一旦所研究地层中出土的火山灰可做电子探针显微分析，从其地球化学识别标志上确定它源自托巴凝灰岩，它便成为一个有价值的年代学标杆。在印度南部加拉普拉姆（Jwalapuram）发掘出土的旧石器时代中期石器组合，就是用这个方法断代的。它们与中期石器时代（Middle Stone Age，非洲大陆中期石器时代的跨度在距今280000至50000～25000年之间）组合的相似性表明，它们可能是现代人类的作品。如果确实如此，那么这是非洲以外见有现代人存在的最早年代。

但是，火山灰年代学领域研究得最为透彻的问题，是爱琴海塞拉（圣托里尼）岛火山约在公元前17世纪晚期或16世纪的大喷发年代（见边码160～161专栏）。这次喷发掩埋了岛上阿科罗提利青铜时代晚期小镇，并对附近的岛屿造成了显著影响，虽然要让喷发年代达成一致，被证明是十分困难的。

世界年表

通过应用上述各种断代技术，有可能对世界考古学年表做一番概述。

就当下所知的人类来历而言，人类故事起源于东非，那里最早的人科动物南方古猿属，如南猿阿法种，以及更早的地猿，大约在450万年前出现。大约230万年前，我们自身人属最清楚的首个已知代表的化石证据，在肯尼亚库彼福拉（Koobi Fora）和坦桑尼亚奥杜威峡谷等遗址出土。埃塞俄比亚哈达（Hadar）出土的最早石器，年代大约在260万年前，但不清楚它们是由哪种人科动物所制造的，因为该年龄的人属化石还没有找到。有可能的是，南猿属在能人之前或与之同时也拥有石器文化。由石片和砾石工具组成的早期工具套，被称为奥杜威工业，以特征最典型的奥杜威峡谷为代表。

到了大约190万年前，人类进化的下一阶段——直立人在东非出现。这类人科动物的大脑要比可能是其祖先的能人要大，并是两面打制的典型泪滴状、叫作阿舍利手斧的制作者。这些器物是旧石器时代早期的主要工具。大约在直立人开始绝灭的时候（约在10万年前，或甚至可能晚到5万年前），该物种已经占领了非洲大部、南亚、东亚和西亚，还有欧洲的中西部。最近在弗洛勒斯岛（Flores）上的发现表明，被认为是他们的远房后裔（现在被叫作弗洛勒斯人）似乎在印尼一直生存到极为晚近的50000年前。

旧石器时代中期——大约20～40万年前——见证了现代智人尼安德特人的出现，他们曾在分类上归为智人的一个亚种，大约从40万年前到4万年前生活在欧洲及西亚和中亚。但是，基于尼人古DNA分析的结果，他们现在被视为关系较远的堂兄弟，还被认为是一个不同的物种：人属尼安德特种，尽管他们通过接触，曾为智人的DNA作出过贡献（见边码162、471～472）。作为DNA研究的成果，似乎清楚的是，智人是在非洲演化的，在6～5万年前人类有一次"走出非洲"的重要扩散，成为今天所有人类的祖先。人类大约在50000年前占据澳大利亚（虽然时代仍有争议），至少在45000年前到达欧洲和亚洲。古老现代人可能较早有一次扩散，他们大约在10～9万年前抵达地中海东部，但是他们的后代很可能没有延续下来。

图4.44　古人类学家对如何用化石遗骸来解释人类演化持迥异的观点。**本图提供了四支适应辐射的证据：南猿属、傍人属、早期人属和晚期人属（包括现代人）。**

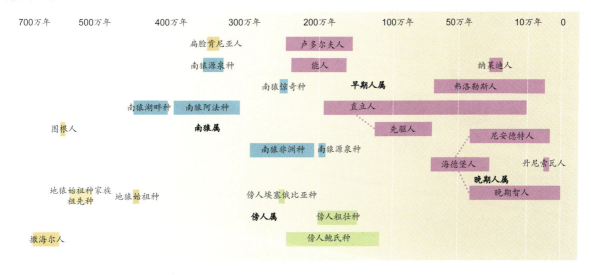

16(

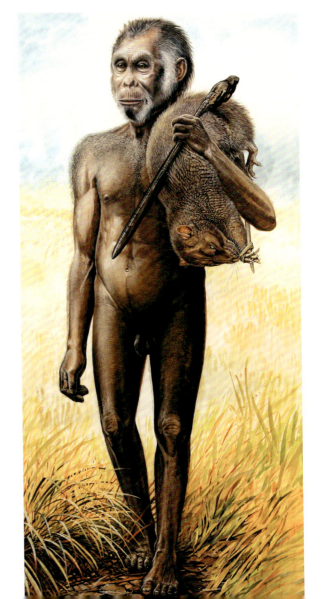

图4.45 （上左）尼安德特人（男性）。最近根据尼人DNA的研究表明，这批古人类以及我们自身物种现代智人是从大约生活在70万年前的同一祖先发展而来的。此外，基因组数据证实，大约6万年前，有1.2%～2.4%的DNA通过杂交，由尼安德特人传给了欧亚大陆的人类。

图4.46～4.47 （上中）弗洛勒斯人头骨，2004年发现于印度尼西亚弗洛勒斯岛的一个洞穴中。该物种很可能从直立人演化而来——成年人（如右图的复原）身高只有1米。

图4.48 （上右）这件200万年之久的头骨2008年发现在南非。它暂时被定为一个新种——南猿源泉种，可能代表了南猿类与古人类之间的一个过渡阶段。

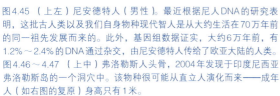

人类何时最早从东北亚跨过白令海峡到达北美，并南下抵达中美洲和南美仍不清楚。早期美洲人最早的可靠年代是14000年前左右，但存在该大陆更早时候已有居民的可疑证据。巴西佩德拉·菲拉达（Pedra Furada）岩崖就有3万年前人类在此居住的有争议的证据（见边码315专栏）。

到了公元前1万年前，除了沙漠和南极，世界大部分陆地已被人类栖居。最引人注目的例外是太平洋，在那儿，西波利尼西亚似乎一直要到公元前1000年才被人占据，而东波利尼西亚从大约公元300年才逐渐有了人。但直到公元1000年左右，大洋洲才完全被占据。

迄今提及的所有社会几乎都可被看作是狩猎采集社会，由人数相对较少的群体组成（见第五章）。

当从全球范围内纵观世界史或史前史，最重要的事件之一就是基于驯化植物（虽然在某些地方程度有限）以及驯化动物的粮食生产。世界史前史最令人吃惊的事实之一是，从狩猎采集向食物生产过渡，在几个地区似乎是独立发生的，每个案例都在冰期之末，也即在1万年前之后。

在近东，我们能够发现这种过渡的起源甚至早于这个时间，因为该过程是渐进的，其结果（也是原因）导致人类社会结构的重组。至少，到大约公元前8000年，依赖小麦和大麦以及绵羊和山羊（后来有牛）的健全农耕已运转自如。农业在公元前6500年已扩展到了欧洲，这在南亚巴基斯坦俾路支省的梅赫尔格尔（Mehrgarh）也见证了大致相同的年代。

到公元前5000年，在中国黄河流域似乎独立兴起了首先以小米为基础的栽培。几乎同时，中国长江流域开始了水稻栽培，并扩散到东南亚。由于气候的多样性，撒哈拉南部非洲比较复杂，但到公元前3000年已有了小米和谷用高粱的栽培。那时，西太平洋（美拉尼西亚）块根和木本作物群肯定已较发达：实际上有证据表明块根作物的田野排水系统时间更早。

在美洲有一套不同的作物谱系。豆、南瓜、胡椒和一些草类大约在公元前7000年或甚至在公元前8000年已开始在秘鲁栽培，在那里和中美洲，到公元前7000年肯定已经成熟。其他南美物种很快加入，包括木薯和马铃薯，但是对美洲农业影响最大的作物是玉米，它被认为公元前5600年前在墨西哥已开始栽培，虽然在阿根廷西北部可能更早。

这些农业革新在某些地区很快被采纳（比如在欧洲），但是在其他地区如北美，它们的影响并不那么迅速。可以肯定的是，到了公元时代，狩猎采集经济已经衰微。

要对世界不同地区最早农人的各种社会进行总结并非易事。但总体而言，它们至少在最初阶段可被形容为分节社会：独立的小型定居社群，没有任何强有力的集中组织（见第五章）。它们看来主要是相对平等的社群。在某些情况下，他们通过部落联合的方式与其邻居保持联系，而在其他情况下就不见大于部落的单位。

在每个地区，内部也存在很大的多样性。在许多情况下，农耕经济会经历一个强化的过程，伴随人口的增长，会有产量较高的农耕方法。在这种情况下，不同地区之间的接触往往就会增加，交换也随之发展起来。同样常见的是，社会就变得不再平等，表现为个人地位和重要性的差异，有时被人类学家用等级社会这个术语来加以概括，有时也适用酋邦这个术语（第五章）。

然而，通常这些术语仅限于非城市社会。我们普遍见到的下一个重大转变是城市革命，它不只是聚落类型的一种变化，更反映了深刻的社会变迁。其中最重要的变迁就是国家社会的发展，表现了比酋邦差别更为清晰的政府体制。许多国家社会拥有文字。我们见到，大约公元前3500年近东有了第一个国家，紧跟着是埃及，公元前2500年是印度河流域。在近东，美索不达米亚早期城市国家阶段，以著名遗址如乌尔、乌鲁克及稍晚的巴比伦的兴起为标志，接下来是公元前1千纪的伟大帝国时代，特别是亚述和阿契美尼德波斯帝国。在埃及，通过古王国的金字塔时代和新王国的帝国强权，可以追溯3000多年文化和政治传统的持续发展。

在近东西缘，文明进一步发展：公元前2000年有希腊和爱琴海的米诺斯和迈锡尼，在更西端，公元前1000年有伊特鲁里亚和罗马。在亚洲另一端，中国在公元前1500年出现了伴有城市中心的国家社会，标志着商文明的开始。几乎同时，中美洲见证了奥尔梅克的兴起，它是中美洲文明漫长序列之首，进而有玛雅、萨波特克（Zapotec）、托尔特克（Toltec）和阿兹特克。在南美太平洋沿岸，查文（Chavin，从公元前900年）、莫切（Moche）和奇穆（Chimú）文明，为辽阔而强大的印加帝国的兴起奠定了基础，并在公元15世纪达到鼎盛阶段。

在这些最初的国家社会之后出现的是更加耳熟能详的成文史文明模式，伴随着希腊和罗马古典世界以及中国的兴起，接着是伊斯兰世界、欧洲文艺复兴和殖民强权的发展。从18世纪至今，首先在美洲，然后在亚洲和非洲，前殖民地接连独立。我们现在谈论的不只是国家社会，而且是民族国家社会，以及帝国社会。

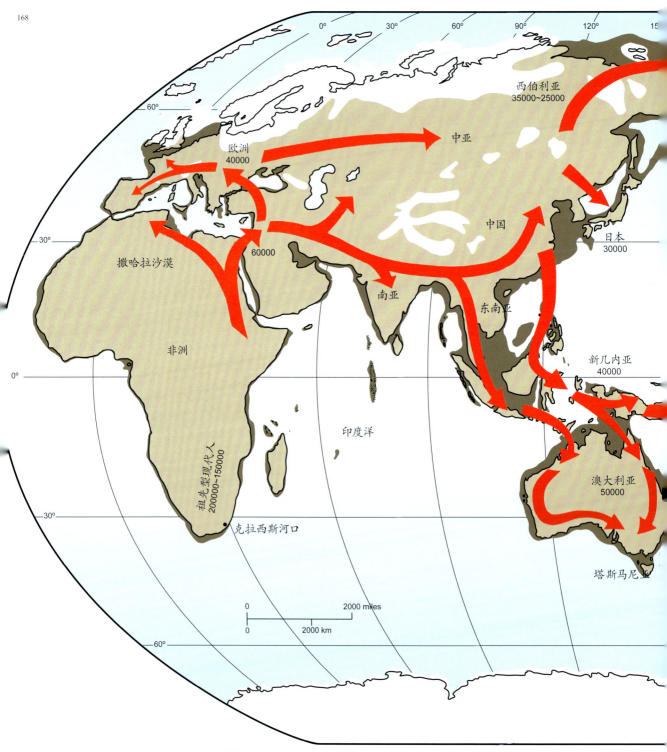

图4.49 现代人最早定居的世界，附有非常接近的年代（距今的年份）和距今约18000年前冰盖/低海平面。有些学者认为，最早定居美洲是在距今30000～15000年前。

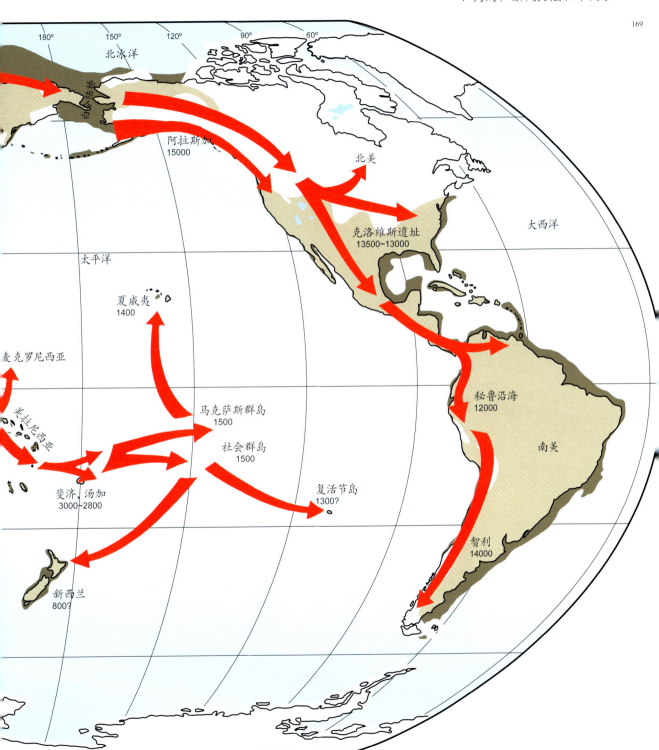

图4.50～4.54 （对面页下）大约公元前515年伊朗波斯波利斯的阿契美尼德波斯帝国宫殿；（对面页上）位于今天伊拉克约公元前2000年苏美尔城市乌尔的塔庙（ziggurat.）；世界上由国家社会建造的纪念建筑和遗址；（左上）公元15世纪马丘比丘的印加遗址；（左下）位于埃及阿布辛拜勒新王国法老拉美西斯二世的神庙（约前1279～前1213）；（右）大约公元前1200～前600年的一座奥尔梅克巨型人头像，可能是一位统治者的肖像。

170
—
172

小 结

▶ 考古学研究中首先和最重要的步骤，是将它们按序列安排，和对它们做相对断代。通过相对断代方法，考古学家能够确定事件发生的次序，但是并非它们何时发生。地层学是相对断代的关键因素，因为封存的沉积物序列构成了一种相对年代。相对断代也能通过类型学做到。类型学序列设想某时空中的器物具有一种可分辨的形制，而这种形制的变迁是随时间而逐渐演化的。

▶ 为了知道序列、遗址和器物的日历年代有多古老，就必须采用绝对断代方法。绝对断代依靠有规律的、从属于时间的过程。其中最明显的就是地球围绕太阳的旋转，它在过去和现在都是大部分历法系统的基础。在识文断字的文化中，历史年表常常被用来对遗址和器物断代。

▶ 在放射性断代方法出现之前，纹泥（沉积物的逐年堆积）和树轮年代学（树轮分析）被证明是绝对断代最准确的手段。但是今天，放射性碳是最有用的一种断代方法。大气中的放射性碳均匀地被所有生物体摄入，但是这种放射性碳摄入在死亡时停止，随后该同位素开始以恒定的速率衰变。于是，留在一个样本中的放射性碳数量，可以指示该样本的年龄。由于大气中的放射性碳水平并非总是恒定的，一个放射性碳年代就必须校正，以接近真正的日历年代。

▶ 对于超出放射性碳断代范围的旧石器时代，钾氩法（或氩氩法）和铀系法断代是最有用的技术。也有其他断代方法，诸如热（光）释光和电子自旋共振，但是这些方法倾向于要么不甚准确，要么只适用于特定情况。

▶ 未来年代学工作大有可为的前景在于将不同断代方法相关联。在不同序列之间建立关联的一项最有效途径，就是通过发生过的区域性甚至全球性的地质事件，火山喷发就是一个很好的例子。

深入阅读材料

下面提供了考古学家所采用主要断代技术的很好入门：

Aitken, M. J., Stringer, C.B. & Mellars, P.A. (eds.). 1993. *The Origin of Modern Humans and the Impact of Chronometric Dating*. Princeton University Press: Princeton.

Biers, W.R. 1993. Art, *Artefacts and Chronology in Classical Archaeology*. Routledge: London.

Brothwell, D.R. & Pollard, A.M. (eds.) 2005. *Handbook of Archaeological Sciences*. John Wiley: Chichester.

Manning, S.W. & Bruce, M.J. (eds.). 2009. *Tree-Rings. Kings and Old World* Chronology and Environment. Oxbow: Oxford and Oakville.

Pollard, A.M. Batt, C.M. Stern, B. & Young, SM.M. 2007. *Analytical Chemistry in Archaeology*. Cambridge University Press: Cambridge.

Speer, J.H. 2010. *Fundamentals of Tree-Ring Research*. University of Arizona Press, Tuscon, AZ.

Taylor, R.E. & Aitken, M.J. (eds.). *1997. Chronometric Dating in Archaeology*. Plenum: New York.

世界年表：

Haywood, J. 2011. *The New Atlas of World History*. Thames & Hudson: London: Princeton University Press: Princeton.

Renfrew, C. & Bahn, P. (eds.). 2014. *The Cambridge World Prehistory*. Cambridge University Press: Cambridge & New York.

Scarre, C. (ed.). 2018. *The Human Past*. (4th ed.) Thames & Hudson: London & New York.

Stringer, C. & Andrews, P. 2011. *The Complete World of Human Evolution*. (2nd ed.) Thames & Hudson: London & New York.

Taylor, R. E. & Bar-Yosef, O. 2013. *Radiocarbon Dating: An Archaeological Perspective*. Left Coast Press: Walnut Creek, CA.

第二编

发现人类经验的多样性

第一部分阐述了考古学家用来考察过去的基本框架。我们想知道，一些事情是在哪里发生的，以及它们是何时发生的。这一直是考古学的基本目标之一，而且至今仍然如此。

对于文化历史考古学来说，何地和何时是主要的任务。在20世纪后期，考古学家最终认识到，学科内的进步必须来自更多的问题的提出。它们构成了第二部分结构的基础，它们必须涉及一个社会或文化的性质，以及这些社会如何随时间而演变。

这样的问题比何时何地更复杂，往往也不那么简单，所以我们有理由询问，考古学家能在多大程度上探究数百或数千年以前社会和文化的性质。有些考古学家认为，他们应当从分析技术和食谱等这些社会方面开始，而把较多的社会性质问题放在一边。这不是我们能够接受的看法。首先必须具有那些关于被研究社会的结构的一些想法，以便能够进一步提出有关这个社会其他方面的恰当的问题。

因此，我们在第五章里便从"社会是如何组织起来的?"这个问题开始，然后在以下的章节里继而考虑环境和食物，再转向工具和技术，社会之间的接触与交换，人类思维的方式，以及人类演化和征服世界的途径。在第十二章里，我们询问"事物怎么会是那样的?"在某些情况下，这些是最令人感兴趣的问题。

5 社会是如何组织起来的？

社会考古学

在我们能够询问的有关早期社会的最有趣的问题中，有一些是社会的问题。它们涉及人群之间的关系，有关权力的实施以及关于社会组织的性质和规模。就像考古学中常见的那样，材料自己不会说话：我们必须提出恰当的问题并设计出能够回答这些问题的方法。必须系统地工作以获得这些问题更加基本的细节，但是回报是很丰厚的：了解不同时间点社会的结构，并为研究变迁提供各种信息。只有考古学家才能获得这种长时段的视野。

这些问题中许多可以被看作"自上而下"的问题，即从上面观察该社会然后调查其结构。另一种视野是首先观察个人，观察他/她在所探究社会中的身份是如何界定的。考古学家开始意识到，诸如性别、地位甚至年龄这些重要的社会构建，在某一社会中并非"现成"的，而其特点依不同社会而异。这些洞见导致了个体考古学和身份考古学的出现。本章将从规模的大小来探究社会考古学。

社会规模

当考察一个社会是如何组织起来的，首先一个基本问题就是，社会的规模如何？考古学家常常发掘的是单个遗址，但这是像玛雅或希腊城市国家的一处独立政治单位呢？抑或是像狩猎采集群体的一处大本营那样较为简单的单位？或者从另一方面而言只是一个巨大轮子上的一段轮齿，比像是辽阔的秘鲁印加帝国下属的一个聚落？我们考虑的任何一处遗址，必须包括它本身的范围以及供养其人口的遗址域（catchment area）。但是我们的兴趣之一超越了那样的局部范围，而是要了解该处遗址是如何与其他遗址相处的。从个别遗址的观点来看——这是常被采纳的一种比较方便的视角——它提出了支配的问题。这个遗址在政治上是独立的或自治的吗？或者，如果它是一个较大社会系统的一部分，那么它是主导部分（如一个王国的都城）还是从属部分？

有必要仔细加以询问的是，所谓最大的社会单位，我们可以称其为政体，是指什么？这个术语本身并不意指任何特定结构的规模或复杂性。它可同样适用于某城市国家、某狩猎采集群、某农业村落或某庞大的帝国。一个政体是指一个政治上独立或自治的社会单位，它可以是一个复杂社会，如国家社会，由许多较

小的部分所组成。自治的民族国家可以下分为区或县，这些单位又可以拥有许多村镇。于是，国家从整体上来说是一个政体。一个小型狩猎采集群可以做出自己的决断而不承认更高的权威：该群体也构成了一种政体。考古学家对早期社会进行分类的最合适方法一直存在争议（见边码176专栏），然而大多数人同意，对不同规模的政体进行比较，并了解社会如何以及为何以不同方式组织起来，是有价值的。

在12000年前，所有的人类社会都立足于狩猎采集和捕鱼，似乎是可能的。这样的社会规模很小：一般不超过100人。但是，在农业出现后的几千年里，世界上一些地区出现了较大和较发达的国家社会：集中组织、社会分层的政体（用马克思主义的术语来说就是"阶级社会"），那里的统治阶级对国家的领土和人口实施强制的社会秩序。

国家作为分层社会的概念，隐含有罗马人所谓的"帝权（imperium）"，即统领一切的权力，带有明确规定的社会等级概念。这可能意味着只有一个统治者，一个国王或皇帝，虽然在一些古希腊城邦中出现的民主见证了行政权力掌握在民选官员的手中。但是民主

并不总能被证明是一种非常稳定的管辖系统：国家社会，无论其政府形式如何，都更加持久。有时候各社群会聚合在一起形成某种联盟，那么我们必须询问这些社群是否仍然是自治的政体，抑或这种联盟从整体上来说是否已成为有效的决策机构。这些要点表明，政体对于我们想要了解过去是如何重要。

就该领域研究而言，社会结构的问题从考古学上最好从聚落研究来回答：通过聚落形态分析，以了解个别遗址的规模和性质以及他们之间的关系。但是在一个使用文字和有读写能力的社会，我们不应忘记文字记录，而口述传统和民族考古学——从考古学眼光

图5.2　在罗马卡比托利欧山（Capitoline Hill）的博物馆里，罗马皇帝马可·奥勒留（Marcus Aurelius 161～180年在位）的骑马塑像象征了帝权，即帝国的统治和强权。大多数早期国家都由一个处于权力等级制顶峰的统治者统治。

12000 BCE

世界人口1000万
百分之百是猎人

1960 CE

世界人口30亿
0.001%是猎人

图5.1　在农业起源之前，所有人类社会都是狩猎采集群；今天这样的社会已经很少了。

来研究今天的社会——在评估所观察社会上具有同等重要的价值。

现在存在着许多的社会分类；但是，尽管有些框架在开始时很有用，然而它们不应使我们偏离对真正寻求之物的关注：某社会的不同机构——无论是社会阶层、食物供应的组织、技术、来往和交换，抑或精神生活都会随时间而发生变化。考古学的独特优势，就是能够研究几千年来的变迁过程，而这些过程正是我们试图要加以厘清的对象。幸运的是，在简单社会和较晚复杂的社会之间存在明显差异，足以使我们找到一些办法来做到这点。

调查等级

了解社会结构的中心问题，是一个社会是否和如何等级化。在考古学中，形容社会等级方面，如财产所有权之间的贫富、获取资源和设施的权利，以及拥有地位之间差异的一个常用术语就是"社会复杂化"。这种复杂化和等级，可以从各种考古证据来进行推断。

76

塞维斯的分类模型及其问题

考古学家和人类学家引入了许多术语来描述和厘清历史上社会的多样性。最广为人知的是美国人类学家埃尔曼·塞维斯（Elman Service，1915～1996）首先提出的社会四阶段的分类，即游群、部落、酋邦和国家。对术语做了若干修订后，该四阶段模型对考古学的影响非常大。但是，尽管"国家"这样的术语仍在使用，该模式现在受到了广泛的质疑。

流动的狩猎采集群（有时叫"游群"）

这些是狩猎采集者的小型社会，一般不超过100人，他们以季节性流动开拓野生（未驯化的）食物资源。今天大部分残存的狩猎采集群就属于这种社会，比如坦桑尼亚的哈扎人（Hadza）或南非的桑人（San）。游群成员一般都是亲属，以血缘和婚姻相联。游群没有正式的领袖，因此在他们的成员之间没有明显的经济或地位差异。

分节社会（有时叫"部落"）

这种社会一般较流动的狩猎采集群更大，但其成员很少超过几千人，他们的食物和生计大部分依赖栽培的植物或驯化的动物。比较典型的，他们是定居农人，但也可以是游动的畜牧人，拥有一种以强化利用牲畜为基础的、十分不同的流动型经济。总体来说，这些是多社群的社会，以个别社群通过亲缘关系融合到较大的社会中去。虽然有些分节社会拥有官员甚至"首都"或政府的席位，但是这些官员缺乏有效行使权力所必需的经济基础。

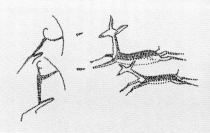

图5.3　南非岩画中描绘的桑人狩猎者

酋邦

这些社会在等级的原则上运转——即人与人之间的社会地位是不同的。不同的世系（世系是指声称从同一个祖先传承而来的一个群体）根据声望的大小和世系的远近而分出档次，于是社会作为一个整体由一位酋长所统治。威望与等级根据与酋长关系的亲疏而定，但还没有真正建立在阶级上的分层，酋长的作用至关重要。

通常，在手工业产品上有局部的专门化，这些产品及食物的剩余部分被当作一种义务定期贡献给酋长。而酋长用这些物品来养活他的侍从，也会在他的臣民中进行再分配。酋邦一般来说拥有一个权力中心，拥有庙宇、酋长和他的侍从及专职工匠的住宅。酋邦的规模差异很大，但人口一般在5000人至20000人之间。

早期国家

这些社会保留了许多酋邦的特点，但是其统治者（也许是一位国王或有时是一位王后）拥有明确的特权来建立法律，并利用常备军来实施法律。社会不再完全依赖血缘关系：现在它已经分成了不同的阶级。农人或农奴以及贫穷的都市居民位于最底层，上面是专业工匠，祭司、统治者及其家属地位更高。统治者的职能往往和祭司的职能分开：宫殿和庙宇判然有别。社会被视为是由统治世系拥有的领土，居住于此的人们有纳税的义务。首都（central capital）居住着由官员组成的官僚行政机构；他们的一个主要目的是征收赋税（常常以税收和收费的形式），并将其分配给政府、军队和专职工匠。许多早期国家建立起复杂的再分配体制，以维持这些基本的行政机构。早期国家社会一般表现为特有的都市聚落形态，其中城市是最重要的部分。城市是典型的大型人口聚居中心（常常拥有超过5000人的居民），伴有重要的公共建筑，包括庙宇和行政中心。常见明显的聚落等级，其中都城是主要的中心，下面有从属或区域性中心以及当地的村落。

塞维斯模型的问题

虽然分类通常被视为了解多样性的第一步，但是当把塞维斯的模型用到考古学上时存在一些重要的问题。最重要的是，尽管四阶段模型从未用来了解多样性，但它鼓励一种社会的进化观，而国家是历史进步的顶点。诸如"部落"和"游群"这样的术语也受到殖民条件的制约，而现在一般也用其他替代的术语（例如"分节社会"），但该模型意味着价值判断。追求分类也会模糊某社会特有的有趣的细微差别和内部变迁。最近的考古研究努力从它们自己来了解过去的社会。最后，随着考古材料的增加，越来越清楚的是，四种类型有太多的例外。因此有必要询问，到什么阶段，某种类型会失去描述作用而变得毫无用处。目前还没有一种可以取代塞维斯的模型，而是采用了许多不同方法来更好地体现过去社会的多样性。

墓葬

对随葬品的仔细分析可以揭示很多有关社会地位差异的信息。我们也必须考虑到，和墓主埋在一起的东西并不一定完全对应他的地位或他生前拥有或使用的东西。墓葬是由活人建造的，象征与侍奉死者，可被活人用来表示和影响与其他活人之间的关系。不过，死者身前的地位和等级与其遗体被安置的方式以及安放的随葬品之间还是有着密切的关系的。

这种分析通常寻求确定男女之间的葬俗到底有什么区别，并评估这些区别是否代表了地位或财富的不同。另一与等级或地位有关的常见因素是年龄，而在对死者处理方式上系统反映年龄差异的可能性是显而易见的。在相对平等的社会里，它们几乎没有社会等级，丧葬实践可能反映个人一生的成就（比如在狩猎中），比如获得的地位。但是，考古学家必须询问，根据现有证据所探讨的案例是否一定反映的是一种获得的地位，还是一种与生俱来就赋予的地位？要区分两者并不容易。一个有用的标准是调查在某些案例中是否有儿童被予以厚葬，以及其他特殊关怀的表现。如果是这样，那么很有可能存在一种世袭等级体制，因为一个年龄如此幼小的儿童不可能以个人荣耀达到这样的地位。

一旦对墓地中的墓葬进行了断代，在大部分情况下，之后的第一步是对每座墓葬的不同器物类型的数量做一个频率分布图（一个柱状图）。但是，如果要进一步分析，比较有意义的是寻找财产和地位的更好标志，以便给有价值的物品以较大的权重，而普通物品的权重稍低。这马上又会引起价值认定的问题（因为我们无法预见，所研究的时代会赋予物品以何种价值）。这个重要的议题将在第九章和第十章里详细讨论。

就有关社会问题的观点来看，英国考古学家苏珊·申南（Susan Shennan）的工作是很有助益的。在对斯洛伐克布兰奇（Branč）铜器时代墓地中的墓葬进行的创新研究中，她将注意力集中在"财富单位"的尺度上，并设定有价值的东西是那些花很长时间制作，或用从很远的地方或很难得到的材料制作的物品。这使得她能够制作一组与年龄和性别有关的墓地中的财富结构图。有些个体，特别是女性，要比其他人拥有更为精美的随葬品组合。她得出结论，应存在一个或数个主导家庭，其地位倾向于通过男性的谱系继承，妇女很可能只是通过婚姻获得她们丰富的物品。

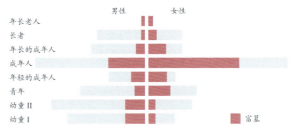

图5.4 斯洛伐克布兰奇墓地：墓葬中的年龄与性别分布

复杂的数理统计技术能够被用来分析一个墓地中的器物形态分布，包括因子分析和聚类分析。因子分析包括对组合之间不同变量的相关性进行评估。聚类分析根据组合之间的共性将它们归组。两者都包含严格采用标准的数学程序。

等级并非只表现在随葬品上，也以整个葬俗来体现。有些考古学者，其中包括约瑟夫·泰恩特（Joseph A. Tainter）创造了一种更加精细的方法，试图采用更多的变量。例如，在泰恩特对伊利诺伊河谷下游两组土墩墓群中的512座伍德兰中期墓葬（前150～400）进行的研究中，他选择了18种显示变量，每个墓葬可能显示有也可能没有。他采用聚类分析来调查墓葬之间的关系，并从中得出了存在不同社会群体的结论。所采用的变量值得介绍，因为他们也适用于其他许多不同的案例。

墓葬变量一览

1. 未火化／火化
2. 完整的／肢解的
3. 直肢／非直肢
4. 土墙／原木墙
5. 有斜坡／无斜坡
6. 地表／半地下
7. 原木覆盖／无原木覆盖
8. 石板覆盖／无石板覆盖
9. 墓内有石板／无石板
10. 居中埋葬／非居中埋葬
11. 仰身／非仰身
12. 单人／多人
13. 有赭石／无赭石
14. 各种动物骨骼／无动物骨骼
15. 赤铁矿／无赤铁矿
16. 社会技术舶来品（地位标志，比如王冠）
17. 当地生产的社会技术物品
18. 技术性物品（实用品，如工具）

图5.5　这些玄武岩雕像是作为贡品放置在卡特纳（Qatna）王宫下的一座高等级墓葬里的，公元前1900～前1350年间，此地是叙利亚某古代王国的中心。

图5.6　兵马俑：大约8000件真人大小的陶俑，是中国第一位皇帝秦始皇巨大丧葬建筑群的一部分。

该变量一览表说明了另一个要点：我们想研究的是社会结构的整体，而不仅仅是个人的等级。一个人的生前与死后，其地位与角色千变万化，有待我们努力探索与了解。根据某种变量或多种变量的集合，以一种简单的线形序列排列个人的等级，可能实在是过于简单了。

史前期最广为人知的一些墓葬是纪念性墓葬，它们可以清楚衡量过去的社会等级。世界上最庞大、最著名的纪念性建筑就是埃及的金字塔，现存的还有80多座。从最直接的分析层次上，它们代表了埃及社会最高级别成员——法老令人炫目的财富和权力的展示。但是由英国考古学家巴里·肯普（Barry Kemp）和美国考古学家马克·莱纳等学者所从事的出色研究，对这样庞大的劳力支出提出了社会和政治含义的新见解。以吉萨大金字塔为例，胡夫法老（奇奥普斯）在位23年（死于前2550）期间，搬运了大约230万块重达2.5～15吨的石灰岩岩块。如后页的图5.7所示，在埃及有一段最密集的金字塔建造活动的短暂时期，使其前后的类似活动相形见绌。这一活动的高峰时期指示了一个高度集权国家对巨大资源的控制。然而，后来发生了什么？肯普认为，金字塔建造的递减有趣地与社会和经济资源从金字塔中心地区转向周边省份同步。

金字塔和其他埋葬性纪念建筑，并非古埃及和近东社会结构和等级唯一的信息来源。我们常常会发现奢华的随葬品，如2002年在叙利亚卡特纳皇室墓葬里出土的器物及图坦卡蒙的珍宝（见边码64～65专栏）。例如在新大陆，我们会想到帕伦克的铭记神庙，其中深埋着玛雅城邦统治者君王帕卡尔（Lord Pacal）的陵墓，他死于公元683年，随葬有他极其精美的镶嵌玉覆面（图9.8）。在洪都拉斯科潘的重要发掘中，同样也揭示出埋在著名象形文字楼梯（Hieroglyphic Stairway）之下的壮观的玛雅贵族墓葬，而另一处该王朝奠基者的墓葬就在庙宇16之下的地基建筑中。

在许多早期文明中，死去的统治者的极权与等级被一同埋入地下的皇室随从的祭祀杀殉所突显。这样的葬俗已在今天伊拉克乌尔附近4800年前的苏美尔皇室墓地以及中国安阳附近3500年前的商代墓地中被发现。埋葬在中国第一个皇帝秦始皇陵旁的巨大兵马俑代表了这种实践的发展，在那里，真人大小的陶俑代替了真正的皇家军队。

在印度和巴基斯坦的印度文明中明显缺乏皇室墓葬，这长期令考古学家感到困扰，也让某些学者推测，财富和地位被作为文明意识形态的一部分而在公共仪

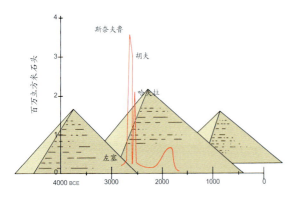

图5.7　竖起这些金字塔所需的庞大力量反映了诸如左塞（Djoser）、斯奈夫鲁（Sneferu）、胡夫（Khufu）和哈夫拉（Khafre）这些法老们手中的集权。

图5.8　墨西哥帕伦克铭刻神庙（the Temple of the Inscription）的剖面图，显示了这座玛雅城市统治者帕卡尔隐匿墓室的底部。他死于公元682年，这是我们从该遗址的铭文中知道的。起先我们对此一无所知，直到1952年在上室中抬出一块石碑，并清理了下面充填的过道。

式中被刻意遮掩。

　　在小型的国家社会和酋邦中也有许多贵族墓葬的例子。在西德，最近进行的一次技术性极强的发掘是霍赫多夫（Hochdorf）附近的一座公元前6世纪的凯尔特酋长墓葬，约尔格·贝尔（Jorg Biel，1943～2015）艰苦地从中清理出一辆朽烂的马车、一些酒器以及许多其他随葬品，其中包括死去酋长所躺的带有轮子的青铜灵床，该灵床从头到脚覆盖着黄金饰件。希腊迈锡尼的竖穴墓和英国萨顿胡附近的盎格鲁撒克逊船葬，代表了老一代考古学家们的类似发现。

　　所有这些非凡的墓葬均为社会的极端显贵所拥有。但是，要获得对等级社会较为全面的了解，就必须考虑整个社会的葬俗。在许多情况下，发现比统治者地位低级的贵族墓葬。在俄克拉何马州东部的斯皮罗进行的多年发掘，就是一个很好的例子（边码180～181专栏）。

　　毫无疑问，通过对等级社会的墓地分析，可以在调查社会结构上大有作为。旧大陆古史阶段的墓地材料一般从解释现有历史文献的视角来加以研究，或优化类型学框架以作为年代学及研究艺术史的补充。只是现在，注意力开始转向研究社会地位的差异。

贵族住宅

　　住宅建筑可以指示地位的显著差异。大型、壮观的建筑物或"宫殿"是许多复杂社会的特征，并可能居住着社会的显贵人物。难处在于论证它们确实如此。例如在玛雅，最近的研究显示，"宫殿"一词过于宽泛，实际上涵盖了功能不同的各种建筑。也许最佳的解决办法是将建筑物本身的详细研究（建筑与不同器物的位置）与民族考古学或民族史的研究相结合。这在戴维·弗赖德尔（David Freidel）和杰里米·萨布洛夫（Jeremy Sabloff）对墨西哥尤卡坦半岛东部沿海的科苏梅尔（Cozumel）岛所做的分析中十分成功。采用16世纪西班牙人对贵族住宅的描述，他们能够分辨出几个世纪前的前哥伦布时代考古记录上相类似的建筑物，同时试掘帮助弄清了这些建筑物的功能。

巨大的财富

　　巨大的财富的明确存在，如果能与某些个人联系起来，那么它们显然是显赫地位的清楚标志。例如，由海因里奇·谢里曼（Heinrich Schliemann）于1873年发掘的（或他声称的）特洛伊第二城的宝藏，肯定指示了财富拥有的悬殊差异。这批财富包括金银首饰以及酒器，无疑这是为个人所使用的，也许是用在公共场合的。

17/18

贵族的描绘

　　但是，也许比财富更令人印象深刻的是对地位显赫人物的具体描绘，不管是塑像、浮雕、壁画装饰，还是其他形式。权力的肖像学将在第十章里做进一步的讨论，它在许多方面是研究社会问题最直接的途径。虽然这样的描绘并不常见，但是诸如埃及法老纪念碑上的方形图案的权力象征性标志，还是较为常见的（围绕着法老名字的独特雪茄形外框），这类标志还包括王室器物，如权杖或宝剑。

集体劳动与公共活动

社会并不总是将人埋在墓地里，所以考古学家不能依赖这些现成的信息来源。同样，遗址的位置会很难确定，而遗存也会很贫乏。原始的地表很可能被耕耘或侵蚀破坏，于是房屋的居住面或结构没能保存下来。例如，在北欧早期农耕阶段，房屋和户内证据常常仅留一些柱洞（埋在地下支撑房梁的原木），以及垃圾坑的下半部分。在这种情况下，探索社会证据的考古学家需要转向其他的基本材料——公共建筑。

也许我们脑子里对这些重要遗迹的印象，往往是由集中组织起来的国家社会所建造的如玛雅的庙宇或埃及的金字塔。但是处于酋邦和分节群体水平上的大量比较简单的社会，也曾建造坚固而引人注目的建筑。让我们想想西欧巨大的石头纪念建筑（所谓的"巨石建筑"，见边码498～499专栏），或太平洋复活节岛上的巨石人像（见边码264）。实际上类似于复活节岛的遗迹过去曾被错误地解释为"文明"的确切标志。当原住民社会没有显示其他"文明"的特点时，各种怪异的解释即应运而生，包括长途迁徙说、消失的大陆说，甚至外星人造访说等等。这样虚幻的说法还会在第十二和第十四章中谈到。就现在，我们还是回来谈考古学家从这样的纪年建筑中寻找社会信息，特别是分节社会信息所采用的技术。这包括有关遗迹大小和规模的问题，它们在景观里的空间分布，以及葬在某些纪念建筑中的那些人物地位的线索。

这些纪念建筑的规模如何？

从一开始，应该调查营造这种规模的纪念建筑所需的工时，不仅要利用来自纪念建筑本身的证据，也应当采用在第二和第八章里所介绍的实验考古学的证据。如在专栏（边码186～187）所解释的，英格兰南部韦塞克斯地区新石器时代早期最大纪念建筑的营造（所谓的堤道围圈）似乎需要10万个工时——由250个人一起工作大约6个星期。这并不意味着碰上了一种具有非常复杂层次的结构，而很可能指示了一种部落或分节社会。这些堤道围圈建造的年代已经通过许多放射性碳断代和贝叶斯统计分析进行了仔细研究，提供了较为详细的叙述（见第四章）。但是新石器时代晚期最大的纪念建筑之一，希伯里丘（Silbury Hill）大型土墩需要1800万个工时，对该遗址的发掘显示其花了两年以上的时间。这一时期很可能调动了3000个劳力，这样的资源调动是一种更为集中的酋邦社会的明证。

这些纪念建筑在景观上如何分布？

分析我们所研究的这些纪念建筑和其他纪念建筑、聚落和墓葬相关的空间分布，也是非常有用的。例如，英国南部大约公元前4000～前3000年的埋葬土墩（长形古坟）（见边码186～187的专栏），每座大约需要5000～10000个工时。它们在明确定义区域内的分布时，可以采用绘制围绕它们的泰森多边形来加以观察，并考虑土地的利用，比如长形古坟与适合于早期农耕的松软白垩土壤区的关系。人们一直认为每个古坟是某人群长期居住于此所建立的领地中心——该社群的象征中心。

正是由重复处置死者而建立一处固定墓地的事实，体现了一种永久性的因素。美国考古学家亚瑟·萨克斯（Arthur Saxe，1935～1999）认为，在那些声称自己的土地使用权是从已故祖先传承下来的群体中，往往会有专门用于处置死者的正式区域。根据这种看法，在纪念性墓地中的集体葬不只是一种宗教信仰的反映：它还有一种真正的社会意义。因此，西欧大部分巨石墓应当被看作分节社会的领地标志，因为空间分布并没有显示任何较高的结构层次。有关巨石建筑的各种观点，将在第十二章里做更充分的讨论。

184/185

有关纪念建筑分布的一种不同分析，特别是它们的可见度与相互间可见度的分析，已经通过利用地理信息系统（见第三章）而成为可能。其中一项就是由英国考古学家戴维·惠特利（David Wheatley）对英国南部新石器时代长形古坟的研究。利用地理信息系统，他为巨石阵和埃夫伯里土墩墓群中的每座长形古坟绘制了视域图。这些地图显示了从每座纪念建筑做直线眺望（也即被眺望）的位置，并根据景观的数码高程模型进行了计算（见图5.20），然后获得每座古坟位置从理论上可望见的土地范围。惠特利能用数理统计方法显示，总的来说，巨石阵人群可见的区域要比纯偶然操作的一般预期要大。这种情况并不见于埃夫伯里古墓群。再进一步，他将每座纪念建筑的视域图综合到一起，得到了一个复合视域图，表现了一批纪念建

180

密西西比斯皮罗的显著等级

北美很少有地方能与俄克拉荷马东部斯皮罗（Spiro）发现的大量制作精美的随葬品相媲美的，也没有像它那样激起如此之多有关丧葬行为以及社会结构和信仰系统的开创性研究。1935年，公元800～1450年的密西西比时期斯皮罗遗址首次引起人们注意，当时盗墓者在克雷格（Craig）土墩的深处发现了一个墓室，里面的人骨与堆在大量贝壳珠子上的精致器物相伴。在这些惊人的人工制品中，有雕刻的大海螺杯、几件大的肖像烟斗、木头面具和人俑、铜斧、装着铜板的带盖篮子和纺织品。在挖盗洞时，盗墓者破坏了许多物品以及它们之间的相伴关系。

大墓

后续的可控发掘为克雷格土墩的各种发现提供了有条理的衡量尺度。现在我们知道，它是人骨和人工制品的共同堆积，顶部是一座后来的单人墓，被称为"大墓"（The Great Mortuary）。该墓穴之所以一开始引发如此大的兴趣，是因为它被说成是一个刻意设计的蜂巢墓穴，底部直径和高度大约4.5米，其中发现有一个死者与一批具有重要象征性和精心安排的丰富随葬品相伴。

被盗掘的文物后来散落各处，被私人和公共机构收藏，与后来田野工作中的田野记录和材料一起成为许多考古研究的基础，并以詹姆斯·布朗（James Brown）最为著名。他的工作厘清了该大墓直到15世纪初最后掩埋事件这一百多年间发生的事情。随着更多材料面世，对这处非凡墓地的解释也发生了变化，丧葬材料所讲述的故事远比人们一度想象的要复杂得多。

社会结构

对克雷格土墩墓材料的首次系统研究与1970年左右的认识相符，该墓地提供了其他考古学信息难以企及的社会结构视角。在大墓里，骨架的连接和完整性差异很大，随葬品种类繁多，人骨散落一地，并与藤篮和雪松木碎屑相伴。骨骼遗骸不同的处理方式与等级相对应。论证这种等级制的存在与当时对利用埋葬背景来重建过去社会结构的新兴趣相一致，在这个例子中是酋邦。这些物品，尤其是海螺杯上的精致雕刻强调了几个主题，其中战争特别明显。这些图像强调了一名成功的武士对于成为最高等级人物的作用。

后来，骨骼保存的情况，存在的破碎物品，以及附在骨头和人工制品上的泥土表明，大墓中大部分沉积物是由来自其他地方的材料聚集而成的。它似乎是有意通过将重要人物的遗骸放在一起，制造一种象征和真正的谱系史。在人类社会中，改认祖先以便使高等级世系以及它最重要人物的地位合法化屡见不鲜。该沉积并非一次性事件，因为它曾被屡次清理和重置。

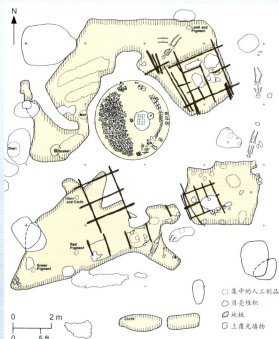

图5.9 斯皮罗的克雷格土墩。

图5.10 大墓发掘平面图，中间是晚期的圆形空墓室。

图5.11 （上左）1930年代的发掘，可见直立的雪松柱和空洞。

图5.12 （上右）带鹿角的精致雪松木面具。

图5.13 （右）刻有武士的海螺杯。

图5.14 （下）滑石人像烟斗，描绘了在处决对手的一个武士。

图5.15 （底）斯皮罗出土的纺织品残片，由纺纱和染色兔毛的纬线与坚硬植物纤维的经线织成。

社会变迁的证据

　　田野记录显示，那些令人印象深刻且具有象征意义的物品，包括大烟斗和木头雕像，被放置在这座中空墓室的重要祭祀位置。而这种埋藏沉积必须作为一个整体来解释：各种器物的整体安置表明了尚未完全理解的宇宙观原理。

　　对中空墓室较大的关注弄清了它与大墓的关系。这是一座用雪松木柱排列的硬黏土券顶洞室，在封闭后，在该大墓顶部建造了一座墓葬。墓主有无数完整的圣物随葬。

　　这标志着以集体葬为代表的共享政治领导权，向斯皮罗社群历史后期较为集中权威结构的重大社会变迁。

　　考古学的焦点已经从土墩墓埋葬人群的社会身份，转向建造墓地的群体，向广大受众传递他们在物质和超自然世界中地位的某种信息。厘清大墓与后来的墓葬如何彼此关联，有力地说明了密西西比社会领导结构与一般意义上存在的酋邦的差异，以及这种结构在个别社群里是如何随时间发生变化的。

中国复杂社会的形成：良渚

1928年至1937年间，考古学家在中国河南省安阳市发掘出一系列丰富的文物，包括许多装饰精美的大型青铜器，年代约为公元前1250年。安阳青铜器属于商朝（前1600年至前1045）。当时考古学家认为，这些发现代表了东亚最早国家社会的证据。随着年代为大约公元前1850年的二里头城址的发现，以及在上海以西160公里处良渚古城的发掘，这种说法受到了质疑。在良渚，考古学家论证了年代约在公元前3300年至前2300年新石器时代晚期、具有某种早期国家组织能力的复杂社会的发展。良渚是一个复杂社会且可能是国家社会的证据有两个：一是土地管理的规模，二是墓地内明显的社会等级。

良渚遗址的核心区是一片300万平方米的筑墙围圈。遗址的北部和西部有世界所知最早的水利管理系统之一，它被用来促进水稻生产和控制洪水。它的主要遗迹包括一条5公里长、20米宽的巨大土墙，还有两个用草裹泥方式砌筑的水坝。一个水坝位于海拔15米的冲积平原上；而在上游，另一个复杂的水坝调节着海拔25米处一个大型湖泊水流的外泄。

在城墙内有3座随葬品丰富的墓地，其中最丰富的是反山墓地。在这些墓地里的单人墓都有陶器和一些精心制作的玉器（软玉）随葬，特别是称为"璧"的中心穿孔的扁圆玉盘，还有叫作"琮"的外方内圆的低矮钻孔柱状体。后者常饰有人形和神兽图像，合成极具风格的大型兽面纹；其中最精美的图像刻有密集排列的线条。良渚玉器的装饰以这种人兽面母题（饕餮纹）为主。一些学者认为它可能代表神灵或萨满。其他人则认为，它可能具有社会和精神意义，象征着良渚的群体身份（或是城镇本身，或也包括了周边的腹地）。无论哪种情况，用这类罕见原料精心制作的工艺品随葬的个体，是社会等级的典型证据。

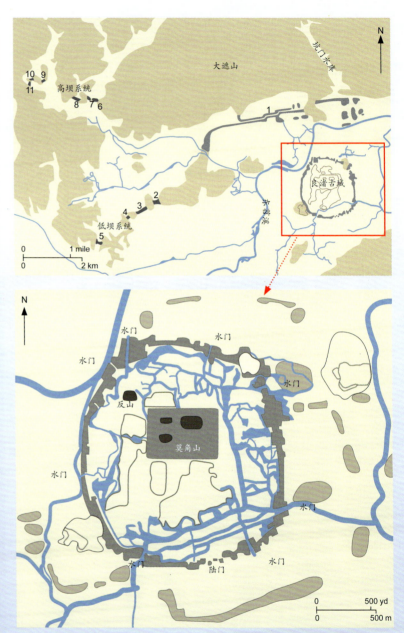

图5.16 良渚遗址地图，位于中国上海以西160公里处。年代为公元前3000～前2300年，遗址内有3座随葬丰富的墓地，含制作精美的玉璧和玉琮。

后来的中国历史学家把玉琮这类东西归为周代和汉代（前1000～1000年初），但对良渚国家及其文化的所有记忆都荡然无存。如今，与良渚同时期的其他遗址和城市也开始重见天日。早在商朝之前很久，中国的国家社会就在演进。然而，没有地方能见到比良渚玉器更为惊人的表现。

图5.17～5.18　（上和中）良渚出土玉琮琢刻的饕餮纹。一些研究者认为，这种图案可能代表了神灵或萨满，但也可能是良渚镇社群的集体象征或标记。（下）玉琮是外方内圆的钻孔柱状体。有时，玉琮饰有阴线琢刻的被称为饕餮纹的兽面图案。

图5.19　（下）良渚反山墓地出土的"璧"，年代在公元前3000～前2600年之间。良渚古城及其人工制品表明，在众所周知的商朝之前，就已存在某种形式的国家。

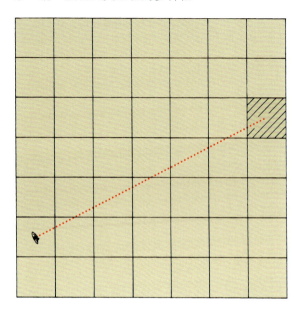

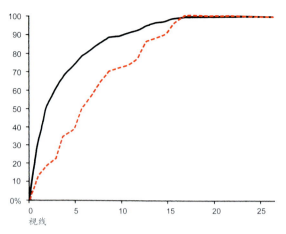

图5.21 巨石阵人群古坟相互之间可见度的复合视觉分析：设想的相互可见度（实线）与实际可见度（虚线）的比较。结果表明，在这个群体墓葬之间存在着比偶然预期更大的相互可见度。

线的影响纳入考虑。但有可能的是，选择墓葬的营造地点，有一部分是希望将视觉关系融入现有的纪念建筑中。于是，在新墓落成的葬礼上，主流社会秩序的永恒性可以被周围的所有人看到。因此，根据对巨石阵长形古坟的视域分析，这些纪念建筑最好被解释为整个社群的社会核心，而非个别特殊家庭群体的领地标志（如果是这样，他们可能期待彼此视域最好不要经常重叠）。同样的解释也被用于韦斯特·肯尼特（West Kennet）长形古坟某些墓室里骨骼的安置和墓室及前室建筑结构的安排。

纪念建筑与哪些人物相关？

也有必要调查个人与纪念建筑之间的关系。当某纪念建筑与一位显赫人物相关，就有可能表明这个人地位很高，因此可以表明这是一个集权社会。但是某纪念建筑与葬有地位明显相仿的个体的许多墓葬共存，就可能不是这种情况。例如，在苏格兰北部沿海奥克尼群岛上匡特尼斯（Quanterness）附近、时代为公元前3300年的石室墓中，发现了大量个体的遗骸，可能多达390具，男女性数量大致相等，年龄的分布可以呈现整个人群的死亡方式。也就是说，葬在这个墓室中的人群的死亡年龄，就其比例而言，大体与整个人口相仿。该墓葬46%的死者不到20岁，47%年龄在20～30岁之间，这意味着，就如历史学和民族志案例中所证实的许多小型社会那样，人群的40%～50%在达到发育成熟年龄（约20岁）之前就死了。发掘者的

185/191

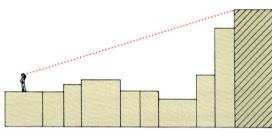

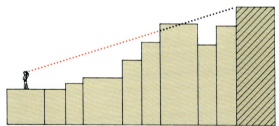

图5.20 视域图：一个数码高程模型中两格之间所画的一条连线，看看是否为一条视线。

筑群之间的相互可见度。另一项有统计意义的检验确认，巨石阵人群的古坟倾向于处于也能见到该群体大量其他古坟的位置；这在埃夫伯里人群中也同样不见。

然而这种研究结果是推测性的，它们并不肯定，索尔兹伯里（Salisbury）平原上的长形古坟是刻意建造在这个位置，以便将它们的可见度与相互间可见度增加到极致，因为这实际上有可能是它们位置的一种效果而非原因。这样的研究也无法将远古时期林地对视

结论是，这个墓室对社群的所有成员平等开放，是分节社会而非等级社会的代表。然而如果从其结构的复杂性来看，一开始会使人以为属于后者。

除了墓葬，相同的观察可用于祭祀的纪念建筑，同样能为社会结构提供启示。因此，其他任何重要的公共建筑，不管其功能是农业的还是防御性的，也能这样做。

异　构

并非所有社会结构的形式都以等级为基础。社会地位可以基于年龄、性别、族属或血统进行划分。为了描述这些社会结构的形式，一些考古学家如卡罗尔·克拉姆利（Carole L. Crumley）和伊丽莎白·德马雷斯（Elizabeth DeMarrais）采用了"异构（heterarchy）"这一术语[1]。异构不应被看作与等级（hierarchy）相对立，因为等级常常包含着异构的关系，而在较大社会但无等级的社会团体里（如俱乐部成员），可能包含某种等级结构（如俱乐部的领导或委员会）。尽管这个术语被批评为缺乏精确性，但它仍有助于考古学家重视那些并不符合等级制模型的各种不同社会。

性别与儿童

性别是社会身份的一个方面，不一定与社会等级相关，而且可以跨越等级结构。目前考古学中的性别研究者主要采取两种立场。第一，狭义而言，并在"有色人种妇女、女同性恋者，同性恋（queer）理论家和后殖民女权主义者的领导下"（Meskell 1999），性别考古学认识到性别和性别差异的领域要比单纯的男女两分更为复杂，并且必须承认其他的差异标准。事实上仅仅认识到男女之间结构上的简单对立，即便在我们现在的社会中，在对这些问题进行概念化的时候也显得过于简单化了。在许多社会里，儿童在青春期前并不被认为是社会中的男子或女子，例如，在现代的希腊语中，虽然男人和女人在语法中是有性别的，但是儿童单词一般属于第三性，即中性。

这引申到第二点，即性别是广泛社会框架的一部分，也是社会进程的一部分——用玛格丽特·康基的话来说，"是定义和表现社会范畴、角色、意识形态与实践的一种方式"。尽管在任何社会里，性别都是一种分类系统，但是作为一个较大系统的组成部分，它同时与一系列其他社会差异的变量，包括年龄、财富、宗教、族属等同时运转。更有甚者，这些并不是静止的结构，而是处于流动和变通之中，实际上在日常生活的实践中构建和再构建。这些经历会塑造某个人与自己的性和性别角色相关的经验，以及他们对其他人性别角色的看法。

贝蒂娜·阿诺德（Bettina Arnold）对法国中东部所谓的"维克斯（Vix）公主"墓葬的研究中，分析了与性别相关墓葬材料的复杂性表现。对墓葬中骨骸的分析表明该骨骸为女性，但是由各种显赫器物所构成的随葬品一般被认为是男性的标志。这处公元前6世纪极其丰富的墓葬起先被解释为换装的祭司，因为难以置信一个妇女能有如此的殊荣。阿诺德对随葬品进行仔细的再研究后，支持墓葬属于一位贵族妇女的解释。这更新了对妇女在铁器时代欧洲所起作用的评价，并促使人们对铁器时代性别差异做更广泛的思考，特别是思考在评估地位非常高的个人时，采用性别两极区分的传统概念是否合适。

将性别置于社会生活各种维度的背景中去观察的目标仍在继续。一个重要案例来自琳恩·梅斯克尔对德尔·埃尔麦迪纳（Deir el-Medina）埃及工匠村庄内社会关系（包括性别关系）的分析。该村庄大约建于公元前1500年，用以协助国王谷中法老陵墓的营建工作，并被沿用了4个世纪。因为保存极佳，加之这是一个有文字的社会，因此能依赖文献加以洞悉。这个村庄完全是精心设计建造的单位，有着标准化的房屋布局，而这种标准就像大量的发现物和设施一样，有助于分析房屋的功能。沿街第一间房可以被确认为"想见是属于女性的、集中围绕在贵族周围的、已婚的、性能力强、多产的家庭妇女"，而第二间房（或会客室）看上去"比较倾向于礼仪性的、集中在贵族周围的、地位高的家庭男性"。梅斯克尔能够结合食物加工以及其他活动来仔细考虑这些住房的空间利用，而与仆人有关的文献有助于对不同地位进行思考。甚

191
192

1　异构，或称平序，一种没有等级的社会组织形式，或以不同方式存在的社会阶序。——译注

早期韦塞克斯的纪念建筑、政体和疆域

史前的韦塞克斯（英格兰南部的威尔特郡、多塞特郡、汉普郡和伯克郡）保留了大量早期农耕阶段的重要纪念建筑，但几乎没有聚落遗存。

对这些纪念建筑规模和分布的分析，能使我们重建社会结构的重要方面，并展示早期社会关系研究的一种途径。这也是早期后过程考古学家非常偏爱的一个研究领域。

在纪念建筑营造的早期阶段（新石器时代较早阶段，公元前4000～前3000），最常见的是长形的埋葬土墩墓，叫作长形古坟，长可达70米。它们主要位于韦塞克斯的白垩地带，那里松软的土壤适合早期的农耕。

发掘显示，这些纪念建筑一般内置一个木构的墓室，有些为石砌墓室。每个土墩墓群与一个较大的圆圈形纪念建筑相伴，带有同心圆的环壕，被称为堤道营（causewayed camp）或堤道围壕（causewayed enclosure）。

从长形古坟空间分布和大小的分析可以得出一个可能的解释。在它们之间划出的直线将土地景观分成大小大致相等的几块。每处纪念建筑似乎曾是居住于此的农业社群社会活动的中心和墓地。营造一座长形古坟很可能需要20人的小组工作50天。

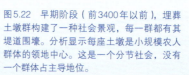

图5.22 早期阶段（前3400年以前），埋葬土墩群构建了一种社会景观，每一群都有其堤道围壕。分析显示每座土墩是小规模农人群体的领地中心。这是一个分节社会，没有一个群体占主导地位。

图5.23 晚期阶段（前3000年以后），堤道围壕被主要的圆石阵纪念建筑所取代（见图5.25）。它们的规模显示了集中的组织，因此很可能是一种酋邦社会。其时营造了两处伟大的纪念建筑——巨石阵和希尔伯里丘。

图5.24 韦斯特·肯尼特长形古坟就是这类已知最大的纪念建筑之一。

图5.25　巨石阵，用巨大的砂岩和较小的蓝石构成，大约到公元前2500年达到了目前这种式样。

这些长形古坟也被用地理信息系统进行分析，以得出这些纪念建筑相互可见度的视域图（见边码185和191）。最早的纪念建筑营造者建立的是一种社会景观，因此，这是一个和他们所取代的中石器时代觅食者不同的世界。

在建造的早期阶段，遗址和个人似乎没有什么等级，即这是一个平等社会。堤道围壕很可能是祭祀中心以及由整个长形古坟群所代表的较大群体定期举行会议的地方。（需要10万工时劳力建造的古坟，可以由250人用40个工作日完成。）这很可能是分节社会或部落社会。

长形古坟和堤道围壕在公元前3600～前3400年已废弃不用，取而代之的是走道（cursus）纪念建筑（狭长的土方围壕）。到了晚段（新石器时代晚期，前3000～前2000），取代堤道围壕和走道纪念建筑的，是所见的主要祭祀围壕。这些大型的圆形遗迹，通常以一条位于外侧的有堤壕沟为界。每处建筑的营造很可能需要动员100万工时的劳力。从劳力投入估计，需要动用整个地域内的资源。大约300个劳力全天工作至少1年；而且除非为他们提供食物，否则这个过程可能延续更长的时间。

在这一阶段（约前2800），在希尔伯里丘建造起大型的土墩。根据发掘者的报告，它需要1800万个工时，用2年时间才能建成。几百年后（大约前2500）伟大的巨石阵纪念建筑现身，它的石圈代表了更为巨大的劳力投入，如果将石块的运输考虑在内，那就需要庞大的合作力量。

营造所需的大致工时

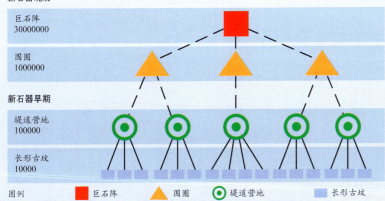

新石器晚期

巨石阵
30000000

围圈
1000000

新石器早期

堤道营地
100000

长形古坟
10000

图例　　■ 巨石阵　　▲ 围圈　　◉ 堤道营地　　■ 长形古坟

图5.26　韦塞克斯纪念建筑规模分析　根据营造它们所需的工时推断，在后期阶段出现了一种等级制，可能反映了社会关系的发展和某种等级社会的形成。在新石器时代较早阶段，遗迹的规模与平等（分节）社会相当。

解释巨石阵

围绕巨石阵及其"蓝石"的两个项目引发了对这一纪念建筑截然不同的解释：巨石阵是作为祖先之地，还是作为活人的治疗之地？在2013年巨石阵西部开放的新游客中心里，这两种说法都得到了强调。

这场争论的重点是巨石阵中蓝石的意义。尽管较大的萨尔森（sarsen）石是韦塞克斯本地所产，但大约43块蓝石是从220公里外威尔士彭布罗克郡（Pembrokeshire）北部的普雷塞利山（Preseli Hills）运来的。这些蓝石由各种粒玄岩、流纹岩、凝灰岩和砂岩组成，它们都被用于巨石阵的整个建造过程。在第一段（前2990～前2755），它们很可能在56处奥布里孔形成一个圆圈，在许多情况下，围绕每块石头的白垩碎石中都有骨灰葬。在巨石阵的第二阶段（前2580～前2475），蓝石在

萨尔森三石塔（带梁楣的U形巨石）和萨尔森石圈之间重新安放成一个双弧。到第三阶段（前2475～前2280），来自蓝石的24块蓝石很可能在巨石阵中央形成了一个新的圆圈。然后，大约80块蓝石被重新排列成一个椭圆形内圈和一个外圈（前2280～前2020），最后，一些蓝石从椭圆形内圈中移出并制作了一个马蹄形。

理查德·贝文斯（Richard Bevins）和罗伯·伊克斯（Rob Ixer）所做的地球化学和岩石学研究已经确定了蓝石的三处产地。其中之一是在克雷格·罗斯费林（Craig Rhosyfelin）的流纹岩露头，它位于普雷塞利山北端的一个山谷中。帕克·皮尔森的团队曾在这里进行了发掘，发现了废弃的采石场的一块4米长巨石，以及公元前3000年左右巨石阵一块蓝石被挖出不久留下的

凹陷。其他两个蓝石产地是卡恩·戈多格（Carn Goedog）和塞里格马乔吉恩（Cerrigmarchogion）的斑点粗玄岩，这是位于普雷塞利山北部边缘的两处露头，离克雷格·罗斯费林山谷3公里。

作为祖先之地的巨石阵

在1998年，迈克·帕克·皮尔逊（Mike Parker Pearson）和拉米利索尼纳（Ramilisonina）用民族学类比提出，巨石阵是为祖先建造的，由其通道和埃文河（River Avon），与位于木圈阵（Woodhenge）和杜灵顿墙的原木圈中央的"活人区"（domain of the living）相联。他们是与马达加斯加最近的巨石丧葬纪念建筑传统进行类比后得出这种想法的。2003～2009年间，由帕

图5.27 蓝石阵：2009年在发掘最高潮，《巨石阵河畔项目》成员站立在标示石孔的位置。

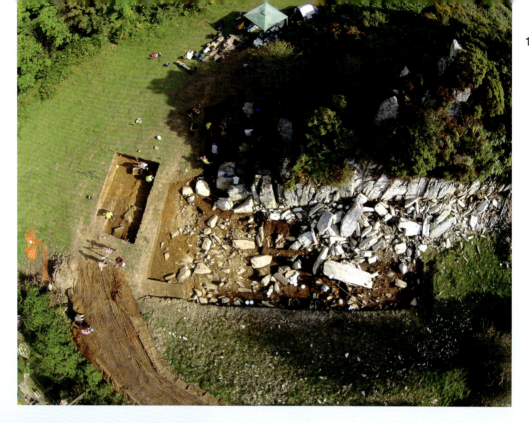

图5.28 （上）普雷塞利山克雷格·罗斯费林的岩石露头，巨石阵蓝石的产地之一。发掘揭露了史前开采巨石的痕迹，包括一块废弃的巨石和另一处巨石被挖出后的空洞。

图5.29 （左）一处奥布里孔，2008年由《巨石阵河畔项目》在巨石阵发掘出土。这些石孔围绕该纪念建筑形成一圈，这里曾放置有蓝石。巨石阵在公元前2500年被改建，人们推测，奥布里孔和蓝石阵的石头被放到一起重新利用。

图5.30 （下）根据迈克·帕克·皮尔逊的研究而看待巨石阵周围景观的不同方式。皮尔逊将其分为与活人和死人相伴的两大区域，反映在采用不同建筑材料（原木与石头）和不同类型的陶器上。

克·皮尔逊领衔的《巨石阵河畔项目》
（*The Stonehenge Riverside Project*），
在巨石阵内部和周围进行了45次发掘，
对这一假设进行了调查。他们发现，巨
石阵最初是在公元前3000～前2920年
作为一种围成的墓地而营造的，位于三
条平行山脊自然地形的南端，正巧与
后来巨石阵砂岩柱背景所标示的夏至点
轴成一线。史前人群辨认出这一地质特
点，这些山脊中的两条后来成了巨石阵
通道的堤岸。它很可能被看作是"世界
之轴"。

188
189

　　观察表明，巨石阵在500年里用
作火葬的墓地。公元前2580～前2475
年，在大型萨尔森石和三石塔石圈竖立
起来、蓝石被挪到了新建筑内部时，在
杜灵顿墙的一处大型聚落内营造了一座
木构的对应建筑——木圈阵和南圈，那
里有通向埃文河的走道，与巨石阵走道
相对的夏至点轴线成一线。

189
190

　　他们声称，在一处公元前3000年
他们称之为"蓝石阵"的新石圈的巨石
阵走道末端，以及发现的杜灵顿附近河
畔三处木构纪念建筑之间，河流在死者
的石头区与生者的木头区之间起着一个
联系的作用。

作为治疗地的巨石阵

　　与迈克·帕克·皮尔逊不同，蒂
莫西·达维尔（Timothy Darvill）和杰
夫·温赖特（Geoff Wainwright，1937～
2017）对巨石阵持不同观点，他们称之为
"治疗假设"（the Healing Hypothesis）。
他们的田野工作令他们认为，巨石阵是
活人参与治疗典礼和通行仪式的纪念建
筑。认识到巨石阵建造在一处古代神圣
的景观里，他们提出，公元前3千纪将
该遗址安置在远离英国南部其他大型仪
式性纪念建筑的地方的真实原因，是运
输（然而，见边码326）及随后对来自
西威尔士的蓝石的利用。

　　达维尔和温赖特把五块萨尔森石
的三石塔说成是代表了主持圣地内部的
祖先神，外面围绕一圈30块砂岩立石，
上有楣石相联。在砂岩石圈里，有大约
80块"蓝石"，这类"蓝石"在该纪念
建筑整个营造过程中被采用，其极致是
中央一个椭圆形辉绿岩岩柱，周边围着
一圈混合的地质石料。这种安置是这些
石头来源实际景观的微型宇宙。

　　而且，源自普雷塞利山的溪流在青

图5.31　2008年由蒂莫西·达维尔和杰夫·温赖特主持的巨石阵发掘。

铜时代流量增大，而其水被普遍认为具
有增进健康和治疗的功效，据记载，自
12世纪以来，巨石阵的石头也被相信
具有类似功效。根据来自遥远口述传
统的早期记叙，巨石阵的最初作用之
一，就是当地民众和朝圣者的一处治疗
中心。由达维尔和温赖特2008年进行
的发掘，不仅显示蓝石对于该纪念建筑
具有关键意义，而且蓝石块也许被作为

护身符或治疗符而搬走。该项研究也显
示，巨石阵作为仪式和祭祀中心一直持
续到当代之初。

　　作为祖先之地和作为治疗之地，是
两种不同的观点，它们都立足于田野工
作。两个团队的观点未必完全相左。最
终，需要一种充分平衡的观点来协调他
们不同的观察，并对史前生人与祖先逝
者阴阳两隔的说法做出评判。

192

图5.33　这件1.64米高的青铜巨爵，是"维克斯公主"墓的随葬品之一。这件巨爵可能原来是在古希腊的斯巴达制造的，最后被埋在了法国中东部。

图5.32　（上）部分复原的"维克斯公主"墓葬。装饰着珠宝的妇女尸体躺在一辆轮车上，其轮子堆靠在木头墓室的墙边。

图5.34　（右）法国索尔维厄旧石器时代晚期遗址出土的一件石核拼合图（依Grimm）。操作失误包括硬锤技法的用力过度（表现在过于凸显的打击泡上），以及在剥离的石片上存在卷边状终止，表明打片者是一个新手，可能是一个孩子。

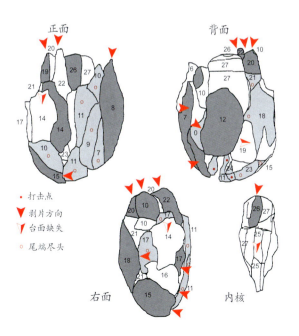

193

秘鲁中间阶段初期的性别关系

●奎亚什阿特罗
南美洲

在性别作用研究的框架中，对考古学证据进行评价的一个很好的例子，是由琼·盖罗（Joan Gero）对秘鲁高原中间阶段初（约前200～600）的奎亚什阿特罗（Queyash Alto）所做的分析所提供的。

奎亚什阿特罗遗址位于一条狭窄的山脊上，由排成一行的房间和空旷的院子组成。盖罗的发掘分辨出三处不同的功能区、一处家庭区域和两处非家庭区域。高台地上有一些建筑和遗留的带有家庭居住证据的房基面，从存在彩陶、进口的带刺牡蛎壳、塑像和图普铜别针（tupu pin）判断，该家庭地位可能很高。这些别针在安第斯山区印加时期专门被妇女用来作为衣服的扣件，并一直沿用到晚近时期。由于铜最早在中间阶段初期开始被用来制作器物，拥有这样奢华的物件表明主人有很高的地位。

在该地区存在妇女的进一步证据是从频繁出土的纺轮来推测的。尽管纺织并不一定是女性的职业，但是妇女是该地区主要纺织者的记载却相当久远。只有妇女被埋葬在最下面房屋的地面之下，可能是作为母系女祖先被看待的。

宴飨

与居住的台地相反，从山脊顶部发现的材料推测这里是非家庭活动区，包括一个生产和储藏酒的区域和一处空院子，似乎这里是从事礼仪宴飨之处。这里发现了大量奉食器和酒器遗存，还有勺子和调羹。与肉类加工相关的石器和大量的排箫构成了一幅集体宴飨景象。在此也找到了更多的图普铜别针和纺轮，指示这种宴会有地位很高的妇女参加。

规范的建筑布局，及对出入和活动的限制表明，这样的宴飨不单单是庆祝或祈求丰收的社群集会。盖罗认为这些

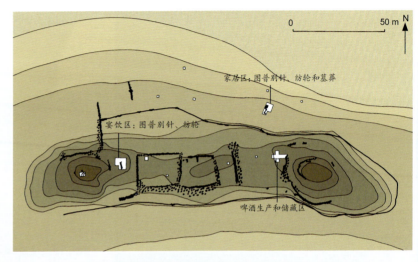

图5.35 奎亚什阿特罗：遗址平面图显示了发掘出土的不同功能区域证据。

宴飨是在中间阶段初期竞争激烈的政治背景中举行的，它见证了更加等级化社会的崛起，也见证了少数人物，也许是某些世系头领把大权独揽手中。

正是新的等级化权力关系的出现，强化了在奎亚什阿特罗举行宴飨的需要。一个亲属集团可以表明它拥有足够的经济资源和地位来号令其他亲属集团，令其叹服并可能偿还他们的劳力，创造更多的义务。地位很高的妇女很可能既作为客人又作为提供宴飨团体的成员参加这样的政治宴飨。

为了设法解释妇女参加宴飨的性质，盖罗也观察了同一河谷中分布的中间阶段初期雷夸伊（Recuay）形制陶器的肖像学。肖像器皿（effigy vessel）包括男女模型，虽然他们的衣服和装饰品明显有性别上的差异，但是两者都同样精致和显赫。还有，除了仪式性交配的场面外，男性和女性均单独而非成对表现，这表明中间阶段初期的妇女拥有

她们自己的权利和权威，她们的地位既非来自"丈夫"，也不与"丈夫"分享权力。

这些器皿的肖像学能辨认出雷夸伊的男女分开的活动区，甚至是控制或权力区域。男子与单峰驼和其他动物、武器及乐器一起表现，而妇女则以抱在外伸手臂中的婴儿，手握贝壳、杯子、镜子等礼仪性器物，或站在屋顶上看望来表现。根据这点，盖罗声称要确定到底男子还是妇女地位"较高"是不妥当的，因为从证据上看男子和妇女以一种"镶嵌"（mosaic）方式分享权力。

奎亚什阿特罗的宴飨实践和精致的雷夸伊陶器系统，都和秘鲁中北部高原中间阶段初期等级化权力的强化同步。两套证据可以被看作重申了权力和祭祀的主题，它们和复杂的性别体制不可分割地联系在一起。似乎同样毫无疑问的是，等级制的强化需要性别意识形态以及当时妇女所享有的较高地位的变更。

图5.36　一件雷夸伊肖像器皿表现了一位显赫的女性，她明显戴着图普别针。

图5.37　奎亚什阿特罗出土的五件铜制图普别针中的两件，别针用来扣住袍子。

至在一个村庄里，在法老及其官员的眼里，村庄所有人的地位都比较低。存在保存比较好的墓葬，有些人的名字写在铭文上，这就为分析提供了进一步的材料，从而能详细考虑个别工匠和他们同伴的生活和工作。

尽管性别考古学在过去十年里是一个多产的研究领域，但只是到最近，儿童才开始成为一个独立的研究焦点。在考虑文化的传承和长期稳定或变迁时，有关学习的课题就至关重要。考古记录中的某些标志可以形成调查的材料，虽然一项标准任务干得很糟未必自证是学徒所为，但体现了新手或儿童的地位。比如，对法国索尔维厄（Solvieux）旧石器时代晚期遗址的一项研究，对从一件石核上剥离的一批特定材料进行了石片的逐一拼复。它表现出新手打片操作中的许多典型失误，包括打去的石片又厚又宽，深深侵入石核体内。这种学习过程的系统研究本身还处于草创阶段。

族属

192 / 193

族属（也即存在的各种族群，包括部落群体）是社会地位或身份未必与等级相关的另一例。族属很难从考古记录中分辨。例如，法国考古学家弗朗索瓦·博尔德（François Bordes，1919～1981）所提出的不同莫斯特工具代表不同社会群体的看法，已受到批评（见第十章的讨论）；而认为诸如陶器纹饰等特征不言而喻是族属的标志，也受到了质疑。这是民族考古学不断取得突破的一个领域（见边码218～219）。

虽自20世纪以来被考古学广泛采用，但语言学研究一直被漠视。毫无疑问的是，族群常常与语言区相关联，族群和语言的界限也常常重合。但是，应当牢记的是，人类社会可以没有部落或族群的联系而很好地存在，所以并没有将人类社会分为有名目的和互不相关群体的实际必要。

族群不应与"人种"相混淆，后者是与体质特征而非社会特征相关的过时术语（见第十一章）。所谓的民族（ethnos），也即族群，可以被定义为"人群的一种牢固的聚集，历史上是在某个特定区域形成的，拥有相当稳定的共同语言特征与文化，并且承认他们的同一性以及与其他类似团体的区别（自我意识），并以一种自名称呼（ethnonym）加以表示"（Dragadze 1980）。

该定义允许我们注意以下因素，它们都与族属的概念相关：

1. 共享一片领土或土地
2. 有共同的来源或"血缘"
3. 一种共同的语言
4. 共同的习俗或文化
5. 共同的信仰或宗教
6. 自觉与自我认同
7. 有一个名字来表示群体的认同
8. 共有自身来历的故事（或神话），以描述该群体的历史

语言的作用　在有些情况下，讲某种语言的地区大小对后来形成的族群规模上是有决定影响的，这似乎是可能的。例如，在公元前7～前6世纪的希腊，政治实体是一种小型和独立的城邦国家（有些只是较大的部落区域）。但是在讲希腊语的更大范围内，总是有希腊人是一家的认同。只有希腊人才被允许参加每4年举行一次的纪念奥林匹亚宙斯（Zeus）的大型泛希腊运动会。直到公元前5世纪雅典的扩大，之后马其顿的菲利普和他的儿子亚历山大大帝在下一世纪的征服，由希腊人所占据的大部分领土才被统一到同一国家之中。语言是族属的一个重要组成部分。

在中美洲，乔伊斯·马库斯（Joyce Marcus）利用语言学证据分析萨波特克和米斯特克（Mixiec）文化的发展。她注意到他们的语言同属奥托曼昆（Otomanguean）语族，于是就得出这样的设想，即这样的关系意味着有同一起源。通过采用语言年代学，马库斯认为萨波特克和米斯特克文化分化的时间开始于公元前3700年，然后，她试图将这个判断与考古学成果对应起来。马库斯和肯特·弗兰纳利在他们的精彩著作《云中人群》（The Cloud People 1983）中试图沿时间追寻"萨波特克和米斯特克源自同一组文化的分支演化，以及经过社会政治演进连续层次的整体演化"。他们肯定两个文化共享成分所指示的共同起源得到了语言证据的支持。

虚假的族属　对考古记录中族属整个问题加以重新审视的时机已经成熟。它已经通过古希腊的案例做了回顾，而最近的工作对整个"凯尔特人"的问题提出了异议。虽然古典作家用该名字指称西北欧的野蛮部落，但是并没有证据表明，他们其中有任何人自称为"凯尔特人"，因而该名称并非一个真正的自名称呼。自18世纪以来，该名称以一种系统和学术的方式用于凯尔特语（盖尔语［Gaelic］、爱尔兰语、布列塔尼语［Breton］、曼岛语［Manx］、康瓦尔语［Cornish］

等），它们明显构成了一种语系（或印欧语系中的亚语系）。但是，由"凯尔特人引起的"概念就像"由希腊人引起的"一样，日益受到质疑。在大不列颠和爱尔兰进行的欧洲大陆有关凯尔特语的研究表明，早在公元前3000年，它们很可能已经与欧洲大陆的凯尔特语分化发展。但是，那时候的语言认同（如果早期年代被认可的话）是否等于族属，则是一个更加复杂的问题。

世系

与社会等级一起，个人还可以通过他们的世系或生物学的继嗣和出生来确定自己的身份。在过去的世系研究中，分子遗传学提供了重要的信息。目前有两条途径：从个人的层次上观察遗传关系，和观察较大社会群体长时段的遗传史。

古DNA技术分析使得墓葬的社会考古在家庭层次上取得了显著进展。虽然从骨骼中提取的古DNA样本，可以很容易确定一座墓葬人骨的性别，但是研究家庭关系的潜力更大。例如在利用埃及法老木乃伊对皇家墓葬进行的研究中，有可能根据全部由母系传承的线粒体DNA，确定木乃伊A是否是木乃伊B的母亲（见边码468、470）——虽然需要有可靠的年代学框架，因为如果测定结果确认后，并不排除木乃伊B是A母亲的相反可能。用于父系的相似方法，以及一般通过男性传递的关系，有可能采用Y染色体研究，虽然核DNA的保存要比线粒体DNA问题更大。

相同的逻辑已被用在从信犹太教之现代人的Y染色体DNA样本来重建悠久的历史。由马克·托马斯（Mark Thomas）和戴维·戈尔茨坦（David Goldstein）及其同事所从事的这项工作，采用DNA来调查犹太教义中神甫（Cohanim）必须严格遵循父系继承规定的执行程度（按男系传承）。因此，样本采自以色列、加拿大和英国的306名男性犹太人。样本中的神甫都带有一种独特的Y染色体单倍型（haplotype），标志着男性线路的共同祖先，而该染色体从一个共同祖先染色体来源的时间可以估算在约2650年前。作者认为这一时间可能与耶路撒冷第一神庙（The First Temple）在公元前586年历史性的毁灭和神甫们四散的时间相当。尽管测年很难精确地足以保证这样一种特定的相伴关系，但是样本为这种方法的潜能提供了一种洞见。

另一非常有趣的Y染色体世系是由塔蒂亚娜·泽

图5.38　对现代人群的DNA研究：马克·托马斯和戴维·戈尔茨坦观察了犹太教神甫的DNA，即此图所见的在耶路撒冷西墙边的祈祷者。犹太教神甫有由父系继承的规定，意味着所观察的神甫样本应有共同的Y染色体单倍型，因此使研究者能够上溯到2650年前的祖传突变。

加尔（Tatiana Zerjal）及其同事在广泛分布于中亚的16组现生人群中发现的，那里多达8%的男性人群是该世系的传人。他们注意到某世系关系非常密切的高频群组，就统称其为"星簇（star cluster）"。他们推测，该世系大约1000年前起源于蒙古。他们声称，如此迅速的扩散不可能偶然发生，很可能是一种选择的结果。他们认定，蒙古人入侵以及他们的领袖成吉思汗是一个关键的起因："该世系有可能被成吉思汗的男性后裔所携带，因此我们能够推测，这会随他们行为导致的社会选择的一种新形式而扩散。"然而，作者在表述这些话时过于斯文，他们的"社会选择的新形式"意指强奸和掠夺，以这样的方式，成吉思汗的后裔及其亲属能够在那批人口中占如此大的比例。

　　应用广泛的是一种所谓的"人口特定多态性"研究，或特定人群的遗传变异研究。其中DNA被用来分析一个社群的成员，例如根据其所说语言而定义的某部落群体或某原住民群体。由安东尼奥·托罗尼（Antonio Torroni）及其同事所从事的工作，就是运用根据这种方法确定的群体成员样本，在中美洲发现了群体内高度的一致性。由于研究的样本是线粒体DNA，它们要么意味着群体成员内高度的内部通婚，要么是一种严格的从母居的方式。

　　在欧洲观察到，当研究一种特定多态性在某人群中的分布时，线粒体DNA研究的单群（例如母系群），总的来说，其人口不如在Y染色体（例如父系群）相对应的多态性那样在空间上集中地分布。有趣的是要思索为何如此。一种设想是，一种稳定和长期的父系居住方式随着时间的推移，会有助于形成局部的一种遗传特点，因此在Y染色体上显示出空间上的多样性（相反，从母居会与线粒体DNA单型的空间多样性相对应）。而另一种解释是，尽管一个人群中每个男子和妇女所产儿女的数目明显大体是一样的，但对于男子来说变异可能要大些，特别在等级社会中，地位较高的男子很可能接近更多的女子。

　　最为全面的古DNA分析之一是在伊利诺伊州诺利斯（Norris）农场墓地的一处史前墓地进行的，那里出土了264具骨架，属公元1300年的奥尼奥塔（Oneota）文化传统。当地的条件有利于DNA的保存，而安妮·斯通（Anne Stone）和马克·斯通金（Mark Stoneking）能够从70%的样本中提取出线粒体DNA，并从15%的样本中提取出核DNA（Y染色体）材料。除了采用核DNA的手段进行性别鉴定之外，他们还利用这些材料来考虑最近的人类移居美洲的不同观点（见边码468～470专栏），并倾向于"单一迁徙浪潮"的假说，认为扩散的年代大约在37000年和23000年之间。将线粒体DNA排序显示了母系群的极大多样性。这还需要做很多的工作，但也许该社群——其损失巨大，几乎失去了三分之一的成年人——试图用一切办法来保护它的成员。

图5.39　古代人群的一项古DNA研究：对伊利诺伊州诺利斯农场附近一处奥尼奥塔墓地的骨骼分析提供了大量的信息。

经济的专门化

经济的专门化常常与社会日益的分化和复杂化相伴。它也往往是一种更加集中结构的标志，因为较大程度的专门化，只有在集中管理的组织能力下才能做到。专门化会影响农耕方法和手工业生产。在此，我们将关注社会含义。有关考古学家如何观察农耕的食谱方面和有关手工业生产技术方面那些较为详细的问题，将分别在第七和第八章讨论；社群用于交换产品日增的需求对工艺品的发展是第九章的主题。

农耕方法与手工业专门化

农耕生活方式在1万年前在世界不同地区扎根之后，许多地方的证据显示出一种日益强化的粮食生产，表现为引入新的农业方法，比如犁耕、梯田和灌溉，当良田变少时开始利用贫瘠的土地，并首次开拓奶和羊毛等所谓的"农副产品"（畜肉是"初级产品"）。在集中的社会里（见下文），这一过程又向前推进了一步，更加重视诸如犁耕等强化劳力投入的技术。此外，像灌渠这样通常是最早实施的重要公共工程建设，在一个中央权威的强制性组织权力下才有可能。农业日益强化的另一个标志是，随着人口的增加和可耕地数量的减少，农村景观被重组成更小的单元。

考古学家如何来辨认这些农业实践变化的证据，将在第六和第七章里讨论。在此我们需要指出的是，所有这些进展都需要人类花费更大的努力——它们是强劳力（labor intensive）的技术——并需要各种新的专门知识。例如，犁耕可以使一度贫瘠低产的土地能够栽种，但要比不需犁耕就能种植的优质土壤花费更多的时间和气力。而且，像修梯田这样的工作，要求一定程度上动用全社群的集体力量。重要的是，所有这些活动可以通过计算所需工时数量和劳力规模予以观察。就像在公共纪念建筑中的例子一样（见边码186～187），从重要的劳力支出的实际增长可以推测较为集中的劳力组织，这也许指示了某种形式的等级制。

手工业专门化的证据也能提供有用的社会信息。手工业生产可以在家户层次上被组织起来的——正如美国人类学家马歇尔·萨林斯（Marshall Sahlins）在1972

年出版的《石器时代经济学》（*Stone Age Economics*）一书中所谓的"家户生产模式"。另一方面，在酋邦和国家这样较为集中的社会里，尽管家庭仍然发挥着重要作用，许多工匠仍为兼职，他们季节性地在农田里劳作，但是许多生产常常会在更高和更为集中的层次上被组织起来。

但是，对家户和集中生产加以区别，在调查和发掘的实际操作上是有用的。甚至在小村落里，会以陶窑或金属冶炼矿渣的形式，显示家庭手工业生产的迹象。但是，只有在一种集中统治的社会里，我们可以在城镇里发现某些区域完全划归为专门的手工业生产区域。例如，在今天墨西哥城附近的特奥蒂瓦坎（见边码97、100）中心城区，大约公元1千纪，用火山玻璃黑曜石制作工具的专门化生产是在该城的指定地区进行的。

提取原料的采矿业也会随手工业生产一起发展起来，于是提供了经济强化和向集中社会结构转化的其他证据。例如，大约公元前4000年不列颠早期农人的火石矿，与不列颠东部格兰姆斯·格雷夫斯（Grimes Graves）较晚的火石矿（约前2500）相比，社会结构相对不太复杂，后者有350座深达9米的矿井以及复杂的巷道网（见边码324～325）。

安第斯高原印加帝国省会瓦努科·潘帕（Huánuco Pampa）提供了另外一个很好的实例，虽然这里的手工业生产没有世界其他地区的许多早期城市发达，但是美国考古学家克雷格·莫里斯（Craig Morris，1939～2006）成功地分辨出50座建筑群的庭院用于酒和衣服的生产。几千件特殊的陶罐、几十件纺轮和编织工具提供了考古学线索；民族史记录则将它们与酒及衣服的生产联系起来，特别是和印加一批特殊的妇女联系起来，这些妇女被称为阿克拉（*aklla*），她们和其他人口隔离开来。莫里斯的研究显示，庭院里的独特建筑——被只有一扇门的围墙所包围以限制出入——和生活垃圾的厚度，表明存在被永久隔离的阿克拉专职工匠。

意大利考古学家毛利其奥·托西（Maurizio Tosi，1944～2017）在今天伊朗夏汗尔-依-苏珂塔（Shahr-i-Sokhta）遗址的工作是另一个极佳的例子，提供了公元前3000年伊朗高原上手工业专门化规模以及它与中央管理机构关系的印象。通过研究遗址不同部分手工业生产的证据，托西表明，有些活动（明显是纺织和皮革加工）限于居住区，而其他生产（例如石器、天青石和玉髓的加工）明显位于专门的工场区。类似于这样详细的考古研究在世界许多地方进行，特别是研究陶器、金属、玻璃和黑曜石这样的石器专业生产（所有这些都将在第八章充分讨论）。

集中的社会

过去的许多社会都表现出权力和生产的集中。最好的途径是设法找到所探究的社会是如何看待自身及其领土的。这是一件似乎无法做到的事情，直到我们想起，对于大部分的国家社会来说都存在文字记载。文献资料会提到各种遗址的名称以及它们的等级地位。

图5.40　青铜时代晚期的希腊：根据荷马《伊利亚特》推导出来的一幅地图（顶），能和一幅完全根据考古学证据得出的地形图相吻合（上）。

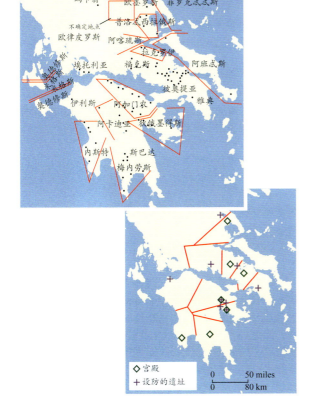

◇ 宫殿
＋ 设防的遗址

0　　　50 miles
0　　　80 km

于是，考古学家的任务就是要找到它们，一般是发现记录有相关遗址名字的具体铭文，例如，我们可望在罗马帝国任何一个重要城镇里找到这样一种铭文。对玛雅象形文字的解读开拓出一个全新的此类信息证据来源（见边码208～209专栏，还有边码138～139）。

在有些情况下，文献并不会直接且明确地提到遗址的等级。但是档案中的地名有时可以用多维测量（MDSCAL）方法来绘制一幅假设的地图——一种用数据库建立空间结构的电脑技术。提出的设想是，在文献记录中同时出现的次数最多的地名，一定是相互靠得最近的遗址。英国考古学家约翰·彻里（John Cherry）为公元前1200年希腊皮洛斯（Pylos）早期迈锡尼国家的群岛制作了这样一幅地图（见边码204专栏）。

甚至神话和传说有时也能以一种系统的方式创建一幅清晰连贯的地图。例如，荷马的《伊利亚特》中所谓"船舰目录"提到希腊每个中心派遣了多少艘船只参加特洛伊之战，被英国古典主义学家德尼斯·佩奇（Denys Page，1908～1978）用来绘制当时一幅约略的战争政治形势图（被认为是在公元前12世纪）。佩奇将它与单凭有关迈锡尼希腊城堡和宫殿中心考古硬材料绘制的地图对比，其结果非常有趣：考古学与历史学的图像完全吻合。

198
199

考古学里的中心

中心的存在，比如一个独立国家的首都城市，完全可以根据集中组织的直接证据来推断：其规模无与伦比，并能和其他对等国家最高规格的中心比肩。

一个标志是存在档案（即使不知道它说些什么）或其他集中组织的象征性证据。例如，许多有控制的经济活动利用图章在黏土上留下印记，作为所有权、产地或目的地的标志（如图5.64显示的印章）。发现相当数量的这类物质，就可以指示有组织的活动。实际上，文字和象征性表现的全部实践对于组织工作是如此重要，以至于这样的证据是非常可靠的。

中心地位的进一步表征是存在所知与高规格中心功能相伴的、形式规范的建筑物，例如在米诺斯的克里特岛围绕着一个中心庭院的"宫殿"布局。该"宫殿"就是用这样的方式被辨认出来的。因此，相对较小的一座宫殿遗址（比如扎克罗斯［Zakros］）所拥有的一种地位，是一处缺乏这类建筑物的大型聚落（比如帕莱卡斯特罗［Palaikastro］）所没有的。

对于具有祭祀功能的建筑物而言，同样的观察也同样可行，因为在大多数早期社会里，行政控制与宗教实践的控制是紧密相关的。于是，美索不达米亚苏美尔时期的一座大型塔庙，或玛雅低地与神庙-金字塔相伴的一处大型广场，就表明为一处高规格的遗址。

缺乏这些显著的证据，考古学家就必须转向器物来推断一处主要中心的功能。这对于建筑布局不甚清楚的地区来说，地表勘探就尤其重要。因此在伊拉克的遗址勘探中，研究早王朝时期的研究人员如罗伯特·亚当斯和格雷戈里·约翰逊（Gregory Johnson），曾经采用陶墙圆锥体作为他们所发现的较小遗址高于想象地位的标志。这些圆锥体已知是这一地区大型遗址上神庙和其他公共建筑物的装饰部分，因此推断这些较小的遗址很可能是特殊的行政中心。

其他常被用来指示地位的考古学标准是防御工事的存在，以及在钱币流通地区铸币厂的发现。显然，要考虑聚落的等级时，就不能仅孤立地考虑遗址，而应从相互之间的关系上来分析。这是早期政治地理学实践之一。

征税、仓储和再分配

社会集中控制的一个重要标志是存在食物和物品的永久性储存设施，这些食物和物品被中央机构定期拿来作为宴飨和赏赐之用，以对其武士和臣民进行间接控制。且赋税也见于集中社会之中，例如用农产品和其他产品来充实国库的方式：没有它们，控制机构就无法进行财产的再分配。在酋邦社会里，"税收"会采取向酋长进贡的形式，但是在较为复杂的社会里，这样的义务一般被正式规定。大部分国家的官僚机构专门从事赋税管理，而官僚体制的直接证据，例如记录和账目系统，即是证明。

在世界一个地区帮助弄清赋税、储藏和再分配之间互动的一项出色研究计划，是克雷格·莫里斯在瓦努科·潘帕城的研究。这个城市一度居住着大约10000～15000居民，是由印加人凑钱作为通往帝国首都库兹科皇家道路的一个管理中心而建立的。我们从早期西班牙人的文字记录中了解到，印加统治者在国家土地和国家建设项目上以劳力方式征收赋税，其中包括建造瓦努科·潘帕。

许多生产出来的物品就被储藏在国库里——但是目的何在？莫里斯通过对瓦努科500多个仓库中大约20%的样本，以及那里的其他建筑物做细致分析后认为，储藏的马铃薯和玉米主要用来供养这个高海拔的安第斯城市，因为粮食生产在这里十分困难。但是，该城市本身被用来在其巨大的中心广场上举行高度有组织的仪式，其间聚餐并喝祭祀性的玉米酒，因此将大部分储藏的财产再分配给当地的民众。

就如莫里斯所言，管理的仪式似乎在早期国家社会里非常重要。食物和酒类的分享可以强化这样的观念，即参与印加帝国事务不单单是在国家土地上劳动和到远方去打仗。

中心的功能

在一个由等级组织起来的社会里，详细研究某个中心的功能，为社会如何运转提供了洞见。适用的方法是对中心所处的地域以及临近的周边地带做细致的遗址勘探，并结合规模尽可能作大的发掘。其中总体目标必须与有限的时间和经费平衡。就范围仅为几万平方米的较小中心而言，一种细致的区域调查绝对必要。但是对于非常大的遗址，就需要一种不同的方法。

废弃的遗址　许多雄心勃勃的都市项目都是在已废弃的、或现在已不再是城市的遗址上进行的，所以不会严重妨碍调查。（延续性都市遗址的问题，也即今天仍然是重要中心的遗址问题，将在下面讨论。）首先需要比例像1∶1000那样的优质地形图，虽然这对于范围为好几公里的遗址来说并不方便，如果遗址有森林覆盖，更会有实际的困难。这幅地图要指示地表可见的主要建筑的位置，并选择其中的一些遗址做较仔细的测绘。在那些已经做过广泛发掘的遗址，其结果也应被包括在内。

这样的地形图是现代考古学家投入很多也最有成效的工作之一。最有趣的例子之一是英国的一项调查和发掘项目，即萨尔瓦多·加菲（Salvatore Garfie）对埃尔-阿玛纳土丘（Tell el-Amarna）遗址的调查，该土丘是埃及法老阿肯那顿（Akhenaten）的都城。该遗址在公元前14世纪仅用了13年就遭废弃。建筑物都用泥砖制成，地表特征保存不好，凭借一个世纪的发掘才绘制出这样一幅地图。在新大陆，也曾经有好几个相似规模的项目，其中最著名的是由宾夕法尼亚大学对位于危地马拉的玛雅城市蒂卡尔所做的重大测绘项目。目前对许多玛雅遗址的类似测绘工作也在进行中。其中最雄心勃勃的计划大概要数对墨西哥最大的都市中心——特奥蒂瓦坎的勘察（见边码97、100）。

准备地形图只是第一步。从社会意义来解释证据，意味着任何被揭示出来的建筑物功能都要得到确认。这包括对主要的仪式和公共建筑——庙宇既有社会功能，也具有宗教功能——以及城市其他组成部分，例如专业手工业生产区域和居住结构进行研究。房屋标准的差异会反映贫富之间的不平等，因此是社会等级的一个方面。

但是十分常见的是，大型和可能的公共建筑物的功能很难确定，于是有一种诱惑——单凭猜测来赋予它们以种种功能。例如，克里特岛克诺索斯的发掘者亚瑟·伊文思爵士（Sir Arthur Evans），在没有任何可靠证据的情况下，将那里的一些房间称为"皇后的大厅"。同样，莫蒂默·惠勒爵士将诸如"学院（College）"和"议会厅（Assembly Hall）"这类名称赋予最伟大的哈拉帕城市之一摩亨佐达罗（Mohenjodaro，位于今天的巴基斯坦）"城堡"内的一些建筑物，却没有可信的证据说明它们确实用作这样的目的。

开始详细研究城市的一个途径，是从地表对器物材料做仔细的抽样调查。在特奥蒂瓦坎，比例为1∶2000的地形图被用作徒步地表采样的基础。训练有素的田野工作者覆盖整个区域，以几米的间距步行，采集他们所见的所有口沿、器底、把柄及其他特殊陶片和物件。从特奥蒂瓦坎收集的材料由乔治·考吉尔（George Cowgill，1929～2018）一项雄心勃勃的电脑课题进行处理。以这样的方式，特殊器物类型的空间分布可以在地图上标出，于是可做出不同栖居阶段形态的推断。

在地表密集调查之外，下一步可以像英国考古学家尼古拉·波斯特盖特在阿布萨拉比赫土丘所从事的地表观察和选择性发掘的结合那样，该结合揭示出伊拉克南部公元前3千纪最大的房屋建筑区。但是一般来说，对于城市中这样一处重要中心，需要大规模的发掘。20世纪初一些最著名和最成功的发掘即属于此类，从印度河谷的摩亨佐达罗到今天伊拉克的圣经中的城市乌尔。

幸运的话，最后居住阶段的保存情况会比较好。如果遗址位于火山附近，它的最后阶段会被火山灰和岩浆极佳地保存下来。以这样的方式为后世埋藏和保存下来的著名城市包括意大利南部的庞贝（见边码24～25专栏）和希腊塞拉（圣托里尼）火山岛上的阿科罗提利（见边码160～161专栏），但是还有许多其他例子，比如在墨西哥河谷中可与特奥蒂瓦坎比肩的伟大城市奎奎尔科（Cuicuilco），它最终在约2000年前毁于火山喷发。然而在这样极端的情况下，刚才介绍的初步地形测绘似不可能，因为建筑物埋藏过深而无法从地表显示。

图5.41　大约公元前1600年塞拉岛火山大规模喷发而埋在火山灰下的阿科罗提利镇上的一条街（现在被一座钢结构建筑保护起来），为青铜时代的都市生活提供了一幅生动的图像。

居住的遗址　对于连续沿用的都市遗址而言，问题相似，但是实际操作更困难：早期的中心直到今天仍然是都市中心，因此不只是复杂地层的连续，而且在它的上面和周围还会有许多现代建筑物。对于这样的遗址，应该采取长时段的研究方式，抓住新建、扩建项目提供的任何机会，然后根据发现物构建一种形态，并最终使之连贯成形。这一直是英国和欧洲都市考古学的做法，那里罗马和中世纪的城镇大都被埋藏在现代城市的地表之下。这也是一个抽样问题，但采样的位置往往不由研究人员选择，而是取决于机会。

1961～1971年间在英格兰南部由温切斯特研究小组（The Winchester Research Unit）从事的工作就是一个很好的例子。通过对大教堂外侧进行发掘，我们有可能追溯较老建筑物的历史。从以前的考古学研究得到的证据，结合最近的发掘，提供了位于现代温切斯特城市之下的罗马、撒克逊和中世纪城镇的极佳印象。另一个很好的例子是在第十三章中详细讨论的约克市，而有关城市和其他地方受拆迁威胁的应用或顺从考古学（在英国叫抢救考古学）问题，将在第十五章讨论。

201
202

主要中心之外的行政管理

对组织机制的调查并不一定局限在主要的首都中心。在主要中心以外，可能有许多线索指示一种集中组织的管理体制。例如，寻找行政管理的器物就十分有用，也许这类器物中最明显的是发现于次级中心的封泥：次级中心常常管理再分配的系统。同样有用的是中央当局的其他印记，比如任一帝国的皇帝印玺，或像是埃及法老纪念碑上的方形图像的皇家徽章，或皇室战袍上的物件。有时无须由实质性的权力标志来指示中央管辖权的存在，如路旁的一块罗马里程碑就载有中央管辖的帝国道路系统的一部分信息。

第二种方法是看度量衡的标准化（进一步讨论见边码404～407）。这种标准化见于大部分集中管辖的经济体制中。在许多情况下，这样的标准单位也被用于特定国家的疆域之外。

存在一个好的道路系统对于任何以陆地为基础的帝国管理来说至关重要，尽管对于那些可以由军队步行几天就能穿越的小国来说并不重要。罗马帝国内部的道路系统提供了中央管辖的明证，甚至没有文字记载也能一目了然。印加的道路系统就显示了一种没有

图5.42　居住遗址：英格兰南部正在进行发掘的大教堂一侧。

图5.43　立足于10年的发掘和多年的发掘后分析，温切斯特上溯到了公元1400年的复杂发展。居住区以颜色标出。

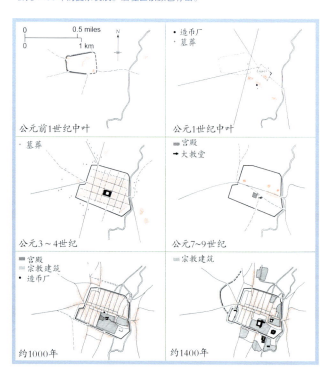

这种记载的中央集权社会。

实施武力的明证有可能为行政管理提供最直接的洞见：对领土的控制往往非常依赖武力。大规模的防御工事提供同样的洞见并标识明确的边界。始建于公元前3世纪晚期的中国万里长城，也许就是最著名的例子。

图5.44 亚壁古道（The Appian Way）。始建于公元前321年，该罗马大道的一部分在罗马郊外保存至今。人们仍能在罗马敷设的石径上散步，并欣赏两侧的墓葬和纪念建筑。

聚落和地域

正如我们所见，纪念物、建筑物和中心的存在都以某种方式为考古学家提供了过去社会如何组织起来的信息。基于对聚落形态的研究是另一种方式，而它们只能从勘察中获得。

为了做初步的估计，可能并不需要一份详细的田野计划。例如，如果我们处理的是12000年前的考古遗存，那么我们面对的是旧石器时代的社会。就目前的证据而言，几乎在这段漫长时期里——跨越了数万年之久——几乎所有社会都由流动的狩猎采集者组成，居住在季节性的或临时性的营地中。如果我们处理的很明确是具有一种流动经济的社群（比如狩猎采集者），那么就必须采用一种很细致的调查技术（例如航空勘察、远程调查、随机抽样），因为流动社群留下的痕迹一般来说是非常稀少的。从另一方面来说，如果这些是定居的社群，就可以采用比较容易操作的田野调查方法。

任何调查都会得到细致调查之后的一张区域地图以及所发现遗址的目录，并附有每个遗址大小、年代范围（可根据地表发现的遗存如陶片作判断）以及建筑遗迹的细节等等。

遗址等级

遗址规模分析是一种有用的基本方法。在考古研究中，遗址一般根据大小排列成等级次序（也即一种遗址等级），然后用柱状图加以表示（见图5.45）。在一个聚落系统中，中小村落和居民点通常要比大的城镇多得多。柱状图可以用来对不同地区、不同时期以及不同社会类型的遗址等级进行比较。例如，在流动的狩猎采集者社会里，遗址规模仅有些许的变异范围，所有遗址相对都很小。另一方面，较大的分层社会兼有寨子、村庄、大型乡镇及城市。在一个聚落系统中单一遗址的主导地位也可以从这类分析中一目了然，而聚落系统的结构常常是创造这种系统的社会结构的直接反映。一般来说，聚落形态的等级越明显，该社会的等级也就越森严。

中心位置理论

这一理论是由德国地理学家沃尔特·克里斯塔勒（Walter Christaller，1893～1969）于1930年代提出的，用来解释现代德国南部城镇的间隔与功能。他声称，在一片均匀的景观中——没有山脉、河流、土壤和资源的差别——聚落的分布模式应当是非常规则的。相同规模和性质的中心区或聚落（城或镇）相互之间会呈等距离分布，这些中心被一批次级中心所围绕，而后者本身也有更小的卫星村落。在这样一种完美条件下，每个中心"控制"的地域会呈六边形，而层次不等的中心会共同组成一种错综复杂的聚落网格。

当然，自然界并不存在这样完美的情况，但是我们仍有可能从现代或古代城镇的分布上发现中心位置

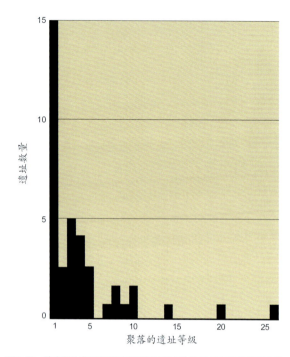

图5.45　美索不达米亚某地区早王朝时期（约前2800）聚落的遗址等级。该地区的遗址规模从25万平方米到仅超过0.1万平方米的范围，可以根据它们的大小分为五个范畴——根据柱状图能清楚地加以分辨：在此项特定研究中，这些范畴被命名为大镇、镇、大村、村落和寨子。

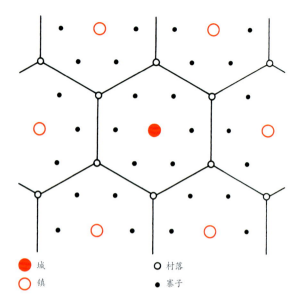

图5.46　中心位置理论：在一处平坦的、没有河流或资源的差别的景观中，一处中心位置（镇或城）会支配一个六边形区域，并有次级中心（村落或寨子）以有规则的间距围绕在它的周围。

理论是可行的。基本的特点是每个主要的中心和它相邻的中心之间有一定的距离，并皆被一圈较小的聚落所包围，形成分层网络模式。就政治和经济而言，主要中心会向它的周边区域提供物品和服务，同时也会反过来索取某些物品和服务。

研究流动狩猎采集者的栖居

　　流动的狩猎采集社会，其在经济结构及很大程度在政治结构上，无一例外属于一种地方性层次——不存在永久性的行政中心。研究流动狩猎采集者的最好办法是依靠遗址的性质。在第二章里，遗址被定义为"分辨出有明显人类活动痕迹的地点"，一般表现有集中的人工制品和废弃物。在此我们需要明白的是，在狩猎采集者或游牧者这类流动社群的临时营地里，其遗存特点有别于定居社群的遗址（一般来说，是居住在永久性建筑内的食物生产者）。

　　如果证实有可能在一个遗址中区分出人类栖居单一和短暂的间隙，那么我们就能观察遗迹和构造（掩体墙基、火塘遗迹）内部或周围人工制品与骨骸残骸的分布，来判断是否有任何内在关联的形态。这些遗物被废弃的方式，可以为当时居住在该遗址的小批人群的行为提供线索。这就是民族考古学被证明价值不菲的地方。下面介绍的美国考古学家路易斯·宾福德在纽纳缪特人中的研究，显示了狩猎采集者在火塘周围废弃骨骸的特殊方式，这一研究就是很好的例子。因此，现生纽纳缪特人的行为的记录，有助于我们理解造成旧石器遗址火塘周围相似骨骸分布的人类行为很可能也相似。

　　屡见不鲜的是，考古学家无法分辨单一和短暂的居住间隙，相反，他们发现的是长时段里在同一遗址中多次活动留下的证据。也可能从一开始就有疑问，观察到的分布到底是人类在现场活动的结果，还是后来被流水搬运的再次沉积？还有，在某些情况下观察到的分布，特别是动物骨骸，可能是食肉动物而非人类活动的结果。就像在第二章里所讨论的那样，这些是和形成过程有关的问题。

　　这些问题的研究需要仔细的采样策略和非常全面的分析。由格林·艾萨克（Glynn Isaac，1937～1985）领衔的团队在肯尼亚图尔卡纳湖（Lake Turkana）东岸库彼福拉旧石器时代早期遗址的工作，提供了相关采集和分析技术的一种指导。该工作采用了一种最基本的高度控制的发掘程序，在选择的区域内做详细的

204

网络分析

网络分析是图论数学领域的一个方面，自约翰·彻里（John Cherry）利用从皮洛斯宫殿出土的线形文字B泥板上地名的出现频率，来重建麦西尼亚（Messenia）迈锡尼行省地理的开创性工作以来，该方法一直被考古学所采用。该方法已经成为新关注的焦点。

在图论中，点位被称为"顶点（vertices）"或"节点（nodes）"，它们之间的连线被称为"边（edge）"或"带（ties）"。在社会学研究中，节点经常被用来代表个别的人群，而带则表示他们之间的互动。在一些考古案例中，节点代表考古遗址或聚落的空间

表现，而线条则表示它们之间的各种互动。

一个出色的例子来自卡尔·克纳皮特（Carl Knappett）、蒂姆·伊文斯（Tim Evans）和雷·里弗斯（Ray Rivers）所做的青铜时代中期（前2000～前1550）爱琴海的海上互动模型。在他们的地理位置上标出了青铜时代中期已知遗址（遗址的大小用直径来表示），而它们之间联系的重要性则由粗细和色调不同的线条来表示。当贸易收益的参数增加时，克里特岛和基克拉迪群岛之间就会显示出强烈的联系。阿科罗提利出土的许多进口的米诺斯中期陶器表明，这种给予贸易收益以很高的权重确

实是合适的。青铜时代晚期阿科罗提利毁于火山喷发（见边码160～161专栏），根本上改变了海洋互动网络。

但是，网络的形状不一定要用节点的空间坐标来主导，特别是当模型要求的这些节点是考古遗址时。例如，在社会网络分析中，该节点通常是个别人群，互动可以有各种方式。行动者网络理论（Actor network theory）认为，在社会关系中，人与物都可以是积极主动的，人工制品也可以是网络中的节点。在这种情况下，位置坐标就未必有价值，而这种网络"空间"是关系上的而非地理上的。

图5.47　青铜器时代中期爱琴海的一个网络模型，每个圈被放在一个遗址的地理位置上，其半径与大小成比例。线条的深浅和粗细代表了互动的强度。遗址1～9、21和22在克里特岛，克诺索斯为1；遗址27～29在希腊大陆；遗址10～14和23～25在基克拉迪群岛。基克拉迪群岛（位于遗址10的阿科罗提利）和克里特岛北部之间的联系对于将这个网络整合在一起非常重要。但是，当贸易因改变输入参数的权重而受到"惩罚"时，它是最先消失的一个联系。

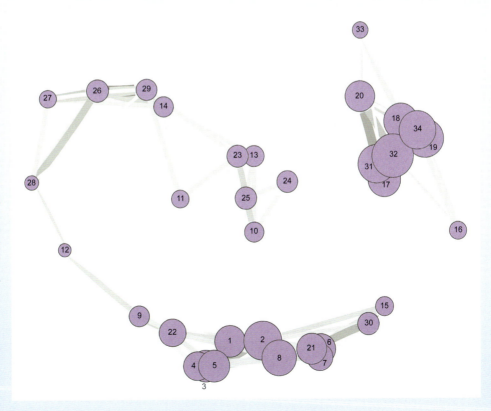

205

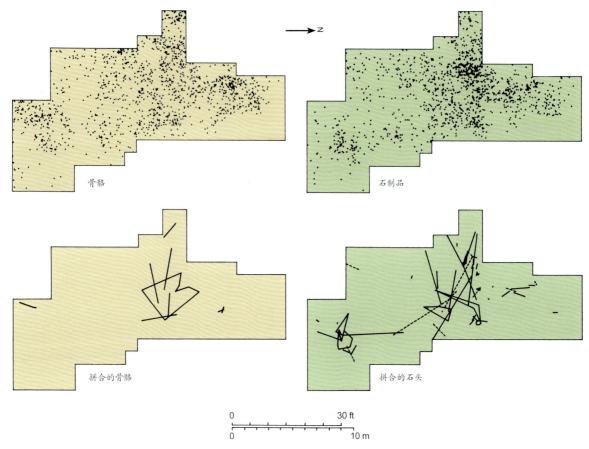

図 5.48　格林·艾萨克在东非肯尼亚库彼福拉旧石器时代早期遗址的研究。(上排) FxJj50 遗址中所标示的骨骼和石制品的位置。(下排) 可以被拼合到一起的骨骼和石制品的连线，也许表现了一些活动区域，在那里骨骼被敲碎以获得骨髓，并打制石器。

采样，并仔细记录出土的每块石片和骨片的坐标。发现物密度的测绘是分析的第一步。接下来一个重要的问题是决定该组合是否是原生堆积，抑或是由河湖水流搬运所造成的次生堆积。对库彼福拉长肢骨方向的研究被证实是有用的：如果这类骨头曾被流水沉积或扰动，它们一般会显示出某种朝向。研究的结果表明，遗存基本上是就地埋藏的，仅有轻度的沉积后扰动。

艾萨克团队也能将一些骨骼碎片重新拼合，而拼合的网格图可以人科动物敲骨吸髓的分界区即所谓的活动区予以解释。(必须用不同的技术来尝试确定，该区域的骨骼确实是人类而非食肉动物所破碎。这一特殊和重要的研究领域——埋藏学——已在第二章讨论。) 对石制品拼合的比较分析被证明得益匪浅。对拼合线条网格图的解释可以指示打制石器的活动区。用这些方法可以提取遗址有关人类特定活动的重要信息。

更多的阐释问题来自对现生狩猎采集社群个别营地遗址的思考。一个问题是如何从营地区估计人口数量。各种模式被提出来，并将之与卡拉哈里沙漠中的! 昆桑人 (!Kung San) 狩猎采集者的民族学例子进行比较。另一个问题是 (血缘意义上的) 人群与狩猎采集营地空间之间的关系：研究显示血缘距离和茅舍之间的距离有密切的相伴关系。

调查流动社会的领地

对某流动群体相关的单个遗址的详细研究，揭示的只不过是其社会行为的某个方面。如要扩大视野，就必须考虑某群体或游群活动的整个领地以及各遗址之间的关系。

民族考古学再次助力于构建一种分析框架，以至于我们能够从一片领地上全年安营扎寨 (也即整个领地被一个群体在全年中利用）和领地中特种遗址类型的角度进行思考，比如大本营（用于特定季节）、迁徙营地、狩猎埋伏处、屠宰或捕猎遗址、储藏地点等等。这些考虑对于狩猎采集者的考古学研究来说是基本的内容，而如果想获得这样一种群体全年生活周期及其行为的认识就必须有一种区域性的视野。这意味着，除了常规的遗址之外（拥有高度集中的人工制品），我们也需要寻找比较稀少的人工制品分布情况，在每10平方米的调查范围内可能仅见一到两件器物（这常被称为遗址外或非遗址考古学——见第三章）。我们还必须研究整个区域的环境（第六章），以及被狩猎采集者利用的可能性。

　　一个遗址外考古学的很好的例子是由英国人类学家罗伯特·福利（Robert Foley）在肯尼亚南部、乞力马扎罗山北部的安博塞利（Amboseli）地区的工作所提供的。他在600平方公里研究区内的257个采样点采集和记录了大约8531件石器工具。根据这些证据，他能够计算出在不同环境和植被区内石器工具的废弃率，并根据狩猎采集群的策略和移动来解释这样的分布形态。在后来的一项研究中，他根据世界上不同地区诸多狩猎采集群的研究，制订出石器工具分布的一般性模式。一项结论是，一个大约由25个人组成的单一群体，在一年中可望在其全年栖居的领地里废弃多达163000件器物。虽然这些器物会遍布整个领地，但是大部分集中在大本营和临时营地中。然而，根据这一模式，发掘一个遗址的考古学家仅能发现全年所有器物组合中非常小的一部分，而将个别遗址的器物组合从较大形态的一部分来进行解释，就极其重要了。

图5.49 （左）罗伯特·福利提出的狩猎采集群在全年栖居范围内的活动模式，以及（右）由于这些活动造成的器物分布。请注意器物是如何显现在大本营/临时营地之间以及它们的内部的。栖居的范围在热带环境里大约南北为30公里，但是在高纬度地区还要大些。

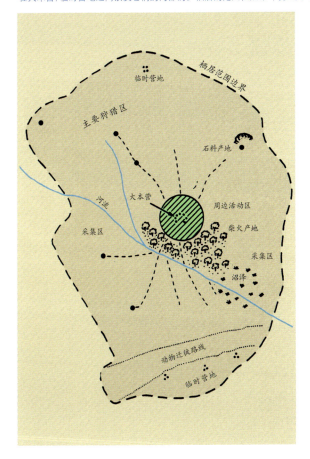
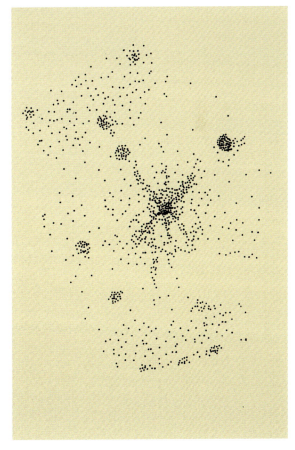

调查玛雅的疆域

科潘　蒂卡尔　卡拉克姆　帕伦克　卡拉科尔　纳兰霍　皮德拉斯-内格拉斯

大约公元250～900年，古典时期的南部玛雅低地是一片人口稠密的居住区，拥有许多大型的人口中心，其间点缀着农寨、农田和各种生态系统。他们政治结构的第一线索来自"象形文字"的发现，象形文字组合起初被认为与个别城市相对应。现在才明白这些象形文字是玛雅国王朝代的名号，每个文字代表某特定政体的"圣主"。作为王朝的名号，常常能看到它们与几个世纪保持不变的地点相吻合。但是，宫廷可能会因次子的世系另立新国而一分为二，这些新政体的统治者仍然沿用与原王朝相同的象形文字。最具戏剧性的例子就是蒂卡尔（Tikal）王国，它的一位王子在多斯皮拉斯（Dos Pilas）建立了一个新的王朝（采用相同的象形文字）。同样是这位王子，后来对他的祖国发动了战争，在政治反叛中发挥了重要作用，在一个世纪里导致了蒂卡尔的政治衰落。宫廷也可能全部从一个地点搬到另一地点。强大的"坎"（Kaan）或"蛇"王朝从迪兹班切（Dzibanche）搬到卡拉克姆（Calakmul）中心，很可能就是这种情况。

一种"霸权"系统

统治者与象形文字相一致的许多遗址分布表明，古典时期的低地某种程度上是分成无数小国的一种密集"拼版"。然而，并非所有王国大小相等，也并非所有"圣主"威望相当。政治力量真正的分布在那些大型中心特别集中，其统治者能够以精明的政治手腕最成功地囊括军事胜利。对玛雅文字持续的解读，揭示了在较大与较小政体之间存在一种庇护人和依附者关系的复杂网络，为这一时期提供了一幅惊人的详细的历史概貌。在

最初由西蒙·马丁（Simon Martin）和尼古拉·格鲁比（Nikolai Grube）提出的模型中，强大的玛雅国家是松散结成的"霸权"系统的核心，它对下属王国实施某种控制，但并没有完全将它们融合到较大的联合政体中去。玛雅政治景观的主要角色包括科潘、蒂卡尔、卡拉克姆、帕伦克和卡拉科尔等大型、显赫的中心。

研究玛雅疆域的差异

虽然生活在这些古典玛雅王国中的民众今天都被考古学家称为"玛雅人"，但是他们代表了一批文化方式有差异的不同人群。虽然统治贵族共享相同的王式建筑、铭文和王权概念，但是玛雅低地的文化并非铁板一块。

由查尔斯·戈尔登（Charles Golden）、安德鲁·谢勒（Andrew Scherer）及危地马拉同行，在亚克奇兰（Yaxchilan）和皮德拉斯-内格拉斯（Piedras Negras）王国的研究显示，其百姓在某些实践中有意无意地用不同表现来区分彼此。在古典时期的大部分时间里，

亚克奇兰和皮德拉斯-内格拉斯王朝互相对抗，以控制横跨今天危地马拉和墨西哥之间边界的一片领土。到了公元7世纪，两个王国之间形成了一条固定边界，特别是亚克奇兰的北界有一系列进行防御的前哨据点，贵族主持着宫廷，他们俨然是军事首领，将俘虏作为贡品送往他们的宗主国。

调查显示，古代国界两边的民众通过物质文化、祭祀和日常实践，将自己与邻国民众相区分，这些实践明显公开并深达个人。陶器形制和技术不只体现顾客个人的偏爱，而且深深根植于陶器生产的习惯中。

在这两个王国里，聚落和纪念建筑的主轴彼此相交（在皮德拉斯-内格拉斯是30度，而在亚克奇兰为120度）。墓葬也沿这些特殊的轴线排列，而在墓葬内部，死者的随葬品也按各自国家特有的方式安置。

这种差异也许并不令人惊讶。其实至今，在危地马拉、墨西哥、伯里兹和洪都拉斯，仍有几百万民众讲着玛雅语系的近30种方言，居住在认同、历史和风俗迥异的社区里。

图5.50 象形符号。（上）7个最重要的古典玛雅国家，也显示在公元790年玛雅政治疆域分置的地图上。（右）泰森多边形是基于象形文字的分布，并没有反映出蒂卡尔和卡拉克姆实力较强。

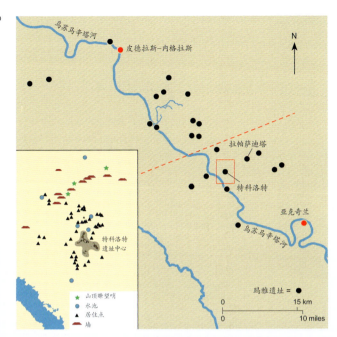

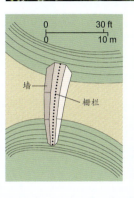

图5.52～5.53 （上、左）北部防线局部，横跨两座小山之间的小山谷，石墙成为一条木栅栏的地基。

图5.51　虚线代表推定的公元8世纪亚克奇兰和皮德拉斯–内格拉斯之间的边界，一条设防的系统被设计来抵挡来自该遗址北方皮德拉斯–内格拉斯的进攻。

图5.54 （左）从拉帕萨迪塔（La Pasadita）出土的这块楣石上，一个跪着的来自皮德拉斯–内格拉斯的俘虏被献给亚克奇兰公元8世纪中叶的统治者鸟·美洲豹IV。

图5.55 （右）亚克奇兰的西部围城。

冲突考古学

在史前期，战争实践的起源与程度是近来许多研究的焦点。长期以来大家同意，总体来说，战争是早期国家社会常见的特点。希腊和罗马的文献，以及早期中国公元前4世纪相当于"战国时代"包括《孙子兵法》在内的"武经七书"，就是充分的明证。

公元前700年左右，亚述国王皇宫的装饰浮雕描绘着战争的生动场景，而铭文则记录了统治者的胜利和骁勇。再早一千年，埃及的浮雕上描绘着相同的场景。公元前3000年苏美尔文明所谓的鹫碑（The Vulture Stela）表现了获胜军队的铁蹄践踏着被杀戮的俘虏。在墨西哥（瓦哈卡，见边码514）萨波特克文明的形成时期（前2000～250），一些最早的纪念建筑也装饰有相同的场景。

实际上，从瓦哈卡获得的放射性碳年代令肯特·弗兰纳利和乔伊斯·马库斯推测，村落间的劫掠几乎在当地分节社会一出现就开始了，因此仅在村落生活确立后的几百年里就开始了。同样明显的是，许多古典玛雅石碑上的铭文（见边码208～209专栏）与疆域的扩张有关，而且国家之间的竞争经常以战争来表现。

图5.56 从伊拉克拉格什（铁罗［Telloh］）出土的所谓鹫碑上的浮雕，表现了公元前3世纪苏美尔战争的场面。

"高贵的野蛮人"

但是，在较早的时候，比较常见的是从热爱和平的"高贵野蛮人"来思考的，他们早于文明操劳的田园牧歌般的存在，被18世纪法国哲学家让-雅克·卢梭（Jean-Jacques Rousseau，1712～1718）所赞美。但是，始终存在不同的观点，例如由英国哲学家托马斯·霍布斯（Thomas Hobbes，1588～1679）所系统陈述的，部落的原住民是好战的，其生活"孤独、贫穷、肮脏、粗野和短命"。

尽管在欧洲青铜时代墓葬中经常见有随葬兵器的例子，然而要到比较晚近的时候，考古学家中才出现与卢梭为伍的倾向。虽然这些兵器通常被视为威望和主要体现象征价值的器物，但是几项最新的研究导致了对这种观点根本性的再评估。

第一项再评估由劳伦斯·基利（Lawrence Keely，1948～2017）所做。他本人在比利时东北部的新石器时代田野工作证明，公元前5000～前3000年左右挖有壕沟的围圈不只具有将内部空间与荒野隔开的象征意义，而且是真正的防卫设施。在其研究中，他引述了公元前5000年左右位于德国塔尔海姆（Talheim）大屠杀的遗迹："十八个成年人和十六个儿童的尸体被扔到一个坑里：完整的头骨表明，受害者至少遭六把不同斧子的砍砸而被杀死。"（Keely 1997，38）他指出，在之前北欧中石器时代最后的狩猎采集者遗骸中，存在大量暴力死亡的证据。

基利细致和全球性的调查表明，史前期初，战争并非如常想的那样是一种例外。瓦哈卡的证据支持这样的看法，即战争或局部劫掠，是早期农业社群的家常便饭。

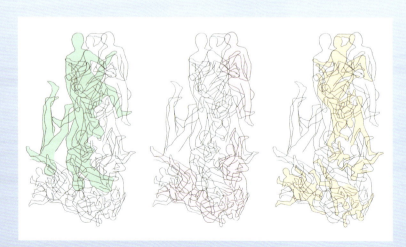

图5.57 发现在德国塔尔海姆一个埋藏坑里的骨架，年代约在公元前5000年，这个发现体现了大屠杀，与早期农业社会的和平观相左（从左到右，男性、女性和儿童）。

部分受到基利见解启发，史蒂文·勒布朗（Steven LeBlanc）在美国西南部的工作体现了一种相似的指向。战争在所谓的晚期阶段（约1250～1540）变得极为激烈，并与后弯弓的引入同步。勒布朗也证实，虽然和平似乎是在中期阶段被打破的，但在早期阶段（约1～900）也存在战争。在克里斯蒂·特纳（Christy Turner）和杰奎琳·特纳（Jacqueline Turner）令人恐怖的所谓"人餐"（Man Corn 1999）的研究中，详细展示了美国西南部可能存在的食人之风。以此他们重新评估了过去受到大多数人类学家批评的这个观点；这仍是一个充满争议的问题（见边码450和边码448～449专栏）。

一般承认，战争的动机各有不同。在最近的新几内亚，战争是部落间竞争的一部分，一般并非受领土扩张的动机所驱使。像墨西哥的阿兹特克，战争目的之一是要为他们隆重的神庙祭祀获得作为祭品的俘虏。显然，食人之风肯定不是与战争相伴的一种特点，但很可能不像以前所想的那样罕见。现在普遍认同，在前国家社会中，既非一派歌舞升平，也非纠缠不休的战争——一种与卢梭或霍布斯想象略有不同的图像。

图5.58　六个焚毁的柱洞，见于墨西哥瓦哈卡圣何塞·莫戈特（San José Mogote）附近一处早期木栅栏，表明在形成阶段早期已经存在战争了。

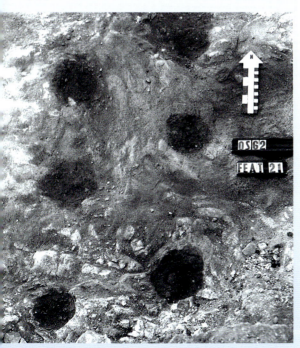

研究永久定居聚落

一处永久性聚落要比一处临时狩猎采集营地拥有更多的功能。虽然对某时期的聚落进行完整发掘是比较理想的分析状况，却常常很难做到。但是许多信息可以从广泛的地表遗迹的密集调查和抽样发掘中获得。开始的目标是调查遗址的构造以及所分辨的不同区域功能。但是，这样的遗址不应被孤立地考量。就像上面狩猎采集者的例子，必须从整体上来考虑对领地的利用。取得该项目标的一个方法是所谓的遗址域分析（site catchment analysis），该程序包括对遗址直接毗邻环境中的产能进行估算，对于定居社会而言，其环境大概在5公里范围之内。

对遗址做广泛的地表勘察可以对地下堆积的多样性有很好的了解。这一技术被路易斯·宾福德于1963年用于伊利诺伊州一处名叫哈彻里·韦斯特（Hatchery West）的伍德兰晚期（Late Woodland）居址（约250～800）。当地一位农人对遗址的表土进行了耕耘，地表经过夏季降雨冲洗暴露出器物，之后地表材料以每6米见方的单位进行了采集。得到的分布图为地下遗址的结构提供了有益的指示。这里有废弃物（垃圾堆）的堆积，其中有大量陶片，这些垃圾堆之间是房屋区，其中陶片比较稀少。分布图指示的形态由发掘进行了检验。

这是一个理想的案例，那里土壤层很薄，因此地表分布与下伏的构造有密切的关系。遥感技术在揭示遗址构造上也非常有用，特别是航空摄影（第三章）。遥感对于发掘也可以是很有用的第一步。在前南斯拉夫的迪伏斯廷（Divostin）新石器时代晚期遗址，艾伦·麦克弗伦（Allan McPherron）利用质子磁力仪来确定村落中房屋烧土地面的位置，从而在发掘开始之前就绘制出了一幅大概的平面图。但是，有些条件常常不适合用这些方法。而且，研究的遗址可能要比哈彻里·韦斯特（它不到2万平方米）大得多，而地表的遗物，特别是陶片可能非常多。对于这样的遗址，采用分层次随机抽样（第三章）的调查方法十分必要。对一个大型遗址，发掘中也需要抽样。采用小的抽样单位有许多不利之处：虽然这会让我们发掘出一个遗址不同部分的各种材料，但是却搞不清所探究的结构（比如房屋等）。换言之，没有什么好的办法可以替代质量上乘的大面积发掘。

为了有效地从整体上分析社群，对有些构造需要做完整的发掘，对其余部分做广泛抽样，以获得对不

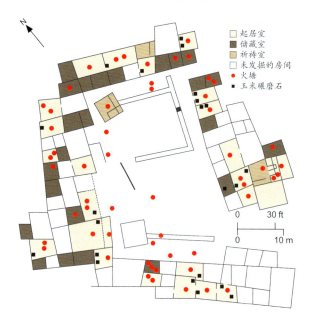

图5.59　亚利桑那州布罗肯·K·普韦布洛聚落：研究将发现有火塘和玉米碾磨石的房间与起居活动联系起来；将较小的房间与储藏室联系起来；将两个半地下房间与仪式联系起来。

图例：
□ 起居室
■ 储藏室
■ 祈祷室
□ 未发掘的房间
● 火塘
■ 玉米碾磨石

同构造多样性的了解。（究竟它们是一些重复的住家，还是比较特殊的建筑物？）

　　总的来说，聚落要么是集中在一起，要么比较分散。一处集中的聚落由一个或几个由许多房屋组成的大单位（聚居区）构成。而一处分散聚落的布局则是不相连的或往往是小型的孤零零的房屋。在聚集结构下，基本的问题是要探究内部重复的社会单位（比如家庭）和房屋的功能。

　　在一项现在十分有名、发表于1970年的、对美国西南部亚利桑那州布罗肯·K·普韦布洛（Broken K Pueblo）集中聚落的分析中，詹姆斯·希尔（James Hill，1934～1997）对这处公元13世纪遗址的功能进行了详细的研究。首先，他测绘出不同器物类型与不同房间的相伴关系。然后，在一项对现生普韦布洛印第安人的民族志研究中，他分辨出现在的三种不同房间类型——起居室（炊煮、吃饭和睡觉等）、储藏室和举行仪式的房间——以及男人和女人适用房间之间的区别。根据这一民族志证据，他得出16种推论来检验他的考古学证据，以求从布罗肯·K·普韦布洛遗址中发现三种房间类型和男女之间的区别。他的检验显示，器物的分布形态确实指示在布罗肯·K·普韦布洛遗址中存在相似的区别。

　　近年来，出现了许多对希尔结论的批评。新的工作显示，普韦布洛的建筑物，而非发现其中的器物，能够成为指示史前期房间功能更好的线索。而现代和史前时代男女之间区别的类比，则论证得并不令人满意。墓地研究（见上）可以在性别和特定器物类型之间提供一种更好的相伴关系。但是，希尔的研究是在社会考古学领域所做的一种先驱性的、令人感兴趣的工作，而他的方法尤为明晰，因此也易受到其他学者苛刻的批评（第十二章将更详细地考虑这个问题）。

　　另一项令人大开眼界的聚落研究案例，是由托德·怀特洛提出的对克里特岛南部米尔托斯（Myrtos）米诺斯早期遗址（前2300）的再解释。发掘者彼得·沃伦（Peter Warren）认为，这是一个集权的社会，拥有某种程度的手工业专门化（见上）。他发表的报告是如此出色而全面，以至于怀特洛能够得出不同的见解：那是一种家庭的生产结构而非专业化的手工业。根据对房屋功能的仔细分析（从发现于其中的器物和遗迹，以及它们的空间安排，他表明，聚落是由5或6个家庭聚集单位所构成的，每个单位大约有4～6人。每个单位拥有炊煮、储藏、工作和一般的起居区——并没有生产集中或专门化的证据。

　　定居社群的研究如果能从一开始就分辨出不同的房子，那就比较好办。在1920年代，戈登·柴尔德发掘了苏格兰北部奥克尼群岛斯卡拉布雷（Skara Brae）保存极其完好的新石器时代村落。他发现的聚落现在被定在公元前3000年，那里内部用石头制作的设施（比如床和食橱）仍然保存完好。在这样的案例中，社群分析以及人口估算就比较容易。

社会结构更多的信息来源

社会结构的考古学方法不应排除其他可行的途径，包括利用文字记载、口述传统和民族考古学。

在此值得一提的是路易斯·宾福德的看法，即如果我们想要在考古遗存和这些遗存所代表的社会之间架起一座跨越鸿沟的桥梁，那么我们必须建立一种他所谓的中程理论的分析体系。但是就现在而言，我们觉得把考古学理论分为高级、中级和低级的做法难以成立。我们选择不采用中程理论这一术语。

有些学者也非常强调类比（analogy）的概念。类比的说法是立足于这样一种信念：如果某些过程或物质在某种方面类似，那么它们在其他方面也有可能类似。因此，这就有可能利用从某信息实体得到的细节，来补充其他信息实体有所缺失的细节。有些人已经考虑将类比作为考古学推理的一种基本手段。在我们看来，强调这点有点误导。虽然考古学家利用从某社会（不管是现生的还是已逝的）研究获得的信息来帮助了解他们所感兴趣的其他社会，是不争的事实，但是这些通常是一般性质上的观察和比较，而非特定细节上的类比。

但是，类比是制定通则的一种有力手段。例如近年来，个性（personhood）的概念（第十一章）受到了仔细的审视，而对印度和美拉尼西亚近代社会的比较也为欧洲和其他地方史前社会提供了有益的洞见。

文字记载

对于识文断字的社会——即应用文字的社会，例如中美洲、中国、埃及和近东等所有伟大的文明——历史记录能够回答本章开头提出的许多社会问题。因此，研究这些社会的考古学家的一个首要问题是要找到适当的文献。在近东，对一些重要遗址的许多早期发掘，将发现泥版文书档案作为首要的目的。今天，仍有一些这样的重要发现——比如1970年代在叙利亚埃勃拉（Ebla）古城（马地克土丘［Tell Mardikh］）出土的5000件泥版文书档案，很可能是以阿卡德（巴比伦）的行省方言书写的。

在每个识文断字的早期社会里，文字都有自己的功能和目的。例如，公元前1200年的希腊迈锡尼泥版文书无一例外是被用来记录迈锡尼宫廷的商贸往来的。这使我们了解到有关迈锡尼经济的许多方面，并得以

窥视其手工业生产的结构（通过不同种类工匠的名字），并且知道国家官署的名称。但是在这里，就像在其他的案例中那样，保存的偶然性可能非常重要。有可能的是，迈锡尼人只将他们的商贸记录写在泥版上，而用其他易朽材料记载的文学作品或历史典籍则不可复得。对于古希腊和罗马文明来说确实如此，只有官方的法令被镌刻在大理石上而流传至今。载有文献的脆弱纸莎草卷——现代纸张的前身——只有在埃及干燥的空气中，或在掩埋庞贝和赫库拉尼姆的火山灰中被保存下来（见边码24～25专栏）。

不应被忽视的一个重要文字来源是钱币。钱币的发现地点可以提供有关贸易的有价值的经济证据（第九章）。而铭文本身可以为货币发行部门提供信息——到底是城市国家（如古希腊），还是专断的统治者（如罗马帝国或中世纪欧洲的国王）。

解读一种古代语言可以改变我们对使用它的社会的认识。19世纪商博良解读埃及象形文字的杰出工作在第一章里已经提到。中美洲考古学最重要的一项进展，来自对墨西哥玛雅地区及中美洲镌刻在石碑以及

212
213

图5.60　在埃勃拉宫殿（现代叙利亚的马地克土丘）发现的5000块泥版中，有些可以追溯到公元前3000年后期。这些泥版是国家档案的一部分，记录了埃勃拉140多年的历史。它们最初被放在木架上，当宫殿被毁时木架也跟着倒塌。

各种历史证据

图5.61～5.63　在古代文明中，文书的身份显赫：（上右）在玛雅，一个公元8世纪彩绘花瓶上重塑的兔神被画作一名文书。（上左）埃及的军事文书们将埃及新王国敌军的投降记录在纸莎草卷上——塞加拉（Saqqara）的浮雕。（中左）庞贝出土的一幅壁画上绘有一位罗马时代沉思的文书。

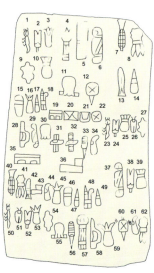

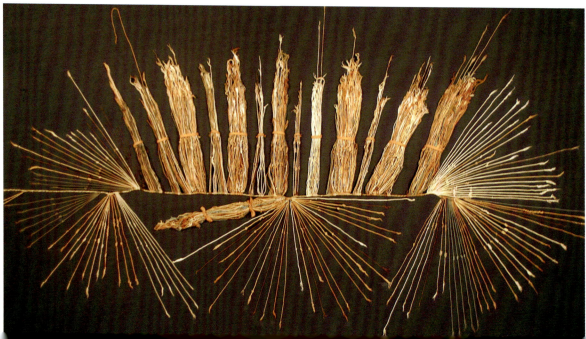

图5.64　印章和印章的印迹。（右）一枚公元前2400年阿卡德柱状印章的展开图，表现了可能是猎人的几位武士。其铭文用像图5.69汉穆拉比法典那样的楔形文字书写，表明该印章的主人是卡尔基（Kalki）——国王兄弟乌比里什塔尔（Ubilishtar）的一名仆人（虽然并未指明哪位国王，但很可能是阿卡德的萨尔贡）。这类印章被用来标明所有权或真实性，已从美索不达米亚遗址中出土了几千枚。

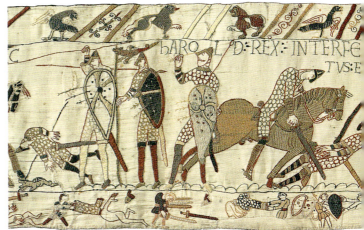

图5.65　中世纪早期的文献。（右）巴约挂毯上的著名场景，是对1066年英格兰国王哈罗德·戈德温森（Harold Goldwinson）在黑斯廷斯（Hastings）战役中阵亡的记录。历史文献就像考古证据一样需要仔细的阐释。

图5.66～5.67　美洲。（对面页中右）大约公元前900年的卡斯卡哈尔石板（The Cascajal Block）是美洲最古老的文字证据。虽然奥尔梅克铭文无法释读，但事实上，有些符号大多类似于奥尔梅克图像学的已知要素，它们重复出现或以序列重复出现（比如1～2和23～24），表明这是一种真正的文字形式。（对面页下）印加没有类似的文字系统，但是采用被称为基普（quipu）的结绳方法记账并记录其他事务。

图5.68　钱币。（左）1999年瑞典哥得兰岛（Gotland）斯皮林斯（Spillings）出土的维京时期的巨大银器窖藏，其中有大约500件臂环和大约14300枚钱币（主要是阿拉伯钱币）。最晚的钱币年代为公元870/871年。钱币铭文能提供断代（第四章）和贸易（第九章）的信息，也可了解发行的机构。

图5.69　铭刻。（右）约公元前1750年巴比伦国王汉穆拉比的著名法典。该法典以49条纵列镌刻在2.25米高的黑色玄武岩石碑上。其细部可见国王面对坐着的正义之神——沙马什像。参见边码213。

可携器物，还有画在陶制器皿上符号（象形文字或只是"铭文"）的释读。过去普遍认为玛雅碑文无一例外具有历法的性质，或纯粹是处理宗教事务内容，明显是神的行为。虽然历法轮回和神圣事务肯定是某些文献的中心内容，随着对这些铭文更加完整的解读，我们现在能在许多情况下将其作为与玛雅国王、王后和贵族相关事件的历史记录来了解（见边码138～139、410～411专栏）。我们现在也能开始约略推断属于各个玛雅中心的疆域（见边码208～209专栏）。玛雅的历史因此大为改观。但是，尽管做了无数的尝试，有几类重要文字尚未破译，其中包括南亚印度或哈拉帕（Harappa）文明的文字、中美洲萨波特克和伊斯米亚（Isthmian）的文字，还有克里特岛的线性A文字。

文字材料在重建社会考古学上富有价值的一个较为详细的例子是美索不达米亚，在那里数量巨大的苏美尔和巴比伦（前3000～前1600）的文字记载主要以泥版的形式被保留下来。在美索不达米亚，文字的使用主要可以概括为以下几个方面：

为未来使用而记录的信息	—行政目的
	—法律编撰
	—神圣传统的制订
	—编年史
	—学术目的
传递当前信息	—信件
	—王室告示
	—公告
	—训练文书的课本
与神祇沟通	—经文、护身符等

苏美尔国王名录提供了为未来使用而记录信息的编年史的极佳例子。它不仅对于现代学者的断代工作极其有用，而且也提供了苏美尔人看待权力运作方式的社会学视野——例如他们所使用的等级名称。同样，王室成员雕像上的铭文帮助我们了解苏美尔人是如何看待其统治者与诸神的关系的。这种有关社会如何看待他们自己和世界的非常重要的一种信息——认知信息——将在第十章里做更为详细的讨论。

对于了解苏美尔社会结构更加重要的是那些与工作或组织中心——这在苏美尔社会里常常是神庙——共存的泥版。例如，在特洛（Tello）附近包（Bau）神庙出土的1600件泥版提供了这些圣地所作所为的细节，

上面罗列了田地和从这些田地上收获的庄稼、工匠，以及诸如谷物和牲畜的收据和发票。

在所有记录中也许最引人注目的是法典，其中令人印象最为深刻的例子是巴比伦的汉穆拉比法典，它大约于公元前1750年用阿卡德语（Akkadian）（楔形文字）写成。统治者（见图5.69）见于石碑的顶部，站立于正义之神沙马什（Shamash）前面。颁布的法典一如汉穆拉比所宣布的"使得强者不得欺凌弱者，并保护婴儿与寡妇的权利"。这份法典涵盖了生活的许多方面——农业、商贸交易、家庭法规、继承权、对雇佣不同工匠的称呼以及对罪行比如通奸与杀人的惩处。

尽管内容丰富并令人赞叹，但是对汉穆拉比法典的解释并不那么明白易懂，它特别需要考古学家对法典赖以生成的整个社会背景进行重建。正如尼古拉斯·波斯特盖特曾指出的，法典并不完整，而是仅仅涉及了被证明比较麻烦的那些法律问题。而且，汉穆拉比不久前刚刚征服了几个敌对的城邦，因此，这个法典很可能是被制订来帮助将新的疆域纳入他的帝国的。

文字记录无疑对于我们了解未知的社会有极大的帮助。但是，我们不应当不加鉴别地根据它们的表面价值全盘接受。我们也不应忘记保存的偶然性，以及一个社会对读写能力的特殊应用。历史记录的最大危险在于，它们会以其自身的观点影响我们，以至于它们不但为我们的问题提供了答案，而且无意中限定了这些问题的性质，甚至我们的概念和术语。一个很好的例子是盎格鲁-撒克逊英格兰的王位问题。大部分的人类学家和历史学家倾向于认为"国王"是一个国家社会的领袖。于是，当盎格鲁-撒克逊英格兰的最早记录——大约于公元890年前后成文的《盎格鲁-撒克逊编年史》（The Anglo-Saxon Chronicle）——提及公元500年左右的国王，便很容易使历史学家以为国王和国家就是在那时出现的。但是考古学有力地表明，完全的国家社会一直要到公元780年左右麦西亚（Mercia）的奥法（Offa）国王或公元871年韦塞克斯的艾尔弗雷德（Alfred）国王时期才形成。十分明显的是，早期的"国王"一般没有晚近时代非洲和波利尼西亚的一些统治者来得显赫，后者被人类学家称为"酋长"。

因此，如果考古学家想缀合历史记载与物质遗存，那么他必须从一开始就仔细地制定相关的问题，并很好地定义相关的词汇。

口述传统与民族史

在没有文字的社会里，有关过去的，甚至是遥远

过去的有价值信息往往藏匿在口述传统之中——代代口耳相传的诗词、圣歌或故事。这有可能是非常古老的。一个很好的例子是由印度最古老的宗教经文《梨俱吠陀》(*Rigveda*)的颂诗所提供的，它用吠陀梵语书写，并由口耳相传保存了几百年，直到公元1千年中叶才被有读写能力的祭司记录下来。同样，有关特洛伊战争的史诗也很有可能在口头上流传了好几个世纪才被荷马于公元前8世纪左右写下来，并被许多学者认为保存了公元前12或13世纪迈锡尼世界的景象。

像荷马《伊利亚特》和《奥德赛》(*Odyssey*)那样的史诗，肯定提供了有关社会结构的非凡洞见。但是，尽管有如此多的口述传统，问题在于要具体论证它们是指哪个时期——判断它在多大程度上反映了远古时代，又有多少反映了比较晚近的世界。然而，在波利尼西亚、非洲以及其他地方，文字使用得很晚，调查几个世纪之前的社会结构的第一步，自然就是了解口述传统。这常常保存在"民族史"中，由紧随其后的殖民者中有修养的学者，或实际上由原住民作者所记录，比如中美洲和南美洲在16世纪西班牙征服者来到之后所作的记录。

民族考古学

社会考古学家另一种重要的方法是民族考古学(ethnoarchaeology)。它包括研究现生社会中那些被探讨的器物、房屋和建筑的用途和意义，以及这些物质材料变成考古记录的经过——当它们被丢弃、拆毁（比如房屋和建筑）或废弃时发生了什么。因此，这是一种了解过去社会的间接方法。

观察现生社会来帮助解释过去并不是一个新主意。早在19世纪和20世纪初，欧洲考古学家常常从民族志学家在非洲和澳洲社会中所从事的研究中汲取灵感。但是，产生的所谓"民族志类比"——其中考古学家常常简单且粗糙地将过去社会与现生社会作对比——只会扼杀新思想，而不是促进它的发展。在美国，考古学家从一开始就面对复杂的印第安原住民社会的现实，这使他们更深刻地思考如何运用民族志来帮助解释考古学。然而，完全成熟的民族考古学实际上是在1950和1960年代发展起来的。关键的区别在于，现在是考古学家自己而非民族志学家或人类学家在现生社会中从事研究工作。

一个很好的例子是路易斯·宾福德在阿拉斯加一个叫作纽纳缪特爱斯基摩狩猎采集群中展开的工作。1960年代，宾福德试图解释法国旧石器时代中期的考古遗址（莫斯特时期，180000～40000年前）。他发现，只有研究现代的狩猎采集者如何利用和废弃骨骼与工具，以及如何从一个遗址向其他遗址移动，才可能开

图5.70　口述传统。印度史诗中的一个场景，现藏于大英图书馆中一份17世纪手稿中描绘的罗摩衍那(Ramayana)。故事描述了伟大君主（喇嘛）试图拯救他配偶的功绩，后者曾被魔王劫掠到斯里兰卡。该传说可能起源于公元前800年后印度民众的南迁，但是——就像所有口述传统一样——困难来自将历史与神话区分开来。

217　图5.71　民族考古学：路易斯·宾福德的工作。（右）根据阿拉斯加现生纽纳缪特人的观察，宾福德得出了露天火塘骨骼处理区这样一种模式。小的碎骨片分布在男人周围的"掉落区"，而较大的骨骼则被扔到了他们前后的两处"抛弃区"。（下中）在法国大约15000年前的平斯旺旧石器时代遗址，发掘者勒鲁瓦-古尔汉将三处火塘解释为一个复杂兽皮帐篷（复原图，中右）。（下左）宾福德应用"露天火塘模式"来说明平斯旺的火塘，从骨骼的分布推断，他认为这一模式要比勒鲁瓦-古尔汉的解释更加合适，即火塘是露天的而非在帐篷内的。

图5.72　（下右）围绕露天火塘的典型半圆形分布，在1980年代由博茨瓦纳杭济（Ganzi）的圭布须曼人（Gwi Bushman）所证实。

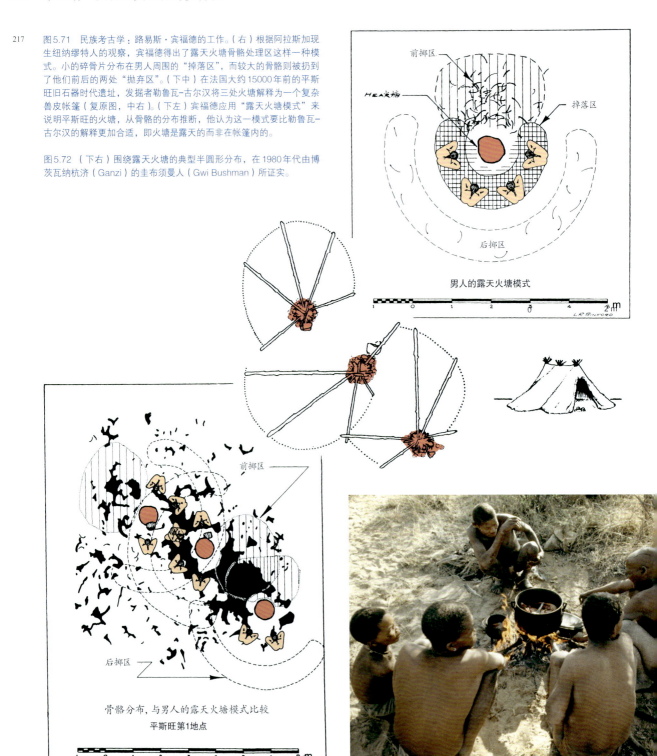

前掷区

掉落区

HEAR火塘

后掷区

男人的露天火塘模式

前掷区

后掷区

骨骼分布，与男人的露天火塘模式比较

平斯旺第1地点

始了解创造出莫斯特考古记录的动力机制，而该记录本身几乎可以肯定是流动狩猎采集经济的产物。从1969年到1973年，他断断续续地与纽纳缪特爱斯基摩人一起相处，观察他们的行为。例如，他研究了一个季节性营地男人产生和废弃骨骼碎屑的方式（阿拉斯加阿纳克图克沃克［Anaktuvuk］要隘的马斯克［Mask］遗址）。他看到，当围坐在火塘周围进行敲骨吸髓时，会有一块破碎小骨片分布的"掉落区"。较大的骨头则被男人们扔掉，在他们的前后形成了一块"抛弃区"（见图5.71）。

这些看似琐碎的观察正是民族考古学的真谛。虽然纽纳缪特爱斯基摩人并不一定能提供准确的与莫斯特社会的"民族学类比"，但是宾福德认为有某些行为或功能在所有狩猎采集者中是相同的，因为——就像处理骨头——这些行为是围坐在篝火边所能采取的最便捷的办法。于是，围绕火塘分布的动物骨骼留下了一种能让考古学家发现和解释的独特方式。根据这样的分析，有可能进一步推断这一群体大约有多少人，营地遗址是在哪一段时间被使用的。这些问题对我们了解狩猎采集群的社会结构（包括规模）是十分有用的。

得益于对马斯克遗址的观察，宾福德进而能够对法国约15000年前最后冰期栖居的平斯旺（Pincevent）旧石器时代遗址重新做出解释。发掘者安德烈·勒鲁

瓦-古尔汉（André Leroi-Gourhan，1911～1986）将该遗迹解释为一处覆盖有三个火塘的复杂兽皮帐篷（见图5.71）。宾福德却在马斯克遗址注意到，当风向转变的时候，围坐在火塘周围的人会转一个圈，在下风处再建一个火塘以避开烟熏。宾福德分析平斯旺围绕火塘的碎屑分布后认为，两处火塘就是这一事件的结果，当风向先后改变时，坐着的人便转动他的位置。他还进一步声称，这种行为只发现在露天的火塘周围，因此发掘者复原成一处可覆盖的帐篷是不确的。但是，分析显示这些火塘的功能稍有不同。在平斯旺遗址和巴黎盆地其他遗址的工作，既从勒鲁瓦-古尔汉专一的解释和宾福德从民族考古学获得的一般性观察中获得了灵感，同时也发现了错误。

民族考古学并不局限于对局部范围的观察。英国考古学家伊恩·霍德（Ian Hodder）在他对肯尼亚巴林戈湖（Lake Baringo）地区不同部落采用的妇女耳环的研究中，采取了一种区域性的研究方式，来调查物质文化（在本案例中是个人的装饰品）在何种程度上

图5.73～5.74　民族考古学：伊恩·霍德的工作。在东非肯尼亚巴林戈湖地区，霍德研究了图根（Tugen）、尼杰普斯（Njemps）和波克特（Pokot）（右）妇女佩戴的耳环，并用一张分布图（左）表示装饰品如何被用来标志部落的区别。物质文化的其他特征（比如陶器或工具）会反映一种不同的空间分布方式。

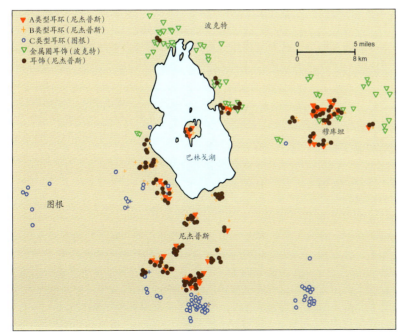

被用来标志部落之间的区别。部分工作成果就是考古学家不再认为事情有那么简单，可以用考古学组合将它们归入地区性"文化"之中，然后假定每个"文化"就代表了一个社会单位（见第十二章）。这种程序实际上对于霍德所研究的耳环十分合适，因为被调查的人群会选择这样的特征来表现其部落的个性。但是，正

如霍德所示，如果我们选择物质文化的其他特征，如陶器或工具，未必会得到相同的形态。他的案例证明了一个重要的教训，即考古学家不能以简单和不加思考的方式来利用物质文化重建所谓的族群。

族属的整个问题是由语言来维系的（正如边码193、195讨论的那样）。

个体与身份考古学

　　本章中的讨论是从社会及其结构的概念为起点的。这可以被视为一种"自上而下"的方法，其中我们从组织、等级、权力和集中的问题开始，然后才转到社会里生活的实际个人。从个体与社会关系开始，包括亲缘关系，并以此向外拓展也同样可行，这常被称作"自下而上"的方法。这可能要涉及对社会关系网的考虑，事实上这一方法已由英国考古学家克莱夫·甘布尔（Clive Gamble）在旧石器时代的研究中所采用。甘布尔比较了两种不同的人类学文化观：包括社会结构思维再现的认知论方法，以及强调人们在其环境中积极作为的现象学方法。尤其后者可以被视为在个体层面上进行。"身体在社会生活中表现的节奏和姿态，生活的习惯性动作，意味着社会记忆是以非文字和非语言的方式进行传递的。"（Gamble 1998, 429）这些经验是通过个体和个体之间的接触而体验的，并通过关系网的发展而进行的。"通过符号资源延展的关系网的完善，造就了区域性的社会景观。"（Gamble 1998, 443）

　　这也是许多社会人类学家和社会学家，并实际上也是关注微观经济学层次上个人事务的经济学家的一种倾向。在第十章"他们如何思考"中，是始于个体认知图像的考虑，采纳了从一开始就采用的被认为是"方法论个体主义"的哲学观。

　　在某些方面，这个方法起先有点像后过程学派阐释考古学家所采用的方法，尽管其哲学背景不同。后过程学派阐释考古学家部分追随了法国社会学家皮埃尔·布迪厄（Pierre Bourdieu）的工作，他们强调，社会概念，如我们习惯上采用它们来谈论年龄、性别和阶级时使用的社会范畴，是我们自己社会的东西，因此根本上是我们自己的东西。这一点可以在下面用性别来举例说明（边码41～42），其中似乎十分明显的一点是，生物学性别作为一种客观范畴，要与我们赋予男人、女人、武士、接生婆等的社会角色区分开来，他们确实和性别有关，但实际上也是人为构建的概念，当我们在特定社会之间进行比较时，它们被看待的方式会十分不同。

　　像约翰·巴雷特（John Barrett）和罗贝塔·吉尔克里斯特（Roberta Gilchrist）这样的考古学家，将布迪厄的习性（*habitus*）概念（我们可以将它定义为由社会决定的在个人身上表现的构建原则或性情）——这是一个比较抽象的概念，但仍然是一个有用的概念——分别应用到考古学以及新石器时代（早期农耕阶段）和中世纪的物质文化中去。得益于考古记录漫长的时间轨迹，它的非凡之处是能让我们追溯世界上那些全新概念的产生和发展——比如价值和财产的概念（第十章边码408～409，与史前瓦尔纳［Varna］墓葬相关的讨论）、所有权的概念、王权的概念，实际上还有许多用于编织我们许多特有想法的概念。布迪厄（1977，15）这样说：

　　　一种永久性的性情（disposition）以精神习性、观念和思想体系的形式……比如根据男女之间、东西方之间、古和今之间的两相对立将世界加以区分的概念，根植于作为中介的真实身体之中，也在更深的层次上，根植于身体的姿势和态度……站、坐、看、说和走的形式上。

　　尽管乍看之下这些是自然"赋予"的东西，其实为文化所特有：它们是人们在社会中形成和采纳的。因此我们也许可将习性看作透露了思想意识的信息，这种思想意识是在一种社会化或文化适应的过程中传递和复制的，其中物质文化发挥着积极作用。

　　朱利安·托马斯、约翰·巴瑞特和其他英国后过

程学派的考古学家强调，诸如公元前3千纪在韦塞克斯新石器时代纪念建筑上从事的集会和祭祀（见边码186~187专栏），很可能有助于塑造早期农人的世界观、性情、甚至他们的习性，正如吉尔克里斯特所讨论的，中世纪修道院的环境、物质以及精神，很可能塑造了修女群体的习性。人们居住的建筑物及使用习惯会影响个人的日常生活方式，以及何为正规和习以为常的个人经验和预期。在不同的层面上，频繁体验祭祀实践会使祭祀成为正常和自然的事，并主宰日常生活的期待和设想。这些观念让我们看到，社会范畴和角色是何等深的一个层面，且实质上是使用它们那个社会的构思。

这些概念不应被视为理所当然：事实上考古学方法使得我们能够观察这些构思（constructs）最初何时被赋予了物化的形式（就如欧洲青铜时代男女佩带的不同饰品，或某人最早展示权威的符号，我们因此可以认定他可能是一位酋长）。

身份指向的维度很多。就如上面指出，性别和年龄是身份研究的焦点。分辨权威和较高地位的问题以前是从等级的概念加以讨论的（相对于"自下而上"，这是属于一种"自上而下"的讨论）。近来，族属再次受到关注（见上，边码193），不仅是因为政治团体为当下政治目的而滥用考古学（见第十四章）。

个性考古学

近年来，认为"个体"（individual）作为自主个人可以被独立看待的概念，被认为过于简单了。正如英国文艺复兴时期的诗人约翰·多恩（John Donne，1572~1631）所言，"没有人是一座孤岛"，人类是一种社会动物。角色、地位、族属乃至性别在不同社会里有不同理解。这些都是社会建构。

社会的结构通常基于个人的等级，实际上是基于人群的阶级划分，既有等级的，又有平行的。这些范畴通常通过物质符号来表现，权力肖像学将在第十章中进一步讨论。分析并试图理解社会的这些方面是如何互动的，是考古学的魅力之一。

虽然社会不平等的考古学议题可能还未被非常全面地讨论，但是在历史考古学领域一直存在对一些下层社会群体物质文化的系统研究，包括一些从文献说明中得知应视为城镇贫困区的有趣研究。

被19世纪早期作家们包括查尔斯·狄更斯（Charles Dickens）描述的声名狼藉的纽约下曼哈顿区（Lower Mahattan）法夫波因茨（Five Points）贫民

窟，在对福利（Foley）广场联邦法院新址进行抢救性考古发掘时做了调查，并获得了一些生动的认识。比如，发掘区包括巴克斯特（Baxter）街12号的地下妓院，历史文献（1843年对经营者的起诉书）将其形容为一处"藏污纳垢之地——妓女和其他声名狼藉者的巢穴"。出土的物质文化提供了进一步认识：

> 发现于巴克斯特街12号后面隐蔽处家用物品的质量远远超过了该街区其他任何地方发现的物品。妓女们生活得很好，至少当她们有事可做时。引起人们注意的一点是她们的生活方式是女裁缝、洗熨衣服的女工以及女佣们所望尘莫及。妓院里的下午茶采用一套中国瓷器，包括配套的茶杯和咖啡杯、茶托与盘子、一只汤碗和一只茶叶罐。膳食包括牛排、小牛肉、灌肠、软壳蛤和多种鱼类。与法院街区其他的发掘地点相比，从妓院中获得的各种器物极其丰富多样。（Yamin 1997a, 51）

离福利广场不远的另一处发掘点是非洲人墓地，在1755年的地图上正式叫作黑人墓地（The Negros Burial

图5.75　一位约鲁巴（Yoruba）女祭司和一位卡迈特（Khamite）祭司在纽约下曼哈顿区非洲人墓地的一座墓上为祖先举行祭洒仪式。

图5.76～5.77　（上）纽约下曼哈顿区法夫波因茨19世纪贫民窟抢救性发掘现场远眺。一处妓院的地下室被发掘，并获得大量有关居住者日常生活的丰富信息。尽管社会地位很低，妓女们至少能享用中国瓷器（左）。

Ground），它提供了丰富的信息并影响很大。1991年抢救出土的骨架在今天非裔美国人社群中激起了义愤，他们觉得事先没有经过充分协商，最终导致在纽约建立了非洲和非裔美国人历史博物馆。那里没有墓碑，除了木头、棺钉和裹尸布的别针之外几乎没有发现任何随葬品。骨架研究结合了DNA分析、头骨测量和历史文献，以发现这些人来自何方。大量的样本也能进行营养学和病理学研究。发掘出土的419具遗骸在百老汇进行处理后，于2003年举行仪式重新安葬。显然，争议与发掘为建立非裔美国人考古学提供了一个契机，这一概念已经通过对一些种植园遗址的调查而作了很好的定义。

身份与社会的诞生

迄今为止，考古记录中能够辨认个人身份的最早迹象，是旧石器时代的珠子和个人饰品。这些东西随着现代智人的出现，在旧石器时代晚期变得越来越多，特别在墓葬里尤为明显。毫无疑问，一种明确定义的个人身份是我们物种的一个普遍特征，虽然它并不总是能从残存的物质遗存中轻易看出来。但是，随着定居生活方式的开始，个人饰品的采用变得越来越明显。研究证实，在西亚，随着新石器时代开始，或实际上更早，从纳图夫时期以降，人体装饰证据有惊人的增长。

有趣的是，采用个人标志的这种增加，与其他两项非常重要的社会现象几乎同时发生：祭祀活动和纪念建筑的营造。前陶新石器时代杰里科（前8500～前5500）的围墙明显是用于调节群体间关系的。但是，有人合理地指出，在群体内部，这类建筑活动确立和调节着新的社会经济关系。利用物质世界的新形式，成为构建社会关系的工具。于是，个人装饰作为自我身份新范畴的标志，似乎是随群体内部正在形成中的新关系而同时形成的。

同样在西亚的这个时期，新的意识形态通过新的祭祀实践而形成。荷兰考古学家马克·范霍文（Marc Verhoeven）提出了划框（framing）的概念，即为祭祀和非家庭目的而将人群、活动、器物与他者区分开来的方式。划框主要是通过建立一种特定时空和采用罕见器物来做到的。墓葬也是最明显的划框和祭祀场景。

社会认同与社会团体是在从事共享活动时通过个体间互动而形成的，不管是集体的（如营造公共建筑），还是祭祀的，或者两者兼有。这些活动往往具有所谓一种观念的作用以及一种功能的作用，而认知常常与这种实践形影相随。新认知范畴的发展（第十章）紧随新的社会关系而发展。

在较晚阶段，认同和社会关系的发展也有相似的过程。前陶新石器时代杰里科发生的事情，同样也发生在希腊从青铜时代向铁器时代转变之时。在对希腊埃维亚（Euboia）勒夫坎迪（Lefkandi）祭祀或宗教建筑中出土的一座富墓"含态度器物（object with attitude）"的讨论中，詹姆斯·惠特利（James Whitley）实际上描述了通过在一种非常特殊背景中埋入特定器物进行"划框"的案例。在此，个人占有、祭祀和壮观的公共建筑同时汇聚在个人和团体新认同的划框过程之中，奠定了古希腊的社会基础。

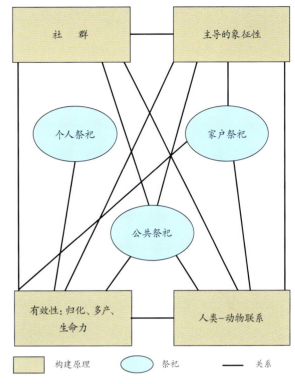

图5.78　马克·范霍文的前陶新石器时代B祭祀模型，该模型将个人、家庭和社群联系起来。它适用于与死者和丧葬相关的祭祀，也同样适用于日常和其他定期的祭祀。

小 结

- 社会大体能被分为四组。流动的狩猎采集群人数少于100，缺少正式的首领。分节社会很少超过几千人，他们是典型定居的农人。酋邦根据等级原则而运转，因此人们的社会地位就有了差异。国家保留了许多酋邦的特点，但是统治者拥有了建立和实施法律的权威。

- 社会规模来自对该社会聚落形态的了解，这只能来自田野勘察。

- 在某中心对建筑物和其他管理证据的研究，提供了某社会有关其社会、政治和经济结构以及统治贵族生活图像很有价值的信息。道路系统和低层级管理中心，进一步提供了有关该社会和政治结构的信息。对死亡个体采取的不同处置方法的研究，包括墓葬规模和随葬品的贵贱，能够反映某社会地位差异的完整系列。

- 其他来源也能提供有关社会结构的信息。文字社会留下的丰富文字资料，可以回答考古学家提出的许多问题。口述传统甚至能够提供有关遥远过去的有用信息。民族考古学是社会考古学家的一种基本方法，因为今天的某些社会仍以与过去社会相同的方式运转。

- 个人身份是我们物种的一个普遍特征，但是要从考古遗存来重建这种身份却并非易事。在某社会里采用纯粹的个人物品，倾向于与祭祀活动的发展以及纪念建筑的营造相关。性别已经成为考古学身份研究的一个重要方面，因为这是一种社会构建，涉及与性别相关的个人角色。

▶ 分子遗传学研究也是具有潜在重要性的调查个人和社会群体的新领域。

深入阅读材料

下列著作介绍了考古学家设法重建社会结构的一些方法：

Binford, L.R. 2002. *In Pursuit of the Past*. University of California Press: Berkeley & London.

Diaz-Andreu, M., Lucy, S, Babić, S., & Edwards, D.N. 2005. *The Archaeology of Identity*. Routledge: London.

Fowler, C. 2004. *The Archaeology of Personhood: An Anthropological Approach*. Routledge: London.

Hodder, I. 2009. *Symbols in Action*. (Reissued) Cambridge University Press: Cambridge & New York.

Janusek, J.W. 2004. *Identity and Power in the Ancient Andes*. Routledge: London & New York.

Jones, S. 1997. *The Archaeology of Ethnicity. Constructing Identities in the Past and Present*. Routledge: London.

Journal of Social Archaeology (since 2001).

Meskell, L. 2006. *A Companion to Social Archaeology*. Wiley-Blackwell: Oxford.

Pyburn, K.A. (ed.) 2004. *Ungendering Civilization*. Routledge: London & New York.

Renfrew, C. & Cherry, J.F. (eds.). 1986. *Peer Polity Interaction and Sociopolitical Change*. Cambridge University Press: Cambridge & New York.

Sabloff, J. A. & Sabloff P. L. W. (eds.). 2018. *The Emergence of Premodern States: New Perspectives on the Development of Complex Societies*. Santa Fe Institute Press: Santa Fe, NM.

6

过去的环境是怎样的？

环境考古学

就其本身建树而言，环境考古学现在已是一门十分成熟的学科。它视人类这种动物是自然界的组成部分，在生态系统中与其他物种互动。从它们的背景来看待考古遗址，并考虑发生在它们周围的地貌及生物的演替过程，这十分重要。环境被看作一种变量，而非时空上一成不变或到处相同的现象。以这样的方式理解环境，我们就能更好地了解过去人地关系之间的变化。鉴于目前对人为造成的气候变化的担忧，以长时段眼光看待过去人类如何应对环境变化，是极有帮助的。

环境重建是一项根本性任务。因为如果我们想要了解过去个人的作用，以及他们所组成的社群，我们首先必须知道他们的世界是什么样子的。这项任务的第一阶段需要回答年代学和气候方面比较宽泛的问题。在全球气候变化的漫长序列中，是否有考古遗址被栖居？接下来是比较具体的分析，考古学家观察植被的证据，无论是花粉还是其他植物，还是动物群（动物遗骸），尤其是微小动物群，包括昆虫、蜗牛和啮齿类，它们是某一遗址特殊条件的敏感标志，它们的历时变化同样也能为较宽泛的环境条件提供重要的材料。

当然，就像当下全球变暖的争论所提醒我们的，人类并不总是受制于他们的环境——他们常常通过改变植被、开发和过度开发资源、河流改道和产生各种污染对环境产生根本的影响。

调查全球范围的环境

评估过去环境条件的第一步是要从全球范围着眼，除非从这种广阔气候背景着眼，否则探讨局部变迁意义不大。由于地球三分之二被水覆盖，因此我们应当从这一领域所能够获得的观察古代气候的证据入手。现在不仅可以对沉船和水下遗址进行发掘，而且还可以从海床获取对重建古代环境，特别是较早时期环境特别有用的资料。

来自水和冰的证据

洋底沉积的堆积速度非常缓慢（每千年仅几厘米），在有些地区，主要是由微化石如海洋浮游生物贝壳构成的淤泥——这是一些生活在海洋表面水体极小的单细胞海洋生物，它们死后便沉入海底。如同考古地层学，我们能够通过研究从海床获取的岩芯追寻环境的历时变迁，以及通过沉积序列探究代表性物种和单一物种形态（体质形态）的变化（见边码225专栏）。

目前已研究了数千个深海岩芯，并取得了坚实的成果，它是对所获陆地资料极具价值的补充（见下）。例如，从太平洋获得的一根长21米的岩芯，为我们提供了超过两百万年的气候记录。在地中海东部，美国海洋学家罗伯特·特内尔（Robert Thunell，1951～2018）通过对沉积物样本中有孔虫的研究，能够估计不同时期海洋表面的温度和盐度变化。他证明，大约在18000年前即末次盛冰期，冬季气温要比现在低6℃，而夏季比现在低4℃。爱琴海的含盐度要比现在低5%，很可能是因为当时位于东欧和西伯利亚西部的大淡水湖向爱琴海倾注了大量冰冷的低盐度淡水。

通过分析沉积物中的有机分子，海底岩芯也提供了气候的信息。有些这类分子，特别是所谓的脂肪脂类（fatty lipids），能够相对保持完整而提供气候线索，因为细胞会随气温变化而调整其脂类中的脂肪成分。在寒冷条件下，海洋生物的不饱和脂类比例会增加，而在温暖条件下，饱和脂类会相应增加。据英国化学家西蒙·布拉塞尔（Simon Brassell）和他德国同事的研究，深海沉积岩芯显示的饱和与不饱和脂类比例的历时变化，似乎与从氧同位素技术所知的过去50万年来海洋温度的变迁相当吻合。

采用相似的技术，从连续沉积的冰盖中也能提取冰芯，在此，氧同位素成分为气候波动提供了一些线索。从格陵兰和南极冰盖以及从安第斯山和西藏冰川提取冰芯的研究结果，与深海岩芯的结果相符，并提供了许多细节。南极的沃斯托克（Vostok）冰芯深达3623米，上溯到距今42万年前。欧洲南极冰芯项目（EPICA）的冰芯长达3200米，并上溯到74万年以前。格陵兰冰盖项目（GRIP）和格陵兰冰盖项目2（GISP2）——两个相距28公里的冰芯，长达3公里，至少含有20万条年积层——的氧同位素材料显示，末次冰期存在几次200～500年的寒冷期，全都发生得很突然，大概也就是几十年间，然后逐渐结束。起初以为它们的温度比现在低12～13℃，但是据最近对封存在冰中的古代甲烷气泡（由那些对温度和湿度变化十分敏感的植物分解而产生）分析，揭示了气温的严酷程度要翻倍。最后一次摆回寒冷的冰期发生在距今12900～11600年前（未校正），随后紧接着一次非常突然的快速回暖——格陵兰的气温在50年里上升了7℃。冰芯里还见有一些更剧烈的摆动，仅在一两年里气温似乎升高了12℃！最后10000年一直比较稳定，除了发生在中世纪的暖期（约950～1250）和小冰期（约1350～1850）。南北两端的结果被安第斯山高处冰芯以及其他地区沉积和珊瑚礁的分析所确证，它们反映了热带地区（这里拥有着全球一半的大陆面积和大部分人口）对全球气候变迁的反应。

古代的风　同位素分析方法不仅可以用来研究气温变化，也可提供有关降水的资料。由于赤道和两极地区的温差总体上决定了天气的暴风雨，因此同位素研究甚至可以告诉我们不同时期有关风的信息。当气流从低纬度地区向较寒冷地区移动，雨雪形成的降水会富集稳定氧同位素^{18}O，以至于余下的水汽中其他稳定氧同位素^{16}O的含量相应增高。于是，通过某特定地区降水中这两种同位素之间的比例，我们能计算出该地区与赤道地区之间的温差。

采用这种方法，研究者研究了格陵兰和南极冰芯中过去10万年的比例变化。结果显示，在冰期阶段，赤道与极地之间的温差增加了20%～25%，因此当时的风力很可能要比现在猛烈。从西非沿海外获取的深海岩芯证实了这点，对其分析可以估算过去70万年间

风力强度。冰期的风势明显要比现在大，风速在冰期要比间冰期强50%。

人们发现，暴风雨的雨水要比正常降雨含更多的氧同位素^{16}O，这就在石笋积淀层中留下了痕迹，例如在伯里兹的洞穴中，还有在树轮中。这一方法精确标出了过去200年里的暴风雨事件，这就能够利用比较古老的石笋来构建上溯几万年的暴风雨记录，从而揭示其形态、地点和强度的变化。所以，过去的资料能够厘清现代全球变暖与暴风雨这种极端气候之间的可能联系。

为何考古学家如此关心古代的风呢？答案是，风能对人类活动造成巨大的影响。例如，一般认为日增的风暴很可能令维京海盗在一次寒冷期初放弃他们的北大西洋航线。同样，公元12世纪和13世纪波利尼西亚人在西南太平洋的大航海似乎与一次短暂微暖期的开始有关，当时很少有猛烈的风暴。几百年后这次大迁移随小冰期的到来而结束，它造成风暴频率的急增。如果波利尼西亚人当时能够继续前进，他们很可能会从新西兰抵达塔斯马尼亚和澳大利亚。

古海岸线

虽然海中的古生物肯定是考古学的关注点，但是古气候信息与考古学特别相关，因为它可以告诉我们有关对陆地以及对人类生存资源的影响。气候最关键的是对每个时期所拥有陆地总量的影响，这以古海岸线的研究来衡量。海岸线一直随时间不断变化，甚至相对晚近也是如此，就如在布列塔尼（Brittany）的埃尔拉尼克（Er Lannic）新石器时代石圈所见，如今它在一座岛上，一半已没在水中（新石器时代曾是一座内陆山丘），或如英格兰约克郡东部的中世纪村落，由于过去几百年里北海向西侵蚀岩壁，现均已塌入海里。相反，河流沉积的淤泥有时会使海水后退，形成新的陆地，就如土耳其西部的艾菲索斯（Ephesus），罗马时代它是沿海的一个港口，如今已在内陆5公里处。

对意大利由罗马人建造的沿海捕鱼围栏的研究表明，约2000年前的海平面比现在低1.35米。因为自那时以来，地质过程将陆地抬升了1.22米，余下的13厘米主要发生在20世纪，表明自1900年来的增速（根据潮汐仪的记录）。这些结果符合我们工业时代全球变暖、冰川融化所造成的海洋水量的增加。

对于关注旧石器时代漫长时段的考古学家来说，所考虑的海岸线变迁幅度更大。如前所述，大陆冰川的伸缩造成世界范围海平面巨大而不均匀地升降。当

海底岩芯和冰芯与全球变暖

海底沉积的地层可以通过从海床获取的岩芯得到。船舶采用一种活塞取芯机获取一根细长的柱状沉积芯，通常长约10～30米。然后，岩芯可以在实验室进行分析。

各层岩芯的年代可以用放射性碳、古地磁或铀系法获得（第四章）。然后，过去环境条件的变化可以通过对沉积物中发现的一种细小单细胞生物——有孔虫微小化石的两种检测来推断。第一，科学家研究不同有孔虫种类的存在、缺失和波动。第二，他们利用质谱仪分析有孔虫壳碳酸钙中的稳定氧同位素^{18}O和^{16}O之比。这两种检测识别出的变化不仅是气温的变化，而且也是大陆冰川的波动。例如，当冰川扩大，水被其固定，海平面降低，增加了海水的比重和盐度，由此导致海水深度的变化，不同深度生活着某些有孔虫种类；同时，海水中^{18}O的比例增加。当温暖期冰川融化，^{18}O的比例下降。

相同技术也能用来从今天格陵兰和南极的冰盖中获取冰芯。在此，冰芯不同深度氧还是氢同位素成分的变化，也反映了这些冰形成时的气温，于是提供了过去气候变化的标志；这些结果与深海岩芯的结果非常吻合。此外，高碳和甲烷层（所谓的"温室气体"）指示了全球变暖的时期。

从这些冰芯推测，下次冰期大约在未来的15000年；但是，地球气候的稳定性已被人类活动的影响所破坏，这些冰芯显示，今天大气温室气体的富集至少在过去44万年里是最高的。在这些冰芯里，甚至这类气体很小的增加也曾紧随着全球气温的明显升高，但是当下温室气体的增速要比过去50万年里冰芯中所探测到的任何记录大100倍。在该时段里，冰期二氧化碳水平在百万分之200上下，间冰期为百万分之280——但是自工业革命以来，该水平已上升到了百万分之375，这给科学家们拉响了警钟。

图6.1　一种叫截锥圆幅虫的有孔虫微化石，寒冷期其螺纹向左旋卷，温暖期向右旋卷。

图6.2　三种气候记录的比较。从左至右：深海岩芯中不同有孔虫的比例；深海岩芯中有孔虫壳中^{18}O和^{16}O之比；冰芯中^{18}O和^{16}O之比。这三种记录之相似，很好证明了气候长期变化是全球性的。

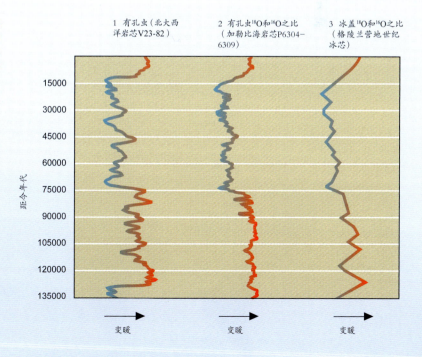

1　有孔虫（北大西洋岩芯V23-82）

2　有孔虫^{18}O和^{16}O之比（加勒比海岩芯P6304-6309）

3　冰盖^{18}O和^{16}O之比（格陵兰营地世纪冰芯）

距今年代

15000
30000
45000
60000
75000
90000
105000
120000
135000

变暖　　变暖　　变暖

227

厄尔尼诺与全球变暖

人们很早就认识到地球气候变化的循环，从一年四季到大冰盖长时段的消长。有些气候循环长达几千年，因此在人的有生之年难以察觉，不过仍对人们的活动产生影响。从格陵兰GISP2冰芯和海相沉积中获得的资料，揭示了这类循环的全过程，从地轴倾斜和摇摆造成的长达40000年和23000年的循环，到11100年、6100年和1450年的循环。1450年的循环与树轮记录相吻合，似乎与气候的突变有关。它也可能与太阳强度变化有关，虽然仍不确定。

最著名的气候突变是称为厄尔尼诺事件的太平洋热带暖流，厄尔尼诺意为圣婴，因为它们在圣诞节时出现。其标志是信风的减弱，它通常是将南美洲太平洋沿海温暖的表面海水推向西边，并令洋底的冷水上升进行补充。热带暖流的入侵使冷水鱼类减少或者向南迁移，由此影响到资源的分布及其丰富度——热带鱼类、甲壳类和某些贝类在该事件期间入侵秘鲁沿海；西太平洋和安第斯山遭受干旱，而厄瓜多尔和秘鲁沿海则雨水泛滥。印度季风消失，澳大利亚和非洲发生干旱，暴风雨袭击加利福尼亚和墨西哥沿海。

厄尔尼诺事件（也被称作ENSO或厄尔尼诺/南方波动）表明，热带洋面温度哪怕是相对很小的一次重新分布，

也会影响到全球气候。从南美洲西海岸一些热带遗址地质考古学和动物群获得的证据显示，现代厄尔尼诺系列大约始于5000年前一次重要的气候变化（因为距今8000年前的遗址中出土的主要是暖水物种，标志着稳定、温暖的热带海水，然而在距今5000年之后的遗址中出土了温带物种）。这次厄尔尼诺的发生被认为很可能促成了沿太平洋周围，特别是南美洲沿海的文明，滋润谷物的降雨导致了人口的增长、庙宇的营造以及社会的更加复杂化。

从厄瓜多尔安第斯山海拔4000米帕尔卡科查湖（Lake Pallcacocha）湖底沉积获得的气候记录显示，缺少有机质的浅色沉积层与富含有机质的深色沉积层交替，后者由厄尔尼诺相伴的暴雨所造成。该沉积确认，约12000～5000年前之间，厄尔尼诺没有或很弱；在最后5000年里，该湖泊记录了每2～8年的极端降雨，这是现在厄尔尼诺的状态，而在之前的7000年里，这样的降雨要几十年才出现一次，甚至间隔达75年。但是，从西太平洋珊瑚礁和北美洲五大湖沉积中获得的更早时期的资料又显示，厄尔尼诺的表现与今天相差无几——因此这种现象在过去几千年里一直时隐时现。

图6.3 秘鲁莫切（Moche）瓦卡德拉鲁纳（the Huaca de la Luna）发生在公元6世纪后期至8世纪初的一次厄尔尼诺事件中丧生的人骨架。当时，他们被埋在广场3-A泥砖墙的泥浆里，泥砖因暴雨而化为泥浆。

图6.4 在海洋气温伪色卫星照片里，由厄尔尼诺现象造成的暖水可以在南美西部太平洋中清晰看到。

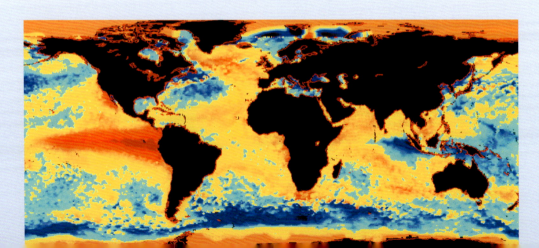

冰盖扩大，水被冰固化，于是海平面下降；当冰融化，海平面会再次上升。海平面下降常常会暴露出许多重要的陆桥，比如连接阿拉斯加与东北亚的陆桥，以及连接不列颠与西北欧的陆桥（见边码236～237专栏），这种现象不仅对人类的全球扩散，而且对整个环境影响深远——那些孤立和封闭环境中的动植物群常常被迅速和不可逆转地改变。今天位于阿拉斯加和亚洲之间的白令海峡是如此之浅，海平面只要下降46米就能变成陆桥。当18000年前冰盖扩展到最大范围时（即"盛冰期"），据信这里的海平面下降了约120米，因此形成的不只是一座桥，而是一片南北宽1000公里的广袤平原，叫作白令吉亚（Beringia）。白令吉亚的存在（其范围足以维持人类的生存）在有关人类移居新大陆可能路线和时间的持续争论中，是最为关键的一个证据（见第十一章）。

评估过去海平面的升降，需要研究沿海被淹的陆地表面以及陆地上抬升的海滨。抬升的海滨就是过去的海岸线，相对处于今天海岸线较高而可见的位置，比如旧金山以北的加利福尼亚沿海（见图6.7）。但是，今天海岸线上被抬高的海滨高度一般并不直接指示过去海平面的高度。在大多数情况下，海滨位置较高是地壳均衡抬升或地壳构造运动使得整个地面实际抬高。当冰期结束，气温升高，冰盖的重压消失后，地壳就发生均衡抬升；这就影响了海岸线，比如冰后期的斯堪的纳维亚、苏格兰、阿拉斯加以及纽芬兰。地壳构造运动涉及组成地壳的板块移动，地中海于中更新世和晚更新世抬升的海滨就是这种运动的一例。因此，结合过去的海平面来解释抬升的海滨需要专门的知识。对考古学家而言，它们也同样重要，因为很容易碰到早期的沿海遗址；位于比较稳定或下沉区域的遗址，会被上升的海平面所淹没。

除了地壳均衡抬升或地壳构造运动的重要影响外，火山喷发有时也会改变海岸线。例如，由于公元79年的火山爆发，曾一度是海滨名胜的庞贝和赫库拉尼姆现在距海有1.5公里之遥，它们过去的海岸线被埋在火山岩和泥浆之下。沿苏格兰东北部海岸，位于海拔8～9米处，一处距今约8000年的中石器时代居址被一层白色的海相粗砂所覆盖，似乎显示大约8000年前这里曾遭到海啸或潮水的冲击。

寻找被淹的地表 被淹沿海平原的地形可以用回声或与地震反射剖面法相关的技术沿近海搜寻，它在水深超过100米处能够穿透10米的海床。这类声学装置类似于用来寻找遗址的设备（见第三章）。将这些技术用于希腊一处重要史前遗址弗兰克西（Franchthi）洞穴前的海湾，地理学家特耶德·范安德尔（Tjeerd Van Andel）和尼古拉奥斯·利亚诺斯（Nikolaos Lianos，1923～2010）发现，海湾的中心陆架十分平坦，有一

图6.5～6.6 海平面与陆桥。（左）过去14万年以来全球海平面的波动，根据新几内亚胡恩（Huon）半岛抬升的珊瑚礁获得的证据，并结合深海沉积物氧同位素记录的分析（见边码136～138）。（右）18000年前海平面下降，在西伯利亚与阿拉斯加之间形成的陆桥，叫作白令吉亚。在大约18000年前末次冰期的最冷期（盛冰期），海平面下降可达120米。

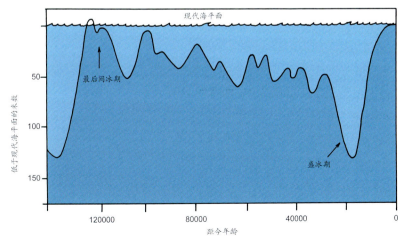

系列深度不等的小陡坡（过去海岸线的位置）一直下到深达118～120米的一处陡坡，这就是最后冰期的海岸线。通过这一调查，就有可能重建以该洞穴史前栖居为代表的整个序列的海岸线（23000～5000年前）。正如后面将要看到的（见边码254～255专栏），这类重建能使我们了解海洋资源的开发，并从弗兰克西地区今天环境里存在哪些东西，来评估不同时期可供食用或装饰的海生贝类。距今11000年前洞穴沉积中缺乏海贝，说明当时洞穴离海岸线较远。随后，海岸线逐渐逼近遗址，居住堆积中的海贝也相应多了起来。冰期之末，海平面上升，每千年几乎有半公里进深的陆地被淹，而在距今8000年以后，这一速度很可能放缓到每千年不到100米。如今，弗兰克西距海仅几米之遥。

抬升的海滨及贝丘 抬升的海滨常常由沙、砾石或沙丘组成，常见有海贝或人类利用的贝壳和海生动物骨骼组成的贝丘，实际上，贝丘的位置能够作为早期海岸线的精确标志。例如在东京湾，绳纹时代贝丘遗址（见边码296～297专栏）（放射性碳测定）标志了一次最大海侵期（6500～5500年前）的海岸线位置，当时由于地壳运动，海平面相对于今天日本的陆地要高3～5米。小池裕子（Hiroko Koike）对贝壳的研究证实了海洋地形的变迁，因为仅在此"最大海侵期"才存在亚热带贝类，反映了当时较高的水温。

偶尔，这类海滨的地层并不以垂直而是以水平表现。在阿拉斯加的克鲁森施滕角（Cap Krusenstem），114个连续的海滨遗留小台地绵延13公里，形成了延伸

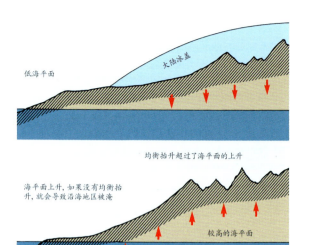

图6.8 地壳均衡抬升的原理。当海平面降低时，水被固定在大陆冰川中，冰盖下的土地遭到冰的重压。当冰川融化，海平面上升，那些受重压的土地也会抬升。

到楚科奇海的一个半岛。1958年，美国考古学家路易斯·吉丁斯（J. Louis Giddings，1909～1964）开始在这里工作，他在如今覆盖着隆起的冻土草皮之下发掘出从史前时期到历史时期的居址和墓葬。他发现，当变化的海洋条件造成新的海滨出现在旧海滨前面的时候，人们也会依次放弃原来的海滨。现代海岸线编号为1号

图6.7 旧金山北部沿加利福尼亚海岸抬升的海滨。由于陆地均衡抬升，这类海滨一般位于较高的位置（见图6.8）。

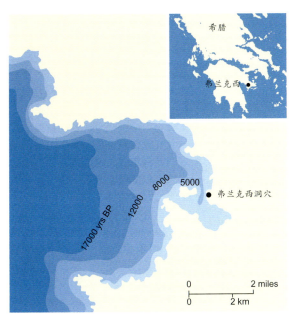

图6.9　希腊弗兰克西洞穴。通过对弗兰克西附近海床深度的测绘，并将其与已知的海平面波动结合起来（见图6.7～6.8），范安德尔和同事绘制了这幅当地海岸线的变迁图。

海滨，而最古老的沙脊（编号114）已经在内陆5公里处了。在6000年里，当地居址就以这样的方式水平成层排列，1号海滨的居址是19世纪的，内陆的5号海滨是西图勒（Western Thule）遗存（约公元1000），35号海滨是伊皮乌塔克（Ipiutak）遗存（约2000～1500年前），53号海滨是一处古捕鲸文化（Old Whaling Culture，约3700年前）村落遗址，等等。

珊瑚礁　在热带地区，化石珊瑚礁可以提供类似抬升海滨的证据。由于珊瑚生长在海水上层，有时还会长到海平面上，因此它标志了过去海岸线的位置，而它的有机质还可以提供当地海洋环境的信息。例如，在巴布亚新几内亚东北沿海的胡恩半岛，有一壮观的海岸线序列，由一连串阶梯状珊瑚礁台地组成，是在寒冷的冰期随海平面下降、海岸线向上抬升所造成的。约翰·查普尔（John Chappell，1940～2018）、亚瑟·布卢姆（Arthur Bloom，1928～2017）和其他科学家研究了胡恩半岛追溯到25万年前的20余个珊瑚礁群，计算了不同时期的海平面——例如，海岸线在125000年前比现在高6米，而在82000年前比现在低13米，而28000年前比现在低41米。氧同位素的测量补充了冰川进退的信息。新几内亚的研究成果被发现与在其他地区如海地和巴巴多斯获得的研究结果基本吻合。

岩画与海岸线　乔治·查卢普卡（George Chaloupka，1932～2011）发明了用岩画来研究澳大利亚北部沿海环境的变迁的方法，这种有趣的方法虽然有用，但在海岸线上不如指认其他环境变迁那样准确。当海平面升高，它会造成当地动植物的变迁，反过来导致技术的改变，所有这些会在当地的艺术上反映出来。推断海平面变化本身对这些艺术的断代十分重要。

查卢普卡的前海口期（Pre-Estuarine Period）大体上与盛冰期相当，描绘的是非海洋物种，包括一些已绝灭的动物。在海口期（始于6000或7000年前，当时冰后期的海平面已停止上升）的岩画中见有一些新物种的图像，如一种大河鲈（Barramundi）和咸水短吻鳄，这些动物的存在可以解释为海水入侵，灌满了部分低谷与河溪，形成一种咸水沼泽环境。同时，其他物种如小型有袋类，它们一度生活在前海口期的平原上，现移居内陆而从岩画中消失，而用来捕猎这些动物的工具如飞镖也从岩画中消失。最后，淡水时代（大约1000年前）造成了另一次巨大的环境变迁，当时形成的淡水湿地生活着水禽和新的可食植物，如百合和野稻等物种，它们在岩画中都有体现。

所有这些证据——淹没的地表、抬升的海滨、珊瑚礁、岩画——为我们提供了大量古海岸线的信息。但是应该注意，大部分这类信息仅适用于特定地区，由于年代不一致，而且全球海平面资料存在严重差异，因此很难将这些证据与较大区域内的证据相对应。

这是古环境研究中常见的一个问题：所有地区的各种事件并不同时发生。不过，人们仍试图为全球建立古气候资料；一个重要例子就是CLIMAP项目，它是最早全面研究全球不同时期不同地区海洋表面温度的项目之一。该项目的研究成果也是基于本书中所提及的各种技术。

图6.10　澳大利亚北部岩画中描绘的大河鲈和咸水短吻鳄。

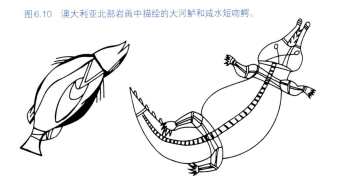

研究景观：地质考古学

在粗略评估了不同时期人类有多少陆地可供利用后，我们现在要转向确定气候变化对地形本身影响的一些方法。"地质考古学"是这样一种研究领域，它采用地球科学的方法和概念来观察土地的形成过程和土壤及沉积物形态。

如今，如果不对遗址沉积及周边景观做透彻的调查，任何研究都无从谈起。其目的是对局部地区做尽可能的全面重建（地形、永久或周期性水源、地下水条件、易受洪水影响的程度等），并将其放到区域背景中，这样我们就能评估该遗址居民在不同时期所面对的环境——并能对遗址因侵蚀、被掩埋在沉积物下或洪水泛滥而消失获得某种认识。

而且，在开始思考景观为何变迁的可能原因以及人类如何适应新环境之前，首先了解某景观究竟发生了什么至关重要。虽然这项工作的大部分最好留给地质学家，但是专家们敦促考古学家自己要设法掌握其中的一些技术。某些重要的景观变迁甚至对外行也显而易见——例如，在今天沙漠地区见到过去的灌溉渠道；由于周围沉积物受到严重侵蚀，原来的井架出露地表；或者是被火山爆发的灰烬或熔岩层掩埋的土地。

冰川景观

全球气候变化对景观产生的最引人注目和最广泛的影响是由冰川形成所致。古代冰川运动和范围的研究，有赖于它们在某些地区如北美五大湖区和欧洲阿尔卑斯山、比利牛斯山留下的痕迹。在此我们能见到典型的U形谷、磨光和带擦痕的岩石，而在冰川扩张的尽头，还有所谓的冰碛堆积，它常含有从其他地方被冰裹挟而来的异地石块（叫作冰川漂砾）。在某些区域，最后冰期与前几次冰期的痕迹不易区分。

冰河时代的冰川现象可在今天具有冰川的地区如阿拉斯加和瑞士见到，而现在很多冰缘区（那里部分土地被冰封在一层永久冻土之下），可以给予我们古冰川边缘地区潜在资源的一些了解。冰缘现象如古代冰楔的分布能够指示过去的情况，因为冰楔的形成要求年平均气温必须在零下6℃至零下9℃；当土地冰冻而收缩，在永久冻土里就会形成向上开口的裂隙，其中会充填冰楔。化石冰楔是过去寒冷气候及永久冻土深度的明证。

纹泥

就如在第四章里作为一种断代方法讨论过的，纹泥在冰缘现象中最具古气候信息价值。斯堪的纳维亚冰川周围的一些深水湖，每年春天解冻之后都会增加一层新的沉积物。厚的沉积层代表冰川融化增加的温暖年份，薄的沉积层代表寒冷的条件。纹泥不但提供了断代证据，而且常常含有孢粉，就如下面就要看到的，提供了沉积物中内在的气候信息。不过，纹泥在斯堪的纳维亚以外用得很少，因为大部分湖水较浅，它们的沉积容易被扰动，而新的纹泥会由其他因素如暴雨所形成。从纹泥沉积的稳定氧同位素成分中也能提取气候资料——例如，在明尼苏达州的迪普湖（Deep Lake）里，那里的纹泥揭示了8900～8300年前的一次明显的气候寒冷期。

河流

我们谈了太多的冰和静水，但景观中的流水作用又如何呢？由于沿河道及河口地带沉积物的侵蚀和堆积，大河一般是变化最快的区域。重建大河过去的景观对考古学而言尤为重要，因为这种环境常常是人类栖居的中心所在。在某些情况下，诸如尼罗河、底格里斯河和幼发拉底河及印度河，冲积平原对灌溉农业和城市文明的兴起十分关键。

许多河流通过侵蚀、淤积及各种分选等复杂过程，实际上不断在改道。今天巴基斯坦的印度河道并没有像大部分河流那样切入平原，因此具有不时改变其河道的倾向。印度河的下游比较浅，且坡度平缓，因此在河道中淤积了大量的冲积物，实际上将其河床抬高到周围平原之上，经常决堤使得肥沃的淤泥覆盖了大片区域，这对早期农业以及早期城市如摩亨佐达罗，至关重要。

同样，密西西比河下游遍布河曲长期变化的痕迹。这些废弃河道在1765～1940年期间通过地形勘查和航空摄影（见第三章）加以探寻和测绘。利用这些信息，河曲的变化以每100年为间隔加以绘制，并上溯至2000年前。就像对阿拉斯加古海岸线的研究（见上），这种序列为沿特定废弃河道分布的遗址提供了约略的年代学基础。

图6.11 冰川景观。科罗拉多州圣胡安山脉的U形谷是一种典型的冰川现象，它由缓慢移动的冰历经几千年刻凿而成。

图6.12 现代冰川：瑞士阿尔卑斯山的阿莱奇（Aletsch）冰川像是巨大的冰河，长约23公里，带有裹挟着石块及其他碎石向前移动的所谓冰碛物。

图6.13 亚利桑那州科罗拉多河深切的河曲，叫作马蹄形湾。在有些地区，废弃的河曲被用来构建当地的年代学。

洞穴遗址

另一类废弃的水道以石灰岩洞穴为代表。这类遗址因其含有不只是各种人类活动，而且有关当地气候与环境的各种证据，而对考古学极其重要。

虽然备受考古学关注，洞穴与岩崖不过是比较特殊的案例。它们作为人类栖身之所的重要性在史前研究中常常被强调过头，而忽视了保存并不理想的旷野遗址。人类大部分时间都在开阔的旷野活动，我们能从中了解些什么呢？

沉积物与土壤

沉积物（就全球而言就是沉积在地表的物质）和土壤（生命的依托，沉积物受生物和自然风化的表面部分）研究能够充分揭示它们形成时的普遍状况。虽然它们包含的有机遗存将在后面的动植物章节中进行介绍，但是土壤基质本身可提供大量有关风化的信息，因此也提供了过去土壤类型和土地使用的信息。

地貌研究（景观外貌和发展的研究）包括诸如沉积学的专攻，其本身又包含沉积岩相学（对岩石的详细描述）和粒度测量（矿物颗粒的测量）。结合这些研究可以对沉积物成分和结构做仔细分析，从渗水性好的砂砾到保水性好的黏土；从卵石到砂或粉砂的沉积物构成颗粒的大小；从松散到胶结的固结程度。在某些情况下，砾石排列的方向指示了河水流动、坡度或冰积的方向。正如我们将在第八和第九章中看到的，X光衍射分析能够用来分辨特定的黏土矿物，由此判断沉积物的特定来源。

土壤微形态学——也即利用显微镜技术研究土壤成分的性质和结构——正在发掘和遗址分析中成为越来越重要的组成部分。从已知背景出土的一块土样首先用树脂加固，然后从上面切下一薄片。将它放到偏光显微镜下观察。所见的土壤形成序列会揭示出舍此无法直观的某遗址或地貌发展史的许多方面。有三类主要的特征范畴能够加以识别：那些与沉积物来源有关的特征；那些揭示土壤形成过程的特征；还有人类有意或无意造成或改造的特征。正如环境考古学家卡尔·巴策（Karl Butzer，1934～2016）所见，考古遗址出土的土壤和沉积物会在显微层次上受到人类的影响。

巴策将文化堆积分为三组。原生文化堆积（primary cultural deposits），是指那些由于人类活动在地表形成的文化堆积，例如许多灰烬层或居住面；次生文化堆积（secondary cultural deposits），是指那些或因自然

洞穴沉积

构成洞穴地面的堆积是由风、水流、动物和人带入的物质所构成的。某洞穴或岩崖地表的剖面往往显示出很多层位，其包含物能够指示过去气温的历时变化。例如，水的渗透作用能够从洞壁和洞顶松动和剥落一些圆形石块，这是与暖湿气候相关的一种风化现象。而在寒冷条件下，岩石缝隙中的水形成冰，增大了对岩石层表面的压力，将其分解为带棱角、边缘锋利、长约4～10厘米的碎块。因此，在融化期和冰冻期反复交替之后，会在洞口附近或岩崖下形成圆石和角砾（"石屑"）交替的堆积。

虽然碎石层还有其他潜在形成原因，如地震或微生物作用等，但一般认为碎石尺寸变化的研究可以提供有关环境波动的信息。例如，在塔斯马尼亚的贝凯夫（Bay Cave）洞穴内，澳大利亚考古学家桑德拉·鲍德勒（Sandra Bowdler）将18000～15000年前洞顶角砾的巨大堆积，归因于最后盛冰期的冰楔作用。另一方面，在热带昆士兰州一处叫科利斯湾岩崖（Colless Creek shelter）的浅洞里，经两万年的栖居，存在明显可见的沉积变化，它似乎是由降雨波动造成的：下部地层（18000年前）紧密，显然受到流水的改造，由此表明了一种潮湿的气候。

实践的分析

一般来说，分析先从肉眼观察开始。要从洞穴不同位置采样，以观察可能存在的巨大差异（比如，在某些时期一个大型火塘很可能会影响洞壁的温度）。然后对沉积物的颗粒大小、颜色和结构进行筛选和实验室分析，修改或充实最初的评估。通常，先将所有较大石块登记后移开，然后将剩下的沉积物用一系列筛子过筛。某层位中石块和颗粒越多，说明气候越寒冷。

有些学者如法国考古学家伊夫·吉扬（Yves Guillien，1903～1985）强调，在设法对充填物做出解释之前，有必要对一处洞穴的石灰岩做些实验。自然融冻相继的实验室模拟，可以对造成真正破碎的气候条件下岩石的脆性获得某种了解。

石笋和石钟乳

洞穴往往有石笋和石灰华层，是由溶解有碳酸钙的水渗过石灰岩后沉淀所致。这些沉淀层一般指示比较温暖的气候阶段，同时也比较潮湿。石笋和钟乳石（统称洞穴碳酸钙沉积）甚至能通过氧同位素技术，被用来准确评估过去的气候。在剖面上，洞穴碳酸钙沉积有一系列向心的生长圈，可用放射性碳断代，每圈含有它形成时水的氧同位素成分，因此也就是其沉淀时平均大气降水

和气温的氧同位素成分。由于雨水根本源自洋面，这种方法对海底岩芯也有潜在的补充价值。

对中国甘肃武都万象洞长达1.2米石笋的研究，为氧同位素记录微妙变化提供了一个精准的年代学，反映了过去1810年降雨的变化。它显示，唐（618～907）、元（1279～1368）、明（1368～1644）三个朝代都是在季风突然变弱和变干几十年后灭亡的，这很可能造成了谷物歉收和社会动乱。

由于石笋中每立方厘米碳酸钙的沉

淀速率要比海床沉积物的沉淀快得多，因此这种方法可以获得比海底岩芯更为详细的气温轮廓；事实上，据说只要有0.2℃的气温变化就能探测出来。

洞冰

从极地冰芯中获取的信息（见边码226）几乎不能为温带地区的气候史提供什么洞见，但是该地区有些洞穴含有能够做到这点的冰层。它们的研究因这样的事实变得复杂，即它们的沉积是季节性的、一年一次的和年代不确定的，但有时它们会含有类似叶子和昆虫等有机遗存，可供放射性碳测年。这些记录是未来气候研究的广阔领域。

图6.14　假设的一处洞穴遗址的一般剖面图和详细剖面图。

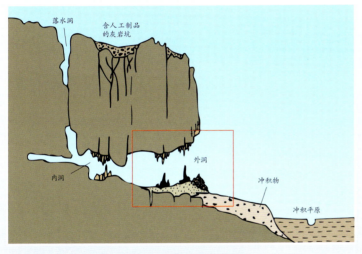

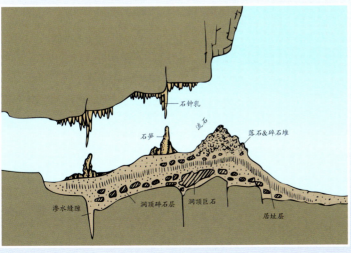

236

多格兰

今天的北海水域覆盖着一片史
前陆地，它实际上要比今天的英国
还大，由于全球变暖，海平面上升，
这里在公元前18000～前5000年
逐渐被淹。这片辽阔的区域从英吉

利海峡几乎一直延伸到挪威沿海，一度生活着大量的
动物——荷兰船只每年都在那里成功"钓"到猛犸和
其他冰期动物的骨骼——因此在旧石器时代晚期和中
石器时代栖居的人群可能也很多。

直到最近，考古学上对这一地区所知甚微。1931
年，一艘拖网渔船捞起一件中石器时代封存在泥沼中
的鱼叉，对该泥沼的分析表明，当时这里是一片陆地。
1998年，英国考古学家布赖奥尼·科尔斯（Bryony
Coles）收集了所有从北海发现的已知考古证据，获得
了该地区一系列推测性的地图，她根据北海南部的多格
浅滩（the Dogger sandbank），将其命名为"多格兰"。
但在考古学上，这片新大陆在地图上大体仍是空白。

236
237

图6.16 （左）大约公元前8000年，上升的海平面开始勾画出英国的
轮廓。

图6.17 （右）大约公元前6000年，英吉利海峡和北海将英国与欧洲
大陆分离开来，位置较低的山丘变成了多格岛。大约公元前5000年，
它也全部被淹。

图6.15 大约公元前15000年、约冰盖开始融化后3000年的多格兰。
当时，泰晤士河与莱茵河是海峡河（the Channel River）的支流。不
列颠北部的易北河等河流横贯多格兰注入挪威海沟。

但近几年，由伯明翰大学文斯·加夫尼（Vince Gaffney）率领的一批研究人员意识到，大规模开发北海油田所收集的相关地震资料，能被用来确定水淹遗迹的位置。对从大约23000平方公里内获得的这些资料的研究，他们能够对相当于威尔士大小的一片区域绘制地图，探测遥远过去一片欧洲故土的丘陵、河流、小溪、湖泊和海岸线。根据这些初步成果，就有可能推测中石器时代人群最可能生活在哪里，于是制定对某些区域进行详细探索的计划。不幸的是，与潜水员合作以及操纵遥控器材（ROVs）复杂而昂贵，这样的地图还不够详细，因为最小可探知的遗迹大约10米高和25米宽。

这些研究人员强调，这片陆地逐渐被淹很可能对其史前居民产生了巨大影响：他们已经知道这片地带是如何被淹的，并能弄清海平面上升有多快。很可能每100年上升1～2米，所以这种现象能在一代人中被察觉。这种变化是作为气候变迁的一种结果而发生，就像某些专家预测今后一百年的变迁速率。换言之，这种景观及其居住者的命运不仅作为一种史前事件，而且因变暖而在不远的将来会再次发生而令人关注。

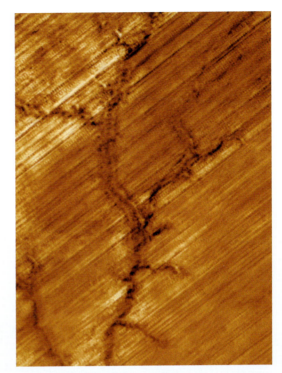

图6.18 北海地区获得的地震资料极其清晰地显示了一条过去的河道——河谷当中的黑线是河流本身。

图6.19 1931年发现的一件中石器时代鱼叉尖状器。

移位或因活动区使用变迁而历经改造的文化堆积；再生文化堆积（tertiary cultural deposits），是指那些被从原初背景中彻底移走，并很可能挪作他用的文化堆积（例如营造台地）。

土壤微形态学在两个关键领域能够取得成果。第一，它有助于在区域范围和遗址层面对古代人类景观做环境重建。人类清除森林和农耕活动对土壤的影响是研究的一个领域。第二，它与传统的器物研究方法结合到一起，可以用于背景考古学研究，由此获得遗址及过去活动更加全面的图像。

微形态研究在所谓"原地"沉积和已非原始状态沉积之间进行区分，以及在对土壤和沉积物的人类和自然影响之间进行区分极为有用。例如，切片分析能够区分洞穴沉积中自然与人为的堆积，否则它们看上去十分相似。缺乏人为干扰的证据同样也很有意义——例如这可以证明这里并非人工制品的原生背景。总之，需要全面参考各种采集样本，以便在真正的、实验的和考古的状况之间进行比较。

如今，各种人类活动常常能从土壤和沉积物中的微形态标志加以识别，例如，理论上应该有可能在研究一处聚落时，通过观察切片来区分室外和室内的用火、炊煮区和进食区、活动区、仓储及通行区等。英国环境考古学家温迪·马修斯（Wendy Matthews）对中东四个新石器时代遗址建筑内部的地面堆积进行了微形态研究。研究表明，某些建筑内的空间在建筑废弃之前和之后都被利用。显然，不可能用这种方法研究整个遗址，因此发掘者有必要对土壤采样进行选择，并选择最具代表性的背景。土壤微形态学现已成为发掘过程中不可分割的组成部分。

虽然土壤微形态学需要实验室环境和特殊的仪器设备，但是越来越多的考古学家具备了足够的田野经验，能够在野外对沉积物进行初步的评估——仅用手指揉搓少量干土，然后再将它弄潮放在手掌上滚动以检测其可塑性。但是，更精确的评估则需要专家的专长。对土壤颜色准确和规范的描述也十分关键，一般是用普遍采纳的孟赛尔（Munsell）土壤颜色手册来做到的（也被用来描述考古地层）。

土壤质地的精确分析，需要采用系列筛子，孔径从2毫米向0.06毫米递减，用以分离不同粒度的沙，并用比重计或沉淀记录法（确定液体稠密度），对组成土壤和沉积物的粉沙和黏土比例加以量化。利用土壤微形态或切片分析也可获得相似的信息。土壤质地分析提供了有关土壤类型、土地使用潜力和侵蚀敏感度的信息，特别是和土壤微形态学和水文学信息结合起来

时。所有这些研究都能为地貌史的研究作出贡献。

"二战"前发明的一种详细分析沉积物的技术，采用橡胶或"漆"的薄膜将地层拓印下来，而这种技术使用现代材料后有了巨大的改进。在巴黎附近的平斯旺旧石器时代晚期露天遗址，米歇尔·奥利亚克（Michel Orliac）将一块涂有复合乳胶的薄膜粘在经过细心清理的平整剖面上。乳胶干后，上面就留下了地层的影像，这要比原来的详细观察更为容易。事实上，附在乳胶薄膜上的沉积物拓片，比原始剖面能揭示更多的细节。揭下薄膜后，拓片可以摊平或卷起收藏，于是能使考古学家保存或展示某土壤剖面的可信记录。

土壤和沉积物研究能够提供有关堆积和侵蚀长期过程的信息。例如，沉积物从山坡上侵蚀到谷底的方式被地中海诸国做了广泛的研究，在那里，这种过程与聚落的变动相伴。面对水土流失，山边农庄就被

图6.20　沉积物研究：在法国平斯旺遗址，一张乳胶薄膜被粘到地层剖面上；干后揭下，土壤剖面的影像就附在上面。

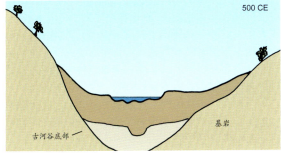

图6.21　沉积、侵蚀与聚落形态的变迁。一处典型的意大利河谷于罗马时代晚期，在砍伐森林、强化农业和过度放牧共同影响下，山坡土壤受到侵蚀。人类聚落最终从山坡移到谷底。

放弃，而谷底的居址就增加。沉积物分析表明，地中海某些地区土地的使用不当可上溯至5000年前，至少到青铜时代初。例如在塞浦路斯，砍伐森林、强化农业和放牧结合到一起，在青铜时代初导致山坡上脆弱土壤的不稳定，以致沿海岸河谷迅速堆积。在希腊阿戈里德（Argolid）南部，特耶德·范安德尔、柯蒂斯·朗内尔斯（Curtis Runnels）和他们同事所从事的一个重要项目显示，在公元前2000年至中世纪之间，至少有四个阶段的栖居、侵蚀和废弃。当时这个地方，肆意开荒、缺乏适当的保护措施似乎应该遭到谴责；而在另一方面，局部放弃或漠视防止水土流失的梯田修筑也造成了土壤的侵蚀。

1999年，一个丹麦小组报道了分析古代沉积物的一种新方法，它包括从中提取动植物的DNA，即使在缺乏微化石证据的情况下，也能详细重建古生态系统。这种"垃圾"DNA技术已在西伯利亚、北美、格陵兰和新西兰应用。

黄土沉积　土壤学家观察一处沉积剖面，从成分、结构变化和颜色就能辨认它是由水、风还是人类活动留下的，并能了解它所经历的风化，借此认识当地整个气候条件的变迁史。世界某些地区所见的一种重要风成堆积就是黄土沉积，这是一种黄色粉沙颗粒的尘土，由风扬起，重新沉降到冰川刚融化的地表或遮蔽区。在全球约有10%的地表见有黄土，阿拉斯加、密西西比和俄亥俄河谷、欧洲西北部和中部，特别是中国，那里覆盖面积达44万平方公里，构成那里40%的可耕地。对旧石器时代专家而言，它是古气候的重要指示，而所有研究新石器时代农耕的学者都知道将黄土与最早农耕聚落联系到一起。

将黄土作为气候标志加以研究，是因为它仅在气候比较干冷的时期沉降。其间，冰缘的荒原地区没有植被和潮气来固定这些细微沙尘，它们就会被风扬起。这种黄土"雨"在温暖潮湿的条件下停降。于是从诸如中欧地区获得的沉积剖面，就会显示黄土层与所谓"森林土"的交替，后者指示了气候的改善和植被短暂的恢复。

奥地利波多夫（Paudorf）和戈特韦格（Göttweig）有众所周知的经典序列，前者用来命名波多夫黄土层（27000～23000年前），并与捷克共和国的下维斯托尼斯（Dolni Věstonice）和巴甫洛夫（Pavlov）著名的旧石器时代晚期旷野遗址相对应。同样，弗朗索瓦·博尔德在巴黎盆地建立了一套黄土与较暖湿层交替的更新世序列，并将其与不同的旧石器工业相对应，它也能与所知的冰期序列相对应。从中国广泛序列中探知的气候波动，与冷水环境有孔虫波动以及深海沉积中的氧同位素记录非常吻合。

除了是古气候的良好标志（常含有陆地蜗牛可提供确证材料）外，黄土还在新石器时代农耕中发挥了关键作用。由于富含矿物质、结构均匀及良好的透水性，黄土区土壤为那些技术简单的最早农业社群提供了肥沃而易耕耘的田地。中欧和西欧的新石器时代早期遗址与黄土区土壤有着极为密切的关系：至少某些地区70%的带纹陶文化（LBK）遗址被发现位于黄土地带。

被掩埋的地表　有时候，整个地表会在某种沉积物下保存完好。例如，在英国芬兰区的泥沼层下发现了古土壤和古地面，而在爱尔兰的贝海（Behy），从泥沼中也发现了一处石砌田垄的新石器时代农田。下面我们将再谈被掩埋地表这个话题（在边码262《犁耕的证据》章节）。

迄今为止，最令人瞩目的这类现象是由火山喷发导致的掩埋。前面章节中已经提及意大利南部被掩埋的城市庞贝和赫库拉尼姆，以及希腊塞拉岛的阿科罗

图6.22　德国西部米森汉姆约11000年前因火山灰沉降而在一处饱水层中保存下来的史前树木和其他植物。这类罕见的发现为古代景观提供了重要的洞见。

提利（圣托里尼）。然而，从环境材料的视角出发，火山掩埋的自然景观甚至更具启发性。1984年，在德国西部的米森汉姆发现了史前森林的遗存。之前已经知道，11000年前的一次火山爆发将附近贡纳斯多夫（Gönnersdorf）和安德纳赫（Andernach）的旧石器时代晚期后段旷野遗址埋在了几米深的火山灰下，但是，发现同时期的一片森林对考古学家而言则是意外的收获。树木（包括柳树）、苔藓以及菌类被火山灰保存在厚约30厘米的饱水层中；蚌贝、大小哺乳动物，甚至一枚鸟蛋也保存了下来。该森林似乎很茂密，有很丰富的林下植物，这被花粉分析所确证（见边码242～243专栏）；树轮研究也为这一时期的气候波动提供了信息。

其他被掩埋的树木同样透露了气候信息：在加利福尼亚和巴塔哥尼亚，斯科特·斯泰恩（Scott Stine）观察了河湖畔和沼泽边被浸没的树桩。它们显示过去的水位较低，但随后被淹。对树木外层年轮的放射性碳断代告诉了他大水发生的时间，于是，之前的干旱期就能通过较早年轮的计数而得知。他的结果揭示了几次持久的干旱，例如，公元892～1112年和1209～1350年；后者可能与约1300年前普韦布洛（Ancestral Pueblo）岩崖先祖的衰落有关。

研究淹没的景观也有可能。在波罗的海，德国考古学家正在探究8000年前海平面上升时被淹的无数石器时代狩猎营地。缺氧的海床保存了被淹森林的树干和树桩，以及诸如鳗鱼梭镖这样的木器。古地形——河谷、丘陵、河道和海湾——在声呐探测中清晰可见。同样，从英格兰怀特岛（Isle of Wight）外11米的水下探测到了一些史前村落，而北海23000平方公里被淹陆地已通过地球物理学做了详细的测绘（见边码236～237专栏）。

树轮与气候

就如纹泥（见上），树轮有随气候变化的生长线，春季生长旺盛，然后减缓到冬季停止；气候越湿润，年轮越宽。如第四章所见，年轮宽度的这种变化构成了一种重要断代技术的基础。然而，对一组特定年轮的研究也能揭示重要的环境资料，例如生长是慢（意味着当地森林覆盖茂密）还是快（意味着森林稀疏）。树木生长比较复杂，会受内外许多其他因素的影响，但是气温和土壤湿度一般最为重要。例如，智利南部从树轮获得的3620年气温记录，揭示了该地区在平均气温上下的交替。

树轮所显示的每年或每十年变化要比冰芯更清晰，树轮也能记录突然和剧烈的气候冲击。例如，弗吉尼亚获得的材料显示，美国白人最早的永久性定居点詹姆斯顿的惊人死亡率和几近废弃发生在一次异常的干旱期中，为770年里最干旱的7年时间（1606～1612）。

树轮与气候的研究（树木年轮气候学）也因采用X光测量细胞的大小和密度以揭示环境生产力而得到推进。最近，采用保存在树木纤维素中的稳定碳同位素（$^{13}C/^{12}C$）比例，从树轮中获得了古代的气温。新西兰的一棵千年考里松就用这种方法做了分析，而其结果——被新西兰洞穴沉积材料所证实——揭示了一系列年平均气温的波动，14世纪为最暖期，紧随着温度下降，然后又恢复到现在的情况。公元73年，罗马人围攻马萨达（Masada）时，被困犹太人城堡用的梯道是用柽柳树做成的，以色列考古学家从这些木纤维素中的碳和氧同位素了解到，当时气候比现在潮湿且更适于农耕。

树轮的作用清楚表明，最重要的是其有机质遗存为环境重建提供了极丰富的证据。现在，我们要了解动植物残留的遗迹。

重建植物的环境

在对植物的研究中，我们对环境的首要关注，是试图重建过去人们在某个特定时空里邂逅的植被。但我们不应该忘记，植物位于食物链的底部。因此，某特定区域和阶段的植物群也为当地动物和人类的生活提供了线索，也会反映土壤条件和气候。有些植物类型对气候变迁的反应相对较快（虽然没有昆虫快），经纬度上的植物群变化直接将气候变化与人类陆地环境联系起来，如冰河时代。

考古学中的植物研究与动物研究相比总是相形见绌，只因发掘中动物骨骼要比植物遗存更显眼。虽然骨骼有时保存得更好，但植物遗存常常在数量上远多于骨骼。过去几十年里，植物最终后来居上，这是因为发现它们的有些组成部分要比原来想象的更难分解，残存的海量材料能告诉我们早已消失的植被状况。考古学有求于这方面的专攻是如此之多，以至于这类分析需要大量的时间和经费。

全面评估特定时期植物群的信息量最大的一些技术，不是对最大植物遗存的分析，而是对最小植物遗存特别是孢粉的分析。

微小植物遗存

孢粉分析 孢粉学或花粉颗粒研究（见后页专栏）是由挪威地质学家伦纳特·冯·波斯特（Lennart von Post，1884～1951）在20世纪初发明的。它对考古学的价值无可限量，因为它可以用于各种遗址，并提供年代学和环境的信息——事实上，在同位素测年方法出现之前，孢粉分析主要是用于断代的目的的（第四章）。

240
241

图6.23 本表总结了微小植物和大植物遗存的采集方法，并指明了获取信息的范围。

植物遗存的采集				
遗存种类	沉积物类型	调查中获得的信息	提取和观察的方法	采集量
土壤	所有	详细描述沉积的构成和条件	（最好由环境专家现场观察）	（柱状采样）
孢粉	埋藏土，饱水沉积	植被、土地利用	实验室提取、高倍显微镜×400	0.05升或柱状采样
植硅石	所有沉积物	同上	同上	同上
硅藻	水流沉积	盐度和水污染程度	实验室提取、高倍显微镜×400	0.10升
未碳化植物遗存（种籽、苔藓、叶子）	潮湿和饱水沉积	植被、食谱、建筑工艺、技术、燃料的植物材料	实验室筛选至300微米	10～20升
碳化的植物（谷粒、谷壳、炭屑）	所有沉积物	植被、食谱、建筑工艺、技术、燃料的植物材料、谷物处理和行为	浮选至300微米	40～80升
木头（炭屑）	潮湿和饱水环境、炭化	树轮年代学、气候、建材和技术	低倍显微镜×10	用手或实验室采集

孢粉分析

桤木属（桤树）

桦木属（桦树）

榛木属（榛树）

常绿藤（常春藤）

栎属（栎树）

柳属（柳树）

椴属（椴树）

榆属（榆树）

图6.24 显微镜下一些花粉颗粒的形态

所有花粉热患者都熟悉春夏折磨他们的花粉"雨"。花粉——有花植物微小的雄性繁殖体——具有一个几乎无法破坏的外壳（外壁），在某些沉积中可以保存成千上万年。在花粉分析中，在显微镜下研究这些从土壤中提取的花粉外壁，根据不同植物科属外壁的独特形状和表面纹饰加以鉴定。一旦量化，这些鉴定可以在一张花粉图中画出曲线。然后，各种植物类别曲线的差异可以作为研究气候波动或人类毁林开荒的线索。

保存

孢粉保存最佳的沉积是那些呈酸性、透气很差的泥炭沼泽和湖床，其中孢粉不易腐烂且被迅速掩埋。洞穴沉积因其潮湿和温度稳定一般也很适宜孢粉保存。其他环境，如暴露在风化条件下的沙土或遗址，孢粉保存很差。

在潮湿遗址或未发掘区，样本从长土芯中提取；但在干燥遗址，一系列分开的样本可从各剖面上提取。在考古发掘中，一般按地层固定间距提取少量样本。要特别注意防止样本受所用工具和空气的污染。在泥砖、器皿、墓葬、木乃伊裹尸布、古尸内脏、古粪便（第七章）和其他许多背景中也能找到花粉。

观察和计量

装有样本的密封试管在实验室中进行观察，每份样本的一小部分用显微镜进行观察，以鉴定样本中的几百粒花粉。虽然植物每个科和几乎每个属产生的花粉颗粒在形状和表面纹饰上都各不相同，但很难进一步鉴定到种，这给环境重建带来了某种局限，因为同一属的不同物种对土壤、气候等会有明显不同的要求。

鉴定之后，对各层中每种植物类型的花粉数量进行统计——通常是该层花粉总数的百分比——然后绘制成曲线图。以今天这些植物的耐受性为指导，该曲线被视为反映了整个序列中的气候波动。

还需要做些不同的调整。不同物种会产生不同数量的花粉（例如，松树花粉的数量要比栎树多好几倍），因此在样品中会表现过高或过低。也需要考虑授粉的模式，菩提树花粉是靠昆虫传播的，很可能来自生长在附近的树木；而松树花粉由风传播，可以来自几百公里以外。遗址的朝向（特别是洞口的朝向），对花粉成分的影响很大，遗址位置、居住的长短和类型也有影响。

有必要确保层位没有混淆（现在知道混入是一个常见的问题），并评估人类的影响——应该从考古遗址内外采样。例如，在城市考古沉积中，水井充填物或掩埋土壤中的花粉主要是通过自然运输和堆积留下的，由此反映了周围农村的环境，另一方面，城市居住区的花粉主要来自食物加工和人类对许多其他植物的利用。

在对英国罗马时代和中世纪乡镇一系列花粉组合的研究中，詹姆斯·格雷格（James Greig）发现，罗马时代遗址草类花粉丰富而谷物花粉很少，而中世纪遗址的结果正好相反。这不是经济而是卫生的原因——罗马人的乡镇有下水道系统，保持了乡镇

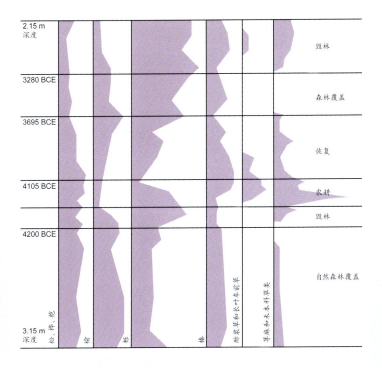

的清洁，周边显然围绕着矮草地，因此在花粉组合中占主导地位。但是在中世纪，垃圾被允许堆在镇里，所以考古学家就能发现残留下来的食物遗存，其花粉也在样本中占据优势。

作为一种规律，远离人类居址土壤中的花粉倾向于反映当地环境，泥炭沼泽中则保存了来自较大区域的花粉。从很深泥炭沼泽系列中获得的花粉结果，可以确证书中前面提到的从深海岩芯和冰芯获得的长期气候波动。

图6.25 （上）北爱尔兰法拉霍奇（Fallahogy）冰后期的花粉芯，显示了该地最初农耕的影响。约公元前4150年的毁林伴随着树木花粉的减少和旷野及田地植物如禾本科草类、酢浆草和长叶车前草花粉的显著增加。接下来森林植被恢复，紧接着第二次毁林，反映了该地区早期非强化农业的性质。

图6.26 （下）冰河时代的长期序列显示伊比利亚半岛陆地花粉芯的曲线（右）与比斯开湾（the Bay of Biscay）SU8132号深海岩芯获得的氧同位素曲线（左）十分吻合。

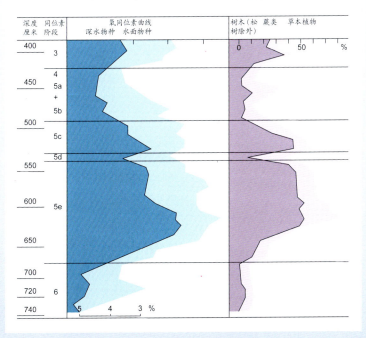

尽管孢粉学无法得到古环境的一种准确图像，但是它确能提供植被历时波动的情况，不管其原因为何，都能与其他方法的结果进行比较。花粉分析在冰后期或全新世（10000 年前）的应用上最为著名，孢粉学家已经为其勾画出一系列历时的花粉带（见边码 136～137），每个花粉带以不同植物群（特别是树木）为代表，虽然采用的计算系统或孢粉带的总数仍未达成共识。孢粉研究还能为非常古老的环境如 300 万年前埃塞俄比亚奥莫（Omo）河谷和哈达（Hadar）堆积提供迫切需要的信息。通常以为这些地区一直像现在这样干旱，但是，法国科学家雷蒙德·博纳菲耶（Raymonde Bonnefille）的花粉分析显示，350 万年至 250 万年前，这些地区十分潮湿并郁郁葱葱，甚至还有一些热带树种。哈达现在分布着稀少乔木和灌木的半沙漠区，但过去曾是富饶的开阔草原，河湖边分布着稠密的林地。大约 250 万年前开始变干，可见树木花粉减少，草本植物花粉增多。

总的来说，所记录的冰后期特别是历史时期的波动与以前相比并不严重，至于受到关注的森林退化，气候并非唯一因素，而是始终存在的可能（见边码 256～264）。

化石角质层　虽然花粉研究对森林覆盖区十分有用，但是对重建过去草原环境如热带非洲地区的植被就受到了事实上的局限，即草类花粉颗粒即便在扫描电镜下也无法区分。幸好，手头有化石角质层形态的帮助。角质层是草本植物叶片表皮的最外保护层，它们由角质物组成，这是一种非常坚韧的物质，并保留着下伏表皮细胞的形态，形状很特别。于是，这类角质层有不同形状和形态的硅质细胞、纤毛及其他鉴定特征。

科学家帕特里夏·帕尔默（Patricia Palmer）从东非湖相沉积柱里发现了大量的炭化角质层碎片。这些碎片是因旱季常见的草原野火所沉积的，而她的样本年代可早达 28000 年前。许多碎片大得足以显示保存良好的鉴定特征，能在光学显微镜和扫描电镜下将它们鉴定到亚科甚至属的层级，因此能重建该漫长时段的植被变迁。角质层分析对于存在草本材料的花粉分析是有用的补充，整块和碎片都要进行鉴定，值得指出的是，从胃或粪便中也能提取角质层。

植硅石　植硅石是一个熟悉而发展迅速的微小植物遗存研究分支，虽然最早在 1908 年就被认为是考古背景的组成部分，但只是在过去几十年里才被系统研究。这些植硅石是来自植物细胞的细小硅化颗粒（植物蛋白石），它们在有机质腐烂或焚烧之后留存下来。它们在火塘或灰烬层中很多，但也见于陶器内部、灰泥，甚至石器和动物的牙齿表面；草类植硅石被发现附在欧洲青铜时代、铁器时代和中世纪遗址食草动物的牙齿上。

这些小晶体很有用，因为如同孢粉颗粒，它们的产量很大，在古代沉积中保存完好，具有无数类型有别、大小有别的独特形状和大小。虽然它们主要告诉我们人类利用特定植物的信息，但是只要有它们，就能补充从其他方面建立的环境图像。

特别要指出的是，植硅石和孢粉分析相结合是环境重建的强大工具，因为这两种方法的优缺点可以互补。美国学者多洛雷丝·派珀诺（Dolores Piperno）研究了从巴拿马加通盆地（The Gatun Basin）获取的柱芯，其花粉内容早已揭示了自 11300 年至今的植被变化序列。她发现，柱芯中的植硅石确证了花粉序列，例外的是植硅石中农业和毁林的证据（即玉米的出现和树木、草类的此消彼长）发生在 4850 年前，比花粉早

图 6.27　植硅石是植物细胞中的细小颗粒，在植物其他部分腐烂后残存下来。植物某些部分的植硅石很特别（比如茎或叶）。

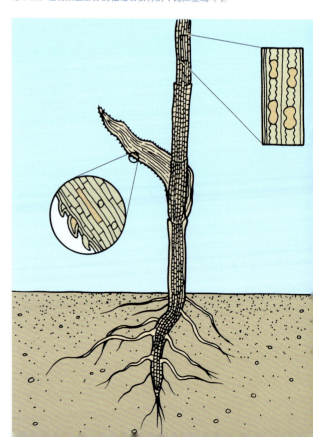

1000年。这一早期证据很可能因为小规模毁林在花粉图中看不出来，因为来自周边森林的花粉混入了样本。

植硅石常常残留在不利于化石孢粉保存的沉积中（由于氧化和微生物活动），于是会提供古环境和植被变迁仅有的证据。另一优点是，尽管所有草本植物花粉看上去相同，但是草本植物的植硅石可以被归属于不同的生态群。最近发现，植硅石中的铝离子可以被用来区分森林和草地植被，而植硅石中的氧和氢同位素标识也能提供重要的环境资料。

硅藻分析　采用植物微小遗存进行环境重建的另一种方法是硅藻分析。硅藻是具有硅质而非纤维素细胞壁的单细胞藻类，这些硅质细胞壁在硅藻死亡后能够保存下来。它们在那些适宜藻类生长的任何水体底部都有大量的积累；少数发现在泥炭中，但绝大部分来自湖泊和河岸的沉积中。

硅藻的记录、鉴定和分类工作已超过200年。鉴定和计量它们的过程很像孢粉学采用的方法，田野采样也是如此（见上）。它们表征分明的形状和纹饰能鉴定到很高的水准，而它们的组合直接反映了存在藻类的种类和产量，并间接反映了水的盐碱度和营养状况。根据不同物种的环境要求（生境、盐度和营养），我们可以确定不同时期它们的直接环境如何。

植物学家普拉特·布拉德伯里（J. Plat Bradbury, 1936～2005）观察了明尼苏达州和达科他州九个湖泊中的硅藻，这些硅藻能够显示自19世纪欧洲人开始在湖边建立居址以来，因毁林、伐木、土壤侵蚀、长期农耕、人类和动物废弃物的积累并汇入湖泊，水质变得越来越富营养化。

由于藻类组合也能标示淡水、微咸水或咸水，因此它们一直被用来分辨地壳抬升区湖泊与海洋分离的时间、确定过去海岸线的位置、指示海侵（海平面相对于陆地上升的地质事件），并揭示水污染情况。例如，在荷兰梅登布利克（Medemblick）原先韦弗肖夫湖（Lake Wevershoof）沉积中的硅藻序列显示，大约公元800年前有一次海侵，淡水湖变咸，造成周围人类栖居的中断。

石斑　甚至更微小的植物材料碎片都能提供环境证据。石斑是在世界许多地区如北美、中东、澳大利亚的晚更新世荒漠地形中形成的，是锰和氧化铁再加上黏土矿物和有机物的自然增生。但是，由于不到百分之一的石斑是有机质的，因此恰当的分析需要几千平方厘米。

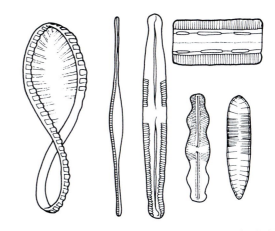

图6.28　各种硅藻，显微镜下所见的单细胞藻类的硅质细胞壁能在许多沉积中保存下来。研究某沉积中硅藻种类的变化，有助于科学家重建过去环境的波动。

分析的道理是，现代样本中稳定碳同位素（$^{12}C/^{13}C$）的比例与它们的当地环境（沙漠、半干旱、潮湿山区，等等）之间有很强的相伴关系。岩石上不同石斑层中保存的有机质稳定碳同位素比例能够提供环境变迁的信息，特别是有关附近植被中不同植物种类的丰富性。美国学者罗纳德·多恩（Ronald Dorn）和迈克尔·德尼罗（Michael DeNiro）对加利福尼亚东部晚更新世沉积上石斑的表层和下层采样，他们发现底层形成的条件比表层形成条件来得湿润，这支持了这样的观点，即美国西南部在末次冰期时不像后来的全新世那样干燥。同样，从以色列内盖夫（Negev）沙漠提姆纳谷地（Timna Valley）采集的样本显示了干期、湿期、干期的序列。但是，这项技术有一定的难度，主要是因为石斑如此之薄，将其分层并不容易。

植物DNA　植物最小可能的碎片是它们的DNA，它们在某些背景中能被探知和鉴定：例如，在内华达州吉普瑟姆（Gypsum）洞穴里发现的距今约20000年前树懒的粪便化石，经化学方法分析，发现其中含有各种植物的DNA。这不仅提供了树懒食谱（草、丝兰、野葡萄、薄荷等）的信息，而且还提供了当时当地的植被信息。

所有提及的这些微小植物技术——孢粉、角质层、植硅石、硅藻、石斑和DNA研究——只能由专家来做。但对考古学家而言，与环境证据更直接的接触来自较大的植物遗存，它们可以具体目睹，并在发掘中将其保存下来。

大植物遗存

各种较大类型的植物遗存是可以潜在获取的，从而提供有关遗址周围生长并被人类利用和消费的植物的重要信息，等等。我们将在下一章讨论人类利用的问题，在此我们将集中在大植物遗存为当地环境条件提供的有价值线索上。

野外提取　从沉积物中提取植物遗存因筛选法和浮选法的发展而变得比较容易，因其不同尺寸（筛选）和密度（浮选），能将无机颗粒与有机物分离开来。考古学家需要根据发掘地点、经费和目的，从各种可用设备的范围中进行挑选。

沉积物并非植物遗存的唯一来源，它也被发现于冰冻猛犸和保存在泥炭中尸体的胃中；人类、鬣狗、大型树懒等的古代粪便中；猛犸等动物的牙齿上；石器上；器物里面的残渍中。而遗存本身的类型也各不相同。

种籽与果实　虽然会因炭化或水浸发生变化，但是古代的种籽和果实通常可以鉴定到种。在有些情况下，遗存虽然分解，但留下了痕迹——陶器上经常可以看到谷物的印痕，也遇到过叶子的印迹，植物痕迹存在于各种材料如灰泥、石灰华、皮革、锈蚀青铜器之中。鉴定当然取决于遗痕的类型和质量。这些发现未必意味着某植物生长在当地：例如葡萄籽也许来自进口的水果，而陶片上的印痕也会误导我们，因为陶器可能被运到远离其生产的地方。

植物残渍　器皿中植物残渍的化学分析将在第七章人类食谱背景中进行介绍，但是其结果能够让我们了解有哪些物种。陶质器皿本身会有植物纤维作为羼料（暂不提贝壳、羽毛、血等）拌入其中，显微镜分析有时可以将这些遗存分辨出来——例如，在对美国南卡罗来纳州和佐治亚州出土的早期陶器研究中，发现了菠萝科（bromeliads）成员松萝凤梨（Spanish Moss）的残茎。最近，开发出了一种分析残渍的无损技术，即微计算机断层扫描（microCT）。以越南新石器时代的陶片为例，应用该技术已经在陶片羼料中发现了驯化的水稻壳和小穗。这一方法有助于说明世界各地不同物种驯化的时间。

木头遗存　炭屑（因某种原因被烧过的木头）研究对考古学环境重建以及人类木材利用的了解的贡献越来越大。作为一种十分耐久的物质，考古学家通常会在遗址现场发现和提取炭屑，一旦这些碎片被筛选、分类、干燥，它们就能在显微镜下进行观察（基于树木解剖学），并通常能鉴定到属一级，有些还可鉴定到种。由于无须使用任何化学制品，炭屑和炭化种籽也被证明是用于放射性碳断代最可靠的样本（第四章）。

虽然许多炭屑样本来自柴火，但是也会来自某遗址历史上某时段被烧毁的木构建筑、家具和工具等。因此，样本难免倾向于反映人类对木料的选择，而非遗址周围生长的所有植物。不过，某物种的总量能告诉我们某时期部分植被的情况。

有时，炭屑分析与其他证据相结合不仅能反映当地环境，而且也能揭示人类适应环境的信息。在对南非开普省南部博姆普拉斯（Boomplaas）洞穴遗址的发掘中，希拉里·迪肯（Hilary Deacon，1936～2010）及其团队在深部堆积中发现了上溯到70000年前人类的居住痕迹。遗址里冰期和冰后期的炭屑判然有别。在22000～14000年前的极寒冷期十分干燥，炭屑和花粉显示的物种差别很小；而在降雨较多或温暖时期，物种多样性增加。小哺乳动物的物种多样性形态也相同。

博姆普拉斯洞穴周围的植被在最干冷时期主要由灌木和草组成，人类能利用的植物资源很少；冰期较大的哺乳动物群以食草动物为主，包括野牛、野马和大羚羊等"大型"物种。它们大约在距今10000年前绝灭（下面章节中将讨论大型动物世界范围的绝灭）。

博姆普拉斯的炭屑直接反映了气候和植被的渐变，它导致了大型食草动物的绝灭，并与洞穴居住者生计实践的变化相对应。炭屑分析还凸显了一些较为细微的变化，反映了最大降雨季节的变化。在今天甘果（Cango）河谷的木本植被中，以小叶金合欢（Vachellia［Acacia］karroo）为主，为南非广大区域的特点，这里相对干旱，降雨集中在夏季。在博姆普拉斯洞穴冰期样本中不见小叶金合欢炭屑，但小叶金合欢出现在距今5000年前，并在距今2000年前成为主导物种，表明了气候向炎热、夏季相对潮湿的转变。因为喜好降雨物种的增加，洞穴居住者能够利用一批新的果实，它们的种籽被发现保存在遗址中。

并不是说只有炭屑适于做这类分析。世界许多地区潮湿遗址中发现有大量的浸水木头（见边码262及第二和第八章）。而在有些情况下，例如极端寒冷或干燥下，脱水木头未经燃烧或浸泡也能保存下来。

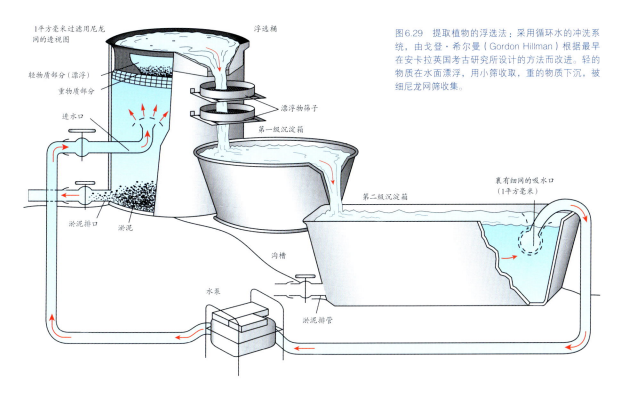

1平方毫米过滤用尼龙网的透视图

浮选桶

轻物质部分（漂浮）

重物质部分

进水口

淤泥排口　淤泥

漂浮物筛子

第一级沉淀箱

裹有细网的吸水口（1平方毫米）

第二级沉淀箱

沟槽

水泵

淤泥排管

图6.29　提取植物的浮选法：采用循环水的冲洗系统，由戈登·希尔曼（Gordon Hillman）根据最早在安卡拉英国考古研究所设计的方法而改进。轻的物质在水面漂浮，用小筛收取，重的物质下沉，被细尼龙网筛收集。

图6.30　1975年，南非开普省正在发掘中的博姆普拉斯洞穴遗址。采用固定在洞顶的探方线，对记录进行严密的控制。

247

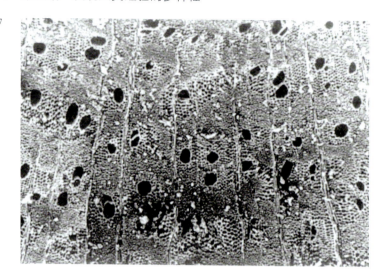

图6.31　博姆普拉斯洞穴出土的一件炭屑样本的扫描电镜照片（50倍），经鉴定来自小叶金合欢，这类树种在距今5000年前出现在博姆普拉斯，表明气候向炎热和相对潮湿的夏季的一个转变。

其他证据来源　考古学家可以从艺术、文献（例如罗马博物学家老普林尼［Pliny the Elder］的文章、罗马的农业记载、早期探险家如库克船长［Captain Cook］的记录和描述），甚至老照片等研究中，获得不太遥远过去有关植被的大量信息。

没有单一的证据范畴能为我们提供局部或地区植被小规模趋势或长期变迁的完整图像：每种证据只得到过去真相的部分面貌。因此需要来自各方面获得信息的汇总，就像我们在下面所要见到的，必须结合本章所介绍的其他研究资料，以求尽可能真实地重建古代环境。

重建动物环境

发掘中遇到的动物遗存最早被19世纪的考古学家用来判断史前期的气候。人们意识到，不同物种在某些地层，也即在某些时期中的存在或缺失，或者特别丰富，可能反映了气候条件的变迁。

今天，为了利用动物遗存作为环境的指针，我们应该比19世纪的先驱更严谨地看待这些证据。例如，我们需要了解现生动物与其环境之间存在的复杂关系，我们也需要调查我们所研究的动物遗存是怎么出现在遗址中的——是自然的，还是通过食肉类或人的活动（见边码57～58）——于是它们对那个时期动物群的多样性有多大的代表性。

微小动物遗存

相比大动物，小动物（微小动物）是更佳的气候和环境变迁标志，因为它们对气候微小的波动更为敏感，而对其适应也相对较快。此外，因为一个遗址中的小动物群倾向于自然堆积，它们要比大型动物更加直接反映了环境，大动物通常是由人类或掠食动物堆积的。就如花粉，小动物特别是昆虫，数量往往多于大动物，这就提高了统计分析上的意义。

有必要采用干筛或水洗来提取良好的样本，否则在发掘中会有大量的遗漏。

考古遗址中发现的各种小动物如下：

食虫类、啮齿类和蝙蝠　这些是最常见的物种。由于遗址中存在的这些物种大多是自然埋藏而非通过人类的利用，因此专家能够从这些看似不重要动物的共存和变化中获得大量的环境信息。

有必要尽可能确认，所探究层位中的这些骨骼是同一时期埋藏的，并没有打洞情况的发生。还需记住的是，即使这些遗骸不是混入的，但是它们并不总是指示直接的环境——例如，如果它们来自猫头鹰的唾余，它们很可能是在离遗址几公里外的地方捕获的（不过唾余对于评估区域环境很有价值）。

就像大型哺乳动物，某些小型物种能够指示相当特殊的环境条件。美国古生物学家理查德·克莱因（Richard Klein）指出，南非现生沙丘鼹鼠的个头与降雨之间有很强的关联——较大降雨量使得植被茂盛时，鼹鼠的个头相应就会长得较大。他对南非埃兰兹湾（Elands Bay）洞穴遗址动物群的分析（见边码254～255专栏），揭示了在距今11000～9000年前层位中的鼹鼠明显大于7000年前的同类，这可以作为更新世末期降雨增多的证据。

鸟类和鱼类 虽然鸟类和鱼类的骨头特别脆弱，但很值得研究。例如，它们可以用来确定某些特定遗址栖居的季节（第七章）。鸟类对气候变化很敏感，末次冰期中"喜冷"和"喜暖"种类的变换对评估环境极有帮助，问题是，有时很难确定某种鸟究竟是自然埋藏，还是人类或掠食动物带入的。

陆生软体动物 陆生软体动物的碳酸钙外壳在许多沉积物中能够保存下来。它们反映了当地的条件，且能对气候的变化，特别是气温和降雨的变化有所反应。但是，我们需要考虑许多物种具有非常大的容忍度，它们对变化的反应也比较慢，所以它们会在逆境中坚持，然后慢慢散布到新的可耐受环境。

通常，有必要确认这些外壳是否是原地埋藏的，抑或是从其他地方被流水冲来或被风吹来的。壳的样本要避免偏颇——筛选应确保所有的组合，而非仅仅采集那些吸引发掘者眼球的较大或较鲜艳的标本。保存质量也很重要，因为外壳形状和纹饰是鉴定物种的关键要素。一旦组合确定，我们就能追溯历时的变化，由此追溯软体动物群是如何应对环境波动而变化的。

英国软体动物学家约翰·伊文思（John Evans，1925～2011）等学者针对这个课题在英国许多史前遗址做了大量的工作。在英格兰南部的埃夫伯里，从遗址土堤下连续土壤层中发现的物种相对百分比表明，大约在10000年前是苔原环境。在8000～6000年前为开旷的林地，在6000～3000年前为封闭的林地，接下来是毁林开垦的时期，最后变成草地。

图6.32　本表总结了大小动物遗存的采集方法，并指明了各范畴获取信息的范围。

动物遗存的采集				
遗存种类	沉积物类型	调查中获得的信息	提取和观察的方法	采集量
小型哺乳动物骨骼	所有除了非常酸性的	自然动物群，生态学	筛选到1毫米	75升
鸟骨	同上	见大小哺乳动物骨骼	同上	同上
鱼骨、鱼鳞、内耳石	同上	食谱、捕鱼技术和季节性活动	同上	同上
陆生软体动物	碱性	过去植被、土壤类型、沉积史	实验室筛选到500微米	10升
海洋软体动物（贝类）	碱性与中性	食谱、贸易、采集季节性、收获	手工分选、手铲挖掘和筛选	75升
昆虫遗骸（炭化的）	所有沉积物	气候、植被、生活条件、贸易、人类食谱	实验室筛选、蜡法浮选至300微米	10～20升
大型哺乳动物骨骼	所有除了非常酸性的	自然动物群、食谱、驯养、屠宰、疾病、社会地位、工艺技术	手工分选、手铲挖掘和筛选	用手铲挖掘，除了提取大堆样本时

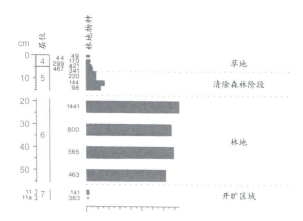

图6.33 英格兰南部埃夫伯里出土的陆生软体动物柱状图。林地种蜗牛百分比的波动揭示了从大约1万年前开旷区域（苔原）向林地、最终向草原的变迁。

海洋软体动物　正如我们在本章前面所见，海洋软体动物的贝丘有时能够帮助确认古海岸线，而根据物种百分比的历时变化能揭示沿海微环境的某些方面——诸如是否是沙滩还是岩石——通过现代代表物种的偏好研究。从不同物种存在或丰富度变化推测的气候变化，能够与贝壳氧同位素分析的结果相匹配——两种方法之间的密切的相伴关系，可以从小池裕子对东京湾绳纹时代贝丘遗址的研究中见到，例如，热带物种的消失意味着距今6000和5000年前是一个寒冷期，并由 ^{18}O 约在5000年前的增加（也即水温降低）所确认。第七章我们将看到软体动物贝壳生长的变化如何能确定季节性。

昆虫　各种昆虫能够以它们的成年形态、幼虫和蛹（如果是蝇类）被发现。昆虫研究（古代昆虫学）要到50年前才受到考古学的重视，自那时以来做了大量的开拓性研究工作，尤其在英国。

由于我们知道今天它们后代的分布和环境要求，这往往就有可能利用昆虫遗骸作为某时期和局部区域主要环境条件的标志（在某种程度上是植被）。某些昆虫对喜好的繁殖地点及幼虫所需的食物种类有很苛刻的要求。鉴于昆虫对环境变化反应迅速，它们是这些事件的时间和规模、季节和年平均气温的有用标志。从冰河时代留存下来的少数昆虫绘画，揭示了某些昆种类设法在冰缘区生存的事实。然而，与其利用单一的"标志物种"来重建微环境，还不如考虑许多物种更为保险（古代气候落在它们耐受范围的重叠区）。

鞘翅目（甲虫和象鼻虫）对微环境的研究特别有用，它们的头部和胸甲常常发现保存完好。几乎所有更新世的已知鞘翅目种类今天还存在，它们是过去气候的敏感标志，对环境变化（特别是气温）反应迅速；它们形成了耐受范围明确的不同群体。

在一项研究中，确定了350个更新世化石鞘翅目物种的气候耐受范围；该研究记录了英国26个遗址中出土的57个鞘翅目动物群的气候耐受范围，并和更新世物种群进行了比较。结果发现，在距今13000～10000年前曾非常快速地回暖；距今12500年前开始有一段特别长的寒冷趋势（当时条件与今天相近，7月平均气温在17℃），一直延续到距今10500年前，并伴随着许多小的波动。

有时，在考古堆积中发现的昆虫遗存还含有其他重要的信息。举一个重要的例子，在伦敦汉普斯特德（Hampstead）的新石器堆积中发现了蠹虫（Scolytus scolytus）的遗骸，它正好分布在西北欧湖泊沉积和泥炭钻芯5000年前所知榆树花粉显著下降之前的一个层位中。考古学所见的这一显著而迅速的衰落，起先被归因于气候变化或土壤退化，后来又归因于早期农人需要饲料而毁林（参见第十二章）。但是，蠹虫是一种能够传播致病真菌引发荷兰榆树病害的甲虫，这就为5000年前榆树减少提供了自然原因的另一种解释。欧洲爆发的榆树病害，使得科学家能够监控该病害对现代花粉记录的影响。他们发现，榆树花粉下降的比例与新石器时代相同；不仅如此，林地覆盖变得稀疏而杂草花粉不断增加，在两案例中也完全相同。这一事实，加上知道新石器时代存在甲虫，确认了该时期存在榆树病害。

图6.34　艺术家重新绘制了法国艾瑞格（Ariège）的埃莱纳（Enlène）遗址出土的冰河时代晚期（马格德林）一块骨片雕刻画上的蝗虫。昆虫对气候变化的反应十分迅速，因此是环境变化时间和规模的敏感标志。

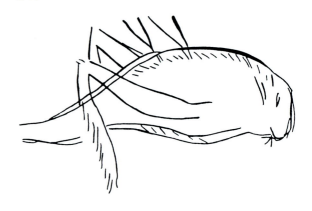

英格兰东北部约克郡的发掘中也发现了昆虫（见第十三章的个案研究），那里维京人的木材似乎被蛀虫咬得千疮百孔。该市一处3世纪罗马时代的下水道被发现填满了淤泥，在通往盥洗室的两条侧沟里有大量的下水道苍蝇。该下水道从其位置被认为是军队浴室的排水管，但是谷盗（grain beetle）和黄蛛甲的存在证明它很可能也为某粮仓排水。

显然，昆虫为考古学家提供的信息，无论在数量还是质量上都是极有价值的，不只有关气候与植被，而且还有关考古遗址内部和周边的生活条件。

大型动物遗存

考古遗址出土的大型动物遗骸主要帮助我们构建过去人类的食谱（第七章）。作为环境的标志，它们被证明不如我们一度想象的那么可靠，主要因为它们对环境的变化不如小动物敏感，还因为它们的遗骸很可能是由于人类或动物的活动被沉积在考古背景之中。由人类或食肉类动物猎杀的动物是有选择的，所以它们的骨骼并不能准确反映存在于该环境中所有的动物

群。因此，理想的是找到那些由自然事件或灾害造成的动物遗骸堆积——或被洪水淹死，或被火山爆发所掩埋，或被冰封在永久冻土之中。但无论如何，这些都是意外的发现——与考古学家通常遇到的动物骨骼堆积非常不同。

野外骨骼的采集和鉴定　骨骼一般仅在快速掩埋的情况下才能保存下来，于是避免了风化和腐食动物活动的影响。它们在松软条件和非酸性饱水环境中也能很好保存。在某些情况下，为了安全提取不至于破损，在野外要事先对它们做一些处理。在沉积物中，它们会被矿物质逐渐渗透，因此重量和硬度增加，由此也提高了耐久性。

采集之后，第一步是尽可能多地鉴定碎骨是身体哪一部分及其物种。这是动物学家的工作，现在越来越多地成为动物考古学家的工作，虽然每位考古学家应该能够大致识别一些骨骼和物种。鉴定是通过与一批采集样本进行参考对比而做到的。得到的目录及物种的组合有时有助于为旧石器时代遗址断代。现在，新的骨骼胶原蛋白分析有可能分辨一小片化石骨骼的

图6.35　动物骨骼鉴定。狗骨架的主要骨骼。大部分脊椎动物的组成骨骼与此类似。

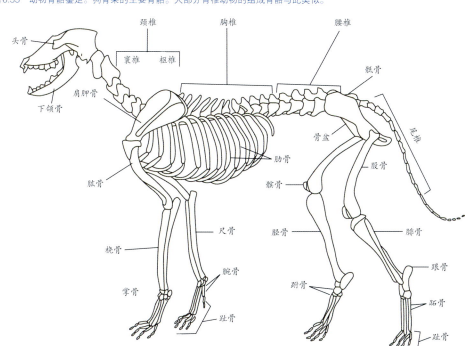

物种，并达到区分山羊和绵羊的程度。

一旦骨骼量化工作完成（见边码288～289专栏），结果能告诉我们当时环境是怎样的。

设想和局限性 大型动物的解剖学，特别是牙齿能告诉我们它们食谱的信息，比如像食草类动物所喜好的植被类型。但是，大部分范围和生境方面的信息来自对现生物种的研究，这是根据这样的设想，即自我们探究的时代以来，其习性没有发生根本的变化。这些研究显示，大型动物能够容忍——也即抵挡和利用——气候和环境的巨大变化幅度超过了我们过去的想象。所以，冰期沉积中存在像披毛犀这样的物种应仅被看作是该物种忍耐低温能力的证据，而不是一种寒冷气候的证据。

因此，如果很难将某遗址中大动物群组合的波动与气温的变化联系起来，那么我们至少能说，有时动物遗存的差异与降水的变化直接关联。例如，物种对降雪厚度的忍耐力不同，会对那些大部分冬季有很厚积雪地区的冬季动物群组合产生影响。

大型哺乳动物一般不是很好的植被标志，因为食草类动物在各种环境中都能很兴旺，吃各种植物。因此，单一物种通常无法被看作某特定生境的特点，但也有例外。例如，在最后冰期，驯鹿抵达西班牙北部，不仅由发现的骨骼所显示，也为洞穴艺术所表现。这种大规模迁移明显反映了环境的变迁。在撒哈拉的岩画艺术中，我们也能够很清楚看到长颈鹿和大象等物种的存在，它们今天在这个区域无法存活，这就说明了巨大的环境变迁。

就像我们将在第七章中所见，动物群也能被用来确定某遗址在一年中居住的季节。在一些沿海遗址，包括西班牙坎塔布里亚、环地中海海岸（见弗兰克西

洞穴，边码229～230）或南非好望角沿海（见边码254～255专栏）的许多洞穴遗址，海洋资源与食草类遗存会在考古序列中交替出现，因为海平面进退的变化影响到沿海平原，因此导致遗址靠近海滨或草场的转换。

需要牢记的是，动物群波动会有气候和人类以外的原因，其他的因素包括竞争、瘟疫、食肉类动物数量的波动等。而且，气候和天气小规模的局部变化也会对野生动物的数量和分布产生巨大影响，所以即便一个物种具有很强的抵抗力，也会在很短时间里从数量极多衰落到几近绝灭。

大型猎物的绝灭 从波利尼西亚许多岛屿以及以下所见的证据清楚地表明，最初的人类定居者对当地动植物群产生了毁灭性影响。但在世界其他地区，动物绝灭的问题，以及如何与人类相关，在考古学中仍然是一个重要的争议性话题。这在新大陆和澳洲冰期之末大型猎物的绝灭尤其如此，那里的损失要比亚洲和非洲严重得多，不仅包括猛犸和乳齿象，在美洲还包括马这样的物种。

关于大型猎物绝灭的争论分为两派。一派学者最初以美国科学家保罗·马丁（Paul Martin, 1928～2010）为首，他们认为，人类抵达新大陆和澳大利亚后，由对猎物的过度捕杀导致了绝灭。从澳大利亚获得的新资料为这种观点提供了某种支持，因为从来自三个不同气候区的大型陆生巨鸟（*Genyornis*）蛋壳中提取的氨基酸外消旋断代显示，它大约在50000年前突然消失，这正是人类到达这个大陆的时间。在一个气候变化不大的时期内，巨鸟从所有遗址中同时绝灭，人类影响是其绝灭的主要原因。但是，这种观点无法说明同时绝灭的其他一些哺乳动物和鸟类，它们明显

图6.36 古代大型动物群。（从左至右）乳齿象、巨海狸、骆驼、马（均为北美的），还有澳大利亚巨袋鼠。有些学者强调环境因素对其消亡的重要性。

（左侧页边：251/252）

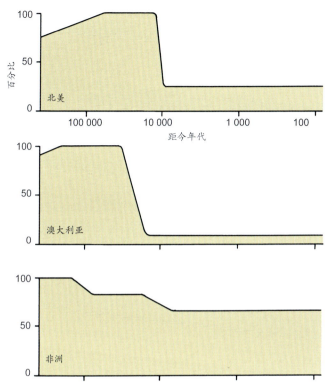

图6.37　保罗·马丁绘制的图表，说明北美和澳大利亚在人类抵达前后大型动物的突然衰落。与非洲相比，那里的大型动物长期以来适应了人类的捕猎。

不是人类的猎物，或不值得猎取。无论如何，各动物绝灭的确切时间仍不清楚，而人类抵达这两个大陆的时间仍然没有定论（第十一章）。

另一派观点，以人类学家唐纳德·格雷森（Donald Grayson）等学者为代表，认为气候变化是主因。但是这个解释无法说明为何过去的类似气候变化并没有产生这种后果。无论如何，许多绝灭的物种可以耐受广阔的地理和气候条件。此外，气候对植被的间接影响可能与气候变化本身对动物的影响一样大。

虽然过去也发生过气候变化造成的动物绝灭，但是总是会对大小不同的各种哺乳动物产生相同的影响，而且消失的物种会被迁入或新兴的物种所取代——但这在更新世绝灭中并没有发生。在新大陆、欧洲和澳大利亚，所有体重超过1000公斤的成年大型猎物（大型食草类）全部消失，那些体重在100～1000公斤之间的食草类有75%绝灭，但是体重在5～100公斤的物种只有41%绝灭，而较小动物绝灭不到2%。

南非学者诺曼·欧文-史密斯（Norman Owen-Smith）提出了一个折衷的理论，将这些因素考虑在内，并将这两种假设结合起来。他认为，首先是人类的过度捕杀导致大型食草动物的绝灭，这接下来导致植被的变化，进而导致中等体型食草动物的绝灭。

看看现代东非和南非大象对植被的巨大影响——推倒或毁坏树木，为小型动物开辟道路，将林地草原变为草原——可以肯定，大型食草动物的消失从根本上影响了更新世环境。最近有另一种极具争议的说法（2007年提出），大约13000年前一次彗星的撞击导致更新世晚期大型动物的绝灭，大部分专家认为这种说法站不住脚。

最近的研究提出了一种复杂因素的镶嵌［式说法］，时空差异很大，有些动物在更新世绝灭，但是其他的（如旧大陆的巨鹿）一直生存到全新世。例如，在澳大利亚，人类捕猎很可能导致某些物种的绝灭，但是气候条件也有影响——也许最重要的是——人类对环境的其他影响如放火烧林。一些研究认为，在欧亚大陆北部，气候是一个比较重要的因素，而在美洲，人类的因素比较重要。保罗·马丁首次提出非洲和南亚并未见动物绝灭，可能是那里动物与人类长期共存——这是一个很有意思的理论，但是很难论证。

采用新技术，我们也许最终能从骨骼中提取更多的特定环境资料——例如，从对牙齿釉质和骨骼的

254

埃兰兹湾洞穴

埃兰兹湾洞穴位于南非开普省西南海岸的弗洛伦弗雷（Verlorenvlei）河口附近，曾被栖居过数千年，对于论证最后冰期末海岸线和人类生计的变迁特别重要。约翰·帕金顿（John Parkington）和他的助手在该洞的工作明确证实了，在7000～6000年间，海平面上升是如何改变了遗址的地貌，使遗址从内陆河流地带变为港湾和沿海的。

图6.39 今天的弗洛伦弗雷河口。大约15000年前海岸线要比今天向海延伸20公里。

距今13600～12000年间，人类的生业实践保持相对稳定，虽然根据今天外海海床的轮廓，当时海岸线很可能已逼近距遗址12公里处。洞穴居民遗弃的动物遗骸以大型食草类为主，如犀牛、野马、野牛、大羚羊等，说明当地环境是一片相当开阔的草原。遗存中很少的海洋成分说明离海岸仍有很远的距离——远在大部分狩猎采集者正常的两小时行程之外，路程太远而使得携带贝类并不经济。所发现的鸟类都是河滨物种，基本为鸭。

大约11000年前，海岸已经接近遗址西边约5～6公里处，已完全处在狩猎采集者出击距离内。遗址序列中此时首次出现了一层很薄的贝壳。在后来3000年里，海岸又向内陆入侵了2公里，离遗址大约也就这个距离，并逐渐淹没了弗洛伦弗雷河谷的下游，使之变为港湾，然后又变成沿海。

适于大型食草类动物的生境消失，对动物群的环境产生了根本的影响。在距今9000年后的洞穴堆积中，至少有两种动物绝灭（巨野马和巨野牛），而其他大型动物如犀牛和好望角野牛则不见踪影或罕见。在这个遗址和该地区其他遗址，它们被较小的食草类如南非羚羊所取代，它们是闲逛者而非不停的啃食者，这反映了一种可能与降雨有关的不同植物环境。

同时，在距今11000～9000年间，海洋动物的主导性明显提高，洞穴序列也从一系列含薄贝壳层的褐色土变成了真正的贝丘序列。此外，在距今9500年前之后，此时海岸线距遗址已3公里多，鸬鹚、海鱼、石龙虾和海豹的比例很高（相对于陆生物种）。在距今11000年前之后，河谷被淹没，反映在丰富的河马和浅水鸟类如红鹳和鹈鹕上。在这个时候，港湾肯定位于可开发利用的距离以内。大约9000～8500年前，洞穴距港湾和海岸的距离基本相等，但在8000年前之后，离海岸就更近了，大约6000年前到达了现今的位置。

图6.38 冰期之末，海平面上升淹没了曾经处于埃兰兹湾洞穴西面的沿海平原。

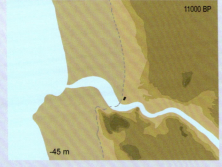

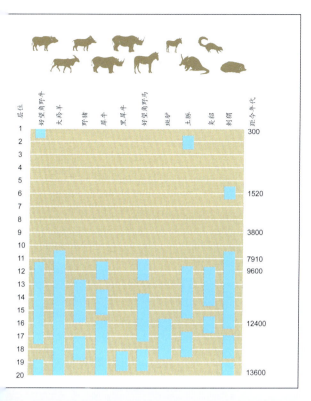

图6.40　埃兰兹湾洞穴出土的动物群遗存反映了草原动物的衰落。约9000年前，当海水入侵到距遗址3公里处时，洞穴中的这些动物明显不再被利用。

同位素分析，或对骨胶原中氨基酸的分析中，获得有关气温和潮湿历史的信息。美琳达·齐德（Melinda Zeder）对采自伊朗的绵羊和山羊骨骼微量元素的研究，确认了来自不同环境的动物，其钙、锰、锌的含量的明显不同；因此应当有可能对古代骨骼做同样的分析，以获得古环境的信息。

同样，南非的蒂姆·西顿（Tim Heaton）及其同事发现，骨骼中氮同位素的比例对于研究古代气候变化是一个有用的工具。来自南非和纳米比亚各种生境和气候区的史前期和历史时期早期人类和野生食草类的骨骼样本被做了 $^{15}N/^{14}N$ 值的检测。内陆样本得出的结果与沿海样本的结果相似。简言之，$^{15}N/^{14}N$ 的比例似乎与气候变化有关，气候变干会反映在 ^{15}N 的比值升高上。

其他动物证据来源　骨骼并非大动物群的唯一信息料来源，已经提到过的有冻尸，还有绘画，都是大动物群的资料来源。有的遗址还发现过"脚印"。例子包括坦桑尼亚莱托里早期人科动物和其他动物的脚印——超过1万多个，包括鸟和昆虫的（第十一章）；青铜时代土壤上的足迹（第七章）；罗马时代砖瓦上的爪印（第七章）。这些痕迹在洞穴内尤多，在欧洲，鬣狗和洞熊的足迹很有名；还发现过洞熊的爪痕和巢窝。英格兰萨默塞特·莱弗尔斯出土的新石器时代木头上发现有河狸的齿痕。

古代粪便（粪便化石）也会残留在许多干燥的洞穴中，含有大量有关动植物群的信息（见上）。例如，在南犹他州的比昌（Bechan）洞穴中有多达300立方米的脱水猛犸粪，美国的其他洞穴中也见有许多其他动物留下的粪便。

与揭示不同时代存在哪些动物十分不同，粪便能显示它们吃什么，甚至能够为更新世绝灭动物的争论作出贡献（见上）。保罗·马丁是古粪便分析的先驱，他发现绝灭的沙斯塔（Shasta）地懒粪便的成分一直到其消失都没有变化，而吉姆·米德（Jim Mead）对猛犸和绝灭山地山羊粪便化石的研究也得出了相同的结论。因此这些成果说明，这些新大陆动物的绝灭起码不是由于植被或食谱的变化所造成的。

其他证据来源还包括，用化学方法从沉积物中鉴定出马和驯鹿的脂肪残渍，以及从石器上发现各种动物的血渍（第七章），从早期探险家的文字和绘画或古罗马作家的地图中获得信息。甚至骨器有时也能成为清楚的环境标志，例如，从约克郡时代盎格鲁-斯堪的纳维亚堆积中出土的大量磨损和磨光的骨质冰鞋，说明这一时期的冬天寒冷得足以使乌兹河（Ouse）结冰。

重建人类环境

所有人类群体会对他们当地以及更大范围的环境产生影响。人类干预最重要的影响之一就是动植物的驯化，这将在第七章讨论。在此，我们将集中讨论人类是如何开拓和管理土地和自然资源的。人类环境的基本特点是遗址及影响一处位置选择的诸多因素。无论从直观（接近水源、战略位置、朝向）上看，还是采用某些测算方法，这些因素中有许多都是显而易见的。例如，洞穴和岩棚的气候可以通过温度、遮阴和阳光照射、不同季节的风向来评估，因为这些是决定宜居性的因素。

直接的环境：人类对生活区域的改造

人类改造其生活区域的最早方式之一就是有控制的用火。关于早期的火是如何引进的问题，考古学家们已经争论了几个世纪。1988年，鲍勃·布赖恩（C.K. Brain）和安德鲁·西伦（Andrew Sillen）在南非斯瓦特克朗（Swartkrans）洞穴里距今约150万年前的地层中发现了一些明显被火烧过的动物骨骼。布赖恩和西伦用新鲜骨骼做实验，观察骨骼在加热到不同温度时，其骨骼细胞结构和化学的变化。显微镜观察表明，其变化与化石骨骼的表现非常相似，表明后者很可能在柴火上，从不到300℃至最高500℃温度之间烧烤。这后来通过电子自旋共振（ESR）对骨骼的炭化进行测定得到了确认。该洞穴地层中发现的早期人类遗骸说明人可能是这些火的使用者。以色列盖谢尔·贝诺特·雅各布（Gesher Benot Ya'aqov）旷野遗址烧过的种子、木头和火石，表明了79万年前的有控制用火。2012年，对南非奇迹洞（Wonderwerk Cave）地板的沉积物进行了显微分析，在距洞口30米处100万年前形成的地层中发现了灰烬和烧骨的迹象；而在肯尼亚的库彼福拉，受热改变的石制品、沉积物和骨骼碎片表明，人类用火可追溯到150万年前。这是目前考古记录中论证可靠的最早用火证据。

史前期初的营地遗址中很难发现和分辨具体的火塘证据，最近开发的一项新技术可以从沉积物中探测灰烬：灰烬的大部分矿物质会随时间而改变，但其中约有2%会保持相对稳定，而不同矿物质在红外辐射的照射下会发出不同特点的光谱。这意味着，古代火塘即便完全解体，仍能被检测出来。运用这种方法，并通过与附近的凯巴拉（Kebara）洞穴（距今7万）中确凿的火塘

遗迹进行对比，在以色列的哈尤尼姆（Hayonim）洞穴（距今25万）中分辨出了用火位置。该技术被运用于中国北京郊区的周口店洞穴，这里长期以来被认为发现有世界上最早的、距今50万年前的人工有控制用火的证据，但是在这个洞穴的分析部位并没有找到灰烬的化学"特征"。洞穴中出土的一些骨骼肯定是被烧过的，但是究竟是自然火还是人工控制用火仍无法确定。2014年，在以色列凯塞姆洞穴（Qesem Cave）中部发现了一处反复使用的大型火塘，年代在中更新世（约30万年前）。

考古学家能够显示，旧石器时代晚期人类也能通过其他方式来适应洞穴生活。在法国一些饰有壁画的洞穴中，如拉斯科，肉眼能观察到脚手架的证据，在其他地方的发掘还出土了石板铺垫和掩体的痕迹。罗尔夫·罗特兰德（Rolf Rottländer，1932～2016）对西德盖森克洛斯特勒（Geissenklösterle）洞穴旧石器时代晚期沉积物的分析显示有大量的脂肪，这表明地板上可能用大型哺乳类的兽皮作铺垫。西班牙的加尔玛洞穴（La Garma Cave）年代大约在14000年前，一些远端趾骨（脚趾的末端骨骼）的分布表明，一只洞狮的毛皮曾被用作地毯。距今23000年前的铺垫遗存见于以色列奥哈罗 II（Ohalo II）的一处旧石器时代茅舍：草铺床垫由一捆捆围绕着一处中央火塘已经炭化的茎叶组成。甚至现在也通过植硅石证据从西班牙的埃斯基吕（Esquilleu）洞穴中找到了更古老的旧石器时代中期床垫，它表明草是反复堆放在一处火塘边的。中期石器时代的南非斯卜杜（Sibudu）岩棚还发现了距今77000年前地层中野草、莎草、灯心草和有驱虫功能的树叶等铺床材料。

考古学家也调查了旷野遗址中的帐篷、遮风物以及其他建筑遗迹，它们体现了旧石器时代人类改造其直接环境的途径。当然，较晚时代这类证据就多不胜数了，我们就进入了真正意义上的建筑和乡镇规划的领域，这将在本书的其他地方讨论（第五和第十章）。

改造直接的环境对于人类文化来说肯定是最基本的表现。但是，我们如何能够了解人类除操纵世界之外各种行事方式的故事呢？

人类开拓更广的环境

研究土地利用的方法 当剖面被揭露，或当一处

纪念建筑底下发现了原始地面之后，就能观察人类居址周围的土壤。专家能够结合前面章节介绍的所有方法，想方设法重建人类的土地利用。但是，在遗址周围区域必须在地表作评估的情况下，还需要一种不同的方法。

这类遗址外分析首先是由克劳迪奥·维塔-弗林齐（Claudio Vita-Finzi）和埃里克·希格斯（1908～1976）在以色列的研究中开发的，之后被广泛采纳，尽管做了一些修改而有些不同。现在，地理信息系统证明对调查和测绘古代环境也很有用，例如，像美国乔治·米尔纳（George Milner）的卡霍基亚项目（见边码258～259专栏）。

园圃　园圃考古学（the archaeology of garden），不管是装饰性的还是用于粮食生产，只是最近才开始时兴的一个子学科。例子包括新西兰毛利人的园圃，它们由土墩、梯田和围墙复合体组成；日本奈良8世纪皇家别墅的正式园圃；特别是罗马别墅的园圃，其中最著名的很可能要算庞贝及其附近聚落被火山灰保存的园圃，但也有类似于英格兰南部菲什本郡（Fishbourne）的园圃。在许多情况下，如在奈良，将发掘与植物遗存分析相结合，可以进行准确的复原；而在庞贝，物种鉴定不仅来自花粉、种子和炭化木，

还有树根留下的空腔，能够像尸体一样将其铸模（见第十一章）。这种铸模甚至能够提供园圃技术的细节。例如，在庞贝附近奥普隆蒂斯（Oplontis）波贝亚（Popaea）别墅的一处园圃里，一棵柠檬树的根部明显有嫁接的证据，说明嫁接方法仍在该地区使用，以繁殖新的柠檬树。同样，被称为"中美洲的庞贝"的萨尔瓦多塞伦遗址在公元595年被火山灰掩埋（见边码59和63），注入空腔的液态石膏获得了极佳的植物铸模，包括栽种在农田里的玉米秆、储藏在粮仓里的玉米穗轴、辣椒丛，还有一座有70棵龙石兰的完整家庭园圃。

利用田野系统的土地管理　土地管理可以用几种方式探知。最清楚的证据是地表可见的痕迹，如伯里兹的普尔特劳泽（Pulltrouser）沼泽与水渠网相连的300万玛雅脊状农田；阿兹特克由水渠疏浚淤泥堆砌而成的肥沃农田（the chinampas）；或新几内亚库克沼泽（Kuk Swamp）类似但非常古老的水渠和肥沃园地（见边码261专栏）。同样在英国，考古学家在达特穆尔（Dartmoor）高原上发现了青铜时代石砌界墙，并在许多地方发现了田地系统和梯田。在日本发现了500处水稻田，特别是弥生时代（前400～300）的稻田及其灌溉系统——木构水坝、排水渠和堤岸。在中国湖南的

图6.41　环境管理的一个重要方面是人工分配水源，不管是贮水池、水渠还是简单的水井。德国库克霍文的一处新石器时代带纹陶文化（Linearbardkeramik）遗址出土了木质的井架。用劈开橡木板条制作的箱框嵌着苔藓。树轮断代为公元前5090年（外框）和公元前5055年（内框）。

258

绘制古代环境图：
卡霍基亚和地理信息系统

复原史前人类环境需要详细了解自然背景，特别是可食资源的分布、产量和可靠性。为了把握如此复杂的资料，考古学家越来越多地转向应用电脑为基础的测绘系统——地理信息系统——借以了解聚落之间以及与周边环境特点，如河流、地形、土壤和植被是如何关联分布的。

地理信息系统的发展使得我们能够将复杂的空间资料组织成一系列分开的图层，每层表现一类信息——遗址、土壤、海拔等等（见第三章）。然后可以分析各层材料之间的关系，这使考古学家能够用大量的遗址和许多环境细节讨论有关人类土地利用的问题。

测绘卡霍基亚（Cahokia）

正在开展这项工作的一个地方，就是美国密西西比河谷的中部地区。

这个地区史前遗址的数量异常丰富，最引人注目的是卡霍基亚遗址。将近1000年前，卡霍基亚是北美一处最为复杂的史前社会的主要聚落。该遗址一度拥有100余座土墩，包括僧侣土墩，这是一座高达30米的巨型土墩，俯视着周围的社群。许多土墩和大片居住区遗迹一直保存至今。虽然在卡霍基亚一带进行了大量的考古工作，但仍有许多问题。究竟有多少人曾居住在这一区域？这个社会是如何组织起来的？为什么人们偏爱某些地点却避开其他地点？人类的土地利用是如何随时间变化的？

由宾州大学乔治·米尔纳主持的一个研究项目有三个研究目的：1. 分辨河谷底部的变迁，它很可能破坏了遗址的埋藏；2. 评估不同区域不同资源的可获性；3. 确定遗址为什么位于其所在的位置。

工作从系统观察现有的遗址记录入手，以确定已知聚落的位置。研究博物馆藏品中的典型器物，以分辨这些地方是何时栖居的。利用过去200年的地图和土地勘探，论证河流的移动以及曾经覆盖大部分河谷底部的湿地。

有关河流及周边地貌最早的详细地图是由土地总局（Genaral Land Office）的调查者在19世纪初绘制的。土地总局的记录和地图中的河流、小溪、沼泽的位置被标示出来，并参照河谷地形的其他信息进行核对，然后转换成地理信息系统电子格式。河道后来的走向取自陆军工兵部队的航行图。

对卡霍基亚全盛时期自然景观的建模，首先集中在冲积平原最重要的一个特点上——湿地的范围、分布和性质。利用各种不同来源的信息——不仅是土地总局的调查记录、其他河谷的早期历史地图和描述，还有现代

图6.42　约公元1100年前卡霍基亚遗址及其环境的复原。

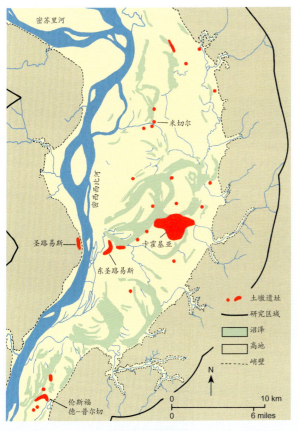

图6.43　迄今为止，卡霍基亚是遍布密西西比河冲积平原的许多土墩中心中的最大一个，并以美国之底（American Bottom）而知名。过去，这里全年或部分被水淹没，湿地提供了各种各样的食物资源。

图6.44　大约30米高的神秘僧侣土墩。

地图和航照——有可能估计资源的分布，也就是不同地点的吸引力。

通过分析大小聚落的空间安置，可以分辨遗址选址的自然和社会的决定因素。聚落的生态背景能够通过观察不同种类土地的相对数量来研究——旱地、偶尔水淹的地区和永久湿地——它们位于人类居住几公里范围以内。例如，那些最大的遗址大多位于沿永久湿地近陆峭岸边排水性良好的土地上。因此，人们能够利用旱地之便进行农耕和利用湖泊捕鱼。聚落材料补充了有关生计实践的信息：谷物主要是玉米，且鱼类是主食。

史前遗址的位置与古河道痕迹的关系表明，过去一千年甚至更长的时间里，河流在许多地段处在一条相对狭窄的通道内。然而在另外一些地段，河流淹没了大片冲积平原，摧毁了许多史前遗址可能留下的证据。因此，聚落分布中的某些缺环，可能只是遗址被河流运动破坏了的地方。

于是，该地理信息系统项目帮助重建了一千年前的景观，并且表明，卡霍基亚全盛时期聚落形态明显有强烈的湿地取向——这可以从鱼类在食谱中的重要性上予以解释。初步的工作令人鼓舞，并确保了深入的系统研究，包括新的考古和地貌的田野工作，以便更好地了解过去的几千年中该地区的土地面貌是怎样的，人类是怎样对该地区进行利用的。

亚马孙和人为的变化

当人类通过直接的活动及存在而导致环境改变时，我们称之为"人为的变化（anthropogenic change）"。几千年来这种变化一直在发生，但直到最近，考古学家才开始研究它会如何影响我们今天的活动。

在研究人为的变化中，亚马孙河流域被证明是一个关键地区。前哥伦布时期的社会在塑造亚马孙生物群（独特的动植物群落）的长期特点方面发挥了至关重要的作用。亚马孙雨林远非原始的、未受扰动的，而是一系列令人瞩目的土建工程之所在——包括沟渠、土墩、贝丘、抬高隆起或排水的田地、水库和道路，这与栖居并改造拥有丰富水源的洪积平原、强化农作物生产、建造交通网络和防御设施相关。这些不同大小、规模和无处不在的遗迹，凸显了前哥伦布时期的社会是如何参与到广泛的景观建设过程中去的。

长期人为变化的一个极为重要的例子是"亚马孙黑土"，它由因过去长期栖居和耕种而营养富集的大型土地斑块组成。最著名的类型是黑土（terras pretas）和黑白混合土（terras mulatas），前者是指与过去聚落相伴的化学性增强且扩展有限的黑土；后者指的是化学性增强较弱、存在于聚落周围或内外的土壤。黑土被认为是在土壤形成过程中，因大量燃烧和分解的聚落垃圾所致。而黑白混合土则有各种解释，比如反复燃烧、以前的

图6.45（上）前哥伦布时期的抬高农田组合，位于法属圭亚那中部海岸圭亚那航天中心（SG）内季节性洪水泛滥的热带稀树草原。

图6.46（下）被称为黑土的人为深色土壤，位于巴西玛瑙斯（Manaus）附近亚马孙中部的拉戈拉利毛遗址。

图6.47（左）南美地图，显示了亚马孙的范围和主要河流。

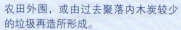

农田外围，或由过去聚落内木炭较少的垃圾再造所形成。

最后但同样重要的是，历史生态学研究证明了"文化雨林"的存在，它们由高密度的植物组成，这些植物或可供人类食用，或对人类有用。文化雨林通常被解释为过去人类操纵环境和管理驯化与野生植物实践的遗赠。它们的分布往往与景观改造或亚马孙黑土有所重叠，但并不局限于此。导致文化雨林和亚马孙黑土形成的行为实践，可能早在全新世初人类到达亚马孙地区便已开始，然而更广泛的植被和土壤变化及景观改造，可能发生在过去两千年这段人口最为密集的时期。

261

库克沼泽的古代园圃

库克沼泽是新几内亚高地靠近哈根山（Mount Hagen）、位于瓦基河谷（The Wahgi Valley）中面积约283万平方米的一片地产，海拔1550米。这里保存有据说是世界上最古老园圃实践的证据。

该地区一直位于水下，直到为建设一家茶叶研究站而将水排干，这为杰克·戈尔森（Jack Golson）及其同事于1972年开始的一个研究项目提供了机会。航空照片显示，古老的沟渠系统事实上遍布于整个沼泽区。当时以及稍后为新种植园挖掘的间距很宽的沟渠，为研究者们提供了几公里长的剖面作地层学研究。剖面上发现的一些断断续续来自新几内亚北部海岸火山爆发的灰烬层可作年代测定，为研究提供了年代学的基础。沼泽中的杂草也被清除以揭露地表遗迹，比如40座房址（其中有些被发掘）和古老沟渠充填后的轮廓。

调查被认为提供了毫不含糊的证据，将沼泽农耕利用的五个不同时期上溯到大约7000～6400年前，每块排干的地表有大型排水沟渠（宽和深达2×2米），以及独特的园圃系统。

这五个排水阶段覆盖在大约距今10000年前和7000～6400年前沉积的一层灰色黏土堆积之上，它构成了由沼泽南部水域冲刷而成的扇形堆积的一部分。在此黏土层之下是一套包括坑穴、水池、柱洞的遗迹，与一条沟渠相伴。这套遗迹被当初的发掘者说成是人工的，在与后期地层类比之后，它们被认为代表了更古老的第六段沼泽园圃时期。与沼泽以前的历史相比，灰色黏土堆积中侵蚀物质增加如此明显，以至于被解释为标志着一种旱地生计模式的新实践，也即轮种农业的模式。这些发明马上出现在冰期结束之后、气候改善之时，并基于一批热带作物——芋头、某些薯类和一些香蕉——其他证据表明，它们曾存在于新几内亚地区。

证据的解释

最近在库克的工作，包括目的在于揭示该沼泽古代生态的全方位调查。这些调查获得了多学科的信息，不仅涵盖考古材料和放射性碳断代，而且还有地层学分析和古植物学证据，包括硅藻、昆虫、植硅石、花粉和淀粉颗粒。像灰坑、柱洞、与栽种和收获有关的沟渠和排水系统都可靠地测定在大约10000年前，并被解释为湿地边缘与一段轮种的时期相关。组织较好的农业，包括有规则分布的设计在排水不畅的地区以让土壤透气的土丘，年代测定在大约7000到6400年前，多沟渠网络是断断续续自约4400～4000年前至今修筑的。

这些发现确证了新几内亚的农业起源大致与世界其他地区同步。实际上，越来越多的确凿证据表明，世界上最珍贵的两项作物——甘蔗和香蕉就是在新几内亚起源的，其中香蕉在7000年前就已经被栽培。

尚不清楚芋头在新几内亚高地是否是自然生长的。尽管这样，库克的石器上存在淀粉颗粒，显示了10000年前这里就利用了芋头，也许此时是这类主食栽培管理的初级阶段。因此，从觅食到农业的转变在此似乎经历了好几千年。

环境的改造似乎在7000～6400年前已经发生，这给依赖森林休耕的轮种栽培系统增加了危险，其主食应该是芋头和薯类，且难以适应退化的土壤。这一情况导致了一系列农业技术的发明，被设计来维持草地环境中旱地栽培的产量。

虽然因研究茶叶而挖掘了农场的沟渠，帮助启动了这一考古项目，但是这种为商业化的农业项目从事的沼泽排水设施，现在正威胁着残留的遗址，不仅是库克，还包括这一地区其他类似的遗址。

图6.48　年代在7000～6400年前的库克土丘的古地面。

城头山出土了更早的稻田，年代为6500年前。

人工制品和艺术也是古代土地管理有价值的信息来源。例如，中国许多汉代（前206～220）遗址出土了许多陶制的稻田模型，有的有灌溉的池塘，水坝中间有可移动的闸门，用来调节流入稻田的水量。

空气和水的污染 人类对水源的影响还没有引起考古学家足够的注意，但是最近的证据清楚显示，河流的污染并不限于我们这个时代。对约克市的发掘，揭示了过去1900年来淡水鱼类组成的变化，显然从鲃鱼和鳟鱼这些喜欢干净水质的种类转向了河鲈和欧鲤这些比较能容忍污染水质的种类。这一转变发生在公元10世纪，当时维京乡镇发展迅速，对乌兹河的污染显然十分严重（第十三章）。

空气污染也非当代现象。从瑞典湖底以及从瑞士侏罗山（Jura Mountains）一处泥沼获得的钻芯，揭示了铅层首次在5500年前增加，当时农耕令风刮土壤增多；然后到3000年前更加严重，当时腓尼基人开始贸易从西班牙开采的铅，于是开始了金属的冶炼。铅污染继续加剧，因为希腊人开始从矿石中提炼银并将铅排放到空气中；到罗马时代更加严重，当时从欧洲矿山中每年要开采80000吨铅。格陵兰冰芯不仅确证了有关铅的这些数据，而且记录了罗马时代和中世纪古代炼铜的显著污染，特别在欧洲和中国。

犁耕的证据 贝丘的调查，包括其中所含的软体动物和花粉，特别是底下的原始土壤和地面，能够揭示在营建贝丘之前是否被耕作过。偶尔，考古学家甚至能幸运地发现保留有犁或划犁（仅划出犁沟但不翻土）痕迹的埋藏地面。在英格兰南部邻近埃夫伯里的南街（South Street），一座新石器时代埋葬土墩下发现的这类痕迹，就是一个很好的例证。虽然丹麦史前埋葬土墩出土的证据痕迹实际上并非功能性的（也就是说，不是在土地耕耘中造成的），而是土墩建造仪式的一部分，不过它们提供了不同时期和不同土壤上土地管理技术的迹象。

林地和植被管理 前面提到过许多分析植物遗存的技术，大体能够用来论证人类对林地和植被的操纵。

浸泡的木头 约翰和布里奥尼·科尔斯在萨默塞·莱弗尔斯考古地层中发现的大量饱水木头，被他们用来论证大约公元前4000年所知最早的系统修剪树枝和修枝助长（见边码332～333专栏）。

炭屑 在苏格兰东北部达拉迪斯（Dalladies）一座新石器时代人们用来建造埋葬土墩的草皮中发现有炭屑，这些炭屑的存在表明，这些草皮是焚烧森林后形成的草地。它还反映了一个有趣的事实，这些农人竟能牺牲7300平方米肥沃草皮来建造他们的纪念物。

花粉分析是另一种论证刻意清除林地的非常重要的方法。美国学者戴维·鲁（David Rue）分析了洪都拉斯玛雅城市科潘附近获得的钻芯中的花粉，设法追踪该地区毁林开荒的过程。因为中美洲冰后期后段没有任何显著的气候变化，于是他可以很有把握地将花粉记录变化的原因归咎于人类活动。这些成果支持了这样的观点，即生态压力和土壤退化很可能是科潘这类城市衰落的重要原因（在第十二章，我们将更广泛地考虑造成城市和文明崩溃的可能原因。）

人类对岛屿环境的影响

人类对环境最具破坏性的影响可在岛屿上见到，定居者把新的动植物带到岛屿上。尽管其中有些"搬运的景观"确实为殖民者所需，但其他一些则是灾难性的错误。

最著名的例子见于波利尼西亚。来到这些群岛的第一批欧洲探险家曾以为，尽管已经被较早的波利尼西亚人所开拓，但是他们所见的环境仍保持着原样。但现在通过花粉、大小动植物遗存，以及许多前面提及的研究方法的综合分析，得出了显著变迁的图像。第一批人类抵达者在其安顿时期，对当地资源进行了过重的开发：动物群记录总体上显示出可食肉类资源

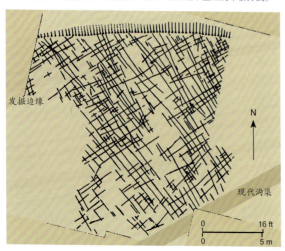

图6.49 英格兰南部南街新石器时代埋藏土墩下所揭示的埋藏地面。土壤中的交叉沟槽是划犁造成的，这是一种早期不翻土的犁耕方式。

发掘边缘

N

现代沟渠

0　　　　　16 ft
0　　　5 m

如贝类和龟类直接急剧下降。大部分这些资源再也无法恢复，而有些则完全绝灭。

绝灭的主要原因是定居者引入岛上的一批新物种。除了驯化的猪、狗、家禽以及栽培作物外，他们无意中带入了一些偷渡者，如波利尼西亚鼠、壁虎以及各种杂草和无脊椎动物（老鼠甚至有可能是被故意带来的），这些具有高度竞争力的新掠食者和杂草对脆弱的岛屿环境产生了剧烈的影响。在夏威夷，几十种当地鸟类迅速绝灭；而在新西兰，11种不会飞的大型恐鸟与16种其他鸟类绝灭。

然而，掠食仅是该事件的一部分，栖居地的破坏很可能是主要的杀手。夏威夷、新西兰和其他地方的花粉、植硅石、炭屑和陆地蜗牛共同揭示，几个世纪里低地迅速和大面积毁林形成了开阔的草原。在山边清除植被以开发园圃导致很大的侵蚀：有些早期遗址被几米厚的冲积物或坡积物所覆盖。

换言之，人类将他们自己的"景观"带到了岛上，迅速而彻底并无可挽回地改变了它们。对世界这部分

环境史的研究清楚说明，自然灾害（除了火山喷发），如飓风、地震、海啸等，对植被的影响程度不大。景观和资源的变化只是在人类抵达之后才发生的——在新西兰不到1000年前，夏威夷2000年前，波利尼西亚西部3000年前。

复活节岛　这种毁灭性过程的极端例子发生在复活节岛，这是世界上最孤独的一片栖居地。这里，定居者所造成的环境破坏，无论从程度上还是从其文化上或社会后果上，都是独一无二的。英国孢粉学家约翰·弗伦利（John Flenley）及其同事对岛上火山口湖泊中提取的钻芯中的花粉做了分析，并揭示出：人类于公元700年（有可能晚些）抵达之前，岛上被森林覆盖，主要是一种大型的棕榈树。

大约到19世纪，复活节岛上的所有树都被砍光，成为一片草原。显然人类需要对此负责，即便局地干旱和小冰期很可能是起作用的因素。大部分树木很可能是被用来搬运岛上几百具巨大的石像的。此外，人

图6.50　人类对岛屿环境的影响在太平洋地区特别明显，人类对那里的殖民开拓相对较晚（见边码168～169地图），但往往对当地植物产生了致命的影响。动植物群的证据显示，人类的捕杀、毁林，以及引进竞争的新物种造成了大范围的破坏。

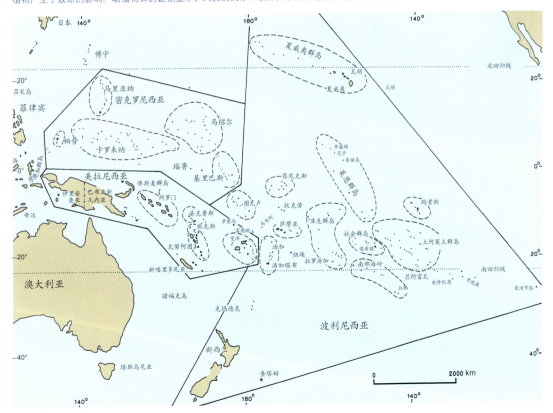

类很可能也食用棕榈果，因为发现的一些果实被啮齿类动物啃咬过，可以肯定，如同其他地方一样，被定居者带入的波利尼西亚鼠也吃这些果实。木材的彻底消失很可能是17世纪中叶石像制造比较突然地终止的主要原因之一，因为它们无法再被搬运。这也同样意味着没法制造好的独木舟了，这很可能使对鱼类的利用急剧衰退，对岛内而言，除了鸡之外，鱼类是主要的蛋白质来源。毁林也导致土壤侵蚀（可以通过对湖底钻芯的化学分析探知），肥沃森林土壤的流失导致农作物产量下降。考古记录中毁林的最明显后果是饥荒和文化衰退，最后在公元1500年后出现了大规模的冲突。

图6.51　在新西兰，有11种不会飞的大型恐鸟绝灭（图中显示了两种，体形小得多的鹬鸵仍依然存在）。

图6.52～6.53　人类对复活节岛的影响。（左）这一遥远的太平洋岛屿长期以来以巨大的石像而闻名于世，但是孢粉学家最近发现，这片无树环境在人类抵达之前曾被大棕榈森林所覆盖。（右上）棕榈树花粉；（右中和右下）棕榈果内层。

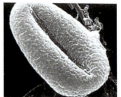

小 结

▶ 为了了解过去人类是如何行事的，我们就必须知道他们的世界是怎样的。环境考古是研究人类与自然界的互动的。为了研究全球范围的环境，考古学家要利用诸如深海岩芯采集的资料，通过分析沉积物中的有机分子来提供气候的信息。

▶ 地质考古学利用各种方法以确定气候变迁对地形本身的影响。由此考古学家能够评估不同时期某遗址居民所直面的环境。地质考古学家能够结合传统发掘来获得一个遗址较为完整的图像。

▶ 有关过去环境的许多信息能够从用显微镜观察的微植物遗存和植物遗骸获得。孢粉学能够为考古学家提供植被类型历时波动的信息。植物细胞里的蛋白石——植硅石能在植物分解后残存下来，被用来提取与孢粉相似的信息。植硅石常常残留在孢粉保存不下来的沉积之中。人类肉眼能够观察的大植物遗存（比如种子、果实和木头）提供了有关遗址附近生长有哪些植物以及人类利用哪些植物的信息。

▶ 动物遗存提供有关过去气候条件的有趣信息。考古遗址中出土的大动物遗骸，即所谓的大动物群，主要有助于我们建立过去人类食谱的图像。小动物群，诸如啮齿类、蜗牛和昆虫与较大物种相比是较好的环境指示计，因为它们对气候变迁较为敏感而且对这种变迁适应较快。

▶ 所有人类群体都对环境产生了影响：动植物驯化、有控制用火、空气和水的污染和利用田野系统只是人类改变他们周围世界的几种方式。明显的是，对直接环境的改变对人类的文化是最重要的。

深入阅读材料

下面提供了有关环境考古学的一般入门：

Dincauze, D. F. 2000. *Environmental Archaeology. Principles and Practice.* Cambridge University Press: Cambridge.
O'Connor, T. & Evans, J.G. 2005. *Environmental Archaeology. Principles and Methods.* (2nd edn) Tempus: Stroud.
Reitz, E. & Shackley, M. 2012. *Environmental Archaeology.* Springer: New York.

有关宽泛环境背景的书籍有：

Anderson, D.F., A.S. Goudie & A.G. Parker. 2007. *Global Environments through the Quaternary: Exploring Environmental Change.* Oxford University Press: Oxford.
Bell, M. & Walker, M.J.C. 1992. *Late Quaternary Environmental Change. Physical and Human Perspectives.* Longman: Harlow.
Bromn, A.G. 1997. *Alluvial Geoarchaeology.* Cambridge University Press: Cambridge.
Fagan, B.M. (ed.). 2009. *The Complete Ice Age.* Thames & Hudson: London & New York.
Rapp, G.& Hill, C.L. 2006. *Geoarchaeology: The Earth-Science Approach to Archaeological Interpretation.* (2nd edn) Yale University Press: New Haven & London.
Roberts, N. 2014. *The Holocene: An Environmental History.* (3rd edn) Blackwell: Oxford.

有关植物环境方面的书籍有：

Dimbleby, G. 1978. *Plants and Archaeology.* Paladin: London.
Schweingruber, F.H. 1996. *Three Rings and Environment: Dendroecology.* Paul Haupt Publishers: Berne.

关于动物环境方面好的启蒙有：

Davis, S.J.M. 1987. *The Archaeology of Animals.* Batsford: London; Yale University Press: New Haven.
Klein, R.G. & Cruz-Uribe, K. 1984. *The Analysis of Animal Bones from Archaeological Sites.* University of Chicago Press: Chicago.
O'Connor, T. 2000. *The Archaeology of Animal Bones.* Sutton: Stroud.

7 他们吃什么?
生计与食谱

人类的生计，或者说人类对食物的需求，对塑造人类与环境的历史产生了重大影响。它对驯化和农业的发展来说尤其重要，使得人类能够控制某些动植物物种，形成一种相互关系。食物采办和生产的故事与人类历史的诸多发展密不可分；它为社会关系和人地关系提供了多姿多彩的视角。考古学家的兴趣不仅在于食用的物种，而且包括管理它们的方式。几十年来，有关动植物的驯化过程一直是一项重要的研究课题。

考古学用各种技术来探讨这些议题。考古动物学（archaeozoology）（或动物考古学［zooarchaeology］）即研究过去人类对动物的利用；古民族植物学（paleoethnobotany）（或植物考古学［archaeobotany］），是这门学科的重要组成部分。对人类骨骼的研究也可以提供信息。例如，对一批人群的骨骼遗存做同位素分析，能够显示食谱中海生和陆生食物的比例，甚至能显示同一社会中优势与弱势群体之间的营养差别。把考古学家可用的方法结合起来，我们便能探索在人类社会的发展中，人类是如何管理动植物的，以及如何栽培、饲养、加工和消费它们的。

在讨论早期生计的时候，有必要在饭食和食谱之间做一区分，前者是指人们某顿饭吃了些什么的各种直接证据；而后者是指长时段内的消费方式。眼下就饭食而言，这类信息的来源很不相同。如果文字记录得以幸存，便能提示人们所吃的那些东西；艺术表现也是如此。甚至现在的民族考古学帮助拓宽对人们选择范围的了解来揭示他们很可能以何为食。而所吃食物的实体遗存信息量极大。但是，尽管我们比较容易判断被食用物种的范围，但我们却不甚清楚它们对食谱的相对贡献。

266/267

图7.1～7.2　这些4000年之久、目前所知最古老的小米面条，被发现保存在中国西北喇家遗址一只倒扣的碗下。2005年出土的遗存表明，日常的小米磨面，包括用手反复拉扯面团，以形成面条，并将其放在沸水中炊煮，在中国新石器时代晚期就已经实践了。

对食物遗存做解释需要相当复杂的程序。虽然我们可以从重建周围环境中可获食物的范围入手（第六章），但是只有当胃里或脱水的古代粪便中留下了具体消费特定动植物物种的痕迹时，才是无可争辩的证据，就如我们将在下面有关人类遗骸的章节中所见。在其他情况下，研究者必须从发现物的背景或条件来推测：烤炉里的炭化谷粒，切割或烧烤过的骨头，或容器中的残渍。我们需要了解植物遗存在它们被丢弃时处于加工的哪个特定阶段。骨骼遗存则需要考虑屠宰的实践。由于植物遗存一般保存情况较差，所以食谱中作为主食的植物有可能被低估。同样，鱼骨可能也不易保存。

详细了解某个遗址的保存条件（第二章），是确保采用最有效技术提取（遗物）的首要先决条件。例如，发掘者必须确定，一块骨头被取出之前是否需要加固，或者能否最好用浮选来提取植物遗存（第六章）。为了考虑某遗址中的食物遗存在多大程度上代表了整个食谱，我们需要评估一个遗址的功能，它是居住了一次还是经常居住，是短期居住还是长期居住，是不定期居住还是季节性居住（有时也能通过动植物遗存推断居住季节）。一个长时段聚落要比专门营地或猎杀遗址提供更有代表性的食物遗存。然而，理想的是，在设法得出任何有关食谱的结论之前，考古学家应从各种背景或遗址中采集遗存的样本。

来自植物遗存的信息

大型植物遗存

考古学家接触的绝大部分植物证据为大型植物遗存：它们可能是脱水的（只见于极其干燥的环境中，如沙漠或高山），饱水的（只见于自沉积时起便一直是潮湿的环境中），抑或由于炭化而得以保存。在特殊情况下，火山爆发也能够保存植物遗存，例如萨尔瓦多的塞伦遗址（见边码59、63和257），那里许多器皿中发现了各种炭化植物或印迹。植物遗存还能通过沉积物矿质的渗透被部分或全部取代而保存下来，这一过程往往发生在含盐量很高的地方如粪坑中。炭化遗存通过浮选收集，饱水遗存则用湿筛，脱水遗存用干筛，矿化遗存根据情况采用干筛或湿筛。正是由于缺乏水分或新鲜空气，才抑制了腐败微生物的活动，产生了很好的保存条件。有时在同一个遗址中会遇到好几种不同原因保存下来的植物遗存，但在世界大部分地方，炭化是保存在居住遗址中的主要或唯一原因。

偶尔，某遗址中的单一样本也能获得超大量的材料。例如，在英格兰南部苏塞克斯（Sussex）布莱克帕奇（Black Patch）附近一处青铜时代农场窖藏中出土了27公斤以上的炭化大麦、小麦和其他植物。虽然这能为不同谷物、豆类和草类的相对重要性提供线索，但是这些样本只不过反映了植物生命中的某一刻。考古学家最需要的是某遗址中某一时期的一大批样本（每份样本最好超过100粒），如有可能，尽量来自一整套

不同类型的沉积。重要的是，浮选机使获取这些样本成为可能（见边码246）。

在获得足够样本之后，我们需要量化这些植物遗存。这可以通过称重、对遗存计数或采用与研究骨骼最小个体数（MNI）相似的方法来做（见边码288～289专栏）。有些学者建议用遗址中植物遗存的百分比来分配，简单按明显的多寡次序排列。但是数字频率可能会误导，就如英国植物考古学家简·伦福儒（Jane Renfrew）在她对希腊新石器时代锡塔格洛伊（Sitagroi）聚落出土材料的研究所显示的。她指出，样本中数量最丰富的植物很可能是偶然保存下来的（例如烘烤过程中的一次意外），于是表现特别明显。同样，产生大量种子的物种在考古记录中的重要性可能被夸大：在锡塔格洛伊，19000粒萹蓄（*Polygonum aviculare*）或两耳草的种子还填不满一个顶针箍；将一颗橡子与一粒谷子或野豌豆相提并论，是毫无意义的。除了大小不同外，它们对食谱的贡献也迥异。

解释背景与遗存　对于考古学家或专家来说，设法了解某植物样本的考古学背景至关重要。在过去，人们的注意力主要集中在植物自身的历史、它们的形态、发源地和演进上。而现在，考古学家也希望更多了解人类在狩猎采集经济里及农业中是如何利用植物的——食谱中哪些植物很重要，它们是如何被采集或种植、加工、贮藏和烹饪的。这意味着要了解传统植物加工过程的不同阶段；认识不同加工过程对植物遗

存的影响；分辨考古记录中的不同背景。在许多情况下，是植物遗存揭示了它们出土地点的功能，也即它们背景的性质，而不是相反。

在某农耕经济中，植物加工有多个不同阶段。例如，谷物在食用之前必须经过脱粒、扬谷和去除杂质等过程，以便将谷粒与壳、秸秆和草籽分开；但是也必须妥善保存种子以便来年播种；而且为了防止雨淋受潮，食用的谷物也可能不脱粒即储藏，只在需要时才脱粒。许多此类活动在未机械化之前的近代农业史上有很好的记载，而我们仍能从民族考古学上在有不同技术程度和生产效率的文化中见到这类活动。此外，在谷物加工上已进行过许多实验。从这些观察中我们得以了解，某些加工方法会留下能与考古学样本比较的典型特点，不管遗存来自炉灶、居住面、粪坑或窖穴。

分析谷物遗存主要有两种途径。大多数植物考古学家现在采用"外在证据"，对植物加工活动做民族志观察或进行实验，以分析考古遗存及其相关背景。但是，在有些情况下，考古学家采用"内在分析"，几乎完全集中在考古材料上：例如，在研究保加利亚新石器时期切夫达（Chevdar）遗址（前6000）出土的植物材料时，英国考古学家罗宾·邓内尔（Robin Dennell）注意到烤炉中的样本不出所料是已经加工过的，它们或为储藏而烘干，或被烧煮，其间意外被炭化。另一方面，地面的样本含有较高比例的草籽，但是没有小穗轴（即很小的针形部分，是包裹谷粒颖壳的一部分并能从穗上脱落——见图7.11），表示它们仍处于加工过程当中，但已经脱粒和扬谷。野草物种的数量和多少能为加工效率提供线索。大部分样本表现了不同谷物的混合，当解释这类材料时，考古学家需要记住这点——其实，在把什么都种上的风险控制策略中，播种的时候将不同谷物混到一起，可以期待至少某些谷物会成活。

268
269

图7.3　谷物加工：从这些阶段里留下的废弃物会因炭化或水浸而得以保存下来。

过去的行为　　　　　　　　　　　　　　　　　　　　　　　　　　　证据的保存

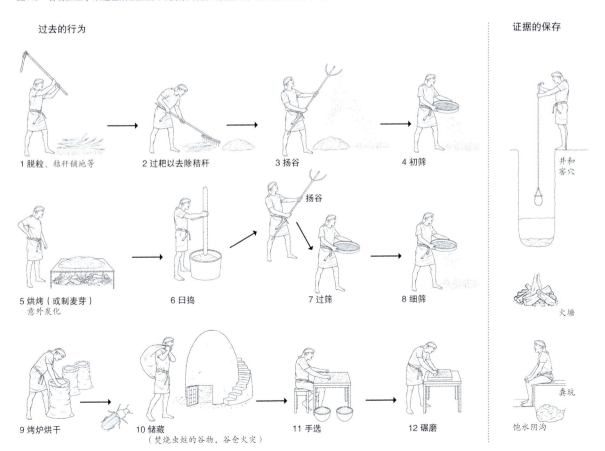

1 脱粒、秸秆铺地等　　2 过耙以去除秸秆　　3 扬谷　　4 初筛

5 烘烤（或制麦芽）　意外炭化　　6 日捣　　扬谷　　7 过筛　　8 细筛

9 烤炉烘干　　10 储藏（焚烧虫蛀的谷物，谷仓火灾）　　11 手选　　12 碾磨

井和窖穴

火塘

粪坑

饱水阴沟

古民族植物学：个案研究

深入了解古民族植物学或植物考古学各种方法的最好途径是详细了解一项成功的案例。

瓦迪·库巴尼亚（Wadi Kubbaniya）

美国考古学家弗雷德·温多夫（Fred Wendorf，1924～2015）和他的助手对上埃及阿斯旺西北部一个地点的四个遗址进行了发掘，其年代在19000～17000年前。遗址中出土的植食组合是旧大陆旧石器时代所有发掘中最多样化的组合之一。这些材料的完好保存归功于沙土的迅速掩埋和该区域的极度干燥，它们集中在木头炭屑的火塘周围，以软菜蔬的炭化碎片为主。浮选法证明对这类材料无用，因为这些脆弱、干燥的遗存遇水便会解体，而必须采用干筛。在看似人类婴儿的粪便中还找到了烘烤过的微小种子。

英国植物考古学家戈登·希尔曼（1943～2018）及其伦敦考古研究所的同事对炭化遗存进行了分析，鉴定出20多种带入遗址的不同种类的植食，表明遗址居民的菜单极为多样。迄今为止，最丰富的植食是野生块根香附子（Cyperus rotundus）。其他物种包括不同植物块根，还有藨草（club-rush）、埃及姜果棕果实（Dóm

palm fruits）及各类种子。有一项研究被用来确定香附子块根对旧石器时代食谱的贡献。

对该植物现代分布、产量和营养价值的研究显示，毫不夸张地说，每年用挖掘棍很容易挖出几吨块根。每年收获能刺激大量新块根的生长。由于史前人类很可能已经注意到这一现象，因此他们有可能已经开发出一套管理系统或原始园圃来有意识地培植块根。

别处还有一些民族志证据。对于非洲西部、马来西亚和印度地区的农业人口来说，香附子块根是一种荒年食物，在作物绝收时食用。在澳大利亚的一些沙漠地区，当地的狩猎采集者把块根作为一种主食进行开发利用。只要将它们煮熟后变得无毒并易消化，它们在其收获月份就会成为主要的卡路里来源。民族志证据还显示，由于块根加工简单，它们比种子更受青睐。

在瓦迪·库巴尼亚，下一步的工作是利用植物证据研究该遗址是季节性的还是全年栖居的。香附子块根很可能至少有半年时间可获，但在十月到一月最活跃的生长期最为可口。瓦迪·库巴尼亚未见为延长块根食用而进行储藏的证据，故它们的生长期加上遗址中所见其他物种的生长期很可能足以保证全年的食物供应。虽然这并不能证明该遗址为季节性栖居，但这表明，单凭植物资源，全年居住是可行的。

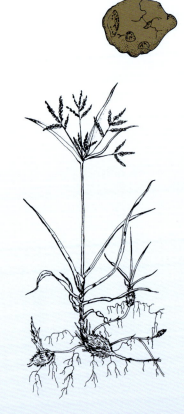

图7.4～7.5 野生香附子。（下）野生植物图及一些可食块根。（上）E-78-3遗址（图7.7）出土的炭化块根。

图7.6 （左）旧石器时代晚期瓦迪·库巴尼亚遗址中可能开拓主要植食的季节——假定并不储藏食物。条带的不同宽度表明各种植物季节的可获性（或利用可能性）不同，它立足于当下的生长方式和现代狩猎采集者所知的偏好。大多数植物很可能有两个月被洪水淹没，在此期间无法被利用。

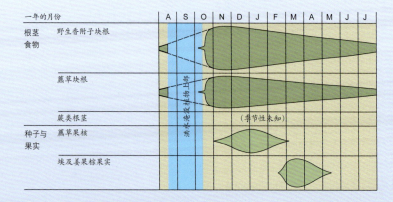

图7.7　四个瓦迪·库巴尼亚遗址之一（编号E-78-3）正在发掘之中。

最后应当指出，遗址中动物产品的资源（例如，鱼骨和软体动物）也很明显，而且今天该地区十分著名、但不见于遗存之中的许多植物种类很可能也很重要（例如，其他的棕榈果、根茎、叶子和块根）。然而，明显的是，香附子块根是主要的资源——它是唯一存在于四个遗址所有地层中的植物——即便不是主要资源，它也很可能是一种主食。

简而言之，正如前面所述，最好尽可能广泛地从遗址区中的各个地点和各种背景中采样。若一个物种在大量样本和背景中占优势，它可以被认为在经济中很重要。历时变迁只有通过对来自相同背景和加工阶段的样本进行比较才能得出准确的结论，因为从某遗址中发现的植物遗存组成并不随机，未必充分反映作物经济。这对炭化样本来说尤其如此，因为许多重要的植食从未被烧焦过。那些水煮、生吃或提取汁液做饮料的植物也许不曾炭化，因此在某组合中会表现得偏少或者完全没有。如果炭化是意外造成的，那么该样本甚至不足以代表该季的收获，更不用说代表该遗址的经济了。确实，在诸如距今约12000～15000年的叙利亚阿布胡赖拉（Abu Hureyra）的遗址中，许多炭化的种子可能来自用作燃料的动物粪便。这再次强调获取多种样本的重要性。

重建产生样本的农作物系统特别具有挑战性，因为利用相同资源的迥异的农作系统会在考古记录中留下非常相似的图像。而且，很可能大量植物废弃物会留在农田里，或被用作燃料，或被用来喂牲口。因此，如无文字记录，我们或许根本无法确定某特定遗址采用何种休耕或轮种方法。但是在英国南部巴斯特农场（见边码272专栏），以及丹麦、荷兰、德国和法国同样的农场，有关这类问题的信息已经从实验研究中获得——施肥或不施肥的栽培、不同作物轮种和休耕等等。虽然这项长期研究将历时多年才能提供全面的结果，但是短期实验已经获得了很多有关作物产量、不同类型窖穴、镰刀使用等很有价值的资料。

微小植物遗存

这类遗存也有助于重建食谱。某些叫作植硅石（第六章）的二氧化硅微粒主要存在于植物的某些部位（如根、茎或花中），因此它们的存在能为某物种采用何种特定收获或脱粒技术提供线索。就如下面所见，植硅石也有助于区分野生和驯化物种。在以色列阿玛德洞穴（Amude Cave）沉积中发现的植硅石是遗址中残留植物利用的唯一直接证据，表明尼安德特人采集草籽很可能用作食物。它们对于证明利用诸如香蕉之类的在考古记录中无法保存的物种至关重要。

日本科学家藤原宏志（Hiroshi Fujiwara）已经在绳纹时代末期（约前500）的陶器内壁上找到了稻米的植硅石，表明当时此地已经种植水稻。该学者还通过从土壤样本中分辨水稻植硅石来确定古代稻田的位置，并用植硅石的量化分析来估计稻田的深度、面积、范

巴斯特铁器时代实验农场

1972年，美国考古学家彼得·雷诺兹（Peter Reynolds，1939～2001）在英格兰南部汉普郡的巴斯特山（Buster Hill）建立了一个长期研究项目。他的目标是创建一个大约公元前300年的铁器时代农场可运作的模型：一个鲜活的、占地6万平方米的露天实验室。研究结果将与考古遗址出土的证据作比较。虽然这个农场搬迁到了附近的一处地点，但是该项目仍得到了继续。

铁器时代农场在各方面都进行了探索——建筑、手工业活动，各种农作物和驯养动物；只针对该时期才有的工具；同样，播种的是史前各种作物或与它们最接近的品种，并引入适当的家畜。

农场营建了几种不同类型的房屋。其设计必须根据柱洞形态进行推测，这是我们有关铁器时代房屋的仅有线索。需要摸索的是所需木料的用量（一座大房子需要200多棵树）和这些建筑足够的强度，其茅草屋顶和直立木桩间交叉枝条筑成的墙壁足以抵挡飓风和暴雨。

即使是在干旱年份，铁器时代的小麦产量也远超过去的想象，这将根本改变我们的人口估算。此外，采用的原始小麦，如单粒小麦（Triticum monococcum）、二粒小麦（Tr. dicoccum）和斯佩尔特小麦（Tr.

图7.8 巴斯特农场铁器时代圆屋的复制品。

spelta），发现其蛋白质是现代小麦的两倍，而且它们无须现代肥料就能在杂草丛生的土地里茁壮生长。

农场中的几块田地分别利用不同的方式进行耕耘，例如使用一把阿德犁（ard，丹麦泥沼中出土的犁的复制品），它能翻起表土但是并不倒置。试验了各种农作物轮种和休耕的方法，包括施肥和不施肥，以及春播和冬播。还成功地对一种叫瓦卢斯（vallus）的公元200年的收割机复制品做了实验，它由一头牲畜牵拉、一个人操纵的两轮车组成。

考古团队做了各种实验，以评估不同类型窖穴对谷物储藏的影响。一

项结论得到了非洲和其他地区储藏窖穴民族志观察的支持，即如果封存时不渗水，未干透的谷物能够长期储藏而不会腐烂，并保持发芽能力。

就动物而言，从苏格兰一些岛屿上引进了索艾绵羊——一种几乎2000年都没变的类型。它们能够跳出篱笆，因此很难养。长腿的德克斯特牛（Dexter），在大小和体力上很像已经灭绝的凯尔特短角牛，过去也曾在巴斯特农场饲养，有两头还被驯化用于牵拉（拉阿德犁）。

向公众开放的巴斯特项目为我们重现了铁器时代精彩的一幕，并为过去提供了一种有效的解释。

图7.9 巴斯特农场里的索艾绵羊。

围乃至水稻的总产量。

此外，发现附在石器刃缘上的植硅石可以提供有关这种工具用于何种植物的信息，虽然仍要切记，与从动物和人类牙齿表面提取到的植硅石不同，这些植物未必是食物。

花粉颗粒虽然常常残留在古代粪便中，但大多可能是吸入而非食用摄入的，因此就如第六章所介绍的，它们只是为当时环境提供了信息。

植物遗存中的化学残渍

植物遗存自身残存的各种化学物质，为植物鉴定提供了另一种方法。这些化合物包括蛋白质、脂肪酯类，甚至DNA。虽然迄今证明采用红外光谱法、气液色谱法和气相色谱质谱法分析脂类，对分辨不同谷物和豆类植物最为有效，但是这些分析总是要和形态学标准相结合。DNA则为最终解决更详细层次的鉴定、为追踪植物的谱系树和植物产品贸易方式提供了可能。

植物印痕

植物遗存的印痕在烘烤的陶土中很常见，并至少证明了探讨的植物曾经存在于制陶的地方。但是，这种印痕不能反映经济或饮食，因为它们是偏差很大的样本，只有中等大小的种子和谷粒才会留下印痕。我们应该对陶片上的印痕特别小心，因为陶片会被丢弃在远离生产地点的地方；尽管如此，许多陶器会刻意用谷物印痕来装饰，于是或许凸显了某物种的重要性。其他器物上的印痕也许更有帮助，比如，波斯湾阿布扎比出土的公元前3000年陶砖上的印痕是二棱大麦。值得注意的是，泥砖中的大量秸秆能为谷物当地栽培提供有力证据。在非洲，人们发现陶制器皿表面的磨损是谷物加工的一种间接证据。

现在我们将从这种"被动"证据转向从具体加工植物的器物上得到的（直接）证据。

植物加工的工具和其他装备

工具能证明或至少推断植物是在某遗址加工的，而在很罕见情况下能指示相关的物种及其用途。在世界某些地区，只要考古记录中存在陶器、镰刀或石磨，就被用来证明谷物栽培和农耕定居生活的存在。但是工具本身不足以证明这些特征，还需要其他证据的支持，如驯化植物的遗存。比如，镰刀很可能被用来割

芦苇或野草（有时上面的"镰刀光泽"被视为这种用途的证据），而石磨则可以用来加工野生植物、肉、软骨、盐或颜料。晚近文化中的器物往往拥有比较明确的用途——例如，罗马庞培城摩德斯图斯（Modestus）面包坊中的面包烤炉（里面还放着圆面包），同一城市里的磨面机和葡萄酒压榨器，或克里特岛普莱索斯（Praisos）希腊时期（约前323～331）一座房子里发现的大型橄榄油压榨机。

分析器物上的植物残渍

由于大部分工具本身是无言的证据，因此我们能够从留在其上的任一残渍多了解一些它们的功能——或至少它们进入考古记录之前的最后功能。大约90年前，德国科学家约翰尼斯·格鲁斯（Johannes Grüss）在显微镜下分析了这类残渍，并分辨出一些物质，比如德国北部一处泥沼中出土的两个角质酒具中的小麦啤酒和蜂蜜酒。如今这种研究分析方法变得越来越重要。

就如我们将在第八章所见，工具刃缘的微痕分析能大体分辨该工具是用来切肉、木头还是其他材料的。如前所述，发现的植硅石能显示某工具是用来割哪种草的。显微分析也能发现和分辨植物纤维。例如，从所罗门群岛基卢洞穴（Kilu Cave）中出土的一些石器上显示有尚可分辨的淀粉残渍，其中一些年代可上溯到28700年前。另一种方法是对工具刃缘上的残渍做化学分析：某些化学试剂能证明工具上或器皿内是否有植物残渍，比如，如有淀粉颗粒、碘化钾就会变蓝；如遇其他植物物质，则变为棕黄色。淀粉颗粒也能用显微镜探知，例如，已经用一根针从巴拿马热带湿热地区阿瓜杜尔塞岩棚（Aguadulce Shelter）出土的一件史前碾磨石表面的裂缝中提取到淀粉颗粒。该淀粉颗粒能够鉴定到种的层次，并表明这块块根是木薯还是竹芋——它们一般不会留下可发现的石化遗存——它们于公元前5000年前已在此栽培，是美洲存在木薯的最早记录。

在阿瓜杜尔塞岩棚还找到了玉米淀粉，因此残留物的提取和分析对于在没有炭化遗存保留下来的遗址或建筑中证明玉米的存在是很重要的：例如在厄瓜多尔形成时期初的雷亚尔·阿尔托（Real Alto）村落中，从年代在公元前2800～前2400年的石器和沉积物中提取到了玉米的淀粉颗粒和植硅石。在中国，新石器时代早期裴李岗文化（前7000～前5000）碾磨石上的淀粉残渍表明，它主要是用来加工橡子的。在以色列奥哈

罗II遗址年代在大约23000年前的一座茅舍中的一块大型玄武岩石板上发现了淀粉颗粒。这显然是一件碾磨石。这些颗粒来自大麦，也许含有小麦，表明在很早时候就已经加工野生谷物了。最近在莫桑比克，从中期石器时代（Middle Stone Age）石器表面提取到的淀粉颗粒表明，早期智人至少在105000年前已经食用草籽了。

甚至能从人类的牙垢上提取到淀粉颗粒——例如从距今8210～6970年前的古秘鲁人牙齿上提取到了花生、西葫芦、豆类、各种果实和坚果的淀粉颗粒，表明古秘鲁人有广泛的植食。从南非距今200万年前的南方古猿源泉种牙齿上，发现了含树皮、叶子、牧草和莎草植硅石的牙菌斑（牙垢或牙结石）。

脂肪分析不仅能提供食谱的证据，而且有助于解释与其相伴的器皿功能。最近正在开发更加先进的技术，从对微小植物碎片中的蛋白质、脂类和DNA等进行生化分析来鉴定食物的品种。实际上，从希腊希俄斯岛（Chios）附近一艘距今2400年沉船出土的安佛拉罐中提取的DNA分析表明，它们可能装载过香草味的橄榄油。对日本更新世晚期（约15000～12000年前）陶罐内炭化遗存的脂肪分析表明，它们曾被用来烹煮鱼类。

古代饮料的证据 英国科学家德尔温·塞缪尔（Delwen Samuel）从埃及器皿残渍的淀粉微粒的状况，复制了所用的麦芽发酵过程，于是精确复原了约公元前1500年埃及人是如何酿造啤酒的。实际上，赞助这项研究的英国啤酒厂用她的资料生产了一种啤酒，塞缪尔称赞说"味道醇美、回味无穷"。她还用光学显微镜和扫描电镜分析脱水原始面包的淀粉微粒，准确发现古埃及人如何烘烤面包，并如法炮制出几乎相同的面包。

格鲁吉亚的两个村庄，舒拉维利斯·戈拉（Shulaveris Gora）和加达科里·戈拉（Gadachrili Gora）发现了巨大的陶制酒桶，年代至少在公元前6000年前，是世界上所知最早的酒。其中一个陶罐直径1米，容量可至200至300升。陶片带有指认酒类所特有的各类酸。保存在容器中的脂肪化学分析也有长足的进展，因为研究发现，脂肪酸、氨基酸（蛋白质的成分）以及类似物质非常稳定而且保存完好。从残渍中提取的样本，在离心机中进行提纯和浓缩，干燥后用广谱仪进行分析；还有一种叫作层析法（chromatography）的技术将脂肪中的主要成分分离开来。其所得结果则与一组来自不同物质的层析法参考数据进行比较而得出解释。例如，德国化学家罗尔夫·洛特兰德从陶片上分辨出芥菜、橄榄油、草籽油、奶油和其他物质，其中包括新石器时代湖居遗址出土的标本。对德国铁器时代山头城堡豪涅堡（Heuneburg）出土的陶片展开的分析，

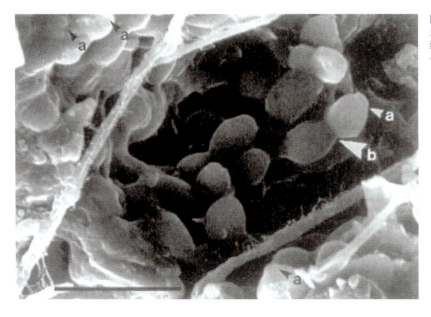

图7.10 底比斯德尔·埃尔麦迪纳遗址出土的一个陶罐中古埃及酿酒残渍中的酵母细胞。有些细胞上可见芽痕（a），而其他一些正在发芽（b）。

273
274

证明有些安佛拉罐——通常装有液体——确实装有橄榄油和葡萄酒，然而在罗马的安佛拉罐中，类似炭屑的黑色残渍证明为小麦面粉而非液体。

对伊朗哈吉菲鲁兹（Hajji Firuz）土丘一处约公元前5400～前5000年新石器时代遗址出土陶罐中一些淡黄色残渣所做的化学和红外光谱分析，分辨出该残渣为酒石酸——自然界中它仅见于葡萄，还含有点松香。于是，这被认为是世界上最早的树脂葡萄酒的证据，比先前认为的早了2000年。同样，在阿拜多斯年代为公元前3150年的埃及最早法老之一的陵墓中发现了储藏有700个罐的三个墓室；对其中黄色残渣做化学分析后，确认它们是用来装酒的——总共约有5455升（1200加仑）。对中国河南省新石器时代早期遗址贾湖出土的陶罐上吸附的古代有机物做了化学分析，揭示了早在9000年前就用稻米、蜂蜜和水果（可能是葡萄）酿制了饮料。因此，这是迄今所知最古老的中国"米酒"。

残渍的同位素分析　化学分析方法的一项扩展涉及有机残渍的同位素分析，特别是对氮和碳的同位素比值。众所周知，豆和其他豆科植物是通过细菌对空气中氮的固化获取氮的，而其他所有植物则从土壤中获取氮。由于所有豆类都是陆生的，而且海洋植物不用这种方式固定空气中的氮（但是具有特定的碳同位素比值），于是同位素分析可以把植物分为三组：豆类、非豆类陆生植物和海洋植物。

通过这种方法，现在能够确定以前无法分辨的植物残渍。这一技术被克里斯蒂娜·哈斯托夫（Christine Hastorf）和迈克尔·德尼罗用于秘鲁安第斯山脉曼塔罗河谷上游（Upper Mantaro Valley）出土的史前材料（前200年～1000），它们是用浮选法提取的，但因烧焦而无法根据形态学做正常的鉴定，而是从陶片上刮下一些结壳的有机物进行观察。扫描电镜分析显示没有骨头碎片，表明这是植物遗存。将同位素分析（碳和氮）与该地区已知的植物数据进行比较，发现这些残渍源自块根，包括土豆，在烧焦之前曾被水煮和捣烂。这解释了陶器上硬壳的均匀分布，而这限于最简朴陶罐，说明这种食物很可能是每天典型的家常食品。这是一个很好的例子，说明一种新技术能从以前对考古学家来说毫无用处的材料中提取新的信息。该炊煮方法与该地区的现代做法十分吻合。

就如我们从米酒中所见，某容器中未必需要肉眼可见的残渍，因为我们现在知道，像油和树脂的沉淀实际上能渗入陶土的结构中并永远留在那里。把陶片磨碎后用溶剂将留在其中的有机残渍分离出来，再用光谱仪和层析法进行分析，从而揭示器皿盛放物的微量成分。英国化学家理查德·埃弗谢德（Richard Evershed）及其同事应用这种技术，探知了北安普敦郡的韦斯特科顿（West Cotton）一处公元9～13世纪撒克逊晚期/中世纪遗址出土的陶罐中存在多叶菜（很可能是卷心菜）；而英国化学家约翰·伊文思（1925～2011）甚至从3500年前的塞浦路斯陶罐中发现了鸦片的痕迹，表明我们新石器时代的祖先像今人一样对毒品感兴趣，并且说明当时在东地中海地区存在毒品贸易。

植物利用的策略：季节性和驯化

许多植物只在一年中的某个时段可获，因此它们能够提供一个遗址何时栖居的线索。例如，丹麦穆尔比约（Muldbjerg）新石器时代早期的鱼笼是用六月初切下的不到两年的柳条和榛树枝做成的。植物遗存也有助于显示某特定季节吃什么——成熟的种子表示收获的季节，而许多水果也限于某些季节。当然，这种季节性证据要根据所探究植物的现代代表加以推断，而食物储藏的证据也许表明某遗址的栖居时间要比某特定资源的可获季节长。

274
275

当代考古学一个最具争议的领域是有关人类对植物的管理问题，特别是某些出土物种究竟是野生还是驯化的。这能回答人类历史一个最关键的问题：生活方式从流动（狩猎采集）向定居（农业）的转变。要在野生和驯化之间区分差异是有很大困难、不可能或不适当的，因为许多栽培方式并没有改变植物的形态；即使在发生改变的情况下，我们也不清楚改变要经历多久。但是，对原始栽培的野生小麦和大麦驯化率的衡量表明，从野生到驯化的过渡很可能在20到200年间完成——农民无须有意选种——事实上，它看起来大约要花1000年。野生和驯化植物之间的分野未必与采集和农业之间的差别相吻合。

不过在有些案例中，能够对野生和完全驯化进行明确的区分。其中，大型植物遗存最为有用。例如，美国考古学家布鲁斯·史密斯（Bruce Smith）从亚拉巴马州的拉塞尔洞穴（Russell Cave）中发现了5万颗近2000年前藜科植物（Chenopodium）的炭化种子，反映了驯化的一套相互关联的形态特征。于是，他能够把这类富含淀粉种子的物种列入栽培植物的临时名单之中——包括葫芦、南瓜、假苍耳（marsh elder）、向日葵和烟草——约公元200年玉米引入之前，在东部伍德兰园圃地块上可以获得。

近年来对是否能用形态学标准区分野生和驯化豆类存在一些争论，而英国学者安·巴特勒（Ann Butler）的植物考古学研究表明，没有完全可靠的方法，甚至用扫描电镜也不行。另一方面，谷物如保存情况良好，识别就容易些，驯化可以从某些解剖学特征，如在自然动力下帮助散播种子的小穗轴之缺失，这种线索来分辨。换言之，一旦人们开始栽培谷物，他们慢慢会培育出能保持种子不脱落的变体，以便收获。

在此，植硅石也很有用，因为它们在某些现代驯化植物中要比其野生祖先要大。美国考古学家德博拉·皮尔索尔（Deborah Pearsall）利用大型植硅石集中出现作为驯化玉米在公元前2450年引入厄瓜多尔雷亚尔·阿尔托的标准。虽然这一标准得到了其他地区出土的大植物遗存的支持，但是其他因素有可能影响植硅石的大小，其中包括气候变迁。与多洛雷丝·派珀诺一起，皮尔索尔也测量了厄瓜多尔南部沿海维加斯（Vegas）80号遗址出土的西葫芦植硅石，显示出尺寸突然增长，说明此地西葫芦是在10000年前驯化的——这比原先认为的早了5000年，并可与墨西哥圭拉那魁兹（Guilá Naquitz）出土的早期西葫芦年代比肩（见边码509）。

花粉颗粒对驯化研究用处不大，因为除了某些谷物类型之外，它们无法被用来区分野生和驯化类型。但是，它们能提供栽培随时间兴起的标识。日本宇生贺（Ubuka）沼泽钻芯中发现了约6600年前的荞麦化石花粉以及突然增加的炭屑，表明这个地区的农业起源要比先前认为的早了大约1600年。

分子遗传学方法现在不仅能为区分野生和驯化物种作出贡献，而且也能为农业起源问题作出贡献。德国考古学家曼弗雷德·豪恩（Manfred Heun）及其同事利用1362个现代野生和驯化小麦标本，对西亚地区野生和驯化单粒小麦进行了细致的研究。他们的研究显示，获得的DNA序列确实能够在野生和驯化单粒小麦之间做出区分。而且，分析结果之间的关系清楚表明，所推断的古代变种与今天生长在土耳其东南部喀拉卡达山脉（Karacadag Mountains）周围地区的变种相同（见后页西亚农业起源研究专栏）。

现在已有可能利用早期农业遗址中的古DNA来确定这些成果。采用现代样本已经能推断大约13000年前栽培的起源。而且，尽管许多学者现在将谷物最早的栽培地放在了黎凡特（约旦、以色列和黎巴嫩），但是此项推断是基于安纳托利亚南部也可能是单粒小麦的起源地的推断。

饭食与烹饪

现在甚至有可能估计植物炊煮的温度。1984年，从英国柴郡（Cheshire）出土的一具泥沼古尸林道人（Lindow Man）胃中的材料样本中，戈登·希

图7.11 野生和驯化的谷物。（从左到右）野生的单粒小麦、驯化的单粒小麦、驯化的玉米、绝灭的野生玉米。野生单粒小麦的麦芒正从麦穗上脱落，由于每个麦芒底部为脆弱的小穗轴，因此很易脱落。驯化物种的小穗轴较坚韧，因此只有在脱粒时才会脱落。

尔曼在显微镜下根据细胞的典型特征分辨出了炭化的麦麸和谷壳，然后对它们做了电子自旋共振（第四章）——一种测量物质过去最高受热温度的技术。几年前发现，有机物的燃烧会产生一种所谓的放射性碳，能保存很长时间，它不仅能揭示前一次受热的最高温度（它能够将100℃的煮与250℃的烤区分开来），而且还能显示加热的长度以及古老性。在林道人的案例中，该技术揭示，他吃的食物曾在一个加热到200℃的平面上烤了约半个小时。该事实与大量的大麦谷壳一起，表明这些食物遗存并非来自麦粥，而是来自全麦面粉制作的未发酵面包或煎蛋糕。

有文字社会的植物证据

　　研究植物栽培起源或狩猎采集者植物利用的考古学家，必须依赖上面概括的科学证据，并辅以审慎的态度来利用民族考古学研究和进行现代实验。但是，在有文字社会中的食谱研究，特别是那些伟大的文明，在其文献记载和艺术中拥有大量植物驯化以及农耕实践、烹饪和食谱其他方面的证据。如以公元前1～公元2世纪的希腊—罗马世界为例，斯特雷波（Strabo）是一个信息的宝库，而犹太历史学家约瑟夫斯（Josephus）提供了有关罗马军粮的材料（主食是面包）。诗人维吉尔（Virgil）的《农事诗集》（Georgics）和百科全书编撰者维罗（Varro）的农业专著则为罗马农耕技术提供了洞见。我们还拥有阿比修斯（Apicius）的烹饪书籍；还有大量关于古希腊和罗马的谷物生产、消费、价格等方面的文献记录。甚至在英国哈德良长城附近文德兰达城堡中出土了士兵在木牍上写给家人的信件，提及了多种食物和饮料，如凯尔特啤酒、鱼酱和猪油。

　　更早，希腊作家希罗多德（Herodotus）为我们提供了大量有关公元前5世纪吃饭习惯的信息。特别在埃及，这是一个拥有大量食物和食谱证据的文明。法老时代的许多证据来自墓葬的绘画和食物，因此它带有某种上层阶级的偏颇，但是我们还是能从诸如埃尔—阿玛纳土丘（前14世纪）这类劳工村落出土的植物遗存，以及从象形文字之类文献来了解下层人群食谱的信息。在较晚的托勒密时期，有为工人发放粮食配给的记录，例如公元前3世纪给法尤姆绿洲农庄工人分配谷物的账本。

　　模型对于食物加工也很有启发：麦克特瑞（Meketre）一座第12王朝（前2000～前1790）的贵族墓葬中出土

图7.12　谷物的收割和加工：埃及底比斯一座新王国时期（前11～前6世纪）墓葬壁画上描绘的场景。

了一套木制模型，包括把面粉揉成面包的妇女，其他人则在酿造啤酒。新近释读的伊拉克出土的3750年前巴比伦泥版上的楔形文字写着35种菜谱，是各种炖肉的办法，因此是世界上最早的烹调书。

　　在旧大陆另一边的中国，对唐代（7～10世纪）东都洛阳的发掘，出土了200多座大型地下粮仓，有些仍存有已朽的小米；在墙壁上写着粮仓位置、储藏谷物的来源、种类及数量，还有储藏的日期，因此为我们提供了有关当时经济状况的材料。就如后面章节所见，在一些中国贵族墓葬里发现有盛放在不同容器内的各种加工食品。

　　在新大陆，我们大部分有关阿兹特克粮食作物、捕鱼活动和自然史的知识，应归功于16世纪西班牙圣芳济会学者贝尔纳迪诺·德·萨阿贡（Bernardino de Sahagún）的宝贵著作，它们基于他亲自观察及来自印第安人消息提供者的证明。

　　但是，我们必须牢记，文字证据和艺术一般是有关生计短暂的一瞥，只有考古学才能以长时期的视角观察人类的食谱。

西亚农业起源研究

几十年前，戈登·柴尔德把农业起源（农耕和饲养家畜）看作是关键性转折，他于1940年代中叶提出了"新石器革命"这个术语。就像柴尔德一样，在此我们关注的焦点也集中在西亚，但是我们不应忘记，相似的发展也独立发生在世界其他地区。

在"二战"后的岁月里，接二连三的多学科野外考察队设法找到农业起源的证据，并拓展柴尔德提出的观点。罗伯特·布雷德伍德在伊拉克，弗兰克·霍尔在伊朗，凯瑟琳·凯尼恩在巴勒斯坦，詹姆斯·梅拉特在土耳其，开启了所谓的第一波研究浪潮。他们的研究都信奉布雷德伍德提出的"新月沃土地带的周围丘陵"：扎格罗斯山脉东侧的山麓、黎凡特西侧的平原、托罗斯（Taurus）山脉的北麓及其他地方。最近，动植物遗存采集和分析的巨大改善，已经改变了我们对农业革命的了解，现在它被看作是一个区域性的特定的复杂过程，始于冰期之末大约公元前10000年的4000年间。

从扎尔莫到杰里科

1948年，芝加哥大学东方研究所的布雷德伍德率领第一支考察队来到伊朗，为问题导向的田野研究制定了新的标准。布雷德伍德意识到，对农业起源而言，主要的问题是驯化。那些主要的驯化物种（小麦和大麦、绵羊和山羊）是何时何地从其野生种类发展而来的？他正确地推理，这很可能只发生在那些存在野生种类的地方或附近地区。当时，了解这些物种现代分布的最好向导来自降雨量和植被地图。但是布雷德伍德知道，为了确立史前期野生和驯化物种的分布，他必须在一处适当的考古遗址发掘有层位的堆积。

经过勘探和试掘，布雷德伍德选定了位于伊拉克北部的扎尔莫（Jarmo）遗址，还有伊朗西部的阿夏卜（Asiab）和萨拉卜（Sarab）遗址。他的初期项目于1960年出版，列举了几位合作的专家。第一位专家是弗雷德·马特森（Fred Matson，1912～2007），他从事陶器技术研究（陶器切片分析，见第八和第九章），他也负责收集放射性碳测年的样本，当时这是一门新技术。

地貌学家赫伯特·赖特（Herbert E. Wright, Jr.，1917～2015）进行了一项古气候的研究，当时该研究大体依靠土壤样本。后来，丹麦孢粉学家威廉·冯·蔡斯特（Willem van Zeist，1924～2016）从泽利巴（Zeribar）湖获得的花粉序列，则提供了更详细、更全面的气候变化图像。这项研究工作能够确立环境的性质。

丹麦科学家汉斯·海尔伯克（Hans

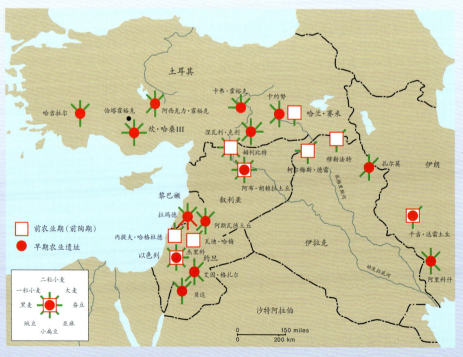

图7.13　西亚发掘的主要的早期农业村落的位置和那里出土的驯化作物的分布图。

Helbaek，1907～1981）为扎尔莫项目作出了关键性的贡献。他是一位古民族植物学专家。他不仅从炭化遗存中鉴定出了早期驯化的谷物种类，而且还分辨出它们的过渡类型。查尔斯·里德（Charles A. Reed，1912～2000）利用扎尔莫出土的部分动物群证据，研究了近东早期的动物驯化。于是，动物考古学也加入进来以完善起源的图像。

这些成果得到了黎凡特地区研究的重要补充，即约旦、以色列、叙利亚和黎巴嫩。许多发掘的遗址刚好属于前农业时期，称为纳图夫文化（Natufian，距今12000～10000）。逐渐清晰的是，这个地区在驯化之前已经存在定居的村落生活。在杰里科，凯瑟琳·凯尼恩发现了一个有围墙的大型聚落，处于尚未使用陶器的早期农耕时代。其规模具有重要的社会意义，而那里发现的埋藏头骨脸部用石膏塑模，表明了一种宗教信仰，有别于扎尔莫出土烧制陶俑所表现的宗教信仰。

从恰塔霍裕克到阿里科什

1960年代，詹姆斯·梅拉特在土耳其科尼亚（Konya）平原恰塔霍裕克的发掘进一步加强了一个更复杂过程的印象，这是一个面积为13万平方米的遗址，也许堪称世界上最早的乡镇之一（见边码44～45专栏）。

同样在1960年代，农业起源问题通过弗兰克·霍尔和肯特·弗兰纳利的工作，被置于一个条理更加清晰的生态学视角之下，他们在伊朗的代赫洛兰（Deh Luran）地区进行研究，并且发掘了那里的阿里科什（Ali Kosh）遗址。他们很重视绵羊的进化。动物考古学家桑德尔·博孔尼（Sandor Bökönyi）推断，早期地层中出土的无角变种可以被视为一种驯化品种。汉斯·海尔伯克在此为采集方法的改善作出了重要贡献，为土壤中较轻成分，主要是炭化植物遗存引入了浮选法。

开拓新前沿

1960年代后期，剑桥考古学家埃里克·希格斯声称，人们对"野生"和"驯化"之间的区别给予了太大的关注，而我们应该研究人和动物之间利用关系长时段的变迁，以及人类利用植物的方法。他认为几项重要的行为转变发生在新石器时代之前。例如，羚羊很可能远在绵羊和山羊之前就被大力开发了。

随着一些关键遗址的研究，过去20年里取得了很大进展。在以色列加利利海（the Sea of Galilee）附近的奥哈罗Ⅱ饱水遗址中出土了世界上已知最早的谷粒：几百颗19000年前野生小麦和大麦的炭化遗存，共出的还有许多其他植物和水果，以及丰富的动物群组合，反映了一种捕鱼、狩猎和采集的广谱经济。

分子遗传学证据对于早期谷物驯化也非常有帮助。强有力的遗传学证据表明，一粒小麦的驯化是在土耳其东南部的喀拉卡达山脉附近地区发生的。

据此，以色列考古学家奥法·巴尔-约瑟夫（Ofer Bar-Yosef）认为收获谷物源于纳图夫时代，它逐渐强化谷物栽培并变成对其刻意的栽培（早在1932年，纳图夫文化的发现者多萝西·加罗德就提到它对农业起源的意义，见边码32）。杰里科和其他地方的沉积含有纳图夫晚期谷物和豆类栽培的证据（并被石器上的微痕所证实），表明约旦谷地野生类型谷物的小规模栽培活动。最近的研究，包括DNA对山羊驯化的研究和在伊朗扎格罗斯山谢赫阿巴德（Sheikh-e Abad）的发掘，表明在新月沃土地带东部，动物饲养和驯化的初期阶段要比任何重要的谷物利用都早。因此，驯化动植物的一揽子农业实践结合了最初在托罗斯-扎格罗斯地区以及黎凡特的独立发展，然后跨过安纳托利亚向北和向西扩散，进入欧洲东南部，从公元前9000年起，经历了好几千年的过程。

人口与象征因素

1968年，路易斯·宾福德在一篇文章中也考虑了长期趋势。他强调人口因素，认为是前农耕阶段定居村落生活发展造成的人口压力，导致了对动植物的强化利用和后续的驯化（见边码486）。

1978年，英国人类学家芭芭拉·本德（Barbara Bender）指出，推动力为社会因素：即局部群体之间的竞争，这些群体都竭力通过宴飨和资源消费来控制其他群体。法国考古学家雅克·科万（Jacques Cauvin，1930～2001）走得更远，认为新石器革命从根本上说是认知的发展，其中新的概念结构，包括宗教信仰，在新定居社会的发展中发挥了重要作用，并引领了向粮食生产的转变。从前陶新石器时代发现的各种象征物品，包括从以色列希伯伦（Hebron）和那哈尔·海玛尔（Nahal Hemar）出土的石面具以及约旦艾因·格扎尔（Ain Ghazal）出土的雕像（见边码404），还有在土耳其东南部哥贝克力土丘（Göbekli Tepe）出土的惊人圣殿（见边码414～415），支持了科万的说法，即新石器革命是一场"心智的突变"。

农业起源：个案研究

直到不久前，人们还普遍认为，近东新月沃地某个有限的单一核心区发生了植物迅速的驯化。但是不断出现的材料（包括遗传学证据）表明，在全新世初的整个地区存在许多平行的驯化过程（见边码278～279专栏）。同样，动物考古的证据揭示了驯化动物的扩散（见下文）。

杰夫·埃尔-阿马尔（Jerf el Ahmar）是研究谷物利用从觅食到农业转变的关键地点，它位于叙利亚北部，拥有黎凡特前陶新石器时代A的一条极佳序列，年代在公元前9450～前8700年之间。该小型聚落（不到1万平方米）在1995年到1999年之间由丹妮尔·斯托德（Danielle Stordeur）进行了发掘，之后便被水库淹没。发掘面积在1000平方米以上，含11个不同的层位和各种建筑遗迹。该聚落的证据被大量的植物样本所补充。实际上，用浮选法系统采集植物遗存，共鉴定出34000件炭化的种子和果实，使其成为同类遗址中信息量最为丰富的遗址之一。

地层由前陶新石器时代连续的栖居层组成，之间被松散堆积（坡积物）的贫瘠层隔开，这常常给人一种当时人有意把整个居住面埋掉的印象。遗址在两座小山之间，东边有十个居住层，西边有五层。因此，整体来看，该遗址的栖居并不连续。奇怪的是，发现的火塘几乎全在露天。火坑也是如此，它们通常与密集堆积的动物骨骼相伴，故被说成是烤肉区。建筑物内几乎没有储藏的证据。这里有一些早期显然是公共建筑的遗迹，其弯曲的大型围墙深入地下2米。由这些石头支撑的墙高出地面50～60厘米，墙内嵌有木柱。它们可能有平坦的泥巴屋顶，由垂直的中央木桩支撑，并从屋顶出入。屋里有长凳和用墙分开的隔间，围绕着一个空旷的中心区安置。所有这些遗迹——墙壁、地面、长凳和隔间——的表面都抹有一层灰泥。人们认为，这些公共建筑是在使用结束后被故意焚烧和掩埋的。在EA30房屋的后部见有一具年轻女性的骨架，头骨和前四节脊椎缺失，被焚烧的瓦砾所覆盖。这些早期半地下建筑的功能仍然扑朔迷离，因为里面发现的材料是如此之少：野牛骨骼、火石、碾磨石、黑曜石，一件带赭色的小磨盘。这些小隔间让人联想到谷仓：

只发现了很少大麦，但EA30建筑内确见有家鼠和沙鼠的骨骼和粪便，可以支持谷仓的说法。一座较早的圆形建筑EA47也被故意焚毁，其中发现了储藏的炭化的黑麦/单粒小麦，共出有3个野牛头骨和1个牛头装饰（浅浮雕的公牛头），它们可能挂在墙壁或天花板上。因此，人们认为，这里的谷物曾被放在易朽的容器里，可能是与收获或种植有关的祭祀活动的一部分。较大的房屋如EA30，除了其他非家庭内部的功能外，很可能用来储藏集体的谷物。

植物证据表明，黑麦/单粒小麦和大麦从不混合，表明它们是在周围不同地方被分别收获的。许多建筑材料上都带有谷物加工副产品的痕迹，比如大麦、小麦和黑麦的谷壳被用作夯土的屬合料，在烧过的屋顶碎块中发现了秸秆。

28/28

在公共建筑附近的长方形建筑中发现了食物加工和处理（除烹饪外）的所有证据。EA23中发现了3件手推磨和几件靠在隔墙上的石杵。位于EA30附近的EA10已被大火烧毁。处理设施被放在三个明显不同的区域，并与不同的谷物相伴：研磨区有3件手推磨、1件石皿和2件极度磨光的

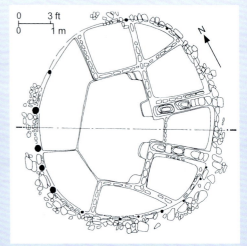

图7.14～7.15 EA30房屋平面图，显示了可能的储藏间；以及进入储藏区一条门道的照片。

0　　3 ft

0　　1 m

圆形磨板；其植物遗存包括黑麦/单粒小麦和野芥菜种子饼的碎屑。第二个区域是一片低洼地，含有烧过的与灰烬混在一起的豆子和种子饼碎屑，所以，这里很可能是这些含油种子饼的炊煮区。第三个区域有三个石盆，里面有脱壳的大麦种子碎片，但没有谷物储藏的证据。简言之，对这些证据的一种解释是，该遗址的公共建筑部分用于储存谷物，并与具有象征意义的祭祀活动有关；食物在靠近公共建筑、特定的多室建筑内进行处理；露天公共区域的火坑用来烤肉，先民们狩猎野牛、羚羊和马。因此，这可能不是一个单纯的"村落社区"，而是一个较大的多群体（包括居住在遗址内的家庭）定期聚会和从事集体聚餐活动的场所。

在该遗址600～700年的历史中，房屋式样从圆形变为长方形，再变为比较专门的集体建筑。与采集的非谷物草类相比，谷物和豆类有所增加。上层出土的镰刀石叶使用更密集，生产也更有效，而成组的手推磨在上层也更加常见，这时遗址的面积也明显扩大。所有这些趋势都表明了向越来越依赖大规模谷物栽培利用的转变，这体现了社会结构的进步，因为用来平整土地、播种、除草、照料作物、收获、加工和储藏的劳力很可能是集体性的，即所有这些趋势暗示着一种社会等级。

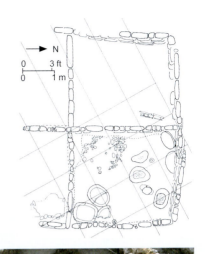

图7.16～7.17　EA23建筑的平面图和照片，手推磨和石杵提供了食物加工的证据。

福寿草

蓝堇

海罂粟属

八重葎

欧瑞香

蓝色矢车菊

图7.18　（上）杰夫·埃尔-阿马尔野生谷物中发现的典型耕地杂草种子（每粒直径约1毫米）。炭化的考古标本与现代种子对照。高频率的炭化杂草种子是定期栽培野生谷物和豆类的结果。

图7.19　（右）杰夫·埃尔-阿马尔可食用植物出土频率的直方图，说明了从野生向栽培的转变。后来驯化的野生单粒小麦、大麦和苦野豌豆数量增加，与此相比较，包括黑麦和蓄蓄在内的小籽野草数量减少并最终被放弃。后者在下层地层中占主导地位（绿色），它们在上层地层则数量减少（紫色）。大麦、单粒小麦和苦野豌豆则在上层地层中占优势。（%ub=出土概率百分比值［percentage ubiquity values］，即有该物种出土的样本百分比。）

指标	上层（紫色）	下层（绿色）
样本数	76	81
鉴定总数	10658	12097
单粒小麦壳总数	41	18
野生单粒小麦壳出土百分比值	18.4	11.1
野生大麦总数	5234	2353
野生大麦出土百分比值	90.1	52
野生大麦壳总数	1622	1546
野生大麦壳出土百分比值	84.2	64.1
苦野豌豆总数	31	10
苦野豌豆出土百分比值	27.6	19.7
野生黑麦总数	396	1382
野生黑麦出土百分比值	81.5	92.5
野生黑麦壳总数	18	121
野生黑麦壳出土百分比值	10.5	23.4
蓄蓄总数	73	359
蓄蓄出土百分比值	34.2	56.7
秦草总数	116	19
鼠大麦/球茎大麦总数	116	614
鼠大麦/球茎大麦出土百分比值	44.7	66

来自动物遗存的信息

虽然过去的植食很可能构成了食谱的主要部分——除了特殊情况或高纬度地区如北极之外，但是食肉常被认为很可能比较重要，要么作为食物，要么作为猎人勇敢或牧人地位的标志。在考古遗址中，动物遗存一般保存较好，所以不像植物遗存，动物遗存从考古学伊始就被一直研究。

动物中数量最多、信息最丰富的是大型遗存——即骨骼、牙齿、鹿角、贝壳等。现在已有许多技术可以帮助我们从这类材料中提取信息。动物遗存的重要性使动物考古学或考古动物学已成了一门独立的子学科。如今研究重点不只集中于鉴定和量化遗址中的动物种类，而且还关注这些遗存是怎样来到这里的，并且它们能回答我们各种问题，如生计、驯化、屠宰和季节性等。

在解释动物遗存时，考古学家面临的首要问题是，确定它们的存在是与人类活动有关，还是自然原因或其他掠食动物所为（比如食肉类动物的废弃物、猫头鹰的唾余、打洞的动物等等）。某遗址中的动物也可能为非食用目的而利用（如用毛皮做衣服、用骨头和鹿角制作工具）。

因此，与植物遗存相似，观察动物群样本的埋藏背景和内容必须特别仔细。虽然这在晚近遗址中一般比较直白，但在旧石器时代，特别是旧石器早期遗址中，这个问题非常关键；近年来埋藏学研究——骨骼在最初埋藏到被发掘出来之间发生了什么——已经开始为我们提供一些有力的指导（见边码57～58）。

首先，考古学家必须牢记，出土的骨骼可能只代表了原有动物中的一小部分。骨骼很可能因风化或践踏而遭到破坏、从遗址中清扫出去、进行炊煮以便储藏、用作工具、被狗或猪吃掉，甚至被仪式性瘗埋（加利福尼亚的一些原住民为了避免对鲑鱼的不敬，从不丢弃它们的骨头，而是晒干、捣碎、用磨盘碾碎，然后吃掉）。其他食物，如蛴螬或饮血，不会留下直接的痕迹。

此外，我们的解释难免会受到自身文化品位的蒙蔽。虽然食草类加上鱼类和鸟类，通常是人类主要的食肉，但在某些文化中，昆虫、啮齿类和食肉类等其他动物可能也对食谱有所贡献。在考古记录中见有各种食人之风的蛛丝马迹，虽然没有确凿的证据，而且无论如何，过去食人之风的作用很可能微不足道，充其量也只是偶尔为之，和其他动物特别是大型食草类动物相比，它就更加微乎其微了（见边码448～449专栏）。

切痕与工具使用

在过去，动物骨骼与石器的共存通常被看作人类与这些动物遗存有关的证据，或者至少是人类曾利用它们的证据，但是我们现在知道，这并非总是合理的假设（见边码57～58专栏），由于很多情况下许多食用的骨头并不与石器共存，因此考古学家已设法从骨骼本身寻找石器痕迹的确切证据。当今许多研究的目的在于证明这种痕迹的存在，并设法将它与其他痕迹如动物牙齿的划痕和咬痕、植物根茎的蚀痕、沉积颗粒的擦痕、埋藏后的风化和发掘工具的损伤等区分开来。这也是在当下旧石器研究的主要争论中寻找可靠证据的组成部分：早期人类是否是真正的猎人；抑或如路易斯·宾福德和其他学者所言，他们只不过是从其他食肉动物猎杀的动物尸体上捡拾腐肉。

东非奥杜威峡谷和库彼福拉两处150万年前著名旧石器早期遗址出土的动物骨骼被给予了很大关注。帕特·希普曼（Pat Shipman）和理查德·波茨（Richard Potts）发现，有必要采用光学显微镜和扫描电镜从这些遗址中分辨工具痕迹，因为对于肉眼来说，它们与其他痕迹有太多相似之处。他们甚至声称能够区分不同的工具使用类型，如切割、刮削和砍砸。他们的方法包括制作一个高精度的骨骼表面橡胶印模，然后它被用来制作一个环氧树脂复制品，以便能够在显微镜下观察。这就没有反复手握易碎骨头之虞，而树脂复制品比较容易运输、储藏和在显微镜下观察。

希普曼和波茨将他们的结果与现代骨骼上由已知过程产生的痕迹进行比较。他们发现奥杜威遗址出土的许多动物骨头上皆有工具痕迹和食肉类动物的擦痕，表明人与食肉类动物对尸体的争夺。在某些情况下，食肉类动物的擦痕明显覆盖在工具痕迹之上，但是在多数情况下，看来是食肉类动物捷足先登！食肉类动物痕迹主要出现在带肉的骨头上，而工具痕迹则均见于带肉和无肉的骨头上，比如斑马长骨的底部，表明人们可能利用了筋腱和皮。

对于希普曼和波茨来说，由切割活动产生的鉴定特征是一种底部伴有一系列平行直线的V形沟槽。但是，最近的研究显示，其他原因也有可能产生非常相似的痕迹。詹姆斯·奥列弗（James Oliver）在蒙大拿州希尔德特拉普洞穴（Shield Trap Cave）的研究表明，在洞穴中踩踏也会因颗粒物的摩擦而在骨骼上留下"切痕"。而凯·贝伦斯迈耶（Kay Behrensmeyer）及其同事也从他们的分析中得出了相同的结论。因此，单凭显微特征不足以作为人类干预的可靠证据。发现的背景和痕迹的位置也需要进行研究。

这类研究并不新鲜——甚至地质学先驱查尔斯·赖尔在1863年就曾提到将骨骼上的工具切痕与豪猪留下的齿痕相区别的问题——但是现在已经有了非常强大的显微镜，加上对埋藏学过程及食肉类动物行为更好的了解，使得最近几年我们取得了重要进展。不过，在我们能够以这种方法确证早期人类的活动之前，仍有许多工作要做，并且在分辨早期人类是狩猎者而非腐食者这种情节上同样需要如此。

还有其他类型的证据能够提供人类处理骨骼的物证。其中包括某特定地点人为的骨头堆积，例如在泽西（Jersey）的拉科特·德·圣布雷拉德（La Cotte de St Brelade）旧石器时代中期沟豁中的猛犸肩胛骨堆积，中欧和东欧旧石器时代用猛犸骨骼建造的小屋。焚烧骨头是另一个人类处理的明确标志——对于鸟骨来说，它也许是人类利用的唯一证据，因为未焚烧过的鸟骨可能由其他食肉类动物或栖居在该遗址当地环境中的鸟类带入遗址（虽然物种鉴定常常可以回答这个问题）。

图7.20　肯尼亚维多利亚湖岸附近南坎杰拉（Kanjera South）出土的动物骨骼，年代在大约200万年前，这是早期古人类食肉的证据。这里展示的标本中，牛骨（A）和（D）上可见切痕，而牛的肱骨（B）和哺乳动物肢骨碎片（C）显示了石锤敲击所致的凹缺、坑点和沟槽（[B]和[C]的骨骼上也有切痕，但照片没有显示）。

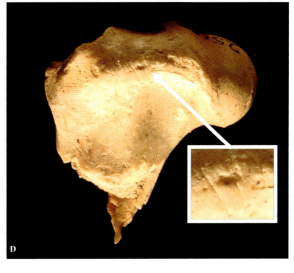

图7.21　有争议的骨头：埃塞俄比亚迪基卡（Dikika）出土的两块动物骨骼上的痕迹被有些专家认为是由南猿用石器造成的，其年代在340万年前，这和肯尼亚洛迈奎3号（Lomekwi 3）出土的被公认为最古老石器的年代相近（距今330万），而且也将屠宰和食肉的年代推前。但是，也有学者认为这些痕迹是鳄鱼或其他食肉动物所致。这些痕迹也用显微镜和化学方法做了分析，明确是在骨骼石化之前留下的；它们的形态更像工具而非牙齿所致。

在论证了动物遗存确实可能是人类活动造成的之后，接下来考古学家能进一步设法回答一些有趣的问题，比如人们吃什么，在某一季节里他们吃哪些特定的食物，他们如何狩猎和屠宰动物，这些动物是驯养的吗？

分析大动物群骨骼组合

当分析一个动物群骨骼组合的时候，我们必须首先对其进行鉴定（第六章），然后对动物的数量和肉的重量予以量化（见边码288～289专栏）。一块骨头上肉的多少取决于动物的性别、年龄、死亡季节，还有体型和营养的地理差别。

新墨西哥州公元15世纪加恩西（Garnsey）遗址为这一事实提供了很好说明，约翰·斯佩思（John Speth）在这个猎杀野牛的遗址中发现，雄性头骨多于雌性，但雌性肢骨却多于雄性。因为猎杀活动发生在春天，此时产犊和哺乳的母牛处于营养不良的状态，因此遗存性别的失衡表明，当时含肉和身体脂肪最多的骨头（雄性肢体）被从遗址拿走了，其他则被丢弃。在对该遗址营养状况做判断时，考虑了季节和性别上的区别。由此可见，在有必要评估一批骨骼组合中原

来的性别比例的地方，含肉多的骨头往往会产生误导，只有无营养价值的骨头才是准确的。

图7.22　旧石器时代人类对兽骨的利用。在乌克兰梅兹利奇（Mezhirich）遗址出土的18000年前的猛犸骨小屋的复原。该建筑用了95个猛犸下颌骨。

但是，如要考虑年龄、性别和死亡季节等因素，那么如何来确定它们呢？

从大型动物群推断年龄、性别和季节性

辨认性别在某些情况下比较简单，如在见有雄性长有犄角（大部分的鹿类）、大型獠牙（猪），或阴茎骨（狗）的情况，或雌性长有明显不同骨盆结构的地方。某些骨头的测量，如牛蹄，有时会提供两套不同的数据，可以解释为雄性（大的）和雌性（小的），虽然在许多情况下，例如年轻或被阉割的雄性会混淆这种图像。

哺乳动物的不同物种会显示出不同程度的两性差别。这在山羊中十分显著，骨骼测量能够用来分辨雌雄，甚至尚未成年的骨骼。布赖恩·赫西（Brian Hesse，1944～2011）用这种方法发现，伊朗甘兹·达列赫（Ganj Dareh）土丘遗址有控制地选择山羊，其中大部分雄性在青春期就被杀掉了，而雌性则很好地活到了成年。这种与性别和年龄相关的存活率差别对于早期驯化的畜群管理颇具说服力。对于牛，用骨骼测量区分雌雄有时也很管用，特别是采用愈合较晚骨头的测量，虽然阉割的公牛会造成误导。其他哺乳动物如绵羊、赤鹿和狍鹿则由于两性骨骼测量数据有很大的重叠性而问题较大。

动物年龄能够根据例如颅骨骨缝的愈合程度，或在某种程度上，从长骨骨干和骨骺（见下文）之间的愈合特点来估计，后者还能用X光方法做进一步研究。然后，年龄可以通过与现代种群的这些特征展开比较进行估计，虽然地理和营养上的差别使得估计较难。估计动物被杀的年龄通常根据牙齿的萌出和磨损的特征。这可以测量牙冠高度（见边码292专栏），虽然这种方法最适合高齿冠物种如马或羚羊。对那些低齿冠物种展开的年龄估计，通常根据牙齿萌出的阶段和咬合面的磨损方式，特别是在有已知年龄的现代样本作参照的情况下进行。归于一系列年龄组的下颌骨，其每组样品的数量，都可以用来构建一种"屠宰方式"（或"存活曲线"），它会显示剔除数量的年龄分布。这可以揭示狩猎策略，并告诉我们许多驯化哺乳动物管理方式的内容。

虽然年龄能为我们提供食谱偏好和利用技术方面的洞见，但死亡季节也是一个关键因素。研究动物遗存的季节性有很多方法，例如，分辨那些仅在一年特定时间中才有的物种。如果我们知道某物种幼仔出生的那个季节，那么胚胎或幼仔的骨头遗存便能指示居住的季节（见边码290～291专栏）——然而必须强调，虽然我们能以这种方式证明人类在某些季节的存在，但几乎不能肯定他们在一年的其他时间住在这里。

从哺乳动物骨骼确定死亡季节的方法，与用来建立年龄曲线的方法非常相似，但是通常局限于观察未成熟哺乳动物的迅速变化，例如牙齿萌出、长骨骨干的生长或一年一度犄角的生长与脱落。哺乳动物的骨骼和牙齿随着成熟会发生显著的变化，而这些变化会通过考古学骨骼样本透露重要的信息。

在幼年哺乳动物中，大部分骨骼生长发生在骨干的末端（骨骺），而骨关节表面只通过软骨连接。当达到成年大小时，骨端会与骨干"愈合"，而软骨也会被硬骨所取代。这以一个已知的顺序发生，并发生在哺乳动物大致认可的年龄段。未成年骨骼的骨干的测量能够提供遗址居住季节的重要信息。在温带地区，多数大型陆地哺乳动物在一个很短的季节内产仔。初生动物的肢骨很小，关节大多未与骨干愈合。幼仔以基本相似的速率生长，并且在大致相同的年龄成熟。基于可靠的气候原因，我们有理由认为，过去的一些物种，比如鹿，与现代物种一样，只在特定的季节产仔，从而保证幼仔最高成活率。据此，对一个长期居住遗址出土动物长骨的长度进行测量，会显示出从新生到成年动物的各种尺寸，而在某季节居住的遗址中，则会呈现某尺寸组的长骨，而缺少中间的尺寸。

因此，通过仔细测量和采用新的分析方法，我们能够得到有关年龄、性别和死亡季节相当准确的数据，从而大大帮助我们了解人类何时以及用何种方式开拓他们的资源（见后页专栏对斯塔卡的分析）。

动物的驯化

刚才介绍的方法有助于为人类和他们的大型动物资源关系带来洞见，特别是畜群的结构和利用的方法。但是，评估动物是野生的还是驯养的则需要一套完全不同的方法。在有些情况下，这比较明显，比如非当地产动物被人类引入岛屿——如在塞浦路斯岛出现的牛、绵羊、山羊、狗和猫。动物驯化的一个标准是人类对某些物种自然繁殖习性的干预，导致这些物种的体质特征与野生状态有所不同。但是，还有其他的定义，而专家对于动物体质哪些变化作为驯化的判断标准仍有争议。过分强调野生和驯化之间的二元划分也许掩盖了人与动物的全方位关系，比如不做选择育种的畜群管理。不过驯化，无论何种定义，明显是在世

斯塔卡的季节性

英国最著名的中石器时代遗址斯塔卡（Star Carr，这个名字来源于丹麦语，意思是"莎草沼泽"）是英格兰东北部皮克林山谷（Vale of Pickering）大型古湖岸边的一处露天营地。它最早发现于1948年，著名的史前学家格雷厄姆·克拉克（Graham Clark）从1949年至1951年对它进行了发掘，使之闻名退迩。该遗址年代在约11000年前，以有机材料保存极佳而闻名，因为这里的古代景观被掩埋在很厚的泥炭层之下。克拉克发现了横置的白桦树和一个"灌木平台"，他认为，人们是为了清理道路而砍倒这些树木，并用它们搭建了一个干燥的台基，上面可以造茅屋。他的发掘还出土了大量石头和骨头的人工制品，包括不少于191件用赤鹿鹿角制作的带倒刺的箭镞、琥珀和页岩的珠子，

以及其中最有意思的21个赤鹿头骨/鹿角"额饰"，这些额饰被说成是狩猎的伪装或祭祀物品。事实上，这些遗存仍然是英国中石器时代早期遗址出土最多的材料组合，包括占80%的所有已知倒刺箭镞。

图7.23 （右）斯塔卡位于英格兰东北部弗利克斯顿（Flixton）古湖岸边。大约7000年前，这个湖已经变成了一片泥炭沼泽，几乎没有静水残留。

克拉克的开创性工作还包括花粉分析和对周围地区的调查，得到了周围景观最早的环境史。在1954年有关斯塔卡的经典著作中，他认为，有四到五个家庭持续六年在冬天使用该遗址。1972年，他又回到斯塔卡，并拓

图7.24～7.25 （下左）斯塔卡的发掘。（下右）平面图显示了遗址中石器时代考古堆积的范围，以及到2010年为止已发掘的面积。

克拉克1949～1951年的发掘	中石器时代初考古的范围
1985～1992年的发掘	中石器时代初的陆地
2004～2010年的发掘	中石器时代初的湖泊和湿地

海拔
0～50 m
50～100 m
100～150 m
150 m+

图7.26～7.27 （左）该遗址出土的一件引人注目的赤鹿角头饰。（上）一件骨制鱼叉的残段。

展了他的解释，将其与年度迁移的形态联系起来：这是一处营地，人们聚集在这里狩猎赤鹿，并在夏天随着鹿群转移到周围的山丘。

1976年，该地区的工作重启，以追踪过去的湖岸线，发掘工作在附近的锡默卡（Seamer Carr）展开。1985年，在斯塔卡又做了许多工作，并发现该遗址要比克拉克想象的大得多。发掘人员找到了一处用劈开木头和加工木材搭建成的大型平台或走道，木头上留有斧头的痕迹和复杂木头加工的证据——这是欧洲木工技术的最早证据。花粉和木炭的研究表明，湖边的芦苇地在很长一段时间里被故意焚烧——或许是为了方便船只进出，或许是为了促进新植物的生长。对这些

焚烧进行的放射性测年可知，遗址的栖居持续了大概300年，约在公元前9300～前8400年之间。

1980年代的工作表明，该地泥炭已开始干涸，这将威胁到其中所含的考古材料。于是，2004年开始了新的工作。该地区的野外徒步调查显示，燧石材料的散布面积达20000平方米。走道或平台沿河岸至少延伸30米。在湖上方的旱地上，发掘者发现了一处有柱洞的凹坑，似乎是公元前9000年的一座"房屋"遗迹，这是英国最早的房子。

克拉克的冬季假说基于赤鹿鹿角每年的生长周期——鹿角在冬天脱落，因此发现的未脱落的鹿角便能指示季节。其他人则认为，鹿角是从其他地

方带入遗址的，与遗址的栖居季节无关。狍鹿的小犄角并未被用来制造工具，似乎表明当时是初夏。托尼·莱格（Tony Legge，1939～2013）和彼得·罗利-康韦（Peter Rowley-Conwy）对动物遗骸，特别是年幼动物的牙齿进行了重新分析，结果发现，实际上，大多数动物都在4～5月之间的春末夏初被猎杀。遗址中发现的鸟类骨骼只属于夏天才见的鸟类，某些被焚烧的植物材料也指向夏天（4月下旬到8月）。由于材料并不完整（许多动物骨骼并不在克拉克手里，而且遗址较大，很可能在其他地方有屠宰区）。因此，斯塔卡可能是一个大本营，人们在不同的季节反复造访这里。

图7.28 （右）中石器时代斯塔卡景观的重建。

图7.29 （左）这处柱洞环绕的凹陷也许是英国最古老的房子。

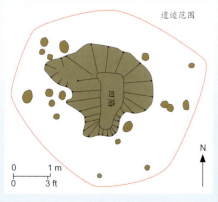

界上许多地方独立发生的，因此考古学家需要将野生动物和完全驯化的动物区分开来，并且探究驯化的过程。怎样才能做到这点呢？

骨骼和牙齿是考古遗址出土最丰富的动物遗存，传统上专家们倾向于从形态变化如下颌骨缩小和齿列变挤来确定驯化。但是，这些并非完全可信的标准，因为我们还不知道这种变化是在驯化过程开始之后多长时间内发生的，而中间阶段还未被识别。虽然某些物种确实会因驯化而变小（就如动物考古学家理查德·梅多［Richard Meadow］在巴基斯坦新石器时代梅赫尔格尔遗址中的牛群所见），但是环境因素在此也会起一定的作用，就如最后冰期以来许多野生物种体型也有减小的趋势。而且，我们并不知道野生种群的差异幅度，而最早的家畜和野生群体之间一定存在大量接触，会导致基因的交流。

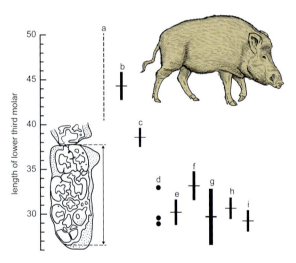

图7.30 作为猪驯化指标的牙齿尺寸缩小（毫米）：根据英国动物考古学家西蒙·戴维斯（Simon Davis）研究的示意图。（a）和（b）的测量数据来自黎凡特晚更新世的野猪；（c）代表现代以色列的野猪；（a/b）和（c）之间的大小差异估计表现了冰期之末环境造成的尺寸缩小。与野猪臼齿相比，与驯化相关的进一步尺寸缩小，见于地中海东部家猪臼齿（d～i）更小的尺寸。（单个测量数据用圆圈表示，数据为中间平均值，有±95%的可信度范围。）

某些由驯化导致的特征变化，如皮毛，偶尔会在考古上幸存下来。例如，野绵羊和家畜绵羊毛发在表皮上的分布有很大差异。英国学者迈克尔·赖德（Michael Ryder）能够从维京人织物和中世纪服装上皮毛纤维的范围和分布，分辨出绵羊的品种。

在南美，从狩猎向畜牧的转变很难追寻，因为

几乎没有什么体骨特征能够区分驯化和野生羊驼。由于很多遗址，尤其在高海拔地区或在沙漠里，非常干燥，像绳索、织物和羊毛等易朽物品常能保存下来。从智利北部和阿根廷西北部一些遗址出土的毛线遗存表明，纺毛线的时间要早于驯化。对智利北部阿塔卡马沙漠（the Atacama Desert）年代大约3100～2800年前的TU 54（图兰·魁布拉达［Tulán Quebrada］）遗址发掘出土毛线的研究，表明驯化引起了颜色的变化，一种暗棕色的羊毛明显不见于野生的羊驼。未来的工作将结合纤维分析和骨骼学材料以及DNA分析来弄清这个问题。因此，纤维分析为缺乏骨骼遗存或骨骼过于破碎而无法利用的遗址提供了有用的帮助。

另一种方法是研究动物的种群而非个体变化。虽然家畜被引入一处其野生祖先并非本地物种的地方，是经常采用的一种人类干预标准，但是我们对野生物种的原始分布并不充分了解，并且野化种群的经常发生（比如，先前驯化的动物复归野化）使得这一问题变得更加复杂。在短期内从一种屠宰方式突然变为另一种方式可能更具说服力，特别是与初期形态学变化的证据结合起来，这肯定是驯化的一个强有力的理由。但在此地，该理论也不易从实践中证明。过去我们认为，一群骨骼组合中如果有大量未成年或年幼的动物，就代表了人类的干预，并与想象中的"正常"野生种群截然不同。但是现在我们得知，野生动物群中动物性别的比例或幼体的百分比也有很大差别。再有，所有掠食动物（不只是人类）都是有选择地捕猎，集中于防御性较差的个体。于是，高比例的未成年动物本身不足以成为驯化的证据。

图7.31 从智利北部海拔2900米以上的阿塔卡马沙漠一处旷野遗址图兰·魁布拉达（TU 54）出土的一小团毛线。它编织得很牢，直径1毫米，放射性碳断代为距今3000±65年（OxA1841）。

然而，兽群的年龄和性别结构仍有助于判断这些动物主要是提供肉类还是奶类的。提供肉类的畜群会含有数量较多的未成年动物和年轻的成年动物（见甘兹·达列赫土丘，边码284），而提供乳类产品的畜群则大多由成年雌性组成。

其他驯化的证据　某些工具能够指示驯养动物的存在——如犁、牛轭和马具等。某种异常的背景也能提供信息，例如，以色列艾因·迈拉哈（Ein Mallaha）出土的12000年前的人类墓葬，其中有一具幼犬骨骸，说明人和狗的密切关系很早就已存在。

艺术证据甚至表明，控制动物的尝试可能更早。正如保罗·巴恩所指出的，最后冰期之末的一些图像中强烈地暗示了对个别动物的控制，最明显的是法国马尔什（La Marche）出土的一具旧石器晚期马头雕刻，上面刻有马勒的形状。而骨骼也有类似的证据：例如在法国阿尔卑斯山格朗德-里瓦尔（La Grande-Rivoire）岩棚的中石器时代堆积中，出土了一头棕熊的遗骸。它下颌骨两边的牙齿之间有条凹槽般的缝隙，表明7000年前这头动物在幼年时被捕获，因为戴着口套而抑制了其臼齿的生长。换言之，它是一只驯养的熊，甚至可能是宠物。

后期艺术在驯化上的信息量尤大：从希腊、罗马、美索不达米亚家畜的图像，到不仅描绘耕作而且还驯养一些奇珍异兽的埃及壁画。

畸形和疾病可以提供驯化的可信证据。当用作牵引动物时，马、牛和骆驼的四肢下部有时会患骨关节炎或劳损畸形——骨头张开或增生。已知的考古实例很多，如英格兰中世纪诺顿·普里奥利（Norton Priory）出土的牛骨。而马匹的疾病，如跗关节内肿的情况也是由于相同原因，还包括跗骨和跖骨周围的骨质增生，最终导致愈合。有些疾病表明对畜群管理不当，例如，佝偻病表明粮草不足或草场贫瘠，而密集圈养和饲养数量过多则易使动物患寄生虫胃肠炎。

某些疾病可能是驯化的直接证据。在对秘鲁安第斯山区特拉玛奇（Telarmachay）史前遗址的研究中，简·惠勒（Jane Wheeler）发现，在大约公元前3000年的某个地层部位，美洲驼和羊驼的胚胎和幼仔遗骸显著增加。人类捕杀它们并将其搬运到这个遗址的可能性很小。这么小的动物实在不值得猎杀，无论如何，等到它们长成个头较大时才较有价值。可能性较大的是，这些是驯养的动物，因为家养美洲驼和羊驼的死亡率很高，致死的主要原因是由于病菌在肮脏潮湿的畜栏中传播而引起的一种腹泻，而这不见于野生物种。

如果特拉玛奇的群体死亡确实由此原因引起，那么这类证据可以作为驯化的有用指示。

当下和未来的进展　因此，对驯化的研究已取得了重大进展。论证驯化的某些传统标准——比如尺寸的减小——很可能并不如曾想象的那样肯定。但是，这些传统方法现在正被放到一个更坚实的基础上，而新的科学技术，如利用显微镜的纤维分析，还有对畸形和疾病的研究，为动物驯化问题开辟了令人鼓舞的新前景。

通过DNA追溯驯化历史的工作正不断取得进步。例如，来自三大洲牛的DNA已经动摇了牛的驯化是从近东这一中心向外扩散的根深蒂固的观念；相反，已发现至少有两处野牛独立被驯化的证据，即土耳其西南部和伊朗沙漠的东部地区，在东北非可能还有第三个发源地，中国东北可能有第四个。遗传学分析还表明，今天的家马是许多不同地方诸多马谱系混合的结果；猪在整个欧亚大陆有多元的驯化中心；而家犬看来32000年前在欧洲有单一的起源。DNA和骨骼胶原蛋白也已开始用来分辨考古组合中的绵羊和山羊，单凭形态学是很难做到这点的。

小动物群：鸟类、鱼类和软体动物

现代发掘技术和筛选已大大改善了对小型物种脆弱遗骸的提取。鉴定则需要专家的专业知识，因为不同物种的遗骸会十分相似。实际上大型物种也十分相似，比如绵羊和山羊（见上），各种骆驼、野牛、水牛和黄牛。

鸟类　鸟类遗存不仅由骨骼组成，而且还由鸟粪、羽毛组成，甚至埃及有鸟木乃伊、爪印，欧洲一些旧石器晚期遗址如法国平斯旺残存下来有蛋壳。有些情况下，能够在扫描电镜下观察蛋壳，根据其气孔分布来鉴定不同物种。一种蛋白质质谱的新技术现已有可能对极为破碎的大量蛋壳进行鉴定，比如在维京时代的约克。

捕捉鸟类多为其羽毛而非其肉，但相关的特定物种恐非如此。新西兰一种不会飞的恐鸟明显利用了鸟肉，因为无数遗址出土的恐鸟屠宰和烹饪证据为出土的成排的炉灶和成堆的骨头。例如，在大约公元1250年的霍克斯本（Hawksburn）遗址，考古学家阿索尔·安特生（Athol Anderson）发现了超过400多只恐鸟遗骸，带入遗址的大部分是腿关节部位，身上肉

量化动物骨骼遗存

由人类和食肉类动物造成肢解和破碎复杂过程之后，动物骨骼遗存在考古遗址的形成过程中沉积下来（见边码57～58专栏）。仔细的发掘和采集工作至关重要，以至于能够考虑上述这些活动，并且对骨骼遗存作准确的量化。例如，用筛子采集的骨骼标本可能要比不用筛子采集获得更多的小碎骨。骨骼的保存状况也会因遗址不同而差别很大，甚至在同一遗址范围内也会如此，以至于发掘者必须记录每块骨头表面的侵蚀程度，以帮助了解更多差异的可能原因。

当研究一批样本时，骨骼要么以完全识别的碎片进行记录，要么以无法鉴定的碎片进行记录，后者也许属于几个物种之一。然后采用多种方法来计算不同骨骼的相对丰富性，因此也计算了所代表物种的相对丰富性。

物种相对丰富性最简单的计算方法是可鉴定标本数（Number of Identified Specimens, NISP）：它将每个物种鉴定出的骨骼用整个骨骼样本的百分比表示。虽然很常用，但是获得的结果会产生误导。

第二种计算层级是最小个体数（Minimum Number of Individuals, MNI或MIND）——它表示了需要计算的骨骼样本中动物的最少个体数。就其最简单的计算方式，这种计算基于每个物种所鉴定出的数量最多的骨骼部位，来自身体的右侧或左侧。

英格兰的格里姆斯·格雷夫斯

可鉴定标本数统计的一些问题可以通过英格兰诺福克的格里姆斯·格雷夫斯遗址的骨骼标本来说明。在此，青铜时代的庖厨垃圾普遍被倾倒在新

石器时代火石矿的竖井中，两次发掘工作使得能够对不同样本进行比较。这些骨骼在两次发掘中都被仔细采集，且保存极佳。

格里姆斯·格雷夫斯遗址两类常见物种（牛和绵羊）的可鉴定标本数统计显示，它们在骨骼总量中的比例相当，虽然牛显然更为重要，因为它们的体型较大。而最小个体数统计是基于数量最多的可鉴定骨骼——在此案例中为下颌骨，因为它十分坚硬，能够承受住食肉类动物的啃咬。下颌骨的统计显示，牛的数量明显较多，占58%，而绵羊占42%。因此，牛在这个遗址中的重要性要大大超过可鉴定标本数显示的比例。

西班牙的蒙辛

可鉴定标本数和最小个体数统计结果的偏差的一个更有力的例子可以用西班牙蒙辛（Moncin）遗址的结果来说明。在这个青铜时代的村落里，居民饲养普通的家畜，但也进行广泛的狩猎，尤其是猎杀幼年赤鹿来获取有斑纹的皮毛。很少有未成年动物骨骼能幸免于狗的啃咬而留存下来，因此，可鉴定标本数和最小个体数显示出的比例差别很大。这主要是由于公山羊下颌骨保存较好，以及幼鹿的下颌骨留存较少的缘故。

年龄、骨重和肉量

可鉴定标本数和最小个体数都有一定的局限性。最小个体数数据对少量样本来说毫无意义，而当对不同时代状况、保存条件和采集标准的遗址进行比较时，可鉴定标本数统计中的潜在错误会变得更加明显。

其中有些困难可以通过研究被猎杀不同物种的年龄来予以克服，因为这对动物骨骼的残留有重要影响。这种年龄曲线最好根据幼年动物牙齿的萌出阶段和成年动物牙齿的进行性磨损来重建。

比较不同物种丰富度的另一种方法是采用相对骨重（relative bone weight）。用这种方法来对每个鉴定物种的整个骨骼重量做比较，虽然不同骨骼残留的问题仍存在。重要的是需认识到，骨骼的量化只反映了出土骨骼样本的情况，而它与遗址中原来存在的动物群关系仍然未知。在拥有较长时间跨度的遗址中，或能对一组遗址进行比较的地方，量化方法才最具价值。尽管有不确定性，这种比较研究能够揭示重要动物群的趋势和地区间的差异。

食谱重建的最后一步是尽力计算出样本骨骼所代表的肉量。每个现代物种的平均肉量是一个很好的出发点。按照逻辑，就像早年的分析，我们只需将这个数据与相关最小个体数相乘，就能得到肉的实际重量。但是，今天我们必须考虑这样一个事实，即并不是动物的所有部位都会被利用。我们不能设想，每具动物尸体都得到一样对待。因为在某些情况，如在兽群驱猎中，有的尸体被部分地利用，有的被全部利用，而其他的则不予考虑（见后页专栏）。屠宰技术则很可能依物种、体型、目的和离家距离而有所不同。因此，骨骼并不代表完整的动物，而只是屠宰单位或部分骨架。

考虑了哪些存在导致偏差的潜在因素，我们就能够通过最小个体数统计得到比较合理的结论，特别是那些仔细发掘的大型样本。

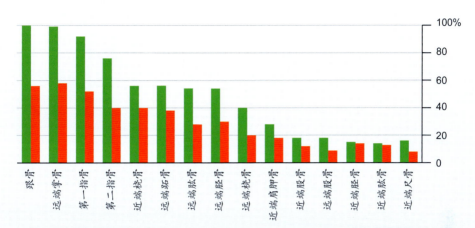

图7.32　西班牙蒙辛遗址牛骨的残存百分比。绿色条带仅代表成年骨骼，红色条带代表成年和牛犊的骨骼。残存率的差异非常明显。

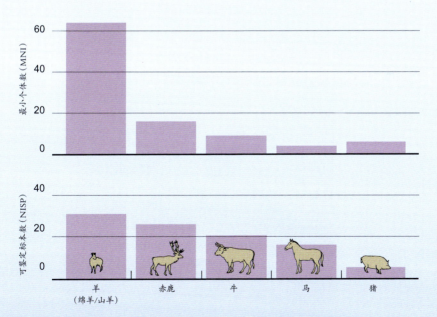

图7.33　西班牙蒙辛遗址中动物遗存的物种百分比，以最小个体数和可鉴定标本数表示。

驱猎野牛遗址

在北美，驱赶野牛跌落陡坡或悬崖是几千年来一种常见的重要狩猎方法。虽然20世纪初我们从印第安人的叙述中得到了很多这方面的信息，但是这种场景还需我们通过考古学对具体驱猎遗址的调查来进行充实。

博丁斯库尔遗址

1950年代，由托马斯·基欧（Thomas Kehoe，1926～2008）在蒙大拿州博丁斯库尔（Boarding School）遗址的发掘便是此类驱猎遗址最早的发掘之一。这项工作是在当地美洲原住民布莱克富特（Blackfoot）人群的帮助下进行的。虽然博丁斯库尔不是一个悬崖，只是一处较为普通的低矮陡坡向一处自然的围地延伸。在一处很厚的地层中，发现了三条主要的骨骼层，保存完好的野牛遗骸提供了牛群的规模和结构以及驱猎季节的洞见。野牛数量用最小个体数方法推断（见边码288～289专栏）。动物年龄来自牙齿萌发次序和磨损程度（边码292专栏）及骨骼的愈合状况，而性别则是根据骨盆的大小和形状确定的。

这个遗址被证明在很长一段时间里作为一个临时营地断断续续地利用。公元1600年前后（根据对炭化骨骼的放射性碳测年），有大约100头牛的牛群被驱赶跌落陡坡。它们的遗骸形成了"第三骨骼层"，其中包括一具胚胎的骨骸，但没有成年公牛，这意味着它是一个在晚秋或冬季驱猎的牛群，由母牛、牛犊和年轻公牛组成。一两个季节之后，另一群由150头牛的牛群被驱入，形成了"第二骨骼层"。它含有成年公牛，未见有胚胎或初生牛犊相伴，表明驱赶的是在交配季节由公牛和母牛组成的牛群，时间在7月到9月之间，这是为冬季准备肉干的时节。

一次时间相当晚的驱猎（大概刚好在欧洲人抵达前夕）形成了"第一骨骼层"。在此，30头野牛被略做屠宰，可能为了便于搬运到一处较远的营地；留下的大部分是关节连接的部分，在前两个层位中，屠宰方法相似，但每头动物利用得更加充分，而且大多都在现场加工。显然，离大本营的距离要比后一次驱猎的距离要近。遗址中缺乏陶器，证明了它只是一个猎杀和肉类加工的地点。在此还发现了畜栏栏杆的痕迹，而一共有440枚箭镞，表明每头野牛平均需要用4或5枚箭镞。

加尔湖遗址

1960年代初，基欧在加拿大一侧萨斯喀彻（Saskatchewan）省西南部的加尔湖（Gull Lake）遗址进行了类似的发掘。在此，野牛也被驱赶过陡坡跌入一个作为包围圈的洼地。一共见有五层骨骼层，其中一层（约1300）也许包括多达900头野牛的骨骸。

这些驱猎活动始于公元2世纪晚期，并显示牛骨几乎没有作什么处理；许多肢骨和脊柱都很完整。然而在后来的驱猎中，加工处理则要更为彻底，很少有关节相连的骨头，到处是散落和焚烧过的碎骨，表明用来制作油脂和肉干。

图7.34　博丁斯库尔悬崖鸟瞰，图片当中是正在进行中的发掘。

图7.35　（下）博丁斯库尔遗址中的一处围栏栏杆。

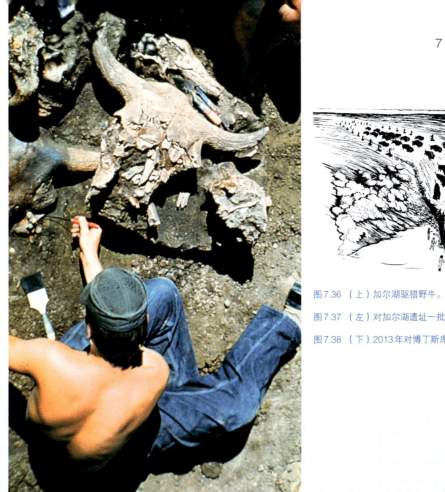

图7.36 （上）加尔湖驱猎野牛。

图7.37 （左）对加尔湖遗址一批野牛头骨进行发掘。

图7.38 （下）2013年对博丁斯库尔遗址新的发掘。

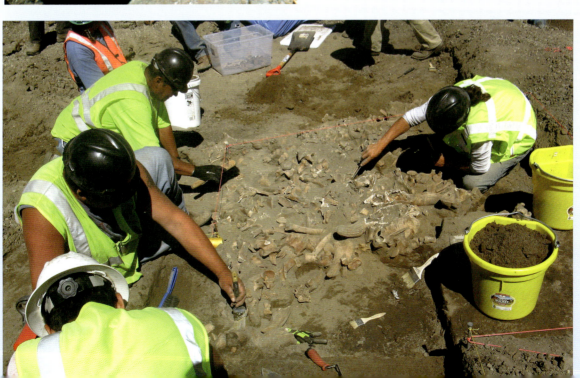

动物牙齿研究

牙齿比骨头更易保存，通过它们能够相当准确地判断动物的年龄。虽然围绕牙齿的生长线可以计数（见下），但是这会破坏标本，而矿化会使年轮变得模糊。因此，大部分估算是根据牙齿的萌出和磨损。

观察下颌骨乳齿的存在或缺失，参照现代种群牙齿的萌发顺序，能够估计大概的年龄。但是，在考虑恒齿的时候，只能由牙齿的磨损程度提供证据，并且还要与一系列已知年龄的动物颌骨作比较。

这种方法的缺点是，磨损程度的判断经常是主观的。这种方法也需要完整或者是近乎完整的下颌骨，而这些在许多遗址中并不存在。而且，牙齿磨损取决于食谱，并没有一个恒定的速率。粗糙的年轻牙齿要比老钝的牙齿磨损更快。因此，年龄和磨损之间并没有一个简单的对应关系。

美国古生物学家理查德·克莱因凭借累计磨损的测量，设计了一个较为客观的方法，并能广泛应用，因为它能用于单颗牙齿。齿冠高度测量，是指从咬合面到釉质和牙根齿质分界处的距离。利用每类物种齿冠尚未磨损的年龄和完全磨损的年龄数据，能够估计出这枚牙齿动物的死亡年龄。克莱因和凯瑟琳·克鲁兹-乌里韦（Kathryn Cruz-Uribe）开发了一个电脑程序，利用这些测量数据建立一个遗址中牙齿的死亡率变化曲线。

理论上存在两种基本形态。第一是灾难型年龄曲线，大致与兽群"自然"年龄分布相符（年龄越大的群组，个体数量越少）。这种形态见于自然的背景之中——比如，突发的洪水、瘟疫或火山爆发——整个种群遭遇灭顶之灾。而见于考古背景之中，它表明采用了兽群的驱猎。

第二种形态是消耗型年龄曲线，幼年和老年动物数量与活体种群相比会有过高的表现。在自然背景中，这可能是饥饿、疾病、意外和掠食所致。

在考古背景中，它表明人类对最弱个体的猎杀或尸食。

在南非开普省的克拉西斯河口（Klasies River Mouth）中期石器时代洞穴中，克莱因遇到了这两种曲线，其中容易驱赶的大羚羊表现为灾难型曲线，而较凶猛的非洲水牛则为消耗型曲线。

死亡季节

牙齿能通过上面的生长线，提供死亡季节的信息。例如，美国动物考古学家丹尼尔·费希尔（Daniel Fisher）研究了密歇根州南部公元前11千纪的古印第安人猎杀或起码屠宰过的乳齿象牙和臼齿，齿质形成的层理使他能够确定，这些动物在仲秋到晚秋被杀，精确度在一两个月之间。在某些哺乳动物中，牙骨质（一种矿物质沉积）的年轮会在牙龈线下的牙根周围形成。当在显微镜下对一个薄切片进行观察时，这些层理便会呈现为一系列半透明和不透明的条纹，代表了导致沉积速率变动的食物季节性丰歉更替。美国学者亚瑟·斯皮斯（Arthur Spiess）用这项技术研究法国阿布里·帕托（Abri Pataud）旧石器晚期遗址中的驯鹿牙齿，并证明，这些动物在10月到次年3月之间被杀。现在电脑图像处理能使对这些年轮的辨认和计算更加准确。

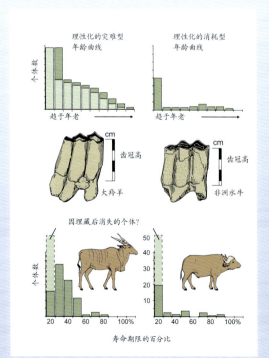

图7.39 （上）理查德·克莱因用下第三臼齿齿冠高度推算死亡年龄。（底）理想化的灾难型年龄曲线和消耗型年龄曲线。南非克拉西斯河口洞穴遗址出土的证据，显示了大羚羊的一种灾难型曲线和非洲水牛的一种消耗型曲线（埋藏过程中的溶滤很可能选择性地破坏了最年幼个体的牙齿，这也许可以说明该群组个体的数量少于预期的原因）。

图7.40 位于德尔·埃尔麦迪纳的森尼杰姆（Sennedjem）墓葬（前13世纪）中出土的古埃及壁画：森尼杰姆采用一种用两头母牛牵引的犁，他的妻子跟在后面播种。

少的部位则被弃置在屠宰场所。如此大量利用和废弃，有助于解释太平洋地区恐鸟和其他物种非常迅速绝灭的原因（见第六章）。

　　但是，就小型鸟类发现的地点而言，它通常可能是被其他掠食动物带入遗址的，或者它们自己就生活在该遗址，这是它们的栖息地。同样，虽然对所见物种的鉴定有助于我们解决问题，但是有必要采用一些标准来判断这些鸟类是否是人类捕猎的。人类偏好某些骨骼而进行的采集有别于自然形成的骨骼堆积，这可以说明人类的干预。长骨两端的焚烧也是一条线索，虽然这取决于采用的特定烹饪方法。用放大镜分辨骨骼上的切痕能提供与屠宰有关的证据；而如果某遗址中鸟骨数量随时间的波动与其他小型动物群的波动有别，表明它们不是被猎鸟的鹰类带入的。

　　鱼类　就像哺乳动物骨骼（见边码288～289专栏），我们运用称重的方法研究鱼骨，进而评估它们对食谱的贡献。不同种类的鱼可以为捕鱼方法提供信

息——比如，深海鱼类的骨骼表示人类曾进行远海捕鱼。埃及遗址中通常有保存完好的咸鱼，确实这个文明像制作许多其他动物木乃伊一样将某些鱼制成木乃伊。罗马人则有鱼塘并养殖牡蛎。

　　微小动物群和昆虫　微小动物群如啮齿类动物、蛙、蟾蜍，并非很好的食物证据，因为它们中有许多会通过打洞进入遗址或被其他掠食动物带入遗址——在南非斯瓦特克兰洞穴旧石器时代早期堆积中甚至见有猫头鹰的唾余。

　　昆虫偶尔会被食用——例如，在阿尔及利亚6200年前的廷哈纳卡滕（Ti-n-Hanakaten）岩棚遗址的一个特殊炉灶中出土了蝗虫——正因它们遗骸所保存的地点提供了重要的食谱和季节性信息。例如，在怀俄明州艾伦（Allen）遗址废物层中发现有大量的黄蜂巢，它们被撕破以取出幼虫，这不仅说明人类食用黄蜂幼虫，而且表示此地在夏季为人类所居住。在新墨西哥州查科峡谷（Chaco Canyon）著名的普韦布洛·波尼托聚落遗址（见边码401），墓葬中出土的一些陶罐里

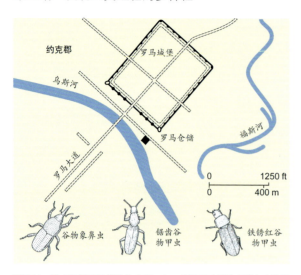

图7.41　昆虫和罗马时期的约克郡：在一处罗马时期粮仓遗存中发现了大量谷物甲虫和其他害虫，显然其中曾发生虫害。

有蛆蛹和一种甲虫碎片，这种甲虫幼虫常常侵害储藏的谷物，因此这些昆虫揭示了器皿中已经消失的储藏物。同样，智利普拉亚·德·洛斯格林戈斯（Playa de los Gringos）的一座墓葬出土了一件木制器皿，其中发现了一种寄生于肉类中的苍蝇蛹壳。而正如第六章提到的，在约克郡的一处罗马时期阴沟中存在谷物甲虫和金蜘蛛甲虫，足以表明这是谷仓的排水管；实际上，因为土层里含有数量惊人的谷物甲虫，约克河边一处仓储遗迹被判定为粮仓；但几乎没有发现任何谷物遗存，表明这些害虫破坏的规模很大。由于虫害如此严重，罗马人拆毁了这个粮仓，并用一层厚厚的黏土将它和甲虫一起掩埋。后来他们重建了新的仓库，其中发现有谷物，但极少发现甲虫，证明虫害控制取得了成效。

软体动物　贝丘遗址能够提供更多直接的食谱线索，因为人类显然是大部分这类材料的制造者。除了偶尔保存下来的甲壳动物和棘皮动物的残留物（海胆和海星的脊刺等），沿海贝丘中大量的海洋物质一般由贝壳组成，还有其他所利用的动物、鸟类和鱼类骨骸。同样，在内陆贝丘中，蜗牛和淡水软体动物贝壳的数量压倒性地多于兽骨。它们数量占多的一个原因是，贝壳比动物骨骼更易成功留存。由于这一原因，过去它们之间的比值被用来表示软体动物在这类遗址中构成了居民的主食。但是对不同物种卡路里的能量产出研究，揭示了实际上数量不多的脊椎动物资源才是主食，而软体动物常常只是一种危机资源或补充性资源。

有一项统计显示，一头赤鹿提供的卡路里相当于52267只牡蛎或156800只鸟蛤。

因为仅1立方米贝丘就有1吨材料、100000只贝壳——这些贝壳是仅有的分析样本。它们需要筛选、分类和鉴定，并根据壳与肉之比（依物种不同而异）计算出它们所代表的肉量。虽然不同物种肉量的百分比有助于说明它们的相对重要性，但是只有统计它们的卡路里值才能提供它们对食谱的真正贡献（见后页专栏）。研究发现，一个人如果"仅靠贝类生活"，那么他每天必须消耗700只牡蛎或1400只鸟蛤。当参照遗址的使用时间来看时，这个数据揭示出每年消耗的贝类数量不足以支持一个大型群体。因此，这类计算数据强调了其他资源在食谱中的主导性。

不过，贝丘中所见的软体动物表明了人们从可获范围中所选择的对象。虽然贝壳大小随时间的变化可能反映了环境的波动，但是在许多情况下反映了人类的过度利用。在波利尼西亚的蒂科皮亚（Tikopia）岛的最早居民食用巨贝、乌龟和野生的不会飞的鸟类；几个世纪后这种鸟类便绝灭了，并且乌龟和贝类的体积越来越小，数量也越来越少。

在贝丘之外的遗址中，贝壳数量可能较少，而且在很多情况下并非用作食物。例如，蜗牛可能只居住在遗址中或其附近，而且人类经常收集海贝作为货币、小玩艺儿和首饰。例如，在欧洲旧石器时代晚期遗址中发现的许多贝壳，便是来自体积很小又不能食用的贝类。

从小型动物群推断季节性

某些种类的候鸟、啮齿动物、鱼类和昆虫只在一年中的某一时段可获，因此只要它们存在，就能提供人类居住在该遗址时的季节。

虽然鱼类不是季节性的可靠标志，因为它们可以处理后储存到青黄不接的时候食用，但是新出现的技术能从它们的遗骸中提炼此类信息。例如，有些物种如梭鱼，在它们的脊椎上有年轮，由此我们能够计算梭鱼死亡的季节。

一种方法是用鱼的内耳石（听觉器官的一部分）作为季节性的证据。在苏格兰西北部外海的奥龙赛岛中石器时代晚期（前4000）的贝丘里，95%的鱼骨来自青鳕鱼或黑鳕鱼。保罗·梅拉斯（Paul Mellars）和迈克尔·威尔金森（Michael Wilkinson）对矢状内耳石（矢状内耳石是内耳所见三对内耳石中最大且最独特的）大小的数理统计分析表明，大小分布提供了鱼类死亡年龄的准确标志，因此也标志了它们被捕获的季节——假定有一个产卵的标准日期。通常在此类研究中，他们必须假定现代鱼类的生长速率能够推用到过去鱼类上。他们的分析表明，这些黑鳕鱼在1～2岁时被捕获。岛上四个遗址中，每一处的鱼类大小各异，说明它们是在不同季节被捕获的。在一处冬季居址中，鱼类离开沿岸游向深水，贝类在食谱中的比例远高于那些能够捕获大量黑鳕鱼的较温暖季节的居址。

开拓动物资源的证据

工具、器皿和残渍

人类开拓动物资源的直接证据可以用各种途径从工具、器皿和残渍中获得。

渔猎技术的证据　丹麦已知有石器时代的捕鱼器具，而欧洲发现的最早的船只之一，是发现于丹麦曲布林格·韦格（Tybrind Vig）遗址公元前第4千纪的木船，它特别适合用来捕捉鳗鱼——船尾有沙和小石头做成的火塘，火燎燃火以吸引鳗鱼。

虽然判断石器功能不大容易，但是石器使用的模拟实验和上面残留的微痕最终能为我们提供大量的详细信息（也见第八章）。动物骨骼偶尔会嵌着尖状器，加上对骨骼上愈合和未愈合的伤口进行研究，并对用于不同材料的箭镞及其他投射尖状器功效进行实验，提供了有关狩猎武器和方法的许多证据。例如，丹麦动物考古学家娜娜·诺埃-尼加德（Nanna Noe-Nygaard）研究了丹麦许多中石器时代遗址以及泥沼中零星发现的鹿和野猪骨架。她发现，与现代标本上的伤痕比较，能够将人类造成的损伤与自然原因如为争夺配偶造成的伤痕区分开来。根据对骨裂大小和形状的分析，她认为狩猎使用了弓箭和矛。她还注意到肩胛骨上未愈合的痕迹（也许是致命的）集中在该骨头的同一部位——覆盖着重要脏器的薄弱位置，而其他骨骼到处见有不成功猎杀留下的愈合创伤。

微痕磨光分析开始揭示使用不同工具的信息。该领域的先驱之一劳伦斯·基利（1948～2017）在肯尼亚库彼福拉遗址中出土的150万年前的工具表面发现一种油腻状磨痕，与切割肉类和动物软组织实验产生的痕迹非常相似，而两件工具就发现在一块有切痕的牛类肱骨边。

血迹　一项不断发展的技术，有可能通过分辨留在石刀上的血迹来鉴定所研究的动物种属。例如，对南非斯卜杜（Sibadu）岩棚出土的62000年前的一件石头尖状器的检测，发现有微小的血渍残留，遗传学分析的进步有望在未来对这类相关物种做出鉴定。

血渍技术证明可能对那些没有保存骨头的遗址极其重要，并能够提供比羽毛和毛发片段更为准确的鉴定（虽然这些材料开始是从角质蛋白来进行分析的，以便改善鉴定）。

脂肪和磷酸盐残渍　有关植物资源部分已经提到过一些方法，这里能够对其他残渍作不同程度的鉴定。例如，脂肪的化学分析能够揭示存在动物制品。第六章（见边码256）曾提到德国西部盖森克罗斯特勒遗址的例子。在法国南部托塔维尔（Tautavel）洞穴旧石器时代早期地层里发现了马的脂肪，在德国南部洛默萨姆（Lommersum）旧石器时代晚期旷野遗址中发现了驯鹿的骨脂。另外，在某些遗址中还发现了鱼类脂肪。

土壤磷酸盐分析能够判断畜牧业而非种植业，因为动物和人类的脂肪（磷脂）和骨骼（磷酸盐）中含有大量的磷。在某些遗址中，磷酸盐的集中能指示居住区，或家畜集中的地方（因为磷酸盐也来自分解的动物粪便）。

这种方法对于那些没有骨头留存的酸性土壤来说特别有价值，例如，它能够揭示出坑里以前曾有骨头。它强调了在某发掘中在各相关区域采集适当土壤标本的重要性。在某些自新石器时代以降被栖居的法国洞穴如方伯莱古阿（Fontbrégoua）中，存在大量所谓的方解石球状结晶（calcite spherulites），常与地表沉积中磷酸盐的富集相伴，成为洞穴中圈养畜群的判断证据，因为它们是绵羊和山羊粪便的矿物残渍。粪便的考古堆积也能通过捕食螨的遗骸来鉴定，它们常反映不同物种粪便的特点：例如对荷兰中世纪出土的12个样本的分析表明，其中有来自马的标本；而秘鲁库斯科地区沉积中大量的捕食螨表明了美洲驼粪便的大量堆积，因此指向了在公元1400～1532年间印加帝国短暂而迅速扩张期间，强化的放牧与频繁的骆驼商队。

296

贝丘分析

日本东京湾周围地区已知有600多个绳纹时代贝丘遗址，含有许多种类的食物遗存。小池裕子深入研究了海湾东岸公元前2千纪初的木户作贝丘。她的结果表明，从一个小型贝丘中能够了解大量关于饮食、季节性、居住长短以及人口规模的细节。

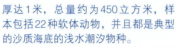

图7.42 正在发掘中的木户作贝丘阶地。

人口规模是通过研究遗址阶地上的10个圆形窖穴居址推测的。根据它们的打破关系，可以确定每一时期平均只有3个窖穴被使用。居所的规模（11～28平方米）表明每个房子住着3～9人（见第十一章），该遗址至多有23人，很可能在12～18人之间。

这些居所似乎重建过四次，据此（加上一次短暂居住留下的陶器证据）该遗址的时间跨度大约为20～30年。

阶地边缘并可下到一处陡坡处，共有7处集中的贝壳堆积，每个堆积厚达1米，总量约为450立方米，样本包括22种软体动物，并且都是典型的沙质海底的浅水潮汐物种。

虽然数量最丰富的贝类是一种很小的腹足类贝类，但是占主导地位的是双壳贝，特别是丽文蛤，它可能是最重要的软体动物。该遗址约有300万只蛤。从贝壳的高度，小池计算出活体蛤的净重数据为30～45吨。

贝壳生长结构，特别是蛤类的生长结构，能提供开拓季节的重要信息。在显微镜下，我们能见到贝壳断面上有许多细小纹路——这是日生长线。其生长会随季节有所变化，以夏天的最厚，冬天的最薄，海水温度似乎起了主要作用。木户作遗址中的蛤具有的年龄结构和季节性与附近绿川河地区采集的现代蛤结构相似，而它们的中等大小反映了采集压力与今天一样高。小池下的结论是：木户作的蛤是全年采集的，其采集强度与今天的商业采集者捕捞贝类一样。

这些蛤仅代表遗址的一种资源。除了其他物种的软体动物之外，还有鱼类遗骸（通过水选收集）和哺乳动物的骨骼，主要为野猪（最小个体数36）和梅花鹿（最小个体数29），还有一些野兔和貉。鹿的年龄结构说明它们遭受的狩猎压力很大，小池计算，以每平方公里10头鹿的可能密度，鹿可以提供这些居民60%的卡路里需求。

因此，虽然蛤类是一种重要的资源，但绝非木户作居民唯一的主食。

图7.43 木户作遗址显示：
A. 贝壳堆积和10个窖式居址的平面图；
B. 某贝壳堆积的剖面图；
C. 1～4号房址打破关系的平面图。

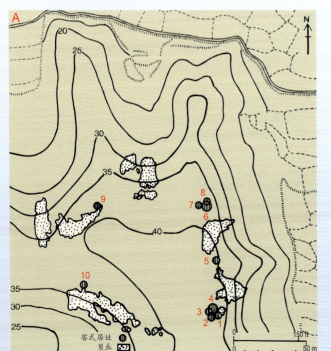

窖式居址
贝丘

0   150 ft
0   50 m

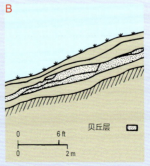

贝丘层

0   6 ft
0   2 m

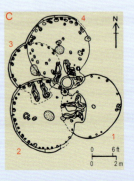

0   6 ft
0   2 m

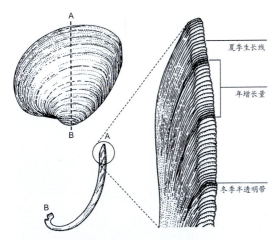

图7.44 一片蛤贝上的生长线记录了它捕获的季节。该蛤类在冬天几乎不生长,而春夏较厚的生长线标志着每天的生长。切开贝壳(A-B)并计算标示最后一年增长量的线轮,科学家就能确定收获的季节。

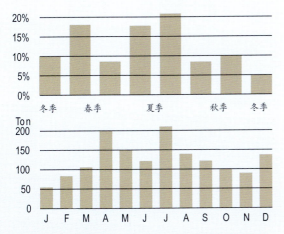

图7.45 条形统计图表明,木户作蛤类采集的季节特征(第一排)——夏天是高峰——这与绿川河地区今天的特征相似(第二排)。木户作蛤类的采集季节是从研究生长线估计的。

农田里施用过粪肥也能检测出来。巴斯特农场进行了一项实验(见边码272专栏),对一块农田施牛粪长达13年,然后在最后一次施肥的两年之后对土壤做化学分析,发现了大量脂类分子(一种在动物肠胃中产生的耐久分子),这些脂类分子有时能指认某些具体物种(如牛或猪)。这个实验使得处理过去的遗存变得可能,比如在克里特岛外海的皮塞拉(Pseira)小岛上的米诺斯梯田布满了公元前2000年的生活垃圾。在生活垃圾中探测到了脂类分子,表明较早的地层富含粪便,很可能来自人类或猪。

农田的施肥,尤其来自城镇的垃圾,也是人工制品的"遗址外散布":即这些东西在遗址之间以较低的密度广布于景观之中。所以,这些分散物有时标志了精耕细作的农业实践。

图7.46 从鱼类内耳石推算季节性。梅拉斯和威尔金森在苏格兰奥龙赛岛上利用中石器时代遗址中发现的黑鳕鱼内耳石(下)的不同尺寸来推算这些遗址栖居的季节(底)。

298 # 为巨石阵提供食物

我们已经讨论了巨石阵和它在过去可能发挥的作用（边码188～189），以及它是如何成为不断变化的较为广袤景观中的组成部分的（边码186～187）。除了这些理论，人们很早就认识到，类似巨石阵这样巨大的石阵，实际上是来自四面八方的人群举行大型宴飨的场所。但是，直到最近，考古学家们还只能对这些事件的规模、性质和地理范围，以及对不同遗址之间举行的事件的差异做些推测。在对巨石阵附近的杜灵顿墙（Durrington Walls）的发掘中，意外发现了一处保存完好、遗物丰富的新石器时代聚落，遗址中有残留的房屋地板、堆有垃圾的院子（可以分辨和特定房屋相连），以及公共和私人空间的明显分区。这些发现的数量和质量为考古学家提供了一个机会，即利用各种技术来观察杜灵顿墙聚落与巨石阵建筑群的居民是如何养活自己的。

聚落发掘出土了大量的猪骨堆积和少量的牛骨。独特的烧烤方式显示，许多动物是被整个烤熟的，而且从牙齿萌出时间判断，这一活动很可能发生在冬天，甚至在动物长肥之前。从杜灵顿墙发现的大量刻槽陶器（grooved ware pottery）中提取的脂类确证当时大量食用了肉类和奶制品，但这并非新石器时代的正常食谱。大量屠宰和烹煮动物的方式，以及各种稀有食材的消费，无不表明聚落进行的宴飨。

人骨研究显示，宴飨的参与者未必都是巨石阵周围的本地人。对动物牙齿锶同位素的分析（见边码307～309）也表明，大多数动物不是在当地饲养的，而可能是远从苏格兰带来的。用不同尺寸的容器烹饪不同种类食物的方式表明，可能多达几千人的不同群体对烹饪实践有着某种共识。宴飨的目的之一很可能就是动员建造巨石阵所需的集体劳力。

杜灵顿墙的发掘只是分析动物遗骸的案例之一，而食物残留物能为我们提供洞见，以了解人们在史前景观中是如何行事并构建它们的。

图7.47 （右）猪的肱骨，杜灵顿墙出土。该肱骨和肱骨远端有烧烤留下的灼痕。

图7.48 （下）英国地图显示了英国巨石阵附近杜灵顿墙的牛的来源，地图通过从动物组织和当地地质环境中提取的锶同位素研究进行了整合。英国各地的锶同位素的比值不尽相同，因此它可以缩小动物产地的范围。研究结果表明，牛最远很可能从苏格兰被带到杜灵顿墙消费。

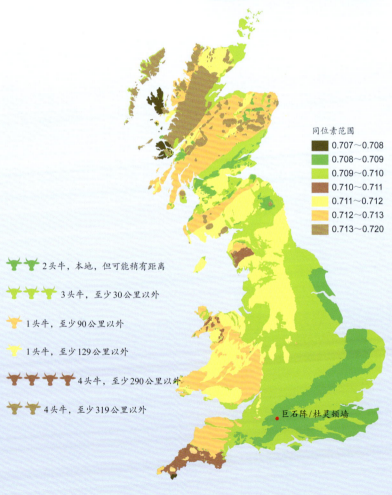

同位素范围
- 0.707～0.708
- 0.708～0.709
- 0.709～0.710
- 0.710～0.711
- 0.711～0.712
- 0.712～0.713
- 0.713～0.720

2头牛，本地，但可能稍有距离
3头牛，至少30公里以外
1头牛，至少90公里以外
1头牛，至少129公里以外
4头牛，至少290公里以外
4头牛，至少319公里以外

巨石阵/杜灵顿墙

300

古蛋白质组学

古蛋白质组学或古代蛋白质研究，可以像DNA那样，为过去人群、动物和植物的遗传学组成提供信息。但是，蛋白质远比DNA（蛋白质由DNA转译形成）稳固。它们几乎见于所有的生物组织中，可以在食物、衣物（皮革、羊毛、丝绸等）中，还有各种手工产品，如胶水、其他黏合剂或羊皮纸（由未鞣制的动物皮制成）等考古遗存中找到。它们的研究可以极大地帮助确定某人工制品所利用的物种，即使那些在其他情况下难以区分的物种（如绵羊和山羊），或因太小无法直接鉴定的遗存（如碎骨片）。

古代蛋白质发现时通常和其他物质混在一起；为了分析它们，首先必须将其综合分离，再将其分解成所谓"肽"的更小的链。然后，用质谱仪测定这些肽链，将它们的质量与已知的肽链比对。一旦确定了不同的肽链，观察它们的相对百分比，就有可能鉴定样品中的古代蛋白质。由于需要参照可能存在的蛋白质的庞大数据库，这个过程十分复杂。此外，蛋白质在埋藏后常常会分解，这会影响到样品质量的比例，并干扰分析。

尽管存在这样的挑战，古蛋白质组学在探究动植物微小痕迹中极其有用。例如，它已被用来探测陶容器中鱼卵的特异蛋白、牙垢中的乳制品和古代绘画中的蛋清。一个特殊例子是牙釉蛋白的检测。牙釉蛋白是牙釉中最丰富的蛋白质；因为它由X和Y染色体共同编码，所以可以用来鉴定动物遗骸的性别。

图7.49 羊皮纸做成的书，可以用古蛋白质组学进行分析。

器皿中的残渍　就器皿而言，其中的残渍可以用多种方法进行观察。对于植物，显微镜观察加上化学分析，约翰尼斯·格鲁斯能够从一片公元前800年的奥地利陶片上的黑色物质中鉴定出烧焦的牛奶。质谱法分析提供了残渍中分子片段的记录，而这些片段能够采用色彩层析谱的一套参考数据来鉴定。罗尔夫·洛特兰德已经在德国新石器时代米歇尔堡（Michelsberg）出土的陶片上发现了奶油和牛油，在康斯坦茨湖（Lake Constance）的一些遗址中发现了鱼油，从罗马时代陶器中发现了奶油和猪油；在苏格兰西部沿海的外赫布里底群岛（Out Hebrides）出土的铁器时代陶片上分辨出了牛奶的蛋白质，年代为公元前1千纪中叶。

化学分析能从埃及第一王朝和第二王朝（前3千纪）的器皿中发现含各种物质的残渍，比如奶酪、啤酒、葡萄酒和酵母。在日本，中野益男（Masuo Nakano）和他的同事从真胁遗址出土的绳纹时代早期（前4000）陶片上鉴定出了海豚脂肪，而从皮里卡（Pirika［ビルカ］）遗址出土的旧石器时代晚期（前9000）的石刮削器刀缘上提取到可能是鹿的脂肪。值得指出，中野这种用"超声波清洗"来提取脂肪的技术还可以用来分辨原本无法辨认的极碎小的骨片来自何种动物。对土耳其中部公元前8世纪迈达斯国王（King Midas）陵墓无数器皿中的有机物残渍所做的化学分析，揭示了一场奢侈的丧葬宴飨，其中有风干的绵羊、山羊肉和豆类，还有一种葡萄酒、大麦啤酒和蜂蜜酒的混合饮料。

该技术的一种扩延——气液色谱法——对于测量易挥发的复杂成分而言是一种非常敏感的方法。它被用于南非开普省西南部沿海、年代不到2000年的卡斯蒂尔堡（Kasteelberg）贝丘。贝丘中出土的陶片内侧有一种棕色的片状物质，像烧焦的食物，其中一个样本有非常高的氮含量，表明该物质是动物。色谱技术被用来判断脂肪酸的成分，然后将得出的数据与现代动植物种进行比较，虽然无法确定物种，但结果非常确定为一种海洋动物。遗址中存在海豹骨骼表明，这种物质很有可能是在陶罐中煮海豹肉以便食用或提取油脂的残留。

动物脚印和足迹　如我们在第六章中所见，动物留下的另一类残迹是脚印和足迹。许多冰河时代的足迹可能与人类无关。信息比较丰富的是近东和伊朗泥砖

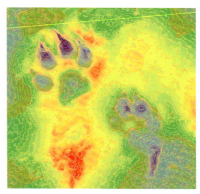

图7.50　靠近纳米比亚鲸湾的纳米布沙海（Namib Sand Sea）北部出土的鬣狗足迹。该足迹大约有2000年之久，是包括人类、长颈鹿、大象、各种牛类和鸟类的大型足迹组合的一部分。各种足迹使得它成为一处研究足迹形成过程的极佳地点，有助于我们阐释诸如莱托里（见边码443）这样比较古老的遗址。该足迹被发掘出来后用光学激光扫描仪进行了扫描，提供了一个极佳的三维数码模型。

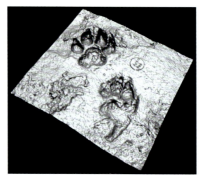

上的绵羊或山羊足迹，比如公元前7千纪甘兹·达列赫土丘中的此类足迹。英国德文郡肖穆尔（Shaugh Moor）青铜时代遗址见有牛、绵羊或山羊及一只獾的足迹，它们被泥炭保存在一条沟的底部。在英格兰西北部默西（Mersey）河口，在滩涂上见有约3650年前的野牛、赤鹿和狍鹿、未钉蹄铁的马和鹤的足迹。在瑞典斯德哥尔摩西北部乌伦达（Ullunda）遗址隆起的峡湾沉积中，也见有青铜时代未钉蹄铁的马蹄印；而在日本，史前的稻田遗迹中常保存有鹿等野生动物的足迹。

在西德的杜伊斯堡（Duisberg）中世纪城市一处集市广场遗迹中，见有好几层河卵石面，中间夹着厚厚的淤泥和垃圾层，其中有牛蹄、轮辙和人的脚印，都因填充了支撑上层卵石的砂砾而得以保存。

但是，最著名和最丰富的足迹是罗马时代的房瓦和砖上的那些——狗和猫特别多，还有鸟。所有瓦片来自罗马-不列颠的西尔切斯特（Silchester）乡镇，至少2%的瓦片上存在这类足迹。

工具和艺术：副产品革命的证据

前面讨论的动物驯化问题是考古学的关键课题之一。英国考古学家安德鲁·谢拉特（Andrew Sherrat，1945～2006）则超越了驯化的初级阶段，转而询问实际上是否存在第二或较后的阶段——他称之为副产品革命。谢拉特声称，在公元前4千纪中叶和后期，旧大陆一些地区出现人类利用家畜的一次重大转变，即不仅利用动物肉和毛皮等初级产品，而且利用奶和乳酪、羊毛和动物牵引等副产品。虽然他的证据在某种程度上包括工具和公山羊的屠宰方式，但主要是艺术表现——乌鲁克出土的苏美尔象形文字、美索不达米亚的柱状图章以及壁画和模型——显示有耕地、挤奶和车辆（好像用牛这样的动物牵引）。谢拉特声称，这种变化是对农业起源所引起的人口增长和领土扩张的反应。人类发现有必要深入更偏僻的环境，并更强化地利用家畜。

图7.51 提卡萨丁（Tiksatin）史前岩画上的挤奶场景，位于利比亚撒哈拉。

但是，美国考古学家彼得·博古基（Peter Bogucki）显示，在欧洲温带地区的新石器早期带纹陶文化中，牛群的年龄和性别结构加上陶过滤器（被认为用于过滤奶酪）表明，早在公元前5400年时就出现了奶制品，而这已经被公元前6000年前的欧洲陶罐和公元前7000年前的阿纳托利亚陶罐，以及利比亚公元前5200～前3800年陶罐里的牛奶残渍所确证。这意味着，新石器时代晚期发生的这次"革命"并非一个开始，而只不过是一个已有现象的强化。这个观点已被英国14个史前遗址中出土的陶片上的有机物残渍检测出的乳制品所确证。这些结果显示，在所有做了检测的新石器时代、青铜时代和铁器时代制作乳制品在新石器时代被确认是非常普遍的活动，并且当农耕在公元前5千纪引入英国时，开发驯化动物的乳制品就已经很发达了。

所有这些证据不仅突显了陶器器皿在乳制品加工中的重要性，也表明了在乳糖不耐受的史前农业群体中，很早就开始了低乳糖乳制品的生产。目前已知最早的奶酪（距今约3800）发现在中国西北部新疆青铜时代的墓葬里。

艺术与文献

除了提供应用副产品的证据之外，艺术还提供了其他丰富信息。举一个例子，美国学者斯蒂芬·杰特（Stephen Jett）和彼得·莫伊尔（Peter Moyle）从新墨西哥州出土的史前明布勒斯陶器内侧，成功鉴定出准确描绘的20个种属或科的鱼类（见边码559专栏）。由于大多数鱼是海鱼，并且这些陶器发现在距最近海岸至少500公里的地方，因此艺术家显然到过海边并非常熟悉这些海洋资源。

从文字记录中也能获得很多信息，不仅包括有关植物的描述，而且还有兽医的文献，公元前1800年的埃及和同时代的赫梯和美索不达米亚遗址及希腊罗马时代都见有此类文字记录。历史学、民族志和用于农牧业的实验方法（见边码272专栏）一如既往地帮助我们充实考古证据。

饭食的遗存

过去某个特定时间人们食用什么的最直接证据之一，来自偶然发现的一顿饭食。例如，在庞贝城，餐桌及商店里发现原封未动的鱼、蛋、面包和坚果等食物（见边码24～25专栏）。食物常在丧葬背景中保存下来，比如秘鲁墓葬中脱水的玉米和其他食物，还有埃及塞加拉遗址第2王朝某贵族妇女墓葬中见有的丰盛精美的饭食遗存：谷物、鱼类、禽类、牛肉、水果、蛋糕、蜂蜜、奶酪和葡萄酒。根据墓葬壁画判断，这些都是平常的食物。中国汉代（前206～220）一些墓葬里也放

302 / 303

303 / 304

图7.52 罗马人爱吃海鲜。庞贝农牧神之屋出土的马赛克镶嵌画中描绘了各种不同的物种，包括龙虾、章鱼、电鳐、海鲈、欧鳊、海鳝、蝎子鱼和红鲣鱼。

图7.53　丧葬供奉的饭食：埃及底比斯3000年前新王国时期墓葬出土的精美食品遗存，包括（前左）一个棕榈叶编织盘子里的未发酵面包，（前中）一碗无花果，（前右）一碗鱼干。藤条架上放着煮熟的鸭子和几条面包。

有食物：轪侯夫人的墓葬里放了一些独特的食材、中草药及盛在漆器、陶器和竹容器里的菜肴，上面还贴着标签，甚至还有菜肴成分的清单！但是，这些丰盛的食物不大可能代表每日饭食。甚至庞贝城保存极佳的食物也仅仅代表了一天饭食的一小部分。因此我们能够真正研究人们习惯饮食的唯一途径是研究具体的人体遗骸。

从人体遗骸推断食谱

　　人类具体食用某种食物，唯一不可辩驳的证据存在于人们的肠胃或粪便之中。这两种证据都能够为我们提供某顿饭食或短期食谱的宝贵信息。

　　虽然研究人类牙齿也能帮助我们重建人类食谱，但是近年来对长期食谱研究的真正突破来自骨胶原分析。人类骨骸如何揭示人类的健康将在第十一章讨论。

　　肠胃里的东西　除了沼泽中的尸体外，肠胃很少在考古背景下保存下来。研究者偶尔有可能从已腐烂尸体的消化道痕迹中提取食物残渍。例如人类学家唐·布罗斯维尔从英国中世纪墓葬一些骨架下腹部位置采集的墓土，通过浮选提取有机质遗存，而做到了这一点；从公元13世纪的一座普韦布洛古墓中也提取到了结肠里的东西。一些古尸也能提供饭食的证据：

比如前面提到的中国公元前2世纪体态偏胖的软侯夫人，她看来死于由胆结石剧痛引起的心肌梗塞，发生在她食用了大量甜瓜约1小时之后（在她胃中发现了138粒甜瓜籽）。

在沼泽中完整保存的尸体，其肠胃都得以幸存，它们提供的饮食证据就十分有意义。例如，对丹麦铁器时代的沼泽古尸胃中食物的先驱性研究显示，格洛贝尔人（Grauballe Man，见边码454～455专栏）曾食用了60多种野生植物的种子，还有一两种谷物和一点肉（如一些小碎骨所示），而托伦德人（见图11.11）只吃植物。但是，我们应该记住，尽管这些研究成果令人鼓舞，但是未必代表每天的饭食，因为这些受害者可能是被处死的，或是牺牲的，因此他们的最后一餐——明显含有大量粗糠、较大的植物残块、野草籽，这些都是谷物加工最后阶段的下脚料——很可能与平时不同。这种谷物加工的废料通常用作动物饲料，或作为荒年的食物，或作为犯人的食物。

正如植物遗存章节所提到的，英国的林道人在死之前曾吃过烤糕，而这种用谷物加工初级产品制成的粗面包，在当时应该很普通——肯定不是一种明显的"祭祀"饭食。

粪便　很多实验被用来评估与古代食谱相关的不同食物的残留特点，并且发现许多有机物在通过人类消化道之后仍能奇迹般地保存下来，从而有待人们（脱水的古粪便常被错误地称为粪化石，即石化的粪便）做大胆的研究。粪便本身仅在十分干燥的遗址（如美国西部和墨西哥的洞穴中），或在非常潮湿的遗址中罕见地保存下来。但是，它被保存下来的地方，就是一种有关过去人类每顿饭食的重要信息来源。

任何研究的第一步就是核实这些粪便是否来自人类——这有时可以通过分析脂肪分子（如粪醇）和类固醇来做到。一旦做到这点，粪便成分能告诉我们哪些食物信息呢？在人类粪便中，大遗存差异极大（事实上，这种多样性正好是粪便源自人类的标志）。所知的有碎骨头、植物纤维、少量炭屑、种子及鱼、鸟乃至昆虫。来自软体动物、蛋和坚果的贝壳和碎片也能予以分辨。毛发能够用显微镜从其鳞片特征分辨其所属种类，从而有助于我们了解吃的是哪种动物。埃里克·卡伦（Eric Callen，1912～1970）分析了墨西哥特化坎（Tehuacn）出土的史前粪便（理查德·麦克尼什曾在1960年代对该河谷做过仔细的研究和发掘，见边码97和100），并且鉴定出了地鼠、白尾鹿、兔和环尾猫的毛发。他还设法确认，粪便中的一些黍类是被捣

碎的，而另一些则是在石磨盘上被碾碎的。

微小遗存（就如我们已经提及，如花粉）帮助不大，这是由于大部分粪便中存在的花粉是被吸入的而非食用的。但是，花粉确能提供周围植被以及粪便形成季节的信息。格陵兰吉拉基特索克因纽特人木乃伊（见边码458～459专栏）的粪便中含有山蓼花粉，它们仅见于七八月份。在粪便中还鉴定出了菌类孢子、植物寄生线虫、海藻遗骸及其他寄生虫。

内华达州拉夫洛克（Lovelock）洞穴特殊的保存条件，使得5000个从2500年前到150年前的粪便保存了下来，罗伯特·海泽（Robert Heizer，1915～1979）研究了它们的成分，发现了食物的有力证据，其中有种子、鱼和鸟。羽毛碎片鉴定为来自水禽如鹭和鹏鹂；鱼类和爬行类的鳞片因在通过消化道后依然完好，故也能鉴定出许多物种。在某些粪便中鱼类遗存很丰富；例如，一块1000年前的粪便中含有5.8克鱼骨，经过统计，它们来自101条小鲦鱼，一共代表208克活体重量——一个人一餐饭的鱼肉分量。

即使在粪便未能保存下来的地方，在有的情况下，我们能够通过研究下水道、粪坑和厕所来探寻和分析已消化食物的残渣。对苏格兰贝尔斯登（Bearsden）罗马城堡厕所附近沟渠沉积的生化分析，发现其中有大量的粪醇（一种见于人类粪坑的典型物质），以及一种人类粪便特有的胆汁酸。较低的胆固醇表明食物中没什么肉。沉积中很可能是粪便的大部分的大量的麦麸碎片，无疑是面包和其他面食的排泄物。

粪便和粪便残渍代表了每餐饭，因此它提供了短时段饭食的材料，除非发现的数量很大，就像在拉夫洛克洞穴，不过那里的粪便也只代表了一年之中的几顿饭。关于人类一生的饮食，我们需要转向人类骨骼本身。

作为食物证据的人类牙齿

牙齿是人体最坚硬的两个组织之一（牙釉和牙齿），因此它们的保存状况很好。许多科学家研究不同时期出土的牙齿，试图发现其主人所吃食物种类的证据，皮埃尔-弗朗索瓦·皮埃什（Pierre-François Puech）便是其中之一。食物中的沙子会在牙釉上留下擦痕，用显微镜观察，其方向和长度直接与食物中的食肉和素食以及炊煮过程有关。皮埃什发现，现在食肉的格陵兰因纽特人牙釉两侧表面几乎全为竖向的擦痕，而大体素食的美拉尼西亚人皆有竖向和横向擦痕，其平均长度也较短。

在将这些结果与化石牙齿进行比较时，皮埃什发现，旧石器时代早期的后段以降，有横向擦痕增长和

竖向擦痕减少的趋势，并且擦痕平均长度缩短。换言之，咀嚼需用的力越来越小，由于食物变得较为混杂，肉类的重要性可能下降：古人类用他们的牙齿来碾磨和嚼碎食物，但是当炊煮技术发展和改善之后，就无须太多的咀嚼了。也有一些例外，比如直立人看来主要是素食者，吃薄而柔软的植食，这一总结总体而言似乎是可靠的。

在皮埃什的技术中，人类牙齿的咬合面并没有什么帮助，因为此处的主要磨损是由于食物加工的方法造成的——比如，肉会暴露在风尘之中，结果食物中混入许多外来的磨损颗粒。更有甚者，我们的祖先常常不仅用牙齿咀嚼，而且牙齿像是第三只手，用于切割、撕扯等等。所有这些都会在牙齿的咬合面上增添擦痕。西德海德堡附近毛尔（Mauer）出土的50万年前直立人（或早期智人）的下颌骨上的痕迹表明，肉用嘴巴咬住后再用火石工具切下来，故在前面六颗牙齿上留下了痕迹。尼安德特人牙齿的磨损显示，他们也常以同样的方式使用牙齿。

尼安德特人牙齿菌斑中食物残渣的DNA也提供了证据：例如，在比利时的斯皮（Spy）洞穴，主要食物是肉（包括披毛犀和野绵羊），而在西班牙的埃尔希德隆（El Sidron）洞穴，没有发现肉类，只有蘑菇、松子和苔藓。

与牙齿磨损一样，龋齿也能提供食谱信息。美国原住民的遗骸表现出十分明显的龋齿，这要归因于他们用一层沙过滤橡子（他们的主食）单宁酸的习惯，于是造成了牙齿的过度磨损。淀粉和甜食也易导致龋齿和掉牙。在公元12世纪的美国佐治亚州沿海，龋齿现象非常普遍，尤其是在女性人口中。而这正是从狩猎、渔猎和采集向玉米种植转变的时期。人类学家克拉克·拉尔森（Clark Larsen）在研究了几百具骨架之后认为，这一时期龋齿的增多是玉米淀粉所致。女性比男性更易患上龋齿，可能是因为她们种植、收获、加工和烹饪玉米食品，而男性则吃较多的蛋白质和较少的淀粉类食物。然而，并非所有科学家都接受这些结论，他们指出女性在人口增长高峰期易患上龋齿是因为较高的怀孕次数造成钙的大量流失。

最后，就如前所述（边码269），食物的直接证据也能从人类牙齿表面提取的植硅石获得。

同位素方法：一生的食谱

在食谱研究中发生的一场革命是，研究者意识到，人类牙齿的釉质和骨胶原同位素分析能够揭示有关长期食物摄入的大量信息。该方法有赖于解读不同食物在人体内留下的化学特征——"我即我所食"（we are what we eat）。

根据碳同位素^{13}C和^{12}C的不同比率，植物可分为三组——热带陆生植物、温带陆生植物和海生植物。大气中分布的碳元素以二氧化碳的形式存在，$^{13}C : {}^{12}C$的稳定之比为$1 : 100$；在海水中，^{13}C的含量稍高。当大气中的二氧化碳通过光合作用被植物纤维吸收后，较多的^{12}C会被植物利用，从而改变^{13}C与^{12}C之比。最初合成三个碳分子的植物（叫C_3植物），要比那些利用四个碳分子的植物（C_4植物）吸收略少的^{13}C。总体而言，树木、灌木和温带草本植物都是C_3植物；热带和旷原草本植物包括玉米是C_4植物。海生植物通过光合作用合成碳元素与多数陆生植物不同，会拥有较高的$^{13}C/^{12}C$之比。

由于动物吃植物，这三种不同的比率便会通过食物链，最终固定在人和动物的骨骼组织里。因此，用质谱仪在骨胶原中得到的$^{13}C/^{12}C$之比，便与构成主食的植物直接相关。该比率能显示食物是基于陆生植物还是海生植物，是基于C_3陆生植物还是C_4陆生植物。但是，只有考古证据才能提供食物到底是由哪些动植物种构成的细节。

亨利克·陶伯（Henrik Tauber）用这种方法来分析丹麦史前人类骨骼的骨胶原，发现中石器时代居民与新石器时代、青铜时代居民之间存在着显著反差。在中石器时代，海洋资源占主导地位——尽管发掘材料中鱼骨非常稀少——而到了较晚阶段变为以陆生植物为主，甚至在沿海遗址也是如此。最近，无数的研究项目证实了这点，表明在整个西北欧，从野生海生食物向陆生食物（可能是栽培谷物）的转变非常之快。

在世界其他地区的沿海遗址，该方法已证实人类对海洋资源的高度依赖。在不列颠哥伦比亚省的沿海遗址中，布赖恩·奇泽姆（Brain Chisholm）及其同事发现大约90%的蛋白质来自海生食物，在5000年里没有什么变化，并注意到成人似乎比儿童摄入更多的海生食物。

对南非马卡潘遗址出土的四具南猿非洲种骨骼的牙釉质同位素分析显示，它们不仅如想象的那样吃水果和叶子，而且也吃大量富含^{13}C的食物如草和莎草，或吃以这些植物为食的动物，或二者兼吃。换言之，他们经常在空旷的环境里（林地或草原）觅食；由于他们的牙齿磨损缺乏典型的食草动物擦痕，因此他们有可能已经狩猎小型动物或利用大型动物的腐肉来摄入肉类。

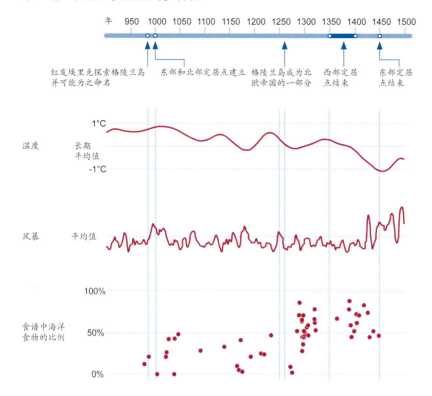

图7.54　在对格陵兰岛北欧定居者骨骼的研究中，碳同位素清楚表明，随着时间的推移，应对环境条件的变化，北欧人逐渐转向一种较多依赖海洋的食谱。这里的温度数据来自冰芯氧同位素的研究，而风暴的程度是基于对冰芯中盐粒的测量。

同位素研究已被用于有关公元15世纪北欧最早一批定居点在格陵兰消失的研究。在公元1000年左右的温暖期，北欧人从冰岛到格陵兰岛定居。传统观点认为，随着气候变冷，北欧人仍然坚持饲养牲畜，浪费了土壤和木材等自然资源。与此同时，在非常相似的环境里捕猎海豹的因纽特人却生存了下来。在过去十几年里，考古学家修正了这一观点。通过研究人类遗骸中碳氮同位素的比率，我们可以看到，从最早抵达到公元1450年之间，随着环境条件的恶化，来自北欧的定居者如何逐渐转向较多的海洋性食谱。这些成果对传统观念，即北欧人在生计实践中缺乏灵活性的观念提出了挑战，并认为，这些格陵兰聚落崩溃的原因远比最初推测的要复杂得多。

现在，一种革命性的强大的新技术已经能够展开对古人类个体一生食谱的多样性的研究。牙釉激光消融（对化石而言只有很小损伤）能够做毫米以下层次的同位素分析，于是能够揭示食物如何依季节和年份不同而变化。对南非斯瓦特克兰出土的约180万年前四个粗壮傍人牙齿的观察，显示了他们食物的显著多样性，他们很可能过着一种游荡的生活。比较研究显示，南猿粗壮种（较多木本植物）和早期人属（较多肉类）的食谱宽度，要比南猿非洲种（两者皆有）要狭窄得多。

骨胶原研究与农业起源　碳同位素骨胶原方法对探测食谱变化特别有用，并给新大陆农业探源带来一场革命。安娜·罗斯福（Anna Roosevelt）利用该方法评估委内瑞拉奥里诺科（Orinoco）冲积平原史前居民的食谱。她的同事尼古拉斯·范·德·莫维（Nicolaas van der Merwe）和约翰·沃格尔（John Vogel，1932～2012）对许多骨骼样本的分析，揭示了从公元前800年时以富含 C_3 植物（如木薯），向公元400年基于 C_4 植物（如玉米）为主的食谱的一次重大转变。虽然该技术不能确定所吃的具体植物，但是该区域遗址出土的大量公元400年的玉米芯和研磨器具证实了同位素分析的洞见。

该技术在北美更为关键，因为那里的农业起源以引入玉米为标志。玉米是原产于中美洲的一种 C_4 植物，被引入以 C_3 植物为主的环境中（在近东，最早的驯化植物本身当地 C_3 植物环境的组成部分，因此该技术对近东农业起源研究用处不大）。在某些情况下，玉米对食谱的贡献能够量化。从安大略省南部出土人类骨架中，亨利·施瓦茨（Henry Schwarcz）及其同事发现，C₄植物（如玉米）在食谱中的比例在公元400年到1650年间有所增长，并在大约公元1400年达到了50%的顶点。

对英国164具新石器时代初（距今5200～4500年前）和19具中石器时代（距今9000～5200年前）出土人骨的骨胶原分析明确显示，生活在沿海和沿海附近的人群吃大量的海鲜，但是在新石器时代开始时，食谱发生了迅速而显著的变化（驯化的出现），人们放弃了海生食物，转向了陆生食物资源。

其他骨胶原技术　一些学者试图将碳同位素技术延伸到磷灰石上（磷灰石是骨头中的无机成分，它通常在1万年后降解）希望能用于没有骨胶原保存的情况；但是，其他学者发现这个方法并不可靠，所以骨胶原是目前唯一确认有效的方法。

而且，可用的骨胶原技术还包括碳同位素之外的其他同位素。例如，骨胶原中的氮同位素比率能像碳同位素一样反映食谱的偏好。¹⁵N同位素在从植物向动物的食物链通过时会增加：较低的¹⁵N/¹⁴N比值指向一种农业生计，而高比值则指向海生食物。此地一个例外是由贝类等珊瑚礁资源所致，因为珊瑚礁中由植物固定氮元素的方式会导致较低的氮元素值。因此，在那些可能为海洋食物的情况中，需要用碳同位素方法加以确认。

斯坦利·安布罗斯（Stanley Ambrose）和迈克尔·德尼罗将这两种方法一起用于东非和南非的史前期和历史时期材料。他们发现，这有可能将利用陆生资源的人群与海洋觅食者、游牧者与农人、骆驼牧人与牛/羊牧人，甚至谷物农人与非谷物农人区分开来。依赖驯养动物肉类、血和奶的人群拥有最高的¹⁵N值，而主要依赖植食的人群¹⁵N值最低。这一结论与民族志材料和考古学证据非常吻合。尼古拉斯·范·德·莫维和罗伯特·泰考特（Robert H. Tykot）对诺曼·哈曼德（Norman Hammand）发掘和分析的伯利兹早期村落遗址奎略（前1200～250）出土的前古典期玛雅墓葬和动物骨头的¹⁵N和¹³N含量做了比较，也得出了有趣的结果（见图7.56）。

在对夏朗德省（Charente）莫里拉克（Maurillac）洞穴出土的尼安德特人骨骼化石做了¹³C和¹⁵N测定之后，法国学者得出结论，他们的食物几乎全是食肉。后来的分析确认，在欧洲，依靠陆地食草类动物为生的尼安德特人后面是食谱较广的现代人，其中水生食物的比重相当大。同样的碳和氮同位素也被用来分析其他的组织，比如努比亚沙漠出土的公元前350～公元

350年的木乃伊皮肤和头发，表明这批居民吃山羊和绵羊肉、谷物和水果。因为头发中的同位素只在食用两星期后才出现（而骨头则显示了一生的食谱），所以同一根头发的不同部分可以显示食物的变化，靠近头皮那一截还能指示死亡季节。秘鲁和智利2000年前木乃伊的几缕头发中，甚至发现含有由于咀嚼可可叶而留下的可卡因痕迹。

科学家还发现锶的含量能够提供食谱信息。锶是骨头中一种稳定的元素成分。虽然大部分植物在锶和钙之间并无偏向，但是当动物吃植物时，会偏向吸收钙而排斥锶；虽然大部分锶被排泄掉了，但是有稳定的很小比例的锶进入动物的血液，并被骨骼吸收。因此，植物对食谱的贡献能够通过人骨中锶钙之比（Sr/Ca）进行评估——植物贡献愈大（例如在素食者中），锶钙之比愈高，而在食肉者中比率则很低。南非人类学家安德鲁·西伦利用该技术发现，南猿粗壮种确实食用一些肉类，因此很可能是杂食者，过去他们因发达的下颌骨而被认为是素食者。

玛格丽特·舍宁格（Margaret Schoeninger）对地中海东部出土骨骼中含锶量的分析显示，从旧石器时代中期直到中石器时代，食谱中动植物食品的比率并无显著变化，到中石器时代出现了大量利用植物的转变。她的结论表明，此地居民在谷物驯化之前的相当长时间里采用了一种植物较为丰富的食谱。

舍宁格也用同样技术研究查尔卡钦戈（Chalcatzingo）遗址的骨骼材料。这是一处位于墨西哥中部的奥尔梅克遗址，其鼎盛期约在公元前700～前500年。结合锶含量和随葬品评估显示，该遗址中有一个有不同肉类消费的等级社会。她发现，随葬玉器的最高等级人群锶含量最低（因此他们吃大量食肉）；而第三组没有随葬品的人群锶含量最高（可能几乎一点肉都不吃）。

食谱中含有贝类的地方呈现出不同的图像，因为软体动物的锶含量远远高于植物。在美国亚拉巴马州北部约公元前2500年的一处古代期（Archaic）遗址出土的狩猎采集者骨骼，其锶含量高于埋葬在同一遗址中约公元1400年的密西西比文化农人，这要归因于他们食谱中的软体动物。

但是有些研究表明，由于沉积物和地下水对埋藏骨骼的污染，其锶含量可能有误，因此在我们更好地了解可能的缺陷之前，最好保持头脑清醒——它只是对碳同位素分析的一个补充，而非取替。锶钙比值揭示了食谱中食肉和植食的比例；但是同位素分析需要知道吃的是哪种植物。考古学提供的证据，能对动植物种做出较精确的鉴定。

309

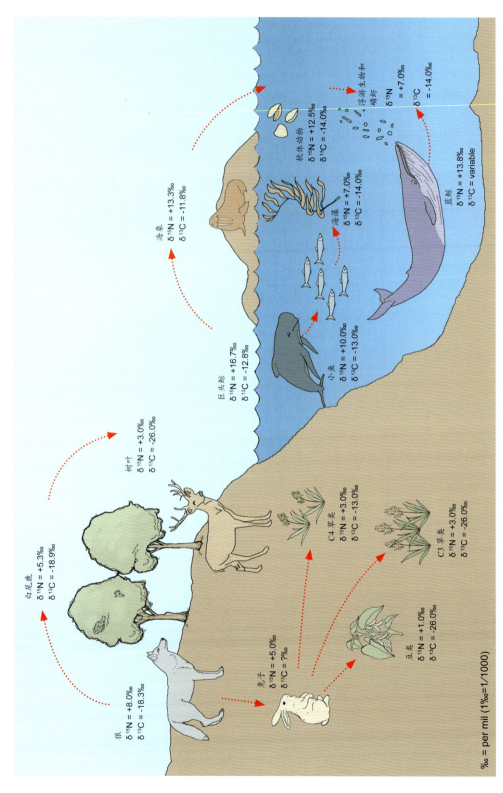

软体动物
δ¹⁵N = +12.5‰
δ¹³C = -14.0‰

浮游生物和磷虾
δ¹⁵N = +7.0‰
δ¹³C = -14.0‰

海藻
δ¹⁵N = +7.0‰
δ¹³C = -14.0‰

蓝鲸
δ¹⁵N = +13.8‰
δ¹³C = variable

海象
δ¹⁵N = +13.3‰
δ¹³C = -11.8‰

巨头鲸
δ¹⁵N = +16.7‰
δ¹³C = -12.8‰

小鱼
δ¹⁵N = +10.0‰
δ¹³C = -13.0‰

树叶
δ¹⁵N = +3.0‰
δ¹³C = -26.0‰

白尾鹿
δ¹⁵N = +5.3‰
δ¹³C = -18.9‰

C4 草类
δ¹⁵N = +3.0‰
δ¹³C = -13.0‰

C3 草类
δ¹⁵N = +3.0‰
δ¹³C = -26.0‰

豆类
δ¹⁵N = +1.0‰
δ¹³C = -26.0‰

兔子
δ¹⁵N = +5.0‰
δ¹³C = ?‰

狼
δ¹⁵N = +8.0‰
δ¹³C = -18.3‰

‰ = per mil (1‰=1/1000)

图 7.55　陆地和海洋碳、氮、氧同位素比值。δ 代表所测样品中同位素的比例与标准样品的区别（+‰或 -‰表示更大或更小的比例）。

40　图7.56　对伯利兹奎略（Cuello）遗址出土的玛雅前古典期墓葬和动物骨骼的骨胶原分析显示，玉米占人类食谱的35%～40%，并在作为食物的狗的饲料中也是如此。狗比较宽的^{13}C和^{15}N范围说明它们为杂食动物。像鹿等森林动物和海龟只吃C$_3$植物，并且^{15}N数据显示其蛋白质摄入很低。犰狳有偏高的数据，因为它们常吃的蛆以富含^{15}N的玉米根茎为生。δ代表所测样品中同位素的比例与标准样品的区别（+‰或−‰表示较大或较小的比例）。

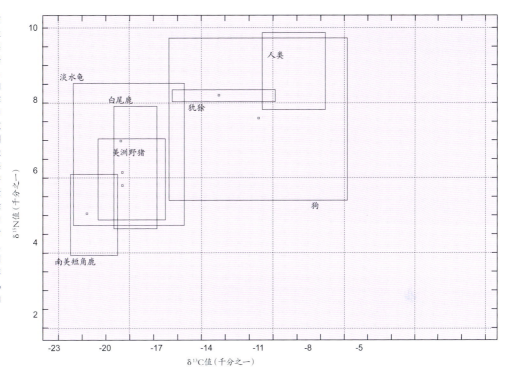

°10
°11

小 结

▶ 大部分有关早期生计的信息直接来自所吃的动植物遗存。人类食用的无可争辩的具体食物证据保留在残留下来的肠胃和粪便里。

▶ 虽然有几种不同方式能够保存植物遗存，但是在大部分遗址中，炭化是最常见的保存原因。在许多情况下，正是植物遗存揭示了某地点的功能，例如揭示用来进行食物处理和加工的区域。工具甚至能指示遗址中所处理的植物，比如，镰刀可以意味着谷物栽培，从工具表面提取的植硅石可以用来指示该工具是用来切割哪类植物的。文献证据为考古学家提供了一种详尽的短期生计的看法。

▶ 动物遗存在考古分析中一直占有非常重要的一席之地。最丰富和信息量最大的动物遗存是微小遗存、骨骼、牙齿和贝壳等。大量精力被放在分辨动物骨骼上的屠宰痕迹中，以区分它们是由人类还是其他掠食动物猎杀的。

▶ 考古学的一个主要领域是关注动植物的驯化。在许多植物种类中，人类的选择和利用引起了可以为考古学家察觉的变化，比如谷物颗粒的增大。在动物中，驯化能够通过诸如因供奶而导致的某种性别偏好，以及通过因动物圈养和役使而造成的骨骼疾病等体质证据来鉴定。通过动物DNA追溯驯化历史已经取得进展。驯化和未驯化之间的分野争议很大。

▶ 食谱可以从人类遗骸来评估，不仅从肠胃里的东西和粪便来评估，它们反映了某顿饭食；而且可以从牙齿磨损和龋齿以及从人类骨骼和牙齿的同位素分析来评估，它们可以揭示长期食谱的大量信息。

深入阅读材料

第六章末尾提供的大部分参考书也适合本章。此外，有用的书籍还包括：

Barker, G. 2006. *The Agricultural Revolution in Prehistory*. Oxford University Press: Oxford.

Bellwood, P. 2005. *First Farmers: The Origin of Agricultural Societies*. Blackwell: Oxford.

Brothwell, D. & Brothwell, P. 1997. *Food in Antiquity: A Survey of the Diet of Early Peoples*. Johns Hopkins University Press: Baltimore.

Campara, D. & others (eds.). 2010. *Anthropological Approaches to Zooarchaeology*. Oxbow Books: Oxford.

Harris, D. R. (ed.). 1996. *The Origins and Spread of Agriculture and Pastoralism in Eurasia*. UCL Press: London.

Harris, D. R. & Hillman, G.C. (eds.). 1989. *Foraging and Farming: The Evolution of Plant Exploitation*. Unwin Hyman: London.

Hastorf, C.A. 2017. *The Social Archaeology of Food: Thinking About Earing from Prehistory to the Present*. Cambridge University Press: Cambridge.

O'Connor, T. 2000. *The Archaeology of Animal Bones*. Sutton: Stroud.

Pearsall, D.M. 2015. *Paleoethnobotany: A Handbook of Procedures*. (3rd edn) Left Coast Press: Walnut Creek.

Price, T.D. & Gebauer, A.B. (eds.). 1995. *Last Hunters, First Farmers*. School of American Research Press: Santa Fe.

Reitz, E.J. & Wing, E.S. 2008. *Zooarchaeology*. (2nd edn) Cambridge University Press: Cambridge.

Roberts, C.A. 2012. *Human Remains in Archaeology: A Handbook*. (Rev. edn) Council for British Archaeology: York.

Smith, B.D. 1998. *The Emergence of Agriculture*. (2nd edn) W.H. Freeman: London; Scientific American Library: New York.

Sykes, N. 2014. *Beastly Questions: Animal Answers to Archaeological Issues*. Bloomsbury: London.

White, P. & Denham, T. 2006. *The Emergence of Agriculture*. Routledge: London.

Zeder, M. A. & others (eds.). 2006. *Documenting Domestication: New Genetic and Archaeological Paradigms*. University of California Press: Berkeley.

Zohary, D. & Hopf, M. 2012. *Domestication of Plants in the Old World: The Origin and Spread of Cultivated Plants in West Asia, Europe and the Nile Valley*. (4th edn) Clarendon Press: Oxford.

8

他们如何制造和使用工具?
技术与物质文化

人类常常是由我们制造工具和创造物质文化的特殊能力来定义的。考古学被运用于"研究人类物质交集的遗存"。而许多考古学家一直从技术的角度来看待人类的进步。19世纪丹麦学者汤姆森（C.J. Thomsen）将人类历史划分为石器、铜器和铁器"时代"（第一章）。他的后继者进一步将石器时代分为旧石器时代（以打制石器为特征）和新石器时代（以磨光石器为主）。后来添加的所谓中石器时代含有这样的意思：非常细小的火石工具或细石器在某种意义上是这一特定时期人类存在的特征。

即便今天我们已不再过分强调将特定式样的工具作为可靠的时代标志，但是事实上它们仍是人类用来改造外部世界的基本手段。现代的激光和电脑、枪炮和电气设备都源自我们远古祖先所制造的简单工具。正是历来由人类制造的器物的实体遗存构成了考古记录的大宗。在其他章节中，我们讨论了考古学家如何用器物来构建类型学（第四章）、了解食谱（第七章）、发现过去的贸易和交换方式（第九章），甚至重建信仰系统（第十章）。但是在此，我们则讨论两个重要的基本问题：器物是如何制造的？它们的用途是什么？

就如我们将会看到的，对于这两个问题有几种分析途径——纯考古学的、科学的器物分析，民族志观察和实验考古学的器物分析。考古学家也应寻求当代相关技术专家的建议。现代工匠通常像他们的前辈一样利用相同的材料，使用的工具也没有什么变化。一堵古代石墙、一幢砖砌建筑和一幢木构建筑请石匠、泥水匠和木匠来了解最为透彻，尽管要了解一座中世纪木构建筑，当代木匠肯定需要知道该时期的一些材料、工具和方法。对于较为晚近发展起来的技术，比如过去两三百年前才发展起来的技术，一个新兴的研究领域——工业考古学——也可利用现在仍然健在的工匠的亲眼见证和上代人流传下来的口述资料，以及历史记录和图片记录来展开分析。

早期学者所能选择的证据范围较窄，故产生了保存的问题，乃至我们如何确定一件早期"工具"是否是人类在原地制作的问题（见边码315专栏）。

证据的保存

在评估古代技术时，考古学家始终需要牢记，这些保存下来的样本可能存在很大偏颇。在漫长的旧石器时代，木器和骨器的重要性与石器相比肯定毫不逊色——如同今天狩猎采集社会中所为——但石器却是考古记录的主要内容。就如我们在第二章中所见，一些脆弱的器物有时在饱水、冰冻或干燥的遗址里保存下来，但它们只是例外。鉴于许多种类器物保存质地很差，值得牢记的是，即使那些已经完全朽烂的器物，通过它们留下的空腔、土色变化及残迹偶然能予以探知。例子包括英格兰东部萨顿胡盎格鲁-撒克逊船骸留在沙中的痕迹；木乃伊上的纺织品印痕；或者就如下面所见，被腐蚀一大块的金属内的空腔。英格兰北部约克郡韦特旺（Wetwang）附近墓葬中的一辆铁器时代轮车，其用聚苯乙烯泡沫注入已朽轮子空腔而成功展开研究，并揭示出该轮子有12条轮辐。在乌尔皇家墓地，伦纳德·伍利（边码34）将石膏注入一张古琴已朽木质部分留下的空腔。同样，在萨尔瓦多塞伦的植物石膏模型（见边码257）中，发现一株龙舌兰周围有两股龙舌兰纤维编织而成的架子，它也用铸模保存了下来。西班牙东北部阿布里克·罗曼尼（Abric Romani）旧石器时代中期的岩棚沉积中，见有一根已朽尖状木棍的空腔，长1米，年代约50000年前；空腔灌注的模型如此清晰，通过扫描电镜显示，其尖端上的擦痕与木器实验加工留下的工具痕迹非常吻合。

工具也见于图像，比如澳大利亚许多地区原住民绘在岩壁上的飞去来器和斧头。过去存在的某些工具，也通过它们的功效来探知，如颅骨上的剑伤和采石场岩壁上的镐印。

图8.1～8.2 （左）一件尖状木棍完全朽烂后留在地下的空腔；（右）西班牙阿布里克·罗曼尼旧石器时代中期岩棚出土的尖状木棍工具空腔端部的铸模。

图8.3 澳大利亚岩画上的工具和武器描绘十分常见。这张照片显示的图案是昆士兰州中部砂岩地带发现的V形"杀手"飞去来器的复原图。据格雷厄姆·沃尔什（Grahame Walsh）及其同事估计，单在这一地区，这种岩画遗址就有1万处。

它们真的是人工制品吗？

在研究一件器物时，考古学家首先必须确定它是否是过去人类制作和使用的。虽然对于多数时代，答案是明了的（虽然我们必须警惕一些赝品和仿品），但是对于旧石器时代，特别是旧石器时代早期，则未必能做直截了当的判断。多年来，有关"曙石器"的一场激烈争论十分火爆。这是指20世纪初英格兰东部及其他一些地区早更新世背景中出土的石块，被一些学者认为是早期人类制造的，但其他一些学者则认为它们是大自然的产物。

这场争论导致了建立若干用于分辨人类动力标准的尝试，比如在刻意剥制的火石片上所见的"打击泡"（或"半锥体"，见下图）：由诸如加热、融冻或崩塌等自然因素所造成的自然破碎会产生不规则的片疤，不会产生"打击泡"。据此，曙石器被宣布为自然所致。

但是，我们可以想象，就最早的工具而言，人类加工的痕迹很少——这是个不易解决的问题，因为极粗糙的人类加工可能与自然造成的破碎难以区分（例如，在非洲的水边，石头会被河马踩踏，或被鳄鱼吞食，所造成的磨损式样令人感到困惑）。在此，观察特定发现物的背景会有所帮助。有可能的是，我们会发现石制品与人类化石遗骸和动物骨骼共存，就如第七章所介绍的，可以研究这些骨骼上人类使用石器的切痕。

图8.4 刻意制作石片之特征。从石核边缘剥离的一件石片的两面观（A、B），显示有典型的打击台面，直接在其下方有打击泡，以及锤击时由力波产生的波纹。

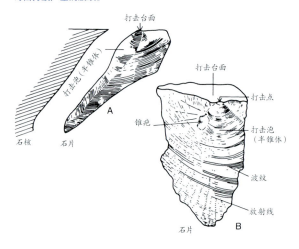

虽然传统上认为，制造工具是人类与动物的分野；但是过去35年来的野外研究发现，野生黑猩猩也会加工并使用木头和石头；事实上，美国灵长类动物学家威廉·麦格鲁（William McGrew）认为，"如果丢失了博物馆标签，一些制品就很难归于人类还是黑猩猩所为"。尤其是，几千年来黑猩猩一直使用锤子和石砧砸碎坚果，卷尾猴也会这样做。这就为分辨人类制作的粗糙工具增加了额外的不确定性，但这也为考古学家"认识"早期人类可能制造、使用、废弃工具的某种行为提供了机会。

解释证据：采用民族志类比

谨慎使用来自民族志和民族考古学的证据，能为有关技术的一般问题和特定问题提供洞见。就一般性层次而言，民族志材料与常识认为：对于日常的普通工作，人们倾向于使用那些简易和随手可得的材料，而对反复使用（尽管也许偶尔使用）和随身携带的工具，则会投入很多的时间和精力。因此，考古记录中一种工具类型的丰富性不足以表明它在文化中的内在重要性；最常见的工具很可能是即兴制作的，并在使用后随手丢弃，而较罕见的工具则是随身携带的，在最终丢弃之前曾被反复使用（精致工具）。

也许从分辨某特定人工制品功能的层次而言，民族志常常证明是很有用的。例如，哥伦比亚北部泰罗纳（Tairona）人遗址中出土的年代约为公元16世纪的大型磨制石质翼状坠饰，考古学家只能推测它们可能纯粹是装饰品，并可能挂在胸前。但后来通过该地区泰罗纳直系后裔、现代科吉（Kogi）部落才知道，它们仍被成对地使用，悬挂在肘部，跳舞时会发出咯咯声或清脆的叮当声。

此类例子不胜枚举。重要的一点是，用民族志类比来分辨工具的式样只限于某些情况，即在考古文化与现代社会之间有可论证的连续性，或者这些文化有相同的维生水平以及有大致相同生态背景的地方。

近年来，通过将实验引入考古学使研究者兴趣高涨，开展技术研究的考古学和民族志领域得到了补充。正如我们将要见到的，实验为我们了解器物制作以及用途作出了巨大的贡献。

为便于本章后面展开介绍，把用于制作器物的原料分为两类比较方便：1. 不易改变的原料，如火石；2. 人工合成的材料，如陶器和金属制品。当然，即使认为不易改变的原料也常常会用加热或化学反应予以处理，以方便加工。但是合成材料常常通过热处理，其状态会经历一种实际的变化。人类用火——热技术——是一个决定性因素。我们对人类早期如何准确控制用火有了越来越多的了解。

不易改变的材料：石头

从辨认出的330万年前肯尼亚洛迈奎（Lomekw）的最早工具到公元前20000年中国开始制造陶器前，石头是考古记录的主体。从极小的细石器到高大的巨石阵，各种石制品是怎样开采、搬运、生产和使用的呢？

石器生产

就大部分材料而言，石器制作是从一件砾石或"石核"上剥去一系列原料直至获得期望的形状。最初剥离的石片（或称初级石片）带有砾石表面的痕迹（即石皮），然后打去一些修整的石片而得到最终形状；然后某些刃缘再打去细小的次级石片进行"加工"。虽然石核被做成主要的工具，但是石片本身也很适合作刀和刮削器等。石器制作者的工作会因可获原料的种类和数量而各不相同。

石器技术发展史显示了一种无序和逐步完善的历时过程。最早可辨认的工具是简单的砍研器和为得到锋利刃缘而从砾石上打下来的石片。最著名的例子是坦桑尼亚奥杜威峡谷出土的所谓"奥杜威"石器。经过漫长岁月的发展，人们对工具进行了两面加工，最终制造出了刃缘锋利、形状对称的阿舍利手斧，并扩散到整个非洲以及西亚、南亚和欧洲大部。大约100000年前石器制作技术进一步提高，出现了"勒哇娄瓦技术"——得名于它最初被发现的位于巴黎郊区的遗址——在那里，石核被一种特殊的方法预制，打下的大石片就是事先想要的大小和形状。

大约35000年前的旧石器时代晚期，石叶在世界某些地区成为主体。窄长而双缘平行的石叶被锤子和冲

315

佩德拉·菲拉达：人工制品抑或"地质制品"？

巴西东北佩德拉·菲拉达巨大砂岩岩棚的年代问题一直争执不下，该遗址由法裔巴西考  古学家涅德·吉东（Nièd Guidon）于1978～1984年、意大利考古学家法比奥·帕伦蒂（Fabio Parenti）于1984～1988年发掘。该研究的初衷是为岩壁上的岩画断代，其被可信地认为属全新世（不到10000年）。当地层中得到的放射性碳年代开始显示该岩棚年代为更新世，可上溯到30000年前时，该遗址及其发掘者马上被推到了美洲人类起源争论的风口浪尖（见边码473专栏）。争论一方（主要是北美学者）坚持认为，人类是在12000年前，或至多15000年前移居新大陆；而另一方根据南美和其他地方出土的材料，认可年代更早。由于没有一个遗址足以让怀疑者相信人类在30000年前就出现在新大陆，所以帕伦蒂就着力于解决这个问题。

帕伦蒂的工作困难重重，因为巴西该地区砂岩掩蔽处的沉积将全新世之前地层中的所有有机物（除了炭屑）破坏殆尽。此外，佩德拉·菲拉达更新世地层所含石器全由石英和石英岩砾石制成，石料均来自砂岩峭壁之上的砾石层；而砾石工具实在很难与自然破裂的石块区分开来。

于是，在对该遗址及其周边地区进行了一系列侵蚀、地貌和沉积研究之后，帕伦蒂的首要目的是从遗址的一般包含物，特别是石制品来分辨人为和自然的动力。地层主要由岩壁坍塌的沙子和砂岩板块组成，偶尔见有碎石层。正是岩棚前一堵自然碎石"墙"保存了里面的堆积物。遗址有54个放射性碳年代数据，在距今50000～5000年前。

至于砾石，帕伦蒂对从崖顶上掉落的3500件砾石作了研究，发现当它们落地破碎时——这种情况很罕见——自然破碎不会超过一面，也不会产生3块以上的石片，而且绝不会产生"二次加工"或"微加工"痕迹。这些观察成为他分辨遗址中人工制品的基准。在肯定认为是工具的6000件砾石之中，有900件出于更新世地层（虽然全新世石英和石英岩仍然以同样方式加工和使用，但是轻易可辨的玉髓在确定的工具中数量很多）。另有数千件砾石特征不明显，有可能是自然形成或人类加工的。

在附近的其他遗址，比如佩德拉·菲拉达山谷（Vale da Pedra Furada）和托卡·蒂拉皮亚（Toca da Tira Peia）岩棚，已经发现了年代测定确切的大约22000年前制作的石器。

图8.5 （左）佩德拉·菲拉达岩棚，这里出土了工具以及人类在30000年前栖居颇有争议的证据。

图8.6 （右）佩德拉·菲拉达出土的砾石工具。这些石英岩人工制品是自然的还是人工所为，一直争论不断。

奥杜威

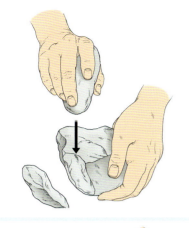

砍斫器

最早的石器是简单的砍斫器和石片，比如奥杜威峡谷出土的奥杜威工业。

阿舍利

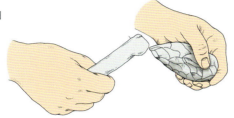

手斧

阿舍利手斧历经几十万年的发展，才变成这种由骨锤修整而成的锐刃对称形状。

勒哇娄瓦技术

勒哇娄瓦石片

出现于100000年前，包括对一件龟背状石核进行精致的预制，最后从上面打下一件有用的石片。

旧石器时代晚期

雕刻器　刮削器

旧石器时代晚期和之后的技术可以用一根冲杆或锤子从一件石核上剥离许多两缘平行的石叶。然后，这些石叶被进一步加工成诸如雕刻器和刮削器这样的专门工具。

图8.7　石器的演变：从最早的奥杜威技术到旧石器时代晚期的精致加工方法。

杆从一件柱状石核上系统地剥离下来。这有很大优势，不仅因为大量的石叶可进一步加工修理成各种专门工具（刮削器、雕刻器或钻头），而且也因为石料浪费很少——从一定尺寸的石料上能够产生前所未有的更长而有效的刃缘。这种石料本身通常是同质性的较易加工的类型如燧石或黑曜石。美国人类学家洛伦·艾斯利（Loren Eiseley，1907～1977）通过利用500克优质燧石，对石器制作效率的提高作了有用的概括：

技术	产生的刃缘长度
奥杜威	5厘米
阿舍利	20厘米
莫斯特（旧石器时代中期）	100厘米
格雷夫特（旧石器时代晚期）	300～1200厘米

这一经济性趋势到10000年前的中石器时代因细石器上升到主导地位而达到顶峰。细石器是一种细小的石器，许多细石器很可能被用来制作复合工具上的倒刺。

考古学家必须复原生产步骤的顺序——操作链。如果打片是在一个地方进行的，而且所有的废料仍在，那么这项工作就比较容易。生产网点的发现对分析很有帮助。在日本，佐贺县一处石料产地，密集分布有40多个15000～10000年前的多久（Taku）遗址群，出土了100000余件石制品，每处遗址专门从事不同阶段的生产，从原料采办到成品加工。但较常见的是，考古学家发现的是一处含各种废料和破碎石器的生产遗址，成品大多会被带走，并常被发现在离原料产地较远的地方。某遗址出土的石器类型也能为其功能提供线索：一组带有矛头的狩猎工具可以判断为一处临时营地，而各类不同工具也许见于一处大本营或是永久性居址之中。

有些技术特征能从石器上留下的痕迹进行推测。比如，在叙利亚乌姆·特莱尔（Umm el-Tlel）遗址出土的几件石器上见有看似用加热沥青做成的粘胶，表明装柄至少可上溯到旧石器时代中期。这已经为德国发现的一种80000年前的复合桦树脂所确认，它被认为用来将石叶固定在木柄上。许多技术仍能从少数现生人群中见到，如当今仍在制作石器的某些澳大利亚原住民或高地玛雅人。在澳大利亚和中美洲做了许多民族考古学研究，并以理查德·古尔德和布赖恩·海登（Brian Hayden）最为著名。其他学者调查研究了新几内亚高原原住民是如何制作石斧的。绘画艺术也很有帮助，比如贝尼·哈桑（Beni Hassan）埃及第12王朝

法老阿门涅（Ameny）墓中的一幅画，显示了工头监督下大规模的火石刀生产。

在其他多数情况下，有两个重要途径来评估打片者的决策，即复制和拼合。

石器的复制　这是一种实验考古，包括复制一模一样的不同类型石器——只能采用原始工匠仅有的技能——以评估制作的过程、所需的时间和所花的力量。过去只有少数实验者达到了很高的技术水准，最著名的就是旧大陆的弗朗索瓦·博尔德和新大陆的唐纳德·克雷布特利（Donald Crabtree，1912～1980），因为这需要多年的潜心实践。但是，现在得益于我们对古代石器打片的知识，不少考古学家能够娴熟地复制石器工具。

例如，美国考古学家尼古拉斯·托什（Nicholas

图8.8　公认的石器复制巨擘之一：法国旧石器考古专家弗朗索瓦·博尔德，下图照片是他在1975年打制一件石器，意在评估其制作的过程及所花的时间与力量。

Toth）复制并使用了诸如肯尼亚库比福拉出土的200～150万年前的全套早期石器——石锤、砍砍器、刮削器和石片。他的工作证明，简单的石片很可能是主要的工具，而那些比较精致的石核只不过是次要的副产品而已。过去一些学者曾倾向于视石片为废料，而视石核是刻意的终极产品。

唐纳德·克雷布特利通过试错解决的一个特定问题，是11000～10000年前北美古印第安人是如何制作"开槽"的福尔瑟姆尖状器（Folsom point）的。特别是他们是如何剥制"开槽"石片的。这项技术一直是个谜，各种技术的实验结果都不理想，直到考古学家从一位17世纪西班牙传教士的记载中找到了一条关键性线索，该传教士曾亲眼看见阿兹特克印第安人从黑曜石上剥制刀形长石叶。就如实验所证实的，该方法是把一根T形木杆压在胸前，木杆尖头准确压在夹紧的石核上，然后向下用力将石片剥离。

另一位古印第安专家、美国考古学家乔治·弗里森（George Frison）想要了解稍早的克洛维斯（Clovis）投射尖状器的用途。1980年代，弗里森在津巴布韦利用定期捕杀数量过多的大象的机会，做了一个测试。他把5～10厘米长的（矛头）复制品用树枝和筋腱固定在2米长木棍上，在20米外投掷，这件（矛头）复制品能深深扎入非洲象（已受致命伤）的背部和胸腔中。弗里森发现，这些矛头即使使用十几次也几乎不会破损，除非它们刺中肋骨。

图8.9　古印第安人的福尔瑟姆尖状器是如何制作的？唐纳德·克雷布特利的实验显示了用一根"T"形木杆将石片压制下来。石器打片者制作出几乎完全一样的尖状器复制品。

考古学家也能通过复制实验，发现某些火石工具是否在制作过程中被刻意加热，如果确实如此，又为何这样做。例如，在佛罗里达州，许多投射尖状器和打制的大量废片表面光亮并呈粉红色，表明经过热改造。芭芭拉·帕迪（Barbara Purdy）和布鲁克斯（H.K. Brooks）的工作表明，当佛罗里达燧石缓慢加热到240℃时会变色；而加热到350℃～400℃时，打片会留下光亮的表面。帕迪和布鲁克斯研究了加热燧石和未加热燧石的不同。虽然岩相学切片分析无法找到任何结构上的差异，但是在扫描电镜下，加热燧石明显具有非常光滑的表面。而且，一项岩石力学研究表明，加热后燧石的压缩强度增加了25%～40%，而所需破碎力度则降低了45%。实验复制和显微分析发现，南非平纳克尔波因特（Pinnacle Point，距今164000年前）和布隆波斯（距今75000年前）的硅结砾岩（二氧化硅融化和再凝固形成的一种胶结岩）工具上有清晰的热处理痕迹。

确证——比火石外表更客观的资料——可以用一种完全不同的办法做到，即电子自旋共振（ESR）光谱仪能够分辨二氧化硅晶体内的缺陷或取代作用。加热材料具有一种典型的电子自旋共振标志，为未加热材料所不见，而且具有无限的稳定性。

克雷布特利的燧石实验表明，加热后可以用压制法获得更大的石片。热释光方法（TL）也能用来探测热改造——而在某些情况下甚至能估计温度——因为某样本中的热释光量与加热起始时间相关（第四章）。一件未加热工具通常会获得很高的热释光读数，而一件热处理的标本则会获得低得多的读数，这是由于之前热处理释放了俘获的电子。

虽然复制通常无法肯定古代采用的是哪种技艺，但是它确实缩小了可能的范围，并往往指向可能性最大的方法，如上述的福尔瑟姆例子。另一方面，拼合则包括研究原始工具，并清楚论证古代工匠精确的操作链。

石器的拼合　这类工作可追溯到1880年斯帕雷尔（F.C.J. Spurrell，1842～1915）在英格兰东北部肯特郡的克雷福德（Crayford）旧石器遗址的研究，而近来其自身地位的确立在很大程度上归功于安德烈·勒鲁瓦-古尔汉在巴黎附近平斯旺马格德林（旧石器晚期后段）遗址及他的学生在同类遗址所做的努力。拼合或拼复，就如它有时所称的，是设法把石器和石片再拼到一起，犹如立体拼板游戏。虽然这项工作乏味又费时，但是能得到惊人的结果。艾迪尔勒（Etiolles）马格德林遗址一件编号为N103的拼合石器，共有124件标本，其中有些是长达30厘米的石叶。

考古学家究竟为何要花那么多时间的辛苦工作进行拼合实践？大体上说，因为拼合可以让我们跟踪工匠的打片阶段——某石核剥离下来的许多石片被发现在不同位置——甚至追踪工匠（或石核）在遗址内的移动轨迹。诚然，石片的位移很可能未必与匠人的位置变动有关：例如，一件雕刻器碎片在打下来时会崩出7米以外。我们不应该想当然认为每件石核都以一次性工序处理；我们从民族志获知，一件石核可能在搁置或长或短的一段时间后再用。从拼合的石片我们也可以知道，在一个遗址的不同层位中会发生很大的垂直移动，即便那里并无可见的扰动迹象。

但是，考虑到这些因素，拼合为工具的空间分布提供了一种动态的视角，并为古代遗址中的具体运动和行为提供了生动的图像。在通过观察能得到石器功能补充信息的地方，该遗址实际上就活了（见边码320专栏）。

但是，我们如何来了解石器的功能？就如我们所见，民族志观察往往能提供有价值的线索，残渣分析（见边码300）亦然，而实验能确定哪种用途最可行或最有可能。但是，一件工具可能用于不同的目的——一件阿舍利手斧可以用来伐木、屠宰、投掷、刮削和切割——反之亦然，同样的工作也可以用许多不同的工具来完成。石器功能的唯一直接证据，只能通过研究留在原始工具上的微小痕迹或微痕形态来获得。

图8.10　从法国马尔桑日（Marsangy）旧石器时代晚期遗址出土的石片，拼合后显示了剥制它们的原来的石核。这类工作使得考古学家复原了打片者手艺不同阶段的图像。

分辨石器的功能：微痕研究

如同拼合，微痕研究也可以追溯到19世纪，但真正的突破则是1957年出版的苏联学者谢尔盖·谢苗诺夫（Sergei Semenov, 1898～1978）的先驱性研究，他对古代工具的微痕做了几十年的实验。他用一架双目显微镜发现，甚至在最坚硬的石器上也留有使用的痕迹，主要为各种磨光和擦痕。由鲁斯·特林汉姆（Ruth Tringham）等人的后续研究表明，谢苗诺夫的擦痕并不像他声称的那样普遍，于是把注意力集中到微破损上（由使用形成的刃缘细微破损）。当引入扫描电镜后，该项研究进入了一个新阶段。这使得现任教于芝加哥大学的劳伦斯·基利（1948～2017）等人能够更加精确地分辨微痕，并在显微摄像中将其记录下来。

虽然微痕描述做得不错，但是鉴定不同的类型则需要特定的做法：实验考古能提供答案。先复制不同种类的石器，每件工具被用来从事特定的任务。通过研究不同任务在不同类型石器上留下的痕迹，基利建立起一套实验的参照，这套参照能与古代工具上的微痕进行比较。他发现，不同种类的磨光易于辨认且非常耐久，因为它们构成了该工具微形态的真正改变。这样建立了工具用途的六大类范畴，即分别用于木、骨、皮、肉、角和非木本植物。其他痕迹显示了工具的运动——戳刺、切割和刮削。

该方法的有效性由盲测来检验，其中基利拿到了15件用于一系列功能未知的任务的复制品。他几乎能从每一件复制品中分辨出工具的使用部位，复原其使用的方式，甚至所加工材料的类型。关于英格兰南部出土的旧石器时代早期石制品，基利发现克拉克当（Clacton）出土的石器（距今约250000）曾被用于肉、木头、皮革和骨头，而萨福克（Suffolk）霍克森（Hoxne）出土的一些石器曾用于非木本植物。边刮削器看来主要用于皮革加工。

在一项同类研究中，约翰·宾尼曼（Johan Binneman）和珍妮特·迪肯（Janette Deacon）检验了这样的推测：南非博姆普拉斯洞穴出土的石锛主要是用于木头加工的（炭屑在遗址的重要性见第六章）。这些晚期旧石器时代工具的复制品被用来凿木和刨木。当把产生的使用痕迹与该遗址14200年前的51件工具上的微痕作比较时，发现所有史前标本上都有相同的光泽，从而肯定此地在早期木材加工上的重要地位。

日本学者冈崎里美（Satomi Okazaki）则关注擦痕，

因为她觉得，研究擦痕密度和方向较之评估磨光程度更加客观。在实验中她发现，使用黑曜石会产生擦痕，但没有光泽：平行于工具刃缘的擦痕是切割运动的结果，而垂直擦痕是由刮削运动产生的。

　　确定一批石器的功能能得到意想不到的结果，能改变我们对某遗址活动的看法。例如，巴黎邻近的韦尔布里（Verberie）马格德林遗址（前12000）仅出土一件骨器；然而对该遗址火石工具的微痕研究显示了骨器加工的重要性：该遗址一大批区域都曾用来加工骨角器。附着在石器上的一些痕迹，如血渍和植硅石也能提供有关功能的线索（第七章）。

　　前已提及，当微痕研究与拼合相结合，它们有助于获得史前生活的生动图像。在法国另一马格德林遗址——平斯旺，石器和加工废片一般集中在火塘周围；在一处火塘边发现了一件特别的石核，从上剥离了10多件石叶，其中8件做了整修。之后，该石核被拿到另一处火塘边，重新开始工作；在此打下的一些石片被制成雕刻器等工具，它们都被用于加工驯鹿角。

　　近来还对一种不同范畴的生产废料展开了研究，特别是加拿大的克努特·弗拉德马克（Knut Fladmark）和其他一些学者——古代打片者留下的细小废片，即石屑，它们是在工具制作过程中产生的，大小不到1毫米。它们用水洗或浮选提取（第六章），然后放在显微镜下观察，与自然形成的土粒分别开来。细小石屑永远不可能像较大的废弃物那样被清除，因而能用来精确认定遗址中石器加工的位置。

分辨功能：石制品的进一步实验

　　实验还能以许多其他方式帮助分辨石器的功能。几乎每件可以想到的古代石制品的复制品——斧、镰、磨石以及箭镞——都被复制和检验。例如，旧石器时代早期的手斧长期以来一直是个谜，被认为是多用途工具，但多为推测，几乎没有用控制实验来澄清这个问题。在英格兰进行了一项卓有成效的检验：其中的9件手斧复制品，用旧石器时代早期一处重要遗址萨塞克斯（Sussex）博克斯格罗夫（Boxgrove）附近采石场里的火石制成，由一位专业屠夫用来宰杀麋鹿的尸体。该实验清楚显示，若由一定技巧和专长的人使用，手斧的确是出色且用途多样的屠宰工具。

　　在对法国许多不同器物展开的一项研究中发现，有些器物据说是旧石器时代晚期的石灯，索菲·德·博纳（Sophie de Beaune）通过实验和有关因纽特人工具的民族志观察这些器物，并对据称是灯具的残渍做了化学分析。她发现：只有302件器物可能是灯，其中仅85件肯定是灯，而另外31件很有可能是灯。用光谱仪和色谱仪（第六、第七章）对燃烧残渍进行分析后证明，部分残渍来自动物脂肪酸的残留，而树脂则明显来自灯芯的残留。

　　索菲·德·博纳尝试了各种灯具类型的复制品，如牛和马的脂肪等不同的燃料和各种灯芯。实验留下的使用痕迹与古代灯具中见到的痕迹相同；其结果被有关因纽特人照明系统的研究所证实。实验也被用来确定古代灯具提供的亮度，发现它们的灯光比较昏暗，当然只要一盏灯，人们就能在洞里走动、阅读，甚至缝补，只要离灯光足够近——眼睛并不觉得这种火焰比一束现代烛光微弱。

322
323

　　其他一些石制品实验试图评估不同任务所需的时间。埃米尔·豪里（Emil Haury，1904～1992）研究了亚利桑那州史前普韦布洛出土的小珠串。一串长10米的项链约有15000颗珠子，其平均直径仅2毫米。用一根仙人掌刺进行钻孔复制，得到的估算是每颗珠子钻孔需15分钟，整串项链需480个工作日（按八小时工作制计算）。通过制作过程评估所需的工作量，有助于评估一件器物的内在价值。

评估石器时代艺术的技艺

　　在史前艺术领域中，有许多分析能用来确定采用的颜料和黏合剂、古代绘画和石头雕刻的方法。例如，在法国南部和西班牙北部的旧石器时代晚期的洞穴艺术中，所见最普通的矿物为二氧化锰（黑色）和氧化铁（红色），然而最近对许多洞穴壁画的分析探知有用木炭为颜料的，这样就能做绝对断代（见边码152～153）。在比利牛斯山区，最著名的是尼奥（Niaux）洞穴，运用扫描电镜、X光衍射分析和质子诱导X光发射（第九章）对壁画进行了分析，表明该壁画使用了一种特殊"配方"的颜料，混有诸如云母等矿物添加剂，这令颜料更佳，增强颜料对岩壁的黏附力且不会起壳。分析也探测到用动植物油做黏合剂的痕迹。在得克萨斯州，从4000～3000年前的壁画上提取到了类似有蹄类哺乳动物的DNA，很可能采用了一种有机物的黏合剂。

　　在一些洞穴中，壁画很高，常人难以接近，表明很可能采用了梯子或脚手架。在法国拉斯科洞穴壁画的岩壁上还留有搭设平台的木梁插孔。

　　究竟怎样使用史前时代的颜料，我们并不总是很清楚——是否采用了刷子、拍子、手指或者吹

雷克姆遗址的拼合与微痕研究

比利时约13500年前的旧石器时代晚期遗址雷克姆（Rekem）由比利时考古学家罗伯特·劳威尔斯（Robert Lauwers）于1984～1986年进行发掘。在默兹河（the river Meuse）一座沙丘上约1.7万平方米的面积内，发掘者记录了16处清楚的人工制品集中区。除了附在一件投射尖状器上的树脂胶、少量炭屑和红色赭石块外，该遗址发现的材料几乎全是石头，主要为火石——总共有25000件。

发掘者对人工制品的水平分布和垂直分布都做了详细记录。垂直方向，这些制品被发现散布在40～70厘米的可观深度内。由于从不同深度出土的石制品能够拼合，所以这种垂直分布未必是该遗址几次分别栖居的证据。单一居址中的废弃工具被自然过程比如打洞动物和树根所移动。于是，考古学家想了解，这样一处埋藏后被自然动力所扰动的旧石器遗址，是否仍拥有某种程度的足够信息，以便在平面上做详细的空间分析。为了回答这些问题，几种方法和技术被结合在一起，包括由马克·德·比耶（Marc De Bie）所做的全面拼合和让-保罗·卡斯帕（Jean-Paul Caspar）所做的详尽微痕研究。

工具类型

集中在发掘区中心位置的一组12件人工制品呈现了一种特有的布局。该区域几个较大的地点沿西侧排成一线，而一系列较小的地点位于东侧。非火石石料基本限于几个大的集中区。这些石头大多被烧过，而许多显示有刻意修整的刃缘。虽然它们的功能还有待确定，但从它们的大小和质量来看，比较适合于诸如砍砸、砍伐、锯、挖掘等工作。除了这些"重型工具"之外，其他石头可用作石锤、木柄磨石、碾磨赭石的石板和碾磨刀刃的石板。石英岩除了工具用途外，大概还用作炊煮石，较大的石头在火塘和掩

体中也被用作建材。拼合结果显示，它们是一批移动性极大的物体，在雷克姆遗址各地点内外移动。

技术

该项研究呈现出加工毛坯的一幅详细图像。雷克姆的石工业以很粗糙的石叶技术为特点，并伴有采用硬锤打制的不规整短石叶和薄石片生产。打片者利用了质量、大小和形状各不相同的石头，而且掌握的技巧水准明显也各不相同。虽然打片有受专业和学徒等社会因素左右的可能性，但是似乎这是一种家庭内部而非显赫特点的初级实践。

对雷克姆遗址各类工具范畴的分析揭示了生产、修理、使用和废弃的一些新内容。对尖状器重要功能特征所做的肉眼观察和显微分析，结合利用复制品所做的实验步骤，证实了它们很可能被插在芦苇秆的长柄上，被用作投射尖状器。

工具废片的拼合及剥片重建过程中的失误，为生产过程提供了洞见。有趣的是，投射尖状器是在分开的很小的打片地点生产的。这种生产地点打片过程的空间分布与实验打片和民族志背景中的情况相吻合。用过的投射尖状器的弃置发生在较大的"栖居遗址"，而确切位置取决于它们的破碎状态。较短的玄武岩残片只是从它们黏着的杆上拆下来，直接就扔在了火塘区，而较长的标本会被扯下来，并扔得更远。

在这些较大和较密集的集中区里，火塘位置似乎集中了与猎物处理（例如维修狩猎工具套）、屠宰、食物处理、皮革去肉和去毛、干皮革加工以及与骨角加工相关的各种活动。即便一处地点混合了产生废料的各种活动，但是各项操作似乎仍保存着特定的空间形态。

例如，就刮削器来说，该项活动的位置和生产安排及器物再修锐，根据皮革加工时的具体状态而异。刮削新鲜皮革和干皮加工是在火塘两侧的不同区域进行的。在加工干皮的情况

图8.11　一位猎人在远离居住区的一处安静地点加工他的箭镞：对石制品散布的详细分析，结合拼合和微痕分析，能够重建这一场景。

下，刮削器的制作和再修锐是和刮皮活动分开的，估计是避免将加工的碎屑掉落在皮革上。

沉积后扰动

可以明确，总体而言雷克姆遗址的沉积后扰动过程并没有扰乱与过去人类活动有关的细微空间形态。从综合研究结果可见，雷克姆旧石器时代晚期遗址显现出一幅相对较大的营地区的图像，一方面具有宽敞空间、代表了居住区，在那里进行有序的处理和维持活动，而另一方面则显示出一些独立的打片地点，这些地点要么专门从事箭镞生产，要么完全不见工具加工。

简言之，该遗址被安置成活动区及弃置区，活动多少有别，以至于每

个分区的内涵差异很大。这种遗址内的差异不单限于工具类型，从技术层面上也能观察到空间形态和功能的差别（不同的打片风格）。在雷克姆遗址，这种不同可以主要归因于个人的偏好和行为，而非较一般的"文化"差异。

图8.12 刮削器的空间分析再结合拼合和微痕分析，意味着可以重建该遗址不同区域进行的不同阶段的皮革加工。

图8.13 雷克姆遗址的发掘揭示了16处人工制品集中区，其中12处集中在中心区域。它们显示了规模、结构和内核的显著差异，但是是一种结构性的差异。在西侧发现了大量火石和其他石料的聚集，它们与明显的建筑物（火塘等）相伴。在东侧有小型的密集散布，仅含火石，并无建筑物。微痕分析与其他研究方法相结合，表明遗址内的活动是个别且分开进行的。拼合研究证明了这12处中心聚集区之间的联系，以及火石制品（蓝线）与其他石料（红线）之间的关系。

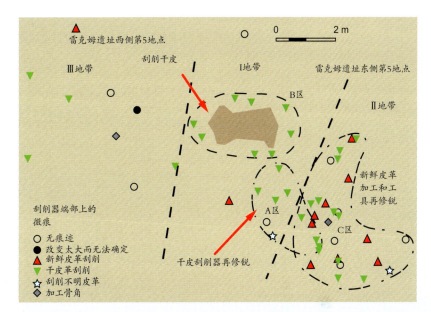

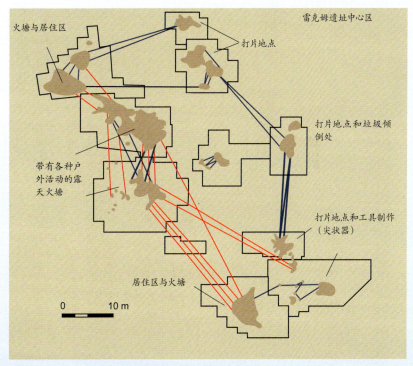

管？——但是通过民族志观察结合实验，对缩小可能性范围极有帮助。而且，现在红外胶片有可能令我们在赭石颜料之间做出区分。红外胶片能像透过玻璃那样，透过红色赭石看到后面的颜料。此外，赭石内的杂质因为不透明也能被探知，于是便能分辨颜料不同的混合成分。亚历山大·马沙克（Alexander Marshack，1918～2004）采用此技术研究了法国佩什·梅尔（Pech Merle）洞穴中著名的"斑点马"壁画，并复原了一组设计元素的顺序。例如，他发现几批红色斑点是由不同类型的赭石画出的，因此有可能绘于不同时期。

同一洞穴中米歇尔·洛布兰谢（Michel Lorblanchet）通过实验对一幅黑色壁画进行了分析，试图弄清创作该壁画需要多长时间。在研究并牢记了该作品的每一笔画后，他在另一洞穴中找到了一块同样大小的空白岩壁，在上面一模一样复制了这幅壁画。这项实验表明，整个作品很可能只要一小时就能完成，这一事实强调了这样的看法，许多壁画可能由天才艺术家的灵感迸发进而一挥而就。接下来，他又采取口喷的方法，用赭石和木炭合成的颜料，复制了斑点马壁画。该实验表明，整个壁画虽然至少经过四个阶段，但能在32个小时内完成。

双目显微镜能非常有效地用来研究石头上的雕刻，因为它可以确定工具的类型、采用的刻法、线条宽度和横截面的区别、所刻线条的次序。在研究法国马尔什洞穴里旧石器时代晚期雕刻的小饰板时，莱昂·帕莱斯（Léon Pales，1905～1988）也发现，如果我们拿橡皮泥或硅胶在雕塑品表面制成印模，那么其印迹就能清楚显示所刻的线条。比如，该实验证明，所谓的"马具"是在马头完成之后再加上去的。

石头雕刻面的清漆也能制作复制品（见下），并在扫描电镜下进行观察，并与实验制作的雕刻表面特点进行比较。采取这种方法，我们能研究刻线的细小形态，准确观察它们如何被创作、以何种次序以及是否采用一种或多种工具等等。最近，电脑的先进技术如图像分析、三维光学表面成像等都被用到这些材料中，因为激光扫描无须与珍贵的遗物直接接触，也无须制作复制品。

至此，我们已经考察了石制品幅度较小的一端。那么较大的石制品又是如何制造的呢？它们的目的是什么呢？

图8.14　石器时代艺术的实验：米歇尔·洛布兰谢透过皮革上的孔，在佩什·梅尔斑点马装饰的复制品上喷吐颜料来制作斑点。

图8.15　在岩石和石头建筑上，诸如DStretch的计算机辅助程序的采用，可以显示肉眼看不见的细节乃至整个图像。许多岩画遗址正在使用新技术进行研究，以了解过去遗漏了什么。

石头开采：矿井和采石场

虽然大部分用来制作早期工具的原料很可能是从河滩或野外其他地方捡来的，但是考古学上最直观的是来自矿井和采石场的原料。

最著名的矿井是北欧各地的一些新石器时代及稍晚的火石矿，比如比利时的斯皮耶纳（Spiennes）、英格兰的格兰姆斯·格雷夫斯和波兰的克热米翁基（Krzemionki）等。这种基本技术大体保留下来用于后来对其他原料的开采，诸如奥地利哈尔施塔特铁器时代的矿盐，前南斯拉夫鲁德纳·格拉瓦（Rudna Glava）、艾伊·布纳尔（Ai Bunar）和威尔士大奥姆（Great Orme）的铜矿，以及较晚时期的金银矿。

发掘揭示了当时人根据理想矿脉的地形或位置，采取了露天开采和矿井开采相结合的方式（避开无价值的贫矿而集中于最好的原料，往往是精深专业知识的明确表现）。例如，荷兰的赖克霍尔特（Rijckholt），考古学家跟在公元前4千纪新石器时代人们的白垩层后挖了一条长150米的探测坑道，发现火石结核极其丰富，遇到的矿井不下66个，深10～16米，每一个矿井都有辐射开去的水平坑道，并回填有废弃的白垩。如果考古学家所挖探坑遇到的这些矿井具有代表性，那么，赖克霍尔特地区应该拥有5000个矿井，开采的火石足以生产惊人的1亿5300万件石斧。

有各种线索可以了解赖克霍尔特的采矿技术。挖掘竖井井壁上的印痕表明，曾有一面树枝编织的墙以防止井壁崩塌。在矿井尽头和水平坑道起点留下的深槽说明，是用绳索将火石结核拉到地面的。至于使用的工具，出土了15000多件用钝了的或残断了的石斧，估计整个矿区有250万件石斧，换言之，产量不到2%的石料被用在开采上。每座矿井约有350件石斧——有些木柄朽烂的石斧就扔在废弃的白垩洞边——据此推测每挖去1立方米的白垩要损耗5件石斧。石斧是在原地修锐的，因为和它们一起还发现有一些坚硬的石锤（每10件或20件石斧发现有1件石锤）和大量的火石片。

赖克霍尔特几乎没有发现鹿角镐，因为这里的白垩特别硬，但是它们见于其他的同类矿井之中。实验表明，鹿角对付坚硬岩石十分有效。其他矿井里见有火烤的痕迹，表明有时岩石表面会用一小堆火加热烤裂。最后，在奥地利阿尔卑斯山米特贝格（Mitterberg）地区的一些铜矿里，一些木制工具残留了下来——槌子和楔子、铲子和火把、拖运重物的木撬，甚至还有树干挖出凹槽的梯子。这些发现表明，在多数遗址中佚失的大量技术证据，可以通过分析像赖克霍尔特发现的相关线索来重新发现。

就采石场而言，考古学家常常用半成品和大量废弃的石头来重建古代技术。最生动的实例是复活节岛拉诺·拉拉库（Rano Raraku）火山坡地上的雕像采石场和埃及阿斯旺的方尖碑采石场。复活节岛采石场里有不少尚未完工且处于不同制作阶段的雕像，从岩石表面画出形状，到只是底部附在石台基上的完整雕像。这里散布着成千个废弃石锤。实验表明，6个雕刻工采用此类石镐，大约一年就能塑成一座5米高的雕像。

阿斯旺的花岗岩方尖碑如能完成，那么它会高达

42米、重1168吨。方尖碑塑形阶段使用的工具为很重的辉绿岩石球，实验表明，用它们敲击花岗岩，在每个人的工作范围内，1小时就能将方尖碑厚度去掉5毫米。按此速率，该纪念碑很可能要400个工人历时15个月来进行敲琢，这给予我们一些有关埃及人这类工作巨大规模的客观提示。阿斯旺采石场依然可见的这类敲击痕迹，与秘鲁鲁米寇卡（Rumiqolqa）等遗址岩石上所见的敲击痕迹非常相似。该采石场是已知最完整的印加采石场，在一个长100米的巨坑里见有250块敲琢过的岩块，这些岩块用硬石石锤敲击成形，上面还留着加工的痕迹。

与实验相结合，考古学能发现大量有关开采石头的信息。下面则要弄清，这些原料怎样搬运到使用地，它们是如何竖立起来的，并怎样拼装到一起的。

如何搬运石头？

在某些情况下，简单的考古学观察就有助于解惑。在未完工的奥兰瑞坦波（Ollanraytambo）遗址附近的卡奇哈塔（Kachiqhata）印加采石场，瑞士建筑史学家让-皮埃尔·普洛曾（Jean-Pierre Protzen）的调查揭示，古代工匠曾建造滑道和斜坡，以便将红色花岗岩块运至山脚下1000米处。但是，发现该道路是一回事，而确定技术却是另一回事。为此，就需要研究磨损痕迹。就在奥兰瑞坦波遗址，普洛曾在一些石块上注意到了拖曳的痕迹（磨光及长条形擦痕）；因为这些痕迹仅见于最宽面，显然该石块被拖曳时最宽面朝下。

我们尚不清楚这种拖曳是如何完成的，而16世纪西班牙征服者的实况记录对此有点帮助。也许，最具挑战性的问题是如何安置绳索和人员。例如，在奥兰瑞坦波，一块重140吨的石块很可能需要2400人来移动，而移动它的斜坡仅8米宽。只有靠实验才能指明最可行的操作方式。

在搬运巨石方面，埃及人面临着同样的、往往更大的问题。在此，我们从一幅古埃及图像中得到了一些信息，它表现为正在搬运杰胡蒂赫特普（Djehutihetep，第十二王朝）王子一尊高7米的雪花石雕像。该雕像被捆在木撬上，很可能重达60吨，由90个人用绳索拖曳。这点人数很可能不够，一定有点艺术夸张，但这种绘画至少有助于驳斥各种猜测，即只有在外星人帮助下才能移动如此巨大的雕像和石块。工程师和具体实验的计算很可能是有望科学解决这些石块如何搬运和竖立起来之谜的最好途径——比如布列塔尼300吨的史前石巨柱或英格兰巨石阵的三立石（见边码328专

栏）。1955年的一项实验就是探究公元前1千纪的墨西哥拉文塔（La Venta）奥尔梅克玄武岩巨石柱和石碑。真实性实验证明，35个人用绳索棍棒，肩扛手提抬起的最大石柱重量为2吨。因为拉文塔的最大石碑重50吨，很可能需要500人，平均每人100公斤。但500人

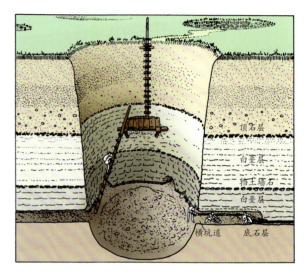

图8.16　英国东部的格兰姆斯·格雷夫斯新石器时代火石矿。竖井约15米深，直达底层质地最好的火石。一旦坑道石料采尽，就用挖新坑道产生的碎石回填。粗略估算，该遗址很可能制作了近2800万件火石斧。

图8.17　复活节岛的采石场；一尊巨大石像背朝下平躺着——虽未完成，仍附着在基岩表面，但已处于制作的后期阶段——提供了它如何制作的线索。

是不可能都聚到一起抬起石碑的。由此推断，该石碑很可能是拖曳的。

石块是如何加工和拼接的？

　　在此，考古学和实验相结合，又提供了有关建筑技术富有价值的洞见。例如印加石砌建筑一直被认为是奇迹，一些形状不规则的石块准确地拼接在一起，令人不可思议。让-皮埃尔·普洛曾的工作揭示了印加人采用的许多技巧，虽然看似平常，但绝无贬低印加人成就的意思：他的实验认定，用石锤在石块上"弹击"（bounce）是加工它们最为有效的方式（见插图8.21）；他还发现很容易用20分钟塑成一面石块。每一层垫底石块的拼接处已经在原地打平了上石面，然后，在下层石块上放上新石块，之后勾画出所需轮廓后再用石锤弹击成形。

　　普洛曾发现，工匠能够在90分钟内完成一处拼合，特别是当实践赋予工匠一副判断结合面的敏锐眼光后。他的实践得到了16世纪记载的佐证，据该记载，工匠要做多次尝试直到石块调整到位。印加许多石块也带有这种过程的痕迹——表面布满石锤留下的疤痕，而边缘一些精细疤痕表明使用了较小的石锤。此外，很多石块依然保留着小凸起，它们显然是用来做把手的。相同的凸起也能在某些希腊建筑上见到，如公元前15世纪西西里岛塞杰斯塔（Segesta）未完工的神庙。

图8.18　埃及埃尔-博尔塞一座墓葬出土的图画，显示了杰胡蒂赫特普王子巨大雕像的搬运。

图8.19　搬运巨石：在一次运气很差的尝试中，志愿者们用木橇拖曳一块重3吨的蓝石，试图再现从威尔士到巨石阵之旅。在240英里旅程进行到约17英里处，即该项实验的海上阶段开始时，该巨石沉入威尔士沿岸的海里，于是该计划被放弃。

图8.20　秘鲁库兹科著名的12角石，印加人建造的用石块精确垒砌的石墙局部。

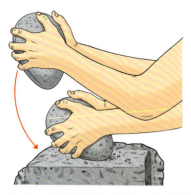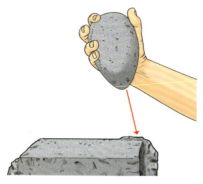

图8.21 图示表现的是让-皮埃尔·普洛曾的实验，他发现了印加石匠是如何整修这些石块的。（左）普洛曾用一件4公斤的石锤弹击石块的一面，在落锤瞬间，他扭动石锤给予斜向一击。（中）普洛曾用一件560克重的小石锤修整下一个面的边缘。（右）在石块的每一面重复了这些过程之后，他最后制成了棱角微凸的精制石块，与真正印加石工的棱角一样。

由于没有文字或图样留存，我们迄今对希腊建筑师如何能在其建筑的设计和实施上达到如此的精确性仍一无所知。但是德国考古学家洛萨·哈塞尔博格（Lothar Haselberger）如今已在土耳其迪迪玛（Didyma）公元前4世纪的阿波罗神庙（同样未完工）的各堵墙上找到了详细的"蓝图"：组成圆形、多边形和尖角形的20米长线条，被用尖细的金属凿子刻在大理石上。有些为原大，有些按比例缩小，能够辨认建筑的各个部分。由于从逻辑上来说，带图的墙体应当建造在该图所画墙体之前，因此就能确定建造的顺序。

虽然此后在其他希腊神庙里也见有相似的蓝图，但是迪迪玛的图是最详细的，它们得以幸存是因为这些墙体从未按惯例做最后的磨光。稍晚，公元120年罗马万神殿正面的原大蓝图被辨认出来，它被刻凿在奥古斯都陵墓前的路面上。在第十章，我们将从人类智能的发展来考虑平面图的重要性。

其他不易改变的材料

骨、角、贝壳和皮革

石制品分析的许多其他方法，也被用于像骨、角和贝壳等不易改变的材料。由于确定这些原材料来源通常没有什么困难（除非在内陆找到了海贝或海洋哺乳动物的骨头），所以考古学家的注意力一般集中在制造方法和功能方面。但是，首先我们必须确定它们是人类制造的工具。

就如石器，要将刻意用有机材料制作的人工制品与大自然的创造物相区别总是不容易的。对旧石器时代晚期之前发现的加工骨器一直存在争议。常识认为，未加工骨器作为工具使用的历史应同石器一样久远。总之，即使最近，就如在北美的猎杀遗址（见边码290～291专栏），在尸体肢解过程中，所有骨骼看来都不曾予以加工，而作为简单的权宜工具使用。根据骨片上的磨损痕迹，甚至在斯瓦特克兰和南非其他遗址的早期人科动物，似乎也曾使用修整的骨片来觅食白蚁。

像贝壳这样的易碎物可能会有穿孔，但未必是人为的。美国学者彼得·弗朗西斯（Peter Francis）用贝壳做实验以发现人类加工的标准。他选用西印度海滨捡来的贝壳，用石器以各种方式打孔——刮、锯、磨、凿和敲击。造成的孔洞被放在显微镜下进行观察，发现前三种技术留下了可辨认的痕迹，而凿和敲击会造成不规则孔洞，难以判断为人工所为——在这种情况下，我们就必须依赖发现物的背景及孔洞的位置（取决于贝壳的形状），以帮助确定是否与人相关。意大利学者弗朗西斯科·德里科（Francesko d'Errico）用实验建立了显微标准，来区分由自然力和人为形成的贝壳穿孔；并可用于分辨骨、角及象牙等器物上因长期把握、搬运和悬挂而留下的痕迹。

如何抬起巨石

几个世纪以来，学者们一直为一个问题所困惑，即石器时代的人们是如何将极为沉重的巨石抬到高耸立石的顶上的：最著名的就是巨石阵，那里巨大的横梁准确地安放在两个立石的顶端，以构成"三石塔"。同样在复活节岛，那里许多石雕的头上顶着"普高（pukao）"或冠石（红色火山岩圆柱状石块，重达8吨或更重）。

传统上一般认为：需要可观的土坡或搭建木质脚手架——18世纪晚期的库克（Cook）船长就认为复活节岛上的石雕冠石就与这种方法有关。其他人认为——巨石阵和复活节岛都如此——即那些横梁或冠石是被捆绑在立柱或石雕上，然后一起竖起来的。但是，这不仅非常困难，从考古学上说也不太靠谱——复活节岛的冠石明显是后来放到石雕上去的。现代修缮石雕将冠石放上去必须动用起重机。

捷克工程师帕威尔·帕威尔（Pavel Pavel）发现，其实这种技巧十分简单，只需几个人、几根绳索和一定长度的圆木即可。他先做了个巨石阵黏土模型，当该方法看似有效，他便造了两根立石和一根横梁的原大混凝土复制品。两根橡木棍分别斜搭在两根立石顶端，另外两根圆木安置在另一边用作杠杆。横梁石——用绳捆绑在杠杆上——慢慢沿圆木棍斜坡抬升，木棍用脂肪润滑。整个操作由10个人只需3天就能完成。

接下来，帕威尔对复活节岛的石雕和冠石的复制品做了相似的实验，发现该方法非常有效，而且轻而易举。虽然根据这些实验不能证明石器时代的古人就是采用这种技术的，但是采用这种技术的可能性是很高的。这项工作表明，习惯使用机器的现代人很容易过高估计营造巨石纪念建筑的难度，并低估了那些仅用少数人力并巧妙简便就能奏效的技术。

图8.22～8.23 用来抬起巨石阵三石塔横梁石的可能方法的复原（上图和下图）。

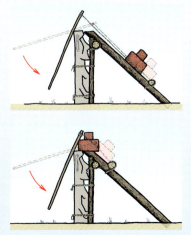

图8.24 抬起复活节岛石雕上冠石的可能方法的两个步骤。现代实验证明，该方法非常有效。

图8.25   法国旧石器时代晚期马德莲（La Madeleine）遗址出土的鹿角杖。根据民族志推测，这些器物可能是箭杆矫直器，但也有不少其他解释。

推断加工技术   只有极少数情况下，考古学能明了制作方法。例如，在南非的卡斯蒂尔堡遗址，发现了一处约公元950年的制造区，其中见有每一步的骨器制作过程，揭示其复杂性、加工顺序及使用的工具。该畜牧者的工作地点在一遮蔽处，主要利用大羚羊和非洲狷羚的脚骨。用石锤或冲棍打去骨端；然后沿骨干打出一条凹槽；再将它研磨和抛光直至骨干断开；再用石头（发现了许多遗弃的破碎标本）加工得到裂片，并最终研磨和抛光成为尖状器，它们与卡拉哈里沙漠桑人（布须曼人）的民族志样本非常相似。

用扫描电镜（SEM）和实验考古相结合的微痕研究，是确定骨器制作方法的又一成功手段。皮埃尔-弗朗索瓦·皮埃什及其同事克服了不能把原件置于扫描电镜下的问题，对研究的表面用清漆进行了复制。先将硝化纤维素化合物浇在骨器上，然后将它撕下来插入幻灯片的框子里。他们发现，各种石器在实验骨器上留下的典型痕迹，与史前骨器上的痕迹很相似。每类加工会产生不同形态的擦痕，打磨骨器的不同方法也留下了可辨的痕迹。于是，这就使得重建古代骨器的加工史成为可能。

推断功能   实验考古学和微痕形态研究，无论是独立还是彼此相结合，在帮助我们推断有机质人工制品的功能与制作技术上是非常有效的。

一个颇有争议并讨论很多的问题，是欧洲旧石器时代晚期穿孔鹿角杖的原初功能。根据民族志类比的正统观点是，它们是箭杆矫直器；当然，至少还有40种其他说法，包括从帐篷的桩栓到马具配件不一而足。

为了获取客观证据，法国考古学家安德烈·格洛里（André Glory，1906～1966）观察了鹿角杖穿孔内和周围的磨损形态。他的结论是，磨损肯定是用皮带或某种绳索摩擦产生的。该结果确实缩小了其功能的可能范围。格洛里本人则以此支持他自己假设：穿孔鹿角杖曾被用作投掷器的把手。

另一方面，美国考古学家道格拉斯·坎帕纳（Douglas Campana）对以色列穆格哈莱特·埃尔瓦德（Mugharet El Wad）出土的约公元前9000年一件鹿肩胛骨上的穿孔作了微痕分析，他认为，至少这件相似但年代较晚的穿孔骨器曾被用来矫直木杆。实验工作支持了这个结论。

实验同样也能用来帮助解决有关功能和效率等各种问题。例如，制作旧石器时代晚期带倒刺的骨角尖状器复制品，并用力向兽尸和其他物体投掷。以这样的方式，迈克尔·韦尔曼·汤普森（Michael Welman Thompson）能够论证，西南欧冰期之末所谓阿齐尔（Azilian）文化的中部有倒刺穿孔的小型尖状器，很可能是系绳的鱼镖，它可以转动并牢牢勾住猎物。同样，西班牙北部马格德林早期的鹿角投射尖状器也制作了复制品，在作用于一头死山羊的实验后发现，其穿透性极好且十分耐用，远胜石质尖状器。

图8.26 新大陆车轮的证据：维拉克鲁斯［Veracruz］出土的轮车模型。虽然在前哥伦布时期的新大陆已有了轮子的概念，但是真正的轮车只是同西班牙人与拉车的牲畜一起到来。

木头

　　木头是最重要的有机材料之一，用作工具的历史很可能与石器和骨器一样悠久。确实正如我们所见，许多史前石器是用来伐木和加工木头的。如果木头能较好地保存下来，它会保留一些工具痕迹，显示它是如何加工的。就如对待其他材料一样，我们必须将真正的工具痕迹与其他痕迹区分开来。约翰和布赖奥尼·科尔斯证明了将工具痕迹与海狸留下的平行齿痕相区分的重要性。将实验与直接观察海狸习性相结合，能帮助他们探知这种差异。结果，从英格兰北部中石器时代斯塔卡遗址出土的一块木头（见边码286～287专栏），原以为是被石叶加工的，现在知道是海狸牙齿所为。

　　各种不同木头能在特殊条件下保存下来（第二章）。例如，在古埃及干燥的环境里，无数农耕（耙、锄、谷勺、镰刀）、家具、兵器、玩具和木工工具如槌、凿等一直保存至今。埃及壁画，如底比斯莱克米尔（Rekhmire，第十八王朝）贵族墓中，有时绘有使用锥和锯的木匠。但是，正是被水浸泡的木头，提供了有关木头加工技巧最丰富的信息（见边码332～333专栏）。

图8.27 旧大陆车轮的证据：公元前9世纪的亚述浮雕。在旧大陆，辐条轮车，比如战车，从原始的实木轮车发展而来。

332

萨默塞特·莱弗尔斯的木头加工

以湿地著称的英国西南部的萨默塞特·莱弗尔斯保存了各种有机遗物，其中包括一条古代木头小道。在相关的萨默塞特·莱弗尔斯的长期研究课题中，约翰和布赖奥尼·科尔斯（John and Bryony Coles）对小道制作所采用的木头加工技术进行了极为详细的分析。

该小道出土的木桩和木排砍伐的一端常常留有用斧子修理它们的截面和砍痕。实验显示，石斧砍伐木头会留下碟状的斫面，而铜斧则不会有毛糙的斫口，却会留下典型的阶梯状切面。斧子的缺陷，比如其刃部的缺口，也能分辨出来。这类缺陷会在斧子的每一下砍伐中留下印记，使得考古学家能确定特定木料上用了何种斧子。

用这种方法，约翰和布赖奥尼·科尔斯得以证实，至少有10种不同斧子被用来建造萨默塞特·莱弗尔斯的青铜时代小道。事实上，他们从这些线索中推断出加工的具体方式。一块木头有三个斫面——顶部斫面的一些脊纹与其他两个斫面上的脊纹正好相反。所以明显的是，木头先是垂直固定，斧子反手向下砍伐；然后它转为斜靠地面，而斧子正手向下砍伐。

从诸如萨默塞特·莱弗尔斯地区或英国东部的弗拉格芬（Flag Fen）等沼泽湿地出土的大量保存完好的木材了解如劈裂、切割、拼接和凿洞等技术，是考古学家对史前木头加工的首次了解。愈发明显的是，即使在金属工具出现之后，木工历时变化不大。比如，人们总是用"楔子与木槌"来劈木头，中世纪也是如此。

萨默塞特·莱弗尔斯的这项课题也证实，至少在5000年以前，当地人对林地就进行了仔细的管理。用于铺路的平放在湿地上的细木棒，只能来自系统削枝或修枝获得的一批整齐的新木条。

332
───
333

图8.28　一块原木，（左）其砍伐的端部揭示了由新石器时代石斧产生的碟形斫面，（右）铜斧产生的带棱角的阶梯状斫面。

图8.29　（下）3500年前的青铜时代古道，又称埃克立普斯小道（Eclipse Track）。已发掘出土的部分有一千多根木棒，纵横交织的木棒只能从一处管理林地获得，在那里树枝被刻意修剪以刺激新枝的笔直生长。

大型木器也很常见，如北欧青铜时代的原木棺、殡葬木屋、桥梁、傍水原木、房屋遗存，特别是各种轮车：推车、马车、厢车和战车。在工业革命和铁路、机动车出现之前，所有轮轴运输工具均是木制的，年代稍后的带有金属配件。数量惊人的车辆（如高加索完整的牛车）或可辨认的部分（特别是轮子）残存了下来，还有模型、艺术和文献的证据。在前哥伦布时代的新大陆只有轮子模型：轮车一直要到16世纪西班牙征服者到来才与牵引它们的牲畜一起引入。在旧大陆，发现最多的是葬在墓穴里的轮车。最早在公元前4000年，轮车出现在莱茵河到底格里斯河之间的地区；最早的轮子是实心木盘，或是整块的（用木板砍出，并非树干横剖的片段），或是组合件。公元前2000年出现了轮辐，用于更轻、更快的轮车，如战车，例如14世纪图坦卡蒙陵墓里出土的战车例子（见边码64～65专栏）。

330
331

轮子运输对社会和经济产生了巨大的影响，不过与极为普遍的舟船木工技术相比，它在地理分布上非常有限。

调查船舶 19世纪以前，所有的舟船主要是由木头制造的。也许，在前工业时代的技术领域里，没有

图8.30 伐木实验：约翰·科尔斯（右）和一位同事用新石器时代和青铜时代的斧子砍伐一棵岑树。

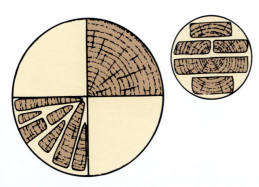

图8.31 对6000年前所谓斯威特小道的分析，（右）表明新石器时代的木工将原木放射状剖成木板，（左）较年轻的树——太小而无法放射状剖开——则以纵向剖开。

图8.32 世界上最早营造的船只（不是整木挖出）于1991年发现于埃及的阿拜多斯，时间早达5000年前，14艘船均被完整地埋在圆形泥砖建筑内。

哪个方面能像世界工匠在建造各种木船上成就卓著，从江河小舟到大型航海巨轮。研究这方面的技术史是一项特殊的工作，远非本书的范围所能详述。但是以为考古学家对历史记载的已知内容毫无建树的话，那就错了。因为在没有文字记载的史前阶段，甚至存在巨大知识空白的历史时期，考古学能够补充这种认识。

最丰富的考古证据是水下考古发现的残留船骸（边码114）。1960年代后期，对塞浦路斯凯里尼亚（Kyrenia）附近一艘公元前4世纪希腊海船的发掘显示，那时期的船舶是用榫卯结构将木板拼合建造的。20年后，由乔治·巴斯及其同事对土耳其南部海岸外一艘沉船乌鲁布伦的发掘（见边码374～375专栏），揭示了1000年前的船只采用了同样技术进行建造。

在本章开始我们强调了考古学家向现代工匠进行咨询的重要性。这对准确了解船舶制造尤其如此。得

图 8.33～8.34 （左）1954年，在埃及吉萨胡夫大金字塔南边发现了埋在一个坑中被拆散了的已有4500年历史的雪松木船。标在大部分木板上的四个分类符号是复原的重要线索，它们指明这些木板属于船体的哪个部分。经过14年的努力，该船1244件构件终于组合成功。

图 8.35 （下）奥林匹亚斯号（The Olympias），1987年复制的一艘希腊三列桨座战船：大约有170排志愿者同步划船。

克萨斯航海考古研究所已故的理查德·斯特菲（J. Richard Steffy，1924～2007）拥有有关船只组装无与伦比的知识，并将这种知识运用到新旧大陆出土的船舶之上。据他的判断，了解船只如何建造和使用的最好办法，是以最接近该船只的原始形态对出土木料进行拼复，这要通过发掘分析和仔细、反复地试错，并借助木料十分之一比例制作精确模型才能做到（见边码108～109专栏）。另一位工匠、埃及人哈格·艾哈迈德·约瑟夫（Hag Ahmed Youssef，1912～1999）也采用了这一程序，他用14年时间复原了吉萨出土的4500年前胡夫（齐奥普斯）法老拆散的船体。

下一步，对一艘船只建造技术和操控能力的分析，是建造等大或按比例缩小的复制品，最好能在水上检验。出土遗存的复制品中，诸如1984～1986年作了环球航行的维京knarr或货船的复制品，要比一般根据艺术表现制作的船只（如哥伦布航船）的复制品，在科学上来得更加准确。但是根据绘画建造的复制品仍然具有很高价值。约翰·科茨（J.F. Coates，1922～2010）和约翰·莫里森（J.S. Morrison，1913～2000）领衔的一批英国学者及其拥趸于1987年建造和测试了一艘古希腊三列桨座战船，在此之前，人们对这种古典时期重要海船的具体特点实在是一无所知。

考古学能对航海研究所作的另一项贡献是论证舟船的存在，即便在没有发现任何船只遗存或艺术描绘的地方。简单的事实是，人类至少在50000年前就跨海抵达了澳大利亚——那时它已与亚洲大陆分开，即使距离没有今天这么遥远——说明他们已有船只能跨越80公里或更远。同样，10000年前，爱琴海诸岛存在希腊大陆的黑曜石，表明当时人们能毫无困难地在这些岛屿间来回航行。

动植物纤维

虽然用皮革、树皮及纤维编织制作的容器、织物和绳索，很可能上溯到极早的考古时期，但是这些脆弱的材料很难保存下来。然而，就如我们在第二章所见，它们确实在非常干旱或潮湿的条件下保存至今。

比如在埃及和新大陆部分干旱地区，有相当数量的此类脆弱材料得以重见天日。那里对篮子和绳子编织物的研究揭示了复杂、精美的设计与技艺，展现了对这些有机材料的得心应手。

饱水状态也可以提供大量脆弱材料的证据。比如维京时代约克郡保存完好的作坊，告诉我们许多有关公元10世纪英格兰的各种手工艺（见第十三章）。多种染料包括洋茜、靛青及大量染色植物，都以大型化石存在。发掘出土的维京织物样本的化学分析也支持这种说法。色层分析仪（第六、第七章）从织物中分辨出了各种染料，也包括洋茜和靛青。原始染料色剂能从它们的"吸收光谱"即它们吸收光的波长来分辨。通过分辨染料色剂发现，不列颠的罗马人常穿紫色，而约克郡的维京人喜欢红色。同样以大型化石为代表的石松，在约克郡很可能用作媒染剂，将洋茜红和黄色植物颜料直接固定到织物纤维上。所有动物纤维不外乎毛和丝，而所有能确定来源的植物纤维为亚麻。清洗羊毛的证据来自绵羊虱蝇成虫和蛹以及羊虱的发现，这是一种无翅寄生蝇。

纺织品分析　就纺织品而言，最关键的问题是它们是如何制作的以及用什么制作的。在新大陆，有关前哥伦布时期编织方法的相当数量的信息来自民族志观察、殖民者的记录和描绘、南美莫切文化陶器上的图案，及发现和保存在秘鲁沙漠里的古代织机和器物的具体标本（用木、骨和竹做的纺锤和梭子）。似乎曾有三种主要的织机类型：两种为固定式（一种为垂直型，另一种为水平型），被用来编织宽幅或大型织物；一种为小型便携式织机，则用来编织诸如衣料或口袋。

但是，新大陆最丰富的证据来自秘鲁织物本身，由于这个国家大部分地区十分干燥，使织物能在极佳的状态下保存下来。安第斯山诸文化几乎精通目前所知的所有纺织和装饰方法，而其产品常常比现代纺织品更好——其中有些是前所未见的精品。约在公元前3000年他们已有棉花织物，并很快取代了过去那些远不及棉花柔软和耐磨的纤维（如茅草和蔗草）。秘鲁人也利用他们驯化骆驼的驼毛，特别是骆马和羊驼。他们有种类极多的染料：公元1000年纳斯卡文化的大型织物上有多达190种不同的色调。

精确的纺织技巧通常可通过专家仔细观察推断。西尔维亚·布罗特本特（Sylvia Broadbent，1932～2015）研究了哥伦比亚前西班牙时期奇布查（Chibcha）文化的彩绘棉织品，并能肯定它们"均为由单根S形绞成棉纱编织而成的基本平纹布，一根纬纱压两根经纱"。纱线数为纬纱（从一边到另一边）每厘米6～12支，经纱每厘米11～14支（从上到下）。在纬幅边，一组纬纱一起回梭，而非一根根回梭，该事实表明该织物采用了多把梭子并用的织造技术。织物尽头用一行链形缝法锁边。

同样由于干旱，古埃及也保留了许多纺织品。同

图8.36 一些迄今所见最精美的编织设计来自秘鲁。这个莫切陶瓶口沿上的图案描绘了一个秘鲁织布作坊的情景，表现了八个纺织工坐在他们可携带的悬挂式织机边，右上方有一名监督的官员。右下图的意思不明。

秘鲁一样，我们从古埃及残存的设备和模型上获益良多，就如底比斯麦克特瑞墓葬（前2000）发现的模型显示拥有水平或置于地上的织机、纺锤及其他工具的纺织作坊。弗林德斯·皮特里在卡亨（Kahun）的发掘，发现公元前1890年某些房子里有散落一地的纺织废料；未纺和纺过的及编织过的纱线头，被染成红色或蓝色（见第一章边码34）。这里原是金字塔建造工人的一个集镇遗址。扫描电镜显微分析证明它们为羊毛，而染料检测表明，红色源于洋茜，蓝色很可能来自节茎木蓝（Indigofera articulata）。

我们拥有的织物证据可以保存在饱水条件下，就如我们在维京时代的约克郡所见，甚至在某些保存条件不好的地方，细致的考古发掘也会获得织物遗存。比如西德霍赫多夫公元前600年的凯尔特酋长墓葬中所见。扫描电镜显微分析表明，酋长灵床上覆盖的织物是用纺过的大麻和亚麻类纱线织成的。还有一些覆盖物是用绵羊毛、马鬃和獾毛制成的，也见有獾和鼬的毛皮。如果还保存着表皮特征的话，在这种情况下，扫描电镜就能分辨不同物种动物的毛发。

最古老的布匹痕迹见于土耳其约公元前7000年前的卡约努（Çayönü）遗址，是缠在一个鹿角器把手

图8.37 公元1世纪帕拉卡斯（Parakas）文化一块斗篷的片段。该图案画了一只彭巴斯双头猫，长着很长的胡须和尖尖的耳朵，咬着很小的战利品——人头。

上的白色亚麻布片，可能是用亚麻织成的。但是，更早的编织证据见于捷克共和国的巴甫洛夫（Pavlov），年代约在27000～25000年前，在烘烤的黏土上有织物或柔软篮编的印痕，而格鲁吉亚高加索朱朱阿纳（Dzudzuana）洞穴出土的染色亚麻纤维表明，在30000年前就有了染色的麻线。

纤维的微痕分析　如前所见，微痕分析主要针对骨石工具，但是近年来它用于织物和纤维也极为成功。曼彻斯特大学纺织系（现在是材料学院）采用扫描电镜的研究表明，不同种类的纤维会留下不同式样折断、损坏和磨耗的典型痕迹。撕扯或破碎会留下与纵向收缩十分不同的形态，伴有纤维的劳损和断裂——后者产生纵向的损坏，导致纤维头部呈"毛刷状"。纤维切割在扫描电镜中易于辨认，而剃刀痕也容易与矛或剪刀产生的痕迹相区分。

在对这些技术的一项有趣的应用中，曼彻斯特学者观察了英格兰北部罗马城堡文德兰达哈德良长城附近出土的两件毛织品。第一件是士兵的绑腿，他们必须确定，它是用坏丢弃的还是因埋藏时间久远而损坏的。分析显示，大量"毛刷状头部"表明该绑腿用得很旧，但也有埋藏后损坏的证据（横向断裂）。第二件是一件童鞋的鞋垫，肉眼观察似乎十分完好。但在扫描电镜下，表面纤维的显著磨损就很清晰，说明这个未用过的鞋垫是从十分破旧的粗糙织物（也许是一件外套）上剪下来的。

即使在织物荡然无存的地方，有时也会留下某种印痕，比如在木乃伊上就能辨认出编织物的种类。有关烘烤黏土上发现的织物、绳索和篮子的印痕研究也能提供同样有用的信息，目前为止考古学家了解最为丰富的信息来自合成材料。

合成材料

用火与高温技术

就与合成材料相关的技术而言，我们可以从控制用火即高温技术来考虑整个技术的发展。直到最近，几乎所有合成材料都取决于热量的控制，而新技术的发展也大体仰仗在可控条件下获得的越来越高的温度。

该进程的第一步就是要熟练用火，而其可能的证据见于南非斯瓦特克兰洞穴中大约150万年前的地层里（第六章）。由此，加热食物和保存肉类便成为可能，也能用火来处理加工的火石（见前述），及用来硬化木器，如德国利林根（Lehringen）旧石器时代中期遗址出土的紫杉木矛。

陶俑（烧制的黏土）零星地见于从比利牛斯、北非到西伯利亚的一些旧石器晚期遗址中，但最引人注目的发现集中在捷克共和国下维斯托尼斯（见图10.61）、巴甫洛夫、普莱德默斯蒂（Předmostí）等旷野遗址中，年代在26000年前，它们包括塑制很好的小型动物和人塑像。近来分析表明，它们用当地的湿黄土塑成，用500℃到800℃之间的温度烧成。这些陶俑集中在离居住区较远的特殊窑炉中，几乎全是碎片，其破碎形状表明它们因热力而破碎——在尚潮湿时将它们放入火中最热的地方，故意让其爆裂。因此，它们

并非仔细制作的艺术品，很可能用于某些特殊的祭祀。

公元前8000年前后近东新石器时代早期用火技术的重要进展是建造特殊的炉灶，兼用于烘烤谷物（便于脱粒）和面包。这种炉灶只有一个火膛，内置柴火。在炉灶烧热后，耙出柴火，放入谷物或要烤的面包。这代表了人类最早建造刻意控制温度的设施。我们也许可以假设，正是累积了这些早期高温技术的经验，才有可能发现用火烘烤黏土制造陶器的技术。起初陶器放在露天火堆中烧制，"还原"条件（缺氧）可通过限制空气流动和添加未燃木柴来做到。

通过这些简单程序很可能足以在理想状态下达到相当于铜熔点的温度，即1083℃。鉴于铜已经采用了冷锻加工，然后又采用了退火工艺（见下），加上某些铜矿如蓝铜矿被用作颜料，这就有望发现铜的冶炼和铸造技术。控制空气流动的陶窑能产生范围在1000℃～1200℃的高温，就如在近东一些早期遗址如伊朗高拉土丘（Tepe Gawra）和苏萨（Susa）所见，人们很早就注意到陶器生产和冶铜术起源之间的关联。之后，青铜技术主要伴随着锡铜的合金冶炼而发展起来。

虽然铁从矿石中熔化的温度仅需800℃，但是为了趁热加工，它需要有1000℃～1100℃之间的温度。在

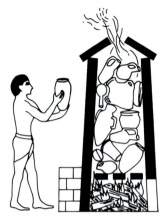

图 8.38 高温技术：火的控制。起先陶器是在露天火堆中烧制的。引入陶窑说明可以获得较高的温度，也刺激了冶金术的发展。（左）公元前 4000 年初美索不达米亚拱形窑炉，用陶土制成，外墙用石砖或泥砖砌制。（中）约公元前 3000 年埃及窑炉，根据墓葬壁画复制，陶工很可能站在一个小平台上放入陶器。（右）约公元前 500 年的希腊窑炉，根据科林斯（Corinthian）饰牌上的图案复原；扩大出火口可以促进燃烧。

欧亚地区，炼铁技术的发展晚于铜和青铜，是因为控制温度的问题和需要更严格的还原条件。但是，在非洲中南部，青铜技术并未在铁之前出现。在新大陆，前哥伦布时期不曾用铁。为了铸铁而非趁热打铁，其熔化温度必须达到 1540℃，而这一直要到公元前 750 年才在中国出现。

新材料的发展存在一种大体受制于所能企及温度的逻辑顺序。一般来说，玻璃和釉陶——一种"准玻璃"（见下）——在某区域的出现要比陶器晚得多，因为它需要更高的温度和更好的控制。它们与青铜制造大致同时出现。

对这些用来制作合成材料的技术研究，自然需要对采用的材料和技术有所了解。传统手工业，就如今天仍可在近东很多地方集市中所见，可为人工制品的制作方法以及采用的技术程序提供有价值的线索。

陶器

上面我们见到，在整个史前期较早阶段，使用的容器很可能是由轻便的有机材料制作的。犹如通常所推测的，这并不意味着旧石器时代的人群不懂如何制作陶器：洞穴地面点燃的每堆火都会使其周围的黏土变硬，而我们已经提到偶尔制作的陶俑了。新石器时代以前缺乏陶容器，主要是旧石器时代采集狩猎者的流动性生活方式之故，对于他们，沉重的烧制陶器很可能没什么用处，陶器的出现总体看来与较为定居的生活方式相伴，为此就需要持久耐用的器皿和容器。

就如较早遗址中的石制品，后期遗址中到处是几乎不会消失的陶片——正如某些遗址有成千上万件石器，而其他遗址则含有数以吨计的陶片。长期以来，特别在绝对断代技术出现之前，考古学家主要利用陶器作为年代学的标尺（第四章），并依据器物形状和纹饰的变化来建立类型学。这些依然非常重要，例如，从地表调查来评估遗址（第三章）。但是最近，如同石器那样，注意力转向分辨原料的来源（第九章）；陶器中的残渍成为食谱的信息来源（第七章）；尤其是陶器的制作方法和用途等也成为人们关注的焦点。

就生产而言，我们需要讨论的一些主要问题可以概括为：陶土基质的成分是什么？陶器如何制作？烧制的温度有多高？

陶器羼料 有时粗一看就能分辨出黏土里的添加物——它们叫羼料，这些添加物是为增加陶土的强度和可操作性，并在烧制中防止碎裂和收缩。最常见的羼料是碾碎的贝壳、石子、陶片、沙子、玻璃、秸秆和海绵碎片。美国学者戈登·布罗尼茨基（Gordon Bronitsky）和罗伯特·哈默（Robert Hamer）的实验论证了不同羼料的质地。他们发现碾碎的过火贝壳要比粗沙或未过火贝壳能使陶土更抗热冲击和影响；其次最佳的是细沙。羼料越细，陶器就越牢固；新大陆一些地方的考古材料明确显示了羼料逐渐变细的趋势。

陶器是怎样制作的？ 在轮子或转盘上制作或"甩出"陶器最早只不过出现在公元前 3400 年之后（在美索不达米亚）。之前的方法，目前在世界一些地方仍在使用，是用一系列的泥条或泥片手制。只要对陶器表明采用了开放的炉窑。露天烧制也会在器表形成所谓"火云"的色斑。用不同陶胎在不同温度下及在不同类型的窑炉里做烧制实验，能为预期的色彩和效果提供指南。

美国学者戴维·金奇利（W. David Kingery, 1926～2000）和杰伊·弗里曼（Jay Frierman, 1923～1999）用一种烧制温度的精确方法，研究了保加利亚卡拉诺沃（Karanovo）红铜时代遗址出土的石墨器皿碎片。他们的方法是对该标本再加热，直至其微结构发生不可逆转的变化，通过这种方式获得有关它原来可能的烧制温度的一个最大值。扫描电镜的显微观察表明，在二氧化碳环境中加热到700℃后有少许变化，加热800℃一小时后发生明显变化，而在900℃时，陶土发生玻璃化。于是他们得出结论，该石墨器皿的原始烧制温度不到800℃，极有可能是700℃。此项成果为我们评估不同文化的技术能力，特别是了解他们在掌握冶金术的可能性上贡献巨大（见下面）。

窑址考古对我们了解烧制程序助益良多。例如，在泰国，高温烧制的陶器或硬陶（stoneware）从公元11～16世纪成批生产，行销整个东南亚，并至日本和西亚；但当时的文献根本就没有提及这一技术。澳大利亚和泰国考古学家、科学家发现，西萨差那莱（Sisatchanalai）和素可泰（Sukhothai）是该陶器最重要的两个生产中心。对前者周边村落的发掘，揭示了数百个大型窑炉，常常建在早期垮塌的窑址上，有时深达7米。窑炉类型的地层学研究显示了它们设计和营造的发展——从早期粗糙的土窑到技术先进的砖窑，后者可以达到生产精致的出口器皿需要的较高的烧制温度。晚期的窑都建在山坡上，以避开潮湿的土壤，并确保全年生产，反映了该工业生产日增的需求。

陶器在哪里生产？　了解陶器在哪里生产，可以提供贸易和交换网络的信息（第九章）。这可以通过简单观察陶器的形状和形制来确立，但是通过观察陶器的矿物结构则可以得到更可靠的信息。从19世纪中叶开始，就有了从陶片上切下薄片来确定材料产地的技术。它被做成足以透光的薄片，于是能用光学显微镜对矿物结构进行岩相学观察，这一般能识别代表特定产地的特定矿物。这部分工作必须由受过岩相学训练的人来做。

黏土本身可能就比较特别，但更多的是其"包含物"——矿物颗粒或岩石碎片，它们很有特色。有时包含物是黏土中自然就有的。在其他情况下，包含物是作为羼料而有意添加的，以利于干燥和提高烧制

图8.39　轮制陶器的证据。这件公元前2400年的石灰岩雕塑反映了一位埃及陶工在转盘上制作陶器。

内外壁做简单的观察，就能让我们分辨其制作方法。轮子甩制的陶器一般带有指示性的脊形螺旋与条纹，这是手制陶器所没有的。这些痕迹是陶工用轮子向上拉坯时由指尖留下的。扁平的陶拍也会在陶器外壁留下印痕——拍子有时裹着布，它也会留下印迹——用它将陶胎拍打成坚固光滑的终极产品。

陶器是怎样烧制的？　烧制技术可以从成品的某些特征上推断。例如，表面若呈玻璃化或釉化（也即有一种玻璃光泽的外表），该陶器的烧制温度应超过900℃，且可能是在封闭的炉窑内。一件陶器的氧化程度（即陶土内有机质被烧掉的过程）也能指示烧制技术。完全氧化会使整个陶胎变成单一颜色。如果陶片胎芯为暗色（灰或黑），那么不是烧制温度过低而没有令陶土充分氧化，就是烧制时间不够，这些特点往往

质量，这会使得特征分析变得复杂，因为陶器的矿物结构可能来自两个或多个不同来源。化石成分如硅藻（第六章），也有助于确定原料的来源。在许多陶器中，仅见的包含物是诸如石英砂、火石和方解石/石灰石/贝壳等普通矿物，这对分辨产地几乎毫无帮助。在这种情况下，对包含矿物（不是黏土）的粒度研究也被证明是有用的。

包含物的重矿物分析（Heavy mineral analysis）是一项关系密切的岩相学技术。这种方法用化学试剂将陶器样本的块体分解，并用离心机将重矿物成分（如锆石和电气石等）与较轻的黏土分离开来。然后可以在显微镜下分辨这些组成矿物。某特定产地的特点有助于分辨陶土的来源。

这种分析所建立的英国史前陶器贸易图像令人相当惊讶。戴维·皮科克（David Peacock，1939～2015）和他的同事在1970至1980年代所做的薄片工作，使人们意识到，公元前3000年前新石器时代的陶碗和其他器皿存在远距离（大约100千米）的贸易。现在我们知道了这种陶器交换的范围，并能将它与其他证据结合起来。明显的是，许多个人和聚落是通过相当广泛的交换系统联系在一起的。

民族志证据 不同于石器制作，传统方法的制陶仍在全世界有广泛分布，因而有利于不仅从技术方面，

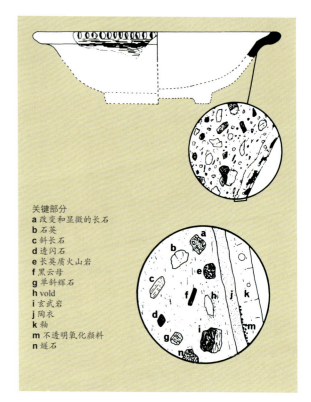

图8.41 在显微镜下观察陶器薄片：在这个例子中，结构的包含物被用来显示来自也门中世纪陶器的特点。

关键部分
a 改变和显微的长石
b 石英
c 斜长石
d 透闪石
e 长英质火山岩
f 黑云母
g 单斜辉石
h vold
i 玄武岩
j 陶衣
k 釉
m 不透明氧化颜料
n 燧石

图8.40 阿玛纳课题（埃及阿玛奈土丘）的陶器切片例子。从陶器上切下薄片，使得光线可以穿透并能在显微镜下观察。于是，考古学家就能够研究陶罐的包含物，比如特定地区专有矿物或石头类型，或者某种特殊的制陶技术。阿玛纳这批材料以石灰岩、蛇纹石、蚀变玄武岩和玄武岩等多色包含物为特征。

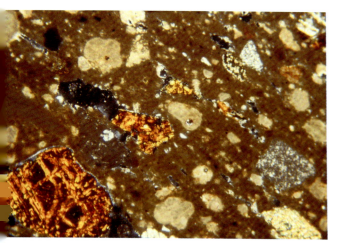

而且从相关的社会和商业方面来从事民族考古学研究。在许多成功的课题中，我们引用了由美国考古学家唐纳德·莱思罗普（Donald Lathrap）在亚马孙河上游（秘鲁东部）希皮博-科尼博（Shipibo-Conibo）印第安人中所做的一项长期工作。此地陶器的现代形制能追溯到公元1000年的考古学祖型。大部分陶工是妇女，每个妇女基本都是为自己家庭制作陶器，兼有炊煮器和诸如用于储藏等用途的器物。陶器用当地陶土制成，并采用各种羼料，包括碾碎的旧陶片，但是用于打光和彩绘的矿物和颜料从邻近地区进口。陶器是用泥条盘筑的。虽然全年都生产，但是制陶倾向于主要集中在旱季的5月至10月。这类研究有助于回答广泛的问题：不仅是陶器的制作方法，以及何时、为何及何人，而且包括不同类型陶器要花多少时间和精力；它们在什么情况下会破碎、破碎的概率有多大；以及这些东西发生了什么——换言之，即使用、废弃和遗址清理的方式。

342

美国西南部的陶器形制与学习

学习制陶需要知识和技巧。陶工必须能够识别和开采陶土；采集羼料和颜料；取水；然后羼和在一起；塑型；通过施加陶衣、抛光和装饰来加工表面；采集燃料；烧制。掌握所有这些技能都需要时间。

许多考古学文化都基于陶器形制的序列，但学习是这些定义的核心。我们可以定义文化，因为他们当中的个体共享一种行事方式，我们可以追踪这种行事方式是如何随时间推移以序列的方式发生变化的。当知识的世代传递因灾难性事件或人口流动而被打断时，序列往往就能反映这些变化。理解学习的性质也很重要；考古记录的有些内容是由新手制作的，如果考古学家不考虑这种可能性，就可能误读考古记录的性质。

在包括我们自己文化在内的大多数文化中，童年是成为称职成年人掌握所需技能的时期。在一些传统文化中，儿童通常通过观察和模仿、口授和自己实验，有时还通过较正式的学徒方式向成年人学习。并非所有的知识都是平等传播的，接触知识可能因性别、年龄、社会地位或特殊群体成员的身份而不同。有些学会会主动偏离传统，以新的方式行事。

为了了解教学的差异，考古学家帕特里夏·克朗（Patricia Crown）观察了美国西南部博物馆藏品中大约10000件完整的陶制器皿，年代在公元900年至1450年，并介绍了该地区不同文化中人们学习制陶的不同方式。在霍霍卡姆（Hohokam）地区，在陶器烧制之前，彩绘的错误会被纠正，而器皿遵循一套严格的设计标准。在东部的明布勒斯（Mimbres）地区，陶器显示有很多设计错误。许多大型且完美制作并烧造的陶器表现出相对笨拙的彩绘操作，显示绘者很不熟练的运动控制，他们也不太理解明布勒斯的装饰风格。克朗声称，这种反差代表了明显不同的陶器装饰传授。

在霍霍卡姆地区，熟练陶工强调要把事情做好；而在明布勒斯地区，陶工鼓励学习者在很小的时候就参与到生产过程中来，并让初学者学习装饰陶器。两个地区之间的这种区别导致了不同的文化序列，霍霍卡姆的序列显示了长时段的缓慢变化，可能反映了制陶技巧传授中的这种保守；而明布勒斯则显示了比较引人注目的变化，有时会出现独特和创造性的装饰。

了解过去的教学，比如对霍霍卡姆和明布勒斯文化陶器的推断，有助于考古学家讨论诸如文化序列的变化、知识的传递、手工业生产的结构，包括协作、时间管理和利用学徒作为劳力等问题。

图8.42～8.43　美国西南部霍霍卡姆出土的装饰陶器（右上一对）和明布勒斯出土的装饰陶器（右下一对）。对霍霍卡姆陶器的研究证明，装饰倾向于遵循标准设计，在烧制之前改正装饰上的任何错误。相反，明布勒斯陶器在其设计上表现出了较大的不同。克朗认为，这代表了两个社会中陶器装饰在教学方式上的不同：霍霍卡姆的教学严格而保守，与明布勒斯鼓励没有经验学徒的参与形成了鲜明对比。

于是，考古学家能够从民族考古学的研究中得到很多有价值的洞见。许多文化的历史资料和艺术描绘也提供了补充性资料。

釉陶与玻璃

在技术史上，玻璃是个后起之秀。最古老的是釉陶（faience，这是个法语词汇，得名于意大利的小镇法恩扎［Faenza］，是古代重要的制陶中心），它也许可以称为"准玻璃"，是在由石英粉末做成的胎质上涂上一层玻璃质碱性陶衣而制成的。起源于埃及前王朝时代（前3000年前），在王朝时代它主要用来制作简单的珠子和坠饰。考古学上釉陶的主要意义在于，通过对它们的成分分析，可以提供特定珠子的出处或原料产地，因此有助于评估史前欧洲的技术是如何依赖于埃及和地中海东部地区的。

能追踪每百万分之几浓度的元素中子活化分析（NAA，见边码363），被用来分析青铜时代的釉珠，并证明英格兰出土的珠子有相对较高的锡含量，这就使它们明显有别于捷克共和国出土的釉珠（含较高的钴和锑），甚至也有别于苏格兰出土的釉珠。所有这些釉珠都与埃及的珠子不同，于是凸显了这类人工制品是当地生产的。

大约公元前2500年，美索不达米亚开始制造第一批真正的玻璃珠，看起来它们曾价值不菲。此时玻璃被发现，它的制作既容易又便宜：只需熔化沙子再将其冷却，溶液冷却时不再结晶，因而保持透明。问题是要克服硅（砂）的高熔点1723℃。如果加入"助熔剂"苏打和钾碱，可以降低温度。虽然苏打可将熔点降至850℃，但是结果是玻璃的质量较差。制作者一定经过了多次试错之后终于发现，如果同时加入石灰，就能产生较好的结果：最佳比例是75%硅、15%苏打、10%石灰。正如我们所见，玻璃只有在产生高温之后才能被制造出来；这出现在青铜时代，伴随着冶炼金属的炭熔炉的发展。

真正的最早的玻璃器皿发现在约公元前1500年的埃及第18王朝遗址中；最早的玻璃熔炉见于公元前1350年埃及埃尔阿玛纳土丘。器皿采用了一种类似失蜡法的技术（见下），熔化的玻璃裹着泥芯塑形，玻璃冷却后泥芯被打掉，这会留下特有的带麻点的粗糙内表。一些小塑像和中空器皿也是用石头或陶土模具制作的。

约公元前700年，所有玻璃制作的主要技术都已成熟（制作器皿、塑像、窗户和珠子），只有一项除外：吹制玻璃，即用金属管把一团熔化的玻璃吹大，或有时将它吹进一个模子里。这种快捷又低廉的方法，最终由

图8.44 庞贝出土的罗马玻璃：罗马人在公元前50年左右引进了玻璃吹制术，并制作出一些精美无比的玻璃器。直到文艺复兴时代威尼斯人的顶级产品才能与他们匹敌。

罗马人在约公元前50年引进。他们的玻璃技术无与伦比，一直保持到威尼斯的玻璃加工在公元15至16世纪达到全盛期。而且，直至工业革命时期，威尼斯的玻璃产量才能与罗马人比肩。那么，为何古玻璃如此罕见？答案不像有人想象的那样是因为它的易碎性——它往往并不比陶器易碎——而是因为它像金属一样是一种可再利用的材料，即将碎玻璃熔化后可再变成新的玻璃。

同样，了解成分和生产是研究这类材料的考古学基本方法。过去由于观察结晶无法提供线索，要弄清确切使用的原料很难。然而，在过去50年里，新技术已能使专家分析各种古玻璃的成分。

例如，美国学者爱德华·塞尔（Edward V. Sayre，1919～2007）和雷·温菲尔德·史密斯（Ray Winfield Smith，1897～1982）通过结合三种技术对古玻璃进行了研究：火焰光度测定法、比色法、光学发射光谱法（OES，第九章）。光学发射光谱法最重要，它通过分析玻璃的26种元素来发现系统成分上的区别。结果，确立了几种古玻璃范畴，每种有不同的化学成分。例如，公元前2000年的标本（主要来自埃及，也有来自地中海各地的），是一种典型的苏打-石灰玻璃，含大量的镁。公元前最后几个世纪的标本（来自希腊、小

亚细亚和波斯），是富锑玻璃，含少量镁和钾。罗马玻璃证明比其他玻璃含较少的锑而较多的锰。其他用于古玻璃研究的方法中包括电子微波探针，这是一种改良型无损 X 射线荧光技术（第九章），它甚至能用于很小的样本。中子活性分析也能用于玻璃分析。

玻璃的缺陷如气泡，它们的大小、形状、方向和分布，有时能为专家提供有用的信息：某产品从坩埚到最终成形是如何处理的。副产品也能提供信息。英格兰西南部铁器时代米尔湖村（Meare lake village）出土的"碎珠子"，实际上是制作玻璃珠的模具。

冶金考古学

非铁类金属

早期利用的最重要的非铁金属——即不含铁的金属——是铜。后来人们逐渐认识到，将铜添加锡得到的青铜合金，能够获得硬度和韧性更好的产品。有时在合金过程中会添加其他元素，主要是砷和锑；在欧洲青铜时期晚期，人们意识到添加少量铅可以改善铸造质量。金和银也很重要，而铅本身不应被忽视。其他元素如锡和锑很少以金属形式使用。

在制作铜和青铜的大部分地区，存在一种自然的累进过程，总体上一如合成材料的进程（见上文），即主要取决于温度。对这些过程的基本了解是任何早期技术研究的基础：

1. 塑造天然铜：天然铜（自然形成的块状金属铜）能够锤锻、切割、磨光等。它在美国北部和加拿大古代期（Archaic Period）"古铜"文化（"Old Copper" culture，前4000～前2000）中用得较多。而在旧大陆见于很早的农耕遗址，如约公元前7000年前土耳其的恰塔霍裕克和卡努约及伊朗的阿里科什。
2. 锤锻天然铜：锤炼只是对金属加热和锤打的过程。单锤打会导致金属破碎，这种过程在开始加工天然铜时就被发现。
3. 熔化氧化和碳化的铜矿石：许多这类铜矿石颜色非常鲜艳。
4. 铜的冶炼和铸造：最早是单体（敞口）模具，后来采用了合范。
5. 与锡（可能砷）合金，制作青铜。
6. 从硫化矿中冶炼：一种比用碳化矿提炼更为复杂的过程。
7. 失蜡法铸造（见下），并采取浇补过程：分几段浇铸制造较为复杂的器形。

铅的熔点是327℃，是最容易加工的金属。它大约在800℃就可从矿石中提炼出来。银的熔点是960℃，金1063℃，铜1083℃。于是，一般而言，当工匠掌握了铜和青铜技术，也就能熟练地加工金和银，当然也有铅。

用这些材料制作人工制品的生产技艺，可从几个方面来研究。首先是确定其成分。传统的实验室方法基本上已能分辨主要的成分。例如，青铜的合金可以用这种方法鉴定。但是在实践中，现在更常用的是痕量元素分析技术，它也用于产地研究（第九章）。多年来，虽然光学发射光谱法（OES）应用很广，但它日益被原子吸收光谱法（AAS）取代。就像用于陶胎和玻璃，X 射线荧光法（XRF）也常用于非铁类金属。这些方法都将在第九章里讨论。

另一种基本方法是金相学观察，即在显微镜下观察材料结构（见后页专栏）。它能确定一件器物是由冷锤、热锻、浇铸还是结合了这些方法制成的。

回到上面提到的阶段顺序，如果天然铜纯度很高，那么利用天然铜就很可疑。若天然铜未曾熔炼或铸造，肯定能得以确认，因为金相学观察会显示某人工制品仅做过冷锤或热锻。例如，当美国金相学家西里尔·史密斯（Cyril Smith，1903～1992）用显微镜对来自伊朗阿里科什土丘公元前7000年的一颗铜珠做金相学观察时，他发现这是一块天然铜，曾被冷锤成薄片，然后用凿子切开，再卷成珠子。但是，如果天然铜曾被熔化并铸造，那肯定无法与矿石冶炼的铜相区别。

合金

铜和砷或锡合金标志着冶金术实践向前跨出了巨大一步。合金有诸多好处。首先，砷或锡铜都比铜硬而不易断裂。主要基于这个原因，短剑或矛等兵器一般都用青铜制作，用铜制作的兵器可能极不实用。

金相学观察

研究早期冶金术最有用的技术之一就是金相学观察。

它包括在光显微镜下观察一片从器物上切下来的磨光截面。该截面经化学蚀刻后，能显示金属的结构。由于我们无法做出透明的截面，所以有必要在直接反射光下观察器物表面（与岩相分析不同，比如在观察陶器时，往往在穿透光下观察薄切片）。

金属结构的金相学观察能提供许多有用的信息，不仅能区分某器物生产时的不同阶段（如补浇），而且能探知更微妙的过程。

例如，对铜来说，有可能分辨某器物何时由天然铜加工而成。金相结构还能清晰揭示铜器是否冷加工的，或是否经过退火。事实上，材料处理的全过程能被揭示出来，显示退火与冷加工的相继步骤。

金相学观察对铁与钢同样有效。熟铁容易识别：能清楚地看到铁的晶体和铁渣的条纹。渗碳化的结果——比如，铁器某部分加热渗碳以获得坚硬的刃缘——也非常清楚。坚硬的深暗色刃缘与较软而浅色的内部泾渭分明。

因此，金相学观察可以提供许多生产过程的信息，并能揭示许多铁匠制作工艺品的精湛技艺。

图8.45 铜——铸造并充分退火，放大100倍。

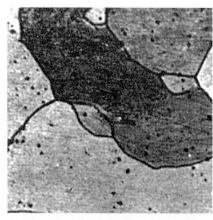

图8.46 条带（直线）表明铜已被冷加工（100倍）。

图8.47 已加工的铜，充分退火，再冷加工（150倍）。

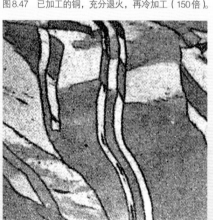

图8.48 渗铜的银（100倍）。

图8.49 放大200倍的锻铁。淡色的颗粒是铁，较暗的物质是渣。

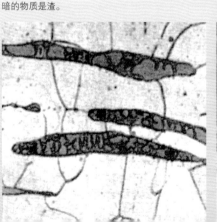

图8.50 部分已做硬处理的铁。深色结构较浅色部分要坚硬。

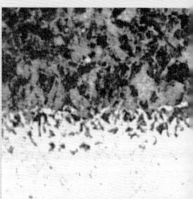

近东和欧洲的早期短剑都是青铜器；铜短剑就因太脆而无法使用。

在铜中添加砷或锡也能在诸多方面便于加工。它们在铸造过程中很有用，能避免铜器产生气泡或气孔；它们能改善器物的可加工性，可反复锤锻（冷锻或热锻），而不会令其断裂。锡青铜中锡与铜的理想比例大约为1：10。

存在锡或砷表明很可能采取了合金。但就砷而言，最初采用的是富砷的铜矿，砷并非特意添加，这样的结果可谓是天作之合。但是对孤立的一件遗物，我们却无法肯定是否为特意添加。对一系列器物的分析能揭示一致的形态，表明了制作过程中的仔细控制，因此是刻意而为的合金。例如，伊顿（E.R. Eaton）和休·麦克勒尔（Hugh McKerrell）将X射线荧光法用于近东的青铜材料，显示近东在青铜合金中广泛采用了砷元素，这很可能为铜提供了一种银色外表。事实上，他们发现在公元前3000年到公元前1600年间，美索不达米亚出土的砷青铜占所有金属的四分之一到三分之一，其重要性是当时锡青铜的二到三倍。

金和银的合金成分，可从确定它们的特定比重来推断。以这种方法，人们发现拜占庭金币在公元1118年到1203年间贬到较低的银价。迈克尔·亨迪（Michael Hendy，1942～2008）和吉姆·查尔斯（Jim Charles，1926～2017）通过对硬币断面观察确定了制币的方法，因为微结构表明，硬币的毛坯是由薄片（冷或热加工）切割的，而非用铸滴压戳而成。

铸造

344
346

使用陶范类型的信息，一般可以通过对器物做简单观察而获得。如果它显示上下面都有铸造的证据，那么可以推测使用了复合范。较为复杂的器形可能必须采用失蜡技术，该技术在新大陆达到了相当娴熟的程度（见第十章）。这项巧妙而用得很广的技术先用蜡

图8.51 （左）铸造。失蜡法。这是古代埃及的一个实例（约前1500），先作一泥芯，再就该泥芯制成蜡模。再以蜡模为母本制泥范后进行烧烤，直至熔化了的蜡汁流出来。然后将熔化的金属液注入已中空的陶模中（下图灰色部分），最后敲碎泥范取出铸件。

图8.52 （右）约公元前1500年的埃及墓葬壁画上描述了冶金工人铸造铜门的情景。用脚踏风箱加热后（上），铜液被注入一大型模范中（下）。

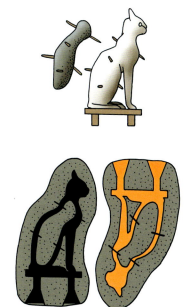

做出想要的模型，然后将模型裹入细泥，但预留一条外向的小孔径。当加热泥土时，熔化的蜡向外流出，黏土便成了中空的模具，再向内浇入金属熔液。打碎陶范，得到的就是原来模型的金属复制件。当然，这是一种"一次性"方法。

除了零星留存下来的记录和图示外，有几种方式从考古记录中探测到了这种失蜡技术。对于新大陆而言，西班牙殖民者曾提及金子（虽然不是铜）就是用这种技术铸造的。除了遗留下来的陶范（见下）外，仍黏附在一些金属塑像上的残存的黑色泥片就是证据。有时使用原来未破坏的陶范进行实验，可显示失蜡法的有效性。

用金相学显微镜（见边码345专栏）和电子探针显微分析作横截面观察，也能获得有关制作的详细资料。英国金相学家查尔斯研究了一些来自欧洲东南部的早期铜斧，发现斧子表层氧含量很高：铜的氧含量在下层是0.15%，上层是0.4%。这清楚表明，这些铜器时代的斧子是用敞口范铸造的。

346
347

但是，应当指出，锤打和热锻能够产生与铸造相似的结果。一把两面有脊的短剑并不能说明就是用复合范铸成的，因为它两面起脊的效果可以用热加工做到。有必要采用金相学分析来确认制作方法。

制作方法的详细证据也可以通过观察生产过程的副产品来得到，也能从一些物件表面痕迹来推断。虽然铜像端部多余的金属块往往会被工匠除去，但是它们也可能偶然保留，表明它们是以什么样的位置铸成的（通常是头朝下）。同样，器物的浇铸接缝或"接口"没有处理——少许金属渗入两片合范的接缝中，没有锉去——也能提供证据。哥伦比亚中部金巴亚（Quimbaya）地区出土的一件富含金的合金人面香炉，我们能见到前额和下颏有条垂直线，并在中空的台座内有条凸起的缝。

模具能提供许多有用的信息，而因为它们常常是用石头做的，所以多能存留。即使用失蜡法浇铸的土块也会偶然保存下来。在哥伦比亚金巴亚（Quimbaya）普韦布洛·塔帕多（Pueblo Tapado）一座时代不明的墓葬里发现了两件完整的标本。标本没有破碎，显然是因为它们从未被使用，但肯定是准备用来铸造小装饰品的。根据卡伦·布鲁恩斯（Karen Bruhns）的研究，模具本身就像扁长颈瓶，底部一个小孔。当浇入金属溶液时，能让里面的空气逸出，从而避免气泡的形成。

研究炉渣也能提供信息。对炉渣的分析常常需要区分是炼铜还是炼铁产生的矿渣。炉渣中硫的探测也很关键，这是硫矿的标志。根据较高的铜含量，可以将坩埚矿渣（来自浇铸过程）与冶炼炉渣区分开来。

陶器残渍的微化学分析（第七章）也能提供金属加工的证据。罗尔夫·洛特兰德分析了多瑙河上游霍恩堡（Heuneburg）铁器时代哈尔施塔特山头城堡出土的小陶罐，发现一个陶罐曾用于冶炼铜合金，一个含金的痕迹，另两个含银的痕迹。

对工艺技术的充分了解，必须来自对生产场地设施的彻底观察。金属锭、炉渣及其他副产品如模具、里面常带炼渣的坩埚碎片、破碎的吹管端口（灌输空气的管嘴）、浇铸废品和金属碎片等等，一般都能提供冶金方法的线索。例如，铜锭常常会在熔炉底部凝固，于是它们的形状反映了炉底的形状。在中国山西侯马公元前500年的一处铸铜遗址中，出土了3000多件遗存，包括分件铸模、陶模和范芯等。早在公元前1500年的商代，中国人就完善了这种分件铸造法。最精致的早期青铜器主要用失蜡法铸造。中国人就用这种方法制造出了一些精妙绝伦的工艺品。

熔炉遗迹也能提供有关生产过程技术的全部信息，

图8.53 在中国，用陶合范铸造青铜器到公元前1500年左右的商代已经很完善。与旧大陆西部采用的技术不同，中国商代人主要精力集中在制作陶范而非加工铸造后的模型上。作坊里大量制作陶范以供应铸造，其结果是制作出的青铜礼器这些杰作。

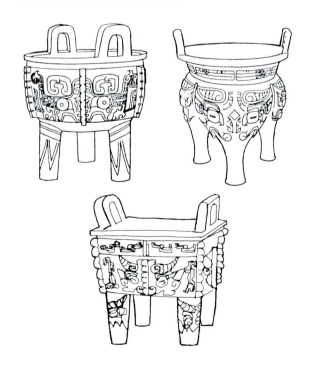

就像在秘鲁巴丹·格兰德遗址所见的例子（见边码348～349专栏）。

银、铅和铂

虽然铅的低熔点（327℃）使铅比较容易加工。但是它非常软，所以用途不大。不过铅常用作小塑像，而在有些地方，铅做的小箍被用来修补破陶罐。

但是铅比较重要，因为自然界发现的铅矿往往富含银。从铅中提炼银的过程已知有灰吹法（cupellation，这是在高温下对矿石或合金金属进行处理，将金、银、铂等贵金属从铅、铜等贱金属中分离出来的方法），包括将铅氧化成一氧化铅（铅的一种氧化物），而其他没有价值的金属也同样被氧化。在一氧化铅被炉子吸收或撇去后，贵金属并未被改变。这个方法需要一个浅炉，浅炉的相当大的表面暴露给风箱鼓风的氧化气流，木炭或木柴则被用来维持约1000～1100℃的温度。

在罗马不列颠，于罗克斯特镇和锡尔切斯特镇出土了灰吹法炉窑。锡尔切斯特镇的炉窑里垫有骨灰，能起到渗透和吸收作用。分析表明，这类炉窑用灰吹法冶炼铜，因为它含有一些小珠，78%为铜。它很可能用来从铜含量很大而成色很低的银币中提取银。

西班牙西南部公元前8～前7世纪的廷托河（Rio Tinto）遗址出土了大量炉渣（约1600～2000万吨），分析证明主要来自银的冶炼：虽然矿石富含银（每吨有600克银），但是没有发现任何金属器物。炉渣和铅珠主要分布在许多房子里而非在大土堆里，由此，发掘者安东尼奥·布兰科（Antonio Blanco）和何塞·玛利亚·卢曾（Jose Maria Luzón）推测，金属加工是家庭活动而非作坊生产。

铂（熔点1800℃）公元前2世纪已在厄瓜多尔被加工出来，但直至公元16世纪才为欧洲所知，晚至1870年代欧洲人才着手冶炼。在厄瓜多尔，人们十分喜欢铂的硬度和抗蚀能力，而它常与金一起使用。

金属的精加工

毫无疑问，古代工匠很快就控制了高温技术所允许的各种方法。例如，约公元前1500年爱琴海青铜时代晚期，各种技术被用来加工非铁类金属，其应用已与古典时代或中世纪初相同。加工金属薄片的技术如压印、镂刻和凸纹（如用手控冲杆从金属片背面加工浮雕），人们已了如指掌。细丝工艺（用金属丝和焊接的镂空技术）约在公元前3千纪在近东兴起，而粒状工艺（将金属颗粒焊到通常是同类金属的底板上）取得了惊人的效果，其以伊特鲁里亚人最为著名。

秘鲁西潘（Sipán）和西坎（Sicán）遗址出土的一批令人叹为观止的精致金属工艺品，展示了非凡的手艺。西潘发现的3座皇家墓葬属于莫切时期，很可能年代在公元1～3世纪间。莫切的金匠掌握了各种技术。

总之，通过这样的仔细观察可以确定制作方法，而无须更复杂的分析。大部分传统的制造方法也许仍能在北非某些乡镇和中东集市上见到。一般来说，从一位掌握传统工艺的能工巧匠那里所能学到的，通常要比从未受益于世代相传工艺的实验人员所做的某种立意不够严密的考古实验更受启发。

镀

镀是一种将金属结合到一起的方法，例如铜镀银或铜镀金等。现已表明，古代秘鲁人曾对一些贵金属使用了电解化学镀方法，这种方法一般认为是欧洲中世纪晚期或文艺复兴时期发明的、在铁胄钢盔上镀金的方法。

希瑟·莱希特曼（Heather Lechtman）和她的同事对秘鲁洛马内格拉（Loma Negra）一处被盗墓地出土的一些锻制铜片镀金器物做了分析。它们的年代为公元初几世纪，即莫切文化早期，包括人像、面具、耳饰。有些器物表面很薄的一层金，并非机械地黏附在器物上面。实际上，金是如此之薄（0.5～2微米），以至于在500倍显微镜放大后仍无法从断面上看出厚度，但是其十分均匀地覆盖在金属片的边缘。显然这不是简单的金叶或金箔。

347/348

348/350

350/351

图8.54　罗马不列颠锡尔切斯特镇出土的灰吹法炉窑的复原图。该炉子很可能用来从含高比例铜的钱币中提取银。

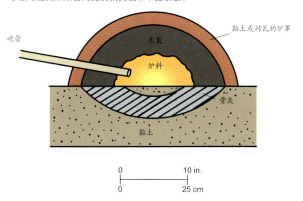

吹管

黏土或砖瓦的炉罩

木炭

炉料

骨灰

黏土

0　　10 in.

0　　25 cm

金和铜之间的熔融区表明，高温将它们黏合到了一起。这种技术不可能是需采用电流的现代电镀，但其结果却有异曲同工之妙。因此，研究者寻找化学置换镀的可能性。在实验中，他们只使用古秘鲁人掌握的化学手段，而其过程不需要任何外界电力。他们采用腐蚀性盐和矿物水溶液（在秘鲁沿海的沙漠里很常见，故莫切时期是可获取的）来作溶解剂，然后放入金子，然后将铜片浸入溶液之中，加热使之沸腾，5分钟后金子就涂到了干净的铜片上。为了让黏合更稳定，就要把镀件放在650℃～800℃温度中加热几分钟。实验结果如此接近洛马内格拉的器物，以至于这种方法——或与此相似的一种方法——很可能为莫切工匠所采用。

铁和钢

在前哥伦布时代，新大陆不曾使用铁。而在旧大陆，大约公元前1000年，随着近东铁器时代的开始，铁的使用大量出现。但有证据表明，对铁的加工还要早些，明显是在赫梯时代的安纳托利亚就已开始。陨铁（来自陨石，为自然金属状态）在近东广为人知，圆柱形的印章和其他一些装饰品都用它制造。但没有证据说明它被广泛加工。

一旦熔铁技术被充分了解，铁就变得十分重要，不只是在非洲，因为自然界中的铁要比铜丰富得多。但提炼铁却困难得多——即将铁从氧化铁中分离出来（自然界中铁以氧化铁的形式存在）。它需要更为强大的提炼条件。

铁可以在大约800℃时从纯氧化铁中还原，低于其1540℃的熔点。但实际上铁矿中除了氧外，还含有其他一些不需要的被称为尾矿的矿物质。它们必须在冶炼过程中从炼渣中去掉。所以冶炼必须达到足够高的温度，使矿渣液化并流出，使铁像海绵般凝固成"生铁"。

炼铁最简单和最容易的炉子是碗状炉——在地上挖个坑，敷上烘烤过的黏土或砖块，炉里放入矿石和木炭，借助风箱将温度提升到大约1100℃。下一步就是趁热打铁，在地上的锻冶场所或铁匠铺里进行。要区分冶炼场和铁匠铺并不容易；若与炉渣一起发现了矿石，一般表明这里是冶炼场所。

铸铁是一种比熟铁含碳量高得多的铁合金。由于铸铁的生产要求建造复杂的熔炉并具有复杂的操作，在欧洲一直要到公元时代才被广泛采纳，比锻铁生产晚了1000多年（尽管早在公元前6世纪希腊就出现了

古代秘鲁的制铜

1980年到1983年，由泉岛田（Izumi Shimada）率领的一支考古学家和相关专家团队在秘鲁北部海岸安第斯山脉中部山脚的巴丹·格兰德（Batán Grande）调查古代铜合金生产。他们在蕴藏量丰富的铜矿附近的三个遗址中发掘了50座熔炉；他们估计遗址中还有几百座类似的熔炉。从约公元900年到1532年西班牙殖民者开始征服印加帝国期间，这里以工业化规模冶炼铜合金（铜与砷）。这些遗址提供了大量田野证据，说明安第斯山脉中部地区的金属加工是古代世界重要的独立的冶金传统之一。

在一处山边遗址中揭露出1座完整的冶炼作坊，见有熔炉、厚厚的铜渣和炭屑堆积、直径达1米的巨大碾磨石、十几件陶吹管端头，还有食物遗存、一些铜及含砷的矿石。熔炉有规则地相距1米，三四座炉排成一行。

冶炼复原实验利用了一座600年前的熔炉和鼓风管，实验显示，冶炼温度可达1100℃（铜的熔点是1083℃）。每座熔炉垫有特别配制的"泥浆"，具有非常耐火、不黏结和表面光滑等特点，并能经受多次燃烧。有的熔炉内垫重修多达3次。

看来，含铜和砷的矿石在此被还原成矿渣和金属铜合金，一项过程实验表明，需要3个小时不停鼓风以维持高温。每个炉子能容纳3～5公斤铜合金及部分熔化的矿渣。一旦炉子冷却，矿渣就近用小石锤在碾磨石上砸碎，再从无用的矿渣残留物中提取铜粒（最大颗粒有1厘米，直径0.4厘米）。

图8.55 发掘中的熔炉，分别呈东西向和南北向排列，年代约公元1000年。

巴丹·格兰德出土冶金遗存的分析步骤

矿石、矿渣、铜颗粒、铸块和"成品"

选样

初步论证：测量、拍照等

冶金学、岩相学、扫描电镜

成分分析、微硬度、X射线荧光光谱法、原子吸收光谱法、粒子诱发X射线荧光分析、扫描电镜

对各模型做实验的检验

研究问题的评估与重新制定并进一步采样

图8.56　流程图表明各领域的专家如何采用不同的技术共同协作以帮助了解冶炼过程。(X射线荧光光谱法、原子吸收光谱法和粒子诱发X射线荧光法的说明，请见边码363～364专栏)

图8.57　示意图显示巴丹·格兰德遗址是如何进行冶炼的。

这些铜粒收集后会在坩埚里再熔成铜锭。在遗址另一区域，产生的铜进一步被带小平面的石锤热锻并制造成金属片和工具。金属颗粒、金属片和工具都是砷铜。

从公元前3000年以降，近东地区就有提取金属颗粒的作法了。如今，巴丹·格兰德的证据表明，它在新大陆是独立发明的。但是，新大陆冶炼者显然从未从鼓风中获益，人类用肺部鼓风限制了熔炉的大小以及每次矿石冶炼的数量。

据目前所知，在该地区"西坎中期（Middle Sican）"或"兰巴耶克（Lambayeque）"文化至少有10处熔炼作坊；但在1999年和2001年，泉岛田和他的团队在秘鲁北部沿海的瓦卡·西阿卢普（Huaca Sialupe）发掘了一处1000年前的不同的金属加工遗址。在此，他们遇到两组用倒置大型陶瓮制成的向上排气的熔炉。金属颗粒和铜锭片段等生产垃圾表明，熔炼过的铜砷合金被拿到这里进行再加工，而一个熔炉内部炭屑的中子活性分析指明当时人锻制了金子合金。利用一

个熔炉所做的复制实验表明，炭燃料仅用风鼓风，很容易产生1000℃以上的高温，所以要比铜和金的热锻或合金更有效。

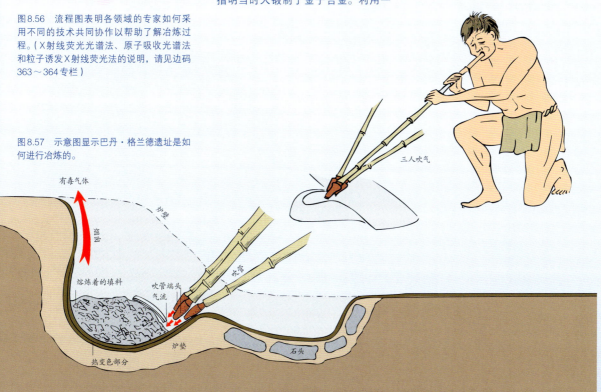

铸铁小塑像）。但是在中国，铸铁和锻铁几乎是在公元前6世纪同时出现的，铸铁一般用来制作实用工具，这在中国要比西方早很多。铸铁是较脆的铁合金，而且熔点较低（约1150℃），故能在熔融状态下浇铸。因此，古代中国重视铸铁而非锻铁。就此而言，在远东和欧洲，冶金术遵循着十分不同的历程。

钢是纯粹的铁，含碳在0.3%～1.2%之间，它能以冷处理延展和硬化。虽然真正的钢一直要到罗马时代才生产，然而一种颇为相似但不太均匀的产品在较早时代已用渗碳法制造（见边码352专栏），它是用高温加热铁并接触碳而做到的。起初，这一过程肯定纯粹是偶然发生的，工匠在锻铁过程中无意将其与灼热的碳接触。铁的碳化程度以及采用的过程最好通过对所研究器物的金相学观察来评估。

一些没有特征的金属块，可以比它们的外貌提供更多的信息。一件铁器上"长"出的腐蚀物会矿化，甚至会将与原器物共存的木头裹住。结果金属块里面可能留有一个与被腐蚀物件一样形状的空腔。X光能揭示这类隐藏的形状，可以做一个铸模并提取出来。

图8.58　金蜘蛛珠——与秘鲁西潘"古王"共出的、组成一条项链的10颗金珠之一，年代可能为公元1世纪。该珠由不同构建组合而成（上），采用了不同的工艺。当佩戴者走动时，该珠底部的三个金球体会发出清脆的声响。

早期炼钢：民族考古学之实验

对生产过程做详细观察的民族考古学项目一般是针对石器和陶器或是编织物的制造，然而也有许多学者用它来探究金属加工。

有这样一个将民族志与考古学及实验手段相结合的项目，是由彼得·施密特（Peter Schmidt）和唐纳德·埃弗里（Donald Avery）在坦桑尼亚西北地区进行的。他们在生活于维多利亚湖西岸人口密度很高的农业村落里班图语系的哈亚（Haya）族农民中工作。虽然哈亚人使用从欧洲和其他地方进口的金属工具，但在口述传统下拥有他们自己的古老炼钢技术，并一直沿用到90年前。现在他们仍有一种用废铁锻铁的传统。有些老人，其中几位是铁匠，还记得炼铁的传统方法，并十分乐意重新演示这一经验。

于是，无须多加劝说，这些哈亚人很快建造了一个传统的炉子，1.4米高，圆锥形，用泥浆和矿渣砌成。下面是50厘米深的土坑，用泥敷底，堆上烧的水草。这些炭化野草在铁熔化时能提供足够的碳与之结合而制成钢。八根陶质吹管伸入炉膛底部，每根吹管与炉外的羊皮鼓风器相连，据说，这些吹管将预热的空气（可达600℃）送入炉膛，那里装有炭燃料。虽然预热受到冶金考古学家的质疑，但是明显的是，哈亚人的熔炉温度能够达到1300℃～1400℃，还有制造中低碳钢以及锻铁和一些铸铁所需的其他条件。

对哈亚人经验的考古学验证来自该湖岸的发掘。那里发掘出13座熔炉遗存，与现代哈亚人建造的几乎一样。从炭屑所得的放射性碳年代表明在1500到2000年前。发现的铁渣表明气流温度为1350℃～1400℃。相同时代的熔炉在东非其他地方也有发现。

简言之，哈亚人的炼铁技术能在很可能预热的强力鼓风炉中生产出中碳钢。

图8.59　哈亚熔铁炉的理想剖面图（在添加铁矿石和木炭的混合料之前）。用一木棍挤压羊皮囊鼓风器上下鼓风，迫使空气由陶吹管深入炉膛中心。

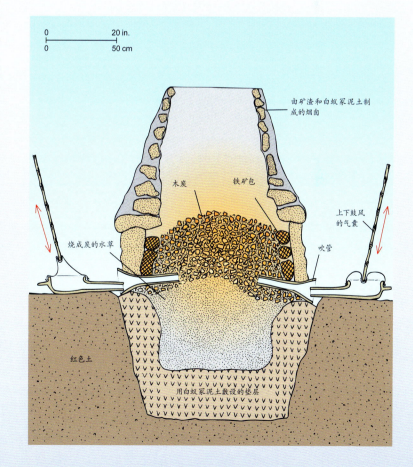

$\frac{352}{353}$
小 结

▶ 人类制作的各种制品的实体遗存构成了考古记录的大宗。这些由考古学家发现的人工制品并不代表实际使用的全部器物，因为有些材料要比其他一些更易保存。由于这个原因，石器和陶器成为考古记录的主要内容。虽然用纤维、绳子、皮革和其他有机材料制作的器物也可以上溯到极早的考古学时期，但是它们很少保存下来。某文化引入陶器似乎与采纳定居生活方式同步。

▶ 民族志和民族考古学能够为技术相关的问题提供洞见，因为许多现代文化群体仍在制作与过去非常相似的石器和陶器。实验考古学也有助于学者了解器物的制作过程以及它们的用途。许多考古学家对某些技巧如打制石器非常熟悉就是这个原因。在民族志和实验提供的指点外，只有微痕研究能够提供石器使用和它们处理何种材料的证据。

▶ 人类常常从一件石核上剥去石片来制作石器，直到获得想要的形状。从石核上打下来的石片本身也能作为工具使用。但是，两缘平行的长石叶在世界许多地方占主导地位。因为石叶从一件石核上有序地剥制下来，因此可以生产大量的工具，而石料浪费很少。

▶ 铜在古代是最重要的金属。用铜合金来制作青铜代表了冶金术实践的重要进步：产生的合金比纯铜更加坚硬且不易断裂。金属和金属器物可以用各种不同方法进行加工和生产。采用失蜡法铸造是一项重要的发展。

深入阅读材料

目前没有最新的涵盖本章所讨论的所有方法的综合性介绍。古代技术宽泛的调查包括：

Cuomo, S. 2007. *Technology and Culture in Greek and Roman Antiquity.* Cambridge University Press: Cambridge.

Fagan, B.M. (ed.). 2004. *The Seventy Great Inventions of the Ancient World.* Thames & Hudson: London & New York.

Forbes, R.J. (series) *Studies in Ancient Technology.* E.J. Brill: Leiden.

James, P. & Thorpe, N. 1995. *Ancient Inventions.* Ballantine Books: New York; Michael O'Mara: London.

Mei, J. & Rehren, T. (eds.). 2009. *Metallurge and Civilisation: Europe and Beyond.* Archetype: London.

Miller, H. 2007. *Archaeological Approaches to Technology.* Elsevier/Academic Press: London/Amsterdam.

Nicolson, P. & Shaw, I. (eds.). 2009. *Ancient Egyptian Materials and Technology.* Cambridge University Press: Cambridge.

Pollard, M. & others. 2007. *Analytical Chemistry in Archaeology.* Cambridge University Press: Cambridge.

White, K.D.1984. *Greek and Roman Technology.* Thames & Hudson: London; Cornell University Press: Ithaca, NY.

其他重要文献有：

Brothwell, D.R. & Polland, A.M. (eds.). 2005. *Handbook of Archaeological Science.* John Wiley: Chichester.

Coles, J.M.1979. *Experimental Archaeology.* Academic Press: London & New York.

Craddock, P.T. 1955. *Early Metal Mining and Production.* Edinburgh University Press: Edinburgh.

Foulds, F. W. F. (ed.). 2013. *Experimental Archaeology and Theory: Recent Approaches to Archaeological Hypothesis.* Oxbow: Oxford.

Henderson, J. 2000. *The Science and Archaeology of Materials: An Investigation of Inorganic Materials.* Routledge: London.

Henderson, J. 2013. *Ancient Glass. An Interdisciplinary Exploration.* Cambridge University Press: Cambridge.

Hunt, A. M. A. 2017. *The Oxford Handbook of Archaeological Ceramic Analysis.* Oxford University Press: Oxford & New York.

Hurcombe, L. M. 2014. *Perishable Material Culture in Prehistory: Investigating the Missing Majority.* Routledge: London.

Odell, G.H. 2003. *Lithic Analysis.* Kluwer: New York & London.

Orton, C. & Hughes, M. 2013. *Pottery in Archaeology* (2nd edn). Cambridge University Press: Cambridge & New York.

Roberts, B. & Thornton, C. P. 2014. *Archaeometallurgy in Global Perspective: Methods and Syntheses.* Springer: New York.

Tait, H. (ed.).1991. *Five Thousand Years of Glass.* British Museum Press: London.

9 他们有怎样的交往?
贸易与交换

早期社会的交换和贸易研究日益成为考古学的一门显学。互动和交换与第五章讨论的社会结构和组织的概念密切相关,两者之间不可能做出清楚的划分。社会结构本身可以从人们之间反复交往的方式来定义,而社会组织和交换只不过是同一过程的不同方面。这种接触当然取决于旅行的手段。在陆地上,役畜的驯化起着非常重要的作用,而江河的航运也非常重要。但是,只有海上航行才能使过去不存在的接触成为可能。船舶本身的发现也弥足珍贵,但它们最常见的是以沉船的形态存在的(见边码374~375专栏)。但是这类发现很罕见,而常见的交往是从贸易和交流的证据来论证的。

发现具体的交换物品是考古学家希望拥有的,用来确认不同地区、不同社会之间的接触的最坚实证据,如果所研究产品的原料足够独特,而这些原料的产地能够确认,那么就可以研究这些产品的流动,包括制成品和未加工或部分加工的商品。现有许多化学方法和其他方法可以准确分辨这些材料的特点,也就是说,确定某特定来源的特征,来分辨它们的产品。事实上,相比形制,研究人工制品的材料可以为这些人工制品的产地提供更有价值的信息。试图重建

整个贸易系统的结构,是更具挑战性的任务。如果没有文字材料告诉我们哪些物品被用来交换我们在考古记录中发现的这些物品,这便是一项非常困难的工作。

在许多方面,信息和思想的交流可能比考古材料提供的有关接触的物证更重要。例如,某些奢侈品具有象征价值,其确切意义我们今天并不总是十分清楚,比如新石器时代北欧来自几百公里之外的翡翠斧(见边码376)。老一辈学者太愿意将不同文化之间的共性看作是接触、思想交流或两者之间"传播"的证据。部分是因为一直有强调事物的独立起源,而邻居之间互动的重要性却受到某种程度的冷落的倾向,而上述是对该倾向的矫枉过正。现在是重新审视此类交往的时候了。

这里强调的是贸易和交换中的物质器物的贸易,它们为来往互动提供了具体的证据。但是,应当指出,还有其他的互动证明。基因流动就是其中的首选。例如人类最初移居新大陆的基因证据,构成了初步认定的西伯利亚和阿拉斯加之间跨越白令海峡交往的非常有效的证据(见边码473专栏)。其他交往的证据将在下面章节提到。

互动研究

交换是考古学的一个中心概念。说到货品、日用品时,它略等同于贸易。但是交换的含义更广,被社会学家用来描述人与人之间的所有接触,因此所有的社会行为皆可视为物品的交换,既包括物质上的,也包括非物质上的。从广泛意义上,交换包含信息的交流。因此,有必要详细讨论交换的事宜。在许多交换中,关系要比被交换的东西更重要。比如,在基督教传统中,圣诞节家庭内部的礼物交换、亲属之间的赠

礼往往比具体礼物更重要,所谓"礼轻情意重"。也有不同种类的交换关系:有时慷慨是流行的风尚(比如家庭的圣诞礼物),有时目标在于获利,而不太强调人际关系("你会从此人手上购买二手汽车吗?")。而且,商品种类也各不相同:有买卖的日用品,也有特殊物品;贵重物品适合用作礼物。对于所有这些,我们必须考量在非货币经济中交换是如何进行的,那里可能既没有货币,也没有任何其他交换媒介。

在下节中，我们将考虑从考古学家所发现的人工制品（交换物）中可以得到的早期贸易和交换信息的种种方式。但是，首先我们必须进一步考虑交换和交往的性质。

交换与信息流动

让我们想象有两个社会，彼此生活在相距数十英里的岛上。如果他们之间没有接触，他们便在完全隔绝的状态下开发本岛的资源。但是，他们很可能有船，因此彼此间有接触。在这种情况下，研究其聚落和人工制品的未来考古学家，将在A岛发现用只在B岛才有的原料制作的物品，于是能够论证这种接触关系的存在：岛屿之间很可能有往来。但对岛民来说，岛屿之间可能社会交往、思想交流及建立通婚关系更重要。所有这些也是考古学家必须与被交换物品一起考虑的。

当A岛和B岛之间存在交换，那么就会有信息的流动。交流思想、传播发明，灵感和抱负也同样会被传递。如果A岛居民决定建造一座新型庙宇，B岛居民大概也会跟风。如果B岛居民发明了冶炼技术，A岛居民也不甘于后。因此，被视为交流系统的互动之间存在一种真正的平衡，而对于物品交换，互动是一种系统。本章的大部分我们将讨论经济和物品的交换。但是最后，我们将回到作为信息交换的互动这个题目上：从长远来看，后者往往更重要。

图9.1　两个岛屿之间的接触会产生这样的结果：一方的发明（比如庙宇建筑、冶金术）可能导致另一方出现类似的发展。

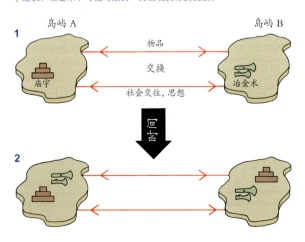

规模与"世界系统"

出于某种目的，把内部交换和外部交换区分开来比较方便，前者发生在我们所考虑的社会内部，后者则指物品的远程贸易，从一个社会单位向另一个社会单位的流动。在使用"贸易"一词时，我们一般指外部贸易——即与外部世界发生的贸易行为。但是当我们考虑某社会内部的互动时，不管是信息还是物品，我们则倾向于采用社会结构而非贸易的术语。本章强调的是外部贸易，社会内部的关系我们在第五章已经述及（我们考虑了社会的规模和结构问题）。但是两种层次的交换并不总能清晰区分。

贸易系统往往有自己的运行轨迹。从定义来看，它们延伸颇广，跨越许多政治独立社会的边界。但有时，这类广泛贸易系统的不同部分会在商业上如此依赖，以至于人们很难想象它们是彼此独立的实体。这一点已为美国历史学家伊曼纽尔·沃勒斯坦（Immanuel Wallerstein）所强调。他使用"世界系统（world system）"或"世界经济"术语来指称一个经济单元，这一经济单元由贸易网连接起来，远远超出个别政治实体（即民族国家）的边界之外，经济单元与经济单元联系到一起，成为一个更大的功能单位。

沃勒斯坦的最初例子是公元16世纪西印度群岛和欧洲之间发展起来的关系，当时西印度群岛的经济和对它们实施殖民的欧洲宗主国经济存在不可分割的联系。（应该明了，沃勒斯坦的术语"世界系统"有点怪，它并非指整个世界。他想象有几个世界系统的集合，每个系统可视为单独的存在：一个世界系统可能包括欧洲和西印度群岛，另一个则是中国及其太平洋邻国。）

沃勒斯坦认为建立在资本主义之上的现代世界系统的出现，发生在16世纪的社会大转型时期。但是考古学家和古代史学家把这一术语用到较早的时期。所以，就像沃勒斯坦谈到现代世界系统的"核心"和"边缘"，历史学家也将这些术语用到较早的时代。

在本章最后一节，我们将看到，不加思索地采用这一术语有可能导致非常危险的考古学假设。就目前来说，沃勒斯坦的方法有助于我们提出许多重要的问题：过去有效运作的经济系统的规模是怎样的？指出这一点已足矣。在第五章里，我们讨论了考古学家界定有效社会单位规模的不同方法。在此，我们需讨论，若经济系统大于社会系统，涵盖了好几个政治上独立的单位，我们该怎样界定经济系统的规模。

交换模式

　　交换或贸易意味着货物的易手，是双向的交易。美国人类学家卡尔·波拉尼（Karl Polanyi，1886～1964）提出三种交换模式，即互惠、再分配和市场交换。

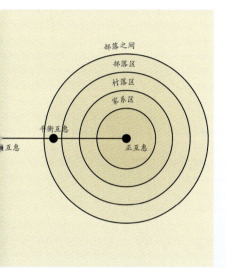

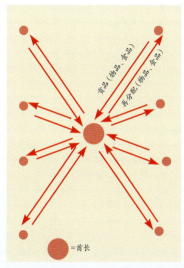

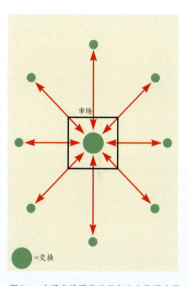

图9.2　互惠是指地位对等个人之间发生的交换，即他们大体是平等的交换。双方都不处于支配地位。实际上，礼物交换也是如此。虽然一件赠礼未必立即获得对方的回赠，但是确立了一种个人的义务，即需互惠礼物的回赠。美国人类学家马歇尔·萨林斯认为，与这种交换相伴的慷慨或利他主义可以用正互惠说明，它发生在近亲之间。平衡互惠发生在某特定社会背景中的熟人之间。而负互惠（即交换一方试图从他的交换伙伴方盈利）发生在陌生人或社会上相距较远的人群之间。

图9.3　再分配意味着某种中心组织的运作。货物被送到这个组织中心来，或者至少被这个组织挪用，然后做重新分配。萨林斯认为，波利尼西亚的许多酋邦就以这样的方式运转：酋长对产品进行再分配，以克服地理上的差异。渔民得到水果，农场工人则得到鱼。这样的交换相对于一系列相对无序的个人间互惠交换更有秩序，而这也是集中组织起来的社会如酋邦或国家的特征之一（见第五章）。因为这意味着社会内部存在紧密的政治组织，再分配是内部交换的一种形式。

图9.4　市场交换既意味着存在交换活动得以发生的特定中心场所（市场），也意指讨价还价这种社会关系的存在。它含有一种通过商量定价的系统。波拉尼声称，这类讨价还价最先在古希腊成为一种真正市场体制的基础，同时基于良好规范的金融系统的货币也应运而生。但是其他的学者认为，在古代近东也有市场，当然中美洲和中国亦然。

　　市场往往位于某社会政治单位内部——比如中国的农村市场，或希腊的市场（agora）。但它未必一定如此。贸易口岸即是不同民族（即属于不同政治单位）商人可以自由会面的场所，在此可以进行自由的讨价还价和定价。

早期接触的证据

对于考古学家来说，最令人满意的交往标志往往来自一个地方出土器物的式样，可以通过器物特征确定其起源地（见下）。即使没有这类物质证据，还有其他路径可走。一种是在现代法医研究中用得越来越多的DNA分析，鉴定被认为通常居住在某特定地区人类种群所专有的特定单倍型（一般在Y染色体或线粒体DNA中）。因此，如果发现一具未知死者的遗体，DNA分析有时能够得出一个特定的海外起源。

近年来，一种相似的方法被用来追溯一些个体的祖上谱系，这些人的晚近祖先在16～19世纪的奴隶贸易中从非洲来到美国和英国。有时可以找到他们父母渊源所在的特定村落或部落。一种相似的逻辑成为用DNA分析来追溯最早美洲人的早期谱系起源的根据（见边码473专栏）。

对牙釉质进行锶和氧同位素分析，也可以分析一个人一生的轨迹。锶同位素比值受个体发育时所在区域地下水的影响，而氧同位素比值则反映了该区域的温度。当这些数值与埋葬地的特点不同时，它们可以表明长途跋涉的存在，就像在巨石阵附近发现的铜器时代"埃姆斯伯里射手"所断言的那样（见边码118～120专栏）。

50000年前人类在澳大利亚活动，这么早的年代本身就是航海和早期往来的明证。但是，更早的证据来自印度尼西亚弗洛勒斯岛上在年代被认为850000～750000年地层中发现的石器。似乎即使在海平面最低的时候，到达弗洛勒斯岛也要跨越两片海区，其中之一距离有25公里。就如迈克尔·莫伍德（Michael Morwood）及其同事指出的："因此，在早更新世弗洛勒斯岛上人科动物的存在为我们提供了推断世界上人类航海技术最古老的年代……这些成果表明，直立人的智慧和技术能力很可能被严重低估了……人类建造能够运送生物学上和社会上可存活群体穿越可观海域之舟楫所需的复杂的后勤组织，也意味着人类已拥有了语言。"（Morwood and other 1999: 285、286）

在陆地上，则需要更加复杂的技术来做出推断。现在已经在系统研究更新世的交换网络了，而原料运输的距离被用来反映人科动物是如何收集和交换信息的。早期人科动物搬运原料的距离有限，体现了某种家庭规模及社会复杂性，而在相当的环境里，人科动物的交流系统与野生黑猩猩等灵长类的交流系统不同。大约100万年前，原料搬运距离大大增加（见图9.5）。这也许是运用了一种原始语言、产生了信息收集能力

的结果。原料搬运距离的另一次增加，在非洲，约出现在130000年前中期石器时代的后期（the late Middle Stone Age），表明了交换网络的运作，因此被认为是一种在社会背景里运用语法和符号的交流系统，体现了人类语言的特点。

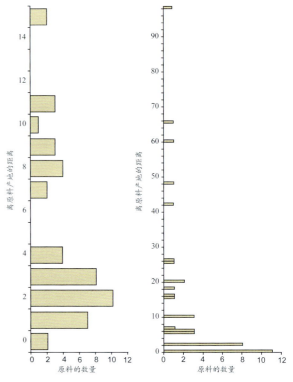

图9.5　非洲遗址里原料搬运的距离（依Marwick 2003）：左，160万～120万年前的时间段；右，120万～20万年前。距离的增加非常显著，表明了新语言能力的发展。

礼物交换与互惠

人类学理论最根本的进展之一，是法国社会学家马塞尔·莫斯（Marcel Mauss，1872～1950）对礼物交换性质的揭示。他见到在许多社会，特别是在那些缺乏货币经济的社会中，社会关系是以一系列的礼物交换为纽带的。甲某通过礼物与乙某建立或加强关系，一件贵重物品从甲某的手上转移到乙某的手上。这件礼物并非用于支付；它超越了纯粹的货币考量。它是一种姿态、一种约定，是对双方施加的义务，当然，

特别是对接受方。接受礼物意味着接受了向另一方同样慷慨回报的义务。

波兰出生的人类学家布罗尼斯拉夫·马林诺夫斯基（Bronislaw Malinowski，1884～1942）在他著名的和影响深远的著作《西太平洋的航海者》（*Argonauts of the Western Pacific*，1922）一书中，介绍了库拉（kula）的一种交换网络，美拉尼西亚一些岛屿居民之间存在着一系列交换关系，这种交换关系通过交换贵重礼物——通常是海贝——来予以巩固。这些岛民的全部海外来往都集中在库拉内部交换伙伴的仪式交换上，虽然在这样的一种框架内也进行了其他日用品如食物的交换。

类似这样的交换，即某些特殊物品作为礼物转手，只是与其他义务（包括友谊）和其他活动（包括宴饮）相关联的交换网络的组成部分，据说只在互惠的情况下发生。赠予者通过慷慨赠予大小礼物获得地位。礼物的赠与则往往极尽夸张、家喻户晓。实际上，在新几内亚一些社会里，"头人"（Big Man）的地位就是通过慷慨赠予交换伙伴礼物（通常是猪）而获得的，不仅由此积累了信用（即交换伙伴回报的义务），也获得了所谓的荣誉（kudos），也即来自施主之债权人地位的巨大声望。

来自人类学研究的有关珍贵物品的互惠交换概念，例如马林诺夫斯基对于美拉尼西亚库拉交换圈的研究，对许多考古学家关于贸易的思考影响至深。比如，英

图9.6　美拉尼西亚的库拉圈，其中项链和贝壳臂饰的互换圈加强了岛民之间的联系。

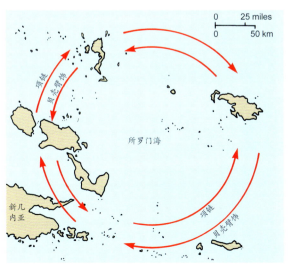

国新石器时代明显存在一个广泛的石斧贸易网络，论证这个交换网络的方法包括薄片的岩石学分析，这将在下面讨论。这种特征研究所证明的远程交换网络，令英国考古学家格雷厄姆·克拉克认为，英国新石器时代还有这样一个礼品交换系统在运作。他还将该系统与20世纪还在运作的澳大利亚石斧交换系统相提并论。

另一个也许更接近美拉尼西亚库拉系统的例子，是用地中海特产的异棘海菊蛤（*Spondylus gaederopus*）海贝制作的手镯与其他饰物的交换。这些装饰品在公元前4000年前后遍及巴尔干及欧洲中部地区，明确表明当时远程贸易网络的存在。然而，正如库拉贸易中的情况，漂亮的海贝是交换的显著特色之一。但在本案例中，交换是以陆地为基础的网络。今天考古学家认为当时的贝饰扮演了珍贵之物的角色；但是贸易范围必须通过仔细的特征研究来建立（即确定其产地），然后再提出交换伙伴之间互惠关系的解释。

当交换发生在密切的个人关系之外，它便具有了不同的特点：即所谓利益动机的正互惠关系（见边码357专栏）。而当礼物一对一的对称交换关系或直接的以物易物，让位于市场的买卖关系或税收需要时，则意味着不同的经济关系。

这些想法已成为早期贸易研究者思维工具的一部分。在某些情况下，它们可参照并沿用到早期文献中，比如公元前18世纪安纳托利亚库尔特普（Kültepe）亚述贸易殖民地出土的戳印泥版文书。此地大部分贸易都被亚述首都阿舒尔（Assur）的私商所掌控，而库尔特普的商人只不过是前者的代理人：这也许可被视为再分配。但在某些情况下，他们看来确实是在为自己做贸易，为个人牟利。

民族志研究提供了有关贸易系统更丰富的例子：人类学家和地理学家研究的西非市场，及前工业时代的中国市场，为考古学家提供了有关交换方式有价值的洞见。

贵重物品与日用品

就如人类学家所见的那样，在礼物交换中，专注于礼仪交换的高规格奢侈礼品属于特殊类型。它们价值不菲，与普通的日用品——如食物和陶器——判然有别，后者是在较普通系统中以等价同时交换的。

在此有两个重要概念。第一是美国人类学家乔治·多尔顿（George Dalton，1926～1991）所谓的原始贵重物品，是财富和声望的标志，通常是极其珍贵

之物（见边码360～361专栏），且用于非国家社会的礼仪交换。例子包括库拉系统的项链和臂镯，还有猪、珠贝以及美国西北沿海前欧洲人时期的奴隶和皮袍等。

珍异动物常常被认为适合作王家礼物。因此，近东君王哈伦·拉希德（Haroun al-Rashid），要送大象给公元8～9世纪中北欧洲大部的统治者查理曼大帝（Charlemagne）；而公元13世纪冰岛的故事讲述了冰岛统治者奥斯丁（Authin）如何将来自格陵兰的北极熊赠送给丹麦国王。有时此类礼物也能被发现，例如格陵兰的鹰隼遗骸就在西欧好几处中世纪遗址里出土。

应该指出，就如厄尔和埃里克森所言（Earl and Erieson，1977：197），"在政治和社会交往中获得或付出贵重物品，或通常完全是统治者专有的特权，或要么统治者可获得的贵重物品在数量和质量上远高于小人物所得"。

第二个重要概念是交换圈：即贵重物品与普通物品的交换截然不同。贵重物品的交换完全是显赫交易。普通物品的交换不太讲究，是等价互惠的交易。

还有，厄尔和埃里克森指出，非国家社会里的仪式交换有两种不同类型。其一是仪式交换，用来建立和增强同盟关系，如库拉系统。其二是竞争性交换，用来解决争端，取胜之道是以丰富的礼物压垮对方，以及奢侈性质的公开消费。西北沿海美洲印第安人的夸富宴仪式便是这种类型。这种交换不仅制作引人注目的珍贵礼物，而且有时也会毁坏这些珍宝以炫耀财富。

只有通过了解物品所拥有的社会作用，以及了解物品交换既掩饰又代表整个社会关系的方式，我们才能够理解物品交换的意义。因此，早期交换研究不仅为商贸本身，而且为早期社会结构提供了许多重要的洞见。

图9.7　1904年9月9日，在阿拉斯加锡特卡（Sitka）举行的夸富宴仪式。特里吉特（Tlingit）酋长们身穿华丽的礼服。这种场合通过精心炫耀财富和公开破坏珍宝，来表现拥有者的崇高地位。

发现贸易品的产地：特征研究

人工制品的样式可以被模仿，也会偶然相似。因此仅根据它与某已知地制作的物品相似，来分辨某考古背景中的舶来品，并不可靠。如果该器物制作的原料能可靠地表明它系某地生产，就可以提供较为可信的贸易证据。特征研究或产地分析便指这类观察技术，利用它们就能确定该材料的来源。下面将介绍用特征研究来追溯材料产地的主要方法（比如岩相薄片分析）。

要做特征研究，有关某材料来源的一些特征必须明显有别于来自其他产地的材料。当然，有时候某材料本身如此不同寻常和特殊，一眼便知它来自某地。如，一种叫天青石的诱人蓝色石头，在旧大陆，过去只知它产于阿富汗。不过现在，它在印度次大陆有其他产地，所以这种说法就要谨慎对待。

实际上，几乎没有什么材料的产地仅凭肉眼就能辨别。通常，必须借助岩石学、物理学和化学的分析手段，才能比较准确地描述某种材料。准确分析微量样品的能力取得了巨大进展。但是，成功的特征研究不只依赖分析的准确性，待测材料各种潜在来源的性质也必须仔细考虑。如果就分析的各方面而言，这些来源彼此不同，那当然很好。但是，如果它们非常相似，难以分辨，那么这就是真正的麻烦。对于某些材料（如黑曜石），其产地较易分辨，而对有些材料（如火石或某些金属），要探知来源之间相同的差异就非常困难。

基于这些事实，某些材料不宜做特征研究。特别是有机质遗存，不管是动物还是植物都很麻烦。当然，如果某物种发现在远离其自然栖息地的地方——比如史前欧洲来自红海的贝壳——那么我们就有了贸易的证据。但是，如果该物种分布很广，那么这真的很棘手。但是，正如我们将在下面所见，即便如此，也有一些技术来解决这个难题，比如氧同位素和锶同位素分析。

需要指出的一个要点是，用特征研究来追溯材料产地，实质上取决于我们对自然界这些原料分布的知识，这些知识主要来自地质学家等专家的田野工作。比如，我们也许拥有从整套石斧上切割下来的截面薄片，其中不少在岩石学家看来十分独特。但是，除非我们能够将这些独特的岩石与它们在自然界特定的分布相对应（如采石场），否则，它们对考古学家找到石料的来源爱莫能助。因此，高质量的地质测绘是可靠产地研究的必要基础。

还有更重要的两点。一是制作人工制品的原料在埋藏过程中发生变化的程度（第二章，边码57）。比如，一件陶罐中可溶解的、因此是可流动的成分会渗入周围的土壤中；或事实上，有些成分可能从周围的土壤渗入陶罐中，好在这个问题并不十分严重，因为它只影响那些烧制很差的粗陶。

一个更关键的因素，是原料在器物制作过程中的变化程度。对于石器来说，这不是一个问题。对于陶器，我们需要考虑洗炼陶土以及添加各种可能羼料的影响。但是，对于金属来说，这个问题更严重，因为从矿石到金属制品，成分发生了许多重大的变化。在冶炼中（第八章），一定比例较易挥发的杂质（如砷和铋）会丢失。而在旧大陆，自青铜时代后期以降，就有对废铜和废青铜重复利用的问题，这些废铜很可能有着不同的来源。

人工制品成分分析法

不管是陶器还是石器，对其材料进行观察就是最好的入手方法。尽管目测是很好的开始——总是先从外表做出基本的区分——但并不可靠，也无法提供完全可信的线索。正是由于这个原因，考古学家采用各种方法来分辨人工制品的制作材料。各种科学技术的应用范围因它们的应用可能性、成本和样本需求而各不相同，没有一种是普遍适用的。研究目的和要求必须根据成本和潜力仔细衡量。许多相同的方法可以用来观察微量元素（元素含量非常少，仅测量的百万分之几）。

362/363

光发射光谱（OES） 是第一种用于考古材料的方法。1950至1960年代，它被用于欧洲早期冶金术研究、彩陶珠研究和黑曜石的特征研究。其原理是，当一个样品被放在碳弧中燃烧时，每个化学元素原子的外层电子一旦被激发，会发出特定波长的光（因此是彩色的）。该发射光由不同波长组成，透过棱镜或衍射光栅可将其分成一条光谱，通过观察元素特定波长相应的谱线，就可确定各种元素的有无。

电感耦合等离子体原子发射光谱（ICP-AES） 一般来说，精确度大约只有25%。它已经或多或少被电

价值显赫的材料

几乎所有文化都有自己的贵重物品。虽然其中有些是实用性的（比如美拉尼西亚的猪可以食用），但大部分除了摆设外没有任何用处。它们只是显赫物品而已。

贵重物品一般限于特定社会赋予其很高价值的少数材料。比如，在我们这个社会，黄金是如此贵重，以至于成为衡量所有其他价值的标准。

我们几乎忘记了这种估价完全是主观的，而我们说起黄金的内在价值，某种程度上就像黄金固有的价值那样。但是，黄金并非一种十分有用的材料（尽管它金光闪闪，不易生锈），也非工匠们任何特种手艺的产品。内在价值只是一个误称：比如西班牙征服者觊觎黄金，而阿兹特克人把羽毛看得更加珍贵；两者都遵循主观的价值系统。当我们考察不同社会赋予内在价值的材料范围，我们就会发现它们中许多都有这样的品质：稀有、耐久和好看：

○ 阿兹特克人和新几内亚的部落偏爱的亮丽羽毛，符合上述两种品质。

○ 象牙：从旧石器时代晚期开始，象牙和海象牙就被人们所青睐。

○ 贝壳：尤其是大海贝，数千年来为许多文化所高度珍重。

○ 非常特别的有机物琥珀在旧石器时代晚期为西北欧居民所珍视。

○ 玉器：被许多文化所喜爱，从中国到中美洲，而早在公元前4000年前就被新石器时代的欧洲人所珍爱。

○ 其他天然坚硬美丽之石（如水晶、天青石、黑曜石、石英和玛瑙）一直受到珍视。

○ 当把宝石切割成多面闪光造型的技术完善之后，最近几个世纪宝石特别被人珍视。

○ 黄金在所有具有"内在"价值的珍贵物品中大概可以傲视群雄（当然在欧洲人眼里），其次是白银。

○ 铜和其他金属也有相当的角色，在北美，铜器尤为珍贵。

○ 随着高温技术的进步（第八章），人工材料如釉陶和玻璃制品日显重要。

○ 精美的织物及其他布料（比如波利尼西亚的树皮布）也总被高度珍视，因为显赫声望总是意味着个人的炫耀。

图9.8 公元7世纪墨西哥帕伦克（Palenque）出土的玉面具，为帕卡尔王（Lord Pakal）陵墓出土（见边码179）。

图9.10　公元16世纪阿兹特克皇帝蒙特祖玛二世（Motecuhzoma II）的羽冠。

图9.11　中国乾隆年间（1735～1796）的丝绸龙袍。

图9.9　波特兰瓶（Potland vase），公元1世纪罗马玻璃加工之极品。

图9.12　（左）俄罗斯查莱斯克（Zaraisk）出土的约22000年前涂有红色赭石的象牙雕刻野牛。

图9.13　（下）迈锡尼一座竖穴墓出土的公元前16世纪晚期的黄金面具，被谢里曼认为是阿加门农（Agamemnon）。

图9.14～9.15　北美密西西比文化（约900～1450）的显赫物品。（左）拥有典型叉状眼睛的人面铜浮雕。（最左）得克萨斯州的贝壳坠饰，饰有美洲豹和猛禽。

感耦合等离子体原子发射光谱（ICP-AES）所取代。其基本原理相同，但溶液中的样本是在氩等离子体流中而非在碳弧中被原子化和激发，其可以达到很高的温度，从而降低元素之间的干扰。它适用于大部分无机材料中的主要元素和微量元素。元素分析需要的样本量约10 mg，准确度约为 ± 5%。ICP-AES方法成本不是很高，能获得很高的采样率。这个方法中成本较高但也更灵敏的一个版本是电感耦合等离子体质谱法（ICP-MS）。在这一版本中，溶液中的样本也在氩等离子体流中被激发和离子化，但之后离子体被射入质谱仪中，在那里它们的同位素被区分和计数，并给出所含元素的浓度。

中子活化分析（NAA）

于1970年代开始被广泛用于陶器、黑曜石和其他岩石及亚宝石的微量元素分析。该方法依靠慢（热）中子轰击样品中的各类元素，使其原子发生核转变。这个过程导致样品中大部分元素产生放射性同位素。这些放射性同位素具有典型的半衰期，并以释放辐射（通常是伽马射线）而衰变为稳定同位素。这些伽马射线的能量具有放射性同位素的特点，故可以测量伽马射线来鉴定存在的元素。一定能量的放射性强度可以参照与样本同时照射的标准发射强度，然后计算样本中元素的含量。一般分析5～10毫克的粉末状样本或碎屑样本即可获得全部信息，但过去通常照射整个器物（多为硬币）来获得全部成分的信息。不幸的是，所有样本和器物的放射性会保留多年。有些元素，比如铅和铋，不能用中子活化分析，因为它们与热中子反应产生的同位素寿命要么太长，要么太短，要么并不释放可探测的伽马射线。

直到最近，中子活化分析仍是分析陶器和金属中微量元素最常用的方法。它可以精确到5%，其测量浓度的范围从0.1 ppm到100%，并可自动对样本进行分析。由于它涉及核反应堆的使用，因此只限于少数实验室使用，随着反应堆日趋关闭，该方法的使用就更少了。但是，这一方法已被电感耦合等离子体质谱法（ICP-MS）成功取代。

原子吸收光谱（AAS）

它基于与光发射光谱相似的原理——以可见光的方式测量能量。分析的样本被溶于酸中，稀释，并喷到火焰上加热。不同元素吸收不同波长的光，所以能分辨样本中是否含有某特定元素。所关注之元素吸收的某种波长的光透过溶液后，光束强度反映了该特定元素的浓度。在考古学上，原子吸收光谱被用来分析非铁类金属（如铜和青铜）、火石工具和其他材料。

X射线荧光分析（XRF）

基于原子内部电子的激发。X射线照射样本表面，促使电子移到较高的一层。但是，它们瞬间就会回到初始位置，在此过程中释放出特定数量的能量等于需要移到较高层次所需的能量差（它们被称为典型的X射线）。这些荧光X射线的能量可被测量，并将它们的值能与各种元素已知的数据作比较。这样，可以识别样本中存在的各种元素。

有两种测量典型X射线能量的方法：波长色散X射线荧光光谱法和能量色散X射线荧光光谱法（有时也叫非色散光谱法）。第一项技术（WD XRF）是将X射线衍射某已知参数的一个晶体并测定X射线波长；第二项技术（ED XRF）是用半导体探测器直接测量X射线能量。波长色散X射线荧光光谱法的测量几何学通常要求样本呈压缩粉末或玻璃球的形式，所以这种方法不适用于许多考古器物。相反，能量色散X射线荧光光谱法可以构建来分析任何大小和形状之器物表面的很小一块面积（小到直径1毫米，或0.04英寸）。对于玻璃和陶器等轻质材料，X射线荧光分析的有效深度在1毫米范围内，但是对于金属则大幅度缩减。分析金属器，建议要么清洁表面，要么从内部钻取未改变的金属样本。该技术的精确度取决于各种因素，它可以好到2%，但通常是5%～10%。能量色散X射线荧光光谱法对于分辨合金的类型、陶胎的成分、玻璃、釉以及上彩的颜色十分理想。能量色散X射线荧光光谱法无须对样品做特殊处理（表面清洁除外），而分析只需几分钟就能完成。该技术已经成功地用来鉴定日本的罗马玻璃器皿（见边码365专栏）。

质子激发X射线发射光谱（PIXE）

是又一种基于发射典型X射线的方法。它依靠粒子加速器的质子束的激发。该方法的优点是在亚微米尺度上对样品元素浓度制图。基于粒子激发伽马射线发射（PIGME或PIGE）和卢瑟福背散射（RBS），该相同设备能用于对样品展开分析。粒子激发伽马射线发射依靠核子而非原子壳层电子的激发，并依靠测量发射的伽马射线作为核子恢复到基态（非激发状态）的程度。粒子激发伽马射线发射多用在测量轻元素（钠以下）上，并与质子激发X射线发射光谱一起使用，能对整个周期表中的元素进行分析。卢瑟福背散射是基于样本里原子核发出之束流中粒子的反弹，该方法能被用于分析材料成分主要元素的特点（包括碳、氧和氮），无须制作截面就能测量各层厚度和散射的曲线。

日本发现的罗马和新波斯玻璃器皿

日本奈良新沢千塚墓地一座公元5世纪随葬品丰富的土墩墓中，出土了一件惊人的蓝色玻璃碗，直径14厘米。其来源由XRF分析得到确认。兵库县佐用六个大型同步辐射设备通过高能辐射束对其进行了测试。测试表明存在锑元素，这种元素在公元2世纪以前一直存在于罗马玻璃器皿中。在同一墓葬中，还发现了一件非同寻常的萨珊（Sassanian）类型的新波斯玻璃碗，直径8厘米。XRF分析证实，其成分与萨珊帝国时期（3～7世纪）伊朗泰西封（Ctesiphon）皇宫出土的玻璃器皿相似。

这些是漂亮且价格不菲的舶来品。该罗马盘子在埋入时就是件已具有两三百年历史的古董。日本考古学家相信，它们是沿中亚"丝绸之路"的陆路运输到东方的。令人惊奇的是，它们几乎完好无损地留存至今。

图9.16 （上）新沢千塚墓地出土的玻璃器皿；公元2世纪或更早的罗马碗。

图9.17 （下）新沢千塚墓地出土的玻璃器皿；公元5世纪或更早的萨珊类型碗。

这些不同的方法只是得出一个分析表格，通常以几百万分之几（ppm）表示，依次给出每件器物或样本的每种元素含量。某些化学元素广为人知，比如铅和锡，其他的则知者寥寥，比如钒和钪。然后产生的问题是如何解释它们。显然，其目的在于将所观察的人工制品成分与特定原料相匹配。但这也难免出现问题。就陶器而言，陶工的陶土很普通，这就很难将特定陶器与特定陶土产地相对应。不同原料可能成分相同，所以可能导致误判。由于这个原因，陶器乃至金属的微量元素分析，未必是最好的特征研究程序。就陶器来说，岩石学分析（见上）可能更有效。但是，假如能尽可能多地考虑各种微量元素，对于分辨相邻产地之间也即岩石学上相似的陶土区别，要比岩石学更有效。（当然，如果原料在岩石学上迥异，对于它们而言，微量元素分析的结果就更不会相似了。）

对于任何一种化学方法，必须有一种阐释策略来理解这种说法背后的逻辑关系。特征研究最不成功的例子之一，是对欧洲青铜时代初数千件铜和青铜制品的分析（采用光发射光谱技术）。这些器物按其成分分类，并未清楚认识到差异很大的产地可能生产出具有相同微量元素成分的铜；更有甚者，并未认识到冶炼过程中微量元素的浓度已经改变。从寻找产地的角度看，这种归组毫无意义。下面介绍的同位素方法已证明对金属的特征研究更有效。

同位素分析　所有化学元素都由某元素特有的原子构成。某原子的质量由原子核中的质子数和中子数决定。虽然某元素的化学属性取决于原子核中的质子数，但是中子的数量是可变的。同一元素但质量不同的原子（原子核中中子数量不同）称为同位素。自然界分布的大部分元素都由一些同位素组成。对于大多数元素来说，其同位素的相对比率（同位素成分）是固定的。但是，由于生物或化学过程，一批元素含有各种天然的同位素成分（氮、硫、氧、碳）。另一批同位素由放射性衰变的元素（铅、钕、锶）组成，它们被称为放射性同位素。所有同位素成分都由质谱仪检测（见图9.18，第四章碳及其他同位素）。

所有较重元素（主要是钙以上的元素，原子数Z=20）的同位素，都可以用热电离质谱法（TIMS）或多接收电感耦合等离子体质谱法（ICP-MS）做高精度的检测。同位素的成分以同位素比值来测定，这种比值用作样本同位素特征研究的特定参数。高精度的检测对于敏感差异十分必要。1980年代后期引进了多接收电感耦合等离子体质谱仪，使得对铅同位素的高精度热电离质谱法检测成为可能（总体误差小于0.1%）。所有热电离质谱法检测都按铅同位素标准标准化，于是各实验室之间的比较就不成问题。但是，只有少数元素可以被很好地加热电离，比如铅、锶和钕就非常适合做热电离质谱法检测，而用该技术检测锡和铜同位素就很难。

20世纪最后10年，多接收电感耦合等离子体质谱仪成为重元素同位素检测的首选仪器。结合极少的样本处理程序（一般就是溶解在硝酸里），这类仪器能做快速和高精度的同位素分析。但是，重要的是需参照先前由热电离质谱法检测的某样本，来校正用于考古学铅同位素分析的仪器，以确认该新材料能够与现有矿物和考古器物铅同位素比例的热电离质谱法数据库作比较。较便宜和广泛普及的带四极磁铁电感耦合等

离子体质谱仪（ICP-MS），对产地研究的同位素比值测定并不能提供足够的准确性。

同位素地质化学现在经常被用来研究金属的产地。金属制品中铅同位素分析以及它们与古代开采矿体之关系的探索已日益成为重要的特征研究技术。四种铅同位素（产生三种独立的铅同位素比值），加上精密的分析方法和合理的变化区间，能很好区分不同的金属产地。该方法依赖不同矿石沉积及其产品的铅同位素特征的比较，所以在经过系统采样之后，建立一幅相关产地的"同位素地图"很重要。解释上偶尔也会出现不确定性，因为铅同位素比值有时会给出一个以上

图9.18　考古研究中有用的各元素同位素表。

元素	同位素	考古材料	信息
O–氧	$^{16}O, ^{17}O, ^{18}O$	骨骼、大理石、贝壳	食谱,出处
N–氮	$^{14}N, ^{15}N$	骨骼、象牙	食谱,出处
C–碳	$^{12}C, ^{13}C$	骨骼、大理石、贝壳	食谱,出处
	^{14}C–放射性	木头、植物、种子、炭、骨、牙、贝壳(陶、亚麻织物)	断代
Sr–锶	$^{88}Sr, ^{86}Sr, ^{84}Sr,$ ^{87}Sr–放射成因	石头(石膏、大理石、黑曜石)、骨骼、象牙	出处
Pb–铅	$^{208}Pb, ^{207}Pb,$ ^{206}Pb–三个都是放射成因 ^{204}Pb	矿物、玻璃颜料、釉及含铅颜料、金属(银、铜、铅和铁)	出处
Nd–钕	$^{142}Nd, ^{143}Nd, ^{144}Nd,$ $^{145}Nd, ^{146}Nd, ^{148}Nd, ^{150}Nd$ ^{143}Nd–放射成因	岩石、矿物、陶器? 象牙? 大理石?	出处
U–铀	$^{238}U, ^{235}U, ^{234}U$	碳酸盐材料(钟乳石)、骨骼、珊瑚、有孔虫	断代
Th–钍	$^{232}Th, ^{230}Th$	碳酸盐材料(钟乳石)、骨骼、珊瑚、有孔虫	断代

黎凡特来自波罗的海的琥珀

现在，精密的技术能够论证遥远产地原料的利用。叙利亚位于古卡特纳（Ancient Qatna）的一座王室墓葬出土了几件琥珀的碎片，包括一件漂亮的狮首，年代为约公元前1340年。虽然其尺寸太小而无法采用傅里叶变换红外光谱法（FTIR），但是该问题能够采用显微技术并辅以裂解气相色谱—质谱法（py-CC/MS）来解决。该卡特纳器物的傅里叶变换红外光谱非常接近参照的波罗的海和普鲁士琥珀光谱，所以能够推断其源自波罗的海。因为在迈锡尼时期，波罗的海琥珀在希腊分布很广，因此可以得出结论，该琥珀作为一块较大的毛料，或通过贸易，或作为统治贵族之间交换的礼物，从爱琴海地区进口。

图9.19　（右上）从叙利亚卡特纳（前1340）出土的琥珀狮首。

图9.20　傅里叶变换红外光谱显示，该琥珀来自波罗的海地区，很可能通过海路从迈锡尼世界来到叙利亚，但是明显是在当地雕刻的。

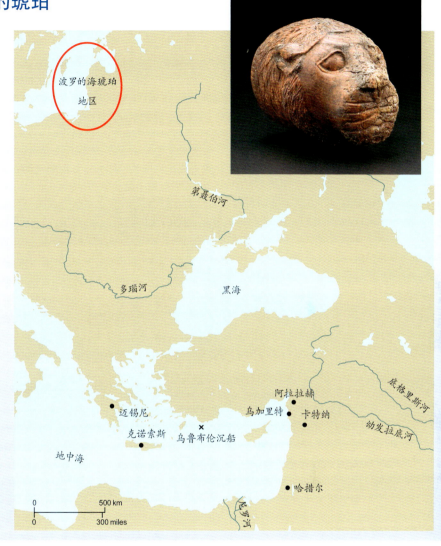

的可能产地，但是这通常可以通过对相关微量元素数据的考虑来解决。

　　铅同位素分析不仅可以直接用来分析铅制品，也可以分析银制品，其中的铅通常作为杂质存在。铜矿中也至少含微量的铅，实验表明，大量的铅是在冶炼过程中进入制作的铜金属制品中去的。于是，这是一种适用于铅、银及铜制品特征研究的方法。它一直成功用来确定古典时期及中世纪银币、青铜时代的铜和青铜工具、铅砝码，以及玻璃和釉颜料中的铅、含铅白漆的矿物来源。采用热电离质谱法（TIMS），所需

的某含铅器物的样本从不到1毫克到50毫克之间，这取决于材料中铅的含量。对于多接收电感耦合等离子体质谱法，分析所需的材料量甚至不到1毫克。但是，它必须确定这点材料能代表供分析的整个材料，并没有其他来源的铅污染（涂层、保护材料、上色等）。

　　锶同位素比值一直被用于黑曜石和石膏的特征研究，且为区分象牙和海象牙提供了捷径。碳和氧同位素被广泛用于追溯大理石的产地。长期以来，追寻大理石的产地一度证明非常困难：众所周知，在古典时期的地中海地区，优质白色大理石为建筑和雕塑目的

大量出口。许多很重要的大理石矿（如雅典附近的彭特里［Pendeli］山和海默托斯［Hymettos］山及爱琴海帕罗斯［Paros］岛和纳克索斯［Naxos］岛等）已被确认。但是，通过外表或岩石学方法（如重矿物、微量元素分析等）将采石场与特定建筑或雕塑相匹配的尝试，却令人失望。

两个氧同位素（$^{18}O/^{16}O$）和两个碳同位素（$^{13}C/^{12}C$）比值的比较能区分几处不同的矿源，尽管带有某种程度的重叠。日益清楚的是，对大理石产地特征的充分研究，需要三种分析技术的结合：稳定同位素分析、微量元素分析和阴极射线激发荧光分析（见下）。

氧同位素比值证明对海贝的特征研究很有用。就如上面介绍的，在新石器时代的东南欧，异棘海菊蛤的贝壳以项链和饰物的形式广泛贸易。争论的问题是，它是否来自爱琴海，抑或可能来自黑海。海贝的氧同位素成分取决于这类生物生活的海水温度。黑海要比地中海冷得多，而分析确认探讨的贝壳来自爱琴海。

　　　　其他分析方法　许多其他分析方法被用于特征研究。

　　　　X光衍射分析　从X光反射角度来确定矿物晶体结构，已被证明对确定英国几处新石器时代出土玉斧的成分很有帮助：这些石头很可能来自遥远的阿尔卑斯山区。X光衍射分析也广泛用于陶器的特征研究。

　　　　红外吸收光谱　被证明对分辨不同产地琥珀是最好的方法：光通过琥珀时，不同波长红外线会被琥珀中的有机成分吸收（见前页）。采用显微技术，傅里叶变换红外光谱法（FTIR）能用于分析很少的样本。

　　　　阴极射线激发荧光分析　根据电子轰击后发出的彩色荧光来区分不同来源的白色大理石。含钙大理石可分为两组，一组放橘色荧光，一组放蓝色荧光。含镁大理石则放红色荧光。荧光颜色的不同，是由晶体内的杂质或格状缺陷引起的。

　　　　穆斯堡尔光谱　被用于研究铁，特别是陶器的成分。它包括检测铁原子核吸收的伽马射线，来提供陶器样本中特定铁化合物以及陶器烧制条件的信息。这一技术被用来对中美洲瓦哈卡形成期广泛贸易的、用不同铁矿（磁铁、钛铁矿和赤铁矿）制作的镜子的特征展开研究（见边码379～380）。

　　　　拉曼光谱　能被用来确定存在于某器物表面的特定成分。这是一种无损方法，依靠检测轰击该材料的一束激光的波长变化。它在鉴定宝石和颜料成分上特别有用，并在考古学上应用范围很广，包括玉器和瓷器的特征研究。

　　　　裂变径迹分析　虽然主要是一种断代方法（第四章），但是也被用来分辨不同产地的黑曜石（根据它们铀的含量和沉积形成的时代）。其他的断代方法也被用来区分不同时代但成分相似的地质材料。

　　　　激光聚变氩氩断代（第四章）　成功显示巨石阵附近出土的由流纹凝灰岩制作的一件残石斧原本来自苏格兰下泥炭纪的一处火山岩，而非像原来认为的来自威尔士南部更古老的地层。在日本，电子自旋共振（ESR）（第四章）被成功用来区分不同产地的碧玉工具。

这些不同分析方法在许多情况下能使考古学家以相当的精确度分辨某些特定人工制品原料的产地。这些人工制品如何移动则从交换来做出解释，这就提出了另一些同样有趣的问题，我们将在下面的章节中进行讨论。

分布研究

研究贸易物品本身，和采用特征研究来分辨其产地，是研究交换最重要的步骤。就如下面我们将会见到的，在产地研究生产方式很有成效，而研究消费也同样如此，这样故事就完美了。而正是分布研究，也就是物品移动的研究，使我们触及该问题的核心。

在缺乏文字记载的情况下，很难确定分配的机制和交换关系的性质。但是，如有这种记载，它们就能提供大量信息。克里特克岛克诺索斯宫殿和希腊大陆迈锡尼皮洛斯宫殿出土的米诺斯文明线形文字B泥版，为青铜时代晚期的爱琴海宫廷经济提供了一幅清晰的图像。它们显示了进出宫廷的材料清单，表明存在一种再分配系统。来自许多中央集权社会的类似账目记录，也能提供相似的洞见——比如在近东。当然，这类准确的信息罕见。泥版记载的大部分内容与内贸相关——即社会内部物品的生产与分配。但是埃及和近东的某些记载，特别是埃及埃尔-阿玛纳土丘出土的公

考古材料	特征分析手段	分析技术
陶器	主要成分和微量元素的成分，内含矿物成分的分布形态	SEM, NAA, AAS, XRF, ICP-MS 薄片岩相分析，PIXE & PIGME & RBS
匀质玻璃质石料（如黑曜石和火石）	主要成分和微量元素锶同位素成分	SEM, NAA, AAS, XRF, ICP-MS, PIXE & PIGME & RBS, TIMS
宝石	主要成分和微量元素成分，元素的分布形态	SEM, NAA, AAS, XRF, ICP-MS, PIXE & PIGME & RBS
含矿物和生物体石头	分辨包含物特征和产地分析，主要成分和微量元素成分	光显微镜，薄片岩石学，SEM, NAA, AAS, XRF, ICP-MS, PIXE & PIGME & RBS
大理石	主要成分和微量元素、氧、碳和锶同位素成分	ICP-MS, NAA, PIXE & PIGME & RBS, TIMS
海贝	氧、碳和锶同位素及微量元素成分	PIXE, NAA, ICP-MS, TIMS
琥珀	分辨有机成分和定量分析	红外吸收光谱，FTIR 裂解气相色谱（py-GC/MS）
所有金属及合金	主要成分和微量元素、铅同位素成分	SEM, NAA, AAS, XRF, ICP-MS, PIXE & RBS, TIMS 或 MC-ICP-MS
金属矿渣	分辨包含物，主要成分和微量元素、铅同位素成分	SEM, NAA, AAS, XRF, ICP-MS, PIXE & RBS, TIMS
矿石和颜料	分辨矿物，主要成分和微量元素、铅同位素成分	X光衍射，SEM, NAA, AAS, XRF, ICP-MS, PIXE & RBS, TIMS
玻璃和釉	主要成分和微量元素、铅（如果有）同位素成分	SEM, NAA, AAS, XRF, ICP-MS, PIXE & RBS, TIMS
陶器装饰	分辨矿物和工艺	X光衍射，穆斯堡尔谱，XRF, PIXE & PIGME & RBS

图9.21　表格概括了用于各种考古材料的最佳特征分析方法。

图9.22～9.23 一项分布研究：（上）带有陶工塞斯提乌斯印戳的罗马储藏器（安佛拉罐），发现于意大利北部并广布整个法国中南部。这些陶器和所盛放的东西（无疑是葡萄酒）很可能是在科萨附近的一处庄园生产的。于是，这张分布图显示了这种商品从科萨出口的一般方式。

元前14世纪的档案资料，谈及法老和其他近东统治者的礼物交换，是早期国家社会统治者之间的礼品交换。这类尊贵礼物也有保存下来的例子：维也纳珍宝之一、用羽毛编织的礼仪冠饰，它是公元16世纪西班牙征服墨西哥时，阿兹特克统治者蒙特祖玛二世作为赠予西班牙国王的礼物交给西班牙国会的（见边码360～361专栏）。

但是，前文字社会的较早证据，也能为物品的拥有和经营的分配提供某种清晰的了解。比如，用作陶罐塞与箱子封口，以及为仓储封门而加盖封泥的印戳，广泛见于近东的前文字时期和爱琴海的青铜时代。

过去，对这些印石及印戳的研究更多的是从它们的艺术内容来进行的，但是，最近考古学家们开始询问，它们如何启迪我们思考有关过去的交换机制。图章印戳只是偶然发现在离其产地非常遥远的地方，因此还是主要与内部交换相关。

但是，在某些情况下，贸易品本身标有其主人或制作者的名字。在古代近东地区，陶罐和箱子通常由中央行政部门负责封印。在罗马时代，业主或生产者在贸易商品上做标记则更为常见。比如，罗马时代制造液体容器（安佛拉罐）的陶工，常常会将他们的名字印在陶器口沿上。图9.23是带有陶工塞斯提乌斯（Sestius）名字的安佛拉罐分布图，他的陶窑虽然还没有发现，但位置大概在意大利科萨（Cosa）一带。油、葡萄酒或者任一安佛拉罐装载物品（这个问题可通过分析罐中的残渍得到确认，见第七章）的一般出口模式，都可以通过制作分布图来了解。但是，如果我们要了解分布背后的过程，就必须对分布图做出解释，

而就这点来说，再次区分互惠、再分配和市场交换就十分有用，而考虑发现物的空间分布可能取决于交换的动力机制。

"直接接触"是指用户直接前往材料产地，没有任何交换机制的中介。"下线（down-the-line）"交换是指互惠的反复交换，下面还要深入讨论。"自由人（中间人）"贸易是指独立运作商人为了盈利的活动：通常的工作就是讨价还价（就像市场交换），但是没有固定的市场，"自由人"是流动的商人，把货物送到客户那里。"特使（emissary）"贸易是指："商家"是基于其祖国中央机构的代表（见前页表格）。

并非所有类型的交易，都可望在考古记录中留下清晰而毫不含糊的标志。不过如我们所见，下线贸易显然留下了这样的标志。若一个前通商口岸见有来自各种产地的材料，那就应该很容易分辨：该遗址主要不是行政中心，而是专门从事贸易活动的场所。

分布的空间分析

有几种正规技术能用来研究分布。首先且最明了的方法自然是为发现物制作分布图，就如上面提及的带戳印的罗马安佛拉罐。分布的定量研究也很有用：地图上点的大小和其他特征可作为简单手段来表示发现物的数量。这类地图可以明白指示重要的消费和再分配中心。地图上发现物的分布能进一步通过趋势面分析进行研究，来获得数据结构方面有价值的洞见。

但是，直接使用分布图，即便辅以量化的标示，未必是研究材料的最佳途径，分布图需要经过更透彻

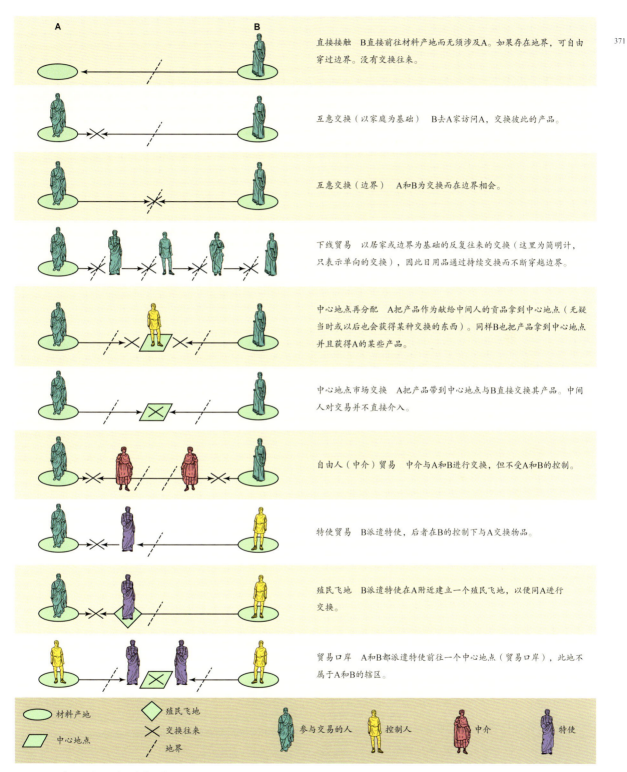

直接接触　B直接前往材料产地而无须涉及A。如果存在地界，可自由穿过边界。没有交换往来。

互惠交换（以家庭为基础）　B去A家访问A，交换彼此的产品。

互惠交换（边界）　A和B为交换而在边界相会。

下线贸易　以居家或边界为基础的反复往来的交换（这里为简明计，只表示单向的交换），因此日用品通过持续交换而不断穿越边界。

中心地点再分配　A把产品作为献给中间人的贡品拿到中心地点（无疑当时或以后也会获得某种交换的东西）。同样B也把产品拿到中心地点并且获得A的某些产品。

中心地点市场交换　A把产品带到中心地点与B直接交换其产品。中间人对交易并不直接介入。

自由人（中介）贸易　中介与A和B进行交换，但不受A和B的控制。

特使贸易　B派遣特使，后者在B的控制下与A交换物品。

殖民飞地　B派遣特使在A附近建立一个殖民飞地，以便同A进行交换。

贸易口岸　A和B都派遣特使前往一个中心地点（贸易口岸），此地不属于A和B的辖区。

材料产地　　殖民飞地　　参与交易的人　　控制人　　中介　　特使
中心地点　　交换往来
　　　　　　地界

图9.24　互惠、再分配和市场交换示意图。

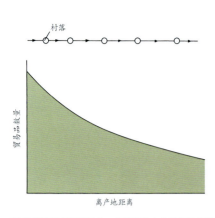

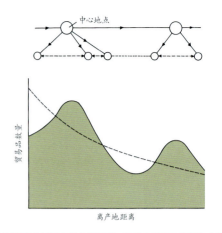

图9.25　陆地贸易品在聚落结构、交换和供应类型之间的关系。(左) 由下线交换 (以互惠为基础) 供应的聚落，在考古记录中表现为丰富度的指数递减。(右) 在中心之间进行定向交易的中心地点聚落 (在局地层次上的再分配或中心市场交换)，表现为多态递减曲线。注意低级聚落与高级中心进行交换的趋势，即便后者离产地的距离比一处很近的低级聚落更远。

$\frac{370}{373}$ 的分析。近来，递减 (fall-off) 分析法 (见边码372专栏及图9.28、9.29) 备受关注。虽然有时分布的不同机制会产生相似的结果，指数递减形态只能由下线贸易系统产生。比如，某村庄通过线形贸易网从上线邻居处获得原料供应，留下一定比例的材料 (比如三分之一) 自用，再把余下部分与下线村庄贸易，如果每个村庄都这么做，那么就会形成指数递减曲线。当数量以对数形式标示时，就会形成一条直线。但是，一种不同的分配系统，通过主要和次要中心，会产生不同的递减形态。许多例子中的贸易形态研究是采用特征研究结合发现物分布的空间分析来进行的。但是必须记住，这种技术很少揭示完整的贸易系统，而只揭示了其中的一部分。

黑曜石分布研究　一个很好的例子是近东新石器时代早期发现的黑曜石 (见图9.28、9.29)。由科林·伦福儒及其同事所做的特征研究，锁定了安纳托利亚中部和东部各两个产地。样本大多来自近东公元前六七千年已知的新石器时代早期遗址。样本呈现的一个明显情况是，安纳托利亚中部的黑曜石被交换到黎凡特地区 (下至巴勒斯坦)，而安纳托利亚东部的黑曜石则主要向下交换到伊朗扎格罗斯山脉的一些遗址，比如阿里科什。

一项量化分布研究揭示了指数递减的形态 (见边码372专栏)，就如我们所见，它显示为一种下线贸易。因此可以这样断言：黑曜石是经一个个村落转手的。只是在产地附近的地区 (产地320公里范围内) ——即所谓的供应区——存在人们直接赴产地采集黑曜石的

证据。在此区域之外，即所谓的接触区，递减曲线表明为一种下线贸易系统。当时没有明显的证据表明存在专业中介商，似乎也没有在黑曜石供应上发挥着主导作用的中心地点。

在早期阶段，这种情况就如图9.28所示。在稍后阶段，从公元前5000年～前3000年，情况有所改变，安纳托利亚东部地区开始采用一处新黑曜石产地。于是，黑曜石的贸易跨越了很远的距离。这是一个能研究黑曜石贸易历时发展的例子。在爱琴海地区，就如希腊大陆弗兰克西洞穴出土的黑曜石所见，早在10000年前人们就在米洛斯的基克拉迪 (Cycladic) 岛上采集黑曜石。这是地中海海上探险的最早的重要的证据。

太平洋的早期黑曜石贸易，就如在早期拉皮塔文化中 (第十二章)，也用同样的手段得到了确认。如今在北太平洋，黑曜石特征研究也做得非常好，在日本旧石器时代晚期工业中则是专门研究的一个重点。而在中美洲和北美洲，对黑曜石的交换系统进行了几项调查——如对墨西哥瓦哈卡地区形成时期初黑曜石交换系统的调查 (见边码379)。在东非和高加索地区，一个重要的研究领域是对旧石器时代中晚期黑曜石运输和交通特点进行研究。

玉　在布列塔尼和英国的几处新石器时代遗址发现了玉斧 (硬玉、绿玉等)。一项涉及岩石切片和X射线衍射的重要研究表明，它们来自意大利西北部距离其发现点有2000公里的维索山 (Monte Viso) 和贝瓜山 (Monte Beigua) 的采石场。大约公元前4000年，在北欧和西欧，玉是一种重要的贵重物品，而在东欧已

递减分析

贸易品的数量随距离的增加而减少。这并不奇怪，我们能够想见丰富度也会随距离而下降。但在某些情况下，这种减少以某种有规律的方式发生，而这种方式能告诉我们物品抵达目的地的动力机制。

现在的标准研究方法是标示出一条递减曲线，这条曲线标示了材料的数量（y轴）和对应的与产地的距离（x轴）。第一个问题是测量什么。该曲线只标出了某遗址的发现物数量，并没有考虑到保存和出土的不同条件。某种方法用来测定某类发现物和其他发现物的比例，则能够克服这个困难。比如，黑曜石在整个打制石器工业中的百分比，就是测定的一个方便参数（虽然它受其他石料可获性的影响）。

在正文中讨论的安纳托利亚黑曜石研究中，数量标绘（百分比）的对数标度相对于距离（以正常的线性标度），显示的递减几乎为一条直线。它相当于随距离的指数递减，如正文解释的，能从数学角度等同于"下线"交换机制。不同的交换机制——如中心地点参与的再分配——会产生不同的递减曲线。

递减分析能产生各种有趣的结果。比如，有关英国牛津地区窑址制作的罗马陶器，标绘出随距离发生的数量递减，其中水路可以抵达的遗址与那些无法通过水路抵达的遗址判然有别，泾渭分明。显然，就这种商品的运输而言，水路是比陆路更方便的分配方法。

原则上，不同分布机制模式会产生不同的递减曲线，故我们应该能对数据做出更精确标绘，来揭示分配运作的动力机制。但是存在两个困难。一个困难是数据的质量并不总是能让我们可靠地确定哪种递减曲线更恰当。另一个更大的困难在于，在某些情况下，分布的不同模式会产生相同的曲线。

虽然递减分析能提供大量的信息，但是这两种局限削弱了它的效用。

图9.26 （左）分布图显示出土牛津窑址生产的罗马陶器的遗址分布位置。

图9.27 （右）罗马时代牛津陶器随牛津窑址距离的增大而递减。能通过水路轻易抵达陶窑的遗址（红点），其递减曲线的倾斜度不如不能由水路抵达的遗址（绿点）陡直，表明当时水路运输作为一种分配方法的重要性。

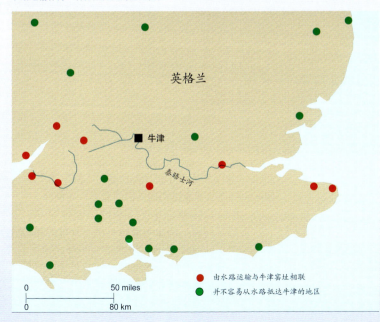

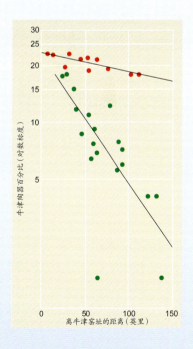

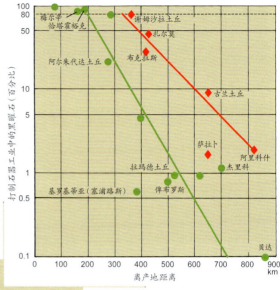

图9.28～9.29 近东的黑曜石贸易。特征研究表明，塞浦路斯、安纳托利亚和黎凡特地区新石器时代早期村落从安纳托利亚中部的两个地点获取黑曜石，而像扎尔莫和阿里科什等村落则依赖安纳托利亚东部亚美尼亚的两个地点获取黑曜石。在相对靠近产地的遗址（如恰塔霍裕克和谢姆沙拉土丘），80%的打制石器是黑曜石，说明在此"供应区"内（分布图中的内圈），人们直接从产地采集黑曜石。在此"供应区"之外，表现为黑曜石丰富度的指数递减（右图），是下线贸易的明证。

经开始使用铜（和黄金）。在中国和中美洲，玉也是一种珍贵的材料。

银和铜的贸易 还是在爱琴海地区，铅同位素分析技术能确认公元前3000年所使用的银、铜制品产地。该分析表明，希腊劳利温（Laurion）附近银矿开采的时代很早，该分析还意外揭示了公元前3000年基斯诺斯（Kythnos）岛上一座铜矿的重要性。铅同位素分析似乎也指出了令人吃惊的结果，即地中海东部塞浦路斯出产的铜，在公元前1200年前就到达地中海西部

2000公里以外的撒丁岛（Sardinia）。撒丁岛有自己的铜矿，所以从塞浦路斯输入铜的需要令人费解。

沉船与窖藏：海上与陆地贸易 分布问题的另一路径是研究运输。水路交通通常比陆路交通更安全、快捷并更便宜。与运输问题以及商品贸易种类和规模等关键问题相关的最佳信息来源，是由史前期和较晚时期的沉船提供的。也许其中最著名的例子是公元17～18世纪加勒比海发现的西班牙珍宝沉船，其中的人工制品为贸易组织提供了有价值的洞见。在较早时

374

分布：乌鲁布伦沉船

考古学家很难知道哪些是相互贸易的日用品，也无从了解贸易的动力机制。因此，发现满载货物的沉没商船具有特别的价值。

1982年，正是这样一艘约公元前1300年的沉船，在土耳其南部沿海卡什（Kaş）附近的乌鲁布伦深43～60米处被发现。1984～1994年间，得克萨斯水下考古研究所的乔治·巴斯和塞玛尔·普拉克（Cemal Pulak）对其进行了发掘。

货船装有350多个、大约10吨带四个把手的铜锭，这种铜锭以前曾见于埃及的壁画，并在塞浦路斯、克里特岛等地出土。制作这些铜锭的铜是在塞浦路斯岛上开采的（由铅同位素和微量元素分析推断）。特别重要的货物遗物还有发现在海床上的近1吨的锡锭及锡制品。这个时期地中海地区所用锡的产地还不清楚。似乎明显的是，船沉之时，正从地中海东部向西航行，装载着东部某地出产的锡和塞浦路斯出产的铜。

该船出水的陶器包括所谓的迦南安佛拉罐，因为它是在巴勒斯坦或叙利亚（圣经中称为"迦南之地"）制造的。大部分陶器盛有类似耨笃香树松脂的树脂，有些陶器则装着橄榄油，还有陶器装着玻璃珠。同样的陶器也发现在希腊、埃及，特别是黎凡特沿海地区。

沉船上的舶来品包括产自许多埃及以南非洲的类似黑檀的木料。还有原产地为北欧波罗的海的琥珀珠（见边码367专栏）。还有可能是来自地中海东部地区的象牙和河马獠牙，以及大概来自北非或叙利亚的鸵鸟蛋壳。沉船上的青铜工具和兵器显示为埃及、黎凡特和迈锡尼等地多种类型工具和兵器的混合。其他重要发现还有叙利亚和美索不达米亚的几枚圆柱形印章、玻璃块（当时是罕见和贵重之物）和一个金高脚杯。

从海底发现的这批令人目眩的珍宝，给予我们青铜时代地中海贸易之一瞥。巴斯和普拉克认为，这次航行有可能是这艘船从黎凡特沿海出发的

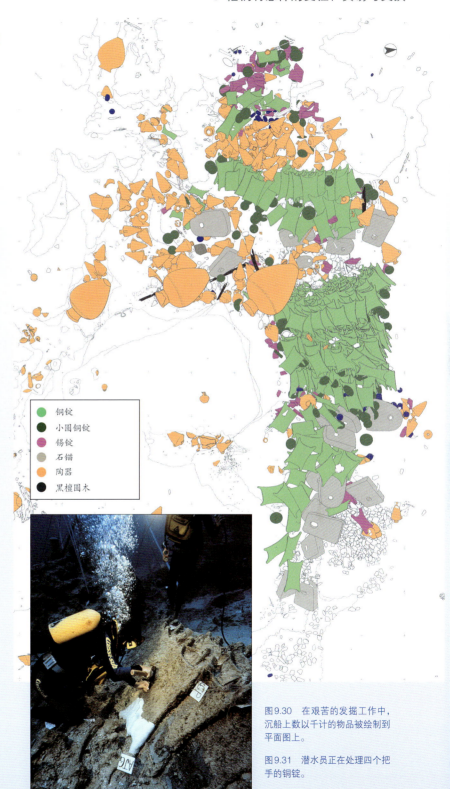

铜锭
小圆铜锭
锡锭
石锚
陶器
黑檀圆木

图9.30　在艰苦的发掘工作中，沉船上数以千计的物品被绘制到平面图上。

图9.31　潜水员正在处理四个把手的铜锭。

沉船中的物品

金　共37件：9件坠饰（迦南地和叙利亚出产？）、4枚带有星光图案的徽章、奈费尔提蒂（Nefertiti）圣甲虫、圆锥形有领高脚杯、戒指、碎金片。

银　2副手镯（迦南？）、4块手镯残片、3枚戒指（1枚埃及产）、碗片及其他碎银片。

铜　350余块带四个把手的铜锭（27公斤/块）、120多块完整或不完整的平凸状或圆形铜锭、其他铜锭。

青铜　部分饰有金箔的青铜女神像、工具和兵器（迦南地、迈锡尼、塞浦路斯和埃及风格）：短剑、剑、矛头、镞、斧、锛、锄、镰刀、凿、刀、刮刀、钳、钻头、锥、锯，1副指铙，动物形秤砣：2只青蛙、5头公牛、斯芬克斯、鸭、水鸟、小牛、蝇、公狮与母狮、犬首（？），天平及砝码，男人雕像和灌铅铜盘上的3头小牛，锅碗的残片、戒指、别针、鱼钩、三叉形器、鱼镖。

锡　100余件锡锭及碎块（圆形、四个把手状、板状和大饼状），杯、圣瓶、盘。

铅　1000余件渔网坠、渔线坠、天平砝码。

彩陶器　4件公羊首、妇首形高脚杯、盘状小珠、双锥形凹槽珠、其他形状的珠子。

玻璃　150件钴蓝和淡蓝色玻璃饼块（迦南地出产？）、珠子（许多藏在迦南地安佛拉罐中）。

印章石等　2枚圆柱形石英印章（其中1枚有金帽）、赤铁矿石印（美索不达米亚）、带金框（？）的滑石圣甲虫、8枚

其他圣甲虫（埃及和叙利亚？）、2枚透镜状迈锡尼印石、6枚其他圆柱形印章、波罗的海产琥珀珠、正面写有象形文字"佩塔赫（Ptah），真理之主"的小石牌。

石　24件石锚、压舱石、秤砣、权杖头、近700枚玛瑙珠、臼和盘、磨刀石。

陶器　10件大型陶油罐（其中1件内装18件塞浦路斯陶器）、约150件安佛拉罐（迦南）、迈锡尼有双把手的浅酒杯（罗德斯岛[Rhodian]出产？）、马镫形罐、杯、壶、长柄勺、长颈瓶、朝圣长颈瓶，叙利亚壶，塞浦路斯的各种陶器。

象牙　13枚河马牙，完整和被锯断的不完整象牙、2件鸭形化妆盒，用河马牙刻成的公羊角形喇叭，权杖、把柄、装饰性的镶嵌物等。

木　船壳（雪松木板以榫卯结构用硬木卯钉与龙骨固定在一起）、非洲乌木（埃及黑檀树）、2块记事板：2片木板用3件象牙铰链连接起来。

其他有机物　刺状地榆（用于货物打包的灌木枝条）、安佛拉罐内装的橄榄，大口坛（pithos）内装的石榴、葡萄、无花果、香料，100多个安佛拉罐内装的樟笃香树脂（香水和熏香的原料？），安佛拉罐内装的雌黄（黄砒霜），1000只海洋软体动物的鳃盖（熏香原料？），距骨，鸵鸟蛋壳和蛋壳珠，28枚海贝环，6块以上的龟壳碎片（琵琶音响的零件？）。

图9.33～9.35　沉船上发现的三件令人称奇的物品：一具青铜女神像，部分包有金箔，它很可能是船舶的保护女神；一件可折叠黄杨木记事板（带铰链的物件），象牙质铰链，凹进处是嵌蜂蜡的写字面；一件金坠饰，表现为一位无名女神，举起的双手上各握着一只瞪羚。

最后一次航行。它常规的来回航线可能是穿过塞浦路斯，从土耳其沿岸经卡什向西抵达克里特岛，或更可能抵达希腊大陆一些重要的迈锡尼遗址，甚至更北，就如船上发现的来自黑海多瑙河地区的矛和仪式性权杖所暗示的那样。然后，受季风所赐，它可能掉头向南穿过空旷海域来到北非，向东到埃及尼罗河口，最后再回到腓尼基老家。但是，这次航行中，船员在乌鲁布伦丢了他们的船、他们的货物，也可能丢掉了他们的性命。

图9.32　地图显示了倒霉的乌鲁布伦沉船可能的航线，也指明了船上发现的各种制品可能的材料产地。

图9.36　英国坎特伯雷（Canterbury）出土的一件新石器时代翡翠斧。

候，就已发现上面提及的装载安佛拉罐的完整罗马货船。乔治·巴斯对土耳其南部沿海格里多亚角（Cape Gelidonya）和乌鲁布伦附近两艘重要的青铜时代沉船的研究，让我们对好几个世纪前的海上贸易大为改观（见边码374～375专栏）。

陆地上能与沉船相媲美的是商人的贮藏或窖藏。考古沉积中会发现大量的器物组合，要了解主人留下它们的动机并非易事：虽然某些窖藏明显具有献祭的特点，但是可以重复使用的材料，比如废金属等，则很可能是流动的金属工匠埋入的，他们打算有朝一日返回起出它们。

若如此，贮藏或窖藏与保存完好的沉船特别相似，距离我们了解物品分布的性质仅一步之遥。偶尔，我们还有幸发现商人的图像以及他们的舶来品。有几幅埃及墓葬壁画表现了海外商人的抵达。在某些情况下，比如在底比斯的塞南穆特（Senenmut）墓葬里（约前1492），甚至能辨认出携带典型克里特岛物品的米诺斯人。

生产研究

了解与生产、分配（通常以交换形式）和消费相关的一个系统如何运转的最好的途径之一就是从产地入手。不管我们指的是原料产地、原料制成成品的地点，抑或某人工材料的生产地点，这类地点能告诉我们许多东西。我们需要知道，生产是如何组织的？是否有专业工匠？人们是否可以自由出入原料产地采集他们需要的东西？如果有专业工匠，他们是如何组织起来的？生产规模如何？产品运输和交换的具体形式如何？

现在对采石场和矿井的调查是考古学十分成熟的领域。对产地详细绘图，包括地质构造和废弃物分布，是采石场研究的第一步。罗宾·托伦斯（Robin Torrence）对爱琴海米洛斯岛黑曜石采石场的研究就是一个很好的例子。她提出的主要问题是，米洛斯岛上是否定居着开采黑曜石的专业工匠，抑或仅是乘船而来的外来者，当他们需要开采黑曜石时来到此地。她的详尽分析表明，那里并没有专业工匠：外来者直接前来产地进行开采。

一种极有意思的研究生产的方法，是根据各式样工具的生产来重组废料。克莱·辛格（Clay Singer，1944～2013）在南加州科罗拉多沙漠霏细岩采石场就做过这样的研究，该采石场有悠久的开采历史，可追溯到全新世初。辛格能把该采石场某处的石片和石器与63公里之外某遗址的石制品拼合，从而说明石制品原料自该产石场而来的轨迹。

民族志研究领域——特别是对澳大利亚和巴布亚新几内亚采石场的研究——证明可以提供很多信息：它不仅能为这些及类似的生产系统的运作问题提供洞见，而且对解决这些问题提供现有的答案（见边码377专栏）。

矿井的发掘提供了特别的机会。比如，对英格兰东部诺福克郡格兰姆斯·格雷夫斯新石器时代火石矿的发掘（见边码325），使得罗杰·默瑟（Roger Mercer）有可能计算出每个矿井开采出的火石总量，并估计挖掘该矿井所需的工作量，于是为具体开采过程提供一种时间和运行的研究。

有专家对几种材料做了原料加工方面的研究，其中之一就是菲力普·科尔（Philip Kohl）对苏美尔时期（前2900～前2350）用绿泥石制作的精致装饰石碗的生产和分配研究。他研究了伊朗东部两个遗址叶海亚土丘（Tepe Yahya）和夏汗卡-依-苏珂塔，并将采用的生产技术与麦什德（Meshed）现代软石作坊进行比较。麦什德器皿使用现代工具如车床进行快速成批生产，与叶海亚采用缓慢得多的生产方式形成鲜明对比。产品的分配也不同，古代绿泥石器皿限于早期都市中心的上层统治阶级使用，而麦什德器皿则销售给广大人群。与现代状况的比较，能凸显考古遗物分布的重要特征。对现代农业社会村落手

生产：澳大利亚的绿石人工制品

迄今为止有关生产和分配所做的最详尽研究之一，是由伊莎贝尔·麦克布赖德（Isabel McBryde）

所承担的对澳大利亚东南部墨尔本北部山脉中威廉山（Mount William）石矿露头的研究。麦克布赖德从民族志记载的、据说用来制造战斧的一处绿石矿源入手，这类战斧是澳大利亚原住民一种基本而重要的工具。当时，她从博物馆藏品中彻查了该矿源的产品，并与岩石学家艾伦·沃奇曼（Alan Watchman）合作进行了鉴定。看上去类似的、来自其他矿源的产品能通过薄片分析辅以主要及微量元素分析进行区分。

图9.37　澳大利亚原住民使用的战斧。

图9.38　威廉山沿山脊开采的露头。

图9.39　用威廉山采石场绿岩制造的石制品分布图。

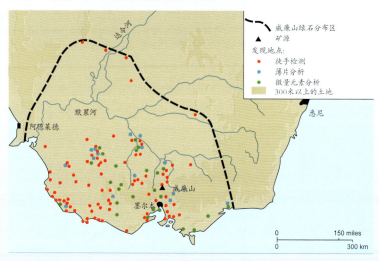

麦克布赖德对该石矿开采的露头进行了测绘和采样。在威廉山脊顶部富含绿石露头的地方，有一串矿井，人们从中开采未风化的绿石。开采露头周围有开采废料的碎石堆，隔开的打片地点则表明为加工石核和半成品的区域。

这项工作还包括对源自该采石场的石制品分布研究。利用民族志材料，麦克布赖德发现，前往采石场是受到严格限制的，只有通过遗址"拥有者"的亲属关系或名义上的从属关系才能获得这里的石头。

麦克布赖德说，"1830年代人们开始在墨尔本定居时，采石场仍在使用，它的营运受到协定的严格限制。该露头被一群说沃伊乌伦（Woiwurrung）语的人群所有，只有某些家庭的成员才被允许在此工作。最后一个负责经营采石场的人——比利-比勒里（Billi-billeri）死于1846年"。

芦苇矛通过交换可以从古尔本（Goulb urn）和默累河（Murray River）获得。据记载，三块威廉山石头可以换一件貂皮披风，"它在狩猎、毛皮加工、缝制和装饰上都需很大的劳力投入，而一件披风需用许多动物毛皮才能做成"。因此，初步交换只把石斧带到采石场周围相当有限的范围里。较大范围的分布——远达500公里——是与相邻群体连续进行交换的结果。

图9.40　在威廉山采石场一处绿石露头，岩石学家艾伦·沃奇曼拿着一块岩石标本。把岩石的成分与其他地方发现的绿石石斧成分相比较，可追溯这些石器的矿源。

工业专门化进行研究，是了解过去生产技术的另一途径。

都市遗址专业作坊的位置，是对这类遗址展开调查的主要目的之一。但只有对作坊及特定设施进行发掘，才能为生产规模和生产组织提供足够的洞见。最

常见的作坊是陶窑。

装备的规模有时足以表明生产的性质，有时则表明产品本身的性质，比如，显示"不列颠舰队"字样的砖，表明了官方主持的生产，该生产机构是官方机构的一部分。

消费研究

消费是始于生产序列的第三个环节，并由分配或交换进行协调。如果想很好地了解交换过程的性质和规模，对贸易品消费的研究必不可少。这个问题马上又回到有关形成过程（第二章）的思考，因为没有理由认为某遗址的出土材料数量准确代表了最初在那里的贸易品的数量。

首先必须询问出土材料是如何废弃或丢失的。发掘中，受到仔细关照的珍贵物品往往少于不起眼的日用品。其次，必须考虑废弃物、丢失物或垃圾是如何进入考古纪录的。在家居遗址中，清扫和垃圾弃置很重要。不考虑形成过程及所涉及的时间跨度，消费研究便无法顺利进行。

材料数量的估算需要十分小心。这意味着对遗址的抽样程序要详尽，发掘程序要合乎标准。在大多数发掘中，要把发掘出来的土采样过筛（或用细筛），并常常辅以水洗。浮选法也被用来提取植物遗存（第六章）。提取珠子、石屑等等遗物，一般用3～4毫米孔径网筛比较合适。但对于陶片来说，较大网眼的筛子更合适，因此只有大于一定尺寸比如1或2厘米的遗物才被提取。（废弃或至少不统计小于1～2厘米的遗物也是有道理的。）

美国考古学家雷蒙德·西德莱斯（Raymond Sidrys）试图研究黑曜石这种特殊物品的消费形态。他试图观察，在古玛雅时代，危地马拉和圣萨尔瓦多产地的黑曜石消费是否随不同遗址类型有所不同。如同近东（见边码373图9.28、9.29），玛雅地区黑曜石的发现频率也随着离产地距离增大而减少。西德莱斯着手对黑曜石丰富度作两项测算来回答这个问题。首先，他对每个遗址的黑曜石做密度测算（OD，obsidian density），公式如下：

$$OD = \frac{黑曜石总量}{发掘的土方量}$$

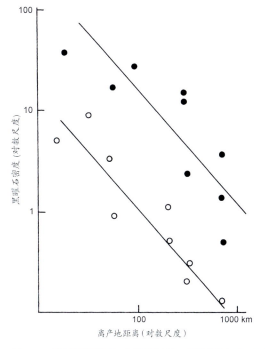

图9.41　玛雅黑曜石消费。在该项分析中，西德莱斯揭示了两个不同的递减形态，其一是小中心的（圆圈），其二是大中心的（黑点）。

这项测算包括估算发掘土方量，并称出筛土发现的黑曜石（成品或废料）总重量。

其次是测算黑曜石的稀缺量（OS, obsidian scarcity），公式如下：

$$OS = \frac{黑曜石制品数量}{陶片数量}$$

西德莱斯的测算清楚表明，大型中心的黑曜石数量多于小型中心。

不同中心之间的区别是消费形式不同所致，还是分配不同使然，是需要讨论的一个问题，但这些主要中心扮演着优先获得供应的角色。在所有案例中，该项目是考虑消费问题的开拓性尝试。

交换与互动：完整的系统

考古学证据不足以重建一个完整的交换系统。比如，没有文字记载，就很难确定相互交换的物品是什么，各种物品的具体价值几何。更糟的是，易朽之物很少或根本无法进入考古纪录。在大多数情况下，我们所能做的就是将考古学所提供的产地及分布证据拼合到一起。这类项目的一个出色案例是简·皮里斯-费雷拉（Jane Pires-Ferreira）在墨西哥瓦哈卡的工作。

古代墨西哥的交换系统 简·皮里斯-费雷拉研究了形成时期早中期（前1450～前500）瓦哈卡地区采用的五种材料。第一种是黑曜石，它被分辨出约有九个产地。它们的特征采用中子活化分析予以确认，并建立起相关的网络。然后，简·皮里斯-费雷拉进而考虑另一类材料珠母贝的交换网络，并得出结论，此地有两个不同的运行网络，一是从太平洋沿岸引入海货，另一是从注入大西洋的河流引入淡水货。

接下来的研究，她考虑了形成时期用来制作镜子的铁矿石（磁铁矿、钛铁矿和赤铁矿）。用于特征研究最合适的技术是穆斯堡尔谱法（如上所示）。最后，她集中考虑了两类陶器，这两类陶器的产地（分别在瓦哈卡和维拉克鲁斯）可根据形制来判定。

然后，这些结果被一起输入一张地图（下图），显示了中美洲形成初期不同地区由一些物品所连接形成的几条交换网络。该图明显不完整，它并没有提供相对有价值的任何线索。但是它确实很好利用了现有的产地资料，并完全基于考古资料做了初步的综合分析。

交换系统的深入洞见 在货币经济中，我们有时能做更深入的分析，因为如果存在单一、统一的可分辨价值度量单位，就能对整个经济的交易量进行测算。

图9.42 完整系统：简·皮里斯-费雷拉的地图，根据五种不同材料的研究，显示了中美洲形成期初将不同地区联系起来的某些物品。

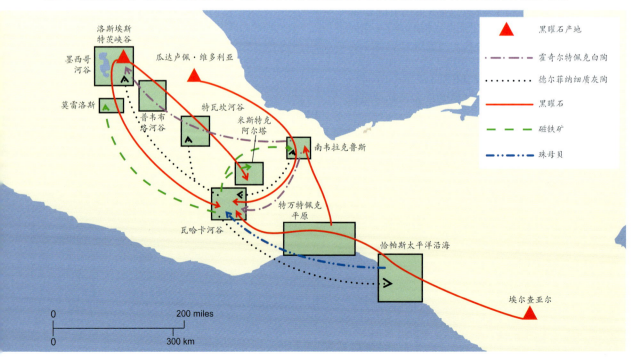

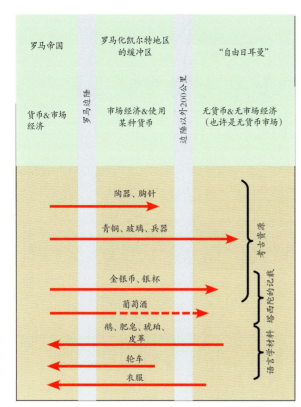

图9.43　洛泰·海蒂亚戈研究了罗马帝国和"自由日耳曼"之间的交换系统。运用考古学、文献和语言学材料，她认为罗马–日耳曼贸易由三个经济系统组成：（1）罗马帝国的货币和市场经济；（2）帝国边陲之外200公里内的"缓冲区"，缺乏独立铸币，但保持有限的货币经济，或许有市场；（3）"自由日耳曼"，无货币，无市场经济，或许有无货币的市场。考古证据表明，日耳曼诸部落主要进口罗马奢侈品（青铜、玻璃和金银币）用作显赫物品（参见第十章）。语言学其他证据表明，作为交换，罗马人从日耳曼进口肥皂、皮革、货车、衣服等实用物品。

在货币经济中能够重建经济系统的各个步骤，从中可以观察铸币的情况，有时也能从其他来源了解税收制度的某些情况。

在较特定的层次，货币往往能准确指示时空交往的强度，因为它们通常能被断代，也因为它们常常标明发行的地点。这可以美国考古学家约翰·克拉克（John R. Clark）对叙利亚东部杜拉·欧罗波斯（Dura Europus）遗址出土的罗马时代钱币的研究为例。他观察了那里出土的10712枚钱币样本。它们是在近东16处不同的希腊城市铸造的，在把它们分为四个时期后，他能显示杜拉同其他城市的商业联系在公元前27～公元256年间是如何变迁的，公元前27～公元180年，贸易为扩张时期，而在公元180～256年间则急剧衰落。

但总的看来，交换材料本身不足以论证整个交换系统的运转。因此如第十二章所述，有必要考虑描述该系统的其他模式。如能始终明了论证的问题与假设的问题之区别，那么采用这种假设模式是完全适当的。

丹麦考古学家洛泰·海蒂亚戈（Lotte Hedeager）对罗马帝国边陲与"自由日耳曼"遥远地区之间（位于北欧）的"缓冲地带"的研究，就是很好的例子。她利用文献、语言学和考古学资料，对整个系统提出了一个假设性观点（见图9.43）。

作为文化变迁动因的贸易

图9.44说明贸易在民族国家或帝国从较小的、最初独立单位的贸易互动中发展起来的可能作用。城市国家或其他独立单位（早期国家单元）同时在当地和它们的重要中心进行贸易。在某些情况下，这类物品的流动能为较大的经济统一体的形成奠定基础。

380
381

这个见解与伊曼纽尔·沃勒斯坦的"世界系统"概念相关（见边码355～356），有的考古学家想将它以沃勒斯坦本人都始料未及的方式运用到前资本主义社会，但是难免在解释中出现偷换概念的危险。有分析者提出某些地区以一种经济"世界系统"团结到一起，这一见解本身并不证明什么，但这很容易令分析者夸大很一般的经济联系的作用。因为它很容易令讨论落入支配（对所谓的核心区而言）与依附（对所谓的边缘地带而言）的窠臼。实际上，它很容易从"主导"（比如传播）出发对变迁做出颇为想当然的解释，这正是过程考古学家一直努力在克服的做法。

如果交换系统想在考古学阐释上发挥一种中心作用，那么构建的模型必须明晰，它应当显示交换在整个系统中的作用，还有物品流通与系统中权力运用之间的关系。

这种模型的一个很好例子，是苏珊·弗兰肯斯坦（Susan Frankenstein）和迈克尔·罗兰兹（Michael Rowlands）提出的法国和德国早期铁器时代向高度等级化社会的转变模型。他声称，正是地方酋长对来自地中海世界显赫物品实施控制，才使这些人增强了他们的地位。他们不仅自己使用和炫耀最好的奢侈品（用途包括在贵族墓里随葬，并由考古学家发现），还把某些奢侈品分发给他们的随从。向更显著等级化社会的过渡，在很大程度上是由贵族对交换网络的控制而做到的。威廉·拉斯杰（William L. Rathje，1945～2012）对玛雅低地显赫贵族的兴起导致古典玛雅文明的诞生也提出过类似的阐释模型。

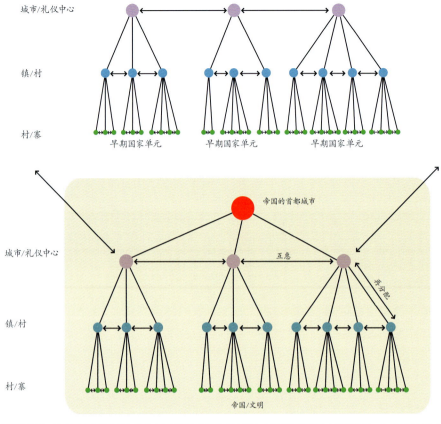

图9.44 贸易与帝国的发展。城市国家或其他独立政体（早期国家单元）既在国家内部的区域范围内进行贸易，也在更高层次的中心城市之间进行贸易。在某些情况下，这些高层次的互动可以导致更大范围内早期国家组织间的融合、帝国或文明国家的发生。

这类模型的提出是用来解释文化系统的变迁的，而系统变迁意义将在第十二章讨论，该章将考虑考古学解释的性质。但在此提及这个问题也是适当的，因为外部贸易和交换在为文化变迁所提出的许多解释中是不可或缺的组成部分。

符号交换和互动

在本章开始我们就强调，包括交换在内的互动并不限于物品，也包括信息，如概念、符号、发明、启示、价值观等等。采用特征研究和空间分析，当代考古学对物质交流颇为得心应手，但对符号方面的互动则力不从心。

开发一种令人刮目的新技术，令它在有限的区域里出现在许多地点，这通常是信息流动以及交往的标志。而相距遥远的同类技术的发明则很可能是独立的，若缺乏其他证据，也未在连续区域显示该发明所暗示的交往，那么就不应作为交往的标志。

一个很好的例子是对公元前最后几世纪在东南亚发现的采用印度方法制作的珠子展开的研究。这种形态显示了一个广泛的交换网络。在公元1千纪，加工大量中档质地珠子的生产中心在东南亚发展起来。据推测，目标为印度的产品与南亚当地生产的珠子之间的差别，很可能源自身份的差别。

如上所述，我们也将在第十二章深入讨论，存在着一种倾向，这种倾向将相邻地区之间的互动简单贴上"传播"的标签，表明由一个地区支配另一地区。我们需要从独立自主来思考（这种传播模式）：即一个地区完全独立于另一个地区。但是要排除地区之间的重要互动，似乎并不现实。

寻找互动分析方法不妨另辟蹊径，包括从它们的象征部分出发，这种互动并不预设支配与依附、中心与边缘，而是将不同地区放在大致平等的基础上来考虑。当讨论地位相等政体（独立社会）——即所谓

"对等政体"——之间的互动时，我们就会发现用"交互作用圈"来讨论很有用。这是已故美国考古学家约瑟夫·考德威尔（Joseph Caldwell，1916～1973）首先用于美国东部霍普韦尔（Hopewell）人群交互作用圈的一个术语（见边码383专栏）。

对等政体之间的互动有很多形式，能予以识别的一些包括：

1. **竞争**　相邻地区彼此以不同方式竞争，以自己能否胜过对方做出判断。这在某些大型仪式中心的定期集会上经常以象征性的形式呈现，其时各地代表咸集，举行祭祀庆典，有时也开展竞赛并举行其他活动。

这种行为见于狩猎采集者的游群中，该游群以较大的单位定期相聚（在澳大利亚被称为歌舞会［corroborees］）。它也见于国家层面的朝圣和祭祀上，这在古希腊奥林匹克运动会及其他泛希腊集会上——其时所有城市国家的代表汇集一堂——最为显著。

2. **竞争性效仿**　与前述相关的是这样一种倾向，即某政体试图在显赫消费中胜过其邻居。前已提及西北海岸印第安人奢华的公共宴飨——夸富宴习俗。在地区中心树立大型纪念建筑，彼此都想在规模和气派上超过其邻居，是与夸富宴非常相似的做法。我们有望在玛雅城市的祭祀中心见到这种情况，在中世纪欧洲首都城市的大教堂上也可见到类似现象。希腊城市国家的神庙也是如此。

这类互动的一种较为微妙的结果是，虽然这些纪念性建筑相互攀比，但其最终结果却大同小异。这些位于特定区域里的不同政体，最后拥有相同的表现模式，而其缘起的确切形式则不十分清楚。于是，这即为何玛雅祭祀中心从某种程度上看十分雷同的原因，正如为何公元前6世纪的所有希腊神庙看起来都是一样的。就细部来说，它们十分不同，但它们无疑拥有相同的表现形式。这通常是对等政体互动的结果；在大多数情况下，我们无须假设有一个单独的发明中心，而把其他地区都视为边缘。

3. **战争**　战争当然是一种最显著的竞争形式。但是，这种竞争的目的并不一定是要占有领土。在第五章中，我们见到战争可能被用来捕获用于牺牲的俘虏。它以心照不宣的规则运转，和这里列举的其他形式一样，是互动的一种形式。

4. **发明的传播**　某地一项技术发明自然很快会传播到其他地区。大部分相互作用圈参与一种技术的开发，所有地方中心和对等政体，都为技术发明作出了自己的贡献。

5. **象征共同体**（symbolic entrainment）　在某交互作用圈内，有一种用象征系统来予以覆盖的趋势。比如，主流宗教的肖像学在各中心基本相同。实际上宗教本身的形式亦是如此：每个中心会有自己的保护神，但是不同中心的神祇又以某种方式在一致的宗教体制中共同发挥作用。因此，在近东早期，每个城市国家都有自己的保护神，但是不同的神祇有时又被认为会相互争战。不过，这些神祇被认为居住在同一神界，就如凡人居住在平常世界的不同地区一样。中美洲诸文明和古希腊情况亦是如此。

6. **贵重物品的仪式交换**　尽管这里我们强调非物质（即象征）的互动，显然在同等政体的显贵之间还存在一系列的物质交流，以及包括婚姻伙伴和珍贵礼物的交换。

7. **日用品流动**　当然，不能忽视日用品在相关政体之间大规模的交换。在某些情况下，经济成为联系的纽带。这正是沃勒斯坦试图用"世界系统"说明的情况。但要注意的是，在这种情况下，未必如沃勒斯坦公元16世纪殖民地的例子，或甚至如古代帝国所见的例子那样存在中心和边缘。尽管两者确实是合适的情况，也经常适用于殖民世界和古代帝国，但是支配关系不能成为早期社会所有互动研究的范式。

8. **语言和族属**　互动最有效的方式是共同的语言。这一点显而易见，但是常常无法被考古学家所明确陈述。起初语言差异较大，共同语言的发展也是与对等政体互动相伴的特点之一。共同族属的发展，即明确认同属于同一批人群，常常与语言因素相关。但是考古学家慢慢开始认识到，族属并非过去始终存在的东西，而是经长期互动才产生的结果，这反过来会进一步影响族属本身。

在象征性方面的互动比较强调物质产品具体交换的地方，这些概念对于大多数早期社会和文化的互动的应用大有裨益。互动分析，包括象征性互动，将在这种综合方法中发挥重要的作用。

在第十二章里，类似问题还将在讨论考古学阐释的背景中提出。

383

交互作用圈：霍普韦尔

在许多社会里，贵重品的交换在重要性上远胜于日用品的交换。地区之间鲜有日用品交往，因为各地相对自给自足，而笨重物品又很难运输。其中一个交互作用圈，即霍普韦尔传统，在公元前100年到公元500年，沿现在美国东北部和中西部的河流繁荣发展。

有许多地区参与了贵重物品的交换，其中有两个地区在交换中占有比较中心的位置——俄亥俄河谷中游的赛欧托（Scioto）地区和伊利诺伊的哈瓦那地区。海贝、鲨鱼牙、云母及其他岩石和矿物等物品来自南方；而天然铜（见边码343）、银和烟斗石等物品来自北方。来自不同地区的几种燧石经常被用于交换，而黑曜石则来自西部遥远的怀俄明。这些材料被制成非常独特的祭祀用品和服饰。天然铜被锻制成各种形状，包括斧和锛的头、大型护胸甲、头饰、双铙钹形耳饰、

各种烟斗套。云母片被切割成几何状人形和自然轮廓。火石、黑曜石和石英晶体被打制成大型两面器（手斧）。海贝则被做成大型杯子和珠子。可刻凿的软石被用来制作制独特的烟斗。

显赫物品的广泛交换与各独立地区所采纳的一种象征系统相伴。当地制作的物品，包括陶器、装饰品和重要的祭祀用品，与跨区域的风格趋于一致。交换物品以丧葬或焚毁方式消费，各地之间显示了某种相似性。于是，人工制品式样和消费方式的共性在整个交互作用圈里创造出前所未有的文化同一性表象。尽管如此，物质层面上的地区差异十分明显。最大最富有的墓见于建有巨大人工土墩的地方。俄亥俄中南部的墓葬是其中最大和最丰富的。

美国考古学家戴维·布朗（David Braun）曾谈到霍普韦尔交互作用圈里对等政体的互动（尽管强调这些政体

图9.46　乌鸦，用铜片剪出，由珍珠装饰眼睛，长38厘米。

还是简单社会而非国家），并指出，竞争性模仿和象征共同体见于霍普韦尔，也见于其他类似的交互作用圈里。

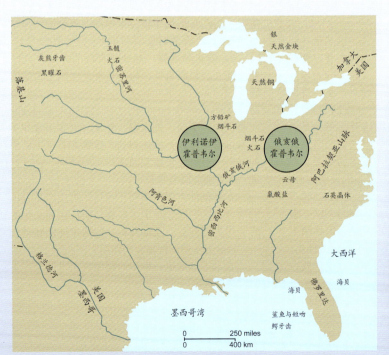

图9.45　（左）霍普韦尔交互作用圈。

图9.47　（右）一只猛禽爪子形状的云母饰件。

$\frac{384}{385}$

小 结

▶ 如能分辨所研究材料的产地，那么就能重建贸易与交换系统。当某地点发现的人工制品能被确定源自另一地点，那么两地之间就存在交往。

▶ 通过特征分析，可观察制造人工制品材料的典型特点，于是就能确定该材料的来源。要做到这点，就必须将该材料产地的某些特点与其他产地区分开来。出土数量很少的一种器物的微量元素能被用来确定其特点。例如，中子活化分析能将一件黑曜石追溯到某座特定火山，有时甚至追溯到该火山的某次特定喷发。

▶ 贸易品常常由其生产者以某种方式拿到市场上销售（比如陶印戳，甚至签名），根据这类信息，以及某特定生产者产品的发现地点，我们能够制作一张分布图。该分布图有助于遗址或人工制品的空间分析。另一观察分布的方法是通过趋势面分析，将大量出土材料按它们发现地点与材料产地的距离标绘出来。

▶ 对交易网更好的了解来自诸如矿井和采石场等地区的生产研究，以及对器物的消费研究。

▶ 那些通过物质产品贸易进行交往的社会，也会交流思想和其他信息。它极有可能在技术、语言和文化的扩散中发挥了直接的作用。

深入阅读材料

下列文献提供了有关考古学家研究贸易和交换所采用方法的很好的入门材料：

Brothwell, D.R. & Pollard, A.M. (eds.). 2005. *Handbook of Archaeological Science*. John Wiley: Chichester.

Dillian, C. D & White, C. L. (eds.). 2010. *Trade and Exchange: Archaeological Studies from History and Prehistory*. Springer: New York.

Earle, T.K. & Ericson, J.E. (eds.). 1977. *Exchange Systems in Prehistory*. Academic Press: New York & London.

Ericson, J.E. & Earle, T.K. (eds.). 1982. *Contexts for Prehistoric Exchange*. Academic Press: New York & London.

Gale, N.H.(ed.).1991. *Bronze Age Trade in the Mediterranean*. (Studies in Mediterranean Archaeology 90). Åström: Göteborg.

Lambert, J.B.1997. *Traces of the Past: Unraveling the Secrets of Archaeology through Chemistry*. Helix Books/Addison-Wesley Longman: Reading, MA.

Polanyi, K., Arensberg, M., & Pearson, H. (eds.). 1957. *Trade and Market in the Early Empires*. Free Press: Glencoe, IL.

Pollard, A.M. & Heron, C. (eds.). 2008. *Archaeological Chemistry*. (2nd edn) Royal Society of Chemistry: Cambridge.

Renfrew, C. & Cherry, J.F. (eds.). 1986. *Peer Polity Interaction and Socio-political Change*. Cambridge University Press: Cambridge & New York.

Scarre, C. & Healy, F. (eds.). 1993. *Trade and Exchange in Prehistoric Europe*. Oxbow books: Oxford.

Torrence, R. 1986. *Production and Exchange of Stone Tools: Prehistoric Exchange in the Aegean*. Cambridge University Press: Cambridge & New York.

10

他们想什么？
认知，艺术与宗教

对于无史料可稽的史前期，考古学前辈倾向于创造一种虚构的历史，"想象"古代人可能是怎么想的或信仰什么。正是这种不严谨的推测性方法促使了新考古学的兴起，它要求采取较为科学的方法，这在第一章有所介绍。但是，由于对过去艺术宗教和象征主义等认知的许多看法具有看似无法检验的性质，致使第一批新考古学家总体上漠视认知研究。

在本章中，我们认为，早期新考古学家的怀疑论和早期解释考古学家时而无序的移情，可以通过建构分析早期社会的概念和人们思考方式的明确过程来回答。例如，我们可以探究人们是怎样开始描述和测量他们世界的，就如我们将要看到的，印度河流域文明使用的度量衡系统今天能够被人们很好地理解（见边码404～405）。我们能够调查人们是如何规划纪念性建筑和城市的，因为街道的布局本身就揭示了规划的各个方面；有时我们还会发现规划图和其他特定标志（如模型）。我们可以了解人们最看重哪些物品，这些物品也许被视为威望或权力的象征。我们还能调查人们看待超自然的方式，以及他们在祭祀实践中如何应对这些观念。

理论与方法

今天人们普遍同意，人类与其他动物最明显的区别在于人类能使用符号。所有睿智的思想及所有连贯的语言都基于符号，而且文字本身就是符号，它们用发音和字母来表示，并借此代表（或象征）真实世界的某一方面。但是，赋予某特定符号的含义通常是随意的：往往并不表明某特定词汇或标记应当代表世界上的某指定物体而非其他。例如，以星条图案为例，我们立即就能认出这是美利坚合众国的国旗。如果你了解美国历史，该设计才有意义。但是该图案本身并不指明代表哪个国家——或甚至并不代表一个国家的国旗。就像许多符号，它是随意的。

而且，赋予一个符号的含义对于某特定文化传统而言是独有的。例如，一幅斯堪的纳维亚的史前岩画，在我们眼里是一条船，但是没有深入研究，我们就不能断定它就是一条船，它或许可能是该寒冷地区的一条雪橇。但是，创作这幅岩画的人们解释其意义毫无困难。同样，说不同语言的人们用不同的词汇描述同一件事情——某东西或某想法在象征性上可以用不同方式来表达。假如我们在出生时就按预定步骤设定程序，赋予某些符号以相同的含义，并讲相同的语言，那么考古学家的任务将会轻松许多，但是人类的体验就会极其单调。

一般不大可能单凭图像或物体的符号式样来推断其在某一文化中的含义。我们起码必须看这个式样是如何使用的，并从其他符号的背景中来看它。因此，认知考古学对发现的特定背景需十分当心：因为重要的在于组合和整体，而非孤立的个别物体。

同意这点很重要，即图符和物体（人工制品）本身不会直接告诉我们它们的含义——特别是在没有文献证据的情况下。科学方法的原理，就是观察者或研究者必须提供解释。而科学家知道，可以存在几种不同的解释，而这几种解释必须予以评估，如有必要，根据最新资料相互参照，用清晰的评估程序进行检验。

图10.1　两个人是在一条船上还是一条雪橇上？对于我们来说，如果没有其他证据，这幅源自斯堪的纳维亚青铜时代的岩画的准确含义仍然不清晰。

就如在第十二章中所讨论的，这是过程考古学的一条原则。一些过程考古学家特别是路易斯·宾福德声称，考虑过去人们想些什么并无助益。他们声称，主要是人们的行为而非想法保存在物质记录中。但是，我们并不认同这种观点。我们设想的出发点是，我们所发现的东西，部分是人类思想和动机的产物（即使批评我们的人也不否认这点），而这提供了潜力，也提出了研究的问题。简言之，它们属于哲学家卡尔·波普尔（Karl Popper，1902～1994）所谓的"第三世界"。就如波普尔所言（1985）："如果我们把物质世界——物理性东西——称为第一世界，而将主观体验（如思想过程）叫作第二世界，那么我们可以将对其本身的陈述叫作第三世界……我基本将第三世界看作是人类思想的产物。""这些……也适用于人类活动的产物，比如房屋或工具；也适用于艺术品。对我们特别重要的是，它们可用于我们所谓的'语言'，以及我们所谓的'科学'。"但是，虽然这些洞见指明了有用的方向，但并没有为我们提供一种方法论。

作为具体实践的第一步，有必要推定，每个人的头脑中存在一种世界观、一套解释的框架、一张认知图——类似地理学家所讨论的心智图（mental map）的一种思想，但是它不应仅限于空间关系的代表。由于人们不仅对他们的感觉印象做出反应，而且还对世界的现有知识做出反应，通过这种反应来解释印象并赋予其含义。在下面的图解中，我们见到一个人根据个人认知图（在他或她的头脑里）在记忆中回想过去的情形，甚至在其"心眼（mind's eye）"里憧憬未来可能的情况。人类社群居住在一起，有相同的文化，说相同的语言，并常常共享相同的世界观或"观念模式（mind set）"。在某种程度上，这就是我们所谓的共同认知图，尽管犹如各特定利益群体那样，每个人的认知图并不相同（参见第五章对个体的讨论）。这种方法有时被科学哲学家称为"方法论的个人主义"。

认知图想法的有用之处，正在于我们能在实践中利用波普尔"第三世界"中合适的人工制品来深入了解某群体的共同认知图。我们有望得到该群体使用符号方式的洞见，有时（通过对图像的描绘）甚至得到有关组成群体的个人之间相互关系的洞见。所有这些听起来颇为抽象。但是，在本章余下的部分，我们将讨论一些特定途径，以便着手重建某一特定时空和特定人群的共同认知图。

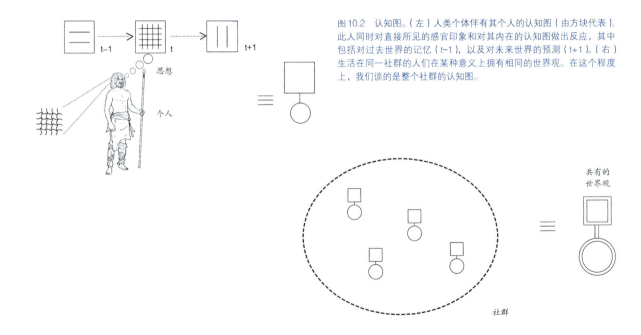

图10.2　认知图。（左）人类个体伴有其个人的认知图（由方块代表）。此人同时对直接所见的感官印象和对其内在的认知图做出反应，其中包括对过去世界的记忆（t-1），以及对未来世界的预测（t+1）。（右）生活在同一社群的人们在某种意义上拥有相同的世界观。在这个程度上，我们谈的是整个社群的认知图。

人类象征能力的演进

当我们谈及人类这个词时，常常会觉得好像所有人的行为和认知能力都基本相同。我们得承认一个事实，即各人群仍有一些差别，这对于今天的现代智人来说确是这样。换言之，在现生"人种"之间，不管他们是如何定义的，并无令人信服的证据表明存在系统、重要的能力差别。那么，完全现代人的这些能力是何时出现的？这是生物人类学家和考古学家需要回答的一个问题，这也是与神经科学有关的一个问题（见边码427专栏）。

语言与自我意识

就如第十一章所指出的，大多数生物人类学家同意，现代人的能力自大约20～15万年前随着智人的出现就已经具备了。但再往前看，学者们就有分歧了。正如神经生理学家约翰·埃克尔斯（John Eccles，1903～1997）所言："史前期究竟要上溯多远，我们才能分辨这一开始，即最原始的第三世界存在的起源？当我思考人类的史前史时，我要说它在工具文化中。最初的原始古人类为了某种目的打制砾石工具，就有了某种设计和技术的想法。"对此，卡尔·波普尔回答道："尽管我同意你的说法，不过我更偏向于将语言的发展而非工具视为第三世界的开始。"一些考古学家和生物人类学家认为，一种有效语言很可能由能人在大约200万年前与最初的打制石器一起发展起来，但另一些则认为，一种成熟的语言能力形成较为晚近，与智人的出现相伴。这意味着，旧石器时代早中期由古人类制作的工具，是由尚无真正语言能力的人类所制造的。

迄今为止，还没有明确的方法论来确定语言出现的时间（关于体质，见第十一章）。心理学家默林·唐纳德（Merlin Donald）提出了认知进化的一系列阶段，如直立人的模仿阶段（强调古人类的模仿行为能力），智人的虚构阶段（强调语言和表述的重要性），以及较发达社会的推理阶段，它强调推理思维和唐纳德所谓的"外部符号储藏"，包括文字在内的许多记忆机制。这是一个重要而有趣的领域，但几乎无人涉足。

科学家和哲学家如罗杰·彭罗斯（Roger Penrose）和丹尼尔·丹尼特（Daniel Dennett）对自我意识的起源颇有争议，但没有什么实质性结论。哲学家约翰·瑟尔（John Searle）声称，并不存在突然的转变，并断言

他的狗路德维希（Ludwig）已有相当明显的自我意识。考古学家斯蒂文·米申（Steven Mithen）在其《大脑的史前史》（The Prehistory of the Mind，1996）一书中引用进化心理学家的研究来讨论这一问题。默林·唐纳德在其《一种如此罕见的大脑》（A Mind So Rare，2001）一书中，再次断言人类意识的积极作用，他批评了丹尼尔·丹尼特等人他称为"强硬派"的方法，并断言，丹尼特倾向于将意识降格为一种副现象，将自我贬低为一种"表现的发明，一种文化的附属物"。但是，迄今为止尚无研究者引用考古学和神经生理学的证据来澄清这个问题，虽然最新研究正开始开辟新的道路（见边码427专栏）。

还有几种研究早期人类认知能力其他方面的途径。

工具制造的设计

鉴于能人制作简单砾石工具也许可以被看作一个简单的习惯动作，与大猩猩掰断树枝拨弄一个蚁冢并无区别，而直立人制造出像阿舍利手斧那样漂亮的工具，似乎要进步得多。

但是，就目前而言，这只是主观印象。我们怎样对它进行深入调查？一种方法是通过实验来衡量制作过程的时间。一种较为严谨的量化方法，就如格林·艾萨克（Glynn Lsaac）开发的那种，能研究某人工制品组合的变异幅度。因为，如果工具制造者在其认知图里对他们的终极产品具有某种比较固定的概念，那么成品的样式就会比较相似。艾萨克注意到工具类型组合或明确界定的变异有一种历时增长的趋势。这意味着每个工具制造者的工具式样概念各不相同，无疑与不同功能有关。因此，工具制作的规划与设计在我们考虑早期古人类的认知能力时至关重要，而且这种能力有别于高等类人猿如黑猩猩。

操作链（行事的顺序）分析概念是构建来对一件石器、陶罐或青铜器或任何具备完善制作过程产品的生产展开研究的，以清晰了解该生产的复杂过程乃至标准化步骤的认知含义。在早期阶段，比如旧石器时代，这种方法能够提供人类复杂行为背后认知结构方式的洞见。法国史前学家克洛迪娜·卡林（Claudine Karlin）和米歇尔·朱利安（Michèl Julien）分析了法国旧石器时代晚期马格德林阶段必要的石叶加工生产

早期思想的线索

确定一处墓葬是否刻意所为——因此是否与尊重死者的想法有关——当我们上溯到旧石器时代中期，考虑尼安德特人时，成为特别棘手的问题。就目前的证据，刻意埋葬的实践始于这个时期。用装饰品陪葬死者的最好证据仅始于旧石器时代晚期及以后阶段，虽然伊拉克沙尼达尔（Shanidar）洞穴里著名的尼安德特人墓葬伴有花粉，表明该墓葬用花随葬死者。

阿塔普埃卡的墓葬？

但是，存在一些甚至更早的原始丧葬实践。西班牙布尔戈斯（Burgos）附近的阿塔普埃卡遗址改变了我们对中更新世先驱人和海德堡人（早期智人）的根本看法。来自马德里和塔拉戈纳省（Tarragona）的一支专家团队，自1976年起一直对一处被称为"骨坑"的石灰岩洞穴进行发掘。

遗址位于12米深的竖井底部。在上部堆积中发现了250多具可能死于冬眠的洞熊骨骼。而在年代约43万年前的下层，迄今出土了超过5500件人骨，来自至少28个海德堡人个体（根据牙齿），并很可能多达32个个体（因此约占欧洲所知所有前尼安德特人人骨的90%）。虽然这些人骨杂乱相混，没有解剖学关系，但是身体所有骨骼都在。大部分为青壮年——实际上大约40%的死亡年龄在17～21岁之间。由于不到四分之一的人活到20岁出头，所以他们并非全部人口的代表，老年人可能葬在别处。

发掘领队之一，胡安·路易斯·阿苏亚加认为，竖井中的这些遗体可能至少是几代人的堆积，为丧葬的一种祭祀形式，表明已有某种宗教信仰的萌芽。缺乏与人骨共出的食草类动物（作为食物的动物）骨骼和石器，意味着它们并非由食肉动物堆积在竖井中，洞穴本身也不是居住遗址。最近，在骨骼中发现了一件打制精致的石英岩手斧，它也许是一件刻意而为的随葬品，具有某种象征意义。

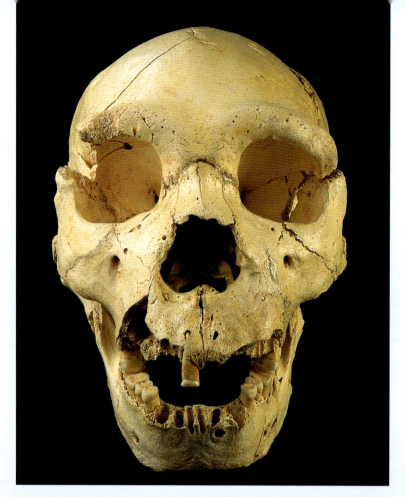

图10.3 西班牙阿塔普埃卡"骨坑"中出土的一具海德堡人头骨。该遗址发现了人类刻意埋葬的一些最早证据。

最早的艺术？

同样，零星发现表明，"艺术"（或至少是无实用性的刻画）并非像传统认为的那样始于现代人，而可以上溯到直立人。例如，爪哇特里尼尔发现的一件带有锯齿形雕刻的淡水贻贝壳，至少可追溯到43万年前；1981年以色列考古学家在戈兰高地的贝列卡特兰（Berekhat Ram）发现了一件非凡的"雕像"，年代至少在23万年前（阿舍利晚期）。这是一件火山凝灰岩砾石，长2.5厘米，其自然形状酷似女性。美国学者亚历山大·马沙克用显微镜分析了这件物品，表明"颈部"一圈凹槽是人为的，无疑采用了一件火石工具；表现"胳膊"的较浅凹槽可能也是人为的。换言之，该遗址的栖居者不仅注意到这块砾石的天然形状像人形，并且刻意用石器凸显了这种相似性。因此，贝列卡特兰砾石不可否认是一件"艺术品"。

其他惊人的证据见于法国拉罗谢-科塔尔（La Roche-Cotard）出土（见边码395专栏）、由尼安德特人雕刻的一件骨、石面具，为早期艺术形式；南非布隆波斯洞穴出土的、距今77000年前的一块赭石上的抽象刻痕，以及距今73000年前绘于石片上的一幅抽象赭石画。

图10.4　爪哇特里尼尔的一件带有雕刻的贝壳，距今43万年。这些锯齿形雕刻是迄今为止所知最早的抽象几何图形。

图10.5　南非布隆波斯洞穴出土的一件具有抽象图案的赭石块，距今73000年前。

图10.6　南非布隆波斯洞穴出土的一件带有抽象刻纹的红色赭石，距今77000年前。

旧石器时代艺术

洞穴艺术

对西欧冰河时代的洞穴有许多著述，这些洞穴里装点着动物图像和一些抽象标志。它们集中在某些特定的地区——特别是法国西南部的佩里戈尔（Périgord）和比利牛斯（Pyrenees）以及西班牙北部的坎塔布里亚——它们自公元前35000年以降，跨越了整个旧石器时代晚期。但是大部分洞穴艺术年代在冰期晚段，属梭鲁特期，特别是马格德林期，大约在公元前10000年结束。

洞穴艺术家采用多种多样的技术，从简单的指痕描绘和泥塑到雕刻和浅浮雕，从手的印模到用两三种颜料的绘画。大多数艺术难以企及——于是被学者归类为"记号"或"抽象标记"，但是图像能够辨认，绝大多数都是动物。人像很少，实际上没有什么器物绘在岩壁上。图像尺寸变化幅度极大，从微小到长5米。有的显而易见并容易接近，而有的则秘密隐藏在洞穴的凹陷处。

最早对洞穴壁画（"壁腔艺术"）进行系统研究的是工作于1960年代的法国考古学家安德烈·勒鲁瓦-古尔汉（André Leroi-Gourhan），他以安妮特·拉明-昂珀雷尔（Annette Laming-Emperaire，1917～1977）马首是瞻。勒鲁瓦-古尔汉声称，这些图画形成了各种构图。以前，它们被视为个别图像的随机聚合，代表了"狩猎巫术"或"多产巫术"。勒鲁瓦-古尔汉研究了每个洞穴中动物图像的位置和相伴关系。他确定，迄今马和野牛是画得最常见的动物，约占总数的60%，而且它们集中在洞穴的中央岩壁上。其他物种（如野山羊、猛犸和鹿）则位于较为边缘的位置，而不常画的动物（如犀牛、猫科动物和熊）经常集中在洞穴深处。因此古尔汉很有把握地认为他找到了每个洞穴装饰方式的"蓝图"。

现在我们知道，这种解释过于笼统。每个洞穴各不相同，有的仅有一幅图像，而有的（如法国西南部的拉斯科）则有数百幅。虽然如此，勒鲁

瓦-古尔汉的工作确定：洞穴艺术有基本的主题统一性——有限的几种动物的表现——并有意识地将这些图像分布在岩壁上。当前，研究主要探究每个洞穴的装饰是如何因地制宜地应对洞壁形状的，甚至位于那些人类声音共鸣最好的洞穴部位的。

新的发现层出不穷——平均每年发现一座洞穴，其中包括法国的重大发现，比如1991年马赛附近的考斯科洞穴，其冰河时代的洞口今天已在海平面以下，还有1994年发现的阿尔代什省（Ardèche）令人叹为观止的肖维洞穴，其中有大量独一无二的犀牛和大型猫科动物的图像。

但是，在1980和1990年代的一系列发现中，还揭示了旷野创作的"洞穴艺术"。实际上，洞穴艺术是冰河时代艺术创作最常见的形式，但绝大多数在几千年里易遭风化，留给我们的是严重扭曲的图像，它们只在洞穴里才得以残留。迄今为止，在西班牙、葡萄牙、德国、埃及和法国已知有二十几处遗址，拥有数百幅图像，大多凿入岩石。从其风格和内容看，明显都属于冰河时代。

图10.7（上）西欧旧石器时代洞穴的主要位置。

图10.8（中）1994年在法国南部肖维洞穴里发现的壮观岩画，画有440多个动物。

图10.9（下）法国多尔多涅省屈萨克（Cussac）洞穴里的猛犸雕刻。

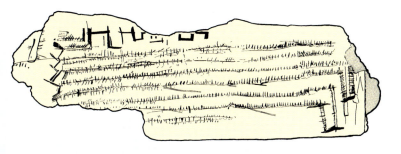

图 10.10 （上左）法国杜泰出土的一片骨板，带有弯弯曲曲的连续记号。

图 10.11 （上右）西班牙托萨尔·德拉罗卡出土的骨头，很可能是一种符号系统。

图 10.12～10.15 （右）可携艺术品：从西班牙北部拉加玛（La Garma）洞穴出土的三件骨雕，最右面一件是最近在俄国莫斯科附近萨兰斯克（Zaraisk）旷野遗址发现的一件猛犸象牙维纳斯雕像。

可携艺术品

冰河时代的可携（"可移动"）艺术品包括雕刻在小型物件上的几千件石、骨、鹿角和象牙雕刻品。虽然绝大多数可辨认的形象是动物，但是最著名的当属所谓的"维纳斯雕像"，比如奥地利维伦多夫（Willendorf）的石灰岩维纳斯雕像。刻画的妇女雕像年龄和类型各不相同，绝不限于常常被说成是典型的少数肥胖类型。

美国学者亚历山大·马沙克设计了各种方法。通过对某些物体上刻痕的显微观察，他声称能够分辨由不同工具、在不同场合用不同的手产生的刻痕，得出他所谓的"时间因素"构成（在某段时间内、并非一次操作制成）。但是，在石板上使用复制工具的实验表明，某件简单工具能够产生各种各样的痕迹。直到现在采用了扫描电镜后，学者们才开始建立用扫描电镜辨认相同工具留下的痕迹的标准（工具在刻意制作的线条边留下了可辨认的细小擦痕）。

冰河时代物体上的标记有时为成组的或多线条的刻画。马沙克声称，有些刻痕，如法国阿布里·布朗夏尔（Abri Blanchard）出土的旧石器时代晚期初的69个圆圈并非计算符号，也许是用来观测月亮变化和其他天文事件的符号。月亮的周期变化肯定是旧石器时代人们能够测算时间流逝的主要方法。

马沙克还将法国东部格罗特·杜泰（Grotte du Taï）旧石器时代晚期出土骨骼上的1000多条短刻痕解释为一种标记，可能是月历。虽然这一看法要比简单装饰更有道理，但有些人仍对旧石器时代的标记持怀疑态度。不过，意大利学者弗朗西斯科·德里科对西班牙托萨尔·德拉罗卡（Tossal de la Roca）遗址出土的旧石器时代晚期后段骨骼上的一些平行线条的分析，有力地支持了马沙克的观点。德里科用不同技术和不同工具在骨头上进行刻划，并建立了分辨这类刻痕如何产生，以及是否由一种或几种工具造成的标准。然后，他与西班牙同事卡门·卡乔（Carmen Cacho）把这种标准应用到托萨尔·德拉罗卡的骨头上，该骨头每个面上有四组平行的线条，并得出结论：每组平行刻痕是用不同工具造成的，各组刻痕之间存在技术和工具使用方向的变化，这意味着这些刻痕是在长时间里积累而成的，这些刻痕很可能属于一种符号系统。

尼安德特人的艺术

将一些洞穴艺术归功于尼安德特人是近年来考古学最重要的进展之一。在20世纪的大部分时间里，尼安德特人被认为是没有文化或任何审美意识的生物。人们很久以来就知道，法国和其他地方的某些尼安德特人遗址见有数以公斤计的颜料，但除了法国拉费拉西（La Ferrassie）遗址一处石灰岩块上有一些小的杯形痕迹外，人们对尼安德特人的艺术一无所知。考古学家已经将艺术与尼安德特人联系起来，或将艺术的年代定在智人抵达欧洲之前，或专门将其与尼安德特人的遗骸联系到一起。近年来，考古学家发现了他们使用过装饰品、羽毛和图像的证据。在法国布吕尼屈厄（Bruniquel）洞穴的极深处，发现了上溯至176000年前、安置成圆圈的钟乳石，它们是这样一个事实的见证，即尼安德特人曾进入洞穴深处，并从事一些神秘的活动。在直布罗陀戈勒姆（Gorham）洞穴基岩上发现了刻画很深的抽象图案，年代据称可上溯到39000年以前，并被未受扰动的含尼安德特人人工制品的考古

图10.16（上）直布罗陀的戈勒姆洞穴。此地的基岩带有显然是抽象图案的很深刻痕，上面覆盖了未被扰动的含尼安德特人人工制品的考古地层。因此，该图案的年代据说超过了39000年。

图10.17（右）属于尼安德特人的某些洞穴艺术的位置分布图。

图10.18（下）法国西南部布吕尼屈厄洞穴。在洞穴深处有钟乳石堆成的一个圆圈和用火痕迹，年代在约176000年前。该年代表明，这个建筑是尼安德特人堆筑的，并提供了他们认知和文化能力的证据。

图10.19 （左）法国拉罗谢-科塔尔出土的由尼人塑造的石、骨"面具"。

图10.20 （右）法国卢瓦尔河谷拉罗谢-科塔尔洞穴中的手印。由于这个洞穴在尼安德特人之后就无法进入,所以这些手印很可能是尼安德特人留下的。

图10.21 西班牙拉巴西加洞穴中绘制的类似梯子的红色图案,上面局部覆盖的方解石年代在66000至64000年前,这意味着图案的年代要更加久远。欧洲如此古老的年代表明,这些洞穴艺术是尼安德特人创作的。

学地层所覆盖;而法国的拉罗谢-科塔尔洞穴就见有一件著名的石骨"面具",年代约在70000年前——上面有直接压在软石上而保存下来的指印和斑点,还有赫石的污渍,可以有把握地归于尼安德特人所为。2012年,在西班牙北部的几个洞穴中,用铀钍法获得了覆盖在简单图案上的方解石样本很早的年代数据(见边码154～155)。这些样本为这些图案提供了大约40000～35000年前的最小年龄(最著名的是来自埃尔卡斯蒂略[El Castillo]洞穴的红点和手印;见图4.26),其中一些很有可能是尼安德特人留下的。2018年2月,在西班牙不同地区(拉巴西加[La Pasiega]、马特维索[Maltravieso]和阿达莱斯[Ardales])的三个洞穴中,公布了对绘画上覆盖的方解石断代大约66000至64000年前的更古老的年龄。如果这些年代准确,那么对所有深表疑虑的人来说,现在可以肯定,尼安德特人确实在这些洞穴的方解石下面创作了艺术品。目前就我们可说的,就是所有这些图像似乎都是抽象的,虽然随着研究的继续,情况可能会有所改变。

步骤；许多其他生产过程也能按照这种相同思路来进行研究。

原料采办与时间规划

了解早期古人类认知行为的另一方法是考虑规划时间，该规划时间界定为从规划某行动到其实施之间的时间。例如，如果用来制作一件石器的原料来自某特定岩石露头，但是石器本身是在较远的地方加工的（以该石器加工产生的废片来论证），这就可能表明搬运该原料的人的某种蓄意和预期。同样，搬运天然物品或人工制品（所谓"人为搬运物"），不管是工具、海贝还是有趣的化石（第九章），至少表明了人们对它们的持续兴趣，或利用或"拥有"它们的意图。有关这类"人为搬运物"，采用第九章讨论的特征研究和其他方法，已经以一种系统的方式进行研究了。

有组织的行为：居住面与食物分享假设

就如第二章所见，一项特定研究的焦点就是某特定考古遗址形成过程的性质。对于旧石器时代，这特别重要。不仅因为沉积物的形成时间漫长，而且从人类行为的解释上也需谨慎。这证明在非洲以及其他地区重要的早期古人类遗址——如坦桑尼亚奥杜威峡谷、肯尼亚奥罗格萨利（Olorgesailie）和库彼福拉遗址——是争议特别大的领域。在某些遗址中，破碎的动物骨骼往往被发现与石器一起分布。这些200～150万年前的遗址一直被说成是活动区，古人类（可能是能人）在那里制造工具，用它们处理搬到那里的动物尸体（或部分尸体），并敲骨吸髓。这些地点被认为是小型血缘群的栖居遗址或临时大本营。

包括格林·艾萨克在内的许多学者声称，在这些栖居营地或临时营地的血缘群中存在食物分享。路易斯·宾福德则批评这种观点。在他看来，这些并非早期古人类的栖居营地，而是猛兽捕杀其猎物的地方。人类只在猛兽捕杀猎物并填饱肚子之后，用工具敲骨吸髓而已。他反对这样的观点，即早期人类为在其他地方处理和储藏而搬运兽肉和长骨。

为检验这些假说，目前正在进行许多研究。包括对碎骨上的牙痕和切痕做微观观察（见第七章），并对据说是"居住面"上散布的碎屑做细致分析。宾福德的说法意味着不存在智力较高的行为，也没有明显的社会结构。而大本营/食物分享的观点则意味着具有某

种程度的稳定行为，包括社会行为，这种行为具有颇具目的性的认知意义。

功能抑或文化决定的石器组合

从何时起，居住在相邻地区、开拓相同资源的人群建立起了具有独特文化特征的行为和物质装备？这个问题是在考虑与尼安德特人（大约18～3万年前）相伴的各种旧石器时代中期、一般称之为莫斯特文化的石器组合时出现的。1960年代，法国考古学家弗朗索瓦·博尔德在法国西南部声称，他在法国南部分辨出的不同工具组合是当时共存的不同人群的物质装备。这相当于研究较晚时期的考古学家传统上所谓的考古学"文化"概念，或有些人所等同的"族群"。另一方面，路易斯·宾福德和萨莉·宾福德（Lewis Binford & Sally Binford）夫妇声称，这些组合代表了大体同一或相似人群用于不同目的的工具组合。他们用石器组合的因子分析来论证他们的观点。保罗·梅拉斯提供了第三种解释，即不同发现中存在前后一致的年代学形态，因此各时段（与其典型工具组合）前后相随。

虽然该争论并无结果，但是许多人相信：社会性独特的群体，大体上相当于我们所谓的族群，只在旧石器时代晚期完全的现代人中才出现，而莫斯特文化代表了较为简单的社会，也许符合宾福德和梅拉斯所说的情况。

人类遗体的刻意埋葬

从旧石器时代晚期开始，就有许多人类埋葬的明确案例，人类遗骸被刻意安葬在掘出的墓穴里，有时还随葬有个人装饰品。甚至也发现有更早阶段的证据（见边码390～391专栏）。埋葬行为本身意味着对死者的某种尊重或感情，也许还有某种来世的概念（尽管这点难以证实）。装饰似乎意味着这样一种想法，即装饰品能够美化死者的外表，无论是从美观、威望还是其他方面。旧石器时代晚期一个很好的例子，就是发现在莫斯科东北约200公里处、距今27000年前的松吉尔（Sungir）遗址：一个男子和两个儿童的墓葬，伴有猛犸象牙矛头、石器、象牙匕首、小动物雕刻和几千颗象牙珠。

在评估这些发现时，我们必须了解形成过程，尤其是墓葬建成后发生了什么。例如，发现墓穴中有动物骨架与人骨并存，传统上很可能被作为一部分祭祀活动的证据：刻意将动物与人埋在一起。但是现在认为，在

图10.22　对死者的刻意埋葬：在莫斯科附近大约27000年前的松吉尔遗址，一个女孩（左，约9～10岁）和一个少年（右，约12～13岁）头对头地埋在一起。他们戴着各种坠饰、手镯和其他装饰品，他们的衣服上覆有几千枚象牙珠。男孩系着一串狐狸牙。整个埋葬覆盖着红色的赤铁矿。

某种情况下，动物有可能在寻找食物时进入墓穴，并意外死在那里——结果成为误导考古学家的假线索。

表现

任何物体以及任一表面的任何绘画都能被毫无困难地辨认为雕塑或绘画——即现实世界某东西的代表（这种代表并非像化石那样，是某东西简单的机械复制）——是一种符号。对于各时代雕塑和绘画的一般性问题我们将在后面讨论。对于旧石器时代而言，有两个最重要的问题：一是评估年代（因此在某种情况下是评估它的真实性）；二是确认某绘画的性质。虽然人们一直相信，最早的绘画是由旧石器时代晚期的智

人所创作的，但越来越多较早的例子迫使我们重新审视这种设想（见边码390～391专栏）。《旧石器时代艺术》专栏提供的例子体现了采用新方法研究旧石器时代艺术所得出的某些重要结论。

细部分析不应掩盖绘画行为本身的巨大认知意义，这在法国肖维、拉斯科和西班牙阿尔塔米拉（Altamira）的艺术表现中均有生动反映。欣赏这些艺术是一回事；但是要建立一种使我们能够仔细分析所含认知过程的推测框架就困难得多。这种分析工作还处于草创阶段。不过，考古学家在研究旧石器时代祖先的行为的技术和方法上已经取得了相当大的进展，而随着研究的进一步深入，有关早期人类认知的发展方式的认识会日益清晰起来。

如何使用符号

在前面部分，我们考察了考古学家研究人类认知能力兴起的方法。在这里和下面部分，我们将评估用来研究解剖学上完全现代人的认知考古学方法。在详述之前，有必要概括一下今天我们所见的认知考古学范围。

我们关注研究符号是如何使用的。也许，声称已了解它们的含义（即原来使用者的全部含义），是过于异想天开的。在未进行深入分析之前，我们可将"含义"定义为"符号之间的联系"。作为今天的研究者，我们有望建立所见符号之间的某些原始联系，但绝非全部。

下面我们将从六种不同的符号使用方式来考察认知考古学：

1. 基本的第一步是通过标出和界定某人或某社群的领地来确立位置。为确立位置，某人或某社群经常会用具有象征意义的标记和纪念物，因此构建了一片可见的景观，一般是一块兼具神圣和世俗维度的记忆中的土地。

2. 根本的认知步骤是建立测量符号——如时间、长度和重量单位——它们有助于我们安排人类与自然界的关系。

3. 符号就像计划工具，能使我们应对未来世界。它们通过在未来准备实施的行动，如城镇规划的建模，帮助我们更清楚地定义自己的意图。

4. 符号可以用来管理和组织人类之间的关系。金钱就是一个很好的例子，某些物品比其他物品

价值更高的整个概念就与金钱相伴。此外还有范畴更广的符号，例如军队等级的徽章，它们与在某社会中行使权力相关。

5. 符号用来代表并试图管理人类与其他领域的关系，如与超自然界或抽象的事物的关系，把考古引向对宗教和迷信的研究。

6. 总之，符号可通过刻画，如雕刻和绘画等艺术表现来描述这个世界。

无疑，符号还有其他用途——音乐（见边码424～425专栏）能够模仿，因此是符号。这些颇为约略的罗列，足以开启我们应如何分析它们的讨论。刻画符号也许能为我们提供史前阶段某个人或某社群认知图的直接洞见。但是，在有读写能力的社群中，书写的文字——用来直接描述世界的概念符号——当然是主要的证据。

各种古代文献，从诗歌、戏剧到政治文件及早期的历史著作，为了解伟大文明的认知世界提供了丰富的洞见。但是，要准确和有效地利用这些证据，我们必须了解不同社会里文字使用的社会背景。这将是下面章节的主题，之后，我们再回到上面概括的符号范畴。

文 字

正是文字的存在反映了认知图的重要延伸。书写符号是人类发明的最有效的一种系统，它不仅用来描述我们周围的世界，而且用来与人沟通并实现控制；它将社会组合为一体，并把积累起来的文化知识传给后世。有时我们可以辨认出发达文字系统之前以符号系统形式为特点的认知图发轫，例如欧洲东南部公元前4000年前文卡（Vinča）文化陶器上的符号。复活节岛上留存在25块木头上的朗哥–朗哥（rongo-rongo）字符的分析被否定，直到1990年代发现了其结构的关键线索，表明大部分刻画符号表达了宇宙起源的内容（创世圣歌）。

文字有限的社会

即使建立了一种适当的文字系统，读写能力也远非社会每个成员都能共享，它只用于非常有限的目的。在美索不达米亚和中美洲，读写能力似乎仅限于文书或少数贵族。第五章讨论了美索不达米亚的文字。

在中美洲，铭刻主要见于石板、房梁、台阶和石柱，大体上全都是公共纪念性建筑（见边码410～411专栏）。此外，还有以法典形式保存下来的玛雅知识库，但只有四部留存下来。虽然铭刻还见于其他物品，如陶器和玉器，但这些全都是贵族物品，没有读写能力在玛雅人中普及的证据。

概念化的战争　在对伯利兹卡拉科尔玛雅中心的研究中（见边码88专栏），黛安娜和阿兰·蔡斯一直关注与战争有关的四种象形文字的存在，他们声称，这些文字代表了不同类型的战争事件。它们分别是：（1）"捕获事件"，也许捕获了用于牺牲的人员；（2）"破坏事件"，涉及某些特定目的的完成。（3）"斧子事件"，它一直被解释为重大战役;（4）"贝星事件"或"星战事件"，是某政体终止另一政体并对其实施统治的结果，或在独立战争中获得自由。一个例子是由晚古典期卡拉科尔的铭文记录所提供的：在卡拉科尔展开的第一段战争是一"斧子事件"，很可能是公元556年蒂卡尔发动的对卡拉科尔之战，然后在公元562年开始了针对蒂卡尔的全面"星战"。可能是由于蒂卡尔的屈服，接下来的120多年是没有蒂卡尔象形文字明显记载的历史。除了为玛雅政治史提供有趣的洞见外，这类研究说明，对玛雅文字的深入了解能使我们管窥玛雅人看待自己历史的方式和他们区分不同战争范畴的方式，也许他们要比我们今天区分得更加清楚。

图10.23　被认为意指战争的四种玛雅文字（从左到右）;"捕获""破坏""斧子""星战"。

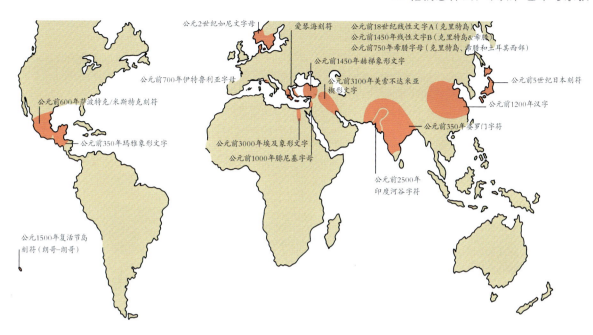

图 10.24~10.26　文字与读写。

（最上）显示世界最早文字系统位置的地图。

（左）美索不达亚楔形文字的演化。

（右）汉字的演化，用四字组成的中国古典句子"万邦咸宁"：a. 甲骨文，b. 商代大篆（前2000），c. 秦代小篆（前221~前206），d. 汉代隶书（206~220）。

读写普及的古典希腊

与读写能力有限社会对应的是如古典希腊那样读写普及的社会。较长的文本，无论是文学著作还是账目，希腊人都写在纸莎草纸上。这类文本曾于庞贝和埃及法尤姆盆地极其干燥的条件下出土。公共铭刻，希腊人则刻写在石头和青铜器上；而那些无须永久关注的公告，希腊人则用白板来展示（希腊人简单的字体很适合这种比较随意的用法）。

刻在金石上的希腊铭文功能包括：

- 统治者（市政会议或集会）的公开法令
- 统治者颁布给个人或团体的褒奖
- 国家之间的条约
- 君王给某城市的信件
- 强加给属国的税单
- 属于某神祇的财产和供奉清单
- 占卜规则（理解预兆）
- 建筑账单、明细记录、合同和付款
- 公共告示，如征兵名单
- 界石和抵押石碑
- 墓志
- 对盗扰者的诅咒

从上面可以清楚看出，文字在希腊国家民主政府里所具有的重要作用。

带铭文的各种器物及涂在墙上的评论较好地反映了读写能力和文字在希腊日常生活中的作用。上面刻有人名的陶片是当时的选票——用它来投赞成票或反对票。它们在雅典发现很多。在那里，公众人物可以被集会的一次投票而放逐。

希腊人写在各种物体上的文字的用途还有：

- 表明发行当局（城市）的硬币
- 标明竞赛中颁发的奖金
- 标明献给某神祇的供奉
- 标明物品的价格
- 标出在场的人名的壁画和彩陶瓶
- 艺术家与工匠的签名
- 指明陪审团成员资格（在陪审团选票上）

许多这类简单铭刻很容易激发想象。大英博物馆藏有一件公元前530年雅典制造、并进口到意大利塔兰托（Taranto）的黑色人形茶杯，上面带有这样的铭文："我是曼萝莎（Melousa）的奖品，她赢得了少女梳羊毛比赛。"

从这些概述可见，文字几乎触及古典希腊社会私人和公众的方方面面。于是，古希腊的认知考古学就必然从这类文献证据提供的洞见中获益巨大——比如

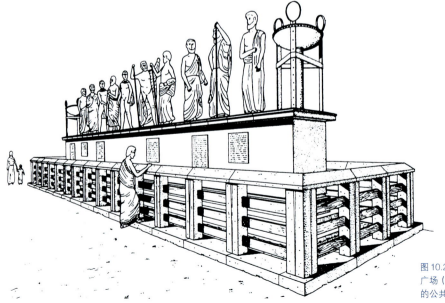

图10.27 希腊的读写：在古典期雅典的广场（市场），告示就展示在纪念十位英雄的公共纪念建筑上。

图10.28　刻有两位著名希腊人名字的陶片，左为蒂米斯托克利（Themistokles），右为希波克拉底（Hippokrates）。

399
400

在我们从艺术中分辨超自然现象以及对个别艺术家的讨论过程中就会更加明显。但是我们不该认为，认知考古学必须依赖文献资料来提出或检验理论。

虽然文献证据在帮助我们了解有读写能力社会的思想中确实极其重要，但是就像我们上面所见的旧石器时代和下面即将看到的，还有一些纯考古资料能用来构建认知假设，并有一些纯考古学标准来判断该假设的可靠性。而且，就如我们在第五章所见，文字资料本身带有某种偏颇，在我们将它与来自考古记录的证据结合之前，需要对其进行充分的评估。

确定地点：记忆的位置

个人认知图的一个根本面往往通过确立一个中心来确定地点，这在一个永久性聚落中，好比确定某个家庭的火塘。伊恩·霍德用住所（domus）这个词来称之。对于某一社群，另一重要地点很可能就是他们祖先的坟地，不管在屋内，还是在集体墓地，还是在宗庙。对于某较大社群，不管定居还是游牧，总有公共聚集地，有定期集合的神圣中心。这些都是极其重要的事情：正如米尔恰·埃利亚德（Mircea Eliade，1907～1986）所言："人要活在世界上，就必须构建它……就是把自己置于一处相当于世界之基的地方。"（Eliade 1965, 22）

这类不同的特征，有些是刻意的象征性构建，有些则是功能性产物，不过他们似乎具有某种含义——家园、耕种的农田和牧场——共同构成了个人生活在其中的景观。正如采取后过程传统的阐释考古学家所言，该景观塑造了一个人的经验和世界观。这些观察能像应用于国家社会那样运用于小型社会。正如地理学家保罗·惠特利（Paul Wheatley，1921～1999）在《四象之轴》（*The Pivot of the Four Quarters*，1971）一书中所言，从中国到哥伦比亚，从斯里兰卡到玛雅低地和秘鲁的许多城市，都是按宇宙规则来安置的，按此规则，统治者能确保他的臣民和无处不在的神圣超自然力量之间的和谐。但是，神圣中心在较小的无等级社会中也同样重要，而许多这类中心似乎是一种集体的构建，而非强权领导所建的重要公共工程——比如马耳他的新石器时代庙宇和布列塔尼卡奈克（Carnac）的巨石中心就是很好的例子，还有巨石阵（见边码188～189专栏）、位于奥克尼布罗德盖（Brodgar）海岬的史前"大教堂"（见后页专栏）和查科峡谷（Chaco）（见后）。这类纪念性建筑也能被用来构建时间（见纽格莱奇［Newgrange］古墓，边码406），以及用来通往另一"神界"（见后文）。

但是，这类建筑并非只在大型中心运转，在局部层次上也能运转。因此，整个郊野成为营造景观的复合体——这个概念如果具有诗意的话，可以从旅行作家布鲁斯·查特文（Bruce Chatwin，1940～1989）在《歌之图版》（*The Songlines*，1987）一书中的澳大利亚原住民例子中得到很好的启发。景观由携带记忆的地点所构成，而社群历史就是参照该社群的重要地点进行叙述的。

于是，景观考古学具有一种认知的维度，使之远远超越了纯唯物论路径对各种土地利用特点的关注：景观除了实用性外，还有社会意义和精神意义。这些观点立足于景观考古学的较早传统，在英国是由所谓的"新韦塞克斯学派"后过程考古学家所提出的（韦塞克斯是英格兰南部地区，这里有许多早期农业时代的纪念性建筑）。包括哲学家马丁·海德格尔（Martin Heidegger，1889～1976）的现象学和社会学家安东尼·吉登斯（Anthony Giddens）的结构-能动性理论（见第一章，边码42），采用各种方法，重新思考了切入景观及纪念性建筑的考古学方法，甚至经常以韦塞克斯和奥克尼的纪念性建筑为例，而这些文献（见参考文献）构成了1990年代后过程或解释考古学最广泛的主体（也见第五章"个体和身份考古学"，边码219；及边码186～187专栏）。

图 10.29 公元1千纪壮观的纳斯卡线，它们只是简单地从沙漠地表清除卵石和碎屑做成。最大的地画长达370米，该图像是一只蜘蛛。

景观及其纪念性建筑不只被视为社会结构的反映，也体现了人类在世界位置的新观念，并催生出了新的社会秩序。相似的方法也被用于古典世界：古希腊就是按照希腊城市国家的方式来安置其最早的庙宇的，并伴随着希腊城市国家的兴起。

甚至沙漠也能成为一处构建的景观，就如美国西

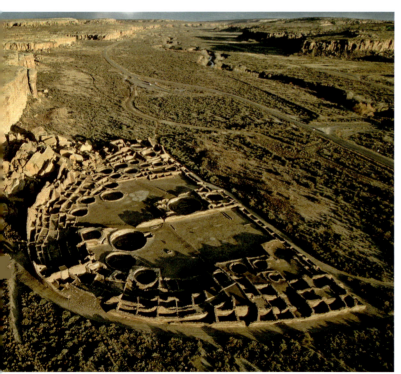

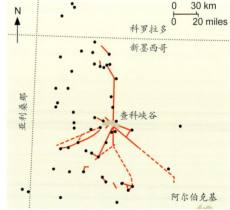

图 10.30 （左）普韦布洛·波尼托是查科峡谷最壮观的建筑之一。

图 10.31 （右）查科道路系统图，它是联系主要象征中心游行道路的网络。

南部围绕查科峡谷的道路所见。实际上，查科峡谷非常适合被视为祭祀中心，该祭祀中心基本上属于象征的景观。例如，有迹象表明，重要遗址阿兹特克废墟位于正北约112公里，虽然其全盛期在公元12世纪查科衰落之后。重要遗址卡萨格兰德（Casas Grandes）的年代也在查科衰落之后，它位于正南方。北大道从查科中心一直向正北延伸，但并未抵达阿兹特克废墟。这些"道路"中有许多被航照重新发现，它们似乎不是为实用目的而建的：它们是游行或祭祀通道。

研究也显示，查科的一些大房子（普韦布洛）都沿日月的至点排列。其中的大型圆屋或基瓦（kivas）显然用于仪式目的，而切特罗凯特尔（Chetro Ketl）一批令人刮目的彩绘木器，暗示了其所采用的装饰和仪式用品，其用途很像西南部普韦布洛村落一直沿用至今的基瓦。

秘鲁南部纳斯卡沙漠的线条和图像也为我们提供了早已消失的古人认知图的一瞥。今天的考古调查和航照也像重建其实际用途一样，引导我们重新解释古代景观的体验。

401
404

测量世界

我们构建认知图的一个比较容易的方向是应对测量及量化描述的方法。建立单位是认知的第一步。在很多情况下，这类单位的直接和间接证据可以在考古中发现，特别是时间、长度和重量等单位。

时间单位

在旧石器艺术专栏中（边码392～393），已经提到了旧石器时代晚期出现测算时间的可能性。若要对任何阶段测算时间的说法作出判断，这一说法要么显示了与天体运行密切相关的一种标示系统，要么它有天文观察的明证。前者在中美洲文明的历法以及石碑铭文和法典中得到了雄辩的证明（见边码138～139玛雅历法专栏）。

有人声称，在许多地方，建筑和纪念物都按重要的天文事件如夏至太阳的升起排列。苏格兰工程师亚历山大·汤姆（Alexander Thom，1894～1985）在英国的巨石圈做了大量的调查。虽然汤姆对个别巨石圈的细节的说明受到了挑战，但是积累的图像雄辩地说明确与日历事件相关。在美洲，天文考古学家安东尼·阿韦尼（Anthony Aveni）所做的大量工作证明，中美洲和安第斯文明许多重要建筑的方位是按天体排列的。例如他指出，特奥蒂瓦坎东西向街道布局（见边码97和100）是以昴宿星靠近太阳升起的方位为朝向的（太阳升起前这些星座最先可见），这在中美洲天文学中是一个重要事件。

玛雅的瓦夏吞（Uaxactun）遗址又是一例，遗址中广场东侧三座建筑一组的安排标示了太阳在夏至（北）、冬至（南）及春分和秋分（中）升起的位置（从广场西侧看）。

长度单位

一些统计学方法被用来评估在特定系列房屋与纪念性建筑上采用的某种标准长度单位。该统计学检验是基于所谓的"布罗德本特标准（Broadbent's criterion）"，而无须事先知道或推测该长度单位具体是什么。它也能用来测算或然率，即用这种方法发现的长度单位绝非偶然所为，或实际并不存在。

"布罗德本特标准"曾被用来检验亚历山大·汤姆提出的说法，即英伦诸岛上许多新石器时代石圈的营建采用了一种"巨石码"单位。对米诺斯宫殿的营建、对玛雅以及实际上对许多早期文明也有类似测量单位的说法。在埃及，实际上还发现过测杆。

重量单位

重量测算的存在能以发现标准式样的物体来论证，这些物体被证明是某定量（重量）的倍数，我们便可推测它们为一种标准单位。在许多早期文明中都发现过这类物体，有时物体上发现的标记可加强这种判断，这些标记准确记录了所称物体是重量标准的多少倍。虽然硬币系统之目的是测算不同的价值，但是它们除材质外（金、银等），总以重量测算来分级，这点将在下文讨论。在此，发现实际重量比较切题。

布罗德盖海岬：奥克尼的仪式中心

　　2003年，高地和群岛大学（University of the Highlands and Islands）考古研究所的尼克·卡德（Nick Card）在奥克尼主岛的布罗德盖海岬发现了一个新石器时代晚期的石砌围圈。它位于将哈里湖（Loch of Harray）和斯滕内斯湖（Loch of Stenness）隔开的一小块陆地（或称"海岬"）上，并位于布罗德盖大石圈和斯滕内斯石圈之间，突显了这片核心地带的重要性。该围圈大约125×75米，其壮丽的干砌石墙厚达6

图10.32 （右）布罗德盖海岬在奥克尼新石器时代广域景观中的位置。

图10.33 （左）布罗德盖石圈。

图10.34 （下）布罗德盖海岬发掘现场（面对斯滕内斯石圈朝东南方向看）。

米，即使今天也令人印象深刻，而在5000年前很可能让访客或朝圣者叹为观止。

　　围圈内有一系列石头建筑，被初步解释为集体聚会的房屋。其中至少有一座房屋似乎曾用当地的砂页岩作为屋顶的瓦片，这类石头在奥克尼随处可获。其中在好几百块石头上发现了刻纹装饰，而其他石头只有一种简单的彩绘装饰。在8号建筑中发现了一些不同寻常的物品，包括一颗很大的鲸牙、几件磨光石器和一件鲸骨的权杖头。

　　到了后期，围圈因增添了用大石块砌筑的10号建筑而扩大，该建筑约20×19米，墙厚4米，中间有一个方形的石砌火塘。虽然它与奥克尼新石器时代晚期的其他房屋类似，但规模要大得多。它与约2公里外的梅肖韦（Maeshowe）纪念性室墓处于同一条线上，与它相伴的立石及艺术（有刻痕和杯状痕的石头）令其尤为不同凡响。也许它是该仪式复合体的主要集

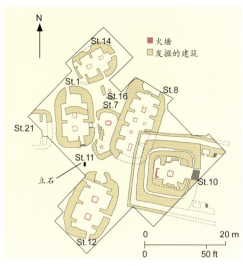

图10.35～10.36 （上）布罗德盖海岬新石器时代建筑及其他遗迹发掘平面图；(上右）10号建筑俯视图。

图10.37 （中）想象的布罗德盖海岬遗址全盛期复原图。

图10.38 （下右）10号建筑发掘过程中外侧的骨头层。

图10.39 （下左）该遗址出土的槽纹陶片。

会大厅，具有各种祭祀功能：是位于祭祀景观中心的一座"大教堂"。

10号建筑外围绕有一条铺设的石头走道，其中发现了由数百头牛遗骸堆成的巨大骨头层。它们很可能是在同一情况下被屠宰的。这种情况类似于古希腊人的"百牲祭"，即把一百头公牛作为对不朽众神的献祭，时间很可能在公元前2300年左右，与后期这座主要建筑的"停止使用"相呼应。

该遗址出土的陶器主要是槽纹陶器，具有各种地方形制，这支持了这样一种印象，即该遗址具有区域上的意义。现在的放射性碳断代表明，英国广布的槽纹陶很可能是在奥克尼起源的。因此，布罗德盖的仪式中心很可能享誉盛名。

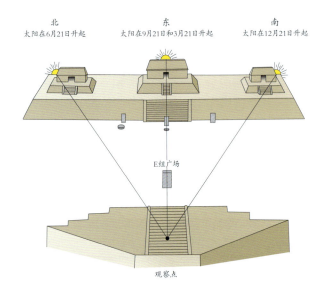

北
太阳在6月21日升起

东
太阳在9月21日和3月21日升起

南
太阳在12月21日升起

E组广场

观察点

图 10.40　测量时间：危地马拉瓦夏吞玛雅遗址。建筑物被如此安置，以便记录太阳在夏至、冬至及春分与秋分的升起。

图 10.41　称重单位：巴基斯坦摩亨佐达罗出土的立方体石块，以0.836克（0.03盎司）的倍数制作。称盘表明放置这些立方体的实际应用。

极佳例子来自大约公元前2500～前2000年印度河流域文明一处重要城市——摩亨佐达罗。那里出土了令人瞩目的加工精致的立方体彩石。它们被证明是我们能够辨认的恒定质量单位（即0.836克或0.03盎司）的倍数，并以诸如1或4或8或64，然后是320及1600的整数翻倍。我们能够声称，这些简单发现表明：

1. 该探究的社会已经开发出能与我们自身重量或质量单位比肩的一种概念；
2. 此概念的应用涉及诸单位的操作，因此是基准测量的概念；
3. 已有一种计数系统，包括数字等级的范畴（如十进位及单位），在本案例中明显基于16∶1的

固定比例；
4. 重量系统已用于实际目的（如发现的称盘所表明的），为从数量和质量上测绘世界制定了一种测量设备；
5. 基于不同材料之间的重量（假定相同材料物体之间的称重除外），很可能存在等值概念，因此自然在它们之间存在价值比例；
6. 由此推定的价值概念，很可能需要在商品之间交换某种固定价格（价值概念将在下面一节探讨，见边码408）

第5和第6条比其他所列条款假说性稍大。但是，这似乎是一种方法的好榜样，即表面看似简单的发现，经过分析能获得所探究社群之间概念和程序的重要信息。

布局：未来的地图

我们每个人"心眼"里所携带的认知图，使得我们能够构想我们打算做什么，并在行事之前制定一个计划。考古学家极少发现实施规划的直接物证。但有时某产品如此复杂或如此完善，我们能够设想一定有事先准备的计划或正规的程序。

当然，若在某些工程动工之前确实有事先制定的清晰计划，要论证之很难。初看之下，像土耳其恰塔霍裕克那样的小镇（约前7000），或像乌尔苏美尔早期乡镇的分区（约前2300），应该有事先的规划。当我们观察各种自然的运转过程，我们就会发现，高度规则化的一些效果也可以在一种完善制定的框架内重复产生。在此无须推测珊瑚礁上的珊瑚虫或蜂巢里的工蜂是否是按有意识的计划工作的：它们只是按与生俱来的程序行事而已。恰塔霍裕克和乌尔的布局绝不比它们更完善。

图10.42 （上）恰塔霍裕克村落的布局。（顶）在刻意规划上可能还不及蜂巢的小巢室。

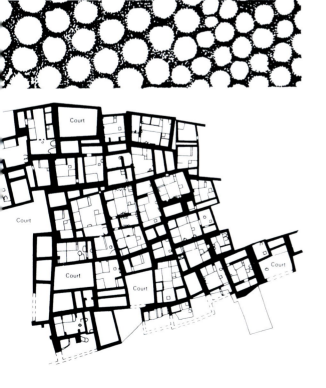

要证明有事先规划，必须有某些明证，表明从一开始就有设想的建筑框架。但是这样的证据罕见。虽然有少数史前期和古史阶段的实际地图流传至今，但是大部分很可能仅是对已有特征的描绘，而非未来面貌的规划。但是，我们会偶然发现建造房屋之前的房屋模型。在地中海马耳他岛出土了五六个新石器时代的庙宇模型，也许代表了这种规划：它们确实显示了对建筑细部的紧密关注。这类设计者认知图像形式的直接表现罕见。如古埃及城市埃尔-阿玛纳土丘出土的雕塑家草稿样品和模型，也是很不寻常的发现。

405
406

另一种研究方法就是寻找某些方式，这些方式可以表明，从成品中见到的一些规则不是偶然产生的。公元前3200年的爱尔兰纽格莱奇过道墓似乎就是这种情况。冬至那天太阳升起时阳光直射过道并进入墓室。这样几乎对准两个主要至点日出和日没方向——即根据方位角——的直线安置（罗盘正北与某观测点之间的角差），很难用偶然来解释。从海拔高度看，该墓的墓道同样也不可能完全与地平线平行。实际上，在入口上方，有一个带有豁口的特殊"顶箱"，它似乎是为了让冬至阳光能够射入而制作的。

精心规划往往可以从特定工艺过程采用的方法来推断。由失蜡法制作的所有金属器（见第八章）无疑代表了复杂、有控制和预先设计程序的结果，先用蜡制成一个预期式样的模型，然后用陶土制作包裹模型的外模，进而用青铜或黄金铸成所要样式的器物。另一例是早期使用金属的社群里所产合金的不同金属比例的标准化。欧洲青铜时代初青铜器中所见10%的锡含量恒定比例不是偶然的，它明显是程序仔细控制的结果，而这种程序控制本身又是历代人反复尝试与实验的结果。某长度单位（见上）的使用也证实了某种规划的测算。

406
407

完美的正规布局，如直角相交和等距的街道格局，也是城镇规划的有力证据。传统上认为，米利都（Miletus）的希腊建筑师希波丹姆（Hippodamus，前5世纪）是第一位城镇规划师。但是，古埃及提供了更早的证据——公元前14世纪由法老阿肯纳顿在埃尔-阿玛纳土丘建造的镇。还有，公元前2000年左右印度河流域文明城市所显示的有序特征。虽然它们未必完全沿直线布局，但是主干道显然近直角相交。这种情况中有多

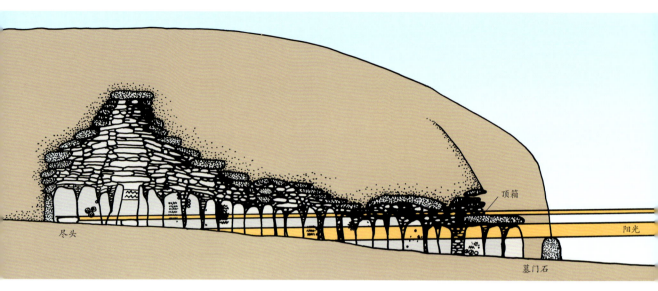

尽头　　　　　　　　　　　　　　　　　　　　　　　　顶箱

阳光

墓门石

图 10.43　刻意的直线安置：冬至阳光直射爱尔兰纽格莱奇的墓道与墓室。

少是刻意的事先规划，有多少只是都市扩张的结果，是还有待于系统调查的问题。

当某城市的中轴与某天文现象呈一线，也是城镇规划较为有力的例子，比如中美洲与安第斯伟大中心的例子（见上）。保罗·惠特利在他的著作《四象之轴》中，强调了当时人希望将城市形状与宇宙秩序相协调对城市布局的影响。看来，不仅美洲文明是如此，而且印度、中国和南亚文明也是如此。就像今天的柬埔寨，在高棉王国首都吴哥这些城市中，都市布局辅以丰富的宇宙图像，有力地支持了这种说法。

迄今为止，考古学家还没有坐下来详细琢磨出，在实施营建工作时很可能事先进行规划的起码步骤与程序。当然，如负责欧洲中世纪大教堂的那些大师级工匠一般，建筑者很可能也依赖随机决策的能力和判断，而非事先的刻意规划。

也有一些纪念性建筑在营建过程中改变设计的例子。埃及第一座大金字塔、位于塞加拉、约公元前2640年的左塞法老大型阶梯形金字塔，明显就是由其传奇建造者伊姆霍特普（Imhotep）数次改变和完善设计的产物（虽然伊姆霍特普的名字见于文献，但是我们对该金字塔营建步骤的了解却来自对该纪念性建筑本身的研究）。

图 10.44　印度河流域摩亨佐达罗城规整的布局——许多主干道几近直角相交——暗示了有意识的城镇规划。

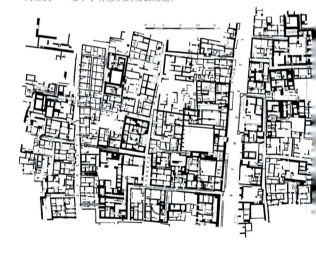

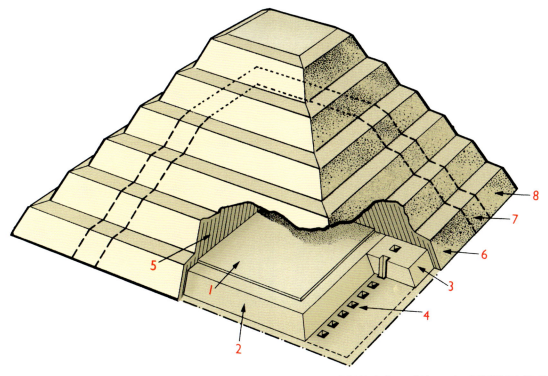

图 10.45　改变规划的例子：塞加拉阶梯形金字塔；1～3. 金字塔建造前的阶梯；4. 陪葬的竖穴墓；5. 扶墙；6. 有 4 个阶梯的金字塔；7～8. 扩大到 6 个阶梯的金字塔。

组织与权力的象征

　　象征符号被用来协调物质世界，也被用来规范与组织人群。它们或如语言，只在人和人之间传递信息，或如档案记载，在不同时间点之间传递信息。但有时，它们是权力的象征，指挥服从与统一，例如许多文明中所见的巨大统治者雕像。

钱币：复杂社会中价值与组织的象征

　　在第五章里我们约略提到，一种计数系统的存在是复杂社会结构的重要标志。用于某计数系统的符号——比如贵重材料或硬币的定量价值符号——是既有社会意义也有认知意义的制品，反映了控制经济要素的方式已经在社会共享认知图里被概念化了。
　　没有什么比钱币的例子更明白的了。虽然前面章节简单提及钱币是测算工具，但有时它远不止于此：它代表了我们生活在商品世界中的认识，这些商品可以量化，并在市场上彼此进行交换。它也代表着一种认识，即利用一种人为的交换媒介更有效，如金、银或青铜（如果钱以硬币形式呈现），用它们来体现其他物品的价值。金钱——特别是钱币形式，由发行当局所决定的——在力量上是仅次于文字的交流形式。在较晚近时期，纸质货币，以及现在的股票和股份，是同类意义的发展，对于资本经济的运作是不可或缺的。

分辨史前期的价值与权力象征

　　在非货币经济中很难证明价值尺度的存在，虽然一些考古研究试图确立这种尺度。罗伯特·梅因福特（Robert Mainfort）用北美18世纪毛皮贸易的民族志记载来辅助考古调查。这项记载是1761年迈阿密和俄亥俄州与贸易相关的细目，详细列举了用河狸毛皮作价的某些物品价格（比如，1杆步枪=6张河狸毛皮）。据此，梅因福特赋予弗莱彻（Fletcher）遗址墓葬中随葬品以价值。（弗莱彻遗址墓葬是密歇根州年代大体相当的一处历史时期印第安人墓地，也见第十二章的讨论。）但是，根据民族志记录的这种类比，需假定，弗莱彻遗址当时采用的价格与南面数百公里迈阿密与俄亥俄州的物品等价。虽然这或许是合理的假设，但它并没有帮助我们建立一种较为一般的、可用于没有民族志或文献记载的案例的方法论。

瓦尔纳黄金 实际上考古记录本身就能提供价值尺度的证据，就如科林·伦福儒对大约公元前4000年前保加利亚瓦尔纳新石器时代晚期墓地出土物分析所提供的考古证据。该墓地出土了大量黄金制品，是世界上所知最早的重要的黄金发现。但是据此并不能简单认为黄金具有很高的价值（墓地中较为丰富的发现意味着正好相反）。

408
409

然而，有三点理由可以用来支持黄金在此确实价值不菲：

1. 它明显用于象征地位的制品：如装饰穿孔石斧的把柄，从其精致加工和易脆性来看显然不具有实用性。
2. 它用来装饰身体的特殊部位，如面部装饰和阴茎护套。
3. 它用于模拟：石斧用金箔包裹，使其有纯金的感觉；这种做法通常说明被包裹材料的价值低于包装材料。

如要更好地了解这种"固有"价值（价值是个不当的名词，因为珍贵材料的"价值"是被赋予的，而非与生俱来的）概念的系统构建，还需要确定更多这类标志。在第九章里，我们考察了非黄金材料在不同社会中具有的显赫价值（见边码360～361专栏）。

对古代保加利亚这一时期黄金制品被社会赋予很高价值的论证，意味着与黄金制品相伴的个人具有很高的社会地位。第五章讨论过墓葬作为社会地位和等级证据的重要性。在此，我们更加关注诸如瓦尔纳包金斧和其他发现物之随葬品作为权威和权力象征的应

图10.46 推演价值的尺度：保加利亚瓦尔纳墓地出土了价值不菲的黄金，它们在其他随葬品中是被用来装饰身体的重要部位的。

用。虽然在发掘的约公元前4000年的瓦尔纳社会中，这类权威展示并不十分明显，但是当社会变得更加等级化和分层时，权威就会变得更加醒目。

等级社会中的权力象征

第五章里提到德国西部霍赫多夫公元前6世纪的酋长墓葬，陪葬了象征其财富与权力的一套武器装备（见边码487图12、13）。在法兰克福附近格劳伯格（Glauberg）发现的几乎相近王侯级别墓葬中出土了一具真人大小的酋长石灰雕像，该雕像佩戴着与该墓出土的相同的臂环和项链，还有短剑和盾牌。如今考古学家认识到，墓葬中的随葬品是被选择来代表或"构建"死者身份的。在此，我们又可构建这样的地位形式：采用非常相似的等级标志，也许意在强调其英雄地位，即便这些奢华墓葬与国家社会统治者随葬的珍宝相比黯然失色，例如，很难再找到能比希腊北部维吉纳（Vergina）皇室墓葬（据信属于亚历山大大帝的父亲或同父异母的兄弟，见图14.3）以及公元前14世纪埃及国王谷图坦卡蒙陵墓更有说服力的例子了（见边码64～65专栏）。

实际上，在国家社会与帝国中，权力的象征性已远远超越单纯的墓葬证据，而遍及所有的艺术与建筑——从壮观的玛雅石碑（见后页专栏）到埃及法老的巨型雕像，再到后来苏维埃俄国和其他地方的同类建筑；从埃及金字塔和中美洲神庙到美国华盛顿的美国国会大厦。

对今天伊拉克豪尔萨巴德（Khorsabad）附近亚述宫殿的艺术和建筑的一项研究，提供了被设计来令国内臣民和国外来访者景仰的极好象征例子。在豪尔萨巴德，亚述王萨尔贡二世（前721～前705年在位）建造了一座围墙极为坚固的城市，城市西北边有巨大的防御城堡。城堡内的主体是萨尔贡自己的宫殿，墙上装点以浅浮雕刻出的带饰。浮雕的主体内容被特地设计来与每间屋子的功能相称。于是，外面的两个接待室——用来接待来访的代表团——表现为折磨和处决反叛者，而内屋则表现亚述的军事征服，突显了使用这些房屋的亚述朝臣的地位和威严。

更多的一般性象征与艺术问题将在下面部分讨论。在本章中，我们分别讨论的不同象征范畴难免有大量的重叠。但需要牢记的重要一点是，这些范畴是为了研究者的方便，而未必表明在我们所研究社会的成员的脑子里也有同样的象征性划分。

图10.47　这具真人大小的酋长雕像发现于德国格劳伯格公元前6世纪的王侯墓中。雕像上的臂环与项链，与该墓中出土的同类器物一样。

410　**玛雅的权力象征**

自 1960 年 以 来，得益于对不识字体所谓的"最后伟大解读"，我们对古代玛雅的了解有了巨大进步。之前，我们对玛雅已有相当了解，不只来自它们的城市，还来自那里发现的上面刻有复杂铭文的纪念性建筑。

但是，这些铭文（图像）的主体内容尚未被充分了解。1954 年，伟大的玛雅学者埃里克·汤普森爵士（Sir Eric Thompson 1898～1975）写道："就目前所知，古典时期的象形文字文本全部都与时间的流逝与天文内容有关……它们似乎完全不涉及个人……显然，还没有辨认出该时期个人名字的图像。"但是，1960 年，华盛顿卡内基（Carnegie）学院的塔蒂亚娜·普罗斯库里亚科夫发表了一篇文章，其中她分辨出玛雅特定王朝的统治者，从那时开始，越来越多被认定为人名（一般为统治者）和地名的图像被释读。确实，这可能出乎汤普森的预料之外。现在看来，大部分玛雅纪念性建筑都是对统治者在位期间发生的事件的纪念，而这些统治者几乎都以名字来辨认。而且，根据苏联学者尤里·科诺罗索夫（Yuri Knorosov，1922～1999）1952 年有关玛雅图符是音节文字的著作之洞见，我们也知道这些图符有语音音值；它们代表音节，而非概念（就像真正的表意文字有时所为），因此就是语言。这一进展令人印象深刻。

玛雅考古学现已成为完全有文献帮助的考古学，就像埃及学或其他伟大文明的考古学。以前我们必须依靠墨西哥早期西班牙历史学家如迭戈·迪兰达（Diego de Landa，1524～1579）的文献证据。虽然这些文献是在玛雅古典期终结6个世纪后所写，但是这些学者利用了许多留存到后古典期的知识。不过，如今对纪念性建筑铭文的释读赋予了我们双重文献的优

图 10.48　来自亚克奇兰的24号楣石，表现的是在神圣仪式上的美洲豹盾三世和他的妻子卡巴尔·泽奥克夫人。在他们肖像周围的象形文字详细提供了他们的名字和称号、历法的时日和有关仪式的介绍。在他们之间有一个编织的篮子，里面装有仪式用品，包括刺鳐的脊椎骨和布满棘刺的绳子（供放血之用），还有美洲豹封面的法典（书），很可能写着用于适当仪式表演的指导条款。

5 Eb 15 Mac
9.13.17.15.12
（公元709年
10月25日）

这是他的苦行形象

手握一片燃烧的叶片

这是卡吞王4之苦行

美洲豹盾三世的俘虏

俘虏的名字（未释读）

神圣的帕昌王（本地朝代的名字）

这是她的苦行形象

夫人？泽奥克

卡巴尔·泽奥克

伊克斯·卡鲁姆特（头衔）

势：既有西班牙征服者的文献，又有古典玛雅自身的文献。

今天我们从纪念性建筑上就能获得大量有关玛雅信仰的解释。我们可以列举一件玛雅艺术杰作，一块出自古典玛雅城市亚克奇兰的楣石。这块楣石被艾尔弗雷德·莫兹利从亚克奇兰里搬走，并送给了大英博物馆。美国艺术史学家琳达·舍勒（Linda Schele，1942～1998）和玛丽·艾伦·米勒（Mary Ellen Miller）在她们的精彩著作《国王之血》（*The Blood of Kings*，1986）中做了讨论。

站立着的人物是亚克奇兰的统治者，名叫美洲豹盾。他高举着一片燃烧的叶片；相伴的图像文字表明他以苦行奉上苍。其他楣石则透露，该仪式部分是为了备战。在他面前跪着的是他的妻子卡巴尔·泽奥克（K'abal Xook）夫人。她也被绘作苦行之姿，然而她奉献的是神圣的生命之血：她将一根布满棘刺的绳子穿过舌头。

铭文提供了这对夫妇的名字和头衔、事件的简介及发生的时间，指明为长纪年的9.13.17.15.12 5 Eb 15 Mac（见边码138～139专栏），相当于公元709年10月25日。

该纪念性建筑以及其他类似纪念物为我们提供了各方面的洞见，比如，它们为玛雅文字的用法提供了例示；它们采用了极其精确的玛雅历；它们告诉我们玛雅宇宙观的一些信息；它们提供了一系列有准确断代、作为玛雅历史框架的王室事件。这样，它们为了解玛雅的政治地理作出了重要贡献（见边码208～209专栏）。

它们还表现了玛雅神圣祭祀，其间统治者在特定场合有义务为他们的神祇做出神圣的奉献。亚克奇兰的楣石及其他类型的描绘可作为美国学者乔伊斯·马库斯确切称为"权力肖像"的生动例子。

如今我们已能解释这些纪念性建筑，我们能比以往任何时候都更清楚地理解，这是世界上最伟大的艺术风格之一。

"异界"的象征：宗教考古

一本权威英语词典将宗教定义为："表示一种信仰或崇敬，并渴望取悦某神圣统治力量的行动或举止。"于是，宗教属于信仰的范畴，而这些信仰与超自然、超人类的存在或力量相关，它们超越平常的物质世界。换言之，超人类存在被人类概念化，并在世界共享的认知图中占有一席之地。

但是，就如法国人类学家埃米尔·涂尔干（Emile Durkheim，1858～1917）在他19世纪晚期和20世纪初的著作中所强调的那样，宗教也是一种社会制度。涂尔干指出，宗教的贡献在于"以定期间隔支持和重申集体情操和集体思想，以保持社群的团结与个性"。稍晚，罗伊·拉帕波特（Roy Rappaport）等人类学家也强调了相同的观点，即宗教有助于规范一个社群的社会和经济进程。其实，一个多世纪以前，卡尔·马克思就说过，社会领袖能够操纵这种信仰系统以达到他们自己的目的。

考古学家面临的一个问题是，这些信仰系统并非总是能从物质文化中表现出来。而当它们表现出来的时候——我们可以称之为"宗教考古"，可定义为应对宗教信仰的定式行为系统——这样的活动并非总能与日常生活的其他活动区分开来：礼拜可以隐含在日常的功能性活动之中，因此很难从考古学上予以分辨。

图10.49　罗伊·拉帕波特将宗教解释为：信仰指导祭祀，以诱导宗教体验。通过祭祀，宗教有助于规范社会与经济进程。

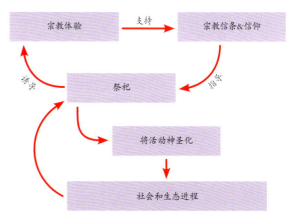

考古学家的首要任务就是要识别宗教的证据，而且不要重犯将我们无法理解的各种行为都划归宗教活动的老毛病。

分辨祭拜

假如我们想从诸如由国家首脑参加的大型世俗仪式（它们也有非常复杂的象征）活动中分辨出宗教仪式活动，重要的一点是不要忽视那些礼拜活动的神圣或超自然物品。宗教祭祀包含对神祇或神圣存在膜拜活动的隆重表演，一般至少有四个组成部分（我们将在下面观察这些内容如何帮助我们得出考古学能辨别的各个层面的一系列内容）：

集中注意力 膜拜活动中，主持人需要并诱发一种增强感受或宗教刺激的状态。在集体膜拜行为中，毫无例外需要各种集中注意力的设施，包括利用神圣的位置、建筑（比如神庙）、光线、声音和气味，以确保所有眼睛都注视着关键的祭祀活动。

现实世界与异界的界区 对祭祀活动的关注在于现实世界与异界的界区。它是一个充满潜在危险的特殊和神秘地带，存在被污染和不顺从适当程序的危险，因此强调洗礼和洁净。

神祇的存在 对于有效的祭祀，神祇或神圣力量必定以某种情况存在，或能被诱发，这正是人神都需要加以提高的注意力所在。在大多数社会中，神祇是用某种物质形式或肖像来象征的，它可以只是一个很简单的符号，如一个记号的轮廓，或看不见里面东西的容器；它也可以是一个具体的祭拜肖像。

参拜与供奉 膜拜活动对主持者有各种要求。不仅包括祈祷者的言语、姿势和敬重，而且往往要求祈祷者积极参与，也许包括吃或喝。向神祇供奉牺牲和礼物较为常见。

具有宗教意义物品的仪式性埋葬是最早被验证的祭拜实践标志。它早在公元前7千纪就已存在于黎凡特地区，如艾因·格扎尔的遗址中。该遗址发现的非凡雕像是由石膏塑成的，形状是用芦苇做的模型，许多雕像外面饰有彩绘。它们被埋在一座房子地板下面的窖穴里，可能代表了神秘的祖先。被认为是圣所的一组大型圆形建筑见于更早的土耳其哥贝克力丘（Göbekli Tepe）遗址（见后页专栏）。

从分析中，我们能够构建下面罗列的较为具体的考古学祭祀标志，其中有些常常见于举行宗教仪式的

图 10.50 约旦艾因·格扎尔遗址埋藏窖穴里出土的一具雕像头部。这是刻意掩埋宗教物品的明证。

地方，因此通过它们我们可以分辨祭祀的存在。很明显，若某遗址或某地区发现这类标志越多，推断其所涉及的宗教就越有力。

祭祀、祭拜和宗教的考古学标志

集中注意力：

1. 祭祀可能在一处有特定自然相伴物的地点（如洞穴、丛林、小溪、山巅）举行。
2. 另外，祭祀会在一处具有神圣功能的特定建筑中（如神庙或教堂）举行。
3. 用于祭祀的建筑与装备可能采用了可集中注意力的设施，反映在建筑上，或为特定设置（如祭台、凳子、火塘），或为可移动装备（如灯、锣和铃、祭祀器皿、香炉、祭坛帷幕以及所有的祭祀随身用品）。
4. 神圣区域应布满了重复表现的符号（即所谓"赘示"）。

现实世界与异界的界区：

5. 祭祀包含醒目的公开展示（和花费）及隐蔽的独特神秘性，这些实践都会在建筑中反映出来。
6. 洁净和污染的概念会反映在神圣区域的设施（如池塘和水盆）和维护上。

神祇的存在：

7. 与神祇或诸神同在会反映在具体祭拜的肖像或抽象的神祇表现上（如基督教的十字架符号）。

8. 仪式性符号常常在肖像学上与被膜拜的神祇肖像及与它们有关的神话相伴。通常采用动物符号（真实或神话中的动物），即将特定动物与特定神祇或势力关联。

9. 仪式性符号也会与丧葬仪式和其他通行仪式中所见到的符号相关。

参拜与供奉：

10. 膜拜涉及祈祷者及特定动作，如祭拜的姿势，而这些可能反映在艺术或装饰或肖像的图像学上。

11. 祭祀会采用诱发宗教体验的各种措施（如舞蹈、音乐、药物和疼痛的折磨）。

12. 会实施动物或人的牺牲。

13. 带来食物和饮料，并可能作为供奉而消费或烧、洒。

14. 带来或供奉其他物品（祈愿）。供奉活动可能会涉及销毁、藏匿或抛弃行为。

15. 巨大的财富投入会反映在采用的装备和制作的贡品上。

16. 巨大的财富和资源投入会反映在建筑本身及其设施上。

实际上，某考古学背景中能满足上述标准的证据很少。一个很好的例子是由约公元前1400～前1120年爱琴海米洛斯岛的菲拉科皮（Phylakopi）祭室所提供的，这里发现了两间毗邻的房屋，里面有一个可能用作祭坛的平台。屋内有丰富的象征性组合，包括一些人像。于是符合了上面列举的一些标准（如第2、第3、第7和第14条）。但是，虽然该组合完全符合祭拜用途，但仍不能下完全的定论。有必要将菲拉科皮与克里特岛其他具有相似特征的遗址进行比较。克里特岛遗址可以准确地被认定为祭室，因为遗址中有好几个这样的祭室。单独一个祭室很可能归咎于特殊原因，但是有好几个祭室具有相似特点，这一发现表明存在一种重复形态，宗教祭祀似乎是唯一合理的解释。

当然，当存在将一种明确的图像用作象征时，宗教祭祀的情况就更易被证实。人、动物或神话及传说形式的表现，为调查和分析提供了较大的余地（见后页专栏，及边码416～417）。辨认供奉也很有帮助，例如在

特奥蒂瓦坎月亮金字塔下出土的惊人祭祀埋藏（见边码422～423专栏）。一般来说，供品多为实物，往往价值很高，由它们的主人为神祇的利益和使用而作仪式性捐献或"弃置"。自然，弃置的事实要比其目的更易确定。然而，往往具有丰富象征性的特定物品之集合，有时会见于建筑中，例如埋在地基下的物品，从其集合方式可以确认它们并非简单贮藏在此，就像今天墨西哥城阿兹特克特诺奇蒂特兰埋在大庙最内部建筑层中的美洲豹骨架、玉球、陶石面具等不同寻常的窖藏所见（在今天的墨西哥城，见边码570～571专栏）。

引人注目的物品组合也见于室外场景——如投入英国泰晤士河的铁器时代兵器，或约公元前1000年前刻意埋入斯堪的纳维亚泥沼窖藏中的令人刮目的金属制品。这样发现的个别器物有可能是遗失的，也有可能是为了安全起见而暂时埋入的，埋入者想要以后取回。但是，这么珍贵的物品的出土，有时在一些情况下具有丰富的象征意义；而在其他情况下，如果还可以再用，但以故意或存心的方式损毁，就明显是祭祀的遗弃行为了。尤卡坦北部玛雅晚期遗址奇琴伊察的圣井是很著名的例子，其中投入了数量巨大、充满象征性的物品。

分辨超自然力

如果我们要分辨祭拜实践中膜拜和供奉的超自然力量，并将它们区分开来，那么必须在考古记录中存在便于我们辨别的不同特点。其中最明显的是成熟的图像，图像中每个神祇有别，各具特色，比如谷物有谷神，太阳有太阳女神。

就其发展成熟的体系而言，肖像学研究本身是一门专攻，它还需要认知考古学家与铭刻学家和艺术史家并肩工作（例如边码410～411专栏《玛雅的权力象征》）。对于大部分反复描绘其神圣力量的宗教来说，这项研究已经比较成熟。一般来说，中美洲、美索不达米亚以及古希腊的肖像学就属于这一范畴。例如，在玛雅或希腊的彩绘瓶上，经常可以看到它们各自的神话题材。特别是希腊的例子，我们还可以依靠文献进行解释。首先，我们常常发现写在瓶子上的具体的神话人物的名字（尽管我们未必需要知道该神话的全部内容），那肯定就比较方便了。但是，通常名字本身具有的含义只是因为它可以令我们将该人物置于古典文献所知的希腊神话与传说的丰富内涵之中，没有它们，这类场景大体是否能被充分理解是有疑问的。

在文献证据不足的地方，如中美洲，则要对不同图像研究倾注大量心血，以期锁定某些重复特征以

414

世界最古老的圣所

位于土耳其东南乌尔法（Urfa）镇附近的哥贝克力丘遗址堪称世界上最古老的圣所，年代在公元前9600～前8200年间。这是一处直径300米的大型土墩，含有多达20处的一系列围场，其中有7处由柏林德国考古研究所的克劳斯·施密特（Klaus Schimidt，1953～2014）进行了发掘，虽然放射性碳断代认定其与黎凡特非常早的新石器时代的前陶新石器A相当，但是该遗址没有栽培植物的痕迹，而动物群仅见羚羊、野牛、野驴、赤鹿和野

猪等野生物种。建造和使用该遗址的社会实际上是狩猎采集者的社会，但是并非一处居住遗址。

雕刻的柱子

哥贝克力丘最有特色的遗迹是柱子，最多时以12根为一组，由长凳相连构成椭圆形建筑。每根柱子是T形的石灰岩巨石，竖着有几米高，重达12吨。围圈D的中心柱子现在已被完全发掘出来。它们被放置在从基岩中刻凿出来的基座上，高达5.5米。

这些石柱上刻有动物浮雕——狮子、狐狸、羚羊、野猪、野驴、欧洲野牛、蛇、鸟、昆虫和蜘蛛。发掘者

推测，柱子本身代表风格化的人类，水平和垂直的元素代表头和身体，因为柱子有时以浅浮雕表现手臂和脑袋。围圈D的中心柱，尤其印证了这一解释，石柱上不仅浮雕有手臂和手，还浮雕有挂在腰上的腰带和缠腰布。还发现了许多符合自然主义的石头头像，它们很可能是实物大小的完整雕刻的一部分（比如在附近同时代乌尔法·耶尼约尔 [Urfa Yeniyol] 遗址发现的所谓乌尔法人 [Urfa Man]）。也有一些三维的动物雕像，主要是野猪，它们似乎曾被放置在墙体顶部。一些雕像在其后腿位置有一个圆锥形类似叉齿的突起，因此或许可以插入墙体之中。

图10.51 哥贝克力土丘发掘场景。大型的T形石柱与墙壁和长凳相连以构成围圈。

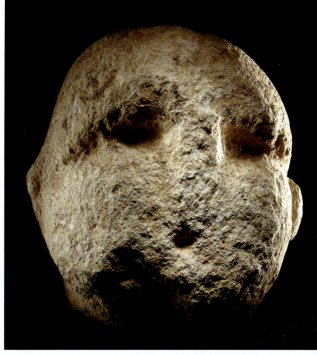

图 10.52～10.54 （左）哥贝克力丘一根石柱上用浅浮雕刻出的一头野猪和其他动物。（中）哥贝克力丘发现的一件令人瞩目的人形雕刻。（右）哥贝克力丘发现的一件雕刻人头。

分析

这些围圈肯定用于祭祀活动，其特殊的建筑形式符合本章论及的"集中注意力"标准。而且，它们富含动物象征性。克劳斯·施密特推测这里曾举行大型集会，也可能举行丧葬仪式，他认为，这说明营造每个围圈所投入的大量劳力。但是，没有发现完整墓葬。根据与附近前陶新石器时代涅瓦利·克利（Nevali Çori）和卡努约遗址所谓"祭拜建筑"墙下和墙内发现人骨相比较，施密特预测，长凳之下和围圈墙体后面可能还会发现墓葬。2017年，在该遗址发现的带有刻痕的人类头骨碎片，进一步证实哥贝克力丘是一处特殊的集合点，是该地区居民的一处祭祀中心。

附近还有一些同时期的村落：由施密特业师哈拉德·豪普特曼（Harald Hauptmann，1936～2018）发掘的涅瓦利·克利就是其中之一。这个村落里有一个小围圈，也见有T形巨石柱（虽然与哥贝克力丘较早的T形石柱相比较小）和真人及动物大小的石灰岩雕塑，可以被认为是一处较小

的圣所。但是，哥贝克力丘要大得多，比较特殊，而且缺乏村落的起居设施。哥贝克力丘也完全没有通常在家户背景中出土的典型物件种类，如陶俑、锥子和骨制尖状器等。

但是，就如我们所见，极有可能在该特殊地点举行祭祀活动，虽然可能是丧葬仪式，而且尚未予以论证。这里也没有"神祇"的证据（就神圣力量的存在而言），无论如何我们有理由认为，比起上面提到的那些符合自然主义、真人大小的人像雕刻，高度抽象但又大于真人的人形T形石柱应该在不同层面上予以解读。当然，该遗址里举行的有可能是祭祖仪式。所以，如果说它是指神祇的膜拜，那么谈论"祭拜"也许为时过早。

但是，非凡之处在于，哥贝克力丘的使用似乎早于该地区农业的发展，虽然该遗址紧邻单粒小麦最早被驯化的地区（见边码278～279）。这里很可能被季节性造访，故无须论证是否有定居的人口。但是，对于关注该地区农业起源的考古学家来说，这是一处值得注意且很有意思的遗址。

414
415

⁴¹⁶ # 辨认查文的祭拜活动

位于秘鲁中北部安第斯山巅的伟大遗址查文·德万塔尔，由秘鲁考古学之父胡里奥·特略于1919 年首次发现（见边码32），该遗址繁盛于公元前850～前200年，南美一种古代重要艺术风格以其命名。虽然查文风格的艺术主要以动物为母题，并首先表现在雕塑上，但也见于秘鲁北部各地的陶器、骨器、印染织物和加工的金箔上。

查文·德万塔尔一直被认为是一处祭祀中心、宗教祭拜点，但依据是什么呢？近年来由路易斯·伦布雷拉斯（Luis Lumbreras）、理查德·伯格（Richard Burger）和其他人的发掘表明，该遗址存在大量的定居人群，发掘也帮助确认了祭拜活动的存在。在正文中（边码412～413），我们列举了16条能从考古学上判断祭祀的各项标准，而在某种程度上，至少有半数的标准可以在查文遗址中确定。

该遗址最直接的明证是令人印象深刻的建筑，包括早期阶段营造的、平面为U形的外表砌石的高台组合，并与遗址的生活区分开，于是这就符合正文中介绍的第2和第16条考古学标志。兼具公开醒目展示和隐匿神秘性（第5条标志）的祭拜，由一个能容纳300人的圆形下沉露天广场和几条隐蔽的地下通道所暗示，而最重要的一条通道通向一个狭窄的洞室，里面耸立着一块高4.5米、被称为"巨像"的花岗岩石柱。

该石柱上雕有一个带獠牙的人形动物，位于室内沿该遗址主轴并面向东方的中心位置，而其规模和工艺都表明它是该遗址祭拜的主神（第7条标志）。还有，在该遗址的内部和周围发现了约200个精美石雕，图像主要是大鳄鱼、美洲豹、鹰和蛇（第4、第8条标志）。从一处地下走廊出土的500多件装有食物的优质陶器，很可能是供品（虽然发掘者伦布雷拉斯认为是贮藏物）。用药诱发祭祀也有图像证据（第11条标志），遗址下的渠道很有可能就为洁净之用（第6条标志），而发出吼声可以增强仪式的效果。

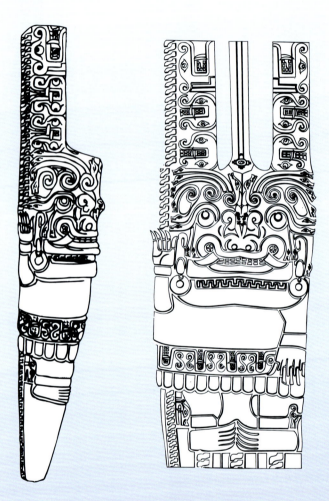

图10.55 "巨像"的两视图（左为完整图像；右为展开图），描绘了一个带獠牙的拟人动物。

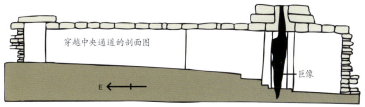

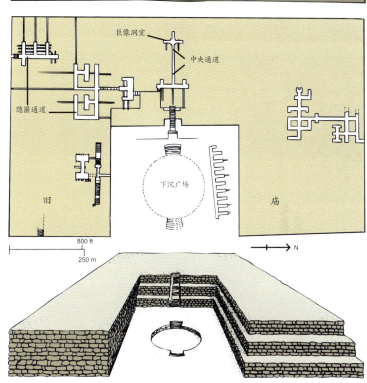

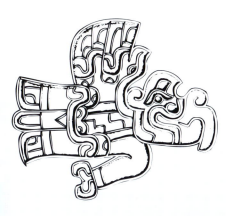

图10.56 （右）该遗址早期U形高台的透视图与平面图，穿越中央通道的剖面图显示了耸立着"巨像"的狭窄洞室。

图10.57 （上）查文遗址出土陶碗上带冠饰神鹰的母题。

图10.58～10.59　一个戴面具的萨满（下左）转变为一头美洲豹（下右）。这些雕像被榫接在庙宇的外墙上，暗示着用药诱发的祭祀。

查文遗址的研究证明，对不同类型证据做仔细的考古学和艺术史分析，可以得出有关祭拜活动的有力证据，即使所关注的遗址或社会没有任何文字记载。

一种可定义的方式与某特定人物相伴。迈克尔·科（Michael Coe）在对古典玛雅陶器的分析中成功地做到了这点。19世纪在危地马拉高地的现生玛雅人中发现了所谓"波波尔乌（Popol Vuh）"手稿，部分保留了有2000年之久历史的有关玛雅地狱的史诗。科的详细研究证明，该史诗在古典玛雅陶器上有极为清晰的图像表现。例如，地狱统治者之一"L神"可以由这些事实来分辨：它戴着猫头鹰的头饰并抽着雪茄。神话中它的对手、经常出现在陶器图像上的"双胞胎英雄"，分别可以从脸上与身上点缀的美洲豹皮黑色斑点和斑块来分辨。对于玛雅人来说，地狱是个涤罪的地方，在那里死者要经受智胜和压倒阎王的挑战，就如"双胞胎英雄"所为。在模仿它们战胜死亡中，死者得到了在天上重生的奖赏。

就如我们现在要讨论的，死亡和墓葬考古学是研究宗教的重要方面。

死亡考古学

考古学者经常利用墓葬证据作为社会阐释的基础，因为个人拥有的随葬物品提供了某社群里财富与地位差别的信息。这些观点在第五章里曾做了讨论。但是，虽然生者利用葬礼来对他们自己和死去亲属及相关认识做出象征性陈述，并借此影响他们与社会其他人的关系，但是葬礼仅是象征性活动的一部分。因为他们还受到有关死亡及死后信仰的左右。

虽然给死者陪葬物品有时被认为反映了来世信仰，但也未必如此。在有些社会中，死者的物品与死者本人密切相伴，以至于别人拿了就会引发厄运，因此必须和死者埋在一起，而非让死者在未来使用。另一方面，为死者供奉食物之类行为，确实比较强烈地暗示了在异界继续为死者提供赡养的想法。例如，在埃及法老或中国商周诸侯王的一些墓葬中（直至晚近），会

图10.60　分辨玛雅诸神：这是古典玛雅晚期一个陶瓶上的场景，它很可能在危地马拉的纳兰霍遗址出土，迈克尔·科由雪茄和头饰辨认其为表现地狱的神圣统治者L神。

给死者随葬整套的个人装备。就如我们在第五章中所见，就像美索不达米亚乌尔的王室墓地，中国商代也将随从杀死以殉墓主。这种实践也见于波利尼西亚，例如公元13世纪的统治者洛伊·玛塔（Roy Mata）随葬有40个臣民，从中似乎可以推测某种来世的信仰。

在许多文化中，生者会为死者制作特定的随葬品，古代中国一些诸侯王的陪葬玉衣、迈锡尼竖穴墓中的金面罩、中美洲一些墓葬中随葬的玉面罩和宝石，都是这类制品（见边码360～361和422～423专栏）。自然，它们具有某种社会意义，但是它们也含有制作这些随葬品社群自身生死观的意图，这是所有人认知图的一个重要内容。

从葬礼的其他方面也许可以做进一步的推测：比如，火葬还是土葬或天葬；合葬还是单人葬；有目的地采用大型建筑等等。还有，这些表现部分受制于当时流行的社会系统，以及生者体现他们意识形态的各种做法。但是，它们也受当时宗教信仰和相关文化的制约。

描绘：艺术与图像

我们能够从个人或社群认知图的物化形态描绘中获得许多有关这种认知图的洞见，或至少部分认识。虽然模型或规划是特殊的例子，但是更普遍的情况是描绘，其中体现了人们的全部或局部世界观，就像是用"心眼"观察的一种目光。

雕塑家的作品

以象征形式和三维来构建世界的某个方面，是认知的巨大飞跃。这一步我们最早见于旧石器时代晚期之初，即我们在边码392～393专栏中谈及的可携或"可移动"艺术品。这一阶段也见有一些动物的浅浮雕石像或陶土模型。虽然后者小于真实大小，但比微雕要大。然而，比较常见的表现是妇女雕像。它们通常用石头或象牙雕刻，在捷克共和国的下维斯托尼斯和巴甫洛夫遗址发现了先用泥塑再进行烘烤的各种塑像（其本身十分复杂）。

虽然此类相关能力很可能为我们所有智人物种的成员所固有，不过这类旧石器时代晚期的案例主要限于欧亚大陆。在早期农业阶段，世界各地都有陶塑人

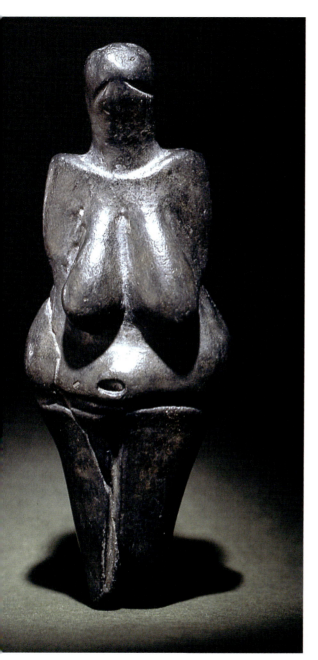

图10.61　下维斯托尼斯出土的一具所谓"维纳斯雕像"，被某些人说成是代表了多产女神。

418
419

像，使用的技术与几千年前在下维斯托尼斯和巴甫洛夫所见的相同。在新石器时代早期，它们广泛见于近东、欧洲东南部（不见于中欧和西欧），还有中美洲。这些小型人像可以说明当时穿着的某些细节。一些学者也将它们视为几乎无处不在的大地母神或多产女神的表现（第一章边码42和44）。不过，迄今支持这些雕像阐释的各种说法被彼得·乌柯有力摒弃，比如它们中许多甚至明显不是女性。

前面章节已经提及，玛丽加·金芭塔丝对东南欧发现的这类雕像进行了肖像学研究，她声称从中发现了某些重复出现的神祇。就如她所言，其中有些确实是戴着面具的雕像。但是，更详细的鉴定尚未得到普遍的认同。

史前马耳他和基克拉迪群岛曾出土接近真人大小的雕塑（见后页专栏）——这两处都无法被看作都市社会——埃及和苏美尔早王朝时期及许多其他文明中均有真人大小或具有真正纪念性的大于真人的雕塑。每个文明都有自己的雕塑风格，需要特殊的专长来正确理解和阐释。

图像关系

体现世界的绘画、素描或刻在平面上的雕刻要比单个三维雕像更具表现力。因为它可能显示了认知图中符号与物体之间的关系。首先，这能让我们研究艺术家如何看待空间本身，以及表现不同时间中各种事件的方式。它还能让我们分析艺术家描绘动物、人和真实世界其他方面的方法或风格。"风格"一词比较复杂。它可以被定义为做某件事的方式。风格不能脱离活动的某个方面而存在，通常反映了某种功能的侧面。只有有意识的活动，或更准确地说，是一系列重复活动，才产生了风格。于是，西班牙东部岩棚里7000年

图 10.62　塞拉（圣托里尼）岛阿科罗提利出土的船的一幅壁画，为大约公元前1600年前地中海远洋船舶及船上的许多划手提供了极为清晰的图像。

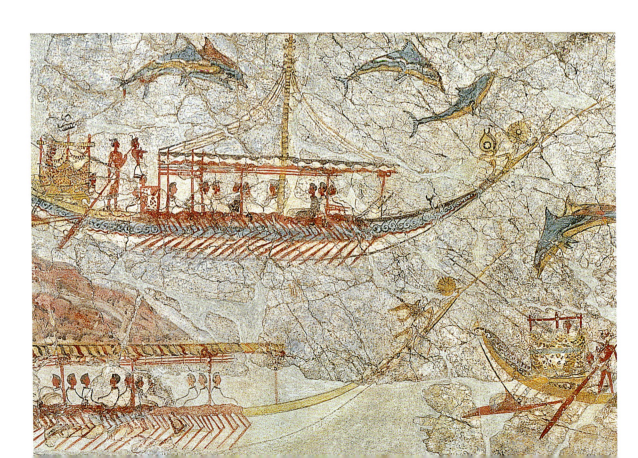

前绘画所具有的相似性，令我们将它们统称为西班牙黎凡特风格。这与约20000年或10000年前法国西南部和西班牙北部颇为具象和自然主义的旧石器时代晚期洞穴壁画相比，似乎简化了（见边码392～393专栏）。虽然，就认知视角而言，绘画活动意味着什么还有待于我们深入分析，但是，对这类艺术的可能目的正在进行有益的研究。

419/420

比较复杂的描绘场景如壁画分析最为成功。其中一例就是塞拉岛阿科罗提利出土的一幅船的壁画，其场景多被解释为凯旋返航的战船，或说成是海上庆典或祭祀。另一极佳的例子由中美洲的壁画和浅浮雕提供，通过仔细研究能够说明不同图像的规则。例如，1938年弗朗西斯和西尔韦纳斯·莫雷（Frances R. Morley，1898～1955 & Sylvanus G. Morley，1883～1948）分辨出作为俘虏人像的一组特殊玛雅人像表现，即"臣服的人像，虽然一般并不捆绑，但有一种卑下或哀求的姿态"。根据这一规则，迈克尔·科和乔伊斯·马库斯令人信服地表明，玛雅地区西部大约400公里瓦哈卡河谷阿尔班山遗址发现的最早浮雕，即神秘的"舞者（Danzante）"人像，并非曾经认为的游泳者和舞蹈者。扭曲的四肢、张开的嘴、闭上的眼睛表明他们是尸体，很可能是被阿尔班山统治者杀戮的酋长或国王（见边码514）。

平面描绘艺术的规则因文化而异，需要按各案例进行详细研究。但是上面介绍的相似方法能被认知考古学家用于过去的任一社会，从瑞典青铜时代的崖刻和意大利北部瓦尔·卡莫尼加（Val Camonica，见边码500～501专栏），再到印度或欧洲的中世纪壁画。

420/424

装饰

当然，艺术不只限于对场景或器物的描绘，陶器和其他人工制品（包括织物）上抽象的装饰也不能忽视。目前正在开发各种方法，其中以对称分析最为有用。数学家发现，形态可以分为独特的组别和对称的类别：水平重复母题的形态有17组，水平和垂直重复母题的形态有46组。采用这种对称分析，多萝西·沃什伯恩（Dorothy Washburn）和唐纳德·克罗（Donald Crowe）在他们的《文化的对称性》（Symmetries of Culture，1989）一书中声称，某文化内部的母题安排绝非随机。

民族志证据表明，特定的文化群体偏好特定的对称设计——往往只有一两组。例如，今天加州的尤罗克（Yurok）、科罗克（Korok）和胡帕（Hupa）部落讲不同的语言，但是在篮子和帽子上分享着两组对称的图案——这种联系由他们之间的联姻而得到确认。这也许证明这是一种分析器物式样的有效方法，是一种从物质文化来客观评估过去不同社会间联系是否紧密的一种视角。但是，对称性的解释要比式样分析问题更大，它并不总会告诉我们某种设计的含意或目的，虽然它也许揭示了背后认知结构的某些东西。

艺术与神话

在不同时代，西方人类学家一直试图从世界范围分析对于非西方、非都市社群的思维来说比较特别的东西——逻辑。该方法常常得出令人遗憾的研究结果，好像西方的、都市化的、"文明的"思维方式是有助于了解世界的自然和正确的途径，而其他途径则被通称为"原始的"和"野蛮的"。实际上，存在许多同等有效的世界观。不过，这种广泛的研究令大家意识到许多早期社会中神话的意义。这点是由曾任芝加哥东方研究所主任的亨利·法兰克福（Henri Frankfort，1897～1954）及其同事在《哲学之前》（Before Philosophy，1946）一书中恰当提出的。他们强调，许多古代社会的推测性思考，也即哲学，都采取了神话的方式。某神话可以被作为过去重大事件的叙述来介绍，而且这些事件与当下有关，于是需要反复陈述，有时还以戏剧或诗歌方式重演。

神话思想有它自身的逻辑。大部分文化都有自己的"创世"（造人）故事，用单一、简单的故事来解释许多现象。《旧约》的《创世纪》故事就是一例，美洲西南部纳瓦霍（Navajo）印第安人的创世故事则是另一例。于是，我们应当探究保存下来的口述传统和文献记载，以帮助理解神话以及这些社会的艺术。

424/426

例如，要了解阿兹特克的艺术，我们必须对羽蛇神有所了解。羽蛇神是一条有羽毛的蟒蛇，是赋予人类全部艺术和科学的知识之父和造物主，并以早晚的星星为代表。同样，如要了解古埃及的丧葬艺术，我们必须了解埃及人的地狱观和他们的创世神话。

我们很容易将神话当作虚妄的故事而不予理睬，不过，我们应该将它们视为社会智慧积累的体现，就像我们自己一样，即无论我们信仰什么，我们都会尊重圣经的《旧约》，因为它体现了几个世纪以降直至公元前1000年后期以色列人的智慧。

美学问题

早期艺术研究中需要应对的最困难问题以最显著的方式体现：为何有些东西如此漂亮？更准确地说，为何有些东西在我们看来如此美丽？

我们有理由相信，许多以不朽物质和夺人眼球材质如金或玉制作的器物，对于其制作者来说就像对我们来说一样具有吸引力。但是，当不涉及材质问题而只涉及这些材料的处置问题时，分析就不大容易了。一条重要标准似乎是简朴：有许多我们今天欣赏的作品给人以巨大经济投入的印象。大约公元前2500年希腊基克拉迪群岛一具真人大小的头像，很好地说明了这点。

另一条标准似乎与采用的风格传统的连贯性有关。虽然美国西北沿海的艺术很复杂，但是它容易做非常连贯的分析，就像弗朗兹·博厄斯、比尔·霍尔姆（Bill Holm）、克洛德·列维-斯特劳斯（Claude Lévi-Strauss，1908～2009）和其他人所显示的那样。

有关这类问题的广泛的讨论一直进行着，并将继续下去。它们以有益的方式提醒我们，在试图了解早期工匠和艺术家的认知过程时，我们必须同时花力气设法了解自己。

音乐与认知

在今天所有人类社会中，音乐和唱歌与舞蹈交织在一起发挥着重要的作用。该看法认为，虽然音乐舞蹈的起源与尼安德特人相伴，但是最早的音乐创作似乎由欧洲旧石器时代晚期与晚期智人相伴的最早使用的骨哨或笛子证实（见边码424～425专栏）。乐器已经从"创造大爆发"做了很好的论证，该爆发与法国和西班牙北部以及东欧的旧石器时代相伴。在其他地方，最早的笛子与早期粮食生产相伴（与粮食获取相反），例如中国的贾湖和秘鲁北部沿海的卡拉尔（Caral）。弦乐器最早在苏美尔和埃及青铜文明中被证实，如今天伊拉克的乌尔王室墓地所见，然后就变得非常普遍了。

分辨古希腊艺术家个体

在古希腊社会里，艺术家因他们的技艺而很受尊重。以彩陶瓶为例，画师（有时也包括陶工）在陶器烧制前将名字签在上面十分常见。这意味着，我们可以知道有无数器皿出自某位画师之手。对于雅典黑色人像风格而言（公元前6世纪在雅典十分流行，将黑彩人像绘在红底上），所知有12位画师的名字。这是英国学者约翰·比兹利爵士（Sir. John Beazley，1885～1970）在20世纪中叶的大手笔，他将现存四分之三的黑彩人像陶瓶或归于艺术家个人（很多情况下我们并不知道名字），或归于其他特定团体。

当我们谈及"风格"，我们必须将某文化或某时期的风格与该时期中某个别工匠的风格区分开来。因此我们需要显示，较大组群中能予辨认的作品（例如雅典黑彩风格），经仔细观察，如何划分出较小和明确的组群。而且，我们必须牢记，这些较小的亚组群并不一定与艺术家个体相关，而是与风格发展的不同阶段或不同的亚区域（比如当地亚风格）有关。或者，它们与作坊而非某工匠相关。在雅典的例子中，比兹利相信，他大体上处理的是在雅典绘制的陶器，而他能够分别考虑年代学的发展。少量签名陶瓶极大地帮助他确认：得到的假设组群确实代表了画师个人。

相对于其他陶器，比兹利既对单件陶器风格和彩绘装饰结构作了全面评估，也对较少但颇具特色的细部如解剖学纹理或外观的表现做了比较研究。当画师佚名时，他会根据藏品中最著名的作品随便起一个名字（如柏林画师、爱丁堡画师）。虽然所有这些听来非常主观，但也非常系统，而这些证据也已全部发表。虽然学者们对某些作品的归属存在异议，但是人们一般同意比兹利系统的主线是正确的。

图 10.63～10.64　厄克基亚斯（Exekias），公元前16世纪希腊陶瓶画师，在他绘制的许多器皿上签了名，写有"厄克基亚斯制作了我"的短语。

图 10.65　两具约公元前2500年基克拉迪时期初双手弯曲的妇女雕像，均被鉴定为所谓古兰德里斯（Goulandris）大师的作品。较大的雕像有63.4厘米高。

基克拉迪雕像

但是，我们能否采用这样的程序分辨希腊较早时期的艺术家个体？基克拉迪时期初（约前2500）许多雕塑的形态都是双手弯在胸前的女性立像，这类完善确立的系列还可以细分为组，美国学者帕特里夏·盖茨-普雷齐奥西（Patricia Getz-Preziosi）建议，其中一些还能认定出自某个雕刻师或"大师"之手，在前文字时期，他们难免均为佚名之人。该建议符合这样的标准，即在较宽泛的"文化"风格中能够辨认出较小的亚组群。没有理由认为，这些较小的组群与其他组群的不同是因为年代或地域的不同。但是为了分辨它们与某特定"大师"而非某较大作坊相关，比兹里肯定还需要一些关键证据：一些签名，或至少是个人标记，或发现为某个作坊。尽管如此，盖茨-普雷齐奥西对雕刻家个体的指认还是合理的。

图 10.64　阿基里斯（Achilles）与埃阿斯（Ajax）——特洛伊战争的希腊英雄——由厄克基亚斯描绘成正在下棋。

中美洲的牺牲与象征

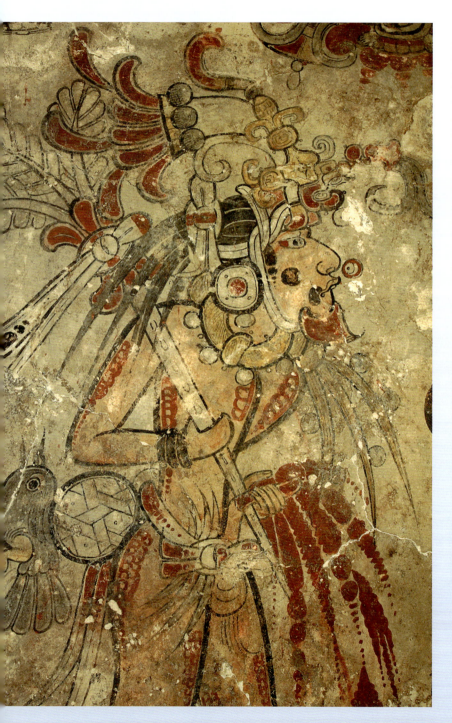

赋予具有象征意义的人工制品以含义，在考古学上是个常见的问题。

一般而言，象征符号与所指对象之间的关系是一种传统上而非逻辑上的关系。就如哲学家琳达·帕特里克（Linda Patrik）所强调的："所有物质符号需要一种背景的阐释，因为它们的含义是在某文化中唤起特定联想的功能，以及它们与其他符号及行为相伴的具体方式。"当有特定图像学时，常常可以对具体图像提出解释，其中视觉关系提供了相伴性的线索。

圣巴托洛

例如，2001年在危地马拉圣巴托洛（San Bartolo）发现的玛雅绘画，为判定为玛雅玉米神和其他玛雅神祇的传奇生命提供了图像标志。该遗址拉斯平图拉斯（Las Pinturas）金字塔地下室的壁画年代在大约公元前100年。描绘的牺牲可以从公元13世纪留存至今的文献中予以辨认，体现了玛雅思想中一种源远流长的宗教象征性。在这种情况下，图像学可以与较广泛的文本背景联系起来。

当表现的象征性并非以图画等具象方式表现，而是以具体物质材料来表现时，阐释工作就比较困难。墓葬

图10.66 圣巴托洛壁画描绘了玛雅的神话故事，自左向右读：这里，一位年轻的王者举行了一次自创世至牺牲之旅，行进途中他的阴茎在放血。

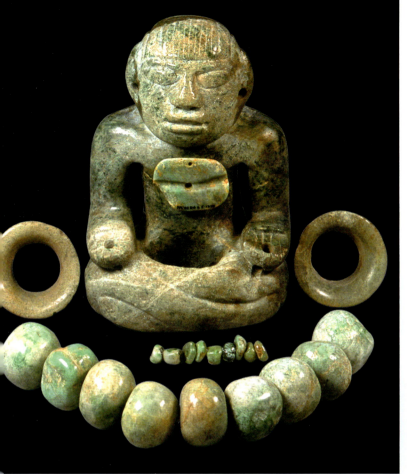

图10.67　特奥蒂瓦坎出土的一件绿石人像。这件东西发现在月亮金字塔内的一座墓葬里。月亮金字塔是该城市的主要纪念性建筑之一。人像与珠子及耳环相伴。这座墓葬，与仔细挑选的被活埋的随葬动物，位于作为伟大中心的月亮金字塔心脏，明显处于具有重要象征性的位置。

中物品的位置、它们的外观或它们制作的材质，很可能具有特殊的意义。

特奥蒂瓦坎

一个轰动案例是杉山三郎（Saburo Sugiyama）在墨西哥城附近月亮金字塔下发现的一座墓葬。在此巨大建筑之下，揭示出好几个营造阶段，年代始于大约公元200年。金字塔内部，在营造第四阶段的充填物及现在建筑的高台深处，出土了一批奉祀墓葬组合，其中有一具人牲的遗体。该墓葬刚好位于该遗址的南北中轴线，即所谓的"亡灵大道"上（见边码97和100）。它含有具有象征意义的丰富祭品，其中包括黑曜石制品（加工精美的矛头）、绿石（两具雕刻人像）、黄铁矿和贝壳。也许，其中最吸引人的是在死者周围安置活的动物。发掘揭示了木头笼子，笼子里曾经关着两只美洲豹和一只狼，在入葬的时候还活着。一起埋入的还有几只鹰、三条蛇、一只猫头鹰和一只隼。只有通过仔细发掘，才揭示出无疑具有象征意义的不同寻常的墓葬。

一组可以与上述奉祀墓葬组合比肩的墓葬供奉组合，被发现与营建的第五阶段相伴，该时段有四个人牲（双手交叉捆在背后）。也见有几件绿石人像、海螺壳、一只黄铁矿盘和几件黑曜石人像。奉祀动物包括猫科和犬科动物的头，还有一只猫头鹰的骨架。

对某些人牲骨骼的同位素分析显示，他们大部分是源自中美洲各地的外来者，也许是俘虏。杉山三郎声称，这些墓葬通过兵器、武士个人用品、用人上颌骨制作的项链这样的征服战利品、牺牲刀具以及像美洲豹和鹰等捆绑和装在笼子里的动物等与军事机构象征性相伴的东西，始终如一地宣扬着战争的重要性。

有许多细节尚不理解，如何解释也不清楚。就如杉山三郎所言："从该事实获得的一个主要问题是，这些人与动物状态的表现无法以我们的概念方式归类。"但是，来自仔细发掘的成果和对如此丰富背景的分析成果将会不断呈现。

早期的音乐行为

音乐是为当下人类所共有、但显然为人类所独有的一类活动。我们不单单讨论产生声音的方式，也讨论导致其产生的活动和条件。音乐是一种体现和场景化的活动，是具体行为与它发生背景的产物。追溯音乐的起源及人类早期音乐行为，与思维外延的发展和体现的认知直接相关。音乐与人类其他能力，如潜在语言、象征性和祭祀的关系，已成为考古学研究的一个重要方面。

最早的证据

有可能的是，我们想要分辨的音乐行为在考古记录中比乐器的出现要早许多年。在今天许多传统社会里，乐器常常用易朽的生物材料制成而不会留下考古学痕迹，所以残留下来的仅代表制作和使用乐器的一小部分。不过，考古学提供了我们祖先音乐行为的最早实证。

被广泛认可的音乐行为的最早的直接证据来自德国阿克河谷（Ach valley）的旧石器时代晚期遗址，该证据是许多由骨头和象牙制作的笛子。其中最古老的笛子年代超过36000年，与晚期智人最早抵达欧洲这片地区的时间非常接近。西欧许多遗址出土过许多骨笛，并出自与旧石器时代晚期所有技术复合体相伴的背景。其他能发声的东西（比如锉刮物、吼板、敲击的骨头及哨子）也见于欧亚大陆的一些相似遗址。强有力的证据表明，洞穴中的钟乳石也能通过刻意敲击产生带音调的声音（石音），所以洞穴某些部分的音响特点被认为非常重要。

这批记录以骨笛为主，也许部分因为它们易于辨认，绝大部分骨笛用大型鸟骨如秃鹫、鹰、大雁和天鹅骨骼制成。只有少数标本用其他材料制成，包括目前所知最古老、产自德国盖森克罗斯特勒的一根笛子，是一根用猛犸象牙精心制作的笛子。选择猛犸象牙明显具有某种意义，因为用鸟骨加工会容易得多。尽管这些发现的背景跨越了整个旧石器时代晚期，但是某些例子似乎的确与年代有密切的关系，为长途交往提供了更多的证据；比如，从法国比利牛斯山区伊斯里兹（Isturitz）遗址群出土的最早的一些笛子（产骨笛最丰富的单一地点），与德国阿克河谷遗址相同年代的骨笛非常相似，而伊斯里兹出土的旧石器时代晚期标本，其制作和装饰方式与法国玛斯·德阿齐尔（Mas d'Azil）、勒普拉卡尔（Le Placard）和勒洛克德马尔康普（Le Roc de Marcamps）等遗址的标本非常相似。

图10.68　法国多尔多涅拉兰德（Lalinde）附近拉罗什（La Roche）出土的一件驯鹿角吼板（长18厘米）。将该板连在绳索上，缠绕几下，然后以圆圈摆动，便会产生深沉的振动声。

图10.69　从德国盖森克罗斯特勒出土的几件笛子之一。该标本是用天鹅翼骨制成的。

在许多情况下，这些乐器是在能够精确建立空间和地层关系的技术出现之前发掘出来的，这意味着当时的沉积情况现在已无从得知。尽管如此，我们仍有可能从许多例子中得出结论，而且对某些最近的发现已能做更加仔细的审视和详尽的背景记录。它们与其他地方现代人类行为的出现有何关联，将取决于持续的考古学研究。

图10.70　法国比利牛斯山区伊斯里兹遗址出土的一件奥瑞纳骨笛细部，被认为是用秃鹫的翼骨制成的。

思想与物质的交集

　　随着认知科学的发展，越来越清楚的是，"思想"概念远远超出了"大脑"概念所涵盖的范围。乍一看来，大脑似乎一目了然，尽管它的运作并非如此。当然，虽然大脑位于头盖骨内，但它并非一个脱离实际的东西。大脑与躯体一起工作，所以"思想"，即我们的理解和知识系统，是在与外部世界一起通过大脑与躯体的协同过程中产生的。我们激发的大部分智慧活动，至少部分源自物质世界的特点。木工按照木头的特点构思他要刻凿的东西，以及他在塑形中所需的工具。有效的活动往往同时取决于身体和思维的技能。陶工塑造陶器有赖于心灵手巧的技能。认知是有形的（见下图）。

　　更有甚者，我们并非只通过我们的身体，还通过采用制造和使用的工具，来领会这个世界并作用于它。盲人用他的棍子来了解世界。陶工使用陶轮甩制陶土来制作陶罐。我们是通过全套设备，全方位、彻底地探查来了解世界的。认知是延展的。

　　当谈及"思想"时，有时也有一种趋势来考虑一种独立的思想，就像我们会考虑某个人的单独大脑。但是，思想现象大体上是集体的和社会的。语言是一种集体现象。我们生活在一个社会里的大部习俗就是种种共享的理解。在这个意义上，思想是一种共享的或发散的现象。

　　与这些想法相关的考虑，导致了对人类与物质世界的交集以及对这种体验进行全新理解的新观点，这种观点引领人们开发象征关系和概念。诸如重量和价值等象征概念，只能从对世界的体验和与世界的物质交集中产生。考古学家兰布罗斯·马拉福利斯（Lambros Malafouris）分析了这种物质交集的认知基础，从分析中，我们有望获得一种对新符号和新象征关系如何产生，也许还有它们如何在不同文化传统中出现不同的全新认识。

图 10.71　希腊基克拉迪群岛（约前 2500）的一具大理石头像，抽象而简单，高 24.8 厘米。

认知与神经科学

虽然认知涉及大脑，但是人类是具体的生命，而认知是一种具体的过程。它也能通过工具的熟练使用而延伸到身体之外。当然，学习和使用语言是社会活动，以至于认知也是传播的（见对页的《思想与物质的交集》）。大脑的演化很可能与促进并获得的适应于所生活世界的技能演进相伴。

在人类演化阶段，一直到200000～150000年前智人的出现，人类大脑一直伴随着人类基因组进行演化。大约在60000年前我们物种"走出非洲"向外扩散的时候，人类基因组的遗传基础，即人类的DNA密码已经大体上确立。从那时以降，世界不同地区所见人类社群的行为变迁，大体上是文化上的而非基因组的变化。

神经科学的发展可能极大地弄清了这两个时段，既厘清了人类演化阶段的大脑变迁，又为过去60000年地质构造阶段里促进新技能发展的学习机制提供了洞见。比如，对以前非常棘手的领域——出现语言以及意识现象有望获得新的了解。

研究学习过程

已经清楚的是，了解自我们物种形成以来人类发展的一个关键，在于了解学习过程的神经科学。大脑结构是如何促进诸如文字发展这类创新的，以及它会施与何种制约？现在我们意识到，儿童的早年活动能储藏开发神经网络的信息，其结果（如法国神经系统科学家尚热［J.P. Changeux］所言）是"文化的生物化"。这一过程包括开发神经线路的文化适应（cultural appropriation），并以这样的方式将文化与社会环境内化。这些途径对于认知考古学的发展很有启发，我们必须留意神经机制。

研究大脑与外界刺激以及与个人活动相关的神经活动，近年来受到诸如功能性磁共振成像（fMRI）技术的促进，它能够分辨某项智力活动时的大脑活动区域。不难看出，研究打制石器时大脑活动的神经元过程，对于我们了解石器技术的长期演化有何等重大意义。正电子发射断层扫描（PET）技术已经以这样的方式被应用到神经科学中。例如，迪特里希·斯托特（Dietrich Stout）、尼古拉斯·托什和凯西·希克（Kathy Schick）采用该技术来研究某对象在进行石器生产时的大脑活动。

类似这样的技术在未来会越来越多地用于研究学习过程的机制，包括手艺的学习过程（如打制石器），还有那些基本是脑力的学习过程，比如阅读和数学计算。对个人学习机制的了解很可能增进对长时段文化进程中学习和创新过程的了解，因此也增进了对认知演化的了解。

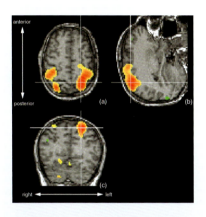

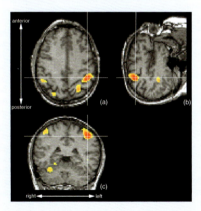

图10.72　由正电子发射断层扫描（PET）技术获取的不同大脑活动影像：当研究对象（尼古拉斯·托什）在努力用石锤打击一件火石石核来剥离石片时（上），以及当他在观察一件石核并思考用一件石核来打击它时（下）。颜色区域是大脑血液流动最大的地方（注意：a、b和c将大脑从左向右水平和垂直划分，及从后向前垂直划分）。

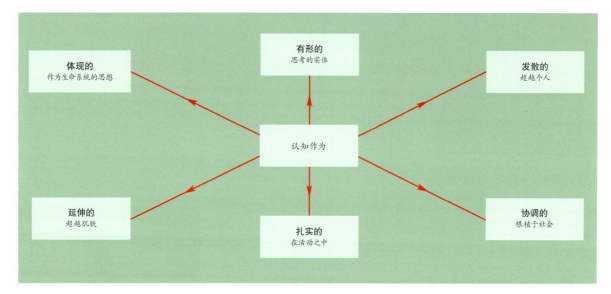

图 10.73 兰布罗斯·马拉福利斯设计的这份图示表明，虽然人的大脑在认知中发挥着关键作用，但是认知过程却远远超越了个人的大脑。

428
429

小 结

▶ 认知考古学通过物质文化来研究过去人类的思考方式。人类与其他生物的区别在于人类能使用符号；所有智慧言辞和思想都基于这些符号。赋予某符号以含义对于一个特别的文化传统来说是特殊的，而描绘图像与物体并不会向考古学家直接透露其含义。

▶ 虽然自我意识起源和认知图的发展极具争议，但是没有考古证据能够澄清这个问题。生产工具和刻意埋葬死者是我们能够研究早期人类认知行为的两种方式。埋葬活动本身意味着对死者的感情。考古学家认识到，墓葬里的随葬品是被选择来体现死者身份的。

▶ 文字的存在是认知图的一个重大延伸，同样文字符号是人类能够描述其周围世界和彼此交流的最有效手段。

▶ 物质符号有各种用途。它们能够用来标示疆域，能够按时间和距离来组织自然界的物品，能够用作规划的工具，能够通过材料概念如货币来规范人际关系，使人们接近超自然界和神界，甚至能够通过艺术表现来描绘这类世界本身。所有这些物质象征能以不同的方式从考古记录中见到。

▶ 在诸如早期音乐行为和认知科学等研究领域的新发展，为认知考古学指示了新的路径。

深入阅读材料

下列文献提供了研究过去看法和信仰的入门：

Arsuaga, J.L. 2003. *The Neanderthal§'§§s Necklace: In Search of the First Thinkers*. Four Walls Eight Windows: New York.

Aveni, A.F. 2008. *People and the Sky: Our Ancesctors and the Cosmos*. Thames & Hudson: London & New York.

Flannery, K.V. & Marcus, J. (eds.). 1983. *The Cloud People: Divergent Evolution of the Zapotec and Mixtec Civilizations*. Academic Press: New York & London.

Frankfort, H., Frankfort, H.A., Wilson, J.A. & Jacobson, T. 1946. *Before Philosophy: The Intellectual Adventure of Ancient Man*. University of Chicago Press: Chicago.

Gamble, C. 2007. *Origins and Revolutions: Human Identity in Earliest Prehistory*. Cambridge University Press: Cambridge:

Insoll, T. 2004. *Archaeology, Ritual, Religion*. Routledge: London.

Insoll, T. (ed.). 2011. *The Oxford Handbook of the Archaeology of Ritual and Religion*. Oxford University Press: Oxford.

Johnson, M. 2010. *Archaeological Theory*. (2nd ed.) Blackwell: Oxford; Malden: MA.

Malafouris, L. 2013. *How Things Shape a Mind: A Theory of Material Engagement*. MIT Press: Cambridge, MA.

Marshack, A. 1991. *The Roots of Civilization*. (2nd ed.) Moyer Bell: New York.

Morley, I. & Renfrew, C. (eds.). 2010. *The Archaeology of Measurement: Comprehending Heaven, Earth and Time in Ancient Societies*. Cambridge University Press: Cambridge.

Renfrew, C. 1982. *Towards an Archaeology of Mind*. Cambridge University Press: Cambridge & New York.

Renfrew, C. 1985. *The Archaeology of Cult. The Sanctuary at Phylakopi*. British School of Archaeology at Athens: Supplementary Vol 18: London.

Renfrew C. 2007. *Prehistory: Making of the Human Mind*. Weidenfeld & Nicolson: London; Modern Library: New York.

Renfrew C., Frith, C., & Malafouris, L. (eds.). 2009. *The Sapient Mind: Archaeology Meets Neuroscience*. Oxford University Press: Oxford.

Renfrew, C. & Scarre, C. (eds.). 1998. *Cognition and Material Culture: the Archaeology of Symbolic Storage*. McDonald Institute: Cambridge.

Renfrew, C. & Zubrow, E.B.W. (eds.). 1994. *The Ancient Mind: Elements of Cognitive Archaeology*. Cambridge. University Press: Cambridge & New York.

Schele, L. & Miller, M.E. 1986. *The Blood of Kings: Dynasty and Ritual in Maya Art*. (Reissue 1992.) Braziller: New York: Thames & Hudson: London.

Stone, A. & Zender, M. 2011. *Reading Maya Art: A Hieroglyphic Guide to Ancient Maya Painting and Sculpture*. Thames & Hudson: London & New York.

Wheatley, P. 1971. *The Pivot of the Four Quarters: A Preliminary Enquiry into the Origins and Character of the Ancient Chinese City*. Edinburgh University Press: Edinburgh.

Wightman, G. J. 2014. *The Origins of Religion in the Palaeolithic*. Rowman & Littlefield: Latham, MD.

他们是谁？他们像什么？

人群的生物考古学

考古学的主要目的之一就是重建创造了考古材料的人们的生活，而又有什么证据能比过去人类体质遗存更直接的呢？故考古学汇集了各方面科学家的技能，从放射性碳专家到植物学家，而当代考古学家的作用就是要学会如何从考古学的视角来利用并阐释人类的生活。生物人类学（biological anthropology）提供了大量证据以增进考古学家对过去的了解。处理人类遗骸还会引发伦理问题（见第十四章）。"生物考古学"一词最初由格雷厄姆·克拉克于1970年代杜撰来指动物骨骼的研究，现在已被用来指考古遗址出土的人类遗骸研究（虽然在旧大陆它仍涵盖其他的有机材料）。当考古学家有幸邂逅人类遗骸（或实际上由公众或警察发现），"法医人类学家"往往会被叫来对它们进行观察。在确定这些遗骸确实是人的，那么他们的任务就是建立一种生物学概貌。

考古学最有意思和发展最快的研究领域之一是人类物种的起源，以及此后地球上各地的人类起源和迁移。人类独一无二的能力是何时以及如何出现的？是何种过程导致了最早古人类的发展？最初的人类看上去是什么样子的，以及当他们到达世界各地后是如何适应的？虽然采用诸如古DNA等遗传学技术有助于回答这些问题，但是它们也会挑战许多至今仍根深蒂固的有关种族和族群独特性的先入之见，这再次突显了考古学的价值。

"二战"后的数十年间，考古学与生物人类学缺乏整合的一个主要原因是"种族"问题。在19世纪和20世纪初，有些学者（及许多政客）企图用生物人类学来帮助证明他们有关非洲和美洲大陆的白色人种优越论。这种理论来自他们的信念，即当地的原住民人群没有能力营造雄伟的纪念性建筑，如美国东部的土墩墓。近至1970年代，罗得西亚的白人政府坚称，赋予这个国家名称的伟大纪念性建筑——津巴布韦——是不可能在没有外来帮助下由当地黑人原住民建造的（见边码482～483专栏）。今天，生物人类学家不大愿意仅凭少数骨骼测量来分辨所猜测的不同人群。虽然

这并不意味着人种区别无法通过观察进行研究，但是人种观察和研究需要一种较完备的方法论，并得到周全构想的统计学方法的支持，以确保所见的变异不单是一种随机的性质。

现在，生物化学和遗传学的发展使得能够在分子水平上做更多工作，尽管骨骼学仍旧是基础。这些综合方法发现了过去人群的遗传学痕迹，以及先前被低估了的种群混合水平，这引发了对"种族"概念的新批评，并表明，今天所划分的种族界线相对比较晚近，而且一直在发生变化。

各种人体遗存

要回答有关过去种群和人类体质特征的问题，第一步是要确定存在的人体遗存及数量。如果存在完整的尸体、整个骨架或头骨，这就相对容易。胜任的考古学家能够辨认个别骨头和大的骨片。甚至小骨片也会具有鉴定特征。一些仔细的发掘中发现的几根毛发，在显微镜下可以鉴定为人的。对于凌乱的合葬或火葬，最小个体数可以从最多的遗体部分来估算（见边码288～289专栏）。一项新技术已被用于苏格兰奥伦赛（Oronsay）岛中石器时代的克诺克·寇格（Cnoc Coig）遗址，在那里，古蛋白质组学方法证明有些无法辨认的碎骨片是人的（见边码300），而其他骨片则是海豹和猪的。

就如我们在第二章中所见，并非只有故意制造的木乃伊能完整保存下来：有的是自然脱水、冰冻干燥，有的则保存在泥炭中。因为我们许多外表取决于软组织，这些尸体能够揭示仅凭骨架所无法揭示的特征，如头发的长度、样式和颜色、肤色，皮肤印记如皱纹和疤痕、文身（有些相当清楚，比如公元前5世纪一位斯基泰酋长冰冻遗体上的文身），还有诸如男性生殖器是否行过割礼等细部特征。在极端情况下，产生指纹的指端纹路和脚底相应纹路也可能保存下来——最著名的例子就是丹麦出土的冰河时代格劳巴勒人（见边

图11.1～11.2　各种人体遗存。（左）德国北部温德比（Windeby）淹死在一处泥沼中、被蒙住眼睛的男孩保存完好的遗体，年代在大约2000年前。（右）在英格兰东部的萨顿胡，中世纪初的墓葬只能在酸性砂质土里发现一些轮廓。

图11.3　土耳其恰塔霍裕克遗址出土的一具大约8500年前新石器时代初的小孩骨架，骨架上戴着踝饰和腕饰。该遗址的儿童墓葬常常有大量珠饰共出。

码454～455专栏）。虽然有时化学作用会改变原来头发的颜色，但对于木乃伊，荧光分析常常有助于确定头发原来的颜色。

即便在尸体荡然无存的情况下，有时仍会留下一些证据。最著名的例子就是庞贝城人体留下的空腔，因为它们在火山灰的硬壳内分解了（见边码24～25专栏）。这些遗体的现代石膏模型不仅显示了其一般的体质外表、发型、衣着和姿势，而且甚至显示了死亡一刻脸部表情这样微妙和动态的细节。在考古记录中，足迹和手印属于不同的"空腔"，这将在后面讨论。

消失的遗体也能用其他方法探知。在英格兰的萨顿胡，酸性砂质土已摧毁了大部分遗体，一般只在土壤中留下一个朦胧的印迹——一种砂的轮廓。如果用紫外线漫射这些痕迹，"骨骼"会发出荧光，就能用照相记录下来。土壤中的氨基酸和其他腐烂有机物可以帮助鉴定这些"不可见"遗体的性别和血型。

在德国，公元16～19世纪的房屋地窖里埋有无数原封未动的空陶罐，考古学家迪特马·魏德利希（Dietmar Waidelich）对其进行了测试；从陶罐内的沉积物中找到一些样本，通过层析法发现其中含胆固醇，表明是人体或动物的组织，还有诸如雌酮和雌二醇等类固醇激素，所以可以肯定，这些陶罐曾用来埋人的胎盘（出生后）——根据当地传说，这可以保证孩子的健康成长。

最后，甚至在根本不见骨骼遗存的地方，现在仅从DNA就能探知遗址中人类的存在。自2003年以来，我们知道DNA可以残留在古代沉积物中，而最近一项研究在欧亚大陆四个洞穴的沉积物中探测到了尼安德特人的DNA，年代为400000至40000年前。

不过，绝大部分的人体遗骸还是骨架与骨片。我们将会看到，它们含有各种信息。有关人们体质的间接证据也来自古代艺术，当我们试图恢复古人相貌时，它们应该非常有用。

分辨体质特征

在确认人体遗存的存在和数量以后，我们该如何重建性别、死亡年龄、身材、长相等体质特征以及不同人体遗存之间的关系呢？

是男是女？

就完整尸体和艺术描绘而言，性别判定一般可以从外生殖器上一目了然。如果没有这些，像乳房和胡须等第二性征也能提供较可靠的标志。如果这些特征也没有，这项任务就颇具挑战性了——虽然头发长度不说明问题，但相伴的衣着或器物或许有助于下结论。对于描绘，我们的选择并不多，比如，冰河时代晚期法国马尔什出土的雕像中，明确的女性有阴户或乳房，明确的男性有阴茎或胡须，其他雕像没有性别。最近据说有可能通过测量及与澳大利亚手印资料进行比较得到的比例上的不一致，来区分欧洲冰河时代洞穴中的男女手印，但据报道，澳洲的这种区别不太可靠。

但是，对于无软组织的人体骨架和骨骼遗存而言，由于两性区别，我们可以做得很透彻。最好的性别标志是盆骨的形状，因为男女具有不同的生物性要求。骨架的其他部分也可以用来区分性别。男性骨骼一般较大、较长、较粗壮，要比女性有较发达的肌肉附着痕迹，而女性的就较小且较纤细。男性臂骨和腿骨的近端一般有较大的关节面，男性的颅骨较大，有较为凸出的眉脊和（耳后）乳突，倾斜的前额，较粗壮的下颌骨和牙齿，在某些种群中，有较大的脑容量（在欧洲人中，脑容量大于1450毫升的一般是男性，低于1300毫升的是女性）。用这些标准对现代标本进行盲测，其准确率可达85%。但是，世界上某些地区的女性，比如某些波利尼西亚人和澳大利亚原住民，往往有很大的头骨和大而粗壮的骨骼。

我们不应过于相信任何一件骨骼的测量，而是要结合尽可能多的成果，目的是评估尺寸与形状两者的变异。比如腿骨近端圆头直径这样的单一尺度只表示大小，平均而言男性要比女性大。多项测量，特别是当结合电脑帮助的多变量分析，能够对形状进行特征界定，这常常比单凭尺寸能够提供更好的区别。

值得指出的是，对儿童而言，虽然牙齿测量有些效果，但是除非遗体保存和艺术描绘显示了生殖器，其遗骨性别鉴定的准确程度不及成人。通过观察伦敦斯毕塔菲尔德（Spitalfields，见边码435专栏）出土少年骨骼的一般体质差异，其性别鉴定取得了进展，他们的性别与年龄可从棺材标签得知。

最近，已经开发了一种新技术，从DNA来确定碎骨或婴儿骨骼的性别（见下，边码440～443）。比如，在以色列阿什凯隆（Ashkelon）一间罗马澡堂（也可能是妓院）下的阴沟里，发现了100具未满月婴儿的骨架，很可能是杀婴的牺牲品。对留存的43根股骨做了DNA测试，有19根得出了结果：14男5女。一种新的DNA测序方法同样成功地测出了7万年前古人类的性别，并证明了在确定少年或高度降解遗骸的性别方面很有价值。DNA也可以从古粪便中提取，由于在排便过程中细胞会从肠子上脱落，于是可以确定排便人的性别——这些信息最终可以说明食谱的性别差异。比如，美国加州拉昆塔（La Quinta）遗址和内华达州拉夫洛克洞穴遗址出土的四份粪便经过分析，其中两份来源被判定为女性，一份是男性，还有一份无法确定。从排泄物中分辨性别的实验也通过诸如雌二醇和睾酮的激素和类固醇分析来进行，肯塔基州的盐洞（Salts Cave）和猛犸洞穴（Mammoth Cave）出土的粪便表明它们都是男人留下的。

他们寿命几何？

通观本章节可见，虽然有些学者觉得可以指认某个死者确切的死亡年龄，但是需要强调的是，我们一

432
433

433
434

433

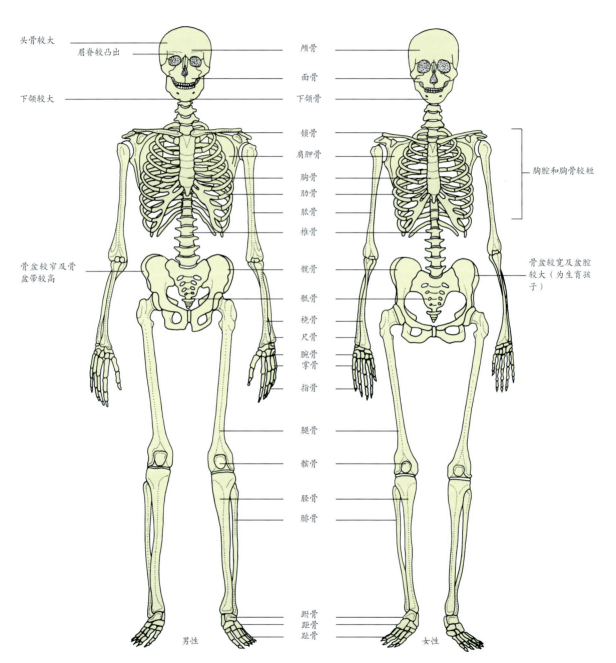

头骨较大

眉脊较凸出

下颌较大

骨盆较窄及骨
盆带较高

颅骨

面骨

下颌骨

锁骨

肩胛骨

胸骨

肋骨

肱骨

椎骨

髋骨

骶骨

桡骨

尺骨

腕骨

掌骨

指骨

腿骨

髌骨

胫骨

腓骨

跗骨

距骨

趾骨

胸腔和胸骨较短

骨盆较宽及盆腔
较大（为生育孩
子）

男性

女性

图11.4 人体骨骼，以及两性之间的显著区别。

435

斯毕塔菲尔德：确定死亡的生物年龄

1984～1986年，考古学家遇到一个罕见的机会，能借清理伦敦东部斯毕塔菲尔德一座基督教堂地下室约1000座墓葬，检验骨骼年龄不同鉴定方法的准确性。墓葬中，至少有396具棺材附有死者姓名、年龄和死亡日期的牌子，他们都生于1646～1852年间，殁于1729～1852年间。男女人数相同，三分之一是少年。成年男女死亡的平均年龄是56岁，最老的为92岁。

各种技术被用于这批材料，包括颅骨缝的愈合、耻骨联线的退化、骨组织的切片研究，以及牙齿的氨基酸外消旋，以估算死亡的外观年龄。然后，将结果与棺材墓志上记载的真实年龄做比较。结果发现，传统判定死亡年龄的方法不太准确。所有用于斯毕塔菲尔德骨架的技术倾向于低估老人的年龄，高估年轻人的年龄。该结果反映了墓地中自然死亡个体固有的偏差。那些年轻死者可能未老先衰有"老骨"，而耄耋逝者是幸存者，死时仍有"年轻骨"。

在斯毕塔菲尔德人群中，儿童与今天同龄儿童相比要小，但是这批材料帮助研究人员开发并检验了一些能够较为精确估算少年年龄的方法。斯毕塔菲尔德成年人老化较现代人晚（50岁以后），且速率较慢，这告诉我们将现代参考样本用到过去骨骼材料时应该谨慎。作为斯毕塔菲尔德发现的成果之一是，用现有方法设法确定一个成年人的死亡年龄，还不如将他们从生物学上的青年、中年和老年来分辨更精确。

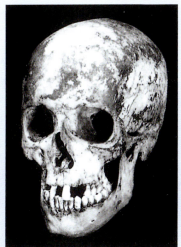

图11.5（最上）萨拉·赫林（Sarah Hurlin）的棺牌，标出了她的名字、年龄及死亡时间。

图11.6～11.7（上）彼得·奥吉尔（Peter Ogier, 1711～1775）：杰出的织丝工，生前画像与死后实际头骨的比较。

图11.8（右）根据骨骼分析的死亡年龄（阴影部分）与实际年龄的比较；反映了许多成年人的年龄被估算太高，因为他们有"老骨"。75岁界限是根据参照人群得出的尺度。

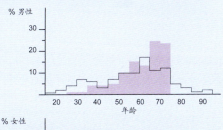

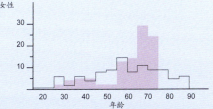

般能可靠地确定死亡的生物年龄——青年、成年和老年——而非精确到年月的测年。就像处理动物群一样，牙齿是青少年年龄的最佳标志。在此，我们研究乳齿的萌出和替换、恒齿萌出的序列，最后是磨损程度，并尽量考虑食谱和加工方法的影响。

尽管存在许多个体变异，从现代人群的牙齿信息中获得的死亡年龄的时间尺度很适合用于近代材料。但是，它能否用于我们远祖的牙齿？牙齿微结构的研究表明，关于老的设想需要进行重新检验。牙釉以规则和可测的速率生长，形成牙脊的显微生长线，故能将该牙齿的树脂复制品放在扫描电镜下计数。在现代人群中，大约每星期就会生长出一条新牙脊，而对尼安德特人白齿结构的分析表明，它们的生长速率与现代人非常接近。该方法在对斯毕塔菲尔德少年的研究中也表明是准确的（见前页专栏）。

通过测量化石标本的牙齿生长脊线，蒂姆·布罗米奇（Tim Bromage）和克里斯托弗·迪恩（Christopher Dean）得出结论，过去研究者过高估计了许多早期古人类的死亡年龄。比如，南非塔昂（Taung）出土的距今200～100万年的著名南猿头骨，属于一个死亡时可能刚过3岁的孩子，而非以前认为的5或6岁。这些结论由牙根生长形态分析和霍利·史密斯（Holly Smith）对早期古人类牙齿发育形态的独立研究，以及最近用计算机化轴向层面X射线摄影术（CT或CAT扫描）对塔昂头骨牙齿发育的研究所确认。所有这些表明，我们最早祖先的生长速度要比我们快，而他们的发育成熟比较接近现在的大猿。这得到了生物学已知事实的支持，即小型生物达到成熟的时间要比较大型生物要短（我们最早祖先要比我们矮——见下文）。

布罗米奇和迪恩与克里斯·斯特林格（Chris Stringer）一起，对直布罗陀的德维尔塔洞穴（Devil's Tower Cave）出土的约50000年前的尼安德特人儿童进行了研究，将其死亡年龄从约5岁改为3岁。对其颚骨的分析也确认了这项结果。最近一项对比利时尼安德特人儿童的分析也表明，8岁的他，其牙齿发育相当于比他大几岁的现代儿童。但是，在尼安德特人种群之间可能存在很大变异。

牙齿其他方面也可以提供年龄的线索。当牙冠全部萌出以后，其牙根仍未成熟，并需要数月时间才能长全——其生长阶段可用X光估算——于是，最大约到20岁的人类，可用这种方法较准确获得年龄。年轻成年人长好的牙根内有锐尖，然后逐渐变得圆钝。老年人牙齿会在髓腔里长出齿质，而根部也会从顶端向上逐渐变得半透明。对挪威布莱维克（Bleivik）出

土的一具8000年前骨架的齿根半透明齿质的测量表明，其死亡年龄约为60岁。齿根周围积聚的白垩层也能用来计算牙齿萌出以来的年龄，虽然这一程序也有问题。

骨骼也能用来估算年龄。骨骼关节端（骨骺）与骨干融合顺序提供的一种时间尺度，可以用于年轻人的骨骼。一块最晚融合的骨头是锁骨里端，大约在18～30岁。在该年龄以后，需要用不同标准来估算骨头的年龄。分开骨段的融合也能表明年龄，如五块骶骨一般在16～23岁间融合。

虽然颅骨骨缝的融合程度是年龄的标志，但是存

图11.9　估算年龄：骨骼融合的年龄。

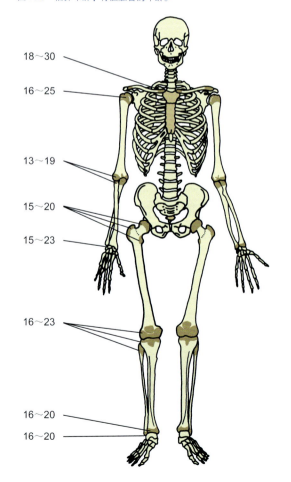

在骨缝未必表明年纪轻：老年个体上也常见有骨缝。另一方面，未成年人的颅骨厚度确实大致与年龄有关，颅骨越厚，年纪越大；而到了老年，所有的骨头一般都变薄变轻，尽管大约有10%老年人的颅骨会变厚。肋骨也能用来判断成年人的死亡年龄，因为它们的胸骨端随着年龄增加会变得日益不规则和粗糙；肋骨则变薄，并延伸覆盖软骨。该方法被用来鉴定希腊北部维吉纳一座墓葬中发现的一个男子（见边码547），他被认为要么是马其顿王国腓力二世（亚历山大大帝的父亲），要么是腓力三世（亚历山大的同父异母兄弟）；结果显示他更接近45岁而非35岁（历史证据表明腓力二世被谋杀时为46岁）。用于年龄鉴定的其他骨骼特征包括耻骨联合以及连接下脊柱和骨盆的骶髂关节。

　　但是，对于碎骨片怎么办？答案在显微镜下，在骨骼的显微结构中。随着我们逐渐变老，我们的骨骼结构也会以一种独特和可测的方式变化。一个约20岁青年的长骨周围有圈，和数量相对较少称为骨单位的环状结构。这些圈会随年龄而消失，并出现越来越多较小的骨单位（见图11.10）。通过这种方法，甚至碎骨也能透露年龄。将股骨横切薄片放在显微镜下研究其生长阶段，就是这样一种技术。在对有案可稽的骨架的盲测中，其准确性可达5年以内。但是，在斯毕塔菲尔德的材料上，它被证明并不比其他方法更准确。

　　下山晃（Akira Shimoyama）和原田馨（Kaoru Harada，1927～2010）将一种化学方法用于日本公元7世纪成田土墩墓出土的一具骨架。他们测量了齿质中两种天冬氨酸的比率。这种氨基酸有两种可以互相对应的形态或异构体。L-异构体用来构建牙齿，但在一生中通过外消旋过程会慢慢转变为D-异构体。D/L的比率从8岁至83岁稳定增长，因此与年龄直接成正比。在本案例中，该骨架年龄显示为50岁。因为L-异构体在死后继续转变为D-异构体，并取决于温度，所以在计算时应把墓葬的埋藏条件考虑在内。

　　解释死亡年龄　需要强调的是，我们只能测算残留至今或出土的遗体或骨架的平均死亡年龄。许多学者曾错误地认为，发掘一处墓地，估算其中死者的年龄和性别，就能提供某特定文化的预期寿命及死亡状况的准确概况。这需考虑这样的设想，即该墓地埋有其使用期间该社群死亡的所有成员——无论性别、年龄和地位，所有人都埋在此地，没有人死在别处，且该墓地后来也不再使用。这样的想法是不切实际的。一处墓地提供了一批活体人群的样本，但我们不知道该样本的代表性如何。因此，考古学家在打算接受和采用文献中的预期寿命和平均年龄时，应持批评性态度。

　　但是，将一批人按性别和年龄划分是不够的。我们也想了解他们的身材和长相。

他们有多高和多重？

　　如果尸体保存完整，身高很易计算，只要我们将干尸化过程造成的收缩考虑在内就可以了。但是，也可以从某单根长骨——特别是腿骨——的长度来估测身材。比如，图坦卡蒙的身高根据其木乃伊和他完好的长骨估计为1.69米，这与立于墓门两侧的两具木质护卫雕像相当。

　　从长骨长度来获得大致身高指标的公式称为回归方程式——即骨骼长度与整个身高的度量关系。但是，不同的种群需要不同的方程式，因为他们的身体比例有所不同。澳大利亚原住民和许多非洲人的腿较长，为其身高的54%，而某些亚洲人群的腿只有他们身高的45%。结果，具有同样身高的人群可能会有长度差异很大的腿骨。在骨架材料种群来历不明的情况下，可采用平均股骨身高（不同方程式的平均值），它能提供适当的身高估算，误差很可能在5厘米之内，这对于考古学目的足矣。在罗马时期莫格兰南部的赛伦塞斯特（Cirencester），人们的身高似乎要比现代人矮些：女性平均身高为1.57米，最高的女人只相当于男性的平均身高（1.69米）。

　　如有必要，也可用臂骨来估算身高，就如缺腿的林道人（前2～111）；偶尔也用手印。而脚印也能提供较好的提示，因为成年男子的脚长测量等于身高的

图11.10　推算年龄：随着年纪变老，骨结构的变化可在显微镜下看出来。圆形骨单位变得越来越多，并延伸到骨骼的边缘。

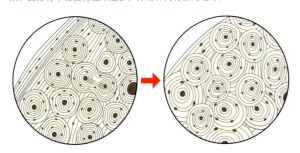

15.5%；12岁以下的小孩被认为是16%或17%。假如同一计算也同样适用于现代人以前的人类，坦桑尼亚莱托里距今375～360万年的脚印长18.5和21.5厘米（边码443），因此很可能是身高1.2和1.4米的古人类留下的。

体重也很容易从保存完好的尸体来计算，因为我们知道干尸重量一般是活体体重的25%～30%。据此，保存在宾夕法尼亚大学博物馆的一具公元前835年的埃及木乃伊（编号PUM III），活时的体重测算在37.8～45.4千克之间。只知身高也是一个线索，因为我们从现代资料知道特定身高两性体重的正常范围，如果他们不是特瘦或特胖。所以，如果掌握了人体遗骸的性别、身高和死亡年龄，我们就能合理估算其体重。于是，单根腿骨不仅能指示该人的身高，还能指示性别、死亡年龄和体重。就早期古人类而言，体型只是推测。不过，绰号叫"露西"的南猿（见边码441～443），全身骨骸有40%保存了下来，有可能估算出其身高是1.06米，体重27公斤。

至此，我们已经知道了遗体的性别、年龄和身材；但是真正有助于辨认和区分个体的还是人的脸。那么，我们如何再现过去的容貌？

他们相貌如何？

同样，保存的遗体能为我们提供相貌最清晰的一瞥。最著名的史前案例是丹麦泥沼出土的铁器时代托伦德人。另一个相貌保存极佳的例子是在中国荆州168号墓出土的于公元前2世纪入葬的一位50岁男性，该男性被完好地保存在一种神秘的暗红色液体中。1881和1889年，埃及底比斯两处王室墓穴中的发现，为我们提供了名副其实的法老木乃伊馆藏，他们的相貌仍栩栩如生，即便已发生了一些萎缩和变形。

多亏旧石器时代晚期以降的艺术家，我们还见有大量的肖像。有些人像，比如木乃伊棺椁上的彩绘人像，直接与描绘对象的遗体相伴。其他一些肖像，如希腊和罗马的胸像，也准确形似一些名人，而他们的遗体已不复存在。在中国西安附近出土的真人大小的非凡兵马俑，是按公元前3世纪几千名不同士兵的原型制成的。尽管每具陶俑只表现一般的特征，但是他们构成了史无前例的个人"图书馆"，并提供了发型、盔甲和兵器等无价信息（见图5.6）。在较晚时期，我们有许多活人或死人的面具，有时用作真人大小丧葬肖像或墓室雕像的基础，比如中世纪以降欧洲皇室和其他贵族的肖像。

辨认和复原脸部　偶尔，我们能将骨骼和肖像重合以辨认历史人物。比利时学者保罗·让森斯（Paul Janssens）开发了一种方法，将头骨照片与肖像重叠。采用这种方法可以在修缮墓葬时确认骨架的身份。比如，一幅据说是15世纪法国勃艮第公爵夫人玛丽·德·布戈涅（Marie de Bourgogne，1457～1482）的颅骨照片，与她墓前雕像头部的图像重合得完美无缺。照片和头骨的重叠也被用来帮助分辨1918年被布尔什维克谋杀的沙皇尼古拉二世、他的妻子亚历山德拉（Alexandra）和他们孩子的头骨，他们数年前从俄罗斯一处森林坑穴中被发掘出来。

脸部复原的一个实例是伊特鲁利亚的一位妇女，复原方法包括用电脑照片与石棺人像相比较，见边码439专栏的讨论。现在所做的一些脸部复原，采用激光扫描相机，与储存了该头骨肌肉群厚度数据的电脑以及一台电脑控制机器相连，然后用硬泡材料切割出一个三维模型，比如，该方法被用来重建约克郡一位维京渔夫的脸部。这样的复原对于博物馆展示和电视节目很有用，并有助于分辨个人，但这种方法的应用尚未常态化。

与遗体相伴的首饰或服饰，对于评估这些人身前的相貌也极具价值。而足迹可以为鞋子提供线索。虽然几乎所有冰河时代的足迹都是赤脚，但是法国丰塔内（Fontanet）洞穴里旧石器时代晚期的足迹是鹿皮软鞋留下的。

他们关系如何？

有越来越多的可能，可以通过头骨形状（可能受到许多因素的影响，比如饮食）、头发分析或古DNA研究，来评估两个人之间的关系。但是，还有其他方法可以得到同样的结果，比如研究牙齿形状。有些牙齿异常（如增大或额外的牙齿，特别是缺少智齿）有家庭遗传。

血型可以从软组织、骨骼甚至齿质来确定，年代可以上溯至30000年前，因为决定血型的多糖类不只存在于红血球中，而且见于所有组织，并保存较好。实际上，用放射性免疫测定的蛋白质分析（测定抗体反应），现能分辨几千年乃至几百万年前化石中残留的蛋白分子，并破译绝灭化石与现生生物之间的分类学关系。在不远的将来，我们或许能获得早期古人类遗传关系的有用信息。

图 11.11～11.15 过去的容貌：

（上）托伦德人，丹麦出土的铁器时代遗体。

（最右）1923 年去掉裹尸布的图坦卡蒙木乃伊，显示了布条中干缩的遗体。小法老原来身高是根据长骨测算的。（中）最近用 CT 扫描了图坦卡蒙脸部特征，以其头骨为基础，三个小组独立复原的结果十分相似，其中一张展示在此。

（中左）玻利维亚的的喀喀湖中帕里提（Pariti）岛出土的蒂瓦纳库时期（Tiwanaku period，500～1100）的一件器皿上，画有一位脸上布满皱纹的老人（与一只鸭子相伴）。

（下）泰晤士河出土的罗马皇帝哈德良（Hadrian，117～138 在位）的青铜头像。

439

复原容貌

早在19世纪，德国解剖学家就已经设法从头骨再现一些名流的样子，如诗人弗里德里希·席勒（Friedrich Schiller，1759～1805）、哲学家伊曼努尔·康德（Immanuel Kant，1724～1804）和作曲家约翰·塞巴斯蒂安·巴赫（Johann Sebastian Bach，1685～1750）设法复原他们的容貌。但是，20世纪该技术最著名的代表人物是俄国的米哈伊尔·格拉西莫夫（Mikhail Gerasimov，1907～1970），他所做的工作涵盖了从化石人类到伊凡雷帝（Ivan the Terrible，1547～1584年在位）。现在看来，他所做的大部分工作代表了"灵感阐释"而非真实复原。目前，该技术已达到了更高的精确度。

最近一次极有意思的复原是迄今保存最好的一具伊特鲁利亚骨架，即大约2200年前在意大利中部去世的一位名叫塞昂蒂·哈努妮亚·特雷斯娜莎（Seianti Hanunia Tlesnasa）的贵族妇女。自1887年来，她的遗骸就躺在（存放在大英博物馆的）一口豪华的彩陶像石棺里，棺上刻着她的名字。棺盖上饰有她靠在一只软枕上的真人大小塑像，珠光宝气的手拿着一面铜镜。

多年来，对于棺材里的骨骼是否真的是她一直有疑问。由朱迪斯·斯沃德林（Judith Swaddling）和约翰·普拉格（John Prag）领衔的一个小组着手研究这位女士的骨骸，专家理查德·尼夫（Richard Neave）被邀请来根据头骨复原死者的容貌，以便与她的塑像做比较。

人类学家根据骨架推算，这位女士的身高大约1.5米，去世时为中年。虽然其骨骼有损伤和磨损，面部牙齿也几乎全部缺失，乍一看会认为是老年，但是其实她曾严重受伤，很像是发生了骑马的事故，导致她右髋关节粉碎，右下牙都摔掉了。下颌骨与头骨连接处断裂，使她嘴巴张开，很可能痛苦万分。这使得她无法进食，只能喝汤和稀粥，并无法保持其余牙齿的清洁——它们后来大都掉了。塞昂蒂很可能患上了痛苦的关节炎，并慢慢无法动弹。

根据齿质分析，她残留的两枚牙齿证实，她大约在50岁去世。其骨骼的一个放射性碳测定数据为公元前250～前150年，这证明这具骨架确实很古老，时代也没有问题。脸部复原表明为一位中年妇女，长得有点肥胖。它如何与棺材塑像进行比较呢？

从侧面看有点不同，因为艺术家给了塞昂蒂一个较漂亮的鼻子，但是从正面看，相似度比较明显。最后用电脑技术将脸部比例与相貌相匹配来进行确认——脸部复原与塑像的电脑

图11.16 理查德·尼夫在复原一个人的脸部。

照片相比，肯定为同一人。石棺塑像将她表现得比较年轻，下巴褶皱较少，还有一个少女般的樱桃小嘴。换言之，虽然雕塑家对这位矮胖中年妇女肖像进行了美化，但是极为准确地刻画了塞昂蒂的相貌。

图11.18 根据发现在石棺里的头骨所做的复原。

图11.17 塞昂蒂·哈努妮亚·特雷斯娜莎的陶塑石棺，里面放着她的遗骨，棺盖上有真人大小的死者塑像。但是是否准确代表了其容貌？

因为血型以一种简单方式从父母遗传，不同的系统——众所周知有 A–B–O 系统，据此人们的血型可分为 A、B、AB 和 O 型——有时可帮助厘清不同遗体之间的体质关系。例如，图坦卡蒙被怀疑与1907年底比斯55号墓里发现的一具无名尸体有某种关系。两具头骨的形状和直径非常相似，两具颅骨的 X 光叠加几乎完全一致。因此，罗伯特·康诺利（Robert Connolly）及其同事分析了两具木乃伊的组织，显示两者血型都为 A 型、亚型2含抗原 M 和 N，是古埃及罕见的一种类型。该事实结合头骨的相似性，几乎能够肯定两者之间存在关联。后来的 DNA 分析表明，55号墓中的遗体实际上是图坦卡蒙的父亲——法老阿肯那顿；DNA 分析也可以用来鉴定图坦卡蒙的母亲、祖父母、妻子和孩子，虽然这些结果并未被所有专家认可。

但是，遗传学的这些成果确实表明，用 DNA 分析能够搞清家族关系（见图11.19）。1998年瑞典科学家斯凡特·帕伯（Svante Pääbo）首次从2400年前的一具埃及男孩木乃伊上成功提取并克隆了线粒体 DNA。在如此长的时间内，DNA 分子已因化学反应而降解，所以恢复基因功能肯定远不及活体。不过，DNA 序列上的信息，比如埃及木乃伊，也许可以弄清某王室成员之间是否像普遍认为的那样确实存在乱伦：对埃及哈伽萨（Hagasa）出土的6具公元前2200年木乃伊进行的 DNA 分析证明，他们都属于同一个家庭（最近对德国某新石器时代家庭的 DNA 研究请见后页的专栏）。目前，在英格兰的曼彻斯特，正在编撰包含全世界几千件木乃伊组织样本的资料库，以便将来做从疾病传播到人群迁徙各方面的研究。

图11.19　基因是遗传性的组织者，由携带建构身体并使之运转所需的遗传指令 DNA（脱氧核糖核酸）组成。每一代新的活细胞都会复制基因；大部分 DNA 存在于细胞核中，称为核 DNA。每产生一个新细胞，它就会被复制。细胞内的线粒体（小的细胞器）含相对较小的 DNA 圈环（线粒体 DNA；简称 mtDNA），与核 DNA 分开复制。核 DNA 和线粒体 DNA 在考古遗传学研究中都具有重要意义。

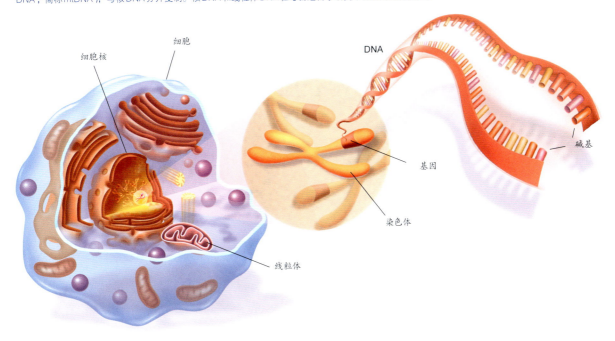

发现新石器时代的一个家庭

2005年，考古学家在德国东部萨克森的尤劳（Eulau）发现了四组关系密切并保存完好的合葬墓，时代约属4600年前的新石器时代绳纹陶文化。每座墓含一组成年人和几个孩子，面对面入葬。他们同时入葬及墓葬中的冲突迹象表明，他们很可能是某个暴力事件的牺牲者。研究团队采取了多学科方法——应用考古学和人类学方法——结合放射性同位素来确定这些个体的来历，并用古DNA分析调查他们之间的关系。

辨认一组家庭

某特定墓葬（99号墓）获得了明确结果。解剖学分析表明，该墓含一个年龄在40～60岁之间的男子，一个年龄在35～50岁之间的妇女，两个年龄分别在4～5岁以及8～9岁的男孩。每个成年人分别与一个孩子面对面入葬，他们的手臂相互缠绕。他们的DNA分析证实，他们是父母和儿子——母亲和两个男孩具有相同的线粒体DNA，而男孩与男子具有相同的Y染色体单倍群。这成为一个核心家庭最早的遗传学证据。

暴力和社会来源的证据

其他三座墓葬共有9人，大部分是妇女和儿童。许多人带有施暴所致的痕迹，比如一位妇女的脊椎骨中嵌有一件火石箭镞、两处颅骨骨折；有些个体的手上和前臂有刀痕，表明曾

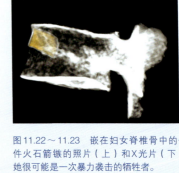

图11.22～11.23　嵌在妇女脊椎骨中的一件火石箭镞的照片（上）和X光片（下）；她很可能是一次暴力袭击的牺牲者。

图11.20　尤劳99号墓的骨架。

图11.21　尤劳99号墓遗体如何安置的复原图。

设法自卫。也许他们在一次袭击中被屠杀，后来被幸存者掩埋。死者中没有少年或年轻男子。随葬品很少——男人和男孩随葬了石斧，妇女和女孩随葬了火石工具或动物牙齿坠饰。屠宰的动物骨骼表明，至少每座墓葬都有食物供奉。

牙釉同位素分析反映了孩童时期源自土壤的食谱锶水平（见边码308～309），并在来自不同地区的个人之间存在差异。在尤劳，这项分析表明男子和孩子是本地的，而妇女来自别处，表明这是一个族外婚家庭（即妻子来自该地区以外），也是一个父系家庭（即女性嫁给男性，并养育自己的后代）。

在佛罗里达，格伦·多兰（Glen Doran）及其同事也从古代人类的脑细胞中提取到了遗传物质。他们从埋葬在泰特斯维尔（Titusville）附近一处泥沼——温多弗沼泽（Windover Pond）中8000～7000年前的168个个体中，提取到了91个个体的脑组织。经扫描，有些头骨中大脑仍保存完好并大体未受损。从中提取的DNA有可能可以说明该特定印第安群体是否有后人。

如今也有可能从骨骼和牙齿中提取微量DNA。牛津的研究者采用"聚合酶链反应（PCR）"，已能将少量DNA放大以供研究。

1988年，帕伯也从佛罗里达小盐溪（Little Salt Spring）古代期（Archaic period, 7000年以前）美洲印第安人的大脑、骨骼和牙齿中提取到一些DNA细胞。这些细胞含有某种过去未知的线粒体DNA序列，表明还有另外一支人群曾进入美洲，并完全独立于迁移至新大陆的其他三批人群世系（见边码473专栏），但是他们在抵达之后不久便绝灭了。这也许是没有残留近亲的美洲原住民晚近绝灭的明证。

马赛厄斯·克林斯（Matthias Krings）和帕伯及其同事，从40000年以前的古人类化石遗骸中提取到了DNA（此例为线粒体DNA），这是一项意义深远的突破。更加轰动的是2010年对尼安德特人400万组碱基对的分析，实际上代表了尼人的整个基因组。就如下面讨论的（见边码471），这改变了目前对尼人的看法，并开启了生物人类学的新时代。

因此，遗传工程的新进展，为人类演化及与过去人类关系的未来工作开创了令人神往的各种可能。

本章迄今为止，虽然已经让我们了解到如何尽量推断我们祖先的体质特征，但是这仍是一幅静止的图像。下一步就是要学习如何复原这些身体部位的运作方式，以及它们的功能。

评估人类能力

人体是一台超级机器，能做极其多样的动作，有的需要力量，有的则需要精确的控制和特殊技巧，但是，它并非向来就能够从事这些工作。那么，我们如何来追溯人类各种能力的发展呢？

行走

人独特于动物的基本特征之一就是习惯用两足行走——直立行走的能力。许多方法为这一特征的演化提供了洞见。最直接的方法就是分析某些部分的骨骼和身体的比例，但是我们的早期祖先往往只有头骨遗留至今。一个例外是绰号叫"露西"、距今约318万年、发现在埃塞俄比亚阿法（Afar）地区、总共保存了40%的南猿骨骼——因此其学名叫南方古猿阿法种。露西骨架的下半身受到了特别的关注。美国古人类学家杰克·斯特恩（Jack Stern）和兰德尔·萨斯曼（Randall Susman）认为它已能行走，但仍需要林木提供食物和庇护，其证据包括长而弯曲且肌肉发达的手脚，这些是抓握的特征。

另一位美国学者布鲁斯·拉蒂默（Bruce Latimer）及其同事认为，露西已完全适应直立行走。他们怀疑弯曲的指骨和趾骨是树上生活的证据，并发现其下肢

"已为直立行走而完全重组"：脚踝的方向已与现代人相似，表明其脚的侧向运动不像猿类那样灵活。最近的研究表明，露西及其近亲的脚上有僵硬的足弓，因此不能用来抓握。相比之下，较早的拉密达地猿（440万年前）和较晚的南猿源泉种（200万年前）的足骨表明，他们既可以两足行走，又可以爬树。

对其他南猿的遗骸则有不同的解释。1990年代中期，在南非的斯特克方丹（Sterkfontein）发现了四块关节相联的趾骨，可能属于南猿非洲种。对该遗骸（被称为"小脚"）的分析让一些专家相信，尽管其明显适于直立行走，但是这只脚仍有类似猿类完全适于树栖的特征。其他专家则坚持认为，这些只不过是残留的解剖学特征，并认为这些南猿大部分时间都是用双脚在地面上度过的。

直立行走的另一类证据见于头骨。例如，头骨底部与脊柱相连大孔的位置，可以告诉我们许多有关运动时身体姿态的信息。即便裹在坚硬岩石基质中的头骨化石，现在也能用CT扫描来观察，其中X光扫描以非常小的间隔得到一系列横截面，通过电脑整合，能按要求制作出垂直、倾斜或三维的图像。因此，头骨就能从不同角度进行观察。该技术对研究木乃伊也很有用，不必拆除木乃伊的裹尸布就可显示哪些器官仍

图11.24 莱托里足迹。在东非的这个遗址，距今375～360万年前的早期古人类留下的非凡的足迹。

图11.25 莱托里一个脚印的轮廓形态（左），与现代男性在松软地面留下的脚印（右）惊人相似。

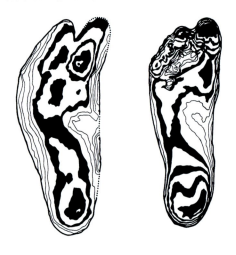

在体内（见边码452～453专栏）。

荷兰科学家弗兰斯·宗纳维尔（Frans Zonneveld）和简·温德（Jan Wind）将CAT扫描技术用于南非斯特克方丹出土的一具300～200万年前被称为"普勒丝女士（Mrs Ples）"的非常完整的南猿头骨。扫描揭示了埋在坚硬头骨化石中内耳的半圆形耳道。该部分特别有趣，因为它是帮助平衡的，并指示了头颅的姿势：在直立行走的人类中，水平耳道与头的角度呈垂直关系。"普勒丝女士"的角度表明，她行走时，头部的前倾角比现代人要大。

荷兰解剖学家弗雷德·斯普尔（Fred Spoor）及其同事研究了不同古人类的一系列耳道，发现南猿中这一特征绝对像猿——支持了他们树栖与两足行走混合的观点——而直立人在这方面则与现代人相似。

当时的脚印 从人类行走的真实遗迹（即早期人类的足迹）能了解到很多信息。最著名的标本当属玛丽·利基在坦桑尼亚莱托里发现的惊人足迹。用钾-氩法对该层上下的火山灰断代，表明莱托里的足迹是由距今375～360万年前矮小的古人类留下的。他们走过一片潮湿的火山灰，随后雨水将其变成了泥浆，最后固结成了石头。

玛丽·利基及其同事仔细观察了脚印的形状，发现留下脚印的脚有抬起的脚弓、圆形的脚跟以及前伸的大脚趾。这些特征与承重的压力形态一起，与直立行走的人类脚印相似。沿脚释放的压力和步幅长度

图11.26 2013年在英格兰东部诺福克发现的黑斯堡脚印。这些人类脚印年代大约在80万年前，可能是人类远祖先驱人留下的。

图 11.27 （左）罗马尼亚瓦尔托普（Vârtop）洞穴出土的尼人脚印。距今超过62000年，22厘米长，表明其身高为1.46米。

图 11.28 （右）一个早期现代智人20000年前的脚印，是2002年在澳大利亚东南部威兰德拉湖区发现的457个脚印之一。457个脚印中，男女都有，而且年龄和行色各异，有的在走，有的在跑。

（平均87厘米）一起，表明这些早期古人类（很可能是南猿）行走缓慢。简言之，所有可检测的形态特征表明，这些脚的行走与我们没有多大区别。

　　采用摄影测绘对这些脚印所做的一项详细研究，绘制了脚印所有曲线和结构的图像，其结果凸显了至少七处与现代人脚印相似的点，比如脚跟印痕的深度和大脚趾痕的深度。迈克尔·戴（Michael Day）和欧内斯特·威肯思（Earnest Wickens）还对莱托里脚印做了立体摄影，并与男女在相似土壤条件中留下的脚印进行了比较。该结果再次证明了直立行走的可能，这种特征在最近于肯尼亚伊勒雷特（Ileret）发现的150万年前足迹中得到了印证。因此，脚印给我们提供了不只是我们远祖软组织的罕见痕迹，而且还提供了比骨骼分析更清楚的有关直立行走的证据。

　　非洲以外最早保存下来的脚印发现于英格兰的黑斯堡（Happisburgh），年代在80万年前。一场风暴冲走了海滩上的沙子后，人们在一处古河口前滩上发现了它们，这些脚印被认为属于可能是智人和尼人共同祖先的先驱人（Homo antecessor）。化石脚印的研究绝非

仅限于如此遥远的古代。例如，在末次冰期末期的法国洞穴中，所知有数百个脚印。莱昂·帕莱斯采用精细的硅树脂模型，揭示出行为的许多细节：我们已经提到这些足印都是光脚造成的。许多足印是小孩的，他们似乎并不害怕探索漆黑的洞穴深处。在丰塔内洞穴，我们能跟踪一个追逐小狗或狐狸的赤足小孩的足迹。在尼奥洞穴，脚印显示当时孩子们的脚要比现在孩子要窄，脚弓更明显。

　　2003年，世界上最大一批更新世脚印发现在澳大利亚东南部的威兰德拉（Willandra）湖区，光释光断代（见边码159）为23000～19000年前。小径上有超过450个脚印，由十几个人留下——成年人、少年和儿童——穿越当时较为潮湿的一片黏土地表。一个大约2米高的男子以大约每小时20公里的速度奋力奔跑，而最小的脚印来自一个大约1米高的小孩。

　　所知较为晚近的脚印包括日本古水稻田地表、阿根廷海边全新世初地表的脚印，特别是英格兰默西河口3600年前潮泥滩上的145个脚印，显示当时男性的平均身高1.66米，女性身高1.45米。那里也有许多孩子，和女人一样移动缓慢（也许在采集贝类），而男人移动很快。有些脚印还显示了异常特征，如脚趾缺失或愈合，从而提供了医疗条件的信息。

他们用哪只手？

　　我们都知道，今天右利手的人比左利手的人多。我们能否将同一模式追溯到史前时代呢？许多证据来自澳大利亚岩棚和其他地方，以及法国、西班牙和塔斯马尼亚许多冰期洞穴中发现的图案和手印。留下左手印的地方，意味着艺术家是右利手，反之亦然。即使手印常常是用嘴喷上去的，我们也能推测操作中主要用哪只手帮忙。后面我们还要详述（见图11.35、11.36），法国加尔加（Gargas）洞穴158个手印中，有136个被鉴定为左手，22个为右手：所以当时人右利手占绝大多数。

　　右利手的线索也能通过其他方法发现。右利手的人倾向于拥有较长、较强壮、肌肉较发达的右臂骨，而早在1911年，法国古生物学家马塞林·步勒（Marcellin Boule，1861～1942）就曾注意到圣拉沙佩勒（La Chapelle aux Saints）尼安德特人骨架的右上臂明显要比左臂粗壮。类似现象也发现在其他尼人，如拉费拉西人 I 号（La Ferrassie I）和典型的尼安德特人骨骼标本上。而公元11～16世纪英国约克郡沃勒姆·珀西（Wharram Percy）村出土的骨架，标本中发

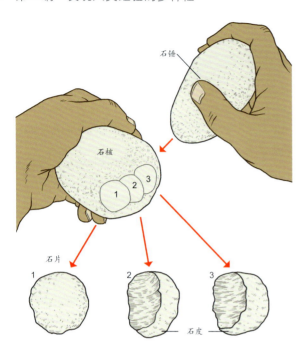

石锤

石核

1　2　3

石片

1　2　3

石皮

图11.29　尼克·托什的实验显示，右利手石器打制者产生的石片中会有56%的石皮在右侧，如图所示。肯尼亚库彼福拉出土的150万年前的石器，显示了几乎相同的比例。

现81%的骨架右臂比左臂长，而左臂较长的占16%。

　　骨折与切痕是另一类证据。右利手士兵很容易左臂受伤。以色列内盖夫沙漠2000年前埋葬的一位四五十岁纳巴泰（Nabataean）武士，头骨、左臂和肋骨上有多处愈合的骨折。在对化石人类牙齿上划痕的研究中（第七章），皮埃尔-弗朗索瓦·皮埃什注意到50万年前毛尔人（海德堡人）下颌骨六枚前齿上有石器所致的痕迹，其方向表明此人为右利手。

　　工具本身也能透露信息。公元前3000年前阿尔卑斯山湖居遗址中有些新石器时代紫杉木长柄木勺残存了下来，左侧的磨痕表明其使用者是右利手。法国拉斯科洞穴发现的冰河时代晚期的绳子，是由右旋纤维编成的，因此是一位右利手的人搓成的。

　　我们偶尔也能确定石器是用右手还是左手使用的。尼克·托什是右利手，在其打制石器的实验中，他左手握石核，右手拿石锤。在打制石器时，石核按顺时针方向旋转，依次剥离的石片一侧有一块半月形石皮（石核外面的表皮）。托什打片所获得的石片中，56%的石皮在右侧，44%为左向石片。一个左利

手的石器制作者会得到相反的结果。托什将这些标准用于肯尼亚库彼福拉（150万年前）许多早期遗址可能由能人打制的砾石石器中。在七处遗址中，他发现有57%的石片为右向，43%为左向，与现在的模式几乎相同。

　　大约90%的现代人都是右利手。我们是唯一偏好用单手的哺乳动物。负责精细控制和运动的大脑部位在脑半球的左侧，而上述发现表明，从200万年前开始，古人类的大脑结构和功能就已经不对称。在70000～35000年前的尼安德特人中，马塞林·步勒注意到圣拉沙佩勒个体的左侧大脑比右侧稍大，从尼安德特、直布罗陀和拉基纳（La Quina）出土标本的大脑上也见有相同现象。

语言是何时发展起来的？

　　就如精确控制和运动，语言也是由左侧大脑所控制的。有些学者认为，我们能从大脑内模获得早期语言能力的一些信息。这些内模是将乳胶灌入头骨中制成的；乳胶成型后，可以提供大脑内表的准确形象，大脑外形会在其上留下微弱的印痕。该方法可以估计脑量，美国人类学家拉尔夫·霍洛韦（Ralph Holloway）观察了库彼福拉出土的两具复原头骨（KNM-ER 1470和1805），并计算了他们的脑量。一般定为能人的距今大约189万年的1470号头骨，脑量约为752或775毫升；而可能属于人属或南猿属的距今165万年的1805号头骨，拥有南猿大小的脑量（582毫升）。据美国学者迪安·福尔克（Dean Falk）的研究，1470号脑内模显示了清晰的人类特征，而1805号的大脑更像大猩猩或黑猩猩。

　　大脑的语言中心是左半球表面一个凸出的结节，理论上会在内模上记录下来。在南非古生物学家菲利普·托拜厄斯（Phillip Tobias，1925～2012）的研究之后，迪安·福尔克明确声称，1470号的这部分大脑已建立了专门的语言区，而这个古人类也许能说连贯的语言。但是，并非所有学者都相信，化石古人类的这些特征足以提供明确可靠的解释。

　　因为精确控制和运动与语言位于大脑的相同部位，有些学者进而认为两者也许相互关联。据此，他们提出一种论点，即工具对称性可能是了解语言所需的一种智慧技能标志。阿舍利手斧日趋增多和式样日益完善，以及工具类型数量增多，也许意味着智慧和语言能力的提高。

　　但是，有些学者否定空间（技术）能力和语言行

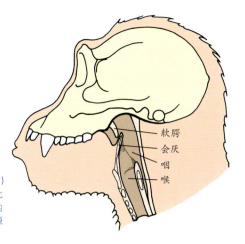
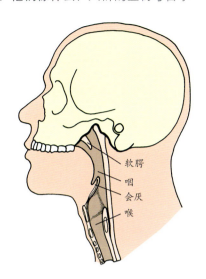

软腭
会厌
咽
喉

软腭
咽
会厌
喉

图11.30　黑猩猩声道（左）与现代人声道（右）的比较。人的喉部较低，颅底的弧度也较大。该特征的起源能从化石记录中进行研究。

为之间的对应关系，声称制作工具和语言并非以相同方式表达与学习。他们说，大部分工具的标准化可能是原料和生产过程的技术性制约以及我们考古学分类的结果。这些学者得出结论，单凭石器无法告诉我们太多有关语言的情况。

但是，令人鼓舞的是，分子遗传学研究在这个问题上有所突破。居住在伦敦的一个家庭（为匿名起见称其为KE）连续三代的严重语言障碍，已与一种叫FOXP2特殊基因的突变联系起来。该基因的分子遗传学研究表明，该特定变体（对于人类是正常的）常见于所有人类，但不见于其他灵长类，而这也许是发生在10万年前的一种有利突变。这一积极突变与控制口脸的精确运动有关。于是，分子遗传学已经指明了成熟语言中与发音能力有关的演化史——但还不是根本象征能力的演化史。一些遗传学家认为FOXP2只涉及发声机制，而另一些人则声称，该基因在机制和认知方面都起着作用。与该领域的许多研究一样，工作仍在继续。

复原声道　评估语言能力的另一途径，是尝试复原喉部的声道。菲利普·利伯曼（Philip Lieberman）和埃德蒙·克雷林（Edmund Crelin，1923～2004）将尼安德特人、黑猩猩、现代新生儿和现代成人的声道做了比较，指出成年尼安德特人的上喉部与现代婴儿极为相似。他们声称，尼安德特人缺少现代的咽（喉或喉头上面的凹陷），因此只能发少数的元音，而非完全连贯的语言。这一基于零碎证据的说法，尚未被普遍接受。

但是，杰弗里·莱特曼（Jeffrey Laitman）采用一种不同方法支持了这项声道研究。他注意到，颅底形状也即咽喉的"天花板"，与喉的位置相关。在哺乳动物和人类婴儿中，颅底是扁的，喉高，位于一个小的咽之下。但是，成人的颅底弯曲，喉低，有一个较大的咽，以便更好地调节元音。

转向化石古人类，莱特曼发现，在南猿中，颅底是平的，因此咽小——尽管比猿类略大。南猿能比猿类发出更多的声音，但很可能无法操控元音。而且，南猿像猿而不像人类，能同时呼吸并吞咽液体。在直立人（160万～30万年前）的头骨上，颅底开始弯曲，表明其喉可能已下降。据莱特曼研究，现代型的完美弧度很可能与智人的出现同步，尽管他同意尼安德特人的音域比现代人狭窄。

有关尼安德特人语言能力的争论，因以色列凯巴拉洞穴出土了6万年前的一块人类舌骨而再次点燃。这是一块U形小骨，其运动影响到它所附着的喉的位置与运动。大小、形状和肌肉附着痕迹将此舌骨置于现代人的范围之内，于是研究者对莱特曼的观点提出了较大的质疑，并认为尼安德特人确实能够说话。但是，有些学者指出，语言是大脑和心智能力的一种功能。

舌下神经管是颅底靠近脊柱与大脑连接处的小孔。对其分析表明，早在40万年前，这些管道的大小已与现代人相似。这表明，它们拥有相同的连接舌头的整套神经，因此似人语言能力的进化可能要比原来想象的要早得多，并肯定早于尼安德特人。

分辨人类的其他行为

牙齿的使用 就如我们在第七章所见，我们远祖牙齿上的痕迹有时可以表明，他们常常把嘴当第三只手来抓握和切割东西。在尼安德特人身上，即使相当年轻的成年人，牙齿也极度磨损，而且有高比例的珐琅质破碎和微小折断。

考古学家也许对牙齿的保健史兴趣缺缺，但是科学现已能表明，我们的远祖使用某种牙签实在是很稀奇。戴维·弗雷厄（David Frayer）和玛丽·拉塞尔（Mary Russell）在克罗地亚克拉皮纳出土的尼安德特人颊齿上，发现了凹槽和擦痕，是用一种尖部很细的小型工具经常挑剔所致。类似痕迹也见于直立人和能人的牙齿上。

在较晚近的时期，对公元16世纪丹麦国王克里斯蒂安三世（Christian III，1534～1559年在位）的门齿做电镜扫描观察时发现有擦痕，其形态和方向表明国王曾用蘸有擦粉的湿布清洗牙齿。

手和手指的使用 我们能够研究残存的手和手指，以评估手的灵巧度和劳动状况。兰德尔·萨斯曼表明，人类的拇指指骨头部与其长度相比较宽，黑猩猩则并非如此。因为直立人的拇指指骨具有相似的结构，于是他们很可能也有发达的拇指，能产生使用工具和生产所需的力量，相反，南猿阿法种的拇指就没有这种潜力——它无法用五指握住石锤，但是它的双手要比猿类更适于工具使用。据称南猿非洲种能够用拇指和其他手指形成强有力的对握，这是使用工具所需的有力而精确的握法。研究者对尼安德特人的拇指和食指指骨的模型进行了扫描，并用三维动态模拟，揭示了手的灵巧度与现代人并无显著差别。林道人修剪整齐的指甲表明，他未干过任何重活或粗活。

骨架的压力 人在其一生中会重复一些活动，并无休止地从事某种工作，这往往会对他们的骨骼产生影响，生物人类学家能够对此加以研究并做出解释。

蹲踞被埃里克·特林考斯（Erik Trinkaus）认为是尼安德特人的一种习惯性特征，依据是他们大腿骨端部很常见的轻微的扁平及其他证据。智利沿海阿里卡（Arica）出土的史前新克罗女性木乃伊足踝关节面上的蹲踞磨蚀面，也被认为是蹲着劳动所致，她们也许在海滩边蹲着打开贝壳。

古代的食人生番？

人类学家威廉·阿伦斯（William Arens）40年的突破性工作，首次显示民族志和民族史记录中有关食人之风的大部分说法并不可信，此后揭示食人之风的传统主张遭受了巨大的冲击。最近几十年里，对埋藏学更好的了解、对全世界丧葬仪式巨大多样性的日益熟悉，还有对事实更加客观的评估，帮助消除了有关史前食人之风的许多说法。同时，提出的一些新说法则建立在比以往更加可信的证据之上。

最早的证据

在西班牙北部布尔戈斯附近的阿塔普埃卡（见边码156～157），从大凹陷遗址出土的、年代约在100万年之前、被称为先驱人的一类人类祖先遗骨上，见有许多切痕，这一直被解释为食人之风的证据，而且这种推测很难否定。大家知道，同类相食存在于其他物种，包括黑猩猩，而且今天会发生在饥荒和精神失常的情况下，所以没有理由否认史前期存在这种可能。在大凹陷的案例中，在史前如此遥远的过去，我们对自己祖先当时长什么样子或如何生活所知甚微，因此没有理由怀疑食人之风的存在，而且没有任何丧葬仪式和其他二次处理死者的绝对证据。对于我们目前的知识状态，除了能想象的切痕之外，没有其他的解释。它们极像是屠宰痕迹，因此表明这些人的肉被其他人所食。

但是，阿塔普埃卡一处较晚的骨坑遗址（见边码390～391专栏）也存在世界上最早的某种丧葬仪式的证据，时间大约在60万年前。全球民族志和民族史记录清楚表明，存在五花八门和稀奇古怪的丧葬实践，包括刚死不久，或在很久之后将遗体掘出，把骨头切割、粉碎和焚烧。考古记录中见有不同时期的各种例子，这些例子可以颇有把握地归因于这类实践。因此，阿塔普埃卡例子证明，在解释60万年前以降的所有人类遗骸时需极其谨慎，因为自那时起，丧葬仪式可能

447
449

图 11.31　大凹陷出土的这件人骨上的切痕，几乎可以肯定是屠宰留下的。

一直存在，并确实是人类的一项独特标志。

证据的范畴

　　为了搞清人类遗骸是食人之风还是丧葬活动（或战争）所致，有两类主要的证据：首先存在带有切割、砸碎或焚烧痕迹的骨骼，但因此设法用一些特定标准来鉴定食人之风往往是徒劳的，其中没有哪种标准具有确凿的鉴定价值，总有其他不同的解释。其次人骨与动物骨骼混在一起，具有相同的痕迹和处理方式；或因为动物骨骼明显是食物遗存，因此认为人骨处理也是如此。但问题没有那么简单，因为留下考古记录的是能做出各种复杂而古怪行为方式的人类。人类和动物骨骼未必是同一现象的结果，所以我们要避免直接下简单而"明显"的结论。

　　材料总是似是而非的，就如曾提出的明显可见的作为食人之风证据的许多尼安德特人的一个例子。在克罗地亚的克拉皮纳洞穴，1899年出土的 $\frac{448}{449}$ 几百件尼安德特人碎骨，最初被归于食人之宴；它们破碎得非常厉害，布满划痕，并与动物骨骼混在一起，故推测人类骨骼上的皮肉被割下来作为食物。但是，玛丽·拉塞尔的重新观察表明，这些痕迹与去肉骨头上的痕迹十分不同，而与北美原住民二次葬骨骼上发现的痕迹非常相似。换言之，克拉皮纳遗体并非被食用，骨骼很可能是为了二次葬而被刮干净的。而且，她的再分析显示，它们大部分的损伤从洞顶崩塌、沉积物挤压和发掘中采用炸药来解释更合适。

　　在法国东南部一处公元前4000年新石器时代的洞穴岩壁古洛阿，葆拉·维拉（Paola Villa）及其同事发现动物骨骼和人骨上有相同的切痕。6个人死后不久，皮肉就被石器剥去，肢骨被砸开。虽然没有食用肉和骨髓的直接证据，但是，这被认为是迄今所见史前食人之风可能性最大的实例。另一方面，来自澳大利亚的民族志证据表明，这很可能是一种丧葬实践。同样，海蒂·彼得-罗奇（Heidi Peter-Röche）对中欧和东欧无数史前食人之风说法所做的再评估，发现绝对没有食人的证据，而二次葬仪式能够解释所有这些发现。

　　对美国西南部约公元1100年前的早期普韦布洛人，一直有食人之风的戏剧性说法，包括人类粪便中含有人体组织的说法；但是也可以做其他解释，这些解释不仅包括丧葬实践，而且包括在战争中对敌人尸体施以极端暴力和损毁。而粪便材料可能实际上来自腐食的郊狼。

　　虽然有关食人之风的许多早期说法已经被有效否定，但是可能性依然存在，它们很可能是偶然的，不只在遥远的先驱人时期存在，而且在较晚的尼安德特人甚至现代人中间也存在。但是，证据总是模棱两可的，必须予以仔细和客观的评估，而非像过去常见的那样做一厢情愿和耸人听闻的想象。这种做法在饥荒时期总会反复上演，但是作为"食人之风习俗"的存在则很难被证实。无论如何，即使食人之风偶尔存在，人肉对食谱的贡献很可能微不足道和罕见，与其他动物，特别是大型食草类动物相比几乎无足轻重。

图11.32　在中美洲由于没有驮兽，这些阿兹特克脚夫就用缠在前额的绑带搬运重物。

现。如果这能被看作准确的记录，那么当时似乎很流行肛交和口交（并罕见有同性交和兽交）——这些方式是作为避孕而采用还是一种偏好？从陶器表现上，我们也了解到了莫切妇女分娩时采用的体位。

食人之风　食人之风——人吃人——经常传说曾存在于人类过去的不同时期，而传说一般是根据极为稀少的证据。从19世纪以来，许多考古学家倾向于将他们在洞穴里或其他地方遇到的一些人类遗骸解释为食人之风的遗迹。在大部分情况下，选择这种解释的理由明显只不过是发掘者的奇想——尚不了解人骨的埋藏学，或只是认为食人之风是一种"原始"特性，并很可能存在于史前期。这种说法还会经常出现；当然媒体也热衷于炒作食人之风的故事，给予它们以醒目的关注（见前页专栏）。

负重会导致脊柱下部的退行性变化，虽然并非所有这类变化都是这种行为的结果。在新西兰，这种变化见于男女两性，但在世界其他地区，则主要与男性相伴。另一方面，在新石器时代的奥克尼，妇女似乎承担着主要的负重工作。在对奥克尼伊斯比斯特（Isbister）洞室墓骨架的分析中，贾德森·切斯特曼（Judson Chesterman，1903～1987）注意到，几具颅骨顶部横贯有一条可见的凹痕，而这又与头骨后面颈部肌肉的明显增加相伴。这些特征见于非洲中部的刚果地区，那里的妇女用绑带或绳子缠在头上来背负重物。在中南美洲、日本北部和其他一些地区，前额扎上绑带会留下类似的凹痕。许多阿兹特克手抄本上描绘的前哥伦布时期的脚夫，就是用这种方式来搬运东西的。

性行为与分娩　艺术和文献提供了无数有关古人行为的证据，有些行为，如性行为，是无法从其他材料中探知的。很多制作精美的秘鲁莫切陶器，为我们提供了公元200～700年间生动而又细致的性行为表

图11.33　关于分娩的描绘；塑像来自莫切时期生产的一件秘鲁陶器。

图11.34　由伦敦市警局根据伦敦泰晤士河出土的距今5000年前陶罐上的孔洞制作的指尖铸模。

图11.35～11.36　法国加尔加冰河时代晚期洞穴发现的手印。（最下）一些手印的照片。（下）显示各种"断指"手印的许多线图。对于这些手是否真的断指，还是表现为弯曲，仍存在争议。

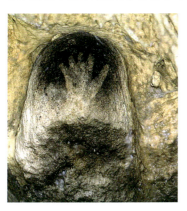

疾病、畸形与死亡

迄今为止，我们复原了人类的身体并评估了人类的能力。但是，有必要看看其他方面，它们常常表现为负面的图像：人们的生活质量如何？他们的健康状况如何？他们有无遗传的变异？我们知道他们活了多久，又是怎么死的吗？

在尸体保存完整的情况下，有时可以推断死亡的确切原因。确实，在某些情况下，如庞贝和赫克拉尼姆窒息而死的人们的情况就十分明显（由于维苏威火山喷发所致）。但是，对于我们所见的大部分残存骨骼遗存，死亡原因很难确定，因为大多数致死原因在骨骼上不见任何痕迹。古病理学（研究古代的疾病）告诉我们活着时的信息远远多于死亡原因的信息，这对考古学家非常有利。

同样，人类学家越来越多地利用考古学中开发的技术，帮助发现和研究人体遗存。实际上，一门新的亚学科——法医考古学已经形成（见边码126专栏），它有助于发现和解释被谋杀的受害者，以及设法辨认集体葬中的个体，就如在卢旺达和前南斯拉夫1990年代种族屠杀中所见。

软组织证据

因为多数传染病很难在骨头上留下可探知的痕迹，古代疾病最常见的信息来源是观察残留的软组织。除非特定的情况，软组织很难残留下来。表皮组织有时可以揭示诸如湿疹类疾病的证据。它也能揭示暴力死亡的原因，比如几具泥沼尸体上割喉的切口。

如果存在内部组织，有许多方法可供研究者选用。X光能提供许多信息，并用于埃及木乃伊。但是，现在已有更新和更强大的方法（见后页专栏）。偶尔，我们也能研究不复存在的软组织：如前面提到的足迹、手印和指纹。在捷克共和国距今约26000年的下维斯托尼斯和巴甫洛夫遗址出土的十几块红烧土上残留有指纹。在许多其他时期的人工制品上，如巴比伦的泥饼、尼尼微（公元前3000）出土的楔形文字泥版、古代希腊陶器上也见有指纹，有助于分辨不同的陶工。

有些手印和手纹能提供有意思的病理证据。在三四个洞穴中，最著名的是法国的加尔加洞穴，里面有数百个冰河时代晚期明显残缺的手印。有的四个指头全部缺失。这些手印是弯着手指画的，它们是用作语言的某种符号？抑或真的是由疾病或断指造成的损

观察遗体

当观察人类遗骸时，在最大限度提取信息的同时，尽量减少对遗骸本身的损伤至关重要。在某些情况下，如埃及法老的木乃伊，当局只在特殊情况下才允许观察。但是，"窥视"遗体内部就能获得重要的信息，当代技术为科学家们提供了许多有效的方法。

无损技术

考古学家常常对X光（更准确的是X光照片）揭示的棺材和裹着的木乃伊大感意外：原以为是人体遗骸的竟然是动物尸体、一具棺材内还有其他遗体或大量珠宝首饰。射线静电照相术则更上一层楼。这项技术有点介于X光和影印之间，通过将彩粉吹到硒板上以产生静电图像。其结果要比正常X光产生的图像更清晰；而较大的曝光宽容度，能将软硬组织都显示在同一个图像上。通过"边缘增强"，许多特征能像铅笔画一样被勾画出轮廓。该技术可用于棺材中或布裹着的木乃伊。在用于法老拉美西斯

二世（前1279～前1213年在位）的头部时，射线静电照相术发现，防腐师将一小块动物骨骼嵌入其中以支撑鼻子；而在鼻腔后面很明显有一堆小珠子。

计算机轴向X线断层照相术采用一台扫描仪（因此简称CT或CAT扫描）进行观察。该技术也是一种重要的方法，能非常详细而无损地观察包裹着的木乃伊和其他遗体。遗体放入扫描仪后，可拍摄遗体各断面"切片"的图像。CAT扫描仪在处理不同密度的软组织时更有效，也能观察软器官。螺旋式扫描仪可以围绕遗体旋转，并产生连续图像，而不用切片，是一种较快的方法。

另一种观察内部器官的技术是磁共振成像（MRI），它是在一个强大的磁场里将遗体的氢原子排列起来，并用无线电波令其共振的方法。得到的测量数据被输入电脑，得到遗体一个横截面的图像。但是，该方法只适用于含水的物体，因此在研究脱水的木乃伊时用途有限。

利用纤维光速内窥镜——一根带有光源的可伸缩细管子——分析者能观察遗体内部，看看有什么残留下来，还有其状况。内窥镜偶尔也能揭示木乃伊过程的细节。插入拉美西斯五世（前1149～前1145年在位）头部的内窥镜显示，其颅底有一个始料未及的洞，通过这个洞抽出脑浆（通常脑浆是打开头部从鼻内抽出的），然后在空脑壳里塞了一块布。

损伤性技术

若允许从遗体上采样分析，科学家有好几种方法可用（有时光纤维内窥镜也能用来提取组织）。

组织样本被取下以后，它们被放在小苏打溶液中（在此过程中变得非常脆弱）。然后，它们再脱水，放入石蜡中，并被切成薄片，再进行染色，以便在显微镜下做更清楚的观察。分析者将这一技术用于埃及木乃伊，并检测到了红、白血球，甚至诊断出了动脉疾病。

最后，分析电子显微镜（类似扫描电镜）能分析和量化组织中的成分。当罗莎莉·戴维（Rosalie David）的曼彻斯特木乃伊研究小组将这一技术应用于一件埃及标本时，他们发现木乃伊肺部的颗粒中含高比例的硅，很可能是沙——这是古埃及肺尘的证据，当时这种肺病明显是一种常见的危害。

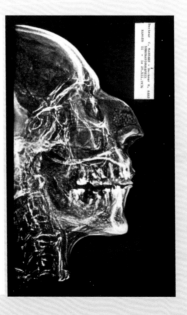

图11.37～11.38 1970年代，当拉美西斯二世的木乃伊被送到巴黎做特殊医学处理时，对他进行了射线静电照相。

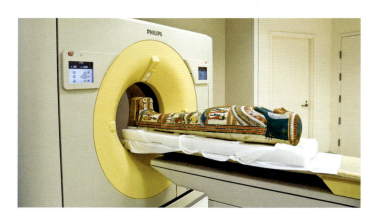

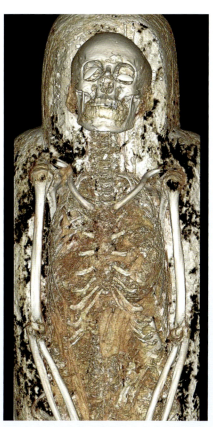

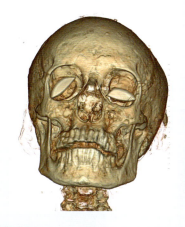

图11.39～11.43 梅热萨姆（Meresamun）的棺材，她是卡纳克（Karnak）神庙里公元前800年的一位古埃及歌唱女祭司，1920年被芝加哥东方研究所获得，一直没有打开。随着技术的进步，它做过三次CT扫描，最近一次是在2008年，采用了质量最好的256薄层扫描仪。该扫描仪能以三维表现并以不同方式操纵，能让我们有效剥离连续的薄层，将感兴趣的特定骨骼或特征分离开来以供分析；也能制作影片。以前扫描没有发现的许多细节也被找到；从首饰物件和牙齿特征，到脊柱退行性改变和死亡后微小骨折。

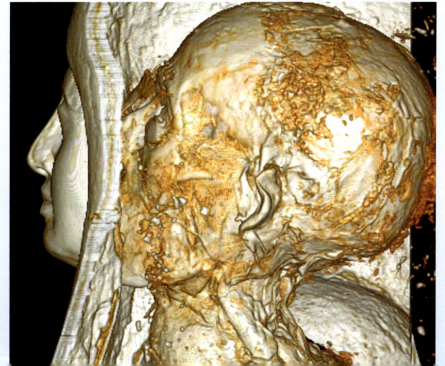

伤？仍有争议。

　　各时期其他一些艺术形式也能提供疾病证据。西欧中世纪教堂和大教堂里刻画的小人物表现有各种疾病。墨西哥阿尔班山遗址刻在石板上的舞蹈人像，有时被解释为早期的医学辞典，展示了人体病症和内部器官，虽然现在观点认为这些人像代表了被杀戮或用作牺牲的俘虏（第十和第十三章）。

细菌、寄生虫和病毒

　　如果软组织残存下来，我们一般能发现某种寄生虫。遗体本身是首先寻找的地方，主要是内脏中，虽然在身体和头上也会找到虱子（在以色列的梳子上曾发现虱子，年代为公元前1世纪至公元8世纪）。专家可以从形态来鉴定寄生虫。在埃及木乃伊上发现了极其多样的寄生虫侵扰——实际上几乎所有木乃伊都有，这无疑是因为他们的卫生条件较差，且不懂疾病的原因和传播途径。这些埃及人带有可致人罹患阿米巴痢疾和血吸虫病的寄生虫，而且他们的肠子里有许多虫子。新大陆前哥伦布时期的木乃伊上有鞭虫卵和蛔虫卵。丹麦格劳巴勒人很可能因毛首鞭虫的折腾，或多或少有持续的胃痛，因为在他体内有几百万颗鞭虫卵（也见右侧专栏）。

　　有关寄生虫的另一种信息来源是人类粪便（第七章）。寄生虫卵包在硬壳中随粪便排出，因此能成功残存下来。以色列、科罗拉多和秘鲁海岸发现的史前粪便中都见有寄生虫。不过值得一提的是，从内华达州拉夫洛克洞穴出土的50件粪便中，居然一个寄生虫也没有。对于生活在温带旷野上的狩猎采集者来说，没有寄生虫并不稀奇。另一方面，在秘鲁洛斯加维兰斯（Los Gavilanes）出土的约6000年前的样本中，经劳尔·帕特鲁科（Raul Patrucco）及其同事分析，发现了裂头绦虫的卵，人在吃生的或半熟的海鱼时会感染这种寄生虫。新大陆其他地方出土的粪便中见有绦虫、蛲虫、尖头虫，以及壁虱、螨和虱子的卵。在中世纪粪坑中也见有寄生虫。在法国屈尔河畔阿尔西（Arcy-sur-Cure）洞穴约30000～25000年前旧石器时代晚期沉积中，发现了密集的肠道蛔虫卵，几乎肯定来自人类的排泄物。

　　有些寄生虫所致的健康状况能在残存的软组织中辨认。智利沙漠中出土的一些年代在公元前7050至公元1500年的史前木乃伊中，带有查加斯氏病的临床表现——明显肿胀和扩大的心脏和内脏。这些器官的肌肉受到寄生虫入侵，是吸血锥虫留在皮肤上的粪便所致。

　　疖疮和病毒也能以可辨形态残留在软组织中，甚至能给大意的考古学家造成麻烦。我们不知道微生物

格劳巴勒人：泥沼中的尸体

　　1952年，丹麦格劳巴勒泥炭粉碎厂的工人在泥沼中发现了一具保存完好的尸体。尸体呈俯卧状，左腿伸直，右腿和手臂弯曲。1952年和最近，各跨学科研究团队通过新技术对尸体进行了各种研究，为了解该个体的生与死提供了非凡的洞见。现在放射性碳断代为公元前400～前200年，极可能在公元前290年左右。

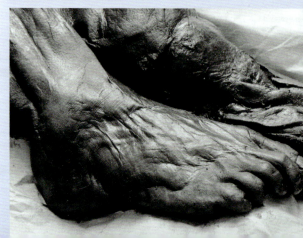

年龄与性别

该尸体为一名30岁左右的男性。被发现时长有1厘米长的络腮胡,但是在保存过程中掉落。鉴于面部毛发每周生长约2.5～3.5毫米,死后皮肤萎缩导致胡须露出4～5毫米,因此在他死前,胡子留了2周左右。

体形

格劳巴勒人的体形似乎为当时人的平均水平,估测他的身高在1.65～1.73米之间,但由于遗体萎缩,这点还不能确定。

外貌

尸体身上没有衣物痕迹或人工制品。他的头发长15厘米,相对整齐的末端表明是用剪刀修剪的。头发现在看来是红棕色的,但可能由于在沼泽中浸泡的缘故,故不能确定其本色。手上有保存完好的指纹,与修圆的指甲和清晰的掌纹一样,表明他并不从事繁重的体力劳动,欧洲西北部的许多沼泽男尸似乎也有同样的情况。

健康状况

格劳巴勒人显然很健康,他的身体没有任何患病的迹象,但他的胸椎有早期关节炎,这在30岁之前很少见。虽然在死后有几颗牙齿脱落,但他还留有21颗牙齿。由于食物粗糙,牙齿磨损,牙齿分析显示他年幼时期曾遭受饥饿或健康不佳。牙周炎和龋齿比较明显,说明他有时会有剧烈的牙疼。对他的头发分析表明,在生命的最后几个月里,他以陆生食谱为主,大部分蛋白质来自动物。他的最后一餐是粗劣的粥,主要是很少的几种杂草的种子(80%),但也有一些谷物的麸皮。食物中有很小的碎骨渣,其中一些是猪的,说明粥里有肉。这种食物很可能营养丰富但不可口,不知道这是否就是典型的日常饮食。缺乏水果和蔬菜,说明他是在冬天死亡的。

图11.44 (对页上)1952年出土的格劳巴勒人尸体。

图11.45 (对页下)出土后不久,格劳巴勒人保存极好的脚。

图11.46 (上)格劳巴勒人尸体,现在丹麦莫斯格博物馆(Moesgaard Museum)展出。

图11.47 (中)切断颈静脉和颈动脉的喉部伤口是格劳巴勒人的死因。

图11.48 (下)格劳巴勒人左腿胫骨骨折的CT扫描图。最可能的原因是重物直接打击,尽管这被认为发生在他生前或死亡的时刻,但是无法确认。

他是怎么死的?

他的死因是用一把大而锋利的刀刃在喉咙割开一道贯穿双耳的很深口子。伤口如此之深,以至于同时切断了静脉和动脉,头剧烈向后扭曲。起初,人们以为头部太阳穴受到的重击是由钝器造成的,但是最近的CT扫描证明是死后形成的。但左腿胫骨的斜向骨折显然是重击所致,也许是为了把他打得跪倒在地,以便更易割喉。我们不知道他或其他泥沼尸体为何死亡,或是作为牺牲,或是被处决的犯人。但是通过对他进行各种测试和分析,我们能够了解很多有关格劳巴勒人生前及死后的情况。

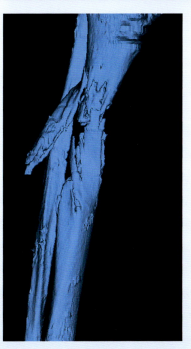

图11.49 一具900年前秘鲁木乃伊肺部有结核菌导致的可见肿块，并由病灶中分离出来的DNA所确认。这证明肺结核并非由欧洲殖民者带到美洲。

在地下能休眠多久。虽然大部分专家怀疑，它们在一两个世纪后还会有危险，但是，据说埃及木乃伊中残留有炭疽菌孢子，埋在北极永久冻土中的尸体可能也残留有传染性微生物。已腐烂骨头和组织中的危险可能确实存在——特别是因为我们的免疫力退化或目前一些罕见疾病已减少。

遗传学提供了一种较安全的途径，因为有些疾病会在DNA中留下痕迹。例如，天花和小儿麻痹症是由病毒引起的，而病毒只不过就是包在一层蛋白质"保护膜"里的DNA或密切相关的RNA（核糖核酸）。病毒通过将其DNA传给不幸的宿主进行感染，然后宿主的某些细胞就转变来生产病毒。以这样的方式，病毒感染就会留下病毒DNA的痕迹。因此，分析古代遗传学材料，有助于追踪某些疾病的历史。例如，美国病理学家亚瑟·奥夫德海德（Arthur Aufderheide，1922～2013）及其同事从秘鲁一具900年前木乃伊的肺部病灶中，分离出了结核病细菌的DNA片断，因此证明该微生物并非由欧洲殖民者带到美洲。在欧洲和亚洲，古DNA研究已经从距今4500年的人类遗骸中成功鉴定出了一种已经灭绝的人类乙型肝炎病毒。

鼠疫是由鼠疫耶尔森氏菌引起的，通过古DNA分析，其性质变得越来越清晰。最早有史可稽的瘟疫定为公元547～787年的鼠疫耶尔森氏菌（Yersinia pestis），早年被称为"查士丁尼瘟疫"（The Plague of Justinian）。第二次历史性瘟疫始于公元1350年左右，俗称"黑死病"。鼠疫杆菌有三种不同的致病形式。淋巴腺肿形式（是指肿大的淋巴结）一般由受感染的跳蚤叮咬传播，而败血症和肺炎形式则通过人间接触传

微生物考古

微生物考古研究过去人与微生物及各种单细胞生物之间的关系，包括细菌（细胞核没有膜的单细胞生物），如大肠杆菌；真核生物（细胞核有膜），如酵母；以及古生菌（没有细胞核，但有别于细菌，通常存在于极端条件下）。微生物很小，很容易被忽视，但对我们的日常生活影响极大。据估计，微生物构成了地球总生物量的一半，而人体中略多于一半的细胞实际上是细菌。尽管很多人把微生物等同于致病的病原体，但我们每天接触的绝大多数微生物都是中性或有益的。土壤中充满了数以百万计的微生物，尽管我们每天接触它们，但很少致病。其他微生物，如酵母和乳酸菌，是我们食物的关键成分，它们将葡萄变成葡萄酒，把牛奶变成酸奶，把白菜变成酸菜。此外，结肠中的原生微生物和肠道微生物群帮助我们消化食物，是维生素B和K的重要生产者。如今我们与微生物的互动方式多种多样，我们的祖先过去也是如此。

食物和发酵

最近，奉食器和容器的DNA、蛋白质分析已经鉴定出微量的乳酸菌（LAB）和酵母的痕迹，它们在史前期被有意地用来酿制葡萄酒、制作面包和酸奶。例如，中国新疆地区古文化中保存下来的有机遗物（见边码302）揭示了中国西北地区青铜时代人们日常饮食的详细信息，其中许多食物都是发酵的。在小河、古墓沟和苏贝希遗址（约前1500～前300）鉴定出了保存的酸面包、酸奶和酸乳酒遗存，以及用于生产它们的微生物，包括面包酵母、开菲尔酵母（克鲁维酵母）和各种各样的乳酸菌（乳酸杆菌、魏斯氏菌和明串珠菌）。

骨骼与疾病

骨骼提供了重要的微生物信息。例如，结核病等疾病可感染骨头，在脊柱、肋骨和其他骨头上产生特征性病变。对这些受感染的骨骼进行的基因检测不仅得出了阳性的结核诊断，还鉴定出了导致感染的特定结核分枝杆菌复合体（MTBC）菌株。该研究最惊人的发现之一是，相较旧大陆人类结核病的菌株，美洲前哥伦布时期的结核病更接近动物结核病，因此结核病很可能是通过迁移的动物比如海豹而非人类扩散到新大陆的。

牙齿与牙结石

牙齿对于了解人类微生物群系的进化、过去的流行病史和疾病演化十分重要。单颗牙齿同时可以揭示的信息包括：牙结石中存在的口腔微生物群、牙髓腔中的病原体痕迹和分解该遗体的菌群。牙结石是牙菌斑堆积在牙齿表面的一种矿化形式。牙结石像年轮一样，随着时间的

卡内迪分枝杆菌（人类）
结核分枝杆菌 L1（人类）
结核分枝杆菌 L7（人类）
结核分枝杆菌 L4（人类）
结核分枝杆菌 L3（人类）
结核分枝杆菌 L2（人类）
结核分枝杆菌 L5（人类）
结核分枝杆菌 L6（人类）
黑猩猩种类
羽状分枝杆菌（海豹）
前哥伦布时期种类（人类）
田鼠分枝杆菌（啮齿类）
米分枝杆菌（羚羊）
牛分枝杆菌（牛）
帽状分枝杆菌（绵羊/山羊）

图 11.50　显示结核病致病菌株遗传学关系的简化进化树。该树显示了美洲前哥伦布时期的结核病与人类疾病形式相比，与动物关系更为接近，估计是史前期由迁移的动物所传入的。

推移逐渐形成，是人体生前唯一石化的部位，也是考古记录中已知最丰富的古DNA来源。牙结石主要由口腔细菌组成，保留有口腔健康、疾病和免疫功能的详细信息。最近的牙结石研究，如哈佛大学的克里斯蒂娜·沃里纳（Christina Warriner）所做的研究表明，福赛斯坦纳菌、牙龈卟啉单胞菌和齿垢密螺旋体这些口腔细菌在一千多年前就已经与牙周病相关。除了提供口腔里有益菌和致病菌的信息外，牙齿也是血液传播病原体DNA的绝佳来源。在人的一生中，牙髓富含血液和其他组织，死后血源性病原体会被困在髓腔内。对牙齿中提取的病原体DNA研究揭示了鼠疫耶尔森氏菌起源于青铜时代，并分辨出一种罕见的肠道沙门氏菌是1545年墨西哥科科利兹特利（Cocoliztli）瘟疫的起因，这场瘟疫导致数百万人死于伤寒。

古粪便

粪便可以为过去社会的健康与福祉提供大量的信息，而动物粪便也可以告诉我们，古人如何管理他们的牲畜，以及如何安排他们家户的空间。遗传学分析已被用来研究干燥洞穴和高山冰川发现的人类古粪便和胃肠道组织中保存的细菌。它揭示出史前人

类肠道高度多样化的微生物群，其中含有普雷沃氏菌和密螺旋菌，还有一种与胃溃疡和胃癌有关的细菌——幽门螺杆菌，它见于阿尔卑斯山冰人的胃中（见边码70～71专栏）。粪便细菌副产品如粪醇的化学分析，也可以用来确认古粪便，并探测厕所位置和栖居沉积中的粪便堆积。在消化过程中，肠胃内的细菌将胆汁里的部分胆固醇不可逆地转化为粪固醇，然后在粪便中排出。最近，粪固醇的显微痕迹被用来分辨尼安德特人遗址中的活动。

古微生物研究提供了有关人类过去新的重要洞见。无论是致病，食物发酵，还是有关我们的健康，微生物深刻塑造了人类的历史进程，它们是考古学研究的重要课题。

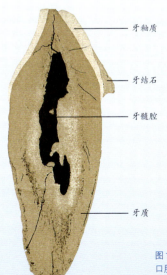

牙釉质

牙结石

牙髓腔

牙质

图 11.51　牙齿揭示的信息包括：a. 牙结石中的口腔微生物群；b. 附着在牙髓腔内的病原体痕迹（箭头）；c. 分解身体的各种细菌。

播（例如通过咳嗽飞沫）。对人类牙齿上牙菌斑的DNA分析显示，早在公元前3500年，肺鼠疫（并非腺鼠疫）就曾在欧洲和中亚地区肆虐。采用古DNA研究史前期的疾病，是一个正在发展中的重要领域。

畸形与疾病的骨骼证据

就如我们所见，骨骼材料要比保存的软组织多得多，并能揭示有关古病理的大量信息。对骨骼外表的影响可以分为由暴力或事故所致，以及由疾病或先天畸形所致。

暴力损伤　就暴力或事故所致的创伤而言，专家的观察往往能揭示损伤是如何造成的，它对受害者的严重性如何。比如，意大利格里马尔迪（Grimaldi）出土的一具旧石器时代晚期孩子的骨骼，其背脊骨中埋有一个箭头，该伤很可能致命——就像莫蒂默·惠勒（见边码31）在英格兰南部铁器时代山头城堡梅登堡一个古代布列吞人脊柱里发现了著名的罗马弩石弹一样。

道格拉斯·斯科特（Douglas Scott）和梅利莎·康纳（Melissa Connor）研究了蒙大拿州小比格霍恩（Little Big Horn）著名战斗的骨骼遗存。在这场战斗中，卡斯特将军（General Custer）和他所有267人兵力于1876年被苏族（Sioux）和夏安族（Cheyenne）印第安人全歼。研究显示，印第安人广泛采用棍棒和轻便斧给了士兵致命一击。有位大约25岁的可怜士兵，其胸部被一枚a.44子弹击伤，然后又被科尔特左轮枪射中头部，最后其头骨被棍棒打烂。因为骨头被软组织覆盖，所以必须用X光进行分析（见边码452～453专栏）。

个别伤口和骨折，无论它们多么令人刮目地揭示了某个人的故事，医学史对此没啥兴趣。相反，一个种群层次的创伤频率和类型对考古学家更有用。狩猎采集者面对的危险很可能与农人面临的威胁不同，因

图 11.52　头骨变形。（右）一位美拉尼西亚男性经过人工变形的头骨轮廓（虚线）和一个正常男性头骨。（左）澳大利亚科沼泽出土的一具13000年前头骨（虚线）与现代土著男性相比较，表明科头骨经过刻意变形。

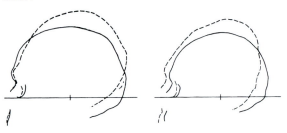

因纽特人的生与死

1972年，在格陵兰西岸一个因纽特小型聚落吉拉基特索克附近的岩棚下，发现了两处集体墓穴，年代大约为公元1475年。8具遗体因低温与干燥的共同作用而自然木乃伊化。其中一座墓有3名女性、1名四岁男童和1个6个月大的婴儿；第二座墓中有3名女性。他们的外套和内衣（共78件，包括长裤、连帽外套与靴子）都保存极佳。

用X光观察原封不动的木乃伊的生殖器，确定了遗体的性别。此外，脸部刺青一般限于该社会中的女性。

根据牙齿变化及其他体质特征可以鉴定年龄。虽然其中三名女性死亡年龄在十来岁到二十几岁之间，但是其他三名女性的年龄达到了50岁——寿命不错，因为即使在20世纪初，格陵兰的妇女平均寿命也仅29岁。

小男孩和一名妇女很可能吃了不少苦。男孩的X光显示了常与唐氏综

图 11.53　在岩棚保护下，中间垫着兽皮层的8具遗体。冰冻、干燥的墓葬导致他们自然木乃伊化。

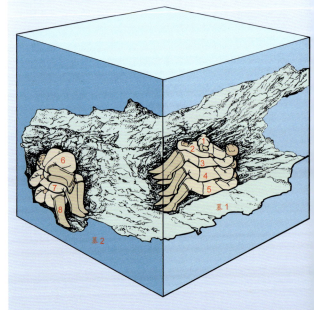

合征相伴的骨盆畸形。另一种被称为儿童股骨头坏死病（Calvé-Perthe's）的紊乱也损害了男孩的股骨头，他很可能要用四肢爬行。

其中一名50岁的女性不知在几岁弄断了左面的锁骨且从未愈合，也许妨碍了她左臂的功能。此外，她还患有鼻咽癌（位于其鼻腔的后部），并已扩散到周围区域，导致她左眼失明并有点耳聋。

她的某些特征可以归咎于特定的活动：左拇指指甲上有新鲜的沟槽，是垫着指甲用刀切割肌腱所致（无意间表明她是右利手）。她下门齿已脱落，无疑是由于咀嚼皮革，并把牙齿当作钳子使用所致。年纪最轻的女性肺部有很多油烟，很可能是海豹-鲸脂油灯所致。另一方面，木乃伊头发样本显示了很低的汞、铅水平，远低于今天这一区域。

这些人的死因仍是个谜。但不管怎样，他们并非死于饥饿。那位患癌症的妇女有哈里斯线（见边码462），显示幼年时因疾病或营养不良造成骨骼生长受阻，但是她死前营养很好。最年轻的妇女肠道下段有相当多已消化的食物。对男孩皮肤胶原（见边码308）的同位素分析显示，他的食物有75%来自海产（海豹、鲸、鱼类），只有25%来自陆地（驯鹿、兔、植物）。

最后，为确定这些个体之间的可能关系做了分析。组织分型确认，一些人很可能有关系，而另一些人没有。两名年轻妇女之一很可能是埋在她们上面的四岁男孩的母亲；而两名大约50岁的妇女（包括癌症患者）很可能是姊妹。她们也有相同的脸部刺青，也许由同一个艺人制作，图案与该地区所知最早的图像相似（约1654）。另一名妇女的刺青在风格和手艺上与他人很不同，故她很可能来自外地，并嫁到该群体。

图11.54 （右）寒冷和干燥条件导致了在吉拉基特索克的惊人发现。这个6个月大的孩子是所有木乃伊中保存最好的。

图11.55 （左）这是一件妇女的外套，是用从不同鸟类身上精心挑选的羽毛制成的。这些羽毛被缝在皮革里面以更加保暖。

图11.56 （下）红外线摄影使得其中一位女性脸上的刺青图案清晰可见。

图11.57 （最下）皮衣在冰冻中也保存完好。这些短裤是用驯鹿皮制作的。

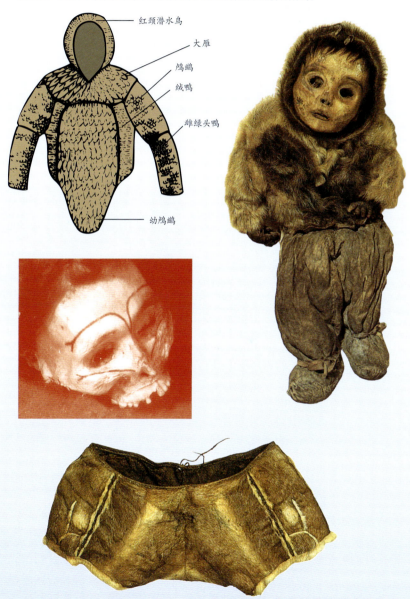

红颈潜水鸟
大雁
鸥鹬
绒鸭
雌绿头鸭
幼鸥鹬

此他们的创伤也有所不同。所以研究目标应该是发生在整个群体或社群中的外伤和其他病理学状况。

严重创伤后的幸存也能告诉我们有关该群体帮助需要帮助者的能力和愿望。这存在于遥远的过去。例如，伊拉克北部沙尼达尔洞穴出土的一个年龄约40岁的尼安德特人，左眼遭受重击，近乎失明。他也有一条萎缩和无用的右臂，因儿时的外伤而致残；一条腿骨骨折，膝盖和脚踝有关节炎。虽然人类的适应能力很好，但是他只有在群体的帮助下才能存活。

刻意改变骨骼　有些人的骨骼在生前和死后也会被其他方式所改变。有些人类社群如玛雅人，会用板或其他物品捆扎成长中的婴儿前额或头后部，对头骨刻意塑形，以形成一种与众不同的头形，成为社会地位和社群归属不可消除的终身标记。埃里克·特林考斯对伊拉克沙尼达尔洞穴出土的两个尼安德特人进行了分析，他宣称，头骨变形在这么早就已经存在了。

这项实践似乎也见于澳大利亚更新世或全新世初。彼得·布朗（Peter Brown）将美拉尼西亚刻意变形的头骨与正常头骨做了比较，以分辨由颅骨塑形所致的变化。然后将其结果用于维多利亚地区的澳大利亚早期遗址出土的头骨，包括科沼泽（Kow Swamp），并确信它们是人工变形的。最古老的标本——科沼泽5号头骨距今13000年。

除对婴儿实施头骨变形之外，我们也能探知其他一些实践。蒂姆·怀特（Tim White）用扫描电镜分析了博多（Bodo）头骨，这是埃塞俄比亚出土的一具约300000年前直立人或早期现代智人高大男性的头骨。分析得出的结论是，它曾被剥掉头皮。分析表明有两条切痕，一条在左眼窝下的脸颊上，另一条横贯前额。这些痕迹是在骨头变硬和石化之前造成的，所以应是在死亡前后进行的。前哥伦布时期美洲原住民剥去头皮的头骨在同样部位也有类似的痕迹。

从人骨分辨疾病　少数疾病以三种基本方式影响骨骼，它们或形成骨骼，或破坏骨骼，或两者兼有。其典型特征的分布形态是诊断疾病的关键。而且，与各种疾病相关的骨骼损伤会因数量和骨骼部位而异。有些感染会留下清晰的痕迹，而有些则没有。前者包括好几种感染、营养不良和癌症。也有可能从骨骼的整体尺寸和形状来探知生长紊乱。

例如，麻风病是一种细菌感染，会以一种独特的方式破坏上颌骨前部和两端。有明显证据显示，欧洲一些地方，如中世纪丹麦的骨骼有明显的麻风病证据，然而这些证据不见于前哥伦布时期的新大陆。最近，

理查三世

2012年，莱斯特（Leicester）出土了一具据说属于英格兰国王理查三世（Richard III，1483～1485年在位）的骨架，举世震惊。这位金雀花王朝的最后一位国王，因被莎士比亚刻画为"驼背的暴君"而不朽。1485年，他在博斯沃思平原（Bosworth Field）的交战中被杀，据说葬于莱斯特的圣方济教堂，该教堂及所有墓葬在16世纪全部被毁。还有一种说法，在此之前，理查的尸体被挖掘出来，扔进了附近的河里。

这个项目为学院派专业考古学家、一个业余团体（理查三世协会）以及莱斯特市（政府）之间一次不同寻常的合作。发掘工作始于2012年8月，当时这里已是一座停车场。发掘很快就发现了教堂的部分地基。那具存疑的骨架在第一天就被发现，地点是在教堂唱诗席底下的一个高档位置。遗体被埋在一座挖掘不规则的墓穴里，凹底斜壁，对身体来说墓穴有点过短。而唱诗席的其他墓葬都近长方形，且长度合适。从发掘情况看，埋入时对死者毫不尊重：没有

图11.58　莱斯特停车场的发掘，那里发现了据信是理查三世的墓葬。照片底部可以看到墓口。在2015年3月的正式仪式上，理查的遗体被重新安葬在莱斯特大教堂内。

图 11.59　据信属于理查三世的骨架，显示脊柱明显弯曲。

明他的站立高度应为 1.73 米左右，高于当时的平均水平，但残疾很可能大大减低了这个高度，也许只有 1.42 米，他的右肩应该比左肩高。换言之，这个男人有一个低矮的躯干和高低肩，这符合当时对理查外貌只语片言的描述。对遗骸的放射性碳断代为公元 1456～1530 年，与 1485 年的博斯沃思战役相符。

此人牙齿有点磨损，但没有龋齿，有蛔虫。不同实验室对肋骨碳氮含量的检测，揭示了此人高蛋白的食谱，其中包括 25% 的海鲜，这意味着他的地位很高。他幼年从水中摄入的氧锶同位素，反映了水源地的地质情况，与理查出生在北安普敦郡（Northamptonshire）吻合。然后，此人似乎在 7 岁时向西移动，可能到了威尔士边境（1459 年，理查住在什罗普郡［Shropshire］的勒德洛城堡［Ludlow Castle］）。另一方面，在他生命最后几年，氧同位素成分显著增加，分析者认为不能用啤酒和食物来解释，所以他们认为是类酒的葡萄汁导致的，这相当于每天喝一瓶才会产生如此高的指标！

该骨架至少有 11 处伤痕，都是死亡过程中造成的（也即死亡前后所致），因为没有伤痕显示出愈合的迹象。头骨后下方的两处大伤口与戟和剑的打击相吻合，很可能几乎直接致死。头骨顶部还有第三个较小的穿透伤，很可能是匕首造成的。穿戴 15 世纪头盔的人不可能在头骨上留下这些伤痕。另外两处伤口，一处在右边肋骨，一处在右边骨盆（可能是刺穿右臀所致），这两处伤口也不太可能出现在穿着盔甲者身上。所以这些可能是死后施加的"侮辱性伤害"。简言之，此人几乎可以肯定是战死沙场，而在这个时间范围内，距离最近的一次战役就是莱斯特以西 24 公里的博斯沃思战役。最后，对线粒体 DNA 进行了遗传学分析，据称与理查姐姐"约克的安妮"（Anne of York，1439～1476）现在的两个后代有联系。因此，研究人员相信，他们已经证明了这具人骨的身份，正如理查德·巴克利（Richard Buckley）在 2013 年的一次新闻发布会上所说的那样，"排除了合理的怀疑"。不管正确与否，该项目展示了考古学具有不期而遇和独一无二的潜力，吸引了全球媒体的巨大关注。

棺椁或裹尸布；下肢完全伸直，但躯干向北侧向扭曲，头靠在坑穴的一角。换言之，似乎先把遗体的脚塞进这个小坑穴里，这暗示着下葬非常仓促并毫不尊重。

如果他确实是理查，这种仓促很可能是由于他的尸体曾在盛夏被示众了好几天。双手腕部交叉，也许表明它们被捆绑。脚在 19 世纪工人的挖掘中丢失，但除此外骨架保存状态良好，有 135 块骨头和 29 颗牙齿。根据骨骼生长和牙齿发育情况来看，这是一名身材单薄的成年男性，年龄在 20～30 多岁之间（理查去世时 32 岁）。最显著的特征是脊柱向侧面严重弯曲（与传说中的驼背不合）。

脊柱侧弯发生在 10～13 岁之间。随着年龄的增长，一些背部韧带会骨化，使弯曲发硬。他还患有一定程度的骨关节炎。渐进式脊柱侧弯会给他的心脏和肺部带来压力，可能会导致呼吸短促和疼痛。假如没有侧弯，他的股骨表

图 11.60～11.61　莱斯特骨架的面部复原（左）与理查三世几幅肖像画（右）惊人的相似，但这并非盲测，因为雕塑家已经被告知这个头骨可能是谁。

已经从许多骨骼上成功分离出了麻风病菌的 DNA。某些癌症也会对骨骼造成明显的影响（见边码458～459专栏），如法国拉费拉西1号尼安德特老人腿骨上的病变很可能是由肺癌所致的。

澳大利亚考古学家丹·波茨（Dan Potts）及其同事在阿拉伯联合酋长国一座4000年前墓葬中发现了世界上所知最早的小儿麻痹症受害者，这具18～20岁姑娘的骨架显示有该症状的典型特点，如肌肉附着部位很小及有炎症，所有长骨很细，一条腿比另一条短4厘米，弯曲的骶骨和不对称的盆骨。

460
462

骨骼的放射性影像学分析能揭示所谓哈里斯线的生长受阻证据（见边码458～459专栏）。哈里斯线是骨骼中辐射光不能透过的狭窄沉积，正常情况下反映的骨骼内部的空隙，在童年期或少年期因疾病或营养不良所致的停滞之后，恢复生长时会形成沉积。它们一般在胫骨中最为清楚。线条的数量能够提供生长中艰难时期频率的大概线索。如果这种线条见于整个群体的骨骼，它们就能指示频繁的生存危机，或足以波及健康的社会不平等。同样，指甲或趾甲上的博氏线是疾病或营养不良导致的生长缓慢的指示性浅沟。公元前3300年阿尔卑斯山冰人一枚残存的指甲上就有3条博氏线，表明他曾有三次致跛的发病，分别在他死亡前的4月、3月和2月（见边码70～71专栏）。

骨骼畸形往往揭示了某种先天异常，比如理查三世国王的脊柱弯曲（见边码460～461专栏）。在图坦卡蒙陵墓中发现的两个小木乃伊胎儿中的一个是女婴，X光显示有肩部先天发育畸形——左肩胛骨先天性抬高，并见有脊柱裂——这或许可以解释为什么这个胎儿是死产，也许她就是图坦卡蒙自己的孩子（见图11.62）。一般来说，埃及法老有与自己姐妹结婚的做法，产生高比例先天畸形的后代就不足为怪了。

埃及也提供了先天性侏儒症的骨骼证据，相同材料也见于亚拉巴马州的古印第安人中。但是，所知最早的侏儒例证是埋葬在意大利卡拉布里亚区（Calabria）里帕洛·德尔·罗米特（Riparo del Romito）壁画岩棚下一名公元前10000年的男子，身高不到1.1～1.2米，死亡年龄大约17岁。

艺术也会提供先天畸形的证据。墨西哥奥尔梅克艺术最常见的母题是一种拟人雕像，即所谓"美洲豹母题"，一个具有猫科动物脸部特征的孩子。这类雕像常常显示有裂开的前额、向下张开的嘴巴、外伸的犬齿，身体一般肥胖而无性别。卡森·默迪（Carson Murdy，1946～2018）认为该母题代表了先天畸形，而迈克尔·科则进一步声称，裂开的前额代表了脊柱

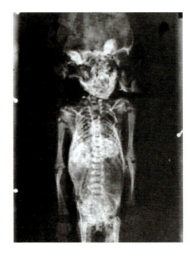

图11.62　图坦卡蒙陵墓出土的一具木乃伊小胎儿，X光分析显示有肩部先天发育畸形，可解释这名女婴死产的原因。

裂，它与其他许多脑颅畸形相伴。这种情况在存活婴儿中仅有千分之一，因此可能限于某个社群，甚至某延伸家庭。默迪也假设，某酋长家庭很可能在艺术和宗教中利用这一现象来增强他们的地位，该家庭认为他们孩子的畸形与超自然美洲豹特征相同，如果他们的家庭血液中流淌着"美洲豹血液"，那么生出"似美洲豹"的后代就十分自然。

对于成人来说，也许在史前期和古史期社会中最常见的病痛是关节炎，它会影响身体任何关节部位。例如，在科罗拉多州的弗德台地，在公元500～1300年间，所有35岁以上成人都患有骨关节炎，有些人要比其他人更为严重（见上述格劳巴勒人与第二章的冰人）。

有时，身体会产生有别于骨骼的坚硬构造，如胆囊和肾脏中的结石，它们偶尔会残留下来，与骨骼一起被发现。直接观察（或对木乃伊的X光分析）足以分辨大部分这类构造。

铅中毒　骨骼分析——包括用X光揭示长骨上的铅线——能够显示，有害物质中毒的危险绝不仅限于我们当代。英格兰南部多塞特郡（Dorset）彭布里镇（Poundbury）罗马时期居民骨骼中的铅含量极高（见边码465），很可能要归咎于他们日常使用的铅做的炊具和水管。希腊迈锡尼3000年前一座墓葬出土的可能用来化妆的脂粉中也发现了铅。

1846年，也就是170年前，有3名英国水手在加拿大西北地区的比奇岛死亡并就地埋葬（见第二章），他们是试图发现西北航道的富兰克林探险队成员。他们的遗体完好地保存在永久冻土中，被加拿大人类学家欧文·贝蒂及其同事发掘出来。骨骼样本的分析揭示

出含铅量极高,如果是在探险过程中摄入这些铅的话,就足以引起中毒。毒源可能来自铅焊的食物罐头、铅釉陶器和容器的铅箔内衬。加上其他情况,如坏血病,这种中毒很可能致命。

骨骼中的铅也提供了美洲殖民者生活的洞见。亚瑟·奥夫德海德分析了马里兰州、弗吉尼亚州和佐治亚州17~19世纪墓地出土的骨骼。他发现他们从陶釉和铅锡合金器皿中摄入了铅,这些器皿用于储藏、加工和盛放食物和饮料。不过,只有富人才会有这样的中毒方式,这是从铅含量获得社会资料的关键。在弗吉尼亚州和佐治亚州种植园的两批人中,白人佃农的含铅量比自由黑人或奴隶高,但低于富裕的种植园主。另一方面,白人仆人一般含量较低,特别是那些为白人佃农效劳的人。这表明他们与雇主明显隔离。

牙齿

食物不仅影响骨骼,也会对牙齿产生直接影响,因此研究牙齿可以提供各种信息。对古埃及人如拉美西斯二世牙齿的分析(见边码452),显示常见的严重磨损和可怕的蛀蚀,这不只是夹在食物中的沙子所造成的,而且还是较硬的食物和植物中的坚硬物质所致。X光分析能进一步揭示龋齿和脓疮。与古埃及的人骨遗骸相比,罗马赫库拉尼姆出土的骨架牙齿蛀蚀很少,说明糖的摄入比现在要少,也可能得到了含氟量丰富的饮用水之助。

当分析牙齿时,我们需要牢记,有时因仪式或为了美观,健康牙齿也会被拔掉。这种做法在日本绳纹时期非常普遍(尤其在4000年前左右),见于14或15岁以上的男女。某些门齿被拔掉,偶尔也有前臼齿。实际上,在绳纹晚期(3000~2200年前),出现了三种不同的区域类型。

澳大利亚原住民的拔牙风俗——男子在成丁礼时拔掉一个上门齿——见于新南威尔士尼奇(Nitchie)附近一座7000年前的墓葬。而在澳大利亚西部哥萨克(Cossack)出土的一具约6500年前的头骨上,也见有一枚死前很早就被拔掉的牙齿。当然,要分辨拔牙和自然脱落的牙齿也许很难。

最后,也有早期牙科医学的证据。西班牙希德隆(Sidrón)洞穴出土的一个尼安德特人患有牙齿脓肿,他可能使用杨树(含有一种天然止痛成分)来治疗,因为在牙菌斑中发现了这种痕迹。目前已知最古老的牙齿填充见于距今14000~13000年前的意大利旧石器时代晚期遗址:里帕洛·弗瑞迪安(Riparo Fredian)的两颗门牙上钻了洞,里面填了嵌入毛发和植物纤维

的沥青。在巴基斯坦的梅赫尔格尔,牙齿上的一些圆孔似乎是9000年前用火石钻造成的。另一例早期的补牙见于斯洛文尼亚的隆切(Lonche)洞穴,年代在6500年前:这是一个年龄在24~30岁左右男子,裂开的犬齿中充填了蜂蜡,估计是为了在咀嚼时减轻疼痛和敏感。世界上目前最早的补牙证据见于以色列,内盖夫沙漠中2000年前入葬的一位纳巴泰武士的一个牙齿被补过(见边码445)。乔·齐亚斯(Joe Zias)的研究发现,此人的牙齿是绿的,因为植入的铜丝氧化了。也许牙医欺骗了他,没有植入金丝,而植入的是一根易蚀和有毒的青铜丝。所知最早的义齿实例见于腓尼基人,年代在公元前6~前4世纪,用金丝串并两枚象牙质牙齿制成。在同一时期的意大利伊特鲁利亚人中也有大约20例假牙——这些义齿用金子或人和动物牙齿制成。巴黎附近尚塔姆布雷(Chantambre)1900年前一位高卢人下颌上准确镶有一枚铁牙。

阿拉贡的伊莎贝拉(Isabella of Aragon,1470~1524)可能是激发利奥纳多·达·芬奇创作"蒙娜丽莎"的原型。对其头骨的观察发现其牙齿外层发黑,伊莎贝拉曾竭力想去掉它,以至于将门牙的釉层都刮掉了。对该牙齿黑色外层的分析显示,它是由水银中毒所致。当时,为了治疗梅毒和其他疾病,特别是皮肤病,吸食水银雾气很普遍。这种长期治疗的结果便是严重的牙齿肿胀。伊莎贝拉的死很可能是由水银而非梅毒所致。

医疗知识

文献资料对我们了解早期医学十分重要。埃及文献提到用线将牙齿扎在一起以防脱落。罗马文献也告

图11.63 日本大阪藤井寺市绳纹时期遗址出土的一名女性部分头骨和下颌骨,见有拔牙及牙齿装饰,估计因仪式或装饰所致。

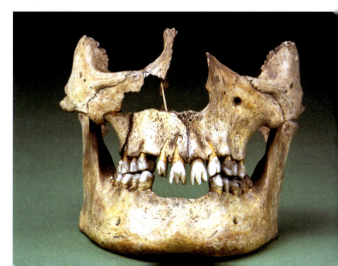

464

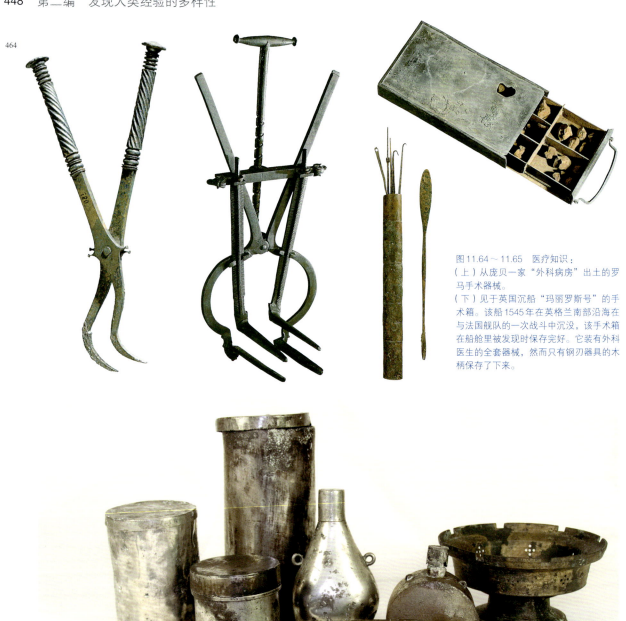

图11.64～11.65 医疗知识：
（上）从庞贝一家"外科病房"出土的罗马手术器械。
（下）见于英国沉船"玛丽罗斯号"的手术箱。该船1545年在英格兰南部沿海在与法国舰队的一次战斗中沉没，该手术箱在船舱里被发现时保存完好。它装有外科医生的全套器械，然而只有钢刃器具的木柄保存了下来。

诉我们治疗牙齿的一些信息。就一般医学而言，有埃及医学纸莎草卷，希腊和罗马以及后来文化的大量文献和艺术证据。

考古证据中最常见而且令人印象深刻的医疗技术是开颅术，即从头骨上锯掉一块骨头，可能是为了缓解颅骨骨折造成的压力，或对付头痛或癫痫。目前已知远超1000个案例，特别是在安第斯山区，其中一半已完全愈合——有些头骨最多时被去掉了七块骨片。令人惊讶的是，这种做法至少可上溯到7000或8000年前。在法国，大约6900年前见有一例新石器时代初前臂截肢的证据。

早期医疗技术的其他证据包括埃及公元前3000年与断臂一起发现的树皮夹板。古埃及人还装有用木头或木乃伊盒（硬化的布）制作的人工假趾。英国多塞特郡彭布里镇公元4世纪罗马-不列颠墓地出土的一具被肢解胎儿骨架上的刀痕，与罗马医生索兰纳斯（Soranus）描述的为救母亲而将胎儿从子宫中取出的手术完全吻合，而附近一处罗马墓地出土的一具公元2世纪大腿骨，也显示有外科医生截肢留下的锯齿状痕迹。

有关外科医生装备的例子包括从庞贝出土的成套器具，以及意大利托斯卡尼（Tuscany）海外沉船上发现的一个保存完好的罗马医疗箱（包括带木塞的圆柱形药瓶）。类似的成套器具还见于16世纪的英国沉船"玛丽罗斯号"，包括烧瓶、罐、刮刀、尿道注射器、刀和锯。

在亚洲，斯里兰卡婆罗那卢瓦（Polonnaruva）城外一处附属于佛寺的公元11世纪医院遗存中，见有医疗和手术器械以及上釉的储存器，表明其医疗护理水准很高。

在前哥伦布时期的新大陆，秘鲁公元450～750年奇穆时期的遗存中，也见有一套手术器械。它包括解剖刀、镊子、羊毛和棉花绷带，其中最有意思的是，有些金属工具很像今天用于堕胎的刮宫器具。古秘鲁人有如此技术水准并不奇怪，我们从其他证据知道，他们经常实行开颅术，并通过添加人工部分来支撑残肢。他们的陶器上表现有详细的医学知识，包括怀孕的不同阶段和分娩（见图11.33）。从玛雅手抄本和西班牙人对阿兹特克人的记载中，我们知道新大陆的其他人群也有复杂的医学知识，包括采用致幻的蘑菇。

因此，考古学家和古病理学家利用各种方法来为古代人群的健康提供洞见。将这些方法与生计材料相结合（就如第七章所讨论），我们现在能继续观察我们祖先的饮食质量和他们人群大概的特点和规模。

评估营养

营养能从衡量自然和社会环境中维持人体的食物能力来描述。当然，我们很有兴趣了解古代某特定群体享有的很好的营养条件。在对泰国西北部地区的调查中，考古学家查尔斯·海厄姆（Charles Higham）发现，公元前1500～前100年史前人群的食物非常丰富，没有疾病或营养不良的迹象，其中有些人活到50多岁。但在很多情况下，更能说明问题的是发现食谱在某些方面的不足，这会对骨骼的厚度和骨架的生长产生明显影响。而且，对不同时期的营养进行比较，可极大增进我们对生活方式根本变迁（比如从狩猎采集向农业的转变）的了解。

营养不良

营养不良有何骨骼特征？前面我们曾提到，哈里斯线表明了发育阶段生长受阻的时段，而这有时是营养不良所致。同样现象也见于牙齿，专家能从牙齿切片中探知其中小块未矿化的釉质，反映了食谱中缺乏奶、鱼、油或动物脂肪所造成的生长紊乱（有时会因诸如麻疹等儿童疾病引起）。缺少维生素C会导致坏血病，会造成颌骨和牙龈病变，会让人十分痛苦，这见于全世界许多地区的人体遗骸。19世纪之前，由于食物很差，坏血病在水手中很常见。

一具骨架所有骨骼的总体尺寸和状况，能提供食谱各方面的指示。就如上面提到的，食物中的沙子或磨石中的细沙对牙齿影响极大。在加州的某些美洲原住民中，牙齿极度磨损，与他们用沙来过滤其主食橡子中的丹宁酸习惯有关，食物中总残留有沙子。

其他营养不良的证据能从艺术和文献中获得。在中国公元前3千纪的文献《素问》中提到了维生素B缺乏（脚气病），而希腊地理学家斯特雷波也提到了罗马军队中的一个案例。埃及艺术提供了诸如公元前2350年前塞加拉浮雕的著名"饥荒"景象。

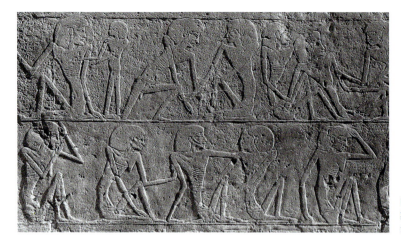

图 11.66　营养不良的证据：埃及塞加拉围绕乌那斯（Unas）金字塔的复合构件上，一块描绘饥民细部的墙壁浮雕，年代约为公元前 2350 年。

比较食谱：农业起源

对骨骼所做的化学分析能提供深入的洞见。化学分析主要分析了碳和氮的稳定同位素（见第七章），它们因个体的食谱而异。结合骨骼中的稳定碳同位素——并非用于断代的碳同位素 [14]C——能用来探知含有某种植物和海洋食物较高比例的食谱。特别是能探知玉米，所以它能被用来探究新大陆史前维生策略的转变。比如，北美东部大约 1000 年前人骨稳定碳同位素标识的变化与居址植物遗存中玉米所表现的明显变化吻合。这是各自独立证据线索——骨骼成分与炭化植物遗存种类——互相印证的一个例子，增强了推断过去的可信度。

克拉克·拉尔森对佐治亚州沿海 33 个遗址出土的 269 具狩猎采集者骨架（前 2200～1150）和 342 具农业社群的骨架（1150～1550）进行了比较（也见第七章）。拉尔森发现，牙齿健康随时间的恶化可归咎于玉米消耗的增加。另一方面，与猎人所受机械压力相关的关节病也随之减少了（两个时期中男性患关节炎都高于女性）。

脸部和下颌的尺寸也有所减小——但是牙齿变小仅见于女性，而且女性牙齿蛀蚀显著增加，颅骨和骨架变小极为明显（可能与蛋白质摄入减少和碳水化合物增加有关）。这些结果表明，从狩猎向农业的转变对女性的影响要比对男性要大，男人可能继续从事渔猎，而女人则要耕田、种植、收割和做饭。因此，综合而言，北美东部材料在凸显玉米农业对男女的不同影响上相当一致。

从较广泛的分析层次上，我们很难区分采纳农业在不同方面的影响，不只是食谱的改变，而且还有生活的栖居方式、更加密集的人口、获取资源的不同途径等等。不过，对许多地区骨骼疾病的研究开始显示一种态势，这种态势表明农业的采纳（它伴有对人口规模和居住长短的影响）一般会导致惯性压力的增加，包括感染和营养不良。就如佐治亚州，机械压力的减少被营养压力的增加所取代。

人口研究

在本章的前面部分，我们观察了个人或小群体。现在是扩展到讨论较大群体和整个种群的时候了，该研究领域被称为人口考古学，它从考古材料来分析种群的各个方面，如规模、密度和生长率。它也关注人口在文化变迁中的作用。基于考古学和人口学材料的模拟模型能被用来了解人口、资源、技术和社会之间的关系，并有助于搞清人类最早移居北美和澳大利亚以及农业向欧洲扩散等问题。

相关的一个领域是古人口学，它主要从骨骼遗存的研究来估计人口参数，如出生率、死亡率、人口结构和期望寿命。迄今提及的所有技术对此都有帮助，有助于我们调查不同时期男女的寿命。疾病或营养不良研究可以结合性别和年龄资料来揭示生活质量的差异。但仍存在一个根本性问题：我们如何从考古证据来估算人口规模及人口密度？

有两种基本途径。第一种是从聚落材料中获取数据，这立足于群体规模与整个遗址面积、房屋覆盖面积、遗址时间跨度、遗址体积或房屋数量之间的关系。第二种是设法评估某特定环境里各季节动植物资源的丰富度，再估计在某种技术条件下该环境可以养活多少人口（环境的"载能"）。就我们的目的而言，第一种方法效果最好。对于单一遗址，有必要尽可能确定某特定时段里居住的房屋有多少，然后我们便能进行计算。（在饱水遗址，或像美国西南部非常干燥的遗址中，木屋遗存往往可以从树木年轮来精确断定它们建造、居住和废弃的年代。这些结果通常会表明，在某特定时段里，住人房子的数量往往要比考古学家起先想象的要少。）估算居住面的面积可能是获得人口数据最准确的一种手段。最著名的是由人口学家拉乌尔·纳罗尔（Raoul Naroll，1920～1985）提出的公式。他采用了来自18个当代文化的观察资料后建议，某史前遗址的人口是整个居住面积（平方米）的十分之一。

该说法后来被许多考古学家所完善和修正，他们发现必须将居住环境的差异考虑在内。但是，正如纳罗尔最初的公式过于一般那样，一些新近的公式又过于狭窄地集中在某特定地区，比如，"普韦布洛的人口等于整个居住面积（平方米）的三分之一"。谢尔本·库克（Sherburne Cook）和罗伯特·海泽开发了一个有用的经验法则，如果我们从非度量测算入手，它允许给前6个人每人2.325平方米，然后其他人每人9.3平方米。

在波兰新石器时代带纹陶（LBK）文化长屋的实例中，萨鲁纳斯·米利索斯卡斯（Sarunas Milisauskas）先采用纳罗尔的公式，得到所有10间房共117人的数据。然后，他设法采用一位同事的民族志证据，假定长屋中每个火塘代表一个家庭，于是每个家庭占有长屋长度的4～5米，然后得到这些房子共200人的数据。

塞缪尔·卡斯尔贝里（Samuel Casselberry）进一步优化了这类多家庭居址的估算程序。采用来自民族志的材料，他为新大陆的多家庭房屋建立了一个公式，声称："人口等于居住面积（平方米）的六分之一。"他把该公式用于波兰带纹陶文化的房子，得到了10座房屋192人的数据，这与米利索斯卡斯第二次结果很接近，表明这种方法较为可靠。重要的一点是，采用的民族志材料的居址类型与考古学研究的材料相同。

其他技术也可以。在对新西兰奥克兰（Aukland）一座山头城堡进行人口估计时，艾琳·福克斯（Aileen Fox，1907～2005）用民族志材料显示，18世纪晚期和19世纪初毛利人的核心家庭相对较小。考古证据表明，在山头城堡的台地上，平均每个家庭用两个储藏窖穴。结合两套材料得出的公式是每6个成年人有2个窖穴，于是该遗址36个窖穴表明有18个家庭和108人；这比先前认为的数据要小得多。人口估算也能从人工制品的频率和食物遗迹的数量来得出，然而这种计算需要很多假设。

在某些情况下，有可能从埋在墓地里的人数来估算某社群的规模。但是，要这样做，我们必须能够论证该社群的所有人都埋在该墓地中，确认它们的骨架都在，并能予以正确分辨。由于某些原因，一些个体会被排除在墓地之外，或许因为他们是新生儿，或许因为土壤条件不利于儿童幼小骨骼的保存。我们应当进一步估算墓地使用的时间长度以及整个死亡率。但是，如果足够谨慎，墓地资料能用来核对从建筑或其他考古信息做出的估算（它们也易出错）。

也正是民族志（主要通过对卡拉哈里昆桑人和澳大利亚原住民的研究）为我们提供了这样的信息：一个当地狩猎采集群或游群的总数一般为25人，一个部落约为500人。因为澳大利亚和其他地方游群的人数随时间和季节差异很大，一般少于25人，因此这些数据只是提供了一个大概的参考。不过，鉴于我们永远也无法确定史前人群准确的人口数据，所以上述数据确实能提供有用的估计，其大小的顺序肯定没错。

但是，对于大范围区域的人口又如何？就考古证据而言，我们只能计算每个区域内的遗址数量，假定在每个文化期的同一时间内有多少遗址被居住，估计每个相关遗址的人口，然后得出人口密度的大概数据。对于历史阶段，有时可利用文献证据。比如，根据人口统计、谷物进口及其他材料，估计古希腊阿提喀（Attica）地区的人口在公元前431年有315000人，公元前323年有258000人。在另一古典例子（这次是城市而非某区域）中，根据庞贝和奥斯蒂亚（Ostia）以及数百个前工业时期和现代城市的人口密度，古罗马的人口估计有45万。一般来说，解决人口统计问题的最佳途径是采用两三个相互独立的方法，并看它们是否一致。

但是，对史前期较大地区的人口估计只能通过猜测。对旧石器和中石器时代世界人口的估计从500万到超过2000万。也许在未来，随着对不同经济群体人口密度和过去环境载能的进一步了解，我们也许能够对世界人口这个有趣问题有更合理的推测。

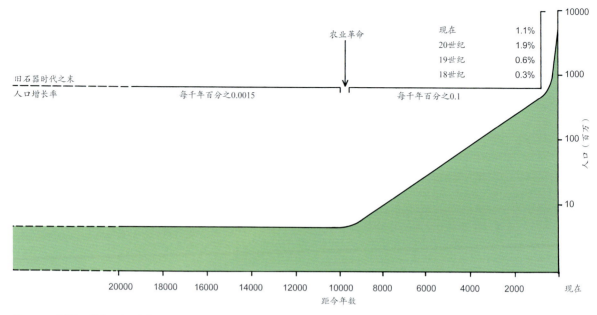

图 11.67 世界人口趋势：农业革命以后的人口增长速率大幅增加，而在最后两个世纪急剧加速。

分异与进化

最后，我们要谈从人类遗骸中分辨人类种群起源和分布的问题。现代技术已能确保，这方面的研究要比"二战"前有了更加坚实和更加客观的基础。

研究基因：我们体内的历史

现在有关早期人群移动的最佳信息大多来自"活体考古学"，即我们所有人携带的基因材料所提供的线索。例如，最近对人类最早何时进入美洲这一旧问题有了新的启发，而它不是来自考古或化石证据，而是来自现代美洲原住民基因标记的分布（见边码473专栏）。

现在证明有可能对古DNA进行比较，比如从佛罗里达古代人脑（见边码441）中提取的DNA，与现代美洲原住民的DNA进行比较。如果古代基因形态已不复存在，那么这可能表明，所探究的古代人群已经消失或发生了重大改变。就肯纳威克人（Kennewick Man）的个案而言，DNA的结果与颅骨分析有所不同（见边码556～557）。

1987年，丽贝卡·卡恩（Rebecca Cann）、马克·斯通金和艾伦·威尔逊（Allan Wilson，1934～1991）发表了一篇聚焦于线粒体DNA、影响很大的文章。线粒体DNA并不存在于细胞核，而是在我们细胞的其他部分（线粒体内），而且它只通过女性传承。因为线粒体DNA仅通过母亲遗传，因此不像核DNA是父母基因的混合，它保存了家庭的记录，并只能通过世代相传的突变而改变。卡恩及其同事分析了今天来自各大洲（非洲、亚洲、欧洲、澳洲和新几内亚）147名女性的线粒体DNA，并得出结论，撒哈拉南部非洲后裔的人群中显示的差异最大，这意味着他们的线粒体DNA拥有最悠久的突变历史，因此他们的祖先应该最古老。这可能意味着，我们的智人物种起源于撒哈拉南部非洲。

采用对线粒体DNA突变速率的测算（大约每百万年2%～4%），他们能估计，我们所有人均来自大约20万年前的一名远古女性，他们给她起了个绰号叫夏娃。但需要强调，她自己也有母亲，并同时与其他人生活在一起。实际上，其他许多男女对她和她的子女以及后代有所贡献，这便能解释我们在核DNA中所拥有的遗传多样性。重要的一点是，她并非第一名女性，但是今天地球上所有人的祖先。虽然当时活着的其他女性也有后代，但是夏娃却是唯一仍出现在所有人谱系中的。

结论看来十分明显，我们（智人）物种的分布是人类走出非洲的一种扩散结果，这一过程估计大约始于60000年前，这一目前已被广泛接受的结果与另一观点即"多地区起源说"发生了抵牾，这种观点认为我们祖先直立人向智人转变的进化过程是在世界不同地区发生的。不过，源自直立人的谱系以及生活在非洲以外的谱系看来绝灭了，并在60000年前被新的智人所取代。这一观点也得到了Y染色体DNA的支持，它是由父系传承的（它在将遗传物质传递给下一代时，看来也没有进行重组）。

图11.68　现代人起源的两种观点。
（左）"多地区起源说"：根据这个观点，约100万年前直立人走出非洲以后，人类在世界不同地区独立进化为现代人。
（右）"走出非洲说"：现在基因学证据的重要性表明，现代人最早是在非洲演化的，大约在60000年前从那里迁移到其他大陆，取代了较早的直立人种群。

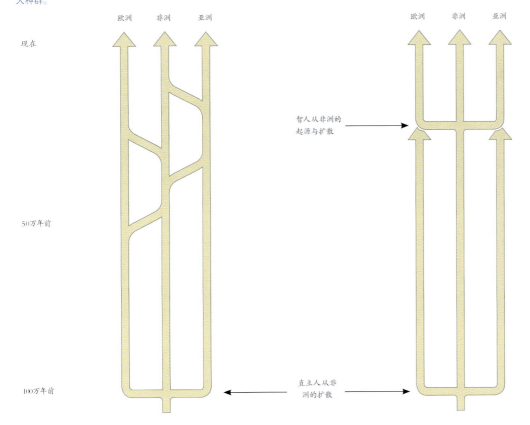

469

遗传学和语言史

遗传学正越来越多地与语言学结合起来，以调查世界人类种群的历史。在世界许多地方，某一社群所说的语言是预测其遗传特征（就如血型所见）最好的方法。

劳伦特·埃克斯科菲耶（Laurent Excoffier）及其同事研究了非洲的不同种群，测量了不同种群血液中丙种球蛋白的变异频率。然后再根据这种频率来计算不同种群之间的异同，然后将其标示在树状图上。

研究发现，这一根据遗传证据的分类，竟将各非洲种群归入了他们的语系。例如，遗传学分类（基于丙种球蛋白）将讲班图语的人群归为同一类。北非讲亚非语系的人群自成一组，而讲科伊桑语的俾格米人则另成一组。因此，遗传学结构与语言之间的明显对应令人称奇。

路卡·卡瓦利-斯福扎（Luca Cavalli-Sforza，1922～2018）及其同事提出了遗传学与语言学分类之间非常普遍的关联，他们声称两者是相同演化过程的产物。但是，语言变化的速度远比遗传学变化来得快，后者是由个别基因的突变速率所主导的。而这种关联部分是从潜在的语言取代过程来解释的（见边码484～485专栏）。

如果农耕扩散时在一个地区引入了讲一种新语言的大量人群，那么语言变化也会伴随着遗传学的更替。后来的迁移也会导致人口更替，而这也会伴随着语言的更替（见第十二章）。

DNA和语言

线粒体DNA、Y染色体和全基因组分析越来越多地被用来研究根据语言界定的族群之间的亲缘关系。当从与特定时空相关的人类遗骸中提取古DNA时，这种情况变得比较复杂，但也比较可靠，就如蒙大拿州安吉克（Anzick）遗址中的"克洛维斯男孩"所示（见边码472）。

分子遗传学在人口研究及历史语言学的应用仍处于草创阶段，但是可用信息的潜在数量很大，而这肯定将是一个不断扩展的领域。

从美洲线粒体DNA研究获得的一些证据表明，讲某特定语言的人群很可能拥有与其邻居不同的单倍群频率，而这些人群看来确实以该特定的单倍型为特点。虽然这种"人群特定多态性"现象与特定语言之间的关系还有待于深入探讨（见边码196），但就如我们所见，这对于非洲人群很明显（基于对语系而非特定语言的比较）。

分子遗传学现已研究了讲所谓搭嘴音语言（click language）的非洲语群体（包括昆人和哈扎人）之间的关系，这类语言常常被归为科伊桑语系。他们用线粒体DNA显示，这些不同群体的遗传学关系很远，估计其共同祖先可上溯到27000年前。如果他们共享的特定语言的特点确实是从一个共同先祖传承下来的，那么它们保存这么长的时间有点惊人。

大语系

俄国和以色列语言学家提出过一个有争议的主张，认为旧大陆西部许多主要语系（即印欧、亚非、乌拉尔、阿尔泰、达罗毗荼和卡尔特维里语系）能够归入一个涵盖更广（也更古老）的单独大语系中，它被称为诺斯特拉提克语系（Nostratic）。美国语言学家约瑟夫·格林伯格（Joseph Greenberg，1915～2001）提出过一个类似的"欧亚"大语系，然而他划分的界线不同。1963年，他将非洲各语言分为四大语系，并被广泛认可，但是他将美洲原住民语言分为三大语系（当时命名为：爱斯基摩-阿留申、纳德内和美洲印第安语系）的建议却饱受历史语言学家的批评。

尽管如此，分子遗传学的某些证据可以用来支持格林伯格的观点，就如我们所见，在非洲，他的分类与那里的分子遗传学材料之间有一种关联。而整个问题也与人类占据美洲和澳大利亚以及其他大陆的问题搅在一起（见边码473）。目前，鉴于语言学家的保留态度，考古学家较为明智的做法是对待诸如"美洲印第安"和"诺斯特拉提克"等概念要非常谨慎。即便遗传学材料赞同一种与语言学"合并者"（相对于怀疑两者的"拆分者"，他们偏好远程的语言学关系和大语系）相合的分类，也可能存在其他解释。在语言学图像变得较为清晰之前，有必要保持谨慎。

来自线粒体DNA和Y染色体研究的证据，不仅为人类物种指明了"走出非洲"的一种起源，而且为人类最早走出非洲之后在全球以各种方式扩散提供了日益清晰和断代明确的图像。考古遗传学这门新学科目前正与语言学相结合而得到有趣的成果。眼下得出的结论是尝试性的，对我们自身细胞的考古已经开始告诉我们有关我们自己和我们过去的许多故事。但必须指出的是，基于现生人群的遗传学只能告诉我们那些没有绝后的过去种群，它无法告诉我们那些已经绝灭人群的任何信息。对于这点，我们必须转向古DNA。

尼安德特人的古DNA

运用分子遗传学的大部分工作来自对现生人群样本的研究。但是，来自古墓葬和其他人类遗骸的古DNA贡献很快被证明极其重要。一项重要进展来自尼安德特人DNA的研究。1856年在西德尼安德峡谷发现了最初那具化石，"尼安德特人"由此而得名。慕尼黑的马赛厄斯·克林斯和斯凡特·帕伯与宾夕法尼亚大学的安妮·斯通和马克·斯通金携手，提取出了遗传物质，并将线粒体DNA片段放大。通过重叠放大，他们重新获得了长度超过360个碱基对的线粒体DNA序列。

将这些序列与现代人可比序列进行比较，发现了27处不同。这可以用来估算现代人和尼安德特人种群分开的时间（通常称为分异）。在任何种群中，DNA都倾向于以恒定速率变异，所以比较种群之间的变异程度可知他们是否以及何时从单一祖先物种分化出来。研究人员首先以人类和黑猩猩的分异为起点，从而估计他们最后的共祖在500万～400万年前，并测量了遗传学的差异程度。这提供了DNA随时间变化的速率。了解了这个突变率，以及现代人和尼安德特人的遗传学差异程度，就可以估计尼安德特人和现代人分道扬镳的时间在69万～55万年前。一些最新的估计将人类祖先与尼安德特人祖先种群分异的年代放在较晚的37万年前。

对于尼安德特人与人类分道扬镳的时间，与人类起源的当前考虑和"走出非洲"假设不谋而合。令人惊讶的是，人类与尼安德特人分异的时间竟然比以前想象得更早。虽然尼安德特人仍被看作我们的表亲，但是根据线粒体DNA的证据，他们是比我们过去想象要远得多的表亲。

最近，也就是2010年，位于莱比锡马普进化人类学研究所（the Max Planck Institute of Evolutionary Anthropology）、由斯凡特·帕伯领衔的尼安德特人基因组项目，利用克罗地亚温迪加洞穴（Vindija Cave）出土的44万～38万年前尼安德特人骨骼，发表了尼安德特人全套基因组测序。这是当时立足于古DNA最雄心勃勃的项目，并表明尼安德特人大约40亿个碱基对与现代人基因组规模相当。研究团队估计现代人与尼安德特人分异的时间估计在44万～27万年前，比上面根据线粒体DNA报道的数据要晚。他们也观察到，尼安德特人明显比现代非洲人更接近欧洲人和亚洲人。对此他们解释为，尼安德特人向现代人有相当大的基因流动，估计在基因组的1%～4%之间。他们认为，这发生在现代人向欧亚大陆扩散之前的中东地区。这一结论仍存在激烈的争议，但尼安德特人基因组项目的工作意味着我们了解人类过去的一个重大进步。

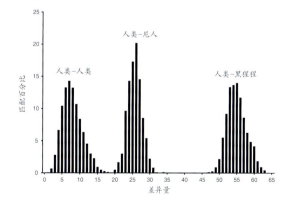

图11.69　通过计算两个个体的基因组，比较现代人、现代人与尼安德特人、现代人与黑猩猩的遗传学差异程度。X轴表示两个个体之间遗传学序列的差异量（例如，人类个体和尼安德特人个体之间的差异）。Y轴表示被比较的个体在给定样本中的遗传学差异程度百分比。图表显示了现代人–尼安德特人的差异比原先想象的要大得多，因此尼安德特人是现代人更远的表亲。

473

研究美洲与澳大利亚人群的起源

图11.70　巴斯蒂安·拉玛斯及其同事的研究指出，从西伯利亚向北美的单一迁移浪潮发生在25000年至19000年前。戴维·赖克认为，第二次较晚的迁移年代发生在大约5000年前。

长期以来，东北亚与西伯利亚被公认是人类最早移居新大陆的跳板。但是，跨越白令海峡到达美洲的迁徙浪潮只有主要的一波，还是有几波？这些迁徙事件发生在何时？近年来，从语言学和遗传学研究获得了一些新的线索。

语言学证据

自1950年代起，语言学家约瑟夫·格林伯格就声称，所有美洲原住民语言属于三大主要语系：美洲印第安、纳德内和爱斯基摩-阿留申（见边码469专栏）——这一说法得出了三波向美洲迁移主要浪潮的观点。

格林伯格在语言学同行中代表了少数，大多数语言学家批评他的三大语系过于简单，尤其是美洲印第安语系。已经证明的美洲原住民的语言超过了1000种，它们彼此差异如此之大，以至于无法重建它们的关系。这使得其他语言学家认为，不可能将美洲的语系与来自亚洲的迁移联系起来。

遗传学证据

分子遗传学，首先来自线粒体DNA，其次来自Y染色体研究，最后通过全基因组分析，现已提供了非常清晰的洞见。1994年，安德鲁·梅里韦瑟（Andrew-Merriwether）及其同事认为，所有美洲原住民来自同一波移入的人群，因为美洲四支主要的线粒体DNA遗传学标记（A、B、C、D）几乎无处不在。梅里韦瑟后来解释说，DNA数据最直接的解释理论是，实际只发生过一次单独的迁徙浪潮，迁移的人群带着所有四种遗传学标记，在迁移当中和之后很可能发生了语言和文化的分化（Merriwether 1990, 126）。2016年，巴斯蒂安·拉玛斯（Bastien-Llamas）及其同事提出，向白令吉亚（当时连接阿拉斯加和西伯利亚的一片陆地）的迁徙浪潮发生在20000至19000年前。美洲原住民族群的Y染色体证据表明，85%的美洲原住民男性（有时被称为"美洲原住民亚当"）携带着一个特定的变异基因，这就支持了梅里韦瑟向美洲大陆仅有一次迁移浪潮的说法。

戴维·赖克及其同事的工作，支持了单一人群移居美洲的理论。赖克团队2012年对美洲原住民种群进行了一次全基因组研究。在观察了52个美洲原住民种群的遗传学标记后，赖克团队发现，47种种群显示他们与欧亚种群没有区别。这导致团队得出结论，即今天绝大多数的美洲原住民来自单一人群，而非来自欧亚不同来源。2015年，埃斯克·威勒斯列夫（Eske Willerslev）及其同事进行的遗传学研究估计，美洲原住民主要世系的祖先在23000年前就已经与现在西伯利亚群体的祖先分离，而这与拉玛斯团队从线粒体DNA得出的结论一致。

遗传学数据也确认了后来人类进入美洲的重要迁徙。2012年，赖克提出了大约5000年前的第二波迁移，这可能与"古爱斯基摩人"的物质文化以及现在讲纳德内语的人群相关；2017年，他和他的同事证实了这种情况。第三次迁移为大约1000年前讲新爱斯基摩语的人群，包括图勒人（Thule）和因纽特人的祖先。最初人们认为这些新移民完全取代了古爱斯基摩世系，但是赖克后来的研究表明，这两种人群之间以及与最早美洲移民之间存在基因的混合。

澳大利亚

对当前澳大利亚原住民种群的分子遗传学研究，现已开始为澳大利亚的最早定居带来启示。澳大利亚和印度洋周边大部分种群之间在线粒体DNA及Y染色体上的深刻分异态势，指向50000年前最初定居澳大利亚之后的长期孤立。研究者仅探测到很微弱的向澳大利亚的二次基因流动，很可能发生在约8000年前澳大利亚和新几内亚之间的陆桥被淹之前。这就提出了这样的问题，澳大利亚史前史后期的发展，如帕马-恩永干（Pama-Nyungan）语系或琢背石叶工业很可能受到了外来的刺激。

这一图像因西伯利亚丹尼索瓦（Denisova）出土的另类化石片段的古DNA分析而变得愈加复杂，它表明该个体既非现代人，也非尼安德特人，而是一支大约在100万年前从人类和尼安德特人谱系上分裂出去的古人类物种。所研究牙齿和趾骨的整个基因组序列表明，丹尼索瓦人的演化史与西欧的尼安德特人和现代人类都不同，然而要宣称他是一个新物种，传统上则需要得到头骨和骨架等更为有力部分的支持。自2010年以来，又发现了更多的丹尼索瓦人化石，比如2015年在丹尼索瓦洞穴发现的牙齿化石，具有相同的遗传学特征。到目前为止，在这个地区之外还没有发现丹尼索瓦人的证据。

另一个重要的里程碑是在2013年取得的，马普进化人类学研究所的马赛厄斯·迈耶（Matthias Meyer）及其同事成功提取到了中更新世（30万年以前）一个古人类的线粒体基因组序列，该样本是从西班牙阿塔普埃卡骨坑（见边码390～391专栏）中出土的一件股骨上提取的。这是迄今提取到的古人类最古老的DNA序列，因此具有突破性意义，为通过古DNA深入研究更新世古人类的演化铺平了道路。该骨骼遗骸显示了与海德堡人相关的特征。有意思且始料未及的是，它与朝20万年后丹尼索瓦人发展的那条世系的线粒体基因组密切相关。许多人类学家本以为他与尼人的关系要比同时代生活在西伯利亚的丹尼索瓦人要近。

现代智人的古DNA

分子遗传学最初用于人类起源，包括为我们自身物种——智人起源"走出非洲"假说提供了系统陈述，它根据各种现生人群中提取的样本，推断他们之间的关系以及由此得出的世系（如系统发育）历史。研究古DNA，即从保存完好的古代遗骸——骨头、牙齿、头发，甚至人类粪便中提取样本时，会有被技术人员DNA污染的问题。这些污染在分析来自尼人遗骸的古DNA时较易被识别，其部分原因是大部分最成功的古DNA研究都是在尼人遗骸上进行的。而对于我们自身物种——解剖学上的现代人——只是在较晚才开始对旧石器时代晚期的人类遗骸进行研究，实际上也即是对过去12000年来全新世阶段的史前人类遗骸进行研究。

寒冷条件有利于古DNA的保存，所以到目前为止，大多数成功的研究都来自北欧、西伯利亚或北美发现的样本。在西伯利亚西部乌斯特-伊希姆（Ust'-Ishim）河岸上发现的一块股骨碎片，放射性碳测年约为45000年前，结果特别有意思，提供了常染色体数据以及Y染色体和线粒体DNA的信息。这是迄今为止得出的具有高质量基因组序列的最古老的解剖学现代人。就遗传学多样性而言，乌斯特-伊希姆个体所属的人群与今天的欧亚人更类似，而不是非洲人。付巧妹及其同事得出的结论是，乌斯特-伊希姆个体可能与47000年前阿尔泰山脉的旧石器时代晚期初的石器工业亚洲变体有关。该个体当时可能代表了散布到欧洲和中亚的一批早期现代人，但可能在现有人群中没有留下任何后代。在今天的西部欧亚人和东部欧亚人的祖先彼此分异之前（或同时），乌斯特-伊希姆个体所属的人群就与他们的祖先分道扬镳了。付巧妹及其同事2014年发表的古DNA研究结果似乎表明，我们可以从这些研究中了解到早期人类扩散和人口迁徙过程的细节。

2014年，莫滕·拉斯姆森（Morten Rasmussen）及其同事在哥本哈根对蒙大拿州西部安吉克（Anzick）墓地出土的一名男婴进行了全基因组分析，放射性碳断代在大约12500年前，也证明了古DNA领域研究的价值。它被发现与克洛维斯工业的工具相伴，是与克洛维斯文化直接相伴的人类墓葬。这名婴儿的线粒体DNA世系被认为属于"最早美洲人"所携带的奠基者世系之一，而他的Y染色体世系在美洲原住民中也很常见。他的核基因组与欧亚人种和美洲原住民的比较表明，相比其他欧亚人种，他在基因上与西伯利亚人更相似。这些结果为戴维·赖克（David Reich）及其同事最近重建美洲原住民人口史提供了支持，他们设想亚洲基因流有三条"涌流"，安吉克男孩可能是第一波涌流的一部分，紧随其后的是两波较远祖先的迁移，符合边码473图中说明的模型。

在欧洲，相较早期那样仅依赖现生人群、比较容易做的DNA研究，古DNA表明情况可能要比我们想象的更复杂。来自安纳托利亚或近东的早期欧洲农业人群的基因簇，现在可以从德国和瑞典的新石器时代早期墓葬样本（以及阿尔卑斯山的冰人，见边码70～71专栏）中被分辨出来。在西班牙和卢森堡的中石器时代背景中提取的样本，可以分辨出西欧狩猎采集群的一类基因簇；在西伯利亚包括马耳他的遗址中可以识别出古代北欧的一类基因簇。通过对古DNA的研究，我们现在可以清楚地看到，农业从安纳托利亚传入欧洲时，伴随着大量新人群的输入，而其变化的细节则因地而异。然后，在青铜时代初期，与库尔干土墩墓相伴的大规模迁移从黑海北部草原地带迎来了进入中欧地区的新游牧人群（见第十二章），还有几个世纪以后，通过英吉利海峡进入不列颠群岛的大口杯人群（Beaker Folk）的持续迁移。

身份与个人

本章讨论的是人的考古,"他们像什么"的话题涉及许多视角,并采用了生物人类学的许多技术。该问题自然包括个人与群体之间的差异,并涵盖了生物多样性的各种问题。但是,"他们是谁"的问题更加复杂一些,取决于他们如何构建有关自身的认同,或者别人包括个人和集体是如何看待他们的。

这也许有点自相矛盾,尽管目前分子遗传学技术已经在追溯人类谱系上取得了巨大成果,并勾勒出了人类向世界各地的迁徙史,但是所采用的各种分类范畴——多倍群——却越来越模糊。就如本章开头所指出的,理应客观的"人种"概念似乎越来越不准确、越来越有问题。证据在于人类往往大体上基于世系,确实将自己组成社群,而这些群体常常对归属于它的成员意义重大。人类语言的差异更是如此,即讲相同语言的人常常把自己看作是自然群体;许多族群就是这样的群体。在这种意义上,族属是一种社会现象:这在第五章社会考古学章节做了讨论(也见边码193和195)。个体(individual)和个性(personhood)考古学当然超越了族属的问题,涵盖了性别、年龄、亲属关系、阶级、宗教和其他尺度的分类。这些问题在第五章和第十章里做了深入讨论。

小 结

▶ 过去人类的遗体提供了有关他们生活的直接证据。生物考古学研究考古遗址出土的人类遗骸。虽然整个人类遗体能以各种方式如木乃伊和冰冻保存下来,但是考古学家发现的人部分人类遗骸是骨架和碎骨。

▶ 分析人类遗骸的一个重要部分是鉴定体质特征。比如,骨架遗骸的性别能够通过观察骨盆和其他骨骼来确定。牙齿有助于确定一个个体死亡的相对年龄,也即他们是否是年轻人、成人或老人。甚至有可能通过对头骨特征的仔细分析来复原某人的容貌。

▶ 当完整的遗体如木乃伊被发现,有时能够推断其确切死因。对于骨骼遗存,死因很难确定,因为大部分在骨骼上不会留下任何痕迹。只有暴力、事故和先天畸形,以及小部分疾病能从骨骼上看出来。

▶ 早期医疗的证据能够从文献记载和具体实物上发现。那些有文字的文化,记录了大量的疾病及相关治疗办法。就体质而言,考古遗存有时能够显示手术的痕迹。手术器械在全世界都有发现。

▶ 人口考古学利用考古信息来估计人群的规模、密度和出生率。这可以通过分析聚落材料和分析特定环境动植物资源的丰富性来做到。

▶ 有关早期人群迁移的大部分最佳证据来自现代遗传学材料的分析。对现生人群的遗传学分析只能告诉我们有后裔延续至今的古代文化的信息。

深入阅读材料

下列文献提供了研究人类遗骸很好的一般性入门：

Aufderheide, A.C. 2003. *The Scientific Study of Mummies*. Cambridge University Press: Cambridge & New York.

Blau, S. & Ubelaker, D.H. 2008. *Handbook of Forensic Archaeology and Anthropology*. Left Coast Press: Walnut Creek.

Brothwell, D.1986. *The Bog Man and the Archaeology of People*. British Museum Publications: London; Harvard University Press: Cambridge, MA.

Chamberlain, A.T. & Parker Pearson, M. 2004. *Earthly Remains. The History and Science of Preserved Human Bodies*. Oxford University Press: New York.

Hassett, B. 2018. *Built on Bones: 15,000 Years of Urban Life and Dead*. Bloomsbury: London.

Larsen, C.S. 2002. *Skeleton in our Closet: Revealing our Past through Bioarchaeology*. Princeton University Press: Princeton.

Mays, S. 2010. *The Archaeology of Human Bones*. (2nd ed.) Routledge: London.

Roberts, C.A. 2012. *Human Remains in Archaeology. A Handbook*. (Rev. edn) Council for British Archaeology: York.

Waldron, T. 2001. *Shadows in the Soil: Human Bones and Archaeology*. Tempus Stroud; Charleston, SC.

White, T., Black, M., & Folkens, P. 2011. *Human Osteology*. (3rd ed.) Academic Press: London & New York.

对于疾病和畸形的研究可以从以下书目入手：

Ortner, D.J. 2003. *Identification of Pathological Conditions in Human Skeletal Remains*. (2nd ed.) Academic Press London.

Roberts, C. & Manchester, K.2010. *The Archaeology of Disease*. (3rd ed.) The History Press: Stroud; (also Cornell University Press: Ithaca, NY, 2007).

人口学研究可见：

Chamberlain, A. 2006. *Demography in Archaeology*. Cambridge University Press: Cambridge & New York.

对于尼安德特人和现代人演化可见：

Johanson, D. & Edgat, B. 2006. *From Lucy to Language*. (2nd ed.) Simon & Schuster: New York.

Stringer, C. & Andrews, P. 2011. *The Complete World of Human Evolution*. (2nd ed.) Thames & Hudson: London & New York.

对于分子遗传学和稳定同位素研究的应用可见：

Brown, T.A. & Brown, K. 2011. *Biomolecular Archaeology: An Introduction*. Wiley-Blackwell: Oxford.

Cavalli-Sforza, L.L., Menozzi, P., & Piazza, A. 1994.*The History and Geography of Human Genes*. Princeton University Press: Princeton.

Jobling, M.A., Hurles, M.E. & Tyler-Smith, C. 2004. *Human Evolutionary Genetics: Origins, Peoples & Disease*. Garland Science: New York.

Jones, M. 2001. *The Molecule Hunt: Archaeology and the Hunt for Ancient DNA*. Allen Lane: London & New York.

Matisoo-Smith, E. & Horsburgh, K. A. 2012. *DNA for Archaeologists*. Left Coast Press: Walnut Creek, CA.

Olson, S. 2002. *Mapping Human History: Discovering the Past through our Genes*. Bloomsbury: London; Houghton Miffin: Boston.

Reich, D. 2018. *Who We Are and How We Got Here: Ancient DNA and the New Science of the Human Past*. Oxford University Press: Oxford.

Renfrew, C. 2002. Genetics and language in contemporary archaeology, in Archaeology, *The Widening Debate* (B. Cunliffe, W. Davies, & C. Renfrew eds.), 43−72. British Academy: London.

Renfrew, C. & Boyle, K. (eds.) 2000. *Archaeologenetic: DNA and the Population Prehistory of Europe*. McDonald Institute: Cambridge.

Wells, S. 2002. *The Journey of Man, a Genetic Odyssey*. Princeton University Press: Princeton.

12 事物为何演变

考古学的阐释

回答"为何"的问题是考古学最为困难的任务。事实上，这是任何科学或知识领域最具挑战性且令人神往的任务。正因为有了这样的问题，我们能够超越单纯的事物表面，深入到分析层次，寻找某种途径来了解事件的形态。

该任务的目的是激励许多人来研究人类的过去。现在人们期望，通过对已经逝去或死亡的东西展开研究为今天的生活品行提供一些借鉴。研究早期而遥远的史前阶段以及较为晚近的历史时期的考古学，因它跨越漫长的时间深度而在人文科学中占有独特的地位。因此，如果人类事件中存在一些态势，那么考古学的时间尺度就能将它们揭示出来。

如何了解人类的过去，尚未有一致和公认的某种方法。因此，这一章节必然尚无定论，也肯定会存在争议。但这一章节值得一读，因为目前考古学探究的这一领域是最为活跃的。第一章概述了主要的争论。本章将更详细地探究和评估考古学采用的方法，以了解过去的人类文化是如何以及为何发生变化的。

解释的方式：一般还是特殊

我们所说的"解释"是什么意思呢？而我们想解释的又是哪些不同的事情呢？有关过去特定状况或事件形态的一种解释，是试图让我们了解它们为何以那种方式而没有以另一种方式发生。关键是要了解：如果"解释"对我们的了解并没有增加新知，那它（对我们来说）就不是解释。

作为初步的尝试，我们可以分出两种截然不同的回答问题的途径。第一种途径是特殊的：它试图对相关细节的了解越多越好。它以这样的信念行事，即如果我们能够掌握足够的我们想要解释的事前状况和导致事件发生的细节，那么事件本身就会日益清楚地展现在我们面前。这种解释有时被称为"历史学的"，然而必须指出，并非所有历史学家对这样的描述感到满意。

有些历史学的解释特别强调我们需深入窥视所探究先民的思想，因此有时被称为是观念主义的解释。英国哲学家和历史学家柯林伍德（R. G. Collingwood，1889～1943）曾说，如果你想要了解凯撒大帝为何要渡过鲁比肯（Rubicon）河，就需要深入凯撒大帝的脑子，就要尽可能多地知道周围细节，也要尽可能了解他的生活。

第二种途径更强调通则（generalization）。早期的新考古学家以此马首是瞻，并转向当时的科学哲学。也许不幸的是，他们求助于美国哲学家卡尔·亨普尔（Carl Hempel，1905～1997），亨普尔声称所有的解释应当从那些最雄心勃勃的通则——自然法则——的角度来予以构建。法则性陈述是一种普遍性陈述，这意味着在某种状况下（其他条件都相等），X总意味着Y，或者Y根据某种绝对的关系随X发生变化。对亨普尔来说，我们想要解释（待解释的事物）的事件或形态可以通过把两件事情合到一起来进行说明：详尽的去前状况和法则；在应用法则的时候通过演绎推理来预言实际发生的事件。法则的陈述与先前状况的陈述一起构成了"解释要素"。解释的方式被视为一种演绎的方式，因为结果是从先前状况再加上法则推演而来的。因为它依赖法则性的陈述，所以也是规律性的。亨普尔的这一系统有时被称为演绎-通则或D-N的解释方式。

于是第二代和第三代的几位新考古学家开始尝试以普遍法则的方式来表述考古学：一个著名的例

子就是由帕蒂·乔·沃森、史蒂文·勒布朗和查尔斯·雷德曼所编撰的《考古学的解释》(*Explanation in Archaeology*，1971)。但是，大部分考古学家认为，很难对人类的行为得出普遍性的法则，这样做不是非常的琐碎，就是不太真实。传统学者，比如加拿大考古学家布鲁斯·特里格(Bruce Trigger，1937～2006)就要求回到传统的历史学解释上来，我们可以将这种解释的形式称为编年史学的解释。显然新考古学家起初投向科学哲学被证明并不成功。像肯特·弗兰纳利这样颇有心计的考古学家，看到"法则与规律"学派犯了一个只是提出了很难说有什么价值的"米老鼠法则"("米老鼠法则"意为幼稚、简单的法则——译注)的错误。弗兰纳利一个得意的例子是：当一个遗址的人口增加，窖穴的数量也会增加。对此，他尖锐地回答："科学先生，蜥蜴会跳呀！"(这是卡通片"蜘蛛人"的台词，弗兰纳利借此讽刺新考古学派有些人故作高深，小题大做——译注)。有些新考古学的批评者抓住这个挫折，提出这个学派是"唯科学主义"(即不加思考地

按自然科学来构建模式)。但实际上，新考古学的一个积极贡献是遵循科学惯例，将提出的一种说法尽可能建立在具体和明确的设想上。

自1970年代中叶以来，过程考古学传统的主流学者仍然试图从科学哲学中获得借鉴，然而他们不再求助于亨普尔。卡尔·波普尔的工作在使用这个方法上就比较灵活，他坚持每种说法只要有可能就应当予以公开的检验，他根据材料提出：在这当中不真实的说法和难以成立的通则是可以被废弃的。而且，这些学者指出演绎推理并没有错。提出一种假设是非常好的主意，如果它是真实的，那么根据它进行演绎，然后看看这些结果是否确实可以在考古记录中发现，用全新的资料来检验假设，这就是假设-演绎或H–D的解释方法，而它并不像D–N方法那样依赖通则性的陈述来进行。正是这种努力使我们的想法和推测与严格的事实进行对质的愿望，将科学工作与没有控制的一般想象性操作区分开来，这正是科学哲学家们以及和他们站在一起的过程考古学家们所要坚持的。

传播迁移论解释

就如我们在第一章中所见，新考古学最初出现的原因，是对传统考古学解释中意识到的一些缺陷作出反应。在新考古学之前，传统考古学的方法包括以下的例子：发现了某地区某时期某种前所未见的陶器类型，该陶器类型是根据先前不见的形状和新的纹饰加以分辨的。然后，这种陶器形制就会被放到时空坐标中：考古学家有望根据其分布画出一张分布图，并在它所在的遗址中确立其地层序列。下一步是确立它在某考古学文化中的位置。

遵循这种传统途径，人们声称每个考古学文化是某特定人群(people)的物质表现——也就是有一个明确定义的族群(ethnic group)，能被考古学家根据上面概括的方法探知。虽然这是一种民族分类，但是史前"人群"也需要一个随意的名字。一般根据陶器首次发现的地点命名(比如美国西南部的明布勒斯人群，见边码342专栏)，或者有时就用陶器本身命名(比如大口杯人群)。

下一步往往要看，是否有可能从一群人迁移的角度来解释所见的变化？是否能够为这群人确定一处合适的家园？对附近区域陶器组合的详细研究也许可以推测这样一个家园，甚至提出一条迁移路线。

另一方面，如果迁移论的说法似乎站不住脚，而整个组合若不能归因于一种外来的源头，那么该组合的某个独有特征就会是尝试寻找的对象，该组合很可能是与遥远且最好是更加"文明"之地的一种平行发展。如果能够发现这样的"平行发展"，便能声称该组合所在就是起源的中心，其他组合中的特征就是从那里来的，并且是通过一种文化传播过程扩散而来的。确实，在放射性碳断代方法出现之前，这些平行发展也能根据我们的假设对新发现的陶器进行断代，因为与文明中心接近的特征和遗迹几乎肯定已经通过该文明的历史编年学确定了年代。

这样传统的解释建立在今天很易受到挑战的设想上。第一，在传统学者中有一种观念认为，考古学"文化"大致能代表实际的群体，而非学者仅为方便起见而设计的一种分类术语。第二，认为民族单位或"人群"可以从考古记录中识别等同于此概念的文化。事实上，考古遗存中族群的证据并不总是清晰可见的。第三，一般认为若一个区域的文化组合中存在与另一个区域的文化组合相似时，就可以很容易将这一区域的文化解释为人群迁移的结果。

478　图12.1～12.2　传播：一个确凿的例子。字母系统是某地一项发明通过传播被广泛扩散到其他地方的一个例子。大约在公元前12世纪的黎凡特沿海，腓尼基人建立了一种简化的语音字体来书写他们的闪语（现在认为这种字体最终源自埃及象形文字）。大约公元前1千纪初，这种字体已经被希腊人采纳来书写他们的语言，这最终奠定了今天使用的罗马字母的基础（腓尼基字母也发展成希伯来语、阿拉伯语和其他许多字母系统）。但是，希腊字母是最早修改并在意大利被采纳的，用于书写伊特鲁里亚语和后来的拉丁语及罗马语。正是通过拉丁文，罗马字母传遍了大部分欧洲，并在后来扩散到世界其他地区。

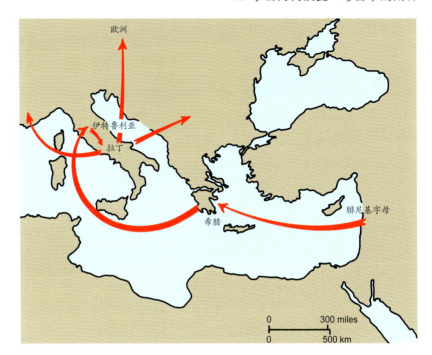

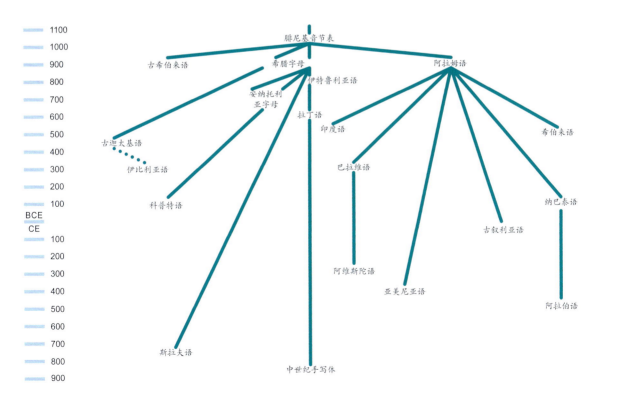

最后，文化传播有其解释的原则。今天，人们觉得这种解释有时被用得过头，几乎有点过于简单化了。因为，尽管区域之间的接触——不仅仅是通过贸易——对于各个区域的发展意义重大，这种往来的影响必须予以详细考虑：仅仅从传播的角度来进行解释是不够的。（一个最初用迁移论，后来用传播论，但最终被弃用的很好例子是由大津巴布韦的案例所提供的：见边码482～483专栏。）

不过值得强调的是，迁移在过去确实发生过。虽然它们不像传统学者经常认为的那样容易被考古学所论证，但在少数情况下确实可以被论证。移居太平洋波利尼西亚群岛就是一例。一组被称为拉皮塔文化的考古发现提供了公元前1600～前1000年从新几内亚北部远到萨摩亚群岛的岛民向东跨越大片无人区迅速移动的记录（见下图）。

最近，分子遗传学和古DNA研究为特定地区人口变化提供了明证，而这种变化可以合理地用"迁移"来说明（见后页专栏）。一个显著的例子包括所谓的"库尔干假说"（见边码39），1950年代玛丽加·金芭

塔丝纯粹根据物质文化的证据而提出这一假说，尤其是物质文化证据中存在公元前3000年横跨北欧大陆大部和东欧的所谓"绳纹陶"。金芭塔丝认为这种陶器类型属于一种分布较广的库尔干文化，最终从欧亚大草原传播到中欧。2015年，沃尔夫冈·哈克（Wolfgang Haak）和他的同事采用黑海北部草原地带墓葬出土的古DNA样本，论证了大约公元前2700年颜那亚（Yamnaya）文化的游牧者大量涌入中欧，在那里取代了早已在此的早期农业人群，然后以同样的方式继续向北扩散至北欧和西欧的大部。

不列颠群岛在公元前2500年前后也发生过类似的人口显著更替，外来人群随身携带"铃形大口杯文化"（Bell Beaker culuture，此命名是因为陶器的独特形状令早期考古学家联想到倒置的铃）。墓葬的古DNA显示了一种与草原相关的起源，这一起源可能来自从东方来到中欧的颜那亚游牧者。不列颠和爱尔兰新石器时代人口的古DNA变化是如此显著，以至于20世纪初陈旧的（迁移论）术语老调重弹并认为"大口杯人群"的到来似乎是合理的。

图12.3   迁移：一个确凿的例子。最早定居波利尼西亚群岛的问题显然已被一组称为拉皮塔文化的发现所解决，尤其以刻戳纹装饰的陶器为特点（右）。拉皮塔遗址都是小型村寨，常常伴有永久栖居的证据。它们提供了岛民乘船自新几内亚北部向东朝着远至西波利尼西亚的萨摩亚迅速移动的记录，根据放射性碳测定年代在公元前1600～前1000年。一般认为，拉皮塔迁移者是波利尼西亚人的祖先，而那些（大部分）留在美拉尼西亚的人是目前美拉尼西亚岛民远祖的主要部分。

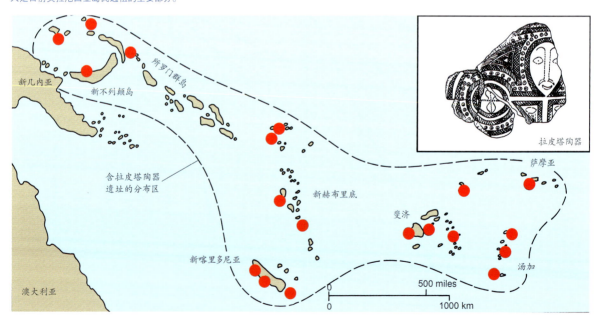

过程论方法

在第一章中我们介绍了过程论方法如何试图分离和研究一个社会内部以及社会之间运转的不同过程，这一方法将重点放在与环境的关系、社会内部生计与经济及社会的关系、流行的意识形态与信仰对这些过程的影响，还有不同社会单位之间发生互动的结果上。

1967年，肯特·弗兰纳利总结了演变的过程论方法如下：

> 过程学派的成员视人类行为是大量系统重叠的焦点（契合），各系统包含了文化和非文化现象——往往后者更多。例如，某印第安群体可能介入一个系统中，即该群体在正被缓慢侵蚀的河流冲积平原上种植玉米，导致最好的农田位置慢慢向上游转移。同时，该群体也会介入一个野兔种群的系统中，其中野兔的密度由于掠食者和疾病的原因，以十年为周期而发生波动。该群体还可能与另一个居住在不同类型区域的印第安群体处于同一交换系统中，他们在一年的某个预定时间里从这个群体获得生活产品等等。所有这些系统对于每个印第安人来说都是时间和能量的竞争：维持他的这种生活方式取决于系统之间的一种平衡。文化演变是通过一个或几个系统微小的变化而发生的，这些变化或增长、或置换、或强化其他系统，并会在一个不同的层面上达到平衡。

因此，过程学派的策略是要分离每个系统，并将它们作为分别的变量来加以研究。虽然其最终目的当然是要重建所有相关系统的整个契合方式，但是如此复杂的分析，目前证明仍处在过程理论家的能力之外（Flannery 1967, 120）。

弗兰纳利在此非常强调环境，即他所谓的"非文化现象"。早年新考古学的一些批评家觉得，经济，特别是生计，有点被强调得过头，对于人类实践的其他方面，包括社会和认知方面关注不够。但是，这并不会削弱过程考古学曾经获得的和一直拥有的力量：集中分析社会不同部分的运转，并研究这些部分是如何契合到一起来解释社会作为一个整体而发生的历时发展。

因此，过程论方法的目的是建立通则，并强调人类历史的"规律"。甚至在新考古学正式发轫之前，戈登·威利和菲利普·菲利普斯就已经提出这一要点："在考古学背景中，过程论阐释研究的是被含糊地指称为文化-历史过程的本质。实际上，它是指从文化-历史学综合方法所提供的关系中试图发现规律。"（Willey and Phillips, 1958, 5-6）

就像我们将在下一节所见，今天的许多讨论关注阐释中通则的作用，因此，我们所分析的那些独特历史事件完全不能被看作具有任何潜在过程意义的通则性实例。

过程考古学的应用

早期的过程主义考古学可以被合理地称为功能考古学，因为它认为所有物质文化产生的原因主要是为了适应环境。1968年，路易斯·宾福德提出了有关农业或食物生产起源的首个一般性解释。在他的论文《后更新世的适应》中，他提出了被新考古学视为其目标的一种通则性解释。较早的学者，特别是戈登·柴尔德和罗伯特·布雷德伍德（见边码278～279专栏），也曾试图解释农业的起源。但宾福德的解释以它的普遍性有别于先前尝试，并使之成为新考古学成果的一个重要特点。因为他的陈述不仅要解释近东或地中海的农业起源（虽然他关注的是这些地区），而且要解释世界范围的农业起源。他将注意力集中到末次冰期结束时的全球性事件（即更新世末期，也是其论文的标题）。

宾福德将他的解释集中在人口上：他关注小型社群里的人口动力，强调一旦原来流动的群体趋于定居、

481
483

483
486

480

分子遗传学和人口移动

分子遗传学研究正为人口史，特别是人类最早抵达各大陆提供重要的新信息（见边码469和473专栏）。早期欧洲的案例说明了遗传学正在改变我们对过去人口动因的了解。

1994年，路卡·卡瓦利–斯福扎（Luca Cavalli-Sforza）及其同事采集了许多不同地理位置的人群遗传变异的数据。他们追踪了32组经典遗传学标记，并将其遗传学变异频率标示在欧洲、亚洲和非洲的地图上。欧洲的图谱显示，南部见有数量更多的特定遗传学变异，往北走变异频率就逐渐降低。虽然这种分布图表现的是不同时期、不同过程结果的复合叠加，但是，卡瓦利–斯福扎团队将欧洲的这种形态归因于公元前6500年左右新石器时代之初，农业从安纳托利亚向欧洲的扩散。他们视其为一种人口的"推进浪潮"，即人口扩散并迁移到先前并无该

人群居住的新地区。这种所谓"人体传播"（demic diffusion）的过程，可能涉及与原已在此人群的混合。在此情况下，这种迁移很可能在西北部，也即"人体传播"过程最弱的地方，留下较早旧石器时代晚期人群的遗传学标记。

后来DNA研究的影响大大改变了这种图像：首先，由布赖恩·赛克斯（Brian Sykes）、马丁·理查兹（Martin Richards）及其同事对线粒体DNA的研究，发现在现代欧洲人种群中存在几种单倍群。研究各单倍群在整个欧亚大陆上的分布，似乎有可能进一步推断各族群抵达欧洲的时间。这令他们认为，现代欧洲人的基因库中有近20%是由8500年前来自安纳托利亚的农人（单倍群J）所贡献的，约10%来自50000年前最早抵达欧洲的现代人，而最大的70%贡献明显来自14000～11000年

前扩散的一些单倍群，它们也是自安纳托利亚来到欧洲的。在安纳托利亚对欧洲人基因库的巨大贡献方面，赛克斯团队的成果可与卡瓦利–斯福扎及其同事的发现比肩，但他们认为主要的过程要早得多，可上溯到旧石器时代晚期。

沃尔夫冈·哈克及其同事的古DNA研究现已对这些结论做了补充。他们根据人类骨骸中提取的Y染色体数据提出，欧洲早期农耕人群遗传标志着一种更清晰的形态，它与欧洲大陆农业开始之初来自近东的人口大量输入相吻合。欧洲人口在近东农业人口移入之后并非保持不变。最近证实的大约公元前2700年颜那亚人自黑海以北草原向西的重要迁移，具有一种更加深远的影响。这为整个新石器和青铜时代构建了一幅迁移和人口变化的复杂的图像（见边码484～485专栏）。

图12.4～12.5　追踪32个基因标记密度的欧亚地图：欧洲的形态被卡瓦利–斯福扎及其同事解释为随农业扩散人群自安纳托利亚向欧洲"推进浪潮"的结果。他们为亚洲和非洲也绘制了类似的人群地图，但卡瓦利–斯福扎并没有为这些形态提供解释。

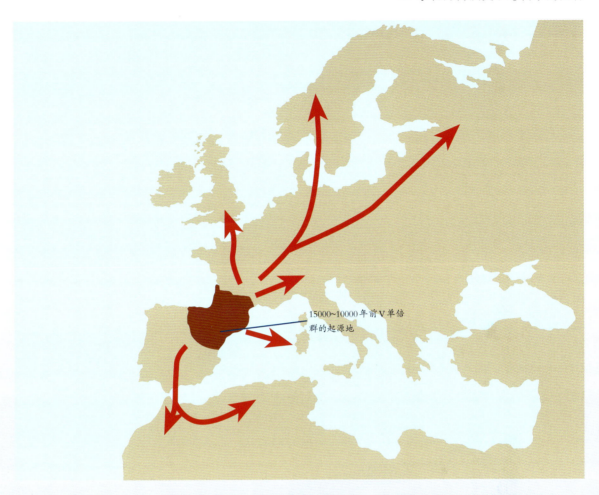

15000～10000 年前 V 单倍
群的起源地

图 12.6　欧洲地图，描绘了 15000～10000 年前 V 单倍群最有可能的起源地（阴影部分），及其在末次盛冰期后向外扩散的态势。

气候变化

为什么有些人群会迁移？正如路易斯·宾福德所言，一个非常重要的原因是气候因素。在末次盛冰期，即 15000 年前，欧洲人口已从寒冷地区退缩到局部的庇护区，此后的几千年里，来自这些庇护区而非安纳托利亚的人群

再次占据了欧洲大陆。这点似乎得到了安东尼奥·托罗尼（Antonio Torroni）及其同事研究的强烈支持，该研究揭示了可能在 15000 年前源自伊比利亚北部或法国西南部的一个欧洲本土单倍群（单倍群 V），与 15000～10000 年前一次向欧洲其他地区重要的人口扩散有关。

虽然解释仍存在争议，但是目前分子遗传学提供的线粒体 DNA 和 Y 染色体材料，似乎支持最后冰期及之后由气候触发的欧洲内部重大人口变化的图像，但有多次人口变化是源自安纳托利亚的外来移居过程。

482

拒绝传播论的解释：大津巴布韦

在现在非洲津巴布韦靠近马斯温戈（Masvingo）的大津巴布韦宏伟遗迹，自19世纪欧洲人首先在该地区探险以来，一直是受到广泛推测的问题。因为这里有令人赞叹的、用石头完美砌成的结构精致的建筑。

早期学者根据传统的解释方式，将大津巴布韦归功于来自北方"更文明"土地的建筑师和工匠。当英国探险家塞西尔·罗兹（Cecil Rhodes，1853～1902）造访该遗址时，当地的卡兰奇（Karange）酋长被告知，"伟大的主"曾来此"探访很久以前属于白人的古代庙宇"。1896年，一位作家采纳了这一观点，认为大津巴布韦起源于腓尼基人。

第一位发掘者西奥多·本特（J. Thoodore Bent，1852～1897）试图确立在近东较发达背景里所见遗物和特征之间的平行发展（共同点）。他的结论

是："废墟和其中的物品与任何已知非洲人种没有任何关系"，他还确定建造者来自阿拉伯半岛。因此，这是一种迁移论的观点。

更为系统的发掘由格特鲁德·卡顿–汤普森主持（边码32），她在1931年的报告中得出结论："观察了现有的从各个方面采集的所有证据，仍然可以这样认为，没有一件东西不和源自班图人的说法和中世纪的年代相吻合。"但是，其他考古学家无视她仔细阐述的结论，而继续信奉传播论解释的典型方式，谈论来自"更高级文化中心"的"影响"。葡萄牙商人是一个深受偏爱的启迪来源。但是，若纪念建筑的年代被定为早于欧洲旅行者，那么印度洋的阿拉伯商人提供了另一来源。晚至1971年，罗杰·萨默斯（Roger Summers，1907～2003）用一种熟悉的传播论观点写道："认为一些葡萄牙石匠曾经到过津巴布韦，并为当时生活在那里的大酋长服务的可能性并非不合适。同样有可能的是，尽管看来有点不太靠谱，一

些云游的阿拉伯工匠很可能与此有关。"

后续的研究一直支持格特鲁德·卡顿–汤普森的结论。现在在该地区很大一批纪念性建筑遗迹中，大津巴布韦最为显著。

虽然该遗址历史较早，但是纪念性建筑的营造很可能在公元13世纪就开始了，而该遗址在15世纪达到了顶峰。各方面的考古学家现在已经能够为造成这一地区这一伟大成就的经济和社会条件提供一幅连贯的图像。重要影响——传播——源自更"先进"的地区，已经不再是该图像的组成部分。今天，一种过程论阐释框架已经取代了传播论解释。

图12.7 （左）遗址平面图：椭圆形建筑内有一系列的围圈、平台和锥形塔。

图12.8 （右）皂石雕刻的鸟，1889年发现于大津巴布韦。该遗址又出土了七件相似的鸟，该母题成为现在津巴布韦国旗、钞票和硬币上的图案。

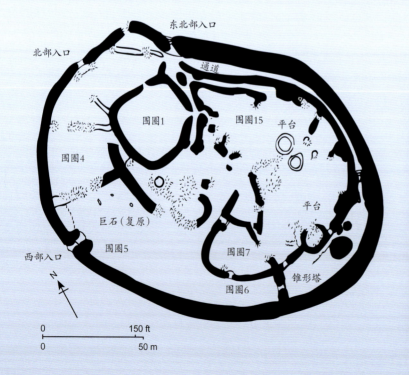

图12.9　种族主义与考古学：这幅1938年罗得西亚政府的宣传画上，一个卑屈的黑人为示巴（Sheba）女王奉献他的黄金。

图12.10　9米高的锥形塔是大津巴布韦最醒目的遗迹。

语系与语言的变迁

1786年，一位在印度工作的学者威廉·琼斯爵士（Sir William Jones, 1746～1794）发现许多欧洲语言（拉丁语、希腊语、凯尔特语、德语和英语）以及古老的伊朗语和梵语（印度和巴基斯坦许多现代语言的祖先）在词汇和语法上有如此多的共同点，所以它们肯定都有关联。它们一起构成了我们所知的印欧语系。

自那时起，许多语系被辨认出来，大家普遍认同，每个语系是从同一个祖先的原始语言发展而来的。每种原始语言是在何时何地开始起用是历史语言学家和史前考古学家讨论的课题。印欧语系的起源长期以来一直是欧洲史前史的一个棘手问题，并在1930和1940年代与当时希特勒及纳粹提出的"雅利安"种族优越论的种族主义宣传一起，发出了令人不悦的政治泛音。

难免的是，除了所讨论的语言用文字形式记录下来以外，因为直接证据不足，这种讨论还是以推测为主，但是考古学家已开始以一种较为系统的方法来谈论这些问题。历史语言学家也日益采用系统发生方法（其中电脑能够处理海量的语言材料）来分析不同语言之间的关系。

一种特定语言在某个地区开始使用，一般通过下面四种途径之一：开始殖民；分化，语言群的方言相互分离，差异越来越大，最后形成了新的语言，就像在拉丁语不同后裔的案例那样（包括法语、西班牙语、葡萄牙语、意大利语等等）；融合，同时期的许多语言通过单词、词组和语法形式的借鉴而相互影响；取代，某种语言进入一个区域取代了另一种语言。

语言取代可以几种方式发生：

1. 通过交际语或混合语（lingua franca）的形成，逐渐在一片广阔的地区占主导地位；
2. 通过贵族主导，一小群外来者巩固了权力，并将他们的语言强加给大多数人；
3. 通过技术创新，它是如此重要，使得移入者生活更为有效，最好的例子是农业族群的扩散；
4. 通过接触诱发语言的变迁，讲不同语言的邻近社群开始进行更为持续的交往。

现在得到广泛认可的是，非洲班图（尼日尔-刚果）语的广泛分布是由于农业与其他技术发明（包括铁器加工）一起自西非扩散的结果。而盖丘亚（Quechua）和艾马拉（Aymara）语在秘鲁安第斯山区的扩散，也被用更加完善的这种模式来进行考虑。

另一个农业/语言扩散的例子由东南亚和太平洋地区的南岛语族包括波利尼西亚语所提供。最早的波利尼西亚人就像边码479中所指出的那样，很可能是与拉皮塔陶器相伴扩散的，虽然现在分子生物学研究认为情况可能更为复杂一些。

虽然印欧语系的分布一般被认为是由贵族主导的例子（从青铜时代开始由从黑海北部来的骑马游牧民形成的贵族），但是也提出了不同的观点，这种观点认为原始的印欧人是在大约公元前6000年随着最早的农民从安纳托利亚来到欧洲的。来自古DNA的有力证据现在支持大约公元前2700年与颜那亚文化相伴的一次"库尔干迁移"的黑海理论（见上，边码481），这次迁移很可能将原始印欧语带到了北欧大部。但是，这些人并非最早讲原始印欧语的人群，因为说早期印欧语的人在安纳托利亚似乎早已存在，他们所讲的语言是后来赫梯语和卢维语（Luwian）的祖先，它们在公元前1700年左右的碑文中已为人所知。这些问题仍有争议：目前对人类移居中亚、西亚以及欧洲的观点，是根据戴维·赖克（David Reich）研究的地图所概括的（对面页）。但是，最近一种说法是，凯尔特语很可能源自西方，早期随着来自东方的原始印欧人群沿着大西洋西海岸扩散。

就如在第十一章中所指出的，在语系分布和分子遗传学标识之间存在相伴关系，这表明两者都能告诉我们有关世界人口的历史，而这正是考古学研究的一个成长领域。

图 12.11～12.12 根据戴维·赖克研究所绘制的地图，显示了由古DNA论证的欧洲与中亚两次相继的人口迁移。这些人口移动：a. 始于安纳托利亚和新月沃地的农业扩散，b. 颜纳亚游牧者的迁移很可能与原始印欧语系的传播部分相关，尽管原始印欧语系最初的"故土"目前仍不确定。轮廓线显示了小麦和大麦农业从近东的故土向印欧周围大陆的扩散。

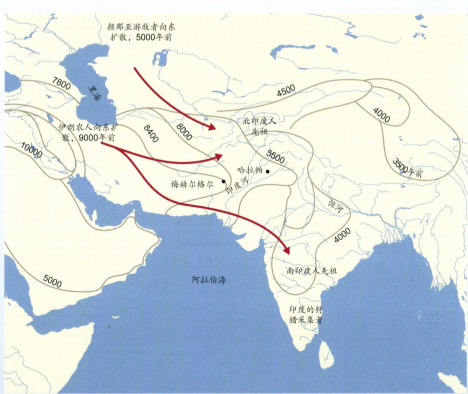

图 12.13　德国霍赫多夫一座青铜时代酋长墓葬中出土的青铜大锅：地中海世界进口的用于仪式宴饮的显赫容器，这种贵重物品体现并强化了酋长（及其继承者）的权力。

不再到处流徙，人口的规模就会明显增加。因为在一个定居的村落里，一个流动群体对一个母亲可以养育小孩数量的严重制约已不再起作用。例如，将小孩从一个地方携带到另一个地方已不是难事。宾福德可以想见，一旦存活孩子的数量增加，就会产生很大的人口压力。这一定会导致该社群越来越多地利用当地的植物性食物，如野生谷物，这些食物向来被人忽视并被认为没有什么价值。从强化利用谷物开始，并引入加工它们的方法，必然会发展出正规的播种和收割周期，于是植物与人类生计联系到一起的过程使得驯化步入正轨。

但是，为何这些农业前群体会开始定居下来呢？宾福德的观点是，更新世末海平面上升（因极地冰雪融化所致）产生了两个重要的后果：第一，它缩小了沿海平原狩猎采集群的活动范围；第二，海平面上升所形成的新栖息地使得人类群体更有机会获得洄游的鱼类（为产卵而进入江河的种类，例如鲑鱼会从海洋沿河流上溯产卵）与候鸟。利用这些丰富的资源，颇像晚近北美西北沿海居民所做的那样，狩猎采集群发现他们可以从此定居下来，他们不再需要流浪。

用这样的简介来概括宾福德的解释显得有些单薄。在我们今天看来，某些方面还是有点过于简单（见边码278～279专栏）。不过，它还是有许多优点的。因为，虽然主要集中在近东，同样的观点也适用于世界其他地区。宾福德避开了迁移或传播，并从过程论角度分析了这一观点。

将宾福德的方法与1978年芭芭拉·本德的方法进行对照很有趣。从一种明显的马克思主义视角（见下文），她声称，在农业开始之前，当地群体之间存在竞争，他们都设法通过宴飨主宰其邻居，并将资源消耗在炫耀的祭祀和交换上。正是这样的需求，导致维生资源需求日益增加，于是就开启了强化利用土地和发展粮食生产的过程。

马克思主义考古学

紧随着新考古学早期影响所带来的理论讨论高涨，在考古学中出现了再度应用卡尔·马克思和弗里德希·恩格斯工作中一些观点的兴趣（见第一章），其中有许多观点在1960与1970年代已被法国人类学家作了重新审视。在一种典型的马克思主义模型中，社会内部的变迁主要来自生产力（劳动者从事生产的具体手段和技术）和生产关系（主要是围绕生产力的社会关系）之间所产生的矛盾。特别是这些矛盾作为阶级之间的斗争而发生（如果这是一个各特定社会阶级都已经形成的社会）。这可以被形容为一种对抗的世界观，认为世界所有的变化都通过内部的对立加以解决。这可以和早期新考古学所偏爱的功能论形成反差，在其看来，起作用的是较有效的选择压力，而变迁常常被视为互惠的。

但是需要牢记的是，早在1930年代，像戈登·柴尔德这样公认的马克思主义考古学家所做的分析，已在很大程度上与马克思主义考古学的原则相一致。例如：马克思主义考古学是进化论的：它试图了解人类历史演变的过程（我们能想见这个事实，即马克思受到查尔斯·达尔文和路易斯·亨利·摩尔根的影响，见第一章）；它是唯物主义的：强调人类生活，特别是生产的具体现实。柴尔德的著作《人类创造了自身》（*Man Makes Himself*，1936）就是一个极好的例子，其中引入了新石器时代（农业）革命和城市革命的概念。

安东尼奥·吉尔曼（Antonio Gilman）提供了马克思主义解释的一个典型案例，他的研究始于对西班牙和葡萄牙新石器和青铜时代自平等社会向等级社会转变的解释。有些先前的解释强调，一个具有部分集中管理的社会（由酋长进行组织）可以在某种形式上比一个没有这类中心人物的平等社会更为有效。另一方面，吉尔曼对酋长制机构是否从整体上对社会特别有利提出质疑。他声称，酋长通过冲突获得权力并用武力维持自己的权力，通过剥削平民过着相当舒适的生活。利益冲突、社会阶级或集团之间的斗争以及贵族剥削贫民的说法是典型的马克思主义观点。

同样，苏珊·弗兰肯斯坦和迈克尔·罗兰兹（Susan Frankenstein and Michael Rowlands）提出了一种模式来解释中欧铁器时代等级的兴起，强调当地酋长从地中海输入显赫物品的意义。同样，酋长从他们的特权地位出发干得很好。他们有效地垄断舶来品市场，将最好的东西留给自己，并将其他舶来品赐予他们最信任的侍从。根据马克思主义的模式，酋长被视为偷窃财物的作恶者，而不是为整个社群谋取福祉的智慧父母官。

迈克尔·罗兰兹和乔纳森·弗里德曼（Jonathan Friedman）一起提出了一种应用更广的"文明"演化"渐成说"模式。在各文明的例子中，他们在所探讨社会的社会关系中锁定变迁的主要轨迹以及不同社会群体之间的矛盾。

在这些研究中并没有对于一种过程论分析不合适的内容，因此两种方法无法被清楚区分开来。马克思主义分析与功能-过程论考古学共有的建设性特征包括考虑整个社会长时间演变，并探讨其中社会关系的一种愿望。另一方面，与新考古学家的过程论研究相比，许多这类马克思主义分析在把握具体考古材料方面似乎稍有欠缺。在理论考古学和田野考古学之间的鸿沟并不是总能予以有效克服的，而马克思主义考古学的批评家有时注意到，自卡尔·马克思在一个世纪以前奠定了基本原理以来，留给马克思主义考古学家的所有事情就是完善它们：田野工作是多余的。尽管有这些差异，功能-过程论考古学和马克思主义考古学在许多方面具有共同点，当两者都与结构主义和后过程论方法对照时，这点就更清楚了。

进化考古学

查尔斯·达尔文除了对马克思主义考古学产生了影响外，他还通过新进化论思想对考古学家持续施加影响，这一概念认为生物进化过程也会推动行为和文化的变迁。

当前一些方法与人类行为生态学（HBE）的原理有广泛的一致性，即进化论原理被用来研究人类行为和文化的多样性。它关注现代人类的行为如何反映我们自然选择的历史。它的基本设想是，人们总是以改善他们适应性的方式来灵活应对各种环境条件：换言之，自然选择确保了我们物种能够估量采用某种策略的受益和代价。

这种方法通过采用进化论和最优化原理，来关注人类行为和文化的差异：例如，最佳觅食理论声称，某生物会尽可能以最小消耗来努力获得最大能量。人类行为生态学在一种生态背景中研究特征的适应设计、行为及历史，意在确定生态和社会因素是如何影响和塑造行为灵活性的，不仅在人类群体内部，而且在人类和生态之间。概括地说，它渴望解释人类行为的多样性只不过是对生活多样化和竞争性需求的一种适应解决之道。然而，尽管它关注生态方面，但是许多考古学家觉得它强调人类认知这种独有特征不够，也没有厘清人类文化在适应发展和传播中的有利作用。但是，有三种思考立场强调了这些方面。

在英国，一位与托马斯·赫胥黎（Thomas Huxley，1825～1899）相似的、挑战创世论信仰的、传统进化论倡导者理查德·道金斯，早在1976年就提出，文化进化是由文化基因"模因（memes）"的复制所产生，它类似于现在被公认为生物进化工具的基因，并采取了DNA分子形式。复制的基因是一个实体，它在复制的过程中直接传递结构，而道金斯认为"模因的例子是声调、思想、捕捉的短语、服装式样、制作陶器和营造建筑的方式"。考古学家本·卡伦（Ben Cullen，1964～1995）偏好将复制基因比做"文化病毒"，而这种"文化病毒"的传播过程是通过文化接触所引发的。但是批评者指出，这些缺乏任一文化复制过程的特定机制（与DNA作为基因的体现相比），只不过是隐喻而已，对想要了解的过程无法提供深入的认识。

约翰·图比（John Tooby）和莱达·科斯米兹（Leda Cosmides）等进化人类学家视现代大脑是生物进化的产物，并声称如此复杂物体的产生只能通过自然选择的方式。他们特别提出，人类大脑是在更新世阶段狩猎采集者面对选择压力的情况下演化的，而我们的大脑依然适应于那样的生活方式。好几位学者以此马首是瞻，试图将大脑的演化置于一种明确的进化框架之中。丹·斯珀伯（Dan Sperber）曾写过"大脑的组件性"，认为现代人之前的大脑会根据不同的活动以一系列不同模件发挥作用（狩猎、计划、社会智慧、自然史智力、讲话等等），而斯蒂芬·米申声称，标志着我们这个物种诞生的"人类演化"，是新认知流动的结果，而这些新认知是这些特化认知领域开始一起运作时产生的。虽然这些是令人振奋的新观点，但是它们尚未得到任何大脑硬件神经分析及其进化研究的支持。一种批评认为，就"模因"的情况而言，这种说法只不过是一种带有隐喻性质的陈述而已，对心理机制缺乏任何的精确观察。

美国进化考古学倡导者并不建议采用"模因"或文化病毒作为一种解释的机制，他们也不信奉进化心理学或进化人类学。但是他们确实建议采用达尔文的进化论来解释考古记录，而且他们强调世系概念的价值，将其定义为"将变迁的时间轨迹归功于遗传性的存在"。他们能理直气壮地提出，世界不同地区悠久的文化传统反映了文化特征代代相传的继承性。他们也正确地提醒我们，达尔文进化论早在格雷戈·孟德尔（Gregor Mendel，1822～1884）揭示出遗传的发生机制，或弗朗西斯·克里克（Francis Crick，1916～2004）、罗莎琳德·富兰克林（Rosalind Franklin，1920～1958）和詹姆斯·沃森（James Watson）在DNA结构中确立了他们分子基础的研究之前，就已经提出并被广泛接受了。可以这样说，他们显示了人类文化的传递可以如何有效地从达尔文进化论角度来进行观察。但是他们不甚清楚的是，从该角度进行分析所提供的新见解并非总能让考古学家受益。

解释的企图：单因还是多因

一旦我们开始讨论考古学上真正的大问题，情况就变得复杂了。因为我们发现许多大问题并非单一事件，而是一组事件。最后冰期之末世界范围的农业起源之谜就在上面的正文里有所提及（边码480～481），而路易斯·宾福德的解释尝试，在农业起源的专栏（边码278～279）中做了介绍。肯特·弗兰纳利的方法将在下面讨论（边码492～493）。

另一个大问题是都市化的发展和国家社会的兴起（见第四章）。这个过程显然是在世界不同地区独立发生的。从某种意义上说，每个案例无疑都是独特的。但是我们也能说，每个案例又是比较普遍的现象和过程的一种特定例子（有其本身的特殊性）。这正如某生物学家可以讨论（就如达尔文所为）不同物种形成的过程，同时并不否定每个物种的独特性，或某物种内每个个体的独特性。

如果我们现在集中在都市和国家的起源上，我们将会看到，这是一个可以提出许多不同解释的领域。广义上可以分为主要集中于一个因素的解释（单因论解释）和考虑多个因素的解释（多因论解释）。

国家起源：单因论解释

如果我们依次察看不同的解释，我们会发现它们本身都非常有道理。但是，一种解释被用于某特定区域，例如美索不达米亚时，它往往会显得比用于另一区域如埃及更有效，但却未必适用于墨西哥或印度河流域。下面各例今天看来都不完全。然而，每个案例指出的要点仍然成立。

水源论假设 德裔美国历史学家卡尔·魏特夫

（Karl Wittfogel，1896～1988）在1950年代的著作中，从大河流域冲积平原上大规模灌溉的角度解释了伟大文明的起源。他认为，单是灌溉就可以导致富庶与高产，于是造成早期文明中相当高的人口密度，因此使得都市化成为可能。但是，灌溉同时又需要有效的管理——一批当权人士会控制和组织劳力来挖掘和维护灌溉系统，等等。这样，灌溉和"水源组织"会进一步发展，魏特夫认为由此而产生了分化的领导权、较大的生产力和较多的财富等等。

魏特夫将这些建立在灌溉农业上的文明国家特点上的系统归入一种"东方专制主义"范畴。可以用这一思路来考虑的文明有：

- 美索不达米亚：从公元前3000年开始的苏美尔文明及其后继者。
- 古埃及：从公元前3000年开始的尼罗河流域文明。
- 印度/巴基斯坦：从公元前2500年开始的印度河流域文明。
- 中国：公元前1500年的商文明及其继承者。

相同的说法也被应用于墨西哥河谷和玛雅文明的农业（然而那里的灌溉并不依赖大河）。

内部冲突 1960年代晚期，俄国历史学家伊格尔·迪亚科诺夫（Igor Diakonoff，1915～1999）为国家起源提出了一种不同的解释。在他的模式中，国家被视为将秩序强加于阶级冲突之上的一种结构，而冲突本身是由财富增加所引起的。社会内部分化在此被视为一个主要的诱因，由此而导致其他的结果。

战争 相邻政体之间的战争越来越被视为变迁的一种动力（见边码397与399）。尽管在有些例子中，对等政体之间周期性的冲突并没有产生长期的影响，而在有些例子中其结果则是征服和形成更大、范围更广的国家社会。肯特·弗兰纳利最近强调了历史文献所记载的、在国家社会形成初期个别战争领袖的作用（注意，这就是后过程学者一直在寻找的个人"动力"的一例：见下文）。

人口增长 许多考古学家所偏爱的一种解释集中在人口增长的问题上。具有影响力的英国学者托马斯·马尔萨斯（1766～1834）在他的《人口论》（*The Principle of Population*，1798）一书中认为，人口倾向于增长到食物供应允许的极限。当达到极限或"载能"，人口的进一步增长会导致食物的短缺，并进而导致死亡率上升和出生率下降（在有些情况下导致武装冲突）。这就设置了人口的一个绝对上限。

人口增长→食物短缺→死亡率上升及出生率下降

丹麦经济学家埃斯特·博塞洛普（Esther Boserup，1910～1999）在她重要的《农业成长的条件》（*The Condition of Agricultural Growth*，1965）一书中有效地扭转了马尔萨斯的立场。后者将粮食供应看作是基本有限度的；而她则认为农业是可以强化的——如果人口增长，农民可以从同样的土地面积上生产更多的粮食。换言之，采用缩短轮种的间隔，引入犁耕或灌溉，农民可以增加他们的产量。于是，人口增长可以维持在一个新的层次上。

人口增长→引入新的农耕方法→农业产量的增加

因此，人口的增长导致了农业的强化，并导致对更为有效管理和更大经济规模的需求，包括手工业专门化的发展（见第五章）。人们辛勤地劳动，他们必须如此，于是社会的生产力就提高了。较大的人口单位开始出现，结果引起聚落形态的变化。当聚落数量增加，任何一种决策机制都会要求发展出一种等级制。集中得到了保证，而一个集权国家就是合乎逻辑的结果。

美国考古学家格雷戈里·约翰逊的工作与上述观点非常吻合，他在研究较小规模的社会时采用了这些理论。从最近对西南非洲昆桑人营地的现代民族学解释中，他表示组织结构的层次会随着营地规模的扩大而提高。在小型营地中，基本的社会单位是个人或3～4人的核心家庭。在大型营地中是大约11人的延伸家庭。在较大规模的社会里，例如新几内亚，需要社会等级系统来控制争端和维持社会作为整体并有效运转。

环境限制 美国人类学家罗伯特·卡内罗（Robert Carneiro）提出了一个不同的方法，尽管他所采用的一些变量已有人指出（见后页专栏）。他以在秘鲁所做的国家社会形成研究为例提出了一种解释，强调环境所施与的约束（限制）以及战争所起的作用。在他的模式中，虽然人口增长也是一个重要的组成部分，但是这个模式以一种不同方式加以组合，战争中强有力领导权的发展是一个关键的因素。

489
490

对外贸易　与本地之外的社群进行贸易联系的重要性，一直被一些考古学家强调来寻求解释国家的形成。其中最为出色的是由美国考古学家威廉·拉斯杰提出的玛雅低地国家社会兴起的模式。他认为，低地缺乏基本原料，故促使低地发展出更为严密和组织程度更高的社群以保证获得稳定供应的原料。他采用这一假设来解释低地雨林古典玛雅文明的兴起。

490
492

多因解释

所有先前有关国家起源的解释都主要强调一种主要的变量和一种解释的原则立场，即便其中包含多种立场。但是，若实际上有多种因素起作用，那么单因论的解释就显得太简单了。有必要一次同时考虑几种因素。这样的解释就被称为多因论。当然，上面简述的解释没有一个能真的让人以为是单因：每个解释包含有多个因素。但是这些因素并不一定是系统地结合在一起的。因此，有些学者试图寻找方法来应付同时存在差异很大的多种变量。显然这十分复杂，在此，系统论的术语可以证明非常有用——这个术语在边码481、483引用肯特·弗兰纳利1967年所做的过程考古学定义时已做了约略介绍。

系统论方法　如果将所探究的社会或文化看作一种系统，那么就有必要来考虑这种系统内部互相有别的不同情况，并努力列举各种情况以明确了解它们。明显的是，人口规模将是这种系统参数之一。对聚落形态、不同作物生产、原料等的衡量，以及对社会结构各方面的衡量也都是系统的参数。我们可以想象，随着时间的流逝，系统会沿一系列连贯的系统状态前进，每个状态都根据当时所探讨的系统变量的价值来予以定义。探究的相继系统状态可以建立系统的轨迹。

将整个系统分解成几个子系统来考虑比较方便，可以反映系统作为整体所从事的不同活动。每个子系统可以通过定义它所代表的活动种类予以思考：在其内部有参与这些活动的人、器物和相关的物质文化，还有那些相关的环境。每个子系统与其他所有系统一样，会表现出有用的反馈现象。这一概念来自控制论的领域。

一个系统输入和输出的概念是关键。如果输入的一部分回流构成输入的一个持续部分，那么这就叫作反馈。例如，如果某系统中的一个变化产生了较多的农产品，反馈到系统，或可能影响人口的增长，或可用于资助灌溉项目的剩余产品，进而能提高农业产量。

国家的起源：秘鲁

在1970年的一篇文章里，罗伯特·卡内罗提出了对秘鲁沿海国家起源的一种解释，将重点放在他所谓的环境限制因素上（由环境施加的制约）。人口增长也是该解释的一个重要组成部分（在该解释中，他的观点与正文中讨论的埃斯特·博塞洛普的观点相关）。

秘鲁沿海的早期村落都位于被沙漠包围的大约78个狭窄的河谷中。虽然这些村落会发展，但是只要有可耕地，社群单位就能不断地分裂，这样原始的聚落就不会变得太大。最终某特定河谷里的所有土地都被开垦了。这时，已经被耕耘的土地就会被更强化地利用（开辟梯田和灌溉），以前那些被忽视的贫瘠的土地也开始被利用。

卡内罗声称，人口的增长会抵消通过强化生产获得的递增产量，于是战争便成为一个重要的因素。在过去，武装冲突的发生仅仅是出于复仇的愿望；而现在成为对获得土地需求的一种反应。

一个在战争中落败的村落会臣服于获胜的村落，而它的土地会被占用。而且，落败的人群无法从其被山脉和海洋所包围的河谷环境中逃离。如果他们留在自己的土地上，他们就成为臣服的纳贡者。酋邦就这样形成了，社会的阶级分层就这样开始了。

卡内罗强调，当土地短缺持续，战争也会持续，现在则变成较大政治单位——酋邦之间的冲突。当酋邦征服酋邦，政治单位的规模就会大增，集中制就会发展起来。这一过程的结果就是国家的形成。覆盖整个河谷的王国出现了，然后是多河谷的王国，直到最后整个秘鲁被强大的印加帝国所统一。

卡内罗接着声称，政治单位的数量减少而它们的规模增大是一个一直在持续的过程，它也许最终导致未来某一天一个世界性国家的出现。

就像其他所谓的单因论解释，这个解释实际上确实将一系列因素放到一起考虑。但是，它在因素的挑选上是

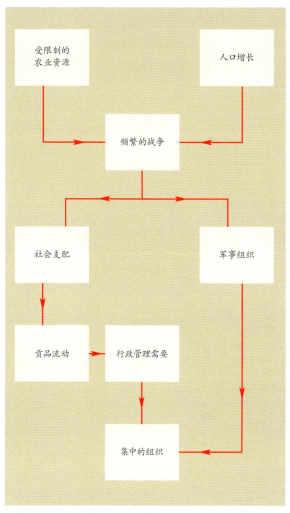

图12.14　卡内罗解释复杂社会兴起的流程图。

图12.15　由山脉隔开的两个河谷里的村落。

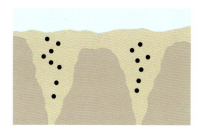

图12.16　人口增长导致村落增多，使得一些村落位于贫瘠的土地上。

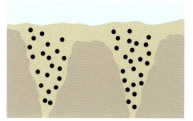

图12.17　村落之间的竞争导致战争。

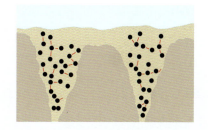

图12.18　一些村落支配着另一些村落，它们成为酋邦的中心。

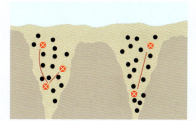

图12.19　一个酋邦支配其他的酋邦：国家出现。

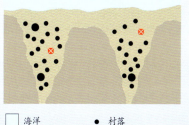

☐ 海洋	●	村落
▨ 河谷	⊠	酋邦
▨ 山脉	●	臣服的酋邦
	—	冲突/战争

有高度选择性的。就像所有单因论的解释，它有一种"主动力"：一种基本进程设定了整个事件发展的整个序列，并在事件展开时持续作为驱动力发挥作用。在本案例中，主动力是人口增长。

由于这类案例总是以主动力来加以解释，因此我们并不清楚是什么导致它发挥作用。

因为这些影响会反馈到农业生产，所以它们被称为积极反馈。

当输出与原来的变迁发生抵牾时，反馈也可能是负面的。例如，如果某变化提高了农业生产，但耗竭了土壤，进而使农业减产。消极反馈是非常重要的，因为抵制变化可以保持稳定。所有活的系统都以这种方式来运用消极反馈。例如，人的体温就是如此作用的，当体温升高我们就会出汗：以这样的输出来减少输入的影响（外界温度的上升）。当一个系统通过消极反馈的运转来维持一种稳定的状态时，这就叫作动态平衡（homeostasis，源自希腊单词，homeo同一，而stasis是维持或保持）。同样，所有人类社会都有一些机制来维持稳定：如果它们不能如此，那么他们几乎在存在的每一刻都会发生急剧的变化。

于是，这就可能考虑一个子系统对另一个的影响，依次观察每对子系统的互动。

在1968年的一篇文章里，肯特·弗兰纳利将系统论方法运用于公元前8000～前2000年期间中美洲食物生产的起源。他的控制论模型包括分析用于开拓不同动植物种类的各种处理系统，并分析他所谓的"时间安排"，即在某特定时间里从两个或多个活动方针中根据相对的优点而进行选择。弗兰纳利将不同物种可获性随季节波动所产生的制约以及对时间安排的要求视为他系统论模型中的消极反馈；也就是说，这两个因素的作用是抵制变化并维持现有食物处理方式的稳定性。但是随着时间的流逝，两种小型物种豆类和玉米的遗传变化提高了它们的产量并使他们易于收获。这些变化的影响以一种偏差放大或积极反馈的方式导致这两类物种越来越被依赖。于是，该过程的最终结果开始发生，即驯化——一种人类始料未及或从未衷心向往的结果。正如弗兰纳利在他的文章里总结道：

> 这一方法对于史前学家们来说，意义十分明确，希望发现最早驯化的玉米棒子、最早的陶器、最早的象形文字，或最早发生重要突破的遗址都是徒劳的。从先前形态产生的这种偏差几乎可以肯定是以如此微弱和偶然的方式发生的，以至于根本无法找到它们的痕迹。调查因素互动的过程，将这些微弱的偏差放大成史前文化的重要转变，比较值得尝试。（Flannery 1968, 85）

系统论方法肯定是方便的，但后过程考古学家（见下）从对过程考古学的总体批评来批评系统论，认为它是唯科学论和机械论的，完全无视个人的存在，并认为系统论方法赞同世界贵族通过利用占支配地位的系统占有，科学地控制下层百姓。

那些原则上并不反对科学解释的学者所提出的批评尤其令人感兴趣。他们的一个最有力的观点是，这种方法从根本上说是描述性的，而不是阐释性的：它照着世界依样画葫芦，但是没有真正说明其中发生了什么（但是有许多人会反驳，显示世界如何运转确实是一种功能性的解释）。这些批评家也说，在许多例子中很难赋予各种变量以真正的价值。但是他们同意，这一方法确实提供了一种实际的框架来分析社会各个组成部分的关联。而这种方法也使得它很容易用电脑建模或进行模拟（见下一节）。这种模型可以变得很复杂，以至于很难看出整个形态。但是当我们处理的是像国家社会那样的复杂系统，或解释国家起源这样的困难问题，那就勉为其难了。

模拟

模拟包含规划一种动态的模型：也即关注历时变迁的模型。模拟研究对于提出解释极有帮助。为了进行模拟，我们必须在脑子里具有或开发一种能够得出一些规则的特殊模型。然后，我们能输入一些原始资料或一些基本条件，并通过对模型的反复应用（一般需借助电脑），达到一系列系统状态，它们可能抑或无法从现实世界得到可信的印证。

因而，模拟是一种例证，寻找一种成形的模型（有时是检验）。诚然，实际上从没有一种模拟起初就能达到预期目标，而是在模拟实验中不断完善模型。具体的解释是模型，而非模拟本身，这是模拟的根本价值所在。

例如，安东尼·查德威克（Anthony Chadwick）决定为希腊麦西尼亚（Messenia）青铜时代的聚落发展建模。他采用聚落成长和发展的一些简单的规则，然后用电脑将它放到迈森尼亚的史前景观中。结果是一组历时的模拟聚落形态。而且有趣的是，它们很像我们所知聚落形态的实际发展。于是，该模拟清楚表明，

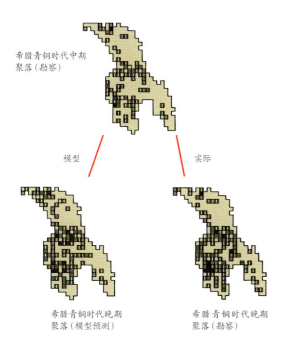

希腊青铜时代中期
聚落(勘察)

模型   实际

希腊青铜时代晚期   希腊青铜时代晚期
聚落(模型预测)   聚落(勘察)

图12.21 安东尼·查德威克的麦西尼亚青铜时代聚落发展的模拟图。美国明尼苏达大学的麦西尼亚考古研究课题小组已经绘制了希腊铜器时代中期到晚期的聚落遗址分布图。查德威克的研究目的是想看看，如果以希腊铜器时代中期的形态为起点，他是否能通过模拟建模，得到希腊铜器时代晚期的聚落形态。图示显示了由勘察得到的希腊铜器时代中、晚期实际遗址分布图，以及结合生态（如土壤）和人类（如现有人口密度）因素、最接近原貌的模拟结果。阴影递增强度分别为每4平方公里范围具有1～3个聚落遗址。

查德威克具有创意性的模型至少部分成功地抓住了聚落形态发展过程的关键。

学者也有可能以上述的系统论方法为出发点，为整个系统的发展建模。在此，我们分析各个子系统的相互关联与互动。然后我们必须准确地设定，这些关联实际上是如何运作的，某个子系统中某项参数值的变化会如何改变其他子系统的参数。

在实践中，模拟可以从所有参数的原始值出发，而参数的原始值必须由研究者自行决定（或者取自实际情况）。由杰伊·福里斯特（Jay Forrester，1918～2016）及其助手领衔的麻省理工学院的系统动力学建模小组率先在多个领域使用了这一技术，包括模拟乡镇的发展和世界经济的未来。

杰里米·萨布洛夫（Jeremy Sabloff）和他的同事用这种方法为古典玛雅约公元900年的崩溃建模，建立他们自己的设想，并构建他们自己的模型。该模型能够取得具有相当说服力的结果，而其结果很有启发性。

美国考古学家埃兹拉·朱布罗（Ezra Zubrow）修改了福里斯特的方法，并用它为奥古斯都大帝以后阶段的公元前1世纪后期和公元1世纪初的古罗马发展建模。他的目标并非为罗马构建一种完整的行为模拟方式，而是要验证那些对古代社会发展和稳定至关重要的敏感性参数。朱布罗的某些成果揭示了一种突然兴衰的多重循环态势，在200年间大约有三次。采用不同电脑处理输入的不同变量（例如对劳力规模翻番），就有可能根据模拟来确认哪些变化至关重要。事实上，劳力翻番并没有明显效果，再翻番也就产生了这样的结果。

这个例子说明，模拟已被用作一种解释工具来研究系统的行为。迄今为止，这类模拟方法的运用还处于初级阶段，比起所研究的早期文化的程序和潜质，我们应对模拟方法的程序和潜质予以更多的关注。而且，模拟还能着手为个人决策建模，就像斯蒂文·米申所做的那样，为多动因的互动建模。

系统崩溃

回顾往事，似乎有许多社会和早期文明经历了某种突然的崩溃，如英国历史学家爱德华·吉本（Edward Gibbon，1737～1794）所著、1766至1788年间出版的名著《罗马帝国衰亡史》（The History of the Decline and Fall of the Roma Empire）提供的例子，这本书仍以高雅而驰名。古典玛雅崩溃的案例在边码494～495的专栏中做了讨论。该现象被考古学家热议了几十年，并由科学家和通俗作家贾雷德·戴蒙德（Jared Diamond）在其《崩溃：社会如何选择成败兴亡》（Collapes: How Societies Choose to Fall or Succeed，2005）一书中做了回顾。有些批评性争论一直延续，并出现了一些共识，即许多社会衰落的快速程度（即崩溃）在很多情况下被夸大了。对证据的详细审视往往揭示了其衰落要比初看来得缓慢，而在像秘鲁古纳斯卡（Nasca）的例子中，牵涉到一种生态因素和文化因素的混合。

古典玛雅的崩溃

与普遍的看法截然相反，玛雅文明并非经历了单一、突然和整体的崩溃。当西班牙人在16世纪初抵达尤卡坦半岛北部的时候，他们发现有讲玛雅语的密集人群生活在几百个地方政体之中。有些最高统治者自吹有多达60000臣民。庙宇和宫殿把持着下属的乡镇。祭司们查阅预言书和占卜书，与复杂的日历一起，管理着每年的祭祀周期。

从前古典期到古典期玛雅

考古学家现在知道，在1500年里玛雅社会的崩溃和复苏是家常便饭。最早一次"大"崩溃发生在危地马拉北部的米拉多（Mirador）盆地，那里纳克贝（Nakbe）、埃尔米拉多（El Mirador）、廷塔尔（Tintal）和其他巨大中心在前古典期中段和晚段（前1000～250）繁盛起来。大约到公元150年，该地区大体被废弃（再也没有恢复元气），证据显示，这里和其他地方的生态系统持续恶化。古典期（250～900）南部玛雅低地也见证了许多局部崩溃，其朝代脉络盛衰起落，最终导致公元10世纪大范围的崩溃。

南部低地的崩溃

南部低地古典玛雅社会的最终崩溃，因其在该地区的规模和崩溃后的一蹶不振而闻名遐迩并难以解释。公元750年，这片广阔的区域至少有几百万人口，并分成40～50个小王国。但是在8个世纪之后，当欧洲人最初在该地区旅行时，它几乎荒无人烟。19世纪的探险家报道了一片茂密森林覆盖的废墟，造成了一种灾难性崩溃的浪漫印象（见边码29，图1.15）。到20世纪初，学者们能够释读刻在玛雅纪念建筑上的日期（现在我们知道它们与王室/贵族的事务有关）。它们表明玛雅文明于公元3世纪开始有一次持续和强有力的扩张，大约到公元790年达到巅峰，然后在接下来的120年里纪念性建筑营造急剧衰落，暗示了集中统治权的崩溃。虽然这些材料仅直接反映了贵族的活动，但是在缺乏系统的考古记录和独立的年代学信息的情况下，人们推测古典玛雅政治系统和人口在一两代人中经历了一种灾难性的崩溃。

我们现在知道，该崩溃过程要比旧模式想象的要复杂和迟缓得多。大多数学者同意，衰落至少开始于公元760年，当时佩特克斯巴吞（Petexbatun）西部地区像多斯皮拉斯和阿奎特卡（Aguateca）等中心在证据充分的破坏性战争轮回中被放弃。虽然其他地方的中心在一段时间里仍然在建造纪念性建筑，但是大约公元900年老的象形文字传统消失了。王室建筑计划停止——有时非常突然——从此不见王室墓葬。虽然有些政体和首都崩溃突然，并有明显的暴力迹象，但是其他一些政体和首都的废弃很缓慢（明显是和平的）。如果我们的视野覆盖整个南部低地，那么集中政治体制的解体大约发生在150年间（某些宏伟的中心如拉马奈［Lamanai］和科巴［Coba］不知什么原因在这些麻烦中存活下来）。

与这些玛雅废都共生的人口究竟发生了什么，是个颇为复杂和有争议的问题，而用当下考古材料也很难评估。许多地区看来确实经历了人口的突然下降。例如在科潘，贵族活动在一些下级宫廷建筑群中一直延续到大约公元1000年，而整个人口的减少大约历时400年。南部古典玛雅传统的衰落是如此缓慢和多样，令一些考古学家拒绝用"崩溃"来形容。

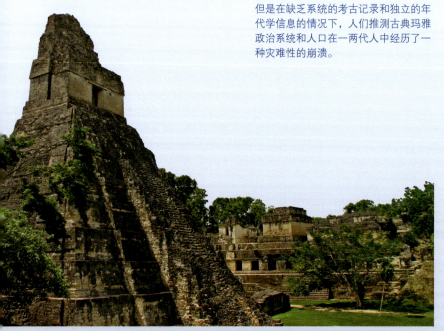

图12.22　危地马拉蒂卡尔的神庙Ⅰ，大约建造于公元740～750年。蒂卡尔是玛雅伟大中心之一，那里建有巨大而宏伟的纪念性建筑群。但是，该遗址似乎在公元950年之后几乎完全废弃。有可能的是，人口密度过高和过度种植对环境产生了灾难性影响。

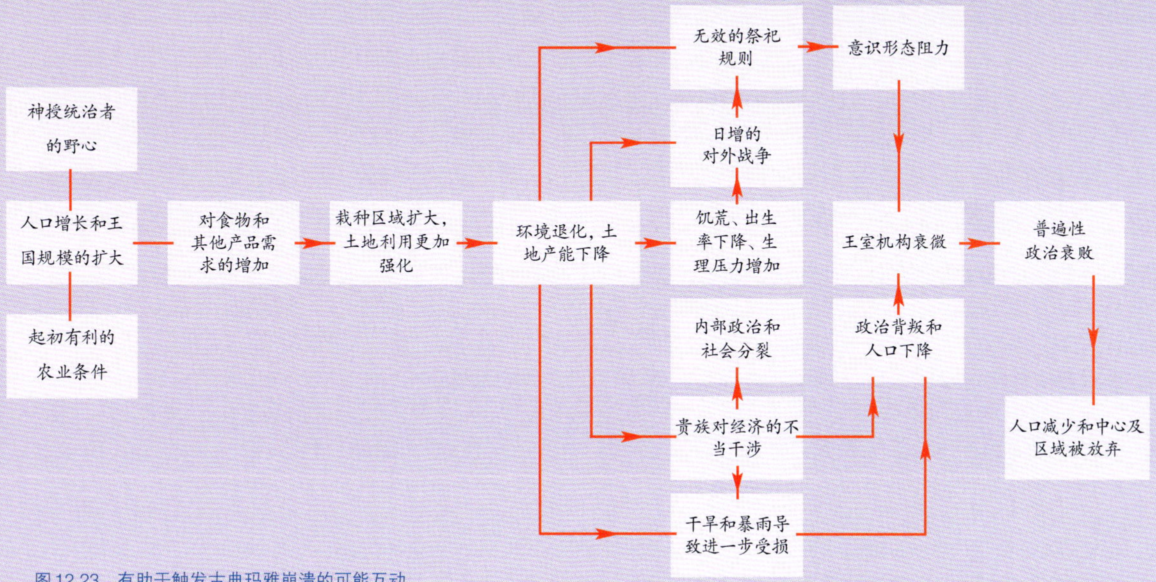

图 12.23　有助于触发古典玛雅崩溃的可能互动。

解释崩溃

崩溃的任何解释必须说明它所有的复杂性，而最好的办法就是在做出广泛总结之前确定在特定首都和政体中究竟发生了什么。我们对玛雅崩溃解释的努力也受制于我们对玛雅农业策略、人们如何维护对资源的诉求以及社会、政治和经济机构的无知（或分歧）。不过，考古学家已经放弃或弱化了某些早期有影响的解释，诸如对劳力的压迫性需求导致农民造反推翻其统治者这样的观点。

大部分考古学家都同意，没有单一因素能够解释发生的事情，而是诸多环环相扣的压力，如人口过多、农田退化、饥荒、疾病、战争、社会内部不稳、气候变化、意识形态疲劳日益折磨着晚期古典玛雅（见图12.23）。这些压力没有一个是新的，而较早的玛雅王国在这些压力下生存了下来。但是，从来未像晚期古典玛雅这样错综复杂而且矛盾重重，它还继承了一个人类已使用且塑造了几个世纪并已退化的异常脆弱的生态系统。人口在8世纪到达巅峰，超过了农业土地的能力。整个古典社会摇晃的大厦崩塌了，虽然它更像倒塌而非坠毁。

有些原因肯定要比其他原因更重要。最近，古气候学家用氧同位素方法对湖泊和海床沉积物进行了分析，提出在公元770～1100年间发生过一系列干旱，一些严重，一些轻微。有些人相信，这个插曲是崩溃最重要的触发因素。其他人则不以为然，因为古气候材料前后矛盾，还因为生活在低地最干旱地区——特别是奇琴伊查的北部玛雅人在此期间仍十分兴旺。干旱事件贯穿着南部玛雅的整个历史。8～9世纪的长期干旱很可能影响到日益受到破坏的脆弱土地上的粮食生产。

虽然物质压力可能非常重要，但是社会和意识形态因素对崩溃也有影响。战争加剧，一些中心有内部动乱的迹象。像科潘这些王国的下级王室贵族变得日益独断和咄咄逼人。从坎昆（Cancuen）和其他中心得到的证据显示，整个王室家庭被灭门，虽然谁是凶手并不清楚。古典玛雅人在适应上受困于自己的意识形态，特别是他们痴迷地不仅将玉米看作一种食物，而且几乎是一种神秘的物质。玛雅政治集中机制的王权强调统治者的超自然能力。国王们把自己说成是繁荣和稳定的最大担保人，但显然在性命攸关的8～9世纪无法兑现他们的承诺。虽然与崩溃相关的许多事情是渐进的，但是抛弃王权及其象征符号——王家纪念性建筑、艺术、墓葬、宫殿、铭刻——似乎处处都是突然性的。甚至在玛雅人群延续了好几百年的地方，他们也没有恢复古典时期旧王室的方式。玛雅北部后古典期（900～1539）的统治者采用了不同的王朝表现形式。

后过程论或阐释性解释

1970 年代中期以后，早期新考古学，即我们在此称呼的功能-过程考古学（见边码 38），已在某些方面受到批评。早期如布鲁斯·特里格在他的《时间与传统》（*Times and Tradition*，1978）一书中所批评的，他觉得新考古学在试图制定解释法则（规律性方法）上太过勉强。他赞同历史编年学方法，即传统历史学家所做的总体陈述性方法。它还受到肯特·弗兰纳利的批评，他对那些称之为法则的肤浅内涵十分不屑，认为需要在社会意识形态和象征方面予以更多的关注。伊恩·霍德同样认为考古学还是和历史学关系最为紧密，并想充分看看个人在历史中的作用。霍德还十分中肯地强调他所谓的"物质文化的积极作用"，着重指出我们所要构建的器物和物质世界并非仅仅是变成物质纪录的我们社会的真实反映（可以称为文化改造过程，见第二章）。恰恰相反，物质文化和具体器物是促成社会运转的主要部分：例如在现代社会中，财富是刺激社会运转的关键所在。霍德进而强调，物质文化是"有意义地组成的"，是每个人刻意行为的结果，故他们的思想和行为不应该被忽视。

鉴于这些批评，英国（特别是伊恩·霍德、迈克尔·尚克斯［Michael Shanks］和克里斯托弗·蒂利［Christopher Tillay］）和美国一些考古学者（特别是马克·莱昂［Mark Leone］）制定了一套新方法，用以克服那些他们所认为的功能-过程考古学的局限性（实际上，传统马克思主义考古学大体也如此），这便形成了1990年代的后过程主义考古学。目前，过程与后过程的争辩大体已结束，留下了一系列有趣且相互交融的方法，它们一起塑就了当今的考古学思想。

这些阐释考古学中颇具影响的计有（也见边码 41 专栏）：

- 新马克思主义（如：路易·阿尔都塞［Louis Althusser］、艾蒂安·巴里巴尔［Etienne Balibar］、卢卡契［Lukacs］）
- 由保罗·费耶拉本德（Paul Feyerabend）倡导的科学方法"后实证主义（无政府主义）"观
- 克洛德·列维-斯特劳斯的结构主义
- 恩斯特·卡西勒（Ernst Cassirer）和马丁·海德格尔的现象学

- 由威廉·狄尔泰（Wilhelm Dilthey）、贝奈戴托·克罗齐（Benedetto Croce）和柯林伍德提出，近来又由保罗·利科（Paul Ricoeur）发扬光大的解释学
- 由法兰克福学派哲学家赫伯特·马库塞（Herbert Marcuse）、西奥多·阿多诺（Theodor Adorno）和尤尔根·哈贝马斯（Jurgen Habermas）开发的批评理论
- 罗兰·巴特（Roland Barthes）、米歇尔·福柯（Michel Foucault）和雅克·德里达（Jacques Derrida）的后结构主义（解构主义）
- 由安东尼·吉登斯发扬光大的结构理论和皮埃尔·布迪厄的方法
- 女权主义考古学（见边码 41～42、191～192）

结构主义方法

一些考古学者受到了法国人类学家克洛德·列维-斯特劳斯和美国学者诺姆·乔姆斯基（Noam Chomsky）在语言学中提出的结构主义思想影响。结构考古学家强调人类行为受信仰和符号概念的左右，并认为思想结构——观念——才是合适的研究对象，它存在于制作器物和创造出考古记录的人类演员的脑子里。这些考古学家声称，不同文化的人类思想会有重复出现的形式，其中很多可见于对立的极端，比如：熟/生、左/右、脏/洁、男/女等等。而且，他们还声称，某生活领域内见到的思想范畴亦可见于其他领域。因此，诸如社会关系领域中的"界限"观念，也有可能在完全不同领域，比如陶器纹饰所见的"界限"中看到。

安德烈·勒鲁瓦-古尔汉在解释旧石器时代洞穴艺术（见边码 392～393 专栏）方面的研究，是应用结构主义原理的开山之作。因为这种尝试看来特别适用于描绘的动物。另一项有影响的结构主义研究是民俗学专家亨利·格拉西（Henry Glassie）在美国弗吉尼亚中部所做的民宅（乡土建筑）考察。其中他采用了诸如人类/自然界、大众/个人、内/外、智慧/情感等结构主义的两分法，并将其以非常详尽的方式主要用于公元18～19世纪的房屋布局和其他特征研究之中。因为他研究的主要是文献记录十分有限的物质文化，所以他的工作对考古学阐释有借鉴意义。但是，如果他不

能肯定其研究对象与他的工作环境同属一个文化传统，那么，他的阐释是否有道理就是另一回事了。

批评理论

批评理论这个术语是指流行于1970年代、由所谓"法兰克福学派"的德国社会思想家所开发的一种方法。它通过检验任何社会所建立的假设，以批判和改变社会为导向。这种方法的一部分是挑战现代对客观事实的假设，认为知识总是存在于社会和历史背景中的。

这种方法对考古学有着重要影响。该考古学派的追随者经常批评过程考古学家采用的检验标准，认为这是采用从自然科学引进的"实证"方法，不易转用于社会的研究。伊恩·霍德在他的《阅读过去》（Reading the Past，1991）一书中，迈克尔·尚克斯和克里斯托弗·蒂利在《重建考古学》（Re-Construction Archaeology，1987）一书中都提出了这些观点。他们对考古学迄今为止所采用的大多数推理方法提出了质疑。

过程论者在回应这些观点时指出，这些批评理论似乎意味着，某人在对过去的看法上与其他人同样高明（所谓的"相对主义"），根本没有办法在二者之间做出客观的判断。这便为我们将在第十四章讨论的"边缘"或"另类"考古开辟道路。批评理论家的回应便是断言，他们不接受任何表面价值的解释，但

是要观察在各种情况下知识是如何构建的。批评理论在考古学的后殖民方法中变得日益重要，特别是在去殖民化的过去和作为本体论转向的一部分来欣赏原住民的历史和社会类型时（见第一章，边码43和46）。

新马克思主义思想

新马克思主义思想要比传统马克思主义（认为意识形态从属于经济）更加强调塑造社会变迁的意识形态意义。一项新马克思主义方法的实例由马克·利昂对马里兰州安纳波利斯（Annapolis）的研究所提供，这是为该地区建立一种较深历史认同研究课题的一部分。他的案例是一位富有地主及政治家威廉·帕卡（William Paca，1740～1799）的庄园：该庄园已从考古学上进行了研究，现已复原。

利昂详细观察了安纳波利斯庄园，并集中关注奴隶占有制社会与为争取个人自由诉求之间所呈现的矛盾，该矛盾也见于帕卡的生活中，他是1776年《独立宣言》签署者。利昂写道："为了掩饰这个矛盾，他的权力地位被置于法律和自然之中。这从实施法律和安排庄园上都有体现。"

这种新马克思主义观点在世界一些非西方国家崛起的本土考古学中得到了响应，那里有一种可以理解的愿望来建立这样一种历史（和考古学）：它强调本地人群以及殖民时代之前的成就。

认知考古学

1980～1990年代出现了一种新视野，它突破了1970年代功能-过程考古学的一些局限性。这项新的综合，尽管有意借鉴来自后过程考古学的合理进展，但仍保持了过程考古学的主流。它仍然意在解释而非纯粹的描述。它强调通则在其理论结构中的作用，并凸显其重要性不仅在于提出假设，也在于运用材料来检验这些假设。它拒绝纯粹的相对主义，这似乎是批评理论的末路。它怀疑那些声称对古代社会"意义"具有特殊洞察力或宣称"意义普遍性原理"的结构主义（及其）考古学家。

因此，它无法接受摒弃新考古学积极成就的后过程考古学的革命性宣言。相反，它视自己为考古学思

想的主流（然而它的批评者自然不敢苟同），并是功能-过程考古学（及马克思主义考古学以及其他各项发展受益者）的直接继承者。

认知考古学在下列几个方面有别于功能-过程论前辈：

1. 它力求把早期社会认知和象征方面的信息结合到其系统陈述之中（见下）。
2. 它承认意识形态是社会的积极力量，如新马克思主义考古学家所言，必须在许多解释中发挥其作用，并承认意识形态对个人思想的作用。
3. 物质文化在构成我们所处的世界中被视为一种

解释欧洲巨石群

欧洲史前史中一个经久不衰的问题便是所谓的巨石纪念建筑。它们是史前期用巨型石块建造的壮观建筑物（巨石 [megalith] 一词源自希腊语"巨大" [megas] 和"石头" [lithos]）。一般来说，巨石排成一间墓室，埋在土墩下，一边是墓门。某些较大墓室带有很长的甬道。一般在这些建筑里能发现尸骨与随葬品，明显的是，大多数这类墓室用作集体葬，用来埋许多死者。

巨石纪念建筑广泛分布在欧洲的大西洋沿岸，也见于内陆，遍布西班牙、葡萄牙和法国，但在其他国家，它们不见于离海岸线 100 公里之外，一般不见于中欧与东欧。大多数巨石群属于新石器时代，即早期农人的时代。但是从青铜时代开始，它们从大部分地区基本消失。

不少疑问出现了：西欧新石器时代居民是如何竖起这些巨石纪念建筑的？为何它们不见于其他地区？为何它们建于这一时期，而不见于更早或更晚？它们表现的各种式样和规模意味着什么？

图 12.24　西欧巨石纪念建筑的分布。

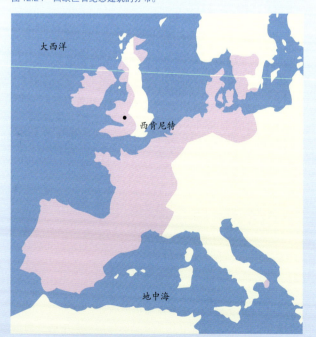

传播迁移论解释

在 19 世纪，巨石群被视为移居西欧的单一人群所为。提出的许多解释带有种族色彩。但是，即使在无法分辨种族的情况下，解释也与族群有关，是新来的移民所建。

20 世纪初，提出的另类解释是来自地中海东部较高文明对西部野蛮人群的影响。克里特岛与希腊为一方，意大利和西班牙为另一方，两者之间的贸易联系和其他来往应该有利于促进思想的交流。于是，公元前 3200 年左右见于克里特岛的合葬墓习俗，被认为在几百年里传播到了西班牙。它通过传播的作用从那里扩散开来。这种观点的基础是：西班牙和葡萄牙的巨石群，以及欧洲其他地区的巨石群，肯定比克里特岛的巨石建筑要晚。

功能-过程论解释

放射性碳断代表明，西欧的巨石墓在许多情况下要早于克里特岛。现在认为，当地社群为埋葬死者创造出自己的做法。一种较好的过程论解释须从当地社会和经济过程来说明这样一种发展。

伦福儒认为（见边码 186～187 专栏），在新石器时代许多地区，聚落形态为分散的平等社群。每个集体墓茔可能被用作分散社群的中心点，以此定义他们的领地。巨石群被视为分节社会的领土标志。

一个相关的观点由英国考古学家罗伯特·查普曼（Robert Chapman）根据美国人亚瑟·萨克斯（见边码 184）的工作而提出：死者的正式埋葬区（即墓葬）处于土地存在竞争的社会之中，以便能在该领地上合法拥有和使用其祖先的土地。

将该解释称为"功能论"比较合适，因为它认为，从社会和经济角度而言，墓葬在社会中具有一种有用的功能。

新马克思主义解释

1980 年代初，克里斯托弗·蒂利对瑞典新石器时代中期的巨石群提出了一种解释，它（与过程论类似）强调当地因素。他视这类纪念性建筑与该小型社会中个人行使权力有关，权利者利用与巨石群相伴的祭祀，作为掩饰社会中专断控制本质并使不平等合法化的手段。墓中不同个体骨骼部分的混合凸显了社会的有机整体性，并转移对实际存在的权力与地位的不平等的关注。这些墓葬及祭祀使得确立的秩序看似正常或自然。

蒂利的解释中强调社群内的主导是典型的马克思主义，而有关祭祀和意识形态掩饰潜在矛盾的解释则是典型的新马克思主义思想。

后过程论解释

伊恩·霍德批评了过程论和新马克思主义观点，他强调象征方面。他声称，较早的解释完全没有考虑发现巨石群历史背景的独特性。他认为，如不考虑特定的文化背景，我们就没法理解过去社会活动的结果。

霍德坚持认为，西欧许多石室墓从象征性上体现了中欧和西欧当时或较早的房屋："墓室就是居室。"如他所言："在西欧，巨石群积极参与社会策略的方式，只能从欧洲社会内它们富有价值的意义来评估才能适当加以思考。"（Hodder 1984, 53）霍德将这一说法延伸到许多更深层的问题，包括妇女在所探究社会中的作用。其目的是想获得某种洞见，了解这些特定背景中的墓葬对其建造者有何意义。

阿拉斯代尔·惠特尔（Alasdair Whittle）对这些纪念建筑的建造者是否是农夫提出了疑问，声称当时社会转型的刺激不是经济或人口（即农耕）而是观念上的，而农耕技术是后来才被广泛采纳的：看来这将后过程论观点推到了一个极端。

498
499

比较

相较早期的迁移论和传播论，这三种解释都更加强调内因。那么它们相互矛盾吗？我们认为事实上没有，而这三种说法能同时运作。

过程论观点认为，纪念建筑对社会而言有助于作为领地标志，而作为领地信念和活动的祭祀焦点，未必与马克思主义观念相抵牾，后者认为它能被长老们用来摆布社会成员，以持续承认他们的社会地位。

而这些观点也未必与下面看法相矛盾，即对这些墓葬而言，它们会在特定背景中有特殊意义，而巨石墓丰富的多样性使我们有必要做更深入的思考。

积极因素。个人与社会构建他们自己的社会实体，如伊恩·霍德及其同事一直强调的，物质文化是该结构的组成部分（见边码498～499专栏）。

4. 如马克思主义考古学家一直强调的，社会内部冲突的作用应予以更充分的考虑。

5. 较早的、那种将历史阐释完全与个人联系在一起的颇为偏执的观点，实际上常常是轶闻，应该予以修正。对于这点，法国历史学家费尔南·布罗代尔（Fernand Braudel，1902～1985）的工作就是很好的榜样，他考虑了循环变迁以及背后的长期趋势。

6. 它能考虑个人的创造性作用，采用所谓方法论的个人主义哲学途径，而不必退到纯粹直觉或极端主观性上。

7. 那种绝对"实证主义"的科学哲学观不能再延续了："事实"不再被视为独立于理论之外的客观存在。现在大家承认，像物理学普遍定律那样来构建"文化过程规律"，并非考古学解释的康庄大道。

最后一点还需做进一步讨论。科学哲学家一直对照两种途径来评估一种陈述的真实性。一种是通过将某陈述与相关事实进行比较来评判其真实性，如果是真的，那么它应该与事实相符（它称为符合法）。另一种是根据某陈述是否与我们相信是正确的其他陈述相一致来对其进行评估（称为一致法）。

现在，虽然我们希望科学家遵循这两种途径中的第一种，但实际上，任何评估都是基于这两者的结合。因为大家公认：事实必须立足于观察，而观察本身如不采用某种推理框架就无法进行，而推理本身又取决于世界的理论。考虑事实修正理论，而理论被用来确定事实，是较为合适的。

就像他们的功能-过程论前辈一样，认知-过程考古学家认为理论必须用事实来检验。他们摒弃1990年代批评理论和后过程论的相对主义，后者看来完全追

500
502

事实　　　　　　　　　　　　　　　　　　　理论

随真理一致法的观点。但是，他们确实承认，事实与理论之间的关系要比20世纪一些科学哲学家所承认的要复杂得多。

符号与互动

已经提及的一点是，早期新考古学渴求研究社会结构，并在第五章里回顾了该方向所取得的进步。但是，它在探索文化的象征方面却较为迟缓，这正是为何认知-过程考古学成为新宠的原因。

20世纪晚期，文化人类学家罗伊·拉帕波特（Roy Rappapart，1926～1997）用一种新的方式来调查社会内宗教祭祀的作用。不是设法将自己融入他所研究的新几内亚农业社会中，以求彻底了解其象征形式的意义，相反，他采取了一种保持距离的策略，即作为旁观者来观察社会，看它实际做些什么（而不是据他们说这是什么）。这种态度对于那些总是置身于他们所研究的社会之外，无法与其成员讨论含义问题的考古学家来说，是非常合适的。拉帕波特研究了社会内部采用的祭祀方式，他集中在符号所发挥的作用而非原来的含义上。

他的研究影响了肯特·弗兰纳利，后者是少数几位密切关注象征问题的第一代新考古学家之一。由乔伊斯·马库斯和肯特·弗兰纳利合写的《萨波特克文明》（*Zapotec Civilization*, 1996）一书，是将象征和认知问题与生计、经济及社会问题一起考察，以获得社会全面看法的罕见考古研究之一。这项大型课题在第十三章里有详细介绍。

十分清楚的是，宗教和诸如现代共产主义等其他意识形态，不仅对社会的思维方式，而且对他们的行为方式均带去了巨大的变化——这会在考古记录中留下痕迹。其中官方象征性和宗教象征性的整个领域，如今在世界许多地方是考古研究的重点。

后过程或阐释考古学并未在解释一组事件和一般进程上体现其优势，因为后过程思想集中在问题背景的特殊条件上，而且不接受泛文化或跨文化通则的正当性。另一方面，认知-过程考古学很想进行规律总结，并确实将个人作为积极的动力整合到分析之中，就如肯特·弗兰纳利在其1999年研究中所论证的那样。

过程论传统主流的两部著作在重视认知或观念方面堪称榜样。第一部是蒂莫西·厄尔（Timothy Earle）《酋长怎样获得权力》（*How Chiefs Come to Power*, 1997），该书借鉴社会学家迈克尔·曼（Michael Mann）的研

作为演变动力的个人

许多考古学家在讨论过去的变迁时都强调个体的重要性。例如，斯蒂文·米申在他对狩猎采集者的研究中声称，"强调个人决策者是构建考古学解释的适当态度"（Mithen 1990，197）。约翰·巴雷特（John Barrett）在对英国新石器和早期青铜时代的研究中强调，个人的感知与信仰是社会现实中不可分割的一部分，没有它，就难以理解文化变迁。肯特·弗兰纳利强调了在国家社会形成中，个人在历史舞台上作为演员的作用，并利用了诸如南非祖鲁王国（18世纪晚期～19世纪）和在卡麦哈麦哈（Kamehameha）一世（1782～1819年在位）统治下的夏威夷等有历史文献记载的实例。

将个人行为与其象征背景相结合方法的一个成功案例，由约翰·罗布（John Robb）对史前意大利的变迁研究所提供，其中他观察了社会不平等的证据，特别是青铜时代初男性等级制日趋完善的证据。正如他指出的，在阿尔卑斯山区蒙第贝戈（Monte Bego）和瓦尔·卡莫尼加发现的岩画，男性猎人、男性耕作者、牛群、短剑都被制作用来确定和表现男性。他认为，意大利青铜时代的性别差异与之前的新石器时代（约前6000～前3000）有很大的不同，新石器时代的祭拜洞穴——存在各种祭祀活动证据的地方，似乎是由男女共同使用的，虽然洞穴最内部只见男性活动。新石器时代的墓葬只是位于村落中的简单土葬，无随葬品。但是，男性经常葬在右侧，女性葬在左侧。这一时期留存下来的雕像主要是女性形象。综合来看，这一系列证据说明，虽然在新石器社会中性别差异很重要，但是并不存在性别的等级。罗布总结道，在意大利新石器时代，社会可能具有"男女之间平衡、互补的认知对立"。

青铜与铁器时代的变迁

新石器时代平衡的性别对立，到了铜器和青铜时代（前3000年后）向男尊女卑的性别等级转型。这一变化的主要证据来自艺术，例如石刻、人像和

被称为"石柱"的纪念性石人雕像的表现。青铜时代早期，女性雕像消失；而在石柱上，男性主要通过以短剑为主的物质文化来辨认，而女性则从乳房辨认。其他一些艺术形式出现了三种支配性母题：武器，特别是持短剑的男性；男性狩猎图像，特别是有从鹿角辨认的雄鹿相伴；还有耕作，有从牛角辨认的公牛。这种男性式样与男性图标始终相伴——男人/短剑；雄鹿/鹿角；公牛/牛角——建立起一种用以确立和表现男性的象征系统，以及男权和男性生命力的意识形态。同时，女性缺乏表现或相伴的文化图标，任其归化并在文化上不受重视。但是，罗布也谨慎表示，男性符号也许仅透露出性别复杂状况的一面。

在铁器时代（前1000年后），青铜时代的性别等级变成了以阶级为基础的等级。艺术品和墓葬再次成为主要证据的来源。这时，男性墓葬中的随葬品有长剑、盾牌和石柱、雕像（见图12.26），而岩画都偏好战争而非早期狩猎和农耕的图像。综合这些铁器时代的图像，表现了男性一般性意识形态向贵族武士的转变。这时，女性墓中见有装饰品和纺轮，而描绘在石柱上的女性不只以乳房为文化标志，还有华丽的服饰。这些发现表明，女性象征在表现阶级的差别上也有扩展，这体现在一个与男性武士互补的新的女性贵族阶层。

在其研究中，罗布并没有声称要说明性别不平等的来源；但是，他为说明史前意大利社会的发展提供了启发。他展示了性别象征性如何刺激了男性积极参与各种不断变迁的社会活动，如狩猎、战争、经济强化，以及这些活动如何再现性别意识形态。

图12.25 （左）意大利北部瓦尔·卡莫尼卡岩画中的一例，表现了一个手持长矛的男性与猎狗在猎取一头鹿角凸显的雄鹿。

图12.26 （右）建立男权的意识形态：卡佩斯特拉诺武士，一具真人大小的雕塑，它可能是墓前标志，发现于意大利阿布鲁齐（Abruzzi）地区，时代可定在公元前6世纪。

究，利用相距遥远的三地——丹麦、夏威夷和安第斯地区的个案研究，用连续的章节讨论了财权、军权和作为权力来源的意识形态。

第二部是理查德·布兰顿（Richard Blanton）1998年的论文，同样采用比较视角来观察早期国家的权力来源，将"权力的认知-象征基础"与所谓的"权力的客观基础"进行对照。这些术语未必完全恰当——有谁能判定客观的界线？——但是其结果是将认知维度充分结合到分析中，与经济问题一视同仁，而非像功能-过程论方法时期较为常见的那样把它看作是一种纯粹的副现象。这些著作突破了早先过程考古学的局限性，变迁的本质被从通则背景中进行探究，并给予认知和象征方面以充分的重视。

认知-过程论方法与阐释方法能够重合的程度，可以从早先的"物质交集（material engagement）"概念与后来的"物质纠缠（material entanglement）"的相似性来说明，并以最近对恰塔霍裕克以及由伊恩·霍德主编的《文明起源中的宗教》（*Religion in the Emergence of Civilization*, 2010）最新研究的其他遗址讨论为例。

个体、能动性与物质交集

个体与能动性

在第一章中，我们考察了考古学家或强调个人的短期意图，或强调社会进步与变迁的长期结果，以及两者之间常常如何以各种方式发生争执。大家做了很多尝试，想通过能动性理论来调和这两种尺度。能动性一般被形容为个人或"代理人"做出决策的能力。它并非形容某一个人，而是形容允许个人在世界上造成差别的社会制度，不管这种差别是多么微不足道。可以只是简单地循规蹈矩，也可以是挑战或误解社会规范。能动性理论是研究人们在做决定和付之行动时，赋予和限制他们能力的那些社会因素。这通常包括同时观察个人和社会结构，以及两者是如何相互关联的。

虽然有关能动性的各种讨论反映了考古学家想要说明个人行动者作用的一种愿望，正如约翰·罗布所言：能动性"众所周知是一个模棱两可的概念"，引发的许多讨论让人们清楚，要把个人及其社会区分开来是多么的困难。乔安娜·布鲁克（Joanna Bruck）声称：

> 如果人群是通过人与他人的联系所构建，那么他们永远不可能是西方自由主义意义上的"自由人"；事实上，他们的行动能力来自与他人的关系，并无法与他人的关系分开。因此，能动性不只简单地囿于有界限的个人人体之内，而是在个人组成的较为广泛的社会关系之内（Joanna Bruck 2001，655）。

正如布鲁克所言，虽然能动性不只观察个体，但是个体概念是许多其他形式考古学的焦点。一些遵循卡尔·波普尔方法的过程考古学家已经表示，他们愿意考虑个人的思想和行为，并设法重建早期社会思想的各个方面。他们的方法并不认为对过去象征系统的研究必然会与"科学"方法产生抵牾，就像许多早期新考古学家可能会这样做的那样。其他考古学家则对个人主义概念本身是否是一种文化视角表示质疑。例如，朱利安·托马斯（Julian Thomas）认为："将个体概念强加到遥远的过去，是一种危险和潜在孤芳自赏的概念。"

这种个体研究令考古学家两极分化，特别是在过程论和后过程论之间的争论，其中严谨的科学方法与小型特殊论势不两立。但在这两个极端之间也许有一条中间道路，即在考虑个人的作用时，一方无须采取一种极端的实证主义，而另一方也不必完全拒绝科学的方法。

物质性与物质交集

变迁来自刻意及常常是有目的行为的概念，与最近发展起来的物质交集或物化（materialization）概念相关。这些概念试图克服在讨论人类事务时存在的实践与认知、物质和概念的二元性。确实，在人类社会中的大部分发明和长期变迁，甚至技术变迁，既有象征性一面，又有物质性一面，包含了哲学家约翰·瑟尔所谓的"制度实情"，这些实情本身就是社会的创造。

物质交集理论集中在人类个体（或群体）与对物

质世界体验的交集之上。这种交集往往通过由个人自己制造的人工制品来协调。这种交集的结果，便是制造出像房屋样的建筑物和像船只样的复杂的结构。交集过程自然涉及与其他个体的互动，也是通过使用或制作人工制品。

物质交集不限于人类：鸟在筑巢时就会发生这种情况。但是人类的交集是有见识的、明智的和有技巧的。兰布罗斯·马拉福利斯证明了人类的认知是如何表现和发生的（见边码428）。他还讨论了盲人的手杖和陶工的车轮是如何延伸这种交集过程的。这自然包括各种生产技术，包括狩猎、农耕和用火控火技术。

物质交集的方法有助于考古学思想和实践，它是务实和脚踏实地的。毕竟，这些物质交集保存下来的产物构成了考古学的主要内容。这种方法也与人类学和社会学研究中的物质性理论相吻合。

小　结

$\frac{503}{504}$

▶ 考古学的一项困难而重要的任务是回答"为何"问题，而实际上考古学大多集中在文化为何变迁的研究上。1960年代以前，物质和社会文化变迁是从传播和迁移来解释的。

▶ 新考古学的过程论方法在1960年代开始占支配地位，它设法将社会内部起作用的不同过程分离开来。早期过程考古学家更加关注人地关系、生计和经济，还有社会内部起作用的其他过程，而不是将重点放在作为变迁和发展的主因的人群移动上，以解释某社会是如何变成这样的。

▶ 过程考古学往往讨论一些宏大问题，如农业和国家起源。一般来说，多因论解释要优于单因论解释。

▶ 马克思主义考古学关注社会内部的阶级斗争，它与过程考古学的思想并不矛盾，也与进化考古学并不冲突，后者关注这样的想法，即与生物进化相仿的过程也促进了文化变迁。

▶ 作为对早期过程考古学"功能论"方法的对抗，所谓后过程考古学方法在1980～1990年代发展起来。它强调考古学阐释的主观性，并采用结构主义思维和新马克思主义的分析。

▶ 1990年代，新的认知–过程方法试图克服早期过程考古学的一些局限性。这种方法给予过去社会的概念和信仰以更多的关注，并认识到检验有关文化变迁假说上的难度。

▶ 当前考古学的一个目的，就是追踪个人来解释变迁。被定义为个人短暂意图的能动性，确实会有长期和始料未及的后果，并引起文化变迁。另一目的是承认物质文化在人类与世界交集中所发挥的积极作用。

深入阅读材料

DeMarrais, E., Gosden, C., & Renfrew, C. (eds.). 2004. *Rethinking Materiality: The Engagement of Mind with the Material World.* McDonald Institute: Cambridge.

Dobres, M.-A. and Robb, J. (eds.). 2000. *Agency in Archaeology.* Routledge: London.

Earle, T. 1997. *How Chiefs Come to Power, the Political Economy in Prehistory.* Stanford University Press: Stanford, CA.

Feinman, G.,M. & Marcus, J. (eds.). 1998. *Archaic States.* School of American Research Press: Santa Fe.

Gamble, C. 2007. *Origins and Revolutions: Human Identity in Earliest Prehistory.* Cambridge University Press: Cambridge & New York.

Hodder, I. & Hutson, S. 2003. *Reading the Past.* (3rd edn) Cambridge University Press: Cambridge & New York.

Johnson, M. 2010. *Archaeological Theory: An Introduction.* (2nd edn) Wiley-Blackwell: Oxford & Malden, MA.

Malafouris, L.2013. *How Things Shape a Mind: A Theory of Material Engagement.* MIT Press: Cambridge, MA.

Malafouris, A. & Renfrew, C. (eds). 2010. *The Cognitive Life of Things, Recasting the Boundaries of the Mind.* McDonald Institute: Cambridge.

Mithen, S. 1996. *The Prehistory of the Mind.* Thames & Hudson: London & New York.

Morris, I. 2010. *Why the West Rules-For Now: The Patterns of History and What They Reveal About the Future.* Farrar, Straus and Giroux: New York; Profile: London.

Renfrew, C. 2003. *Figuring It Out: The Parallel Visions of Artists and Archaeologists.* Thames & Hudson: London & New York.

Renfrew, C. 2007. *Prehistory: The Making of the Human Mind.* Weidenfeld & Nicolson: London; Modern Library: New York.

Renfrew, C. & Zubrow, E.B.W. (eds.). 1994. *The Ancient Mind: Elements of Cognitive Archaeology.* Cambridge University Press: Cambridge & New York.

Shennan, S. 2002. *Genes, Memes and Human History.* Thames & Hudson: London & New York.

Whiten, A. Hinde, R.A., Stringer, G.B. & Laland, K.N. (eds.). 2011. *Culture Evolves. Philosophical Transactions of the Royal Society* series B, 366, issue 1,567.

第三编

考古的世界

考古学的基本材料以及可用来构建时空框架的各种方法，已经在第一编做了回顾评述。第二编考察了考古学能够询问的问题范围，以及回答这些问题的各种技术。在第三编中，我们的目的是看看这些技术是如何运用于实际的。在第十三章里，挑选的五个案例显示，我们如何同时讨论几个问题。在任一田野项目中，人们当然想要回答所有问题（没有考古学家在回答一个问题的同时却不做与其他问题相关的观察）。任何一个重要项目的主持人，在某种意义上，必须做出某种协调，以便能够同时沿不同的探究路径前进。在此，我们的目的是要用富有启发的案例说明，如何能够在实践中相当成功地做到这样的协调。于是，我们希望提供一些考古实践的体会。

但是，一项考古调查，即便是区域规模的，也不应孤立地加以思考。它不仅是考古世界的组成部分，同时也是整个社会的一个组成部分。因此第十四和第十五章将献给公共考古学——讨论考古学与整个社会关联的道德、实际和政治关系。归根结底，考古学的目的是为人类过去提供信息、知识和洞见。这不单对考古学家有利，而且对整个社会有利。

13

实践中的考古学

五项个案研究

在本章中，我们设法观察考古学家使用的各种方法与思想。我们曾强调，考古学史是一个不断拓展探究的历史，其中，提出新问题和获得新洞见，对于进步而言，要比田野出土的新发现更重要。因此，考古事业的成功，关键在于我们学会提出正确的问题，并找到解决它们最有效的办法。

正是由于这个原因，本书章节用一系列关键问题来编排。这意味着不可避免地逐章聚焦于不同主题。但是，考古学家的实际生活并非如此。因为，当你带着自己的研究设计外出田野，你会遇到成堆的问题需要解答，实际上你会发现许多始料未及但又明显非常重要的问题。发掘一处包含许多文化阶段遗址的考古学家，感兴趣的只是单一的、比如说早期的栖居阶段。但是这并没有赋予他或她只推掉上覆地层而不做任何记录的权力。发掘本身是一种破坏（就如我们在下面两章中将要讨论的），这使考古学家需要承担一系列的职责，有些职责并不总受欢迎，但又无法回避。在现实生活中，考古学实践是非常复杂的，因此其面临的挑战超出了我们的想象。正是因为这个原因，我们提供了五个考古项目的完整个案研究，以展示考古学家是如何根据各种优先考虑和特定考古遗址的情况而变换策略的。

考古项目往往是从筹措经费开始入手的。从事一项野外项目需要花钱，而介绍这类项目的经费筹措或组织并非本书的目的。就如我们在第十五章回顾的，越来越多的考古遗址受到法律的保护，为了进行田野工作和发掘，需要从有关当局获得许可。然后是招募一支有效的发掘团队。运输、住宿和餐饮咋办？发掘结束后，发掘报告执笔如何分工？照片是否合适？发现物是否适当绘图做了说明？谁来资助出版？这些都是田野考古学家的实际问题。

本书主要关注：我们怎么知道我们的解释是否靠谱？我们如何找到真相？用哲学术语来说，这是考古学的认识论。为了说明真相，考察实践中的考古学十分重要，即考虑一些具体的田野项目是如何整合和确定问题与方法，并在相关专家帮助下不断获得真知的。

我们提出问题的本身取决于我们现有的知识多少。有时，考古学家在一片考古学的处女地上开展工作——这里以前没有做过任何工作——就像东南亚专家查尔斯·海厄姆在泰国开始他的田野工作那样（见第四项个案"科帕农第［Khok Phanom Di］：东南亚稻作农业的起源"）。

另一方面，在墨西哥瓦哈卡谷地——我们的第一项案例——当50多年前肯特·弗兰纳利及其同事开始工作的时候，人们对中美洲复杂社会的演进所知甚少，虽然奥尔梅克和玛雅文化的研究已经取得很大进展。弗兰纳利团队不断制定新的研究模型。它代表了一个获取真知的极好榜样，即新事实（材料）引出新问题（和新理论），然后再回头发现新事实。

第二项案例介绍的是佛罗里达的卡卢萨项目，调查了一个定居、复杂而强大的社会，它完全靠渔猎和采集维生，是与通常看法有悖的案例。1980年代前，几乎所有关于卡卢萨的知识都来自西班牙人的民族史料，但是考古学改变和扩充了我们对该史前文化的许多方面的了解。

第三项案例是跟踪瓦尔·阿滕布劳（Val Attenbrow）及其助手在澳大利亚东南部曼格罗夫（Mangrove）河上游的研究项目。考古学家在此设法研究由流动性极大的狩猎采集者留下的痕迹，并确定他们的技术如何应对历时的环境变化。

在过去50年里，我们对史前澳大利亚和东南亚知识的改变是当代考古学中发生的最令人振奋的进展之一。曼格罗夫河上游和科帕农第两个项目，以其在环境和考古学研究的密切整合，对这种改变起了重要作用。

我们的第五项案例关注英国北方城市约克考古信托公司（York Archaeology Trust）的工作。这是一个与众不同的项目：所有的考古工作都被局限在一座现代都市的背景之下，而该约克郡机构设法以新颖和有效的方法，将他们的成果呈现给公众。在这方面，约维克维京中心（Jorvik Viking Centre）在过去的35年里引领着公共考古学的潮流。

瓦哈卡项目：萨波特克国家的起源与繁盛

墨西哥南部高地的瓦哈卡河谷，以其壮观的山头城市阿尔班山而闻名遐迩，它一度是萨波特克的都城，并以雄伟的建筑和石雕著称。从1930年代开始，著名墨西哥考古学家阿方索·卡索（Alfonso Caso，1896～1970）所做的18个季度的发掘，首先为建立区域年代序列奠定了基础。但是，在最近几十年里，研究范围已扩大到整个谷地。这里有两项长期和互补的重要项目。第一是1966～1973年以肯特·弗兰纳利领衔，以及1974～1981年以弗兰纳利和

乔伊斯·马库斯领衔的项目，集中在较早的阶段——阿尔班山全盛期之前——意在阐明该地区农业的起源与复杂社会的演进。第二个项目是由理查德·布兰顿、斯蒂芬·科瓦勒斯基（Stephen Kowalewski）和加里·费曼（Gary Feinman）领衔，集中在阿尔班山支配的后段。下面我们将考察两个项目的工作一直到形成期末（约100），并为瓦哈卡河谷的农业起源、国家形成过程以及萨波特克国家的兴起提供新的启示。

507
508

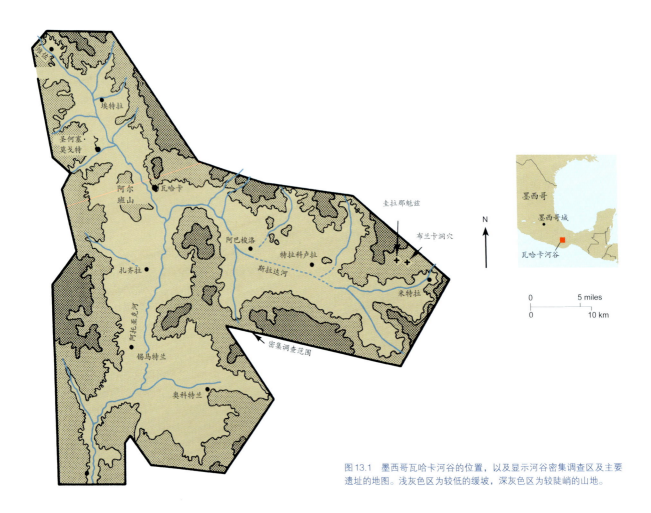

图13.1　墨西哥瓦哈卡河谷的位置，以及显示河谷密集调查区及主要遗址的地图。浅灰色区为较低的缓坡，深灰色区为较陡峭的山地。

图13.2　1966年，圭拉那魁兹岩棚内正在进行发掘。来自瓦哈卡米特拉的萨波特克民工正在发掘D层（含最早驯化植物证据的第一层）。

背景

瓦哈卡河谷是墨西哥南部高地唯一的宽阔河谷。因两条河流冲刷，塑造了Y形分叉的河谷形状。河谷群山环抱，海拔在1420～1740米之间，那里降雨波动很大，为一种半干旱和半热带环境——能够预测旱季和雨季正常的变换，但难以预测每年的变化。

伊格纳西奥·伯纳尔（Ignacio Bernal）的调查已经登记了许多遗址，在此工作基础之上，弗兰纳利和马库斯项目在挑选的区域内对尽可能多的早期遗址进行了勘查和定位，然后决定发掘哪些遗址。实际上，勘查持续在该地区发现遗址，因为在土地清理和挖掘河渠的过程中暴露出许多埋藏的地层。航空勘查特别有用，通过航空勘查人们的视线能透过稀疏的植被，分辨的细节可以达到个别树木的水平。

圭拉那魁兹和农业起源

圭拉那魁兹（Guilá Naquitz，"白崖"）是一处小型的岩棚，一项发掘被设计来搞清从觅食向食物生产的转变。

勘查与发掘　同一地区60多处洞穴地表的采集品

显示，包括圭拉那魁兹在内的4处遗址具有足够的前陶期遗存（例如矛头）及堆积厚度（达1.2米）以保证充分的发掘。在抵达遗址的运输条件改善之后，便进行了试掘，以建立地层学序列，确定前陶期地层是否是原生堆积，并评估地层序列中保存的植物遗存可以上溯到多早。虽然地层很复杂，但是因土色变化很大而非常清楚。

由于遗址位于瓦哈卡河谷最干燥的地方，因此食物遗存可望保存良好。事实上，弗兰纳利和马库斯团队确实发现保存极佳，但是人工制品密度很低，这就意味着必须对这个小型洞穴做全部或大部的发掘，以便确定工具组合的性质。最后，洞穴凸崖下整个前陶期区域发掘了64个1米探方。彻底过筛以确保不遗漏哪怕是极小的东西。

断代　对圭拉那魁兹获得的炭屑进行的放射性碳测定结果表明，其前陶期居住面从大约公元前8750年延续至前6670年（还有少量形成期和后古典期栖居材料还未完全分析和发表）。公元前8750年这个年代，接近古印第安人时期（Paleo-Indian period）向古代期初（early Archaic）的转变，前者以绝灭的更新世动物群为特点，而后者为全新世动物群。

环境　对不同层位出土花粉样本的分析，提供了荆棘林、橡树林和松树林等当地植被波动的变迁序列，以及大约从公元前8000年以降利用栽培植物的可能，并伴有从该序列开始就存在的野生植物资源的采集。

发现的小动物群——啮齿类、鸟类、蜥蜴和陆生蜗牛——与当地现生代表做了比较，以求搞清前陶期的环境。发现除了人为引起的变化外，那时与今天并无很大差别。因此，现在的景观可以用来对古代情况做出解释。

食谱　啮齿类在洞穴中啃咬坚果和种子，非常活跃。因此，从开始就确定，有多少食物资源是由人类带入的至关重要。居住面上有动物打的洞，也能观察里面的包含物，其中没有发现啃咬的东西如橡子或坚果。此外，居住面上植物物种的分布，显示为大片弃置面的一种人类方式，而非啮齿类小窝储藏的特点。有些植物遗存还显示有食物加工的迹象。简言之，研究人员很有把握地认为，遗址中几乎所有的食物资源，都是人类带入的。

不幸的是，从前陶期地层中出土的六件古粪便似乎都来自动物（可能是土狼或狐狸）。而这些动物很可能是进入洞穴的腐食者。它们粪便中的烘烤植物遗存

（仙人掌果和龙舌兰）为人类食谱提供了线索。

多种方法的结合获得了较为清楚的食谱信息，它们包括：动植物遗存材料；现生植物普查，以提供该地区各类物种密度、季节性和全年变化的信息；从营养学角度（卡路里、蛋白质、脂肪和碳水化合物）对遗址中食物展开分析。得出的结果既是各居住面假设的食谱，又是对圭拉那魁兹环境产量的估计。最后，所有信息汇总起来来构建前陶期洞穴居民的"平均食谱"，并估计维持他们生计所需的面积。

发现的可鉴定植物遗存超过21000件，主要是橡子，还有龙舌兰、豆荚和豆子。还有十几种数量较少的其他物种。因此比较清楚的是，尽管有各种可食植物可获，但是先民只选择少数几种作为主食。橡子很可能在秋季采集后被储存起来以便全年利用，因为此地生活的一个主要特点是，可获的不同食物有极大的季节性差异。研究发现，每层植物遗存反映了从数平方米到数百平方米面积的收获。

遗址里出土的一些西葫芦（*Cucurbita pepo*）籽，从形态上看已驯化，用加速器质谱法直接断代为10000～8000年前，这要比中美洲其他驯化物种（如玉米和大豆等）早了数千年。圭拉那魁兹出土的两件玉米棒子用加速器质谱法得到的年龄在6000年前。

至少有360件可鉴定骨片来自作为食物狩猎和陷阱诱捕的动物。它们用骨片数量（身体的部位和记录的洞穴中出土位置）和最少个体数（以便估计肉消费量和维持这些动物所需的土地面积，见边码288～289专栏）进行了统计。所有物种如今在该地区仍很常见，或一直到猎枪引入之前仍很常见。看来，主要肉食资源来自白尾鹿。

50/51

圭拉那魁兹的遗址域从以下方面进行计算：可食植物需求很可能要5～15万平方米以上的面积；鹿至少要17万平方米；原料来自50公里以外。

技术 作为一个小型营地，总体来说，圭拉那魁

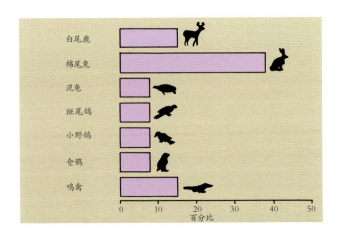

图13.3 （左）人们在圭拉那魁兹食用的动物。

图13.4 （下）在圭拉那魁兹，植物是主食，特别是橡子、龙舌兰、牧豆荚及种子。遗址栖居的时间主要从8月份开始（收获豆荚）一直到来年1月初（橡子收获结束）。

植物	四月	五月	六月	七月	八月	九月	十月	十一月	十二月	一月	二月	三月	消耗量（克）	对应的千卡
橡子													629	1812
龙舌兰													140	176
仙人掌嫩茎													97	12
银合欢籽													54	19
针叶樱桃													30	21
收豆荚					豆荚		储藏种子						14	42
朴树果													13	4
仙人掌果实													12	9
麻风树果													5	30
豆子			开花				种子						3	4
矮松果													1	6
野洋葱			开花							球茎			1	0
西葫芦				开花			种子						1	4

兹未见瓦哈卡谷地前陶期的各种石器工具。从前陶期地层中，出土了1716件打制的石制品，至少有1564件不见任何加工。这意味着，大部分石制品不做进一步加工就直接使用。几乎每层活动面上都见有剥片的证据——石核。仅见7件矛头，考虑到动物骨骼的证据，表明洞穴居住季节狩猎并非主要活动。边刮器和石刀很可能被用于屠宰和皮革加工。对石料来源的调查显示，大部分石器所用的粗糙石料在几公里之内可获，质量较好的燧石偶尔要从25～50公里外获取。

大部分碾磨石估计与植物加工有关，因为同一层发现了植食遗存。一些编织物也残存下来——网、篮子和绳索，包括中美洲放射性碳测定的最古老（前7000年以前）标本——还发现少量木器、茅草或仙人掌，包括用于取火和器物装柄的材料。到处分布有炭屑，被研究小组用于放射性碳断代，或确定这些木头是否被洞穴居民用作燃料。他们发现，前陶期选用的木材多种多样，这和瓦哈卡河谷形成期的村民情况不同，他们在后来明显偏好松木，并一直延续到殖民时期乃至现代，这很好解释了该树种在一些地区消失的原因。

社会结构与劳动分工　活动面上材料的分布用三台电脑进行了分析，以评估活动区和劳动分工。活动区——分布集中区——根据共生情况来定义：例如统计显示，某种变量（如坚果壳或朴树果籽）是其他变量增减的很好预示。因此，各活动面每个探方不同物品频率所组成的原材料，能由电脑转换为密度轮廓线图。

在分析了六个活动面后，显示出许多可能反映洞穴中任务组织规律的方式。这些方式颇为复杂，不能简单分为男女工作区。它们包括简单屠宰、植食的生吃、工具制作、处理肉类和炊煮，还有丢弃垃圾。但是，民族志研究表明存在某种性别分工的劳动区域。分析还分离出了进洞的通道和洞内的区域。

弗兰纳利和马库斯的结论是，圭拉那魁兹是一处小游群的小营地，利用的人数不多于四五个，可能是单一家庭。居住时间主要在秋季，大约从8月下旬/9月上旬（豆荚收获季节）到12月/1月初（橡子收获季节

图13.5　圭拉那魁兹D层活动区和通道的重建。I区据说是一条弯曲的通道，出有橡子、朴树果和碎燧石片。另一条通道在II区，连接橡子储藏区和食物加工区。III区很可能是一两个人（可能为男性）在那里处理动物。IV区很可能只有一两个人（可能为女性）在那里加工和炊煮只在特定季节食用的仙人掌和龙舌兰植物。

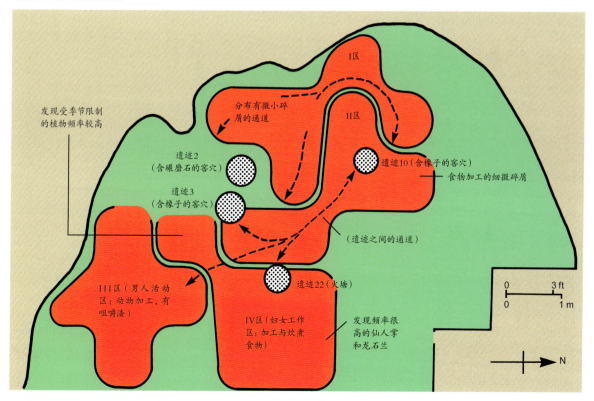

结束）。采集野生植物是这里的主要活动，而与其他遗址相比，狩猎并不突出。到了前陶期居住的晚段，出现了向食物生产的转变。圭拉那魁兹的玉米芯遗存仍然是中美洲年代最早的，结合来自其他遗址如墨西哥中部特瓦坎河谷的圣马科斯（San Marcos）和科斯卡特兰（Coxcatlán）的更多证据，有助于建立有关这种植物是如何被完全驯化的图像。

事情为何变迁？ 为了对采纳农业生活方式的过程有更深入的了解，罗伯特·雷诺兹（Robert G. Reynolds）设计出一个管用的电脑模拟模型，其中，一个假设的5人觅食者小游群从一种无知状态开始，逐渐经过长期试错，学会了如何在洞穴周边环境里规划主要植物的采集。模拟的每一步，程序设计这些觅食者面对年均不可预测的干湿变换以提高获取卡路里和蛋白质的效率，这些季节变换会使植物产量产生波动。

根据仿智理论，这一模型与嵌入的反馈关系的结果，就是该假设的觅食者所建立的一套采集稳定资源的时间安排（一是干旱和普通年份的安排，另一是潮湿年份的安排），它酷似圭拉那魁兹发掘中所见的情况，随着引入早期农业，资源的利用也发生了变化。模拟中并没有用绝对年龄单位——我们不知道一个真正的生存群体实际要花多长时间才能学会这样的策略。该系统也没有采用农业的"触发因素"，如人口压力或环境变迁。这些资源只不过都在那里——好似它就在邻近地区——然后被采纳，首先是在潮湿的年份，后来当它们变得可靠，也在干旱和普通年份被采纳。

当模拟气候发生明显变化或人口增长时，该系统采纳栽培作物的速率实际减缓了。这表明，对于瓦哈卡河谷来说，无论是气候变化还是人口增长，都未必能解释瓦哈卡河谷的农业起源。该项研究倒是显示，采纳农业的主要原因，是为了稳定每年食物供应变动的影响（由于干湿年份和普通年份不可预测），因此，这只不过是前农业时期已经建立的策略的延伸而已。

圭拉那魁兹的研究项目经过15年研究，由弗兰纳利编撰了一部著作，并在1986年出版。

形成期初（前1500～前850）的农村生活

该项目另一部分业已发表的颇有深度的研究，是关注瓦哈卡河谷形成期初的农村，在该时段，木骨泥墙房屋的定居聚落首次遍布整个河谷。该项目的目的是要建立一个早期村落如何运转的模型。要做到这点，必须从各个层次上对其进行研究，从单间房屋内的遗迹和活动区到家户单位、房屋组、整个村落乃至河谷的所有村落，而最后将它们置于中美洲区域间的网络之中。

聚落与社会 弗兰纳利-马库斯团队注意尽可能获取每个层次上的代表性样本，以便清楚了解人工制品、活动、遗址类型等变异的范围。在瓦哈卡项目之前，连一张形成期初的房址平面图都没有发表。瓦哈卡项目复原了30余座部分或近乎完整的房屋平面图，还有后段的其他房屋。依据纳罗尔的公式（见边码467），估计房屋（15～35平方米）是核心家庭的居所。

每间房屋的活动区都被标示出来，通过民族志类比，暂时分为男女工作区。经过详细分析，家户活动被分为三类：

1. 共同参与的活动：如食物处理、加工和储藏——由研磨工具、窖穴、陶罐遗迹以及通过发掘、过筛和浮选提取的食物遗存所揭示；一些工具加工也归入这一组。
2. 可能的专业性活动——只见于一两间房屋，包括某些石器和骨器的生产。
3. 可能的区域专业化——只见于某区域内的一两个村落；它们包括一些贝壳装饰品和羽毛制品的生产；制盐限于靠近盐泉的遗址，如法布里卡·圣何塞（Fábrica San José）。

该项目还制作了一个形成期村落的布局图（主要是铁拉斯·拉加斯［Tierras Largas］的村落）。社会地位出现了分化的证据，特别是在圣多明戈·托马尔特佩克（Santo Domingo Tomaltepec），在此，一组居址——推断其主人地位较高——不仅有一座用优质石块和泥砖砌成的房屋台基，而且拥有比木骨泥墙房屋区域数量更多的兽骨、舶来的黑曜石和海贝，后者的主人社会地位较低。值得注意的是，本地可获的燧石在社会地位较低区域的工具中占有较高比例（因此不太显赫）。其他村落很可能还有公共建筑区，尽管分区不如古典期和后古典期遗址那么正规。

据遗址勘查，形成期初的聚落在规模上差异很大。大约90%是小寨子，有1～10个家户，最大为12万平方米，最多60人。几百年间，它们的规模大多比较稳定，但也有少数村落变大。圣何塞·莫戈特在公元前850年达到了70万平方米，是当时瓦哈卡河谷最大的聚落，并成为二十几个村落的网络中心。弗兰纳利和马库斯推测，村落相间5公里很可能是因社会而非环境和

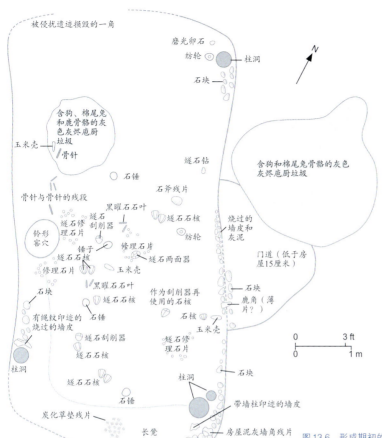

图13.7 萨波特克民工将灰烬、水和硫酸钠溶液倒入一个铜质气化网筛中。用"浮选"将形成期初遗址如铁拉斯·拉加斯灰烬沉积中的炭屑提取出来，该项得以发现炭化的玉米芯、豆类、西葫芦籽、辣椒籽、仙人掌籽和其他食物遗存，这些东西在发掘时肉眼根本看不出来。

图13.6 形成期初的瓦哈卡。铁拉斯·拉加斯一座房屋的平面图，约公元前900年。原地标出了某些人工制品。

农业因素所致，因为拥有的可耕地足以支持密度较大的遗址。另一方面，遗址域（site catchment）的诸多因素决定了每个聚落的具体位置。

遗址域与贸易　对好几处遗址做了遗址域的评估。圣何塞·莫戈特很可能需要2.5公里半径以满足其基本的农业需求；基本石料需求和一些重要季节性野生植物资源在5公里内；鹿肉、造房材料和偏好的柴火来源在15公里以内。虽然与其他地区贸易获取的舶来品大约来自50公里半径以外，但有时会来自200公里之遥。

在形成期初，黑曜石贸易看来采取了平等交换的方式，并涉及每个村落。从各个产地出发，该石料沿链条般的村间网络，分配到每个社群的各个家户。未加工的海贝来自沿海，明显在一些较大的村落中由兼顾农耕的半职工匠加工成装饰品，这是根据他们房屋地板上发现的各种原料所推断的。

他们想什么？ 他们相貌如何？　瓦哈卡形成期初项目也观察了宗教和墓葬的证据。据背景分析，祭祀用具可分为三个层次：个人、家户和社群。

在社群层次上，只有某些村落见有明显为公共建筑而非居址的房屋，据推测，其中举行的活动本质上是仪式性的，而且还可能为邻近的寨子服务。海螺号和龟甲鼓可能在社群层次的祭祀中使用（当地民族志支持这一观点），它们都从沿海低地获得。

在家户层次上，许多房屋内地表有涂石灰浆的神秘凹坑遗迹，一直被说成奉祀之用，或至少没有实用功能，因为见有戴面具、穿服饰的祖先或舞者人偶。基于民族志资料，发掘者现在认为，这种凹坑是作占卜之用的。在注水之后，妇女们将玉米粒或豆子扔在水面上，并根据其形状来算卦。民族志和民族史表明，鱼的脊柱骨用作自残和放血的个人祭祀工具；海鱼的脊柱骨是专门输入河谷的。

在个人层次上，墓葬就像房屋一样，显示有从简至繁的连续等级，而非森严的阶级体制。圣多明戈·托马尔特佩克村外的墓地埋有包含80人的60多座墓葬，其中55人能鉴定年龄和性别。未见婴儿（他们一般被葬在房屋附近），仅有一个儿童。年龄最长者为50岁。男女个体数量大致相当，但大部分妇女年龄在20～29岁之间，而大多数男子活到了三十几岁。

所有墓葬都是俯身葬，几乎全部头朝东，大多直肢。但少数男性屈肢，虽然他们只占整个墓地的12.7%，但拥有50%的随葬精致器皿、88%的玉珠，而且很高比例的墓葬覆以石板。显然，这群人具有某种比较特殊的地位。

形成期后段（前850～前100）的社会发展

分别由肯特·弗兰纳利和理查德·布兰顿领衔的两个长期项目的研究设计，拥有最终的共同目的，这即分辨世袭等级制社会起源和萨波特克国家演进的过程。

理查德·布兰顿、斯蒂芬·科瓦勒斯基和加里·费曼及其同事采用了最先在墨西哥河谷开发的调查方法，在整个河谷开展密集的聚落勘查，然后为后续阶段制作了聚落图。他们也对阿尔班山这一重要遗址进行了详细的调查。调查显示，大约公元前500年，阿尔班山已有了一种新的基础，该遗址一下子成为该地区的首要中心。与此同时，弗兰纳利及其同事已经指出，至少有9处村落遗址，提供了整个形成期房屋、储藏窖穴、活动区和墓葬及其他遗迹的发展证据。通过分析炭化种子、动物骨骼、花粉遗存和遗址域，生计再次成为专门研究的焦点。

该地区的社会结构的调查是通过对各相继阶段的居址、墓葬及公共建筑的比较，来论证萨波特克国家各个机构是从先前较为一般机构发展而来的。早期萨波特克的象形文字是一个研究的重点。由斯蒂芬·普洛格（Stephen Plog）从事的对陶器设计要素的分析认为，当区域遗址的复杂网络发展起来，某群寨子共享当地一处公共仪式中心的服务。

如上所述，早在形成期初，圣何塞·莫戈特就已发展成河谷中的一处显赫遗址。但是，在后续的形成期中段（前850～前500），勘查见有三层聚落等级。聚落等级根据遗址规模确定，并无明显的行政功能标志，但是仪式功能则比较清楚。圣何塞·莫戈特作为一处酋邦中心发展到顶峰时，大约聚集了20个村落，整个人口约有1400人。它在一座修整的山顶上有一

座卫城般的公共建筑。第三号纪念建筑中有一项重要发现，为一件雕刻石版，表现为一个四肢张开的人像（见图13.9）。

该雕刻石版是具有广泛含义的发现之一。因为在后续阶段的阿尔班山遗址发现了300多件刻有人像的这类石版，即所谓的"舞者"，现在解释为描绘了处死的俘虏（见边码420）。因此在圣何塞·莫戈特发现公元前500年的这种"原型"特别有意思。此外，它意味着早在那时，就已用俘虏作牺牲。在圣何塞人像的双腿之间刻有一些符号，被解释为标示某日或某个纪念日的"一次地震"。这表明，当时已经采用了260天的历法（见边码138～139专栏）。

阿尔班山　阿尔班山的主遗址大约在公元前500年建立在河谷不同分叉间"无人之地"的一座山上。阿尔班山似乎由圣何塞·莫戈特以及河谷北部和中部其他遗址组成的联盟所建。但是，河谷南部提尔卡赫特（Tilcajete）的敌对中心并未加入，他们用筑墙的防御建筑保护自己。由查尔斯·斯宾塞（Charles Spencer）和埃尔莎·雷德蒙（Elsa Redmond）所做的工作显示，阿尔班山至少对提尔卡赫特发动过两次攻击，并在公元前20年将其击败，将其并入萨波特克国家。

大约到了阿尔班山Ⅱ期（约前200～100），萨波特克国家存在的证据已十分明显。阿尔班山成为一座城市，统治者居住在宫殿里。在此地以及在次级和三级中心，发现了配备祭司的庙宇。一些建筑上见有多段行文的仪式铭刻，经解读，罗列着超过40处被阿尔班山征服的地方。

萨波特克国家起源的目光聚焦于阿尔班山Ⅰ期之初的公元前500～前200年。但不幸的是，在阿尔班山这一证据并不十分明显。不过可以肯定的是，它是一处大型遗址——在Ⅰ期之末，它居住的人口已有10000到20000人。300多件"舞者"石版就属于这一阶段。幸好阿尔班山的证据可以从与其同时的次级中心如圣何塞·莫戈特得到补充。

结语

瓦哈卡河谷国家社会探源之关键，是一套完善的年表，它最初建立在陶器形制变迁序列的研究之上。后来放射性碳断代提供了绝对年代的年表。于是就能研究聚落发展的相继阶段。

瓦哈卡项目成功的一个要素，就是对聚落采取密

图 13.8　（上左）"舞者"，现在被解释为被处死的俘虏。舞者雕刻可上溯到圣何塞·莫戈特第三号纪念建筑，时代为罗萨里奥期（Rosario phase，前 600～前 500）。

图 13.9　（上右）圣何塞·莫戈特最大的罗萨里奥期公共建筑。技工站立在第二十八号建筑旁。

图 13.10　（下）阿尔班山"舞者"的一张照片，线图复原了它们在该遗址 L 号建筑上的可能排列（约前 500～前 200）。

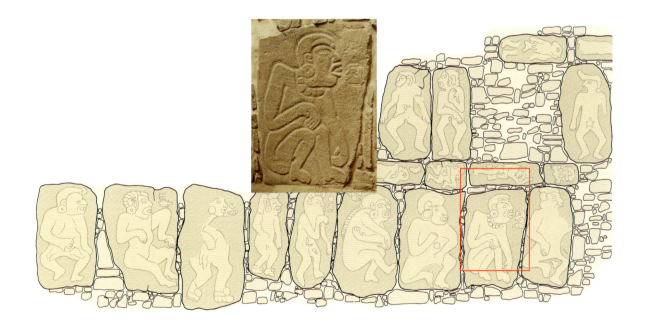

图 13.11　穿越阿尔班山广场，远眺可见几处复原的庙宇废墟。该遗址于公元前 500 年建造在山顶之上。

集的田野勘查。最终，所有采样策略被用于覆盖整个河谷的勘查。第二个要素是生态学方法，它对农业发展的早期阶段至关重要；但对后期也很重要，特别是当引入了灌溉等强化农耕系统时。利用聚落等级、聚落内居址和墓葬的差别等证据，来重点关注社会结构，是一个关键的特征。项目也强调流行的认知-过程考古学和

宗教与象征系统。这些内容在弗兰纳利和马库斯及其同事的著作《云中人群》(*The Cloud People*, 1983) 和《萨波特克文明》(*Zapotec Civilization*, 1996) 中向我们呈现，这两部书也是他们承诺的兑现，就是将他们的研究全部公之于世，供人参阅。因此，瓦哈卡项目无论在方法上，还是在他们的成果上，都令人极感兴趣。

佛罗里达的卡卢萨：狩猎采集者的复杂社会

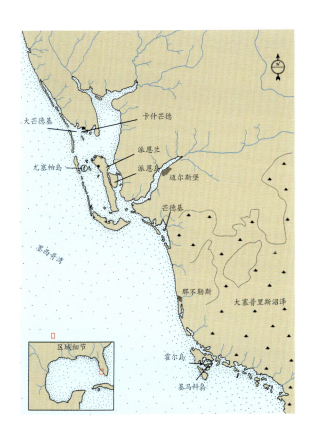

图 13.13 （左）卡卢萨房屋与独木舟的艺术复原图。卡卢萨人就以这样的方式沿人工开掘的运河网作远程旅行。

图 13.12 （右）佛罗里达西南部地图，显示了本文提到的主要遗址和地点，并附有表示区域细节的位置图。

墨西哥湾沿海西南部的卡卢萨是一个反常的案例，它是一个完全基于渔猎采集的定居、集中和政治强大的社会，当欧洲人最初于 1500 年代抵达该地区时，为发现这样一个进步和强大的社会而感到吃惊。当时，居住在乡镇、土木建筑中及庙宇里的人口估计有 20000 人，有一种复杂的宗教，用独木舟沿遍布整个地区的大型运河网来往。

由威廉·马夸特（William Marquardt）领衔的佛罗里达自然历史博物馆卡卢萨项目自 1983 年起，着手调查这一重要但又所知甚微的史前文化的所有方面，并想弄清这样一种复杂和高度发展的社会是如何在没有农业资源的情况下发展和繁盛起来的。该项目也注意观察人地关系，并了解欧洲人对卡卢萨的影响。

卡卢萨位于佛罗里达西南部河口的中心区，为亚热带沿海环境，鱼类和贝类资源丰富，并有大量的野生动物如鹿、龟和浣熊。有各种植物可供利用，卡卢萨人以此作为食物和药物，并用作各种器物的原料。

以前拥有的大部分信息来自 16 ～ 17 世纪西班牙人文献记载中的民族史资料。虽然考古学家最初在 19 世纪就在这一地区开展工作，然而尽管他们的观察很有价值，但所做的发掘十分有限，因此在该项目之前对于卡卢萨仍所知甚微。

勘查与发掘

考古遗存包括广大区域中保存完好的台地、土墩、广场和运河。有些证据表明，这些古代土墩的营建与特定建筑保持一致，而非只是随时间推移而积累。有些土墩只是贝丘，是几千年废弃的日常生活垃圾，几乎完全由蛾螺壳和海螺壳以及烂泥、骨头、灰烬和陶片组成。大芒德基（Big Mound Key）是一座范围达 15 万平方米的贝丘，是世界上最大的单体考古遗址之一。

图 13.14　卡卢萨的考古遗存由广阔区域中保存完好的台地、土墩、广场和运河以及巨大的贝丘（几百年里堆积的日常垃圾）组成。这是派恩兰遗址群中的布朗贝丘，高达 9 米。

另一处遗址是芒德基，一座面积超过 50 万平方米的贝丘遗址。一些遗址，如芒德基和派恩兰遗址群，都有保存条件非常好的饱水堆积。沉积中包含了一般旱地遗址中难得一见的人工制品，包括北美其他地方所不见的一些古代植物遗存。

考古调查在几个地点进行，包括巴克基（Buck Key）、戈尔特岛（Galt Island）、乔斯林岛（Josslyn Island）、卡什芒德（Cash Mound）、霍尔岛（Horr's Island）、尤塞帕岛（Useppa Island）和芒德基、大芒德基，但是大部分注意力集中在派恩岛（Pine Island）上的派恩兰（Pineland）遗址群。该遗址群由一批遗址组成，从公元 50 年起时间跨度超过 1500 年，包括埋葬沙丘、一条人工运河，还有一系列巨大的贝丘。当 1896 年人类学家弗兰克·库钦（Frank Cushing，1857～1900）造访此地时，它所覆盖的面积远超过今天，而运河仍有 9 米宽、1.8 米深。

为了获得该遗址历时变迁的洞见，土壤螺旋钻被用来采集贝丘和其他沉积物的样本，配合穿地雷达，有助于确定地下考古沉积的范围。土芯钻探也被用来收集环境材料以观察古代气候和自然资源的季节性变化。

项目的研究区域有 12000 年的人类历史。虽然从牡蛎贝丘底部附近获得的测年数据表明，贝丘大约从公元前 5000 年在霍尔岛沙丘的山脊上开始堆积，而在尤塞帕岛大约是公元前 4500 年，但是上升的海平面淹

没了沿海所有古代期中段或更早（前 5000 年之前）的遗址。大约公元前 2800 年，霍尔岛上一处遗址已被开拓各种鱼类和贝类的人群全年居住。派恩兰发掘获得的放射性碳和人工制品显示，该遗址的栖居从公元 50 年一直到 18 世纪。

从项目一开始，发掘队的一些成员就开始营造他们自己的贝丘，这是一个实验性贝丘，他们放置鱼、贝类和其他动物遗骸。每月一次，他们观察堆积的材料发生了哪些变化。在暴露一年后的发掘显示，有 77% 沉积的鱼类和贝类废弃物被回收，消失的主要原因是鸟类，它们会很快吃掉生鱼，但不吃煮过的鱼类。

古气候与季节性

我们今天所知的墨西哥湾沿海河口，环绕着约 6000 年前形成的红树林。与当时海岸线相关的古代美洲原住民村落位置有助于追溯几千年来洋面的升降。例如在派恩岛，年代分别在公元 100～300 和 500～700

图 13.15　饱水沉积中保存条件极佳。在此，发掘队正在处理木头和绳索。

年的贝丘位于该遗址的最底层，现已被海水淹没，表明当贝丘开始堆积时海平面较低。

诸如穿孔海绵和冠状牡蛎等生物，是河口水含盐量的可靠标志，因为水的含盐量也受到海平面升降的影响。从卡什芒德出土的贝壳表明，大约公元270年，海平面要比今天高，但大约在公元680年下降。

鲀鱼耳石（听觉器官的一部分）的化学成分是很好的温度指标（见第六章），研究结果表明，公元500～650年是卡卢萨经历过的寒冷期，冬天平均温度在2.2～2.4℃，要比小冰期（约1350～1500）的温度还低。对蛤蜊壳的解读也提供了有关收获季节的信息，比如，1987年从乔斯林岛发掘出土的51件贝壳是在晚冬和初春采集的。

炭屑分析显示，黑皮红树、榆绿木和松树是最常用的柴火，而从基马科和派恩兰出土的一些雕刻用的木头是柏木。

食谱

西班牙人的记载表明，卡卢萨人并不种植农作物，而迄今为止几乎所有采集的考古植物学遗存都来自未驯化的植物（虽然公元100年有小型家庭栽培园圃的证据）。从细筛获得的一些碳化木头和种子表明，卡卢萨人采集和食用野生植物，诸如海葡萄、仙人掌果、菜棕和各种根茎与种子。

在派恩兰，对公元100～300年饱水贝丘材料的发掘，出土了几百颗种子，包括辣椒籽（在美国东部首次发现）、木瓜籽（在北美首次发现）以及无数葫芦籽和西葫芦籽。木瓜籽的大小和结构表明，该物种已受当地居民的操纵，辣椒和一些西葫芦也有这样的可能性。

文献及考古学证据表明，鱼类提供了大部分营养。在对卡卢萨地区史前遗址的沉积物分析中，鉴定出超过30种的鱼类、鲨鱼和鲼，以及50多种软体动物和甲壳动物。鱼类明显提供了绝大部分肉食——虽然有些沿海贝丘非常巨大，许多占地面积超过1万平方米，高3～9米，不过软体动物对食谱的贡献远逊于鱼类，这是因为贝类的营养成分相对较低。但是，软体动物很可能是一种重要、可靠、易于收获且丰富的资源；龟类和各种有蹄类动物只是对主食的补充。

通过与现生物种的比较，海鳟鱼、红鲑鱼和海鲶鱼的耳石透露了它们的捕捉季节。结合贝壳及鱼骨季节性生长方式的分析，它们揭示了在古代期（前6500～前1000）霍尔岛上的人群是全年居住的，夏天

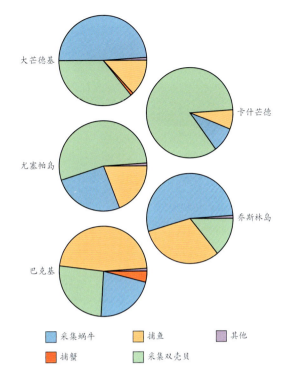

图13.16　图表显示了基于开拓资源的最小个体数所估计的各遗址生计活动的差异。

采集扇贝，秋天捕捉鱼类。

考古学家一度推测，正是这些丰富、全年可获的自然资源，加上对它们的充分了解，使得卡卢萨居民能够无须依赖农业而达到复杂而高度发展的社会水平。现在，详细研究表明，气候波动有时对卡卢萨人构成了挑战。当全球气候变冷时，比如公元500～850年间，海平面下降，导致鱼类离开了赖以生存的浅水河口和近岸海湾。在这期间，与南佛罗里达其他地区的合作关系有助于紧张时期的食物供应。卡卢萨人还会通过建造和维护水坝、设置陷阱和围栏来增加鱼的产量。考古学家现在认为，直到史前期晚段，尤其随着欧洲人的入侵，卡卢萨人才开始在南佛罗里达占据主导地位。

技术

在基马科，1896年从饱水遗址中出土了保存完好的网、粗线、绳索和锚。柏木棍和葫芦被用作木筏，而大型蛾螺壳和灰岩石块被用作锚，小贝壳被用作网

图13.17 发掘出土了极为多样的用木头和其他易朽材料制作的器物，包括碗和其他各种器皿及工具。

坠。无数骨制尖状器或骨针很可能被用作复合鱼钩的倒刺。在派恩兰，发现了一件公元9世纪的柏木雕刻，很可能表现的是鹤的头部和喙上部，它或许曾是装束或木偶的一部分。

几乎90%不同种类的人工制品是用贝壳制作的，包括斧、凿、锤、杯、碗以及加工木头和贝壳的工具。尤塞帕岛上的发掘揭露出一处作坊地面，年代在3500年前（古代期中期的后段），见有制作精致的贝壳其他工具的碎屑及副产品。

对派恩岛和芒德基饱水贝丘的发掘，提取到了大量的木头碎屑和搓捻而成的棕榈绳索残段和网。

从公元前500年到16世纪，大部分陶器为素面羼砂器皿，叫作"格莱兹素面陶"（Glades Plain）或羼砂素面陶。分析显示了陶土的多样性，里面羼有海绵刺（海绵外骨骼微小的硅质部分）和石英砂。

多年来，卡卢萨项目的成员制作了许多史前工具的复制品，并使用它们——鱼叉和蛾螺壳工具、本地纤维的绳索、贝斧等等——将各种使用痕迹与出土器物上的微痕作比较。

他们有哪些交往？

虽然还没有史前期卡卢萨人和加勒比海居民存在交往的证据，但是与美国东部原住民的直接和间接来往已确凿无疑。例如，派恩兰的发掘出土了两小块方铅矿，美洲原住民将这种矿石捣碎成银色粉末，用作仪式上的化妆粉和脸部彩绘；它在佛罗里达并无自然的存在，采用原子吸收光谱仪进行分析，显示这些标本来自密苏里州东南部。一件从派恩兰出土的磨制石斧很可能来自佐治亚州，而一件打制石锄则源自伊利诺伊州南部。考古学家认为，卡卢萨人将大型海螺壳出售到美国东部，当地工匠将之做成珠子，或雕成颈饰和长柄勺子。民族史记录表明，这里的酋长从160公里外的乡镇获取皮革、席子、羽毛和囚徒等形式的贡品。

社会结构与信仰

从民族史记载可知，当欧洲人抵达时，卡卢萨人居住在几十人到几百人的定居村落里。社会阶层分为贵族、平民和俘虏，酋长是国家的首领或国王。有一份1566年目击者的记录，记录了卡卢萨国王与西班牙人结盟时，在一座足以供2000人站立的大型建筑里主持庆祝仪式。2018年发表的发掘（报告）确认了这座惊人建筑的位置，它建于芒德基一座9米高的土丘之上。

统治者负责在社群内部对食物进行再分配，并在宗教上担任重要的角色，并具有与维持富饶环境的神灵进行沟通的能力，正是这种环境供养了他们的社群。西班牙人也描述了一座巨大的庙宇，墙上饰有雕刻和彩绘的木质面具。

有关妇女的角色和地位的证据很少，部分由于西班牙人主要和男人打交道。大部分妇女可能都有意回避西班牙人，而西班牙人可能猜想男人是决策者。记载显示，戴面具的祭司行列有唱歌的妇女陪伴，即便首领都是男子，有一项记录提到了卡卢萨人的一位王后。

西班牙人设法让卡卢萨人转信基督教的企图最终失败，但是到了1698年，这里的人口因欧洲人的疾病、奴役和与其他印第安人的战争而减少到2000人。大约18世纪中叶，卡卢萨人几乎完全消失了。

小结

通过通俗和学术的出版物、博物馆展览、一份定期的通讯和巡回展，还有一项重要的考古/教育计划，该项目意在使佛罗里达西南部的中小学生、教师和一般公众熟悉并参与到该地区的史前研究中来。在派恩岛遗址的兰德尔研究中心（Randell Research Center）还设有一个教育馆和一条教育走廊，每日向公众开放。通过这种公共教育的努力，考古学家旨在提高对过去富饶和复杂景观以及过去卡卢萨人与景观互动日增的赏识，并希望在面对发展的持续威胁时，对保护和保存这片景观的必要性带去更好的理解。

图13.18 项目小组的一位成员向学生介绍发掘的经过。该项目主要包括三个发掘季节、两项当地博物馆展览、一项面向儿童的夏季课程、一项多媒体幻灯展示、讲座、手把手的课题示范和遗址参观、器物复制研究等。

澳大利亚曼格罗夫河上游的狩猎采集者研究

曼格罗夫河上游位于澳大利亚东南部新南威尔士州的悉尼盆地，距离悉尼北部约75公里。那里的考古工作始于1978年曼格罗夫河大坝建设的抢救性发掘。这是被切割得支离破碎的霍克斯伯里（Hawkesbury）砂岩区的一部分，海拔高度为25～200米。河谷两侧十分陡峭，悬崖高达8米，并有许多岩石露头，有些带有岩棚。目前，该地区大部分被桉树林和其他林地覆盖，并长有茂密的林下植物，如灌木、蕨类和草类。

准备工作与项目目标

一旦了解了该地区遗址的丰富度和时间跨度以及所需的工作量，瓦尔·阿滕布劳就被指定来负责该项目，该项目也成为她博士研究的焦点。她决定将工作延伸到河谷底部（该区域将被大坝淹没）以外的邻近山坡以及山脊顶部。

最初田野工作中提出的一个主要疑题是，遗址数量在11000年间有增加的趋势，这表明了人口的增长，但是在栖居的最后1000年里，人工制品的数量减少。如何来协调这种明显矛盾的发现？难道是气候与环境变迁影响了考古遗存的产量？是否土地利用方式和资源开拓的变化也有某种作用？

与原住民的合作

今天，曼格罗夫河上游位于这样一片区域，当地达金永土地咨询委员会（The Darkinjung Local Land Council）为他们认为对原住民来说十分重要的遗址和地点的保护与管理提供建议。但是，原住民土地咨询委员会是在1984年成立的。当早在几年前开始田野工作时，并没有可供咨询的正式原住民机构。新南威尔士国家公园及野生动物管理署和澳大利亚博物馆雇用了一些原住民，而少数当地原住民参与了田野工作，并协助石器分析。原住民不希望对人类遗骸进行发掘或观察。因此，当考古学家在一处小型岩棚中揭露出部分人类头骨时，发掘工作立即停止，记录完已经暴露的细节后就进行了回填。

图13.19 曼格罗夫河上游，1979年8月。

勘查

系统勘查探测到那些地表可见考古证据的遗址，而其余的发现则通过发掘获得。那些看似能够住人的岩棚都做了调查，最大的有46米宽，13.5米高，但是大多不到15米宽。遗址的沉积大多为留存的石制品和动物遗骸，但是在岩棚上也有绘制的图像、磨出的沟槽，还有一些旷野的刻划遗址。

为了获得考古记录的无偏颇样本（unbiased sample），阿滕布劳为整个100平方公里的遗址域设计了一个分层的随机采样计划，以选择各类考古遗址的10%进行勘查；然后发掘所有所记录的考古遗址。她将遗址域分为三个主要层次：谷底、山坡、山脊。有可能的是，主要的营地遗址见于河谷底部和山脊，因为后者从历史上所知为穿越该地区的通道。谷底和山坡被平分为

图 13.20　曼格罗夫河上游遗址域以随机采样单位记录的考古遗址。遗址聚集处反映了采样单位所在的地点，每个单位为0.25平方公里，外侧山脊每个单位为1平方公里。

● 岩棚中的考古沉积
● 空旷地点的考古沉积
▽ 岩石台地上的图像
■ 碾磨区
- - - 遗址域界线

图 13.21　洛吉斯岩棚；2米厚的沉积中含有上溯到距今约13000年前的栖居证据。该岩棚有一小片用颜料画有袋鼠科动物、鳗鱼和其他鱼类以及海豚的图画，表明了内陆区与东部沿海和南部霍克斯伯里河口之间的联系。

0.25平方公里的面积，而比较平坦的山脊被平分为1平方公里的面积。每个单元被编号，各档次在随机数字表中挑选10%。被挑选的部分遍布整个遗址域。

由于森林覆盖，且地形往往很陡峭，遗址勘查采取步行，以4～5个人为一组，根据可见度和地形，相隔10～30米，沿线行走。沿线的所有岩棚都做了观察，寻找居住迹象和装饰；在平坦地表上寻找石制品；在平坦的砂岩区寻找刻凿或碾磨的沟槽；在树木上寻找剥去树皮的痕迹（树皮被用来制作盾牌、容器和掩体）。由于植被茂密，要探测到空旷的营地遗址十分困难，除非河谷底部树木被砍伐，而这会对地表造成扰动。

发掘方法

发掘按地层学方法进行，起先采用1平方米的探方以每层10厘米下掘，后来采用0.5平方米探方以每层5厘米下掘。岩棚沉积为沙质土，其中含石制品和动物骨骼。但是，悉尼盆地的砂岩沉积中骨骼保存不佳，它们一般无法保存3500年以上。

在阿滕布劳的博士研究中，共发掘了29处地点：含考古沉积或画有图像、图案的23处岩棚、2处旷野遗址，还有4处在岩棚中有潜质的沉积，其中3处证明含石制品。在所有情况下，发掘是一种采样工作，仅调查了沉积的2%～7%，发掘一般仅为一到两个分开或相邻的0.25平方米探坑。洛吉斯和黑手两处岩棚有较大的发掘区，采用1平方米探方进行发掘，那里的沉积较厚、较为丰富（洛吉斯的厚度达2米）。发掘出土的沉积经网筛过筛，并在河边进行水洗。

断代

因为出土的炭屑质地很好，许多遗址可以采用放射性碳方法。此外，沉积中的一系列器物类型和原料也有助于建立一种文化发展的清晰图像，而岩棚里沉积物堆积厚度所需时间也是一个要素。获得的总体放射性碳年代确认了根据其他证据所做的估计。该地区目前所知在洛吉斯岩棚最早的栖居几乎始于13000年前，而黑手岩棚仅上溯到3300年前，一些遗址的居住年代晚于500年前。

这是何种社会？

虽然有证据表明，殖民时期初（18世纪晚期～19世纪早期）曼格罗夫河上游有人居住，但是历史记载中并未见有原住民的描述，所以人们必须主要依靠考

图13.22　1978年8月在洛吉斯岩棚的发掘。所有沉积中均出土了石制品，而动物骨骼仅见于上部90厘米。动物骨骼包括袋鼠、沙袋鼠和负鼠，还有蛇和蜥蜴。

古材料来重建他们的社会。明显的是，他们是狩猎采集者，栖居遗址和可获的食物资源的性质表明，生活在此地的游群比较小，而且流动性很大。大部分岩棚只能容纳很小的人群，而较大的群体很可能在较大的河滩上扎营，那里没有植被（但那里在冬天是寒冷和霜冻的地区）。根据对邻近区域原住民的了解，外出狩猎采集的觅食游群的规模取决于季节性可获的资源，从单一核心家庭（父母和孩子）到几个核心家庭不等。在祭祀的时候他们汇聚到一起，形成最大的群体，比如由男性发起的每隔几年举行的仪式。

很有可能的是，曼格罗夫河上游的居民在他们地域内许多临时营地之间移动，而群体规模依天气、季节和地点有所变化。

环境重建

从马塞尔（Mussel）、迪普河和洛吉斯岩棚出土的丰富且保存完好的动物组合，成为环境重建的基础。在马塞尔和迪普河，动物遗存在大约1200～1000年前发生了变化，特别是袋鼠成分。这些地点的下层组合中以东部灰袋鼠和红颈沙袋鼠为代表，这表明该地区是比较干旱的空旷林地；而在上层，东部灰袋鼠消失，红颈沙袋鼠较少，而沼泽灰袋鼠有相应的增加，它们一般与茂密和喜湿的植被共生。

据推测，这种动物群变迁很可能是由植被变化所致，而从邻近地区的工作了解到，由于厄尔尼诺现象的增强（见边码227专栏），在距今4千纪中叶开始了一段较为寒冷和干旱的时期。在某些地区，它一直延续到距今1500年，但是当地的花粉芯则倾向于表明，它在距今2000年前结束。肯定的是，当动物群发生变化的这段时期，是该地区从干旱条件向今天这样湿润天气转变的时期，但根据目前的证据，仍不容易将两桩事件联系到一起。

技术

基于现在的民族志证据，我们知道原住民狩猎采集者拥有一套可携带的工具套。男人使用长矛、飞去来器、盾牌、刃缘磨制的轻便斧、投矛器，还有携带小型装备的网兜。妇女使用挖掘棍、网兜、树皮篮子，有时用刃缘磨制的轻便斧。这些工具主要是用木头和植物材料制成的。除了在头上、手臂和腰部会缠上绑带外，冬天人们穿皮外套，此外他们都是裸体的。不幸的是，能够在考古学上残存下来的物件，只有那些用石头、骨头或贝壳制成的工具，而在澳大利亚东南部，只有石头才能历经3000年以上而残存至今。木头

图13.23 用硅化凝灰岩制作的琢背工具，曼格罗夫河上游的遗址域中不产这种石料，因此，这些器物或石料是在诸如北部的亨特河谷（Hunter Valley）或南部的奈班河（Napean River）等地区制作或进口的。

图 13.24   夏普峡谷砂岩层上的一片碾磨沟槽。较宽的沟槽是磨制短柄小斧刃缘造成的，而左边较窄的沟槽可能是磨制木矛留下的。

只有在非常特殊的情况下才能残留下来。

在曼格罗夫河的整个栖居时间里，用的是打制石器，大部分是不规整的修理石片，用来刮削和切割。也有一些正规的工具，如邦迪尖状器（Bondi points）和几何形细石器等琢背工具。对邦迪尖状器的微痕及残渍分析，鉴定出各种功能（切、割、钻、刮等等）和工作任务（比如，加工木头和软质植物材料、骨骼和皮革及屠宰）。有些石料——碧玉、石英、石英岩——可以从河床的砾石中获取，它们是从砂质砾岩中剥蚀出来的，但是硅结砾岩和凝灰岩并非当地所产（见下）。

曼格罗夫河上游也发现了玄武岩制作的刃缘磨制的轻便斧头；从民族志可知，它们是装柄的，被用于不同的工作，如加工木器和战斗；但残留物和微痕分析显示，它们还被用于柔软植物的加工和砸开坚果等工作。碾磨沟槽遗址可能与这些工具的最后成型和磨制有关。

从石器组合中能见到历时的变迁。例如，琢背工具大约出现在距今8500年前，在公元前3500～前1500年间变得非常多，但后来就消失了（在某些地区数量减少）。器物类型、生产技术以及制作它们的原料也见有这样的变迁。刃缘磨制的轻便斧大约在距今3500～3000年前引入，并在过去1500～1000年里数量不断增加。

他们有何种往来？

历史记载将曼格罗夫河上游的山脊描述为主要的通行路线。便携式X荧光分析表明，在遗址域内发现的刃缘磨制石斧是用玄武岩制作的，这些玄武岩来自向南不到10公里的东部山脊线，以及向北60公里的亨特河谷。角岩的短柄石斧与从霍克斯伯里河向南85公里的鹅卵石成分相符。用于制作某些石片工具的凝灰岩和硅结砾岩可能来自亨特河谷或霍克斯伯里-奈班河，在曼格罗夫河上游无法找到其中任何一种。这可能是直接获取的，但也可能是与相邻群体交换所得的。这种交易通常于聚众举行男性成年仪式的时候进行。

他们想些什么？

研究区域分布着许多雕刻与岩画。两处旷野砂岩台地见有袋鼠的岩刻。岩棚见有用红白颜料及木炭绘制的图画，最多的一处遗址有66幅；有些遗址含刻有火鸡足迹的图案。彩绘图像有袋鼠、针鼹猬、鸟、鳗鱼、蛇、澳洲犬、海豚、鱼、手印及男女人像。没有当地人的验证，自然无法知道它们用于宗教还是世俗的目的，虽然实际上这在原住民生活中并非一种正当的区分。霍恩德人像图案常常被鉴定为白阿米（Baiame），即其信仰系统中的一位重要祖先。据目前所知，这些图像早在

图 13.25   两只鸭嘴兽、一只澳洲野犬和一个有角拟人图像，后者常被看作萨满，是澳大利亚东南部宗教信仰中的一种古代形象。该遗址因其岩壁上壮观的"澳洲野犬和有角人像"图像而闻名。

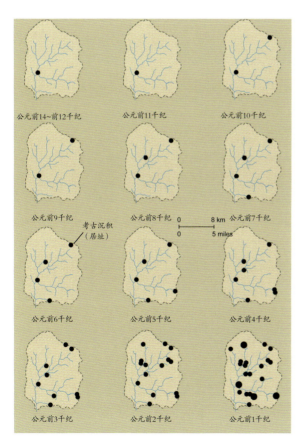

公元前14~前12千纪

公元前11千纪

公元前10千纪

公元前9千纪

公元前8千纪

考古沉积
（居址）

0   8 km
0   5 miles

公元前7千纪

公元前6千纪

公元前5千纪

公元前4千纪

公元前3千纪

公元前2千纪

公元前1千纪

图 13.26 （上）黑手岩棚中用白色颜料画的手印，包括一个带前臂的手印以及填入的黑色袋鼠脑袋（右面），1978 年 8 月摄制。比例尺为每格 10 厘米。

图 13.27 （左）居址分布显示了曼格罗夫河上游遗址域中每千年所利用遗址数量的历时增长，以及土地使用方式的历时变迁。

图 13.28 （下）近 14000 年里，在曼格罗夫河上游遗址域中考古学栖居证据显示的建立居址的速率以及人工制品积累的速率。

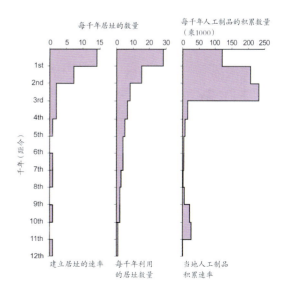

每千年居址的数量

每千年人工制品的积累数量
（乘1000）

建立居址的速率

每千年利用
的居址数量

当地人工制品
积累速率

殖民时期初就存在于澳大利亚东南部。这些图像的年代仍不清楚，但是两艘帆船的描绘表明，在英国人定居之后的时间里，原住民仍造访此地。

为何变迁？

525
527

从曼格罗夫河上游以及从澳大利亚东南部其他地方的工作清楚可见，琢背工具有显著的增长，这似乎是对全新世中晚期、约距今3500～1500/1000年前引发干冷的厄尔尼诺现象增强所导致环境变化的一种普遍性区域技术反应。但是，这很难确切指明到底发生了何种文化变迁。阿滕布劳最初推测，如果这些器物是矛头的倒刺，那么它们也许和动物群变化相关，但是最近对它们的微痕和残渍分析表明，它们有许多其他的功能。似乎这些工具的使用方式并没有太大的历时变迁，但是它们的流行程度在距今3500～1500年前有显著的增加。也许这暗示着与资源流动层次及资源可预见性降低有关。但是，只有未来的工作才能解决这个问题。

小结

大约3000～1500年前较为干冷的条件，无疑影响了澳大利亚东南部的植被以及赖以为生的袋鼠种群。这段干冷期也与大本营数量和人工制品增加的速率同步，很可能刺激了狩猎采集者对刃缘磨制工具的采纳，并扩大了对琢背工具的使用范围，这应该是一种复合工具。

最后1500年较温湿的条件，似乎并没有让大本营返回到数量较少的状态。但是，大本营中的器物数量有所减少，与此同时，被判定为活动地点的小遗址数量增加。器物的减少很可能与琢背工具生产的减少相伴，抑或恢复到较潮湿的条件也许导致对该区域利用的减少。只有更多的研究才能使该图像更显清晰。不过，大本营和活动地点分布的变化以及器物数量的波动，表明在区域以及资源利用上发生了重组。曼格罗夫河上游腹地狩猎采集者活动与新南威尔士沿海地区和中南部的狩猎采集者活动之间的长期关系，是另一个需要深入研究的领域，后者仅在1000～900年前才引入贝壳制作的鱼钩。

科帕农第：东南亚稻作农业的起源

项目的目标

1984～1985年，新西兰考古学家查尔斯·海厄姆和泰国考古学家拉乍尼·索萨拉特（Rachanie Thosarat）在泰国中部暹罗湾沿海地区发掘了一座大型土墩，高12米，占地面积5万平方米，位于距海岸约22公里处的一片平原上。该遗址离今天曼谷向东1小时的车程。它的名字叫科帕农第，意思是"漂亮的土丘"，周边几英里外都能看见。这里产稻米的低地是世界上最富饶的农业系统之一，但对它的考古研究却所知甚微。所以本项目的一个主要目的，就是调查大部分人赖以生存的农业系统的起源和发展。

探索者

1970年代初，对泰国东北部地区开展了大范围的研究，发现了像班清（Ban Chiang）和农诺他（Non Nok Tha）这样的重要遗址。由切斯特·戈尔曼（Chester

图13.29　几近圆形的泰国科帕农第土墩平面图，它占地约5万平方米，高出冲积平原地表约12米。

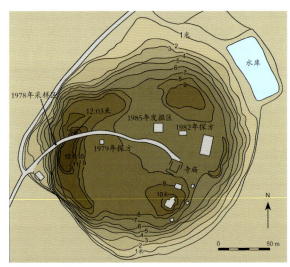

Gorman，1938～1981）等人进行的发掘，提供了当地公元前1500年青铜加工传统的证据，虽然这个年代被在难农寺（Nan Non Wat）的工作推前到公元前1000年。另一方面，在科帕农第项目开始之前，泰国中部和沿海地区几乎没有开展过系统的考古工作。该遗址由泰国考古学家于1970年代后期发现。他们于1978年进行了采样，并在1979年和1982年进行了试掘。泰国发掘者丹隆嘉德·诺克萨库尔（Damrongkiadt Noksakul）从最古老墓葬中的人骨获得了一个放射性碳年龄，为公元前4800年。如果新的发掘能在年代如此早的地层中发现水稻栽培证据，那可与所知中国最早驯化稻的年代比肩。

留下了什么？

遗址中一些材料的保存状况非常好：有些柱洞原地保留着原来的木柱子，各层位富含有机质遗存如叶子、坚果、稻壳碎片和鱼鳞。至少揭露了154座墓葬，并伴出完好的骨制和贝壳饰件——东南亚地区最大也是出处极佳的一批人类遗骸。有些墓葬见有白色材料的薄层，后证明是非编织纤维的裹尸布——有些是槌制的树皮布，有些是石棉布，这是这种材料最早的使用证据。石棉在泰国有自然分布，因其实际上无损和防火的特点，在古代被非常看重。遗体躺在木质棺架上。

何处？

土墩中部开掘了10×10米的探方，该地点由佛寺住持所选，为免损坏他的树木。考古学家希望探方发掘面积大到能够揭示出足以了解遗址规模的考古遗迹。探方上面搭建的顶棚，使得甚至在雨季期也能工作，还需搭建砖墙，以防雨水渗入探方。

图13.31　发掘者在科帕农第遇到了一处极深且序列详细的地层。

图13.30　1984～1985年，科帕农第遗址土墩的发掘地点是由当地的寺庙住持选择的。发掘区覆盖着顶棚，在雨季起到了防护作用。

在7个多月持续的艰苦工作之后，最后在7米深处见到自然淤土层，发掘终于告一段落。接下来是好几年对数吨出土材料的实验室分析。

在对科帕农第遗址发掘之前，海厄姆、索萨拉特和其他三位同事花了6个星期，对邦柏公（Bang Pakong）河谷部分地区进行了遗址勘查。他们间距20米步行穿越勘查区，研究航照，采访当地村民和僧人。调查显示，如不出意外，科帕农第并非一处孤立的遗址，而是该地区几处早期村落之一。1991年，海厄姆和索萨拉特重返河谷，对其中一处遗址农诺（Nong Nor）进行了发掘（见边码533）。

528/529

何时？

根据早年发掘者从野外获得的印象和从人骨获得的年代推测，科帕农第最早是在公元前5千纪被栖居的。其无数火塘提供了放射性碳测年的炭屑样本。新西兰惠灵顿某实验室研究6件样本的最初结果提供了很早的年代，但是其年代系列并不连贯。后来，澳大利亚国立大学实验室基于12件样本，获得了内在连贯的一系列年代数据。有趣的是，澳大利亚国立大学的这些结果表明，该遗址的栖居时间要比原来想象的要短得多——只有几百年，而非几千年。海厄姆和索萨拉特得出结论，该聚落大约是从公元前2000年开始居住的，并延续了500年（校正后的年代）。虽然这有点令人失望（就寻找最早稻作栽培的年代而言），不过它意味着，该遗址出土的154座墓葬很好地代表了一条未曾间断的丧葬传统，这在世界上任何地方的遗址都是罕见的。这是由于文化遗存非常迅速的积累所造成的，实际上还与后续叠压在上的墓葬保持了距离。

社会结构

人们很快注意到，这些墓葬成组分布，之间隔开。电脑图像被用来标绘它们的三维分布，获得了非常详细的埋葬序列，为该社群超过20代人的血缘关系提供了洞见（假定一代人为20年，该墓地的时间跨度为400年，与放射性碳对该遗址延续时间测定的500年时间非常接近）。存在的不同随葬品的多样性及数量——蚌壳首饰、陶容器、土砧和抛光石块——被用多变量统计法（也叫聚类分析法）、主成分分析法和多维尺度分析法（一组物体之间距离或相似性的视觉表现）进行了分析。研究人员发现，男女之间总体财富并无明显

差别，尽管在晚期出现了某些差异：土砧只见与女性和青年共出，而龟甲饰品仅与男性共出。也是在晚期，出现了女性支配的现象，她们中的一些人随葬了十分可观的财富——一位昵称为"公主"的女性竟然有超过12万枚的蚌珠及其他随葬品，其富裕和奢华在史前东南亚前所未见。但是，该"公主"的后裔仅埋有少数几件随葬品：这不是一个社会等级世袭的社会。

不过，儿童的财富与他们埋在一起的成人之间有一种清楚的联系——贫穷的儿童与贫穷的成人相伴，或成人与儿童皆富有。一个人的年龄对于随葬品的数量不是一个决定因素。夭折的婴儿被单独埋葬，或与成人葬在一起，不过没有随葬品；但是那些死前存活了几个月的婴儿丧葬处理方式与成人相同。

生物人类学家南希·泰勒斯（Nancy Tayles）分析了人类遗骸后认为（见边码532），两组主要墓群代表了世代相继的两个不同家族。头骨、牙齿和骨骼上的许多遗传特征能够用来确定某些个体之间的关系，这些确认了组成某墓群中的个体彼此相关。两性中都见有拔牙习俗：男女最常见的是拔掉两个上第一门齿，但拔掉所有下门齿的仅见于女性。某些方式的一致性可与同一世系相继成员中的一些标记相匹配。

环境

该遗址被稻田所包围，现在向东22公里就是海。但是在公元前4000～前1800年间，它曾位于古海岸线上的一处河口，当时的海平面要比现在高。这是根据古生态学家伯纳德·马洛尼（Bernard Maloney）在遗址北面200米邦柏公河沉积物钻芯中炭屑所测定的放射性碳年代所推断的。这些钻芯不但论证了上溯到公元前6000年的人类及自然环境，而且还含有花粉颗粒、蕨类孢子和叶子残片；有几个阶段——公元前5300年、公元前5000年和公元前4300年——显示了今天与稻田栽培相伴的炭屑、蕨类孢子和杂草花粉的尖峰。虽然水稻无法直接从花粉鉴定，但树种的减少、焚烧的增加，还有稻田杂草的增加，可以反映公元前5千纪该地区的农业，后来对钻芯中的植硅石的分析，至少部分肯定了这一假设。水稻的植硅石（不能确定是驯化还是野生的）被发现在公元前5千纪的层位中与农田杂草的植硅石共生——虽然它们不久就消失了，直到公元前3000年才又出现，比科帕农第的最初栖居约早1000年。然而植硅石表明，焚烧很可能与农业活动的燃料生产相伴。因此，尽管焚烧很可能与农业相关，但是狩猎采集者的烧荒，甚至正常的野火也可能与此相关。

52/53

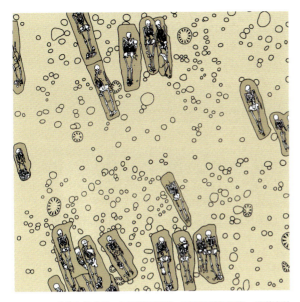

图13.32　科帕农第的第4丧葬期的墓葬，死者被单独下葬，并整齐地排列。

图13.33　这位"公主"伴有一套贝壳首饰、超过12万枚珠子、一件头饰和一只手镯，还有精美的陶器。

图13.34　两组史前家谱树。对第2到第6丧葬期骨骼遗存的分析，使得考古学家能够推定两组家系序列C和F。像这样追溯家谱，在史前史上罕见。

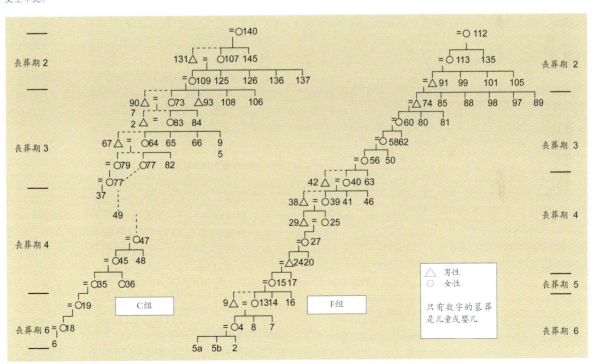

发掘探方堆积中发现含有介形虫和有孔虫，它们是栖息地范围限定的微小水生动物，它们在连续地层中的频率，证明该遗址曾经位于或靠近入海河口，后面有淡水沼泽。但海水最终后退，河水主要为微咸水，附近仍有淡水池塘。

古植物学家吉尔·汤普森（Jill Thompson）采用浮选法从发掘中采集了有机物——获得了炭化种子、水稻碎片和很小的蜗牛。靠近遗址底部的一些陶片附有藤壶，表明该遗址一度位置较低，在潮汐时会被海水淹没。发现了好几千件哺乳动物、鱼类、鸟类、龟类的骨骼碎片，还有蟹和贝类的遗骸。对它们的分析表明，早期曾有鳄鱼和开阔滨海的鸟类如鸬鹚，但后期为沼泽和红树林的鸟类，如鹈鹕和苍鹭等。最终，海洋和河流物种被林地和森林鸟类如乌鸦和阔嘴鸭所取代，还有喜干条件的动物如豪猪和袋狸。同样，鱼类遗骸显示，早期主要为海水鱼类；但后来被淡水鱼类取而代之，而软体动物表现为从沙滩海滨和海洋物种向红树林、河口和淡水物种，最终向陆生物种的转变。

因此十分明显，该遗址最初位于海拔非常低的河口边，靠近一片明显带有沙滩的开阔海滨。随着堆积物的增加，海水逐渐后退，遗址离海边有了一段距离。最终，河流本身也移到了西面：这一向非河口栖息地的改变，很可能还与一处不易接近河流的牛轭湖的形成有关，或甚至有一次大洪水将河流从该遗址旁移开。

食谱

遗址出土了超过百万枚贝壳，还有动物骨骼和种子。因为不可能将贝壳全部运到实验室，因此就在野外清点最常见的贝类如鸟蛤，并保存10%的数量。这种名叫毛蚶的鸟蛤适应于泥滩环境，见于河口。99.4%的贝类仅由8个物种组成，它们都是食物资源。

但是，食物残渣和其他证据显示，这里的主食是鱼和水稻，与今天相同。在一座死于约45岁的女性墓葬里，在其骨盆部位发现了一小堆骨骼，起初以为是胎儿，后来发现是她的最后一餐饭：攀鲈的骨头与鱼鳞（攀鲈是一种小型的淡水鱼）。鱼鳞中还混有一些很小的碎稻糠和黄貂鱼牙齿。另一座墓中见有人的粪便，显微镜下可见许多谷糠碎片，其形态表明为驯化稻。谷糠中见有一种叫苏里南锯谷盗的甲虫，还有老鼠的毛发，它们都是粮仓中的常客。最后，有些陶器在烧制之前羼入稻壳；有些陶片的外表涂有一层含非常密集稻壳碎屑的薄陶衣。考古沉积中也见有水稻的碎屑。

就像骨制鱼钩，陶网坠为捕鱼提供了进一步的证据，它们随时间的流逝而日益罕见。大型动物很少——大多为猕猴和猪——表明它们并非主食；还不清楚猪是家养还是野生的。除狗以外，尚未鉴定出其他确凿的驯养动物。

技术

在整个栖居阶段，科帕农第是一处制陶中心，它位于陶土沉积非常丰富的地区。厚厚灰烬的分布说明，人们可能就在此烧制陶器，而有些墓葬还见有土砧、土圆柱体、擦光卵石等用来塑形和装饰的制陶工具。在遗址栖居的几百年里，陶器装饰技术几乎保持不变，但引入了新的式样和母题。遗址出土了数以吨计的陶片、约25万枚蚌珠和几千件其他人工制品——大多为随葬品，但有些是破碎或丢失而遗弃的。

有些蚌壳经过修整，明显用作工具。在其凹缺表面，见有明显的擦痕和抛光区。用相同蚌壳所做的实验表明，这些痕迹是用遗址中的砂岩磨锐其刃缘所致。实验尝试了一系列可能的用途——割草，陶器表面刻戳花纹，裁剪树皮布，加工鱼类、芋头、肉和毛发等。然后，史前和现在实验的标本被放在扫描电镜下观察，某些任务可以立即排除：史前蚌器显然未曾用于刻戳陶器花纹、给鱼开膛和裁剪树皮布。目前来看，可能性最大的功能是割草，即收割水稻。它不但留下了相同形态的擦痕和抛光，而且也需要不断修锐。

虽然纤维编织的遗物无法留存，但是大量的绳纹陶和渔网（以网坠为证）表明曾经使用细绳和绳索。一种端部凿形、一边带长槽的小型骨器，暂时被解释为用于织布的梭子。

他们有何种往来？

对遗址出土石锛的切片分析，有助于确定原料的可能产地；结果发现，采石场很可能在东部高地，那里分布有安山岩、火山砂岩和泥岩的露头。一件石灰质砂岩的石锛很可能来自东北100公里外的地方。

因为遗址中几乎未见任何石片，因此很有可能的是，这里的居民是用他们精美陶器和贝饰来换取石锛成品的。

遗址出土人骨的同位素分析显示，在第3B丧葬期，大约在该序列的中段，当最初出现栽培稻证据的时候，有些妇女从不同环境来到该遗址。这很可能代表着往来，也许是当地男子与一些新石器妇女通婚，她们带来了水稻种植的技术，当时海平面已经低得足以形成淡水沼泽。但在第5丧葬期，海平面再次上升，当地居民又退回到海滨的狩猎采集中。

他们长相如何？

在东南亚，虽然土壤的一般条件很难保存骨骼，但是在科帕农第发掘到了一处"纵向墓地"，历时聚集了154座墓葬。这些人骨保存得十分完好，在一项针对人类颅骨变量的主要分析中，松丸宏（Hiro Matsumara）研究表明，新石器时代科帕农第居民的先祖是由长江流域向南迁徙而来的，长江流域是水稻最初驯化的地区。南希·泰勒斯对这些遗骸进行了年龄和性别鉴定，发现该遗址最早的居民身材相对较高，骨骼发育良好，表明他们饮食健康。

在较早群体中，男性——不包括女性——患有关节病变，尤其是右侧，表明经常且剧烈地使用这侧手臂，很可能是划独木舟。男女的食谱也不同，这从他们牙齿的磨损和蛀蚀可见。

接下来一段时期见证了婴儿死亡率的明显降低，但与以前相比，男子变得矮小和瘦弱。关节病变减少，表明活动量并不剧烈。相较于先前阶段的男性，因食谱中含有较多的贝类，他们的牙齿也较为健康。

一座墓中发现的人类粪便中发现了一枚可能来自肠道姜片虫的虫卵，它可能是人在吃水生植物时进入人体消化道的。但是，没有暴力或战斗的证据，因为骨骼上并无创伤。

为何变迁？

所有各种证据形成了一幅相当完整的图像。起先，人们濒河而居，近海的贝类适合生产首饰。尽管婴儿死亡和贫血症的案例数量较高，但是男性孔武有力，右臂特别粗壮，可能是划独木舟所致。有些人埋有丰富的随葬品。男子从事捕鱼和采集贝类，而妇女很可能在旱季制作陶器，雨季则在稻田里劳作。

从民族志得知，这类环境预计每隔50年会发一次灾难性洪水，洪水不仅带来一片汪洋，而且农田被毁，河流改道。发掘者认为，这正是科帕农第在10代人后导致环境和考古记录变迁的原因：大河决堤，河道移到了西面。此时的海岸线离遗址已有一段距离，混浊的水令许多用来制作首饰的贝类绝迹。

随后的变化是，墓中很少有贝珠随葬，陶器也不

再予以装饰。男子不太健壮，活动量也不大；不再制作鱼钩和网坠，很少有海洋鱼类和河口鱼类，贝类也少了，牙齿显示食物磨损降低。所有这些表明，一旦发生洪水，去海边就不那么容易了，男人不再划船去河口或海洋了。

在晚期，财富有巨大的增加，墓葬更为考究，陶器开始变大，展示了高超的技艺。此时妇女在墓地中占主导地位，其中一位女子手腕肌肉非常发达。通过与美拉尼西亚群岛民族志资料进行类比，有人假设，财富、威望和权力的提高来自交换活动。存在以妇女为主的手工业专门化的发展；她们制作陶器精品，用来换取本地已无法获得的贝壳。因此，她们的技艺转化为社群中的地位。妇女很可能成为企业家，而男子则处于从属的地位；抑或相反，男子有可能利用妇女的技艺来提高他们自己的地位，将他们的女人安置在大型坟墓里，并陪葬大量稀有和显赫的贝壳首饰。

小结

该项目最初目的之一，是要阐明东南亚地区稻作农业的起源和发展。但该遗址本身的栖居年代证明太晚（前2000），不足以推翻水稻栽培起源于北面中国的传统理论，即公元前10000～前5000年起源于长江流域，然后向南传播（实际上，最近在韩国发现了年代甚至更早的驯化稻，约为公元前13000年［该发现并未得到中外专家的一致认可——译注］）。但是，对科帕农第周围沉积钻芯中的花粉和植硅石的分析，却提供了泰国这一地区至少早在公元前5000年已出现了涉及野生或栽培稻农业活动的模糊证据。

最近，由同一支考古队在14公里以南的农诺遗址进行的发掘，有助于澄清这一问题。早期阶段的农诺是公元前2400年的一处海滨遗址。其陶器、骨器和石器工业与科帕农第早期地层出土的遗存几乎完全相同，但这里既没有水稻，也不见收割的蚌刀和石锄。海厄姆和索萨拉特认为，它代表的是海滨的狩猎采集传统，稻作农业最终是在公元前2000～前1700年自长江流域引入泰国的。根据这样的解释，科帕农第的早期居民要么采纳了新的资源，要么自己体验了这种植物栽培。

科帕农第的发掘和研究有几个原因堪称典范。首先，他们证明，采用真正的多学科方法，从保存完好的单一埋葬遗址中能获取多么丰富的信息。对遗址地层、人骨、贝壳、炭屑样本、植物遗存和人工制品

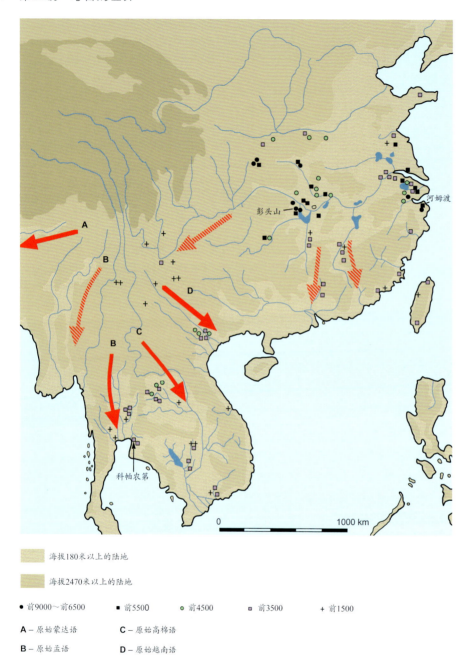

海拔180米以上的陆地

海拔2470米以上的陆地

● 前9000～前6500　■ 前5500　○ 前4500　□ 前3500　+ 前1500

A – 原始蒙达语　　　**C** – 原始高棉语

B – 原始孟语　　　　**D** – 原始越南语

图13.35　地图显示了稻作农业和语言在东南亚的扩散。

的多年分析，综合在完整报告的著作中，特别是海厄姆与项目组的7卷本全方位研究报告（Higham and the propet team 1990～2005），以及海厄姆和索萨拉特两人较短的一份综述。最重要的是，该项目告诉人们，目的明确的研究，不仅能为具有普遍性的重要问题——东南亚农业起源——带来新知，而且也能大大增加我们对世界上过去缺乏研究之区域的考古记录的了解。

约克与考古学的公众展示

约克是欧洲年代最早的大城市之一，在它漫长的历史中，曾是北英格兰的重镇，地位仅次于南部的伦敦；它也是英国最大教堂之一——约克大教堂（York Minster）的所在地。这里曾先后是罗马军团的司令部、盎格鲁–撒克逊时期主教、然后是大主教的活动中心，以及维京人的主要城镇。约克在诺曼人时期和中世纪仍然保持着重要的地位，而在今天则为一座连续栖居、古今一体之都市考古的复杂性提供了极佳的说明。

我们特地选择在此介绍约克考古信托公司（YAT）的工作，有两个原因。第一，其诞生和发展的经历，提供了学术界应对都市考古保护问题的极佳榜样，这里的抢救性问题与北京、德里和曼哈顿市中心（见边码220～221）的问题大致相同。第二，也许更重要的是因为该信托公司在设法积极吸引公众广泛参与的方法上堪称先驱，并开发出达到这一目标的创造性的、极其成功的途径，特别值得一提的就是约维克（Jorvik）维京中心（见边码541～543）。

背景与目的

早在1820年代，约克的考古就受到了当地古物学家的关注，特别是约克郡哲学学会（the Yorkshire Philosophical Society）。1960年，英格兰皇家历史古迹委员会（The Royal Commission on the Historical Monuments of England, RCHME）首次在约克展开重要勘查。虽然此次调查重点是罗马时期的约克，但是1960年代该委员会的进一步工作使得约克的盎格鲁和维京时期遗址重见天日。1966～1972年间对濒临倒塌的约克大教堂的发掘，提供了公元79～1080年连续栖居的记录，这是欧洲最重要的序列之一。

但到1960年代后期，内环路计划敲响了警钟，并伴有对当时全英都市发展所带来破坏的普遍觉悟。1972年，约克考古信托公司在兴趣团体的基础上成立，彼得·阿迪曼（Peter Addyman）任第一任主管。其目的是抢在考古证据被开发项目破坏之前进行抢救，即人们所谓的"用记录进行保护"，而阿迪曼只是在这些遗址受到威胁时才决定发掘。

就在那一年，抢救性发掘已经在一些遗址上展开。例如，在劳埃德斯（Lloyds）银行大楼下发现了富含有

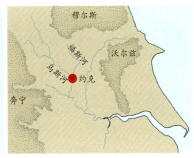

图13.36　约克位于乌斯河（Ouse）与福斯河（Foss）两条河流的交汇处。

机物的超过5米的连续堆积层，年代为公元9～11世纪（见图13.40）。它们自沉积以来一直处于与空气隔绝的状态，由于处于厌氧环境，一般不易保存的有机质材料如织物、皮革、木制品、工业废料、古代粪便和生物有机体被有幸保存下来。日益明显的是，在该城市佩夫门特–铜门（Pavement-Coppergate）区域所做的大面积发掘，有望揭示出维京时代城镇布局史无前例的细节，它们自盎格鲁–撒克逊历史时期保留至今，早于公元1066年诺曼人的征服，当时斯堪的纳维亚的入侵者控制着北英格兰。

在早年，同开发商打交道很难，无法保证他们的许可与合作。而这种情况不仅限于约克，这类问题导致了国家立法，即1979年的《古迹与考古区保护法》（The Ancient Monuments and Archaeological Areas Act），它是约克市中心被指定为国家5处重要考古区之一的结果。后来几十年的发掘，是在法定四个半月介入期的有力支持下开展的，并进行了许多这样的发掘。但是，1989年在女王宾馆（Queen's Hotel）遗址遇到了复杂情况，该规定显然已不能应对。同年，在伦敦莎士比亚的玫瑰剧场遗址也遇到了同样的问题（见图15.1）。

1990年，受英国遗产署（English Heritage）和约克市委托，约克大学的马丁·卡弗（Martin Carver）和奥雅纳工程顾问公司（Ove Arup & Partner）为都市考古的方法和目的制定了一份报告。该报告绘制了一份约克市沉积与研究计划的预测图，如果某项研究优先，那么遗址便能借此进行发掘，如不，则制定保

护对策。该报告有几种想法，特别是"评估"的概念，被英国政府当时正在起草的文件——《第16号规划政策指南》(*Planning Policy Guidance 16*, 1990) 所采纳，它将一种新的哲学理念引入考古学和商业开发之中。

《第16号规划政策指南》强调，考古学是不可再生的资源，当考古堆积受到商业开发威胁时，应做出偏向于保护的推定；它还规定，必要的考古工作费用应由开发商承担。这将抢救性考古纳入今天英国的法律和商业开发体制之中。从1990年开始，由考古信托公司承担的工作一直是作为开发商客户的付薪合同方进行的，特别是那些"约克都市考古学家"所承担的项目。

约克考古信托公司的目标包括"对过去两千多年来整个都市化进程做全方位的观察"，并对市内所能提供的次要工作或重大开发机会采用一套务实的方法。还有就是认识到，必须运用各种不同的证据，例如，

信托公司的一个目标，是要将有关中世纪的大量考古新材料与来自地名、文献资料和固定建筑的证据整合起来。公司有一个特殊且原初的目标，这个目标是随工作过程中所呈现的机遇而形成的，这就是以新颖和原创手段向公众展示他们的成果（见下）。

虽然我们在此选择聚焦于约克考古信托公司的工作，但是这些工作并非由信托公司独力完成。我们已经提到英国皇家历史古迹委员会在约克大教堂的发掘。像这样一种大型项目，总要许多机构的合作。除了约克考古信托公司之外，皇家专门调查委员会（Royal Commission）、约克大学考古系、约克市议会和国家机构英国遗产署（2015年被称为"历史的英格兰"）都发挥了重要作用。约克考古工作的成功有赖于这样的合作，事实上它也为其他地方的都市考古提供了重要的经验。

调查、登记与保护

在都市中，像基建这样不受控制的活动难免会遇到许多具有潜在信息价值的发现。如果处理得当，这类信息仍能成功结合到完整的图像中去。正如彼得·阿迪曼于1974年写道：

> 整个城市已被挖得千疮百孔。据统计，1972年单是由市政府挖掘的地点便超过1500处。于是，考古信托公司采取了借此系统登记偶遇的发现，为过去居址的范围、特点和密度收集证据。

熟练运用手头的信息也有利于下一步的工作。例如，早期发掘中揭示或已知的罗马城堡布局标志能令我们绘制一份假设性平面图，以便预测哪里可以发现其他遗迹，并做出相应的工作计划。约克的都市勘查结果，被整合到由英国测绘局与信托公司及皇家古迹历史委员会合作编绘的地图之中。该结果首先总结了罗马和盎格鲁的约克是怎样的，然后是维京和中世纪的约克。

最近约克考古信托公司特地研究了罗马时期的约克市区以外地区，它几乎观察了过去40年为基建和公共设施挖掘的每一个坑洞——以证明从显然毫无希望的小规模挖掘和观察中能够复原些什么。

上面已经提及，在约克考古信托公司的一生中，英国都市考古学的气候已经发生了变化，就如阿迪曼在1992年写道：

图13.37 正在发掘的铜门，之后将建一座购物中心，约维克维京中心也在同一地点。

似乎，大规模发掘的时代可能就要结束了。在某种意义上，信托公司前20年对约克考古学而言是黄金时代，因为大规模发掘改变了城市的考古知识。但是，1990年代是更具责任心的时代，其间只允许利用能够承受的考古资源。较有选择的新方法将需要新的理论途径。这将强调采用遥感的非破坏性评估，例如雷达探测技术；通过登记遗址和纪念建筑，将现有资料联系到一起；用电脑模拟建模，还有地理信息系统（GIS）的应用等。

这些方法一直在约克采用，从发掘伊始便开发了一种标准的登记系统，即一张预先印制的"背景卡片"用来记录每个地层单位；随着低成本电脑的开发，一套电脑整合发现物登录系统（Computer Integrated Finds Recorcl system, CIFR）被开发来应付海量的人工制品，而一套整合的考古资料库（integrated archaeological database, IADB）能够用来查询40多年来持续发掘产生的发掘资料和出土文物。目前，这已被全世界的许多项目所采纳。它从田野一直到博物馆展览，全程管理着地层学和器物资料。

许多登记系统被开发出来并不断优化，基于立体投影成对照片测量的摄影测量术，被用来制作最初由英国遗产署摄影测量处制作的手绘记录，该测量处就在约克。铜门盎格鲁人头盔（见下）的可靠记录，也是由摄影测量术和全像摄影术做到的。在某些情况下，采用了较为简单但十分有用的矫正摄影（消除畸变的影响），这一技术甚至用于遗址的登记，就像在朱布里（Jewbury）的中世纪墓地。在此，每座墓葬的矫正垂直摄影能使该墓地的登记快速进行。目前人类遗骸都被重新埋葬，于是照相成了新信息的唯一来源。

保护工作也是一项关注重点，1981年建立了一座实验室来保护饱水材料，包括皮革和木头。在其他材料中，它还处理建筑遗迹，包括铜门维京建筑中出土的一根6米长的木料。信托公司实验室现在是主要的地区性保护中心之一：1993年约克考古木制品中心在实验室开张，现在是约克考古信托资源中心的一部分，它是"历史的英格兰"的国家湿木处理中心。

与保护工作一起，约克大学考古系的朱利安·理查兹（Julian Richards）和保罗·米勒（Paul Miller）为

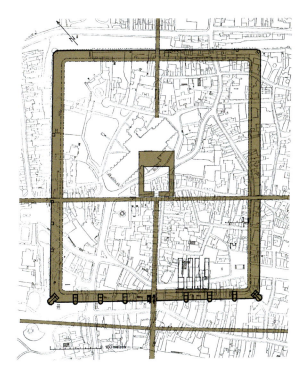

图13.38 叠压在现代城市平面图上的约克罗马军团城堡轮廓。

约克开发了一套地理信息系统。堆积、纪念建筑，还有偶然发现的相关材料能以这样的方式储存，并用来对约克某特定时期的地表建模。

历史与断代

罗马人征服时期、盎格鲁-撒克逊时期、斯堪的纳维亚人（维京人）入侵以及公元1067年诺曼人的到来，这幅波澜壮阔的约克历史概貌已由考古材料清楚重建（见下）。但是，详细的地层学序列，特别是盎格鲁-撒克逊和维京时期的，能为陶器和其他人工制品的发展序列提供更好的了解。

现在，一项电脑程序被用来协调各遗迹背景的关系，以便建立一套完整的阐释性分期。比如，在劳埃德斯银行新址附近一条佩夫门特街，地层序列为放射性碳测年提供了样本，其中出土的钱币能为所谓约克器和托克西（Torksey）器的陶器序列做精确的年代学控制。为铜门遗址所作的一系列树木年轮测年，进一步优化了陶器年代学。

城市发展的阶段

　　研究都市遗址深深的地层，能为都市生活的发展提供特殊的洞见，特别是当来自文献资料的证据非常丰富的时候。对于各主要的栖居阶段，我们可以从文献上得知某居址的名称（有时来自当地发行的钱币）。也有这样的可能，至少从中世纪开始，利用凭证、租约和其他与土地租赁有关的文件，可以将发掘区与都市实际位置联系起来。于是，公元11世纪晚期诺曼人实施的一次全国土地普查《土地清账书册》（*Domesday Book*），记录了铜门和市内佩夫门特区的两座教堂：全圣教堂（All Saints）和圣十字架教堂（St. Crux），以及包含了与"圣十字架教区里乌斯盖特（Ousegate）之地"有关的一份公元1176年契据。《土地清账书册》还提到了这里的屠宰场，证明这条街至少在诺曼人征服之前就已存在。这就获得了都市相继阶段的洞见，并建立起约克发展过程的图像：

史前约克　在城市历史上筑墙核心区的郊外，发现了新石器和青铜时代居址的少量证据。对黑斯林顿（Heslington）约克大学第二校区的发掘，出土了一具孤立的青铜时代人类头骨，头骨中保存有完好的最古老英国人的大脑遗存。能够保存这样罕见发现的化学机制正在研究中。

伊布拉坎（Eburacum，罗马时期约克）　对罗马军团城堡及相邻的罗马城镇（或据点）已做了系统调查。在约克大教堂下能见到司令部的遗迹。一项轰动的发现是保存在城市地下的石砌下水道，其中所含的有机物提供了珍贵的研究样本。对被认为是仓储的出土遗存研究也大有收获，其中明显有大量朽烂谷物的遗迹。还发现了长方形会堂、成排的营房、军官宿舍和大街

537
538

图13.39　约克的发掘中出土了不同类型、不同保存状况的海量材料。约克考古信托公司的实验室就是为保护和分析这些材料所建。

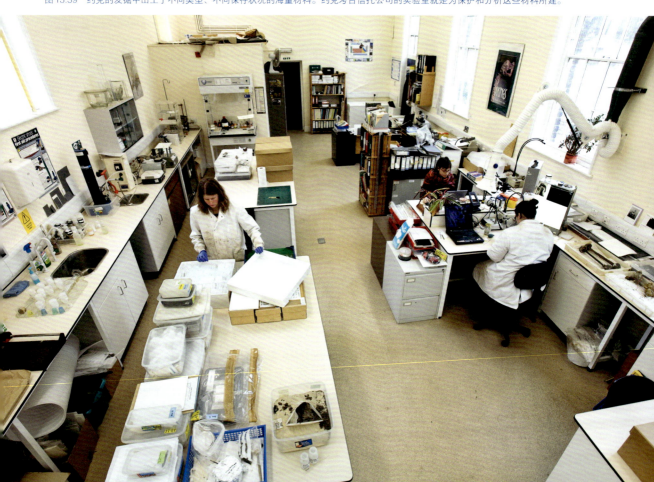

小巷的证据，使得约克成为了解最为充分的罗马帝国军团司令部之一。最近从墓葬里发现了被鉴定为角斗士的骨架，成为法医考古学的研究课题，包括对其来源地的同位素分析。

艾弗里克（Eoforwic，盎格鲁-撒克逊时期的约克）公元4世纪末，罗马帝国的崩溃使约克的人口明显减少。在后两个世纪里，几乎没有什么遗迹。历史记载表明，约克在7世纪时曾是重要的中心，公元735年成为一位大主教的所在地。虽然对盎格鲁或盎格鲁-撒克逊时期约克的建筑物所知甚微，但是这些建筑物里很可能有一座大主教教堂、一座重要的修道院学校，并几乎可以肯定有一座王宫（位置尚未找到）。但是，约克考古信托公司在乌斯河和福斯河交汇处费希尔门（Fishergate）发掘得到的信息，为该时期的经济提供了宝贵洞见，表明该遗址已是与北欧进行贸易的一个中心。铜门发现的那件精美头盔也属于这一时期（见下）。当公元866年维京人占领约克时，他们很可能发现，这里并非一个拥挤的城市，而是由一系列较小聚落组成的小镇，每个聚落也许发挥着不同的功能，它们散布在原罗马城市地域，罗马城堡的高墙和乌斯河对岸的修道院俯视着它们。现在已经清楚的是，在原来建造起艾弗里克的这片土地上还有一些耕地。就如约克的研究所生动显示的，他们建造的约克是一个非常不同的地方。

约维克（Jorvik，维京人或盎格鲁-斯堪的纳维亚人的约克）　铜门区及周围的发掘提供了英格兰维京时期一个城市迄今所拥有的最清楚的证据。尽管城市教堂是石砌的，但是房屋和作坊是用木头搭建的，以茅草为屋顶。保存下来的这些遗存，成为约维克维京中心进行重建的基础。罗马城墙遗迹很可能对这些盎格鲁-斯堪的纳维亚约克的居民来说相当熟悉：部分废弃的罗马兵营被重新利用，从事一些诸如黑玉加工的轻便工业活动，而罗马军团司令部的残留墙根围着一片富人墓地。在罗马时期老城墙内，这时建造了许多教区的教堂和墓地。自铜门发掘（1976～1981）以来，最近在亨门（Hungate）发现了一片维京时期建造的街道门面。这表明，约克城在10世纪时有所扩展，虽然手工业和贸易规模和数量的证据无法与铜门比肩。

约克（中世纪和早期现代城市，从公元1067年诺曼入侵者的到来开始）　广泛的发掘已经厘清了中世纪的城市布局，一直到15世纪初，约克一直是北英格兰最重要的城市，人口在8000～15000之间。圣彼得大教

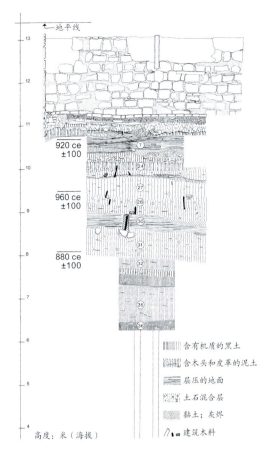

880 ce ±100

920 ce ±100

960 ce ±100

含有机质的黑土

含木头和皮革的泥土

层压的地面

土石混合层

黏土；灰烬

建筑木料

高度：米（海拔）

图13.40　位于佩夫门特街的劳埃德斯银行遗址的地层剖面，成为约克详细年代学的基础。

堂（约克大教堂）的建筑自1070年起就在目前的位置，年代为12世纪的石屋瓦砾和14世纪以降的许多木屋一起都残存了下来。最近，与约克大学合作的研究发现了由罗杰·德·庞特·埃夫克（1154～1181年为约克大主教）建造的一处非常早的歌德大教堂唱经楼，这也许是英格兰最早的歌德式建筑。中世纪约克令人印象深刻的遗迹包括城墙、两座城堡遗址、教区教堂和行会会所。

工业时期的约克　在约克的亨门区，首次揭露出18～20世纪初的一大片房屋排列，以及大规模的工业遗迹，其中包括利瑟姆及其儿子（Leetham and Sons）的大型面粉厂。18世纪90年代晚期，该地区由社会改革家西博姆·朗特里（Seebohm Rowntree，1871～1954）展开研究，被他认定为一处贫民窟。这成为他影响深远的著作《贫困——城镇生活之研究》（*Poverty-A Study of Town Life*，1901）中的一项个案研

究，它帮助确立了国家救济制度概念的基础。结合对拆除之前居住在此居民口述史的重新采集，将能重建朗特里对该社区生活的描述。

环境

发掘约克最有趣的一个特点是，发掘不仅研究一般的气候问题和城郊的农村状况，而且也研究城里的生态条件及各种活动。

对乌斯河边坦纳罗（Tanner Row）遗址附近罗马时代饱水居址的发掘，提供了大量的信息。植物、无脊椎动物和脊椎动物遗存证明了这里在栖居之前是沟渠纵横的牧场，巨大的垃圾填埋场里主要是牛马粪和其他垃圾，还有各种进口食物。有证据表明，河水要比中世纪或今天干净得多（见边码257）。

福斯河两岸下面的饱水层提供了与维京人时期约克相关的许多有趣证据。特别是铜门第16～22层发现的昆虫遗骸，使得我们能够复原完整系列的小规模都市环境，人类每一种特定活动的结果，会产生适合于某些特定昆虫群落的气温和基质条件。例如，有一批独特的"屋内动物群"，包括人的跳蚤和虱子等，在室内楼面最为典型；而槽坑含大量的苍蝇和甲虫，表明污物常常长期暴露在外，会有发生感染的危险。虱子的分布表明哪些房屋是家居，哪些是作坊。

周围的院子和建筑物后面布满了坑穴，里面主要堆积了人的粪便，其中富含谷糠和果核（如黑刺梨和野李子），而且含有大量肠道寄生虫卵。林地植物和昆虫颇为常见，可能是因为人们将其与用于卫生目的的

图13.41　对城市地下仍然保存完好的下水道进行观察。

苔藓一起带来的缘故。

发现了绵羊虱子，表明当地存在羊毛加工和染色。染料植物包括茜草、菘蓝，还有来自欧洲大陆的石松（见边码335）。染缸废弃物就地形成了很厚的堆积层。很可能已经养蜂：它们很常见，且在两处沉积中尤多；估计蜂蜜有助于让酸刺李和其他野果更加可口。就像英国其他地方的都市考古项目一样，约克的动物骨骼和植食遗存被做了大量的研究。

图13.42　铜门出土的一只人体虱子。约克的发掘提供了大量这类证据。

图13.43　维京时期约克有从欧洲一直延伸到亚洲的广泛的贸易联系。这张地图显示了约维克舶来品的主要产地。

技术与贸易

发掘出土了都市手工业实践的大量证据。但是最显著的发现来自铜门遗址的维京人堆积。银器是一项重要的手工业，并在10世纪中叶达到鼎盛，尽管维京人也加工金、铅、锡、铜和白镴器皿。发掘也发现了金属精炼的证据，兼有灰吹法和分离法（将金和银分开），还有坩埚、风管嘴、铸锭、器物模型和工具。

同时期的硬币模具表明，大部分银子很可能用来制币，铸币者可能就在这里工作。硬币模具本身是铁的，可能与10世纪中叶非常广泛的铁器加工有关。

同一地区还发现了大量的纺织品，包括主要从维京时期堆积中出土的221件纤维、绳索、羊毛织品、亚麻布和丝织品标本，这为这一时期纺织业提供了重要的洞见。织机纺坠的发现表明采用的是经坠织机。虽然大部分织物为羊毛制作，但也有亚麻织品，后者可能主要用作床单和衬衣。也发现了茜草和菘蓝等染料（见上）。因此很明显，纺织者生产的羊毛和亚麻织品质量经久耐用。而那些精纺面料则是舶来品；丝绸肯定是舶来品，可能由维京商人从俄罗斯带来，而后者通过丝绸之路与中国和中亚交往。至少一些丝绸可能是拜占庭产品。

这些金属制品和进口丝织品，还有诸如一度被说成是"试戳（trial stamps）"的硬币、而现在认为是海关收据的其他证据，能够为约克各相继阶段的贸易联系构建一幅完整的图像。

图13.44　10世纪约克出土的硬币模具（右）、铅质试制品和一便士银币。

认知方面

因为约克都市发展所有阶段都是有文字的，也因为每个阶段有提及约克的文献记录留存至今，加上发掘过程中出土的钱币和铭刻，这就有了关于约克居民世界观和思想过程的大量证据。其中非常有趣的是从14世纪一个垃圾坑中发现的中世纪蜡板书——8块黄杨木板的14面上过蜡，上面刻有文字——结果发现是一首近乎淫秽的诗歌和一份法律文书。

发掘中引人注目的发现之一是铜门的头盔，它成为多米尼克·特韦德尔（Dominic Tweddle）精密研究的焦点。该头盔年代属公元8世纪维京人到来之前的盎格鲁时期。它是英国和欧洲所知一系列陈列头盔之一，这类头盔在著名的萨顿胡船葬中发现过一件。它工艺超群：颈部由链条铠甲保护，链条的一处变形环节被极仔细地修复。

可以将这件头盔视为技术、社会和认知维度的一个交汇点：非凡的技术成就和艺术技巧被别具匠心地用来表达和增强一位显赫人物的社会地位。特别是护鼻上相互缠绕的动物纹样是一个极佳的例子，它是北欧"黑暗时代"的一个显著特征，该时代在罗马帝国终结之后，延续了几个世纪。

这件重要发现的保存过程本身也颇费周折，现在它被收藏在约克郡博物馆（The Yorkshire Museum）中，离它发现地铜门仅几百码。（需要指出，这条街名本身也带有一个认知维度——"Coppergate"源自古斯堪的纳维亚语的gata，意思是"制杯者之街"，并非英语的"门"。）

谁之过去？约克的公共考古学

在发掘和初步研究之后，考古学家的首要任务是发表，但不幸的是，在所有成果面世之前常常需要好几年。正因为如此，许多发掘者在田野工作结束之后，

图13.47～13.48 （上）约克最著名的发现之一就是铜门出土的这件8世纪盎格鲁头盔；（下）护鼻上刻有精细交织的图案。

图13.45～13.46 出土的一块14世纪蜡板书，以及复制品。文字刻写在涂蜡的木板上。

每年会发表比较详细的阶段性成果，彼得·阿迪曼也遵循了这一途径。他采取了一种新方法来出版发掘后的报告，此后被许多其他项目所采纳。他不是等到各项专家报告完成后加以整合，再以几卷本考古报告面世，而是分开发表他收到的单独报告，以一系列较简便的分卷或分册出版。这些报告加到一起共有20卷，构成了多卷本的《约克的考古学》（The Archaedogy of York）。该项目的大多数分卷是在过去40年里出版的，包括了环境考古学领域里的一系列先驱性研究。

但是，约克考古信托公司所做工作中最显著的一个特点，应该在于他们用喜闻乐见的新方法成功地吸引和教育了公众——当地居民及数量日增的游客。作为独立的慈善团体，信托公司虽然通过赞助获得了少量资金，但是大部分收入来自创新的约维克维京中心访客，它被结合到商业化的铜门购物中心地下楼层中。

当约维克维京中心在1984年开张时，作为一个开拓性的创新，它将考古学成果以新颖的方式传递给公众。该中心在2001年和2010年做了更新，更晚近的修缮是在2015～2017年受洪水大面积破坏之后，现在游客坐在悬浮车中，通过一种新的和真实的消遣体验穿越曾经矗立在该地点的维京街道。根据对发掘出土遗物近40年的研究，该项重建精确到了最小的细节，配套有设计巧妙的视觉、音响甚至气味。开张四年后，其收益已能还清资助建设的贷款（包括利息）。现在，它已接待了超过2000万访客。开拓性的考古学创业精神，使该模式自此在全世界被广泛效仿。

有些批评者说，约维克的地下"时间舱"更像迪斯尼乐园而非严肃的考古学。但是，几乎所有经历过"约维克体验"的人，包括考古学家在内，都说他们很享受这一体验，并学到了不少东西——即使他们必须闻一闻维京时代约克后院令人不快的气味。

这里也有专门的展览空间，用不断变化的展示项目探索不同的主题，比如维京人的手工技艺，以及从骨头中找到证据来揭示10世纪约克人的生与死。这些

541
542

图13.49～13.50 （左）在约维克维京中心，游客坐在悬浮车里穿越维京时代的约克，能直接体验到当时与该城镇生活相伴的各种活动、声音和气味。严谨的研究、基于约克的具体发掘，以及来自斯堪的纳维亚维京时期类似遗址的信息，该中心复原了一个10世纪的真实约克。（右）该中心开辟的一处展厅，能让观众在重建的铜门发掘工地上漫步，现场展示着被居民废弃的用木棍树枝搭建的房屋及各种物品。

图 13.51 约维克维京中心的一个展览，它基于曾经矗立在该遗址上的实际街道的出土证据，重建了维京时期约克该街道的典型场景。

图 13.52 修复的巴利馆。

图 13.53 在考古资源中心"挖掘"。它位于一座特别改建的 15 世纪教堂上，公众和学校团体的成员利用对出土文物的分类及观摩正在工作中的研究人员，来了解考古学家是怎样做研究的。

展区的工作人员都是考古学家和"维京人"——他们不是只穿着戏服的演员，而是自己进行研究并对特定课题非常了解的人。展览鼓励工作人员与公众互动，并设有许多动手体验的陈列。

1990 年，该信托公司的考古资源中心（Archaeological Resource Centre）也开张了——现在名叫"挖掘（DIG）"——位于改建的 15 世纪的圣救世主（St. Saviour）教堂。学校团体和公众能获得第一手的考古体验。主要内容包括一条仿制的探沟、分层的堆积以及对考古工作的介绍。观众能够对发现物进行分类和记录，并揣摩这些东西反映的过去的生活是怎样的。巴利馆（Barley Hall）是位于石门（Stonegate）外咖啡街上的一栋中世纪联体住宅，也从荒芜中被抢救出来，做了发掘、记录、修复，并向公众开放。目前，它陈列着中世纪题材的各种展览。

延伸

　　在2005～2010年间，约克考古信托公司在遗产彩票基金的资助下，主持了大约克社区的考古项目。信托公司的社区考古学家会鼓励并帮助教区学校、社区和特定兴趣团体，用在"学习日"手把手学到的新技巧，探索和解释他们的身边所见。"约克人优先（York People First）"是一个为学习困难人群服务的自强团体，他们根据亨门发掘所获的19～

20世纪的生活资料，将一场表演搬上约克皇家剧院舞台。现在，信托公司为社区考古学家提供资助，并扩大在全约克郡各类项目中的作用，为尽可能多的人群提供参与考古的机会。约克考古信托公司是在都市背景中实施考古项目的杰出榜样，它无论在商业上还是在教育上都取得了成功。信托公司秉承不断传播其研究成果的承诺，通过策划创新手段来取得这个目的的效果，为公共考古学作出了重要的贡献。

深入阅读材料

$\frac{543}{544}$

五项个案研究的基本资料来源如下：

瓦哈卡：

Blanton, R.E. 1978. *Monte Albán: Settlement Patterns at the Ancient Zapotec Capital.* Academic Press: New York & London.

Flannery, K.V.& Marcus, J. (eds.). 1983. *The Cloud People: Divergent Evolution of the Zapotec and Mixtec Civilizations.* Academic Press: New York.

Flannery, K.V (ed.). 1986. *Guilá Naquitz: Archaic Foraging and Early Agriculture in Oaxaca, Mexico.* Academic Press: New York.

Marcus, J. & Flannery, K.V. 1996. *Zapotec Civilization. How Urban Society Evolved in Mexico's Oaxaca Valley.* Thames & Hudson: London & New York.

Spencer, C.S. & Redmond, E.M. 2003. "Militarism, resistance, and early state development in Oaxaca, Mexico." *Social Evolution & History, 2:1, 25–70.* Uchitel Publishing House: Moscow.

卡卢萨：

Marquardt, W.H. (ed.). 1992. *Culture and the Environment in the Domain of the Calusa.* Monograph 1, University of Florida, Institute of Archaeology and Paleoenvironmental Studies: Gainesville.

Marquardt, W.H. (ed.). 1999. *The Archaeology of Useppa Island.* Monograph 3. University of Florida, Institute of Archaeology and Paleoenvironmental Studies: Gainesville.

Marquardt, W.H. 2001. *The emergence and demise of the Calusa, in Societies in Eclipse: Archaeology of the Eastern Woodlands Indians, A.D. 1400–1700* (D. Brose, C.W. Cowan, & R. Mainfort eds.), 157–171. Smithsonian Institution Press: Washington, D.C.

Marquardt, W. H. 2014. Tracking the Calusa: A retrospective. *Southeastern Archaeology* 33: 1, 1–24.

Marquardt, W.H. & Walker, K.J. 2001. Pineland: a coastal **wet site in** southwest Florida, in *Enduring Records: The Environmental and cultural Heritage of Wetlands* (B. Purdy ed.). 48-60. Oxbow Books: Oxford.

Marquardt, W. H. 2014. Tracking the Calusa: A retrospective. *Southeastern Archaeology* 33:1, 1–24.

Walker, K.J. & Walker, K.J. (eds.). 2013. The Archaelogy of Pineland: A Coastal Southwest Florida Village Complex, ca. A.D. 50-1700. *Institute of Archaeology and Paleoenvironmental Studies*, Monograph 4. University of Florida, Gainesville.

曼格罗夫河上游：

Attenbrow, V. 2003. Habitation and land use patterns in the Upper Mangrove Creek catchment, NSW central coast, Australia, in *Shaping the Future Pasts: Paper in Honour of J. Peter White* (J. Soecht, V. Attenbrow, & R. Torrence eds.), Australian Archaeology 57, 20–31.

Attenbrow, V. 2004. What's Changing? Population size or Land-Use Patterns? The Archaeology of Upper Mangrove Creek, Sydney Basin. *Terra australis* No 21. Pandanus Press, ANU: Canberra.

Attenbrow, V. 2007. Emu tracks 2, Kangaroo & Echidna, and Two Moths, Further radiocarbon ages for Aboriginal sites in the Upper Mangrove Creek catchment, New South Wales, *Australian Archaeology* 65, 51–54.

Attenbrow, V. 2010. *Sydney's Aboriginal Past. Investigating the Archeological and Historical Records.* (2nd edn) UNSW Press: Sydney.

Attenbrow, V. Roberson, G. & Hiscock, P. 2009. The changing abundance of backed artifacts in south-eastern Australia: a response to Holocene climate change? *Journal of Archaeological Science 36, 2765–2770.*

Hiscock, P. 2008. *Archeology of Ancient Australia.* Routledge: London (especially Chapter 12).

Robertson, G., Attenbrow, V. & Hiscock, P. 2009. The multiple uses of Australian backed artifacts. *Antiquity* 83(320), 296–308.

科帕农第：

Higham, C. & others. 1990–2005. *The Excavation of Khok Phanom*

Di, A Prehistoric Site in Central Thailand. (7 vols). Society of Antiquaries: London.

Higham, C. & Thosarat, R. 1994. *Khok Phanom Di: Prehistoric Adaptation to the World's Richest Habitat.* Harcourt Brace College Publishers: Fort Worth, TX.

Kealhofer, L. & Piperno, D.R. 1994. Early agriculture in southeast Asia: phytolith evidence from the Bang Pakong Valley, Thailand. *Antiquity* 68, 564–572.

Tayles, N.G. 1999. *The Excavation of Khok Phanom Di, A Prehistoric Site in Central Thailand. Vol. V. The People,* Society of Antiquaries: London.

Thompson, G.B. (ed.). 1996. *The Excavation of Khok Phanom Di, a Prehistoric Site in Central Thailand. Vol. IV. Subsistence and Environment: the Botanical Evidence.* Society of Antiquaries: London.

约克：

主要信息来源是由约克考古信托公司和英国考古学咨询委员会出版的《约克考古学》系列著作。单独出版物的详细内容请见 www.yorkarchaeology.co.uk.

Dean, G. 2008. *Medieval York.* The History Press: Stroud.

Hall, R.A. 1994. *Viking Age York.* Batsford/English Heritage: London.

Hall, R.A. 1996. *York.* Batsford/English Heritage: London.

Hall, R.A. 2011. "Eric Bloodaxe Rules OK": The Viking Dig at Coppergate, York, in *Great Excavations: Shaping the Archaeological Profession* (J. Schofield ed.), 181–193. Oxbow Books: Oxford.

Hall, R. A. & others 2014. *Anglo-Scandinavian Occupation at 16–22 Coppergate: Defining a Townscape.* Council for British Archaeology: York.

Ottoway, P. 2004. *Roman York.* (2nd ed.) Tempus Publishing: Stroud.

图13.54 约克郡出土的维京石灰岩墓板雕刻。

14

谁之过去?
考古学与公众

本书关注的是考古学家研究过去的方法,我们能够提出的问题,以及解答这些问题的方法。但是,除了出于科学的好奇心以外,我们为何要了解过去?过去对我们意味着什么?对持不同观点的其他人来说,它又意味着什么?它究竟是谁之过去?

这些问题将我们引向责任心的问题,包括公众与个人。肯定的是,一座国家纪念建筑,如雅典帕台农神庙对于其建造者的现代后裔具有某种特殊的意义。它难道对全人类没有什么意义?如果有的话,难道它不该像濒危的动植物种一样,受到保护以免损毁?如果劫掠古代遗址该受到谴责,即便这些遗址位于私人的土地上,难道它就不该加以制止?究竟谁拥有或应当拥有过去?

这些很快成了伦理道德的问题——对和错的问题,适当行为和该受指责行为的问题。考古学家有一特殊责任,因为发掘本身就是破坏。未来学者对于一个遗址的了解不可能再像我们那么清楚。我们毁掉了考古证据,仅记录下我们认为是重要的和有实际能力发表的那部分证据。

对于旅游业和拍卖行,过去是个大产业。但是就其数量而言,旅游者会威胁他们追求享受的这些遗址,而盗墓者的劫掠和非法盗掘使得出土文物流向私人收藏和公共博物馆。"过去"在政治上有很高的价值,在意识形态上很有影响、十分重要。而"过去",就如我们在下章所见,正在因对地表空前的商业、工业和农业开发,以及战争的破坏而遭到日益严重的损坏。

过去的含义:身份的考古

如果询问过去对我们意味着什么,它对不同的人意味着不同的事情。比如,一位澳大利亚原住民面对蒙戈(Mungo)湖早期遗址出土的人类化石遗骸或卡卡图(Kakadu)国家公园的岩画,会赋予并非原住民的澳大利亚人完全不同的含义。不同的社群对过去会有非常不同的想法,并常常罔顾考古学而利用各种证据。

在这点上,我们已超出了过去实际发生了什么以及解释它为何发生的问题,而触及含义、重要性和阐释的问题。我们如何解释过去?如何展示过去(如博物馆陈列)?如何以史为鉴?这些问题在很大程度上对主观决策至关重要,并常常涉及意识形态和政治问题。

从广义而言,过去是我们的由来。就个人而言,我们每个人都有我们各自家系的过去——我们的父母、祖父母,以及一脉相承的较早祖先。在西方,人们对

个人的过去有日增的兴趣,反映了人们对家谱及"寻根"的普遍热情。我们的个人身份,一般来说我们的名字,部分是比较晚近过去给我们下的定义,即便我们用来区别身份的因素,大体上还是个人的选择。而这种遗赠也非纯粹的一种精神继承。世界上大部分土地所有权都是由遗赠所决定的:在这个意义上,物质世界是过去留给我们的,并肯定会随时间的流逝而由我们交付给未来。

民族主义及其象征

我们集体的文化遗赠根植于较为久远的过去:我们的语言、信仰、习俗的起源。考古学在定义民族认同上扮演着日益重要的角色,这对于那些成文史并不长的国家来说尤其如此,虽然许多人认为口述史与文献史有同等的价值。许多新兴国家的国徽采自非常特

殊和当地早期黄金时代的典型器物，甚至津巴布韦的国名就来自一处考古遗址的名称。

　　然而，利用考古学和过去出土的图像来凝聚和增强民族认同有时会产生冲突。一项重大危机就与1993年正在争取独立的前南斯拉夫马其顿共和国采用的国名和国徽有关。因为在希腊，直接就在希腊南部，马其顿的名字不仅指当今希腊的一些省份，而且指希腊著名领袖亚历山大大帝的古代王国。这个新的共和国所采用的名字对希腊造成的冒犯，又因前南斯拉夫马其顿共和国采用了一颗星作为国徽而进一步加剧，这是公元前4世纪维吉纳一座墓葬出土奢华器物中一只金匣上的图像。该墓葬在今天希腊境内，被认为要么属于马其顿腓力二世，即亚历山大的父亲，要么属于腓力三世，即亚历山大同父异母的兄弟。领土要求有时会基于有争议的历史，而有些希腊人认为，前南斯拉夫马其顿共和国不仅想染指马其顿的光荣历史，而且也许想吞并希腊境内的第二大城市塞萨洛尼基（Thessaloniki）。但是，纷争大抵出自民族情绪而非政治现实。为了解决这一冲突，双方在2018年达成了一项协议，即"前南斯拉夫马其顿共和国"将更名为"北马其顿共和国"，该协议于2019年2月生效。

　　当英国人在1815年控制斯里兰卡时，他们还不确定它的古代历史，但很快就接受了佛教僧侣于大约公元500年撰写的《大史》（Mahavamsa）传说。这段历史记录表明，锡兰人（斯里兰卡的一个主要民族）是维贾雅（Vijaya）王子的后裔，他是一位在公元前6世纪从印度北部流亡至此的雅利安王子，而泰米尔人（斯里兰卡现存最大的少数民族，主要分布在斯里兰卡北部）从印度南部迁徙而来则是200年之后的事了。这一理论及其所包含的偏见成为泰米尔猛虎组织（The Tamil Tigers，一个激进组织）自1983年开始为建立独立家园而进行武装斗争的推动力之一。从1983年到2009年，该国处于内战状态。自冲突结束以来，斯里兰卡北部的考古一直在解决关于该国古代史的争论。研究表明，该国北部的聚落年代远早于公元前500年，这意味着泰米尔人的迁徙发生得更早。考古学对斯里兰卡的许多人来说仍然是一种政治手段，但最近它又发挥了另一种作用，即发掘内战冲突造成的可怕结果。2018年，考古学家在前战区马纳尔（Mannar）镇发现了一座含260多具骨架的集体墓葬。法医分析还不能确定受害者的身份，但是马纳尔镇的居民主要是泰米尔人。

图14.1～14.3　将过去用于现在的宣传：
（左）一幅壁画将萨达姆·侯赛因描绘成公元前6世纪巴比伦（遗址位于今伊拉克境内）国王尼布甲尼撒（Nebuchadnezzar），周围是现代化武器。
（右）马其顿腓力二世，即亚历山大之父，或腓力三世，即亚历山大同父异母兄弟，被葬于饰有一颗耀眼之星的金匣之内。如邮票所见，它被前南斯拉夫马其顿共和国用作国徽。

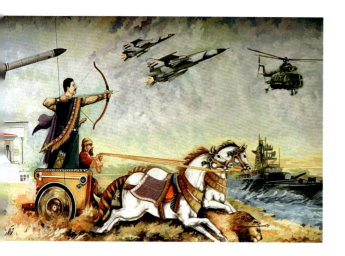

考古学与意识形态

　　过去的遗赠超越了民族主义和族属的情感。宗派的偏执常常会表现在重要的纪念性建筑上，许多基督教教堂都建造在刻意捣毁的"异教"庙宇的旧址上。只有少数情况，他们实际利用了这类庙宇——雅典的帕台农神庙即是一例——这座保存完好的希腊神庙明显地融入了西西里锡拉库扎（Syracuse）大教堂的结构中。不幸的是，出于纯粹宗派原因，对古代纪念建筑的损毁并非只见于古代的事情（见后页专栏）。

　　而且，过去所具有的意识形态作用甚至超越了偏执宗教的范畴。在中国，共产党领导人毛泽东主席（1893～1976）曾号召"古为今用"，而中国的考古发掘即使在1960年代"文化大革命"高潮中也未曾中断。今天古代文物成为全国大众的普遍关注。艺术珍宝被作为能工巧匠的作品而非统治者的财产而受到特别的强调；它们被视为阶级斗争的反映；贵族的宫殿和墓葬凸显了对劳动人民的残酷剥削。粗糙的人工制品还传递着共产主义的启示。例如，周口店旧石器时代早期遗址博物馆昭示，由制造和使用工具所代表的劳动，是我们从猿向人转变的决定因素。

考古学伦理

　　伦理是道德的科学——即行事的对与错——考古学的大部分分支日益被视为具有一种伦理的维度。正因为考古学与身份（见上节）、社群、国家乃至人类本身的存在相关，它便触及了伦理本质种种紧迫的实际问题。这些往往是困难的问题，因为它们会有原则上的抵牾。

　　公元前2世纪的罗马作家特伦斯（Terence）这样说道："我是一个人类，所以没有人类与我不容。"（Homo sum; humani nihil a me alienum puto）这样的思考是《世界人权宣言》（1948）的核心所在。许多人类学家觉得，"合适的人类研究就是人（性）"，以更新英国诗人亚历山大·蒲伯（Alexander Pope 1688～1744）的说法。这意味着，人类经验的整个领域都是我们研究的对象。例如，这种观点鼓励研究化石古人类，并明确将研究澳大利亚原住民和肯纳威克人（边码556～557）视为生物人类学研究的必要组成部分。所以，这是一种原则。但在另一方面，对于入土为安的我们亲属和祖先遗骸，总的来说要有一种体面的尊重。

在一些原住民部落社会里，这样的尊重是强制性义务，常常得到法律的承认，就如《美国原住民墓葬保护与归还法》（NAGPRA，见边码556）所见。于是，这是第二种原则，这将导致古代人类遗骸重新入葬（致使其破坏），这些遗骸的研究可能对科学很有用。两种原则中哪个对？这就是我们所谓的伦理上的两难。这是一个难以解决的问题，并是本章和下一章内容的重点。

　　财产权是另一种原则。个人财产业主（包括收藏家）的合法权利会与广大社群非常显见的权利发生冲突。所以，商业财产开发商与保护主义者会产生矛盾。保护与开发之间伦理上的紧张关系将在下章述及。当古董私人收藏家的购买权导致非法挖掘（盗掘）并使考古遗址遭到损毁，便出现了相同的困难。在我们的社会里，物质文化的重要性作为某种具有重要社会意义的东西而日益受到青睐。这些问题一时难以解决，因为它们是相互矛盾原则的产物。这正是考古学伦理现在成为一个热门话题的原因。

破坏的政治

宗教极端主义对许多破坏行为负有责任。例如. 1992年12月，印度北方邦阿约迪亚附近的一座重要清真寺，巴布里清真寺（Babri Masjid）被印度教原教旨主义者捣毁，该寺是由莫卧儿（Moghul）皇帝巴布尔（Babur）于1528～1529年所建。该清真寺所处的位置有时被认为就是印度史诗《罗摩衍那》中的阿约迪亚（Ayodhya），该地被一些印度人认为是印度神祇和英雄罗摩的诞生地。2003年，遗址上发现了建筑遗迹，但考古学家仍在争论这究竟是印度教寺庙的遗迹，还是后来的清真寺的延续。无论如何，印度教团体继续要求在遗址上建造印度教寺庙。2018年，有10～20万印度教徒聚集在阿约迪亚进行示威。

巴米扬大佛

2001年3月，阿富汗位于兴都库什山（Hindu Kush）巴米扬的两座可能早在公元3世纪就被刻凿在砂岩里的大佛被塔利班摧毁，这一愚蠢行为震惊了全世界。塔利班还破坏了喀布尔阿富汗国立博物馆里的许多文物，它们属于更加遥远的过去，年代为古希腊时期的雕像、象牙和其他物品，以及非本地人群意义上的象征物，都为塔利班所不容，它们不过只是些人像，成了宗教极端主义者破坏的目标，对他们来说，这种描绘就是亵渎。

因为塔利班事先宣布了他们的意图，对佛像的破坏就更加不同寻常（今天只有很小一部分人口信奉佛教）。当时的联合国秘书长科菲·安南强烈要求放过佛像，而当时的联合国教科文组织总干事松浦晃一郎（Koichiro Matsuura）在该行动被确认不久发布的声明中这样说道："目睹文化遗产受到冷酷和蓄意的破坏令人不齿，它是阿富汗人民的遗产。"代表55个伊斯兰国家的一个伊斯兰大会代表团在2001年3月初曾前往位于坎大哈的塔利班总部。

摧毁的佛像分别高达53和36米——是世界上最高的立佛——仍未逃厄运。安放的炸药有效地将它们彻底摧毁。虽然谈及将留下的碎块进行复原和重建，但要制作出除了复制品或仿制品之外的任何东西似乎希望渺茫。

巴米扬大佛命运多舛：它并非毁于战争的炮火。就如喀布尔博物馆里的文物，它们并非毁于敌对政党的权力争斗，而只不过是为了实现一种极端的宗教教义。

狂热的行动

在2015年2月流出的一段视频中，伊拉克所谓的"伊斯兰国"（IS）政权宣布了近年来最引人注目的疯狂破坏行动。这些行动包括在伊拉克北部摩苏尔附近的尼尼微城，使用电动工具清除了涅伽尔（Nergal）大门上保存完好的人首翼牛像，它的年代可以追溯到公元前7世纪的亚述时代。这段视频还显示，摩苏尔博物馆（Mosul Museum）来自伊拉克西部沙漠商旅之城哈特拉（Hatra）真人大小的统治者雕像遭到蓄意破坏，这些雕像可以追溯到公元2世纪和3世纪的帕提亚

图14.4 （左）2001年被塔利班摧毁的其中一座巴米扬大佛的残迹。

图14.5 （右）伊斯兰国战士正在捣毁伊拉克摩苏尔博物馆的一尊来自哈特拉的雕像。

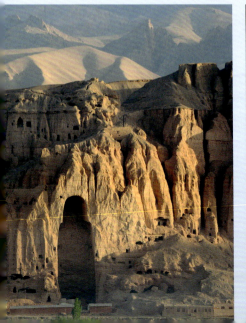

（Parthian）时代。具有讽刺意味的是，他们是有史记载的最早的阿拉伯统治者，而哈特拉是前伊斯兰时代保存最完好的阿拉伯遗址。2017年4月，哈特拉被伊拉克军队夺回。当这条新闻播出时，联合国教科文组织总干事伊琳娜·博科娃（Irina Bokova）解释了为什么："暴力极端分子知道，遗产的凝聚力可以将人们团结在一起，赋予他们以骄傲、自信和尊严，这就是他们攻击和破坏遗产的原因。"

2015年4月，伊斯兰国还发布了一段视频，显示用炸药炸毁了位于摩苏尔以南30公里尼姆鲁德（Nimrud）西北的宫殿。这是公元前883年至前859年亚述帝国统治者阿舒尔纳西尔帕尔（Ashurnasirpal）国王的宫殿，由19世纪英国考古学先驱奥斯丁·亨利·莱亚德（Austen Henry Layard，1817～1894）发掘并发表。作为世界上最早的帝国中心之一，它的大殿和王座以及入口的过道给人留下了生动的印象。蓄意破坏尼尼微遗迹的行为立即被当时的联合国秘书长潘基文形容为"战争罪"。

帕尔米拉古城在伊斯兰国的两次占领中被摧毁。这座城市以保存完好的希腊-罗马遗址和混合了希腊、罗马、波斯和伊斯兰特色的独特文化遗产而闻名，自1980年以来一直是联合国教科文组织列入世界遗产名录的遗址，但在2015年被伊斯兰国军队

图14.6　在伊拉克尼尼微，一只大型人首翼牛像的面部被电动工具毁掉。

占领。2016年3月，叙利亚政府将伊斯兰国驱逐出这座古城，但在当年12月又一次失去了它。在控制着这个历史遗址的同时，伊斯兰国将帕尔米拉82岁的古物负责人卡利德·阿拉萨德（Khaled al-As'ad）公开斩首，因为他拒绝透露自己把重要雕像藏在哪里。经过两年的持久战斗，叙利亚军队于2017年3月夺回了该遗址。但在此前，伊斯兰国摧毁了该城市最重要的一些历史珍宝，包括贝

尔神庙（The Temple of Bel）的大部、凯旋门和许多雕塑。修复工作现在正在进行中。例如，2018年大马士革国家博物馆成功完成了2000年前阿尔-拉特（Al-lāt）的石灰岩狮子雕像的修复工作，这座重15吨的雕像被伊斯兰国砸成了碎块。意大利专家也修复了两尊被阿拉萨德藏匿在城外的丧葬雕像，他们利用3D打印技术和尼龙粉末对破损的碎片进行了复原。

图14.7　叙利亚帕尔米拉的贝尔神庙，被伊斯兰国军队炸毁前后。这座建于公元32年的坚固建筑几乎全部被毁，只有入口处的拱门残留了下来。2017年3月，叙利亚军队重新夺回了帕尔米拉，尽管有各种遗址修复计划，但很多东西显然已永久丧失。

社区考古

社区考古是考古学家致力于解决伦理问题的一种途径。虽然，在某些方面，公众参与一直是考古学的一部分，但在过去的二十年里，人们越来越重视与社区成员的积极合作。2002年，在《世界考古》（*World Archaeology*）杂志的专栏中，伊冯·马歇尔（Yvonne Marshall）将社区考古形容为将一个项目的控制权至少部分交给当地社区的做法。这可能要关注某考古项目研究设计的各个方面——初始计划、田野发掘和分析，而不只是向公众展示。

世界各地都在开展社区考古，本书中讨论的许多发掘和项目都包含了社区元素。例如，史前晚期捕鲸村落奥泽特的发掘，那里有大量的有机物被保存在饱水环境中（见边码60～61），这是由当地的玛卡社群发起的一个项目，他们持续为整个工作提供指导。该项目以玛卡文化研究中心的建成而告结束。

在描述社区考古学时，马歇尔定义了两种类型的社群。第一种是居住在考古遗址附近的人群，虽然他们可能声称自己不是曾住在该遗址先民的直接后裔。例如，罗马帝国或古埃及的文物与今天生活在该地区的混合族群和文化往往只有一些遥远的关系。第二种社群包括直系后裔，以及那些可以追溯到过去人群的后裔。这些人群可能并不在遗址当地，但可能将他们的遗产追溯到一些地方，例如，那些可以把他们的祖先追溯到北美种植园里非洲奴隶的人群。这两种类型的社群经常重叠。社区考古学家经常与历史上被剥削或边缘化的人一起工作，许多已有项目都证明了原住民人群和其他当下人群如何通过与考古学家合作，来重申对他们文化遗产的诉求。

许多考古协会，如加拿大考古学会，都规定了各种项目都要包括社区考古。现在政府机关也经常为如何进行社区考古提供指导。例如，安大略省旅游文化部提供指导，将社区纳入某考古项目所有阶段，从识别对项目存在潜在兴趣的社群并建立个人接触，在工作中结合他们的贡献，到保持长期的参与。放弃对一个项目的完全控制权看似一种损失，但对考古学家来说，收获不仅在于构建一种更加多元和包容的过去，而且还在于更好地保护考古遗存。最终，它可能会为过去提供有价值的新视角。

通俗考古与伪考古学

考古学家认为，每个人了解一些人类过去的知识很重要：人类的由来，我们如何发展成现在的样子。考古学并非只是为了考古学家而存在的。因此，至关重要的是，我们必须与广大民众进行有效的沟通。但是，有几种方式会破坏这一使命。首先是建立一种所谓的"伪考古学"，常常是为了商业的目的，也就是说编造一些夸张且毫无根据的有关过去的故事。有时候，讲述这些故事的人会真的相信它们，但是往往被人怀疑作者的初衷只是为了赚钱，就如丹·布朗（Dan Brown）长篇通俗畅销小说《达·芬奇密码》（2003）。当有人实际上制作了假证据和编造了考古骗局时，考古学也会蒙受损失。

边缘考古

在20世纪后期，"另类考古学家"在这门学科的边缘发展起来，为过去提供另类的解释。对于科学家来说，这类解释既古怪又夸张——后现代的一种表现，大家都在读占星术。新时代的预言家鼓吹另类生活方式，而此时许多公众乐意相信"麦田圈"和巨石阵是外星人所为。许多考古学家将这种民间方式称为"伪考古学"，并将它们等同于众所周知的皮尔唐人考古骗局，并能论证和推断其中刻意的欺诈。该案子涉及几块人类头骨、一件像是猿的下颌骨和几枚牙齿，1900年代初，它们在英格兰南部苏塞克斯（Sussex）皮尔唐的一处旧石器时代早期砾石坑中被发现。这些发现导致宣告猿与人类之间"缺环"的发现。1953年之前，皮尔唐人（道森曙人）一直在教科书中占有重要的一席之地，直到它被揭露为一桩彻头彻尾的骗局。新的断代方法表明，头骨是人的，但是年代较为晚近（后来测定为大约有650年之久）；下颌骨来自一只现代猩

图14.8　皮尔唐人：对头骨、下颌骨和牙齿的测年证明，它们年代不一，彼此无关。

最为流行和持久不衰的神话之一就是"消失的亚特兰蒂斯"，这是希腊哲学家柏拉图在公元前5世纪讲述的一个故事，据他说是出自公元前6世纪的希腊圣人和政治家梭伦（Solon）之口，后者曾访问埃及，并向祭司请教，这些祭司是悠久宗教和历史传统的继承者。祭司告诉他一个传说，在赫拉克勒斯之柱（The Pillars of Hercules，即今天的直布罗陀海峡）外，也就是大西洋，有一个消失的大陆，它拥有先进的文明，几个世纪之前在一昼夜内消失得无影无踪。1882年，美国平民党人伊格内修斯·唐纳利（Ignatius Donnelly，1831～1901）出版了《亚特兰蒂斯：大洪水之前的世界》（*Atlandis, The Antediluvian World*）一书，进一步渲染了这个传说。他的书是最早设法用单一惊人方式来解释世界上所有古代文明的著作。这类理论常常具有相同的特点：

1. 他们对一个消失的美好大陆赞誉有加，其人民拥有许多超越今天的技能。
2. 它们大都用单一解释来说明史前和早期国家社会的成就：均为该失落世界技艺高超的居民所为。
3. 该大陆在一次宇宙的局部灾难中消失。
4. 原来的故土没有东西可供科学的观察，也没有任何器物和任何残留下来的东西。

552
553

唐纳利说法的基本结构以不同版本被俄罗斯作家伊曼纽尔·维利科夫斯基（Immanuel Velikovsky，1895～1979）（陨星和天文事件）、最近又被英国前记者格雷厄姆·汉考克（Graham Hancock，他将消失大陆的位置定在南极）所重复。而由埃里克·冯·丹尼肯（Eric von Däniken）以巨大经济收益炮制的另一种流行说法是，进步的源泉来自外太空，而早期文明的进步是造访地球的外星人所为。最终所有这些理论令考古学家所揭示的更加卓越的故事——人类历史——变得平淡无奇。

考古骗局

考古骗局并不新鲜，有各种表现形式，从特洛伊发掘者海因里奇·谢里曼（见边码29、34、179和184）操控证据，到声名狼藉的造假案例如英国皮尔唐人。有人估计，有超过1200件文物赝品陈列在世界某些一流博物馆里。最近，一桩特别严重的案子在2000年曝光，一位日本领衔考古学家承认将一些石制品埋入发

猩。头骨和下颌骨都经过染色处理（重铬酸钾），使得它们看上去很古老，且彼此共生。今天许多人怀疑，发现者查尔斯·道森（Charles Dawson，1864～1916）实际就是骗局的始作俑者。

然而，考古学家又如何说服夏至在巨石阵举行祭祀活动的自诩的德鲁伊教成员（如果主管当局英国遗产署允许他们进入），他们的信仰并不为考古证据所支持？这令我们回到了本章的中心问题："谁之过去？"不清楚的是，即便澳大利亚原住民信仰的诸多方面与当下的科学阐释凿枘不投，我们是否应该质疑他们创世神话的真实性？我们如何在尊重根深蒂固的信仰与启迪公众之间做出选择？

图14.9 日本考古学家藤村新一在上高森造假埋入的一堆手斧。

掘现场。藤村新一（Shinichi Fujimura），以其发现古物不可思议的能力而获得"神手"的外号——在将他的"发现"埋入土中以便次日作为新发现掘出之前，被摄像机逮个正着。他承认曾偷偷埋过几十件石制品，并声称，必须发现更古老遗址的压力迫使他利用自己的藏品来造假。

在东京以北上高森遗址出土的65件石器中，藤村承认其中有61件为赝品，再加上2000年在日本北部总进不动坂遗址发现的所有29件石器。后来他承认在42处遗址造假，但是2004年，日本考古协会（The Japanese Archaeological Association）宣布，他所挖的168处遗址全是假的。日本考古当局不无理由担心，1970年代中叶以来日本出土的旧石器时代早期证据（藤村是这方面的专家）说不定都难脱干系。

看来，这类现象目前正呈上升趋势。这种现象有些可归咎于该领域的日益"媒体化"，就像在日本，它对于提高知名度并改善一个人的职业生涯十分重要，而科学出版物往往跟在后面，对一些鼓吹最新发现的会议紧追不舍。如今，一些轰动发现有时看来比学术争论或批判性回顾更加重要。不过，造假或放置赝品是骗局的一种极端形式。

广大受众

虽然大部分研究的直接目的是回答特定的问题，但是考古学的根本问题是必须为大众提供有关人类过去更好的了解。虽然需要匠心独运的普及：遗址与博物馆展览、书籍、电视和互联网，但是并非所有考古学家都愿意为其多花时间，也几乎没有什么人能胜任此事。

在遗址上工作的发掘人员常常嫌老百姓碍手碍脚。但是，颇具慧眼的考古学家意识到可以通过激发公众兴趣来获得资金和其他支持，他们编写说明书、安排开放日，对于长期项目，他们甚至组织免费一日游，就如英格兰东部弗拉格芬（Flag Fen）青铜时代遗址那样。在日本，一旦发掘完毕，就会举行发掘成果的现场介绍，并在前一天向媒体发布详细内容，使得公众在前往遗址现场之前，就能从当地报纸的早晨版获得信息。

显然，对于考古学有一种大众口味的爱好。在某种意义上，自19世纪对土墩墓的早期发掘和公开拆开木乃伊裹尸布以来，考古一直是某种形式的消遣。今天，虽然这种消遣采取了一种较为科学和教育的形式，但是考古学如要繁荣，它仍需与不良的流行嗜好作斗争。

谁之过去？

直至几十年前，考古学家很少考虑历史遗址与古物的所有权问题。大部分考古学家本身来自西方工业国家，其政治和经济的主导权似乎自动赋予了他们在世界各地攫取文物和发掘遗址的权利。但是，自"二战"以来，前殖民地开始成为独立的民族国家，他们渴望了解自己的过去，并主张拥有他们自己文化遗产的控制权。于是出现了棘手的问题。西方博物馆在殖民时期攫取的文物是否应该物归原主？而考古学家是否可以随意发掘某人群的墓葬，即使这些人群的现代后裔基于宗教或其他理由也许会表示反对？

博物馆与文化遗产的归还

19世纪初，英国驻君士坦丁堡（现在的伊斯坦布尔）大使埃尔金勋爵（1766～1841）运走了装饰帕台农神庙的许多大理石雕像，这座公元前5世纪的伟大神庙堪称雅典卫城之冠。埃尔金搬走这些雕像时得到了希腊的土耳其领主的允许，后来他把雕像卖给了大英博物馆，如今它仍在那里，并陈列在一个特别的展厅里。如今，希腊人要求归还"埃尔金大理石雕"。为

图 14.10　大英博物馆里的"埃尔金大理石雕"局部：雅典帕台农神庙过梁饰板上的骑士，约公元前440年。

图 14.11　雅典的新卫城博物馆，建造来安放帕台农神庙（透过玻璃窗可见）仍留在雅典的大理石雕，希望有朝一日，"埃尔金大理石雕"也能安放于此。

了安置它们，希腊人建造了一座辉煌的新卫城博物馆，位于卫城的脚下。从其顶层，游客能眺望帕台农神庙的壮观景象。仍留在雅典的帕台农神庙雕刻以它们原来的正确结构进行陈列，而对仍在伦敦的"埃尔金大理石雕"，则用石膏复制品展示。

但是，针对欧洲和北美的博物馆，现有无数其他的诉求。例如，柏林博物馆拥有埃及王后奈费尔提蒂（Nefertit，前1370～前1330）的著名半身像，它是被非法运出埃及的。希腊政府已正式要求法国归还卢浮宫的一件镇馆之宝——公元前2世纪希腊风格的雕塑、米洛的维纳斯，它是1820年从希腊的奥斯曼帝国统治者手中获得的。近年来，土耳其政府更加积极主动地寻求归还那些声称从土耳其非法出口的文物。它成功地从纽约大都会艺术博物馆索回了完整的"吕底亚窖藏（Lydian Hoard）"（该博物馆还同意将现已声名狼藉的"欧弗洛尼奥斯陶瓶［Euphronios Vase］"归还给意大利，见下文）。2011年，当时的土耳其总理雷杰普·塔伊普·埃尔多安（Recep Tayyip Erdoğan）在正式访问华盛顿特区后，将"疲惫的赫拉克勒斯"的上半身从波士顿艺术博物馆带回土耳其（见边码560～561）。这是一件非法出口的文物，该博物馆多年来一直拒绝归还。2018年12月，一幅有2000年历史、被称为"吉卜赛女孩"的镶嵌画（局部）被送回土耳其。1965年，这幅镶嵌画被卖给了俄亥俄州的博林格林州立大学。土耳其政府也一直向德国的博物馆施压，追索文物。并威胁说，如果不归还文物，将吊销德国考古学会的发掘许可，该学会在土耳其每年会作几项重要的发掘。欧洲其他国家的土耳其雕像和文物现在可能也在被追索。

发掘墓葬：我们是否应该打扰死者？　发掘墓葬的问题同样复杂。对于史前墓葬，问题不是太大，因为我们对相关文化的信仰和意愿并没有直接的文字资料。但是，从历史时期开始，我们对宗教信仰的了解就很详细。例如，我们知道，古埃及人和中国人、希腊人、伊特鲁里亚人和罗马人，以及早期基督徒都很怕侵扰死者。然而应当承认，在考古学诞生之前，墓葬就已成为盗墓贼的猎物。公元前12世纪，埃及法老不得不指定一个委员会来调查底比斯墓葬的大规模盗掘。没有一座埃及王室墓葬，包括图坦卡蒙陵墓，能完全幸免盗墓贼的光顾。同样，罗马的雕刻墓碑成为城市和堡垒的建材，而在古罗马港口，奥斯蒂亚（Ostia）墓碑甚至被用作公厕的凳子！

美国原住民　近年来，一些美国原住民群体表达了他们对考古工作的强烈不满，而他们的政治影响已导致制定了一些法律机制来限制和阻止某些考古发掘，并要将目前在博物馆里的一些藏品归还给美国原住民。除了归还和重新埋葬材料的问题之外，有时还有对新发掘的抵制。例如，丘马什（Chumash）人不允许科学家取走加利福尼亚最古老的人类遗骸，即便科学家承诺在一年研究之后将归还骨骼，并重新埋葬。这些骨骸被认为有9000年之久，是从洛杉矶以西100公里处圣罗莎岛（Santa Rosa Island）的悬崖上侵蚀出露的。根据加州法律，这些骨骸的命运取决于它们可能性最大的后裔——丘马什人对他们祖先过去骨骸的处理方式表达了可以理解的愤怒，有好几百件遗骸分散在各高校和博物馆里。就像许多新西兰的毛利人，他们宁可见到这些骨骼"按自然法则"销毁，也不愿被其他人打扰。但在一些情况下，一旦遗骸被物归原主，美国原住民社群就会对它们进行系统的照料。

就像在澳大利亚（见下），北美地区并没有划一和

图14.12　佛罗里达出土的塞米诺尔人（Seminole）骨骸于1989年由考古学家和美国原住民在伤膝（Wounded Knee）重新埋葬。

共同的原住民传统。美国原住民对于死者及其灵魂的态度各不相同。不过，对重新埋葬祖先遗骸的要求是相同的。问题的解决办法在于默许、妥协与合作。考古学家常常支持并默许归还现生人群比较晚近祖先的遗骸。那些没有考古学背景、因此科学价值不大的材料也予以归还。

归还较古老和较重要的材料是个麻烦的问题。美国考古学会（SAA）的一个持久立场是，考古材料的科学关注和传统利益必须予以平衡，通过与提出诉求的现代团体关系的亲密度和索求的遗骸或器物之科学价值来进行评估。在美国考古学会的支持下，1990年通过了《美国原住民墓葬保护与归还法》（NAGPRA）。它要求大约5000个联邦资助机构和政府部门盘点它们的藏品，并对美国原住民的骨骸、丧葬用品与圣物以及文化传承物品的"文化归属"做出评估。如果文化属性能够体现，那么人类遗骸和器物必须根据索求归还给所属的美国原住民部落或夏威夷原住民组织。

难题在于从法律上解释关键术语如"文化归属"，并从史前材料背景中权衡形式迥异的证据。除了考古学和历史学信息外，该法律明确承认口述传统的有效性。这导致部落会普遍指望，若他们的口述传统中提到他们的群体是在出土遗存的同一地区被创造出来的，他们也能对史前遗存提出诉求。但是，当这些期盼在法庭上进行验证时，就会发现法律要求在口述传统与科学价值之间做出权衡的考量。2010年对《美国原住民墓葬保护与归还法》的一项修正，将部落权利延伸到了文化上没有归属的遗存，只要这些遗存发现在原住民栖居的部落领地或地区。这意味着，美国博物馆现在要将更多人类遗骸的控制权交还给部落群体。

1996年，华盛顿州出土了距今8500年的肯纳威克人遗骨，关于它的争议和法律纠纷不断。八位著名人类学家起诉对遗址有管辖权的美国陆军工兵部队，要求获得研究该骨骼的许可，但是工兵部队根据《美国原住民墓葬保护与归还法》，想把这些骨骼交还给美国原住民尤马蒂拉（Umatilla）部落重新入葬。这些科学家急切想进行验证，因为初步观察推测，肯纳威克人对最早移居新大陆提出了复杂、重要而激动人心的问题。另一方面，尤马蒂拉部落坚决反对任何研究，坚称他们的口述传统所言——自开天辟地以来他们部落就是这片土地的一部分，所以那里发现的所有骨骼必定是他们的祖先——不许任何骨骼因断代或遗传学分析受到损坏。2002年，一位地方行政官裁定，这些科学家有研究这些骨骼的权利，尽管尤马蒂拉部落接下来采取法律上诉，但是2005年，考古学家终于在这场纷争中胜诉（花费了几百万美元的法律费用）。对肯纳威克人头骨的检测表明，他与声称有祖先关系的美国西北部部落关系并不密切，但与环太平洋地区的群体，如日本的阿伊努人（Ainu）和波利尼西亚人关系更近。而2015年的DNA分析显示，实际上他与现代印第安人的关系比其他人群都要近。肯纳威克人的遗骸于2017年2月被埋葬在一个未公开的地点。DNA技术的进步意味着，曾经被认为"文化上无法识别"的人类遗骸将通过遗传学越来越多地与现代群体联系在一起，就像本案例一样。

1968年在蒙大拿州西部一个牧场的墓葬里发现了"克洛维斯男孩"的遗骸（见边码472），经过一些研究后，最终归还给了牧场主。当时，牧场主的女儿萨拉·安齐克（Sarah Anzick）自己正在从事癌症和基因组研究，于是考虑从骨头中提取测序的遗传物质，但她担心会引发如肯纳威克人那样的相似争论。但在2010年，哥本哈根的埃斯克·威勒斯列夫（Eske Willerslev）实验室首次对一个古代人类（来自格陵兰岛的古爱斯基摩人）的基因组进行了成功测序，于是引出了对"克洛维斯男孩"DNA也应进行类似测序的

图14.13　复原中的肯纳威克人面部特征，附着的肌肉用黏土代替。

建议，并获得了极佳的结果。此时，威勒斯列夫接受建议并被告知，因为墓葬是在私人土地上发现的，因此不适用《美国原住民墓葬保护与归还法》的规定，不需要进行协商。尽管如此，威勒斯列夫还是踏上前往蒙大拿州印第安人保留地之旅，并与社群成员进行了交谈。在社群中，他得到了这样一个帮助，即他的研究团队成员之一肖恩·道尔（Shane Doyle）是克劳族群（Crow）的一员，也是2014年发表在《自然》杂志上的论文合著者（实际上萨拉·安齐克也是），在与蒙大拿州人群进行了深入协商后，后者希望"克洛维斯男孩"的遗骸应该被重新埋葬。对这一问题的巧妙处理确保了古代DNA数据的获取和公布，同时也尊重并遵守了印第安人对重新埋葬的愿望。

澳大利亚原住民　在澳大利亚，当前原住民解放的气氛和日增的政治权力将注意力集中在殖民时期的各种错误做法上，当时人类学家并不尊重原住民的感受和信仰。神圣的遗址被调查和发表；墓地遭到亵渎，文物和遗骨被掘出，并保存和陈列在博物馆中。这意味着，原住民被视为实验室的标本。所有这些材料的命运，特别是骨骼的命运，被赋予极大的象征意义，这很难免。不幸的是，就像在其他国家，澳大利亚的考古学家也被指责为像那些获取来路不明人类遗骸的人一样品行不端。

澳大利亚一些地区的原住民认为，所有人骨材料（有时也包括文物）必须归还给他们，然后由他们决定如何处置。在有些情况下，他们自己希望这些遗存能在人类学家满意的情况下予以照管，通常是在原住民的控制之下。因为原住民拥有无可争辩的道德理由，澳洲考古协会（AAA）愿意归还那些较为晚近或"可联系到特定后裔的个体"的遗骸，以便它们重新入葬。但是，这类遗存有个例外。墨尔本大学的默里·布莱克收藏（Murray Black Collection）拥有年代从几百年到至少14000年的800多具原住民骨骸。它们是1940年代在未与当地原住民商量的情况下被挖出的。由于缺乏专业人员，这批收藏从未作充分研究——但它们仍然归还给了相关的原住民群体。1990年，维多利亚科沼泽（Kow Swamp）出土的一批22000～19000年前的独特墓葬遗存也归还给了原住民群体，并重新入葬。最近，蒙戈（Mungo）湖出土的最早骨骸，被归还给蒙戈地区的原住民保管，这是世界上所知最早的火葬证据（距今26000）。而原住民长老宣布，他们会将蒙戈出土的所有骨骸（上至3万年前）重新入葬。

可以理解，考古学家为可能必须归还几千年之久的材料而感到担忧。还有人指出，澳大利亚原住民——就像其他地方的原住民——往往忘记了，他们有些晚近的祖先对死者并不挂怀。但是，不只是考虑到原住民在欧洲人手中遭受的苦难，他们的观点也应得到尊重。

保护水下文化遗产

海底沉船的所有权和保护经常饱受争议，显然，潜水者有时会劫掠沉船，以获取文物在商业市场上出售。1962年《联合国海洋法公约》（The 1962 United Nations Convention on the Law of the Sea）决定了沉船的所有权，原则上是各国都对其领海拥有管辖权，通常为低潮点陆地向外延伸12海里。具有历史意义的海军军舰残骸也受到保护。2001年联合国教科文组织《保护水下遗产公约》并未规定沉船的所有权，但它确立了签约国承诺遵守的重要原则。原地保存是第一选项，而"禁止商业开发"原则极其重要，这意味着发现物不得出售或以其他方式不可挽回地流散。

各国通常都有保护位于其管辖范围水域内沉船的立法。例如，英国1973年的《沉船保护法》（Protection of Wrecks Act）规定对认定的沉船提供保护。而且，1979年的《古迹和考古区域法》（Ancient Monuments and Archaeological Areas Act）规定了"列入海洋古迹保护单位（Marine scheduled ancient monuments）"的条款，例如第一次世界大战末在奥克尼群岛的斯卡帕湾（Scapa Flow）被摧毁的德国公海舰队。但是，这并没有完全保护它们免受未经授权的探测或洗劫。

对沉船的系统研究当然是海洋考古学的主要任务（见边码112～113、374～375和边码114专栏）。但是历史沉船会继续被商业开发，这点被审慎关注。例如，总部位于里斯本的阿克奥诺塔斯公司（Arqueonautas）与佛得角和莫桑比克政府谈判获得了进行海洋考古作业的独家许可，但该公司确实出售文物，包括钱币和中国的瓷器，他们称其为"重复的货运文物（repetitive cargo artifacts）"。

奥德赛海洋勘探公司在2008年宣布，他们发现了纳尔逊勋爵的旗舰——HMS胜利号沉船，这艘沉船于1744年在英国领海之外沉没，躺在75米的深处，这在英国引起了极大的焦虑。英国政府对其海军沉船拥有司法管辖权，但当它将胜利号移交给一家慈善信托机构"海洋遗产基金会（The Maritime Heritage Foundation）"时，引起了人们的惊讶。在之后不久的一次新闻发布会上，奥德赛公司宣布海洋遗产基金会已经签署了一项协议，允许其发掘沉船遗骸，并同意支付该公司项目成本以及项目出土钱币和其他物品的50%～80%。这一声明引起了很大的争议，因为英国政府（任何挖掘项目都必须得到英国政府的批准）应遵守2001年联合国教科文组织公约中"禁止商业开发"的原则。政府重申了它对这一原则的坚持，并对打捞行动的资金来源提出了质疑。2015年初，相关的海洋考古学家对政府的决定进行了司法审查，之后政府撤销了海洋遗产基金会或奥德赛公司对胜利号沉船进行继续打捞工作的许可。2018年9月英国海洋监管机构——海洋管理组织（MMO），通知海洋遗产基金会，英国政府不会允许该慈善机构对该旗舰进行发掘，按照联合国教科文组织的《保护水下文化遗产公约》，该军舰将原地保护。

收藏家和博物馆的责任

近年来变得十分清楚的是，几百年来被看作是过去捍卫者和保护者的私人收藏家甚至公共博物馆，现在某种情况下已成为主要的破坏力量。非法的古董市场——秘密和非法盗掘并没有公开记录——已成为劫掠考古遗址的主要刺激。这种劫掠受到无耻私人收藏者和缺德博物馆的直接或间接资助。全世界的盗墓贼一直在做破坏工作。好几种语言用一个词来称呼他们，希腊语里叫archaiokapiloi，拉丁美洲叫huaqueros，意大利有两个特别的名词：clandestini和tombaroli。他们盗掘可出售的精美器物，但是毁掉了它们的考古学背景，这些器物已无法告诉我们有关过去的新知。其中不少东西最后在世界一些马虎大意的博物馆里展出。如果某博物馆无法说明发现物的来龙去脉，包括展示出自哪个遗址，这通常是陈列文物来自非法市场的标志。

意大利塔尔奎尼亚（Tarquinia）的一名盗墓贼鲁吉·佩尔蒂卡拉里（Luigi Perticarari）在1986年出版了他的回忆录。他比其他考古学家具有更多有关伊特鲁里亚墓葬的第一手知识，但是他的行为毁掉了任何人分享这种知识的机会。他声称，在30年里，他盗空了大约4000座年代从公元前8～前3世纪的墓葬。于是，尽管博物馆和私人收藏中伊特鲁里亚文物的世界储量不断增加，但是我们对伊特鲁里亚的葬俗和社会结构的了解却并非如此。

希腊基克拉迪群岛上大约公元前2500年的精美大理石雕也是如此（见边码421）。我们在世界各大博物馆里赞叹这些作品的惊艳之美，但是我们对创作它们的基克拉迪社群的社会和宗教生活却一无所知。还有，其背景也不复存在。

在美国西南部，90%典型的明布勒斯遗址（1000年左右）现已被盗掘和毁坏（见后页）。在科罗拉多州西南部，60%普韦布洛史前祖先遗址已被故意损毁。盗贼在夜间作案，装备有收发两用的无线电设备、电子扫描装置和瞭望哨。在目前法规之下很难起诉他们，除非他们被抓个现行，而这几乎没有可能。

同样，中美洲和南美洲的盗墓贼只关心值钱的东西，即黄金，整座墓地被挖成一片大坑，遍地是骨头、陶片、木乃伊裹尸布以及其他打碎和散落的东西。秘鲁西北部莫切文明的西潘遗址，1987和1990年发掘的非凡墓葬，只因当地秘鲁考古学家瓦尔特·阿尔瓦（Walter Alva）的执着和勇气才从盗墓贼手中抢救出来。

迄今就非法文物而言，公众注意中心确实聚焦于博物馆和私人收藏家。世界上许多大博物馆以1970年的宾夕法尼亚大学博物馆马首是瞻，该博物馆目前拒绝购买或作为赠礼接受无法证明从原产地国家合法出口的任何文物。但是有些博物馆，如纽约的大都会艺术博物馆以前从无这样的顾忌：曾任该博物馆馆长的托马斯·霍温（Thomas Hoving，1931～2009）说过："我们的所作所为要比拿破仑将所有珍宝运抵卢浮宫时更加无法无天。"保罗·盖蒂博物馆（J. Paul Getty Museum）非常富有，它对此负有极大的责任，而近来该博物馆已经采取了较为严格的征集政策。

1990年，大都会艺术博物馆展出谢尔比·怀特（Shelby White）和里昂·利维（Leon Levy，1925～2003）的私人收藏，而盖蒂博物馆1994年展出（当时已经获得）芭芭拉·弗莱施曼（Babara Fleischman）与已故劳伦斯·弗莱施曼（Lawrence Fleischman，1925～1997）的私人收藏，两批藏品中含有大量不知出处的文物。这对收藏活动的流行负有某种责任，其中为收藏支付的大部分金钱最终落入文物商的口袋，他们组成了破坏产业链的一部分，因此根本上也是劫掠者。

558
560

559

明布勒斯：破坏和应对

最近，考古学最为郁闷的事件就是明布勒斯。美国西南部的明布勒斯陶工创造了史前期最具特色的艺术传统，在半球形陶钵的内部绘有各种生动的动物和人形图案。这些陶钵极受考古学家和艺术爱好者的青睐。但是这种追捧导致了对明布勒斯遗址的系统盗掘，其规模不仅在美国而且在世界上也绝无仅有。

明布勒斯人群居住在明布勒斯小河沿岸的土屋里，在某些方面很像晚期的普韦布洛人群。据我们现在所知，约公元550年开始制作彩陶，并在大约公元1000～1130年的明布勒斯古典期达到顶峰。

对明布勒斯的系统考古学研究始于1920年代，但总的来说并没有充分发表。但是，盗掘贼马上发现，他们可以用锹镐将陶器挖出来，并拿到市场上将其作为原始艺术品出售。而这种活动未必违法。在美国法律中，没有办法阻止私人土地上的任何发掘，也没有办法阻止地主允许他人以这样的方式破坏考古遗址。

1960年代初，发明了用推土机挖掘明布勒斯遗址但不毁坏所有陶器的办法。操作者发现，采用有控制的推土挖掘，他们可以每次推掉很薄一层土壤，取出未破损的陶器。在这种过程中，遗址当然被彻底破坏，希望建立这些材料考古背景的所有希望都化为泡影。

1973年以来，考古学最终采取了一致行动。在史蒂文·勒勃朗主持下，明布勒斯基金会从私人途径募集资金，对受到劫掠的一些遗址的残余部分进行发掘。他们在向地主说明这种盗掘对希望了解明布勒斯的过去造成了何种破坏上，取得了很好的进展。1975～1978年，在几处受到部分盗掘的遗址中，一系列田野季节（性发掘）至少部分成功地建立起明布勒斯考古学的轮廓，并将其年表置于可靠的基础之上。

明布勒斯基金会也得出结论：考古发掘是一种昂贵的保护形式，并决定购买许多残存（或部分残存）的明布勒斯遗址，以便对其进行保护。而且，这是一种值得广泛学习的经验。明布勒斯基金会成员与其他考古学家及赞助人一起，成立了一个全国性机构——考古管理委员会（Archaeological Conservancy）。如今，美国的许多遗址就是以这种方式买断和保护的。

买断和保护的。于是，在某种意义上，这个故事有了一个完美结局。但是，回头真正了解明布勒斯文化和明布勒斯艺术已无可能，这在20世纪初还是有这种可能的，但后来彻底被毁灭性盗掘所断送。

不幸的是，相同的故事今天仍在世界其他地方上演。

图14.14 古典期明布勒斯陶钵，表现了一种仪式性的斩首。

图14.15 动物形象是明布勒斯的流行主题，这件陶钵底部挖的小孔能释放该动物的灵魂。

有人说："收藏家是真正的盗贼。"彼得·沃森（Peter Watson）在其揭发性调查《美第奇阴谋》（*The Medici Conspiracy*，2006）中描述的惊人事件，令意大利政府对盖蒂博物馆的原文物馆长（见下）提出了刑事指控，并从大都会艺术博物馆发现了他们最著名的一件文物"欧弗洛尼奥斯陶瓶"，1972年他们为之支付了一百万美元，但并没有获得其出处的可靠证据。这正像罗马人所提醒的："买家要当心。"

1994年伦敦皇家艺术学院举办的乔治·奥尔蒂斯（George Ortiz，1927～2013）文物收藏展引发了争议，许多考古学家觉得这令皇家艺术学院的名誉受损。艺术批评家罗伯特·休斯（Robert Hughes，1938～2012）正确地观察到："该故事部分是再次将收藏家作为名人崇拜，将博物馆视为令人羡慕的对象，因为它既炫耀了生意，又与学术有关。"

情况有改善的迹象。2003年，英国议会批准了《文物经营（犯罪）法》（The Dealing in Cultural Object [Offences] Act）。在英国，现在故意经营非法盗掘的文物就是刑事犯罪，不管这些文物来自英国或海外。而

在纽约，2003年6月，美国地区法院维持古董商弗雷德里克·舒尔茨（Frederick Schultz）策划经营埃及被盗文物的定罪。弗雷德里克·舒尔茨是古代、远东和原始艺术商人国家协会的原主席，过去曾向美国的一些顶尖博物馆出售文物。判决这样一位重要商人入狱，向那些著名收藏家和博物馆馆长传递了一个明确的信号，将来在获取没有出处的文物时，在操作中要更加注意"恪尽职守"。

图 14.17 "疲倦的赫拉克勒斯"的下半身，1980年在土耳其出土，并收藏于安塔利亚博物馆；2011年上半身由波士顿艺术博物馆归还之后，这两部分才得以重聚。

图 14.16 被盗赛弗所宝藏中一只精美的银匣，是近来文物非法交易中的一大丑闻。这是 2014 年归还给匈牙利的七件物品之一。

图14.18 （左）"盖蒂少年立像"，是1985年盖蒂博物馆购买的一件来路不明的雕像，现在被认为是一件赝品。

图14.19 （右）索尔兹伯里窖藏发现的一批迷你青铜盾牌（现藏大英博物馆），它们于1985年被金属探测者盗掘。

图14.20 （下）公元6～7世纪写有文字的阿拉姆语咒符碗，用黑墨水书写，意欲管束会给主人带来伤害的恶魔、神祇和其他敌对力量。

最近几宗案子包括：

"疲倦的赫拉克勒斯（The Weary Herakles）" 一件公元2世纪罗马大理石雕像现被拆散为两部分。下身1980年在土耳其的佩尔格（Perge）发掘出土，现藏安塔利亚（Antalya）博物馆，而拼接的上身在出土不久即被里昂·利维购得，直到2011年，它还在波士顿美术博物馆展出，利维给了博物馆一半的所有权。20多年来，博物馆和利维的遗孀谢尔比·怀特（Shelby White）都拒绝将这件作品归还土耳其，但却在土耳其总理的亲自干预下"自愿"地这么做了。

赛弗所宝藏（Sevso Treasure） 这批罗马晚期的精美银器组合是由现任北安普敦侯爵作为投资购入的，但后来被匈牙利、克罗地亚和黎巴嫩在纽约采取法律行动要求索回。所有权仍判归北安普敦侯爵。他后来发现这批文物无法再出售，于是在伦敦起诉他前法律顾问在购买时出的馊主意。此事于1999年达成庭外秘密调解，据报道金额超过1500万英镑。2014年，匈牙利总理维克多·奥班（Victor Orbán）宣布，北安普敦侯爵手中14件器皿中的7件已经还给了匈牙利；2017年，其余的7件也被索回。

盖蒂事件 2005年，位于洛杉矶的保罗·盖蒂博物馆发现自己处于公众关注的焦点，当时的文物馆长莫里恩·特鲁（Morion True）（后被解雇）因受到据称与盖蒂博物馆购买意大利非法盗掘文物有牵连的指控而前往意大利受审。审判时间不够，没有裁决，但是其间盖蒂博物馆同意将许多被盗文物归还意大利。

索尔兹伯里窖藏（The Salisbury Hoard） 由青铜斧、短剑和其他器物组成的一座青铜和铁器时代金属制品巨大窖藏，1985年被"夜猫子"（指昼伏夜出的秘密金属探测者）团伙从英国西南部的威尔特郡近索尔兹伯里非法盗掘。经大英博物馆伊恩·斯特德（Ian Stead）的侦察，大部分材料在警方的一次突袭中被追回。

伦敦大学学院阿拉姆语咒符碗 2005年，伦敦大学学院为654件阿拉姆语（Aramaic）咒符碗（年代为公元6～7世纪，并被认为来自伊拉克）成立了一个质询委员会，这批东西是由一位著名挪威收藏家马丁·舍延（Martin Schøyen）为研究目的而借来的。后来据说这批碗是从原产地国家非法偷运出境的。伦敦大学学院在2006年接到了该委员会的报告，但是后来将碗归还给了舍延，与其签署了一个秘密庭外决定，以避免公开这项报告，并向舍延支付了一笔数目不详的费用。后来该报告被贴在了维基解密网上。这一插曲凸显出，公共机构在借用或通过馈赠、购买接收文物时，有必要"恪尽职守"。伦敦大学学院阿拉姆语咒符碗的完整故事还有待公布。

具有讽刺意味的是，对过去的、流传到我们手中文物的爱好和尊重，会导致破坏和攫取的行为。如果考古工作想要继续发展，并为我们提供有关我们共同遗产和我们如何才有今天这一过程的新知，"谁拥有过去"确是一个关键的问题。在这个意义上，我们才能很好地询问："过去有未来吗？"这是下面章节要讨论的主题。

小 结

▶ 过去对于不同人群具有不同的含意，而个人身份往往是由过去所定义的。考古学在定义民族身份上发挥着越来越大的作用，其中过去以增强伟大民族意识（的意义）被用来使今天合法化。族属的力量在今天与过去一样强大，它也依靠过去确立合法性，有时却导致破坏性后果。

▶ 考古学的大部分分支现在看来都具有一个伦理的维度。几十年前，考古学家根本不考虑"谁之过去"这样的问题。现在每项考古决策都需将伦理考虑在内。

▶ 我们不能简单斥责伪考古学的另类理论是无稽之谈，因为相信这类说法的人很多。任何人读了本书，并了解考古学如何进行研究，就会发现这类著作为何是一种欺骗。真正的解毒剂是一种健康的怀疑：询问"有证据吗"。知识随着提问而增长——这就是本书的中心主题。没有再比询问难题、批判性地寻找答案更好的办法来消除荒诞的另类说法。

▶ 各地考古学对了解人类多样性和人类状况都作出了自己的贡献。虽然早年学者的做法公然漠视原住人群的感情和信仰，但今天对这些问题的关注并非试图进一步染指原住民的过去。

▶ 也许，最令人悲伤的考古破坏莫过于对遗址的劫掠。因为劫掠行为，所有信息在搜寻值钱器物的过程中被彻底毁灭。博物馆和收藏家对此负有一定的责任。博物馆也面临日增的将文物物归其主的压力。警方现在认为，艺术品和文物走私在世界和国际犯罪活动中，在规模上仅次于毒品贸易。

深入阅读材料

Brodie, N., Kersel, M. Luke, C., & Tubb, K.W. (eds.). 2008. *Archaeology, Cultural Heritage, and the Antiquities Trade.* University Press of Florida: Gainesville.

Burke, H., Smith, C., Lippert, D., Watkins, J.E., & Zimmerman, L. 2008. *Kennewick Man: Perspectives on the Ancient One.* Left Coast Press: Walnut Creek.

Erdman, K. M., 2019. *Public Engagement and Education: Developing and Fostering Stewardship for an Archaeological Future.* Berghahn Books: Oxford.

Fairclough, G., Harrison, J., Schofield, J. & Jameson, H. (eds.) 2008. *The Heritage Reader.* Routledge: London.

Feder, K. L. 2018. *Frauds, Myths, and Mysteries: Science and Pseudoscience in Archeaology.* (9th edn) McGraw-Hill: New York.

Graham, B. & Howard, P. (eds.). 2008. *The Ashgate Research Companion to Heritage and Identity.* Ashgate Publishing: Farnham.

Greenfield, J. 2007. *The Return of Cultural Treasures.* (3rd edn) Cambridge University Press: Cambridge & New York.

Logan, W. & Reeves, K. (eds.). 2008. *Places of Pain and Shame: Dealing with 'Difficult' Heritage.* Routledge: London.

Lynott, M.J. & Wylie, A. (eds.). 2000. *Ethics in American Archaeology.* (2nd edn) Society for American Archaeology: Washington D.C.

Renfrew, C. 2009. *Loot, Legitimacy and Ownership: the Ethical Crisis in Archaeology.* Duckworth: London.

Tubb, K.W. (ed.). 1995. *Antiquities Trade or Betrayed: Legal, Ethical and Conservation Issues.* Archetype: London.

Vitelli, K.D. & Colwell-Chanthaphonh, C. (eds.) 2006. *Archaeological Ethics.* (2nd edn) Altamira Press: Walnut Creek, CA.

Watson, P. & Todeschini, C. 2006. *The Medici Conspiracy.* Public Affairs: New York.

15

过去的未来
如何管理遗产?

什么是考古学的未来? 考古学这门学科能继续提供有关人类过去、人类物种的进化和人类成就的新信息吗? 这是当下所有考古学家, 其实也是所有关心了解人类过去的人们所面临的困境之一。因为, 正如全球变暖和日益污染威胁着我们星球未来的生态一样, 过去的遗存今天也面对各种破坏力量, 需要一致和有力的对策。

有些破坏力在前面已经述及, 这里涉及的是另外一些。最大的问题仍然是: 我们有什么办法? 我们面临的问题是: 何种办法将决定考古学科以及它所意在了解的物质记录的未来? 在此, 我们回顾两种平行的途径: 保存 (保护) 和补救 (减轻破坏)。在近几年里, 已经形成将两者相结合的考古实践的新态度, 这或许会提供可行的办法。

对过去的破坏

有三种主要的破坏力量都是人为的。一是道路、矿山、水坝、办公楼建设。这些都显而易见, 而这些威胁至少易于辨认。一种与之不同的破坏——强化农业——比较缓慢, 但是范围要大得多, 因此从长远来说更具破坏性。到处是改造环境性质的开垦计划, 以至于干旱的土地被淹, 而如佛罗里达的湿地 (见第13章), 则通过排水来开垦。结果是对珍贵考古证据的破坏。第三种破坏力量是冲突, 目前最明显的威胁是在中东的交战区域。

还有两种人类的破坏力不能忽视。一是旅游, 尽管它在经济上对考古学有重要影响, 但是使得考古遗址的有效保护变得更加困难。第二种并不新鲜, 就如我们在第十四章所见, 其规模有愈演愈烈之势: 为金钱而盗掘考古遗址, 在搜寻中只找值钱的东西, 而把其他一切毁掉。在世界史上, 过去20年古代遗存的损失远远超过了以往。

基建和商业开发 早在19世纪, 人们已经普遍意识到, 古代纪念性建筑和历史建筑应当被保存下来。但是直到20世纪中叶, 人们才充分地认识到任何建设或重建都可能对文化遗产造成威胁。在欧洲 "二战" 后的系统重建中, 很明显在古城镇中心新建筑打地基

图 15.1 对我们遗产的威胁: 一座现代办公大楼的混凝土桩被打入伦敦玫瑰剧院考古遗迹周围的地下, 该遗址是16世纪末 (1590年代) 最早演出莎士比亚部分戏剧的地方。

的时候发现了很多重要的材料。这就是现代城市考古的肇始。由此人们认识到，新的建设工程，包括修建新的道路，会出土之前没有发现的考古遗址。在很多国家，这种认识带来了最早的系统性抢救考古学和文化资源管理，这些将在下一部分进行讨论。

不幸的是，国家的保护并不能完全保证古代纪念物的安全。2013年7月，在秘鲁利马附近的埃尔帕拉伊索（El Parasio），地产开发商用推土机铲平了一座拥有5000年历史的金字塔庙宇建筑。这座被严重破坏的神庙是美洲地区最早的纪念性建筑之一。由于这是一处已被发掘并向公众开放的遗址，因此这是一起特别骇人听闻的事件。而对那些不那么有名甚至鲜为人知的考古遗址的破坏就更常见了。这就是为什么文化资源管理已经变成一项十分重要的任务。

564
565

农业的破坏　地球上越来越多未曾开垦或用传统非强化方法耕种的土地，现在开始向机械化农业开放。拖拉机和深耕取代了挖掘棒和阿德犁。在其他地区，林场现在覆盖了原先的旷野，树根破坏了聚落遗址和野外纪念建筑。

虽然大部分国家对开发商和建筑商的活动进行某种控制，但是农业对考古遗址造成的破坏很难评估。少数发表的研究提出了冷静的看法。一份研究显示，在英国，甚至那些名义上受保护的遗址——列入国家古代纪念物清单的遗址——实际上根本不安全。在丹麦和其他一些国家，情况也许要好些，但是在其他地方，只有最显眼的遗址受到保护。较为一般的野外纪念建筑和旷野聚落则未受保护，而这些正是易受机械化农业破坏的遗址。

冲突与战争的破坏　近年来最令人深恶痛绝的暴行，就是世界一些国家在武装冲突过程中对考古材料和纪念物不断乃至故意地损毁。以前在"二战"中，英国历史建筑在德国的轰炸袭击中是有意选择的目标。

1990年代，前南斯拉夫的种族战争导致故意破坏教堂和清真寺。最令人悲哀的一项损失是莫斯塔尔附近一座古桥的破坏，它在1566年奉奥斯曼土耳其帝国的苏莱曼大帝（Sultan Suleiyman the Magnificent，1520～1566年在位）之命所建。作为当地居民（特别是穆斯林）的重要象征，1993年9月9日它在克罗地亚的持续炮击下垮塌，尽管它后来重建。就如巴尔干人类学专家乔·哈尔彭（Joe Halpern）讽刺的，我们现在也许渴望有一种"破坏建筑的民族考古学"（Halpern 1993，50）。

565
566

2003年，以美国为首的联军在入侵伊拉克中没能保护巴格达的伊拉克国家博物馆，致使藏品被盗，其中包括著名的瓦尔卡陶瓶（Warka Vase），它是早期苏美尔文明最重要的发现——虽然它后来和其他许多重要文物重回博物馆。这一疏忽更令人震惊的是，美国

图 15.2　波斯尼亚16世纪的莫斯塔尔桥，在1993年的战火中被毁，但是现在已经重建。

考古学家在战争爆发前几个月曾与国防部代表会面，警告博物馆被劫的危险，而英国考古学家同样向首相官邸指出了这种危险。仅有部分藏品被盗，这似乎是街头蟊贼和某些熟门熟路的家伙共同所为，前者打碎展柜，破坏雕像并制服工作人员，而后者知道他们要什么，在拿到钥匙后直奔库房。而正是这些人，很可能想染指美索不达米亚柱状印章的收藏，想将这种世界上最精美的文物卖给海外藏家。

2009年，美国批准了关于在武装冲突事件中保护文化财产的1954年《海牙公约》，该公约在第二次世界大战带来毁灭性结果之后首次出台，并制定了在武装冲突中保护文化财产的国际法。英国政府最终于2017年9月批准了公约及其协议，2017年的《文化财产（武装冲突）法案》将非法出口文化财产的交易视为一种犯罪。

战争的命运 在21世纪，战争持续给文化遗产带来同样不幸的结果。2001年，塔利班炸毁巴米扬大佛（见边码550），巴格达国家博物馆被洗劫，接着是阿富汗和伊拉克局势持续不稳，以及2010年末"阿拉伯之春"抗议活动在北非和中东大部分地区引发暴力骚乱。2011年，埃及的"阿拉伯之春"运动引起的国内动乱，使盗贼有机可乘，潜入开罗博物馆并盗窃了许多重要文物，虽然当局迅速恢复了秩序，但这次动乱也给了盗贼破坏许多古代遗址以搜寻值钱文物的机会。2013年，埃及被罢黜总统穆罕默德·穆尔西（Mohamed Morsi）的支持者闯入并洗劫了位于开罗以南200公里的马拉维镇（Malawi）的古物博物馆（The Antiquities Museum），馆中的两具木乃伊被烧毁。石棺和雕像遭到破坏，据博物馆管理人员透露，1080件藏品中有1040件丢失，估计其中大部分流向了兴旺的非法古董交易。

这样的失序还导致伊拉克境内针对许多考古遗址的洗劫死灰复燃，并导致叙利亚境内破坏和偷盗的蔓延。2015年初，自称为"伊斯兰国"的极端组织在伊拉克蓄意破坏摩苏尔博物馆（Mosul Museum）以及尼

图15.3～15.4 （左）瓦尔卡陶瓶，2003年入侵期间从伊拉克国家博物馆中被盗。（右）幸运的是，它被追回，然而是碎块，但有可能是古代破碎。

图15.5 从图坦卡蒙陵墓中出土的器物，2011年在开罗博物馆中被盗，后被埃及当局追回。

尼微（Nineveh）、尼姆鲁德（Nimrud）和哈特拉遗址（Hatra）的视频被广泛流传（见边码550～551）。但劫掠文物进行贩卖所造成的破坏则更为广泛。例如，据2013年拍摄的卫星图像显示，叙利亚的马里（Mari）青铜时代遗址因劫掠而破坏严重，而希腊罗马时期的杜拉-欧普洛斯（Dura-Europos）遗址也遭到了大规模洗劫。据传"伊斯兰国"还对偷盗的文物"征税"。2014年，一座黑色玄武岩的亚述皇室石碑，在遭国际刑警组织抗议后，被伦敦博纳姆（Bonham's）拍卖行取消拍卖（预售估价为79.5万英镑）。

从2015年开始，也门持续不断的内战使该国人口锐减的同时摧毁了该国文化遗产。2015年3月，以沙特为首的联军开始展开轰炸，该国至少有60处古迹遭到损坏或被摧毁。以高层泥砖建筑闻名的希巴姆古城（Shibam）变得面目全非。保护和修复也门的历史遗址对政府来说将是一个挑战，因为这个支离破碎的国家在提供基本医疗、教育和安全基础设施方面举步维艰。

对策：调查、保护与补救

在世界许多国家，过去物质遗存作为国家遗产的重要组成部分而身价不菲，其（保护）对策是建立一种公共考古学，该学科认为公众以及国家和地方政府有责任防止遗产的不必要损毁。当然，这也是世界范围的。

这种认同意味着应该采取各种措施保存留存至今的东西，这常常需要有保护法规的支持。当要进行开发时，这些往往必要而不可避免——如修建高速公路，或进行商业开发，或开垦土地——必须采取各种步骤来研究和记录开发过程中可能遭到破坏的任何考古遗存，以这样的方式来补救开发造成的影响。

这些途径凸显了这样的要求：在任何开发之前，收集相关区域内考古遗存所在位置的一切可靠信息。这将决定性的重点放在了最近考古学方法论的一项重要进步上：遗址定位与调查。应对遗产威胁所采取的行动需要有一种合乎逻辑和自然的顺序：调查、保护与补救。

在美国，保护遗产资源的所谓"保存"法律并不能保证考古遗存得到保存。法律规定了一种选择的权衡，要求该过程参照开发项目的价值对资源价值做出评估。一处遗址的价值如此之高，以至于取消项目或改道来加以保护的情况极少。大部分情况还是，重要考古遗址通过科学发掘而被破坏。这是开发需求与遗产价值之间的一种妥协。调查中发现的绝大多数考古遗址并不符合重要遗址的标准，只是加以记录后在建设过程中被毁掉而已。

在中国，近年来的迅速发展，导致事先进行的新建设工程抢救性考古存在很大的地区性差异。在四川省，金沙遗址博物馆就是一个榜样，但是其他开发远没有得到适当的对待。长江三峡工程投入3.75亿美元用于抢救性考古发掘，然而考古学家却认为十倍于此的投入可能才够。1997年，中国政府规定，违反文物法是犯罪行为。良渚考古遗址作为中国东南部新石器时代的一处城市中心，被列入世界文化遗产名录，并建有一座精美的新博物馆。所以，近年来潜在的旅游业正在成为现实。但是，就像大多数发展中经济体一样，对于这种发展的反应并不一致。

调查

人们普遍认识到，在进行重要开发之前，规划阶段的一个关键部分是必须对这项开发对考古资源的可能影响进行调查和评估。在美国采用的术语中（见下），这需要一种"环境评估"（常常会有一份"环境评估报告"）。这种评估延伸到考古学之外的晚近历史，及其他环境方面，包括受威胁的动植物物种。文化遗产，特别是物质遗存，需要仔细加以评估。

今天这种评估往往包括采用卫星图像还有航空摄影。它需要在地理信息系统的帮助下绘图。它也需要包括田野调查，通过野外步行在地面上做出评判（有时叫作"地面核实"），使未知的考古遗址——还有尚存的历史建筑和地基、历史景观和传统的文化遗产——在开发启动之前能够予以定位。

保存与补救

今天，大部分国家对它们的主要纪念物和考古遗址采取了某种程度的保护。在英格兰，早在1882年就通过了第一个《古代纪念物法》（Ancient Monuments Act），并任命了第一位古代纪念物督察员：精力充沛的考古学家和发掘先驱皮特-里弗斯将军（见边码30专栏）；制定了一份将得到法律保护的纪念物"清单"。许多最重要的纪念物被置于监管之下，借此它们被保存下来，并在古代纪念物督查员的监督下向公众开放。

在美国，第一份保护考古遗址的主要联邦立法，《美国古物法》（the American Antiquities Act）于1906年由西奥多·罗斯福（Theodore Roosevelt）总统（1858～1919）签署而成为法律。该法案设置了三项条款：禁止未经许可对联邦土地上史前或历史废墟和纪念物的破坏、损毁以及发掘；总统有权在联邦土地上建立国家地标和相伴的保留地；将许可授予有资质的机构，为增进对过去的了解和保护考古材料的目的而在联邦土地上从事发掘和采集。

《美国古物法》为美国考古学奠定了基础和根本原则。它包括，联邦的保护限于联邦土地（虽然个别州和当地政府有它们自己的法律）；对于那些为了公众利益来了解和从事研究的人而言，发掘是一项需要获得许可的活动，未经许可的考古活动和蓄意破坏行为是要受到严惩的犯罪；如考古资源确实重要，总统就能不受其他政府部门左右，通过建立保留地来加以保护。这些原则通过后来的许多联邦法律而延续。今天，从业考古学家必须知道和遵守的法律包括1966年的《国家历史保护法》（the National Historic Preservation Act）、1969年的《环境政策法》（the Environmental Policy Act）、1974年的《考古与历史保护法》（the

Achaeological and Historical Preservation Act）、1979年的《考古资源保护法》（the Archaeological Resources Protection Act）、1987年的《废弃沉船法》（the Abandoned Shipwrecks Act）和1990年的《美国原住民墓葬保护与归还法》。这些法律和其他许多法规，更新和扩充了在美国联邦土地上保护、保存和管理考古资源的基本原则和实践（见下面有关文化资源管理［CRM］和"应用考古学"的章节）。

许多国家的主要纪念物也拥有类似的条款。但是在遗产管理领域就不那么明显了，这也许是那些产生问题的遗址不太重要。首先，如果不知道遗址的存在或未加确认，就很难或无法加以保护。这正是调查最显著作用之所在。

考古记录的保存是遗产管理的根本原则。这会由与土地所有者的合作关系协议引起，例如避免在见有遗址的土地上进行农业耕作。也可以采取措施来补救海岸侵蚀作用（虽然这很难）或不当的土地使用。而最重要的是，土地规划的有效立法能够被用来在考古遗址易受影响的地区规避商业开发。实际上，该方法日益考虑整个景观及其保护，而非着眼于孤立的考古遗址。

当考虑到商业或工业开发的影响时，仔细规划以规避破坏考古遗址是一种补救。开发之前一项考虑周全的策略往往支持这种方法。但在某些情况下，开发难免对考古记录造成破坏。对此，抢救性考古就比较适合。当无意中发现特别重要的考古遗存时，开发项目很少会完全停止。

在某些重要开发项目如高速公路和管道建设过程中，不可避免会遇到许多或大或小的考古遗址。在规划过程的调查阶段，绝大部分遗址能被定位、观察、记录和评估。如果无法通过规避来予以保护，那么就会讨论一种补救计划，讨论需要哪些措施来保护考古记录和获取重要信息。在某些情况下，有可能将高速公路改道以避免对重要遗址的破坏，这是补救的一种。但往往，如果项目继续进行，那么"预防性"考古将采取适当的采样和发掘手段对遗址进行调查。

例如在英国，重要的新石器时代遗址杜灵顿墙最初是在公路建设过程中被定位，然后被系统发掘的。它显示为一处重要的"环状"纪念建筑——一个非常大的环壕围场（见边码186～187专栏）——这类建筑首次显示了一系列重要环状圆木建筑的清楚迹象。

在许多国家，在破坏不可避免或能以补救计划来予以补救的地方，现在针对这些项目有比例可观的考古研究专项预算。现在有一种想法日趋流行，当一处

570

墨西哥城的保护工作：阿兹特克大庙

1521年，当荷南·科尔蒂斯（Hernán Cortés）领导的西班牙征服者占领阿兹特克首都特诺奇蒂特兰（Tenochtitlan）时，他们摧毁了它的建筑，在同一地点建立起他们自己的首都——墨西哥城。

虽然如今闻名遐迩的阿兹特克女神柯特利克（Coatlicue）雕像在1790年就被发现，还有伟大的太阳历石，但是一直要到20世纪才开展较为系统的考古工作。

当城市里各种相对较小的遗存在建筑工作中重见天日时，会对他们展开发掘。但是，1975年采取了一项有条理的主动措施：设立墨西哥盆地前西班牙纪念物部项目（The Department of Pre-Hispanic Monuments of the Basin of Mexico Project），其目的是制止城市持续发展中对考古遗址的破坏。1977年，特诺奇蒂特兰博物馆项目启动，目的是发掘1948年找到的看似阿兹特克大庙（Temple Mayor）遗存的区域。1978年，当电力工人发现一块带有一系列浮雕的巨石时，该项目迅速做出调整，由国家人类学与历史学研究所的抢救考古学部接管。几天内，直径为3.25米的一块巨石被揭露出来，刻有被肢解的阿兹特克女神身躯。根据神话传说，科尤沙乌奇（Coyolxauhqui）被她的兄弟、战神惠特兹洛珀奇特利（Huitzilopochtli）所杀。

在爱德华多·马托斯·莫克特祖玛（Eduardo Matos Moctezuma）的指导下，特诺奇蒂特兰博物馆项目变成了大庙项目，在之后几年里，该项目将墨西哥最卓越的考古遗址之一公之于众。

没有人曾想到大庙能够保存下来。虽然1521年西班牙人将所有地面建筑夷为平地，但是该金字塔曾经过一系列重建。在最后大庙的废墟之下，发掘揭示出了更早的一些神庙。

除了这项建筑遗存，还有献给神庙中两位神灵战神、太阳神以及特诺奇蒂特兰的守护神惠特兹洛珀奇特利和雨神特拉洛克（Tlaloc）的一系列精美贡品——用黑曜石和玉制成的器物、陶石雕塑和其他特别的供奉，包括罕见的珊瑚和一具美洲豹遗骸，它的嘴里含着一个玉球。从2015年开始，考古学家在大庙的发掘过程中还发现了一块石头的骷髅架（tzompantli）。新的研究发现，这些"骷髅塔"用的是真人脑袋，它们是众所周知的"大骷髅架（Huey Tzompantli）"巨大头骨陈列的一小部分。

墨西哥城一片主要区域现已成为永久性博物馆和国家纪念地。墨西哥已重获前哥伦布时期的一座最伟大建筑，而阿兹特克大庙再次成为特诺奇蒂特兰的奇观。

图15.6 伟大的石头，发现于1978年，该发现促成了大庙的发掘。石头上表现了被斩首和肢解的月亮女神科尤沙乌奇，她被兄弟惠特兹洛珀奇特利所杀。

图15.7 （上）美洲豹骨架从大庙七次营造阶段中的第四阶段的一处耳室出土。嘴里的玉球很可能是作为死者灵魂的一种替代物而被放入的。

图15.8 （右）大庙遗址发掘中从阶梯能见到纪念建筑的相继阶段。该建筑原来是金字塔形。顶上盖有供奉战神惠特兹洛珀奇特利和雨神特拉洛克的双庙。在此正在进行对科尤沙乌奇石雕的保护工作（见于图像中心靠近一段阶梯的底部）。

图15.9 （下）这块巨大石板于2006年从遗址中出土，描绘了特拉尔泰库特利神（Tlaltecuhtli，土地神）。2010年，该石板被移到大庙博物馆（The Templo Mayor Museum）。

实践中的文化资源管理：地铁轨道项目

美国

凤凰城

2005～2008年，考古咨询服务部（ACS）沿着32公里的亚利桑那州凤凰城中部至东谷的轻轨线路开展调查，发现了9处新的遗址，极大地增进了该繁华都市区此前记录在案的20处遗址的知识。大部分工作是在凤凰城普韦布洛·格兰德（Pueblo Grande）的霍霍卡姆（Hohokam）遗址以及坦佩（Tempe）市的广场（La Plaza）遗址进行的。但是在跟踪调查该项目的其他地区时则有意外的发现。该项目确认，凤凰城地区在被栖居的1500年里曾是好几个不同族群的家园。

轻轨交通项目是由瓦利地铁轨道公司（Valley Metro Rail Inc., METRO）建造的，与所有得到联邦资助的项目一样，地铁公司在施工前和施工期间都需要依法进行考古调查。由于这

图15.10 发掘过程中的普韦布洛·格兰德遗址。

图15.11 凤凰城市区地图，红色为新轨通过的路线。

图15.12　地铁轨道项目中在广场遗址发现的人工制品，包括（左起，顺时针方向）：石斧、石板、狗形贝壳坠饰和一个"三孔"黄底红彩陶罐。

条轨道穿越了霍霍卡姆人群居住的许多史前村庄，因此碰到了1000多处遗迹，出土了25万多件人工制品。我们已经知道，大约从公元450～500年到1450～1500年间，普韦布洛·格兰德这个重要的遗址被栖居了大约1000年。

美国原住民的参与

这项工作限于预先确定的受直接影响的地区，涉及与各类团体进行初步和持续的协商，其中包括当地的美国原住民社群、凤凰城考古学家和南方四部落文化资源工作组（Four Southern Tribes Cultural Resources Working Group）等。与所有这些团体建立信任和尊重是至关重要的，尤其是在处理墓葬的时候，该项目显然达到了这一目标，因为所有的协商单位都建立并维持着一种极佳的工作关系。

例如，盐河皮马-马里科帕（Pima-Maricopa）的印第安社群就表达了这种感激之情，因为在有任何发现时，考古咨询服务部都会以尊重的态度与他们联系，总的来说对考古咨询服务部知会与合作的性质表示赞赏。其他

参与团体包括吉拉河印第安人社群（The Gila River Indian Community）、麦克道尔堡亚瓦派民族（The Fort McDowell Yavapai Nation）和霍皮人部落（The Hopi Tribe）。大家一致同意，如果部落协商结果认为发掘和提取是合适的，那么发现的任何人类遗骸和相伴物品都会归还给所属社群。

考古调查

由工程和建筑公司URS雇佣的考古学家划定了四个"敏感区"，每区都涉及不同的监管。一区含出土人类遗骸的史前居址。这些区域内的施工需要由专业考古学家监视所有的地面扰动。探沟用机械挖到深度不到1.5米处，并分辨遗迹。同时，检查土壤以寻找人工制品。一旦发现任何东西，就会暂停施工，以便考古学家能够评估是否需要进一步的调查。像墓葬这样的重要发现会进行发掘和移除，然后再恢复施工。

二区被定为有可能发现人类遗骸的史前居址。同样，所有地面扰动都受到密切监视，工作程序与一区相同，不过该区只有一名考古学家监测发掘工作。三区包括已知遗址位置以外的区域，被认为文化资源的敏感度一般——较有可能存在史前期和历史时期的水渠。这里的发掘需要进行现场抽查。最后，四区被定为没有已知考古资源的地点，不需要进行系统的监视。承包商只是被告知，如果发现任何文物便要通知考古学家。考古学家对施工人员进行分辨文物的敏感性进行培训，并始终与他们保持联系；并对挖开的探沟不时进行抽查。

在该项目过程中，兼有史前期和历史时期的材料出土。其中最重要的是坦佩广场遗址出土的一些罕见的霍霍卡姆铜钟，该铜钟发现在一座土墩下的墓葬里。

图15.13　广场遗址中一间霍霍卡姆式泥砖墙房间。

具有信息潜质的遗址能够为那些未来难免因开发威胁而破坏的遗址提供类似的发掘信息时，就不应对未受威胁的遗址进行发掘。人们日益认识到，这种补救程序的过程也能回答许多重要的研究问题。

美国的文化资源管理实践

北美考古学已经融入文化资源管理（Cultural Resource Management，简称CRM）之中，这是被设计来管理历史建筑和遗址、文化景观和其他文化与历史地点的法律、法规及专业实践的一个综合体。文化资源管理实践常以"应用考古学"而为人所知。

在美国，《国家历史保护法》和《国家环境政策法》是文化资源管理的主要法律基础。这些法律要求美国政府各机构考虑它们的活动对环境的影响（通过"环境评估"），包括对历史、考古学和文化价值的影响。在美国各州，州历史保护办公室（State Historic Preservation Office，简称SHPO）的作用被确立。每个机构执行各自的顺从程序。

美国政府机构所参与的建设和土地利用项目——无论是在联邦土地还是在其他土地上，但由联邦拨款或得到联邦的许可——必须加以审查，以确定它们对环境、文化和历史资源的影响。州及地方政府、联邦机构、专业机构和私营咨询公司的文化资源管理项目为此应运而生。州历史保护办公室协调许多文化资源管理的活动，保管历史和史前遗址、建筑、房屋、街区和景观的档案。

《国家历史保护法》第106条款要求联邦机构要与州历史保护办公室、美国原住民代表和其他人协商，确认会受到其活动影响的全部历史地点（考古遗址、历史建筑、美国原住民的圣地等）。然后，它们被要求确定如何处理项目的影响——都要与州历史保护办公室和各利益方协商。确认往往需要考古调查，以发现和评估考古遗址。评估包括运用颁布的标准，确定是否有资格列入《国家历史地点登记名录》（The National Register of Historic Places）——美国重要历史和文化地区、建筑、街区和社区的名册。

如果某机构和它的咨询部门发现存在重要的遗址，并会受到不利影响，它们应设法补救该影响。而这常常包括对项目进行重新设计，以减少、缩小乃至规避破坏。有时候，就遗址而言，会决定进行发掘，取得重要材料后将其破坏。如果相关方面不同意这样做，那么一个独立的、叫作历史保护咨询委员会（the Advisory Council on Historic Preservation）的机构会提出建议，然后由联邦的责任机构做出最终决定。

在美国，大部分调查和材料收集项目是由私营公司承担的——有时候是专门从事文化资源管理工作的公司，有时候由大型工程、规划或环境影响评估公司的分支机构承担。有些专业机构、博物馆和非盈利组织也会从事文化资源管理工作。以文化资源管理为基础的调查和发掘，目前在美国进行的田野考古中占多数。

虽然按第106条款进行的审查系统能够产生极好的考古研究，但是研究兴趣必须与其他公众利益加以平衡，特别是回应美国原住民和其他社群的关切。工作的质量大体取决于参与各方——机构人员、州历史保护办公室、原住民与其他社群代表和私营部门考古学家的整合与技巧。经常产生的问题有田野工作的质量控制、将田野工作成果用于重要的研究课题、出土器物的长期保存与管理。

该过程的一例是亚利桑那州地铁轨道项目（The Metro Rail project）（见边码572~573专栏），虽然并非所有文化资源管理项目都管理得如此出色和尽责。特别是遇到小型项目，参加的人很多，所做的工作非常差，获取的材料也几乎没有用处。但在另一方面，大型发掘项目会发现海量人工制品，而这些东西必须储藏在环境受控的设施中——随着时间的流逝和新发掘的进行，这个问题就会越来越大。大规模文化遗产管理发掘也易遭遇资金短缺。自1970和1980年代的大量项目以来，文化资源管理实践重点确实已经转向遥感和对考古资源管理的规划，以此尽量减少发掘的需要。例如，田纳西-汤比格比航道项目（the Tennessee-Tombigbee Waterway Project）的调查覆盖了长达377公里穿越密西西比州和亚拉巴马州的新运河，并确认了682处遗址。

现在美国有许多机构负责这些计划。比如，国防部制定了《文化资源综合管理计划》（Integrated Cultural Resource Management Plans，又称ICRMPs），用于国防部托管下的所有土地。这些计划将保存文化资源的必要活动与其实施作战任务的必要活动整合起来。同样，土地管理局（The Bureau of Land Management）制定了《资源与娱乐区综合管理计划》（Integrated Resource and Recreation Area Management Plans，简称IRRAMPs）。只要这些计划是由训练有素、并对这些资源十分了解的人所制定，那么它们在保护考古资源上会极有成效。

美国考古学会（The Society of American Archaeology）也为专业考古学家注册（Register of Professional Archaeologists）

575

可携古物与英国

所有国家都面临如何保护它们可移动考古遗产的问题。尽管应对这个问题的办法差异很大，但是在大部分国家里，存在一种报告所有重要的考古遗物的立法要求，而在许多情况下，国家声称拥有这些遗物。许多奖励发现者的机制，对考古遗址一般会实施保护，并对使用金属探测器进行控制。英国对这一领域进行立法非常缓慢——只是在1996年，才在英格兰和威尔士通过了

《珍宝法》（Treasure Act）——正因如此，才采取了一个不同的办法："可携古物计划（PAS）"。

该办法是适当的：有资格属《珍宝法》监督的发现物，按法律要求必须上报，并供博物馆获取。如果博物馆想获得这些物品，那么它必须根据发现物的最高市场价格支付奖励，而该奖励在发现者与土地所有者之间进行平分。例如2018年，报告有1120件属《珍宝法》监督的发现物，其中大约三分之一由博物馆获取。但是，该法令范围有限：它仅适用于金

银器或超过300年的金银币，还有与之共出的器物（见www.finds.org.uk/treasure）。

《可携古物计划》如何操作

位于大英博物馆罗杰·布兰德领衔的《可携古物计划》鼓励自愿上报由公众发现的考古遗物，特别是由金属探测者搜寻的那些东西。由38个位于当地的发现联络官（Finds Liaison Officers）组成的网络来登记发现，并参加金属探测俱乐部的会议，举办现场会，让大家把发现物拿来登记。

《可携古物计划》的一个重要作用，是教育发现者要行事得当，如不要破坏考古遗址。当探测者戴夫·克里斯普（Dave Crisp）于2010年4月发现52500枚罗马钱币的弗罗姆窖藏时，他并没有自己挖出陶罐，而是让考古学家来进行发掘，于是保存了考古学的重要信息。

一个专业的发现顾问团队来确保这批材料的质量，材料也将被载入在线的资料库。截止至2018年底，它拥有大约关于140万件器物的90万条记录，并是独一无二的资源，故被日益用于研究（超过300篇硕士与博士论文利用了《可携古物计划》的材料）。这些材料让我们比以往了解更多器物类型的分布，并发现了更多新的考古遗址：比如一项研究显示，沃里克郡和伍斯特郡已知的罗马遗址数量通过《可携古物计划》增加了30%。

图15.14～15.16 弗罗姆（Frome）窖藏的罗马钱币——英格兰发现的最大钱币窖藏之一，大约公元305年放在一个大陶罐里被掩埋。一位金属探测者发现了这个窖藏之后立即通知了《可携古物计划》，所以整个发现能够被搬运到大英博物馆的实验室里进行清理。该窖藏的52500枚钱币中有许多带有篡位者卡劳修斯（Carausius）头像，他在286～293年间统治罗马的不列颠。

提供资金，以期提高水准。专业要求与资质由内政部、各土地管理机构，甚至一些地方政府制定。根据设定，申请从事考古工作的许可需要证书、经验和过去认可的工作。

发现者即拥有者？

除了因工业、住宅或农业开发对考古资源造成的问题外，还有偶然考古发现的问题。当然，这会导致对考古遗址有组织的盗掘。在第十四章讨论了为了给收藏家和博物馆提供可采集人工制品而故意损毁遗址的问题。然而，还有的情况是，许多考古发现是偶然找到的。近年来，在一些国家中金属探测器的使用日益增多，被用来探测金属物品。虽然在许多国家，用金属探测器寻找古董是非法的，然而英国却不在此列。尽管有些英国考古学家主张，禁止金属探测能更好地保护遗产，但这种消遣已十分流行。至少，国家为《可携古物计划》（见边码575专栏）提供资金，借此金属探测者可以自愿将他们的发现向评核官员汇报，且有许多人确是这样做的。而且，《可携古物计划》成为主要的信息来源，对某些器物类型所能提供的材料超过了专业考古调查的能力所及。

国际保护

因为目前世界的管理基于联合国各民族国家的有效自治，所以保护与补救措施也是在民族国家的层面上运转的。只是在少数情况下推行一些较宽泛的视野，常常是通过联合国教科文组织（the United Nations Educational, Scientific and Cultural Organization，简称UNESCO）这个机构，它的总部在法国巴黎。

世界遗产名录 1972年，在世界遗产大会（the World Heritage Convention）上提出了一项有效的倡议，根据该倡议，世界遗产委员会能够将重要遗址列入世界遗产名录（the World Heritage List）。在本文写作之时，该名录上列有845处文化遗产（其中一些在后页有图片介绍），以及209处自然遗产和38处文化与自然双重遗产。虽然入选名录本身并不能提供保护，而实际上肯定无法进一步用国际资源来协助保护，但是它确

实对负有责任的民族国家起到了一种刺激作用，以确保符合公认的标准。

此外还有一个世界濒危遗产名录（World Heritage in Danger List），以突出特定的受威胁遗址的必要性。虽然大佛雕像已被毁，但是阿富汗的巴米扬山谷仍被列在该名录上（见边码550专栏）。叙利亚的几处遗址在2013年被列入名录，包括帕尔米拉（Palmyra）、阿勒颇（Aleppo）古城和大马士革。在伊拉克，虽然哈特拉（Hatra）在2015年就已登记，但其他几处重要的古迹却没有被列入名录，包括尼尼微和尼姆鲁德，可悲的是，它们确实处于危险之中，而且已经遭受了严重的破坏（见边码550～551）。由于伊斯兰的派系斗争，伊拉克历史名城摩苏尔的许多早期清真寺也遭到了破坏，伊拉克的历史遗产受到严重损毁。2019年总共有54处遗址被列入世界濒危遗产名单，包括遭受也门内战和自然洪水灾害双重威胁的希巴姆古城（2015年加入），以及在被占领的约旦河西岸持续受到巴以武装冲突威胁的希伯伦/阿尔-卡里尔（Hebron/Al-Khalil）古城（2017年加入）。

对抗非法文物走私 国际上对抗非法文物走私的主要措施，是1970年联合国教科文组织关于防止非法进出口和转让文化财产所有权方法（the Means of Preventing the Illicit Import, Export and Transfer of Ownership of Cultural Property）的公约。但是该原则并没有以国际法来马上实施，而是取决于国家的立法和国家之间的双边协议。第十四章里对收藏家和博物馆的责任做了回顾。有迹象表明，至少在某些国家，要在公开市场上出售最近盗掘的文物变得更加困难，但问题仍很严峻。

战时文化遗产保护 1954年在武装冲突事件中保护文化财产的海牙公约以及它的议定书，在原则上提供了某种程度的保护。但实际上它们并不起效，且仅在最近才被英美两国批准。这两个国家因在2003年入侵伊拉克中的失误受到批评。

这些国际行动都十分重要，而且潜在意义深长。但是目前在其有效性上仍非常有限。在未来，它们会得到更好的支持，然而保护未来最有效的措施基本上仍在国家层面上发挥作用。

574
575

2018年联合国教科文组织 世界濒危遗产名录上的"文化"遗址
阿富汗巴米扬山谷的文化景观和考古遗存
阿富汗查姆回教寺院尖塔与考古遗存
奥地利维也纳历史中心
玻利维亚波托西城
智利亨伯斯通和圣劳拉硝石采石场
埃及阿布米那
伊拉克亚述古城（Qal'at Shorqat）
伊拉克哈特拉
伊拉克萨迈拉考古城区
以色列耶路撒冷老城及城墙
利比亚昔兰尼考古遗址
利比亚莱波蒂斯考古遗址
利比亚萨布拉塔考古遗址
利比亚加达梅斯古镇
利比亚塔德拉尔特·阿卡库斯岩画遗址
马里杰内古镇
马里廷巴克图
马里阿斯基亚陵墓
密克罗尼西亚南马都尔：东密克罗尼西亚仪式中心
耶稣诞生地：伯利恒主诞堂和朝圣线路
巴勒斯坦希伯伦/阿尔－卡里尔古城
巴勒斯坦：橄榄和葡萄之乡——耶路撒冷南部的文化景观，巴蒂尔
巴拿马加勒比海一侧的防御工事：波托韦洛－圣洛伦佐
秘鲁昌昌考古区
塞尔维亚科索沃中世纪纪念建筑
叙利亚阿勒颇古城
叙利亚布斯拉古城
叙利亚大马士革古城
叙利亚北部的古村落
叙利亚武士堡和萨拉丁堡
叙利亚帕尔米拉遗址
乌干达卡苏比的巴干达王陵

2018年联合国教科文组织 世界濒危遗产名录上的"文化"遗址
大不列颠及北爱尔兰联合王国利物浦海上商城
乌兹别克斯坦沙赫利苏伯兹历史中心
委内瑞拉科罗及港口
也门乍比得历史古镇
也门萨那古城
也门城墙环绕的希巴姆古城

出版、档案与资源：服务于公众

由环境影响评估所做的调查和因补救采取的发掘导致发现速度惊人。但是结果常常并未充分发表，也不为专家或公众所知。在美国，将环境评估报告以及在补救中采取任一措施的简报放入国家档案是应尽的义务，但是它们不一定发表。在希腊，政府已有好几年无法为考古杂志、国家资助发掘的官方记录提供出版资助。在法国，以及某种程度上在德国，情况要好些。但是，几乎没有国家敢夸口，基本采取国家资助的办法，能将所做的大量工作予以实际出版。

在某些国家，不管是由开发商还是由国家资助，学术型考古学家（在大学和博物馆里工作）和从事合同考古的考古学家的实践之间出现了分化，但两种情况下都是补救开发造成的。前者的工作据称以问题为导向，并经常确实能够在国家或国际刊物上发表，或以精致的专著发表。合同考古学家的工作有时是细致的协作，主导了信息量很大的区域和国家调查，但是，太多的情况表明，其出版物根本没有很好地进行协调。

这些问题的解决办法尚不清楚。但是，在线出版提供了解决问题的一些机会。有些大博物馆在这个方面引领潮流，它们将藏品目录放到了网上。虽然目前还没有合同考古学家将他们的环境评估报告或补救报告放到网上，但最终这会成为一种要求：获得资助的首要条件。在英国，《可携古物计划》获得的材料（见上文）已放到了网上，有助于消除专业研究者与广大公众之间的某些传统障碍。有可能的是，将来发掘材料会放在网上，于是能比目前情况更快地予以利用。这样能够尽到让公众知情的义务，他们为大部分研究提供了资源。

联合国教科文组织世界遗产遗址

图15.17 （左）阿富汗查姆一座饰有泥灰釉砖的12世纪尖塔，该遗址被列入世界濒危遗产名录。

图15.18 （右）印尼婆罗浮屠8世纪佛寺中的五百罗汉之一。

图15.19 （下）印度法塔赫布尔·西克里，19世纪莫卧儿皇帝阿克巴（1556～1606年在位）的首都。

图15.20 （对页左）拉利贝拉岩石刻凿的12世纪埃塞俄比亚东正教教堂。

图15.21 （对页右）螺旋形清真寺，伊拉克萨马拉9世纪大清真寺的一部分。该遗址被列入世界濒危遗产名录。

图15.22 （对页下）墨西哥乌斯马尔玛雅城市保存极其完整的椭圆形金字塔。

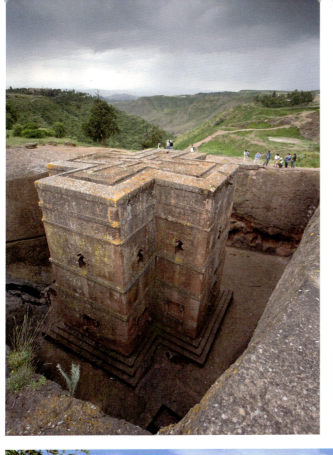

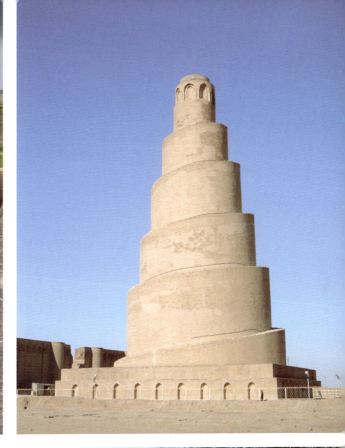

遗产管理、展示与旅游业

过去的物质材料，也就是从很久以前传到我们手中的遗存的未来，部分是运气和保存什么的问题。这种保存往往只是不闻不问，让其不受扰动而已。但就如我们所见，这日益成为一个保护及针对破坏加以补救的问题。

处于险境的遗产 著名考古遗址原则上是受到保护的，但仍可能会发生严重的保护和管理问题。最明显的例了是罗马庞贝古城，这座城市公元79年被维苏威火山喷发的火山灰掩埋（见边码24～25专栏）。如今，由于疏忽和官僚腐败，出土遗存的保存状况非常糟糕。雨水造成了严重的破坏。庞贝的姊妹城——赫库拉尼姆的情况要好一些。赫库拉尼姆保护项目于2001年启动，自那时起已经花费了3000多万欧元，古城的衰败得到了扭转，并建立了一个可持续的保护基础。2013年2月，欧盟和意大利政府启动了一项耗资1.05亿欧元的紧急项目："大庞贝项目（The Great Pompeii Project）"，来扭转几十年来对庞贝的疏忽。庞贝的问题范围较大，但赫库拉尼姆的成功给人们带来了希望。

位于如今巴基斯坦的摩亨佐达罗是印度河文明的伟大城市中心，其状况更为严重。摩亨佐达罗和庞贝一起被联合国教科文组织列为世界遗产。但它要应对的不仅仅是资金短缺和政府某种程度的忽视。问题是盐。该遗址用晒干的泥砖和烧制的砖块建造而成，地下水会在50℃以上的夏季高温下蒸发，这使得砖头盐碱化并开始碎裂。2013年，巴基斯坦政府官员起草了一份保护该遗址的计划，但其效果如何仍有待观察。

即使是看似保存完好的遗址，如伟大的墨西哥特奥蒂瓦坎城（边码97和100），也会突然出现始料未及的问题。遗址最大的太阳金字塔遇到不同程度变干的情况：南边比北边更干燥。这个问题是用特别的方法诊断出来的。来自墨西哥国立自治大学一个研究小组的一个精密项目，用放置在金字塔中心下方的介子探测器研究金字塔内部和寻找内室。介子是一种能穿过大多数物质的亚原子粒子，但会被密度较大的粒子偏转，因此为测绘金字塔内部提供了可能。该项目的主要成果是，由于湿度不同，金字塔内部一边的土密度要比另一边低20%。至于如何补救这种偏差，目前还没有定论。但至少问题已经被诊断出来，我们希望有幸能够避免金字塔的倒塌。

宣传文化遗产 重要的是认识到，在讲英语国家，广泛称之为"遗产"的一切已成为一种新兴产业的重要性。这是制造业的一个术语，它的肇始可以追溯到1983年，这一年将英格兰历史建筑与纪念物委员会（the Historic Buildings and Monuments Commission）重新包装成一个重组的实体，且拥有"英国遗产"的称号、一个崭新的图标及市场营销策略。2015年，英国遗产分成了两个组织：英国的遗产（English Heritage）和历史的英格兰（Historic England）。英国遗产与国家信托公司（the National Trust）一起，现在经办英国大部分公有的历史遗址和建筑。就像许多国家，英国的政策是让"遗产"不负债，所以其认定会带有商业色彩，并非广受欢迎。确实，经办许多传统"庄严英国故乡"的国家信托公司被指责"迪斯尼化"，例如，看护这些遗产的人员穿着制服，以一种更像迪斯尼及白雪公主和七个小矮人的虚构表演来扮演几个世纪以前的居民。

图15.23 意大利庞贝成群的游客。200多年来，这个遗址一直作为吸引游客的主要景点来推销，如今它是意大利最著名的遗址。

当然，为经济利益来营销遗产并非新现象。在第一章里我们见到，在两个多世纪里，庞贝和赫库拉尼姆的罗马遗址为旅游目的而被推销；甚至更早，罗马纪念建筑就是传统贵族豪华游的一部分。以一种信息丰富和真实可靠的方式来呈现古代遗存，几乎在世界各国都成为旅游业的重要组成部分。在有些国家如希腊和埃及，或秘鲁和墨西哥（例如，见边码570～571的专栏），这是将大量可观资源投入考古学的原因。在许多国家这种情况也日渐升温，如中国，在那里旅游业的兴起只是近年来的事。而相当比例的游客是"国内"游客，即所讨论国家的本国公民。博物馆日益被看作文化的殿堂，在吸引海外游客中发挥着重要的作用，并为国家经济带来不菲的收益。

物质遗产远不止考古旅游：它可利用国家、族群和宗教的忠诚。引用在1896～1902年间担任坎特伯雷大主教（Archbishop Canterbury，英国教会的第一座大教堂和圣母教堂）的弗雷德里克·坦普尔（Frederick Temple）的一句话："一生中来大教堂两次是每个讲英语男女义不容辞的义务。"没有一个导游会否认这点。

本章的重点放在将保存和文化资源管理看作是公益的活动上。其结果是，参观以这种名义保存下来的遗址和纪念物是公众的权利。对它们的管理和展示是责任重大的工作。现在它是雇用了许多人的一种产业，不管是像田野工作者这样忙碌考古的角色，还是像保管员或导游这样专业性不是很强的角色。

博物馆馆长的职业可上溯至18世纪，要比领薪考古学家的职业要早得多。其实两种活动是一起发展起来的。世界大博物馆和主要的考古遗址博物馆很可能源于传统的地中海文明腹地：如今它们在世界各地有了自己的同类。

谁来解释和展示过去

前面谈及公众"展示"中存在一些意识形态问题：民族主义目的、宗派偏见和政治宣传往往由有党派倾向的阐释和陈述来宣传何谓文化遗产。但是，这里也有民族主义或宗教情绪以外的其他问题。在第一章和第五章里，涉及的是一些女权主义的关注。当然，一个理由是，男性偏见所导致的大量考古著作中男性中心论观点，是因为大部分作者——确实大多数专业考古学家——是男性。在今天学术界，一般来说，尽管女生确实有了过去被排斥的机会，但是教师岗位上女性仍然远少于男性。迄今为止——这在博物馆的职业中确实普遍如此——"过去"一般是由男性来予以阐释的。

维多利亚时代或至少19世纪的看法和解释，在阐释与展示的许多领域中仍根深蒂固。就如第十四章所提到的，在西方确实如此，而在中国，大部分考古展示几乎仍直接根据一个世纪之前的马恩著作。

尽管某些殖民主义和种族主义的偏见已被根除，但是较为隐秘的看法仍然存在。比如，米诺斯的克里

图15.24　墨西哥城国家人类学博物馆，是世界上最好的考古博物馆之一。在底层，古代文化按区域展示，玛雅、阿兹特克、奥尔梅克和米斯特克社会放在各自的展厅之中。相对应的现代原住民物质文化在上面一层予以展示，构建起一种古今之间密切的联系。

特岛常常被作为一个世纪之前亚瑟·伊文思爵士的伟大发现来展示。正如约翰·宾特利夫（John Bintliff）所见："伊文思对一个和平繁荣的惊人世界、牢固的神授独裁者和仁慈厚道贵族的重建，应归功于他那个时代欧洲总体上政治、社会和情感上的'不安'。"（Bintliff 1984，35）

还有，在博物馆展示中，审美的关注常常占突出位置。这容易导致一种倾向，将古代器物以一种完全脱离其所有历史背景的状况加以展示，好比纯粹的"艺术品"，于是鼓励某种"为美而做消毒处理"（"追求纯粹"是1994年奥尔蒂斯［Ortiz］一批总体出处不明文物藏品公开展览的标题，见边码560）。这种无视考古学背景的眼光很容易导致无情获取"艺术品"，并动摇考古学的道德标准（见边码558～562）。

在过去的几十年里，博物馆研究已经成为一门成熟而受人尊敬的学科，并充分认识到解释和展示过去的巨大难度。据最近估计，全世界202个国家拥有55000座博物馆。但是，谁将参观这些博物馆？展览的目标对象又是谁呢？这些是正在系统讨论的问题。

现在普遍认为，博物馆是"梦幻的空间"，在这里可以传递对古今的不同看法。它们是"记忆的剧场"，定义了本地和国家的身份认同。陈列一件人工制品本身就可以使它成为一件艺术品或一种共同信念的历史见证。

所有人和所有人群的过去

许多人共享一种看法存在一个潜在的障碍，即每个地区（每个国家和每个族群）有其自身的考古学为各自的历史服务，还有考古学和历史学是由当地甚至原住民学者根据最佳国际标准研究和出版的。有悖常理的是，达到这种目标的障碍也许是英语。这好像是一种奇怪的说法，因为英语似乎已接近一种国际性的通用语，已经在所有地方用于空中交通控制和国际金融市场。它在世界上肯定也是最常用的第二语言。

然而，就如俄国考古学家利奥·克莱因（Leo Klejn）最近指出的，在某些地方存在对考古学论文以英语为主导的明显不满。有人注意到，一个由英国与北美考古学家参加的国际会议往往被认为是"国际性"的，而由那些以不常用语言交流的学者参加的会议却不是。克莱因提及一些愤愤不平的学者中有西班牙人，还有斯堪的纳维亚人，包括挪威考古学家布约纳·奥尔森（Bjornar Olsen）。确实，应该承认情况属实，在本书中回顾的过程考古学家与阐释或后过程考古学家之间的理论争鸣，起先大体是在英美学者之间进行的，并有一些斯堪的纳维亚学者参与（但常常用英语表述）。奥尔森称之为"科学殖民主义"。的确，可以用语言霸权来形容当今英语的各种历史背景，涉及一个世纪前乃至更早的英国殖民时期角色，随后是两次世界大战的结果，以及之后在20世纪中叶以降美国以英语为母语的政治支配地位。

但要指出的是，无论西班牙还是斯堪的纳维亚均非现代世界殖民地或帝国主义扩张的承受方——事实却正相反。在那些确实遭受殖民统治的国家里，这种态度实际上更加激烈，就如日益受到赞赏的澳大利亚原住民考古学和北美的"第一民族"令我们逐渐予以认可。就如第一章所讨论的，这些是世界考古大会（the World Archaeological Congress）想要讨论的问题，它们尚未解决。

这也并非仅仅是欧美对原住民殖民影响的问题。因为在世界其他地方，乡土和大都市之间的区别可追溯到公元15世纪末欧洲人开始扩张之前。印度考古学家阿杰·普拉塔普（Ajay Pratap）最近在他的《印度的本土考古学》（Indigenous Archaeology in India 2009）中谈到了这个问题，在那里反差不在欧洲殖民者与本土人群之间，恰在印度宪法制定的所列种姓与部落的区别之间。这是可远溯到殖民统治之前的一种两分。即使种姓制度不那么突出，但是"部落"与"非部落"之间的区别今天仍然在发挥作用。在中国，汉族的祖先可以上溯到公元前1千纪，而在日本和亚洲其他地方，少数民族与占主导的多数族群之间的关系也可上溯好几千年。

然而就考古学特别是史前考古学而言，特别适合用来克服这类语言霸权主义和族群区别等问题。因为考古学的主要内容是物质遗存而非语言，而史前考古学家用以观测和解释的信息交流也以非语言为特点。这正是考古学的强项。每片疆域和每批人群都有自己的考古学。进行阐释确是一种挑战。应对这种挑战始终是本书主要的关注。

过去有何用？

如果用电视节目、杂志文章和博物馆参观者来衡量，近年来考古学的普及进展神速。确实，在许多国家，大学课程中的考古专业学生也数量大增。就如我们所见，许多国家将公共资源用于保存"过去"，而开发商必须确保他们在补救对文化环境所产生的影响时采取了适当措施。但是，花费这些资源仅仅是满足全球民众无聊的好奇心吗？它们的主要目的只是要建立适宜的历史遗址以供参观吗？

我们认为，所做的工作远胜于此。可以这样说，今天有一种不断增强的觉悟，即全人类需要感受和明白他有一个过去——这是一个能用具体物质证据可靠论证的过去，我们都能使用和观察这些证据，并由我们做出评估。因为如果没有根，我们就会迷失方向。对于最近几代人，这种根能够用我们的朋友、家庭和现有社群来代表。但在更深意义和在更遥远的过去，我们都是一家人。世界上许多不同的宗教为许多人的存在提供意义。但是，它们并非都同意本书所讨论的有关人类起源及早期历史的一些问题。有的提供创世故事，深刻而富有启发。各种故事能够用早期人类发展的物质证据的知识来予以充实。发现就在那里，遍布世界各地。随时还会有更多的发现面世。

极为明显的是，就考古发现的步伐来看，我们的了解会越来越多。这就是这门学科如此有趣的一个原因。而它仍将如此。只要坚持保存与补救的实践，我们将继续更多地了解人类的过去，而这正是作为人类的意义之所在。我们希望，这将是过去的未来。而我们毫不怀疑，它必将助益良多。

小　结

▶ 许多国家认为，掌握相关的保护政策是政府的职责，而这些保护法律常常用于考古学。建设、强化农业、冲突、旅游业和盗掘都是损毁和破坏遗址的人类活动。

▶ 立足于强有力的法律基础，文化资源管理（CRM）或"应用考古学"在美国考古学中发挥着重要的作用。当在联邦土地上开展一个项目、花联邦的钱或需要联邦的许可时，该法律要求文化资源进行鉴定和评估，如果无法避开它们，则要相应按照一种被认可的补救计划予以处理。在美国，大部分考古学家任职于许多私营的合同考古公司。这些公司在某领导机构或某州历史保护办公室的监督下负责满足补救的需求。虽然需要发表最后的报告，但是这些报告良莠不齐和通常缺少宣传，仍是个问题。

▶ 考古学家有责任报告他们发现的东西。因为在某种程度上发掘是一种破坏，所以发表的材料就是一个遗址出土材料的唯一记录。当今大约多达60%的发掘在10年后仍未发表。互联网和大众媒体能够帮助满足考古学的一项根本目的：为公众提供有关对过去的更好了解。

▶ 在对过去的阐释和展示中，除了民族主义和宗教观点外，我们还必须对考古学中仍然以男性为主导的性别偏见有所认识。博物馆日益被视为"记忆的剧场"，用以说明当地与民族的认同。

▶ 另一偏见的来源，是考古学论文普遍采用英语，和一个族群或阶级对世界各地其他族群和阶级的支配。史前考古学因其强调物质材料，使得无语的文化能很好地用考古学来克服这些困难。

深入阅读材料

Carman, J. 2002. *Archaeology and Heritage, an Introduction*. Continuum: London.

Graham, B. & Howard, P. (eds) . 2008. *The Ashgate Companion to Heritage and Identity*. Ashgate Publishing: Farnham.

King, T.F. 2005. *Doing Archaeology: A Cultural Resource Management Perspective*. Left Coast Press: Walnut Creek, CA.

King, T.F. 2012. *Cultural Resource Laws and Practice, an Introductory Guide* (4th edn). Altamira: Walnut Creek, CA.

Pratap, A. 2009. *Indigenous Archaeology in India: Prospects of an Archaeology for the Subaltern*. BAR International Series 1927.

Archaeopress: Oxford.

Sabloff, J.A. 2008. *Archaeology Matters: Action Archaeology in the Modern World*. Left Coast Press: Walnut Creek, CA.

Smith, L. & Waterton, E. 2009. *Heritage, Communities and Archaeology*. Duckworth: London.

Sørensen, M.L. & Carman, J. (eds.). 2009. *Heritage Studies: Approaches and Methods*. Routledge: London.

Tyler, N. Tyler, I., & Ligibel, T.J. 2009. *Historic Preservation: An Introduction to its History, Principles and Practice* (3rd edn). W.W. Norton & Company: New York.

专业术语

本表条目按汉语拼音音序排列

氨基酸外消旋法（Amino-acidr-acemization）　用来对人和动物骨骼断代的一种方法。它的特殊意义在于用很少样本（10克）可以测定早达10万年之久的材料，也就是说超出了放射性碳测年的范围。

奥杜威工业（Oldowan industry）　最古老的工具套，包括石片和砾石工具，是东非奥杜威峡谷的古人类使用的。（第四和第八章）

半衰期（half-life）　某样品中放射性同位素含量衰变一半所用的时间。半衰期的范围从微秒到数十亿年不等（也见放射性衰变）

孢粉学（palynology）化石孢子和花粉的研究和分析，用来帮助重建古代植被和气候。

薄片分析（thin-section analysis）　从石器或者陶片上切下可供显微观察的薄片，用岩相显微镜观察以确定原料产地的一种技术。

贝丘（midden，又译庖厨垃圾）　人类活动产生的残屑和家庭垃圾的积累，废物的长期弃置会形成有层理的堆积，有助于相对断代。

背景（context）　某人工制品的背景一般包括其直接的基质（即包裹它的物质，如砾石、黏土或沙子）、其出处（基质中的垂直和水平位置）及与其他人工制品的共生关系（一般是在相同基质中与其他考古遗存的共存）。

壁腔艺术（parietal art）　用来指画在洞穴和岩棚墙壁或巨石上的图画。

编年史方法（historiographic approach）基本根据传统描述性历史框架进行阐释的一种方法。

冰芯（ice cores）　从南北两极极地冰盖钻取的钻芯，含有压缩的冰层，对于重建古环境和作为一种绝对断代方法很有用。

部落（tribes）　此术语用来描述比游群稍大的一类社群，但数量很少超过几千人；不像游群，部落一般是定居的农人，虽然他们也包括流动的牧人，其经济依赖家畜。单独的社群倾向于通过联姻融合到较大的社会之中。

操作链（chaîne opératoire）　生产步骤中动作、手势和过程的有序链条（如石器和陶器的制作），通过这种步骤将某种原料转变为一件成品。此概念由安德烈·勒鲁瓦-古尔汉提出，其意义在于能使考古学家从成品反推生产程序和生产工序中的意图，最终探究工匠的概念型板。

侧向扫描声呐（sidescan sonar）　用于水下考古的一种勘查方法，能提供较宽阔的海底视野。拖在船尾的声波发射器发出扇形波束。这些声能脉冲再反射到一个传感器上——返回时间取决于传输距离——并记录在旋转的滚筒上。

羼料（temper）　加入陶土中的羼合物，作为充填料能为陶土增加强度并便于加工，并能在烧制过程中抗裂与抗收缩。

产地研究（sourcing）　见特征研究。

常染色体DNA（autosomal DNA）　从常染色体遗传的DNA（即人类的第22对编号染色体，而不是性染色体，即X染色体和Y染色体）。

词汇统计学（lexicostatistics）　根据共同词汇表和共同词根的变化来研究两种语言之间的分异（也见语言年代学）。

次生背景（secondary context）　由于后来人类活动或自然动力而使考古材料的位置从原来的废弃或沉积位置产生的移动。

沉积学（sedimentology）　地貌学的分支，注重研究沉积物的结构与质地，即用来描述地球表面沉积物的世界性术语。

出处（provenience）　某东西的原产地或（最早的）已知历史；也指基质中一件人工制品、生态物或遗迹的垂直与水平位置。

除肉（excarnation）　将人的尸体暴露在露天环境中让皮肉腐烂，然后将骨头收集起来埋葬。

传播论方法（diffusionist approach）　由戈登·柴尔德普及的一种理论，即从建筑到金属加工等所有文明特征都是从近东向欧洲传播的。

CLIMAP　意在绘制古气候图的科研项目，显示全球不同时空的海面温度。

吹管端头（tuyère）　熔炼过程中使用的一种陶质吹管。

大脑内模（brain endocasts）　将乳胶灌入头骨而制成，借此获得颅骨内部表面的精确形象。此方法可估计脑量，一直用于早期人科动物的头骨。

大面积发掘（open-area excavation）　采取大面积水平揭露的发掘，特别适用于接近地表的单一时期堆积，例如土著美国人和欧洲新石器时代的长屋遗迹。

大语系（macrofamily）　语言学的分类术语，指表现有足够相似性以显示它们有传承关系的语系群（如诺斯特拉提克大语系，被某些语言学家视为包括了印欧、亚非、乌拉尔、阿尔泰与卡尔特维里语系的一个单位）。

单倍群（haplogroup）　拥有一个共祖的一群人所共有的一批遗传学标记。

单倍型（haplotype）　某基因组内等位基因的特定组成。

单因论解释（monocausal explanation）　文化变迁（如国家起源）的解释，它强调单一主导因素或"主动力"。

典型、代表性（diagnostic）　被认为与特定时段或文化群体相伴的一种人工制品或遗址的其他方面。典型特征能使考古学家分辨该人工制品或文化方面制作的相对特定的时期。

等级（hierarchy）　将成员根据相对地位分出等级的社会。

等级社会（ranked societies）　获取威望和地位不平等的社会，如酋邦和国家。

等离子发射光谱（inductively coupled plasma emission spectrometry, ICPS）　基于光发射光谱（OES）相同的原理，能产生更高温度以减少干扰问题并获得更准确的结果。

地表调查（surface survey）　基本分为不系统与系统的两类。前者包括野外徒步查看，沿路扫视地面，记录人工制品或地表遗迹的位置。相比之下系统勘查比较客观，包括采用网格系统，能将勘查区分成小块，并系统踏勘，于是能更精确地记录发现物。

地层（stratification）　沉积物上下层依次的叠压或沉积。连续的层位可提供相对年代序列，底部时代最早，顶部时代最晚。

地层学（stratigraphy） 对地层的研究和确证；垂直分析是时间的维度，而水平的一系列地层是空间的维度。它常被用作一种相对断代方法来评估人工制品沉积的时间次序。

地磁倒转（geomagnetic reversals） 与旧石器时代早期断代相关的古地磁学，涉及地球磁场的完全倒转。

地理信息系统（geographic information system, GIS）基于软件系统，旨在收集、组织、存储、检索、分析和显示不同"层"的空间或数字地理数据的系统。其他数字数据可以添加到GIS中，比如人工制品的类型和特征以及它们在空间中的位置。

地貌学（geomorphology） 地理学的分支，研究地形的种类与发展。它包括沉积学这样的专攻。

地面调查（ground reconnaissance） 各种分辨单个遗址方法的统称，包括查阅文献资料、地名证据、当地掌故和传说，但主要是实地的田野工作。

地球化学分析（geochemical analysis） 包括按一定间隔从遗址地表采取土壤样本，然后测量其磷酸盐和其他化学成分的调查技术。

地球物理学（geophysical） 一套基于地面的物理传感技术，包括测量磁场、土壤电阻率水平和使用地下雷达。

地下探测（subsurface detection） 在地表操作的各种遥感技术的统称，分为侵入法（探针、麻花钻和钻芯）和非侵入法（地球物理、地球化学、遥感、魔杖）。

地震反射剖面法（seismic reflection profiler） 一种水下勘查的声学设备，利用回声原理确定水深100米处的海底地形，这种方法可以穿透10米以上的海床。

地质考古学（geoarchaeology） 利用地球科学的方法和概念来进行研究，以观察地球的形成过程、土壤和沉积形态的一个领域。

地阻率勘探（earth resistance survey, soil resistivity, resistivity meter, electrical resistivity） 一种地下探测方法。它通过向土壤通电来测量导电率的变化。这一般是湿度的缘故，据此，掩埋的遗迹能从地下水的不同保持度探测出来。

递减分析（fall-off analysis） 研究考古记录中发现的贸易品数量随产地距离增大而减少的规律。可用递减曲线表示，用材料数量（Y轴）对应产地距离（X轴）来标示。

电感耦合等离子体原子发射光谱法（inductively coupled plasma atomic emission spectrometry, ICP-AES） 基于光发射光谱（optical emission spectrometry）相同的原理，能产生更高温度以减少干扰问题，并获得更准确的结果。

电解法（electrolysis） 考古保护技术中一种标准清洗过程。器物被放入化学溶液，在它与环绕的金属栅之间通上弱电流——能将具有腐蚀性盐类从阴极（器物）转到阳极（栅）上，从而去除所有积淀的沉积物，把器物清洗干净。

电子自旋共振（electron spin resonance, ESR） 无须像热释光那样加热，就能测定骨头和贝壳中被俘获的电子。同热释光法一样，被俘获电子的数目指明了标本的年龄。

调查（survey） 确定考古遗址位置所涉及的一系列广泛技术，例如记录地面的人工制品和遗迹，以及对自然和矿产资源进行取样。

动态平衡（homeostasis） 系统论思维所用的术语，形容消极反馈过程在维持系统持续平衡状态中的作用。

动物考古学（archaeozoology, 或 zooarchaeology） 它包括鉴定和分析考古遗址出土的动物物种，有助于重建人类食谱和了解当时的沉积环境。

镀（plating） 把金属结合到一起的方法，例如铜与银及铜与金的结合。

对称分析（symmetry analysis）分析装饰风格的一种数学方法，据说各种形态可以分为两组独特的对称类型，其中有17种形态以水平重复，有46种形态为水平和垂直重复。这种研究表明，某一特定文化中母题安排的选择并非随机。

对等政体的互动（peer-polity interaction） 通常处在同一地区内自治（自我管理）社会政治单位之间发生的全方位交换——包括模仿、仿效、竞争、战争及物品和信息的交换。

多态性（polymorphism）在某种群和社会群体中存在两种以上不连贯的式样。

多维测量（multi-dimensional scaling, MDSCAL） 一种多变量统计方法，目的是用估计分析单位之间的异同来建立空间结构。

多因解释（multivariate explanation） 解释文化变迁如国家的起源的一种方法，与"单因论"方法相反，它强调几种同时起作用的因素的互动。

DNA（去氧核糖核酸） 该物质携带了决定所有生物组成的遗传指令（蓝图）。遗传的组织者基因就是由DNA组成的。

发掘（excavation） 考古学获取材料的主要方法，包括通过挖掉土壤堆积和其他覆盖物和包裹物来提取考古遗存。

法医人类学（forensic anthropology） 对人类遗骸进行科学研究，以建立死者的生物学档案。

方法论个人主义（methodological individualism, 或个人主义方法论 individualistic method） 研究社会的一种方法，认为思想和决策确实具有能动性，而行为和共享体制可以被解释为个人决策和行动的产物。

放射性碳断代（radiocarbon dating） 测量有机物中放射性碳同位素（^{14}C）衰变的一种绝对断代方法（也见半衰期）。

放射性免疫测定（radioimmunoassay） 一种蛋白质分析法，借此可分辨几千年乃至几百万年前化石中残留的蛋白质分子。

放射性衰变（radioactive decay） 放射性同位素以其特有的半衰期分解成其衰变产物的有规律过程（见放射性碳断代）。

非或然性采样（non-probabilistic sampling） 一种非统计学采样方法（与或然性采样相反），它凭借直觉、历史文献或该地区长期的野外经验进行采样。

分层随机采样（stratified random sampling） 一种或然性采样方式，即将某地区或遗址按自然区或自然层划分，如耕地和森林；然后再用随机选号的程序，根据区域面积比例给予每个区以一个号码，以克服简单随机采样内在的偏颇。

分层系统采样（stratified systematic sampling）一种或然性采样方式，结合了三个要素：（1）简单随机采样，（2）分层随机采样，（3）系统采样，以努力减少采样的偏颇。

分类（classification） 根据共同特征，将现象排列成组或其他的分类方案（也见类型和类型学）。

分节社会（segmentary societies） 相对较小和自治的群体，一般是农人，他们管理自己的事务；在某些情况下，他们会和其他对等的分节社会相聚，形成较大的族群单位。

粪化石（coprolites） 石化的粪便，含有食物残渣，能用来重建食谱和生计活动。也见"古粪便物质"。

风格（style） 按艺术史家厄恩斯特·冈布里奇（Ernst Gombrich）的说法，风格是"以独特和可分辨方式表现和行事的方式"。考古学家和人类学家定义了"风格区"以代表生产和装饰人工制品共有方式的区域单位。

浮选法（flotation） 一种用水来筛选发掘基质的方法，以便分离和提取微小的生态物和人工制品。

高温技术（pyrotechnology） 人类有意识地用火与控火。

功能—过程考古学（functional-processual archaeology） 研究史前文化的一种方法，它试图通过确定社会和文化系统的不同部分如何相互关联，以及这些部分如何互动，来从其内部来了解它们（参见过程考古学）。

公共考古学（public archaeology） 聚焦于提高公众对文化遗产的认识并将社区纳入研究的考古项目。

共生（association） 某人工制品与其他考古遗存的共存关系，一般处于同一基质中。

构造（tectonic） 与地球表面的结构和运动有关。

古蛋白质组学（paleoproteomics） 对古蛋白质的分析可以为基因组构成提供洞见。蛋白质组是生物体例如人或细菌中产生的一组蛋白质。

古粪便物质（paleofecal matter） 脱水的粪便，它就像粪便化石，含有能用于重建过去环境和生计活动的食物残渣。

古昆虫学（paleoentomology） 研究考古背景中出土的昆虫。昆虫残留的外壳能抵抗分解，对重建古环境很重要。

古人类（hominin） 在人类进化中，是指那些比黑猩猩与人类之间关系更为密切的物种。

观念主义解释（idealist explanation） 特别强调从研究相关个人的思想和动机来寻找导致事件发生之历史状况洞见的一种阐释。

光学发射光谱（optical emission spectrometry, OES） 用于分析人工制品成分的一种技术，它基于这样的原理：当电子被激发（如加热到高温），会释放出一定波长的光。通过观察各种元素特定波长相应的光谱，即可了解它们的有无。一般来说，这个方法只有25%的精确度，已被等离子体发射光谱（ICPS）所取代。

硅藻分析（diatom analysis） 用植物微化石进行环境重建的一种方法。硅藻是单细胞藻类，其硅质细胞壁在藻类死亡后能保存下来，并在河湖底大量沉积。各种组合直接反映了水中绝灭群体的植物组成，以及水的盐碱度和营养状况。

轨迹（trajectory） 在系统论思维中，它是指相继状态的系列，系统就是通过这种系列随时间而行进。它有时也可以指某系统的长期行为。

国家（state） 该术语用来描述一种社会结构，它有明确的疆界，并以强有力的中央政府为特点，其政治权力的行使受到合法武力的支持。在文化进化模式中，它是仅次于"帝国"的复杂社会发展阶段。

过程考古学（processual archaeology） 强调文化的社会和经济方面与环境之间的关系，作为了解文化变迁过程基础的一种方法。采用陈述问题、提出假设、然后加以检验的科学方法论。较早的功能-过程考古学有别于认知-过程考古学，后者强调意识形态和象征方面的整合。

航空勘测（aerial reconnaissance/survey） 发现和记录考古遗址的一种重要勘查技术（也见考古勘察reconnaissance survey）。

合金（alloying） 混合两种或更多金属以制作一种新材料的技术，如混合铜与锡以制作青铜。

核DNA（nuclear DNA） 位于细胞核内染色体中的DNA。

黑曜石（obsidian） 一种火山玻璃，具有易于加工并获得火石般坚硬刃缘的特点，能用来制作工具。

红外吸收光谱（infrared absorption spectroscopy） 对原料特征进行分析的一种技术，它对分辨不同来源的琥珀特别有用：琥珀中的有机成分会吸收穿过它们的不同波长的红外辐射。

后过程论解释（postprocessual explanation） 针对功能-过程考古学所见局限性而提出的解释。它不谈通则，偏好受结构主义、批评理论和新马克思主义思想影响的"个人主义"方法。

互惠交换（reciprocity） 一种交换模式。其中交易对等发生在个人之间，也即平等交换，没有一方处于支配地位。

化石冰楔（fossil ice wedges） 当地面冰冻和收缩，永冻土上会出现裂隙，然后被冰楔充填。化石冰楔见证了过去寒冷的气候和冻土的深度。

化石角质层（fossil cuticles） 草叶表皮的最外面的保护层，这种物质在考古记录中常见于粪便。角质层分析在环境重建中对孢粉学是有用的助手。

环境考古学（environmental archaeology） 一门跨学科——考古学与自然科学——的研究领域，意在重建人类对动物和植物的利用，以及古代社会是如何适应于变化中的环境条件的。

环境限制论（environmental circumscription） 由罗伯特·卡内罗提出的一种国家起源解释，它强调环境限制和领土局限施与的根本作用。

黄土沉积（loess sediments） 由粉沙颗粒大小的黄色尘土形成的风成堆积，它们重新堆积在冰盖刚刚融化的土地或栖息地上。黄土提供了有关整个区域史上存在的气候信息，也是最初农业栖居的标志。

回声探测（echo-sounding） 一种水下声学勘查技术，用以勘查沿海被淹平原和其他被掩埋地表的地形（也见地震反射剖面法）。

惠勒的方格（Wheeler Boxgrid） 由莫蒂默·惠勒根据皮特-里弗斯工作开发的一种发掘方法，包括在探方之间保持隔梁，所以能将整个遗址从纵剖面上将不同地层联系起来。

或然性采样（probabilistic sampling） 利用或然性理论的采样方法，立足于小样区，设计来提取有关遗址或区域可靠的一般性结论。有四种采样策略：（1）简单随机采样；（2）分层随机采样；（3）系统采样；（4）分层系统采样。

活塞取芯机（piston corer） 用于从大洋底钻取柱状沉积岩芯的一种设备。可以用放射性碳、古地磁或铀系法等技术对不同沉积层测年。

火山碎屑（tephra） 火山灰。比如，在地中海，深海钻芯得到了塞拉火山喷发的火山灰证据，而其地层学位置为建立相对年表提供了重要信息。

祭拜考古（archaeology of cult） 研究宗教信仰活动中具有模式行为的物证。

积极反馈（positive feedback） 系统论思维所用的术语，以描述系统中输出条件的改变会激发输入进一步增长的反应；这是造成系统变迁和形态发生的主要因素之一。（参见倍增效应）

基因（genes） 遗传的基本单位，现在知道是由相关个体DNA内遗传标记的特定序列所主导。

基质（matrix） 掩埋或支撑人工制品的物质。

激光雷达（Light Detection and Ranging, LIDAR） 用法与雷达相似的一种遥感技术。仪器向目标发射光线，有些会反射给仪器。光线射向目标的来回时间可以确定目标的距离。

计算机轴向X线断层照相术（computed axial tomography，CAT或CT扫描仪） 用扫描仪详细透视遗体（如木乃伊）内部的方法。

钾氩法断代（potassium-argon dating） 可用来测定几亿年岩石年代的方法，然而它限于不晚于10万年的火山材料。它是为非洲早期古人类遗址断代用得最多的方法。

假设-演绎解释（hypothetico-deductive explanation） 立足于构建假设的一种解释方式，据此用演绎法推出结论，然后根据考古材料来进行检验。

间断平衡论（punctuated equilibria） 由奈尔斯·埃尔德雷奇（Niles Eldredge）和斯蒂芬·古尔德（Stephen J. Gould）提出的进化论重要特征，认为物种变化是以达尔文的一种渐进形式被进化的许多突变阶段所打断。

简单随机采样（simple random sampling） 或然性采样的一种，即用随机数字表来选择采样区。其缺点为：（1）最初要确定遗址的界线；（2）随机数字表的性质上会使某些区块过于密集，而其他地方却未涉及。

交互作用圈（interaction sphere） 一种地区或者地区间交换系统，如霍普韦尔交互作用圈。

交换圈（sphere of exchange） 在非市场社会，显赫的贵重物品与普通物品的交换通常是分开的，即在显赫的交易场合交换贵重物品，在不那么讲究礼仪的场合以等价互惠方式交换日用品。这两种判然有别的系统被称为交换圈。

窖藏（hoards） 通常是在战争或冲突时期，将贵重物品或有价值的财产刻意埋入地下，并由于某种原因没有再取出。金属器窖藏是欧洲青铜时代主要的证据来源。

阶梯式探沟（step-trenching） 发掘很深遗址采用的一种发掘方法，如近东的土丘遗址，其中发掘以一系列逐渐变窄的阶梯向下推进。

结构主义方法（structuralist approaches） 强调人类行为受信仰和象征概念左右的阐释，其基础是见有各种表现形式的思想结构。所以，合适研究的目标是揭示这些思想结构，并研究它们对造就考古记录的人类大脑思维活动的影响。

金相学观察（metallographic examination） 用于研究早期冶金术的一种方法，包括对器物切片抛光截面的显微观察，其蚀刻后能揭示金属结构。

进化（evolution） 通常伴随着日益复杂化的生长和发展过程。在生物学上，这种变迁与达尔文物竞天择、适者生存的概念有关。达尔文的工作是皮特-里弗斯和蒙特柳斯等学者开创性的器物类型学奠定了基础。

进化考古学（evolutionary archaeology） 认为生物演化过程也会推动文化变迁的观点，即将达尔文进化论应用到考古记录中（也见模因）。

景观考古学（landscape archaeology） 将个别特征包括聚落视为广袤区域内人类活动形态宽泛视野中单一组成部分的研究。

旧石器时代（Paleolithic） 指公元前1万年之前的考古学阶段，以最早的石器制造为特点。

聚类分析（cluster analysis） 一种多变量统计方法，根据特定器物类型或其他内在成分的存在和缺失以评估单位和组合之间的共性。

绝对断代（absolute dating） 确定特定时间尺度的年龄，比如固定的日历系统；也叫计时测年法（chronometric dating）。

均变论（uniformitarianism） 原理是，岩石地层是由目前仍在海洋、河流、湖泊发生的过程所造成的；也即远古的地理条件在本质上与当下类似或"一致"。

均衡抬升（isostatic uplift） 因冰期状况的改善而造成地表相对于海洋的隆起，随着气温升高，冰盖重压消失，地面隆起，于是形成了抬高的海滩。

考古地磁断代（archaeomagnetic dating） 有时指古地磁测年。它是基于这样的事实，即地球磁场的历时变化能在某些材料的剩磁中记录下来，比如烘烤的黏土建筑（烤炉、窑和火塘）。

考古学（archaeology） 人类学的分支，通过人类的物质遗存来研究其过去。

考古学文化（archaeological culture） 反复共生的器物组合，被认为代表了特定时空里从事的特定活动（参见文化）。

考古遗传学（archaeogenetics） 利用分子遗传学技术研究古代DNA以解决早期人类种群的历史问题。

可鉴定标本数（number of identified specimens, NISP） 统计动物骨骼总数的一种方法。这种方法在评估不同物种相对丰富度时会产生误导的结果，因为骨骼差异和骨骼不同的保存率，意味着某些种类会显得比其他物种多。

可移动艺术品（mobiliary art） 是指冰河时代的可携艺术品，包括石、角、骨、象牙的雕刻品。

库拉圈（kula system） 美拉尼西亚流行的一种仪式性和非竞争性交换系统，以建立和加强联盟。马林诺夫斯基对该系统的研究在塑造人类学的互惠概念上影响深远。

矿渣（slag） 金属加工冶炼过程的残渣。分析往往需区分铜渣和铁渣。铸造过程的坩埚渣也需与铜含量很高的熔渣区分开来。

空中激光扫描（Airborne Laser Scanning） 见激光雷达。

类型（type） 用相同特征群定义的一类器物。

类型学（typology） 根据共同特征将器物系统地组成类型。

历史考古学（historical archaeology） 对有史料记载之文化的考古研究。在北美，是指殖民和后殖民时期的定居研究，类似于欧洲中世纪和中世纪以后的考古研究。

历史特殊论（historical particularism） 与弗朗兹·博厄斯及弟子为伍的一种人类学详述方法，是对摩尔根和泰勒等人类学家偏好宏观规律总结方法提出的另类途径。

粒状工艺（granulation） 将金属颗粒焊接到一块底板上，一般是同类金属，伊特鲁里亚人用得很多。

裂变径迹断代（fission-track dating） 基于放射性时钟运转的一种测年方法，是各种岩石和矿物中存在的铀同位素自发裂变。与钾氩法断代的范围有所重叠，此方法对贴近考古材料的岩石能做有用的断代。

马克思主义考古学（Marxist archaeology） 主要基于马克思和恩格斯的著作，对社会演变持唯物论的立场。社会内部的变迁被视为生产力（技术）和生产关系（社会结构）之间发生矛盾的结果。这种矛盾被视为由不同社会阶级之间的斗争所引起。

玛雅历（Maya calendar） 玛雅人用来测量时间流逝的一种方法，分为两个不同的历法系统：（1）日历轮，为日常用途；（2）长计数，用于历史纪年。

埋藏学（taphonomy） 研究动物死后影响其有机质如骨骼的各种作用；它也涉及齿痕或切痕的显微分析以评估屠宰或食腐行为的后果。

模因（meme） 假设与基因比肩的东西，由理查德·道金斯提出，他认为文化演进是由米姆的复制所导致。但批评者声称，文化复制过程并没有特定的机制。

民族考古学（ethnoarchaeology） 从了解造就物质文化背后的行为关系出发来研究当代的民族文化。

民族学（ethnology） 文化人类学的分支，注重通过文化比较研究来研究现存文化，以期获得有关人类社会的普遍规律。

民族志（ethnography） 文化人类学的分支，注重通过第一手观察来研究现存文化。

模拟（simulation） 构建动态模型并用电脑来完成，如有关历时变迁的模型。模拟是一种有用的启发性手段，在构建解释上极有帮助。

穆斯堡尔光谱（Mössbauer spectroscopy） 用来分析人工制品成分的技术，特别是陶器中的铁化合物。它通过测量铁原子吸收的伽马射线，提供该样品中特定铁化合物的信息，

于是提供了陶器的烧成温度。

南方古猿（Australopithecus） 一批最早人科动物的统称，大约500万年前出现在东非。

农业扩散（farming dispersal） 农业活动从动植物驯化兴起的几个中心地区的早期发展和扩散。

排列法（seriation） 基于一组器物或组合年代学次序的一种相对断代方法，在序列中将最相似的放在最相近的位置。有两种排列法：频率排列和次序排列。

批评理论（Critical Theory） 由所谓"法兰克福学派"的德国社会思想家提出的一种理论途径，它强调所有知识都是历史的，因此在某种意义上是有偏颇的信息；于是，任何宣称的"客观"知识都是虚假的。

拼合（refitting, conjoining） 设法将石器和石片重新拼复到一起，并提供工匠手艺过程的重要信息。

频率排列法（frequency seriation） 一种相对断代方法，它主要依赖衡量出土器物（如工具类型或陶器结构的计数）所见的丰富度比值或频率的变化。

世系（lineage） 声称源自同一祖先的群体。

抢救考古学（salvage archaeology, rescue archaeology） 抢在公路建设、排水工程或都市开发之前对考古遗址的定位和记录（一般经过考古发掘）。

屑料（temper） 加入陶土的屑合物，作为充填料能为陶土增加强度且便于加工，并能在烧制过程中抗裂与抗收缩。

青铜时代石砌界墙（reaves） 如英格兰达特穆尔的石砌界墙，它可能用来指认各社群的领地范围。

酋邦（chiefdom） 用来描述在等级或不同社会地位原则上运转的社会。不同的谱系按威望分级、并以与酋长关系的亲密程度来计算。酋邦一般拥有一个永久性的祭祀或仪式中心，并以当地手工业专门化为特点。

趋势面分析（trend surface analysis） 其目的在于消除某些局部不规则地理分布的主要特征。这样，可将重要趋势从背后的"噪声"中清楚地分离出来。

区域（regions） 大的地理范围，含有许多用物质或意识形态特征定义的考古遗址。

取得的地位（achieved status） 社会地位和威望反映了某人因其个人成就而在社会中确立的地位。

全站仪（total station） 用于勘查和记录发掘的一种电子和光学仪器。

热锻（annealing） 指铜和青铜冶炼中反复加热和锻打材料以达到预期形状的过程。

热释光法（thermoluminescence TL） 间接依靠放射性衰变的一种断代技术，它的时间范围与放射性碳测年法重叠而很有用，但也具备为更早年代断代的潜力。它很像电子自旋共振法（ESR）。

热探测（thermal propection） 用于航空勘察的一种遥感方法。它基于地下埋藏建筑与其周围所见的不同温度性状。

人工制品（artifact） 由人类使用、改造或制造的任何可携物品，如石器、陶器或金属武器。

人口统计学（demography） 研究影响人口结构及其时空动力的过程。

人类行为生态学（human behavioral ecology, HBE） 人类行为的进化生态学，即研究一种生态背景里的进化和适应设计。

人类学（anthropology） 对人的研究——我们作为动物的体质特征，以及我们称之为"文化"的独一无二的非生物学特征。该学科一般分为三个亚学科：生物（体质）人类学、文化（社会）人类学、考古学。

认知-过程论方法（cognitive-processual approach） 有别于功能-过程论方法唯物主义取向的另类途径。它关注：（1）早期社会中认知和象征与其他方面的整合；（2）意识形态作为积极组织力量的作用。它采用方法论个人主义的理论途径。

认知考古学（cognitive archaeology） 从物质遗存来研究过去的思维方式和象征结构。

认知图（cognitive map） 一种解释世界的框架，据称，它存在于人们的脑子里，并影响行为与决策，以及知识结构。

三期论（Three Age System） 由汤姆森提出的旧大陆史前技术发展阶段的分类系统（石、铜、铁）。它确立了这样的原理，采取器物分类，我们可以获得一个编年序列。

色谱法（chromatography） 用通过/穿透吸附成分别的各种材料来分离一种混合化学物

成分的技术。

社会人类学（social anthropology）见文化人类学。

射线照片（radiograph） 由X射线或核辐射作用产生的图像。

摄影测量法（photogrammetry） 利用多幅图像创作精确的全真三维建模。

深海岩芯（deep-sea cores） 从海床钻取的岩芯，它可提供全球范围气候变迁的连贯记录。岩芯含有海洋微生物（有孔虫）的壳，是通过连续沉积过程沉淀在洋底的。这微生物壳中碳酸钙的两种氧同位素比值变化是这些微生物活着时海洋温度的敏感指示。

生态物（ecofacts） 非人为的有机和环境遗存，但与文化相关，如动植物群材料以及土壤和沉积物。

生物考古学（bioarchaeology） 人类遗骸的研究（但在旧大陆，它有时还指其他有机遗存如动物骨骼的研究）。

生物人类学（biological anthropology） 人类学的分支，研究人类的生物或体质特征及人类的演化。

圣井（cenote） 祭祀井，例如晚期玛雅遗址奇琴伊查的圣井，里面堆满了大量富有象征性的物品。

石柱（stela） 独竖的石雕纪念物。

石核（core） 用作石器毛坯或用来生产石片的石制品。

实验考古学（experimental archaeology） 在严格控制的科学条件下，通过实验复制来了解过去人类的行为过程。

史前史（prehistory） 文字出现之前的人类历史时期。

世界系统（world system） 历史学家沃勒斯坦杜撰的一个术语，指称一种由贸易网络联系起来、范围远超单一政治单位（民族国家）、将它们连接成一个较大功能单位的经济体。

市场交换（market exchange） 指既有特定的交易地点，又有便于讨价还价这种社会关系的一种交换模式。一般含有通过议价制定商品价格的体制。

视域（viewshed） 利用地理信息系统，一个图能显示从某一点或某一纪念建筑视线眺望所及的各个位置，用该景观的数码高程模型进行计算。于是，理论上从各个位置可见的土地面积就能制定。将许多视域图整合起来，可以获得一张累加视域图，证明在某纪念物群体内的相互可见性。

手斧（hand-axe） 对自然砾石进行修整（打片）而制成的一种旧石器时代工具。

狩猎采集者（hunter-gatherers） 对小型流动或半流动社会成员的统称，他们的生计主要依靠狩猎动物和采集野生植物及果实，组织结构是基于强烈血缘联系的游群。

曙石器（eoliths） 见于早更新世背景中的粗糙砾石，曾被认为是人工制品，但现在一般认为是自然产物。

树轮年代学（dendrochronology） 研究树轮的模式。气候条件的每年波动会导致不同的树轮生长，可用来衡量环境变化和作为一种年代学的基础。

抬升的海滩（raised beaches） 这些抬升的过去海岸线残留，一般是均衡隆起或构造运动的结果。

泰森多边形（Thiessen polygons） 根据集中于单一遗址的地域划分来描述聚落形态的一种正规方法；多边形在一对相邻的遗址之间划直线，然后再在这些直线的中点划直线来制作，第二批直线与第一批直角相交。将第二批直线连起来就形成了泰森多边形。

探地雷达（ground-penetrating radar） 一种地下探测方法，向地下发射短波脉冲，反射波会受土壤条件的重要变化传回来。

特征（attribute） 人工制品不能再分的一种细小特点；经常研究的特征包括式样、形制（风格）、装饰、颜色和原料。

特征研究（characterization sourcing） 采用各种技术观察贸易品材料成分以鉴定其特征，进而确定其产地；如岩相薄片分析。

天然铜（native copper） 所见以自然铜块存在的金属铜，可通过锤击、切割和热锻进行加工。

通门磁力仪（fluxgate magnetometer） 一种用于地下探测、提供连续读数的磁力仪。

通门梯度仪（fluxgate gradiometer） 通门磁力仪的一种，能用仪表提供连续的读数。

同位素（isotopes） 质子数相同，但中子数（即原子质量比标准元素更大或更小）不同的同一元素。

同位素分析（isotopic analysis） 重建史前食谱信息的重要来源，这种技术分析保存在人骨中的主要同位素的比值，其方法实际上读取因不同食物保留在人体中的化学标识。同位素分析也用于成分特征研究。

土丘（tell） 近东的一个术语，指人类在漫长时期中连续居住形成的土墩遗址。

原住民考古学（indigenous archaeology） 1990年代，通过努力确保后代社群参与到发现、解释和保护他们的考古遗产而发展起来的考古学分支。

微痕分析（microwear analysis） 研究石器刃缘的磨损和破碎痕迹，它能提供石器使用方式的珍贵信息。

微量元素分析（trace element analysis） 采用诸如中子活化分析、X荧光光谱分析等化学技术，以确定岩石中微量元素的含量。这些方法被广泛用于分辨石器生产的原料产地。

伪考古学（pseudo-archaeology） 利用选择性考古证据来散布对过去非科学和虚构的解释。

文化（culture） 人类学家用来指某特定社会独一无二的非生物学特征（参见考古学文化）。

文化进化论（cultural evolutionism） 认为文化变迁能与主导物种生物进化的过程作类比来理解。

文化–历史学方法（cultural-historical approach） 采用传统历史学家的程序进行考古学解释的一种方法（包括强调特殊状况，用详细描述及归纳推理过程来详尽陈述）。

文化人类学（cultural anthropology） 人类学的分支，关注社会的非生物学行为方面，如人类行为背后的社会、语言、技术结构等。文化人类学的两个重要分支是，民族志和民族学，前者研究现生文化，而后者设法利用民族志证据进行文化比较研究。在欧洲，它是指社会人类学。

文化生态学（cultural ecology） 朱利安·斯图尔特提出的术语，用来表述人类社会与其环境之间的动态关系，其中文化被视为基本的适应机制。

文化资源管理（cultural resource management，CRM） 一般在设置保护过去的法律框架内，通过遗址保护和抢救性考古来保护考古遗产。

纹泥（varves） 冰川湖淤积形成的细微层理。

它们的每年沉积对断代很有用。

物质文化（material culture） 构成过去社会物质遗存的建筑、工具和其他人工制品。

系统背景（systemic context） 一种行为系统，其中人工制品是制造、使用、再使用和丢弃的持续过程一部分。

系统采样（systematic sampling） 或然性采样的一种，采用间距相等的网格，即选择相隔的方格。如果分布本身没有规律，那么这种有规则间隔的方法会有漏掉个别样本的危险。

系统发生分析（phylogenetic analysis） 对生物个体或群体之间的进化史和关系（系统发生）进行研究。物种或其他群体的组织方式显示了它们是如何从共同祖先进化而来的。

系统调查（systematic survey） 见地表调查。

系统论思维（systems thinking） 形式分析的一种方法，其中研究对象被视为由特别分析的不同子单元所组成。在考古学中，它构成一种解释方式，透过其组成部分的相互依存和互动来观察古代社会或文化；这些即为系统的参数，可以包括人口规模、聚落形态、作物生产、技术等等。

细石器（microlith） 代表中石器时代的一种细小石器工具，许多可能被用作倒刺。

习性（habitus） 皮埃尔·布迪厄的概念描述了人们所拥有的根深蒂固的习惯和性情，并不假思索地付诸行动。它可以被理解为根植于身体内部的一种文化变体。

线粒体DNA（mtDNA） 存在于线粒体——细胞器内，从事能量生产。线粒体DNA具有一种圆形的结构，包括大约16 000个碱基对，并有别于核DNA；线粒体DNA并非由重组形成，而专门由母系传承。

显赫物品（prestige goods） 指有限范围内的交换物品，某社会将其看成具有很高地位或价值的东西。

相对断代（relative dating） 无须固定年代尺度而确定的年代序列；即以类型学序列或排列法安排器物（相对于绝对断代）。

象形文字（hieroglyph） 一种涵盖可能代表词汇或声音的格式化图画和字符的书面语言。

消耗型年龄曲线（attritional age profile） 基于骨骼或牙齿磨损的一种死亡率形态，表现为老龄和幼年个体数量相对于现生群体数量

的比例失调。这表明，要么是自然死亡个体被食腐动物破坏（即自然死亡或非人类掠食动物的捕杀），要么是最虚弱个体被人类或其他掠食动物所捕杀。

消极反馈（negative feedback） 系统论思维中的一种过程，是对外界输入潜在干扰影响的抵制或调节作用（见动态平衡）；它以一种稳定的机制发挥作用。

肖像学（iconography） 认知考古学的重要组成部分，它包括研究有明显宗教和仪式意义的艺术表现，即分辨各有特色的个别神像，如表现为玉米的玉米神，及表现为太阳的太阳女神等。

效仿（emulation） 与竞争相伴的最常见特征之一，某社会的习俗、建筑和器物会通过实质上是竞争的相邻社会模仿的过程而采纳。

斜视航空雷达（sideways-looking air-borne radar, SLAR） 一种遥感技术，记录从飞机上发射电磁辐射脉冲的雷达回波图像（相对于热成像）。

楔形文字（cuneiform） 古代美索不达米亚用楔形符号写在泥版上的一种书写系统。

新考古学（New Archaeology） 1960年代提倡的一种新方法，强调考古学理论方法要有明确的科学框架，作为解释基础的假设要经过严格的检验，而非只停留于描述（也见过程考古学）。

新石器时代（Neolithic） 旧大陆年表的一个阶段，以农业发展为特点，因而日益强调定居。

新石器时代革命（Neolithic Revolution） 戈登·柴尔德在1941年杜撰的一个术语，以形容农耕的起源和后果（即家畜饲养和农业的发展），令定居的农村生活能普遍发展起来。

形成过程（formation processes） 该过程影响到考古材料被埋藏的方式，以及它们埋藏后的历史。文化形成过程包括人类刻意或偶然的活动；自然形成过程是指左右考古记录埋藏及残存的自然或环境事件。

形态学（morphology） 某物体具体的结构或形态。

X光衍射分析（X-ray diffraction analysis） 用来鉴别器物原料中存在矿物的一种技术；它也能用在地貌背景中以分辨沉积物中特定的黏土矿物，借此判断沉积物的特定产地。

X光荧光分析（X-ray fluorescence spectrometry, XRF） 分析人工制品成分的一种方法。待测样用X光束照射，以激发其表面与原子相伴的电子。

研究设计（research design） 考古研究的系统规划。通常包括：（1）制定解决某特定问题的策略；（2）收集和记录证据；（3）处理和分析这些材料并做出解释；（4）发表成果。

岩石石斑（rock varnishes） 锰和氧化铁的天然增生，还有一些粘土矿物和有机物，它可以提供有价值的环境证据。如果与放射性碳方法结合，它们的研究可以提供某些地形的最小年龄，甚至某些类型的石器也会产生石斑。

演绎（deduction） 从较普遍性的前提出发，以严格论据推导出特定结果的一种推理过程（相对于归纳）。

演绎–通则解释（deductive nomological explanation） 基于对源自一般法则的假设进行检验的正式阐释方法。

氧同位素技术（oxygen isotope technique） 采用两种稳定氧同位素（^{18}O和^{16}O）的比率作为冰层中水量的指示器，来确定气候变化形态的一种方法。^{18}O和^{16}O是海水中最常见的氧同位素，在冰川增加的寒冷时期，较多的氧同位素会被吸收到海水中。可以使用质谱仪进行测量。

遥感（remote sensing） 远距离成像，主要是通过航空器或卫星成像。大地遥感将雷达等地球物理方法与热成像术等用于地表的遥感方法结合起来。

遗迹（feature） 不可移动的人工物，如火塘、建筑或土壤色污等。

遗址（site） 人工制品、遗迹、建筑、有机物及环境遗存等人类活动残留的独特空间集合体。

遗址域分析（site catchment analysis, SCA） 一种遗址外的分析，主要根据遗址出土的包含物来关注整个区域，最简单而言，某遗址域可以被理解为所有人工制品和非人工遗存以及产地的总和。

异构或平序（heterarchy） 一种没有等级的社会组织形式，或以不同方式存在的社会阶序。

因子分析（factor analysis） 一种多变量统计技术，用来评估不同器物类型之间的变异度，

它以相伴关系系数为基础，来衡量任何一对变量之间相对共存关系。

铀系法断代（uranium series dating） 基于铀同位素放射性衰变的测年方法。它证明对放射性碳断代范围以外大于5万年的断代特别有用。

游群（band） 用来形容小型狩猎采集社会的术语，一般少于100人，他们通过季节性流动来开拓野生（非驯化的）食物资源。血缘关系在社会结构中起着重要的作用。

釉陶（faience） 首先于埃及前王朝时期制作的似玻璃材料；将粉状石英的胎质涂上一层玻璃碱性釉。

语言年代学（glottochronology） 根据词汇的变化，并用一种计算公式来评估两种语言时间分异的有争议方法。

原生背景（primary context） 一件物品丢弃或沉积的原始位置。

原始贵重物品（primitive valuables） 多尔顿杜撰的用来描述财富和威望的术语，常常是指非国家社会礼仪交换系统中使用的特别贵重物品，例子包括库拉交换系统中的贝壳项链和手镯等。（与"显赫物品"对应）

原始印欧语系（Proto-Indo-European） 重建一种广布语系的共同祖先，包括大多数欧洲语言群；意大利语、日耳曼语、凯尔特语、波罗的海语、斯拉夫语、希腊语和印度—伊朗语。

原子吸收光谱分析（atomic absorption spectrometry, AAS） 与光发射光谱（OES）相似的一种器物成分分析法，它是测量可视光波的能量。它能测量多达40种不同元素，准确率约为百分之一。

Y染色体（Y-chromosome） 存在于男性的性染色体；不像其他的核DNA，Y染色体中的DNA不是通过重组形成，而是专由父系传承。

再分配（redistribution） 由某种集中组织权威操纵的一种交换模式。物品由集中的权威接收和调拨，然后其中的一部分再由该权威派送到其他各处。

宗教（religion） 一种信仰框架，关乎超自然与超人类的生命及力量，这种力量处于日常的物质世界之外。

组合（assemblage） 特定时空中一起重复出现的一组人工制品，代表人类活动的总和。

族群（ethnos） 定义为一种牢固凝聚的民族群体，在某地域内经历史岁月而形成，拥有相对稳定的共同语言和文化特异性，并以自名方式来认识他们的团结与差异。

族属（ethnicity） 指具体的族群。虽然它们很难从考古记录中辨认，但是语言和语言分界的研究表明，族群往往与语言区有关（参见族群）。

最小个体数（minimum number of individuals, MNI） 评估动物群组合中物种丰富度的方法，根据对动物最小个体数的计算来说明所有的被鉴定骨骼。通常从动物左右侧数量最多的骨骼或牙齿来进行计算。

灾变论（catastrophe theory） 由勒内·汤姆开发的拓扑数学之分支，它关注系统中非线性互动能产生突发和剧烈的效果；它声称，能导致这种变迁的方式数量十分有限，而这被定义为基本灾变。

灾难型年龄曲线（catastrophic age profile） 根据骨骼或牙齿磨损分析的一种死亡形态，与群体的"正常"年龄分布相当，其中年龄越大，个数就越少。这种形态常见于突发的洪水、瘟疫或火山喷发的背景之中。

政体（polity） 一种政治上独立或自治的社会单位，不管简单还是复杂，即便是一个复杂社会（比如一个国家）也可能包含了许多

依附性较弱的组成部分。

植硅石（phytoliths） 来自植物细胞中的微小硅质颗粒，在植物有机体腐烂或烧毁后仍能保存下来。它们在灰烬层、陶器，甚至石器和牙齿上很常见。

质谱分析法（mass spectrometry） 通过称重来分辨化学元素的分析方法。

质子磁力仪（proton magnetometer） 一种用于地下探测的仪器，通过测量地球磁场的微小变化来探测含铁物体。

植物考古学（archaeobotany或paleoethnobotany古民族植物学） 从考古背景中提取和鉴定植物遗存，用以重建过去的环境和经济。

中程理论（Middle Range Theory） 一种概念框架，将考古原始材料与这些证据能够推导的有关过去较高层次的通则和结论联系起来。

中石器时代（Mesolithic） 约始于1万年前的旧大陆年代学阶段，介于旧石器时代与新石器时代之间，并与细石器的兴起和流行相伴。

中西部分类系统（Midwestern taxonomic system） 1939年由麦克恩设计的一种框架，采用器物组合间相似性的一般原理，将美国大平原地区的序列系统化。

中心位置理论（Central Place Theory） 由地理学家克里斯塔勒创建来解释聚落景观的间隔与功能。他认为，在理想条件下，相同规模和性质的中心位置彼此会有相等的间距，四周围绕着拥有它们自己的较小卫星村落的次级中心。尽管有局限性，中心位置理论在考古学中作为一种初步的启发性方法还是很有用的。

中子活化分析（neutron activation analysis, NAA） 分析人工制品成分的一种方法，有赖于样本中受到慢中子轰击的各种元素激发的原子核。该方法的精确度大约为正负百分之五。

Atapuerca Atapuerca 2003; Bischoff 2003; Bischoff & others 2007; Carbonell & others 2008; Parés & Pérez-González 1995; Arsuaga & others 2014.

Thera eruption Discussions in Doumas 1978, and Renfrew 1979b; and the date by Hammer & others 1987. Baillie & Munro 1988; Hardy & Renfrew 1991; Kuniholm & others 1996; Renfrew 1996b; Barber & others 1997; Manning 1999; Wiener 2009; Wiener & Earle 2014. For tephra in Greenland ice core Zielinski & Germani 1998. For new radiocarbon studies see Bronk Ramsey & others 2004, 2010; Manning & others 2006; and Friedrich & others 2006; Cherubini & others 2014. Ahmose Stela: Ritner & Moeller 2014. Speleothem date: Badertscher & others 2014.

Chapter 5: How Were Societies Organized?
Social Archaeology (pp. 174–223)

Hierarchies / Social ranking Freidel & Sabloff 1984 (Cozumel): Kemp 1989; Lehner 1985 (pyramids); Sabloff 1989 (Pakal).

Ranking from burials Shennan 1975 (Branč); Tainter 1980 (Middle Woodland burials); Bietti Sestieri 1993; Morris 1987; Whitley 1991. Factor analysis & cluster analysis For description and examples see Binford & Binford 1966; Hill 1970; O'Shea 1984; Doran & Hodson 1975.

Collective works Renfrew 1973b, 1979c (Wessex and Orkney); Barrett 1994; Bradley 1993; Thomas, J 1991; Whittle & others 2011. Cumulative viewshed analysis Wheatley 1995.

Heterarchies Crumley 1995; DeMarrais 2013.

Gender and childhood Arnold 1991 (Vix princess); Claassen 1992, 1994; Conkey 1991; di Leonardo 1991; du Cros & Smith 1993; Gero & Conkey 1991; Gimbutas 1989; Hodder 1991; Robb 1994; Walde & Willows 1991; Wright 1996; Meskell 1998a, 1998b, 1998c, 1999; Claassen & Royce 1997; Conkey & Gero 1997; Treherne 1995; Gilchrist 1999; Hays-Gilpin & Whitley 1998; Rautman 2000; Sørensen 2000. Sofaer Derevenski 2000; Grimm 2000; Moore & Scott 1997; Shennan 2002 (childhood learning and cultural transmission).

Ethnicity Renfrew 1987, 1993a; Marcus 1983a; Dragadze 1980; Marcus & Flannery 1996; Hall 1997; Jones 1997; Forster & Toth 2003.

Lineages (molecular genetics) Thomas & others 1998; Torroni & others 1994; Stone & Stoneking 1998, 1999; Poloni & others 1997; Wells & others 2001; Zerjal & others 2003; Forster & Renfrew 2011, 2014.

Economic specialization Morris & Thompson 1985 (Huánuco Pampa); Tosi 1984 (Shahr-i-Sokhta). Multi-dimensional scaling For description and examples see Cherry 1977, Kruskal 1971.

Feasting Miracle & Milner 2002.

Functions of the center Kemp 1984–87 (Amarna); Hammond 1982 (Tikal); Millon 1981; Millon & others 1973; Cowgill & others 1984 (Teotihuacán); Postgate 1983 (Abu Salabikh); Biddle 1975 (Winchester).

Central Place Theory Christaller 1933. Settlement patterns in Mesopotamia Johnson 1972.

Settlements in sedentary societies Binford & others 1970 (Hatchery West); Hill 1970 (Broken K Pueblo); Whitelaw 1981 (Myrtos).

Studying mobile activities at an early hominin site is the subject of Kroll & Isaac 1984.

Territories in mobile societies Foley 1981 discusses the problems and potential of off-site archaeology.

Middle Range Theory Binford 1977, 1983a, 1983b.

Written records Archaeological Review from Cambridge 1984, especially Postgate article. Ebla: Matthiae 1980.

Oral tradition Wood 1985.

Ethnoarchaeology Yellen 1977; Hodder 2009; Binford 1983a; Whitelaw 1994; Arnold 1985; Dragadze 1980; Renfrew 1993a, 1994a; Shennan 1989; David & Kramer 2001. For insights into the Leroi-Gourhan/Binford debate: see Audouze 1987 and Valentin 1989.

The individual and identity Renfrew 1994b; Sofaer Derevenski 1997; Moore & Scott 1997; Hall 1997; Jones 1997; Gamble 1998; Bourdieu 1977; Thomas 1996; Gilchrist 1994; Meskell 1998a, 1999; Fowler 2004; Hodder & Hutson 2003 (habitus). For Foley Square and African-American cemetery: Harrington 1993; Yamin 1997a, 1997b; Fairbanks & Mullins-Moore 1980; Yentsch 1994.

The archaeology of personhood Fowler 2004; Treherne 1995.

The emergence of identity and society Meskell 2001; Naveh 2003; Verhoeven 2002; Whitley 2002; Wright & Garrard 2003.

Box Features

Service's classification model and its problems Service 1971; Sanders & Marino 1970; Johnson & Earle 1987; Hastorf 1993; Wason 1994; Haas 2001; Alcock & others 2001.

Spiro Brown 1971, 2010.

Liangzhu Renfrew & Liu 2018; Liu & others 2017; Zhejiang 2009; Childs-Johnson 2010.

Early Wessex Renfrew 1973c; Barrett 1994; Bradley 1993; Thomas, J. 1991; Cunliffe & Renfrew 1997.

Interpreting Stonehenge Parker Pearson & Ramilisonina 1998; Parker Pearson 2012; Bevins & others 2012; Darvill 2006; Darvill & Wainwright 2009.

Gender relations in Early Intermediate Period Peru Gero 1992, 1995.

Network analysis Cherry 1977; Hage & Harary 1976; Barabási 2005; Knappett & others 2008; Knappett 2013; Brughmans 2010; Evans & Felder 2014.

Maya territories Coe & Houston 2015; Marcus 1983c; Mathews 1991; Martin & Grube 2000; Renfrew & Cherry 1986 (relations between polities); de Montmollin 1989; Houston 1993; Scherer & Golden 2009; Golden & others 2008.

Conflict and warfare Dawson 1996; Keeley 1997; LeBlanc 1999, 2003; Turner & Turner 1999; Flannery & Marcus 2003; Kelly 2000; Barrett & Scherer 2005; Thorpe 2003; Ferguson 2006; Houston & Inomata 2009; Milner 1999; Webster 2000.

Chapter 6: What Was the Environment?
Environmental Archaeology (pp. 224–65)

General studies in environmental archaeology include Evans 1978; Fieller & others 1985; Delcourt & Delcourt 1991; Roberts 2014; Bell & Walker 1992; Goudie 1992; Simmons 1989; Mannion 1991; Dincauze 2000; Redman 1999; Wilkinson & Stevens 2008; O'Connor & Evans 2005; Reitz & Shackley 2012; and Environmental Archaeology since 1998. Pleistocene environments: Bradley 1985; Lowe & Walker 2014; Sutcliffe 1985; Williams & others 1998. Holocene climates: Harding 1982. For climate change, Burroughs 2005, Van de noort 2013.

Sea cores Butzer 1983; Sancetta & others 1973; Chappell & Shackleton 1986; Shackleton 1987. Also Thunell 1979 (east Mediterranean work); Brassell & others 1986 (fatty lipids). Ice cores Alley 2002; Alley & Bender 1998; Dahl-Jensen & others 1998; Severinghaus & others 1999; EPICA 2004; Charles 1997 (tropical data), Thompson & others 1995, 1998 (Andean cores). Ancient winds Wilson & Hendy 1971; Frappier & others 2007 (hurricanes); Parkin & Shackleton 1973 (on West Africa).

Coastlines In general: van Andel 1989; Masters & Flemming 1983; Thompson 1980; Lambeck & others 2004 (fish-pens). Work on Beringia: Elias & others 1996; West 1996; Dawson & others 1990, Smith 2002 (tsunami). Submerged land surfaces at Franchthi: van Andel & Lianos 1984; Shackleton & van Andel 1980, 1986. Raised beaches Koike 1986a (Tokyo Bay middens); Giddings 1966, 1967 (Alaskan beaches). Coral reefs Bloom & others 1974 (New Guinea); Dodge & others 1983. Rock art Chaloupka 1984, 1993 (Australia). The CLIMAP work is described in CLIMAP 1976.

Studying the landscape: geoarchaeology In general: French 2003, 2015; Goldberg & Macphail 2006; Pyddoke 1961; Rapp & Hill 2006; Shackley 1975; Sutcliffe 1985; and Geoarchaeology: An International Journal (from 1986).

Varves Hu & others 1999.

Rivers Dales 1965 (Indus); Fisk 1944 (Mississippi); Adamson & others 1980 (Blue & White Niles); Sneh & Weissbrod 1973 (Nile Delta).

Cave sites Collcutt 1979; Laville 1976; Laville & others 1980; Schmid 1969; Sutcliffe 1985.

Sediments and soils Clarke 1971; Courty 1990 (soil micromorphology). Courty & others 1990; Spence 1990 (assessment in the field). Orliac 1975 (latex technique); van Andel & others 1986; Pope & van Andel 1984; van Andel & others 1990; Runnels 1995; Jameson & others 1995 (Argolid); Hebsgaard & others 2009 ("dirt" DNA). Loess Bordes 1953 (Paris Basin): Kukla 1975 (central Europe); Kukla 1987 (Central China). Buried land surface Street 1986 (Miesenheim forest); Stine 1994 (relict tree stumps); Curry 2006 (Baltic).

Tree-rings and climate Fritts 1976; Schweingruber 1996; Speer 2010; Lara & Villalba 1993 (Chilean tree rings); Stahle & others 1998 (Jamestown); Grinsted & Wilson 1979 (isotopic analysis of tree-rings).

Microbotanical remains Good general works on pollen analysis are Traverse 1988; Faegri & others 1989; Dimbleby 1985, 1969; Moore, Webb & Collinson 1991; Bryant & Holloway 1983; Edwards 1979; Wilkinson 1971. Also Bonnefille 1983 (Omo-Hadar pollen); Palmer 1976 (grass cuticles). Introductions to phytoliths include Piperno 2006; Pearsall 1982; Rovner 1983; Rapp & Mulholland 1992. For extraction from teeth, Armitage 1975; Middleton & Rovner 1994. Also Anderson 1980 (phytoliths on stone tools); Piperno 1985 (Panama work). Diatom analysis In general: Battarbee 1986; Mannion 1987. Also Bradbury 1975 (Minnesota work); Voorhips & Jansma 1974 (Netherlands). Rock varnishes Dorn & DeNiro 1985. Plant DNA Poinar & others 1998.

Macrobotanical remains General articles on flotation are Watson 1976, Williams 1973; also Pearsall 1989. Froth flotation: Jarman & others 1972. Plant remains from frozen mammoths: Lister & Bahn 2007 from bog bodies: van der Sanden 1996, chapter 8. Barron & others 2017 (Vietnam sherds). Wood and charcoal Western 1969; Minnis 1987; also Deacon 1979 (Boomplaas Cave).

Microfauna Andrews 1991 (owl pellets); Klein 1984 (dune mole-rat); Evans 1972; Davies 2016; Allen 2017 (land mollusks); Koike 1986a (Tokyo Bay marine mollusks). General studies of insects: Buckland 1976b; Elias 1994; Osborne 1976; Levesque & others 1997 (midge larvae). Also Coope 1977; Coope & others 1971 (beetles); Atkinson & others 1987 (British Pleistocene work); Girling & Greig 1985; Perry & Moore 1987 (Dutch elm disease); Addyman 1980; Addyman & others 1976; Buckland 1976a (York Roman sewer).

Macrofauna Good introductions include Davis 1987; O'Connor 2000; Travis 2010 (collagen). Big-game extinctions Martin & Klein 1984; Levy 2011; Miller & others 1999; and papers in special volume of *Advances in Vertebrate Paleobiology* 1999. For a critique, see Grayson & Meltzer 2003; Stuart 2015. For the "combined explanation" of the extinctions: Owen-Smith 1987. For the epidemic theory, MacPhee & Marx 1997; against, Lyons & others 2004. For the comet theory, Firestone & others 2007; against, Surovell & others 2009; Pinter & others 2011. For recent studies, Barnosky & others 2004; for Australia, Prideaux & others 2007; Wroe & Field 2006; Rule & others 2012. See also Lister & Bahn 2007. New techniques: isotopes Zeder 1978; Heaton & others 1986. Other evidence *Dossiers de l'Archéologie* 90, 1985 (tracks); Leakey 1987 (Laetoli tracks); Lister & Bahn 2007 (mammoth tracks and dung); Mead & others 1986 (ancient dung).

Human environment Burch 1971 (nonempirical). Fire see numerous papers in *Current Anthropology* 58 (16), 2017, from a 2015 symposium "Fire and the Genus *Homo*." Shahack-Gross & others 1997 (identification on bones); Brain & Sillen 1988 (Swartkrans); Goren-Inbar & others 2004, Alperson-Afil 2008 (Israel); Berna & others 2012 (Wonderwerk); Schiegl & others 1996 (Israeli caves); Weiner & others 1998 (China); Shahack-Gross & others 2014 (Qesem). Legge 1972 (cave climates); Leroi-Gourhan 1981 (plant mattresses); Rottländer & Schlichtherle 1979 (animal hides); Cueto & others 2016 (cave-lion rug); Nadel & others 2004 (Ohalo); Cabanes & others 2010 (Esquilleu); Wadley & others 2011 (Sibudu).

Gardens Leach 1984a (Maori); Cunliffe 1971 (Fishbourne); Jashemski 1979, 1986 (Pompeii); Farrar 1998 (Roman); Wiseman 1998; Lentz & others 1996 (Cerén); see also *Garden History* since 1972, and *Journal of Garden History* since 1981. Also Miller & Gleason 1994. Land management In general: Aston 1997. Flannery 1982 (Maya ridged fields); Bradley 1978 (British field systems); Miyaji 1995, He Jiejun 1999 (paddy fields); Coles & Coles 1996; Weiner 1992 (well). Pollution Addyman 1980 (York pollution); Hong & others 1994, 1996; Renberg & others 1994, Shotyk & others 1998, Rosman & others 1997, Ferrari & others 1999, McConnell & others 2018 (lead pollution). Plow marks on mounds: Fowler & Evans 1967; Rowley-Conwy 1987. Woodland and vegetation Coles & Coles 1986 (Somerset Levels); Piggott 1973 (Dalladies mound); Rue 1987 (Copán pollen analysis).

Island environments Environmental destruction in general: Diamond 1986. Transformation and extinctions are discussed in Kirch 1982 (Hawaii); Kirch 1983 (Polynesia); Anderson 1989, Holdaway & Jacomb 2000 (New Zealand); Steadman 1995. Easter Island Bahn & Flenley 2017.

Box Features

Sea and ice cores See main text references above.

Climatic cycles: El Niño Kerr 1996; Rodbell & others 1999; Sandweiss & others 1996; Fagan 1999. Huaca de la Luna: Bourget 1996.

Cave sediments Magee & Hughes 1982 (Colless Creek); Guillien 1970 (freeze-thaw effects); Gascoyne 1992; Bar-Matthews & others 1997, Zhang & others 2008 (speleothems); Laursen 2010 (cave ice).

Doggerland Gaffney & others 2007, 2009.

Pollen analysis Langford & others 1986, Holt & others 2011; Holt & Bennett 2014 (automated pollen identification); Behre 1986 (human effects on pollen diagrams); Greig 1982b (pollen from urban sites).

Elands Bay Cave Parkington 1981; Buchanan 1988.

Cahokia and GIS Milner 1998.

The Amazon and anthropogenic change Arroyo-Kalin & others 2009; Arroyo-Kalin 2017

Kuk Swamp Golson & others 2017; Denham 2018.

Chapter 7: What Did They Eat?
Subsistence and Diet *(pp. 266–311)*

Paleoethnobotany In general: Hardy & Kubiak-Martens 2016; Renfrew 1973d, 1991b; van Zeist & Casparie 1984; Greig 1989; Pearsall 2015; Hastorf & Popper 1989; Brooks & Johannes 1990; Dimbleby 1978; for the New World, Ford 1979; Gremillion 1997; Smith 1992; van Zeist & others 1991; Lentz & others 1996 (Cerén).

Macrobotanical remains, especially in an urban context: Hall 1986; Greig 1983; Dennell 1974 (internal evidence), Dennell 1976. Hillman 1984a, 1984b, 1985; Jones 1984 (external analysis using ethnographic models or archaeological experiments); Miller 1996 (seeds from dung).

Microbotanical remains Madella & others 2002 (Amud); Fujiwara 1979, 1982 (rice phytoliths); Hillman & others 1993 (chemicals in plants)

Plant impressions Reid & Young 2000 (seed abrasion); Takase 2011, Obata & others 2011 (Japan).

Plant processing Dennell 1974, 1976; Hubbard 1975, 1976. Also Hillman 1981 (charred remains); Jones & others 1986 (crop storage).

Plant residues In general: Hill & Evans 1987. In particular: Grüss 1932 (early work); Loy & others 1992; Piperno & Holst 1998, Piperno & others 2000 (starch grains); Pearsall & others 2004 (Real Alto); Liu & others 2010 (China); Nadel & others 2012 (Ohalo); Mercader 2009 (Mozambique); Piperno & Dillehay 2008, Henry & others 2012 (teeth); Rottländer & Schlichtherle 1979 (Neolithic sherds); Rottländer & Hartke 1982 (Roman sherds); Rottländer 1986 (Heuneburg); Hansson & Foley 2008 (amphorae DNA); Craig & others 2013 (Japan); Samuel 1996 (Egyptian bread & beer); Hather 1994 (new techniques); McGovern 1998; McGovern & others 1996a, 1996b, McGovern 2003, 2009, McGovern & others 2017 (early wine); McGovern & others 2004 (rice wine); Hastorf & DeNiro 1985 (isotopic analysis); Evershed & others 1991 (pot-fabric analysis).

Plant domestication In general: Zohary & Hopf 2012; Hillman & others 1989a. In particular: Hillman & Davies 1990, Tanno & Willcox 2006, Allaby & others 2008 (domestication rates); Smith 1984 (*Chenopodium* work); Butler 1989 (legumes). Phytoliths and maize domestication: Piperno & others 1985; Piperno & others 2001, Tykot & Staller 2002, Pearsall & others 2004 (Ecuador maize); Piperno & Pearsall 1998, Piperno & Stothert 2003 (Panama maize and Ecuador squash). Ubuka bog, Japan: Tsukada & others 1986. Wheat DNA: Brown & others 1993; Heun & others 1997.

Cookery and electron spin resonance Hillman & others 1985. Lindow Man work: Stead & others 1986.

Plant evidence from literate societies Crawford 1979, Darby & others 1977, Saffirio 1972 (Egypt); Davies 1971 (Roman military diet); Garnsey 1988, Forbes & Foxhall 1978, Foxhall & Forbes 1982 (Greco-Roman world); UNESCO 1984 (Tang granaries).

Animal resources In general: Reitz & Wing 2008; Davis 1987; Grayson 1984; Hesse & Wapnish 1985; Meadow 1980; Lyman 1994, 2008; O'Connor 2000; Campana & others 2010; Sykes 2014; Rowley-Conwy & others 2017. A specialized journal began in 1987: *Archaeozoologia*.

Human exploitation of animals In general: Clutton-Brock & Grigson 1983; Blumenschine 1986; Blumenschine & Cavallo 1992. The Olduvai/Koobi Fora work is described in Bunn 1981; Bunn & Kroll 1986; Potts & Shipman 1981; Shipman & Rose 1983; Potts 1988; Ferraro & others 2013 (Kenya). Lomekwi: Harmand & others 2015. Dikika: McPherron & others 2010; Njau 2012; against, Domínguez-Rodrigo & others 2012; Sahle & others 2017. See also papers in Clutton-Brock & Grigson 1983, and in *Journal of Human Evolution* 15 (8), 1986. Trampling of bones: Behrensmeyer & others 1986; Olsen & Shipman 1988.

Macrofaunal assemblage Speth 1983 (Garnsey).

Age, sex, and seasonality Hesse 1984; Zeder & Hesse 2000; Silver 1969; Wilson & others 1982.

Animal domestication In general: Clutton-Brock 1999; Collier & White 1976; Crabtree 1993; Davis 1987; Hemme 1990; Higgs & Jarman 1969; Jarman & Wilkinson 1972; Olsen 1979; Vigne & others 2005; Zeder & others 2006; Colledge & others 2013. Meadow 1996 (Mehrgarh cattle); Dransart 1991, 2002, and several papers in Zeder & others 2006 (camelids); Bahn 1978 (control of Ice Age animals); Chaix & others 1997 (muzzled bear). Disease and deformity: Baker & Brothwell 1980. Telarmachay camelids: Wheeler 1984. Troy & others 2001, Hanotte & others 2002, Blench & MacDonald 2000, Zhang & others 2013 (cattle DNA); Vila & others 2001 (horse DNA); Larson & others 2005 (pig DNA); Ovodov & others 2011, Larson & others 2012, Thalmann & others 2013 (dog DNA); Loreille & others 1997 (sheep/goat DNA); Travis 2010 (collagen).

Small fauna: birds Serjeantson 2009; Anderson 1989 (moa sites, Hawksburn in particular); Holdaway & Jacomb 2000; Stewart & others 2013, 2014 (shell analysis). Fish Casteel 1974a; Brinkhuizen & Clason 1986; Wheeler & Jones 1989; and on fish-meat weights, Casteel 1974b. Microfauna and

Atapuerca Atapuerca 2003; Bischoff 2003; Bischoff & others 2007; Carbonell & others 2008; Parés & Pérez-González 1995; Arsuaga & others 2014.

Thera eruption Discussions in Doumas 1978, and Renfrew 1979b; and the date by Hammer & others 1987. Baillie & Munro 1988; Hardy & Renfrew 1991; Kuniholm & others 1996; Renfrew 1996b; Barber & others 1997; Manning 1999; Wiener 2009; Wiener & Earle 2014. For tephra in Greenland ice core Zielinski & Germani 1998. For new radiocarbon studies see Bronk Ramsey & others 2004, 2010; Galimberti & others 2004; Manning & others 2006; and Friedrich & others 2006; Cherubini & others 2014. Ahmose Stela: Ritner & Moeller 2014. Speleothem date: Badertscher & others 2014.

Chapter 5: How Were Societies Organized?
Social Archaeology *(pp. 174–223)*

Hierarchies / Social ranking Freidel & Sabloff 1984 (Cozumel): Kemp 1989; Lehner 1985 (pyramids); Sabloff 1989 (Pakal).

Ranking from burials Shennan 1975 (Brač); Tainter 1980 (Middle Woodland burials); Bietti Sestieri 1993; Morris 1987; Whitley 1991. Factor analysis & cluster analysis For description and examples see Binford & Binford 1966; Hill 1970; O'Shea 1984; Doran & Hodson 1975.

Collective works Renfrew 1973b, 1979c (Wessex and Orkney); Barrett 1994; Bradley 1993; Thomas, J 1991; Whittle & others 2011. Cumulative viewshed analysis Wheatley 1995.

Heterarchies Crumley 1995; DeMarrais 2013.

Gender and childhood Arnold 1991 (Vix princess); Claassen 1992, 1994; Conkey 1991; di Leonardo 1991; du Cros & Smith 1993; Gero & Conkey 1991; Gimbutas 1989; Hodder 1991; Robb 1994; Walde & Willows 1991; Wright 1996; Meskell 1998a, 1998b, 1998c, 1999; Claassen & Royce 1997; Conkey & Gero 1997; Treherne 1995; Gilchrist 1999; Hays-Gilpin & Whitley 1998; Rautman 2000; Sørensen 2000. Sofaer Derevenski 2000; Grimm 2000; Moore & Scott 1997; Shennan 2002 (childhood learning and cultural transmission).

Ethnicity Renfrew 1987, 1993a; Marcus 1983a; Dragadze 1980; Marcus & Flannery 1996; Hall 1997; Jones 1997; Forster & Toth 2003.

Lineages (molecular genetics) Thomas & others 1998; Torroni & others 1994; Stone & Stoneking 1998, 1999; Poloni & others 1997; Wells & others 2001; Zerjal & others 2003; Forster & Renfrew 2011, 2014.

Economic specialization Morris & Thompson 1985 (Huánuco Pampa); Tosi 1984 (Shahr-i-Sokhta). Multi-dimensional scaling For description and examples see Cherry 1977, Kruskal 1971.

Feasting Miracle & Milner 2002.

Functions of the center Kemp 1984–87 (Amarna); Hammond 1982 (Tikal); Millon 1981; Millon & others 1973; Cowgill & others 1984 (Teotihuacán); Postgate 1983 (Abu Salabikh); Biddle 1975 (Winchester).

Central Place Theory Christaller 1933. Settlement patterns in Mesopotamia Johnson 1972.

Settlements in sedentary societies Binford & others 1970 (Hatchery West); Hill 1970 (Broken K Pueblo); Whitelaw 1981 (Myrtos).

Studying mobile activities at an early hominin site is the subject of Kroll & Isaac 1984.

Territories in mobile societies Foley 1981 discusses the problems and potential of off-site archaeology.

Middle Range Theory Binford 1977, 1983a, 1983b.

Written records *Archaeological Review from Cambridge* 1984, especially Postgate article. Ebla: Matthiae 1980.

Oral tradition Wood 1985.

Ethnoarchaeology Yellen 1977; Hodder 2009; Binford 1983a; Whitelaw 1994; Arnold 1985; Dragadze 1980; Renfrew 1993a, 1994a; Shennan 1989; David & Kramer 2001. For insights into the Leroi-Gourhan/Binford debate: see Audouze 1987 and Valentin 1991.

The individual and identity Renfrew 1994b; Sofaer Derevenski 1997; Moore & Scott 1997; Hall 1997; Jones 1997; Gamble 1998; Bourdieu 1977; Thomas 1996; Gilchrist 1994; Meskell 1998a, 1999; Fowler 2004; Hodder & Hutson 2003 (*habitus*). For Foley Square and African-American cemetery: Harrington 1993; Yamin 1997a, 1997b; Fairbanks & Mullins-Moore 1980; Yentsch 1994.

The archaeology of personhood Fowler 2004; Treherne 1995.

The emergence of identity and society Meskell 2001; Naveh 2003; Verhoeven 2002; Whitley 2002; Wright & Garrard 2003.

Box Features

Service's classification model and its problems Service 1971; Sanders & Marino 1970; Johnson & Earle 1987; Hastorf 1993; Wason 1994; Haas 2001; Alcock & others 2001.

Spiro Brown 1971, 2010.

Liangzhu Renfrew & Liu 2018; Liu & others 2017; Zhejiang 2009; Childs-Johnson 2010.

Early Wessex Renfrew 1973c; Barrett 1994; Bradley 1993; Thomas, J. 1991; Cunliffe & Renfrew 1997.

Interpreting Stonehenge Parker Pearson & Ramilisonina 1998; Parker Pearson 2012; Bevins & others 2012; Darvill 2006; Darvill & Wainwright 2009.

Gender relations in Early Intermediate Period Peru Gero 1992, 1995.

Network analysis Cherry 1977; Hage & Harary 1976; Barabási 2005; Knappett & others 2008; Knappett 2013; Brughmans 2010; Evans & Felder 2014.

Maya territories Coe & Houston 2015; Marcus 1983c; Mathews 1991; Martin & Grube 2000; Renfrew & Cherry 1986 (relations between polities); de Montmollin 1989; Houston 1993; Scherer & Golden 2009; Golden & others 2008.

Conflict and warfare Dawson 1996; Keeley 1997; LeBlanc 1999, 2003; Turner & Turner 1999; Flannery & Marcus 2003; Kelly 2000; Barrett & Scherer 2005; Thorpe 2003; Ferguson 2006; Houston & Inomata 2009; Milner 1999; Webster 2000.

Chapter 6: What Was the Environment?
Environmental Archaeology *(pp. 224–65)*

General studies in environmental archaeology include Evans 1978; Fieller & others 1985; Delcourt & Delcourt 1991; Roberts 2014; Bell & Walker 1992; Goudie 1992; Simmons 1989; Mannion 1991; Dincauze 2000; Redman 1999; Wilkinson & Stevens 2008; O'Connor & Evans 2005; Reitz & Shackley 2012; and *Environmental Archaeology* since 1998. Pleistocene environments: Bradley 1985; Lowe & Walker 2014; Sutcliffe 1985; Williams & others 1998. Holocene climates: Harding 1982. For climate change, Burroughs 2005, Van de Noort 2013.

Sea cores Butzer 1983; Sancetta & others 1973; Chappell & Shackleton 1986; Shackleton 1987. Also Thunell 1979 (east Mediterranean work); Brassell & others 1986 (fatty lipids). Ice cores Alley 2002; Alley & Bender 1998; Dahl-Jensen & others 1998; Severinghaus & others 1999; EPICA 2004; Charles 1997 (tropical data), Thompson & others 1995, 1998 (Andean cores). Ancient winds Wilson & Hendy 1971; Frappier & others 2007 (hurricanes); Parkin & Shackleton 1973 (on West Africa).

Coastlines In general: van Andel 1989; Masters & Flemming 1983; Thompson 1980; Lambeck & others 2004 (fish-pens). Work on Beringia: Elias & others 1996; West 1996; Dawson & others 1990, Smith 2002 (tsunami). Submerged land surfaces at Franchthi: van Andel & Lianos 1984; Shackleton & van Andel 1980, 1986. Raised beaches Koike 1986a (Tokyo Bay middens); Giddings 1966, 1967 (Alaskan beaches). Coral reefs Bloom & others 1974 (New Guinea); Dodge & others 1983. Rock art Chaloupka 1984, 1993 (Australia). The CLIMAP work is described in CLIMAP 1976.

Studying the landscape: geoarchaeology In general: French 2003, 2015; Goldberg & Macphail 2006; Pyddoke 1961; Rapp & Hill 2006; Shackley 1975; Sutcliffe 1985; and *Geoarchaeology: An International Journal* (from 1986).

Varves Hu & others 1999.

Rivers Dales 1965 (Indus); Fisk 1944 (Mississippi); Adamson & others 1980 (Blue & White Niles); Sneh & Weissbrod 1973 (Nile Delta).

Cave sites Collcutt 1979; Laville 1976; Laville & others 1980; Schmid 1969; Sutcliffe 1985.

Sediments and soils Clarke 1971; Courty 1990 (soil micromorphology). Courty & others 1989; Spence 1990 (assessment in the field). Orliac 1975 (latex technique); van Andel & others 1986; Pope & van Andel 1984; van Andel & others 1990; Runnels 1995; Jameson & others 1995 (Argolid); Hebsgaard & others 2009 ("dirt" DNA). Loess Bordes 1953 (Paris Basin): Kukla 1975 (central Europe); Kukla 1987 (Central China). Buried land surface Street 1986 (Miesenheim forest); Stine 1994 (relict tree stumps); Curry 2006 (Baltic).

Tree-rings and climate Fritts 1976; Schweingruber 1996; Speer 2010; Lara & Villalba 1993 (Chilean tree rings); Stahle & others 1998 (Jamestown); Grinsted & Wilson 1979 (isotopic analysis of tree-rings).

Microbotanical remains Good general works on pollen analysis are Traverse 1988; Faegri & others 1989; Dimbleby 1985, 1969; Moore, Webb & Collinson 1991; Bryant & Holloway 1983; Edwards 1979; Wilkinson 1971. Also Bonnefille 1983 (Omo-Hadar pollen); Palmer 1976 (grass cuticles). Introductions to phytoliths include Piperno 2006; Pearsall 1982; Rovner 1983; Rapp & Mulholland 1992. For extraction from teeth, Armitage 1975; Middleton & Rovner 1994. Also Anderson 1980 (phytoliths on stone tools); Piperno 1985 (Panama work). Diatom analysis In general: Battarbee 1986; Mannion 1987. Also Bradbury 1975 (Minnesota work); Voorhips & Jansma 1974 (Netherlands). Rock varnishes Dorn & DeNiro 1985. Plant DNA Poinar & others 1998.

Macrobotanical remains General articles on flotation are Watson 1976, Williams 1973; also Pearsall 1989. Froth flotation: Jarman & others 1972. Plant remains from frozen mammoths: Lister & Bahn 2007 from bog bodies: van der Sanden 1996, chapter 8. Barron & others 2017 (Vietnam sherds). Wood and charcoal Western 1969; Minnis 1987; also Deacon 1979 (Boomplaas Cave).

Microfauna Andrews 1991 (owl pellets); Klein 1984 (dune mole-rat); Evans 1972; Davies 2016; Allen 2017 (land mollusks); Koike 1986a (Tokyo Bay marine mollusks). General studies of insects: Buckland 1976b; Elias 1994; Osborne 1976; Levesque & others 1997 (midge larvae). Also Coope 1977; Coope & others 1971 (beetles); Atkinson & others 1987 (British Pleistocene work); Girling & Greig 1985; Perry & Moore 1987 (Dutch elm disease); Addyman 1980; Addyman & others 1976; Buckland 1976a (York Roman sewer).

Macrofauna Good introductions include Davis 1987; O'Connor 2000; Travis 2010 (collagen). Big-game extinctions Martin & Klein 1984; Levy 2011; Miller & others 1999; and papers in special volume of *Advances in Vertebrate Paleobiology* 1999. For a critique, see Grayson & Meltzer 2003; Stuart 2015. For the "combined explanation" of the extinctions: Owen-Smith 1987. For the epidemic theory, MacPhee & Marx 1997; against, Lyons & others 2004. For the comet theory, Firestone & others 2007; against, Surovell & others 2009; Pinter & others 2011. For recent studies, Barnosky & others 2004; for Australia, Prideaux & others 2007; Wroe & Field 2006; Rule & others 2012. See also Lister & Bahn 2007. New techniques: isotopes Zeder 1978; Heaton & others 1986. Other evidence *Dossiers de l'Archéologie* 90, 1985 (tracks); Leakey 1987 (Laetoli tracks); Lister & Bahn 2007 (mammoth tracks and dung); Mead & others 1986 (ancient dung).

Human environment Burch 1971 (nonempirical). Fire see numerous papers in *Current Anthropology* 58 (16), 2017, from a 2015 symposium "Fire and the Genus *Homo*." Shahack-Gross & others 1997 (identification on bones); Brain & Sillen 1988 (Swartkrans); Goren-Inbar & others 2004, Alperson-Afil 2008 (Israel); Berna & others 2012 (Wonderwerk); Schiegl & others 1996 (Israeli caves); Weiner & others 1998 (China); Shahack-Gross & others 2014 (Qesem). Legge 1972 (cave climates); Leroi-Gourhan 1981 (plant mattresses); Rottländer & Schlichtherle 1979 (animal hides); Cueto & others 2016 (cave-lion rug); Nadel & others 2004 (Ohalo); Cabanes & others 2010 (Esquilleu); Wadley & others 2011 (Sibudu).

Gardens Leach 1984a (Maori); Cunliffe 1971 (Fishbourne); Jashemski 1979, 1986 (Pompeii); Farrar 1998 (Roman); Wiseman 1998; Lentz & others 1996 (Cérén); see also *Garden History* since 1972, and *Journal of Garden History* since 1981. Also Miller & Gleason 1994. Land management In general: Aston 1997. Flannery 1982 (Maya ridged fields); Bradley 1978 (British field systems); Miyaji 1995, He Jiejun 1999 (paddy fields); Coles & Coles 1996; Weiner 1992 (well). Pollution Addyman 1980 (York pollution); Hong & others 1994, 1996; Renberg & others 1994, Shotyk & others 1998, Rosman & others 1997, Ferrari & others 1999, McConnell & others 2018 (lead pollution). Plow marks under mounds: Fowler & Evans 1967; Rowley-Conwy 1987. Woodland and vegetation Coles & Coles 1986 (Somerset Levels); Piggott 1973 (Dalladies mound); Rue 1987 (Copán pollen analysis).

Island environments Environmental destruction in general: Diamond 1986. Transformation and extinctions are discussed in Kirch 1982 (Hawaii); Kirch 1983 (Polynesia); Anderson 1989, Holdaway & Jacomb 2000 (New Zealand); Steadman 1995. Easter Island Bahn & Flenley 2017.

Box Features
Sea and ice cores See main text references above.
Climatic cycles: El Niño Kerr 1996; Rodbell & others 1999; Sandweiss & others 1996; Fagan 1999. Huaca de la Luna: Bourget 1996.
Cave sediments Magee & Hughes 1982 (Colless Creek); Guillien 1970 (freeze-thaw effects); Gascoyne 1992; Bar-Matthews & others 1997, Zhang & others 2008 (speleothems); Laursen 2010 (cave ice).
Doggerland Gaffney & others 2007, 2009.
Pollen analysis Langford & others 1986, Holt & others 2011; Holt & Bennett 2014 (automated pollen identification); Behre 1986 (human effects on pollen diagrams); Greig 1982b (pollen from urban sites).
Elands Bay Cave Parkington 1981; Buchanan 1988.
Cahokia and GIS Milner 1998.
The Amazon and anthropogenic change Arroyo-Kalin & others 2009; Arroyo-Kalin 2017
Kuk Swamp Golson & others 2017; Denham 2018.

Chapter 7: What Did They Eat?
Subsistence and Diet (pp. 266–311)

Paleoethnobotany In general: Hardy & Kubiak-Martens 2016; Renfrew 1973d, 1991b; van Zeist & Casparie 1984; Greig 1989; Pearsall 2015; Hastorf & Popper 1989; Brooks & Johannes 1990; Dimbleby 1978; for the New World, Ford 1979; Gremillion 1997; Smith 1992; van Zeist & others 1991; Lentz & others 1996 (Cerén).
Macrobotanical remains, especially in an urban context: Hall 1986; Dennell 1974 (internal evidence), Dennell 1976. Hillman 1984a, 1984b, 1985; Jones 1984 (external analysis using ethnographic models or archaeological experiments); Miller 1996 (seeds from dung).
Microbotanical remains Madella & others 2002 (Amud); Fujiwara 1979, 1982 (rice phytoliths); Hillman & others 1993 (chemicals in plants)
Plant impressions Reid & Young 2000 (seed abrasion); Takase 2011, Obata & others 2011 (Japan).
Plant processing Dennell 1974, 1976; Hubbard 1975, 1976. Also Hillman 1981 (charred remains); Jones & others 1986 (crop storage).
Plant residues In general: Hill & Evans 1987. In particular: Grüss 1932 (early work); Loy & others 1992; Piperno & Holst 1998, Piperno & others 2000 (starch grains); Pearsall & others 2004 (Real Alto); Liu & others 2010 (China); Nadel & others 2012 (Ohalo); Mercader 2009 (Mozambique); Piperno & Dillehay 2008, Henry & others 2012 (teeth); Rottländer & Schlichtherle 1979 (Neolithic sherds); Rottländer & Hartke 1982 (Roman sherds); Rottländer 1986 (Heuneburg); Hansson & Foley 2008 (amphorae DNA); Craig & others 2013 (Japan); Samuel 1996 (Egyptian bread & beer); Hather 1994 (new techniques); McGovern 1998; McGovern & others 1996a, 1996b, McGovern 2003, 2009, McGovern & others 2017 (early wine); McGovern & others 2004 (rice wine); Hastorf & DeNiro 1985 (isotopic analysis); Evershed & others 1991 (pot-fabric analysis).
Plant domestication In general: Zohary & Hopf 2012; Hillman & others 1989a. In particular: Hillman & Davies 1990, Tanno & Willcox 2006, Allaby & others 2008 (domestication rates); Smith 1984 (*Chenopodium* work); Butler 1989 (legumes). Phytoliths and maize domestication: Piperno & others 1985; Piperno & others 2001, Tykot & Staller 2002, Pearsall & others 2004 (Ecuador maize); Piperno & Pearsall 1998, Piperno & Stothert 2003 (Panama maize and Ecuador squash). Ubuka bog, Japan: Tsukuda & others 1986. Wheat DNA: Brown & others 1993; Heun & others 1997.
Cookery and electron spin resonance Hillman & others 1985. Lindow Man work: Stead & others 1986.
Plant evidence from literate societies Crawford 1979, Darby & others 1977, Saffirio 1972 (Egypt); Davies 1971 (Roman military diet); Garnsey 1988, Forbes & Foxhall 1978, Foxhall & Forbes 1982 (Greco-Roman world); UNESCO 1984 (Tang granaries).
Animal resources In general: Reitz & Wing 2008; Davis 1987; Grayson 1984; Hesse & Wapnish 1985; Meadow 1980; Lyman 1994, 2008; O'Connor 2000; Campana & others 2010; Sykes 2014; Rowley-Conwy & others 2017. A specialized journal began in 1987: *Archaeozoologia*.
Human exploitation of animals In general: Clutton-Brock & Grigson 1983; Blumenschine 1986; Blumenschine & Cavallo 1992. The Olduvai/Koobi Fora work is described in Bunn 1981; Bunn & Kroll 1986; Potts & Shipman 1981; Shipman & Rose 1983; Potts 1988; Ferraro & others 2013 (Kenya). Lomekwi: Harmand & others 2015. Dikika: McPherron & others 2010; Njau 2012; against, Domínguez-Rodrigo & others 2012; Sahle & others 2017. See also papers in Clutton-Brock & Grigson 1983, and in *Journal of Human Evolution* 15 (8), 1986. Trampling of bones: Behrensmeyer & others 1986; Olsen & Shipman 1988.
Macrofaunal assemblage Speth 1983 (Garnsey).
Age, sex, and seasonality Hesse 1984; Zeder & Hesse 2000; Silver 1969; Wilson & others 1982.
Animal domestication In general: Clutton-Brock 1999; Collier & White 1976; Crabtree 1993; Davis 1987; Hemme 1990; Higgs & Jarman 1969; Jarman & Wilkinson 1972; Olsen 1979; Vigne & others 2005; Zeder & others 2006; Colledge & others 2013. Meadow 1996 (Mehrgarh cattle); Dransart 1991, 2002, and several papers in Zeder & others 2006 (camelids); Bahn 1978 (control of Ice Age animals); Chaix & others 1997 (muzzled bear). Disease and deformity: Baker & Brothwell 1980. Telarmachay camelids: Wheeler 1984. Troy & others 2001, Hanotte & others 2002, Blench & MacDonald 2000, Zhang & others 2013 (cattle DNA); Vila & others 2001 (horse DNA); Larson & others 2005 (pig DNA); Ovodov & others 2011, Larson & others 2012, Thalmann & others 2013 (dog DNA); Loreille & others 1997 (sheep/goat DNA); Travis 2010 (collagen).
Small fauna: birds Serjeantson 2009; Anderson 1989 (moa sites, Hawksburn in particular); Holdaway & Jacomb 2000; Stewart & others 2013, 2014 (shell analysis). Fish Casteel 1974a; Brinkhuizen & Clason 1986; Wheeler & Jones 1989; and on fish-meat weights, Casteel 1974b. Microfauna and

insects Aumassip & others 1982–83 (locusts); Hall & Kenward 1976 (York granaries). Mollusks Claassen 1998; Meighan 1969; Shackleton 1969; Bailey 1975; Kirch & Yen 1982 (Tikopia); Stein 1992.

Seasonality studies Monks 1981. Oronsay fish otoliths: Mellars & Wilkinson 1980. Mollusk seasonality in general: Sheppard 1985.

Exploitation of animal resources: fishing and hunting Andersen 1986, 2013 (Tybrind Vig boat); Noe-Nygaard 1974, 1975 (wounds on animal bones); Keeley & Toth 1981 (microwear analysis); Backwell & d'Errico 2001, 2008 (termites). Blood residues Fiedel 1996; Lombard 2014; Eisele & others 1995; Newman & others 1996. Fat residues Mulville & Outram 2005. Rottländer & Schlichtherle 1979 (Geissenklösterle & Lommersum); Brochier 1983 (cave-herding); Schelvis 1992, Chepstow-Lusty 2011 (mites); Bull & others 1999 (manure); Wilkinson 1989, Forbes 2013 (off-site scatters). Residues in vessels Grüss 1933; Dudd & Evershed 1998, Craig & others 2000 (milk); Rottländer & Hartke 1982 (Michelsberg); McGovern & others 1999 (Midas); Patrick & others 1985 (Kasteelberg). Animal tracks Leakey 1987 (Laetoli); Roberts & others 1996 (Mersey); Price 1995 (Sweden).

Secondary Products Revolution Sherratt 1981; Bogucki 1986; Salque & others 2013 (LBK dairying); Craig & others 2005; Evershed & others 2008; Dunne & others 2012 (milk residues); Copley & others 2003; McClure & others 2018; Yang & others 2014 (cheese).

Art and literature Jett & Moyle 1986 (Mimbres fish).

Remains of individual meals Hall 1974 (Chinese lady's tomb).

Human remains: individual meals Ancestral Pueblo colon: Reinhard & others 1992; stomach contents of bogmen: Brothwell 1986; van der Sanden 1996, chapter 8. Lindow man: Hillman 1986; Stead & Turner 1985; Stead & others 1986.

Fecal material Identification as human: Bethell & others 1994. In general: Bryant & Williams-Dean 1975; Callen 1969; Reinhard & Bryant 1992. Tehuacán: Callen 1967; Callen & Cameron 1960. Nevada: Heizer 1969. Bearsden work: Knights & others 1983. Cesspits in general: Greig 1982a. The survival properties of organic residues through the human digestive system are listed in Calder 1977.

Teeth Puech 1979; Fine & Craig 1981; Weyrich & others 2017 (Neanderthals); Larsen 1983 (Georgia). Phytoliths Lalueza & Pérez-Pérez 1994.

Isotopic methods: bone collagen Price 1989. Carbon isotope analyses Tauber 1981 (Denmark); Schulting & Richards 2002a, 2002b (more recent studies); Chisholm & others 1982, 1983 (British Columbia); Sponheimer & Lee-Thorp 1999, Balter & others 2012 (australopithecines); Sponheimer & others 2006 (laser ablation); van der Merwe & others 1981 (Venezuela); Schwarcz & others 1985 (Ontario); Sealy 1986; Richards & others 2003 (Britain); Ambrose & DeNiro 1986 (E. & S. Africa). Nitrogen isotopes Schoeninger & others 1983; Dorozynski & Anderson 1991, Richards & others 2001, Richards & Schmitz 2008 (Neanderthals); Svitil 1994 (Nubians); Kintisch 2016 (Norse isotopes). Strontium analysis Sillen 1994; Schoeninger 1981 (Near East); Schoeninger 1979 (Chalcatzingo); Schoeninger & Peebles 1981 (mollusks). See *Journal of Archaeological Science* 18 (3), 1991 (diet issue).

Box Features

Paleoethnobotany Wendorf & others 1980; Hillman & others 1989b; Hillman 1989 (Wadi Kubbaniya).

Butser Reynolds 1979, 2000; and see http://www.butser.org.uk

Rise of farming in Western Asia Bar-Yosef & Belfer-Cohen 1989; Bar-Yosef 1998; Harris 1996; Cowan & Watson 1992; Braidwood & Howe 1960; Hole & others 1969; Mellaart 1967; Binford 1968; Flannery 1965; Higgs & Jarman 1969; Renfrew, J. 1973; Vita-Finzi & Higgs 1970; Nadel & Hershkovitz 1991; Nesbitt 1995; Smith 1998; Bender 1978; Kislev & others 1992 (Ohalo); Bar-Yosef & Meadow 1995; Cauvin 2000; Heun & others 1997; Bellwood 2005; Weiss & others 2006; Fuller & others 2011.

Jerf el Ahmar Willcox & Stordeur 2012, Asouti & Fuller 2013.

Star Carr Legge & Rowley-Conwy 1988, Milner & others 2013, 2018a, 2018b.

Quantifying animal bones Problems: Grayson 1979, 1984. Estimation of meat weight: Lyman 1979; Smith 1975. Butchery studies: White 1953, 1953–54. Moncin: Harrison & others 1994.

Bison drive sites Kehoe 1967 (Boarding School). Kehoe 1973 (Gull Lake). Other drive sites: Speth 1983 (Garnsey) and Wheat 1972 (Olsen-Chubbuck).

Animal teeth In general: Hillson 2005. Klein & Cruz-Uribe 1984 (tooth-wear); Singer & Wymer 1982 (Klasies River Mouth Cave); Fisher 1984 (Michigan mastodons); Bourque & others 1978 (tooth sectioning technique); Spiess 1979 (Abri Pataud work); Lieberman & others 1990 (computer enhancement).

Shell midden analysis Growth lines: Koike 1986b (Kidosaku); Koike 1980 (Natsumidai). Mollusk seasonality from oxygen isotopes: Bailey & others 1983; Killingley 1981; Shackleton 1973.

Feeding Stonehenge Viner & others 2010; Craig & others 2015.

Paleoproteomics Hendy & others 2018; Cappellini & others 2018; Welker 2018.

Chapter 8: How Did They Make and Use Tools?
Technology and Material Culture (pp. 312–53)

Tools Wightman 2014, Gamble & others 2014. Industrial archaeology Hudson 1979, 1983; *World Archaeology* 15 (2) 1983; and the journals *Industrial Archaeology* (since 1964) and *Industrial Archaeology Review* (since 1976). Experimental archaeology Coles 1973, 1979; Ingersoll & others 1977; Foulds 2013.

Wood pseudomorphs Castro-Curel & Carbonell 1995; Solé & others 2013.

Recognition of human agency Barnes 1939; Patterson 1983; McGrew 1992; Toth & others 1993; Mercader & others 2002, 2007; Haslam & others 2009 (chimps); Visalberghi & others 2013; Proffitt & others 2016 (capuchins).

Ethnographic analogy Bray 1978 (Tairona pendant).

Stone tool manufacture Schick & Toth 1993; Odell 2003; Boëda & others 2008, Koller & others 2001 (hafting). Ethnographic studies Gould 1980; Gould & others 1971; Hayden 1979a (Australia); Hayden 1987 (Maya); Toth & others 1992, Hampton 1999 (New Guinea). Egyptian depictions of flint knife production: Barnes 1947.

Replication studies Crabtree 1970; Sieveking & Newcomer 1987; Toth 1987. Clovis point: Frison 1989. Folsom point: Crabtree 1966; Flenniken 1978. Heat treatment of stone tools: Domanski & Webb 1992; Gregg & Grybush 1976; Robins & others 1978; Rowlett & others 1974. Florida chert: Purdy & Brooks 1971. S. Africa: Brown & others 2009; Mourre & others 2010. Analysis by thermoluminescence Melcer & Zimmerman 1977. Refitting Cahen & Karlin 1980; Olive 1988; Cziesia & others 1990. For a cautionary view: Bordes 1980. Etiolles example: Pigeot 1988.

Microwear Hayden 1979b; Meeks & others 1982; Vaughan 1985. Russian work: Semenov 1964; Phillips 1988. Tringham's work: Tringham & others 1974. Keeley's work: Keeley 1974, 1977, 1980; Keeley & Newcomer 1977. Boomplaas experiment: Binneman & Deacon 1986. Japanese work: Akoshima 1980; Kajiwara & Akoshima 1981. Vance 1987 covers microdebitage; Fischer & others 1984 (Danish projectile point tests). For projectile point experiments and function, Knecht 1997. Identifying function: Pitts & Roberts 1997, chapter 41 (hand-axes); de Beaune 1987a, 1987b (Paleolithic lamps); Haury 1931 (Arizona beads).

Technology of Stone Age art Bahn 1990, 2016; Clottes 1993; Marshack 1975 (Marshack's work); Lorblanchet 1991, 2010 (Pech Merle experiments); Pales & Tassin de Saint Péreuse 1966 (technique of making relief-imprints); d'Errico 1994 (varnish replicas); d'Errico 1996 (surface profiling).

Mines and quarries In general: Shepherd 1980; *World Archaeology* 16 (2), 1984. Sieveking & Newcomer 1987 (flint mines); Bosch 1979 (Rijckholt); Jovanovic 1979, 1980 (Rudna Glava); Protzen 1986, 1993 (Incas); Alexander 1982 (salt); Bahn & Flenley 2017 (Easter Island).

Stone transportation Protzen 1986 (Inca); Thom 1984 (Brittany menhirs). In general: Cotterell & Kamminga 1990.

Construction work Coulton 1977 (Greece); Haselberger 1985 (Didyma temple); Haselberger 1995 (Pantheon).

Technology of animal products General introduction: MacGregor 1985. Johnson 1985; Olsen 1989; d'Errico 1993a (natural or artificial bone tools); d'Errico & others 2001 (termite tools); Francis 1982 (Indian shell experiments); d'Errico 1993b (microscopic criteria). Manufacture Smith & Poggenpoel 1988 (Kasteelberg); Campana 1987. Function Thompson 1954; Arndt & Newcomer 1986; Knecht 1997; Pokines 1998 (bone point experiments). Bahn 1976 (perforated batons); Campana 1979 (Natufian shoulder-blade); d'Errico & others 1984a, 1984b (varnish replicas). Wood technology General introduction: Noël & Bocquet 1987. Particular reference to Britain: Coles & others 1978. Beaver marks: Coles & Orme 1983; Coles & Coles 1986 pl. 25. Wheeled vehicles: Piggott 1983. Watercraft Steffy 1994; Bass 1972, 1988; Hale 1980; Jenkins 1980 (Khufu ship); Welsh 1988 (trireme).

Plant and animal fibers Basketry: Adovasio 1977. Cordage impressions: Hurley 1979. Dyeing at York: Hall & Tomlinson 1984; Tomlinson 1985. Textiles Barber 1991 (general); Anton 1987; Amano 1979 (Peru); Dwyer 1978 (Nazca); Broadbent 1985 (Chibcha). Egyptian: Nicholson & Shaw 2009; Cockburn & others 1998. Hochdorf: Körber-Grohne 1987, 1988; Adovasio & others 1996 (Pavlov); Kvavadze & others 2009 (Dzudzuana). Fiber microwear Cooke & Lomas 1987.

Synthetic materials General works on scientific analysis: Tite 1972; Rottländer 1983; and *Dossiers de l'Archéologie* 42, 1980 (L'analyse des objets archéologiques). Pyrotechnology Good general introduction: Rehder 2000. Thermal shock: Vandiver & others 1989.

Ceramics/Pottery General works: Anderson 1984; Barnett & Hoopes 1995; Bronitsky 1986; Gibson & Woods 1990; Millett 1979; Orton & Hughes 2013; Rice 1982, 1987; Rye 1981; Shepard 1985; Van der Leeuw & Pritchard 1984. Also *World Archaeology* vols. 15 (3), 1984 (Ceramics); 21 (1), 1989 (Ceramic Technology). Pot tempers Bronitsky & Hamer 1986. Firing of pots Tite 1969. Kingery & Frierman 1974 (Karanovo sherd); Burns 1987 (kilns in Thailand); DeBoer & Lathrap 1979 (Shipibo-Conibo). For a whole series of papers on the earliest pottery, see *Quaternary International* 441, 2017.

Faience Aspinall & others 1972. Glass Frank 1982; also Biek & Bayley 1979; Smith 1969; Bimson & Freestone 1987; Tait 1991; Rehren & Pusch 2005 (Egypt). Green & Hart 1987 (Roman glass). Sayre & Smith 1961 (glass analyses); Henderson 1980, 2013; Hughes 1972 (British Iron Age).

Archaeometallurgy General works: Tylecote 1976. See also *World Archaeology* 20 (3), 1989. Coghlan 1951 (Old World); Tylecote 1987 (Europe); Tylecote 1986 (Britain); Benson 1979; Bray 1978 (South America).

Alloying Budd & others 1992 (arsenic); Eaton & McKerrell 1976; Hendy & Charles 1970 (Byzantine coins).

Casting Long 1965; Bray 1978 (lost-wax method). Bruhns 1972 (preserved molds); Rottländer 1986 (residues); Barnard & Tamotsu 1965, Barnard 1961 (Chinese metallurgy).

Silver Blanco & Luzón 1969 (Río Tinto). Fine metalwork Alva & Donnan 1993. Shimada & Griffin 1994; Wulff 1966 (traditional methods). Grossman 1972 (goldwork).

Plating La Niece & Craddock 1993; Lechtman 1984; Lechtman & others 1982 (Loma Negra work).

Iron Coghlan 1956.

Box Features

Artifacts or "Geofacts" at Pedra Furada? Parenti & others 1990; Meltzer & others 1994; Guidon & others 1996; Parenti 2001; Lahaye & others 2013; Boëda & others 2014.

Refitting and microwear studies at Rekem De Bie & Caspar 2000.

Raising large stones Pavel 1992, 1995; see also Scarre 1999.

Woodworking in the Somerset Levels Coles & Coles 1986.

Ceramic styles and learning in the American Southwest Crown 2001, 2007, 2014.

Metallographic examination Thompson 1969.

Copper production in Ancient Peru Shimada & others 1982. Shimada & Merkel 1991; Burger & Gordon 1998; Shimada & others 2007.

Early steelmaking Ethnoarchaeology in general: Kramer 1979. Haya of Tanzania: Schmidt 1996, 1997, 2006; Killick 2004.

Chapter 9: What Contact Did They Have?
Trade and Exchange (pp. 354–85)

Study of interaction Exchange, economic, and ethnographic background: Mauss 1925; Polanyi 1957; Sahlins 1972; Thomas, N. 1991; Wallerstein 1974, 1980; Gregory 1982; Appadurai 1986; Anderson & others 2010. *Kula*: Malinowski 1922; also Leach & Leach 1983. Indications of contact Morwood & others 1999; Marwick 2003; Evans & others 2006. Primitive valuables Dalton 1977; Renfrew 1978c, 1986; and especially Clark 1986.

Characterization of traded materials: Tite 1972; Peacock 1982; Harbottle 1982; Catling & Millett 1965. Sourcing of material: Craig 1972, Herz & Wenner 1981, Herz 1992, Barbin & others 1992 (marble); Jones 1986 (ceramics); Beck & Shennan 1991 (amber); Kelley & others 1994 (Ar-Ar dating); Warashina 1992 (ESR).

Artifact composition Tite 1972; Harbottle 1982.

Distribution patterns of traded items: Hodder & Orton 1976; Renfrew & Shackleton 1970; Scarre & Healy 1993. Stone axes: Cummins 1974, 1979; Clark 1965; Petrequin & others 2012. Obsidian: Renfrew 1969b; Renfrew & Dixon 1976; Renfrew & others 1968; Tykot & Ammerman 1997; Brooks & others 1997; Bradley & Edmonds 1993; Ono & others 2014; Adler & others 2014. Roman pottery: Peacock 1982. Prehistoric pottery: Peacock 1969; Ardika & others 1993. Wreck sites, with maritime trading patterns: Muckelroy 1980.

Production Torrence 1986; Renfrew & Wagstaff 1982 (Melos); Singer 1984; Leach 1984b (Colorado Desert); Kohl 1975 (chlorite bowls); Peacock 1982 (Roman Britain).

Consumption Sidrys 1977 (Maya obsidian).

Exchange: complete system Renfrew 1975, Pires-Ferreira 1976 (Mexico); Hedeager 1978 (buffer zone); Renfrew 1975 (trade and rise of the state); Wallerstein 1974, 1980; Kohl 1987; Rowlands & others 1987; Wolf 1982 ("world system"); Wells 1980; Frankenstein & Rowlands 1978 (early Iron Age trade); Rathje 1973 (Maya trade); Helms 1988 (exotic knowledge). See also Hodges 1982 (early medieval Europe); Earle & Ericson 1977;

World Archaeology 5 (2), 6 (2/3), 11 (1), 12 (1); Southeast Asia (beads) Bellina 2003.

Box Features

Modes of exchange Polanyi 1957; Sahlins 1972.

Prestige materials Clark 1986.

Roman glassware Tsukamoto 2014.

Baltic amber Mukherjee & others 2008.

Fall-off analysis Peacock 1982.

Uluburun wreck Bass 1987; Bass & others 1984, 1989; Pulak 1994.

Greenstone artifacts in Australia McBryde 1979, 1984; McBryde & Harrison 1981.

Interaction spheres Hopewell: Brose & Greber 1979; Seeman 1979; Struever & Houart 1972; Braun 1986.

Chapter 10: What Did They Think?
Cognition, Art, and Religion (pp. 386–429)

Theory and method Philosophy of science: Bell 1994; Braithwaite 1953; Hempel 1966; Popper 1985. Cognitive archaeology: Gardin & Peebles 1992; Renfrew & others 1993; Renfrew & Zubrow 1994; Renfrew & Scarre 1998; Lock & Peters 1996; see also references to box feature Interpretive or postprocessual archaeologies in Chapter 1. Methodological individualism: Bell 1994; Renfrew 1987a.

Evolution of human symbolizing faculties and language Donald 1991; Mellars & Gibson 1996; Pinker 1994; Noble & Davidson 1996; Isaac 1976 (Paleolithic stone tools). Self-consciousness and the mind: Dennett 1991; Penrose 1989; Searle 1994; Barkow & others 1992; Mithen 1990, 1996; Donald 2001. *Chaîne opératoire* and production sequence: Perlès 1992; van der Leeuw 1994; Karlin & Julien 1994; Schlanger 1994. Organized behavior of early hominins: Binford 1981. Opposing views on variability in Mousterian assemblages: Binford 1973; Binford & Binford 1966; Bordes & de Sonneville-Bordes 1970; Mellars 1969, 1970. Gamble 1986 provides a good general view of the European Paleolithic.

Written sources Diringer 1962; Robinson 1995. Early proto-writing of the Vinča culture: Renfrew 1973b, chapter 9; Winn 1981; Fischer 1997 (Easter Island). Conceptualizing warfare Chase 1991; Chase & Chase 1998; Sharer 1994, chapter 5; Webster 1998. Literacy in Classical Greece Cook 1987; Camp 1986.

Establishing place: the location of memory Eliade 1965; Schama 1995; Fritz 1978; Hodder 1990; Wheatley 1971; Tilley 1994; Chatwin 1987; Polignac 1984; Aveni 1990. The Neo-Wessex school and Neolithic monuments: Bradley 1998; Barrett 1994; Tilley 1994; Thomas, J. 1991; Gosden 1994; Edmonds 1999; Richards 1984; Richards & Thomas 1984; Whittle & Pollard 1995. Chaco Canyon: Lekson & others 1988; Marshall 1997; Sofaer 1997; Stein & Lekson 1992; Vivian & others 1978. Nazca lines: Aveni 1990.

Units of time Michailidou 2001; Heggie 1981; Aveni 1988 (Americas). Units of length Heggie 1981. Units of weight Mohenjodaro: Wheeler 1968; Renfrew 1982b; Mederos & Lamberg-Karlovsky 2001.

Planning O'Kelly 1982 (Newgrange); Wheatley 1971; Ward-Perkins 1974 (town planning); Lauer 1976 (Step Pyramid).

Symbols of value In general: Clark 1986; Shennan 1986. Mainfort 1985 (Fletcher cemetery); Renfrew 1978c (Varna gold).

Archaeology of religion Durkheim 1912; Rappaport 1971, 1999; Renfrew 1985 (Phylakopi sanctuary); Renfrew 1994c; Parker Pearson 1984 (metal hoards in Scandinavian rites); Tozzer 1957 (*cenote* at Chichén Itzá); Coe 1978 (Popol Vuh); Marcus & Flannery 1994. Early cult deposits: Garfinkel 1994; Rollefson 1983; Bradley 1990.

Archaeology of death Morris 1987; Whitley 1991.

Art and representation Case for mother-goddess cult argued by Gimbutas 1989, 1991; opposed by Ucko 1968. *Danzante* figures: see Chapter 13. Symmetry analysis: Washburn & Crowe 1989; Washburn 1983. Myth and philosophy in ancient societies: Frankfort & others 1946; Lévi-Strauss 1966. Aesthetic questions Taylor & others 1994; Morphy 1989, 1992; Pfeiffer 1982; Bourdieu 1984; Renfrew 1992c.

Music and cognition Garfinkel 2003; Mithen 2005; Morley 2009; Solis & others 2000; Zhang & others 2004.

Mind and material engagement Clark & Chalmers 1998; Malafouris 2004; Renfrew 2006; Searle 1995.

Box Features

Early thought Arsuaga 2003; Arsuaga & others 2014; Atapuerca 2003; Lorblanchet & Bahn 2017; Bischoff & others 2007 (Atapuerca); Joordens & others 2014 (Trinil); Marshack 1997, d'Errico & Nowell 2000 (Berekhat

Ram); Marquet & Lorblanchet 2003 (La Roche-Cotard); Henshilwood & others 2002, 2018 (Blombos).

Paleolithic art Review of the topic: Bahn 2016. Structuralist interpretation: Leroi-Gourhan 1968. Also: Leroi-Gourhan 1982. Chauvet & others 1996, Clottes 2003 (Chauvet). Portable art: Marshack 1972a (counting and notations); see also Marshack 1972b, 1975, 1991; d'Errico 1989; d'Errico & Cacho 1994.

Neanderthal art Lorblanchet & Bahn 2017; Marquet & Lorblanchet 2003, 2014; Pike & others 2012; Hoffman & others 2018.

Ness of Brodgar Card 2010, 2012; Smith 2014; see also http://www.nessofbrodgar.co.uk

Maya symbols of power Political symbolism of Maya art: Marcus 1974; Proskouriakoff 1960; Schele & Miller 1986. Hammond 1982 discusses "the Maya mind."

Göbekli Tepe Schmidt 2001; Schmidt 2006; Badisches Landesmuseum 2007.

Chavín Burger 1984, 1992; Saunders 1989.

Ancient Greek artists Beazley 1965; Boardman 1974. Cycladic figurines: Getz-Preziosi 1987. General problems of attribution: Hill & Gunn 1977.

Sacrifice and symbol in Mesoamerica Patrik 1985; Sugiyama 1993; Cowgill 1997; Schuster 1999; Saturno & others 2006.

Early musical behavior Conard & others 2009; d'Errico & others 2003; Morley 2009.

Cognition and neuroscience Changeux & Chavaillon 1996; Renfrew 2006; Stout & others 2000.

Chapter 11: Who Were They? What Were They Like? The Bioarchaeology of People (pp. 430–75)

Useful introductions to archaeological aspects of human remains Crossland & Joyce 2015 (forensic anthropology); Blau & Ubelaker 2008; Larsen 2002; Roberts 2012; Mays 2010; Aufderheide 2003; Chamberlain & Parker Pearson 2004; Waldron 2001; Brothwell 1981, 1986; Ubelaker 1984; Boddington & others 1987; White 1991; Cox & Hunter 2005; Dupras & others 2006; Haglund & others 2007. See also the *International Journal of Paleopathology* (from 2010). Race and physical anthropology: Gill & Rhine 1990. Human evolution: Stringer & Andrews 2011; Johanson & Edgar 2006. Cremations: McKinley 2000; Charlton & others 2016 (collagen fingerprinting). Mummies and bog-bodies: Asingh & Lynnerup 2007; Cockburn & others 1998; Brothwell 1986; Coles & Coles 1989; van der Sanden 1996; Aldhouse-Green 2015. Egyptian mummies: David & Tapp 1984; David 1986; El Mahdy 1989. Scythian bodies: Rudenko 1970. Danish bodies: Glob 1973 (Bronze Age), Glob 1969 (Iron Age). Pompeii and Herculaneum: Maiuri 1961; Gore 1984. Sutton Hoo inhumations: Bethell & Carver 1987. Placenta: Bahn 1991. DNA in sediments: Slon & others 2017.

Which sex? In general: Genoves 1969a. Pales & Tassin de Saint Péreuse 1976 (La Marche portraits); Snow 2013; Gunn 2006 (hand stencils). DNA method: Stone & others 1996; Skoglund & others 2013; Faerman & others 1998 (Ashkelon); DNA from feces: Sutton & others 1996; Gremillion & Sobolik 1996.

How long did they live? In general: Genoves 1969b; Zimmerman & Angel 1986; Milner & Boldsen 2012. Season of death: Klevezal & Shishlina 2001; Macchiarelli & others 2006 (Neanderthals). Taung child: Bromage & Dean 1985; Lacruz & others 2005; Beynon & Dean 1988. Holly Smith's work: Smith 1986. Computerized tomography application: Conroy & Vannier 1987. Gibraltar child: Dean & others 1986; Belgian child: Smith & others 2007. Root dentin: Bang 1993. Determining age from bone microstructure: Kerley 1965; Pfeiffer 1980. Chemical method of Shimoyama & Harada: *New Scientist* May 2, 1985, 22. Interpreting age at death Problems in assessing age/sex data from cemeteries: Wood & others 1992, Waldron 1994.

Height and weight In general: Wells 1969. Calculation from long bones: Trotter & Gleser 1958. Facial characteristics In general: Jordan 1983; Tattersall 1992. Cotterell 1981 (terracotta army); Puech & Cianfarani 1985 (Janssens and tomb of Mary of Burgundy).

How related? Radioimmunoassay of fossils: Lowenstein 1985. Blood group of Tutankhamun and Smenkhkare: Connolly & others 1969; Harrison & Abdalla 1972. For Tutankhamun's DNA: Hawass 2010; for doubts, see Marchant 2011. DNA studies: Ross 1992; Pääbo 1993; Herrmann & Hummel 1994. DNA from Egyptian mummies: Pääbo 1985. Florida DNA: Doran 2002; Benditt 1989; Pääbo 1989; Doran 1992. DNA from bone: Hagelberg & others 1989.

Walking In general: Robinson 1972; Meldrum & Hilton 2004. Lucy in the trees: Stern & Susman 1983; Lucy as a biped: Latimer & others 1987; Johanson

& Edgar 2006; Ward & others 2011; *ramidus* and *sediba*: Haile-Selassie & others 2012; Clarke & Tobias 1995 (Little Foot). Computed axial tomography: Pahl 1980; Spoor & others 1994. Footprints Laetoli: Leakey 1979; Day & Wickens 1980; Leakey & Harris 1987; Tuttle & others 1990. Bennett & others 2009 (Ileret). Onac & others 2005 (Romania). Webb & others 2006 (Australia). Roberts & others 1996 (Mersey).

Handedness In general: Babcock 1993; Corballis 1991. In Ice Age art: Bahn 2016. See also Davidson 1986 (Nabataean); Bay 1982 (evidence from tools). Toth's work: Toth 1985.

Speech Endocasts: Holloway 1983; Falk 1983. Stone tools as evidence for speech: Isaac 1976; an opposite view: Dibble 1989. Genetic evidence: Lai & others 2001; Enard & others 2002. Vocal tract Neanderthal: Lieberman 1998; Lieberman & Crelin 1974; an opposing view: Carlisle & Siegel 1974. Hyoid bone: Arensburg & others 1989. Skull-base analyses: Laitman 1986. See also *Science* 256, 1992, 33–34, & 260, 1993, 893; Kay & others 1998 (hypoglossal).

Other behavior Larsen 1997, 2000 (general). Teeth Smith 1983 (Neanderthal teeth as a third hand); Frayer & Russell 1987 (Neanderthal toothpicks). Hands Susman 1994 (and see *Science* 268, 1995, 586–89, and 276, 1997, 32); Skinner & others 2015; Niewoehner & others 2003; Oberlin & Sakka 1993 (Neanderthal dexterity). Skeletal stress Trinkaus 1975 (Neanderthal squatting); Houghton 1980 (New Zealand); Hedges 1983 (Isbister); Capasso & others 1999; Kennedy 1998. Sexuality Kauffmann-Doig 1979 (Peruvian pottery). Cannibalism See references for cannibalism box (below).

Paleopathology In general: Aufderheide & Rodríguez-Martín 1998; Hart 1983; Janssens 1970; Ortner & Aufderheide 1991; Ortner 2003; Roberts & Manchester 2010; Rothschild & Martin 1992. Also two journals: *Dossiers de l'Archéologie* 97, Sept. 1985, "Les Maladies de nos Ancêtres" and *World Archaeology* 21 (2) (1989), "The Archaeology of Public Health." *The International Journal of Palaeopathology* since 2011. Forensic archaeology: Tersigni-Tarrant & Shirley 2013.

Soft tissue Králík & Novotný 2005 (prehistoric fingerprints). For Greek pots, see *Science* 275, 1997, 1425. Mutilated hand stencils: Groenen 1988; Bahn 2016; Sueres 1991. Artistic representations of pathologies: e.g. *Dossiers de l'Archéologie* 97, Sept. 1985, 34–41. Monte Albán figures: Marcus 1983b; Hawass & Saleem 2016.

Parasites and viruses Patrucco & others 1983 (Peru); Bouchet & others 1996 (Arcy); Rothhammer & others 1985, Aufderheide & others 2004 (Chagas disease). Salo & others 1994 (tuberculosis). Gibbons 2013 (other diseases). Mühlemann & others 2018; Rasmussen & others 2015.

Deformity and disease Grimaldi skeleton: Dastugue & de Lumley 1976. Little Big Horn: Scott & Connor 1986; Scott & others 1989. Cranial deformation: Trinkaus 1982 (Neanderthals); Brown 1981 (Australian Aborigines); Miller 2009 (Maya). Shanidar man: Trinkaus 1983. Skull of Bodo: *New Scientist* Sept. 9, 1982, 688. Disease from bone evidence Fennell & Trinkaus 1997 (Neanderthal); Anon. 1994. Harrison & others 1979 (Tutankhamun's tomb); Frayer & others 1988 (Paleolithic dwarf); Murdy 1981 (Olmec "were-jaguar"); Mays 1985 (Harris lines); Capasso 1998 (Iceman). Toxic poisoning In general: Ericson & Coughlin 1981. Molleson & others 1985 (Poundbury lead analysis); Beattie & Geiger 1987 (frozen sailors); Aufderheide & others 1985 (lead analysis of Colonial Americans).

Teeth In general: Ungar 2017; Hillson 2005; Alt & others 1998; Pain 2005 (Egypt). Campbell 1981–82 (Aboriginal tooth avulsion); Weyrich & others 2017 (El Sidrón); Oxilia & others 2017 (Riparo Fredian); Coppa & others 2006 (Mehrgarh); Bernardini & others 2012 (Slovenia); Davidson 1986 (Nabataeans); Freeth 1999; Crubézy & others 1998 (false teeth); d'Errico & others 1988 (Isabella of Aragon).

Medical knowledge Mednikova 2001; Arnott & others 2003 (early trepanation); Buquet-Marcon & others 2009 (amputation); Pain 2007 (Egyptian medicine); Watts 2001 (Egyptian toes); Molleson & Cox 1988 (infant); Prematillake 1989 (hospital); Urteaga-Ballon & Wells 1968 (Peruvian medical kit).

Nutrition In general: Cohen & Armelagos 1984. Higham & Thosarat 1998a and 1998b (Thailand). Evidence in teeth: Hillson 1979, 2005; Smith 1972. Chemical analysis of bone Lambert & others 1979 (Middle & Late Woodland sites); Larsen 2000, 2002 (Georgia).

Population In general: Hassan 1981; Hoppa & Vaupel 2002; Chamberlain 2006. Naroll 1962 (Naroll's equation); Milisauskas 1972 (LBK estimates); Casselberry 1974 (Casselberry's formula); Fox 1983 (Maori example). Other population estimates: Brothwell 1972 (Britain); Dobyns 1966 (America); Storey 1997 (Rome).

Genes Y-chromosome work: Hammer 1995; Underhill 2003; Wells 2002. Mitochondrial work and "Eve" theory: Cann & others 1987; Forster & Renfrew 2003; series of papers in *American Anthropologist* 95, 1993, 9–96; Krings & others 1997; Ward & Stringer 1997. Possible problems with recombining mtDNA: Eyre-Walker & others 1999; Strauss 1999. Recent surveys of origins of modern humans: Stringer & Andrews 2011; Johanson & Edgar 2006; Finlayson 2009; Matisoo-Smith & Horsburgh 2012. Ancient DNA Krings & others 1997; Noonan & others 2006; Green & others 2006; Lambert & Millar 2006; Haak & others 2005; Jobling 2004; Green & others 2010 (Neanderthal genome); Krause & others 2007, 2010; Reich & others 2010 (Denisovans); Meyer & others 2014. Ancient DNA of "modern" humans Ust'-Ishim: Fu & others 2014; Anzick: Rasmussen & others 2014; Raff & Bolnick 2014; also Reich & others 2012; Ruhlen 1994. Paleo-Eskimos: Rasmussen & others 2010. Europe: Forster & Renfrew 2014b; Lazaridis & others 2014; Haak & others 2005.

Box Features
Spitalfields Adam & Reeve 1991; Molleson & Cox 1993. On inherent problems in age estimation, see Aykroyd & others 1999.
Facial reconstructions Gerasimov 1971; Prag & Neave 1997; Wilkinson 2004. Seianti: Swaddling & Prag 2002.
Eulau Neolithic family Haak & others 2008.
Cannibalism Arens 1979; Carbonell 2010 (Atapuerca); Russell 1987 (Krapina); for Fontbrégoua see Villa & others 1986; against Fontbrégoua, Pickering 1989; Peter-Röcher 1994 (Europe); for Anasazi cannibalism, White 1992; Turner & Turner 1999; against, Bahn 1992; Bullock 1998; for fecal material Marlar & others 2000; against, Dongoske & others 2000.
Examining bodies Aufderheide 2003; Egyptian mummies: Cockburn & others 1998; David & Tapp 1984; David 1986; El Mahdy 1989; Goyon & Josset 1988; Harris & Weeks 1973.
Grauballe Man Asingh & Lynnerup 2007.
Microbial archaeology Bos & others 2014; Warinner & others 2015; Xie & others 2016.
Life and death among the Inuit Hart Hansen & others 1985, 1991.
Richard III Appleby & others 2014; Buckley & others 2013; Lamb & others 2014; Pitts 2014.
Genetics and language histories Cavalli-Sforza & others 1994; Sims-Williams 1998; Renfrew 1992b; McMahon & McMahon 1995; Excoffier & others 1987; Bertranpetit & others 1995; Barbujani & Sokal 1990; Blench & Spriggs 1997; Poloni & others 1997; Forster & Renfrew 2014a. For macrofamilies Dolgopolsky 1998; Greenberg 1963, 1987; Renfrew & Nettle 1999; Barbujani & Pilastro 1993; Ruhlen 1991; Nettle 1999a, 1999b; Renfrew 2000b; Renfrew & Boyle 2000 Bellwood & Renfrew 2003. For Khoisan languages see Gonder & others 2003.
Origins of populations in the Americas and Australia In general: Crawford 1998; Greenberg & others 1986; Greenberg 1987; Torroni & others 1992; Bateman & others 1990 (review of linguistic, dental, and genetic evidence); Gibbons 1996, Llamas & others 2016 (recent genetic data); Shields & others 1993; Merriwether & others 1994; Forster & others 1996; Adovasio 2002; Dillehay 2000; Forster & Renfrew 2003; Renfrew 2000a; Goebel & others 2003; Pringle 2011; Waters & others 2011; Kaifu & others 2014. For Australia: Hudjashov & others 2007; McConvell & Evans 1997.

Chapter 12: Why Did Things Change?
Explanation in Archaeology (pp. 476–504)

Introduction Morris 2010.
The form of explanation: general or particular Thomas 2004; Hempel 1966. Other accounts of scientific reasoning: Braithwaite 1953; Popper 1985. Application of universal laws to archaeology: Watson & others 1971, criticized by Flannery 1973 and Trigger 1978. Collingwood 1946 and Hodder 1986 cover the contrasting idealist-historical standpoint.
"Traditional" explanation Culture = people hypothesis first set out in English: Childe 1929; its history traced: Trigger 1978, 2006. Renfrew 1969b, 1973a (Chapter 5) discusses Childe's Vinča/Troy diffusionist link; Renfrew 1982a. Lapita: Green 1979; Bellwood 1987. Spread of alphabet: Gelb 1952. Issue of local innovation versus diffusion: Renfrew 1978a.
Processual approach Flannery 1967; Binford 1972, 2002. Applications Clark 1952 (Swedish megaliths); Binford 1968 (origins of agriculture), and see now Binford 1999; Bender 1978 (alternative model).
Marxism and human society: Childe 1936. Marxist archaeology Gilman 1976, 1981; Friedman & Rowlands 1978; Frankenstein & Rowlands 1978; Spriggs 1984. Structural Marxism: Friedman 1974.
Evolutionary archaeology Dawkins 1989, but see Lake 1999; for Cultural Virus theory: Cullen 1993. For evolutionary psychology: Tooby & Cosmides 1990; Barkow & others 1992; also Mithen 1996; Sperber 1996. For neo-evolutionary thought in the US and beyond: Dunnell 1980, 1995; Durham 1991; Cavalli-Sforza & Feldman 1981; Boyd & Richerson 1985; Maschner 1996a; O'Brien 1996; Lyman & O'Brien 1998; Bintliff 1999.

Origins of the state Claessen & others 2008. Alternative theories: Wittfogel 1957; Diakonoff 1969; Carneiro 1970, 1978; Renfrew 1972; Johnson & Earle 1987; Marcus 1990; Morris 1987. Agricultural intensification: Boserup 1965. Greg Johnson's work: Johnson 1982. Rathje's Maya work: Rathje 1971. Systems approach to origins of Mesoamerican agriculture: Flannery 1968. Simulation Chadwick's work: Chadwick 1979. System Dynamics Modeling: Zubrow 1981 (ancient Rome); Gilbert & Doran 1994; Mithen 1990. Multi-agent simulation: Drogoul & Ferber 1994. System collapse Beresford-Jones 2011; Diamond 2005; Pyburn 2006; Tainter 1990; Lawler 2010.
Postprocessual explanation Structuralist approaches: Glassie 1975; Arnold 1983 examines a recent case study. See also Chapter 1.
Critical Theory Hodder 1986; Shanks & Tilley 1987a, 1987b.
Neo-Marxist thought Leone 1984 (Paca); Miller 1980 (Third World).
Cognitive archaeology Good examples are found in Flannery & Marcus 1983; Schele & Miller 1986; Conrad & Demarest 1984; Freidel 1981; Renfrew & Zubrow 1994; Earle 1997; Feinman & Marcus 1998; Blanton 1998; Rappaport 1999; Mann 1986; Flannery 1999. Rise of Minoan palaces: Cherry 1983b, 1984, 1986. Convergence of cognitive-processual and interpretive archaeologies Schults 2010, Pels 2010 (material entanglement); Renfrew 2009a, Malafouris 2007 (material engagement); Hodder 2010.
Agency and material engagement Arnold 2001; Barrett 2001; Dobres & Robb 2000; Fash 2002; Gell 1998; Smith 2001. Comparative and cross-cultural perspectives: Earle 2002; Feinman & Marcus 1998; Flannery 1999; Renfrew 2003; Trigger 2003. Material engagement: DeMarrais & others 1996; Renfrew 2001; Renfrew 2003; Searle 1995. Archaeology and culture history: Fash 2002; Morris 2000; Mizoguchi 2002. Evolutionary approaches: Shennan 2002.

Box Features
Molecular genetics and population movements Cavalli-Sforza & others 1994; Richards & others 1996; Sykes 1999; Malaspina & others 1998; Torroni & others 1998; Semino & others 2001; Renfrew & Boyle 2000; Bellwood & Renfrew 2003; Chikhi 2003; Haak & others 2010; Haak & others 2015; Narasimhan & others 2018; Olalde & others 2018.
Great Zimbabwe Garlake 1973.
Language families and language change Mallory 1989; Ruhlen 1991; Renfrew 1987b, 1990, 1991a, 1992a, 1992b, 1994a, 1996a, 1998; Phillipson 1977; Bellwood 1991, 1996; Bellwood & Renfrew 2003; Bellwood 2005; Forster & Renfrew 2006; Gray & Atkinson 2003; Bouckaert & others 2012; Pereltsvaig & Lewis 2015; Heggarty & Renfrew 2014a, 2014b; Heggarty & Beresford-Jones 2010 (Quechuaand Aymara); Gray & others 2009, Donohue & Denham 2010 (Austronesian); Cunliffe & Koch 2011, Renfrew 2013 (Celtic).
Origins of the state Carneiro 1970.
Classic Maya collapse Culbert 1973; Hosler & others 1977; Renfrew 1979a; Doran 1981; Lowe 1985; Webster 2002. Studies of state collapse: Tainter 1990; Yoffee & Cowgill 1988. Drought: Hodell & others 1995.
European megaliths Different interpretations: Renfrew 1976, Chapman 1981 (functional-processual); Tilley 1984 (neo-Marxist); Hodder 1984; Whittle 1996 (postprocessual): for the "Neo-Wessex school" see Notes for Chapter 10.
Agency Holland 1956; Robb 1994; Mithen 1990; Barrett 1994; Flannery 1999; Brück 2001; Knapp & van Dommelen 2008; Robb 2010 Malafouris 2013 (material engagement).

Chapter 13: Archaeology in Action:
Five Case Studies (pp. 506–45)

Oaxaca Benz 2001; Blanton 1978; Blanton & Kowalewski 1981; Flannery 1976, 1986; Flannery & Marcus 1983; Flannery & others 1981; Marcus & Flannery 1996; Piperno & Flannery 2001; Smith 1997; Spencer & Redmond 2003.
The Calusa of Florida McGoun 1993; Marquardt 1999, 2001, 2014; MacMahon & Marquardt 2004; Marquardt & Walker 2013; Thompson & others 2016, 2018.
Upper Mangrove Creek Attenbrow 2003, 2004, 2007, 2010; Attenbrow & others 2009, 2017; Hiscock 2008; Robertson & others 2009.
Khok Phanom Di Bentley & others 2007; Higham & Thosarat 1994, 1998a, 1998b, 2005; Kealhofer & Piperno 1994; Tayles 1999; Thompson 1996; Higham 2014.
York Addyman 1974; Arup & University of York 1991; Bayley 1992; Buckland 1976a; Dean 2008; Hall 1994, 1996, 2011; Hall & others 2014; Ordnance Survey 1988a, 1988b; Ottaway 2004; Tweddle 1992; York Archaeological Trust.

Chapter 14: Whose Past?
Archaeology and the Public *(pp. 546–63)*

General introductions to the topic of archaeological ethics and public relations: Green 1984; King 1983; Vitelli & Colwell-Chanthaphonh 2006; Lynott & Wylie 2000; Cantwell & others 2000. Archaeology and politics: Ucko 1987; Garlake 1973 for Great Zimbabwe in particular. Regional approaches: *World Archaeology* 1981–82, 13 (2 & 3).

The meaning of the past Bintliff 1988; Layton 1989a, 1989b.

Ideology and nationalism Díaz-Andreu & Champion 1996; Graves-Brown & others 1996; Jones 1997; Kohl & Fawcett 1995; Shnirelman 1996; China: Olsen 1987; Sri Lanka: Page 2010.

Community archaeology Marshall 2002; Chirikure & Pwiti 2008.

Pseudoarchaeology Cult- and pseudoarchaeology in general: Cole 1980; Fagan 2006; Feder 2018; Sabloff 1982; Stiebing 1984; Story 1976, 1980; Wilson 1972, 1975; Castleden 1998; Peiser & others 1998. See also special issue Vol. 29 (2), 1987, of *Expedition* on "Archaeological Facts and Fantasies." For von Däniken: Ferris 1974 as well as the above. Many articles on this topic can be found in the journal *The Skeptical Inquirer*.

Fraud For the faking scandal in Japan see *Nature* 2007, 445, 245 and *Science* 2001a and 2001b; faked antiquities in museums: Muscarella 2000.

The wider audience Fagan 1984. Japanese site presentation: Kiyotari 1987; Russell 2002.

Who owns the past? Return of cultural property Greenfield 2007; McBryde 1985; Mturi 1983; Matthews 2012; Jenkins 2016. Particular reference to the Elgin Marbles: Hitchens 1987; St. Clair 1998, 1999; Hauser-Schaublin & Prott 2016. Should we disturb the dead? Bahn 1984; Bahn & Paterson 1986; Layton 1989b; Morell 1995 (Mungo, Tasmania, Jews, and Native American hair); Jones & Harris 1998; Redman 2016; Colwell 2017. Native Americans Price 1991; Swidler & others 1997; Watkins 2001; Fine-Dare 2002; Brahic 2014; Callaway 2014. Kennewick Man: Chatters 2001; Downey 2000; Thomas 2000; Burke & others 2008; Owsley & Jantz 2014; Meltzer 2015. Australian aborigines Ucko 1983; Lilley 2000.

Protecting the underwater cultural heritage Pringle 2013.

Damage from looting Brodie & others 2001, 2008; Chamberlin 1983. American Southwest: Basset 1986; Monastersky 1990. China: *Newsweek* Aug. 22, 1994, 36–41; Afghanistan: Ali & Coningham 1998. Looting, market in illicit antiquities: Tubb 1995; O'Keefe 1997; Watson 1997; Renfrew 2009b; Prott 1997 (UNIDROIT); Ali & Coningham 1998 (Pakistan); Sanogo 1999 (Mali); Schmidt & McIntosh 1996 (Africa); Watson 1999 (Peru).

Collectors and museums Cook 1991; Elia 1993; Gill & Chippindale 1993; Haskell & Penny 1981; Hughes 1984; Messenger 1989; Nicholas 1991; Ortiz 1994; Pinkerton 1990; Renfrew 1993b; UNESCO 1970; Vitelli 1984; Vitelli & Colwell-Chanthaphonh 2006; ICOM 1994; True & Hamma 1994;

Dorfman 1998; Watson & Todeschini 2006; and the journal *Culture Without Context*, since 1996. The Schultz case: Lufkin 2003; Elia 2003; Hawkins 2003. "Weary Herakles": Rose & Acar 1995; Von Bothmer 1990. Sevso Treasure: *Sotheby's* 1990; Mango & Bennett 1994; Renfrew 2009b, 2014. Getty *kouros*: Kokkou 1993; Felch & Frammolino 2011. Salisbury Hoard: Stead 2000. UCL bowls: Freeman & others 2006 (Report of UCL inquiry).

Box Features

The politics of destruction Mandal 1993; Frawley 1994; Sharma 1995; Sharma & others 1992, Chakrabarti 2003 (Ayodhya).

Mimbres LeBlanc 1983.

Chapter 15: The Future of the Past:
How to Manage the Heritage? *(pp. 564–83)*

Conservation and destruction Burns 1991; Holloway 1995. Approaches to the archaeological heritage: Cleere 1984; Darvill 1987. Conservation and legislation in Australia & New Zealand: Mulvaney 1981. Damage by warfare: Chapman 1994; Halpern 1993 (Mostar); Polk & Schuster 2005 (Iraq). Damage by developers: Rose theater, England: Fagan 1990a; Wainwright 1989. China: Lawler 2009. Fortunes of war: El-Aref 2013 (Malawi Museum, Egypt); Stone & Bajjaly 2008 (Iraq); Alberge & Arraf 2014 (Islamic State).

CRM in the US King 1998, 2002, 2005, 2012; Neumann & Sanford 2001a, 2001b; U.S. Department of the Interior 1979.

Finders keepers? Brodie & Apostolidis 2007.

International protection Facing History 2003; Curtis & others 2011; Rothfield 2009. World Heritage List on the web: https://whc.unesco.org/en/list

Publication Callow 1985; Atwood 2007; editorials in *Antiquity* 31, 1957 (121–22) & 47, 1973 (261–62). Presentation in general: Zimmerman 2003.

Heritage management, display, and tourism Holtorf 2005; Merriman 2004; Sørensen & Carman 2009.

Who interprets the past? Bintliff 1984; Kaplan 1994; Merriman 1991, 1999; Pearce 1992; Prentice 1993; Stocking 1985; Kavanagh 2000; Putnam 2001; Mack 2003; Raphael 1984, 1988; Shnirelman 2001; Swidler & others 1997.

Past for all people and peoples Eze-Uzomaka 2000; Gosden 2004; Klejn 2010; Olsen 1991; Smith 2009; Layton & others 2006.

What use is the past? Swain 2005; Renfrew 2003; Lowenthal 1985.

Box Features

The Great Temple of the Aztecs Matos Moctezuma 1980, 1988.

CRM in practice: Metro Rail Stuart 2011.

Portable antiquities and the UK Bland 2005. Portable Antiquities Scheme website: https://finds.org.uk/

参考文献

Adam, M. & Reeve, J. 1991. Excavations at Christ Church, Spitalfields, 1984–1986. *Antiquity* 61, 247–56.

Adams, R. E. W. 1980. Swamps, canals, and the locations of ancient Maya cities. *Antiquity* 54, 206–14.

——1982. Ancient Maya canals. Grids and lattices in the Maya jungle. *Archaeology* 35 (6), 28–35.

——, Brown, W. E., & Culbert, T. P. 1981. Radar mapping, archaeology, and ancient Maya land use. *Science* 213, 1457–63.

Adams, R. M. 1965. *Land Behind Baghdad: A History of Settlement on the Diyala Plains*. University of Chicago Press: Chicago.

——1981. *Heartland of Cities: Surveys of Ancient Settlement and Land Use on the Central Floodplain of the Euphrates*. University of Chicago Press: Chicago.

Adamson, D. A. & others. 1980. Late Quaternary history of the Nile. *Nature* 287, 50–55.

Addyman, P. V. 1974. Excavations in York, 1972–3. First Interim Report. *Antiquaries Journal* 54, 200–32.

——1980. Eburacum, Jorvik, York. *Scientific American* 242, 56–66.

——& others. 1976. Palaeoclimate in urban environmental archaeology at York, England. *World Archaeology* 8 (2), 220–33.

Adler, D. S., Wilkinson, K. N., & others. 2014. Early Levallois Technology and the Lower to Middle Paleolithic Transition in the Southern Caucasus. *Science* 345, 1609–13.

Adovasio, J. M. 1977. *Basketry Technology. A Guide to Identification and Analysis*. Aldine: Chicago.

——2002. *The First Americans*. Random House: New York.

——& others. 1996. Upper Palaeolithic fibre technology: interlaced woven finds from Pavlov I, Czech Republic, *c*. 26,000 years ago. *Antiquity* 70, 526–34.

Aitken, M. J. 1959. Test for correlation between dowsing response and magnetic disturbance. *Archaeometry* 2, 58–59.

——1974. *Physics and Archaeology*. (2nd edn) Oxford University Press: Oxford.

——1985. *Thermoluminescence Dating*. Academic Press: London & New York.

——1989. Luminescence dating: a guide for non-specialists. *Archaeometry* 31, 147–59.

——1990. *Science-Based Dating in Archaeology*. Longman: London & New York.

——1998. *Introduction to Optical Dating*. Oxford University Press: Oxford.

——& Valladas, H. 1993. Luminescence dating, in *The Origin of Modern Humans and the Impact of Chronometric Dating* (M. J. Aitken & others eds.), 27–39. Princeton University Press: Princeton.

Akoshima, K. 1980. An experimental study of microflaking. *Kokogaku Zasshi. Journal of the Archaeological Society of Nippon* 66, 357–83 (English summary).

Alberge, D. & Arraf, J. 2014. Loot, sell, bulldoze, Isis grinds history to dust. *Sunday Times*, July 13.

Alcina Franch, J. 1995. *Arqueólogos o Anticuarios. Historia antigua de la Arqueología en la América Española*. Ediciones del Serval: Barcelona.

Alcock, S. E. & others (eds.). 2001. *Empires*. Cambridge University Press: Cambridge.

Aldenderfer, M. & Maschner, H. D. G. (eds.). 1996. *Anthropology, Space and Geographic Information Systems*. Oxford University Press: New York.

Aldhouse-Green, M. 2015. *Bog Bodies Uncovered: Solving Europe's Ancient Mystery*. Thames & Hudson: London & New York.

Alekseev, A. A. & others. 2013. *Virtual Archaeology: non-destructive methods of prospections, modeling, reconstructions*. Proceedings of the First International Conference held at the State Hermitage Museum, 4th June 2012. State Hermitage Publishers: St. Petersburg.

Alexander, J. 1982. The prehistoric salt trade in Europe. *Nature* 300, 577–78.

Ali, I. & Coningham, R. A. E. 1998. Recording and preserving Gandhara's cultural heritage. *Culture Without Context* 3, 10–16.

Allaby, R. G. & others. 2008. The genetic expectations of a protracted model for the origins of domesticated crops. *Proceedings of the Academy of Sciences* 105, 13982–86.

Allen, K. M. S., Green, S. W., & Zubrow, E. B. W. (eds.). 1990. *Interpreting Space: GIS and Archaeology*. Taylor & Francis: London & New York.

Allen, M. J. (ed.). 2017. *Molluscs in Archaeology. Methods, Approaches and Applications*. Oxbow Books: Oxford.

——& Bayliss, A. 1995. The radiocarbon dating programme, in *Stonehenge in its Landscape: Twentieth-Century Excavations* (R. M. J. Cleal, K. E. Walker, & R. Montague eds.), 511–35. English Heritage: London.

Allen, P. M. 1982. The genesis of structure in social systems: the paradigm of self-organization, in *Theory and Explanation in Archaeology* (C. Renfrew, M. J. Rowlands, & B. A. Segraves eds.), 347–74. Academic Press: New York & London.

Alley, R. B. 2002. *The Two Mile Machine. Ice cores, abrupt climate change, and our future*. Princeton University Press: Princeton.

——& Bender, M. L. 1998. Greenland Ice Core: Frozen in Time. *Scientific American* 278 (2), 66–71.

Alperson-Afil, N. 2008. Continual fire-making by hominins at Gesher Benot Ya'aqov, Israel. *Quaternary Science Reviews* 27, 1733–39.

Alt, K. W., Rösing, F. W., & Teschler-Nicola, M. (eds.) 1998. *Dental Anthropology: Fundamentals, Limits, and Prospects*. Springer: Vienna

Altaweel, M. 2005. The use of ASTER satellite imagery in archaeological contexts. *Archaeological Prospection* 12, 151–66.

Alva, W. & Donnan, C. 1993. *Royal Tombs of Sipán*. Fowler Museum of Cultural History, University of California: Los Angeles.

Amano, Y. 1979. *Textiles of the Andes*. Heian/Dohosa: San Francisco.

Ambrose, S. H. & DeNiro, M. J. 1986. Reconstruction of African human diet using bone collagen carbon and nitrogen isotope ratios. *Nature* 319, 321–24.

Ammerman, A. J. 1981. Surveys and archaeological research. *Annual Review of Anthropology* 10, 63–88.

Andersen, S. H. 1986. Mesolithic dug-outs and paddles from Tybrind Vig, Denmark. *Acta Archaeologica* 57, 87–106.

——2013. *Tybrind Vig: Submerged Mesolithic Settlements in Denmark*. Jutland Archaeological Society, Moesgård Museum: Højbjerg.

Anderson, A. 1984. *Interpreting Pottery*. Batsford: London.

——1989. *Prodigious Birds: Moas and Moa-Hunting in New Zealand*. Cambridge University Press: Cambridge.

——, Barrett, J. H., & Boyle, K. V. (eds.). 2010. *The Global Origins and Development of Seafaring*. McDonald Institute: Cambridge.

Anderson, K. K. & others. 2005. The Greenland Ice Core Chronology 2005, 15–42ka. Part 1: Constructing the Time Scale. *Quaternary Science Reviews* 25, 3246–57.

Anderson, P. C. 1980. A testimony of prehistoric tasks: diagnostic residues on stone tool working edges. *World Archaeology* 12, 181–94.

Andrews, P. 1991. *Owls, Caves and Fossils*. University of Chicago Press: Chicago.

Anon. 1994. At Tell Abraq, the earliest recorded find of Polio. *Research, The University of Sydney*, 20–21.

Anton, F. 1987. *Ancient Peruvian Textiles*. Thames & Hudson: London.

Appadurai, A. (ed.). 1986. *The Social Life of Things*. Cambridge University Press: Cambridge.

Appleby, J. & others. 2014. Perimortem trauma in King Richard III: a skeletal analysis. *The Lancet* 385, 253–59.

Archaeological Site Manual. 1994. (3rd edn) Museum of London Archaeology Service: London.

Ardika, I. W. & others. 1993. A single source for South Asian exported quality Rouletted Ware. *Man and Environment* 18, 101–10.

Arens, W. 1979. *The Man-Eating Myth*. Oxford University Press: Oxford.

Arensburg, B. & others. 1989. A middle palaeolithic human hyoid bone. *Nature* 338, 758–60.

Armitage, P. L. 1975. The extraction and identification of opal phytoliths from the teeth of ungulates. *Journal of Archaeological Science* 2, 187–97.

Arndt, S. & Newcomer, M. 1986. Breakage patterns on prehistoric bone points: an experimental study, in *Studies in the Upper Palaeolithic of Britain and NW Europe* (D. A. Roe ed.), 165–73. British Archaeological Reports, International Series 296: Oxford.

Arnold, B. 1991. The deposed princess of Vix: the need for an engendered European prehistory, in *The Archaeology of Gender* (D. Walde & N. D. Willows eds.), 366–74. Archaeological Association: Calgary.

——2001. The limits of agency in the analysis of elite Iron Age Celtic burials. *Journal of Social Archaeology* 1, 210–24.

Arnold, D. E. 1983. Design structure and community organization in Quinua, Peru, in *Structure and Cognition in Art* (D. K. Washburn ed.), 40–55. Cambridge University Press: Cambridge.

——1985. *Ceramic Theory and Cultural Process*. Cambridge University Press: Cambridge.

Arnott, R. & others (eds.). 2003. *Trepanation. History, Discovery, Theory*. Sweits & Zeitlinger: Lisse.

Arroyo-Kalin, M. 2017. Human Niche Construction and Population Growth in Pre-Columbian Amazonia. *Archaeology International* 20, 122–36. https://doi.org/10.5334/ai.367

—— Neves, E. G., & Woods, W. I. 2009. Anthropogenic dark earths of the Central Amazon region: remarks on their evolution and polygenetic composition. In *Amazonian Dark Earths: Wim Sombroek's Vision* (W. I. Woods, W. G. Teixeira, J. Lehmann, C. Steiner, A. WinklerPrins, & L. Rebellato eds.), 99–125. Springer: Dordrecht.

Arsuaga, J. L. 2003. *The Neanderthal's Necklace: In Search of the First Thinkers.* Four Walls Eight Windows: New York.

——& others. 2014. Neanderthal roots: cranial and chronological evidence from Sima de los Huesos. *Science* 344 (6190), 1358–63.

Arup, O. & University Of York. 1991. *York Development and Archaeology.* English Heritage and City of York Council: York.

Ashbee, P. & Jewell, P. 1998. The Experimental Earthworks revisited. *Antiquity* 72, 485–504.

Ashworth, G. J., Graham, G., & Tunbridge, J. E. 2007. *Pluralising Pasts: Heritage, Identity and Place in Multicultural Societies.* Pluto Press: London.

Asingh, P. & Lynnerup, N. (eds.). 2007. *Grauballe Man. An Iron Age Bog Body Revisited.* Jutland Archaeological Society: Moesgaard Museum/Aarhus University Press: Aarhus.

Asouti, E. & Fuller, D. Q. 2013. A contextual approach to the emergence of agriculture in Southwest Asia: reconstructing Early Neolithic plant-food production. *Current Anthropology* 54 (3), 299–345.

Aspinall, A. & others. 1972. Neutron activation analysis of faience beads. *Archaeometry* 14, 27–40.

——& others. 2008. *Magnetometry for Archaeologists.* AltaMira: Lanham, md.

Aston, M. 1997. *Interpreting the Landscape.* (3rd edn) Routledge: London.

Atapuerca. 2003. *Atapuerca. The First Europeans: Treasures from the Hills of Atapuerca.* Junta de Castilla y Leon: New York.

Atkinson, Q. D. & Gray, R. D. 2006. Are Accurate Dates an Intractable Problem for Historical Linguistics? in *Mapping Our Ancestors: Phylogenetic Approaches to Anthropology and Prehistory* (C. P. Lipe, M. J. O'Brien, M. Collard, & S. J. Shennan eds.), 269–98. Aldine Transaction: New York.

Atkinson, T. C., Briffa, K. R., & Coope, G. R. 1987. Seasonal temperatures in Britain during the past 22,000 years, reconstructed using beetle remains. *Nature* 325, 587–92.

Attenbrow, V. 2003. Habitation and land use patterns in the Upper Mangrove Creek catchment, NSW central coast, Australia, in *Shaping the Future Pasts: Papers in Honour of J. Peter White* (J. Specht, V. Attenbrow, & R. Torrence eds.), *Australian Archaeology* 57, 20–31.

——2004. *What's Changing? Population Size or Land-Use Patterns? The Archaeology of Upper Mangrove Creek, Sydney Basin.* Terra Australis 21. Pandanus Press, ANU: Canberra.

——2007. Emu Tracks 2, Kangaroo & Echidna, and Two Moths. Further radiocarbon ages for Aboriginal sites in the Upper Mangrove Creek catchment, New South Wales. *Australian Archaeology* 65, 51–54.

——2010. *Sydney's Aboriginal Past. Investigating the Archaeological and Historical Records.* (2nd edn) UNSW Press: Sydney.

——, Robertson, G., & Hiscock, P. 2009. The changing abundance of backed artefacts in south-eastern Australia: a response to Holocene climate change? *Journal of Archaeological Science* 36, 2765–70.

——& others. 2017. Non-destructive provenancing of ground-edged mafic artifacts: a Holocene case-study from the Sydney Basin, Australia. *Journal of Field Archaeology* 42 (3), 173–86.

Atwood, R. 2007. Publish or be punished. *Archaeology Magazine* 60 (2), 18, 60, 62.

Audouze, F. 1987. Des modèles et des faits: les modèles de A. Leroi-Gourhan et de L. Binford confrontés aux résultats récents. *Bulletin de la Société préhistorique française* 84, 343–52.

Aufderheide, A. C. 2003. *The Scientific Study of Mummies.* Cambridge University Press: Cambridge & New York.

——& Rodríguez-Martín, C. (eds.). 1998. *The Cambridge Encyclopedia of Human Paleopathology.* Cambridge University Press: Cambridge.

——& others. 1985. Lead in bone III. Prediction of social correlates from skeletal lead content in four colonial American populations. *American Journal of Physical Anthropology* 66, 353–61.

——& others. 2004. A 9,000-year record of Chagas' Disease. *Proceedings of the National Academy of Sciences* 101, 2034–39.

Aumassip, G., Betrouni, M., & Hachi, S. 1982–83. Une structure de cuisson de sauterelles dans les dépôts archéologiques de Ti-n-Hanakaten (Tassili-n-Ajjer, Algérie). *Libyca* 30/31, 199–202.

Aveni, A. F. (ed.). 1988. *World Archaeoastronomy.* Cambridge University Press: Cambridge.

——(ed.). 1990. *The Lines of Nazca.* University of Pennsylvania Press: Philadelphia.

Aykroyd, R. G. & others. 1999. Nasty, brutish, but not necessarily short: a reconsideration of the statistical methods used to calculate age at death from adult human skeletal and dental age indicators. *American Antiquity* 64, 55–70.

Babcock, L. E. 1993. The right and the sinister. *Natural History* July, 32–39.

Backwell, L. R. & d'Errico, F. 2001. Evidence of termite foraging by Swartkrans early hominids. *Proceedings of the National Academy of Sciences* 98 (4), 1358–63.

——& d'Errico, F. 2008. Early hominid bone tools from Drimolen, South Africa. *Journal of Archaeological Science* 35, 2880–94.

Bada, J. L. 1985. Aspartic acid racemization ages of California Paleoindian skeletons. *American Antiquity* 50, 645–47.

Badertscher & others. 2014. Speleothems as sensitive recorders of volcanic eruptions: the Bronze Age Minoan eruption recorded in a stalagmite from Turkey. *Earth and Planetary Science Letters* 392, 58–66.

Badisches Landesmuseum. 2007. *Die Ältesten Monumente der Menschheit.* Badisches Landesmuseum: Karlsruhe.

Bahn, P. G. 1976. Les Bâtons Troués: réveil d'une hypothèse abandonnée. *Bulletin de la Société Préhistorique de l'Ariège* 31, 47–54.

——1978. The "unacceptable face" of the West European Upper Palaeolithic. *Antiquity* 52, 183–92.

——1983. The case of the clumsy cave-bears. *Nature* 301, 565.

——1984. Do not disturb? Archaeology and the rights of the dead. *Oxford Journal of Archaeology* 3, 127–39.

——1990. Pigments of the imagination. *Nature* 347, 426.

——1991. Mystery of the placenta pots. *Archaeology* 44 (3), 18–19.

——1992. Review of "Prehistoric Cannibalism" by T. D. White. *New Scientist* April 11, 40–41.

——1995. Last days of the Iceman. *Archaeology* May/June, 66–70.

——(ed.). 1995. *The Story of Archaeology. The 100 Great Discoveries.* Barnes & Noble: New York; Weidenfeld & Nicolson: London.

——(ed.). 1996a. *The Cambridge Illustrated History of Archaeology.* Cambridge University Press: Cambridge & New York.

——(ed.). 1996b. *Tombs, Graves and Mummies.* Weidenfeld & Nicolson: London; Barnes & Noble: New York.

——1998. *The Cambridge Illustrated History of Prehistoric Art.* Cambridge University Press: Cambridge.

——(ed.). 2014. *The History of Archaeology. An Introduction.* Routledge: London.

——2016. *Images of the Ice Age.* Oxford University Press: Oxford.

——& Flenley, J. 2017. *Easter Island, Earth Island.* (4th edn) Rowman & Littlefield: Lanham, MD.

——& Paterson, R. W. K. 1986. The last rights: more on archaeology and the dead. *Oxford Journal of Archaeology* 5, 255–71.

Bailey, G. N. 1975. The role of molluscs in coastal economies: the results of midden analysis in Australia. *Journal of Archaeological Science* 2, 45–62.

——, Deith, M. R., & Shackleton, N. J. 1983. Oxygen isotope analysis and seasonality determinations: limits and potential of a new technique. *American Antiquity* 48, 390–98.

Bailey, R. N., Cambridge, E., & Briggs, H. D. 1988. *Dowsing and Church Archaeology.* Intercept: Wimborne, Dorset.

Baillie, M. G. L. 1982. *Tree-ring Dating and Archaeology.* Croom Helm: London; University of Chicago Press: Chicago.

——1995. *A Slice through Time: Dendrochronology and Precision Dating.* Routledge: London.

—— & Munro, M. A. R. 1988. Irish tree rings, Santorini and volcanic dust veils. *Nature* 332, 344–46.

Baines, J. & Malek, J. 1980. *Atlas of Ancient Egypt.* Facts on File: New York.

Baker, J. & Brothwell, D. 1980. *Animal Diseases in Archaeology.* Academic Press: New York & London.

Ballard, R. D. 1998. High-tech search for Roman shipwrecks. *National Geographic* 193 (4), April, 32–41.

Balter, V. & others. 2012. Evidence for dietary change but not landscape use in South African early hominins. *Nature* 489, 558–60.

Bang, G. 1993. The age of a stone age skeleton determined by means of root dentin transparency. *Norwegian Archaeological Review* 26, 55–57.

Banning, E. B. 2002. *Archaeological Survey: Manuals in Archaeological Method, Theory and Technique.* Kluwer/Plenum: New York.

Banton, S. & others. 2014. Parchmarks at Stonehenge, July 2013. *Antiquity* 88, 733–39.

Bapty, I. & Yates, T. (eds.). 1990. *Archaeology after Structuralism.* Routledge: London.

Barabási, A.-L. 2005. Network theory: the emergence of the creative enterprise. *Science* 308, 639–41.

Baram, U. & Carroll, L. (eds.). 2000. *A Historical Archaeology of the Ottoman Empire.* Kluwer: New York.

Barber, E. J. W. 1991. *Prehistoric Textiles. The Development of Cloth in the Neolithic and Bronze Ages*. Princeton University Press: Princeton.

Barber, M. 2011. *A History of Aerial Photography and Archaeology: Mata Hari's Glass Eye and Other Stories*. English Heritage: Swindon.

Barber, P. C., Dugmore, A. J., & Edwards, K. J. 1997. Bronze Age myths? Volcanic activity and human response in the Mediterranean and North Atlantic regions. *Antiquity* 71, 581–93.

Barbin, V., & others. 1992. Cathodoluminescence of white marbles: an overview. *Archaeometry* 34, 175–85.

Barbujani, G. 1991. What do languages tell us about human microevolution? *Trends in Ecology and Evolution* 6 (5), 151–56.

——& Pilastro, A. 1993. Genetic evidence on origin and dispersal of human populations speaking languages of the Nostratic macrofamily, *Proceedings of the National Academy of Sciences USA* 90, 4670–73.

——& Sokal, R. R. 1990. Zones of sharp genetic change in Europe are also linguistic boundaries. *Proceedings of the National Academy of Sciences USA* 87, 1816–19.

——, Pilastro, A., De Domenico S., & Renfrew, C. 1994. Genetic variation in North Africa and Eurasia: neolithic demic diffusion versus paleolithic colonisation. *American Journal of Physical Anthropology* 95, 137–54.

Bard, E., Hamelin, B., Fairbanks, R. G., & Zindler, A. 1990. Calibration of the ^{14}C timescale over the past 30,000 years using mass spectrometric U-Th ages from Barbados corals. *Nature* 345, 405–10.

——, Arnold, A., Fairbanks, G., & Hamelin, B. 1993. ^{230}Th-^{234}U and ^{14}C ages obtained by mass spectrometry on corals. *Radiocarbon* 35, 191–99.

Barisano, E., Bartholome, E., & Marcolongo, B. 1986. *Télédétection et Archéologie*. CNRS: Paris.

Barker, P. 1986. *Understanding Archaeological Excavation*. Batsford: London.

——1993. *Techniques of Archaeological Excavation*. (3rd edn) Routledge: London.

Barkow, J. H., Cosmides, L., & Tooby, J. 1992. *The Adapted Mind: Evolutionary Psychology and the Generation of Culture*. Oxford University Press: Oxford.

Bar-Matthews, M. & others. 1997. Late Quaternary paleoclimate in the Eastern Mediterranean region from stable isotope analysis of speleothems at Soreq Cave, Israel. *Quaternary Research* 47, 155–68.

Barnard, N. 1961. *Bronze Casting and Bronze Alloys in Ancient China*. Australian National University: Canberra.

——& Tamotsu, S. 1965. *Metallurgical Remains of Ancient China*. Nichiosha: Tokyo.

Barnes, A. S. 1939. The differences between natural and human flaking on prehistoric flint implements. *American Anthropologist* 41, 99–112.

——1947. The technique of blade production in Mesolithic and Neolithic times. *Proceedings of the Prehistoric Society* 13, 101–13.

Barnett, W. K. & Hoopes, J. W. (eds.). 1995. *The Emergence of Pottery. Technology and Innovation in Ancient Societies*. Smithsonian Institution Press: Washington, d.c.

Barnosky, A. D. & others. 2004. Assessing the causes of late Pleistocene extinctions on the continents. *Science* 306, 70–75.

Barrett, J. C. 1994. *Fragments from Antiquity: An Archaeology of Social Life in Britain, 2900–1200* bc. Blackwell: Oxford.

——2001. Agency, the duality of structure and the problem of the archaeological record, in *Archaeological Theory Today* (I. Hodder ed.), 141–64. Polity Press: Cambridge.

Barrett, J. W. & Scherer, A. K. 2005. Stone, bone and crowded plazas: evidence for Terminal Classic Maya warfare at Colha, Belize. *Ancient Mesoamerica* 16, 101–18.

Barron, A. & others. 2017. MicroCT reveals domesticated rice (*Oryza sativa*) within pottery sherds from early Neolithic sites (4150–3265 cal bp) in Southeast Asia. *Nature Scientific Reports* 7, 7410. https://doi.org/10.1038/s41598-017-04338-9

Bar-Yosef, O. 1998. On the nature of transitions: the Middle to Upper Palaeolithic and the Neolithic Revolution. *Cambridge Archaeological Journal* 8 (2), 141–63.

——& Belfer-Cohen, A. 1989. The origins of sedentism and farming communities in the Levant. *Journal of World Prehistory* 3, 447–98.

——& Meadow, R. H. 1995. The origins of agriculture in the Near East, in *Last Hunters, First Farmers: New Perspectives on the Prehistoric Transition to Agriculture* (T. D. Price & A. B. Gebauer eds.), 39–94. School of American Research Press: Santa Fe, nm.

Bass, G. F (ed.). 1972. *A History of Seafaring based on Underwater Archaeology*. Thames & Hudson: London.

——1987. Oldest Known Shipwreck Reveals Splendors of the Bronze Age. *National Geographic*, 172 (Dec.), 693–732.

—— (ed.). 1988. *Ships and Shipwrecks of the Americas: A History Based on Underwater Archaeology*. Thames & Hudson: London & New York.

——2005. (ed.). *Beneath the Seven Seas: Adventures with the Institute of Nautical Archaeology*. Thames & Hudson: London & New York.

——, Frey, D. A., & Pulak, C. 1984. A Late Bronze Age Shipwreck, at Kas, Turkey. *International Journal of Nautical Archaeology* 13 (4), 271–79.

——, Pulak, C., Collon, D., & Weinstein, J. 1989. The Bronze Age Shipwreck at Ulu Burun: 1986 Campaign. *American Journal of Archaeology* 93, 1–29.

Basset, C. A. 1986. The culture thieves. *Science* 86, July/Aug., 22–29.

Bassinot, F. C. & others. 1994. The astronomical theory of climate and the age of the Brunhes–Matuyama magnetic reversal. *Earth and Planetary Science Letters* 126, 91–108.

Bateman, R. & others. 1990. Speaking of Forked Tongues. *Current Anthropology* 31, 1–24.

Battarbee, R. W. 1986. Diatom analysis, in *Handbook of Holocene Palaeoecology and Palaeohydrology* (B. E. Berglund ed.), 527–70. Wiley: London.

Bay, R. 1982. La question du droitier dans l'évolution humaine. *Bulletin de la Société d'Etudes et de Recherches Préhistoriques des Eyzies* 32, 7–15.

Bayley, J. 1992. *Non-Ferrous Metalworking from Coppergate*. Fasc. 17/7. York Archaeological Trust: York.

Bayliss, A. & Whittle, A. (eds.). 2007. Histories of the Dead: Building Chronologies for Five Southern British Long Barrows. *Cambridge Archaeological Journal* 17 (S).

——, Bronk Ramsey, C., & McCormac, F. G. 1997. Dating Stonehenge, in *Science and Stonehenge* (B. Cunliffe & C. Renfrew eds.), 39–60. Proceedings of the British Academy 92, Oxford University Press: Oxford.

——, Bronk Ramsey, C., Van Der Plicht, J., & Whittle, A. 2007. Bradshaw and Bayes: Towards a Timetable for the Neolithic. *Cambridge Archaeological Journal* 17 (S), 1–28.

Beattie, O. & Geiger, J. 1987. *Frozen in Time. The Fate of the Franklin Expedition*. Bloomsbury: London.

Beazley, J. 1965. *Attic Black Figure Vase Painters*. Oxford University Press: Oxford.

Beck, A. R. 2011. Archaeological applications of multi/hyper-spectral data: challenges and potential, in *Remote Sensing for Archaeological Heritage Management* (Europae Archaeologiae Consilium Occasional Papers 5) (D. C. Cowley ed.), 87–97. Archaeolingua: Budapest.

——& others. 2007. Evaluation of Corona and Ikonos high resolution satellite imagery for archaeological prospection in western Syria. *Antiquity* 81, 161–75.

Beck, C. & Shennan, S. 1991. *Amber in Prehistoric Britain*. Oxbow Books: Oxford.

Becker, B. 1993. An 11,000-year German oak and pine dendrochronology for radiocarbon calibration. *Radiocarbon* 35, 201–13.

Behre, K. -E. (ed.). 1986. *Anthropogenic Indicators in Pollen Diagrams*. Balkema: Rotterdam & Boston.

Behrensmeyer, A. K. & Hill, A. P. (eds.). 1980. *Fossils in the Making: Vertebrate Taphonomy and Paleoecology*. University of Chicago Press: Chicago.

——, Gordon, K. D., & Yanagi, G. T. 1986. Trampling as a cause of bone surface damage and pseudo-cutmarks. *Nature* 319, 768–71.

Bell, J. A. 1994. *Reconstructing Prehistory: Scientific Method in Archaeology*. Temple University Press: Philadelphia.

Bell, M. & Walker, M. J. C. 1992. *Late Quaternary Environmental Change: Physical and Human Perspectives*. Longman: Harlow.

——, Fowler, P. J., & Hillson, S. W. (eds.). 1996. *The Experimental Earthwork Project 1960–1992*. Research Report 100, Council for British Archaeology: York.

Bellina, B. 2003. Beads, social change and interaction between India and Southeast Asia. *Antiquity* 77, 285–97.

Bellwood, P. 1987. *The Polynesians*. (rev. ed.) Thames & Hudson: London & New York.

——1991. The Austronesian dispersal and the origins of language. *Scientific American* 265, 88–93.

——1996. The origins and spread of agriculture in the Indo-Pacific region: gradualism and diffusion or revolution and colonization, in the *Origin and Spread of Agriculture and Pastoralism in Eurasia* (D. R. Harris ed.), 465–98. UCL Press: London.

——2005. *First Farmers, the Origins of Agricultural Societies*. Blackwell: Oxford.

——& Renfrew, C. (eds.). 2003. *Examining the Farming/Language Dispersal Hypothesis*. McDonald Institute: Cambridge.

Bender, B. 1978. Gatherer-hunter to farmer: a social perspective. *World Archaeology* 10, 204–22.

Benditt, J. 1989. Molecular Archaeology. *Scientific American* 26, 12–13.

Bennett, M. R. & others. 2009. Early hominin foot morphology based on 1.5 million-year-old footprints from Ileret, Kenya. *Science* 33, 1197–201.

Bennett, R. & others. 2014. The data explosion: tackling the taboo of automatic feature recognition in airborne survey data. *Antiquity* 88, 896–905.

Benson, E. P. (ed.). 1979. *Pre-Columbian Metallurgy of South America*. Dumbarton Oaks Research Library: Washington, d.c.

Bentley, A. & others. 2007. Shifting gender relations at Khok Phanom Di, Thailand: Isotopic evidence from the skeletons. *Current Anthropology* 48 (2), 301–14.

Benz, B. F. 2001. Archaeological evidence of teosinte domestication from Guilá Naquitz, Oaxaca. *Proceedings of the National Academy of Sciences USA* 98, 2104–6.

Beresford-Jones, D. 2011. *The Lost Woodlands of Ancient Nasca, A Case-study in Ecological and Cultural Collapse*. Oxford University Press: Oxford.

Berggren, A. & others. 2014. Revisiting reflexive archaeology at Çatalhöyük: integrating digital and 3D technologies at the trowel's edge. *Antiquity* 89, 433–48.

Berna, F. & others. 2012. Microstratigraphic evidence of in situ fire in the Acheulean strata of Wonderwerk Cave, Northern Cape province, South Africa. *Proceedings of the National Academy of Sciences* 109 (20), E1215–20.

Bernal, I. 1980. *A History of Mexican Archaeology: The vanquished civilizations of Middle America*. Thames & Hudson: London & New York.

Bernardini, F. & others. 2012. Beeswax as dental filling on a Neolithic human tooth. *PLOS ONE* 7 (9), e44904. https://doi.org/10.371/journal.pone.0044904

Berry, J. 2007. *The Complete Pompeii*. Thames & Hudson: London & New York.

Bertranpetit, J. & others. 1995. Human mitochondrial DNA variation and the origin of the Basques. *Annals of Human Genetics* 59, 63–81.

Bethell, P. H. & Carver, M. O. H. 1987. Detection and enhancement of decayed inhumations at Sutton Hoo, in *Death, Decay and Reconstruction* (A. Boddington & others eds.), 10–21. Manchester University Press: Manchester.

——& others. 1994. The study of molecular markers of human activity: the use of coprostanol in the soil as an indicator of human faecal material. *Journal of Archaeological Science* 21, 619–32.

Bevins, R. E., Ixer, R. A., Webb, P. C., & Watson, J. S. 2012. Provenancing the rhyolitic and dacitic components of the Stonehenge landscape bluestone lithology. *Journal of Archaeological Science* 39, 1005–19.

Bewley, R. H. & Raczkowski, W. 2002. *Aerial Archaeology: Developing Future Practice*. NATO Science Series, Vol. 337.

Beynon, A. D. & Dean, M. C. 1988. Distinct dental development patterns in early fossil hominids. *Nature* 335, 509–14.

Biddle, M. 1975. Excavations at Winchester 1971. *Antiquaries Journal* 55, 295–337.

Biek, L. & Bayley, J. 1979. Glass and other vitreous materials. *World Archaeology* 11, 1–25.

Bietti Sestieri, A. M. 1993. *The Iron Age Community of Osteria dell'Osa*. Cambridge University Press: Cambridge.

Billington, S. & Green, M. (eds.). 1996. *The Concept of the Goddess*. Routledge: London.

Bimson, M. & Freestone, J. C. (eds.). 1987. *Early Vitreous Materials*. British Museum Occasional Paper 56. British Museum: London.

Binford, L. R. 1964. A consideration of archaeological research design. *American Antiquity* 29, 425–41.

——1968. Post-Pleistocene adaptations, in *New Perspectives in Archaeology* (S. R. & L. R. Binford eds.), 313–41. Aldine: Chicago.

——1972. *An Archaeological Perspective*. Seminar Press: New York & London.

——1973. Interassemblage variability – the Mousterian and the "functional" argument, in *The Explanation of Culture Change* (C. Renfrew ed.), 227–54. Duckworth: London.

——(ed.). 1977. *For Theory Building in Archaeology*. Academic Press: New York.

——1981. *Bones: Ancient Men and Modern Myths*. Academic Press: New York & London.

——1983a. *In Pursuit of the Past: Decoding the Archaeological Record*. Thames & Hudson: London & New York.

——1983b. *Working at Archaeology*. Academic Press: New York.

——1987. Data, relativism and archaeological science, *Man* 22, 391–404.

——1999. Time as a clue to cause? *Proceedings of the British Academy* 101, 1–35.

——2002. *In Pursuit of the Past: Decoding the Archaeological Record*. (New edn) University of California Press: Berkeley & London.

——& Bertram, J. B. 1977. Bone frequencies and attritional processes, in *For Theory Building in Archaeology* (L. R. Binford ed.), 77–153. Academic Press: New York & London.

——, Binford, S. R., Whallon, R., & Hardin, M. A. 1970. *Archaeology at Hatchery West*. Memoirs of the Society for American Archaeology No. 24: Washington, D.C.

Binford, S. R. & Binford, L. R. 1966. A preliminary analysis of functional variability in the Mousterian of Levallois facies, *American Anthropologist* 68, 238–95.

Binneman, J. & Deacon, J. 1986. Experimental determination of use wear on stone adzes from Boomplaas Cave, South Africa. *Journal of Archaeological Science* 13, 219–28.

Bintliff, J. 1984. Structuralism and myth in Minoan studies. *Antiquity* 58, 33–38.

——(ed.). 1988. *Extracting Meaning from the Past*. Oxbow Books: Oxford.

——1991. Post-modernism, rhetoric and scholasticism at TAG: the current state of British archaeological theory. *Antiquity* 65, 274–78.

——(ed.). 1999. *Structure and Contingency: Evolutionary Processes in Life and Human Society*. Leicester University Press: London.

——& Snodgrass, A. M. 1988. Mediterranean survey and the city. *Antiquity* 62, 57–71.

Bischoff, J. L. 2003. The Sima de los Huesos hominids date beyond U/Th equilibrium (>350 kyr) and perhaps to 400–500 kyr: new radiometric dates. *Journal of Archaeological Science* 30, 275–80.

——& others. 2007. High-resolution U-Series dates from the Sima de los Huesos yield 600 kyrs: implications for the evolution of the Neanderthal lineage. *Journal of Archaeological Science* 34, 763–70.

Bishop, W. W. & Miller, J. A. (eds.). 1982. *Calibration of Hominoid Evolution*. Scottish Academic Press: Edinburgh.

Blanco, A. & Luzón, J. M. 1969. Pre-Roman silver miners at Riotinto. *Antiquity* 43, 124–31.

Bland, R. 2005. A pragmatic approach to the problem of portable antiquities: the experience of England and Wales. *Antiquity* 79, 440–47.

Blanton, R. E. 1978. *Monte Albán: Settlement Patterns at the Ancient Zapotec Capital*. Academic Press: New York & London.

——1998. Beyond centralization: steps towards a theory of egalitarian behavior in archaic states (G. M. Feinman & J. Marcus eds.). School of American Research Press: Santa Fe, nm.

——& Kowalewski, S. A. 1981. Monte Albán and after in the Valley of Oaxaca, in *Archaeology. Supplement to the Handbook of Middle American Indians I* (J. A. Sabloff ed.), 94–116. University of Texas Press: Austin.

——& others. 1982. *Ancient Mesoamerica: A Comparison of Change in Three Regions*. Cambridge University Press: Cambridge.

Blau, S. & Ubelaker, D. H. 2008. *Handbook of Forensic Archaeology and Anthropology*. Left Coast Press: Walnut Creek, ca.

Blench, R. & Spriggs, M. (eds.). 1997. *Archaeology and Language I: Theoretical and Methodological Orientations*. Routledge: London.

Blench, R. M. & MacDonald, K. C. (eds.). 2000. *The Origins and Development of African Livestock: Archaeology. Genetics, Linguistics and Ethnography*. UCL Press: London.

Bloom, A. L. & others. 1974. Quaternary sea level fluctuations on a tectonic coast: New ^{230}Th/^{234}U dates from the Huon Peninsula, New Guinea. *Quaternary Research* 4, 185–205.

Blumenschine, R. J. 1986. *Early Hominid Scavenging Opportunities*. British Archaeological Reports, International Series 283: Oxford.

——& Cavallo, J. A. 1992. Scavenging and human evolution. *Scientific American* 267 (4), 70–76.

Boardman, J. 1974. *Athenian Black Figure Vases*. Thames & Hudson: London & New York.

Bocquet, A. 1994. Charavines il y a 5000 ans. *Dossiers d'Archéologie* 199 (Dec.).

——& Houot, A. 1982. La vie au Néolithique. Charavines, un village au bord d'un lac il y a 5000 ans. *Dossiers d'Archéologie* 64 (June).

Boddington, A., Garland, A. N., & Janaway, R. C. (eds.). 1987. *Death, Decay and Reconstruction*. Manchester University Press: Manchester.

Boëda, E. & others. 2008. Middle Palaeolithic bitumen use at Umm el Tiel around 70,000 bp. *Antiquity* 82, 853–61.

——& others. 2014. A new late Pleistocene archaeological sequence in South America: the Vale da Pedra Furada (Piau', Brazil). *Antiquity* 88, 927–55.

Bogucki, P. 1986. The antiquity of dairying in temperate Europe. *Expedition* 28 (2), 51–58.

Bond, G. C. & Gilliam, A. (eds.). 1994. *Social Construction of the Past: Representation as Power*. Routledge: London.

Bonnefile, R. 1983. Evidence for a cooler and drier climate in the Ethiopian uplands towards 2.5 Myr ago. *Nature* 303, 487–91.

Bordes, F. 1953. *Recherches sur les limons quaternaires du bassin de la Seine*. Archives de l'Institut de Paléontologie Humaine, No. 26: Paris.

——1980. Question de contemporanéité: l'illusion des remontages. *Bulletin de la Société préhistorique française* 77, 132–33; see also 230–34.

——& De Sonneville-Bordes, D. 1970. The significance of variability in Paleolithic assemblages. *World Archaeology* 2, 61–73.

Bos, K. L. & others. 2014. Pre-Columbian mycobacterial genomes reveal seals as a source of New World human tuberculosis. *Nature* 514, 494–97.

Bosch, P. W. 1979. A Neolithic flint mine. *Scientific American* 240, 98–103.

Boserup, E. 1965. *The Conditions of Agricultural Growth*. Aldine: Chicago.

Bouchet, F. & others. 1996. Paléoparasitologie en contexte pléistocène: premières observations à la Grande Grotte d'Arcy-sur-Cure (Yonne), France. *Comptes rendus de l'Academie des Sciences (Paris)* 319, 147–51.

Bouckaert, R. Leney, P., & others. 2012. Mapping the origins and expansion of the Indo-European language family. *Science* 337, 957–60.

Bourdieu, P. 1977. *Outline of a Theory of Practice*. Cambridge University Press: Cambridge.

——1984. *Distinction: A Social Critique of the Judgement of Taste*. Routledge: London.

Bourget, S. 1996. *Proyecto Arqueológico Huaca de la Luna: Informe Técnico 1995, Vol. I Textos* (S. Uceda & R. Morales eds.), 52–61. Universidad Nacional de La Libertad-Trujillo: Trujillo.

Bourque, B. J., Morris, K., & Spiess, A. 1978. Determining the season of death of mammal teeth from archaeological sites: a new sectioning technique. *Science* 199, 530–31.

Bowden, M. 1991. *Pitt Rivers*. Cambridge University Press: Cambridge.

Bower, J. 1986. A survey of surveys: aspects of surface archaeology in sub-Saharan Africa. *African Archaeological Review* 4, 21–40.

Bowman, A. K. 1983. *Roman Writing Tablets from Vindolanda*. British Museum Publications: London.

——1994. *Life and Letters on the Roman Frontier: Vindolanda and its People*. British Museum Publications: London.

Bowman, S. 1990. *Radiocarbon Dating*. British Museum Publications: London.

——1994. Using radiocarbon: an update. *Antiquity* 68, 838–43.

Boyd, R. & Richerson, J. 1985. *Culture and Evolutionary Process*. University of Chicago Press: Chicago.

Boyer, P. 1994. *The Naturalness of Religious Ideas. A Cognitive Theory of Religion*. University of California Press: Berkeley.

Bradbury, J. P. 1975. Diatom stratigraphy and human settlement in Minnesota. *Geological Society of America*, Special Paper 171, 1–74.

Bradley, R. J. 1978. Prehistoric field systems in Britain and north-west Europe: a review of some recent work. *World Archaeology* 9, 265–80.

Bradley, R. S. 1985. *Quaternary Paleoclimatology: Methods of Paleoclimatic Reconstruction*. Allen & Unwin: Boston & London.

——1990. *The Passage of Arms: An Archaeological Analysis of Prehistoric Hoards and Votive Deposits*. Cambridge University Press: Cambridge.

——1993. *Altering the Earth: The Origins of Monuments in Britain and Continental Europe*. Edinburgh University Press: Edinburgh.

——1998. *The Significance of Monuments*. Routledge: London.

——& Edmonds, M. 1993. *Interpreting the Axe Trade*. Cambridge University Press: Cambridge.

Brahic, C. 2014. America's native son. *New Scientist*, Feb. 15, 8–9.

Braidwood, R. J. & Howe, B. 1960. *Prehistoric Investigations in Iraqi Kurdistan*. Studies in Ancient Oriental Civilization (SAOC), No. 31. Oriental Institute of the University of Chicago. University of Chicago Press: Chicago.

Brain, C. K. 1981. *The Hunters or the Hunted? An Introduction to African Cave Taphonomy*. University of Chicago Press: Chicago.

——& Sillen, A. 1988. Evidence from the Swartkrans cave for the earliest use of fire. *Nature* 336, 464–66.

Brainerd, G. W. 1951. The Place of Chronological Ordering in Archaeological Analysis. *American Antiquity* 16, 301–13.

Braithwaite, R. B. 1953. *Scientific Explanation: A Study of the Function of Theory, Probability and Law in Science*. Cambridge University Press: Cambridge.

Brassell, S. C. & others. 1986. Molecular stratigraphy: a new tool for climatic assessment. *Nature* 320, 129–33.

Braun, D. P. 1986. Midwestern Hopewellian exchange and supralocal interaction, in *Peer Polity Interaction and Socio-Political Change* (C. Renfrew and J. F. Cherry eds.), 117–26. Cambridge University Press: Cambridge.

Bray, W. 1978. *The Gold of El Dorado*. Times Newspapers Ltd.: London.

Brinkhuizen, D. C. & Clason, A. T. (eds.). 1986. *Fish and Archaeology. Studies in Osteometry, Taphonomy, Seasonality and Fishing*. British Archaeological Reports, International Series 294: Oxford.

Broadbent, S. M. 1985. Chibcha textiles in the British Museum. *Antiquity* 59, 202–5.

Brochier, J.-E. 1983. Combustion et parcage des herbivores domestiques. Le point de vue sédimentologique. *Bulletin de la Société préhistorique française* 80, 143–45.

Brodie, N. & Apostolidis, A. 2007. *History Lost*. Hellenic Foundation for Culture & Anemon Productions: Athens.

——, Doole, J., & Renfrew, C. (eds.). 2001. *Trade in Illicit Antiquities: The Destruction of the World's Archaeological Heritage*. McDonald Institute: Cambridge.

——, Kersel, M., Luke, C., & Tubb, K. W. (eds.). 2008. *Archaeology, Cultural Heritage, and the Antiquities Trade*. University of Florida Press: Gainesville.

Bromage, T. G. & Dean, M. C. 1985. Re-evaluation of the age at death of immature fossil hominids. *Nature* 317, 525–27.

Bronitsky, G. 1986. The use of materials science techniques in the study of pottery construction and use, in *Advances in Archaeological Method and Theory* 9 (M. B. Schiffer ed.), 209–76. Academic Press: New York & London.

——& Hamer, R. 1986. Experiments in ceramic technology. The effects of various tempering materials on impact and thermal-shock resistance. *American Antiquity* 51, 89–101.

Bronk Ramsey, C. 1994. *OxCal Radiocarbon Calibration and Stratigraphic Analysis Program*. Research Laboratory for Archaeology: Oxford.

——2009. Bayesian Analysis of Radiocarbon Dates. *Radiocarbon* 51 (1), 337–60.

——, Manning, S. W., & Galimberti, M. 2004. Dating the volcanic eruption at Thera. *Radiocarbon* 46 (1), 325–44.

——, Dee, M. W., Rowland, J. M., & others. 2010. Radiocarbon-Based Chronology for Dynastic Egypt. *Science* 328, 1554–57.

Brooks, R. R. & Johannes, D. 1990. *Phytoarchaeology*. Leicester University Press: Leicester and London.

Brooks, S. O. & others. 1997. Source of volcanic glass for ancient Andean tools. *Nature* 386, 449–50.

Brophy, K. & Cowley, K. 2005. *From the Air. Understanding Aerial Photography*. Tempus: Stroud.

Brose, D. & Greber, N. (eds.). 1979. *Hopewell Archaeology: The Chillicothe Conference*. Kent State University Press: Kent, oh.

Brothwell, D. R. 1972. Palaeodemography and earlier British populations. *World Archaeology* 4, 75–87.

——1981. *Digging up Bones. The Excavation, Treatment and Study of Human Skeletal Remains*. (3rd edn) British Museum (Natural History) & Oxford University Press: London.

——1986. *The Bog Man and the Archaeology of People*. British Museum Publications: London; Harvard University Press: Cambridge, ma.

——& Pollard, A. M. (eds.). 2005. *Handbook of Archaeological Sciences*. Wiley: Chichester.

Brown, J. A. 1971. *The dimensions of status in the burials at Spiro*. Memoirs of the Society for American Archaeology No. 25, 92–112. Society for American Archaeology: Washington, d.c.

——2010. Cosmological layouts of secondary burials as political instruments, in *Mississippian Mortuary Practices* (L. P Sullivan & R. C. Mainfort, Jr. eds.), 30–53. University Press of Florida: Gainesville.

Brown, K. S. & others. 2009. Fire as an engineering tool of early modern humans. *Science* 325, 859–62.

Brown, P. 1981. Artificial cranial deformation: a component in the variation in Pleistocene Australian Aboriginal crania. *Archaeology in Oceania* 16, 156–67.

Brown, T. A. & Brown, K. A. 1992. Ancient DNA and the archaeologist. *Antiquity* 66, 10–23.

——& others. 1993. Biomolecular archaeology of wheat: past, present and future. *World Archaeology* 25, 64–73.

Brück, J. 2001. Monuments, power and personhood in the British Neolithic. *Journal of the Royal Anthropological Institute* 7, 649–67.

Brughmans, T. 2010. Connecting the dots: towards archaeological network analysis. *Oxford Journal of Archaeology* 29, 277–303.

Bruhns, K. O. 1972. Two prehispanic *cire perdue* casting moulds from Colombia. *Man* 7, 308–11.

Bryant, V. M. & Holloway, R. G. 1983. The role of palynology in archaeology, in *Advances in Archaeological Method and Theory* 6 (M. B. Schiffer ed.), 191–224. Academic Press: London & New York.

——& Williams-Dean, G. 1975. The coprolites of man. *Scientific American* 238, 100–109.

Bucha, V. 1971. Archaeomagnetic Dating, in *Dating Techniques for the Archaeologist* (H. N. Michael & E. K. Ralph eds.), 57–117. Massachusetts Institute of Technology: Cambridge, ma.

Buchanan, W. F. 1988. *Shellfish in Prehistoric Diet. Elands Bay, S.W. Cape Coast, South Africa*. British Archaeological Reports, International Series 455: Oxford.

Buchli, V. & Lucas, G. (eds.). 2001. *Archaeologies of the Contemporary Past*. Routledge: London.

Buck, C. E., Litton, C. D., & Scott, E. M. 1994. Making the most of radiocarbon dating: some statistical considerations. *Antiquity* 68, 252–63.

Buckland, P. C. 1976a. *The Environmental Evidence from the Church Street Roman Sewer System*. Fasc. 14/1. York Archaeological Trust.

————1976b. The use of insect remains in the interpretation of archaeological environments, in *Geoarchaeology* (D. A. Davidson & M. L. Shackley eds.), 369–96. Duckworth: London.

Buckley, R. & others. 2013. "The king in the car park": new light on the death and burial of Richard III in the Grey Friars church, Leicester, in 1485. *Antiquity* 87, 519–38.

Budd, P. & others. 1992. The early development of metallurgy in the British Isles. *Antiquity* 66, 677–86.

Bull, I. D. & others. 1999. Muck 'n' molecules: organic geochemical methods for detecting ancient manuring. *Antiquity* 73, 86–96.

Bullock, P. Y. (ed.). 1998. *Deciphering Anasazi Violence*. HRM Books: Santa Fe, nm.

Bunn, H. T. 1981. Archaeological evidence for meat-eating by Plio-Pleistocene hominids from Koobi Fora and Olduvai Gorge. *Nature* 291, 574–77.

————& Kroll, E. M. 1986. Systematic butchery by Plio/Pleistocene hominids at Olduvai Gorge, Tanzania. *Current Anthropology* 27, 431–52.

Buquet-Marcon, C. & others. 2009. A possible Early Neolithic amputation at Buthiers-Boulancourt (Seine-et-Marne), France. *Antiquity* website, Project Gallery December 2009. http://antiquity.ac.uk

Burch, E. S. 1971. The nonempirical environment of the Arctic Alaskan Eskimos. *Southwestern Journal of Anthropology* 27 (2), 148–65

Burger, R. L. 1984. *The Prehistoric Occupation of Chavín de Huántar, Peru*. University of California Publications in Anthropology Vol. 14. University of California Press: Berkeley.

————1992. *Chavín and the Origins of Andean Civilization*. Thames & Hudson: London & New York.

————2009. *The Life and Writings of Julio C. Tello*. University of Iowa Press: Iowa City.

————& Gordon, R. B. 1998. Early Central Andean metalworking from Mina Perdida, Peru. *Science* 282, 1108–11.

Burke, H. & others. 2008. *Kennewick Man: Perspectives on the Ancient One*. Left Coast Press: Walnut Creek, ca.

Burns, G. 1991. Deterioration of our cultural heritage. *Nature* 352, 658–60.

Burns, P. L. 1987. Thai ceramics: the archaeology of the production centres, in *Archaeometry: Further Australasian Studies* (W. R. Ambrose & J. M. J. Mummery eds.), 203–12. Australian National University: Canberra.

Burrough, P. A. & McDonnell, R. A. 1998. *Principles of Geographical Information Systems*. Oxford University Press: Oxford.

Burroughs, W. J. 2005. *Climate Change in Prehistory*. Cambridge University Press: Cambridge.

Butler, A. 1989. Cryptic-anatomical characters as evidence of early cultivation in the gram legumes (pulses), in *Foraging and Farming: The Evolution of Plant Exploitation* (D. R. Harris & G. C. Hillman eds.). Unwin & Hyman: London.

Butler, J. 2011. *Bodies that Matter*. Routledge: London and New York.

Butzer, K. W. 1983. Global sea-level stratigraphy: an appraisal. *Quaternary Science Reviews* 2, 1–15.

Cabanes, D. & others. 2010. Phytolith evidence for hearths and beds in the Late Mousterian occupations of Esquilleu Cave (Cantabria, Spain). *Journal of Archaeological Science* 37, 2947–57.

Cabrera Castro, R. & others. 1982. *Teotihuacán 1980–82. Primeros Resultados*. Instituto Nacional de Antropología e Historia: Mexico City.

Cahen, D. & Karlin, C. 1980. Les artisans de la préhistoire. *La Recherche* 116, 1258–68.

Calder, A. M. 1977. Survival properties of organic residues through the human digestive tract. *Journal of Archaeological Science* 4, 141–51.

Callanan, M. 2013. Melting snow patches reveal Neolithic archery. *Antiquity* 87, 728–45.

Callaway, E. 2014. Ancient genome stirs up ethics debate. *Nature* 506, 162–63.

Callen, E. O. 1967. Analysis of the Tehuacán coprolites, in *The Prehistory of the Tehuacán Valley, 1: Environment and Subsistence* (D. S. Byers ed.), 261–89. Austin: London.

————1969. Diet as revealed by coprolites, in *Science in Archaeology* (D. R. Brothwell & E. S. Higgs eds.), 235–43. (2nd edn) Thames & Hudson: London.

————& Cameron, T. W. M. 1960. A prehistoric diet revealed in coprolites. *New Scientist* 8, 35–40.

Callow, P. 1985. An unlovely child: the problem of unpublished archaeological research. *Archaeological Review from Cambridge* 4, 95–106.

Camp, J. M. 1986. *The Athenian Agora*. Thames & Hudson: London & New York.

Campana, D. V. 1979. A Natufian shaft-straightener from Mugharet El Wad, Israel: an example of wear-pattern analysis. *Journal of Field Archaeology* 6, 237–42.

————1987. The manufacture of bone tools in the Zagros and the Levant. *MASCA Journal* 4 (3), 110–23.

————& others (eds.). 2010. *Anthropological Approaches to Zooarchaeology*. Oxbow Books: Oxford.

Campbell, A. H. 1981–82. Tooth avulsion in Victorian Aboriginal skulls. *Archaeology in Oceania* 16/17, 116–18.

Cann, R. L., Stoneking, M. & Wilson, A. C. 1987. Mitochondrial DNA and human evolution. *Nature* 325, 31–36.

Cantwell, A. -M., Friedlander, E., & Tramm, M. L. (eds.). 2000. *Ethics and Anthropology: Facing Future Issues in Human Biology, Globalism and Cultural Property*. Vol. 295. New York Academy of Sciences: New York.

Capasso, L. 1994. Ungueal morphology and pathology of the human mummy found in the Val Senales (Easter Alps, Tyrol, Bronze Age). *Munibe* 46, 123–32.

————& others. 1999. *Atlas of Occupational Markers in Human Remains*. Journal of Palaeontology Monograph Publications 3, 1–184. Edigrafica SPA: Teramo.

Cappellini, E. & others. Ancient Biomolecules and Evolutionary Inference. *Annual Review of Biochemistry* 2018. https://doi.org/10.1146/annurev-biochem-062917-012002

Carbonell, E. & others. 2008. The first hominin of Europe. *Nature* 452, 465–69.

————& others. 2010. Cultural cannibalism as a paleoeconomic system in the European Lower Pleistocene. The case of Level TD6 of Gran Dolina (Sierra de Atapuerca, Burgos, Spain). *Current Anthropology* 51 (4), 539–49.

Card, N. 2010. Neolithic temples of the Northern Isles: stunning new discoveries in Orkney. *British Archaeology*, Jan.–Feb., 12–19.

————2012. The Ness of Brodgar. *British Archaeology*, Jan.–Feb., 14–21.

Carlisle, R. & Siegel, H. 1974. Some problems in the interpretation of Neanderthal speech capabilities. *American Anthropologist* 76, 319–22.

Carmichael, D. L., Lafferty, R. H., & Molyneaux, B. L. 2003. *Excavation*. AltaMira: Walnut Creek, ca.

Carneiro, R. L. 1970. A theory of the origin of the state. *Science* 169, 733–38.

————1978. Political expansion as an expression of the principle of competitive exclusion, in *Origins of the State: The Anthropology of Political Evolution* (R. Cohen & E. R. Service eds.), 205–23. Institute for the Study of Human Issues: Philadelphia.

Carter, H. 1972. *The Tomb of Tutankhamen*. Sphere: London.

Carver, M. 1987. *Underneath English Towns. Interpreting Urban Archaeology*. Batsford: London.

Casana, J. 2014. Regional-scale archaeological remote sensing in the age of big data: Automated Site Discovery vs. Brute Force Methods. *Advances in Archaeological Practice* 2 (3), 222–33.

————& others. 2014. Archaeological aerial thermography: a case study at the Chaco-era Blue J community, New Mexico. *Antiquity* 45, 207–19.

Casselberry, S. E. 1974. Further refinement of formulae for determining population from floor area. *World Archaeology* 6, 116–22.

Cassirer, E. 1944. *An Essay on Man. Introduction to the Philosophy of Human Culture*. Yale University Press: New Haven.

Casteel, R. W. 1974a. *Fish Remains in Archaeology and Paleo-environmental Studies*. Academic Press: New York & London.

————1974b. A method for estimation of live weight of fish from the size of skeletal elements. *American Antiquity* 39, 94–98.

Castleden, R. 1998. *Atlantis Destroyed*. Routledge: London.

Castro-Curel, Z. & Carbonell, E. 1995. Wood pseudomorphs from Level I at Abric Romani, Barcelona, Spain. *Journal of Field Archaeology* 22, 376–84.

Catling, H. W. & Millett, A. 1965. A Study of the Inscribed Stirrup-jars from Thebes. *Archaeometry* 8, 3–85.

Cauvin, J. 2000. *The Birth of the Gods and the Origins of Agriculture*. Cambridge University Press: Cambridge.

Cavalli-Sforza, L. L. 1991. Genes, peoples and languages. *Scientific American* 265 (5), 72–78.

————& Feldman, M. 1981. *Cultural Transmission and Evolution: A Quantitative Approach*. Princeton University Press: Princeton.

————, Menozzi, P., & Piazza, A. 1994. *The History and Geography of Human Genes*. Princeton University Press: Princeton.

Chadwick, A. J. 1979. Settlement simulation, in *Transformations. Mathematical Approaches to Culture Change* (C. Renfrew & K. L. Cooke eds.), 237–55. Academic Press: New York & London.

Chaix, L. & others. 1997. A tamed brown bear (*Ursus arctos L.*) of the Late Mesolithic from la Grande-Rivoire (Isère, France)? *Journal of Archaeological Science* 24, 1067–74.

Chakrabarti, D. K. 1999. *India: An Archaeological History*. Oxford University Press: New Delhi.

————2003. Archaeology under the Judiciary: Ayodhya 2003. *Antiquity* 77, 579–80.

Chaloupka, G. 1984. *From Palaeoart to Casual Paintings*. Monograph 1. Northern Territory Museum of Arts and Sciences, Darwin.

————1993. *Journey in Time*. Reed: Chatswood, NSW.

Chamberlain, A. T. 2006. *Demography in Archaeology.* Cambridge University Press: Cambridge & New York.

——& Parker Pearson, M. 2004. *Earthly Remains. The History and Science of Preserved Human Bodies.* Oxford University Press: New York.

Chamberlin, E. R. 1983. *Loot! The Heritage of Plunder.* Thames & Hudson: London.

Changeux, J. -P. & Chavaillon, J. (eds.). 1996. *Origins of the Human Brain.* Oxford University Press: Oxford.

Chapman, H. 2006. *Landscape Archaeology and GIS.* Tempus: Stroud.

Chapman, J. 1994. Destruction of a common heritage: the archaeology of war in Croatia, Bosnia and Hercegovina. *Antiquity* 68, 120–26.

Chapman, R. 1981. The emergence of formal disposal areas and the "problem" of megalithic tombs in prehistoric Europe, in *The Archaeology of Death* (R. Chapman, I. Kinnes, & K. Randsborg eds.), 71–81. Cambridge University Press: Cambridge.

Chappell, J. & Shackleton, N. J. 1986. Oxygen isotopes and sea level. *Nature* 324, 137–40.

Charles, C. 1997. Cool tropical punch of the ice ages. *Nature* 385, 681–83.

Charlton, S. & others. 2016. Finding Britain's last hunter-gatherers: a new bio-molecular approach to 'unidentifiable' bone fragments using bone collagen. *Journal of Archaeological Science* 73, 55–61.

Chartkoff, J. L. 1978. Transect interval sampling in forests. *American Antiquity* 43, 46–53.

Chase, A. 1991. Cycles of Time: Caracol in the Maya Realm, in *Sixth Palenque Round Table, 1986* (M. Greene & V. M. Fields eds.), 32–42. University of Oklahoma Press: Norman.

——& Chase, A. F. 1998. *Settlement patterns, warfare and hieroglyphic history at Caracol, Belize.* Paper presented at the 97th Annual Meeting of the American Anthropological Association, Philadelphia, Dec. 3, 1998.

——& others. 2010. Lasers in the jungle. *Archaeology* 63 (4), July/Aug., 27–29.

Chatters, J. C. 2001. *Ancient Encounters. Kennewick Man and the First Americans.* Simon & Schuster: New York.

Chatwin, B. 1987. *The Songlines.* Jonathan Cape: London.

Chauvet, J. -M. & others. 1996. *Chauvet Cave. The Discovery of the World's Oldest Paintings.* Thames & Hudson: London; Abrams: New York.

Chepstow-Lusty, A. 2011. Agro-pastoralism and social change in the Cuzco heartland of Peru: a brief history using environmental proxies. *Antiquity* 85, 570–82.

Cherry, J. F. 1977. Investigating the Political Geography of an Early State by Multidimensional Scaling of Linear B Tablet Data, in *Mycenaean Geography* (J. Bintliff ed.), 76–82. British Assoc. for Mycenaean Studies: Cambridge.

——1983a. Frogs round the pond: Perspectives on current archaeological survey projects in the Mediterranean region, in *Archaeological Survey in the Mediterranean Area* (D. R. Keller & D. W. Rupp eds.), 375–416. British Archaeological Reports, International Series 155: Oxford.

——1983b. Evolution, revolution, and the origins of complex society in Minoan Crete, in *Minoan Society. Proceedings of the Cambridge Colloquium 1981* (O. Krzyszkowska & L. Nixon eds.). Bristol Classical Press: Bristol.

——1984. The emergence of the state in the prehistoric Aegean. *Proceedings of the Cambridge Philological Society* 30, 18–48.

——1986. Polities and palaces: some problems in Minoan state formation, in *Peer polity interaction and socio-political change* (C. Renfrew & J. F. Cherry eds.), 19–45. Cambridge University Press: Cambridge.

——& others. (eds.). 1978. *Sampling in Contemporary British Archaeology.* British Archaeological Reports, International Series 50: Oxford.

Cherubini, P. & others. 2014. The olive-branch dating of the Santorini eruption. *Antiquity* 88, 267–78.

Chikhi, L. 2003. Admixture and the demic diffusion model in Europe, in *Examining the Farming/Language Dispersal Hypothesis* (P. Bellwood & C. Renfrew eds.). McDonald Institute: Cambridge.

Childe, V. G. 1929. *The Danube in Prehistory.* Clarendon Press: Oxford.

——1936. *Man Makes Himself.* Watts: London.

Childs-Johnson E. 2010. Speculations on the religious use and significance of the jade *bi* and *cong* of the Liangzhu culture, in *The Jade Age: Early Chinese Jades in American Museums* (E. Childs-Johnson & F. Gu eds.). Science Press: Beijing.

Chirikure, S. & Pwiti, G. 2008. *Community Involvement in Archaeology and Cultural Heritage Management: An Assessment from Case Studies in Southern Africa and Elsewhere.* Current Anthropology 49 (3), 467–85.

Chisholm, B. S. Nelson, D. E., & Schwarcz, H. P. 1982. Stable carbon isotope ratios as a measure of marine versus terrestrial protein of ancient diets. *Science* 216, 1131–32.

——Nelson, D. E., & Schwarcz, H. P. 1983. Marine and terrestrial protein in prehistoric diets on the British Columbia coast. *Current Anthropology* 24, 396–98.

Christaller, W. 1933. *Die Zentralen Orte in Süddeutschland.* Karl Zeiss: Jena.

Claassen, C. (ed.). 1992. *Exploring Gender through Archaeology. Selected papers from the 1991 Boone Conference.* Monographs in World Archaeology 11. Prehistory Press: Madison.

——(ed.). 1994. *Women in Archaeology.* Pennsylvania University Press: Philadelphia.

——1998. *Shells.* Cambridge University Press: Cambridge.

——& Royce, E. A. (eds.). 1997. *Women in Prehistory: North America and Mesoamerica.* University of Pennsylvania Press: Philadelphia.

Claessen, H. J. M., Hagesteijn, R. & Van De Velde, P. (eds.). 2008. Thirty Years Of State Research. Special Issue: *Social Evolution and History: Studies in the Evolution of State Societies* 7 (1), 1–272: Moscow.

Clark, A. 1975a. Archaeological prospecting: a progress report. *Journal of Archaeological Science* 2, 297–314.

——1975b. Geophysical surveying in archaeology. *Antiquity* 49, 298–99.

——1977. Geophysical and chemical assessment of air photographic sites. *Archaeological Journal* 134, 187–93.

——1996. *Seeing Beneath the Soil: Prospecting Methods in Archaeology.* (2nd edn) Routledge: London.

——& Chalmers, D. 1998. The extended mind. *Analysis* 58 (1), 10–23.

Clark, J. G. D. 1952. *Prehistoric Europe: The Economic Basis.* Methuen: London.

——1965. Traffic in Stone Axe and Adze Blades. *Economic History Review* 18, 1–28.

——1970. *The Prehistory of Africa.* (Vol. 72 in the Ancient Peoples and Places series.) Thames & Hudson: London.

——1986. *Symbols of Excellence: precious materials as expressions of status.* Cambridge University Press: Cambridge.

Clarke, D. L. 1968. *Analytical Archaeology.* Methuen: London.

——(ed.). 1972. *Models in Archaeology.* Methuen: London.

Clarke, G. R. 1971. *The Study of Soil in the Field.* (5th edn) Oxford University Press: Oxford.

Clarke, R. J. & Tobias, P. V. 1995. Sterkfontein Member 2 foot bones of the oldest South African hominid. *Science* 269, 521–24.

Clausen, C. J. & Arnold, J. B. 1976. The magnetometer and underwater archaeology. *International Journal of Nautical Archaeology* 5, 159–69.

Cleere, H. (ed.). 1984. *Approaches to the Archaeological Heritage.* Cambridge University Press: Cambridge.

Climap Project Members. 1976. The Surface of the Ice-Age Earth. *Science* 191, 1131–37.

Clottes, J. 1993. Paint analyses from several Magdalenian caves in the Ariège region of France. *Journal of Archaeological Science* 20, 223–35.

——(ed.). 2003. *Return to Chauvet Cave.* Thames & Hudson: London. *Chauvet Cave: The Art of Earliest Times.* University of Utah Press: Salt Lake City.

Clutton-Brock, J. 1999. *A Natural History of Domesticated Mammals.* Cambridge University Press: Cambridge.

——& Grigson, C. (eds.). 1983. *Animals and Archaeology, Vol. 1.* British Archaeological Reports, International Series 163: Oxford.

Cockburn, T. A., Cockburn, E., & Reyman, T. A. (eds.). 1998. *Mummies, Disease and Ancient Cultures.* (2nd edn) Cambridge University Press: Cambridge.

Coe, M. D. 1978. *Lords of the Underworld: Masterpieces of Classic Maya Ceramics.* Princeton University Press: Princeton.

——& Houston, S. 2015. *The Maya.* (9th edn) Thames & Hudson: London & New York.

——, Snow, D., & Benson, E. 1986. *Atlas of Ancient America.* Facts on File: New York & London.

Coghlan, H. H. 1951. *Notes on the Prehistoric Metallurgy of Copper and Bronze in the Old World.* Pitt Rivers Museum: Oxford.

——1956. *Notes on Prehistoric and Early Iron in the Old World.* Pitt Rivers Museum: Oxford.

Cohen, G. M. & Joukowsky, M. S. (eds.). 2004. *Breaking Ground: Pioneering Women Archaeologists.* University of Michigan Press: Ann Arbor.

Cohen, M. N. & Armelagos, G. J. (eds.). 1984. *Palaeopathology at the Origins of Agriculture.* Academic Press: New York & London.

Cole, J. R. 1980. Cult archaeology and unscientific method and theory, in *Advances in Archaeological Method and Theory* 3 (M. B. Schiffer ed.), 1–33. Academic Press: New York & London.

Coles, B. (ed.). 1992. *The Wetland Revolution in Prehistory.* Prehistoric Society/WARP: Exeter.

——& Coles, J. 1986. *Sweet Track to Glastonbury. The Somerset Levels Project.* Thames & Hudson: London & New York.

———& Coles, J. 1989. *People of the Wetlands: Bogs, Bodies and Lake-Dwellers*. Thames & Hudson: London & New York.

———& Coles, J. 1996. *Enlarging the Past. The Contribution of Wetland Archaeology*. Society of Antiquaries of Scotland Monograph Series, 11. Society of Antiquaries of Scotland: Edinburgh.

Coles, J. 1984. *The Archaeology of Wetlands*. Edinburgh University Press: Edinburgh.

———1986. Precision, purpose and priorities in Wetland Archaeology. *The Antiquaries Journal* 66, 227–47.

———& Lawson, A. J. (eds.). 1987. *European Wetlands in Prehistory*. Clarendon Press: Oxford.

Coles, J. M. 1973. *Archaeology by Experiment*. Hutchinson: London.

———1979. *Experimental Archaeology*. Academic Press: New York & London.

———& Orme, B. J. 1983. *Homo sapiens* or *Cast or fiber? Antiquity* 57, 95–102.

———, Heal, S. V. E., & Orme, B. J. 1978. The use and character of wood in prehistoric Britain and Ireland. *Proceedings of the Prehistoric Society* 44, 1–46.

Collcutt, S. N. 1979. The analysis of Quaternary cave sediments. *World Archaeology* 10, 290–301.

Colledge, S. & others. 2013. *The Origins and Spread of Domestic Animals in Southwest Asia and Europe*. Left Coast Press: Walnut Creek, ca.

Collier, S. & White, J. P. 1976. Getting them young? Age and sex inferences on animal domestication in archaeology. *American Antiquity* 41, 96–102.

Collingwood, R. G. 1946. *The Idea of History*. Oxford University Press: Oxford.

Collins, J. M. & Molyneaux, B. L. 2003. *Archaeological Survey*. AltaMira: Walnut Creek, ca.

Collis, J. 2004. *Digging up the Past: An Introduction to Archaeological Excavation*. Sutton: Stroud.

Colwell, C. 2017. *Plundered Skulls and Stolen Spirits. Inside the fight to reclaim Native America's Culture*. University of Chicago Press: Chicago.

Combier, J. & Jouve, G. 2012. Chauvet Cave's Art is not Aurignacian: A New Examination of the Archaeological Evidence and Dating Procedures. *Quartär* 59, 131–52.

Comer, D. C. & Harrower, M. J. (eds.). 2013. *Mapping Archaeological Landscapes from Space*. Springer: New York.

Conard, N., Malina, M., & Münzel, S. 2009. New flutes document the earliest musical tradition in southwestern Germany. *Nature* 460, 737–40.

Conkey, M. 1991. Does it make a difference? Feminist thinking and archaeologies of gender, in *The Archaeology of Gender* (D. Walde & N. D. Willows eds.), 24–33. Archaeological Association: Calgary.

———& Gero, J. M. 1997. Programme to practice: gender and feminism in archaeology. *Annual Review of Archaeology* 26, 411–37.

———& Spector, J. 1984. Archaeology and the study of gender, in *Advances in Archaeological Method and Theory* 7 (M. B. Schiffer ed.), 1–38. Academic Press: New York & London.

Connah, G. (ed.). 1983. *Australian Field Archaeology. A Guide to Techniques*. Australian Institute of Aboriginal Studies: Canberra.

———& Jones, A. 1983. Photographing Australian prehistoric sites from the air, in *Australian Field Archaeology. A Guide to Techniques* (G. Connah ed.), 73–81. AIAS: Canberra

Connolly, R. C. & others. 1969. Kinship of Smenkhkare and Tutankhamen affirmed by serological micromethod. *Nature* 224, 325–26.

Conolly, J. & Lake, M. 2006. *Geographical Information Systems in Archaeology*. Cambridge University Press: Cambridge.

Conrad, G. W. & Demarest, A. A. 1984. *Religion and Empire. The Dynamics of Aztec and Inca Expansion*. Cambridge University Press: Cambridge.

Conroy, G. C. & Vannier, M. W. 1987. Dental development of the Taung skull from computerized tomography. *Nature* 329, 625–27.

Conway, J. S. 1983. An investigation of soil phosphorus distribution within occupation deposits from a Romano-British hut group. *Journal of Archaeological Science* 10, 117–28.

Conyers, L. B. 2004. *Ground Penetrating Radar for Archaeology*. AltaMira: Walnut Creek, ca.

———& Goodman, D. 1999. Archaeology looks to new depths. *Discovering Archaeology* 1 (1), Jan./Feb., 70–77.

Cook, B. F. 1987. *Greek Inscriptions*. British Museum Publications: London.

———1991. The archaeologist and the art market: policy and practice. *Antiquity* 65, 533–37.

Cook, S. F. & Heizer, R. F. 1965. *Studies on the Chemical Analysis of Archaeological Sites*. University of California Publications in Archaeology: Berkeley.

Cooke, W. D. & Lomas, B. 1987. Ancient textiles – modern technology. *Archaeology Today* 8 (2), March, 21–25.

Coope, G. R. 1977. Quaternary coleoptera as aids in the interpretation of environmental history, in *British Quaternary Studies: Recent Advances*. (F. W. Shotton ed.), 55–68. Oxford University Press: Oxford.

———, Morgan, A., & Osborne, P. J. 1971. Fossil coleoptera as indicators of climatic fluctuations during the last glaciation in Britain. *Palaeogeography. Palaeoclimatology, Palaeoecology* 10, 87–101.

Copley, M. S. & others. 2003. Direct chemical evidence for widespread dairying in prehistoric Britain. *Proceedings of the National Academy of Science* 100 (4), 1524–29.

Coppa, A. & others. 2006. Early Neolithic tradition of dentistry. *Nature* 440, 756.

Corballis, M. C. 1991. *The Lopsided Ape*. Oxford University Press: Oxford.

Corona Atlas Of The Middle East. https://corona.cast.uark.edu/index.html

Cotterell, A. 1981. *The First Emperor of China*. Macmillan: London.

Cotterell, B. & Kamminga, J. 1990. *Mechanics of Pre-Industrial Technology*. Cambridge University Press: Cambridge.

Coulton, J. J. 1977. *Greek Architects at Work: Problems of Structure and Design*. Cornell University Press: Ithaca, ny.

Courty, M. -A. 1990. Soil micromorphology in archaeology, in *New Developments in Archaeological Science* (A. M. Pollard ed.), 39–59. Proceedings of the British Academy 77, Oxford University Press: Oxford.

———& others. 1990. *Soils and Micromorphology in Archaeology*. Cambridge University Press: Cambridge.

Cowan, C. W. & Watson, P. J. (eds.). 1992. *The Origins of Agriculture. An international Perspective*. Smithsonian Institution Press: Washington, d.c.

Cowgill, G. 1991. Beyond criticizing New Archaeology. *American Anthropology* 95, 551–73.

———1997. State and society at Teotihuacán, Mexico. *Annual Review of Anthropology* 26, 129–61.

———, Altschul, J. H., & Sload, R. S. 1984. Spatial analysis of Teotihuacán: a Mesoamerican metropolis, in *Intrasite Spatial Analysis in Archaeology* (H. J. Hietala ed.), 154–95. Cambridge University Press: Cambridge.

Cowley, D. C. (ed.). 2011. *Remote Sensing for Archaeological Heritage Management*. EAC Occasional Paper 5/Occasional Publication of the Aerial Archaeology Research Group No. 3. Archaeolingua: Hungary.

———& others (eds.). 2010. *Landscapes through the Lens: Aerial Photographs and Historic Environment*. Oxbow Books: Oxford.

Cox, M. & Hunter, J. 2005. *Forensic Archaeology: Advances in Theory and Practice*. Routledge: London.

Crabtree, D. E. 1966. A stoneworker's approach to analyzing and replicating the Lindenmeier Folsom. *Tebiwa* 9, 3–139.

———1970. Flaking stone with wooden implements. *Science* 169, 146–53.

Crabtree, P. J. 1993. Early animal domestication in the Middle East and Europe, in *Archaeological Method and Theory* 5 (M. B. Schiffer ed.), 201–45. University of Arizona Press: Tucson.

Craddock, P. T. & others. 1985. The application of phosphate analysis to the location and interpretation of archaeological sites. *Archaeological Journal* 142, 361–76.

Craig, H. & V. 1972. Greek marbles: determination of provenance by isotopic analysis. *Science* 176, 401–3.

Craig, O. E. & others. 2000. Detecting milk proteins in ancient pots. *Nature* 408, 312.

———& others. 2005. Did the first farmers of central and eastern Europe produce dairy foods? *Antiquity* 79, 882–94.

———& others. 2013. Earliest evidence for the use of pottery. *Nature* 496, 351–54.

———& others. 2015. Feeding Stonehenge: cuisine and consumption at the Late Neolithic site of Durrington Walls. *Antiquity*, 89 (347), 1096–109.

Crawford, D. J. 1979. Food: Tradition and change in Hellenistic Egypt. *World Archaeology* 11, 136–46.

Crawford, M. H. 1998. *The Origins of Native Americans. Evidence from Anthropological Genetics*. Cambridge University Press: Cambridge.

Crossland, Z. & Joyce, R. A. (eds.). 2015. *Disturbing Bodies: Perspectives on Forensic Anthropology*. School for Advanced Research Press: Santa Fe, nm.

Crown, P. L. 2001. Learning to make pottery in the Prehispanic American Southwest. *Journal of Anthropological Research* 57 (4), 451–70.

———2007. Life Histories of Pots and Potters: Situating the Individual in Archaeology. *American Antiquity* 72 (4), 677–90.

———2014. The Archaeology of Crafts Learning: Becoming a Potter in the Puebloan Southwest. *Annual Review of Anthropology* 43, 71–88.

Crubézy, E. & others. 1998. False teeth of the Roman world. *Nature* 391, 29 (& 394, 534).

Crumley, C. L. 1995. Heterarchy and the Analysis of Complex Societies. *Archeological Papers of the American Anthropological Association*, 6 (1), 1–5.

Crutchley, S. 2010. *The Light Fantastic. Using Airborne Lidar in Archaeological Survey*. English Heritage: Swindon.

Cueto, M. & others. 2016. Under the skin of a lion: unique evidence of Upper Paleolithic exploitation and use of Cave Lion (*Panthera spelaea*) from the Lower Gallery of La Garma, Spain. *PLOS ONE* 11 (10), e0163591.

Culbert, T. P. (ed.). 1973. *The Classic Maya Collapse*. University of New Mexico Press: Albuquerque, nm.

Cullen, B. 1993. The Darwinian resurgence and the cultural virus critique. *Cambridge Archaeological Journal* 3, 179–202.

Cummins, W. A. 1974. The neolithic stone axe trade in Britain. *Antiquity* 68, 201–5.

———1979. Neolithic stones axes – distribution and trade in England and Wales, in *Stone Axe Studies* (T. H. Clough & W. A. Cummins cds.), 5–12. CBA Research Report No. 23: London.

Cunliffe, B. 1971. *Fishbourne*. Thames & Hudson: London.

——— (ed.). 2000. *The Danebury Environs Programme: The Prehistory of a Wessex Landscape*. (2 vols) Oxford Committee for Archaeology, Monographs 48–49: Oxford.

———& Koch, J. T. (eds.). 2011. *Celtic from the West*. Oxbow Books: Oxford.

———& Renfrew, C. (eds.). 1997. *Science and Stonehenge*. Proceedings of the British Academy 92, Oxford University Press: Oxford.

Curry, A. 2006. A Stone Age world beneath the Baltic Sea. *Science* 314, 1533–35.

Curtis, J. & others. 2011. *History for the Taking? Perspectives on Material Heritage*. British Academy: London.

Cziesia, E. & others (eds.). 1990. *The Big Puzzle. International Symposium on Refitting Stone Artefacts*. Studies in Modern Archaeology, Vol. 1, Holos-Verlag: Bonn.

Dahl-Jensen, D. & others. 1998. Past temperatures directly from the Greenland Ice Sheet. *Science* 282, 268–71.

Dales, G. F. 1965. Civilization and floods in the Indus valley. *Expedition* 7, 10–19.

Dalrymple, G. B. & Lanphere, M. A. 1969. *Potassium-Argon Dating. Principles, Techniques and Applications to Geochronology*. W. H. Freeman & Co.: San Francisco.

Dalton, G. 1977. Aboriginal Economies in Stateless Societies, in *Exchange Systems in Prehistory* (T. K. Earle & J. E. Ericson eds.), 191–212. Academic Press: New York & London.

Daniel, G. E. 1967. *The Origins and Growth of Archaeology*. Penguin: Harmondsworth.

———1975. *A Hundred and Fifty Years of Archaeology*. Duckworth: London.

———1980. *A Short History of Archaeology*. Thames & Hudson: London & New York.

——— (ed.). 1981. *Towards a History of Archaeology*. Thames & Hudson: London.

———& Chippindale, C. (eds.). 1989. *The Pastmasters*. Thames & Hudson: London & New York.

Darby, W. J., Ghalioungi, P., & Grivetti, L. 1977. *Food: The Gift of Osiris*. 2 vols. Academic Press: New York & London.

Dark, K. R. 1995. *Theoretical Archaeology*. Duckworth: London.

Darling, P. J. 1984. *Archaeology and History in Southern Nigeria: The Ancient Linear Earthworks of Benin and Ishan*. Cambridge Monographs in African Archaeology. British Archaeological Reports, International Series 215: Oxford.

Darvill, T. 1987. *Ancient Monuments in the Countryside: An Archaeological Management Review*. English Heritage: London.

———2006. *Stonehenge: The Biography of a Landscape*. History Press: Stroud.

———& Wainwright, G. 2009. Stonehenge excavations 2008. *Antiquaries Journal* 89, 1–19.

Dassie, J. 1978. *Manuel d'Archéologie Aérienne*. Technip: Paris.

Dastugue, J. & de Lumley, M-A. 1976. Les maladies des hommes préhistoriques du Paléolithique et du Mésolithique, in *La Préhistoire française* Vol. 1 (1) (H. de Lumley ed.), 612–22. CNRS: Paris.

David, B., Roberts, R., Tuniz, C., Jones, R., & Head, J. 1997. New optical and radiocarbon dates for Ngarrabullgan Cave, a Pleistocene archaeological site in Australia. *Antiquity* 71, 183–88.

David, N. & Kramer, C. 2001. *Ethnoarchaeology in Action*. Cambridge University Press: Cambridge.

David, R. (ed.). 1986. *Science in Egyptology*. Manchester University Press: Manchester.

———& Tapp, E. (eds.). 1984. *Evidence Embalmed: Modern Medicine and the Mummies of Egypt*. Manchester University Press: Manchester.

Davidson, E. 1986. Earliest dental filling shows how ancients battled with "tooth worms." *Popular Archaeology* Feb., 46.

Davies, G. 2016. *Snails: Archaeology and Landscape Change*. Oxbow Books: Oxford.

Davies, R. W. 1971. The Roman Military Diet. *Britannia* 2, 122–42.

Davies, W. & Charles, R. (eds.). 1999. *Dorothy Garrod and the Progress of the Palaeolithic. Studies in the Prehistoric Archaeology of the Near East and Europe*. Oxbow Books: Oxford.

Davis, B. 1997. The future of the past. *Scientific American*, Aug., 89–92.

Davis, S. J. M. 1987. *The Archaeology of Animals*. Batsford: London; Yale University Press: New Haven.

Dawkins, R. 1989. *The Selfish Gene*. Oxford University Press: Oxford.

Dawson, A. G., Smith, D. E., & Long, D. 1990. Evidence for a Tsunami from a Mesolithic site in Inverness, Scotland. *Journal of Archaeological Science* 17, 509–12.

Dawson, D. 1996. *The Origins of Western Warfare*. Westview Press: Boulder, co.

Day, M. H. & Wickens, E. H. 1980. Laetoli Pliocene hominid footprints and bipedalism. *Nature* 286, 385–87.

Deacon, H. J. 1979. Excavations at Boomplaas Cave: a sequence through the Upper Pleistocene and Holocene in South Africa. *World Archaeology* 10 (3), 241–57.

Dean, G. 2008. *Medieval York*. The History Press: Stroud.

Dean, M. C., Stringer, C. B., & Bromage, T. G. 1986. Age at death of the Neanderthal child from Devil's Tower, Gibraltar, and the implication for studies of general growth and development in Neanderthals. *American Journal of Physical Anthropology* 70, 301–9.

de Beaune, S. 1987a. *Lampes et godets au Paléolithique*. XXIIIe Supplément à *Gallia Préhistoire*. Editions du CNRS: Paris.

———1987b. Paleolithic lamps and their specialization: a hypothesis. *Current Anthropology* 28, 569–77.

De Bie, M. & Caspar, J. P. 2000. *Rekem. A Federmesser Camp on the Meuse River Bank*. Acta Archaeologica Lovaniensia 10. Leuven University Press: Leuven.

DeBoer, W. R. & Lathrap, D. W. 1979. The making and breaking of Shipibo-Conibo ceramics, in *Ethnoarchaeology: Implications of Ethnography for Archaeology* (C. Kramer ed.), 102–38. Columbia University Press: New York.

De Laet, V. & others. 2007. Methods for the extraction of archaeological features from very high-resolution Ikonos-2 remote sensing imagery, Hisar (southwest Turkey). *Journal of Archaeological Science* 34, 830–41.

Delcourt, H. R. & Delcourt, P. A. 1991. *Quaternary Ecology. A Palaeoecological Perspective*. Chapman & Hall: London.

Delgado, J. P. (ed.). 1997. *British Museum Encyclopedia of Underwater and Maritime Archaeology*. British Museum Press: London; Yale University Press: New Haven.

DeMarrais, E. 2013. Understanding heterarchy: Crafting and social projects in pre-Hispanic Northwest Argentina. *Cambridge Archaeological Journal* 23, 345–62.

———, Castillo, L. J., & Earle, T. 1996. Ideology, materialization and power ideologies. *Current Anthropology* 37, 15–31.

de Montmollin, O. 1989. *The Archaeology of Political Structure: Settlement Analysis in a Classic Maya Polity*. Cambridge University Press: Cambridge.

Denham, T. P. 2018. *Tracing Early Agriculture in the Highlands of New Guinea: Plot, Mound and Ditch*. Routledge: Oxford.

Dennell, R. W. 1974. Botanical evidence for prehistoric crop processing activities. *Journal of Archaeological Science* 1, 275–84.

———1976. The economic importance of plant resources represented on archaeological sites. *Journal of Archaeological Science* 3, 229–47.

Dennett, D. C. 1991. *Consciousness Explained*. Viking: London.

De Reu, J. & others. 2014. On introducing an image-based 3D reconstruction method in archaeological excavation practice. *Journal of Archaeological Science* 41, 251–62.

d'Errico, F. 1987. Nouveaux indices et nouvelles techniques microscopiques pour la lecture de l'art gravé mobilier. *Comptes rendus de l'Académie des Sciences (Paris)* 304, series 2, 761–64.

———1989. Paleolithic lunar calendars: a case of wishful thinking? *Current Anthropology* 30, 117–18.

———1993a. Criteria for identifying utilised bone: the case of the Cantabrian "tensors." *Current Anthropology* 34, 298–311.

———1993b. La vie sociale de l'art mobilier paléolithique. Manipulation, transport, suspension des objets en os, bois de cervidés, ivoire. *Oxford Journal of Archaeology* 12, 145–74.

———1996. Image analysis and 3-D optical surface profiling of Upper Palaeolithic mobiliary art. *Microscopy and Analysis*, Jan., 27–29.

———& Cacho, C. 1994. Notation versus decoration in the Upper Palaeolithic: A case-study from Tossal de la Roca, Alicante, Spain. *Journal of Archaeological Science* 21, 185–200.

———& Nowell, A. 2000. A new look at the Berekhat Ram figurine: implications for the origins of symbolism. *Cambridge Archaeological Journal* 10 (1), 123–67.

———, Giacobini, G., & Puech, P. -F. 1984a. Varnish replicas: a new method for the study of worked bone surfaces. *Ossa: International Journal of Skeletal Research* 9/10, 29–51.

———, Giacobini, G., & Puech, P. -F. 1984b. Les répliques en vernis des surfaces osseuses façonnées: études expérimentales. *Bulletin de la Société préhistorique française* 81, 169–70.

———, Villa, G., & Fornaciari, G. 1988. Dental esthetics of an Italian Renaissance noblewoman, Isabella d'Aragona. A case of chronic mercury intoxication. *Ossa* 13, 207–28.

———& others. 2001. Bone tool use in termite foraging by early hominids and its impact on our understanding of early hominid behaviour. *South African Journal of Science* 97, March/April, 71–75.

———& others. 2003. Archaeological evidence for the emergence of language, symbolism and music – an alternative multidisciplinary perspective. *Journal of World Prehistory* 17, 1–70.

Dethlefsen, E. & Deetz, J. 1966. Death's Heads, Cherubs, and Willow Trees: Experimental Archaeology in Colonial Cemeteries. *American Antiquity* 31, 502–10.

Diakonoff, I. M. 1969. The rise of the despotic state in Ancient Mesopotamia, in *Ancient Mesopotamia: Socio-Economic History* (I. M. Diakonoff ed.). Nauka: Moscow.

Diamond, J. M. 1986. The environmentalist myth. *Nature* 324, 19–20.

———2005. *Collapse: How Societies Choose to Fail or Succeed.* New York: Penguin; Allen Lane: London.

Díaz-Andreu M. & Champion, T. (eds.). 1996. *Nationalism and Archaeology in Europe.* UCL Press: London.

———& Sørensen, M. L. S. (eds.). 1998. *Excavating Women. A History of Women in European Archaeology.* Routledge: London.

Dibble, H. L. 1989. The implications of stone tool types for the presence of language during the Lower and Middle Palaeolithic, in *The Human Revolution* (P. Mellars & C. Stringer eds.), 415–32. Edinburgh University Press: Edinburgh.

Dickson, J. H. 2011. *Ancient Ice Mummies.* History Press: Stroud.

———& others. 2003. The Iceman reconsidered. *Scientific American* 288 (5), 60–69.

di Leonardo M. (ed.). 1991. *Gender at the Crossroads of Knowledge: Feminist Anthropology in the Postmodern Era.* University of California Press: Berkeley.

Dillehay, T. 2000. *The Settlement of the Americas: A New Prehistory.* Basic Books: New York.

Dimbleby, G. 1969. Pollen analysis, in *Science in Archaeology* (D. R. Brothwell & E. S. Higgs eds.), 167–77. (2nd edn) Thames & Hudson: London.

———1978. *Plants and Archaeology.* Paladin: London.

———1985. *The Palynology of Archaeological Sites.* Academic Press: London & New York.

Dincauze, D. F. 2000. *Environmental Archaeology. Principles and Practice.* Cambridge University Press: Cambridge.

Diringer, D. 1962. *Writing.* Thames & Hudson: London.

Dobres, M. A. & Hoffman, C. R. (eds.). 1999. *The Social Dynamics of Technology: Practice, Politics, and World Views.* Smithsonian Institution Press: Washington, d.c.

———& Robb, J. (eds.). 2000. *Agency in Archaeology.* Routledge: London.

Dobyns, H. F. 1966. Estimating Aboriginal American population. *Current Anthropology* 7, 395–449.

Dodge, R. E. & others. 1983. Pleistocene sea levels from raised coral reefs of Haiti. *Science* 219, 1423–25.

Dolgopolsky, A. 1998. *The Nostratic Macrofamily and Linguistic Palaeontology.* McDonald Institute: Cambridge.

Domanski, M. & Webb, J. A. 1992. Effect of heat treatment on siliceous rocks used in prehistoric lithic technology. *Journal of Archaeological Science* 19, 601–14.

Domínguez-Rodrigo, M. & others. 2012. Experimental study of cut marks made with rocks unmodified by human flaking and its bearing on claims of 3.4-million-year-old butchery evidence from Dikika, Ethiopia. *Journal of Archaeological Science* 39, 205–14.

Donald, M. 1991. *Origins of the Modern Mind: Three Stages in the Evolution of Culture and Cognition.* Harvard University Press: Cambridge, ma.

———2001. *Minds So Rare.* W. W. Norton: New York.

Doneus, M. 2013. *Die Hinterlassene Landschaft – Prospektion und Interpretation in der Landschafts-Archäologie.* Verlag der Osterreichischen Akademie der Wissenschaften: Vienna.

———& Briese, C. 2006. Full-waveform airborne laser scanning as a tool for archaeological reconnaissance, in *From Space to Place. Proceedings of the 2nd International Conference on Remote Sensing in Archaeology* (S. Campana & M. Forte eds.), 99–106. British Archaeological Reports, International Series 1568: Oxford.

———& Briese, C. 2008. Archaeological prospection of forested areas using full-waveform airborne laser scanning. *Journal of Archaeological Science* 35, 882–93.

———& others. 2012. Airborne Laser Bathymetry: detecting and recording submerged archaeological sites from the air. *Journal of Archaeological Science* 40, 2136–51.

Dongoske, K. E. & others. 2000. Critique of the claim of cannibalism at Cowboy Wash. *American Antiquity* 65 (1), 179–90.

Donohue, M. & Denham, T. 2010. Farming and language in island south-east Asia. *Current Anthropology* 51 (2), 223–56.

Doran, G. H. 1992. Problems and potential of wet sites in North America: the example of Windover, in *The Wetland Revolution in Prehistory* (B. Coles ed.), 125–34. The Prehistoric Society/WARP: Exeter.

———(ed.). 2002. *Windover. Multidisciplinary Investigations of an Early Archaic Florida Cemetery.* University Press of Florida: Gainesville.

Doran, J. E. 1981. Multi-actor systems and the Maya collapse, in *Coloquio: Manejo de Datos y Metodos Matemáticos de Arqueología* (G. L. Cowgill, R. Whallon & B. S. Ottaway eds.), 191–200. UISPP: Mexico City.

———& Hodson, F. R. 1975. *Mathematics and Computers in Archaeology.* Edinburgh University Press: Edinburgh.

Dorfman, J. 1998. Getting their hands dirty? Archaeologists and the looting trade. *Lingua franca* 8 (4), 28–36.

Dormion, G. & Goidin, J-P. 1987. *Les Nouveaux Mystères de la Grande Pyramide.* Albin Michel: Paris.

Dorn, R. 1996. A change of perception. *La Pintura* 23 (2), 10–11.

———1997. Constraining the age of the Côa valley (Portugal) engravings with radiocarbon dating. *Antiquity* 71, 105–15.

———& DeNiro, M. J. 1985. Stable carbon isotope ratios of rock varnish organic matter: a new palaeo-environmental indicator. *Science* 227, 1472–74.

———& others. 1986. Cation-ratio and Accelerator Radiocarbon Dating of rock varnish on Mojave artifacts and landforms. *Science* 231, 830–33.

Dorozynski, A. & Anderson, A. 1991. Collagen: a new probe into prehistoric diet. *Science* 254, 520–21.

Douglass, A. E. 1919–36. *Climatic Cycles and Tree Growth.* 3 vols (1919, 1928 & 1936). Carnegie Institution of Washington: Washington.

Doumas, C. (ed.). 1978. *Thera and the Aegean World.* Thera Foundation: London.

Downey, R. 2000. *Riddle of the Bones. Politics, Science, Race and the Story of Kennewick Man.* Copernicus: New York.

Dragadze, T. 1980. The place of "ethnos" theory in Soviet anthropology, in *Soviet and Western Anthropology* (E. Gellner ed.), 161–70. Duckworth: London.

Dragovich, D. 2000. Rock art engraving chronologies and accelerator mass spectrometry radiocarbon age of desert varnish. *Journal of Archaeological Science* 27, 871–76.

Dransart, P. Z. 1991. Herders and raw materials in the Atacama Desert. *World Archaeology* 22 (3), 304–19.

———2002. *Earth, Water, Fleece and Fabric: An Ethnography and Archaeology of Andean Camelid Herding.* Routledge: London.

Drewett, P. L. 2011. *Field Archaeology. An Introduction.* (2nd edn) Routledge: London.

Drogoul, A. & Ferber, J. 1994. Multi-agent simulation as a tool for studying emergent processes in societies, in *Simulating Societies: The Computer Simulation of Social Phenomena* (N. Gilbert & J. Doran eds.), 127–42. UCL Press: London.

Drower, M. 1985. *Flinders Petrie.* Gollancz: London.

Du Cros, H. & Smith, L. (eds.). 1993. *Women in Archaeology. A Feminist Critique.* Occasional Papers in Prehistory 23. Research School of Pacific Studies, Australian National University: Canberra.

Dudd, S. N. & Evershed, R. P. 1998. Direct demonstration of milk as an element of archaeological economies. *Science* 282, 1478–81.

Dunn, M. & others. 2005. Deep time relationships in Island Melanesia revealed by structural phylogenetics of language. *Science* 309, 272–75.

Dunne, J. & others. 2012. First dairying in green Saharan Africa in the fifth millennium bc. *Nature* 486, 390–94.

Dunnell, R. C. 1980. Evolutionary theory and archaeology, in *Advances in Archaeological Method and Theory* 3 (M. B. Schiffer ed.), 38–99. Academic Press: New York & London.

———1995. What is it that actually evolves? in *Evolutionary Archaeology: Methodological Issues* (P. A. Teltser ed.), 33–50. University of Arizona Press: Tucson.

———& Dancey, W. S. 1983. The siteless survey: a regional data collection strategy, in *Advances in Archaeological Method and Theory* 6 (M. B. Schiffer ed.), 267–87. Academic Press: New York & London.

Dupras, T. L. & others. 2006. *Forensic Recovery of Archaeological Remains. Archaeological Approaches*. Taylor & Francis: Boca Raton.

Durham, W. H. 1990. Advances in evolutionary culture theory. *Annual Review of Anthropology* 19, 187–210.

———1991. *Coevolution: Genes, Culture and Human Diversity*. Stanford University Press: Palo Alto, ca.

Durkheim, E. 1912. *The Elementary Forms of the Religious Life*. Transl. by J. W. Swain, 1965. Free Press: New York.

Dwyer, J. P. 1973. *Paracas and Nazca Textiles*. Museum of Fine Arts: Boston.

Dyson, S. L. 2006. *In Pursuit of Ancient Pasts. A History of Classical Archaeology in the Nineteenth and Twentieth Centuries*. Yale University Press: New Haven.

Earle, T. K. 1997. *How Chiefs Come to Power: The Political Economy in Prehistory*. Stanford University Press: Stanford, ca.

———2002. *Bronze Age Economics: The Beginning of Political Economies*. Westview: Boulder, co.

———& Ericson, J. E. (eds.). 1977. *Exchange Systems in Prehistory*. Academic Press: New York & London.

Eaton, E. R. & McKerrell, H. 1976. Near Eastern alloying and some textual evidence for the early use of arsenical copper. *World Archaeology* 8, 169–91.

Ebert, J. I. 1984. Remote sensing applications in archaeology, in *Advances in Archaeological Method and Theory* 7 (M. B. Schiffer ed.), 293–362. Academic Press: New York & London.

Eckstein, D. 1984. *Dendrochronological Dating*. European Science Foundation: Strasbourg.

Edmonds, M. 1999. *Ancestral Geographies of the Neolithic*. Routledge: London.

Edwards, K. J. 1979. Palynological and temporal inference in the context of prehistory, with special reference to the evidence from lake and peaty deposits. *Journal of Archaeological Science* 6, 255–70.

Eidt, R. C. 1977. Detection and examination of anthrosols by phosphate analysis. *Science* 197, 1327–33.

———1984. *Advances in Abandoned Site Analysis*. University of Wisconsin Press: Madison.

Eisele, J. A. & others. 1995. Survival and detection of blood residues on stone tools. *Antiquity* 69, 36–46.

Eisenbeiss, H. 2011. The potential of unmanned aerial vehicles for mapping. *Proceedings of the 53rd Photogrammetric Week at Stuttgart University*, Sept. 2011 (D. Fritsch ed.), 145–45. University of Stuttgart: Stuttgart.

El Mahdy, C. 1989. *Mummies, Myth and Magic in Ancient Egypt*. Thames & Hudson: London & New York.

El-Aref, N. 2013. Saving Egypt's heritage. *Al-Ahram*, Aug. 24.

El-Baz, F. 1988. Finding a Pharaoh's funeral bark. *National Geographic* 173 (4), 512–33.

———1997. Space Age Archaeology. *Scientific American* 277 (2), 40–45.

Elia, R. 1993. A seductive and troubling work. *Archaeology* Jan.–Feb., 64–69.

———2003. US vs Frederick Schultz: A move in the right direction. *The Art Newspaper* 13 (139), Sept., 24.

Eliade, M. 1965. *Le sacré et le profane*. Gallimard: Paris.

Elias, S. A. (ed.). 1994. *Quaternary Insects and their Environments*. Smithsonian Institution Press: Washington & London.

———& others. 1996. Life and times of the Bering land bridge. *Nature* 382, 60–63.

Embree, L. (ed.). 1997. *Encyclopedia of Phenomenology*. Kluwer: Dordrecht.

Enard, W. & others. 2002. Molecular evolution of *FOXP2*, a gene involved in speech and language. *Nature* 418, 869–72.

English Heritage. 2008. *Geophysical Survey in Archaeological Field Evaluation*. (2nd edn) English Heritage: Swindon.

Epica Community Members 2004. Eight glacial cycles from an Antarctic ice core. *Nature* 429, 623–28.

Ericson, J. E. & Coughlin, E. A. 1981. Archaeological toxicology. *Annals of the New York Academy of Sciences* 376, 393–403.

Evans, D. & others. 2007. A comprehensive archaeological map of the world's largest preindustrial settlement complex at Angkor, Cambodia. *Proceedings of the National Academy of Sciences* 104, 14277–82.

———& others. 2013. Uncovering archaeological landscapes at Angkor using lidar. *Proceedings of the National Academy of Sciences* 110, 12595–600.

Evans, J. 1875. The Coinage of the Ancient Britons and Natural Selection. *Proceedings of the Royal Institution of Great Britain* 7, 476–87.

Evans, J. A., Chenery, C. A., & Fitzpatrick, A. P. 2006. Bronze Age childhood migration of individuals near Stonehenge revealed by strontium and oxygen isotope tooth enamel analysis. *Archaeometry* 48, 309–21.

Evans, J. G. 1972. *Land Snails in Archaeology*. Seminar Press: London.

———1978. *An Introduction to Environmental Archaeology*. Paul Elek: London.

Evans, S. & Felder, K. (eds.). 2014. Social network perspectives in archaeology. *Archaeological Review from Cambridge* 29, 1.

Evershed, R. P., Heron, C., & Goad, L. J. 1991. Epicuticular wax components preserved in potsherds as chemical indicators of leafy vegetables in ancient diets. *Antiquity* 65, 540–44.

———& others. 2008. Earliest date for milk use in the Near East and southeastern Europe linked to cattle dairying. *Nature* 455, 528–31.

Excoffier, L. & others. 1987. Genetics and the history of sub-Saharan Africa. *Yearbook of Physical Anthropology* 30, 151–94.

———& others. 2013. Robust demographic inferences from genomic and SNP data. *PLOS Genetics* 1003905.

Eyre-Walker, A. & others. 1999. How clonal are human mitochondria? *Philosophical Transactions of the Royal Society of London*, Series B, 266, 477–83.

Eze-Uzomaka, I. 2000. *Museums, Archaeologists and Indigenous People: Archaeology and the Public in Nigeria*. British Archaeological Reports, International Series 904: Oxford.

Facing History. 2003. Facing History: Museums and Heritage in Conflict and Post-Conflict Situations. *Museum International* 219/220 (Special Issue).

Faegri, K. & others (eds.). 1989. *Textbook of Pollen Analysis*. (4th edn) Wiley: London.

Faerman, M. & others. 1998. Determining the sex of infanticide victims from the late Roman era through ancient DNA analysis. *Journal of Archaeological Science* 25, 861–65.

Fagan, B. 1984. Archaeology and the wider audience, in *Ethics and Values in Archaeology* (E. L. Green ed.), 175–83. Free Press: New York.

———1990a. The Rose Affair. *Archaeology* 43 (2), 12–14, 76.

———1990b. *The Journey from Eden: The Peopling of Our World*. Thames & Hudson: London & New York.

———1999. *Floods, Famines, and Emperors: El Niño and the Fate of Civilizations*. Basic Books: New York.

———2001. *Grahame Clark. An Intellectual Biography of an Archaeologist*. Westview Press: Boulder, co & Oxford.

———2009. *People of the Earth*. (13th edn) Pearson Education: New York.

Fagan, G. G. (ed.). 2006. *Archaeological Fantasies. How Pseudoarchaeology Misrepresents the Past and Misleads the Public*. Routledge: London.

Fairbanks, C. H. & Mullins-Moore, S. A. 1980. How did slaves live? *Early Man* 2 (2), 2–7.

Falk, D. 1983. Cerebral cortices of East African early hominids. *Science* 221, 1072–74.

Farrar, L. 1998. *Ancient Roman Gardens*. Sutton Press: Stroud.

Fash, W. 2002. Religion and human agency in Ancient Maya history: tales from the Hieroglyphic Stairway. *Cambridge Archaeological Journal* 12, 5–19.

Faulkner, N. & Saunders, N. 2014. Excavating a legend. Lawrence of Arabia's desert campsite at Tooth Hill. *Current World Archaeology* 66, 30–35.

Feder, K. L. 2018. *Frauds, Myths, and Mysteries. Science and Pseudoscience in Archaeology* (9th edn) McGraw-Hill: New York.

Feinman, G. M. & Marcus, J. (eds.). 1998. *Archaic States*. School of American Research Press: Santa Fe, nm.

Felch, J. & Frammolino, R. 2011. *Chasing Aphrodite: The Hunt for Looted Antiquities at the World's Richest Museum*. New York: Houghton Mifflin Harcourt.

Fennell, K. J. & Trinkaus, E. 1997. Bilateral femoral and tibial periostitis in the La Ferrassie 1 Neanderthal. *Journal of Archaeological Science* 24, 985–95.

Ferguson, B. R. 2006. Archaeology, cultural anthropology and the origins and intensification of war in *The Archaeology of Warfare: Prehistories of Raiding and Conquest* (E. N. Arkush & M. W. Allen eds.), 469–523. University Press of Florida: Gainesville.

Ferrari, C. & others. 1999. Ice archives of atmospheric pollution from mining and smelting activities during Antiquity, in *Metals and Antiquity* (S. M. Young & others eds.), 211–16. British Archaeological Reports, International Series 792: Oxford.

Ferraro, J. V. & others. 2013. Earliest archaeological evidence of persistent hominin carnivory. *PLOS ONE* 8 (4), e62174.

Ferris, T. 1974. *Playboy* Interview: Erich von Däniken. *Playboy* 21 (8), Aug., 51–52, 56–58, 60, 64, 151.

Fiedel, S. J. 1996. Blood from stones? Some methodological and interpretative problems in blood residue analysis. *Journal of Archaeological Science* 23, 139–47.

Fieller, N. R. J., Gilbertson, D. D., & Ralph, N. G. A. (eds.). 1985. *Palaeoenvironmental Investigations: Research Design, Methods and Data Analysis*. British Archaeological Reports, International Series 258: Oxford.

Fine, D. & Craig, G. T. 1981. Buccal surface wear of human premolar and molar teeth: a potential indicator of dietary and social differentiation. *Journal of Human Evolution* 10, 335–44.

Fine-Dare, K. S. 2002. *Grave Injustice. The American Indian Repatriation Movement and NAGPRA*. University of Nebraska Press: Lincoln, ne.

Finlayson, C. 2009. *The Humans Who Went Extinct*. Oxford University Press: Oxford & New York.

Firestone, R. B. & others. 2007. Evidence for an extraterrestrial impact 12,900 years ago that contributed to the megafaunal extinctions and the Younger Dryas cooling. *Proceedings of the National Academy of Sciences* 104 (41), 16016–21.

Fischer, A. & others. 1984. Macro and micro wear traces on lithic projectile points. Experimental results and prehistoric examples. *Journal of Danish Archaeology* 3, 19–46.

Fischer, S. R. 1997. *Rongorongo. The Easter Island Script. History, Traditions, Texts*. Clarendon Press: Oxford.

Fisher, D. C. 1984. Mastodon butchery by North American Paleo-Indians. *Nature* 308, 271–72.

Fisk, H. N. 1944. *Summary of the Geology of the Lower Alluvial Valley of the Mississippi River*. Mississippi River Commission: War Dept., US Army.

Fitzpatrick, A. P. (ed.). 2011. *The Amesbury Archer and the Boscombe Bowmen* (Vol. 1). Wessex Archaeology Reports: Salisbury.

Flannery, K. V. 1965. The ecology of early food production in Mesopotamia. *Science* 147, 247–55.

———1967. Culture history vs. cultural process: a debate in American archaeology. *Scientific American* 217, 119–22.

———1968. Archaeological Systems Theory and Early Mesoamerica, in *Anthropological Archaeology in the Americas* (B. J. Meggers ed.), 67–87. Anthropological Society of Washington.

———1973. Archaeology with a capital "S," in *Research and Theory in Current Archaeology* (C. L. Redman ed.), 47–53. Wiley: New York.

——— (ed.). 1976. *The Early Mesoamerican Village*. Academic Press: New York & London.

——— (ed.). 1982. *Maya Subsistence*. Academic Press: New York & London.

———(ed.). 1986. *Guilá Naquitz: Archaic Foraging and Early Agriculture in Oaxaca, Mexico*. Academic Press: New York.

———1999. Process and agency in early state formation. *Cambridge Archaeological Journal* 9 (1), 3–21.

———& Marcus, J. (eds.). 1983. *The Cloud People: Divergent Evolution of the Zapotec and Mixtec Civilizations*. Academic Press: New York & London.

———& Marcus, J. 2003. The origin of war: new ^{14}C dates from ancient Mexico. *Proceedings of the National Academy of Sciences USA* 100, 11, 801–5.

———, Marcus, J., & Kowalewski, S. A. 1981. The Preceramic and Formative of the Valley of Oaxaca, in *Archaeology. Supplement to the Handbook of Middle American Indians I* (J. A. Sabloff ed.), 48–93. University of Texas Press: Austin.

Fleckinger, A. & Steiner, H. 1998. *The Iceman*. Folio: Bolzano; South Tyrol Museum of Archaeology.

Fleming, S. 1976. *Dating in Archaeology. A Guide to Scientific Techniques*. J. M. Dent: London; St. Martin's Press: New York.

———1979. *Thermoluminescence Techniques in Archaeology*. Oxford University Press: Oxford & New York.

Flenniken, J. J. 1978. Reevaluating the Lindenmeier Folsom: a replication experiment in lithic technology. *American Antiquity* 43, 473–80.

Fletcher, R. & Scarre, C. (eds.). 2015. New discoveries at Angkor Wat, Angkor. *Antiquity* 89, 1388–1472.

Foley, R. 1981. *Off-site Archaeology and Human Adaptation in Eastern Africa*. British Archaeological Reports, International Series 97: Oxford.

———2006. *Unknown Boundaries. Exploring human evolutionary studies*. (Inaugural lecture). Cambridge University Press: Cambridge.

Forbes, H. A. 2013. Off-site scatters and the manuring hypothesis in Greek survey archaeology. An ethnographic approach. *Hesperia* 82, 551–94.

———& Foxhall, L. 1978. "The Queen of all Trees." Preliminary notes on the Archaeology of the Olive. *Expedition* 21, 37–47.

Ford, R. I. 1979. Paleoethnobotany in American Archaeology, in *Advances in Archaeological Method and Theory* 2 (M. B. Schiffer ed.), 285–336. Academic Press: New York & London.

Forster, P. 2004. Ice Ages and the mitochondrial DNA chronology of human dispersals: a review. *Philosophical Transactions of the Royal Society of London*, Series B, 359, 259–64.

———& Renfrew, C. 2003. The DNA chronology of prehistoric human dispersals, in *Examining the Farming/ Language Dispersal Hypothesis* (P. Bellwood & C. Renfrew eds.), 89–98. McDonald Institute: Cambridge.

———& Renfrew, C. (eds.). 2006. *Phylo-genetic Methods and the Prehistory of Languages*. McDonald Institute: Cambridge.

———& Renfrew, C. 2011. Mother tongue and Y-chromosome. *Science* 333, 1390–91.

———& Renfrew, C. 2014a. Introduction: DNA, in *Cambridge World Prehistory* I (C. Renfrew & P. Bahn eds.), 9–18. Cambridge University Press: Cambridge.

———& Renfrew, C. 2014b. Europe and the Mediterranean: DNA, in *Cambridge World Prehistory* III (C. Renfrew & P. Bahn eds.), 1747–54. Cambridge University Press: Cambridge.

———& Toth, A. 2003. Towards a phylogenetic chronology of ancient Gaulish, Celtic and Indo-European. *Proceedings of the National Academy of Sciences USA* 100, 9079–84.

———& others. 1996. Origin and evolution of native American mtDNA variation: a re-appraisal. *American Journal of Human Genetics* 59, 935–45.

Foster, E. J. 1970. A diver-operated underwater metal detector. *Archaeometry* 12, 161–66.

Foulds, F. W. F. (ed.). 2013. *Experimental Archaeology and Theory. Recent Approaches to Archaeological Hypothesis*. Oxbow Books: Oxford.

Fowler, C. 2004. *The Archaeology of Personhood: An Anthropological Approach*. Routledge: London.

Fowler, M. J. F. 1996. High-resolution satellite imagery in archaeological application: a Russian satellite photograph of the Stonehenge region. *Antiquity* 70, 667–71.

Fowler, P. J. & Evans, J. G. 1967. Plough marks, lynchets and early fields. *Antiquity* 41, 289–301.

Fox, A. 1983. Pa and people in New Zealand: an archaeological estimate of population. *New Zealand Journal of Archaeology* 5, 5–18.

Foxhall, L. & Forbes, H. A. 1982. *Sitometreia*: The role of grain as a staple food in classical antiquity, *Chiron* 12, 41–90.

Francis, P. Jr. 1982. Experiments with early techniques for making whole shells into beads. *Current Anthropology* 23, 13–14.

Frank, S. 1982. *Glass and Archaeology*. Academic Press: New York & London.

Frankenstein, S. & Rowlands, M. J. 1978. The internal structure and regional context of Early Iron Age Society in south-western Germany. *Bulletin of the Institute of Archaeology* 15, 73–112.

Frankfort, H. & others. 1946. *Before Philosophy: The Intellectual Adventure of Ancient Man*. University of Chicago Press: Chicago.

Frappier, A. & others. 2007. A stalagmite proxy record of recent tropical cyclone events. *Geology* 7 (2), 111–14.

Frawley, D. 1994. *The Myth of the Aryan Invasion of India*. Voice of India: New Delhi.

Frayer, D. W. & Russell, M. D. 1987. Artificial grooves in the Krapina Neanderthal teeth. *American Journal of Physical Anthropology* 74, 393–405.

———& others. 1988. A case of dwarfism in the Italian late Upper Paleolithic. *American Journal of Physical Anthropology* 75, 549–65.

Freeman, D., MacDonald, S., & Renfrew, C. 2006. *An Inquiry into the provenance of 654 Aramaic incantation bowls delivered into the possession of UCL by, or on the instruction of, Mr Martin Schøyen*. Accessed Oct. 1, 2011: https://wikileaks.org/wiki/UK_possession_of_art_works_looted_from_Iraq:_Schoyen_UCL_Inquiry_report_2009.

Freeth, C. 1999. Ancient history of trips to the dentist. *British Archaeology* 43, April, 8–9.

Freidel, D. 1981. Civilization as a state of mind: the cultural evolution of the Lowland Maya, in *The Transition to Statehood in the New World* (G. D. Jones & R. R. Kautz eds.), 188–227. Cambridge University Press: Cambridge.

———& Sabloff, J. A. 1984. *Cozumel: Late Maya Settlement Patterns*. Academic Press: New York.

French, C. 2003. *Geoarchaeology in Action*. Routledge: London.

———2015. *A Handbook of Geoarchaeology. Approaches to Settlement Sites and Landscapes*. Oxbow Books: Oxford.

Friedman, J. 1974. Marxism, structuralism and vulgar materialism. *Man* 9, 444–69.

———& Rowlands, M. J. 1978. Notes towards an epigenetic model of the evolution of "civilisation," in *The Evolution of Social Systems* (J. Friedman & M. J. Rowlands eds.), 201–78. Duckworth: London.

Friedrich, W. L. & others. 2006. Santorini eruption radiocarbon dated to 1627–1600 bc, *Science* 312, 548.

Frison, G. C. 1989. Clovis tools and weaponry efficiency in an African elephant context. *American Antiquity* 54, 766–78.

Fritts, H. C. 1976. *Tree Rings and Climate*. Academic Press: New York & London.

Fritz, J. M. 1978. Palaeopsychology today: ideational systems and human adaptation in prehistory, in *Social Archaeology. Beyond Subsistence and Dating* (C. L. Redman ed.), 37–61. Academic Press: New York.

Fu, Q. & others. 2014. Genome sequence of a 45,000-year-old modern human from Western Siberia. *Nature* 514, 445–49.

Fujiwara, H. 1979. Fundamental studies in plant opal analysis (3): estimation of the yield of rice in ancient paddy fields through quantitative analyses of plant opal. *Archaeology and Natural Sciences* 12, 29–42 (in Japanese, with English summary).

————1982. Fundamental studies in plant opal analysis. Detection of plant opals in pottery walls of the Jomon period in Kumamoto Prefecture. *Archaeology and Natural Sciences* 14, 55–65 (in Japanese, with English summary).

Fuller, D. O. & others. 2011. Cultivation and domestication had multiple origins: arguments against the core area hypothesis for the origins of agriculture in the Near East. *World Archaeology* 43 (4), 628–52.

Gaffney, C. & Gaffney, V. (eds.). 2000. Non-invasive investigations at Wroxeter at the end of the 20th century. *Archaeological Prospection* 7 (2), 65–67.

Gaffney, V. & Gater, J. 2003. *Revealing the Buried Past. Geophysics for Archaeologists.* Tempus: Stroud.

————& van Leusen, P. M. 1995. Postscript – GIS environmental determinism and archaeology, in *Archaeology and Geographical Information Systems: A European perspective* (G. Lock and Z. Stančič eds.), 367–82. Taylor & Francis: London & Bristol, pa.

————& others (eds.). 2007. *Mapping Doggerland: The Mesolithic Landscapes of the Southern North Sea.* Archaeopress: Oxford.

————& others. 2009. *Europe's Lost World: The Rediscovery of Doggerland.* CBA Research Report 160: London.

Galimberti, M., Bronk Ramsey, C., & Manning, S. W. 2004. Wiggle-match dating of tree-ring sequences. *Radiocarbon* 46 (2), 917–24.

Gamble, C. 1986. *The Palaeolithic Settlement of Europe.* Cambridge University Press: Cambridge.

————1998. Palaeolithic society and the release from proximity: a network approach to intimate relations. *World Archaeology* 29, 426–49.

————, Gowlett, J., & Dunbar, R. 2014. *Thinking Big: How the Evolution of Social Life Shaped the Human Mind.* Thames & Hudson: London & New York.

Gardin, J. -C. & Peebles, C. S. (eds.). 1992. *Representations in Archaeology.* University of Indiana Press: Bloomington.

Garfinkel, Y. 1994. Ritual burial of cultic objects: the earliest evidence. *Cambridge Archaeological Journal* 4, 159–88.

————2003. *Dancing at the Dawn of Agriculture.* Texas University Press: Austin.

Garlake, P. S. 1973. *Great Zimbabwe.* Thames & Hudson: London; McGraw-Hill: New York.

Garnsey, P. 1988. *Famine and Food Supply in the Graeco-Roman World.* Cambridge University Press: Cambridge.

Garrison, T. & others. 2008. Evaluating the use of IKONOS satellite imagery in lowland Maya settlement archaeology. *Journal of Archaeological Science* 35, 2770–77.

Gascoyne, M. 1992. Paleoclimate determination from cave calcite deposits. *Quaternary Science Reviews* 11, 609–32.

Gelb, I. J. 1952. *A Study of Writing.* University of Chicago Press: Chicago.

Gell, A. 1998. *Art and Agency. An Anthropological Theory.* Oxford University Press: Oxford.

Genoves, S. 1969a. Sex determination in earlier man, in *Science in Archaeology* (D. Brothwell & E. S. Higgs eds.), 429–39. (2nd edn) Thames & Hudson: London.

————1969b. Estimation of age and mortality, in *Science in Archaeology* (D. Brothwell & E. S. Higgs eds.), 440–52. (2nd edn) Thames & Hudson: London.

Gerasimov, M. M. 1971. *The Face Finder.* Hutchinson: London.

Gero, J. M. 1992. Feasts and Females: gender ideology and political meals in the Andes. *Norwegian Archaeological Review* 25, 15–30.

————1995. La Iconografía Recuay y el Estudio de Genero. *Gaceta Arqueológica Andina* 25/26, 23–44.

————& Conkey, M. W. (eds.). 1991. *Engendering Archaeology.* Blackwell: Oxford & Cambridge, ma.

Getz-Preziosi, P. 1987. *Early Sculptors of the Cyclades.* University of Michigan Press: Ann Arbor.

Gibbons, A. 1996. The peopling of the Americas. *Science* 274, 31–33.

————2013. On the trail of ancient killers. *Science* 340, 1278–82.

Gibson, A. & Woods, A. 1990. *Prehistoric Pottery for the Archaeologist.* Leicester University Press: Leicester.

Giddens, A. 1984. *The Constitution of Society.* University of California Press: Berkeley.

Giddings, J. L. 1966. Cross-dating the archaeology of northwestern Alaska. *Science* 153, 127–35.

————1967. *Ancient Men of the Arctic.* Knopf: New York.

Gifford, D. P. 1981. Taphonomy and Paleoecology: a critical review of Archaeology's sister disciplines, in *Advances in Archaeological Method and Theory* 4 (M. B. Schiffer ed.), 365–438. Academic Press: New York & London.

Gilbert, N. & Doran, J. (eds.). 1994. *Simulating Societies: The Computer Simulation of Social Phenomena.* UCL Press: London.

Gilchrist, R. 1994. *Gender and Material Culture: The Archaeology of Religious Women.* Routledge: London.

————1999. *Gender and Archaeology: Contesting the Past.* Routledge: London.

Gill, D. W. J. & Chippindale, C. 1993. Material and intellectual consequences of esteem for Cycladic figures. *American Journal of Archaeology* 97, 601–60.

Gill, G. W., & Rhine, S. (eds.). 1990. *Skeletal Attribution of Race.* Anthropology Paper 4, Maxwell Museum of Anthropology: Albuquerque.

Gilman, A. 1976. Bronze Age dynamics in south-east Spain. *Dialectical Anthropology* 1, 307–19.

————1981. The development of social stratification in Bronze Age Europe. *Current Anthropology* 22, 1–23.

Gimbutas, M. 1963. The Indo-Europeans: archaeological problems. *American Anthropologist* 65, 815–36.

————1989. *The Language of the Goddess.* Harper & Row: New York.

————1991. *The Civilization of the Goddess: The World of Old Europe.* HarperCollins: New York.

Girling, M. A. & Greig, J. 1985. A first fossil record for *Scolytus scolytus* (F.) (elm bark beetle): Its occurrence in elm decline deposits from London and the implications for Neolithic elm disease. *Journal of Archaeological Science* 12, 347–51.

Given, M. & Knapp., B. 2003. *The Sydney Cyprus Survey Project: Social Approaches to Regional Archaeological Survey.* UCLA Cotsen Institute of Archaeology: Los Angeles.

Glassie, H. 1975. *Folk Housing in Middle Virginia.* University of Tennessee Press: Knoxville.

Gleeson, P. & Grosso, G. 1976. Ozette site, in *The Excavation of Water-saturated Archaeological Sites (wet sites) on the Northwest Coast of North America* (D. R. Croes ed.), 13–44. Mercury Series 50: Ottawa.

Glob, P. V. 1969. *The Bog People.* Faber: London.

————1973. *The Mound People. Danish Bronze Age Man Preserved.* Faber: London.

Goebel, T. & others. 2003. The archaeology of Ushki Lake, Kamchatka, and the Pleistocene peopling of the Americas. *Science* 301, 501–5.

Gojda, M. (ed.). 2004. *Ancient Landscape, Settlement Dynamics and Non-Destructive Archaeology: Czech Research Project 1997–2002.* Academia: Prague.

Goldberg, P. & Macphail, R. I. 2006. *Practical and Theoretical Geoarchaeology.* Blackwell: Oxford.

Golden, C., Scherer, A. K., Muñoz, A. R., & Vasquez, R. 2008. Piedras Negras and Yaxchilan: divergent political trajectories in adjacent Maya polities. *Latin American Antiquity* 19 (3), 249–74.

Golson, J. & others (eds.). 2017. *Ten Thousand Years of Cultivation at Kuk Swamp in the Highlands of Papua New Guinea.* Terra Australis 46. ANU: Canberra.

Gonder, M. K. & others. 2003. Demographic history of Khoisan speakers of Tanzania inferred from mtDNA control region sequences. Paper presented to the 72nd Annual Meeting of the American Association of Physical Anthropologists, April 2003.

Goodison, L. & Morris, C. (eds.). 1998. *Ancient Goddesses.* British Museum Press: London; University of Wisconsin Press: Madison.

Goodman, D. & Nishimura, Y. 1993. A ground-radar view of Japanese burial mounds. *Antiquity* 67, 349–54.

————, Nishimura, Y. & Rogers, J. D. 1995. GPR time-slices in archaeological prospection. *Archaeological Prospection* 2, 85–89.

Goossens, R. & others. 2006. Satellite imagery and archaeology: the example of CORONA in the Altai Mountains. *Journal of Archaeological Science* 33, 745–55.

Gore, R. 1984. The dead do tell tales at Vesuvius. *National Geographic* 165 (5), 556–613.

Goren-Inbar, N. & others. 2004. Evidence of hominin control of fire at Gesher Benot Ya'aqov, Israel. *Science* 304, 725–27.

Gosden, C. 1994. *Social Being and Time.* Blackwell: Oxford.

————2001a. Postcolonial archaeology: issues of culture, identity and knowledge, in *Archaeological Theory Today* (I. Hodder ed.), 214–40. Polity Press: Cambridge.

————2001b. Making Sense: archaeology and aesthetics. *World Archaeology* 33, 163–67.

————2004. *Archaeology and Colonialism: Cultural Contact from 5000 bc to the Present Day.* Cambridge University Press: Cambridge.

Goudie, A. 1992. *Environmental Change. Contemporary Problems in Geography.* (3rd edn) Oxford University Press: Oxford & New York.

Gould, R. A. 1980. *Living Archaeology.* Cambridge University Press: Cambridge.

————, Koster, D. A., & Sontz, D. A. 1971. The lithic assemblages of the Western Desert Aborigines of Australia. *American Antiquity* 36, 149–69.

Gould, S. J. & Eldredge, N. 1977. Punctuated equilibria: the tempo and mode of evolution reconsidered. *Palaeobiology* 3, 115–51.

Goyon, J-C. & Josset, P. 1988. *Un Corps pour l'Eternité. Autopsie d'une Momie.* Le Léopard d'Or: Paris.

Gräslund, B. 1987. *The Birth of Prehistoric Chronology.* Cambridge University Press: Cambridge.

Graves-Brown, P., Jones, S., & Gamble, C. (eds.). 1996. *Cultural Identity and Archaeology.* Routledge: London.

Gray, R. D. & Atkinson, Q. D. 2003. Language-tree divergence trees support the Anatolian theory of Indo-European origin, *Nature* 426, 435–39.

——, Drummond, A. J., & Greenhill, S. J. 2009. Language phylogenies reveal expansion pulses and pauses in Pacific settlement. *Science* 323, 479–83.

Grayson, D. K. 1979. On the quantification of vertebrate archaeofaunas, in *Advances in Archaeological Method and Theory* 2 (M. B. Schiffer ed.), 199–237. Academic Press: London & New York.

——1983. *The Establishment of Human Antiquity.* Academic Press: New York & London.

——1984. *Quantitative Zooarchaeology. Topics in the Analysis of Archaeological Faunas.* Academic Press: New York & London.

——& Meltzer, D. J. 2003. A requiem for North American overkill. *Journal of Archaeological Science* 30, 585–93.

Green, E. L. (ed.). 1984. *Ethics and Values in Archaeology.* Free Press: New York.

Green, J. 2004. *Maritime Archaeology: A Technical Handbook.* (2nd edn) Elsevier: San Diego, ca.

Green, L. R. & Hart, F. A. 1987. Colour and chemical composition in ancient glass: an examination of some Roman and Wealden glass by means of Ultraviolet-Visible-Infra-red Spectrometry and Electron Microprobe Analysis. *Journal of Archaeological Science* 14, 271–82.

Green, R. C. 1979. Lapita, in *The Prehistory of Polynesia* (J. D. Jennings ed.), 27–60. Harvard University Press: Cambridge, ma.

Green, R. E, Krause, J., & others. 2006. Analysis of one million base pairs of Neanderthal DNA. *Nature* 444, 330–36.

——, Krause, J., & others. 2010. A draft sequence of the Neanderthal genome. *Science* 328, 710–22.

Greenberg, J. H. 1963. *The Languages of Africa.* Stanford University Press: Palo Alto, ca.

——1987. *Language in the Americas.* Stanford University Press: Palo Alto, ca.

——, Turner, C. G., & Zegura, S. L. 1986. The settlement of the Americas: a comparison of the linguistic, dental and genetic evidence. *Current Anthropology* 27, 477–97.

Greenfield, J. 2007. *The Return of Cultural Treasures.* (3rd edn) Cambridge University Press: Cambridge.

Gregg, M. L. & Grybush, R. J. 1976. Thermally altered siliceous stone from prehistoric contexts: intentional vs unintentional. *American Antiquity* 41, 189–92.

Gregory, C. A. 1982. *Gifts and Commodities.* Cambridge University Press: Cambridge.

Greig, J. 1982a. Garderobes, sewers, cesspits and latrines. *Current Archaeology* 85, 49–52.

——1982b. The interpretation of pollen spectra from urban archaeological deposits, in *Environmental Archaeology in the Urban Context* (A. R. Hall & H. K. Kenward eds.), 47–65. Council for British Archaeology, Research Report 43: London.

——1983. Plant foods in the past: a review of the evidence from northern Europe. *Journal of Plant Foods* 5, 179–214.

——1989. *Archaeobotany.* Handbooks for Archaeologists 4. European Science Foundation: Strasbourg.

Gremillion, K. J. (ed.). 1997. *People, Plants, and Landscapes: Studies in Paleoethnobotany.* University of Alabama Press: Tuscaloosa.

——& Sobolik, K. D. 1996. Dietary variability among prehistoric forager-farmers of eastern North America. *Current Anthropology* 37, 529–39.

Grenier, R. 1988. Basque Whalers in the New World: The Red Bay Wreck, in *Ships and Shipwrecks of the Americas* (G. Bass ed.), 69–84. Thames & Hudson: London & New York.

Grimm, L. 2000. Apprentice flintknapping: relating material culture and social practice in the Upper Palaeolithic, in *Children and Material Culture* (J. Sofaer Derevenski ed.), 53–71. Routledge: London.

Grinsted, M. J. & Wilson, A. T. 1979. Variations of $^{13}C/^{12}C$ ratio in cellulose of *Agathus australis* (kauri) and climatic change in New Zealand during the last millennium. *New Zealand Journal of Science* 22, 55–61.

Groenen, M. 1988. Les représentations de mains négatives dans les grottes de Gargas et de Tibiran. *Bulletin de la Société royale belge d'Anthropologie et de Préhistoire* 99, 81–113.

Grossman, J. W. 1972. An ancient gold worker's toolkit: the earliest metal technology in Peru. *Archaeology* 25, 270–75.

Grün, R. & Stringer, C. B. 1991. Electron spin resonance and the evolution of modern humans. *Archaeometry* 33, 153–99.

——& Thorne, A. 1997. Dating the Ngandong humans. *Nature* 276, 1575.

——& others. 1996. Dating of Florisbad hominid. *Nature* 382, 500–501.

Grüss, J. 1932. Die beiden ältesten Weine unserer Kulturwelt. *Forschungen und Fortschritte* 8, 23–24.

——1933. Über Milchreste aus der Hallstattzeit und andere Funde. *Forschungen und Fortschritte* 9, 105–6.

Guidon, N. & others. 1996. Nature and the age of the deposits in Pedra Furada, Brazil: reply to Meltzer, Adovasio & Dillehay. *Antiquity* 70, 408–21.

Guillien, Y. 1970. Cryoclase, calcaires et grottes habitées. *Bulletin de la Société préhistorique française* 67, 231–36.

Gunn, R. G. 2006. Hand sizes in rock art. Interpreting the measurements of hand stencils and prints. *Rock Art Research* 23 (1), 97–112.

Guthrie, R. D. 1990. *Frozen Fauna of the Mammoth Steppe.* University of Chicago Press: Chicago.

Haak, W. & others. 2010. Ancient DNA from European Early Neolithic Farmers reveals their Near Eastern affinities. *PLOS Biology* 8 (11), 1–16.

——, Forster, P. & others. 2005. Ancient DNA from the first European farmers in 7500-year-old neolithic sites. *Science* 310, 1016–18.

——& others. 2008. Ancient DNA isotopes, and osteological analyses shed light on social and kinship organization of the Later Stone Age. *Proceedings of the National Academy of Sciences* 105, 18226–31.

——& others. 2015. Massive migration from the steppe was source for Indo-European languages in Europe, *Nature* 322, 207–11.

Haas, J. (ed.) 2001. *From Leaders to Rulers.* Kluwer: New York.

Hage, P. & Harary, F. 1976. Close-proximity analysis: another variation on the minimum spanning tree problem, *Current Anthropology* 36, 677–83.

Hagelberg, E. & Clegg, J. B. 1993. Genetic polymorphisms in prehistoric Pacific islanders determined by analysis of ancient bone DNA. *Proceedings of the Royal Society London*, Series B, 252, 163–70.

——, Sykes, B. & Hedges, R. 1989. Ancient bone DNA amplified. *Nature* 342, 485.

Haggett, P. 1965. *Locational Analysis in Human Geography.* Edward Arnold: London.

Haglund, W. D. & others. 2007. *Human Remains. Recognition, Documentation, Recovery, and Preservation.* Routledge: London.

Haile-Selassie, Y. & others. 2012. A new hominin foot from Ethiopia shows multiple Pliocene bipedal adaptations. *Nature* 483, 565–69.

Hale, J. R. 1980. Plank-built in the Bronze Age. *Antiquity* 54, 118–27.

Hall, A. 1986. The fossil evidence for plants in mediaeval towns. *Biologist* 33 (5), 262–67.

Hall, A. J. 1974. A lady from China's past. *National Geographic* 145 (5), 660–81.

Hall, A. R. & Tomlinson, P. R. 1984. Dyeplants from Viking York. *Antiquity* 58, 58–60.

Hall, J. M. 1997. *Ethnic Identity in Greek Antiquity.* Cambridge University Press: Cambridge.

Hall, M. 2000. *Archaeology and the Modern World: Colonial Transcripts in South Africa and the Chesapeake.* Routledge: London.

Hall, R. A. 1994. *Viking Age York.* Batsford/English Heritage: London.

——1996. *York.* Batsford/English Heritage: London.

——2011. "Eric Bloodaxe Rules OK": The Viking Dig at Coppergate, York, in *Great Excavations: Shaping the Archaeological Profession* (J. Schofield ed.), 181–93. Oxbow Books: Oxford.

——& Kenward, H. K. 1976. Biological evidence for the usage of Roman riverside warehouses at York. *Britannia* 7, 274–76.

Hall, S. S. 2011. Unfrozen. *National Geographic* 220 (5), Nov., 118–33.

Halpern, J. M. 1993. Introduction. *Anthropology of East Europe Review* 11 (1), 5–13.

Hamilakis, Y., Pluciennik, M., & Tarlow, S. (eds.). 2002. *Thinking Through the Body: Archaeologies of Corporeality.* Kluwer; Plenum: New York.

Hammer, C. U., Clausen, H. B., Friedrich W. L., & Tauber, H. 1987. The Minoan eruption of Santorini in Greece dated to 1645 bc? *Nature* 328, 517–19.

Hammer, M. F. 1995. A recent common ancestry for human Y chromosomes. *Nature* 378, 376–78.

Hammond, N. 1982. *Ancient Maya Civilization.* Rutgers University Press: New Brunswick, nj.; Cambridge University Press: Cambridge.

Hampton, O. W. 1999. *Culture of Stone. Sacred and profane uses of stone among the Dani.* Texas A&M University Press: College Station.

Hanotte, O. & others. 2002. African pastoralism: genetic imprints of origins and migrations. *Science* 296, 336–39.

Hanson, W. S. & Oltean, I. A. (eds.). 2013. *Archaeology from Historical Aerial and Satellite Archives.* Springer: New York.

Hansson, M. C. & Foley, B. P. 2008. Ancient DNA fragments inside Classical Greek amphoras reveal cargo of 2400-year-old shipwreck. *Journal of Archaeological Science* 35, 1169–76.

Harbottle, G. 1982. Chemical Characterization in Archaeology, in *Contexts for Prehistoric Exchange* (J. E. Ericson & T. K. Earle eds.), 13–51. Academic Press: New York & London.

Harding, A. (ed.). 1982. *Climatic Change in Later Prehistory*. Edinburgh University Press: Edinburgh.

Hardy, D. & Renfrew, C. (eds.). 1991. *Thera and the Aegean World III, Vol. 3. Chronology*. Thera Foundation: London.

Hardy, K. & Kubiak-Martens, L. (eds.). 2016. *Wild Harvest: Plants in the Hominin and Pre-Agrarian Human Worlds*. Oxbow Books: Oxford.

Hare, T. 2004. Using measures of cost distance in the estimation of polity boundaries in the Postclassic Yautepec valley, Mexico. *Journal of Archaeological Science* 31, 799–814.

Harmand, S. & others. 2015. 3.3 million-year-old stone tools from Lomekwi 3, West Turkana, Kenya. *Nature* 521, 310–15.

Harrington, S. P. M. H. 1993. New York's great cemetery imbroglio. *Archaeology*, March/April, 30–38.

Harris, D. R. (ed.). 1994. *The Archaeology of V. Gordon Childe.* UCL Press: London.

——(ed.). 1996. *The Origins and Spread of Agriculture and Pastoralism in Eurasia*. UCL Press: London.

Harris, E. 1989. *Principles of Archaeological Stratigraphy.* (2nd edn) Academic Press: New York & London.

Harris, E. C. & Hughes, P. J. 1978. An early agricultural system at Mugumamp Ridge, Western Highlands Province, Papua New Guinea. *Mankind* 11, 437–44.

Harris, J. E. & Weeks, K. R. 1973. *X-Raying the Pharaohs*. Macdonald: London.

Harris, M. 1968. *The Rise of Anthropological Theory*. Thomas Y. Crowell: New York.

Harrison, R. G. & Abdalla, A. B. 1972. The remains of Tutankhamun. *Antiquity* 46, 8–14.

——& others. 1979. A mummified foetus from the tomb of Tutankhamun. *Antiquity* 53, 19–21.

Harrison, R. J., Moreno-Lopez, G., & Legge, A. J. 1994. *Moncin: un poblado de la Edad del Bronce (Borja, Zaragoza)*. Collection Arqueologia No. 16, Gobierno de Aragon: Zaragoza, Cometa.

Hart, G. D. (ed.). 1983. *Disease in Ancient Man*. Clarke Irwin: Toronto.

Hart Hansen, J. P., Meldgaard, J., & Nordqvist, J. 1985. The mummies of Qilakitsoq. *National Geographic* 167 (2), 190–207.

——, Meldgaard, J., & Nordqvist, J. (eds.). 1991. *The Greenland Mummies*. British Museum Publications: Smithsonian Institution Press: London; Washington, d.c.

Haselberger, L. 1985. The construction plans for the temple of Apollo at Didyma. *Scientific American* 253, 114–22.

——1995. Deciphering a Roman blueprint. *Scientific American* 272 (6), 56–61.

Haskell, F. & Penny, N. 1981. *Taste and the Antique.* Yale University Press: New Haven & London.

Haslam, M. & others. 2009. Primate archaeology. *Nature* 460, 339–44.

Hassan, F. A. 1997. Beyond the surface: comments on Hodder's "reflexive excavation methodology." *Antiquity* 71, 1020–25.

——1981. *Demographic Archaeology*. Academic Press: New York & London.

Hastorf, C. A. 1993. *Agriculture and the Onset of Political Inequality before the Inka*. Cambridge University Press: Cambridge.

——& DeNiro, M. J. 1985. Reconstruction of prehistoric plant production and cooking practices by a new isotopic method. *Nature* 315, 489–91.

——& Popper, V. S. (eds.). 1989. *Current Palaeoethnobotany: Analytical Methods and Cultural Interpretations of Archaeological Plant Remains*. University of Chicago Press: Chicago.

Hather, J. G. (ed.). 1994. *Tropical Archaeobotany*. Routledge: London.

Haury, E. W. 1931. Minute beads from prehistoric pueblos. *American Anthropologist* 33, 80–87.

Hauser-Schaublin, B. & Prott, L. V. (eds.). 2016. *Cultural Property and Contested Ownership: The Trafficking of Artefacts and the Quest for Restitution*. Routledge: London.

Hawass, Z. 2010. King Tut's family secrets. *National Geographic* 218 (3), Sept., 34–59.

——& Saleem, S. N. 2016. *Scanning the Pharaohs: CT Imaging of the New Kingdom Royal Mummies*. The American University: Cairo.

Hawkes, J. 1982. *Mortimer Wheeler: Adventurer in Archaeology*. Weidenfeld & Nicolson: London.

Hawkins, A. 2003. US vs Frederick Schultz: US cultural policy in confusion. *The Art Newspaper* 13 (139), Sept., 24.

Hayden, B. 1979a. *Palaeolithic Reflections. Lithic technology and Ethnographic Excavations among Australian Aborigines*. Australian Institute of Aboriginal Studies: Canberra.

——(ed.). 1979b. *Lithic Use-wear Analysis*. Academic Press: New York & London.

——(ed.). 1987. *Lithic Studies among the Contemporary Highland Maya*. University of Arizona Press: Tucson.

Hays-Gilpin, K. & Whitley, D. S. (eds.). 1998. *Reader in Gender Archaeology*. Routledge: London.

He Jiejun. 1999. Excavations at Chengtoushan in Li County, Hunan Province, China. *Bulletin of the Indo-Pacific Prehistory Association* 18, 101–3.

Heaton, T. H. E. & others. 1986. Climatic influence on the isotopic composition of bone nitrogen. *Nature* 322, 822–23.

Hebsgaard, M. B. & others. 2009. 'The Farm Beneath the Sand': an archaeological case study on ancient 'dirt' DNA. *Antiquity* 83, 430–44.

Hecht, J. 1995. 20,000 tasks under the sea. *New Scientist*, Sept. 30, 40–45.

Hedeager, L. 1978. A Quantitative Analysis of Roman Imports in Europe North of the Limes (0–400 a.d.), and the Question of Roman-Germanic Exchange, in *New Directions in Scandinavian Archaeology* (K. Kristiansen & C. Paluden-Müller eds.), 191–216. National Museum of Denmark: Copenhagen.

Hedges, J. W. 1983. *Isbister: A chambered tomb in Orkney*. British Archaeological Reports, International Series 115: Oxford.

Hedges, R. E. M. 1981. Radiocarbon dating with an accelerator: review and preview. *Archaeometry* 23, 3–18.

Heggarty, P. 2014. Prehistory by Bayesian phylogenetics? The state of the art on Indo-European origins. *Antiquity* 88, 566–75.

——& Beresford-Jones, D. 2010. Agriculture and language dispersals: limitations, refinements, and an Andean exception. *Current Anthropology* 51 (2), 163–91.

——& Renfrew, C. 2014a. Introduction: languages, in *Cambridge World Prehistory* (C. Renfrew & P. Bahn eds.), 19–44. Cambridge University Press: Cambridge.

——& Renfrew, C. 2014b. Western and Central Asian Languages, in *Cambridge World Prehistory* (C. Renfrew & P. Bahn eds.), 1678–99. Cambridge University Press: Cambridge.

Heggie, D. C. 1981. *Megalithic Science. Ancient Mathematics and Astronomy in Northwest Europe*. Thames & Hudson: London & New York.

Hegmon, M. 2003. Setting Theoretical Egos Aside: Issues and Theory in North American Archaeology. *American Antiquity* 68, (2), 213–43.

Heizer, R. G. 1969. The anthropology of prehistoric Great Basin human coprolites, in *Science in Archaeology* (D. R. Brothwell & E. S. Higgs eds.), 244–50. (2nd edn) Thames & Hudson: London.

Helms, M. W. 1988. *Ulysses' Sail*. Princeton University Press: Princeton.

Hemme, R. H. 1990. *Domestication*. Cambridge University Press: Cambridge.

Hempel, C. G. 1966. *Philosophy of Natural Science*. Prentice-Hall: Englewood Cliffs, nj.

Henderson, J. 1980. Some new evidence for Iron Age glass-working in Britain. *Antiquity* 54, 60–61.

——2013. *Ancient Glass. An Interdisciplinary Exploration*. Cambridge University Press: Cambridge.

Hendy, M. F. & Charles, J. A. 1970. The production techniques, silver content and circulation history of the twelfth-century Byzantine Trachy. *Archaeometry* 12, 13–21.

Hendy, J. & others. 2018. A guide to ancient protein studies. *Nature Ecology & Evolution* 2, 791–99.

Henry, A. G. & others. 2012. The diet of *Australopithecus sediba*. *Nature* 487, 90–93.

Henshilwood, C. S. & others. 2002. Emergence of modern human behavior: Middle Stone Age engravings from South Africa. *Science* 295, 1278–80.

——& others. 2018. An abstract drawing from the 73,000-year-old levels at Blombos Cave, South Africa. *Nature*. https://doi.org/10.1038/s41586-018-0514-3

Heron, C. & others. 1995. *Studies in Crime: An Introduction to Forensic Archaeology*. Routledge: London.

Herrmann, B. & Hummel, S. (eds.). 1994. *Ancient DNA*. Springer-Verlag: New York.

Herrmann, F.-R. & Frey, O.-H. 1996. *Die Keltenfürsten vom Glauberg*. Archäologische Gesellschaft in Hessen: Wiesbaden.

Herz, N. 1992. Provenance determination of Neolithic to Classical Mediterranean marbles by stable isotopes. *Archaeometry* 34, 185–94.

——& Wenner, D. 1981. Tracing the origins of marble. *Archaeology* 34 (5), 14–21.

Hesse, B. 1984. These are our goats: the origins of herding in West Central Iran, in *Animals and Archaeology, Vol. 3: Early Herders and their Flocks* (J. Clutton-Brock & C. Grigson eds.), 243–64. British Archaeological Reports, International Series 202: Oxford.

——& Wapnish, P. 1985. *Animal Bone Archaeology: From Objectives to Analysis*. Taraxacum: Washington, d.c.

Hester, T. N., Shafer, H. J., & Feder, K. L. 2008. *Field Methods in Archaeology*. (7th edn) Left Coast Press: Walnut Creek, ca.

Heun, M. & others. 1997. Site of einkorn wheat domestication identified by DNA fingerprinting. *Science* 278, 1312–14. (See also 279, pp. 302 & 1433.)

Hey, G. & Lacey, M. 2001. *Evaluation of Archaeological Decision-making Processes and Sampling Strategies*. Oxford Archaeological Unit monograph: Oxford.

Heywood, I., Cornelius, S., & Carver, S. 1998. *Introduction to Geographical Information Systems*. Addison-Wesley: Reading, ma; Longman: London.

Higgs, E. S. & Jarman, M. R. 1969. The origins of agriculture: a reconsideration. *Antiquity* 43, 31–41.

Higham, C. 2017. First farmers in Southeast Asia. *Journal of Indo-Pacific Archaeology* 41, 13–21.

——& Thosarat, R. 1994. *Khok Phanom Di. Prehistoric Adaptation to the World's Richest Habitat*. Harcourt Brace College Publishers: Fort Worth, tx.

——& Thosarat, R. (eds.). 1998a. *The Excavation of Nong Nor*. University of Otago Studies, Prehistoric Anthropology 18: Dunedin.

——& Thosarat, R. 1998b. *Prehistoric Thailand, from Early Settlement to Sukhothai*. River Books: Bangkok; Thames & Hudson: London.

——& Thosarat, R. 2005. *The Excavation of Khok Phanom Di, A Prehistoric Site in Central Thailand: Volume VII: Summary and Conclusions*. Society of Antiquaries: London.

Hill, H. E. & Evans, J. 1987. The identification of plants used in prehistory from organic residues, in *Archaeometry: Further Australasian Studies* (W. R. Ambrose & J. M. J. Mummery eds.), 90–96. Australian National University: Canberra.

Hill, J. N. 1970. *Broken K Pueblo: Prehistoric Social Organisation in the American Southwest*. Anthropological Papers of the University of Arizona No. 18.

——& Gunn, J. (eds.). 1977. *The Individual in Prehistory*. Academic Press: New York & London.

Hillam, J. & others. 1990. Dendrochronology of the English Neolithic. *Antiquity* 64, 210–20.

Hillman, G. C. 1981. Reconstructing crop husbandry practices from charred remains of crops, in *Farming Practice in British Prehistory* (R. Mercer ed.), 123–62. Edinburgh University Press: Edinburgh.

——1984a. Interpretation of archaeological plant remains: the application of ethnographic models from Turkey, in *Plants and Ancient Man* (W. van Zeist & W. A. Casparie eds.), 1–41. Balkema: Rotterdam.

——1984b. Traditional husbandry and processing of archaic cereals in modern times: part 1, the glume wheats. *Bulletin of Sumerian Agriculture* 1, 114–52.

——1985. Traditional husbandry and processing of archaic cereals in modern times: part 2, the free-threshing cereals. *Bulletin of Sumerian Agriculture* 2, 21–31.

——1986. Plant foods in ancient diet: the archaeological role of palaeofaeces in general and Lindow Man's gut contents in particular, in *Lindow Man. The Body in the Bog* (I. M. Stead & others eds.), 99–115. British Museum Publications: London.

——1989. Late palaeolithic plant foods from Wadi Kubbaniya in Upper Egypt: dietary diversity, infant weaning and seasonality in a riverine environment, in *Foraging and Farming: the Evolution of Plant Exploitation* (D. R. Harris & G. C. Hillman eds.), 207–39. Unwin Hyman: London.

——& Davies, M. S. 1990. Measured domestication rates in wild wheats and barley under primitive cultivation and their archaeological implications. *Journal of World Prehistory* 4, 157–222.

——& others. 1985. The use of Electron Spin Resonance Spectroscopy to determine the thermal histories of cereal grains. *Journal of Archaeological Science* 12, 49–58.

——, Colledge, S. M., & Harris, D. R. 1989a. Plant-food economy during the Epi-Palaeolithic period at Tell Abu Hureyra, Syria: Diversity, seasonality and modes of exploitation, in *Foraging and Farming: The Evolution of Plant Exploitation* (D. R. Harris & G. C. Hillman eds.), 240–68. Unwin Hyman: London.

——, Madeyska, E., & Hather, J. 1989b. Wild plant foods and diet at Late Palaeolithic Wadi Kubbaniya: Evidence from charred remains, in *The Prehistory of Wadi Kubbaniya. Vol. 2: Studies in Late Palaeolithic Subsistence* (F. Wendorf & others eds.). Southern Methodist University Press: Dallas.

——& others. 1993. Identifying problematic remains of ancient plant foods: A comparison of the role of chemical, histological and morphological criteria. *World Archaeology* 25, 94–121.

Hills, P. J. 2015. In search of sunken treasure. *Scientific American* 312 (1), 56–63.

Hillson, S. W. 1979. Diet and dental disease. *World Archaeology* 11, 147–61.

——2005. *Teeth*. (2nd edn) Cambridge University Press: Cambridge.

Hiscock, P. 2008. *Archaeology of Ancient Australia*. Routledge: London.

Hitchens, C. 1987. *The Elgin Marbles: Should they be returned to Greece?* Chatto & Windus: London.

Hodder, I. 1984. Burials, houses, women and men in the European Neolithic, in *Ideology, Power and Prehistory* (D. Miller & C. Tilley eds.), 51–68. Cambridge University Press: Cambridge.

——1985. Postprocessual archaeology, in *Advances in Archaeological Method and Theory* 8 (M. B. Schiffer ed.), 1–26. Academic Press: London.

——1986. *Reading the Past: Current Approaches to Interpretation in Archaeology*. (1st edn) Cambridge University Press: Cambridge.

——1990. *The Domestication of Europe*. Blackwell: Oxford.

——1991. Gender representation and social reality, in *The Archaeology of Gender* (D. Walde & N. D. Willows eds.), 11–16. Archaeological Association: Calgary.

——(ed.). 1996. *On the Surface: Çatalhöyük 1993–5*. McDonald Institute: Cambridge.

——1997. "Always momentary, fluid and flexible": towards a reflexive excavation methodology. *Antiquity* 71, 691–700.

——1999. *The Archaeological Process: An Introduction*. Blackwell: Oxford.

——(ed.). 2000. *Towards Reflexive Method in Archaeology: The Example of Çatalhöyük*. McDonald Institute: Cambridge.

——(ed.). 2001. *Archaeological Theory Today*. Polity Press: Cambridge.

——2004. Women and Men at Çatalhöyük. *Scientific American* 290 (1), 66–73.

——2006. *Çatalhöyük: The Leopard's Tale*. Thames & Hudson: London & New York.

——2009. *Symbols in Action*. (Reissued) Cambridge University Press: Cambridge & New York.

——(ed.). 2010. *Religion in the Emergence of Civilization*. Cambridge University Press: Cambridge.

——& Hutson, S. 2003. *Reading the Past: Current Approaches to Interpretation in Archaeology*. (3rd edn) Cambridge University Press: Cambridge & New York.

——& Orton, C. 1976. *Spatial Analysis in Archaeology*. Cambridge University Press: Cambridge.

——, Shanks, M. & others. 1995. *Interpreting Archaeology*. Routledge: London.

Hodell, D. A., Curtis, J. H., & Brenner, M. 1995. Possible role of climate in the collapse of Classic Maya civilization. *Nature* 375, 391–94.

Hodges, R. J. 1982. *Dark Age Economics. The origins of towns and trade, AD 600–1000*. Duckworth: London.

Hoffmann, D. & others. 2018. U-Th dating of carbonate crusts reveals Neandertal origin of Iberian cave art. *Science* 359, (6378), 912–15.

Holbraad, M. & Pedersen, M. 2017. The Ontological Turn. In *The Ontological Turn: An Anthropological Exposition*. Cambridge: Cambridge University Press: Cambridge.

Holcomb, D. W. 1992. Shuttle imaging radar and archaeological survey in China's Taklamakan Desert. *Journal of Field Archaeology* 19, 129–38.

Holdaway, R. N. & Jacomb, C. 2000. Rapid extinction of the Moas (Aves: Dinornithiformes): model, text, and implications. *Science* 287, 2250–54.

Holden, C. 1987. A quest for ancient Egyptian air. *Science* 236, 1419–20.

Hole, F., Flannery, K. V., & Neely, J. A. 1969. *Prehistory and Human Ecology of the Deh Luran Plain*. Museum of Anthropology: Ann Arbor.

Holland, L. A. 1956. The purpose of the warrior image from Capestrano. *American Journal of Archaeology* 60, 243–47.

Holloway, M. 1995. The preservation of past. *Scientific American* 272 (5), 78–81.

Holloway, R. L. 1983. Cerebral brain endocast pattern of *Australopithecus afarensis* hominid. *Nature* 303, 420–22.

Holt, K. & Bennett, K. D. 2014. Principles and methods for automated palynology. *New Phytologist*. https://doi.org/10.1111/nph.12848

——& others. 2011. Progress towards an automated trainable pollen location and classifier system for use in the palynology laboratory. *Review of Palaeobotany and Palynology* 167, 175–83.

Holtorf, C. 2005. *From Stonehenge to Las Vegas: Archaeology as Popular Culture*. AltaMira: Walnut Creek, ca.

Hong, S. & others. 1994. Greenland ice evidence of hemispheric lead pollution two millennia ago by Greek and Roman civilizations. *Science* 265, 1841–43.

——& others. 1996. History of ancient copper smelting pollution during Roman and medieval times recorded in Greenland ice. *Science* 272, 246–49.

Hood, R. 1998. *Faces of Archaeology in Greece: Caricatures by Piet de Jong*. Leopard's Head Press: Oxford.

Hoppa, R. D. & Vaupel, J. W. (eds.). 2002. *Paleodemography. Age distributions from skeletal samples*. Cambridge University Press: Cambridge.

Horton, D. 1991. *Recovering the Tracks. The Story of Australian Archaeology.* Aboriginal Studies Press: Canberra.

Hosler, D. H., Sabloff, J. A., & Runge, D. 1977. Simulation model development: a case study of the Classic Maya collapse, in *Social Processes in Maya Prehistory* (N. Hammond ed.), 553–90. Academic Press: New York & London.

Houghton, P. 1980. *The First New Zealanders.* Hodder & Stoughton: Auckland.

Houston, S. D. 1993. *Hieroglyphs and History at Dos Pilas: Dynastic Politics of the Classic Maya.* University of Texas Press: Austin.

———& Inomata, T. 2009. *The Classic Maya.* Cambridge University Press: Cambridge & New York.

———& Taube, K. 2000. Archaeology of the senses: perception and cultural expression in ancient Mesoamerica. *Cambridge Archaeological Journal* 10, 261–94.

Hu, F. S. & others. 1999. Abrupt changes in North American climate during early Holocene times. *Nature* 400, 437–40.

Hubbard, R. N. L. B. 1975. Assessing the botanical component of human palaeoeconomies. *Bulletin of the Institute of Archaeology (London)* 12, 197–205.

———1976. On the strength of the evidence for prehistoric crop processing activities. *Journal of Archaeological Science* 3, 257–65.

Hudjashov, G., Kivisild, T., & others. 2007. Revealing the prehistoric settlement of Australia by Y chromosome and mtDNA analysis. *Proceedings of the National Academy of Sciences of the USA* 104, 8726–30.

Hudson, K. 1979. *World Industrial Archaeology.* Cambridge University Press: Cambridge.

———1983. *The Archaeology of the Consumer Society.* Heinemann: London.

Hughes, M. J. 1972. A technical study of opaque red glass of the Iron Age in Britain. *Proceedings of the Prehistoric Society* 38, 98–107.

Hughes, R. 1984. Art and Money. *New York Review of Books* 31 (19), 20–27.

Hurley, W. M. 1979. *Prehistoric Cordage. Identification of Impressions on Pottery.* Taraxacum: Washington, d.c.

Hurtado De Mendoza, D., & Braginski, R. 1999. Y chromosomes of Native American Adam. *Science* 283, 1439–40.

Huyge, D. & others. 2011. First evidence of Pleistocene rock art in North Africa: securing the age of the Qurta petroglyphs (Egypt) through OSL dating. *Antiquity* 85, 1184–93.

Icom. 1994. International Council of Museums. *One Hundred Missing Objects: Looting in Africa.* UNESCO: Paris.

Ikawa-Smith, F. 1982. Co-traditions in Japanese Archaeology. *World Archaeology* 13, 296–309.

Ingersoll, D., Yellen, J. E., & MacDonald, W. (eds.). 1977. *Experimental Archaeology.* Columbia University Press: New York.

Ingstad, A. S. 1977. *The Discovery of a Norse Settlement in America. Excavations at L'Anse aux Meadows, Newfoundland, 1961–1968.* Universitetsforlaget: Oslo.

Isaac, G. 1976. Stages of cultural elaboration in the Pleistocene: possible archaeological indications of the development of language capabilities, in *Origins and Evolution of Language and Speech* (S. R. Harnad, H. D. Stekelis, & J. Lancaster eds.), 275–88. Annals of the New York Academy of Sciences, Vol. 280.

———1981. Stone Age visiting cards: approaches to the study of early land use patterns, in *Pattern of the Past. Studies in Honour of David Clarke* (I. Hodder, G. Isaac & N. Hammond eds.), 131–55. Cambridge University Press: Cambridge.

Jameson, M., Runnels, C. N., & van Andel, T. H. 1995. *A Greek Countryside. The Southern Argolid from Prehistory to the Present Day.* Cambridge University Press: Cambridge.

Janssens, P. 1970. *Palaeopathology.* Humanities: New Jersey.

Jarman, H. N., Legge, A. J., & Charles, J. A. 1972. Retrieval of plant remains from archaeological sites by froth flotation, in *Papers in Economic Prehistory* (E. S. Higgs ed.), 39–48. Cambridge University Press: Cambridge.

Jarman, M. R. & Wilkinson, P. F. 1972. Criteria of animal domestication, in *Papers in Economic Prehistory* (E. S. Higgs ed.), 83–96. Cambridge University Press: Cambridge.

Jashemski, W. F. 1979. *The Gardens of Pompeii, Herculaneum and the Villas Destroyed by Vesuvius.* Vol. 1. Caratzas Brothers: New Rochelle, ny. (Vol. 2, 1994.)

———1986. L'archéologie des jardins de Pompéi. *La Recherche* 17, 990–91.

Jenkins, N. 1980. *The Boat beneath the Pyramid.* Thames & Hudson: London; Holt, Rinehart & Winston: New York.

Jenkins, N. J. & Krause, R. A. 1986. *The Tombigbee Watershed in Southeastern Prehistory.* University of Alabama Press: Tuscaloosa.

Jenkins, T. 2016. *Keeping their Marbles: How the treasures of the past ended up in museums and why they should stay there.* Oxford University Press: Oxford.

Jennings, J. D. 1953. *Danger Cave.* University of Utah Anthropology Papers, No. 27: Salt Lake City.

Jett, S. C. & Moyle, P. B. 1986. The exotic origins of fishes depicted on prehistoric Mimbres pottery from New Mexico. *American Antiquity* 51, 688–720.

Jobling, M. A., Hurles, M. E., & Tyler Smith, C. 2004. *Human Evolutionary Genetics: Origins, Peoples and Disease.* Garland Science: New York.

Johanson, D. & Edgar, B. 2006. *From Lucy to Language.* (2nd edn) Simon & Schuster: New York.

Johnson, A. W. & Earle, T. 1987. *The Evolution of Human Societies: from Foraging Group to Agrarian State.* Stanford University Press: Palo Alto, ca.

Johnson, E. 1985. Current developments in bone technology, in *Advances in Archaeological Method and Theory* 8 (M. B. Schiffer ed.), 157–235. Academic Press: New York & London.

Johnson, G. A. 1972. A test of the utility of Central Place Theory in Archaeology, in *Man, Settlement and Urbanism* (P. J. Ucko, R. Tringham, & G. W. Dimbleby eds.), 769–85. Duckworth: London.

———1982. Organizational Structure and Scalar Stress, in *Theory and Explanation in Archaeology* (C. Renfrew, M. J. Rowlands, & B. A. Segraves eds.). Academic Press: New York & London.

Johnson, M. 2010. *Archaeological Theory: An Introduction.* (2nd edn) Blackwell: Oxford & Malden, ma.

Jones, C. 1997. *Geographical Information Systems and Computer Cartography.* Longman: London.

Jones, D. G. & Harris, R. J. 1998. Archaeological human remains. Scientific, cultural and ethical considerations. *Current Anthropology* 39, 253–64.

Jones, G. 1984. Interpretation of archaeological plant remains. Ethnographic models from Greece, in *Plants and Man* (W. van Zeist & W. A. Casparie eds.), 43–61. Balkema: Rotterdam.

———& others. 1986. Crop storage at Assiros. *Scientific American* 254, 84–91.

Jones, K. 1994. *Nga Tohuwhenua Mai Te Rangi: A New Zealand Archaeology in Aerial Photographs.* Victoria University Press: Wellington.

Jones, M. 2001. *The Molecule Hunt: Archaeology and the Search for Ancient DNA.* Allen Lane: London & New York.

Jones, R. E. 1986. *Greek and Cypriot Pottery: A review of Scientific Studies.* Occasional Paper of the Fitch Laboratory 1, British School at Athens.

Jones, S. 1997. *The Archaeology of Ethnicity: Constructing Identities in the Past and Present.* Routledge: London.

Jones, S. C. 2007. The Toba supervolcanic eruption: tephra-fall deposits in India and palaeoanthropological implications, in *The Evolution and History of Human Populations in South Asia* (M. D. Petraglia & B. Allchin eds.), 173–200. Springer/Kluwer Academic Publishers: New York.

Joordens, J. C. A. & others. 2014. *Homo erectus* at Trinil in Java used shells for tool production and engraving. *Nature.* https://doi.org/10.1038/nature13962

Jordan, P. 1983. *The Face of the Past.* Batsford: London.

Joukowsky, M. 1980. *A Complete Manual of Field Archaeology.* Prentice-Hall: Englewood Cliffs, nj.

Jouzel, J. & others. 1987. Vostok ice core: a continuous isotope temperature record over the last climate cycle (160,000 years). *Nature* 329, 403–8.

Jovanovic, B. 1979. The technology of primary copper mining in South-East Europe. *Proceedings of the Prehistoric Society* 45, 103–10.

———1980. The origins of copper mining in Europe. *Scientific American* 242, 114–20.

Kaifu, Y. & others (eds.). 2014. *Emergence and Diversity of Modern Human Behavior in Paleolithic Asia.* Texas A&M University Press: Texas.

Kajiwara, H. & Akoshima, K. 1981. An experimental study of microwear polish on shale artifacts. *Kokogaku Zasshi (Journal of the Archaeological Society of Nippon)* 67, 1–36 (English summary).

Kamp, K. (ed.) 2002. *Children in the Prehistoric Puebloan Southwest.* University of Utah Press: Salt Lake City.

Kaplan, F. E. S. (ed.). 1994. *Museums and the Making of "Ourselves."* Leicester University Press: London.

Karlin, C. & Julien, M. 1994. Prehistoric technology: a cognitive science?, in *The Ancient Mind: Elements of Cognitive Archaeology* (C. Renfrew & E. B. W. Zubrow eds.), 152–64. Cambridge University Press: Cambridge.

Kauffmann-Doig, F. 1979. *Sexual Behaviour in Ancient Peru.* Kompaktos: Lima.

Kavanagh, G. 2000. *Dream Spaces. Memory and the Museum.* Leicester University Press: London.

Kay, R. F. & others. 1998. The hypoglossal canal and the origin of human vocal behavior. *Proceedings of the National Academy of Sciences USA* 95, 5417–19.

Kealhofer, L. & Piperno, D. R. 1994. Early agriculture in southeast Asia: phytolith evidence from the Bang Pakong Valley, Thailand. *Antiquity* 68, 564–72.

Keeley, L. H. 1974. Technique and methodology in microwear studies: a critical review. *World Archaeology* 5, 323–36.

———1977. The function of Palaeolithic stone tools. *Scientific American* 237, 108–26.

———1980. *Experimental Determination of Stone Tool Uses. A Microwear Analysis.* University of Chicago Press: Chicago.

———1997. *War before Civilization: The Myth of the Peaceful Savage.* Oxford University Press: New York.

———& Newcomer, M. H. 1977. Microwear analysis of experimental flint tools: a test case. *Journal of Archaeological Science* 4, 29–62.

———& Toth, N. 1981. Microwear polishes on early stone tools from Koobi Fora, Kenya. *Nature* 293, 464–65.

Kehoe, A. B. 1998. *The Land of Prehistory. A Critical History of American Archaeology.* Routledge: New York & London.

Kehoe, T. F. 1967. The Boarding School Bison Drive Site. *Plains Anthropologist, Memoir 4* 12 (35). https://doi.org/10.1080/2052546.1967.11908443

———1973. *The Gull Lake Site: A Prehistoric Bison Drive Site in Southwestern Saskatchewan.* Publications in Anthropology & History No. 1: Milwaukee Public Museum.

Keller, D. R. & Rupp, D. W. (eds.). 1983. *Archaeological Survey in the Mediterranean Area.* British Archaeological Reports, International Series 155: Oxford.

Kelley, S., Williams-Thorpe, O., & Thorpe, R. J. 1994. Laser argon dating and geological provenancing of a stone axe from the Stonehenge environs. *Archaeometry* 36, 209–16.

Kelly, R. C. 2000. *Warless Societies and the Origin of War.* University of Michigan Press: Ann Arbor.

Kelso, W. M. 2006. *Jamestown: The Buried Truth.* University of Virginia Press: Charlottesville, va.

———& Straube, B. A. 2004. *Jamestown Rediscovery 1994–2004.* APVA (Association for the Preservation of Virginia Antiquities). Preservation Virginia: Richmond, va.

Kemp, B. J. 1984–87. *Amarna Reports I–IV.* Egypt Exploration Society: London.

———1989. *Ancient Egypt: Anatomy of a Civilization.* Routledge: London & New York.

Kendall, D. G. 1969. Some problems and methods in statistical archaeology. *World Archaeology* 1, 68–76.

Kennedy, K. A. R. 1998. Markers of occupational stress: conspectus and research. *International Journal of Osteoarchaeology* 8 (5), 305–10.

Kérisel, J. 1988. Le dossier scientifique sur la pyramide de Khéops. *Archéologia* 232, Feb., 46–54.

Kerley, E. R. 1965. The microscopic determination of age in human bone. *American Journal of Physical Anthropology* 23, 149–64.

Kerr, R. A. 1996. Ice rhythms: core reveals a plethora of climate cycles. *Science* 274, 499–500.

Killick, D. 2004. What do we know about African iron working? *Journal of African Archaeology* 2 (1), 97–112.

Killingley, J. S. 1981. Seasonality of mollusk collecting determined from 0–18 profiles of midden shells. *American Antiquity* 46, 152–58.

King, T. F. 1983. Professional responsibility in public archaeology. *Annual Review of Anthropology* 12, 143–64.

———1998. *Cultural Resource Laws and Practice. An Introductory Guide.* AltaMira: Walnut Creek, ca.

———2002. *Thinking about Cultural Resources Management.* AltaMira: Walnut Creek, ca.

———2005. *Doing Archaeology: A Cultural Resource Management Perspective.* Left Coast Press: Walnut Creek, ca.

———2012. *Cultural Resource Laws and Practice: An Introductory Guide* (4th edn). AltaMira: Walnut Creek, ca.

Kingery, W. D. & Frierman, J. D. 1974. The firing temperature of a Karanovo sherd and inferences about South-East European Chalcolithic refractory technology. *Proceedings of the Prehistoric Society* 40, 204–5.

Kintisch, E. 2016. The lost Norse. *Science* 354, 696–701.

Kirch, P. V. 1982. The impact of the prehistoric Polynesians on the Hawaiian ecosystem. *Pacific Science* 36, 1–14.

———1983. Man's role in modifying tropical and subtropical Polynesian ecosystems. *Archaeology in Oceania* 18, 26–31.

———& Yen, D. E. 1982. *Tikopia: The Prehistory and Ecology of a Polynesian Outlier.* Bishop Museum Bulletin 238: Honolulu.

Kirk, R. & Daugherty, R. D. 1974. *Hunters of the Whale.* Morrow: New York.

Kislev, M. E., Nadel, D., & Carmi, I. 1992. Epipalaeolithic (19,000 bp) cereal and fruit diet at Ohalo II, Sea of Galilee, Israel. *Review of Palaeobotany and Palynology* 73, 161–66.

Kitagawa, H. & Van Der Plicht, J. 1998. Atmospheric radiocarbon calibration to 45,000 year b.p.: late glacial fluctuations and cosmogenic isotope production. *Science* 279, 1187–89.

Kittleman, L. R. 1979. Geologic methods in studies of Quaternary tephra, in *Volcanic Activity and Human Ecology* (P. D. Sheets & D. K. Grayson eds.), 49–82. Academic Press: New York & London.

Kiyotari, T. (ed.). 1987. *Recent Archaeological Discoveries in Japan.* Centre for East Asian Cultural Studies/UNESCO: Paris & Tokyo.

Klein, R. G. 1984. The large mammals of southern Africa: Late Pliocene to Recent, in *Southern Africa: Prehistory and Palaeoenvironments* (R. G. Klein ed.), 107–46. Balkema: Rotterdam & Boston.

———2009. *The Human Career: Human Biological and Cultural Origins.* (3rd edn) University of Chicago Press: Chicago.

———& Cruz-Uribe, K. 1984. *The Analysis of Animal Bones from Archaeological Sites.* University of Chicago Press: Chicago.

Klejn, L. S. 2010. Review of Smith 2009. *Cambridge Archaeological Journal* 20, 449–51.

Klevezal, G. A. & Shishlina, N. I. 2001. Assessment of the season of death of ancient human from cementum annual layers. *Journal of Archaeological Science* 28, 481–86.

Knapp, A. B. & van Dommelen, P. 2008. Past practices: rethinking individuals and agents in archaeology. *Cambridge Archaeological Journal* 18, 15–34.

Knappett, C. (ed.). 2013. Network Approaches in Archaeology: New Approaches to Regional Interaction. Oxford University Press: Oxford.

———, Evans, T., & Rivers, R. 2008. Modelling maritime interaction in the Aegean Bronze Age. *Antiquity* 82, 1009–24.

Knecht, H. (ed.). 1997. *Projectile Technology.* Plenum Press: New York.

Knights, B. A. & others. 1983. Evidence concerning Roman military diet at Bearsden, Scotland, in the 2nd century ad. *Journal of Archaeological Science* 10, 139–52.

Kohl, P. L. 1975. Carved chlorite vessels. *Expedition* 18, 18–31.

———1987. The use and abuse of World Systems theory, in *Advances in Archaeological Method and Theory* 11 (M. B. Schiffer ed.), 1–36. Academic Press: New York & London.

———& Fawcett, C. (eds.). 1995. *Nationalism, Politics and the Practice of Archaeology.* Cambridge University Press: Cambridge.

Koike, H. 1980. *Seasonal Dating by Growth-Line Counting of the Clam, Meretrix lusoria. Toward a Reconstruction of Prehistoric Shell-Collecting Activities in Japan.* University Museum Bulletin 18, University of Tokyo.

———1986a. Jomon shell mounds and growth-line analysis of molluscan shells, in *Windows on the Japanese Past: Studies in Archaeology and Prehistory* (R. J. Pearson, G. L. Barnes, and K. L. Hutterer eds.), 267–78. University of Michigan Center for Japanese Studies: Ann Arbor.

———1986b. Prehistoric hunting pressure and paleobiomass: an environmental reconstruction and archaeozoological analysis of a Jomon shellmound area, in *Prehistoric Hunter-Gatherers in Japan – New Research Methods* (T. Akazawa & C. M. Aikens eds.), 27–53. University Museum Bulletin 27, University of Tokyo.

Kokkou, A. (ed.). 1993. *The Getty Kouros Colloquium.* N. P. Goulandris Foundation & J. Paul Getty Museum: Athens.

Koller, J. & others. 2001. High-tech in the middle Palaeolithic. Neanderthal-manufactured pitch identified. *European Journal of Archaeology* 4 (3), 385–97.

Körber-Grohne, V. 1987. Les restes de plantes et d'animaux de la tombe princière d'Hochdorf, in *Trésors des Princes Celtes.* Exhibition catalog, Ministère de la Culture: Paris.

———1988. Microscopic methods for identification of plant fibres and animal hairs from the Prince's Tomb of Hochdorf, Southwest Germany. *Journal of Archaeological Science* 15, 73–82.

Králík, M. & Novotný, V. 2005. Dermatoglyphics of ancient ceramics, in *Pavlov I Southeast. A Window into the Gravettian Lifestyles* (J. Svoboda ed.), 449–97. Institute of Archaeology: Brno.

Kramer, C. 1979. *Ethnoarchaeology: Implications of Ethnography for Archaeology.* Columbia University Press: New York.

Krause, J. & others. 2007. Neanderthals in central Asia and Siberia. *Nature* 449, 902–4.

Krause, J. & others. 2010. The complete mitochondrial DNA genome of an unknown hominin from southern Siberia. *Nature* 464, 894–97.

Krings, M., Stone, A., Schmitz, R., & others. 1997. Neanderthal DNA sequences and the origin of modern humans. *Cell* 90, 19–30.

Kroll, E. M. & Isaac, G. L. 1984. Configurations of artifacts and bones at early Pleistocene sites in East Africa, in *Intrasite Spatial Analysis in Archaeology* (H. J. Hietala ed.), 4–31. Cambridge University Press: Cambridge.

Kromer, B. & Spurk, M. 1998. Revision and tentative extension of tree-ring based ^{14}C calibration, 9200–11,855 cal bp. *Radiocarbon* 40, 1117–26.

Kruskal, J. B. 1971. Multi-dimension scaling in archaeology: time is not the only dimension, in *Mathematics in the Archaeological and Historical Sciences* (F. R. Hodson, D. G. Kendall, & P. Tautu eds.), 119–32. Edinburgh University Press: Edinburgh.

Kukla, G. J. 1975. Loess stratigraphy of Central Europe, in *After the Australopithecines* (K. W. Butzer & G. L. Isaac eds.), 99–188. Mouton: The Hague.

———1987. Loess stratigraphy in Central China. *Quaternary Science Reviews* 6, 191–219.

Kuniholm, P. I. & Striker, C. L. 1987. Dendrochronological investigations in the Aegean and neighboring regions 1983–1986. *Journal of Field Archaeology* 14, 385–98.

———& others. 1996. Anatolian tree rings and the absolute chronology of the eastern Mediterranean, 2220–718 bc. *Nature* 381, 780–83.

Kunow, J. (ed.). 1995. *Luftbildarchäologie in Ost- und Mitteleuropa.* Forschungen zur Archäologie im Land Brandenberg 3: Potsdam.

Kvavadze, E. & others. 2009. 30,000-year-old wild flax fibers. *Science* 325, 1359.

Lacruz, R. S & others. 2005. Dental enamel hypoplasia, age at death, and weaning in the Taung child. *South African Journal of Science* 101 (11/12), 567–69.

Lahaye, C. & others. 2013. Human occupation in South America by 20,000 bc: The Toca da Tira Peia site, Piau', Brazil. *Journal of Archaeological Science* 40, 2840–47.

Lai, C. S. L. & others. 2001. A forkhead-domain gene is mutated in a severe speech and language disorder. *Nature* 413, 519–23.

Laitman, J. T. 1986. L'origine du langage articulé. *La Recherche* 17 (181), 1164–73.

Lake, M. 1999. Digging for memes: the role of material objects in cultural evolution, in *Cognition and Material Culture: The Archaeology of Symbolic Storage* (C. Renfrew & C. Scarre eds.), 77–88. McDonald Institute: Cambridge.

Lalueza, C. J. J. & Pérez-Pérez, A. 1994. Dietary information through the examination of plant phytoliths on the enamel surface of human dentition. *Journal of Archaeological Science* 21, 29–34.

Lamb, A. & others. 2014. Multi-isotope analysis demonstrates significant life-style changes in King Richard III. *Journal of Archaeological Science* 50, 559–65.

Lambeck, K. & others. 2004. Sea level in Roman times in the Central Mediterranean and implications for recent change. *Earth and Planetary Science Letters* 224, 563–75.

Lambert, B., Szpunar, C. B., & Buikstra, J. E. 1979. Chemical analysis of exca-vated human bone from Middle and Late Woodland sites. *Archaeometry* 21, 115–29.

Lambert, D. M. & Millar, C. D. 2006. Evolutionary biology: ancient genomics is born. *Nature* 444, 275–6.

Langford, M., Taylor, G., & Flenley, J. R. 1986. The application of texture anal-ysis for automated pollen identification, in *Proceedings of the Conference on Identification and Pattern Recognition*, Toulouse, June 1986, Vol. 2, 729–39. University Paul Sabatier: Toulouse.

La Niece, S. & Craddock, P. T. 1993. *Metal Plating and Patination.* Butterworth Heinemann: London.

Lara, A. & Villalba, R. 1993. A 3620-year temperature record from *Fitzroya cupressoides* tree rings in southern South America. *Science* 260, 1104–6.

Larsen, C. S. 1983. Behavioural implications of temporal change in cariogene-sis. *Journal of Archaeological Science* 10, 1–8.

———1997. *Bioarchaeology: Interpreting Behaviour from the Human Skeleton.* Cambridge University Press: Cambridge.

———2000. Reading the bones of La Florida. *Scientific American*, June, 62–67.

———2002. *Skeletons in our Closet: Revealing our Past through Bioarchaeology.* Princeton University Press: Princeton, nj.

Larson, G. & others. 2005. Worldwide phylogeography of wild boar reveals multiple centers of pig domestication. *Science* 307, 1618–21.

Larson, G. & others. 2012. Rethinking dog domestication by integrating genet-ics, archeology and biogeography. *Proceedings of the National Academy of Sciences* 109 (23), 8878–83.

Lasaponara, R. 2007. Detection of archaeological crop marks by using satellite QuickBird multispectral imagery. *Journal of Archaeological Science* 34, 214–21.

———& Masini, N. 2006. On the potential of QuickBird data for archaeological prospection. *International Journal of Remote Sensing* 27, 3607–14.

Latimer, B., Ohman, J. C., & Lovejoy, C. O. 1987. Talocrural joint in African hominoids: implications for *Australopithecus afarensis. American Journal of Physical Anthropology* 74, 155–75.

Lauer, J. -P. 1976. *Saqqara.* Thames & Hudson: London.

Laursen, L. 2010. Climate scientists shine light on cave ice. *Science* 329, 746–47.

Laville, H. 1976. Deposits in calcareous rock shelters: analytical methods and climatic interpretation, in *Geoarchaeology* (D. A. Davidson & M. L. Shackley eds.), 137–57. Duckworth: London.

———, Rigaud, J-P., & Sackett, J. 1980. *Rock shelters of the Périgord. Geological Stratigraphy and Archaeological Succession.* Academic Press: London & New York.

Lawler, A. 2009. Archaeologists raise the old with the new. *Science* 325, 936–40.

———2010. Collapse? What collapse? Societal change revisited. *Science* 330, 907–9.

Layton, R. (ed.). 1989a. *Who Needs the Past? Indigenous Values and Archaeology.* Unwin Hyman: London.

———(ed.). 1989b. *Conflict in the Archaeology of Living Traditions.* Unwin Hyman: London.

———, Shennan, S., & Stone, P. (eds.). 2006. *A Future for Archaeology. The Past in the Present.* UCL Press: London.

Lazaridis, I. & others. 2014. Ancient human genomes suggest three ancestral populations for present-day Europeans. *Nature* 513, 409–16.

Leach, H. 1984a. *1,000 Years of Gardening in New Zealand.* Reed: Wellington.

———1984b. Jigsaw: reconstructive lithic technology, in *Prehistoric Quarries and Lithic Production* (J. E. Ericson & B. A. Purdy eds.), 107–18. Cambridge University Press: Cambridge.

Leach, J. W. & Leach, E. (eds.). 1983. *The Kula. New Perspectives on Massim Exchange.* Cambridge University Press: Cambridge.

Leakey, M. 1984. *Disclosing the Past.* Weidenfeld & Nicolson: London.

———1987. Animal prints and trails, in *Laetoli: A Pliocene Site in Northern Tanzania* (M. Leakey & J. M. Harris eds.), 451–89. Clarendon Press: Oxford.

Leakey, M. D. 1979. Footprints in the ashes of time. *National Geographic* 155 (4), 446–57.

———& Harris, J. M. (eds.). 1987. *Laetoli: A Pliocene Site in Northern Tanzania.* Clarendon Press: Oxford.

LeBlanc, S. A. 1983. *The Mimbres People.* Thames & Hudson: London & New York.

———1999. *Prehistoric Warfare in the American Southwest.* University of Utah Press: Salt Lake City.

———2003. *Constant Battles: The Myth of the Peaceful, Noble Savage.* St. Martin's Press: New York.

Lechtman, H. 1984. Pre-Columbian surface metallurgy. *Scientific American* 250, 38–45.

———, Erlij, A., & Barry, E. J. 1982. New perspectives on Moche metallurgy: Techniques of gilding copper at Loma Negra, Northern Peru. *American Antiquity* 47, 3–30.

Legge, A. J. 1972. Cave climates, in *Papers in Economic Prehistory* (E. S. Higgs ed.), 97–103. Cambridge University Press: Cambridge.

———& Rowley-Conwy, P. A. 1988. *Star Carr Revisited: A Reanalysis of the Large Mammals.* Birkbeck College, Centre for Extra-Mural Studies: London.

Lehner, M. 1985. The development of the Giza necropolis: The Khufu Project. *Mitteilungen des deutschen archäologischen Instituts, Abteilung Kairo* 41, 109–43.

———1997. *The Complete Pyramids.* Thames & Hudson: London & New York.

Lekson, S. H. & others. 1988. The Chaco Canyon community. *Scientific American* 259 (1) (July), 100–109.

Lentz, D. L. & others. 1996. Foodstuffs, forests, fields and shelter: a paleoeth-nobotanical analyis of vessel contents from the Cerén site, El Salvador. *Latin American Antiquity* 7 (3), 247–62.

Leone, M. 1982. Some opinions about recovering mind. *American Antiquity* 47, 742–60.

———1984. Interpreting ideology in historical archaeology: using the rules of perspective in the William Paca Garden in Annapolis, Maryland, in *Ideology, Power and Prehistory* (D. Miller & C. Tilley eds.), 25–35. Cambridge University Press: Cambridge.

Lerici, C. M. 1959. Periscope on the Etruscan Past. *National Geographic* 116 (3), 336–50.

Leroi-Gourhan, A. 1968. *The Art of Prehistoric Man in Western Europe.* Thames & Hudson: London.

———1981. Pollens et grottes ornées, in *Altamira Symposium* (1980), 295–97. Madrid.

———1982. *The Dawn of European Art.* Cambridge University Press: Cambridge.

Levesque, A. J. & others. 1997. Exceptionally steep north–south gradients in lake temperatures during the last deglaciation. *Nature* 385, 423–26.

Lévi-Strauss, C. 1966. *The Savage Mind.* Weidenfeld & Nicolson: London; University of Chicago Press: Chicago.

Levy, S. 2011. *What Ice Age Extinctions Tell us about the Fate of Earth's Largest Animals.* Oxford University Press: Oxford.

Lewarch, D. E. & O'Brien, M. J. 1981. The expanding role of surface assemblages in archaeological research, in *Advances in Archaeological Method and Theory* 4 (M. B. Schiffer ed.), 297–342. Academic Press: New York.

Libby, W. F. 1952. *Radiocarbon Dating.* University of Chicago Press: Chicago.

Lieberman, D. E., Deacon, T. W., & Meadow, R. H. 1990. Computer image enhancement and analysis of cementum increments as applied to teeth of *Gazella gazella*. *Journal of Archaeological Science* 17, 519–33.

Lieberman, P. 1998. *Eve Spoke*. Picador/Macmillan: London.

——& Crelin, E. S. 1974. Speech and Neanderthal Man. *American Anthropologist* 76, 323–25.

Lilley, I. (ed.). *Native Title and the Transformation of Archaeology in the Postcolonial World*. Vol. 50. University of Sydney.

Lillie, M. C. & Ellis, S. (eds.). 2007. *Wetland Archaeology and Environments: Regional Issues, Global Perspectives*. Oxbow Books: Oxford.

Limbrey, S. 1975. *Soil Science and Archaeology*. Academic Press: London & New York.

Linford, N. T. 2006. The application of geophysical methods to archaeological prospection. *Reports on Progress in Physics* 69, 2205–57.

Lister, A. & Bahn, P. 2007. *Mammoths:Giants of the Ice Age*. (3rd edn) Frances Lincoln: London; University of California Press: Berkeley.

Liu, B. & others. 2017. Earliest hydraulic enterprise in China 5100 years ago, *Proceedings of the National Academy of Sciences of the USA* 114, 13637–43.

Liu, L. & others. 2010. What did grinding stones grind? New light on Early Neolithic subsistence economy in the Middle Yellow River Valley, China. *Antiquity* 84, 816–33.

Llamas, B. & others. 2016. Ancient mitochondrial DNA provides high-resolution time scale of the peopling of the Americas. *Science Advances* 2 (4), 1–10. https://doi.org/10.1126/sciadv.1501385

Lloyd, S. 1980. *Foundations in the Dust*. Thames & Hudson: London & New York.

Lock, A. & Peters, C. R. (eds.). 1996. *Handbook of Human Symbolic Evolution*. Oxford University Press: Oxford.

Lock, G. & Stančič, Z. (eds.). 1995. *Archaeology and Geographical Information Systems: A European Perspective*. Taylor & Francis: London & Bristol, pa.

Lombard, M. 2014. *In situ* presumptive test for blood residues applied to 62,000-year-old stone tools. *South African Archaeological Bulletin* 69, 80–86.

Long, S. V. 1965. Cire-perdue casting in pre-Columbian America: an experimental approach. *American Antiquity* 30, 189–92.

Lorblanchet, M. 1991. Spitting images: replicating the spotted horses of Pech Merle. *Archaeology* 44, Nov./Dec., 24–31.

——2010. *Art Pariétal. Grottes Ornées du Quercy*. Rouergue: Rodez.

——& Bahn, P. 2017. *The First Artists: In Search of the World's Oldest Art*. Thames & Hudson: London & New York.

Loreille, O. & others. 1997. First distinction of sheep and goat archaeological bones by the means of their fossil DNA. *Journal of Archaeological Science* 24, 33–37.

Lorius C. & others. 1985. A 150,000 year climatic record from Antarctic ice. *Nature* 316, 591–96.

Lovis, W. A. 1976. Quarter sections and forests: an example of probability sampling in the northeastern woodlands. *American Antiquity* 41, 364–72.

Lowe, J. J. & Walker, M. J. C. 2014. *Reconstructing Quaternary Environments*. (3rd edn) Longman: Harlow.

Lowe, J. W. G. 1985. *The Dynamics of Apocalypse: A Systems Simulation of the Classic Maya Collapse*. University of New Mexico Press: Albuquerque.

Lowenstein, J. M. 1985. Molecular approaches to the identification of species. *American Scientist* 73, 541–47.

Lowenthal, D. 1985. *The Past is a Foreign Country*. Cambridge University Press: Cambridge.

Loy, T. H., Spriggs, M., & Wickler, S. 1992. Direct evidence for human use of plants 28,000 years ago: starch residues on stone artefacts from the northern Solomon Islands. *Antiquity* 66, 898–912.

Lufkin, M. 2003. Why a federal court has upheld the prison sentence imposed on antiquities dealer Frederick Schultz. *The Art Newspaper* 13 (139), Sept., 1–6.

Lyell, C. 1830–33. *Principles of geology, being an attempt to explain the former changes of the earth's surface by reference to causes now in operation*. 3 vols. John Murray: London.

Lyman, R. L. 1979. Available meat from faunal remains: a consideration of techniques. *American Antiquity* 44, 536–46.

——1994. *Vertebrate Taphonomy*. Cambridge University Press: Cambridge.

——2008. *Quantitative Paleozoology*. Cambridge University Press: Cambridge.

——& O'Brien, M. J. (eds.). 1998. The goals of evolutionary archaeology: history and explanation. *Current Anthropology* 39, 615–52.

Lynch, T. F. (ed.). 1980. *Guitarrero Cave. Early Man in the Andes*. Academic Press: New York & London.

Lynott, M. J. & Wylie, A. (eds.). 2000. *Ethics in American Archaeology*. (2nd edn) Society for American Archaeology: Washington d.c.

Lyons, C. 2002. Objects and identities: claiming and reclaiming the past, in *Claiming the Stones/Naming the Bones: Cultural Property and the Negotiation of National and Ethnic Identity* (E. Barkan & R. Bush eds.), 116–37. Getty Research Institute: Los Angeles.

Lyons, S. K. & others. 2004. Was a 'hyperdisease' responsible for the late Pleistocene megafaunal extinction? *Ecology Letters* 7, 859–68.

Lyons, T. R. & Mathien, F. J. (eds.). 1980. *Cultural Resources: Remote Sensing*. U.S. Govt. Printing Office: Washington, d.c.

Macchiarelli, R. & others. 2006. How Neanderthal molar teeth grew. *Nature* 444, 748–51.

Mace, R., Holden, C. J., & Shennan, S. (eds.). 2005. *The Evolution of Cultural Diversity: A Phylogenetic Approach*. Left Coast Press: Walnut Creek, ca.

MacGregor, A. 1985. *Bone, Antler, Ivory and Horn Technology*. Croom Helm: London.

Mack, J. 2003. *The Museum of the Mind*. British Museum Press: London.

MacMahon, D. A. & Marquardt, W. H. 2004. *The Calusa and their Legacy: South Florida People and their Environments*. University Press of Florida: Gainesville.

MacNeish, R. S. & others (eds.). 1967–72. *The Prehistory of the Tehuacán Valley*. University of Texas Press: Austin.

MacPhee, R. D. & Marx, P. A. 1997. The 40,000 year plague: humans, hyperdisease, and first contact extinctions, in *Natural Change and Human Impact in Madagascar* (S. M. Goodman & B. D. Patterson eds.), 169–217. Smithsonian Institution Press: Washington, d.c.

Madella, M. & others. 2002. The exploitation of plant resources by Neanderthals in Amud Cave (Israel): the evidence from phytolith studies. *Journal of Archaeological Science* 29, 703–19.

Magee, J. W. & Hughes, P. J. 1982. Thin-section analysis and the geomorphic history of the Colless Creek archaeological site in Northwestern Queensland, in *Archaeometry: An Australian Perspective* (W. Ambrose & P. Duerden eds.), 120–28. Australian National University: Canberra.

Mainfort, R. C. 1985. Wealth, Space and Status in a Historic Indian Cemetery. *American Antiquity* 50, 555–79.

Maiuri, A. 1961. Last moments of the Pompeians. *National Geographic* 120 (5), 650–69.

——1970. *Pompeii*. Instituto Poligrafico dello Stato: Rome.

Malafouris, L. 2004. The cognitive basis of material engagement: where brain, body and culture conflate, in *Rethinking Materiality: The Engagement of Mind with the Material World* (E. DeMarrais, C. Gosden, & C. Renfrew eds.), 53–62. Cambridge University Press: Cambridge.

——2007. The sacred engagement, in *Cult in Context: Reconsidering Ritual in Archaeology* (D. A. Barrowclough & C. Malone eds.), 198–205. Oxbow Books: Oxford.

——2013. *How Things Shape the Mind: A Theory of Material Engagement*. MIT Press: Cambridge, ma.

Malaspina, P. & others. 1998. Network analyses of Y-chromosome types in Europe, Northern Africa and Western Asia reveal specific patterns of geographic distribution. *American Journal of Human Genetics* 63, 847–60.

Malaspinas A.-S., Westaway M. C., Lambert D. M., Willerslev E., & others. 2016. A genomic history of aboriginal Australia. *Nature* 538, 207–314.

Malinowski, B. 1922. *Argonauts of the Western Pacific*. Dutton: New York; Routledge: London.

Mallory, J. P. 1989. *In Search of the Indo-Europeans*. Thames & Hudson: London.

Malone, C. A. T. 2008. Metaphor and Maltese Art. *Journal of Mediterranean Archaeology* 21 (1), 81–109.

Mandal, D. 1993. *Ayodhya: Archaeology after Demolition*. Orient Longman: New Delhi.

Mango, M. M. & Bennett, A. 1994. *The Sevso Treasure, Part One*. Journal of Roman Archaeology, Suppl. Series 12: Ann Arbor.

Mann, M. 1986. *The Sources of Social Power*. Cambridge University Press: Cambridge.

Manning, S. W. 1999. *A Test of Time*. Oxbow Books: Oxford.

——& others. 2006. Chronology for the Aegean Late Bronze Age 1700–1400 bc. *Science* 312, 565–69.

Mannion, A. M. 1987. Fossil diatoms and their significance in archaeological research. *Oxford Journal of Archaeology* 6, 131–47.

——1991. *Global Environmental Change*. Longman: London.

Manzanilla, L. & others. 1994. Caves and geophysics: an approximation to the underworld of Teotihuacán, Mexico. *Archaeometry* 36 (1), 141–57.

Marchant, J. 2011. Curse of the Pharaoh's DNA. *Nature* 472, 404–6.

——2012. Hunt for the ancient mariner. *Nature* 481, 426–28.

Marcus, J. 1974. The iconography of power among the Classic Maya. *World Archaeology* 6, 83–94.

——1983a. The genetic model and the linguistic divergence of the Otomangueans, in *The Cloud People* (K. V. Flannery & J. Marcus eds.), 4–9. Academic Press: New York & London.

————1983b. Teotihuacán Vistors on Monuments and Murals at Monte Albán, in *The Cloud People* (K. V. Flannery & J. Marcus eds.), 175–81. Academic Press: New York.

————1983c. Lowland Maya Archaeology at the Crossroads. *American Antiquity* 48 (3), 454–88.

———— (ed.). 1990. *Debating Oaxaca Archaeology*. University of Michigan Press: Ann Arbor.

————1998. *Women's Ritual in Formative Oaxaca. Figurine-making. Divination, Death and the Ancestors*. Memoirs of the Museum of Anthropology 11. University of Michigan Press: Ann Arbor.

————& Flannery, K. V. 1994. Ancient Zapotec ritual and religion: an application to the direct historical approach, in *The Ancient Mind: Elements of Cognitive Archaeology* (C. Renfrew & E. B. W. Zubrow eds.), 55–75. Cambridge University Press: Cambridge.

————& Flannery, K. V. 1996. *Zapotec Civilization. How Urban Society Evolved in Mexico's Oaxaca Valley*. Thames & Hudson: London & New York.

Marlar, R. A. & others. 2000. Biochemical evidence of cannibalism at a prehistoric Puebloan site in southwestern Colorado. *Nature* 407, 74–78 (see also *American Antiquity* 65 (2000), 145–78 & 397–406).

Marler, J. (ed.). 1997. *From the Realm of the Ancestors: An Anthology in Honor of Marija Gimbutas*. Knowledge, Ideas and Trends Press: Manchester, ct.

Marquardt, W. H. (ed.). 1999. *The Archaeology of Useppa Island*. University of Florida Institute of Archaeology and Paleoenvironmental Studies, Monograph 3: Gainesville.

————2001. The emergence and demise of the Calusa, in *Societies in Eclipse: Archaeology of the Eastern Woodlands Indians, a.d. 1400–1700* (D. Brose, C. W. Cowan, & R. Mainfort eds.), 157–71. Smithsonian Institution Press: Washington, d.c.

————2014. Tracking the Calusa: a retrospective. *Southeastern Archaeology* 33 (1), 1–24.

————& Walker, K. J. (eds.). 2013. *The Archaeology of Pineland: A Coastal Southwest Florida Site Complex, ca. A.D. 50–1700*. Institute of Archaeology and Paleoenvironmental Studies, Monograph 4, University Press of Florida: Gainesville.

Marquet, J. -C. & Lorblanchet, M. 2003. A Neanderthal face? The proto-figurine from La Roche-Cotard, Langeais (Indre-et-Loire, France). *Antiquity* 77, 661–70.

————& Lorblanchet, M. 2014. Les productions à caractère symbolique du site moustérien de La Roche-Cotard à Langeais (Indre-et-Loire) dans leur context géologique. *Paleo* 25, 169–94.

Marshack, A. 1972a. *The Roots of Civilization: The Cognitive Beginnings of Man's First Art, Symbol and Notation*. McGraw-Hill: New York; Weidenfeld & Nicolson: London. (2nd edn 1991, Moyer Bell: New York).

————1972b. Cognitive aspects of Upper Paleolithic engraving. *Current Anthropology* 13, 445–77. Also 15 (1974), 327–32; 16 (1975), 297–98.

————1975. Exploring the mind of Ice Age man. *National Geographic* 147, 62–89.

————1991. The Taï plaque and calendrical notation in the Upper Palaeolithic. *Cambridge Archaeological Journal* 1, 25–61.

————1997. The Berekhat Ram figurine: a late Acheulian carving from the Middle East. *Antiquity* 71, 327–37.

Marshall, M. P. 1997. The Chacoan roads – a cosmological interpretation, in *Anasazi: Architecture and American Design* (B. H. Morrow & V. B. Price eds.), 6–74. University of New Mexico Press: Albuquerque.

Marshall, Y. 2002. What is Community Archaeology? *World Archaeology* 34 (2), 211–19.

Martin, P. S. & Klein, R. G. (eds.). 1984. *Quaternary Extinctions: A Prehistoric Revolution*. University of Arizona Press: Tucson.

Martin, S. & Grube, N. 2000. *Chronicle of the Maya Kings and Queens*. Thames & Hudson: London & New York.

Marwick, B. 2003. Pleistocene exchange networks as evidence for the evolution of language. *Cambridge Archaeological Journal* 13, 67–81.

Maschner, H. D. G. (ed.). 1996a. *Darwinian Archaeologies*. Plenum: New York.

———— (ed.). 1996b. *New Methods, Old Problems: Geographic Information Systems in Modern Archaeological Research*. Center for Archaeological Investigations, Southern Illinois University: Carbondale.

Masters, P. M. & Flemming, N. C. (eds.). 1983. *Quaternary Coastlines and Marine Archaeology*. Academic Press: London & New York.

Mathews, P. 1991. Classic Maya Emblem Glyphs, in *Classic Maya Political History* (T. Patrick Culbert ed.), 19–29. Cambridge University Press: Cambridge.

Matisoo-Smith, E. & Horsburgh, K. A. 2012. *DNA for Archaeologists*. Left Coast Press: Walnut Creek, ca.

Matos Moctezuma, E. 1980. Tenochtitlán: New finds in the Great Temple. *National Geographic* 158 (6), 766–75.

————1988. *The Great Temple of the Aztecs*. Thames & Hudson: London & New York.

Matthews, O. 2012. Reclaiming Hercules. *Newsweek*, April 16, 44–46.

Matthiae, P. 1980. *Ebla: An Empire Rediscovered*. Doubleday: New York.

Mauss, M. G. 1925. *The Gift*. Routledge: London.

Mayr, W. 2013. Unmanned aerial systems – for the rest of us. *Proceedings of the 54th Photogrammetric Week at Stuttgart University*, Sept. 2013, 151–63.

Mays, S. A. 1985. The relationship between Harris Line formation and bone growth and development. *Journal of Archaeological Science* 12, 207–20. University of Stuttgart: Stuttgart.

————2010. *The Archaeology of Human Bones*. (2nd edn) Routledge: London.

McBryde, I. 1979. Petrology and prehistory: lithic evidence for exploitation of stone resources and exchange systems in Australia, in *Stone Axe Studies* (T. Clough & W. Cummins eds.), 113–24. Council for British Archaeology: London.

————1984. Kulin greenstone quarries: the social contexts of production and distribution for the Mount William site. *World Archaeology* 16, 267–85.

————(ed.). 1985. *Who Owns the Past?* Oxford University Press: Melbourne.

————& Harrison, G. 1981. Valued good or valuable stone? Considerations of some aspects of the distribution of greenstone artefacts in south-eastern Australia, in *Archaeological Studies of Pacific Stone Resources* (F. Leach & J. Davidson eds.), 183–208. British Archaeological Reports, International Series 104: Oxford.

McClure, S. B. & others. 2018. Fatty acid specific δ^{13}C values reveal earliest Mediterranean cheese production 7,200 years ago. *PLOS ONE* 13 (9), e0202807. https://doi.org/10.1371/journal.pone.0202807

McConnell, J. & others. 2018. Lead pollution recorded in Greenland ice indicates European emissions tracked plagues, wars, and imperial expansion during antiquity. *Proceedings of the National Academy of Sciences* 115 (22), 5726–31.

McConvell P. & Evans, N. (eds.). 1997. *Archaeology and Linguistics: Aboriginal Australia in Global Perspective*. Oxford University Press: Melbourne.

McDermott, F. & others. 1993. Mass-spectrometric U-series dates for Israeli Neanderthal/early modern hominid sites. *Nature* 363, 252–54.

McDougall, I. 1990. Potassium-argon dating in archaeology. *Science Progress* 74, 15–30.

McGoun, W. 1993. *Prehistoric Peoples of South Florida*. University of Alabama Press: Tuscaloosa.

McGovern, P. E. 1998. Wine for eternity/wine's prehistory. *Archaeology* 51 (4), July/Aug., 28–34.

————2003. *Ancient Wine: The Search for the Origins of Viniculture*. Princeton University Press: Princeton.

————2009. *Uncorking the Past: The Quest for Wine, Beer and Other Alcoholic Beverages*. University of California Press: Berkeley.

————, Fleming, S., & Katz, S. (eds.). 1996a. *The Origins and Ancient History of Wine*. Gordon & Breach: New York.

————& others. 1996b. Neolithic resinated wine. *Nature* 381, 480–81.

————& others. 1999. A funerary feast fit for King Midas. *Nature* 402, 863–64.

————& others. 2004. Fermented beverages of pre- and proto-historic China. *Proceedings of the National Academy of Sciences* 101 (51), 17593–98.

————& others. 2017. Early Neolithic wine of Georgia in the South Caucasus. *Proceedings of the National Academy of Sciences* 114 (48) E10309–E10318. https://doi.org/10.1073/pnas.1714728114

McGrew, W. C. 1992. *Chimpanzee Material Culture. Implications for Human Evolution*. Cambridge University Press: Cambridge.

McGuire, R. H. 2008. *Archaeology as Political Action*. University of California Press: Berkeley.

McIntosh, J. 1999. *The Practical Archaeologist*. (2nd edn) Facts on File: New York; Thames & Hudson: London.

McKeever, S. W. S. 1985. *Thermoluminescence of Solids*. Cambridge University Press: Cambridge.

McKinley, J. 2000. The analysis of cremated bone in *Human Osteology in Archaeology and Forensic Science* (M. Cox & S. Mays eds.), 403–21. Greenwich Medical Media: London.

McMahon, A. M. S. & McMahon, R. 1995. Linguistics, genetics and archaeology: internal and external evidence in the Amerind controversy. *Transactions of the Philological Society* 93, 123–225.

McManamon, F. P. 1984. Discovering sites unseen, in *Advances in Archaeological Method and Theory* (M. B. Schiffer ed.) 7, 223–92. Academic Press: New York & London.

McPherron, S. P. & others. 2010. Evidence for stone-tool-assisted consumption of animal tissues before 3.39 million years ago at Dikika, Ethiopia. *Nature* 466, 857–60.

Mead, J. I. & others. 1986. Dung of *Mammuthus* in the Arid Southwest, North America. *Quaternary Research* 25, 121–27.

Meadow, R. H. 1980. Animal bones: problems for the archaeologist together with some possible solutions. *Paléorient* 6, 65–77.

——1996. The origins and spread of agriculture and pastoralism in northwestern South Asia, in *The Origins and Spread of Agriculture and Pastoralism in Eurasia* (D. R. Harris ed.), 390–412. UCL Press: London.

Mederos, A. & Lamberg-Karlovsky, C. C. 2001. Converting currencies in the Old World. *Nature* 411, 437.

Mednikova, M. B. 2001. *Trepanations among Ancient Peoples of Eurasia.* (In Russian with English summary.) Scientific World: Moscow.

Meeks, N. D. & others. 1982. Gloss and use-wear traces on flint sickles and similar phenomena. *Journal of Archaeological Science* 9, 317–40.

Meighan, C. W. 1969. Molluscs as food remains in archaeological sites, in *Science in Archaeology* (D. R. Brothwell & E. S. Higgs eds.), 415–22. (2nd edn) Thames & Hudson: London.

Melcer, C. L. & Zimmerman, D. W. 1977. Thermoluminescent determination of prehistoric heat treatment of chert artifacts. *Science* 197, 1359–62.

Meldrum, J. D. & Hilton, C. E. (eds.). 2004. *From Biped to Strider. The Emergence of Modern Human Walking, Running and Resource Transport.* Kluwer: New York.

Mellaart, J. 1967. *Çatal Hüyük: A Neolithic Town in Anatolia.* Thames & Hudson: London & New York.

Mellars, P. A. 1969. The Chronology of Mousterian Industries in the Périgord region of South-West France. *Proceedings of the Prehistoric Society* 35, 134–71.

——1970. Some comments on the notion of "functional variability" in stone tool assemblages. *World Archaeology* 2, 74–89.

——& Gibson, K. 1996. *Modelling the Early Human Mind.* McDonald Institute: Cambridge.

——& Wilkinson, M. R. 1980. Fish otoliths as evidence of seasonality in prehistoric shell middens: the evidence from Oronsay (Inner Hebrides). *Proceedings of the Prehistoric Society* 46, 19–44.

Meltzer, D. J. 2015. Kennewick Man: coming to closure. *Antiquity* 89, 1485–93.

——, Fowler, D. D., & Sabloff, J. A. (eds.). 1986. *American Archaeology Past and Future.* Smithsonian Institution Press: Washington, d.c.

——, Adovasio, J. M., & Dillehay, T. D. 1994. On a Pleistocene human occupation at Pedra Furada, Brazil. *Antiquity* 68, 695–714.

Menotti, F. & O'Sullivan, M. 2012. *The Oxford Handbook of Wetland Archaeology.* Oxford University Press: Oxford.

Mercader, J. 2009. Mozambican grass seed consumption during the Middle Stone Age. *Science* 326, 1680–83.

——& others. 2002. Excavation of a chimpanzee stone tool site in the African rainforest. *Science* 296, 1452–55.

——& others. 2007. 4,300-year-old chimpanzee sites and the origins of percussive stone technology. *Proceedings of the National Academy of Sciences* 104, 3043–48.

Merriman, N. 1991. *Beyond the Glass Case: The Past, the Heritage and the Public in Britain.* Leicester University Press: Leicester.

——(ed.) 1999. *Making Early Histories in Museums.* Leicester University Press: Leicester.

——(ed.) 2004. *Public Archaeology.* Routledge: London.

Merriwether, D. A. 1999. Freezer anthropology: new uses for old blood. *Philosophical Transactions of the Royal Society of London*, Series B, 354, 3–5.

——, Rothhammer, F., & Ferrell, R. E. 1994. Genetic variation in the New World: ancient teeth, bone and tissue as sources of DNA. *Experientia* 50, 592–601.

Meskell, L. 1995. Goddesses, Gimbutas and "New Age" archaeology. *Antiquity* 69, 74–86.

——1998a. Running the gamut: gender, girls and goddesses. *American Journal of Archaeology* 102, 181–85.

——1998b. An archaeology of social relations in an Egyptian village. *Journal of Archaeological Method and Theory* 5, 208–41.

——1998c. Intimate archaeologies: the case of Kha and Merit. *World Archaeology* 29 (3), 363–79.

——1998d. Twin Peaks: the archaeologies of Çatalhöyük, in *Ancient Goddesses* (L. Goodison & C. Morris eds.), 46–62. British Museum Press: London.

——1999. *Archaeologies of Social Life: Age, Sex, Class etc. in Ancient Egypt.* Blackwell: Oxford.

——2000. Writing the body in archaeology, in *Reading the Body: Representation and Remains in the Archaeological Record* (A. R. Raitman ed.). University of Pennsylvania Press: Philadelphia, pa.

——2001. Archaeologies of identity, in *Archaeological Theory Today* (I. Hodder ed.), 187–213. Polity Press: Cambridge.

Messenger, P. Mauch (ed.). 1989. *The Ethics of Collecting Cultural Property: Whose Culture? Whose Property?* University of New Mexico Press: Albuquerque.

Meyer, M. & others. 2014. A mitochondrial genome sequence of a hominin from Sima de los Huesos. *Nature* 505, 403–6.

Michailidou, A. (ed.). 2001. *Manufacture and Measurement: Counting, Measuring and Recording Craft Items in Early Aegean Societies* (Meletemata 33, Research Centre for Greek and Roman Antiquity, National Hellenic Research Foundation, Athens). Boccard: Paris.

Michels, J. W. 1973. *Dating Methods in Archaeology.* Seminar Press: New York.

——& Bebrich, C. A. 1971. Obsidian Hydration Dating, in *Dating Techniques for the Archaeologist* (H. N. Michael & E. K. Ralph eds.), 164–221. Massachusetts Institute of Technology: Cambridge, ma.

——& Tsong, I. S. T. 1980. Obsidian Hydration Dating: A Coming of Age, in *Advances in Archaeological Method and Theory* 3 (M. B. Schiffer ed.), 405–44. Academic Press: London & New York.

Middleton, W. & Rovner, I. 1994. Extraction of opal phytoliths from herbivore dental calculus. *Journal of Archaeological Science* 21, 469–73.

Milisauskas, S. 1972. An analysis of Linear culture longhouses at Olszanica B1, Poland. *World Archaeology* 4, 57–74.

Miller, D. 1980. Archaeology and development. *Current Anthropology* 21, 726.

——(ed.) 2005. *Materiality.* Duke University Press: Durham, nc.

Miller, G. H. & others. 1999. Pleistocene extinction of *Genyornis newtoni.* Human impact on Australian megafauna. *Science* 283, 205–8.

Miller, M. 2009. Extreme makeover. *Archaeology* 62 (1), 36–42.

Miller, N. F. 1996. Seed eaters of the ancient Near East: Human or herbivore? *Current Anthropology* 37 (3), 521–28.

——& Gleason, K. L. (eds.). 1994. *The Archaeology of Garden and Field.* Pennsylvania University Press: Philadelphia.

Millett, M. (ed.). 1979. *Pottery and the Archaeologist.* Institute of Archaeology: London.

Millon, R. 1967. Teotihuacán. *Scientific American* 216 (6), 38–48.

——(ed.) 1972–73. *Urbanization at Teotihuacán.* 2 vols. University of Texas Press: Austin.

——1981. Teotihuacán: City, state and civilization, in *Archaeology (Supplement to the Handbook of Middle American Indians)* (J. A. Sabloff ed.), 198–243. University of Texas Press: Austin.

——, Drewitt, R. B., & Cowgill, G. L. 1973. *Urbanization at Teotihuacán, Mexico. Vol. 1: The Teotihuacán Map.* University of Texas Press: Austin.

Mills, J. & Palmer, R. (eds.). 2007. *Populating Clay Landscapes.* Tempus: Stroud.

Milner, G. R. 1998. *The Cahokia Chiefdom.* Smithsonian Institution Press: Washington, d.c.

——1999. Warfare in prehistoric and early historic Eastern North America. *Journal of Archaeological Research* 7, 105–51.

——& Boldsen, J. L. 2012. Transition analysis: a validation study with known-age modern American skeletons. *American Journal of Physical Anthropology* 148, 98–110.

Milner, N. & others. 2013. *Star Carr. Life in Britain after the Ice Age.* Council for British Archaeology: York.

——& others (eds.). 2018a. *Star Carr. Volume 1: A Persistent Place in a Changing World.* White Rose University Press: York.

——& others (eds.). 2018b. *Star Carr. Volume 2: Studies in Technology, Subsistence and Environment.* White Rose University Press: York.

Minnis, P. E. 1987. Identification of wood from archaeological sites in the American Southwest. *Journal of Archaeological Science* 14, 121–32.

Miracle, P. & Milner, N. (eds.). 2002. *Consuming Passions and Patterns of Consumption.* McDonald Institute: Cambridge.

Mithen, S. 1990. *Thoughtful Foragers: A Study of Prehistoric Decision Making.* Cambridge University Press: Cambridge.

——1996. *The Prehistory of the Mind.* Thames & Hudson: London & New York.

——2003. *After the Ice. A Global Human History, 20,000–5000 bc.* Weidenfeld & Nicolson: London; Harvard University Press (2004).

——2005. *The Singing Neanderthals: The Origins of Music, Language, Mind and Body.* Weidenfeld & Nicolson: London; Harvard University Press: Cambridge, ma.

Miyaji, A. 1995. Ikejima-Fukumanji site at Osaka, Japan. *NewsWARP (Newsletter of the Wetland Archaeology Research Project)* 17, May, 6–11.

Mizoguchi, K. 2002. *An Archaeological History of Japan, 30,000 bc to ad 700.* University of Pennsylvania Press: Philadelphia.

——2006. *Archaeology, Society and Identity in Modern Japan.* Cambridge University Press: Cambridge.

Molleson, T. I. & Cox, M. 1988. A neonate with cut bones from Poundbury Camp, 4th century ad, England. *Bulletin de la Société royale belge d'Anthropologie et de Préhistoire* 99, 53–59.

——& Cox, M. 1993. *The Spitalfields Project. Vol. 2: The Anthropology.* Council for British Archaeology Research Report 86: York.

——, Eldridge, D. & Gale, N. 1985. Identification of lead sources by stable isotope ratios in bones and lead from Poundbury Camp, Dorset. *Oxford Journal of Archaeology* 5, 249–53.

Monastersky, R. 1990. Fingerprints in the sand. *Science News* 138, 392–94.

Monks, G. M. 1981. Seasonality studies, in *Advances in Archaeological Method and Theory* 4 (M. B. Schiffer ed.), 177–240. Academic Press: New York & London.

Montelius, O. 1903. *Die Typologische Methode*. Stockholm.

Montluçon, J. 1986. L'électricité pour mettre à nu les objets archéologiques. *La Recherche* 17, 252–55.

Mook, W. G. & Waterbolk, H. T. 1983. *Radiocarbon Dating*. European Science Foundation: Strasbourg.

Moore, J. & Scott, E. (eds.). 1997. *Invisible People and Processes: Writing Gender and Childhood into European Archaeology*. Leicester University Press: Leicester.

Moore, P. D., Webb, J. A., & Collinson, M. E. 1991. *Pollen Analysis*. (2nd edn) Blackwell Scientific: Oxford.

Morell, V. 1995. Who owns the past? *Science* 268, 1424–26.

——2014. No Miracles: biologist Russell Gray uses evolutionary ideas to probe the origin of languages and complex thinking. Science 345, 1443–45.

Morley, I. 2009. Ritual and music – parallels and practice, and the Palaeolithic in *Becoming Human: Innovation in Prehistoric Material and Spiritual Culture* (C. Renfrew & I. Morley eds.), 159–75, Cambridge University Press: Cambridge.

Morphy, H. 1989. From dull to brilliant: the aesthetics of spiritual power among the Yolnyu. *Man* 24, 21–40.

——1992. Aesthetics in a cross-cultural perspective: some reflections on Native American basketry. *Journal of the Anthropological Society of Oxford*, 23, 1–16.

Morris, C. & Thompson, D. 1985. *Huánuco Pampa: An Inca City and its Hinterland*. Thames & Hudson: London & New York.

Morris, I. 1987. *Burial and Society. The Rise of the Greek City-State*. Cambridge University Press: Cambridge.

——2000. *Archaeology as Cultural History*. Blackwell: Oxford.

——2010. *Why the West Rules–For Now. The Patterns of History and What They Reveal about the Future*. Farrar, Straus & Giroux: New York; Profile: London.

Morwood, M. J. & others. 1999. Archaeological and palaeontological research in central Flores, east Indonesia: results of fieldwork 1997–98. *Antiquity* 73, 273–86.

Mottram, M. 2007. Estimating ancient settlement size: a new approach and its application to survey data from Tell Halula, north Syria. *Proceedings of the Second International Congress on the Archaeology of the Ancient Near East (Copenhagen 2000)*, Vol. 2, 405–17. Eisenbrauns: Winona Lake, in.

——2010. Continuity versus Cultural Markers: Results of the Controlled Surface Collection of Tell Halula in Northern Syria. (Unpublished Ph.D. thesis) The Australian National University: Canberra.

Mourre, V. & others. 2010. Early use of pressure flaking on lithic artifacts at Blombos Cave, South Africa. *Science* 330, 659–62.

Mturi, A. A. 1983. The return of cultural property. *Antiquity* 57, 137–39.

Muckelroy, K. (ed.). 1980. *Archaeology Under Water. An Atlas of the World's Submerged Sites*. McGraw-Hill: New York & London.

Mueller, J. W. 1974. *The Use of Sampling in Archaeological Surveys*. Memoirs of the Society for American Archaeology No. 28. Society for American Archaeology: Washington d.c.

——(ed.). 1975. *Sampling in Archaeology*. University of Arizona Press: Tucson.

Mühlemann, B. & others. 2018. Ancient hepatitis viruses from the Bronze Age to the Medieval period, *Nature* 557, 418–23.

Mukherjee, A. J., Rossberger, E., James, M. A., & others. 2008. The Qatna lion: scientific confirmation of Baltic amber in late Bronze Age Syria. *Antiquity* 82, 49–59.

Mulvaney, D. J. 1981. What future for our past? Archaeology and society in the eighties. *Australian Archaeology* 13, 16–27.

Mulvaney, J. & Kamminga, J. 1999. *Prehistory of Australia*. Smithsonian Institution Press: Washington, d.c. & London.

Mulville, J. & Outram, A. K. 2005. *The Zooarchaeology of Fats, Oils, Milk and Dairying*. Oxbow Books: Oxford.

Murdy, C. N. 1981. Congenital deformities and the Olmec were-jaguar motif. *American Antiquity* 46, 861–71.

Muscarella, O. W. 2000. *The Lie Became Great: The Forgery of Ancient Near Eastern Cultures*. UNESCO/Styx Publications: Groningen.

Nadel, D. & Hershkovitz, I. 1991. New subsistence data and human remains from the earliest Levantine Epipalaeolithic. *Current Anthropology* 32, 631–35.

——& others. 2004. Stone Age hut in Israel yields world's oldest evidence of bedding. *Proceedings of the National Academy of Sciences* 101 (17), 6821–26.

——& others. 2012. New evidence for the processing of wild cereal grains at Ohalo II, a 23,000-year-old campsite on the shore of the Sea of Galilee. Israel. *Antiquity* 86, 990–1003.

Nance, J. D. 1983. Regional sampling in archaeological survey: the statistical perspective, in *Advances in Archaeological Method and Theory* 6 (M. B. Schiffer ed.), 289–356. Academic Press: New York & London.

Narasimhan, V. & others. The genomic formation of South and Central Asia, bioRχiv. https://doi.org/10.1101/292581 (preprint).

Naroll, R. 1962. Floor area and settlement population. *American Antiquity* 27, 587–89.

Nash, D. T. & Petraglia, M. D. (eds.). 1987. *Natural Formation Processes and the Archaeological Record*. British Archaeological Reports, International Series 352: Oxford.

Naveh, D. 2003. PPNA Jericho: a socio-political perspective. *Cambridge Archaeological Journal* 13, 83–96.

Needham, S. & others. 1998. An Independent Chronology for British Bronze Age Metalwork: The Results of the Oxford Radiocarbon Accelerator Programme. *Archaeological Journal* 154, 55–107.

Nelson, S. M. 1997. *Gender in Archaeology. Analyzing Power and Prestige*. AltaMira: Walnut Creek, ca.

Nesbitt, M. 1995. Plants and people in ancient Anatolia. *Biblical Archaeologist* 58 (2), 68–81.

Nettle, D. 1999a. *Linguistic Diversity*. Oxford University Press: Oxford.

——1999b. Linguistic diversity of the Americas can be reconciled with a recent colonization. *Proceedings of the National Academy of Sciences USA* 96, 3325–29.

Neumann, T. W. & Sanford, R. M. 2001a. *Cultural Resources Archaeology. An Introduction*. AltaMira: Walnut Creek, ca.

——& Sanford, R. M. 2001b. *Practicing Archaeology. A Training Manual for Cultural Resources Archaeology*. AltaMira: Walnut Creek, ca.

Newman, M. E. & others. 1996. The use of immunological techniques in the analysis of archaeological materials – a response to Eisele; with report of studies at Head-Smashed-In buffalo jump. *Antiquity* 70, 677–82.

Nicholas, L. H. 1994. *The Rape of Europa: The Fate of Europe's Treasures in the Third Reich and the Second World War*. Knopf: New York.

Nichols, J. 1992. *Linguistic Diversity in Space and Time*. University of Chicago.

Nicholson, P. T. & Shaw, I. 2009. *Ancient Egyptian Materials and Technology*. Cambridge University Press: Cambridge.

Niewoehner, W. A. & others. 2003. Manual dexterity in Neanderthals. *Nature* 422, 395.

Ninfo, A. & others. 2009. The map of Altinum, ancestor of Venice. *Science* 325, 577.

Njau, J. 2012. Reading Pliocene bones. *Science* 336, 46–47.

Noble, W. & Davidson, I. 1996. *Human Evolution, Language and Mind*. Cambridge University Press: Cambridge.

Noël, M. & Bocquet A. 1987. *Les Hommes et le Bois: Histoire et Technologie du Bois de la Préhistoire à Nos Jours*. Hachette: Paris.

Noe-Nygaard, N. 1974. Mesolithic hunting in Denmark illustrated by bone injuries caused by human weapons. *Journal of Archaeological Science* 1, 217–48.

——1975. Two shoulder blades with healed lesions from Star Carr. *Proceedings of the Prehistoric Society* 41, 10–16.

——1977. Butchering and marrow-fracturing as a taphonomic factor in archaeological deposits. *Paleobiology* 3, 218–37.

——1987. Taphonomy in Archaeology. *Journal of Danish Archaeology* 6, 7–62.

Noonan, J. P., Coop, G., & others. 2006. Sequencing and analysis of Neanderthal genomic DNA. *Science* 314, 1113–18.

Obata, H. & others. 2011. A new light on the evolution and propagation of prehistoric grain pests: the world's oldest maize weevils found in Jomon potteries, Japan. *PLOS ONE* 6 (3), e14785. https://doi.org/10.1371/journal.pone.0014785

Oberlin, C. & Sakka, M. 1993. Le pouce de l'homme de Néanderthal, in *La Main dans la Préhistoire, Dossiers d'Archéologie* 178, 24–31.

O'Brien, M. (ed.). 1996. *Evolutionary Archaeology*. University of Utah Press: Salt Lake City.

O'Connor, T. 2000. *The Archaeology of Animal Bones*. Sutton: Stroud.

——& Evans, J. G. 2005. *Environmental Archaeology. Principles and Methods*. (2nd edn) Tempus: Stroud.

Odell, G. H. 1975. Micro-wear in perspective: a sympathetic response to Lawrence H. Keeley. *World Archaeology* 7, 226–40.

——2003. *Lithic Analysis*. Kluwer: New York & London.

O'Keefe, P. J. 1997. *Trade in Antiquities: Reducing Destruction and Theft*. UNESCO & Archetype: London.

O'Kelly, M. J. 1982. *Newgrange*. Thames & Hudson: London & New York.

Olalde, I. & others. 2018. The Bell Beaker phenomenon and the genomic transformation of northwest Europe, *Nature* 555, 190–96.

Olive, M. 1988. *Une Habitation Magdalénienne d'Etiolles, l'Unité P15.* Mémoire 20 de la Société préhistorique française. La Société préhistorique française: Paris.

Olsen, B. J. 1991. Metropolises and satellites in archaeology: on the power and asymmetry in global archaeological discourse, in *Processual and Post Processual Archaeologies: Multiple Ways of Knowing the Past* (R. W. Preucel ed.). Occasional Paper 10, 211–24. Southern Illinois University: Carbondale.

Olsen, J. W. 1987. The practice of archaeology in China today. *Antiquity* 61, 282–90.

Olsen, S. J. 1979. Archaeologically, what constitutes an early domestic animal?, in *Advances in Archaeological Method and Theory* 2 (M. B. Schiffer ed.), 175–97. Academic Press: New York & London.

——1989. On distinguishing natural from cultural damage on archaeological antler. *Journal of Archaeological Science* 16, 125–35.

——& Shipman, P. 1988. Surface modifications on bone: trampling versus butchering. *Journal of Archaeological Science* 15, 535–53.

Oltean, I. A. 2007. *Dacia: Landscape, Colonization, Romanisation.* Routledge: London.

Onac, B. P. & others. 2005. U-Th ages constraining the Neanderthal footprint at Vârtop Cave, Romania. *Quarterly Science Reviews* 24, 1151–57.

Ono, A. & others. (eds.). 2014. *Methodological Issues for Characterisation and Provenance Studies of Obsidian in Northeast Asia.* British Archaeological Reports, International Series 2620: Oxford.

Opitz, R. S. & Cowley, D. (eds.). 2013. *Interpreting Archaeological Topography: 3D Data, Visualisation and Observation.* Oxbow Books: Oxford.

Ordnance Survey. 1988a. *Roman and Anglian York, Historical Map and Guide.* Ordnance Survey: Southampton.

——1988b. *Viking and Medieval York, Historical Map and Guide.* Ordnance Survey: Southampton.

Orliac, M. 1975. Empreintes au latex des coupes du gisement magdalénien de Pincevent: technique et premiers résultats. *Bulletin de la Société préhistorique française* 72, 274–76.

Ortiz, G. 1994. *In Pursuit of the Absolute: Art of the Ancient World from the George Ortiz Collection.* Exhibition Royal Academy of Arts: London.

Ortner, D. J. 2003. *Identification of Pathological Conditions in Human Skeletal Remains.* (2nd edn) Academic Press: London.

——& Aufderheide, A. C. (eds.). 1991. *Human Paleopathology: Current Syntheses and Future Options.* Smithsonian Institution Press: Washington, d.c.

Orton, C. 2000. *Sampling in Archaeology.* Cambridge University Press: Cambridge.

——& Hughes, M. 2013. *Pottery in Archaeology.* (2nd edn) Cambridge University Press: Cambridge.

Osborne, P. J. 1976. Evidence from the insects of climatic variation during the Flandrian period: a preliminary note. *World Archaeology* 8, 150–58.

O'Shea, J. 1984. *Mortuary Variability: An Archaeological Investigation.* Academic Press: New York & London.

O'Sullivan, N. J. & others. 2016. A whole mitochondria analysis of the Tyrolean Iceman's leather provides insights into the animal sources of Copper Age clothing. *Scientific Reports* 6, article no. 31279 (2016). http://doi.org/10.1038/srep31279

Oswin, J. 2009. *A Field Guide to Geophysics in Archaeology.* Springer: Berlin.

Ottaway, P. 2004. *Roman York.* (2nd edn) Tempus Publishing: Stroud.

Ovodov, N. D. & others. 2011. A 33,000-year-old incipient dog from the Altai Mountains of Siberia. *PLOS ONE* 6 (7), e22821.

Owen-Smith, N. 1987. Pleistocene extinctions: the pivotal role of mega-herbivores. *Paleobiology* 13, 351–62.

Owsley, D. W. & Jantz, R. L. (eds.). 2014. *Kennewick Man: The Scientific Investigation of an Ancient American Skeleton.* Texas A&M Press: College Station.

Oxilia, G. & others. 2017. The dawn of dentistry in the late upper Paleolithic: an early case of pathological intervention at Riparo Fredian. *American Journal of Physical Anthropology* 163 (3), 446–61.

Pääbo, S. 1985. Preservation of DNA in ancient Egyptian mummies. *Journal of Archaeological Science* 12, 411–17.

——1989. Ancient DNA. Extraction, characterization, molecular cloning and enzymatic amplification. *Proceedings of the National Academy of Sciences USA* 86, 1939–43.

——1993. Ancient DNA. *Scientific American* 269, 60–66.

Page, J. 2010. Faith and archaeology are the new weapons in battle to control the spoils of war. *The Times*, April 6.

Pahl, W. M. 1980. Computed tomography – a new radiodiagnostical technique applied to medico-archaeological investigation of Egyptian mummies. *Ossa* 7, 189–98.

Pain, S. 2005. Why the pharaohs never smiled. *New Scientist*, July 2, 36–39.

——2007. The pharaohs' pharmacists. *New Scientist* Dec. 15, 40–43.

Pales, L. & Tassin de Saint Péreuse, M. 1966. Un cheval prétexte: retour au-chevêtre. *Objets et Mondes* 6, 187–206.

——1976. *Les gravures de la Marche. II Les Humains.* Ophrys: Paris.

Palmer, P. 1976. Grass cuticles: a new paleoecological tool for East African lake sediments. *Canadian Journal of Botany* 54, (15), 1725–34.

Palmer, R. 1984. *Danebury: An Aerial Photographic Interpretation of its Environs.* RCHM Supplement Series 6: London.

——2013. Interpreting aerial images, in *Interpreting Archaeological Topography* (R. S. Opitz & D. C. Cowley eds.), 76–87. Oxbow Books: Oxford.

——& Cowley, D. 2010. Interpreting aerial imagery – developing best practice, in *Space, Time, Place. Third International Conference on Remote Sensing in Archaeology, 17th–21st August 2009, Tiruchirappalli, Tamil Nadu, India* (S. Campana & others eds.), 129–35. BAR S2118: Oxford.

Parenti, F. 2001. *Le Gisement Quaternaire de Pedra Furada (Piauí, Brésil). Stratigraphie, chronologie, évolution culturelle.* Editions Recherches sur les Civilisations: Paris.

——, Mercier, N., & Valladas, H. 1990. The oldest hearths of Pedra Furada, Brazil: thermoluminescence analysis of heated stones. *Current Research in the Pleistocene* 7, 36–38.

Parés, J. M. & Pérez-González, A. 1995. Paleo-magnetic age for hominid fossils at Atapuerca archaeological site, Spain. *Science* 269, 830–32.

Parker Pearson, M. 1984. Economic and ideological change: cyclical growth in the pre-state societies of Jutland, in *Ideology, Power and Prehistory* (D. Miller & C. Tilley eds.), 69–92. Cambridge University Press: Cambridge.

——2012. *Stonehenge Explained: Exploring the Greatest Stone Age Mystery.* Simon & Schuster: London.

——& Ramilisonina. 1998. Stonehenge for the ancestors: the stones pass on the message. *Antiquity* 72, 308–26.

Parkin, D. W. & Shackleton, N. J. 1973. Trade winds and temperature correlations down a deep-sea core off the Saharan coast. *Nature* 245, 455–57.

Parkington, J. 1981. The effects of environmental change on the scheduling of visits to the Elands Bay Cave, Cape Province, South Africa, in *Pattern of the Past. Studies in Honour of David Clarke* (I. Hodder & others eds.), 341–59. Cambridge University Press: Cambridge.

Patrick, M., De Koning, A. J., & Smith, A. B. 1985. Gas liquid chromatographic analysis of fatty acids in food residues from ceramics found in the Southwestern Cape, South Africa. *Archaeometry* 27, 231–36.

Patrik, L. E. 1985. Is there an archaeological record?, in *Advances in Archaeological Method and Theory* 8 (M. B. Schiffer ed.), 27–62. Academic Press: New York.

Patrucco, R. & others. 1983. Parasitological studies of coprolites of pre-Hispanic Peruvian populations. *Current Anthropology* 24, 393–94.

Patterson, L. W. 1983. Criteria for determining the attributes of man-made lithics. *Journal of Field Archaeology* 10, 297–307.

Pavel, P. 1992. Raising the Stonehenge lintels in Czechoslovakia. *Antiquity* 66, 389–91.

——1995. Reconstruction of the *moai* statues and *pukao* hats. *Rapa Nui Journal* 9 (3), Sept., 69–72.

Peacock, D. P. S. 1969. A Contribution to the Study of Glastonbury Ware from South-western Britain. *Antiquaries Journal* 49, 41–61.

——1982. *Pottery in the Roman World: An Ethnoarchaeological Approach.* Longman: London & New York.

Pearce, S. M. 1992. *Museums, Objects and Collections: A Cultural Study.* Leicester University Press: Leicester.

Pearsall, D. M. 1982. Phytolith analysis: applications of a new paleo-ethnobotanical technique in archaeology. *American Anthropologist* 84, 862–71.

——1989. *Paleoethnobotany.* Academic Press: New York & London.

——2015. *Paleoethnobotany: A Handbook of Procedures.* (3rd edn) Left Coast Press: Walnut Creek, ca.

——& others. 2004. Maize in ancient Ecuador: results of residue analysis of stone tools from the Real Alto site. *Journal of Archaeological Science* 31, 423–42.

Pearson, G. W. 1987. How to cope with calibration. *Antiquity* 60, 98–104.

——& Stuiver, M. 1993. High-precision bidecal calibration of the radiocarbon timescale, 500–2500 bc. *Radiocarbon* 35, 25–33.

Peebles, C. S. 1987. Moundville from 1000–1500 ad, in *Chiefdoms in the Americas* (R. D. Drennan & C. A. Uribe eds.), 21–41. University Press of America: Lanham, md.

——1990. From history to hermeneutics: the place of theory in the later prehistory of the Southeast. *Southeastern Archaeology* 9, 23–34.

——& Kus, S. 1977. Some archaeological correlates of ranked societies. *American Antiquity* 42, 421–48.

Peiser, B. J., Palmer, T., & Bailey, M. E. (eds.). 1998. *Natural Catastrophes during Bronze Age Civilisation*. British Archaeological Reports, International Series 728: Oxford.

Pels, P. 2010. Temporalities of "religion" at Çatalhöyük, in *Religion in the Emergence of Civilization* (I. Hodder ed.), 220–67. Cambridge University Press: Cambridge.

Penrose, R. 1989. *The Emperor's New Mind*. Oxford University Press: Oxford.

Pereltsvaig, A. & Lewis, M. 2015. *The Indo-European Controversy: Facts and Fallacies in Historical Linguistics*. Cambridge University Press: Cambridge.

Perlès, C. 1992. In search of lithic strategies: a cognitive approach to prehistoric stone assemblages, in *Representations in Archaeology* (J. C. Gardin & C. S. Peebles eds.), 223–47. University of Indiana Press: Bloomington.

Perry, I. & Moore, P. D. 1987. Dutch elm disease as an analogue of Neolithic elm decline. *Nature* 326, 72–73.

Peter-Röcher, H. 1994. *Kannibalismus in der prähistorischen Forschung*. Universitätsforschungen zur Prähistorischen Archäolgie, Band 20. Rudolf Habelt GmbH: Bonn.

Petraglia, M. & others. 2007. Middle Palaeolithic assemblages from the Indian subcontinent before and after the Toba super-eruption. *Science* 317, 114–16.

Petrequin, P. & others. (eds.). 2012. *Jade: Grandes Haches Alpines de Néolithique Européen. Ve et IVe Millénaires av. J.-C.* Presses Universitaires de Franche-Comté: Besançon; Centre de Recherche Archéologique de la Vallée de l'Ain: Gray.

Petrie, W. M. F. 1899. Sequences in prehistoric remains. *Journal of the Anthropological Institute* 29, 295–301.

Pettitt, P. & Bahn, P. 2003. Current problems in dating Palaeolithic cave art: Candamo and Chauvet. *Antiquity* 77, 134–41.

——, Bahn, P., & Züchner, C. 2009. The Chauvet Conundrum: Are Claims for the "Birthplace of Art" Premature? in *An Enquiring Mind. Studies in Honor of Alexander Marshack* (P. G. Bahn ed.), 239–62. American School of Prehistoric Research Monograph series. Oxbow Books: Oxford.

Pfeiffer, J. 1982. *The Creative Explosion: An Inquiry into the Origins of Art and Religion*. Harper & Row: New York.

Pfeiffer, S. 1980. Bone-remodelling age estimates compared with estimates by other techniques. *Current Anthropology* 21, 793–94; and 22, 437–38.

Phillips, P. 1988. Traceology (microwear) studies in the USSR. *World Archaeology* 19 (3), 349–56.

Phillipson, D. W. 1977. The spread of the Bantu language. *Scientific American* 236, 106–14.

Pickering, M. P. 1989. Food for thought: an alternative to Cannibalism in the Neolithic. *Australian Archaeology* 28, 35–39.

Pigeot, N. 1988. *Magdaléniens d'Etiolles: Economie de Débitage et Organisation Sociale*. Centre National de la Recherche Scientifique: Paris.

Piggott, S. 1973. The Dalladies long barrow: NE Scotland. *Antiquity* 47, 32–36.

——1983. *The Earliest Wheeled Transport*. Thames & Hudson: London.

Pike, A. W. G. & others. 2012. U-Series dating of paleolithic art in 11 caves in Spain. *Science* 336, 1409–13.

Pinker, S. 1994. *The Language Instinct*. William Morrow: New York.

Pinkerton, L. F. 1990. Due diligence in fine art transactions. *Journal of International Law* 22, 1–29.

Pinter, N. & others. 2011. The Younger Dryas impact hypothesis: a requiem. *Earth-Science Reviews* 106 (3–4), 247–64.

Piperno, D. R. 1984. A comparison and differentiation of phytoliths from maize and wild grasses: uses of morphological criteria. *American Antiquity* 49, 361–83.

——1985. Phytolithic analysis of geological sediments from Panama. *Antiquity* 59, 13–19.

——2006. *Phytoliths. A Comprehensive Guide for Archaeologists and Paleoecologists*. AltaMira: Lanham, md.

——& Dillehay, T. D. 2008. Starch grains on human teeth reveal early broad crop diet in northern Peru. *Proceedings of the National Academy of Sciences* 105 (50), 19622–27.

——& Flannery, K. V. 2001. The earliest archaeological maize (*Zea mays* L.) from highland Mexico: new accelerator mass spectrometry dates and their implications. *Proceedings of the National Academy of Sciences, USA* 98, 2101–3.

——& Holst, I. 1998. The presence of starch grains on prehistoric stone tools from the humid neotropics: indications of early tuber use and agriculture in Panama. *Journal of Archaeological Science* 25, 765–76.

——& Pearsall, D. M. 1998. *The Origins of Agriculture in the Lowland Neotropics*. Academic Press: Orlando, fl.

——& Stothert, K. E. 2003. Phytolith evidence for early Holocene *Cucurbita* domestication in Southwest Ecuador. *Science* 299, 1054–57.

——& others. 1985. Preceramic maize in Central Panama: Phytolith and pollen evidence. *American Anthropologist* 87, 871–78.

——& others. 2000. Starch grains reveal early root crop horticulture in the Panamanian tropical forest. *Nature* 407, 894–97.

——& others. 2001. The occurrence of genetically controlled phytoliths from maize cobs and starch grains from maize kernels on archaeological stone tools and human teeth, and in archaeological sediments from southern Central America and northern South America. *The Phytolitharien* 13 (2/3), 1–7.

Pires-Ferreira, J. W. 1976. Obsidian Exchange in Formative Mesoamerica, in *The Early Mesoamerican Village* (K. V. Flannery ed.), 292–306. Academic Press: New York & London.

Pitts, M. 2014. *Digging for Richard III. How Archaeology Found the King*. Thames & Hudson: London.

——& Roberts, M. 1997. *Fairweather Eden. Life in Britain Half a Million Years Ago as Revealed by the Excavations at Boxgrove*. Century: London.

Plog, F. & Carlson, D. L. 1989. Computer applications for the All American Pipeline Project. *Antiquity* 63, 258–67.

Plog, S. 1976. Relative efficiencies of sampling techniques for archaeological surveys, in *The Early Mesoamerican Village* (K. V. Flannery ed.) 136–58. Academic Press: New York & London.

——1978. Sampling in archaeological surveys: a critique. *American Antiquity* 43, 280–85.

——1980. *Stylistic Variation in Prehistoric Ceramics: Design Analysis in the American Southwest*. Cambridge University Press: Cambridge.

——Plog, F. & Wait, W. 1978. Decision Making in Modern Surveys. *Advances in Archaeological Method and Theory* 1, 384–421.

Poinar, H. N. & others. 1998. Molecular coproscopy: dung and diet of the extinct Ground Sloth *Nothrotheriops shastensis*. *Science* 281, 402–6.

Pokines, J. T. 1998. Experimental replication and use of Cantabrian Lower Magdalenian antler projectile points. *Journal of Archaeological Science* 25, 875–86.

Polanyi, K. 1957. The economy as instituted process, in *Trade and Market in the Early Empires* (K. Polanyi, M. Arensberg, & H. Pearson eds.). Free Press: Glencoe, il.

Polignac, F. De. 1984. *La naissance de la cité grecque*. La Découverte: Paris.

Polk, M. & Schuster, A. M. H. 2005. *The Looting of the Iraq Museum, Baghdad*. Abrams: New York.

Pollard, J. 2001. The aesthetics of depositional practice. *World Archaeology* 33, 315–14.

Poloni, E. S. & others. 1997. Human genetic affinities for Y-chromosome haplotypes show strong correspondence with linguistics. *American Journal of Human Genetics* 61, 1015–35.

Pope, K. O. & van Andel, T. H. 1984. Late quaternary alluviation and soil formation in the Southern Argolid: its history, causes, and archaeological implications. *Journal of Archaeological Science* 11, 281–306.

Popper, K. R. 1985. *Conjectures and Refutations: The growth of scientific knowledge*. (4th edn) Routledge & Kegan Paul: London.

——& Eccles, J. C. 1977. *The Self and Its Brain: An Argument for Interactionism*. Springer International: New York.

Postgate, J. N. (ed.). 1983. *The West Mound Surface Clearance (Abu Salabikh Excavations Vol. 1)*. British School of Archaeology in Iraq: London.

Potts, R. 1988. *Early Hominid Activities at Olduvai*. Aldine de Gruyter: New York.

——& Shipman, P. 1981. Cutmarks made by stone tools on bones from Olduvai Gorge, Tanzania. *Nature* 291, 577–80.

Pracchia, S., Tosi, M., & Vidale, M. 1985. On the type, distribution and extent of craft activities at Mohenjo-daro, in *South Asian Archaeology 1983* (J. Schotsmans & M. Taddei eds.). Istituto Universitario Orientale: Naples.

Prag, A. J. N. & Neave, R. 1997. *Making Faces: Using Forensic and Archaeological Evidence*. British Museum Press: London.

Prematillake, P. 1989. A Buddhist monastic complex of the mediaeval period in Sri Lanka, in *Domination and Resistance* (D. Miller & others eds.), 196–210. Unwin Hyman: London.

Prentice, R. 1993. *Tourism and Heritage Attractions*. Routledge: London.

Preucel, R. W. (ed.). 1991. *Processual and Postprocessual Archaeologies: Multiple Ways of Knowing the Past*. Center for Archaeological Investigation: Southern Illinois University at Carbondale.

——& Hodder, I. 1996. *Contemporary Archaeology in Theory. A Reader*. Blackwell: Oxford & Malden ma.

Price, H. M. 1991. *Disputing the Dead: US Law on Aboriginal Remains and Grave Goods*. University of Missouri Press: Columbia.

Price, N. 1995. Houses and horses in the Swedish Bronze Age: recent excavation in the Mälar Valley. *Past* (Newsletter of The Prehistoric Society) 20, 5–6.

Price, T. D. (ed.). 1989. *The Chemistry of Prehistoric Human Bone*. Cambridge University Press: Cambridge.

Prideaux, G. J. & others. 2007. An arid-adapted middle Pleistocene vertebrate fauna from south-central Australia. *Nature* 445, 422–25.

Prigogine, I. 1979. *From Being to Becoming*. Freeman: San Francisco.

——1987. Exploring complexity. *European Journal of Operational Research* 30, 97–103.

——& Stengers, I. 1984. *Order Out of Chaos: Man's New Dialogue with Nature*. Heinemann: London.

Pringle, H. 2011. Texas site confirms pre-Clovis settlement of the Americas. *Science* 331, 1512.

——2013. Troubled waters for ancient shipwrecks. *Science* 340, 802–7.

Pritchard, J. B. (ed.) 1987. *The Times Atlas of the Bible*. Times Books: London.

Proffitt, T. & others. 2016. Wild monkeys flake stone tools. *Nature* 539, 85–88.

Proskouriakoff, T. 1960. Historical implication of a pattern of dates at Piedras Negras, Guatemala. *American Antiquity* 25 (4), 454–575.

Prott, L. V. 1997. *Comment on the Unidroit Convention*. Institute of Art and Law: London.

Protzen, J-P. 1986. Inca Stonemasonry. *Scientific American* 254, 80–88.

——1993. *Inca Architecture and Construction at Ollantaytambo*. Oxford University Press: Oxford & New York.

Proudfoot, B. 1976. The analysis and interpretations of soil phosphorus in archaeology, in *Geoarchaeology* (D. A. Davidson & M. L. Shackley eds.), 93–113. Duckworth: London.

Puech, P. -F. 1979a. The diet of early man: evidence from abrasion of teeth and tools. *Current Anthropology* 20, 590–92.

Puech, P. -F. & Cianfarani, F. 1985. La *Paléodontologie*: étude des maladies des dents. *Les Maladies des nos Ancêtres. Dossiers de l'Archéologie* 97, Sept. 1985, 28–33

Pulak, C. M. 1994. 1994 excavation at Uluburun: The final campaign. *The INA Quarterly* 21 (4), 8–16.

Purdy, B. A. (ed.). 1988. *Wet Site Archaeology*. Telford Press: Caldwell, nj.

——1991. *The Art and Archaeology of Florida Wetlands*. CRC Press: Boca Raton, fl.

——(ed.). 2001. *Enduring Records. The Environmental and Cultural Heritage of Wetlands*. Oxbow Books: Oxford.

——& Brooks, H. K. 1971. Thermal alteration of silica materials: an archaeological approach. *Science* 173, 322–25.

Putnam, J. 2001. *Art and Artifact: The Museum as Medium*. Thames & Hudson: London & New York.

Pyburn, K. A. 2006. The politics of collapse. *Archaeologies* 2, 3–7.

Pyddoke, E. 1961. *Stratification for the Archaeologist*. Phoenix House: London.

Raff, J. A. & Bolnick, D. A. 2014. Genetic roots of the first Americans. *Nature* 506, 162–63.

Raikes, R. L. 1984. *Water, Weather and Prehistory*. Raikes: Wales; Humanities Press: Atlantic Highlands, nj.

Ralph, E. K. 1971. Carbon-14 Dating, in *Dating Techniques for the Archaeologist* (H. N. Michael & E. K. Ralph eds.), 1–48. Massachusetts Institute of Technology: Cambridge, ma.

Randi, J. 1982. *Flim-Flam! Psychics, ESP, Unicorns and other Delusions*. Prometheus: Buffalo.

Raphael, S. 1984. *Theatres of Memory: I, Past and Present in Contemporary Culture*. Verso: London.

——1988. *Theatres of Memory: II, Island Stories, Unravelling Britain*. Verso: London.

Rapp, G. & Hill, C. L. 2006. *Geoarchaeology: The Earth-Science Approach to Archaeological Interpretation*. (2nd edn) Yale University Press: New Haven.

——& Mulholland, S. C. (eds.). 1992. *Phytolith Systematics: Emerging Issues*. Vol. 1. Advances in Archaeological and Museum Science. Plenum: New York.

Rappaport, R. 1971. Ritual, Sanctity, and Cybernetics. *American Anthropologist* 73, 59–76.

——1999. *Ritual and Religion in the Makeup of Humanity*. Cambridge University Press: Cambridge.

Rasmussen, M. & others. 2010. Ancient human genome sequence of an extinct Palaeo-Eskimo. *Nature* 463, 757–61.

——& others. 2014. The genome of a late Pleistocene human from a Clovis burial site in western Montana. *Nature* 506, 225–29.

Rasmussen, S. & others. 2015. Early divergent strains of *Yersinia pestis* in Eurasia 5,000 years ago. *Cell* 103, 571–82.

Rathje, W. L. 1971. The Origin and Development of Lowland Classic Maya Civilisation. *American Antiquity* 36, 275–85.

——1973. Models for mobile Maya: a variety of constraints, in *The Explanation of Culture Change* (C. Renfrew ed.), 731–57. Duckworth: London.

Rautman, A. E. 2000. *Reading the Body. Representations and Remains in the Archaeological Record*. University of Pennsylvania Press: Philadelphia.

Redford, D. B. 1984. *Akhenaten, the Heretic King*. Princeton University Press: Princeton.

Redman, C. L. 1978. *The Rise of Civilization: From Early Farmers to Urban Society in the Near East*. W. H. Freeman: San Francisco.

——1982. Archaeological survey and the study of Mesopotamian urban systems. *Journal of Field Archaeology* 9, 375–82.

——1999. *Human Impact on Ancient Environments*. University of Arizona Press: Tucson.

——2016. *Bone Rooms: From Scientific Racism to Human Prehistory in Museums*. Harvard University Press: Cambridge, ma.

——& Watson P. J. 1970. Systematic, Intensive Surface Collection. *American Antiquity* 35, 279–91.

Rees-Jones, J. & Tite, M. S. 1997. Optical dating of the Uffington White Horse, in *Archaeological Sciences 1995* (A. Sinclair, E. Slater, & J. Gowlett eds.), 159–62. Monograph 64. Oxbow Books: Oxford.

Reeves, N. 1990. *The Complete Tutankhamun*. Thames & Hudson: London & New York.

Rehder, J. E. 2000. *The Mastery and Uses of Fire in Antiquity*. McGill-Queen's University Press: Montreal.

Rehren, T. & Pusch, E. B. 2005. Late Bronze Age glass production at Qantir-Piramesses, Egypt. *Science* 308, 1756–58.

Reich, D. & others. 2010. Genetic history of an archaic hominin group from Denisova Cave in Siberia. *Nature* 468, 1053–60.

——& others. 2012. Reconstructing Native American population history. *Science* 488, 370–73.

Reid, A. & Young, R. 2000. Pottery abrasion and the preparation of African grains. *Antiquity* 74, 101–11.

Reimer, P. J. & others. 2004. IntCal04 Atmospheric radiocarbon age calibration, 26–0ka bp. *Radiocarbon* 46, 1026–58.

——& others. 2009. IntCal09 and Marine09 radiocarbon age calibration curves, 0–50,000 years cal bp. *Radiocarbon* 51, 1111–50.

Reinhard, J. 2005. *The Ice Maiden. Inca Mummies, Mountain Gods, and Sacred Sites in the Andes*. National Geographic: Washington, d.c.

Reinhard, K. J. & Bryant, V. M. 1992. Coprolite analysis, in *Archaeological Method and Theory* 14 (M. B. Schiffer ed.), 245–88. University of Arizona Press: Tucson.

——& others. 1992. Discovery of colon contents in a skeletonized burial: soil sampling for dietary remains. *Journal of Archaeological Science* 19, 697–705.

Reitz, E. & Shackley, M. 2012. *Environmental Archaeology*. Springer: New York.

——& Wing, E. S. 2008. *Zooarchaeology*. (2nd edn) Cambridge University Press: Cambridge.

Remondino, F. & others. 2012. UAV photogrammetry for mapping and 3D modeling – current status and future perspectives, in *International Archives of the Photogrammetry, Remote Sensing and Spatial Information Sciences, Vol. XXXVIII-1/C22 UAV-g 2011, Conference on Unmanned Aerial Vehicle in Geomatics*, 1–7: Zurich.

Renberg, I., Persson, M. W., & Emteryd, O. 1994. Pre-industrial atmospheric lead contamination detected in Swedish lake sediments. *Nature* 368, 323–26.

Renfrew, C. 1969a. The Autonomy of the South-East European Copper Age. *Proceedings of the Prehistoric Society* 35, 12–47.

——1969b. Trade and culture process in European prehistory. *Current Anthropology* 10, 151–69.

——1972. *The Emergence of Civilisation. The Cyclades and the Aegean in the Third Millennium* bc. Methuen: London.

——1973a. *Before Civilisation*. Jonathan Cape: London; Pelican: Harmondsworth.

——(ed.). 1973b. *The Explanation of Culture Change: Models in Prehistory*. Duckworth: London.

——1973c. Monuments, mobilization and social organization in neolithic Wessex, in *The Explanation of Culture Change: Models in Prehistory* (C. Renfrew ed.), 539–58. Duckworth: London.

——1973d. Palaeoethnobotany. Methuen: London.

——1975. Trade as action at a distance, in *Ancient Civilizations and Trade* (J. Sabloff & C. C. Lamberg-Karlovsky eds.), 1–59. University of New Mexico Press: Albuquerque.

——1976. Megaliths, Territories and Populations, in *Acculturation and Continuity in Atlantic Europe (Dissertationes Archaeologicae Gandenses XVI)* (S. J. de Laet ed.), 298–320. De Tempel: Bruges.

——1978a. The anatomy of innovation, in *Social Organisation and Settlement* (D. Green, C. Haselgrove, & M. Spriggs eds.), 89–117. British Archaeological Reports, International Series 47: Oxford.

——1978b. Trajectory discontinuity and morphogenesis: the implications of catastrophe theory for archaeology. *American Antiquity* 43, 203–44.

——1978c. Varna and the social context of early metallurgy. *Antiquity* 52, 199–203.

——1979a. System collapse as social transformation, in *Transformations. Mathematical Approaches to Culture Change* (C. Renfrew & K. L. Cooke eds.), 481–506. Academic Press: New York & London.

————1979b. The Tree-ring Calibration of Radiocarbon: An Archaeological Evaluation, in *Problems in European Prehistory* (C. Renfrew), 338–66. Edinburgh University Press: Edinburgh; Cambridge University Press: New York.

————1979c. *Investigations in Orkney*. Society of Antiquaries: London.

————1982a. Explanation revisited, in *Theory and Explanation in Archaeology* (C. Renfrew, M. J. Rowlands, & B. A. Segraves eds.), 5–24. Academic Press: New York & London.

————1982b. *Towards an Archaeology of Mind*. Cambridge University Press: Cambridge & New York.

————1984. *Approaches to Social Archaeology*. Edinburgh University Press: Edinburgh.

————1985. *The Archaeology of Cult. The Sanctuary at Phylakopi*. British School of Archaeology at Athens Supplementary Vol. 18: London.

————1986. Varna and the emergence of wealth in prehistoric Europe, in *The Social Life of Things* (A. Appadurai ed.), 141–48. Cambridge University Press: Cambridge.

————1987a. Problems in the modelling of socio-cultural systems. *European Journal of Operational Research* 30, 179–92.

————1987b. *Archaeology and Language: The Puzzle of Indo-European Origins*. Jonathan Cape: London.

————1990. Models of change in language and archaeology. *Transactions of the Philological Society* 87, 103–78.

————1991a. Before Babel: speculations on the origins of linguistic diversity. *Cambridge Archaeological Journal* 1, 3–23.

————(ed.). 1991b. *New Light on Early Farming. Recent developments in Palaeoethnobotany*. Edinburgh University Press: Edinburgh.

————1992a. World languages and human dispersals: a minimalist view, in *Transition to Modernity: Essays on Power, Wealth and Belief* (J. A. Hall & I. C. Jarvie eds.), 11–68. Cambridge University Press: Cambridge.

————1992b. Archaeology, genetics and linguistic diversity, *Man* 27, 445–78.

————1992c. *The Cycladic Spirit*. Thames & Hudson: London; Abrams: New York.

————1993a. *The Roots of Ethnicity: Archaeology, Genetics and the Origins of Europe*. Unione Internazionale degli Istitute di Archeologia, Storia e Storia dell'Arte in Roma: Rome.

————1993b. Collectors are the real looters, *Archaeology* May/June, 16–17.

————1994a. World linguistic diversity. *Scientific American* 268, 104–10.

————1994b. The archaeology of identity, in *The Tanner Lectures on Human Values* 15 (G. B. Peterson ed.), 283–348. University of Utah Press: Salt Lake City.

————1994c. The archaeology of religion, in *The Ancient Mind: Elements of Cognitive Archaeology* (C. Renfrew & E. B. W. Zubrow eds.), 47–54. Cambridge University Press: Cambridge.

————1996a. Language families and the spread of farming, in *The Origin and Spread of Agriculture and Pastoralism in Eurasia* (D. R. Harris ed.), 70–92. UCL Press: London.

————1996b. Kings, tree rings and the Old World. *Nature* 381, 733–34.

————1998. The origins of world linguistic diversity: an archaeological perspective, in *The Origin and Diversification of Language* (N. G. Jablonski & L. C. Aiello eds.), 171–92. California Academy of Sciences: San Francisco.

————(ed.) 2000a. *America Past, America Present: Genes and Languages in the Americas and Beyond*. McDonald Institute: Cambridge.

————2000b. At the edge of knowability: towards a prehistory of languages. *Cambridge Archaeological Journal* 10, 7–34.

————2001. Symbol before concept, material engagement and the early development of society, in *Archaeological Theory Today* (I. Hodder ed.), 122–40. Polity Press: Cambridge.

————2003. *Figuring It Out: The Parallel Visions of Artists and Archaeologists*. Thames & Hudson: London & New York.

————2006. Becoming human: the archaeological challenge. *Proceedings of the British Academy* 139, 217–38.

————2009a. Neuroscience, evolution and the sapient paradox: the factuality of value and of the sacred, in *The Sapient Mind: Where Archaeology Meets Neuroscience* (C. Renfrew, C. Frith, & L. Malafouris eds.), 165–76. Oxford University Press: Oxford.

————2009b. *Loot, Legitimacy and Ownership: The Ethical Crisis in Archaeology*. (Duckworth Debates in Archaeology) Duckworth: London.

————2013. Early Celtic in the West: the Indo-European Context, in *Celtic from the West 2: Rethinking the Bronze Age and the Arrival of Indo-European in Atlantic Europe* (J. T. Kochand & B. Cunliffe eds.), 201–12. Oxbow Books: Oxford.

————2014. Shame still hangs over the Sevso Treasure. *Art Newspaper* 257.

————& Boyle, K. (eds.). 2000. *Archaeogenetics: DNA and the Population Prehistory of Europe*. McDonald Institute: Cambridge.

————& Cherry, J. F. (eds.). 1986. *Peer Polity Interaction and Socio-Political Change*. Cambridge University Press: Cambridge & New York.

————& Dixon, J. E. 1976. Obsidian in western Asia: a review, in *Problems in Economic and Social Archaeology* (G. de G. Sieveking, I. H. Longworth, & K. E. Wilson eds.), 137–50. Duckworth: London.

————& Level, E. V. 1979. Exploring dominance: predicting polities from centers, in *Transformations. Mathematical Approaches to Culture Change* (C. Renfrew & K. L. Cooke eds.), 145–67. Academic Press: New York & London.

————& Liu, B. 2018. The emergence of complex society in China: the case of Liangzhu. *Antiquity* 92, 975–90. https://doi.org/10.15184/aqy.2018.60

————& Nettle, D. (eds.). 1999. *Nostratic: Examining a Linguistic Macrofamily*. McDonald Institute: Cambridge.

————& Scarre, C. (eds.). 1998. *Cognition and Material Culture: The Archaeology of Symbolic Storage*. McDonald Institute: Cambridge.

————& Shackleton, N. 1970. Neolithic trade routes realigned by oxygen isotope analyses. *Nature* 228, 1062–65.

————& Wagstaff, J. M. (eds.). 1982. *An Island Polity: The Archaeology of Exploitation in Melos*. Cambridge University Press: Cambridge.

————& Zubrow, E. B. W. (eds.). 1994. *The Ancient Mind: Elements of Cognitive Archaeology*. Cambridge University Press: Cambridge & New York.

————, Dixon, J. E., & Cann, J. R. 1968. Further analysis of Near Eastern obsidians. *Proceedings of the Prehistoric Society* 34, 319–31.

————& others. 1993. What is cognitive archaeology? *Cambridge Archaeological Journal* 3, 247–70.

————, McMahon. A., & Trask, L. (eds.). 2000. *Time Depth in Historical Linguistics*. McDonald Institute: Cambridge.

————, Gosden, C. & DeMarrais, E. (eds.). 2004. *Substance, Memory, Display: Archaeology and Art*. McDonald Institute: Cambridge.

Renfrew, J. M. 1973. Paleoethnobotany. The prehistoric plant foods of the Near East and Europe. Columbia University Press: New York.

Renne, P. R. & others. 1997. ^{40}Ar/^{39}Ar dating into the historical realm: calibration against Pliny the Younger. *Science* 277, 1279–80.

Reynolds, P. J. 1979. *Iron Age Farm. The Butser Experiment*. British Museum Publications: London.

————2000. Butser ancient farm. *Current Archaeology* 15 (3), 171, Dec. 92–97.

Rice, P. M. (ed.). 1982. *Pots and Potters: Current Approaches to Ceramic Archaeology*. State College: Pennsylvania State University Press: Philadelphia.

————1987. *Pottery Analysis: A Sourcebook*. University of Chicago Press: Chicago.

Richards, C. C. & Thomas, J. S. 1984. Ritual activity and structured deposition in later Neolithic Wessex, in *Neolithic Studies* (R. J. Bradley & J. Gardiner eds.), 189–218. British Archaeological Reports, British Series 133: Oxford.

Richards, J. 1984. The development of the Neolithic landscape in the environs of Stonehenge, in *Neolithic Studies* (R. J. Bradley & J. Gardiner eds.), 177–88. British Archaeological Reports, British Series 133: Oxford.

————& Sheridan, J. A. 2000. New AMS dates on human bone from Mesolithic Oronsay. *Antiquity* 74, 313–15.

————& Van Buren, M. (eds.). 2000. *Order, Legitimacy and Wealth in Ancient States*. Cambridge University Press: Cambridge.

Richards, M. P. & Schmitz, R. W. 2008. Isotope evidence for the diet of the Neandertal type specimen. *Antiquity* 82, 553–59.

————& others. 1996. Palaeolithic and neolithic lineages in the European mitochondrial gene pool. *American Journal of Human Genetics* 59, 185–203.

————& others. 2001. Stable isotope evidence for increasing dietary breadth in the European mid-Upper Paleolithic. *Proceedings of the National Academy of Sciences USA* 98 (11), 6528–32.

————& others. 2003. Sharp shift in diet at onset of Neolithic. *Nature* 425, 366.

Riley, D. N. 1987. *Air Photography and Archaeology*. Duckworth: London.

Rink, W. J. & others. 1995. ESR ages for Krapina hominids. *Nature* 393, 358–62.

Ritner, R. K. & Moeller, N. 2014. A new translation of the Ahmose Tempest Stela as describing the Santorini explosion on Thera and the resulting need to reconstruct Egyptian and Biblical chronology. *Journal of Near Eastern Studies* 73, 1–19.

Robb, J. 1994. Gender contradictions, moral coalitions, and inequality in prehistoric Italy, *Journal of European Archaeology* 2 (1), 20–49.

———— (ed.). 1999. *Material Symbols: Culture and Economy in Prehistory*. Center for Archaeological Investigations: Carbondale, il.

————2010. Beyond Agency. *World Archaeology* 42, 493–520.

Roberts, C. A. 2012. *Human Remains in Archaeology: A Handbook*. (Rev. edn) Council for British Archaeology: York.

————& Manchester, K. 2010. *The Archaeology of Disease*. (3rd edn) History Press: Stroud (also Cornell University Press: Ithaca, ny, 2007).

Roberts, G., Gonzalez, S., & Huddart, D. 1996. Intertidal Holocene footprints and their archaeological significance. *Antiquity* 70, 647–51.

Roberts, N. 2014. *The Holocene: An Environmental History*. (3rd edn) Blackwell: Oxford.

Roberts, R. G. & others. 1994. The human colonisation of Australia: Optical dates of 53,000 and 60,000 years bracket human arrival at Deaf Adder Gorge, Northern Territory. *Quaternary Geochronology (Quaternary Science Reviews)* 13, 575–83.

Robertshaw, P. (ed.) 1990. *A History of African Archaeology*. Currey: London; Heinemann: Portsmouth, nh.

Robertson, G., Attenbrow, V., & Hiscock, P. 2009. The multiple uses of Australian backed artefacts. *Antiquity* 83 (320), 296–308.

Robins, G. V. & others. 1978. Identification of ancient heat treatment in flint artefacts by ESR spectroscopy. *Nature* 276, 703–4.

Robinson, A. 1995. *The Story of Writing*. Thames & Hudson: London & New York.

Robinson, J. T. 1972. *Early Hominid Posture and Locomotion*. University of Chicago Press: Chicago.

Robinson, W. S. 1951. A method for chronologically ordering archaeological deposits. *American Antiquity* 16, 293–301.

Rodbell, D. T. & others. 1999. An ~15,000-year record of El Niño-driven alluviation in Southwestern Ecuador. *Science* 283, 516–20.

Rollefson, G. O. 1983. Ritual and ceremony at neolithic 'Ain Ghazal (Jordan). *Paléorient* 9 (2), 29–38.

Rose, M. & Acar, O. 1995. Turkey's war on the illicit antiquities trade. *Archaeology* 48 (2), 45–56.

Roskams, S. 2001. *Excavation*. Cambridge University Press: Cambridge & New York.

Rosman, K. & others. 1997. Lead from Carthaginian and Roman Spanish mines isotopically identified in Greenland ice dated from 600 bc to 300 ad. *Environmental Science & Technology* 31 (12), 3413–16.

Ross, P. E. 1992. Eloquent remains. *Scientific American* 266 (5), 72–81.

Rothfield, L. 2009. *The Rape of Mesopotamia: Behind the Looting of the Baghdad Museum*. University of Chicago Press: Chicago.

Rothhammer, F. & others. 1985. Chagas' Disease in Pre-Columbian South America. *American Journal of Physical Anthropology* 68, 495–98.

Rothschild, B. M. & Martin, L. 1992. *Palaeopathology. Disease in the fossil record*. CRC Press: Boca Raton, fl.

Rottländer, R. C. A. 1983. Einführung in die naturwissenschaftlichen Methoden in der Archäologie. *Verlag Archaeologica Venatoria* 6. Institut für Vorgeschichte der Universität Tübingen: Tübingen.

———1986. Chemical investigation of potsherds of the Heuneburg, Upper Danube, in *Proceedings of the 24th International Archaeometry Symposium* (J. S. Olin & M. J. Blackman eds.), 403–5. Smithsonian Institution Press: Washington, d.c.

———& Hartke, I. 1982. New results of food identification by fat analysis, in *Proceedings of the 22nd Symposium on Archaeometry* (A. Aspinall & S. E. Warren eds.), 218–23. University of Bradford.

———& Schlichtherle, H. 1979. Food identification of samples from archaeological sites. *Archaeo Physika* 10, 260–67.

Rovner, I. 1983. Plant opal phytolith analysis: major advances in archaeobotanical research, in *Advances in Archaeological Method and Theory* 6 (M. D. Schiffer ed.), 225–66. Academic Press: New York & London.

Rowe, M. W. & Steelman, K. L. 2003. Dating Rock Art. *The Mammoth Trumpet* 18 (2), March, 4–7, 14–15.

Rowlands, M., Larsen, M., & Kristiansen, K. (eds.). 1987. *Centre and Periphery in the Ancient World*. Cambridge University Press: Cambridge.

Rowlett, R. M., Mandeville, M. D., & Zeller, R. J. 1974. The interpretation and dating of humanly worked siliceous materials by thermoluminescence analysis. *Proceedings of the Prehistoric Society* 40, 37–44.

Rowley-Conwy, P. 1987. The interpretation of ard marks. *Antiquity* 61, 263–66.

———& others (eds.). 2017. *Economic Zooarchaeology: Studies in Hunting. Herding and Early Agriculture*. Oxbow Books: Oxford.

Rudenko, S. I. 1970. *Frozen Tombs of Siberia: The Pazyryk burials of Iron Age horsemen*. Dent: London; University of California Press: Berkeley.

Rue, D. J. 1987. Early agriculture and early Postclassic Maya occupation in western Honduras. *Nature* 326, 285–86.

Ruhlen, M. 1991. *A Guide to the World's Languages 1*. Stanford University Press: Palo Alto, ca.

———1994. *The Origin of Language: Tracing the Evolution of the Mother Tongue*. John Wiley: New York.

Rule, S. & others. 2012. The aftermath of megafaunal extinction: ecosystem transformation in Pleistocene Australia. *Science* 335, 1483–86.

Runnels, C. N. 1995. Environmental degradation in ancient Greece. *Scientific American* 272, 72–75.

Russell, M. 1987. Mortuary practices at the Krapina Neanderthal site. *American Journal of Physical Anthropology* 72, 381–97.

———(ed.). 2002. *Digging Holes in Popular Culture: Archaeology and Science Fiction*. Oxbow Books: Oxford.

Rye, O. S. 1981. *Pottery Technology*. Taraxacum: Washington, d.c.

Sabloff, J. A. 1982. Introduction, in *Archaeology: Myth and Reality. Readings from Scientific American*, 1–26. Freeman: San Francisco.

———1989. *The Cities of Ancient Mexico*. Thames & Hudson: London & New York.

Sackett, J. R. 1973. Style, function and artifact variability in palaeolithic assemblages, in *The Explanation of Culture Change* (C. Renfrew ed.), 317–28. Duckworth: London.

Saffirio, L. 1972. Food and dietary habits in ancient Egypt. *Journal of Human Evolution* 1, 297–305.

Sahle, Y. & others. 2017. Hominid butchers and biting crocodiles in the African Plio-Pleistocene. *Proceedings of the National Academy of Sciences* 114 (50), 13164–69.

Sahlins, M. D. 1972. *Stone Age Economics*. Aldine: Chicago.

Said, E. 1978. *Orientalism*. Routledge & Kegan Paul: London; Pantheon: New York.

———1993. *Culture and Imperialism*. Chatto & Windus: London; Knopf: New York.

Salmon, M. 1982. *Philosophy and Archaeology*. Academic Press: New York & London.

Salo, W. L. & others. 1994. Identification of *Mycobacterium tuberculosis* DNA in a pre-Columbian Peruvian mummy. *Proceedings of the National Academy of Sciences USA* 91, 2091–94.

Salque, M. & others. 2013. Earliest evidence for cheese making in the sixth millennium bc in northern Europe. *Nature* 493, 522–25.

Samuel, D. 1996. Investigation of ancient Egyptian baking and brewing methods by correlative microscopy. *Science* 273, 488–90.

Sancetta, C., Imbrie, J., & Kipp, N. 1973. Climatic record of the past 130,000 years in North Atlantic deep-sea core V23-82; correlation with the terrestrial record. *Quaternary Research* 3, 110–16.

Sanders, W. T. & Marino, J. 1970. *New World Prehistory*. Prentice-Hall: Englewood Cliffs, nj.

Sandweiss, D. H. & others. 1996. Geoarchaeological evidence from Peru for a 5000 years b.p. onset of El Niño. *Science* 273, 1531–33.

Sanogo, K. 1999. The looting of cultural material in Mali. *Culture Without Context* 4, 21–25.

Santos, F. R. & others. 1999. The central Siberian origin for native American Y chromosome. *American Journal of Human Genetics* 64, 6199–628.

Saturno, W. A., Stuart, D., & Beltran, B. 2006. Early Maya writing at San Bartolo, Guatemala. *Science* 311, 1281–83.

Saunders, N. 1989. *People of the Jaguar*. Souvenir Press: London.

Sayre, E. V. & Smith, R. W. 1961. Compositional categories of ancient glass. *Science* 133, 1824–26.

Scarre, C. (ed.). 1988. *Past Worlds: The Times Atlas of Archaeology*. Times Books: London; Hammond: Maplewood, nj.

——— (ed.). 1999. *The Seventy Wonders of the Ancient World. The Great Monuments and How They Were Built*. Thames & Hudson: London & New York.

———(ed.). 2018. *The Human Past: World Prehistory and the Development of Human Societies*. (4th edn) Thames & Hudson: London & New York.

———& Healy, F. (eds.). 1993. *Trade and Exchange in Prehistoric Europe*. Oxbow Monograph 33: Oxford.

Schaeffer, O. A. & Zähringer, J. (eds.). 1966. *Potassium-Argon Dating*. Springer Verlag: Berlin & New York.

Schama, S. 1995. *Landscape and Memory*. Alfred A. Knopf: New York

Schávelzon, D. 1983. La primera excavación arqueológica de América. Teotihuacán en 1675. *Anales de Antropología* (Mexico) 20, 121–34.

Schele, L. & Miller, M. E. 1986. *The Blood of Kings: Dynasty and Ritual in Maya Art*. (Reissue 1992) Braziller: New York; Thames & Hudson: London.

Schelvis, J. 1992. The identification of archaeological dung deposits on the basis of remains of predatory mites (Acari; Gamasida). *Journal of Archaeological Science* 19, 677–82.

Scherer, A. K. & Golden, C. 2009. Tecolote, Guatemala: archaeological evidence for a fortified Late Classic Maya political border. *Journal of Field Archaeology* 34, 285–305.

Schick, K. D. & Toth, N. 1993. *Making Silent Stones Speak*. Simon & Schuster: New York; Weidenfeld & Nicolson: London.

Schiegl, S. & others. 1996. Ash deposits in Hayonim and Kebara Caves, Israel: macroscopic, microscopic and mineralogical observations, and their archaeological implications. *Journal of Archaeological Science* 23, 763–81.

Schiffer, M. B. 1976. *Behavioral Archaeology*. Academic Press: New York & London.

———2002. *Formation Processes of the Archaeological Record*. University of Utah Press: Salt Lake City.

Schlanger, N. 1994. Mindful technology: unleashing the *chaîne opératoire* for an archaeology of mind, in *The Ancient Mind: Elements of Cognitive Archaeology* (C. Renfrew & E. B. W. Zubrow eds.), 143–51. Cambridge University Press: Cambridge.

Schmid, E. 1969. Cave sediments and prehistory, in *Science in Archaeology* (D. R. Brothwell & E. S. Higgs eds.), 151–66. (2nd edn) Thames & Hudson: London.

Schmidt, A. 2013. *Earth Resistance for Archaeologists*. Rowman & Littlefield: Lanham, Maryland.

Schmidt, K. 2001. Göbekli Tepe, south-eastern Turkey. A preliminary report on the 1995–1999 excavations. *Paléorient* 26 (1), 45–54.

——2006. *Sie bauten die ersten Tempel. Das rätselhafter Heiligtum der Stenzeitjäger*. C. H. Beck Verlag: Munich.

Schmidt, P. R. (ed.). 1996. *The Culture and Technology of African Iron Production*. University Press of Florida: Gainesville.

——1997. *Iron Technology in East Africa: Symbolism, Science and Archaeology*. Indiana University Press: Bloomington.

——2006. *Historical Archaeology in Africa*. AltaMira: Lanham, md.

——& McIntosh, R. (eds.). 1996. *Plundering Africa's Past*. Indiana University Press: Bloomington.

——& Patterson, T. C. (eds.). 1995. *Making Alternative Histories. The Practice of Archaeology and History in Non-Western Settings*. School of American Research Press: Santa Fe, nm.

Schnapp, A. 1996. *The Discovery of the Past*. British Museum Press: London; Abrams: New York.

Schoeninger, M. J. 1979. Diet and status at Chalcatzingo: some empirical and technical aspects of Strontium analysis. *American Journal of Physical Anthropology* 51, 295–310.

——1981. The agricultural "revolution": its effect on human diet in prehistoric Iran and Israel. *Paléorient* 7, 73–92.

——& Peebles, C. S. 1981. Effect of mollusc eating on human bone strontium levels. *Journal of Archaeological Science* 8, 391–97.

——, Deniro, M. J., & Tauber, H. 1983. Stable nitrogen isotope ratios of bone collagen reflect marine and terrestrial components of prehistoric human diet. *Science* 220, 1381–83.

Schulting, R. 2002. The wet, the wild and the domesticated: the Mesolithic-Neolithic transition on the west coast of Scotland. *European Journal of Archaeology* 5, 147–89.

——& Richards, M. P. 2002. Finding the coastal Mesolithic in southwest Britain: AMS dates and stable isotope results on human remains from Caldey Island, South Wales. *Antiquity* 76, 1011–25.

Schults, L. 2010. Spiritual entanglement: transforming religious symbols at Çatalhöyük, in *Religion in the Emergence of Civilization* (I. Hodder ed.), 220–67. Cambridge University Press: Cambridge.

Schuster, A. 1999. New tomb at Teotihuacán. *Archaeology* 52 (1), 16–17.

Schwarcz, H. P. 1982. Applications of U-series dating to archaeometry, in *Uranium Series Disequilibrium: Applications to Environmental Problems* (M. Ivanovich & R. S. Harmon eds.), 302–25. Clarendon Press: Oxford.

——1993. Uranium-series dating and the origin of modern man, in *The Origin of Modern Humans and the Impact of Chronometric Dating* (M. J. Aitken & others eds.), 12–26. Princeton University Press: Princeton.

——& Grün, R. 1993. ESR dating of the origin of modern man, in *The Origin of Modern Humans and the Impact of Chronometric Dating* (M. J. Aitken & others eds.), 40–48. Princeton University Press: Princeton.

——& others. 1985. Stable isotopes in human skeletons of Southern Ontario: reconstructing palaeodiet. *Journal of Archaeological Science* 12, 187–206.

——& others. 1989. ESR dating of the Neanderthal site, Kebara Cave, Israel, *Journal of Archaeological Science* 16, 653–59.

Schweingruber, F. H. 1988. *Tree Rings. Basics and Applications of Dendrochronology*. D. Reidel: Dordrecht & Lancaster.

——1996. *Tree Rings and Environment: Dendroecology*. Paul Haupt Publishers: Bern.

Science. 2001a. Japanese Fraud Highlights Media-Driven Research Ethic. *Science* 291 (5501) Jan. 5, 34–35.

——2001b. Questions Arise Over Second Japanese Site. *Science* 4 (5547) Nov. 23, 1634.

Scollar, I., Tabbagh, A., Hesse, A., & Herzog, I. 1990. *Archaeological Prospecting and Remote Sensing*. Cambridge University Press: Cambridge & New York.

Scott, D. D. & Connor, M. A. 1986. Post-mortem at the Little Bighorn. *Natural History* June, 46–55.

——, Fox, R. A., Connor, M. A., & Harmon, D. 1989. *Archaeological Perspectives on the Battle of the Little Bighorn*. University of Oklahoma Press: Norman.

Sealy, J. C. 1986. *Stable Carbon Isotopes and Prehistoric Diets in the South-Western Cape Province, South Africa*. British Archaeological Reports, International Series No. 293: Oxford.

Searle, J. R. 1994. *The Rediscovery of the Mind*. MIT Press: Cambridge, ma.

——1995. *The Construction of Social Reality*. Penguin: Harmondsworth.

Seeman, M. L. 1979. *The Hopewell Interaction Sphere: The Evidence for Interregional Trade and Structural Complexity*. Prehistory Research Series, Vol. 5, no. 2. Indiana Historical Society: Indianapolis.

Semenov, S. A. 1964. *Prehistoric Technology*. Cory, Adams & McKay: London.

Semino, O. & others. 2001. The genetic legacy of Palaeolithic *Homo sapiens sapiens* in extant Europeans: a Y-chromosome perspective. *Science* 290, 1155–59.

Serjeantson, D. 2009. *Birds*. Cambridge University Press: Cambridge.

Service, E. R. 1971. *Primitive Social Organization. An Evolutionary Perspective*. (2nd edn) Random House: New York.

Severinghaus, J. P. & others. 1999. Abrupt climatic change at the end of the last glacial period inferred from trapped air in polar ice. *Science* 286, 930–34 (see also 934–37).

Shackleton, J. C. & van Andel, T. H. 1980. Prehistoric shell assemblages from Franchthi Cave and evolution of the adjacent coastal zone. *Nature* 288, 357–59.

——& van Andel, T. H. 1986. Prehistoric shore environments, shellfish availability, and shellfish gathering at Franchthi, Greece. *Geoarchaeology: An International Journal* 1 (2), 127–43.

Shackleton, N. J. 1969. Marine molluscs in archaeology, in *Science in Archaeology* (D. R. Brothwell & E. S. Higgs eds.), 407–14. (2nd edn) Thames & Hudson: London.

——1973. Oxygen isotope analysis as a means of determining season of occupation of prehistoric midden sites. *Archaeometry* 15, 133–43.

——1987. Oxygen isotopes, ice volume and sea level. *Quaternary Science Reviews* 6 (3–4), 183–90.

——& Opdyke, N. D. 1973. Oxygen isotope and paleomagnetic stratigraphy of equatorial Pacific core V28–238. *Quaternary Research* 3, 39–55.

Shackley, M. L. 1975. *Archaeological Sediments: A Survey of Analytical Methods*. Butterworth: London.

Shackley, M. S. 1998. *Archaeological Obsidian Studies*. Plenum: New York.

Shahack-Gross, R. & others. 1997. Black-coloured bones in Hayonim Cave, Israel: differentiating between burning and oxide staining. *Journal of Archaeological Science* 24, 439–44.

——& others. 2014. Evidence for the repeated use of a central hearth at Middle Pleistocene (300 ky ago) Qesem Cave, Israel. *Journal of Archaeological Science* 44, 12–21.

Shanks, M. 1999. *Experiencing the Past: On the Character of Archaeology*. Routledge: London.

——& Tilley, C. 1987a. *Re-constructing Archaeology*. Cambridge University Press: Cambridge.

——& Tilley, C. 1987b. *Social Theory and Archaeology*. Polity Press: Oxford.

——& Tilley, C. 1989. Archaeology into the 1990s. *Norwegian Archaeological Review* 22, 1–54.

Sharer, R. J. 1994. *The Ancient Maya*. (5th edn) Stanford University Press: Stanford, ca.

Sharma, R. S. 1995. *Looking for the Aryans*. Orient Longman: New Delhi.

Sharma, Y. D. & others. 1992. *Ramajamna Bhumi: Ayodhya: New Archaeological Discoveries*. Historians' Forum: New Delhi.

Sheets, P. D. 1979. Environmental and cultural effects of the Ilopango eruption in Central America, in *Volcanic Activity and Human Ecology* (P. D. Sheets & D. K. Grayson eds.), 525–64. Academic Press: New York & London.

—— (ed.). 1984. *Archaeology and Volcanism in Central America*. University of Texas Press: Austin.

——1994. Tropical time capsule: An ancient village preserved in volcanic ash yields evidence of Mesoamerican peasant life. *Archaeology* 47, 4, 30–33.

——2006. *The Ceren Site. An Ancient Village Buried by Volcanic Ash in Central America*. (2nd edn) Thomson: Belmont, ca.

—— & McKee, B. R. (eds.). 1994. *Archaeology, Volcanism and Remote Sensing in the Arenal Region, Costa Rica*. University of Texas Press: Austin.

Shennan, S. 1975. The Social Organisation at Brančˇ. *Antiquity* 49, 279–88.

——1986. Interaction and change in third millennium western and central Europe, in *Peer-Polity Interaction and Socio-political Change* (C. Renfrew & J. F. Cherry eds.), 137–48. Cambridge University Press: Cambridge.

—— (ed.). 1989. *Archaeological Approaches to Cultural Identity*, Unwin Hyman: London.

——2002. *Genes, Memes and Human History*. Thames & Hudson: London & New York.

Shepard, A. O. 1985. *Ceramics for the Archaeologist*. Carnegie Institution of Washington: Washington d.c.

Shepherd, R. 1980. *Prehistoric Mining and Allied Industries*. Academic Press: New York & London.

Sheppard, R. A. 1985. Using shells to determine season of occupation of prehistoric sites. *New Zealand Journal of Archaeology* 7, 77–93.

Sherratt, A. 1981. Plough and pastoralism: aspects of the secondary products revolution, in *Pattern of the Past. Studies in Honour of David Clarke* (I. Hodder & others eds.), 261–305. Cambridge University Press: Cambridge.

Shields, G. F. & others. 1993. mtDNA sequences suggest a recent evolutionary divergence for Beringian and northern North American populations. *American Journal of Human Genetics* 53, 549–62.

Shimada, I. & Griffin, J. A. 1994. Precious metal objects of the Middle Sicán. *Scientific American* 270 (4), 60–67.

——& Merkel, J. F. 1991. Copper-alloy metallurgy in Ancient Peru. *Scientific American* 265 (1), 62–68.

——, Epstein, S., & Craig, A. K. 1982. Batán Grande: a prehistoric metallurgical center in Peru. *Science* 216, 952–59.

——& others. 2007. Pre-Hispanic Sicán furnaces and metalworking: toward a holistic understanding. In *Metalurgía en la América Antigua: Teoría, arqueología, simbología y tecnología de los metals prehispánicos* (R. L. Perez ed.). Travaux de l'Institut Français d'Études Andines No. 253, 337–61. Instituto Frances de Estudios Andinos: Lima.

Shipman, P. & Rose, J. J. 1983. Early hominid hunting, butchering and carcass-processing behaviours: approaches to the fossil record. *Journal of Anthropological Archaeology* 2, 57–98.

Shnirelman, V. A. 1996. *Who Gets the Past? Competitions for Ancestors among Non-Russian Intellectuals in Russia.* Woodrow Wilson Center Press: Washington, d.c.

——2001. *The Value of the Past: Myths, Identity and Politics in Transcaucasia.* National Museum of Ethnology: Osaka.

Shortland, A. J. & Bronk Ramsey, C. (eds.). 2013. *Radiocarbon and the Chronologies of Ancient Egypt.* Oxbow Books: Oxford.

Shotyk, W. & others. 1998. History of atmospheric lead deposition since 12,370 ^{14}C yr bp from a peat bog, Jura Mountains, Switzerland. *Science* 281, 1635–40.

Sidrys, R. 1977. Mass-distance measures for the Maya obsidian trade, in *Exchange Systems in Prehistory* (T. K. Earle & J. E. Ericson eds.), 91–108. Academic Press: New York & London.

Sieveking, G. & Newcomer, M. H. (eds.). 1987. *The Human Uses of Flint and Chert.* Cambridge University Press: Cambridge.

Sillen, A. 1994. L'alimentation des hommes préhistoriques. *La Recherche* 25, 384–90.

Silver, I. A. 1969. The ageing of domestic animals, in *Science in Archaeology* (D. R. Brothwell & E. S. Higgs eds.), 283–302. (2nd edn) Thames & Hudson: London.

Simmons, I. G. 1989. *Changing the Face of the Earth. Culture, Environment, History.* Blackwell: Oxford.

Sims-Williams, P. 1998. Genetics, linguistics and prehistory: thinking big and thinking straight. *Antiquity* 72, 505–27.

Singer, C. A. 1984. The 63-kilometer fit, in *Prehistoric Quarries and Lithic Production* (J. E. Ericson & B. A. Purdy eds.), 35–48. Cambridge University Press: Cambridge.

Singer, R. & Wymer, J. 1982. *The Middle Stone Age at Klasies River Mouth in South Africa.* University of Chicago Press: Chicago.

Sjöberg, A. 1976. Phosphate analysis of anthropic soils. *Journal of Field Archaeology* 3, 447–54.

Skeates, R. 2000. *The Collecting of Origins: Collectors and Collections of Italian Prehistory and the Cultural Transformation of Value (1550–1999).* British Archaeological Reports, International Series 868: Oxford.

Skinner, M. M. & others. 2015. Human-like hand use in *Australopithecus africanus. Science* 347, 395–99.

Sklenár, K. 1983. *Archaeology in Central Europe: The First 500 Years.* Leicester University Press: Leicester; St. Martin's: New York.

Skoglund, P. & others. 2013. Accurate sex identification of ancient human remains using DNA shotgun sequencing. *Journal of Archaeological Science* 40 (12), 4477–82.

Slon, V. & others. 2017. Neandertal and Denisovan DNA from Pleistocene sediments. *Science* 356, 605–8.

Smith, A. B. & Poggenpoel, C. 1988. The technology of bone tool fabrication in the South-western Cape, South Africa. *World Archaeology* 20 (1), 103–15.

Smith, A. T. 2001. The limitations of doxa, agency and subjectivity from an archaeological point of view. *Journal of Social Archaeology* 1, 155–71.

Smith, B. D. 1975. Towards a more accurate estimation of the meat yield of animal species at archaeological sites, in *Archaeozoological Studies* (A. T. Clason ed.), 99–106. North-Holland: Amsterdam.

——1984. *Chenopodium* as a prehistoric domesticate in Eastern North America: Evidence from Russell Cave, Alabama. *Science* 226, 165–67.

——1992. *Rivers of Change. Essays on early agriculture in Eastern North America.* Smithsonian Institution Press: Washington, d.c.

——1997. The initial domestication of *Cucurbita pepo* in the Americas 10,000 years ago. *Science* 276, 932–34.

——1998. *The Emergence of Agriculture.* (2nd edn) W. H. Freeman: London; Scientific American Library: New York.

Smith, B. H. 1986. Dental development in *Australopithecus* and early *Homo. Nature* 323, 327–30.

——& others. 1990. Optical dating of sediments: initial quartz results from Oxford. *Archaeometry* 32, 19–31.

Smith, C. & Wobst, H. M. 2005. *Indigenous Archaeologies: Decolonising Theory.* Routledge: London & New York.

Smith, D. E. 2002. The Storegga disaster. *Current Archaeology* 15 (11), 179, May, 472–73.

Smith, F. H. 1983. Behavioral interpretation of change in craniofacial morphology across the archaic/modern *Homo sapiens* transition, in *The Mousterian Legacy* (E. Trinkaus ed.), 141–63. British Archaeological Reports, International Series 164: Oxford.

——& Clarke, A. (eds.). 1996. *Issues in Management Archaeology.* Tempus Publications: University of Queensland.

Smith, P. 1972. Diet and attrition in the Natufians. *American Journal of Physical Anthropology* 37, 233–38.

Smith, P. J. 2009. *A Splendid Idiosyncrasy: Prehistory at Cambridge 1915–1950.* British Archaeological Reports, British Series 495: Oxford.

Smith, R. 2014. Before Stonehenge. *National Geographic*, Aug, 26–51.

Smith, R. W. 1969. The analytical study of glass in archaeology, in *Science in Archaeology* (D. R. Brothwell & E. S. Higgs eds.), 614–23. (2nd edn) Thames & Hudson: London.

Smith, T. M. & others. 2007. Rapid dental development in a Middle Paleolithic Belgian Neanderthal. *Proceedings of the National Academy of Sciences* 104 (51), 20220–25.

Sneh, A. & Weissbrod, T. 1973. Nile Delta: The defunct Pelusiac branch identified. *Science* 180, 59–61.

Snow, D. R. 2013. Sexual dimorphism in European Upper Palaeolithic cave art. *American Antiquity* 78 (4), 746–61.

Sofaer, A. 1997. The primary architecture of Chaco Canyon, in *Anasazi: Architecture and American Design* (B. H. Morrow & V. Price eds.), 88–132. University of New Mexico Press: Albuquerque.

Sofaer Derevenski, J. 1997. Engendering children, engendering archaeology, in *Invisible People and Processes: Writing Gender and Childhood into European Archaeology* (J. Moore & E. Scott eds.), 192–202. Leicester University Press: London.

——(ed.). 2000. *Children and Material Culture.* Routledge: London.

Sokal, R. R., Oden, N. L., & Wilson, A. C. 1991. New genetic evidence supports the origin of agriculture in Europe by demic diffusion, *Nature* 351, 143–44.

——, Oden, N. L., & Thomson, B. A. 1992. Origins of Indo-European: genetic evidence. *Proceedings of the National Academy of Sciences, USA* 89, 7669–73.

Solé, A. & others. 2013. Hearth-related wood remains from Abric Romaní layer M (Capellades, Spain). *Journal of Anthropological Research* 69 (4), 535–59.

Solecki, R. S. 1951. Notes on soil analysis and archaeology. *American Antiquity* 16, 254–56.

Solís, R. S. & others. 2000. The Flutes of Caral-Supe: Approaches to the Archaeological Survey Acoustic-Set of America's Oldest Flute. *Boletin del Museo de Arqueología y Antropología de la UNMSM* 3 (11), 2–9.

Sørensen, M. L. S. 1991. The construction of gender through appearance, in *The Archaeology of Gender* (D. Walde & N. D. Willows eds.), 121–29. Archaeological Association: Calgary.

——2000. *Gender Archaeology.* Polity Press: Cambridge.

——& Carman, J. (eds.). 2009. *Heritage Studies: Approaches and Methods.* Routledge: London.

Sotheby's. 1990. *The Sevso Treasure: A Collection from Late Antiquity.* Sotheby's (Auction Catalogue): Zurich.

South, S. & Widmer, R. 1977. A subsurface sampling strategy for archaeological reconnaissance, in *Research Strategies in Historical Archaeology* (S. South ed.), 119–50. Academic Press: New York & London.

Speer, J. H. 2010. *Fundamentals of Tree-Ring Research.* University of Arizona Press: Tucson.

Spence, C. (ed.). 1990. *Archaeological Site Manual.* (2nd edn) Museum of London.

Spencer, C. S. & Redmond, E. M. 2003. Militarism, resistance and early state development in Oaxaca, Mexico. *Social Evolution & History* 2 (1), 25–70. Uchitel Publishing House: Moscow.

Sperber, D. 1996. *Explaining Culture: A Naturalistic Approach.* Oxford University Press: Oxford.

Speth, J. D. 1983. *Bison Kills and Bone Counts: Decision Making by Ancient Hunters.* University of Chicago Press: Chicago.

Spiess, A. E. 1979. *Reindeer and Caribou Hunters: An Archaeological Study.* Academic Press: New York & London.

Spindler, K. 1994. *The Man in the Ice: The Preserved Body of a Neolithic Man Reveals the Secrets of the Stone Age.* Weidenfeld & Nicolson: London.

Spinney, L. 2014. Out of the freezer. *New Scientist,* Jan. 11, 36–39.

Sponheimer, M. & Lee-Thorp, J. 1999. Isotopic evidence for the diet of an early hominid, *Australopithecus africanus. Science* 283, 368–70.

——& others. 2006. Isotopic evidence for dietary variability in the early hominin *Paranthropus robustus. Science* 314, 980–82.

Spoor, F., Wood, B., & Zonneveld, F. 1994. Implications of early hominid labyrinthine morphology for evolution of human bipedal locomotion. *Nature* 369, 645–48.

Spriggs, M. (ed.). 1984. *Marxist Perspectives in Archaeology.* Cambridge University Press: Cambridge.

St. Clair, W. 1998. *Lord Elgin and the Marbles.* (3rd edn) Oxford University Press: Oxford.

——1999. The Elgin Marbles: questions of stewardship and accountability. *International Journal of Cultural Property* 8, 397–521.

Stahle, D. W. & others. 1998. The Lost Colony and Jamestown Droughts. *Science* 280, 564–67.

Stanley, J. M. 1983. Subsurface survey: the use of magnetics in Australian archaeology, in *Australian Field Archaeology. A Guide to Techniques* (G. Connah ed.), 82–86. AIAS: Canberra.

Stead, I. M. 2000. *The Salisbury Hoard.* (2nd edn) Tempus: Stroud.

——& Turner, R. C. 1985. Lindow Man. *Antiquity* 59, 25–29.

——, Bourke, J. B., & Brothwell, D. (eds.). 1986. *Lindow Man.* British Museum Publications: London.

Steadman, D. W. 1995. Prehistoric extinctions of Pacific island birds: Biodiversity meets Zooarchaeology. *Science* 267, 1123–31.

Steffy, J. R. 1994. *Wooden Ship Building and the Interpretation of Shipwrecks.* Texas A&M University Press: College Station.

Stein, J. (ed.) 1992. *Deciphering a Shell Midden.* Academic Press: New York.

——& Lekson, S. 1992. Anasazi ritual landscapes, in *Anasazi Regional Organization and the Chaco System* (D. Doyel ed.), 87–100. Maxwell Museum of Anthropology: Albuquerque.

Steponaitis, V. P. & Brain, J. P. 1976. A portable Differential Proton Magnetometer. *Journal of Field Archaeology* 3, 455–63.

Stern, J. T. & Susman, R. L. 1983. The locomotor anatomy of *Australopithecus afarensis. American Journal of Physical Anthropology* 60, 279–317.

Steward, J. H. 1955. *Theory of Culture Change: The Methodology of Multilinear Evolution.* University of Illinois Press: Urbana.

Stewart, J. R. M & others. 2013. ZooMS: making eggshell visible in the archaeological record. *Journal of Archaeological Science* 40, 1797–804.

——& others. 2014. Walking on eggshells: a study of egg use in Anglo-Scandinavian York based on eggshell identification using ZooMS. *International Journal of Osteoarchaeology* 24, 247–55.

Stiebing, W. H. 1984. *Ancient Astronauts, Cosmic Collisions and other Popular Theories about Man's Past.* Prometheus: Buffalo.

Stine, S. 1994. Extreme and persistent drought in California and Patagonia during mediaeval times. *Nature* 369, 546–49.

Stocking, G. W. (ed.) 1985. *Objects and Others: Essays on Museums and Material Culture.* University of Wisconsin Press: Madison.

Stoddart, S. K. F. & Malone, C. A. T. 2008. Changing beliefs in the human body in prehistoric Malta 5000–1500 bc, in *Past Bodies. Body-Centred Research in Archaeology* (D. Boric & J. Robb eds.), 19–28. Oxbow Books: Oxford.

Stoertz, C. 1997. *Ancient Landscapes of the Yorkshire Wolds.* Royal Commission on the Historical Monuments of England (RCHME): Swindon.

Stone, A. C. & Stoneking, M. 1998. mtDNA analysis of a prehistoric Oneota population: implications for the peopling of the New World. *American Journal of Human Genetics* 62, 1153–70.

——& Stoneking, M. 1999. Analysis of ancient DNA from a prehistoric Amerindian cemetery. *Philosophical Transactions of the Royal Society of London,* Series B, 354, 153–59.

——, Milner, G., & Pääbo, S. 1996. Sex determination of ancient human skeletons using DNA. *American Journal of Physical Anthropology* 99, 231–38.

Stone, P. G. & Bajjaly, J. F. (eds.) 2008. *The Destruction of Cultural Heritage in Iraq.* Boydell Press: Woodbridge.

Stone, R. 1999. Researchers ready for the plunge into deep water. *Science* 283, 929.

Storey, G. R. 1997. The population of ancient Rome. *Antiquity* 71, 966–78.

Story, R. D. 1976. *The Space-Gods Revealed.* New English Library: London.

——1980. *Guardians of the Universe?* New English Library: London.

Stout, D. & others. 2000. Stone tool-making and brain activation: positron emission tomography (PET) studies. *Journal of Archaeological Science* 27, 1215–23.

Strauss, E. 1999. Can mitochondrial clocks keep time? *Science* 283, 1435–38.

Street, M. 1986. Un Pompéi de l'âge glaciaire. *La Recherche* 17, 534–35.

Stringer, C. & Andrews, P. 2011. *The Complete World of Human Evolution.* (2nd edn) Thames & Hudson: London & New York.

Struever, S. & Houart, G. L. 1972. An analysis of the Hopewell interaction sphere, in *Social Exchange and Interaction* (University of Michigan Museum of Anthropology Anthropological Papers 46) (E. N. Wilmsen ed.), 47–79. University of Michigan Museum of Anthropology: Ann Arbor.

Stuart, A. J. 2015. Late Quaternary megafaunal extinctions on the continents: a short review. *Geological Journal* 50 (3), 338–63.

Stuart, G. S. L. 2011. *Tracks Through Time: The Archaeology of the METRO Light Rail Corridor.* Archaeological Consulting Services: Tempe, az.

Stuiver, M. & Pearson, G. W. 1986. High-precision calibration of the radiocarbon time scale, ad 1950–500 bc, in *Radiocarbon* 28 (2B), calibration issue: Proceedings of the Twelfth International Radiocarbon Conference, 1985, Trondheim, Norway (M. Stuiver & R. S. Kra eds.), 839–62.

——& Pearson, G. W. 1993. High-precision bidecal calibration of the radiocarbon timescale, ad 1950–500 bc and 2500–6000 bc. *Radiocarbon* 35, 1–23.

——& Polach, H. A. 1977. Discussion: Reporting of ^{14}C Data. *Radiocarbon* 19, 355–63.

——& Reimer, P. J. 1993. Extended ^{14}C data base and revised CALIB 3.0 ^{14}C calibration program. *Radiocarbon* 35, 215–30.

——, Reimer, P. J., & others. 1998. INTCAL98 radiocarbon age calibration, 24,000–0 cal bp. *Radiocarbon* 40, 1041–84.

Sueres, M. 1991. Les mains de Gargas: approche expérimentale et statistique du problème des mutilations. *Travaux de l'Institut d'Art Préhistorique de Toulouse* 33, 9–200.

Sugiyama, S. 1993. Worldview materialized in Teotihuacán, Mexico. *Latin American Antiquity* 4 (2), 103–29.

Surovell, T. A. & others. 2009. An independent evaluation of the Younger Dryas extraterrestrial impact hypothesis. *Proceedings of the National Academy of Sciences* 106 (43), 18155–58.

Susman, R. L. 1994. Fossil evidence for early hominid tool use. *Science* 265, 1570–73.

Sutcliffe, A. J. 1985. *On the Track of Ice Age Mammals.* British Museum (Natural History): London.

Sutton, M. Q., Malik, M., & Ogram, A. 1996. Experiments on the determination of gender from coprolites by DNA analysis. *Journal of Archaeological Science* 23, 263–67.

Svensson A. & others. 2006. The Greenland Ice Core Chronology 2006, 15–42ka. Part 2: Comparison to Other Records. *Quaternary Science Reviews* 25, 3258–67.

Svitil, K. A. 1994. What the Nubians ate. *Discover* June, 36–37.

Swaddling, J. & Prag, J. 2002. *Seianti Hanunia Tlesnasa. The Story of an Etruscan Noblewoman.* British Museum Occasional Paper 100. British Museum Presss: London.

Swadesh, M. 1972. *The Origin and Diversification of Language* (J. Scherzer ed.). Routledge & Kegan Paul: London; Aldine: Atherton, Chicago.

Swain, H. (ed.) 2005. *Big Questions in History.* Jonathan Cape: London.

Swidler, N. & others. (eds.). 1997. *Native Americans and Archaeologists. Stepping Stones to Common Ground.* AltaMira: Walnut Creek, ca.

Sykes, B. 1999. The molecular genetics of human ancestry. *Philosophical Transactions of the Royal Society of London,* Series B, 354, 185–203.

Sykes, N. 2014. *Beastly Questions. Animal Answers to Archaeological Issues.* Bloomsbury: London.

Tainter, J. A. 1980. Behavior and status in a Middle Woodland mortuary population from the Illinois valley. *American Antiquity* 45, 308–13.

——1990. *The Collapse of Complex Societies.* Cambridge University Press: Cambridge.

——& Cordy, R. H. 1977. An archaeological analysis of social ranking and residence groups in prehistoric Hawaii. *World Archaeology* 9, 95–112.

Tait, H. (ed.). 1991. *Five Thousand Years of Glass.* British Museum Press: London.

Takase, K. 2011. Plant seeds recovered from potsherds of the Final Jomon and Yayoi periods. *Meiji University Ancient Studies of Japan* 3, 41–63.

Tanno, K. I. & Willcox, G. 2006. How fast was wild wheat domesticated? *Science* 311, 1886.

Tapsell, R. F. 1984. *Monarchs, Rulers, Dynasties and Kingdoms of the World.* Thames & Hudson: London & New York.

Tarling, D. H. 1983. *Palaeomagnetism.* Chapman & Hall: London.

Tattersall, I. 1992. Evolution comes to life. *Scientific American* 267 (2), 62–69.

Tauber, H. 1981. ^{13}C evidence for dietary habits of prehistoric man in Denmark. *Nature* 292, 332–33.

Tayles, N. G. 1999. *The Excavation of Khok Phanom Di, a Prehistoric Site in Central Thailand. Vol. V. The People.* Society of Antiquaries: London.

Taylor, J. du P. (ed.). 1965. *Marine Archaeology.* Hutchinson: London.

Taylor, R. E. 1987. *Radiocarbon Dating: An Archaeological Perspective*. Academic Press: New York & London.

Taylor, T. & others. 1994. Is there a place for aesthetics in archaeology? *Cambridge Archaeological Journal* 4, 249–69.

Taylor, W. W. 1948. *A Study of Archaeology*. American Anthropological Association Memoir 69. American Anthropological Association: Menasha, wi.

Tersigni-Tarrant, M. T. & Shirley, N. 2013. *Forensic Anthropology: An Introduction*. CRC Press: Boca Raton, fl.

Thalmann, O. & others. 2013. Complete mitochondrial genomes of ancient canids suggest a European origin of domestic dogs. *Science* 342, 871–74.

Thom, A. 1984. Moving and erecting the menhirs. *Proceedings of the Prehistoric Society* 50, 382–84.

Thom, R. 1975. *Structural Stability and Morphogenesis*. Benjamin: Reading, ma.

Thomas, D. H. 1988. *St. Catherine's Island: An Island in Time:* Georgia Endowment for the Humanities: Atlanta.

——2000. *Skull Wars. Kennewick Man, Archaeology and the Battle for Native American Identity*. Basic Books: New York.

Thomas, J. 1991. *Rethinking the Neolithic*. Cambridge University Press: Cambridge.

——1996. *Time, Culture and Identity*. Routledge: London.

——2004. *Archaeology and Modernity*. Routledge: London.

Thomas, J. G. & others. 1998. Origins of Old Testament priests. *Nature* 394, 138–39.

Thomas, N. 1991. *Entangled Objects*. Harvard University Press: Cambridge, ma.

Thompson, F. C. 1969. Microscopic studies of ancient metals, in *Science in Archaeology* (D. R. Brothwell & E. S. Higgs eds.), 555–63. (2nd edn) Thames & Hudson: London.

Thompson, F. H. (ed.) 1980. *Archaeology and Coastal Change*. Society of Antiquaries, Occasional Paper, New Series 1: London.

Thompson, G. B. (ed.). 1996. *The Excavation of Khok Phanom Di, a Prehistoric Site in Central Thailand. Vol. IV. Subsistence and Environment: The Botanical Evidence*. Society of Antiquaries: London.

Thompson, L. G. & others. 1995. Late Glacial stage and Holocene tropical ice core records from Huascarán, Peru. *Science* 269, 46–50.

——& others. 1998. A 25,000-year tropical climate history from Bolivian ice cores. *Science* 282, 1858–64.

Thompson, M. W. 1954. Azilian harpoons. *Proceedings of the Prehistoric Society* 20, 193–211.

Thompson, V. D. & others. 2016. From shell midden to midden-mound: the geoarchaeology of Mound Key, an anthropogenic island in Southwest Florida, USA. *PLOS ONE* 11 (4), e0154611. https://doi.org/10.1371/journal.pone.0154611

——& others. 2018. Collective action, state building, and the rise of the Calusa, southwest Florida, USA. *Journal of Anthropological Archaeology* 51, 28–44.

Thorpe, I. J. N. 2003. Anthropology, archaeology and the origin of warfare. *World Archaeology* 35, 145–65.

Throckmorton, P. (ed.). 1987. *The Sea Remembers: Shipwrecks and Archaeology*. Weidenfeld: New York (*History from the Sea: Shipwrecks and Archaeology*; Mitchell Beazley: London).

Thunell, R. C. 1979. Eastern Mediterranean Sea during the last glacial maximum: an 18,000 years b.p. reconstruction. *Quaternary Research* 11, 353–72.

Tilley, C. 1984. Ideology and the legitimation of power in the Middle Neolithic of Sweden, in *Ideology, Power and Prehistory* (D. Miller & C. Tilley eds.), 111–46. Cambridge University Press: Cambridge.

—— (ed.). 1990. *Reading Material Culture*. Blackwell: Oxford.

——1991. *Material Culture and Text: The Art of Ambiguity*. Routledge: London.

——1994. *A Phenomenology of Landscape*. Berg: Oxford.

Tite, M. S. 1969. Determination of the firing temperature of ancient ceramics by measurement of thermal expansion. *Archaeometry* 11, 131–44.

——1972. *Methods of Physical Examination in Archaeology*. Seminar: London & New York.

——& Mullins, C. 1970. Electromagnetic prospecting on archaeological sites using a soil conductivity meter. *Archaeometry* 12, 97–104.

——& Mullins, C. 1971. Enhancement of the magnetic susceptibility of soils on archaeological sites. *Archaeometry* 13, 209–19.

Tomlinson, P. 1985. Use of vegetative remains in the identification of dye plants from waterlogged 9th–10th century ad deposits at York. *Journal of Archaeological Science* 12, 269–83.

Tooby, J. & Cosmides, J. 1990. The past explains the present: emotional adaptations and the structure of ancestral environments. *Ethology and Sociobiology* 10, 29–49.

Torrence, R. 1986. *Production and Exchange of Stone Tools: Prehistoric Obsidian in the Aegean*. Cambridge University Press: Cambridge & New York.

Torroni, A. & others. 1992. Native American mitochondrial DNA analysis indicates that the Amerind and Nadene populations were founded by two independent migrations, *Genetics* 130, 153–62.

——& others. 1994. Mitochondrial DNA and Y-chromosome polymorphisms in four native American populations from southern Mexico. *American Journal of Human Genetics* 54, 303–18.

——& others. 1998. mtDNA analysis reveals a major Late Paleolithic population expansion from Southwestern to Northeastern Europe. *American Journal of Human Genetics* 62, 1137–52.

Tosi, M. 1984. The notion of craft specialization and its representation in the archaeological record of early states in the Turanian Basin, in *Marxist Perspectives in Archaeology* (M. Spriggs ed.), 22–52. Cambridge University Press: Cambridge.

Toth, N. 1985. Archaeological evidence for preferential right-handedness in the lower and middle Pleistocene, and its possible implications. *Journal of Human Evolution* 14, 607–14.

——1987. The first technology. *Scientific American* 256 (4), 104–13.

——, Clark, D., & Ligabue, G. 1992. The last stone ax makers. *Scientific American* 267 (1), 66–71.

——& others. 1993. Pan the tool-maker: investigations into the stone tool-making and tool-using capabilities of a Bonobo (*Pan paniscus*). *Journal of Archaeological Science* 20, 81–92.

Tozzer, A. M. 1957. *Chichen Itza and its Cenote of Sacrifice*. Peabody Museum Memoirs 11 & 12.

Traill, D. 1995. *Schliemann of Troy: Treasure and Deceit*. John Murray: London.

Traverse, A. 1988. *Paleopalynology*. Unwin Hyman: Boston.

Travis, J. 2010. Archaeologists see big promise in going molecular. *Science* 330, 28–29.

Treherne, P. 1995. The warrior's beauty: the masculine body and self-identity in Bronze Age Europe. *Journal of European Archaeology* 3 (1), 105–44.

Trier, Ø. D. & Pilø, L. H. 2012. Automatic detection of pit structures in airborne laser scanning data. *Archaeological Prospection* 19, 103–21. https://doi.org/10.1002/arp.1421

——& others. 2009. Automatic detection of circular structures in high-resolution satellite images of agricultural land. *Archaeological Prospection* 16, 1–15. https://doi.org/10.1002/arp.339

Trigger, B. G. 1978. *Time and Tradition*. Edinburgh University Press: Edinburgh.

——1980. *Gordon Childe*. Thames & Hudson: London.

——1989. Hyperrelativism, responsibility and the social sciences. *Canadian Review of Sociology and Anthropology* 26, 776–91.

——2003. *Understanding Early Civilisations: A Comparative Study*. Cambridge University Press: Cambridge.

——2006. *A History of Archaeological Thought*. (2nd edn) Cambridge University Press: Cambridge.

Tringham, R. & others. 1974. Experimentation in the formation of edge damage: a new approach to lithic analysis. *Journal of Field Archaeology* 1, 171–96.

Trinkaus, E. 1975. Squatting among the Neanderthals: a problem in the behavioural interpretation of skeletal morphology. *Journal of Archaeological Science* 2, 327–51.

——1982. Artificial cranial deformation in the Shanidar 1 and 5 Neanderthals. *Current Anthropology* 23, 198–99.

——1983. *The Shanidar Neanderthals*. Academic Press: New York & London.

Trotter, M. & Gleser, G. C. 1958. A reevaluation of estimation of stature based on measurements of stature taken during life and of long bones after death. *American Journal of Physical Anthropology* 16, 79–123.

Troy, C. S. & others. 2001. Genetic evidence for Near-Eastern origins of European cattle. *Nature* 410, 1088–91.

True, M. & Hamma, K. 1994. *A Passion for Antiquities: Ancient Art from the Collection of Barbara and Lawrence Fleischman*. J. Paul Getty Museum: Malibu, ca.

Tsukamoto, K. 2014. Scientists: glass dish unearthed in Nara came from Roman empire. *The Asahi Shimbun*, Nov. 13.

Tsukuda, M., Sugita, S., & Tsukuda, Y. 1986. Oldest primitive agriculture and vegetational environments in Japan. *Nature* 322, 632–64.

Tubb, K. W. (ed.). 1995. *Antiquities Trade or Betrayed. Legal, Ethical and Conservation Issues*. Archetype: London.

Turner, C. G. & Turner J. A. 1999. *Man Corn: Cannibalism and Violence in the Prehistoric American Southwest*. University of Utah: Salt Lake City.

Turner, R. C. & Scaife, R. G. (eds.). 1995. *Bog Bodies. New Discoveries and New Perspectives*. British Museum Press: London.

Tuttle, R., Webb, D., & Weidl, E. 1990. Further progress on the Laetoli trails. *Journal of Archaeological Science* 17, 347–62.

Tweddle, D. 1992. *The Anglian Helmet from Coppergate*. Fasc. 17/8. York Archaeological Trust: York.

Tykot, R. H. & Ammerman, A. J. 1997. New directions in central Mediterranean obsidian studies. *Antiquity* 71, 1000–1006.

——& Staller, J. E. 2002. The importance of early maize agriculture in Coastal Ecuador. New data from La Emerenciana. *Current Anthropology* 43 (4), 666–77.

Tylecote, R. F. 1976. *A History of Metallurgy*. Metals Society: London.

——1986. *The Prehistory of Metallurgy in the British Isles*. Institute of Metals: London.

——1987. *The Early History of Metallurgy in Europe*. Longman: London & New York.

Tylor, E. B. 1871. *Primitive Culture*. Henry Holt: New York.

Ubelaker, D. H. 1984. *Human Skeletal Remains*. (Rev. edn) Taraxacum: Washington, d.c.

Ucko, P. J. 1968. *Anthropomorphic Figurines*. Royal Anthropological Institute Occasional Paper No. 24: London.

——1983. Australian academic archaeology: Aboriginal transformations of its aims and practices. *Australian Archaeology* 16, 11–26.

——1987. *Academic Freedom and Apartheid: The Story of the World Archaeological Congress*. Duckworth: London.

Underhill, P. A. 2003. Inference of neolithic population histories using Y-chromosome haplotypes, in *Examining the Farming/Language Dispersal Hypothesis* (P. Bellwood & C. Renfrew eds.), 65–78. McDonald Institute: Cambridge.

Unesco. 1970. Convention on the Means of Prohibiting and Preventing the Illicit Import, Export and Transfer of Ownership of Cultural Property. United Nations Educational, Scientific, and Cultural Organisation, General Conference, 16th Session, November 14, 1970, Paris.

——1984. *Recent Archaeological Discoveries in the People's Republic of China*.

Ungar, P. S. 2017. *Evolution's Bite: A Story of Teeth, Diet and Human Origins*. Princeton University Press: Princeton.

Ur, J. A. 2009. Emergent Landscapes of Movement in Early Bronze Age Northern Mesopotamia, in *Landscapes of Movement* (J. E. Snead & others eds.), 180–203. University of Pennsylvania Museum Press: Philadelphia.

Urteaga-Ballon, O. & Wells, C. 1968. Gynaecology in Ancient Peru. *Antiquity* 42, 233–34.

U.S. Department Of The Interior. 1979. *Archaeological and Historical Data Recovery Program*. National Park Service: Washington, d.c.

Valentin, B. 1989. Nature et fonctions des foyers de l'habitation No 1 à Pincevent. *Nature et Fonction des Foyers Préhistoriques*. Actes du Colloque de Nemours 1987, Mémoires du Musée de Préhistoire de l'Ile de France, 2, 209–19.

van Andel, T. H. 1989. Late Quaternary sea level changes and archaeology. *Antiquity* 63 (241) 733–45. Also 1990, 64, 151–52.

——& Lianos, N. 1984. High-resolution seismic reflection profiles for the reconstruction of post-glacial transgressive shorelines: an example from Greece. *Quaternary Research* 22, 31–45.

——, Runnels, C. N., & Pope, K. O. 1986. Five thousand years of land use and abuse in the Southern Argolid, Greece. *Hesperia: Journal of the American School of Classical Studies at Athens* 55 (1), 103–28.

——, Zangger, E., & Demitrack, A. 1990. Land use and soil erosion in prehistoric and historical Greece. *Journal of Field Archaeology* 17, 379–96.

Vance, E. D. 1987. Microdebitage and archaeological activity analysis. *Archaeology* July/Aug., 58–59.

Van de Noort, R. 2013. *Climate Change Archaeology: Building Resilience from Research in the World's Coastal Wetlands*. Oxford University Press: Oxford.

Van der Leeuw, S. 1994. Cognitive aspects of "technique," in *The Ancient Mind: Elements of Cognitive Archaeology* (C. Renfrew & E. B. W. Zubrow eds.), 35–142. Cambridge University Press: Cambridge.

——& McGlade, J. (eds.). 1997. *Time, Process and Structured Transformation in Archaeology*. Routledge: London.

——& Pritchard, A. (eds.). 1984. *The Many Dimensions of Pottery*. University of Amsterdam.

van der Merwe, N. J., Roosevelt, A. C., & Vogel, J. C. 1981. Isotopic evidence for prehistoric subsistence change at Parmana, Venezuela. *Nature* 292, 536–38.

van der Sanden, W. 1996. *Through Nature to Eternity. The Bog Bodies of Northwest Europe*. Batavian Lion International: Amsterdam.

Vandiver, P. B., Soffer, O., Klima, B., & Svoboda, J. 1989. The origins of ceramic technology at Dolni Věstonice, Czechoslovakia. *Science* 246, 1002–8.

van Leusen, M. 1993. Cartographic modelling in a cell-based GIS, in *Computing the Past. Computer Applications and Quantitative Methods in Archaeology, CAA92* (J. Andresen, T. Madsen, & I. Scollar eds.), 105–24. Aarhus University Press: Aarhus.

——1998. Dowsing and Archaeology. *Archaeological Prospection* 5, 123–38.

van Zeist, W. & Casparie, W. A. (eds.). 1984. *Plants and Ancient Man: Studies in Palaeoethnobotany*. Balkema: Rotterdam & Boston.

——& others. 1991. *Progress in Old World Palaeoethnobotany*. Balkema: Rotterdam.

Vanzetti, A. & others. 2010. The Iceman as a burial. *Antiquity* 84, 681–92.

Vaughan, P. 1985. *Use-wear Analysis of Flaked Stone Tools*. University of Arizona Press: Tucson.

Vedeler, M. & Bender Jørgensen, L. 2013. Out of the Norwegian glaciers: Lendbreen – a tunic from the early first millennium ad. *Antiquity* 87, 788–801.

Verhagen, P. & Drăgut, L. 2012. Object-based landform delineation and classification from DEMs for archaeological predictive mapping. *Journal of Archaeological Science* 39, 698–703. https://doi.org/10.1016/j.jas.2011.11.001

Verhoeven, G. 2011. Taking computer vision aloft – archaeological three-dimensional reconstructions from aerial photographs with PhotoScan. *Archaeological Prospection* 18, 67–73.

——& others. 2012. Computer vision techniques: towards automated ortho-photo production. *AARGnews* 44, 8–11.

——& others. 2013. Undistorting the past: new techniques for orthorectification of archaeological aerial frame imagery, in *Good Practice in Archaeological Diagnostics* (C. Corsi & others eds.), 31–67. Springer: Switzerland.

Verhoeven, M. 2002. Ritual and ideology in the Pre-Pottery Neolithic B of the Levant and southeast Anatolia. *Cambridge Archaeological Journal* 12, 195–216.

Vigne, J. D. & others. (eds.). 2005. *The First Steps of Animal Domestication: New Archaeological Approaches*. Oxbow Books: Oxford.

Vila, C. & others. 2001. Widespread origins of domestic horse lineages. *Science* 291, 474–77.

Villa, P. & others. 1986. Cannibalism in the Neolithic. *Science* 233, 431–37.

Viner, S. & others. 2010. Cattle mobility in prehistoric Britain: strontium isotope analysis of cattle teeth from Durrington Walls (Wiltshire, Britain). *Journal of Archaeological Science*, 37, 2812–20.

Visalberghi, E. & others. 2013. Use of stone hammer tools and anvils by bearded capuchin monkeys over time and space: construction of an archaeological record of tool use. *Journal of Archaeological Science* 40, 3222–32.

Vita-Finzi, C. 1973. *Recent Earth History*. Macmillan: London.

——1978. *Archaeological Sites in their Setting*. Thames & Hudson: London & New York.

——& Higgs, E. S. 1970. Prehistoric economy in the Mount Carmel area of Palestine: site catchment analysis. *Proceedings of the Prehistoric Society* 36, 1–37.

Vitelli, K. D. 1984. The international traffic in antiquities: archaeological ethics and the archaeologist's responsibility, in *Ethics and Values in Archaeology* (E. L. Green ed.), 143–55. Free Press: New York.

——& Colwell-Chanthaphonh, C. (eds.). 2006. *Archaeological Ethics*. (2nd edn) AltaMira: Walnut Creek, ca.

Vivian, R. G. & others. 1978. *Wooden Ritual Artefacts from Chaco Canyon in New Mexico*. University of New Mexico Press: Tucson.

Von Bothmer, D. (ed.). 1990. *Glories of the Past: Ancient Art from the Shelby White and Leon Levy Collection*. Metropolitan Museum of Art: New York.

Voorhips, A. & Jansma, M. J. 1974. Pollen and diatom analysis of a shore section of the former Lake Wevershoof. *Geologie en Mijnbouw* 53, 429–35.

Wadley, L. & others. 2011. Middle Stone Age bedding construction and settlement patterns at Sibudu, South Africa. *Science* 334, 1388–91.

Wagner, G. A. 1983. *Thermoluminescence Dating*. European Science Foundation: Strasbourg.

——& Van Den Haute, P. 1992. *Fission-Track Dating*. Enke, Stuttgart/Kluwer: Norwell, ma.

Wainwright, F. 1962. *Archaeology, Place-Names and History*. Routledge & Kegan Paul: London.

Wainwright, G. J. 1989. Saving the Rose. *Antiquity* 63 (240), 430–35.

Walde, D. & Willows, N. D. (eds.). 1991. *The Archaeology of Gender*. Proceedings of the 22nd Annual Conference of the Archaeological Association, University of Calgary.

Waldron, T. 1994. *Counting the Dead. The Epidemiology of Skeletal Populations*. Wiley: Chichester.

——2001. *Shadows in the Soil: Human Bones and Archaeology*. Tempus: Stroud & Charleston, sc.

Wallerstein, I. 1974 & 1980. *The Modern World System*. 2 vols. Academic Press: New York & London.

Walter, R. C. & others. 1991. Laser-fusion ^{40}Ar/^{39}Ar dating of Bed 1, Olduvai Gorge, Tanzania. *Nature* 354, 145–49.

Warashina, T. 1992. Allocation of jasper archaeological implements by means of ESR and XRF. *Journal of Archaeological Science* 19, 357–73.

Ward, C. V. & others. 2011. Complete fourth metatarsal and arches in the foot of *Australopithecus Afarensis*. *Science* 331, 750–53.

Ward, R. & Stringer, C. 1997. A molecular handle on the Neanderthals. *Nature* 388, 225–26.

Ward-Perkins, J. B. 1974. *Cities of Ancient Greece and Italy: Planning in Classical Antiquity*. Sidgwick & Jackson: London.

Warinner, C. & others. 2015. Ancient human microbiomes. *Journal of Human Evolution*, 79, 125–36.

Warren, R. E. 1990. Predictive Modelling of Archaeological Site Location: a case study in the Midwest, in *Interpreting Space: GIS and Archaeology* (K. M. S. Allen, S. W. Green, & E. B. W. Zubrow eds.), 201–15. Taylor and Francis: London & New York.

Washburn, D. K. 1983. Symmetry analysis of ceramic design: two tests of the method on Neolithic material from Greece and the Aegean, in *Structure and Cognition in Art* (D. K. Washburn ed.), 138–63. Cambridge University Press: Cambridge.

———& Crowe, D. 1989. *Symmetries of Culture*. University of Washington Press: Seattle & London.

Wason, P. K. 1994. *The Archaeology of Rank*. Cambridge University Press: Cambridge.

Watchman, A. 1993. Perspectives and potentials for absolute dating prehistoric rock paintings. *Antiquity* 67, 58–65.

Waterfield, G. 1963. *Layard of Nineveh*. John Murray: London.

Waters, M. R. & others. 2011. The Buttermilk complex and the origins of Clovis at the Debra L. Friedkin site, Texas. *Science* 213, 1599–603.

Watkins, J. 2001. *Indigenous Archaeology. American Indian Values and Scientific Practice*. AltaMira: Walnut Creek, ca.

Watson, A. & Keating, D. 2000. The architecture of sound in Neolithic Orkney, in *Neolithic Orkney in its European Context* (I. Ritchie ed.), 259–65. McDonald Institute: Cambridge.

Watson, P. 1997. *Sotheby's: The Inside Story*. Bloomsbury: London.

———1999. The lessons of Sipán: archaeologists and *huaqueros*. *Culture Without Context* 4, 15–19.

———& Todeschini, C. 2006. *The Medici Conspiracy*. Public Affairs: New York.

Watson, P. J. 1976. In pursuit of prehistoric subsistence: a comparative account of some contemporary flotation techniques. *Mid-Continental Journal of Archaeology* 1, 77–99.

———, LeBlanc, S. A., & Redman, C. L. 1971. *Explanation in Archaeology. An Explicitly Scientific Approach*. Columbia University Press: New York & London.

Watts, G. 2001. Walk like an Egyptian. *New Scientist* 31, March, 46–47.

Webb, S. & others. 2006. Pleistocene human footprints from the Willandra Lakes, southeastern Australia. *Journal of Human Evolution* 50 (4), 405–13.

Webster, D. 1998. Warfare and status rivalry: Lowland Maya and Polynesian comparisons, in *Archaic States* (G. M. Feinman & J. Marcus eds.), 311–52. School of American Research Press: Santa Fe, nm.

———2000. The not so peaceful civilization: a review of Maya war. *Journal of World Prehistory* 14 (1), 65–118.

———2002. *The Fall of the Ancient Maya. Solving the Mystery of the Maya Collapse*. Thames & Hudson: London & New York.

Weigelt, J. 1989. *Recent Vertebrate Carcasses and their Palaeobiological Implications*. University of Chicago Press: Chicago.

Weiner, J. 1992. A bandkeramik wooden well of Erkelenz-Kückhoven. *Newsletter of the Wetland Archaeology Research Project* 12, 3–12.

Weiner, J. S. 2003 (1955). *The Piltdown Forgery: 50th Anniversary Edition*. Oxford University Press: London & New York.

Weiner, S. & others. 1998. Evidence for the use of fire at Zhoukoudian, China. *Science* 281, 251–53.

Weiss, E., Kislev, M. E., & Hartmann, A. 2006. Autonomous cultivation before domestication. *Science* 312, 1608–10.

Welker, F. 2018. Palaeoproteomics for human evolution studies. *Quaternary Science Reviews* 190, 137–47.

Wells, L. H. 1969. Stature in earlier races of mankind, in *Science in Archaeology* (D. Brothwell & E. S. Higgs eds.), 453–67. (2nd edn) Thames & Hudson: London.

Wells, P. S. 1980. *Culture Contact and Culture Change: Early Iron Age Central Europe and the Mediterranean World*. Cambridge University Press: Cambridge.

Wells, R. S., Yuldasheva, N. & others. 2001. The Eurasian heartland: a continental perspective on Y-chromosome diversity. *Proceedings of the National Academy of Sciences of the USA* 988, 10244–49.

Wells, S. 2002. *The Journey of Man. A Genetic Odyssey*. Princeton University Press: Princeton.

Welsh, F. 1988. *Building the Trireme*. Constable: London.

Wendorf, F., Schild, R., & Close, A. (eds.). 1980. *Loaves and Fishes. The Prehistory of Wadi Kubbaniya*. Southern Methodist University Press: Dallas.

West, F. H. (ed.). 1996. *American Beginnings. The Prehistory and Palaeoecology of Beringia*. University of Chicago Press: Chicago & London.

Western, A. C. 1969. Wood and charcoal in archaeology, in *Science in Archaeology* (D. R. Brothwell & E. S. Higgs eds.), 178–87. (2nd edn) Thames & Hudson: London.

Weymouth, J. W. 1986. Geophysical methods of archaeological site surveying, in *Advances in Archaeological Method and Theory* 9 (M. B. Schiffer ed.), 311–95. Academic Press: New York & London.

Weyrich, L. S. & others. 2017. Neanderthal behaviour, diet, and disease inferred from ancient DNA in dental calculus. *Nature* 544, 357–61.

Wheat, J. B. 1972. *The Olsen-Chubbuck Site: A Paleo-Indian Bison Kill*. Memoirs of the Society for American Archaeology, No. 26. Society for American Archaeology: Washington, d.c.

Wheatley, D. 1995. Cumulative viewshed analysis: a GIS-based method for investigating intervisibility, and its archaeological application, in *Archaeology and Geographical Information Systems: A European perspective* (G. Lock & Z. Stančič eds.), 171–85. Taylor & Francis: London & Bristol, pa.

———& Gillings, M. 2002. *Spatial Technology and Archaeology. The Archaeological Applications of GIS*. Routledge: London.

Wheatley, P. 1971. *The Pivot of the Four Quarters: A Preliminary Enquiry into the Origins and Character of the Ancient Chinese City*. Edinburgh University Press: Edinburgh.

Wheeler, A. & Jones, A. K. G. 1989. *Fishes*. Cambridge University Press: Cambridge.

Wheeler, J. C. 1984. On the origin and early development of camelid pastoralism in the Andes, in *Animals and Archaeology 3: Herders and their Flocks* (J. Clutton-Brock & C. Grigson eds.), 395–410. British Archaeological Reports, International Series 202: Oxford.

Wheeler, R. E. M. 1954. *Archaeology from the Earth*. Oxford University Press (Penguin Books: Harmondsworth).

———1955. *Still Digging*. Michael Joseph: London.

———1968. *The Indus Civilization*. (3rd edn) Cambridge University Press: Cambridge.

White, L. A. 1959. *The Evolution of Culture*. McGraw-Hill: New York.

White, R. & Barker, P. 1998. *Wroxeter: Life and Death of a Roman City*. Tempus: Stroud.

White, T. D. 1991. *Human Osteology*. Academic Press: New York.

———1992. *Prehistoric Cannibalism*. Princeton University Press: Princeton.

White, T. E. 1953. A method of calculating the dietary percentage of various food animals utilized by aboriginal peoples. *American Antiquity* 18, 393–99.

———1953–54. Observations on the butchering techniques of some Aboriginal peoples. *American Antiquity* 19, 160–4, 254–64.

Whitelaw, T. M. 1981. The settlement at Fournou Korifi, Myrtos and aspects of Early Minoan social organization, in *Minoan Society: Proceedings of the Cambridge Colloquium 1981* (O. Krzyszkowska & L. Nixon eds.), 323–46. Bristol Classical Press: Bristol.

———1994. An ethnoarchaeological study of rural land-use in north-west Keos: Insights and implications for the study of past Aegean landscapes, in *Structures Rurales et Sociétés Antiques: Actes du colloque de Corfou, 14–16 mai 1992* (P. N. Doukellis & L. Mendoni eds.), 163–84. Diffuse par Les Belles Lettres: Paris.

Whitley, J. 1991. *Style and Society in Dark Age Greece*. Cambridge University Press: Cambridge.

———2002. Objects with attitude: biographical facts and fallacies in the study of Late Bronze Age and Early Iron Age warrior graves. *Cambridge Archaeological Journal* 12, 217–32.

Whittle, A. 1996. *Europe in the Neolithic: The Creation of New Worlds*. Cambridge University Press: Cambridge.

———& Pollard, J. 1995. Windmill Hill causewayed enclosure: the harmony of symbols, in *Social Life and Social Change: Papers in the Neolithic of Atlantic Europe* (M. Edmonds & C. Richards eds.). Cruithne Press: Glasgow.

———Healey F., & Bayliss, A. 2011. *Gathering Time: Dating the Early Neolithic Enclosures of Southern Britain and Ireland*. Oxbow Books: Oxford.

Wiener, M. 2009. Cold Fusion: The Uneasy Alliance of History and Science in *Tree Rings, Kings and Old World Archaeology and Environment* (S. W. Manning & M. J. Bruce eds.), 277–92. Oxbow Books: Oxford & Oakville.

——— & Earle, J. W. 2014. Radiocarbon dating of the Thera eruption. *Open Journal of Archaeometry* 2, 60–64.

Wiessner, P. 1983. Style and social information in Kalahari San projectile points. *American Antiquity* 48, 253–76.

Wightman, G. J. 2014. *The Origins of Religion in the Paleolithic*. Rowman & Littlefield: Latham, md.

Wilkinson, C. 2004. *Forensic Facial Reconstruction*. Cambridge University Press: Cambridge.

Wilkinson, K. & Stevens, C. 2008. *Environmental Archaeology: Approaches, Techniques and Applications*. Tempus: Stroud.

Wilkinson, P. 2003. *Pompeii. The Last Day*. BBC Books: London.

Wilkinson, P. F. 1971. Pollen, archaeology and man. *Archaeology & Physical Anthropology in Oceania* 6, 1–20.

Wilkinson, T. J. 1989. Extensive sherd scatters and land-use intensity: some recent results. *Journal of Field Archaeology* 16, 31–46.

———, French, C., Ur, J. A., & Semple, M. 2010. The Geoarchaeology of Route Systems in Northern Syria. *Geoarchaeology* 25, 745–71.

Willcox, G. & Stordeur, D. 2012. Large-scale cereal processing before domestication during the tenth millennium cal bc in northern Syria. *Antiquity* 86, 99–114.

Willey, G. R. (ed.). 1974. *Archaeological Researches in Retrospect*. Winthrop: Cambridge, ma.

——— & Phillips, P. 1958. *Method and Theory in American Archaeology*. University of Chicago Press: Chicago.

——— & Sabloff, J. A. 1993. *A History of American Archaeology*. (3rd edn) W. H. Freeman: New York.

Williams, A. R. 2017. Racing the thaw. *National Geographic* 231 (4), 134–53.

Williams, H. 1973. Flotation at Siraf. *Antiquity* 47, 288–92.

Williams, M. & others. 1998. *Quaternary Environments*. (2nd edn) Edward Arnold: London.

Wilson, A. S. & others. 2013. Archaeological, radiological, and biological evidence offer insight into Inca child sacrifice. *Proceedings of the National Academy of Sciences* 110, 13322–27.

Wilson, A. T. & Hendy, C. H. 1971. Past wind strength from isotope studies. *Nature* 234, 344–45.

Wilson, B., Grigson, C., & Payne, S. (eds.). 1982. *Ageing and Sexing Animal Bones from Archaeological Sites*. British Archaeological Reports, International Series 109: Oxford.

Wilson, C. 1972. *Crash Go the Chariots*. Lancer Books: New York. (Rev. edn Master Books: San Diego, ca, 1976).

———1975. *The Chariots Still Crash*. Signet/New American Library: New York.

Wilson, D. R. 2000. *Air Photo Interpretation for Archaeologists*. (2nd edn) Tempus: Stroud.

Winn, S. M. 1981. *Pre-Writing in Southeastern Europe: The Sign System of the Vinca Culture c. 4000 bc*. Western Publishers: Calgary.

Wintle, A. G. 1996. Archaeologically-relevant dating techniques for the next century. *Journal of Archaeological Science* 23, 123–38.

Wiseman, J. 1998. The art of gardening. Eating well at a Mesoamerican Pompeii. *Archaeology* 51 (1), 12–16.

Wiseman, J. R. & El-Baz, F. 2007. *Remote Sensing in Archaeology*. Springer: Berlin.

Wittfogel, K. 1957. *Oriental Despotism: A Comparative Study of Total Power*. Yale University Press: New Haven.

Wobst, M. 1977. Stylistic behavior and information exchange, in *For the Director: Research Essays in Honor of James B. Griffin* (C. E. Cleland ed.), 317–42. Museum of Anthropology, University of Michigan Papers 61.

Wolf, E. R. 1982. *Europe and the People without History*. University of California Press: Berkeley.

Wood, J. W. & others. 1992. The osteological paradox. Problems of inferring health from the skeleton. *Current Anthropology* 33, 343–70.

Wood, M. 1985. *In Search of the Trojan War*. BBC Books: London.

Wright, K. & Garrard, A. 2003. Social identities and the expansion of stone bead-making in neolithic Western Asia: new evidence from Jordan. *Antiquity* 77, 267–84.

Wright, R. P. (ed.). 1996. *Gender and Archaeology*. University of Pennsylvania Press: Philadelphia.

Wroe, S. & Field, J. 2006. A review of the evidence for a human role in the extinction of Australian megafauna and an alternative explanation. *Quaternary Science Reviews* 25, 2692–703.

Wulff, H. E. 1966. *The Traditional Crafts of Persia*. MIT Press: Cambridge, ma.

Xie, M. & others. 2016. Identification of a diary product in the grass woven basket from Gumugou Cemetery (3800 bp, northwestern China). *Quaternary International*, 426, 158–65.

Yamin, R. 1997a. New York's mythic slum. *Archaeology* March/April, 44–53.

———1997b. Lurid tales and homely stories of New York's Notorious Five Points, in *Archaeologists as Storytellers* (A. Praetzellis & M. Praetzellis eds.), *Historical Archaeology* 32 (1), 74–85.

Yang, Y. & others. 2014. Proteomics evidence for kefir dairy in Early Bronze Age China. *Journal of Archaeological Science* 45, 178–86.

Yellen, J. E. 1977. *Archaeological Approaches to the Present*. Academic Press: New York & London.

Yentsch, A. E. 1994. *A Chesapeake Family and their Slaves: A Study in Historical Archaeology*. Cambridge University Press: Cambridge.

Yoffee, N. & Cowgill, G. L. (eds.). 1988. *The Collapse of Ancient States and Civilizations*. University of Arizona Press: Tucson.

York Archaeological Trust. *The Archaeology of York* series. Details of individual publications can be found at https://www.yorkarchaeology.co.uk.

Young, P. 1996. Mouldering monuments. *New Scientist*, Nov. 2, 36–38.

Zeder, M. A. 1978. Differentiation between the bones of caprines from different ecosystems in Iran by the analysis of osteological microstructure and chemical composition, in *Approaches to Faunal Analysis in the Middle East* (R. M. Meadow & M. A. Zeder eds.), 69–84. Peabody Museum of Archaeology & Ethnology, Bulletin No. 2. Peabody Museum: Cambridge, ma.

——— & Hesse, B. 2000. The initial domestication of goats (*Capra hircus*) in the Zagros Mountains 10,000 years ago. *Science* 287, 2254–57.

——— & others. (eds.). 2006. *Documenting Domestication: New Genetic and Archaeological Paradigms*. University of California Press: Berkeley.

Zeeman, E. C. 1977. *Catastrophe Theory: Selected Papers 1972–77*. Addison-Wesley: Reading, ma.

Zerjal, T., Xue, Y., & others. 2003. The genetic legacy of the Mongols. *American Journal of Human Genetics* 72, 717–21.

Zeuner, F. E. 1958. *Dating the Past: An Introduction to Geochronology*. (4th edn) Methuen: London.

Zhang, H. & others. 2013. Morphological and genetic evidence for early Holocene cattle management in northeastern China. *Nature Communications* 4, 2755. https://doi.org/10.1038/ncomms3755

Zhang, J., Xiao, X., & Lee, Y. K. 2004. The early development of music. Analysis of the Jiahu bone flutes. *Antiquity* 78, 769–79.

Zhang, P. & others. 2008. A test of climate, sun, and culture relationships from an 1810-year Chinese cave record. *Science* 322, 940–42.

Zhejiang. 2009. 2006–2007 excavation on the Liangzhu city-site in Yuhang district, Hangzhou city. *Chinese Archaeology* 9, 10–18.

Zielinski, G. A. & Germani, M. S. 1998. New ice core evidence opposing a 1620s bc date for the Santorini "Minoan" eruption. *Journal of Archaeological Science* 25, 279–89.

Zimmerman, L. J. 2003. *Presenting the Past*. AltaMira: Walnut Creek, ca.

Zimmerman, M. R. & Angel, J. L. (eds.). 1986. *Dating and Age Determination of Biological Materials*. Croom Helm: London.

——— & others. 1971. Examination of an Aleutian mummy. *Bulletin of the New York Academy of Medicine* 47, 80–103.

Zohary, D. & Hopf, M. 2012. *Domestication of Plants in the Old World: The Origin and Spread of Cultivated Plants in West Asia, Europe and the Nile Valley* (4th edn). Clarendon Press: Oxford.

Zubrow, E. B. W. 1981. Simulation as a heuristic device in archaeology, in *Simulations in Archaeology* (J. A. Sabloff ed.), 143–88. University of New Mexico Press: Albuquerque.

有用网址

Wikipedia archaeology portal
https://en.wikipedia.org/wiki/Portal:Archaeology
Open Directory Project: Archaeology
http://www.dmoz-odp.org/Science/Social_Sciences/Archaeology/
Archaeology newsletter: *Explorator*
https://exploratornews.wordpress.com

社会团体

Archaeological Institute of America
https://www.archaeological.org/
Australian Archaeological Association
https://www.australianarchaeologicalassociation.com.au/
Canadian Archaeological Association
https://www.canadianarchaeology.com/
Society for American Archaeology
https://www.saa.org/
American Anthropological Association
https://www.aaanet.org/
British Archaeological Association
https://thebaa.org
Council for British Archaeology
https://new.archaeologyuk.org
European Association of Archaeologists
https://www.e-a-a.org/
Chartered Institute for Archaeologists
https://www.archaeologists.net/
Society for Historical Archaeology
https://www.sha.org/
Biblical Archaeology Society
https://www.biblicalarchaeology.org/
Association for Environmental Archaeology
http://www.envarch.net/
Society for Industrial Archaeology
http://www.sia-web.org/
World Archaeological Congress
https://www.worldarchaeologicalcongress.org/
Society for Archaeological Sciences
https://www.socarchsci.org/
American Schools of Oriental Research
https://www.asor.org/

杂志

Archaeology
https://www.archaeology.org/
Current Archaeology
https://www.archaeology.co.uk/
Current World Archaeology
https://www.world-archaeology.com
Online journal finder
https://journalseek.net/

其他

The Archaeology Channel
https://www.archaeologychannel.org/
Human evolution
https://humanorigins.si.edu/
http://www.talkorigins.org/
Paleolithic archaeology
https://www.donsmaps.com/
Egyptology
https://www.guardians.net/egypt/
Near Eastern archaeology
http://www.ancientneareast.net/
Aboriginal studies
http://www.ciolek.com/WWWVL-Aboriginal.html
Mesoamerican archaeology
http://www.famsi.org
Center for Archaeoastronomy
http://www.wam.umd.edu/~tlaloc/archastro/
Prehistoric Aegean
https://dartmouth.edu/~prehistory/aegean
European megalithic monuments
https://www.stonepages.com/
Countering pseudoarchaeology
http://www.hallofmaat.com/
TrowelBlazers
https://trowelblazers.com

致　谢

The authors and publishers are indebted to the following scholars who provided advice, information, and illustrations for this edition: Russell Adams, David Aftandilian, Manuel Arroyo-Kalin, Brian D. Bates, Cyprian Broodbank, Shawn Bubel, Autumn Cahoon, Matthew Collins, Dave Cowley, Oliver Craig, Patricia Crown, Hylke de Jong, Elizabeth DeMarrais, Rowan Flad, Martin Gallivan, Andrew Gardner, Marcus John Hamilton, Brenna Hassett, Kacy Hollenback, John Hunter, Fumie Iizuka, Matthew Johnson, Edward Jolie, Sharyn Jones, Timothy Kaiser, Mark Knight, Matthew Liebmann, Pamela A. Maack, Richard Madgwick, Andrew Martindale, Maria Masucci, Bernard Means, Laurie Milne, Koji Mizoguchi, Mike Parker Pearson, Suzanne Pilaar Birch, David Reich, Krysta Ryzewski, Joshua Samuels, Matthew Sanger, Michael J. Shott, Namita Sugandhi, Ruth van Dyke, David Walton, and Christina Warriner.

We would also like to thank again those others who contributed to previous editions, including: Peter Addyman, Susan Alcock, Cyril Aldred, Janet Ambers, Wal Ambrose, Tjeerd van Andel, David Anderson, Manolis Andronikos, Val Attenbrow, Arthur C. Aufderheide, Mike Baillie, Ofer Bar-Yosef, Graeme Barker, Gina Barnes, George Bass, Sophie de Beaune, Peter Bellwood, Lise Bender, Matthew Bennett, Lee Berger, Joanne Berry, Bob Bewley, Martin Biddle, Marc de Bie, Morris Bierbrier, Lewis Binford, John Bintliff, Roger Bland, John Boardman, Gerhard Bosinski, Steve Bourget, Sheridan Bowman, Michael Boyd, Bruce Bradley, Warwick Bray, Neil Brodie, Cyprian Broodbank, Don Brothwell, James Brown, Margaret Bruchez, Peter Bullock, Susan Bulmer, Sarah Bunney, Richard Burger, Simon Buteux, Martin Callanan, John Camp, Jeb Card, Nick Card, Martin Carver, Jesse Casana, Zaida Castro-Curel, George Chaloupka, Andrew Chamberlain, John Cherry, Shadreck Chirikure, Henry Cleere, Kathy Cleghorn, Michael D. Coe, John & Bryony Coles, Douglas C. Comer, Robin Coningham, Graham Connah, Larry Conyers & Deen Goodman, Malcolm Cooper, Ben Cullen, John Curtis, Jon Czaplicki, Ruth Daniel, Timothy Darvill, Andrew David, Simon Davis, Heather Dawson, Janette Deacon, Albert Dekin, Richard Diehl, Alexis Dolphin, Stacy Drake, David Drew, Leo Dubal, Philip Duke, David Dye, Christiane Eluère, Clark Erickson, Francisco d'Errico, Brian Fagan, Neil Faulkner, Helen Fenwick, Joseph Ferraro, Andrew Fitzpatrick, Kent Flannery, John Flenley, Rob Foley, Sally Foster, Charles French, Yuriko Fukasawa, Dorian Fuller, Chris Gaffney, Vince Gaffney, Clive Gamble, Ignacio Garaycochea, Michel Garcia, Ervan Garrison, Joan M. Gero, David Gill, Charles Golden, David Goldstein, Jack Golson, Marianne Goodfellow,

Mrs D. N. Goulandris, Margerie Green, Stephen Green, James Greig, Robert Grenier, Niède Guidon, Erika Hagelberg, Richard Hall, Sylvia Hallam, Scott Hammerstedt, Norman Hammond, Oliver Harris, Fekri Hassan, Douglas Heggie, Christopher Henshilwood, Gill Hey, Charles Higham, Tom Higham, Gordon Hillman, Peter Hiscock, Ian Hodder, Rachel Hood, Elizabeth Horton, Stephen Houston, Stephen Hughes, John Isaacson, Simon James, Martin Jones, Rhys Jones, Josephine Joordens, Hiroji Kajiwara, Nicola Kalimeris, Alice B. Kehoe, Thomas F. Kehoe, William Kelso, Dora Kemp, Sean Kingsley, Patrick Kirch, Ruth Kirk, Bernard Knapp, Vernon J. Knight, Hiroko Kohl, Alan Kolata, Roy Larick, Graeme Lawson, Tony Legge, Mark Lehner, Arlette Leroi-Gourhan, Peter Lewin, Paul Linford, Gary Lock, Michel Lorblanchet, Lisa J. Lucero, Niels Lynnerup, Jim Mallory, Caroline Malone, Joyce Marcus, William Marquardt, Alexander Marshack, Yvonne Marshall, Simon Martin, Roger Matthews, Paolo Matthiae, David Maxwell, Isabel McBryde, Kevin McGeough, Augusta McMahon, Shannon P. McPherron, James Mellaart, David Miles, Alan Millard, Mary Ellen Miller, George Milner, Nicky Milner, Rebekah Miracle, Jean-Pierre Mohen, Gerda Møller, Theya Molleson, Elisabeth Moore, Iain Morley, Mandy Mottram, Hans-Jürgen Müller-Beck, John Mulvaney, Richard Neave, S. P. Needham, Mark Nesbitt, Lee Newsom, Andrea Ninfo, Yasushi Nishimura, Taryn Nixon, J. P. Northover, F. van Noten, Jens Notroff, Michel & Catherine Orliac, Rog Palmer, Mike Parker Pearson, Annette Parkes, John Parkington, Pavel Pavel, Christopher Peebles, Alistair Pike, Dolores Piperno, Mike Pitts, Stephen Plog, Mercedes Podestá, Mark Pollard, Kelly Pool, Nicholas Postgate, John Prag, Cemal Pulak, Jeffrey Quilter, Christopher Bronk Ramsey, Carmen Reigadas, Paul Reilly, Jane Renfrew, Jeroen de Reu, Peter Reynolds, Julian D. Richards, John Robb, Ben Roberts, Charlotte Roberts, Gordon Roberts, Andrée Rosenfeld, Nan Rothschild, Rolf Rottländer, Peter Rowley-Conwy, George Sabo, Makoto Sahara, Nicholas Saunders, Béatrice Schmider, Klaus Schmidt, Sue Scott, Payson D. Sheets, Brian Sheppard, Izumi Shimada, Pat Shipman, Rasmi Shoocongdej, Pamela Smith, Elizabeth Somerville, Simon Stoddart, Ann Stone, Martin Street, Chris Stringer, Migaku Tanaka, Michael J. Tooley, Robin Torrence, Jonathan N. Tubb, Jason Ur, Marianne Vedeler, Bence Viola, Grahame Walsh, David Webster, Jurgen Weiner, John Weishampel, Fred Wendorf, Jason Wenzel, David Wheatley, Roger White, Todd Whitelaw, Michael Wiant, George Willcox, Gordon R. Willey, Richard Wilshusen, Roger Wilson, Pat Winker, John Winterburn, Karen Wise, and Rebecca Yamin.

Special thanks are due to Jeremy Sabloff, Chris Scarre, and Michael Tite for their contributions to many parts of the book. Glossary originally by James McGlade, revised for the eighth edition.

插图出处

Credits are listed by figure number. 此处图号指英文版图号。中文版为与文字配合，对图号有所调整，与英文版略有区别，特此说明。

0.2 Museum of London Archaeology Service **0.3** Çatalhöyük Research Project, Cambridge **0.4** David Anderson **0.5** Franck Goddio/Hilti Foundation. Photo Christophe Gerigk **0.6** Johan Reinhard **0.7** Kenneth Garrett **0.8** Imaginechina/Corbis **0.9** © Antony Gormley, courtesy White Cube Gallery, London
Part 1 Intro National Geographic Stock
1.2 O. Louis Mazzatenta/National Geographic/Getty Images
1.3, 1.4 Wiltshire Heritage Museum, Devizes **1.6** Jonathan S. Blair/National Geographic/Getty Images **1.7** Museo Archeologico Nazionale, Naples
1.9 Soprintendenza Archeologica di Pompeii **1.10** Giovanni Lattanzi

1.11 from Charles Darwin, *On the Origin of Species*, 1859 **1.12** Wellcome Collection **1.13** drawing by Magnus Petersen, 1846 **1.15** from F. Catherwood, *Views of Ancient Monuments in Central America, Chiapas and Yucatán*, 1844 **1.16–19** Pitt Rivers Museum, University of Oxford **1.20, 1.21** Petrie Museum of Egyptian Archaeology, University of London **1.22** Pitt Rivers Museum, University of Oxford **1.23** ANL/Rex/Shutterstock **1.24** Archaeological Survey of India **1.25** The Principal and Fellows of Newnham College, Cambridge **1.27** Museo Nacional de Arqueología, Antropología e Historia del Perú, Lima **1.28** Jericho Exploration Fund **1.30** Courtesy the Peabody Museum, Harvard University **1.31** Courtesy Mrs Mary Allsebrook, Oxford **1.32** University of Southampton **1.33** The Royal Commission on Ancient and Historical Monuments of Scotland **1.34** Gordon Willey **1.35** Ray Smith
1.36, 1.37 drawing by Linda Mount-Williams **1.38** Caroline Malone and Simon Stoddart (courtesy National Museum of Archaeology, Malta)
1.39–43 Çatalhöyük Research Project, Cambridge **1.44** Courtesy Clanwilliam Living Landscape Project **2.2, 2.3** John Sibbick/Science Photo Library
2.6, 2.7 Courtesy Augusta McMahon **2.8** Fototeka Hrvatskog restauratorskog zavoda and Robert Sténuit **2.10** Kathy Schick & Nicholas Toth **2.11** Courtesy Dr. Chris Stringer **2.12, 2.13** National Museum of Ireland, Dublin **2.14** Homer Skyes/CountrySide Collection/Alamy **2.15–20** Ruth Kirk **2.21** Courtesy Mark Knight, Cambridge Archaeological Unit

8.37 Museu Barbier-Mueller d'Art Precolombí, Barcelona **8.39** World History Archive/Alamy **8.40** from Bourriau, Janine; Smith, Laurence & Serpico, Margaret, "The Provenance of Canaanite Amphorae found at Memphis and Amarna in the New Kingdom", in Andrew J. Shortland (ed.), *The Social Context of Technological Change: Egypt and the Near East*, Oxbow Books, Oxford, 2001, p. 128–29, plate 7.33. Photo Laurence Smith **8.42** Arizona State Museum, University of Arizona (cat. nos. 94-134-160 and 94-134-253). Photos Jannelle Weakly **8.43** Collection of the Weisman Art Museum, Transfer from the Department of Anthropology, University of Minnesota, Minneapolis (1992.22.1020 and 1992.22.241) **8.44** Museo Archeologico Nazionale, Naples **8.45–50** from D. Brothwell & E. Higgs, *Science in Archaeology*, 1969, pls. XXV, XXVI **8.52** Gianni Dagli Orti/Shutterstock **8.53** after J. Rawson, *Ancient China*, 1980, ill. 43 **8.55** Izumi Shimada **8.58** Museo Arqueológico Nacional Brüning, Lambayeque, Peru **9.7** Alaska State Library & Historical Collections, Juneau **9.8** Kenneth Garrett **9.9** British Museum, London **9.10** Kunsthistorisches Museum, Vienna **9.11** The Palace Museum, Beijing **9.12** Zaraysk Museum of Art & History **9.13** National Archaeological Museum, Athens **9.14** Ohio Historical Society, Columbus **9.15** Werner Forman Archive/Shutterstock **9.16, 9.17** Tokyo National Museum **9.19** Peter Frankenstein, Hendrik Zwietasch, Landesmuseum Württemberg, Stuttgart **9.22** Massachusetts Institute of Technology Museum **9.26, 9.27** after Fulford & Hodder 1975, in Peacock 1982, figs. 86, 87 (coloured by Drazen Tomic) **9.30, 9.31, 9.33–35** George Bass/Cemal Pulak, Institute of Nautical Archaeology, Texas **9.36** British Museum, London **9.38, 9.40** Isabel McBryde **9.46** Werner Forman Archive/Shutterstock **9.47** Ohio Historical Society, Columbus **10.3** Javier Trueba/Madrid Scientific Films **10.4** Wim Lustenhouwer, VU University Amsterdam **10.5** Reproduced by permission of Chris Henshilwood, African Heritage Research Institute, Cape Town, South Africa. Image © Craig Foster **10.6** Reproduced by permission of Chris Henshilwood, African Heritage Research Institute, Cape Town, South Africa **10.8** Ministère de la culture et de la Communication, Direction régionale des affaires culturelles de Rhône-Alpes, Service régionale de l'archéologie **10.9** AP/PA Photos **10.11** F. d'Errico & C. Cacho 1994, fig. 2 (coloured by Ben Plumridge) **10.12–14** Pablo Aries **10.15** Sergey Lev **10.16** Stewart Finlayson, The Gibraltar National Museum **10.18** Luc-Henri Fage/SSAC **10.19** Michel Lorblanchet **10.20** Musée départemental de Préhistoire du Grand-Pressigny, Indre et Loire **10.21** © The Wendel Collection, Neanderthal Museum, Mettmann. Photo © Heinrich Wendel **10.22** Kenneth Garrett **10.25** from J. Oates, *Babylon*, 1979, ill. 6 (coloured by Drazen Tomic) **10.26** from A. Toynbee (ed.), *Half the World*, 1973, p. 27 (coloured by Drazen Tomic) **10.27** Agora Excavations, American School of Classical Studies at Athens **10.28** De Agostini Picture Library/Scala, Florence **10.29** Maria Pavlova/iStockphoto.com **10.30** Richard A. Cooke/Corbis **10.33** Henry Chaplin/iStockphoto.com **10.34** © Hugo Anderson Whymark, Orkney Research Centre for Archaeology (ORCA), University of Highlands and Islands Archaeology Institute, Orkney **10.36** © Hugo Anderson Whymark **10.37** © Aaron Watson **10.38, 10.39** Orkney Research Centre for Archaeology (ORCA), University of Highlands and Islands Archaeology Institute, Orkney **10.45** after K. Mendelssohn, *The Riddle of the Pyramids*, 1974, fig. 9 (coloured by Drazen Tomic) **10.46** Musée des Antiquitiés Nationales, St.-Germain-en-Laye **10.47** U. Seitz-Gray **10.48** British Museum, London **10.50** Nathan Benn/Ottochrome/Corbis **10.51, 10.52** DAI, Photo Nico Becker **10.53, 10.54** National Geographic Creative/Alamy **10.58, 10.59** Museo de Chavín de Huántar, Ancash, Peru **10.60** Michael D. Coe **10.61** Natural History Museum, London **10.62** The Thera Foundation – Petros M. Nomikos **10.63** Historiska Museet, Lund University **10.64** Vatican Museums **10.65** Goulandris Foundation, Museum of Cycladic Art, Athens **10.66** Kenneth Garrett **10.67** Saburo Sugiyama **10.68** Jean Vertut **10.69** Institut für Ur und Frühgeschichte und Archäologie des Mittelalters, Universität Tübingen **10.70** Graeme Lawson **10.71** Museum of Cycladic Art, Athens **10.72** Dietrich Stout **11.1** Archäologisches Landesmuseum, Schloss Gottorf, Schleswig

11.2 The Sutton Hoo Society **11.3** Çatalhöyük Research Project, Cambridge **11.5** Natural History Museum, London **11.6** The French Hospital, Rochester **11.7** Natural History Museum, London **11.11** Christian Kober/Robert Harding/Shutterstock **11.12** Antti Korpisaari **11.13** Griffith Institute, Ashmolean Museum, Oxford **11.14** Elisabeth Daynès/National Geographic Image Collection **11.15** British Museum, London **11.16** Richard Neave **11.17, 11.18** British Museum, London **11.19** Jacopin/Science Photo Library **11.20** Landesamt für Denkmalpflege und Archäologie Sachsen-Anhalt. Photo Juraj Lipták **11.21** Landesamt für Denkmalpflege und Archäologie Sachsen-Anhalt. Drawing by Karol Schauer **11.22, 11.23** Christian Meyer **11.24** Images of Africa Photobank/Alamy **11.26** © Gordon Roberts **11.27** Bogdan P. Onac, "Emil Racovita" Institute of Speleology, Cluj **11.28** Matthew Cupper **11.31** Javier Trueba/MSF/Science Photo Library **11.32** from E. Matos Moctezuma, *The Great Temple of the Aztecs*, 1988, ill. 23 **11.33** Staatliche Museen zu Berlin **11.35** Direction régionale des affaires culturelles de Midi-Pyrénées, Toulouse **11.36** after C. Barrier, 1975, fig. 17 (coloured by Ben Plumridge) **11.37, 11.38** Musée National d'Histoire Naturelle, Paris **11.39–43** Oriental Institute, University of Chicago **11.44–47** Forhistorisk Museum, Moesgård, Denmark **11.48** Courtesy Professor Niels Lynnerup, University of Copenhagen **11.49** Arthur C. Aufderheide, University of Minnesota, Duluth **11.52** after J. Flood, *Archaeology of the Dreamtime*, 1983, fig. 4.3 (after Brown, 1981) **11.54** Greenland National Museum, Nuuk **11.56** E. Løytved Rosenløv **11.57** Greenland National Museum, Nuuk **11.58** Andrew Fox/Corbis **11.59** Illustration Aman Phull © Thames & Hudson Ltd., London **11.60** Justin Tallis/AFP/Getty Images **11.61** SuperStock **11.62** Department of Anatomy, Liverpool University **11.63** Courtesy Hideji Harunari **11.64** Museo Archeologico Nazionale, Naples **11.65** The Mary Rose Trust/P. Crossman **11.66** Photo Services des Antiquités de l'Egypte **12.8** Colin Hoskins/Alamy **12.9** National Archives of Zimbabwe, Harare **12.13** Keltenmuseum, Hochdorf **12.22** Craig Chiasson/iStockphoto.com **12.25** Footsteps of Man – rupestre.net **12.26** Gianni Dagli Orti/Shutterstock **Part III Intro** British Museum, London

13.1, 13.2 Kent V. Flannery **13.6** from B. Fagan, *In the Beginning* (6th ed.), 1988, fig. 16.4 (after Winter & Flannery (ed.) 1976, fig. 2.17) **13.7** Kent V. Flannery **13.8, 13.9** Joyce Marcus **13.10** Jeff Morse/iStockphoto.com **13.11** Dmitry Rukhlenko/iStockphoto.com **13.12, 13.13** Courtesy William H. Marquardt, Florida Museum of Natural History (coloured by Drazen Tomic) **13.14** Courtesy William H. Marquardt, Florida Museum of Natural History **13.15, 13.17, 13.18** Collections of the Anthropology Division of the Florida Museum of Natural History **13.19, 13.21–26** Dr. Val Attenbrow **13.29–35** Charles Higham **13.36–53** York Archaeological Trust **13.54** CM Dixon/Print Collector/Getty Images **14.1** Hellenic Ministry of Culture and Tourism **14.2** Courtesy Serbian Stamps Shop, Belgrade **14.3** Karim Sahib/AFP/Getty Images **14.4** Keystone/Zuma/Shutterstock **14.5, 14.6** Balkis Press/Abacapress/PA Photos **14.7** Joseph Eid/AFP/Getty Images **14.8** Mike Goldwater/Alamy **14.9** Hiroshi Kasiwara **14.10** British Museum, London **14.11** Peter Eastland/Alamy **14.12** Paul Bahn **14.13** Emmanuel Laurent/Eurelios/Science Photo Library **14.14, 14.15** Museum of Natural History, University of Colorado, Boulder **14.16** Magyar Nemzeti Múzeum, Budapest **14.17** Ingo Mehling **14.18** The J. Paul Getty Museum, Malibu, California **14.19, 14.20** British Museum, London **15.1** Andrew Fulgoni **15.2** Orhan Cam/iStockphoto.com **15.3** National Museum, Baghdad **15.4** Marc Deville/Gamma-Rapho/Getty Images **15.5** STR/AFP/Getty Images **15.6** National Geographic Image Collection/Alamy **15.7, 15.8** Courtesy Great Temple Project, Mexico City **15.9** Eduardo Verdugo/AP/PA Photos **15.10–13** Courtesy Archaeological Consulting Services, Ltd., Tempe, Arizona **15.14, 15.15** Somerset County Council Heritage Services **15.16** British Museum, London **15.17** David Adamec **15.18** Kirill Trifonov/iStockphoto.com **15.19** Nickolay Stanev/iStockphoto.com **15.20** Jon Arnold Images Ltd./Alamy **15.21** Robert Harding Picture Library/Alamy **15.22** Dmitry Rukhlenko/iStockphoto.com **15.23** Andy Myatt/Alamy **15.24** Wendy Connett/Alamy

索引

（页码为原书页码，即本书边码。斜体字为图版，对于个别物种，请查阅"动物物种""鸟类物种""甲壳类""昆虫物种""贝类""植物物种"和"爬行类"，也见571～580页的专业术语）

译后记

在2019年12月召开的上海世界考古论坛上，前来参会的缪丹女士告诉我，上海古籍出版社准备引进2020年最新第八版的《考古学：理论、方法与实践》，希望我能够帮助翻译新一版的修订本。鉴于我手头正在翻译另一本教材《人类的过去》，分身乏术，所以特别邀请了董宁宁、薛轶宁和郭璐莎等几位青年才俊帮忙，以便能够按时交稿。本来以为，修订本的主体已有中译，局部修订和改动相对比较省力。但是，上手之后发现并非如此。第八版与第六版相比，修订幅度相当大，某些章节的结构几乎做了重组，这种需要东找西寻的修订过程并不比按部就班的翻译省力。

第八版与第六版相比，增删了不少内容。其中对中国读者来说比较醒目的是在第四章里增添了良渚的专栏，伦福儒在自序中将良渚称为"极具魅力的个案，是回眸中国早期复杂社会形成的杰出例证"，是中国考古学跻身国际学术之林的可喜进展。其他值得一提的新内容依次简介如下：第一章"考古学史"的编排基本照旧，但是对遗传学、放射性碳断代做了补充。重写了后过程考古学和最新思潮，强调了多样化的过去和原住民考古学，即由美洲和澳洲原住民群体参与的对他们自身考古遗产的研究与管理。本章还特地提到了始于2013年的"上海世界考古论坛"，认为这个论坛已经与"世界考古大会"和"史前史学科联盟"两大国际会议并驾齐驱，成为一处并不由欧洲学者主导的重要会场。本章还增加了"日本考古学史"的专栏。第二章"证据的多样性"将第六版埋藏学的内容移到了本章，并做了调整。作者多次强调背景（context）分析的重要性，也就是说，要了解和解释考古发现，出土遗存的背景是各种自然和文化信息的主要来源。这也说明了，为何被盗掘的文物和被扰动破坏的遗址失去了大部分科学价值的原因。第三章"何地"特别介绍了无人机在勘探地表遗迹和制作图像上的功效。第四章"何时"变化不大，特别详细地介绍了遗传学在断代上的突破。第五章"社会考古学"内容和结构变动较大，将塞维斯的新进化论放在专栏里介绍，并根据当下学界对塞维斯模式的看法做了小结。这章还增加了"密西西比斯皮罗大墓""良渚""网络分析"的专栏，前两者是复杂社会分析的新案例，后者介绍了一种分析聚落形态和考古遗址之间空间关系的可行方法。这章还特别讨论了"异构（heterarchy）"或"平序"的概念，这个英文术语没有可以与考古学内容相匹配的中译名词。这个术语最初由卡萝尔·克拉姆利（Carole Crumbley）引入考古学，将其定义为"彼此之间关系平等的诸多元素，具有以许多不同方式分出等级的潜质"。克拉姆利以汽车为例加以说明，汽车作为最终产品，其组装的各种配件都是平等的。但是从汽车制造商在管理、研究设计、组装和销售各部门的组织和决策来说是有等级的[1]。在本书里，这个术语指没有等级的社会组织形式，即社会成员基本平等，但会因长幼、性别和个人能力而存在某种地位差异，或等级社会中平行的结构或序列如世系、族属、宗教等。比如《人类的过去》一书里，该术语是指宗教和世俗行政机构的平行等级序列，一如古埃及王权、军权和神权的平行权力等级。这个术语为我们在平等社会之中，以及在等级社会不同组织之间添加了新的观察维度，以探究更加微妙的社会系统，并对社会复杂化有新的启示。对于探讨复杂社会的演化和形态差异无疑很有帮助，特别是可以对史前平等社会墓葬材料所反映的社会和个人关系做更加仔细的观察和分析。第六章"环境考古"编排基本照旧，删除了"古代北美的水污染"专栏，增加了"亚马孙和人为的改变"新专栏。第七章"食谱"介绍了从容器中各种残渍来提取酒类和各种食物成分的技术，并介绍了一种提取脂肪成分的层析法。本章还增加了从叙利亚杰夫·埃尔-阿马尔遗址探讨西亚新月沃地的"农业起源个案"、英国"斯塔卡遗址"的季节性分析、"为巨石阵提供食物"和"古蛋白质组学"等新的专栏。第八章"工具与技术"编排变化不大，增加了"美国西南部的陶器形制与学习"专栏，这是美国学者帕特里夏·克朗根据霍霍卡姆和明布勒斯陶器生产之间的差异来研究能动性的一个成功案例。该章还介绍了如何从岩相学分析来分析陶器产地和分布的进展。第九章"贸易和交换"删除了"趋势面分析"专栏，添加了"日本的罗马和新波斯玻璃器皿"专栏。该章还补充了史前玉器和黑曜石作为珍贵材料长途交换的内容。第十章"认知考古"增加了两个专栏，分别是"尼安德特人的艺术"和"布罗德盖海岬：奥克尼的仪式中心"，并对"世界最古老的圣所"专栏介绍的

---

[1] Crumley, C.L., Three locational models: an epistemological assessment for anthropology and archaeology, in M. B. Schiffer, ed. *Advances in Archaeological Method and Theory*, 2, New York: Academic Press, 1979, 141-173.

哥贝力克丘做了补充。第十一章"他们是谁"的正文结构基本照旧，但是专栏用"格劳巴勒人：泥沼中的尸体"取代了"林道人"，并新增了"微生物考古"和"理查三世"两个专栏。本章对遗传学在探索古人类世系和现代人种群关系取得的进展上着墨较多，如海德堡人、尼人和丹尼索瓦人的关系，还有美洲和澳洲原住民的起源问题。第十二章"阐释"部分虽然编排变化不大，但是结构做了很大的调整。作者有两项比较大的补充，一是新技术为社会文化变迁带来的新洞见，特别是分子遗传学和古DNA为古代人口迁移提供的信息，肯定了早年根据陶器分析做出的"大口杯人群"移居不列颠群岛的传播论解释。二是强调后过程考古学研究个体、能动性和物质交集的价值。作者提出，就考古学理论而言，过程论和后过程论的争辩大体已经结束，现在的考古学思想以两者有趣而相互交融的方法为特点。第十三、第十四和第十五章的内容基本照旧，但第十五章对世界文化遗产保护的严峻现状做了许多新的陈述，首先是基建对考古资源的威胁，其次是战争给文化遗产造成的破坏，特别是2011年埃及阿拉伯之春运动期间，开罗博物馆被盗；2013年埃及被罢黜总统穆罕默德·穆尔西的支持者洗劫开罗南部200公里处的马拉维古物博物馆；还有就是2015年"伊斯兰国"对摩苏尔博物馆和尼尼微等考古遗址的洗劫和破坏。作者在"国际保护"一节中呼吁对世界濒危遗产名录的保护；在"对策"一节中，特别介绍和称赞了中国金沙遗址和良渚遗址的保护和展示；专栏中"实践中的文化资源管理"案例用美国亚利桑那州凤凰城至东谷"地铁轨道项目"取代了"田纳西-汤比格比航道项目"。原来第十六章"新探索者"被删除。

考古学的进展一般体现在两个方面，一个就是重大发现，这主要凭借运气和材料的保存概率，另一个就是运用技术方法带来的新突破和新认识。从本版新增的内容来看，技术领域的突破比较醒目，其中分子遗传学成为近年来发展最为显著的亮点。现在，考古学可以在根本不见骨骼的地方，仅从DNA就能探知人类的存在。考古学家已经在欧亚大陆的四个洞穴沉积中找到40万到4万年前的尼人。根据DNA，考古学家分辨出了独立于进入美洲其他三批人群但没有留下后裔的一批移民。在埃及，该技术确认了一具不知名的木乃伊是图坦卡蒙的父亲阿肯纳顿。在欧亚，古DNA从距今4500年前人类遗骸中成功鉴定出一种已经灭绝的人类乙型肝炎病毒，并从牙菌斑上的DNA了解到公元前3500年前曾经肆虐欧亚的鼠疫，并确定一种罕见的肠道沙门氏菌是1545年墨西哥科科利瘟疫的起因。一项具有里程碑的发现，是对西班牙阿塔普埃卡骨坑遗址出土的一件股骨的古DNA分析，这是迄今提取到的最古老的古人类DNA序列。而且研究结果出乎意料，因为这类海德堡人与后来西伯利亚丹尼索瓦人的亲缘关系要比欧洲尼人更为接近。作者还以相当笔墨特别介绍了付巧妹破译世界最古老现代人基因组的成果，认为对西伯利亚乌斯季-伊希姆股骨的遗传学分析，是迄今论证的具有高质量基因组序列的最古老解剖学现代人。此外，从人类遗骸中提取的Y染色体数据为欧洲早期农耕人群的扩散提供了更清晰的一种形态，它与欧洲农业开始之初来自近东的人口大量输入吻合。在欧洲青铜时代初，与库尔干土墩墓相伴，从黑海北部草原迎来了进入中欧的颜那亚游牧者。

本书自2004年第三版和2015年第六版中译本出版以来，受到了学界的重视和年轻学子的欢迎，对我国考古学的教学和研究产生了较大的影响。本书有每隔四年进行更新和修订的良好传统，将国际学界最新的理论、方法与实践的进展和成果纳入编撰的内容之中，使得我们能够体会到这门学科发展的脉搏和亮点。然而，这本代表了国际考古学前沿和发展趋势的教科书在我国大体上被作为参考读物来对待，并没有被看作考古专业基础训练的起点。可能不少人认为中国考古学研究的对象与世界各国有别，便把材料和目标的特殊性和民族性延伸到了研究的理论和方法上。我们应该清楚，考古学的发展在时间上是累积性的，在空间上是世界性的，中国考古学本身就是西学东渐的产物。但在讨论如何提高我国考古学理论方法水平的时候，往往总要加上"中国特色"这个国家和民族的界定。好像非要有自己民族特色而与国际有别的理论方法，才能被普遍认可，才能引领世界。但是，那些我们自认为是传统特色的方法，最初也是来自西方的借鉴，而有些闭门造车的所谓创新和探索也很难达到国际水准。与考古材料不同，理论方法一般都是普世的，尽管它们在具体运用中会植入个人立场和偏好。正是蒙特柳斯类型学和柴尔德考古学文化概念的普世价值，使得它们能够被我国考古学所采纳。所以过分强调中国特色，无视学术超越族属、超越国界、超越传统的本质，不但不能使中国考古走向世界，反而会使我们的研究另类化，妨碍中国考古学跻身世界之林的努力。学术只有是世界的，才是民族的，这可以从长城、故宫、兵马俑、敦煌和良渚等世界遗产得到佐证。

由于我国考古学目前主要采用的仍是文化历史学的范式，考古专业的基本训练和课程还是集中在田野发掘和材料整理上，对于至关重要的材料解释和历史重建并没有系统的方法论训练。而材料阐释的应对技巧构成了有别于考古学材料处理的技能和方法，这种阐释和历史重建要比我们承认的难度更大。长期以来，我国学界认为考古材料的解释主观性太强，不值得提倡。这是因为，如果缺乏阐释上的技能训练，考古材料的解释就只是一个人想当然的看法，难以做到科学的历史重建。我们需要了解，考古发掘和发现只是收集研究的基本材料，分类和年代学梳理只是研究的基础工作。材料本身不会告诉我们任何历史故事，需要我们像侦探一样来重建过去。所以，面对考古学历史重建的重任，我们必须重视考古材料的阐释问题，阐释工作应该成为我国考古学专业训练亟需加强的一个重要内容。科林·伦福儒说过，考古学最吸引人的地方就是邂逅重要发现的兴奋，它给人以难以忘怀的愉悦。但是，这不是考古事业中最重要和最有趣的部分。真正的挑战是把考古材料以一种相互关联和合理的方式拼合起来，从中寻找意义并做出解释。这本教材为考古学如何从材料收集、通过分析、做出理论的阐释，提供了非常全面和详细的介绍。

近年来，我国高校考古学专业的教学内容和视野虽然有了很大的扩充，但是其主线似乎仍沿着某种传统的惯性而持续。这种传统训练的弊端可以在许多年轻学子的论文上表现出来，比如理论思维的薄弱导致明显缺乏问题意识，考古学文化仍被视为主要的研究对象和分析概念，方法上仍侧重类型学分析，无论是器物还是科技方法都忽视背景信息的整合以提炼更多信息，或就事论事试图用单一方法或技术解决所有问题，在解释上也没有实证的训练和逻辑推理的支持，结论表现为想当然或知其然而不知其所以然的个人表述。所以，我觉得还是应该虚心聆听美国考古学家路易斯·宾福德在36年前对中国考古学提出的略显尖锐的批评，即中国的史前综合性探索还没有同全球更好地结合起来，大多数的研究被缺乏理论能力和研究技巧的状况所束缚。

为了进一步缩短学科的差距，我国高校考古专业课程应该从本科开始训练学生基本的理论和方法能力，努力做到理论思考的前瞻性和指导性、研究设计的缜密性、发掘采样的目的性、分析手段的严密性、信息提炼的目的性和科学阐释的整合性。无论是史前考古学还是历史考古学都应当去探索和解决许多科学前沿问题，努力在理论方法上有所创新，并在解决特殊科学问题中获得重大进展，这样中国考古学才能对世界考古学产生重大影响并作出更大的贡献。希望第八版中译本的出版能够为我国考古学的努力方向提供一个新的标杆。

本书请科林·伦福儒爵士重写了中文版自序，在此对他的大力支持表示衷心的感谢。

本书修订工作的分配如下：董宁宁承担第一、二、三、六、七章，薛轶宁承担第四、十一、十二、十三、十四、十五章，郭璐莎承担第五、八、九、十章以及专业术语，我和郭璐莎共同进行了索引的修订。本人负责所有修订内容的校对和全书的审阅。

陈　淳

2021年9月1日

图书在版编目（CIP）数据

考古学：理论、方法与实践：第8版/（英）科林·伦福儒，（英）保罗·巴恩著；陈淳等译. —上海：上海古籍出版社，2022.11（2024.12重印）

ISBN 978-7-5732-0304-5

Ⅰ.①考… Ⅱ.①科… ②保… ③陈… Ⅲ.①考古学 Ⅳ.①K851

中国版本图书馆CIP数据核字（2022）第103403号

考古学：理论、方法与实践

（第8版）

［英］科林·伦福儒 保罗·巴恩 著

陈 淳 董宁宁 薛轶宁 郭璐莎 译

上海古籍出版社出版发行

（上海市闵行区号景路159弄1-5号A座5F 邮政编码201101）

（1）网址：www.guji.com.cn

（2）E-mail：guji1 @ guji.com.cn

（3）易文网网址：www.ewen.co

上海雅昌艺术印刷有限公司印刷

开本787×1092 1/16 印张42 插页2

2022年11月第1版 2024年12月第2次印刷

ISBN 978-7-5732-0304-5

K·3169 定价：298.00元

如有质量问题，请与承印公司联系